昆明年鉴

KUNMING YEARBOOK

2019

昆明市人民政府　主办
昆明市地方志编纂委员会办公室　编

云南民族出版社
·昆明·

图书在版编目（CIP）数据

昆明年鉴. 2019 / 昆明市地方志编纂委员会办公室编. —昆明：云南民族出版社, 2019.11
ISBN 978-7-5367-8286-0

Ⅰ. ①昆… Ⅱ. ①昆… Ⅲ. ①昆明—2019—年鉴 Ⅳ. ①Z527.41

中国版本图书馆CIP数据核字（2019）第280787号

责任编辑：王　梓

昆明年鉴 2019 KUNMING NIANJIAN

书　　名：昆明年鉴·2019
作　　者：昆明市地方志编纂委员会办公室　编
出版发行：云南民族出版社
地　　址：昆明市环城西路170号云南民族大厦5楼
邮　　编：650032
印　　刷：昆明鹰达印刷有限公司
成品尺寸：210mm × 285mm
开　　本：889mm × 1194mm　1 / 16
印　　张：32.25
字　　数：1030千
版　　次：2019年11月第1版
印　　次：2019年11月第1次
印　　数：0001~1500
定　　价：360.00元（含光盘）
ISBN 978-7-5367-8286-0

2019 KUNMING YEARBOOK

撰稿人员

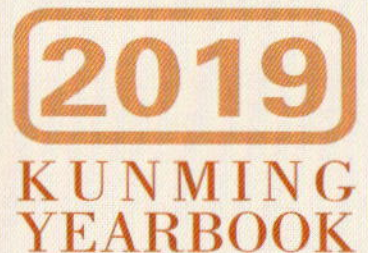

（按部类顺序排列）

李　震　白圣君　李能枝　李红卓　锁潇晓　奚兴灿　宁显志
段群友　晏廷花　赵庆元　李厚虎　李　莉　王　旭　卜增靖
王　欢　李鹏飞　字应军　尹丽花　徐　萍　王富飞　向　茜
杨　杰　尹鸽娅　陈桓国　袁　媛　戴张溶　彭文怡　张丽红
陈　敏　李　亮　邓惟洁　罗林麟　李　耀　杨　旭　阮云鹤
张若楠　熊　琦　韩　波　李煜敏　杨泽飞　王丽娟　周耀标
刘成玉　陈文才　曹春霞　邱　瑶　白　燕　吴立群　赵　飞
李孟倩　柳　润　李雅菲　聂本娆　桑亚林　杜瑜丽　王淼淼
赵　洁　段　可　刘　晶　张君华　罗益龙　叶权娜　李　虎
冯志彪　普继琳　赵　娟　代梦婕　李冬琴　龙　燕　徐子瑜
杨裕萍　董　荣　徐同辰　钟文友　侯　丽　吴　芮　杜辉涛
潘娅婷　于　璐　崔松云　邓丽仙　杨富刚　宋永东　段　晶
陈　蓉　顾建英　王庆榆　叶婷婷　宗　卫　漆一桦　梅　袁
林　涛　唐秀琴　丁　悝　崔　瀚　张　赟　林　金　徐　欢
李卓衡　杨连国　黄　睿　文继承　刀培凤　聂东丽　秦继光
李　波　王　俪　李志宝　侯　星　杨加祥　刘世生　鲁建宏
李　欢　李巧梅

昆明年鉴

编辑说明

一、《昆明年鉴》是昆明市人民政府主办的地方综合年鉴，是系统反映昆明市情的大型年刊，是集知识、信息、资料为一体的公报性、资料性、权威性工具书。

二、本年鉴由全市各县（市、区）、各开发（度假）区、各部委办局、各人民团体及有关驻昆单位撰稿，昆明市地方志编纂委员会办公室《昆明年鉴》编辑部编辑。

三、《昆明年鉴》坚持辩证唯物主义和历史唯物主义的立场、观点和方法，以马克思列宁主义、毛泽东思想、邓小平理论、“三个代表”重要思想、科学发展观、习近平新时代中国特色社会主义思想为指导，旨在逐年全面系统地记载昆明市经济社会发展历史进程，为海内外了解昆明、建设昆明提供信息资料。

四、本年鉴全面系统地反映2018年在市委、市政府的领导下，昆明市以习近平新时代中国特色社会主义思想为指导，深入学习贯彻党的十九大和十九届二中、三中全会精神，进一步贯彻落实习近平总书记对云南发展的重要指示精神，按照中央经济工作会议、省委十届六次全会的安排部署，团结动员全市党员干部群众，深化改革强动能，扩大开放增优势，聚力创新促转型，高质量推进区域性国际中心城市建设的征程中所取得的成绩。

五、本年鉴设特载、专文、综述、大事记、政治、军事、法治、经济管理、人力资源和社会保障、农业农村工作、工业・非公经济、交通运输、城乡建设与管理、环境保护、开发区建设、信息・通信、财税・金融、商业、烟草、对外经济贸易、旅游・风景区、科学研究、教育・文化、新闻媒体、卫生・体育、社会、人物、县（市、区）概况、附录、索引等30个部类。

六、本年鉴采用分类编辑法，以条目为主体，分一、二、三级目。一级目为大类，如“法治”“经济管理”“城乡建设与管理”等；二级目排在一级目之下，如“城乡建设与管理”大类下设“城乡规划与管理”“园林・绿化”等；三级目为撰写单元（条目），用黑体字加【 】做标识。

七、本年鉴主要数据由市统计局提供。

八、本年鉴提供目录和索引两种检索方法，目录在卷首，索引在卷尾。目录编排到条目；索引采用主题分析法，按主题词首字音序排列。

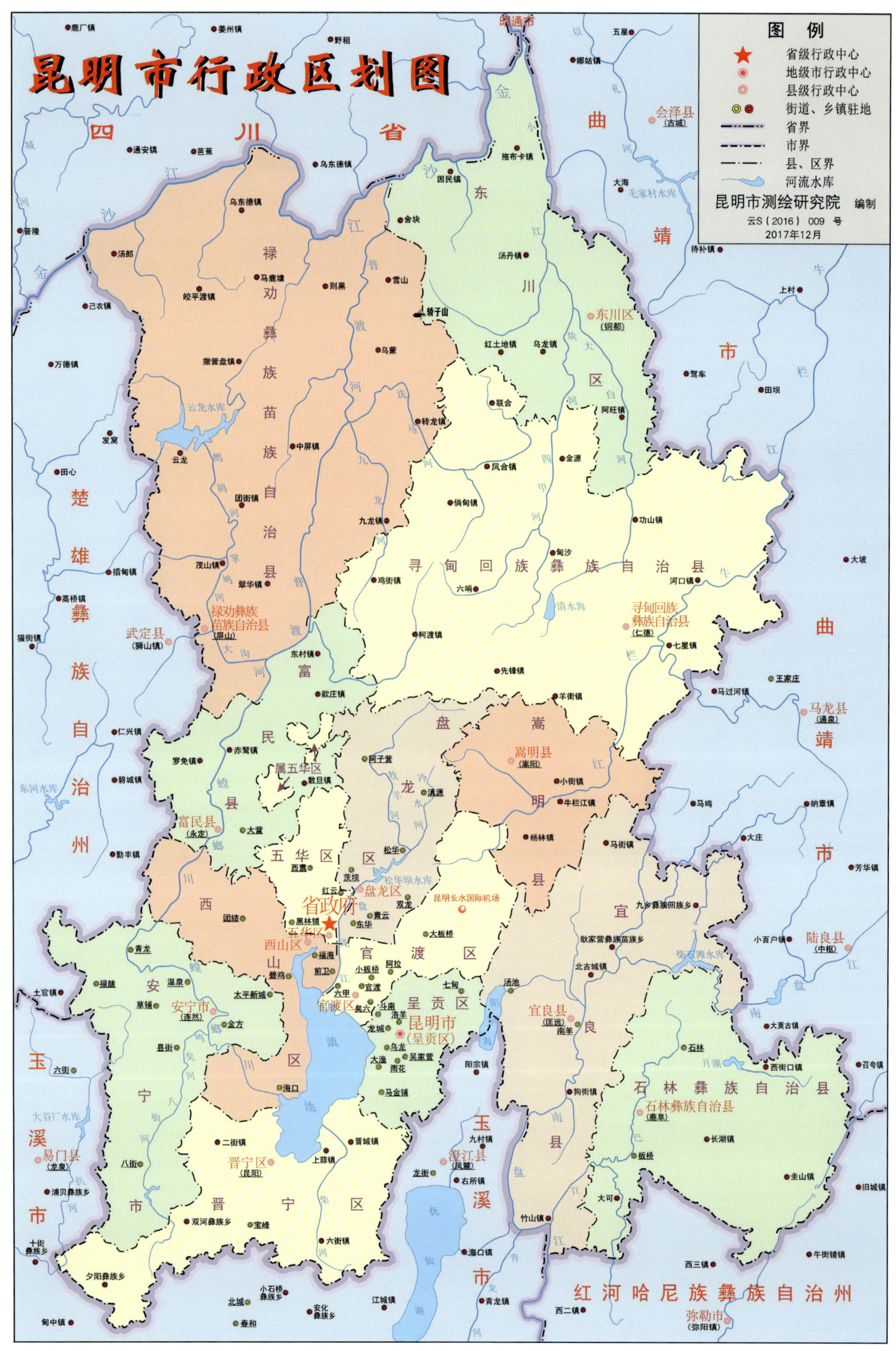

昆明市行政区划图
图例
省级行政中心
地级市行政中心
县级行政中心
街道、乡镇驻地
省界
市界
县、区界
河流水库
昆明市测绘研究院 编制
云S（2016）009 号
2017年12月
四川省
曲靖市
楚雄彝族自治州
玉溪市
红河哈尼族彝族自治州
禄劝彝族苗族自治县
东川区
寻甸回族彝族自治县
富民县
嵩明县
盘龙区
五华区
西山区
官渡区
呈贡区
宜良县
石林彝族自治县
安宁市
晋宁区
省政府
昆明市
昆明长水国际机场
滇池
阳宗海
抚仙湖
云龙水库
清水海
松华坝水库
金沙江
普渡河
小江
牛栏江
南盘江
螳螂川
昭通市
会泽县
马龙县
陆良县
武定县
易门县
澄江县
弥勒市

昆明市经济指标对比图

生产总值（亿元）

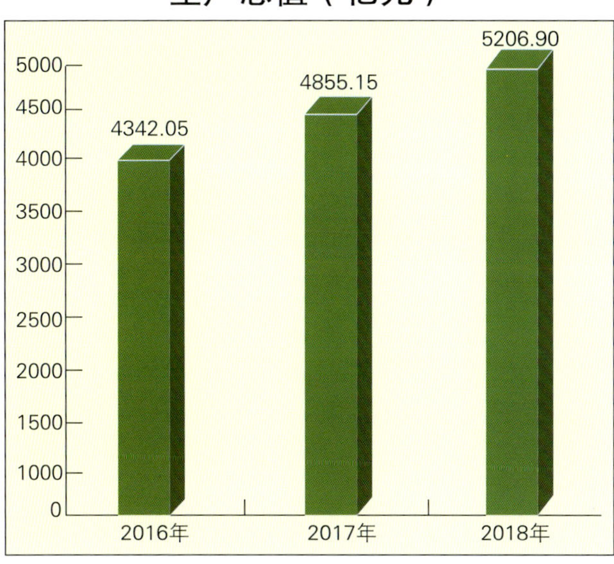

生产总值构成（%）

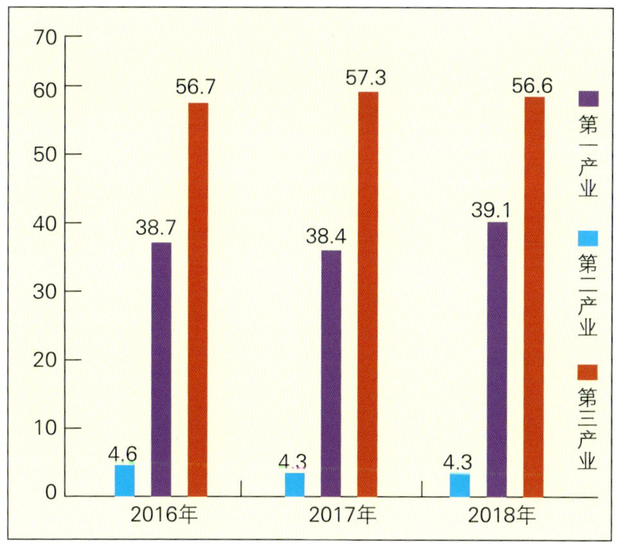

社会消费品零售总额（亿元）

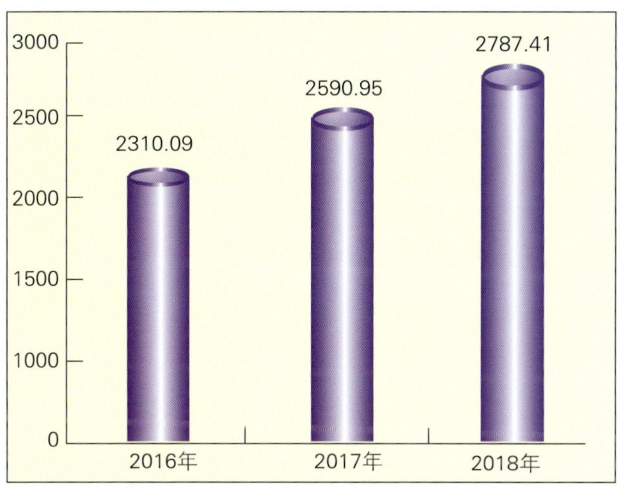

公共财政预算收入（亿元）

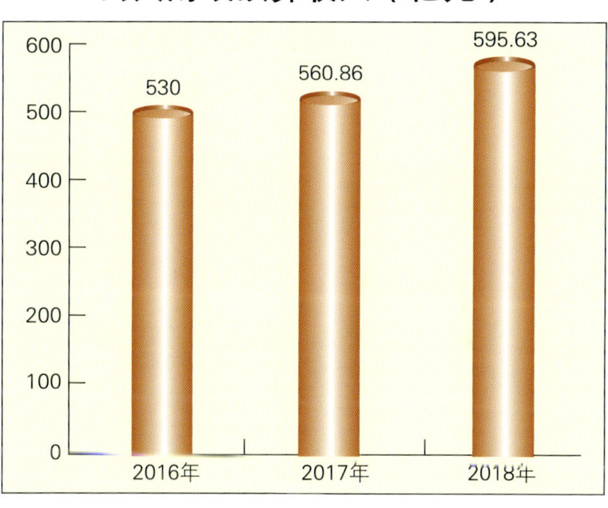

城乡居民收入（元）

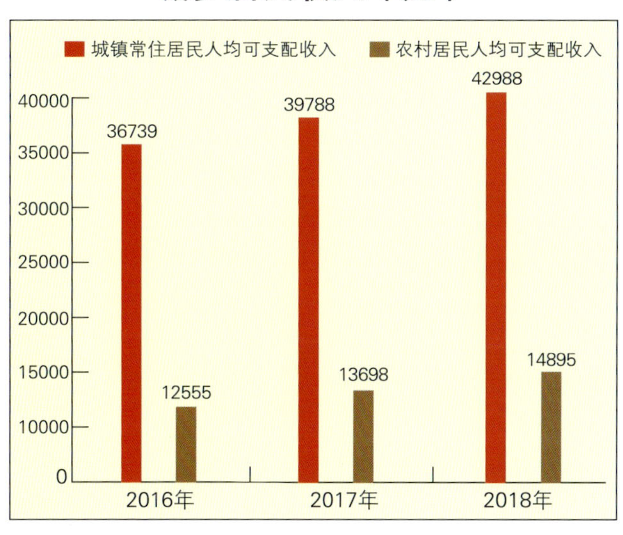

固定资产投资增速（不含农户）（%）

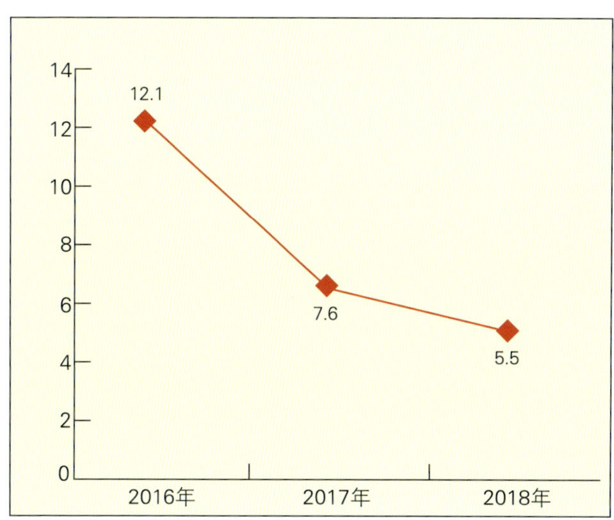

数字昆明（2018）

土地面积：21012.54平方千米
所辖县（市、区）：14个
常住人口：685万人
户籍人口：571.67万人

地区生产总值：5206.90亿元
第一产业增加值：222.16亿元
第二产业增加值：2038.02亿元
第三产业增加值：2946.71亿元
三次产业构成：4.3∶39.1∶56.6

商品零售价格总指数：101.10%
居民消费价值总指数：101.70%

一般公共预算收入：595.63亿元
一般公共预算支出：756.80亿元

农林牧渔业总产值：374.84亿元
规模以上工业增加值增速：14%
规模以上工业利润总额：222.67亿元
固定资产投资增速（不含农户）：5.5%

房地产开发投资增速：9.3%
房屋施工面积：10293.44万平方米
房屋竣工面积：324.26万平方米
商品房销售面积：1909.72万平方米

社会消费品零售总额：2787.41亿元
进出口贸易总额：131.20亿美元
进口贸易总额：93.57亿美元
出口贸易总额：37.63亿美元
实际直接利用外资额：8.50亿美元

接待旅游者总人数：16053.43万人次
旅游业总收入：2180.08亿元
接待海外旅游者：142.20万人次
国家A级景区（点）：23家
5A级旅游景区：2家
4A级旅游景区：9家

金融机构（含外资）人民币各项存款余额：13618.77亿元
住户存款余额：4882.51亿元
金融机构（含外资）人民币各项贷款余额：16268亿元
住户贷款余额：3261.83亿元

普通高等学校：51所
小学：755所
初中：199所

数字昆明（2018）

普通高中：120所

中等职业教育学校：81所

专利申请量：23921件

专利授权量：12401件

公共图书馆：16个（1个市级馆，15个县级馆）

广播电视台（站）：12个

博物馆（注册备案）：36个

文化馆：16个

文化站：139个

文化室：1647个

道路运输总周转量：210.22亿吨千米

日均公交客运量：211.60万人次

（汽车）公交企业：7家

公交运营车辆：6164辆

公交线路：485条

乡镇通班车率：100%

建制村通班车率：98.8%

城市公交日均客运量：211.60万人次

医疗卫生机构：4892个

医疗卫生机构病床数：63612张

执业医师和执业助理医师：28602人

城镇常住居民人均可支配收入：42988元

城镇居民人均消费性支出：28574元

农村常住居民人均可支配收入：14895元

农村居民人均消费性支出：11426元

城镇居民人均住房建筑面积：43.58平方米

农村居民人均住房建筑面积：46.89平方米

人口出生率：12.59‰

人口死亡率：5.63‰

人口自然增长率（常住人口）：6.96‰

城乡居民社会养老保险参保人数：211.36万人

城乡基本医疗保险参保人数（不含省直）：553.56万人

城镇职工参加失业保险人数：105.80万人

城镇新增就业人员：16.47万人

城镇失业人员再就业：4.14万人

城镇登记失业率：3.09%

农村劳动力转移培训：15.53万人次

农村劳动力转移就业：17.90万人次

春　城

新　貌

石虎关立交桥　（王正鹏　摄）

昆明螺蛳湾国际商贸城（王正鹏 摄）

高铁进站（王正鹏 摄）

官南立交桥（王正鹏　摄）

古滇云霞（汤占勤　摄）

脱　贫

历年来，昆明市有东川区、禄劝县、寻甸县3个国家级贫困县、404个贫困村，累计有建档立卡贫困人口9.64万户、35.02万人。截至2018年底，实现9.43万户、34.46万名贫困人口脱贫，贫困村全部出列，寻甸县于2018年9月经国家评估实现摘帽，并荣获2018年“全国脱贫攻坚组织创新奖”，东川区、禄劝县于2019年4月经省评估实现摘帽，全市贫困发生率由2014年的9.88%下降至0.26%。2016年以来，昆明市对脱贫攻坚工作的主要做法是：

聚集一提升，对标解决物质贫困

促增收，围绕“两出”提升产业就业组织化程度。实施“菜单式”产业扶贫，816个新型农业经营主体与贫困户建立利益联结，户均增收900元以上。实施“结对转移”就业，2016年以来，完成农村劳动力转移就业62.80万人次，实现转移收入80.88亿元；聚合力，围绕“两进”提升支撑要素组织化程度。整合资金项目，2016年以来，投入各类资金339.38亿元，建立健全脱贫攻坚项目库。加强人才支撑，成立帮扶协会并覆盖全市贫困地区，吸纳会员2.85万名，累计收购贫困户农产品4.50万吨，累计投入帮扶资金1.10亿元，构建“1+N”农村致富带头人帮扶体系；强保障，围绕“两对接”提升服务管理组织化程度。夯实流通基础，3个贫困县区全部入围国家电子商务进农村综合示范县，土地流转41.50万亩。强化综合保障，以“5432”工作法完成农村危房改造16.80万户。3.81万名群众易地扶贫搬迁，城镇化安置率76.60%；贫困群众基本医疗保险、大病保险参保率100%。贫困地区饮水安全全面达标。

激发内动力，全面补齐精神短板

党建强动力。推广“党支部+合作社（公司）+贫困户”产业发展模式，加大扶持力度，消除348个集体经济空壳村，完成1813个村民小组活动场所达标建设。全面落实中央、省级加强干部教育培训部署，分级分类实施精准培训，培训5类扶贫干部2.36万人次，着力培养懂扶贫、会帮扶、作风硬的党员干部队伍；扶志出动力。开展“三讲三评”活动，贫困群众20余万人次、村组干部1.20万人次、

2018年3月7日，禄劝县召开2018年决胜脱贫摘帽暨第一个百日会战动员大会

攻　坚

驻村队员7700人次参与3500余场次活动，形成干部帮群众、群众帮群众的良好氛围。志智同扶，建档立卡贫困家庭子女义务教育阶段学生零辍学。“两学三比”提高贫困群众生产技能，共开办400余班次，培训约5万人；环境育动力。加强价值观引导，通过制定村规民约、建设村史室，弘扬自强不息、自力更生的传统美德，涵养崇德向善、守望相助的乡风文明。强化氛围营造，各级媒体刊登昆明市脱贫攻坚重点报道4000余篇（条）。

2018年12月24日，市委书记程连元率队指导禄劝县则黑乡脱贫退出迎检工作

2018年7月10日，全省农村危房改造现场会在禄劝县中屏镇召开

2018年10月31日，市长王喜良调研禄劝产业发展

禄劝县易地扶贫搬迁农户建房贷款发放仪式

2018年4月3日，禄劝县人社局在民族广场举行禄劝第五批农村劳动力赴省外务工欢送仪式

（本版图片由禄劝县史志办供稿　文字由市扶贫办供稿）

2018年3月28日，市长王喜良到寻甸调研脱贫攻坚工作

2018年3月27日，市人大常委会主任拉玛·兴高到寻甸县调研贫困退出工作

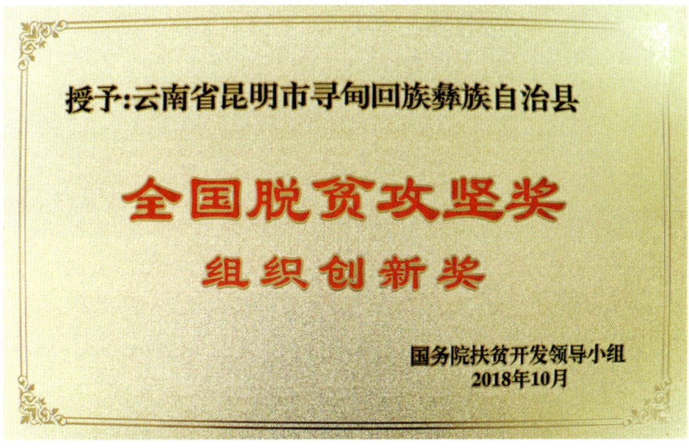

寻甸县荣获国务院扶贫开发领导小组颁发的奖牌

谷花鱼养殖

2018年9月30日，寻甸县召开由中央和省、市级相关媒体参加的贫困县退出媒体通气会

健康扶贫免费体检

寻甸县六哨乡小朵嘎村新建房屋

（本版图片由寻甸县史志办供稿）

“党群团结一家亲·齐心共建新家园”建党主题活动

为贫困村少数民族照“全家福”

送医下乡

火塘边讲政策

新修的禄劝县马鹿塘撒马基村委会公路

东川区因民镇芭蕉产业（王　俊　摄）

走访贫困户（吴建坤　摄）

市级相关单位向东川区铜都镇贫困户发放猪仔

（本版图片除署名外，由东川区史志办供稿）

扫黑除恶

2019年3月22日，昆明市扫黑除恶线索举报受理中心成立

2018年，昆明市各级各部门深入贯彻落实习近平总书记重要指示精神以及中央、省委、市委关于开展扫黑除恶专项斗争的系列决策部署，高位统筹推动，层层压实责任，推进全市扫黑除恶专项斗争工作，提升全市人民群众的获得感、幸福感、安全感。坚持高位推动，突出政治站位。2018年7月，成立由省委常委、市委书记程连元任组长的昆明市扫黑除恶专项斗争领导小组，加强研究部署、督导检查，以坚定的政治站位和高度的思想自觉，把思想和行动统一到习近平总书记重要指示、中央决策部署和省委工作要求上来。坚持高压态势，突出依法严惩。紧盯涉黑涉恶违法犯罪新情况、新动向，以“零容忍”的态度行动，把打击的锋芒对准严重影响人民群众安全感的涉黑涉恶违法犯罪，2018年，全市共打掉涉黑组织5个，涉恶团伙49个，出重拳，下重手，确保打准、打狠、打出声威和实效。坚持齐抓共管，突出综合治理。充分发挥社会治安

2019年3月14日，市委书记程连元一行到市扫黑办调研

市扫黑除恶专项斗争第十三督导组召开工作动员会

“阳光司法庭审进校园”活动

全市扫黑除恶专项斗争推进会

专项斗争

综合治理优势，加强各部门协调联动，强化综合治理，开展重点整治，落实行业监管职责，堵塞管理漏洞，严防黑恶势力乘虚而入。坚持除恶务尽，突出深挖彻查。把深挖彻查“保护伞”作为专项斗争的主攻方向和衡量斗争成效的重要标准，强化组织推进，落实职责任务，重点围绕公职人员涉黑涉恶、充当黑恶势力“保护伞”、推动扫黑除恶专项斗争工作不力等问题开展排查。坚持党建引领，突出组织建设。以加强党的政治建设为统领，以深入推进“基层党建巩固年”为契机，持续整顿软弱涣散基层党组织，提前谋划村“两委”环节选举，为铲除黑恶势力滋生土壤提供坚强组织保障。坚持统筹协调，突出组织领导。坚持人员骨干向专项斗争集中，资源力量向专项斗争集中的原则，成立工作专班，做实工作机构，健全工作机制，强化经费保障，突出社会参与，扩大宣传范围，增强宣传效果，确保各项工作有效推进。

2019年4月4日，市长王喜良一行到市扫黑办调研

云南省扫黑险恶专项斗争第一督导组督导昆明市工作反馈会

市人力资源和社会保障局进入大冲社区开展“打击黑恶势力　共建和谐经开”主题宣传活动

市公安局开展扫黑除恶宣传活动

市公安局开展扫黑除恶宣传活动

（本版图文由市扫黑办供稿）

“昆明老字号”名录

2012年，由市商务局牵头制定“昆明老字号”认定规范及评分细则，开始启动“昆明老字号”的评审认定工作，为挖掘和培育老字号企业打下坚实基础。2016年，对规范和细则进行修订，使老字号企业队伍随时间推移动态增长。同时，在评分标准中增加了创新、拓展方面的内容，更有利于鼓励老字号企业创新发展。昆明市从2014年起，每两年评审认定一批“昆明老字号”，并推荐“昆明老字号”参加“云南老字号”“中华老字号”的评定。至2018年，全市老字号企业共43家，其中“中华老字号”13家、“云南老字号”19家、“昆明老字号”11家。从行业构成来看，昆明老字号主要涉及餐饮、食品加工、零售、医药、工艺美术等行业，大多数老字号企业属于中小型商业企业。针对“昆明老字号”经营的现状和困难，昆明市委、市政府高度重视，采取多项措施充分发挥老字号在展示云南地方特色文化方面的重要作用，保护老字号商业品牌，挖掘和重现老字号所蕴含的百年文化底蕴及商机。

从2016年起，《昆明市稳增长促发展若干政策措施》中明确，对新评定为国家、省、市老字号的企业分别给予15万元、10万元、5万元一次性奖励，此政策已纳入2019年稳增长政策。广泛动员社会力量，共同为促进老字号振兴发展提供支持和保障，营造促进老字号振兴发展的良好氛围，赢得全社会对老字号的重视和支持。昆明市积极配合省商务厅动员老字号企业入驻京东“云南老字号”官方旗舰店，并持续推进老字号产品上线。昆明已入驻27家老字号企业，涉及商品200余种，切实有效推动老字号的传承与创新，帮助老字号企业利用互联网拓展销售渠道。市商务局在市委、市政府的支持下，协调各方，通过在街区建设、招商运营、文化挖掘和宣传推广方面给予老字号企业支持和便利，将文明街打造成集老字号商贸、餐饮美食、文化娱乐、昆明记忆目的地、地方特色礼品等为一体的“老字号一条街”，并作为昆明的历史文化特色街区对外推广，街区已入驻老字号企业15户。

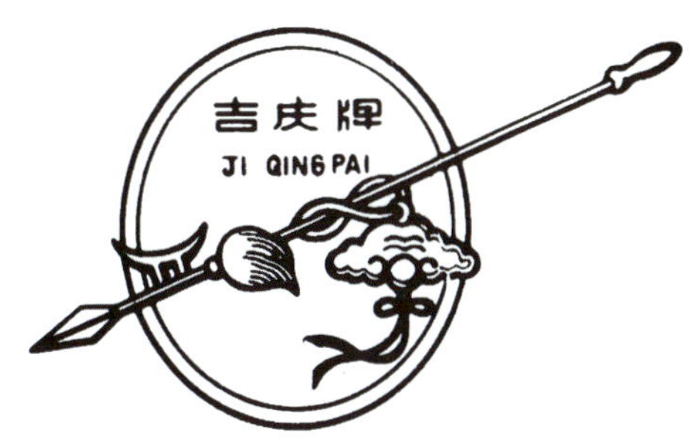

注册号：103812

注册人名称：昆明吉庆祥食品有限责任公司

核定商品服务：糕点、月饼、饼干、面包、馅饼、麻花、华夫饼干、曲奇饼干等

商标认定时间／辖区：1979年／五华区

老字号级别／认定时间：国内贸易部中华老字号／1999年，商务部中华老字号／2006年，云南老字号／2012年，昆明老字号／2016年

梅花牌

注册商标

昆明市冠生园糕点厂

注册号：138832

注册人名称：昆明冠生园食品有限公司

核定商品服务：糕点、月饼、饼干、面包、馅饼、麻花、华夫饼干、曲奇饼干

商标认定时间／辖区：1980年／西山区

老字号级别／认定时间：中华老字号／2006年，云南老字号／2012年，昆明老字号／2016年

注册号：678256　677040、103797

注册人名称：昆明拓东调味食品有限公司

核定商品／服务：豆豉、调味粉、调味品、花生酱、豆酱、面酱、甜面酱、芝麻酱、豆瓣酱；腌制蔬菜、腐乳；酱油、醋

商标认定时间／辖区：1979年／昆明市

老字号级别／认定时间：中华老字号／2006年，云南老字号／2012年，昆明老字号／2016年11月

注册号：7446626

注册人名称：昆明桂美轩食品有限公司

核定商品：月饼，蛋糕，饼干；以谷物为主的零食小吃，含淀粉食品，谷类制品；冰淇淋，烘馅饼（意大利式），调味品

商标认定时间：2010年9月

老字号级别／认定时间：中华老字号／2006年，云南老字号／2011年

福林堂
FU LIN TANG

注册号：1950787、3511486、1556506、3511485、1684447

注册人名称：昆明福林堂药业有限公司

核定商品／服务：化学药物制剂、原料药、中药成药、医用化学制剂、药茶、丸、散、膏、丹、药酒、冰糖燕窝、虫草鸡精、非医用蜂王浆、非医用口香糖、蜂蜜、龟苓膏、食用王浆（非医用）、燕窝梨膏

老字号级别／认定时间：中华老字号／2006年，云南老字号／2011年，昆明老字号／2016年

注册号：995864、3016888

注册人名称：昆明饮食服务有限公司建新园

核定商品／服务：餐馆、备办宴席、快餐馆、自助食堂、咖啡馆、饭店；流动饮食供应

商标认定时间／辖区：1997年4月／五华区，2003年1月／五华区

老字号级别／认定时间：中华老字号／2006年9月，云南老字号／2011年，昆明老字号／2014年

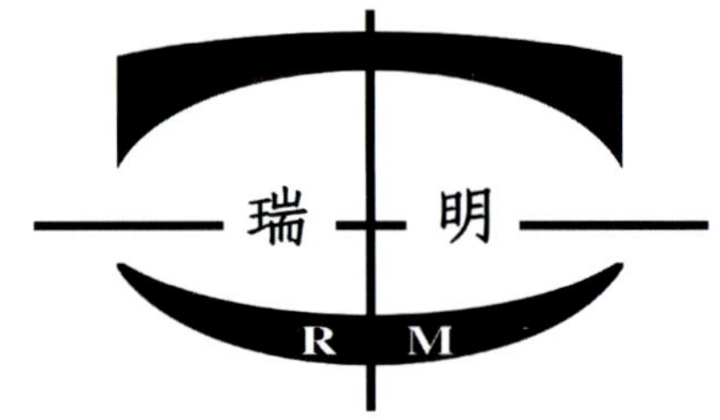

注册商标：瑞明

注册号：1078331

注册人名称：昆明市百货公司眼镜厂

核定商品／服务：眼镜、眼镜玻璃、眼镜架、眼镜盒

商标认定时间／辖区：1997年8月14日／盘龙区

老字号级别／认定时间：中华老字号／2011年4月，云南老字号／2012年2月，昆明老字号／2016年

杨林肥酒

注册号：207081

注册人名称：云南杨林肥酒有限公司

核定商品／服务：果酒（含酒精）、茴香酒（茴芹）、开胃酒、利口酒、含酒精液体、酒精饮料（啤酒除外）、含酒精果子饮料、烧酒、清酒、薄荷酒

商标认定时间／辖区：2011年／昆明市

老字号级别／认定时间：中华老字号／2011年，云南老字号／2017年，昆明老字号／2016年

注册号：51230

注册人名称：昆明德和罐头食品有限责任公司（昆明德和罐头厂）

核定商品服务：水果罐头、豌豆罐头、蘑菇罐头、听装（罐装）鱼、罐装水果、肉罐头、蔬菜罐头、水产罐头、鹌鹑蛋罐头

商标认定时间：1965年12月1日

老字号级别／认定时间：中华老字号／2010年7月，云南老字号／2011年11月，昆明老字号／2016年11月

注册号：104193

注册人名称：昆明中药厂有限公司

核定商品／服务：中成药、药酒

商标认定时间／辖区：1959年11月／西山区

老字号级别／认定时间：中华老字号／2011年1月，云南老字号／2011年11月，昆明老字号／2016年11月

云南白药

注册号：1434498

注册人名称：云南白药集团股份有限公司

核定商品／服务：中药原料药；医用营养品；中药制剂；创可贴

商标认定时间／辖区：2000年／昆明市

老字号级别／认定时间：中华老字号／2009年，云南老字号／2010年，昆明老字号／2016年

王子荣

注册号：3119214

注册人名称：王子荣祖传无敌中医馆

核定商品／服务：药酒、膏、酊剂、药用胶囊、人用药、中药成药、胶丸、原料药、片剂、各种丸

商标认定时间／辖区：2003年7月／盘龙区

老字号级别／认定时间：中华老字号／2011年1月，云南老字号／2011年11月，昆明老字号／2016年11月

注册号：768227

注册人名称：云南保元堂药业有限责任公司

核定商品／服务：中西药制剂

商标认定时间／辖区：1994年／昆明市

老字号级别／认定时间：中华老字号／2011年4月，云南老字号／2011年11月，昆明老字号／2016年11月

注册号：4234388

注册人名称：昆明市斑铜厂有限公司

核定商品／服务：斑铜制品（艺术品）、青铜制品（艺术品）、普通金属塑像、普通金属艺术品、普通金属半身雕塑像、普通金属小雕像、普通金属小塑像

商标认定时间：2007年1月28日

老字号级别／认定时间：云南老字号／2012年，昆明老字号／2016年

注册号：277656

注册人名称：昆明虹山面粉有限责任公司

核定商品／服务：面粉、面条、糕点加工、销售；粮油制品、农副产品销售；粮油仓储；货物进出口业务；项目投资及对所投资项目进行管理；自有房屋租赁

商标认定时间／辖区：1987年2月／五华区

老字号级别／认定时间：云南老字号／2013年10月28日，昆明老字号／2016年11月23日

注册号：103811

注册人名称：昆明云香斋食品有限公司

核定商品／服务：各种软硬水果糖、各种点心、饼干面包

商标认定时间／辖区：1979年10月／西山区

老字号级别／认定时间：云南老字号／2011年

注册号：61819156
注册人名称：昆明宝翰轩书画装裱服务部
核定服务：艺术品装框、雕刻
商标认定时间：2010年3月21日
老字号级别/认定时间：云南老字号/2012年，昆明老字号/2016年

文古堂

孫太初書

注册号：1424961
注册人名称：五华文古堂装裱店
核定商品/服务：字画装裱
商标认定时间/辖区：2002年/五华区
老字号级别/认定时间：云南老字号/2012年，昆明老字号/2017年

昆百大

注册号：4035851
注册人名称：我爱我家控股集团股份有限公司（曾用名昆明百货大楼（集团）股份有限公司）
核定商品/服务：广告、广告设计；商业管理辅助、商业询价；进出口代理、推销（替他人）；中介（替其他企业购买商品或服务）；人事管理咨询；饭店管理；组织商业或广告交易会
商标认定时间/辖区：2007年/昆明市
老字号级别/认定时间：云南老字号/2016年12月

易武同庆号
YI WU TONGQING HAO

注册号：4068515
注册人名称：高丽莉
核定商品/服务：茶、茶饮料、茶叶代用品、可可饮料、咖啡、蜂蜜；面包、米、食用淀粉、面条
商标认定时间/辖区：2006年6月/盘龙区
老字号级别/认定时间：云南老字号/2013年10月，昆明老字号/2016年11月

注册号：5482821
注册人名称：云南潘祥记工贸有限公司
核定商品/服务：月饼、糖果
商标认定时间/辖区：2013年/经开区
老字号级别/认定时间：云南老字号/2013年

注册号：6300389
注册人名称：张琪琳
核定商品/服务：茶、冰茶、茶饮料、茶叶代用品
商标认定时间/辖区：2005年/云南省勐腊县
老字号级别/认定时间：云南老字号/2016年11月，昆明老字号/2016年11月

注册号：133508
注册人名称：昆明电缆集团股份有限公司
核定商品/服务：电缆、电线
商标认定时间/辖区：1951年/西山区
老字号级别/认定时间：云南老字号/2015年3月，昆明老字号/2016年11月

注册号：1201879
注册人名称：昆明饮食服务有限公司端仕小锅一店
核定商品/服务：餐馆
商标认定时间/辖区：1998年8月/五华区
老字号级别/认定时间：云南老字号/2015年3月，昆明老字号/2012年

注册号：1115064
注册人名称：昆明饮食服务有限公司
核定商品／服务：咖啡店
商标认定时间／辖区：1997年9月／官渡区
老字号级别／认定时间：云南老字号／2015年3月，昆明老字号／2012年

注册号：730843、14483004
注册人名称：昆明拓东调味食品有限公司
核定商品／服务：调味品、醋、酱油、曲种、家用嫩肉剂、食品用香料；大头菜、姜片、花生酱、盐渍蔬菜
商标认定时间／辖区：1995年／昆明市
老字号级别／认定时间：云南老字号／2012年，昆明老字号／2016年11月

注册号：15797703
注册人名称：红云红河烟草（集团）有限责任公司
核定商品／服务：烟草、嚼烟、非医（用含烟草代用品）乡烟、香烟、电子香烟、烟丝、香烟盒、香烟烟嘴、烟灰缸、卷烟纸
商标认定时间：1958年
老字号级别／认定时间：云南老字号／2016年12月

注册号：19005751
注册人名称：昆明曲焕章药业开发有限公司
核定商品／服务：医用药物、医药制剂、中药成药、药用胶囊、片剂、酊剂、膏剂、针剂、医用营养品、生化药品
认定时间／辖区：2017年／昆明市
老字号级别／认定时间：云南老字号／2016年12月6日

注册号：7064932
注册人名称：石林县陈香酱菜有限公司
核定商品／服务：食用动物骨髓、腌鱼、以果蔬为主的零食小吃、咸菜、蛋、牛奶制品、熟制豆、干食用菌、豆腐制品；食用油
商标认定时间／辖区：2012年／石林彝族自治县
老字号级别／认定时间：云南老字号／2016年11月，昆明老字号／2016年11月

注册号：157446
注册人名称：云南能源投资股份有限公司
核定商品／服务：食用精制盐
商标认定时间／辖区：1981年／官渡区
老字号级别／认定时间：云南老字号／2019年1月，昆明老字号／2016年11月

注册号：9261721、9261739
注册人名称：云南安宁温泉宾馆
核定商品／服务：餐厅、饭店、住所（旅馆、供膳寄宿处）、茶馆、会议室出租、养老院；医院、公共卫生浴、桑拿浴服务、矿泉疗养、按摩、眼镜行
商标认定时间／辖区：2012年／安宁市
老字号级别／认定时间：云南老字号／2019年1月，昆明老字号／2016年11月

注册号：12373148、17310378
注册人名称：云南药材有限公司
核定商品／服务：人用药、药草、针剂、片剂、原料药、中药成药、医用酒精、搽剂、消毒剂、医用营养品；医疗护理、医疗诊所服务、医药咨询、医院、心理专家、整形外科、药剂师配药服务、饮食营养指导、保健、眼镜行
商标认定时间／辖区：2007年／昆明市
老字号级别／认定时间：云南老字号／2019年1月，昆明老字号／2018年5月

注册号：9503828

注册人名称：石林玉天赐饭店

核定商品／服务：备办宴席、饭店、酒吧

商标认定时间／辖区：2012年 ／石林彝族自治县

老字号级别／认定时间：昆明老字号／2014年9月

留焕 美食

LIUHUAN

—— 始創于20世紀初叶 ——

商标注册号：9040505

注册人名称：张留焕

核定商品服务：备办宴席、餐馆、茶馆、饭店、酒吧、咖啡馆、快餐馆；临时住宿处出租、住所（旅馆、供膳寄宿处）、自助餐馆

商标认定时间／辖区：2011年／官渡区

老字号级别／认定时间：昆明老字号／2016年

注册号：4194054

注册人名称：云南云子文化产业发展有限公司

核定商品服务：棋盘、棋类游戏、棋、围棋、象棋、棋盘（国际象棋）、棋类游戏器具、十五子棋游戏、扑克牌、麻将牌

商标认定时间／辖区：2008年／官渡区

老字号级别／认定时间：昆明老字号／2016年

注册号：10125376

注册人名称：石林记陈老燕风味凉卷粉

核定商品／服务：食用面粉、米、面粉制品、米粉、以米为主的零食小吃、食用面筋

商标认定时间／辖区：2012年／石林彝族自治县

老字号级别／认定时间：昆明老字号／2016年11月

注册号：1321494

注册人名称：云南丁氏蜂业工贸有限公司

核定商品／服务：蜂蜜、花粉健美膏、食用蜂王浆（非医用）、食用蜂胶等

商标认定时间／辖区：1999年／西山区

老字号级别／认定时间：昆明老字号／2018年5月

注册号：295552

注册人名称：中轻依兰（集团）有限公司

核定商品／服务：洗涤剂

商标认定时间／辖区：1987年8月／西山区

老字号级别／认定时间：昆明老字号／2018年5月

注册号：790016、26607138

注册人名称：云南万里化工制漆有限责任公司

核定商品／服务：染料、食品用着色剂、防腐蚀剂、天然树脂、油漆、颜料

商标认定时间／辖区：1995年11月／嵩明县

老字号级别／认定时间：昆明老字号／2018年5月

注册号：835971

注册人名称：兰学成

核定商品／服务：餐馆

商标认定时间／辖区：1996年4月／宜良县

老字号级别／认定时间：昆明老字号／2018年5月

（本专题图文由市商务局 供稿）

目录 CONTENTS

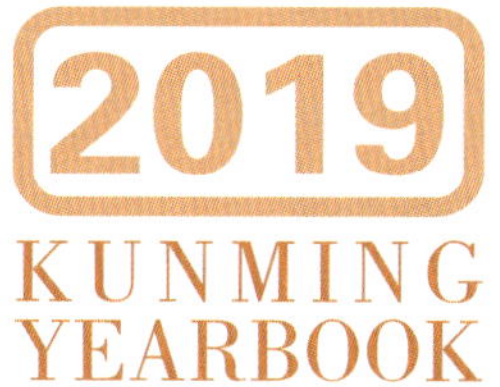

特 载

专 文

综 述

大事记

政 治

中国共产党昆明市委员会

办公厅

组织工作

宣传工作

机关党建

统一战线

机构编制管理

保密工作

党史工作

老干部工作

市委党校

中国共产党昆明市纪律检查委员会

昆明市人民代表大会常务委员会

昆明市人民政府

市政府办公厅

机关事务管理

政务管理服务

信访工作

市长热线

参事·文史研究

地方志工作

中国人民政治协商会议昆明市委员会

民主党派·工商联

中国国民党革命委员会昆明市委员会

中国民主同盟昆明市委员会

中国民主建国会昆明市委员会

中国民主促进会昆明市委员会

中国致公党昆明市委员会

中国农工民主党昆明市委员会

九三学社昆明市委员会

昆明市工商联（总商会）

群众团体

总工会

非公经济

乡镇企业

交通运输

公路及轨道交通

铁路运输

民用航空运输

城市公共交通

城市交通管理

城乡建设与管理

环境保护

环境保护

滇池保护

环境监测科研

开发区建设

昆明国家级高新技术产业开发区

昆明国家经济技术开发区

昆明滇池国家旅游度假区

昆明空港经济区

嵩明杨林经济技术开发区

昆明阳宗海风景名胜区

信息·通信

信息产业

防震减灾

气　象

水文水资源管理

社会科学

教育·文化

教　育

红十字会

体　育

社　会

城乡居民生活

民族工作

宗教工作

人口与计划生育

民　政

特 载

深化改革强动能　扩大开放增优势　聚力创新促转型　高质量推进区域性国际中心城市建设

——2019年1月7日在市委十一届六次全体会议上的报告

程连元

这次全会的主要任务是：以习近平新时代中国特色社会主义思想为指导，深入学习贯彻党的十九大和十九届二中、三中全会精神，进一步贯彻落实习近平总书记对云南工作的重要指示精神，按照中央经济工作会议、省委十届六次全会的安排部署，团结动员全市党员干部群众，深化改革强动能，扩大开放增优势，聚力创新促转型，高质量推进区域性国际中心城市建设。

现在，受市委常委会委托，我向全会作报告。

一、坚持稳中求进，勇于担当作为，保持了经济持续健康发展和社会大局稳定

2018年，市委全面贯彻落实习近平新时代中国特色社会主义思想和党的十九大精神，深入贯彻落实习近平总书记对云南工作的重要指示精神，按照省委决策部署，团结带领全市广大党员干部和各族群众，坚持稳中求进工作总基调，贯彻新发展理念，落实高质量发展要求，统筹推进稳增长、促改革、调结构、惠民生、防风险各项工作，在困难挑战增多的情况下，保持了经济持续健康发展和社会大局稳定，开创了区域性国际中心城市建设新局面。主要抓了以下几个方面重点工作。

一是以“讲政治”为根本，坚决践行“两个维护”。市委常委会带头严明政治纪律和政治规矩，带领全市党员干部树牢“四个意识”，坚定“四个自信”，坚决维护习近平总书记党中央的核心、全党的核心地位，坚决维护党中央权威和集中统一领导。开展多层次的党委（党组）理论学习、专题调研，组织内容丰富、形式多样的宣讲宣传，做到党员干部学习培训全覆盖，在全市上下形成学习新思想、领悟新思想、践行新思想的浓厚氛围。坚持知行合一，把习近平新时代中国特色社会主义思想贯穿到区域性国际中心城市建设全过程，体现到党的建设各方面，推进党中央决策部署在昆明落地生根。

二是以“勇攻坚”为关键，更加夯实小康基础。加强预测预警预防，提高对各类风险发现、化解、管控能力，突出抓好防范化解金融风险、政府债务风险、国有企业风险等工作，着力营造安全稳定的发展环境。投入72.4亿元财政资金用于脱贫攻坚，打出“七个一批”和农村危房改造、饮水安全保障等9项措施“组合拳”，创新开展“三讲三评”激发脱贫内生动力，全市10.6万贫困人口标注脱贫，预计贫困发生率下降至1%以内，寻甸县脱贫摘帽通过国家验收并获得国家脱贫攻坚组织创新奖，东川区、禄劝县申请贫困退出已按要求向社会公示。高质量抓好中央、省环保督察反馈问题整改。全面深化河（湖）长制，加大黑臭水体和水质不达标河道整治力度。强化“科学治滇、系统治滇、集约治滇、依法治滇”，开展滇池保护治理三年攻坚行动，实施滇池保护治理项目67个，完成投资23.4亿元，滇池草海、外海水质均达到Ⅳ类，为1988年建立滇池水质数据监测库30年以来最好水质。狠抓工业废气、机动车尾气和建筑工地扬尘等污染防治，主城空气质量优良率达到98.9%，为2013年执行国家空气质量新标准以来最好水平。加快滇池流域及西山等重点区域“五采区”生态修复治理，完成营造林56万亩，预计全市森林覆盖率达到49.5%。严厉打击环境违法行为，推进实施生态补偿机制，促进生态环境质量不断改善。

三是以“促转型”为抓手，切实提升发展效益。贯彻落实国家、省稳增长政策，出台稳增长20条措施，启动实施工业攻坚三年行动，着力培育发展新动能。昆明新能源汽车研发中心（北汽新能源）首车下线，东风云汽、江铃新能源、中汽中心高原试验室等重点项目取得实质性进展，京东方OLED微显示器等重点项目稳步推进，宝能汽车制造、紫光芯云产业园等154个项目落地，中关村·电子城（昆明）科技产业园（一期）等38个亿元以上项目竣

工，规模以上工业增加值预计增长14%左右。大健康产业示范区建设实施方案编制完成，国家植物博物馆选址确定，国药集团、康美药业、阿里健康等一批大健康知名企业入驻昆明，大健康国际论坛成功举办，健康产业增加值预计增长10%。华为、睿思特等项目落户呈贡信息产业园，云硅智能科技小镇落地高新区，信息产业规模预计增长26.7%。民族村、石林等28个景区上线“一部手机游云南”，旅游市场秩序整治成效明显，旅游业规模效益持续提升，旅游总收入预计增长35%。文化建设和产业发展“510”工程深入实施，入选首批国家文化出口基地，文化及相关产业增加值预计增长15%。推进高新技术产业集聚化发展，强化云计算、人工智能、3D打印等新技术带动作用，科技服务业增加值预计增长16.8%。健康养老、教育培训等新兴服务业不断壮大，商贸流通、房地产业等传统服务业稳步发展。滇中新区提速发展，建成了“两横两纵”高速路网和“两横三纵”城市骨干路网，形成了以李其片区、临空产业园、小哨国际新城、杨林汽车产业园等为重点的连片开发格局，构建了以新能源汽车及配套零部件产业、临空产业、石化循环产业三个千亿级产业园区为支撑的“533”产业体系，预计滇中新区地区生产总值增长13%左右，“三年见成效”目标基本实现。官渡区、五华区被评为“2018年中国百强区”。全市一般公共预算收入增长6.2%；预计地区生产总值增长8.5%左右。

四是以“增动力”为目的，不断深化改革开放。加大“僵尸企业”处置力度，严控过剩行业新上产能，预计全年降低实体经济企业成本230亿元左右，占全省的25.6%。积极稳妥推进国资国企改革，扎实推进农村土地承包经营权确权登记颁证。实施城乡建设用地增减挂钩，争取国家结余指标任务2271亩，筹集资金7.69亿元。深化“放管服”改革，加快“最多跑一次”政务服务改革，落实“3550”改革措施，大力推行“七办”模式，全市行政审批事项审批要件精简38%、审批时限压缩51%，营商环境持续优化。科学制订机构改革方案，完善机构设置，优化职能配置，积极稳妥推进。狠抓人才培养引进，完善创新创业服务支撑体系，推动产学研用深度融合，昆明南亚东南亚科技服务业合作中心揭牌，入围国家供应链创新与应用试点城市。成功举办第五届南博会，获批跨境电子商务综合试验区、国家外贸转型升级基地，入选国家物流枢纽承载城市，设立全国首个国际商事仲裁服务中心。顺利举办上合昆明马拉松等重大活动，与日本高山市缔结为国际友城，成功申办“2020年中国国际友好城市大会”，国际知名度和影响力不断提升。深入开展重点产业招商和产业链招商，与京东集团、招商局集团等签订合作框架协议，引进思爱普等7家世界500强企业。预计引进市外到位资金1100亿元、实际利用外资8.4亿美元；进出口总额增长75%左右，增速在全国省会城市中位列第一。

五是以“提品质”为重点，加快推进城乡融合。完成环滇池空间形态与城市天际线等专项规划编制，出台实施城市空间管控和特色风貌塑造指导意见，初步形成国土空间规划成果。开展23个“三旧”改造连片开发，在控制增量的基础上拆除违法违规建筑2049万平方米。加快草海、巫家坝等重点片区开发建设，翠湖周边历史文化片区整治提升一期示范项目基本完成。开工新建城市道路76条，实施道路整治42条，提前完成南二环提升改造，有序推进4号线等5个地铁在建项目，绕城高速宜良至澄江段、广福路东延线建成通车，昆石高速马郎立交建成投用，功东、武倘寻等13条高速公路加快建设。建立“1+5+X”网格工作模式，推进“智慧昆明”建设，不断提升城市管理服务水平。出台实施文明行为促进条例，常态长效推进交通整治、志愿服务等工作，持续推进全国文明城市创建，国家卫生城市、国家园林城市通过省级复查复审，以总评分第一名的成绩荣获“国际花园城市”E类金奖。引导资本、技术、人才等要素向农村流动，完善农村道路、水利、互联网等基础设施，扎实推进“七改三清”，完成农村公路建设1000公里、“五小水利”建设1.4万件，建成美丽乡村626个，农村生产生活条件持续改善。

六是以“补短板”为主线，着力办好惠民实事。深入实施教育优先发展战略，扎实推进“三名”工程，创新实施银龄讲学三年行动计划，年内引进西南大学附属学校、华东师大实验学校等名校10所、名师68名、名校长10名，累计引入省外名校来昆合作或举办学校24所，累计新增优质学位6万余个，优质高中覆盖比达到74.5%。持续深化医药卫生体制改革，推动分级诊疗等制度落实，与北京301医院、上海中医药大学签订战略合作框架协议，累计引进9家医疗机构在昆合作办医。县级医院提质达标建设加快推进，基层医疗卫生机构设施条件全面改善，食品药品监督管理不断强化，医疗卫生服务水平稳步提升。多措并举促进就业，新增城镇就业16.5万人，农村劳动力转移就业17.9万人。城乡常住居民人均可支配收入预计分别增长8.1%、8.9%。各项社会保险覆盖率保持在96%以上。启动建设社区居家养老服务中心62个，新增养老床位3500余张。深入实施文化惠民工程，不断提升公共文化的覆盖率和服务效能。严格落实安全生产责任，持续推进立体化、智能化、社会化治安防控体系建设，扎实开展扫黑除恶专项斗争，有效遏制盗抢骗、黄赌毒等违法犯罪，社会大局保持和谐稳定。

七是以“强党建”为导向，凝聚发展强大合力。加强市委常委会自身建设，推进决策科学化民主化，听取和研究市人大常委会、市政府、市政协、市法院、市检察院党组和党的工作机关工作汇报，把党的领导贯彻和体现到各项工作中。支持和保证人大及其常委会扎实开展立法、听取审议专项工作报告等工作，启用质询等刚性手段增强监督实效，对嵩明撤县设市等重大事项作出决定，依法任免国家机关工作人员。支持政府依法全面履职，完善对中央和省委、市委决策部署的执行、考评、奖惩等工作机制，加快转变政府职能、提高行政效能。支持政协发挥协商民主重要渠道和专门机构作用，围绕全市重点工作开展专题协商、调研视察、民主监督，更好地汇聚力量、服务大局。层层压实管党治党责任，深入实施基层党建“八项工程”，全面完成村民小组活动场所建设，5857个党支部完成规范化达标创建，被中组部列为“全国城市党建示范市”。出台激励干部新时代新担当新作为实施办法，在35家市级部门开展科级正职干部全员竞争上岗，拓展“以下评上”范围并抓好结果运用，有效增强干部队伍活力。构建“一张网、一体化、一盘棋”工作格局，推进意识形态工作责任制有效落实。完成市县两级监察委员会组建工作，实现市县两级派驻监督全覆盖。针对省委巡视反馈的10个方面45项问题，提出126条整改措施并认真抓好落实。巩固发展反腐败斗争压倒性态势，组建18个巡察组对25个党组织开展巡察，全市纪检监察机关立案1154件、处分1044人、移送司法机关86人、挽回经济损失4941万元。以“春融同心”品牌创建为抓手巩固发展新时代爱国统一战线，被确定为全国“新的社会阶层人士统战工作创新推广城市”。促进民族团结进步、宗教和谐稳定，禄劝县、寻甸县成功创建为全国民族团结进步示范县，石林县被命名为国家级“海峡两岸少数民族交流基地”。支持法院、检察院依法履职，推进军民融合深度发展，加强老干、双拥、国防后备力量建设等工作，深化群团组织改革，凝聚了建设区域性国际中心城市的强大合力。

在此，我代表中共昆明市委，向所有关心、支持和参与昆明改革发展的同志们、朋友们，表示衷心感谢，致以崇高敬意！

在充分肯定成绩的同时，我们也要清醒地认识到昆明发展中存在的问题。经济发展的重点问题是：经济增长对投资的依赖程度依然过高，而投资增长乏力、结构不优、质量不高，对全市地区生产总值拉动效率持续下降；工业投资占比偏低、增速偏慢，新兴产业发展不足，重工业靠资源、轻工业靠烟草的发展模式还没有根本扭转。改革创新的难点问题是：解决具体问题、体现特色亮点的改革举措还不多，改革重文件出台、轻推进落实的情况仍然存在；创新资源缺乏整合，产学研用结合不够，支持科技创新的体制机制还不完善；高层次创新创业人才、高技能人才占比低，新兴产业人才尤其短缺。扩大开放的焦点问题是：开放合作领域不宽、层次不高，缺乏国际影响力较大的交流合作平台；一些干部开放意识不强、国际化思维不足，对扩大开放的具体工作研究不深入、统筹不到位；各部门条块分割、各自为战，尚未形成系统有效的开放协同力量。群众关切的热点问题是：优质教育、医疗资源总量不足，“择校热”、看病难等问题还不同程度存在，就业结构性矛盾依然突出，基本公共服务供给仍然不足；基础设施建设历史欠账较多，城市管理智慧化精细化水平有待提升，创建全国文明城市还需努力。决胜小康的关键问题是：各类矛盾风险交错叠加，防范化解重大风险、维护社会和谐稳定压力较大；贫困地区产业、就业组织化程度偏低，“造血”能力差，巩固脱贫成效还需持续发力；滇池入湖河道水质不稳定，源头治理任务艰巨，大气污染防治形势严峻，生态破坏、环境违法等问题时有发生，持续改善生态环境任重道远。干部队伍的突出问题是：有的干部做懒汉、混日子，干工作只求过得去、不求过得硬；有的干部滋生了“宁愿不干被问责，也不愿干错被追责”等消极情绪，推拖滑绕、为官不为；有的干部表态多调门高、行动少落实差，以文件落实文件，以会议落实会议，形式主义、官僚主义新表现不同程度存在。全市各级各部门要坚决打破惯性思维和路径依赖，有针对性地推动问题解决，确保党中央、省委各项决策部署在昆明落地落实。

二、把握发展大势，保持战略定力，科学谋划高质量推进区域性国际中心城市建设的方向和路径

发展前进从无坦途，攻坚克难方显珍贵。当前，宏观形势严峻复杂，我们必须坚持辩证唯物主义和历史唯物主义的方法论，结合历史和现实、理论和实践、国内和国际等因素分析判断形势，牢牢把握谋划和推进工作的主动权。

要用辩证的思维看待形势的变化与不变。近年来，全球政治经济格局加速演变，尽管世界经济延续复苏态势，但受保护主义和单边主义、美联储加息、地缘政治冲突等多重因素影响，增长动能正在减弱，经济下行风险逐步加大。我国与世界的关系发生深刻变化，经济运行进入新常态，正处于增长速度换挡期、结构调整阵痛期、前期刺激政策消化期。但是，和平与发展的时代主题没有变，我国发展仍处于并将长期处于重要战略机遇期的基本态势没有变，结构优化改革深化的趋向没有变，民生改善社会稳定的大局没有变。我们必须辩证地看待宏观形势的变化与不变，洞察大势、闯关夺隘，向高质量发展不断迈进。

要用发展的眼光分析面临的机遇与挑战。当前，全球新一轮科技革命和产业变革迅速发展，数字经济、生物技术、人工智能等创新成果层出不穷，我国深化改革纵深推进、全面开放空前扩大，稳就业、稳金融、稳外贸、稳外资、稳投资、稳预期政策密集出台，将为昆明的发展增添强劲动力、拓展广阔空间。与此同时，世界经济深层次结构性矛盾尚未有效解决，中美经贸摩擦成为我国发展乃至全球经济复苏面临的最大不确定因素，各类潜在风险将

通过贸易、资金、产业等渠道对昆明的发展产生影响。我们必须冷静观察、密切关注，善于抓住和用好机遇、善于化解和战胜挑战，奋力开创高质量发展新局面。

要用全局的视野把握工作的整体与局部。在实现“两个一百年”奋斗目标的征程中，全国各地百舸争流、各展所长，我们必须树立大局意识、强化责任担当、找准发展定位，在全国大格局中审视和谋划昆明各项工作，履行昆明责任、作出昆明贡献。在建设区域性国际中心城市的具体实践中，我们既要坚持整体推进、在全市“一盘棋”中谋划各项工作，又要坚持重点突破、抓住“牵一发而动全身”的关键环节，努力做到整体和局部相配套、渐进和突破相衔接，加快构建特色鲜明、优势互补、分工协作的发展格局，推动全市经济社会发展跃上新台阶。

要用统筹的方法协调发展的速度与质量。面对我国社会主要矛盾的新变化，以及经济向高质量发展阶段迈进的新要求，传统的发展方式已经难以为继，只有加快经济结构优化升级、推动高质量发展，才能打开新局面。我们必须牢固树立“以质量高低论英雄”的新观念，结合昆明欠发达边疆省会城市实际，牢牢抓好“速度”和“质量”的平衡点，以“可争取的速度”为高质量发展创造空间和条件，以高质量发展为“能争取的速度”释放新的潜力，把握好节奏和力度，推动经济发展质量变革、效率变革、动力变革，提高全要素生产率，实现发展行稳致远。

现在，全市上下人心思进、思变、思干的氛围已经形成，建设区域性国际中心城市的路径已经明确，我们必须保持定力、开拓进取、担当作为，创造性贯彻落实党中央方针政策和工作部署，朝着建设区域性国际中心城市的奋斗目标迈出新的步伐。要增强政治定力。坚持以习近平新时代中国特色社会主义思想为指导，深入贯彻落实习近平总书记对云南工作的重要指示精神，坚定对标看齐的政治自觉，把“一个跨越”贯彻到工作思路中、“三个定位”体现到工作目标上、“五个着力”落实到具体实践里，确保昆明各项事业发展始终沿着正确方向前进。要坚持久久为功。牢固树立正确政绩观，坚定“功成不必在我”的精神境界和“功成必定有我”的历史担当，以“一张蓝图绘到底”的决心和信心，在“形”与“势”的统一中把握大局，在“危”与“机”的转换中积极作为，在“供”与“需”的循环中优化升级，稳扎稳打、久久为功，推动区域性国际中心城市建设取得丰硕成果。要持续提神振气。建设区域性国际中心城市，绝不是轻轻松松、敲锣打鼓就能实现的。我们必须坚定信心、精准施策，始终保持一股闯劲、冲劲和韧劲，以勇立潮头的使命担当、锲而不舍的坚忍执着、时不我待的奋斗姿态，投身到深化改革、扩大开放、创新创造的时代潮流之中，形成推动昆明发展的强大力量。

2019年，全市工作的总体要求是：以习近平新时代中国特色社会主义思想为指导，全面贯彻党的十九大和十九届二中、三中全会精神以及中央经济工作会议精神，进一步贯彻落实习近平总书记对云南工作的重要指示精神，统筹推进“五位一体”总体布局，协调推进“四个全面”战略布局，按照“五个坚持”“六个稳”要求，深化改革强动能，扩大开放增优势，聚力创新促转型，高质量推进区域性国际中心城市建设，增强人民群众获得感、幸福感、安全感，保持经济持续健康发展和社会大局稳定，为全面建成小康社会收官打下决定性基础，以优异成绩庆祝中华人民共和国成立70周年。

市委考虑，今年全市经济社会发展的主要预期目标是：地区生产总值增长8.5%左右，固定资产投资增长10%左右，一般公共预算收入增长5%左右，居民收入增长与经济增长基本同步。

确定上述目标，综合考虑了国内外环境条件和昆明发展实际，重点是推动高质量发展。推动高质量发展是当前和今后一个时期确定发展思路、制定政策措施、推进工作落实的根本要求，全市党员干部要牢牢把握高质量发展要求，研究管用的工作抓手，拿出有力的办法举措，加快形成推动高质量发展的指标体系、政策体系、标准体系、统计体系、绩效评价、政绩考核，着力构建产业结构优化、改革开放深入、城乡发展协调、生态环境优美、人民生活幸福的发展新格局，高质量推进区域性国际中心城市建设，确保高质量发展走在西部城市前列。

三、改革开放再出发，创新创造增优势，高质量推进区域性国际中心城市建设

今年是新中国成立70周年，是全面建成小康社会关键之年。全市各级各部门要继续全面深化改革、全面扩大开放、全面促进创新，高质量推进区域性国际中心城市建设。具体来说，就是要实现“八个新突破”。

（一）围绕激发内生动力，坚持综合施策、全面发力，在增强改革成效上实现新突破。统筹推进各方面改革，增强改革的系统性、整体性、协同性，以改革的实际成效为高质量发展注入强劲动力。要不折不扣完成机构改革任务。严格落实机构改革方案，明确责任、倒排工期、压茬推进，统筹抓好党政、人大、政协、群团组织、事业单位、综合执法等各类机构改革。抓住统筹部署、班子组建、转隶衔接、“三定”工作等关键环节，精心组织、精细实施、精准落实，加强对县区机构改革的指导，确保3月底前市县机构改革基本完成。全面加强政治纪律、组织纪律、机构编制纪律、干部人事纪律、财经纪律和保密纪律，确保机构改革风清气正。做深做细做透思想政治工作，引导党员干部积极拥护改革、支持改革、参与改革，确保思想不乱、工作不断、队伍不散、干劲不减。要持续

深化供给侧结构性改革。认真贯彻巩固、增强、提升、畅通“八字方针”，运用市场化、法治化手段，推动更多产能过剩行业加快出清。健全住房市场体系和保障体系，完善和落实房地产调控措施，推动房地产市场平稳健康发展。落实好国家各项减税降费措施，进一步降低全社会各类营商成本。推进“银税互动”，实施好“财园助企贷”等支持政策，提高金融体系服务实体经济能力。推进“消费升级行动计划”，加快教育、育幼、养老、医疗等服务业发展，培育网络消费、智能消费等消费新热点，有效激发居民消费潜力。要推进关键领域改革攻坚。深化“放管服”改革，大力实施“六个一”行动，全力推进“一网通办”，把企业开办时间压缩到3个工作日，着力营造优质营商环境。深化国资国企改革，加快国有经济提质增效、增收节支、管理提升。推进财税体制改革，规范政府举债融资机制，加快昆明农商行组建步伐。深化土地、市场准入、社会管理等领域改革，集中推出一批关注度高、社会期盼的改革措施，扩大改革受益面。要充分激发市场主体活力。全面实施市场准入负面清单制度，破除歧视性限制和隐性障碍，鼓励民间资本有序参与公共服务、生态保护、基础设施等领域投资运营管理。完善领导干部挂钩联系民营企业等制度，主动帮助解决融资、土地、技术、人才等方面的困难。建立公平开放透明的市场规则和法治化营商环境，平等、全面、依法保护民营企业产权，激发和保护企业家精神，促进正向激励和优胜劣汰，发展更多优质企业。

（二）围绕释放发展活力，坚持内外联动、合作共赢，在扩大开放优势上实现新突破。深度服务和融入国家“一带一路”、长江经济带建设，积极对接融入长三角、珠三角、粤港澳大湾区和成渝经济圈，加快形成全方位、宽领域、多层次的开放格局，为区域性国际中心城市建设提供有力支撑。要提升综合枢纽地位。推进渝昆高铁开工建设，做好昆明—南宁—深圳高铁项目前期工作，加快进出昆明高速公路复线和“出滇入川”高速公路建设。推进长水国际机场改扩建工程和航空枢纽建设，新开、加密国际航线和洲际航线。继续抓好面向南亚东南亚的国际光缆和国际通信枢纽建设，推进数字技术交流合作，构筑数字丝绸之路的战略枢纽。持续推动昆明铁路口岸开放申报，加快昆明中心物流基地建设，推进航空物流业发展。要增强经贸辐射能力。高效推动昆明综合保税区、高新保税物流中心、腾俊国际陆港保税物流中心建设营运，加快发展保税加工、保税物流、保税服务等业务。配合省申报建设中国（云南）沿边自由贸易试验区，加快出口农产品质量安全示范区申报建设，推动跨境旅游、跨境金融、跨境电商、跨境物流等取得突破性进展。深化中国（昆明）跨境电子商务综合试验区建设，争取获批国家服务外包示范城市，加快形成以技术、标准、品牌、质量、服务为核心的外贸新优势。要拓展人文交流领域。提升昆交会、澜湄合作博览会等会展活动和上合昆明马拉松等品牌赛事的国际影响力，积极开展与南亚东南亚国家在教育医疗、人才培训、文化艺术等领域的交流，吸引南亚东南亚国家人士来昆明就学、就医、度假、养老、开展合作。充分发挥昆明国际友城旅游联盟作用，深化与各友城之间的旅游合作，实现优势互补、互利共赢。鼓励本地媒体、文化团体、传播机构与南亚东南亚国家知名媒体和企业加强合作，扩大昆明的知名度和影响力。要健全开放合作制度。全面实施外商投资准入前国民待遇加负面清单管理制度，保护外商合法权益，支持中外企业公平竞争、共同发展。积极参与全国通关一体化改革，深化区域大通关建设协作，实施好航空口岸外国人144小时过境免签政策，提升口岸通关服务水平。探索建立适合国际化发展需要的国际会议管理、外国人管理、外国非政府组织活动管理等一系列机制，为外国人来昆工作、投资创业、经贸往来提供便利服务。

（三）围绕增强竞争实力，坚持创新驱动、转型升级，在转变发展方式上实现新突破。坚持把创新作为高质量发展的第一动力，加快区域性国际科技创新中心建设，加强科技创新与产业创新协同联动，推动经济转型升级。要大力推进科技创新。以打造全国小微企业创业创新基地示范城市为抓手，加大对中小企业创新支持力度，鼓励企业加大研发投入、攻关核心技术。大力引进国内外知名大学、科研机构等来昆建立研究中心、实验室、技术转移中心，加快信息及芯片产业、生物医药大健康产业等6大产业科技创新研发中心建设，打造全省工业创新核心区。探索设立区块链发展基金，引进一批区块链创新企业，促进电子政务、跨境贸易、住房租赁、智慧康养等领域率先实现区块链示范应用场景落地，配合省举办好首届区块链国际论坛。要强力推进产业创新。组织实施100项重大技术进步项目，促进化工、冶金、非烟轻工、烟草及配套等传统产业向价值链高端发展。确保宝能汽车制造项目按期开工建设，北汽、东风云汽、江铃3个新能源汽车项目如期建成投产，力争新能源汽车总产能达到30万辆。围绕新能源汽车整车制造项目谋划布局电机、电控、电池等配套企业，加快数控机床、自动化物流成套设备、智能机器人等先进装备制造业发展，扶持发展水电铝（硅、锂）材精深加工产业。依托中石油云南炼化项目及化工园区，大力发展石化中下游延伸产业。确保规模以上工业增加值增长10%。推进国家植物博物馆开工建设，出台实施大健康产业发展规划，加快高新区生物产业基地、滇中新区医药产业园、茨坝生物科技小镇建设，确保大健康产业增加值增长10%。抓好云硅智能科技小镇、紫光芯云产业园等项目，引进培育一批云计算、人工智能、移动互联网、5G通信等骨干企业，推动数字经济和信息产业跨越发展，确保信息产业规模增长20%。深化文化与科技、旅游等产业融合发展，力争文化及相关产业增加值增长15%。深入推进“旅游革命”，继续抓好旅游市场整治，推进旅游产业转型升级，确保旅游总收入增长20%。要着力推进机制创新。柔性引进“两院”院士、国家“千人计划”“万人计划”专家等科技领军人才，完善校院企地协同创新利益联结机制，促进科技成果向现实生产力转化。加快园区人事和分配制度创新，推进园区实体化改革、市场化运作、扁平化管理，完善园区综合考核评价办法，激发园区内生动力，确保安宁工业园区主营业务收入超千亿元。创新招商引资工作机制和方式方法，提升招商引资专业化水平，保持外来投资稳定增长势头，推进招商项目签约落地、投产达效，确保引进市外到位资金1200亿元、实际利用外资9亿美元。

（四）围绕彰显特色魅力，坚持规划引领、建管并重，在提升城市品质上实现新突破。狠抓城市规划建设管理，完善城市功能，改善城市形象，提高城市文明程度，不断提升“世界春城花都、历史文化名城、中国健康之城”的知名度美誉度。要优化城市空间格局。继续推进国土空间规划编制，深入推进“两规融合”“多规合一”，高标准、高质量开展好城市设计、历史文化名城保护和城市特色风貌塑造等重点专项规划编制，科学谋划昆明“成长坐标”。用好城乡建设用地增减挂钩政策，消化批而未供土地，盘活利用闲置土地，提高节约集约用地水平。大力推进呈贡核心区、巫家坝、草海、东白沙河、大渔等重点片区开发建设，加快实施城市更新改造，启动11个“三旧”改造连片开发项目，实施14个城中村改造项目，优化拓展城市发展空间。继续落实好对晋宁发展的支持保障政策，加速晋宁融入主城区发展步伐。要提升城市风貌形象。推进翠湖片区、“昆明老街”片区、南强历史街区整体联动，保护好历史文化建筑群落和人文景观，留住昆明特有的“城市基因”。推进城市增花添彩，提升街巷、公园、广场等公共空间绿化美化品质，建设缤纷多彩的花园城市。在对外交流、招商引资和重大活动中集中展示推广健康之城品牌形象，不断提升“中国健康之城”的知名度和影响力。扎实推进特色小镇建设，加快完善县城基本功能、美化生态环境、提升基本公共服务，为全省“美丽县城”建设作出示范。要完善城市基础设施。继续推进宜石等高速公路建设，争取福宜等高速公路项目全面复工、昆倘高速公路开工，年内实现绕城高速外环线闭合、功东高速建成通车。以机场高速和出入昆高速公路为重点，建设高品质绿化带，提升服务区功能品质，高标准打造“美丽公路”的标杆。加快推进地铁1号线西北延、2号线二期、4号线、5号线、6号线二期等项目建设，提速飞虎大道北段工程、南北大道等项目进度，完成东风路等道路恢复提升工程、早日还路于民。启动5G网络区域性试点，加强人工智能、物联网等新型基础设施建设，打造云网融合、安全可靠的城市信息化基础设施。要改进城市管理方式。加快“智慧城市”建设，构建“城市数据大脑”，运用信息化、智能化手段，提升公共资源配置、事件预测预警、“城市病”治理等功能。健全完善网格化综合监督指挥中心系统，做实“五员进网格”工作，提升城市网格化管理水平。加快建设“15分钟便民生活服务圈”，为群众提供更加便利安全智慧的服务。按照“六个不滑坡”“六个持续提升”要求，深入实施创建全国文明城市三年行动计划，大力开展“5+N”群众性精神文明创建活动，持续提升城市文明水平。

（五）围绕加快城乡融合，坚持因地制宜、循序渐进，在推进乡村振兴上实现新突破。坚持农业农村优先发展，推动乡村振兴重点突破，加快推进农业全面升级、农村全面进步、农民全面发展。要巩固提升脱贫成果。深入实施打赢精准脱贫攻坚战三年行动，扎实推进产业、就业、教育、健康、生态扶贫，持续改善相对贫困地区发展条件。继续保持和加强对脱贫退出县区的巩固帮扶，研究解决收入水平略高于建档立卡贫困户的群体缺乏政策支持等新问题。建立完善返贫预警机制和常态长效扶贫机制，减少和防止贫困人口返贫。突出抓好“六个结合”，推动脱贫攻坚与乡村振兴有机衔接、深度融合，以乡村振兴巩固脱贫攻坚成果。要推动农村活力释放。深化农村集体产权制度改革，完成农村土地承包经营权确权登记颁证，推动农村集体经营性建设用地入市，打好新一轮农村改革“组合拳”。合理调整“粮经饲”结构，加强生态品质农业、智慧设施农业建设，实施农产品加工业振兴行动，打好昆明“绿色食品牌”。适应需求新变化，因地制宜发展多样性特色农业，推进农村一、二、三产业融合发展。合理引导工商资本下乡支持农业、带动农民，吸引社会资本参与乡村振兴，拓展农村就业空间和农民增收渠道。要改善农村生产生活条件。坚持城市带动农村，推动城乡规划融合、产业融合、要素融合、基础设施和公共服务融合。学习推广浙江“千万工程”经验，抓实农村人居环境整治三年行动，今年建设农村人居示范村100个、各类美丽乡村200个，带动全域人居环境整治提升。抓好“四好农村路”建设，加快柴石滩水库灌区及罗泊河水库等重点水源工程、“五小水利”工程、农村饮水安全工程建设，拓展固定宽带网络在农村地区覆盖深度，完善农村电子商务配套设施，筑牢农村发展的基础支撑。要推动新型城镇化健康发展。全面深化户籍制度改革，放宽主城区落户限制，畅通农村籍大中专毕业生、退役士兵、农村留守儿童等进城落户的通道。针对有能力在城镇稳定就业和生活的人口，采取不同方式和路径，加快推进农业转移人口的市民化。有针对、分类别对农业转移人口进行就业培训和创业扶持，提升就业创业能力，保障进城落户农民权益，推进基本公共服务全覆盖，为他们解决后顾之忧。

（六）围绕推动绿色发展，坚持生态优先、铁腕治污，在保护生态环境上实现新突破。牢固树立绿水青山就是金山银山的理念，坚决打好污染防治攻坚战，让绿色成为昆明最厚重的底色、最具竞争力的优势。要突出抓好以滇池为重点的水污染治理。紧跟政策动向积极争取上级支持，全力推进滇池保护治理三年攻坚行动，健全完善滇池保护治理投融资体系，加快城镇污水处理厂及配套设施、河道支流沟渠整治、内源污染治理等项目建设进度，确保滇池治理“十三五”规划项目启动率达到90%、已建工程设施充分发挥效益。抓好农业面源污染治理，控制城市面源和雨季合流污染，全面深化河长制“一河一策”，推进主要入湖河道及支流沟渠治理，启动牛栏江综合治理，实现水质提升与污染总量削减目标，确保滇池草海、外海水质分别稳定达到Ⅳ类和Ⅴ类。加快阳宗海引洪渠生态治理工程等6个重点项目进度，采取有效措施消除湖泊砷污染风险，确保水质稳定达到III类。抓好滇池、螳螂川、普渡河等流域国考不达标水体整治，巩固黑臭水体整治效果，确保年内主要河道全面消除劣V类水体。要抓好环境突出问题整治。以极端负责的态度抓好中央和省环保督察、省委机动巡视反馈意见整改，确保件件有着落、条条改到位。深入开展“蓝天”保护行动，大力度开展城市扬尘、黄标车淘汰、工业企业达标排放专项整治，确保主城空气质量优良率达到98%以上。深入开展“净土”保护行动，完成滇池和阳宗海二级保护区内规模化畜禽养殖场关闭（搬迁）工作、东川区重金属污染防治项目建设任务。要全面开展生态保护修复。持续推进滇池流域及西山等重点区域“五采区”生态修复治理，加快实施退耕还林草、陡坡地生态治理等生态系统修复工程，不断提高森林覆盖率。严守生态保护红线，加强林地和湿地管护，完善天然林保护等制度。建立健全体制机制，统筹北部生态涵养区保护和发展，促进环境质量持续提升，筑牢生态安全屏障。要大力推进生产生活方式绿色化。推进能源、冶金、建材等行业节能改造和清洁生产改造，加快推广新能源汽车，推动形成简约适度、绿色低碳的生活方式。建立产业准入负面清单制度，禁止在滇池和阳宗海流域、牛栏江补水区、集中式饮用水源地等敏感区域新上高风险项目。推行排污许可、生态环境损害赔偿制度，构建完善自然资源资产产权制度、生态补偿制度、生态文明绩效评价考核及责任追究等制度，为生态文明建设提供有效保障。

（七）围绕共享发展成果，坚持以人为本、办好实事，在增进民生福祉上实现新突破。以保障和改善民生为根本目的，解决好群众“急难愁盼”的民生问题，让人民群众共享改革开放成果。要办好人民满意的教育。继续推进“三名”工程，加大内培外引力度，确保年内引进名校4所、名师50名、名校长4名。加速优秀教师培养，加快推动城乡义务教育优质均衡，建立健全小学生课后服务制度，稳妥推进中小学考试招生制度改革。推动普通高中优质特色发展，有效增加优质高中教育资源，确保全市高考一本上线率明显提升。支持和规范社会力量兴办教育，加强对校外培训机构的监管治理，更好满足群众对优质教育的迫切需要。要提高医疗卫生水平。深化公立医院综合改革，理顺改制医院管理体制，做好市第二人民医院迁建工作。推进危重孕产妇和新生儿抢救中心建设管理，探索公安110与医疗卫生联动平台建设，加快第三批县级公立医院提质达标建设，保障疫苗质量和安全，提升医疗急救能力水平和疾病预防控制能力。持续引进高端优质医疗资源，推动“互联网＋医疗健康”建设，推进家庭医生签约服务和医联体建设，切实提高医疗服务质量。要全面提升就业创业质量。继续实施“百企万岗”入昆计划和“百千万”劳务输出工程，重点解决好高校毕业生、退役军人、返乡农民工等群体就业。支持劳动密集型产业、服务业和小微企业平稳发展，增强就业吸纳能力。落实好“贷免扶补”、创业担保贷款等政策，推进创业孵化基地建设，支持各类群体投身创业大潮。确保新增城镇就业13万人，农村劳动力转移就业15万人。要优化公共文化服务供给。深入推进“基层公共文化服务包”，加快建设基层综合性文化服务中心，加强农村公共体育基础设施建设，提升农村和贫困地区公共文化服务水平。健全公共文化服务设施网络，打造“文化云”公共文化服务平台，提升基本公共文化服务标准化水平，推进国家公共文化服务体系示范区创建工作。推动农村移风易俗，抓好乡土文化传承，让优秀传统文化世代相传。要健全完善社会保障体系。扩大新业态就业人员等社会保险覆盖范围，完善城乡低保、临时救助等制度，保障好困难群众基本生活。新开工城镇保障性安居工程1.02万套、建成2.15万套，有效缓解住房困难群体住房问题。推进居家和社区居家养老服务改革试点，健全以居家为基础、以社区为依托、机构充分发展、医养相结合的多层次养老服务体系，更好满足养老服务需求。

（八）围绕促进和谐稳定，坚持防范风险、凝聚合力，在创新社会治理上实现新突破。深化对社会运行规律和治理规律的认识，加快打造共建共治共享的社会治理格局，全力确保城市安全、社会安定、市民安宁。要防范化解重大风险。严厉打击非法集资、网络传销等经济犯罪行为，健全完善对银行业、证券业、保险业、互联网金融、地方类金融组织的全方位金融风险防控体系，为建设区域性国际金融服务中心营造良好环境。积极争取增加地方政府专项债券规模，多渠道消化存量债务，不断优化政企债务结构、降低负债比例。贯彻落实总体国家安全观，严打严防渗透颠覆破坏、暴力恐怖，有效维护国家安全和社会稳定。健全完善依法办理、舆论引导、社会面管控“三同步”机制，依法严厉打击新型网络犯罪，构建良好网络舆论生态。要深化基层发展治理。实施城乡社区治理“五个一批”工程，构建精准治理、多方协作的社区治理新模式。持续完善社区治理体系，加强社工队伍培育管理，提升社区服务品质，推进城乡社区治理体系和治理能力现代化。提高城乡社区信息基础设施、技术装备水平，充分运用新媒体引导社区居民密切日常交往、参与公共事务、开展协商活动、组织邻里互助。要强化社会安全治理。坚持和发展“枫桥经验”，全面做好隐患排查、矛盾化解等各项工作，努力将社会矛盾化解在基层和萌芽状态。推进扫黑除恶专项斗争向纵深发展，继续抓好“雪亮工程”和综治中心建设，持续开展电信网络诈骗、黄赌毒、涉众型经济犯罪等专项整治行动，净化社会治安环境。把安全发展理念纳入城市规划、建设、管理、运营各个环节，全面提升安全发展总体水平，有效防范和坚决遏制重特大安全事故发生。要广泛凝聚发展合力。全面推进依法治市，加强社会主义民主政治建设，支持人大、政府、政协和监委、法院、检察院依法依章程履行职能、开展工作。巩固和发展最广泛统一战线，支持市级有关民主党派做好换届工作，深入推进群团组织改革，加快军民融合深度发展，争创全国民族团结进步示范市，把全市各族各界人士的思想和行动统一到市委决策部署上来，广泛汇聚干事创业、团结向上的强大正能量。

四、加强党的建设，全面从严治党，以党建的高质量为区域性国际中心城市建设提供有力保障

准确把握新时代党的建设总要求，持之以恒推动全面从严治党向纵深发展，打造风清气正的政治生态环境，为经济社会高质量发展提供思想指导、价值引领和政治保证。

（一）强化思想政治建设，确保各项事业始终沿着正确政治方向发展。思想建设是党的基础性建设，党的政治建设是党的根本性建设。要牢固树立“四个意识”、坚定“四个自信”，旗帜鲜明把“两个维护”作为讲政治的首要任务，作为严肃的政治纪律和政治规矩，不折不扣贯彻落实到工作的方方面面。要严格遵守和维护党章，完善和落实民主集中制各项制度，严肃党内政治生活，始终做到“五个必须”，坚决反对“七个有之”，确保政令畅通、令行禁止。要用好中心组学习这一有效抓手，发挥党校、干部培训基地等阵地作用，引导党员干部加强学习和调查研究，推动学习贯彻习近平新时代中国特色社会主义思想往深里走、往实里走、往心里走。要大力推进实施宣传思想工作“十大工程”，深入落实“113468”责任体系，加快推进县级融媒体中心建设，把导向、管阵地、防风险、强队伍，牢牢掌握意识形态工作的领导权。

（二）着力夯实基层基础，以提升组织力为重点铸就坚强有力的战斗堡垒。党的基层组织坚强有力，党的根基才能牢固，党才有战斗力。要切实贯彻执行《中国共产党支部工作条例（试行）》，全面落实“基层党建创新提质年”各项任务，深入实施基层党建“八项工程”，持续整顿提升软弱涣散基层党组织，推动基层党建全面进步、全面过硬。要推广“互联网＋党建”“智慧党建”等经验做法，深化“两廊一圈一带双提升”春城党建品牌创建，有效激发基层党建工作活力。要深化党支部规范化建设达标创建，严格教育管理党员，提升党组织政治功能，坚定不移把党的领导落实到基层的方方面面。要严把发展党员政治关，注重从产业工人、青年农民、高知识群体中和非公组织、社会组织中发展党员，稳妥有序处置不合格党员，不断提升党员队伍整体素质。

（三）坚持有为才有位，以正确用人导向激励干部新时代新担当新作为。对干部最大的激励是正确用人导向，用好一个人能激励一大片。要完善多渠道发现、识别、举荐干部机制，把政治标准放在第一位，把敢不敢扛事、愿不愿做事、能不能干事作为识别干部、评判优劣、奖惩升降的重要标准，把干部干了什么事、干了多少事、干的事群众认不认可作为选拔干部的根本依据。要严格“五个过硬”标准，破除论资排辈、平衡照顾、求全责备等观念，重视发现培养、统筹“选育管用”，加强政治历练、实践磨炼，打造一支当下有活力、发展有潜力、未来有竞争力的年轻干部队伍。把女干部、少数民族干部、党外干部培养选拔工作放到整个领导班子和干部队伍建设中来谋划，发挥好各年龄段干部积极性，使整个干部队伍都有干劲、有奔头、有希望。要把更多优秀干部派到中央单位、发达地区开阔眼界、增长见识，放到产业园区、重点项目、信访维稳等改革发展稳定一线培养锻炼，在实践中提高党员干部“八种本领”。要完善干部考核评价机制，健全落实干部待遇激励保障制度，对长期战斗在加班加点岗位、脱贫攻坚一线、艰苦边远地区、矛盾突出地方的干部给予更多关心关注关爱，增强他们的荣誉感、归属感、获得感。

（四）狠抓干部作风建设，充分调动和激发广大干部的积极性、主动性、创造性。加强干部作风建设，既是一项战略任务，也是党的建设永恒的课题。要建立管思想、管工作、管作风、管纪律的从严管理体系，全面整合党内监督、群众监督、民主监督、舆论监督等各种监督力量，加强对干部的全方位管理。要巩固拓展落实中央八项规定精神成果，把整治形式主义、官僚主义作为反对“四风”的首要任务、长期任务，强化集中治理，精准“靶向治疗”，推动干部作风不断向好。要持续整治不作为、慢作为、乱作为，针对推拖滑绕、敷衍塞责，行动迟缓、消极懈怠，能力不足、落实不力，罔顾实际、胡乱决策的干

部，该调整的调整、该免职的免职、该问责的问责，绝不姑息迁就。要坚持“三个区分开来”，落实以纪检监察机关为责任主体，组织部门等相关职能部门衔接配合的容错纠错协调机制，严肃查处诬告陷害行为，旗帜鲜明地为敢于担当、踏实做事、不谋私利的干部撑腰鼓劲。

（五）坚定不移反腐肃贪，巩固发展反腐败斗争压倒性胜利。反腐败既是一场持久战，更是一场输不起的斗争。要充分发挥巡察“利剑”作用，打好常规巡、专项巡、“回头看”、督整改“组合拳”，既紧盯新问题发现、又跟踪老问题整改，让巡察“利剑”高悬、震慑常在。要深化运用监督执纪“四种形态”，提高精准把握执纪标准和运用政策能力，通过经常开展批评和自我批评、约谈函询打好“预防针”，通过党纪轻处分、组织调整管住管好“大多数”，通过党纪重处分和重大职务调整防止干部滑向犯罪深渊，对极少数严重违纪涉嫌违法犯罪的干部果断立案审查，实现惩处极少数、教育大多数的效果。要重点查处政治问题和经济问题相互交织形成利益集团的腐败案件，着力解决选人用人、审批监管、资源开发、金融信贷等重点领域和关键环节的腐败问题，深化标本兼治，构建不敢腐、不能腐、不想腐的体制机制。要坚决查处民生资金、征地拆迁、教育医疗等领域的“微腐败”“蝇贪”问题，坚决惩治放纵、包庇黑恶势力甚至充当“保护伞”的行为，让正风反腐带给群众更多获得感。

（六）压实管党治党责任，把全面从严治党各项要求落到实处。落实管党治党责任是最根本的政治担当。要深化落实“两个责任”，健全完善“网格化”责任落实体系，确保管党治党责任纵向覆盖市、县、乡、村各级党组织，横向覆盖党委、人大、政府、政协和各部门党组、机关内设机构。各级党组织书记要以身作则、率先垂范，既要落实领导责任，督促下级党组织和党组织书记认真履责，又要落实示范责任，带头抓、主动抓、严格抓，自觉接受监督，发挥好示范带头作用。要探索实施“清单＋提醒＋督导＋问责”工作模式，强化监督检查，形成倒逼机制，真正把管党治党责任传导到每个“神经末梢”。严格落实述职评议、检查考核等制度，强化考核结果运用，以严格考核问责推动工作落地落实。

同志们，改革开放四十载，前行不辍；砥砺奋进谱新篇，风鹏正举。让我们更加紧密地团结在以习近平同志为核心的党中央周围，在省委的坚强领导下，深化改革强动能，扩大开放增优势，聚力创新促转型，高质量推进区域性国际中心城市建设，以优异成绩庆祝中华人民共和国成立七十周年！

2019 KUNMING YEARBOOK

政府工作报告

——2019年2月17日在昆明市第十四届人民代表大会第四次会议上

王喜良

各位代表：

我代表市人民政府，向大会报告工作，请予审议，并请市政协委员和列席人员提出意见。

一、2018年工作回顾

过去一年，面对严峻复杂的宏观经济形势和艰巨繁重的改革发展任务，市人民政府在省委、省政府和市委的坚强领导下，坚持以习近平新时代中国特色社会主义思想为指导，深入学习贯彻党的十九大精神和习近平总书记对云南工作的重要指示精神，坚持新发展理念，落实高质量发展要求，全面贯彻市委十一届四次全会的安排部署，按照市十四届人大三次会议确定的目标任务，团结拼搏，攻坚克难，全市经济平稳健康发展，开创了区域性国际中心城市建设新局面。实现地区生产总值5206.9亿元、增长8.4%，固定资产投资增长5.5%，一般公共预算收入595.6亿元、增长6.2%，城乡居民人均可支配收入分别达42988元和14895元、分别增长8%和8.7%，社会消费品零售总额2787.4亿元、增长10%，居民消费价格上涨1.7%，单位地区生产总值能耗下降7%。

一年来，我们坚持把发展作为第一要务，高质量发展迈出坚实步伐。经济发展质量效益双提升。出台稳增长20条政策措施，强化经济运行分析，及时研究解决实体经济运行和项目投资建设中存在的问题，全市规模以上工业企业利润总额达222.7亿元，增长29.1%，企业整体盈利水平不断提升。完成税收477.1亿元、增长16.1%，占一般公共预算收入80.1%，财政收入质量居全省第一。启动实施质量提升行动，2家企业获省政府质量奖。产业转型升级步伐加快。启动实施工业攻坚三年行动，全力打好工业经济攻坚战，宝能汽车制造、紫光芯云产业园等154个项目落地，中关村电子城（昆明）科技产业园一期、智能装备产业园等38个亿元以上项目竣工，昆明新能源汽车研发中心首车下线，规模以上工业增加值增长14%，增速居全国省会城市第1位。深入推进服务经济倍增计划，全力打好服务业经济攻坚战，全面落实省“旅游革命”部署，旅游市场秩序综合整治成效明显，民族村、石林、轿子雪山等36个景区率先上线“一部手机游云南”，七彩云南欢乐世界等项目建成运营，全市接待游客1.6亿人次、增长20.3%，旅游业总收入突破2000亿元、增长35.5%。文化建设与产业发展“510”工程深入实施，建成云纺文创园、滇创季官产业园等6个文创园区，文创产业增加值增长15%。总部（楼宇）、会展、体育健身等产业蓬勃发展，会展业实现总体经济收入312.7亿元，连续3年荣获“中国最具竞争力会展城市”称号。新增21户总部企业，盘龙区荣获“中国楼宇经济最具投资价值城区”称号。大健康产业加快集聚发展，国家植物博物馆选址落户茨坝片区，国药集团、康美药业、阿里健康、博奥生物等一批大健康知名企业入驻昆明，成功举办大健康国际论坛，72个5000万元以上大健康项目中健康产业总投资2165.7亿元。华为、睿思特等项目落户呈贡信息产业园，云硅智谷落地高新区，信息产业产值增长26.7%。高质量打好“绿色食品牌”，高原特色都市现代农业加快发展，农业增加值增长6.3%。新认证国家“三品一标”企业37家、产品123个，新增省级龙头企业14家，在全省首届“绿色食品牌”表彰中，我市22家企业及产品获奖，占全省三分之一。产业招商取得新成效。昆明华为软件开发云上线运营，闻泰智能终端、网龙VR西南总部基地等工业和信息化项目签约落地，与招商局集团、京东集团等签订合作协议，引进思爱普等7家世界500强企业。全市引进市外内资1157.5亿元，实际利用外资8.5亿美元。创新驱动能力增强。国家级、省级众创空间分别达到25家、77家，新增省级企业技术中心23家，新认定市级重点实验室和工程技术研究中心20个、科技创新团队10个、市级企业技术中心47家，新增院士工作站5个。全社会研发投入强度达2.3%，科技对经济增长贡献率较上年提高2.8个百分点。新增长极不断壮大。滇中新区发展提速，路网等市政基础设施日趋完善，构建了“533”产业体系，地区生产总值增长13.1%，规模以上工业增加值增长50.6%，“三年见成效”目标基本实现。官渡区、五华区被评为“2018年中国百强区”，安宁市连续三年蝉联“全国县域经济百强县”，五华科技园、安宁工业园成为首批主营业务收入突破千亿元的省级工业园区。七甸产业园创建成为国家级绿色园区。

一年来，我们全力打好三大攻坚战，实现全面小康的基础更加坚实。防范化解重大风险扎实推进。加强预测预警预防，提高对各类风险发现、化解、管控能力，突出抓好防范化解金融风险、政府债务风险、国有企业风险等工作，牢牢守住了不发生区域性系统性风险的底线。脱贫攻坚成效显著。抓好“七个一批”和农村危房改造、饮水安全保障等9项措施的落实，筹措72.4亿元财政资金投入脱贫攻坚。推广“菜单式”产业扶贫模式，产业发展覆盖率达100%，户均增收900元以上。3个贫困县区全部消除农村危房，易地扶贫搬迁入住率达100%。全市10.6万贫困人口标注脱贫，贫困发生率由5.6%下降至1%以内。东川区、禄劝县贫困退出已申请省级评估并向社会公示。寻甸县顺利摘帽，获得国家脱贫攻坚组织创新奖。污染防治成效明显。全力抓好中央和省环保督察反馈问题整改。深化落实河（湖）长制，完成22条黑臭水体专项整治，滇池全湖水质达到Ⅳ类，为1988年建立滇池水质数据监测库30年来最好水平。“森林昆明”建设加快推进，滇池流域及西山等重点区域“五采区”生态修复治理稳步推进，完成营造林56万亩。狠抓工业废气、机动车尾气和建筑工地扬尘等大气污染防治，主城空气质量优良率达98.9%，为2013年执行国家空气质量新标准以来最好水平。

一年来，我们积极提升规划建设管理水平，城乡面貌不断改善。着力拓展优化发展空间。开展城市总体规划和土地利用总体规划修编工作，初步形成国土空间规划成果。完成环滇池空间形态与城市天际线等专项规划编制，出台实施城市空间管控和特色风貌塑造指导意见。云南昆明规划馆建设布展全面完成。嵩明、宜良撤县设市工作稳步推进。拆除违法违规建筑2049万平方米，实施主城区“三旧”改造连片开发23个片区，完成拆迁改造610万平方米。支持3个贫困县实施城乡建设用地增减挂钩，争取国家结余指标流转2271亩。城市基础设施不断完善。宜石、武倘寻等13条高速公路加快建设，昆石高速马郎立交、绕城高速宜良至澄江段、功东高速建成通车。5个在建地铁项目加快建设，4号线23座站点封顶，地铁运营能力不断提升，日均客流量达55万乘次。开工新建城市道路76条，实施道路整治42条，南二环改造提升工程提前通车，人民路提升工程完工，金马坊节点改造工程和三市街、白云路公共人防工程开工建设。建成地下综合管廊4.5公里，实施海绵城市建设26.2平方公里。建成3座换电站、45座充电站、1434个充电桩。实施城市防洪工程18件，城市淹积水问题有效缓解。重点片区加快建设。草海、巫家坝、东白沙河、普吉片区、呈贡新区等重点区域开发建设取得新成效，春之眼、恒隆广场等城市地标性建筑建设提速。翠湖周边提升改造一期工程完工，洗马河和“柳营洗马”景观重现。南强街、文明街等历史文化街区整治提升完成。人居环境持续改善。创建第六届全国文明城市三年行动计划全面启动，出台实施文明行为促进条例，国家卫生城市通过国家复审，国家园林城市通过省级复查，昆明荣获联合国第18届“国际花园城市”金奖。建立市、区、街道、社区、网格五级闭环处置机制，城市网格化管理实现全覆盖。交通综合整治提升工程深入推进，新增机动车泊位21780个，城市机动车高峰时段通行时速由上年的11公里提升至23公里。“四治三改一拆一增”和“七改三清”工作扎实推进，新建改造城市公厕290座，新增城市绿地373.8公顷，完成农村公路建设1000公里、“五小水利”建设1.4万件，建成美丽乡村626个，农村生产生活条件持续改善。城市品质不断提升，都市范、文化范、国际范逐步显现。

一年来，我们加快改革开放步伐，经济社会发展内生动力和活力进一步激活。重点领域改革加快推进。深入推进供给侧结构性改革，落实各项减税降费政策，着力降低用地、用电、物流和研发成本，全年降低企业成本近500亿元。深化“放管服”改革，出台实施打造国际一流营商环境的系列政策措施，着力解决审批“三多”问题，全市梳理公布“最多跑一次”改革事项5202项，累计办理“最多跑一次”改革事项5217万余件，办结率达99.99%。实施政务服务“七办”模式，初步实现“3550”改革目标，行政审批要件精简38%，审批时限压缩51%，市本级行政许可事项精减到80项，为已公布行政许可事项的省会城市中最少。公共资源交易率先实现跨省远程异地评标。开展“证照分离”改革试点工作106项，深入推进“多证合一”改革，创新实施“容缺审批”制度，企业和个体工商户登记实现全程电子化，全市新设立市场主体14.7万户，市场主体总量达72.1万户，增长8%，民营经济实现增加值2390.6亿元，占GDP比重达45.9%。昆明在全国直辖市、副省级城市、省会城市的营商环境指数排名跃居第13位，较上年提升9个位次。农村土地承包经营权确权登记颁证和“三权分置”改革有序推进，我市成为新一轮“国家集体林业综合改革试验示范区”，宜良县全国农村集体产权制度改革经验在全国推广，富民县成功入列第三批试点县，石林县荣获“2018年全国农村三次产业融合发展先导区”称号，嵩明县入选全国农村综合性改革试点。国资国企、财税金融、教育文化、医疗卫生等领域改革积极稳妥推进。国际化水平不断提升。综合交通枢纽功能日益凸显。昆明至蒙自、至大理、至丽江开通动车，泛亚高铁昆明段全线贯通。新开通昆明至海防国际公路运输班线。中欧班列、中越、中亚铁海联运国际货运班列稳定开行，运输货物总量3.8万吨，比上年增长89.6%。昆明长水国际机场航站区改扩建、公务机候机楼等在建项目有序推进，新开通昆明至伊斯兰堡、昆明至迪拜等5条国际客货运航线，实现东南亚国家首都直飞全覆盖。“四个中心”建设取得新进展。第5届南博会、第14届农博会成功举办。昆明获批国家跨境电子商务综合试验区，被认定为国家文化出口基地和国家外贸转型升级基地，入选国家物流枢纽城市，入围国家供应链创新与应用试点城市。国际经贸合作不断深化，对外投资项目20项，协议投资总额6.57亿美元，对外工程承包合同金额8.3亿美元。全市进出口总额增长67.6%，增速居全国省会城市第一。“金砖国家技术转移中心”成功落地，中国昆明南亚东南亚科技服务业合作中心正式挂牌，昆明—万象科技创新中心正式签约。举办国家金融与发展研讨会，金产园区、金融小镇建设有序推进。开设国际学校5所、国际部11个，8所学校成为华文教育示范基地，30所中小学与其他国家和地区的学校建立“姊妹学校”关系。昆明高原国际半程马拉松赛、上合昆明马拉松成为体育对外交流合作的重要平台，昆明网球公开赛成为国内有影响力的红土网球赛事。与日本高山市缔结为国际友城，荣获（中国）国际友好城市交流合作奖，获得第七届中国国际友好城市大会举办权，成立全国首个国际商事仲裁服务中心。“三大品牌”影响力、吸引力不断提升。云南陆军讲武堂旧址保护规划已获国家文物局批复，实施闻一多、朱自清旧居等22项文物保护工程，历史文化保护利用工作不断加强。完成《昆明市城镇绿化条例》修订。银杏道、蓝花楹、樱花雨、昆明蓝、春城绿成为“网红打卡地”，斗南花卉小镇上榜中国最美特色小镇，昆明在“2018世界春城”评选中排名全球第一。国家发展改革委正式复函支持昆明大健康产业集聚发展，在全国率先建立大健康产业统计制度，“三医三预三康”健康服务体系不断完善，中国健康之城品牌影响力日益提升。

一年来，我们聚焦民生需求，切实保障和改善民生。持续加大民生投入，将财政支出的73.7%用于民生支出。加大“稳岗援企”力度，实施“百企万岗”入昆计划，高校毕业生、退役军人、下岗转岗职工等重点群体就业得到较好保障，新增城镇就业16.5万人，农村劳动力转移就业17.9万人，城镇登记失业率3.09%。深入实施教育优先发展战略，完成主城五区教育布局规划，实现新建改建小区配建学校全覆盖。“三名”工程扎实推进，创新实施银龄讲学三年行动计划，优质教育资源不断扩大。引进华东师大实验学校、西南大学附属学校等名校10所、名师68名、名校长10名，新增优质学位1.2万个，国家学前教育改革发展实验区工作圆满完成，优质高中覆盖比达74.5%。医疗服务水平稳步提升，与北京301医院、上海中医药大学签订战略合作框架协议，累计引进9家医疗机构在昆合作办医，市属10家医院全部开展医联体、医共体、专科联盟试点，覆盖全省519家医疗机构，县级医院提质达标建设加快推进，贫困县区乡镇卫生院全部达标，贫困村卫生室标准化建设全面完成。实施“关爱妇女儿童健康行动”，全市孕产妇死亡率和婴儿死亡率较上年分别降低13.8%、12.9%。昆明首次荣获全国无偿献血先进城市。食品药品监督管理不断强化，非洲猪瘟防控有力有效。全面实施全民参保计划，各项社会保险覆盖率保持在96%以上。建设城乡居家养老服务中心62个、医养结合机构19家，新增养老床位3500余张。完成棚户区改造8000套（户），基本建成城镇保障性住房2.14万套（户），11万户住房困难家庭住进了新房。深入实施文化惠民工程，第四批国家现代公共文化服务体系示范区创建工作全面推进，国家文化消费试点城市工作范围扩大到全市，公共文化覆盖率和服务效能不断提升。全国民族团结进步示范市创建工作通过省级初验并上报国家，禄劝、寻甸成功创建成为全国民族团结进步示范县，石林被命名为国家级“海峡两岸少数民族交流基地”。立体化治安防控体系建设全面推进，扫黑除恶专项斗争等10场战役扎实开展，盗抢骗、黄赌毒等违法犯罪得到有效遏制，全市刑事发案下降13%。安全生产形势总体稳定，事故起数、伤亡人数明显下降。“军人之家”服务管理机构建设扎实推进，我市被评为省“第十届双拥模范城”。国家安全、防灾减灾、港澳台侨、民族宗教、档案史志等工作取得新成绩。人民群众获得感、幸福感、安全感进一步提升。

各位代表！一年来，在市委的坚强领导下，我们严格落实全面从严治党要求，严守政治纪律和政治规矩，不断加强政府自身建设。我们依法全面履行政府职能，严格执行民主集中制，坚持“三重一大”集体研究，注重听取各方面的意见建议，确保决策科学民主高效。我们主动接受市人大及其常委会的法律监督和工作监督，自觉接受市政协的民主监督，积极接受社会监督，办理人大代表议案2件、建议363件，办理政协委员提案569件，提请市人大常委会审议地方性法规草案6件，制定修订政府规章3件、规范性文件4件。我们持之以恒正风肃纪，坚决执行中央八项规定精神、省委实施办法和市委实施细则，继续压减“三公”经费，强化审计监督，加强政府廉政建设。

各位代表！过去一年取得的成绩，是党中央国务院亲切关怀的结果，是省委省政府坚强领导的结果，是市委总揽全局、科学决策的结果，是市人大及其常委会和市政协监督支持的结果，是全市广大干部群众撸起袖子加油干的结果。在此，我代表市人民政府，向全市各族人民，向市人大代表和政协委员，向各民主党派、工商联、无党派人士、各人民团体和社会各界人士，向中央驻昆单位和省级各部门，向驻昆解放军和武警部队官兵，向所有关心支持昆明发展的各界友人，致以崇高的敬意和衷心的感谢！

各位代表！2018年宏观经济形势严峻、经济下行压力加大、市场有效需求不足、实体经济困难等不利因素影响超出了我们的预期，地区生产总值、固定资产投资、社会消费品零售总额没有完成预期目标，三环闭合工程、东风路道路提升工程等部分惠民实事没有按期完成，反映出政府工作还有许多不足。我们清醒地认识到，我市经济社会发展还存在一些深层次结构性矛盾和问题：一是高质量发展的基础还不够牢。产业支撑不足特别是工业不大不强，新旧动能接续转换较慢，经济增长对投资的依赖程度依然过高。创新体制机制不活，创新资源整合不够，创业创新人才不足，产学研用结合不紧。二是区域性国际中心城市建设步伐还不够快。开放合作领域不宽、层次不高。推进区域性国际中心城市建设的支撑项目不够多、政策举措不够实、落实推进不够理想。现行城规土规不足以支撑发展需要，发展空间受限，项目等地的情况较为普遍。债务“紧箍咒”制约突出，民营经济发展不足，融资难融资贵的问题依然存在。三是生态环境保护压力较大。滇池水质还不够稳定，部分入湖河道水质还不达标，源头治理任务艰巨，大气污染防治形势严峻，生态破坏、环境违法等问题时有发生，持续改善生态环境任重道远。四是民生领域补短板任务艰巨，城市管理智慧化精细化水平不高。教育、医疗、养老等公共服务供给不足，择校热、出行难、看病贵等人民群众的“烦心事”还没有得到很好解决。贫困地区产业、就业组织化程度偏低，“造血”能力差，巩固脱贫成效还需持续发力。防范化解重大风险、维护社会和谐稳定压力较大。五是干部作风转变还不到位。部分干部担当不够、落实不力、能力不足，工作只求过得去、不求过得硬，甚至推拖滑绕、为官不为。形式主义、官僚主义新表现还不同程度存在，一些领域不正之风和腐败现象时有发生。面对这些问题和不足，我们将采取有力措施，认真加以解决。

二、2019年工作安排

今年是新中国成立70周年，是全面建成小康社会关键之年。做好政府工作的总要求是：以习近平新时代中国特色社会主义思想为指导，全面贯彻党的十九大和十九届二中、三中全会、中央经济工作会议精神，进一步贯彻落实习近平总书记对云南工作的重要指示精神，按照省委十届六次全会、市委十一届六次全会部署要求，统筹推进“五位一体”总体布局，协调推进“四个全面”战略布局，贯彻“五个坚持”“六个稳”要求，深化改革强动能，扩大开放增优势，聚力创新促转型，继续打好三大攻坚战，高质量推进区域性国际中心城市建设，增强人民群众获得感、幸福感、安全感，保持经济持续健康发展和社会大局稳定，为全面建成小康社会收官打下决定性基础，以优异成绩庆祝中华人民共和国成立70周年。

今年经济社会发展主要预期目标建议为：地区生产总值增长8.5%左右，固定资产投资增长10%左右，一般公共预算收入增长5%，社会消费品零售总额增长10.5%，城镇和农村常住居民人均可支配收入分别增长8%和8.5%，居民消费价格涨幅控制在3%以内，城镇登记失业率控制在4%以内，万元生产总值能耗下降、主要污染物排放量削减完成省下达任务。

围绕上述目标，我们将重点抓好九个方面的工作：

（一）着力培育壮大新动能，不断夯实高质量发展的产业支撑。认真落实省委、省政府打好“三张牌”的部署要求，坚持走“两型三化”为方向的高质量发展路子，着力培育新增长点、新增长极、新增长动能，推动以制造业为重点的“188”产业集群发展、高质量发展，在转变发展方式上实现新突破。

重点发展新型工业。深入实施工业攻坚三年行动，一季度内出台工业攻坚实施方案，明确“路线图”“施工图”，挂图作战。加大财政投入力度，市级财政预算安排22.4亿元工业发展资金，设立产业发展股权投资基金，重点支持新能源汽车、生物医药、新材料、电子信息等新兴产业发展。制订工业和信息化项目开工计划，确保云硅智谷、宝能汽车制造等40个亿元以上重大项目开工，30万吨合成氨装置技改等30个亿元以上项目竣工，确保工业和信息化投资增长15%以上，力争达到20%。启动实施新一轮技术改造计划，组织实施100项重大技术进步项目，力争工业投资占全部固定资产投资比重明显提升。打好“绿色能源”牌，推进乌东德、白鹤滩水电站建设，加快发展水电铝、硅、锂材精深加工，开工建设动力电池三元正极材料前驱体项目，大力发展新能源汽车及配套产业，形成产业集群，确保江铃、东风云汽新能源汽车项目建成投产，总产能达到30万辆。大力推广使用新能源汽车，加快新能源汽车充电设施建设，新增换电站8座、充电桩2400个、充电站50座。集中打造新能源汽车及配套、信息及智能制造、化工等3个千亿级产业。做好企业达规培育工作，确保新增规模以上工业企业40户以上，规模以上工业增加值增长10%以上。

大力发展数字产业。抢抓数字经济机遇，编制“数字昆明”发展规划，大力推进资源数字化、数字产业化、产业数字化，促进数字经济快速发展。引进培育一批云计算、人工智能等骨干企业，加快优必选、睿思特等项目建设，推动闻泰智能终端、紫光芯云产业园项目开工，京东方OLED等项目竣工投产，确保呈贡信息产业园完成投资220亿元，全市信息产业产值增长20%。引进一批区块链创新企业，促进电子政务、跨境贸易、住房租赁、智慧康养等领域率先实现区块链示范应用场景落地，配合省举办好首届区块链国际论坛。

提速发展大健康产业。加快实施大健康产业发展规划，推进国家植物博物馆开工建设，加快建设昆明大健康产业示范区，全力打造健康生活目的地。引进一批高端医疗、健康旅游、医疗器械制造等项目，加快推进康美（昆明）健康城、鹏瑞利健康城、阿里健康等项目建设，加快建设高新区生物产业基地、滇中新区医药产业园、茨坝生物科技小镇、呈贡健康产业园、绿地健康城、晋宁健康养老聚集区，确保大健康产业增加值增长

10%以上。加大宣传推介力度，进一步提升“中国健康之城”影响力、吸引力。

加快发展现代服务业。深入推进全域旅游，深化“旅游革命”，抓好旅游市场秩序整治和旅游产业转型升级，加快七彩云南欢乐世界、蓝光欢乐城、华强方特文化科技旅游产业园、佳龙国际旅游度假区等重大文旅项目建设，确保旅游业总收入增长20%。深入实施文化建设和产业发展“510”工程，支持鼓励老旧工业厂房、闲置建筑物转型升级建设文化创意产业园区，新建拾翠国际民艺创意园区、春雨937工业遗产文化街区等6个文创园区，加快推进世博园中央文化区等项目建设，力争文化及相关产业增加值增长15%。大力发展总部（楼宇）经济，力争新引进总部企业10家以上，全市新增税收千万元楼宇6幢、亿元楼宇6幢。

培育发展新增长极。推动滇中新区跨越发展，加快中石油安宁炼化技改升级项目前期工作，推动石化产业扩大规模，延伸产业链。加快打造新材料、电子信息、生物医药产业集群。发挥园区主战场作用，支持高新区、经开区、杨林经开区等重点开发区开展体制机制创新改革试点，激发园区发展活力，逐步剥离社会事务，移交属地政府，集中精力抓招商引资、项目建设、产业发展，打造最优营商环境。力争高新区、杨林经开区创建为国家级绿色园区。坚持错位发展，鼓励和支持各县（市、区）、各园区因地制宜发展特色产业，推动县域经济加快发展。

继续开展“大招商、招大商”。强力推进“一把手”招商，市县政府领导拿出一半以上的精力来招商，弹好招商引资“七步曲”，提高招商引资的精准性和实效性。把工业招商摆在更加突出位置，实施产业链招商工程，积极探索“产业导入、成片开发”新模式，引进一批产业链关键环节、核心企业、上下游配套企业，力争全市招商引资工业类项目占比不低于30%。探索资本注入式招商，按照“同股同权、风险共担、利益共享”的原则，着力引进一批技术含量高、市场前景好的优质项目。强力推进招商项目签约落地，继续实行项目推进领导“经理负责制”，做好跟踪服务，提高签约项目落地率、开工率。创新招商引资考核，进一步突出投产达效以及新兴工业、现代服务业的考核导向。确保引进市外内资1200亿元，实际利用外资9.3亿美元。

（二）继续打好三大攻坚战，逐步解决发展不平衡不充分问题。聚焦突出问题，增强攻坚克难的责任感、使命感和紧迫感，以更大力度、更实举措打好三大攻坚战。

坚决打好防范化解重大风险攻坚战。扎实抓好重点领域风险防范化解工作，守住不发生区域性系统性风险底线。建立健全防范、化解、摸排、打击四位一体的地方金融风险防范化解机制，强化与金融监管机构沟通协调，形成防控合力。重点防范化解P2P网络借贷等互联网金融风险，打击处置非法集资等涉金融犯罪。强化政府债务化解主体责任，完善工作考核机制，严格风险预警控制，逐笔逐项制订偿还计划，通过土地出让、盘活资产资源、增收节支等方式，多渠道落实偿债资金，确保到期债务如期偿还，政府债务规模有效降低。强化平台公司债务杠杆约束，依法依规开展市场化融资，严控新增隐性债务，防范化解平台公司信用违约风险。加大土地收储出让力度，全市新增储备土地3.8万亩，供应3.6万亩以上，力争实现出让收入1000亿元。

坚决打好污染防治攻坚战。坚决抓好中央和省环保督察、省委机动巡视反馈意见整改，确保件件有着落、条条改到位。深入开展“碧水”保护行动，认真落实滇池保护治理“三年攻坚”行动年度实施方案，重点抓好滇池流域“上截中疏下泄”、水质提标等重点项目，确保滇池治理“十三五”规划项目启动率达到90%。强化“一河一策”综合整治，建立健全主要流域水质自动监测体系，实施“清水入滇”微改造工程，加强雨污分流，完善截污治污系统，主要入湖河道及主要支流全面消除劣Ⅴ类水体，盘龙江等35条河道水质达到年度目标，确保滇池草海、外海水质分别稳定达到Ⅳ类和Ⅴ类。加快推进阳宗海环湖截污改扩建工程、南岸生态湿地建设和流域农业种植结构调整等工作，确保水质稳定在Ⅲ类以上。开展饮用水水源地规范化建设和水源区环境集中整治，保障全市饮用水质稳定达标。巩固节水型城市创建成果，确保通过国家复查。深入开展“蓝天”保护行动，加大纯电动汽车推广使用力度，重点开展建筑工地扬尘、工业企业达标排放专项整治，全力推进“散、污、乱”企业、挥发性有机污染物、露天烧烤等重点领域污染防治工作，严厉查处打击环保违法犯罪行为，确保城市空气质量达国家二级标准。

坚决打好精准脱贫攻坚战。围绕“两不愁、三保障”，坚持高质量严标准，进一步查缺补漏，确保东川区、禄劝县通过贫困退出专项评估检查，顺利摘帽。坚持脱贫不脱政策，突出抓好“六个结合”，健全脱贫攻坚项目库，完善返贫预警机制，防止返贫和出现新的贫困。提高产业组织化程度，积极引进龙头企业，推进农村土地适度规模化经营，加快推进东川区、禄劝县、寻甸县10个特色产业项目，壮大农村集体经济，扩大新型农业经营主体对农村收入较低群体的有效覆盖。提高就业组织化程度，推动就业意愿、就业技能与就业岗位的精准对接，全年完成15万人以上的农村劳动力转移就业，其中有组织转移就业7.5万人。建立易地扶贫搬迁后续工作机制，确保搬得出、住得了、留得住、能致富。全面完成旧房拆除、土地整理和复垦复绿，争取土地增减挂钩指标交易流转80%以上。加强各类保障措施的统筹力度，建立健全与致贫返贫类型相衔接的社会保障制度和专项社会救助制度，夯实保障性扶贫，确保脱贫攻坚成效进一步巩固。

（三）着力抓好城市规划建设管理，不断提升城市品质。狠抓城市规划建设管理，拓展城市发展空间，完善城市功能，改善城市形象，提高城市文明程度，彰显特色魅力，在提升城市品质上实现新突破。

着力破解发展空间受限难题。按照“节约集约、增存挂钩”的原则，充分利用“多规合一”成果，以区域土地综合整治为路径，在确保基本农田数量不减、质量提升的前提下，通过归并零星基本农田，调整优化国土空间发展格局。编制《2019年度国有建设用地供应计划及三年滚动实施计划》，用好城乡建设用地增减挂钩政策，消化67186亩批而未供土地，盘活利用8012亩闲置土地。加大高新区、经开区、呈贡信息产业园等重点开发区规划调整，挖掘用地潜力，切实解决项目缺地、等地的困境。持续打好拆临拆违大会战，坚决抓好“大棚房”整治。出台最严厉措施，查处违法违规建筑，严控增量，确保拆除2500万平方米。加快实施城市更新改造，继续推进春雨路沿线、福德村等17个“三旧”改造项目，新启动凉亭、金刀营等11个“三旧”改造连片开发项目，实施罗丈村、陈家营村等14个城中村改造项目，确保完成拆迁800万平方米以上。

优化提升城市格局。进一步优化完善国土空间规划，争取成为第一批上报国务院获批的城市。开展重点片区城市设计，加快呈贡核心区、巫家坝、草海、东白沙河、大渔等片区建设。启动实施人民路、东风路等城市主干道和草海、海埂公园等片区亮化美化工程。有序开展重点街路、节点、老旧小区微改造。开展历史文化名城保护规划修编，推进翠湖片区、“昆明老街”片区、南强历史街区整体联动，抓好历史文化建筑保护，擦亮“历史文化名城”品牌。

完善城市基础设施。加快推进宜石、石泸（昆明段）、格巧（昆明段）、武倘寻、昆楚二线入城段等高速公路建设，昆倘高速全线开工、福宜高速全面复工，启动昆玉高速鸣泉至马金铺段大修工程。实现绕城高速外环线闭合，完成东格、寻沾（昆明段）2条高速公路建设，新增高速公路里程100公里以上。加快推进地铁1号线西北延、2号线二期、5号线等5个项目建设，力争4号线、6号线二期具备通车条件，积极推进地铁第三轮建设规划报批工作。启动金碧路、拓东路、滇池路恢复提升工程，完成东风路恢复提升工程，加强城市道路路面养护考核力度，提升路面完好率。建设36条城市道路，完成23项城市道路整治，提速飞虎大道北段、南北大道等项目进度。启动5G网络区域性试点。完成海绵城市建设20.7平方公里。

继续推进城市精细化管理。加快推进智慧城市建设，编制“春城+智慧城”建设实施计划，在智慧城管、智慧交通、智慧医疗等领域率先启动一批重点项目。依法推进城市网格化治理，完善“区、街道、社区、管理网格”四级网格长责任制。持续开展市容市貌综合整治，重点整治提升沿街广告、指示牌和城市家具，抓好垃圾分类试点工作。加大主城区集贸市场整治提升力度，改造提升63个、新建扩建14个集贸市场，着力解决集贸市场“脏、乱、差”顽疾。持续开展交通综合整治提升工程，加快智慧交通项目建设，优化交通组织管理，规范道路交通标识标志。加快推进机动车停车泊位扩容工程，新增机动车泊位1.2万个。按照“六个不滑坡”“六个持续提升”要求，深入实施创建全国文明城市三年行动计划，大力开展“5+N”群众性精神文明创建活动，持续提升城市文明水平。

（四）坚持农业农村优先发展，全面推进乡村振兴。按照产业兴旺、生态宜居、乡风文明、治理有效、生活富裕的总要求，抓好《昆明市乡村振兴战略规划》的落实，以示范引领带动全域提升，在推进乡村振兴上实现新突破。

大力推进乡村产业振兴。推动高原特色都市现代农业提质增效，打好昆明“绿色食品牌”，市级财政安排1500万元对绿色食品10大名品、10强企业、10佳创新企业进行奖励，在产业发展股权投资基金中设立专项基金，对新增投资1亿元以上的绿色食品龙头企业进行股权投资项目扶持。推动花卉、蔬菜等“6+2”特色产业发展，大力发展观赏苗木、林下经济等特色林产业。推进农村三次产业深度融合，实施农产品加工业振兴行动，积极发展创意农业、休闲农业、养生农业、智慧农业等新产业新业态，构建高原特色都市现代农业产业链。培育新型农业经营主体，新增省级龙头企业5个，新建家庭农场100个、农民专业合作社200个。支持斗南花卉产业园、石林台湾农民创业园、嵩明现代农业科技示范园等10个重点农业园区改造升级，推动农业“总部经济”发展，培育农业“小巨人”。

大力推进乡村环境提升。持续推进农村“七改三清”行动，以垃圾污水处理、厕所革命、村容村貌整治为重点，加快补齐农村人居环境短板，力争建制村生活污水处理设施覆盖率达85%，农村无害化卫生户厕覆盖率达到80%以上。完善农村基础设施，抓好“四好农村路”建设，完成自然村路面硬化及路基改造200公里，续建柴石滩水库灌区工程，推进3件中型和10件小型水库建设，新开工4件河道治理工程和15件病险水库除险加固等防灾减灾水利基础设施项目，启动实施5万农村人口饮水安全巩固提升工程，促进农村生产生活条件明显提升。

大力推进城乡融合发展。推动文明城市创建向农村拓展延伸，加快新时代文明实践中心（所、站）建设，办好“中国农民丰收节”，传承优秀农耕文化、民族节庆文化，建设农耕博物馆，推动乡村文化振兴。建立健全城乡人才流动机制，鼓励外出务工人员回乡创业就业，支持城市居民下乡创业，培育新型职业农民2000名，建设农村领军人才队伍，推动乡村人才振兴。深入开展党建和乡村振兴“双推进”行动，加强农村群众性自治组织建设，促进自治法治德治有机结合，推动乡村组织振兴。

大力推进美丽乡村建设。编制乡村振兴战略空间规划，科学布局乡村生产生活生态空间。聚焦“特色、产业、生态、通达、宜居、智慧、成网”7大要素，实施“十镇百村”示范，打造10个田园风光型、民族风情型、历史文化型、特色产业型等类型的特色小镇，力争入选省级特色小镇2个以上，建设100个农村宜居示范村、200个美丽乡村，为全省乡村振兴作出昆明贡献。

（五）聚焦重点领域和关键环节，全面深化改革。把充分释放市场主体活力作为改革着力点，建立健全制度构架和体制机制，在增强改革成效上实现新突破。

持续深化供给侧结构性改革。认真贯彻巩固、增强、提升、畅通“八字方针”，不断提高经济发展质量和效益。巩固“三去一降一补”成果，严控过剩行业新上产能，加大“僵尸企业”处置力度，推动阳宗海电厂去产能。落实“一定位三稳定两体系”要求，促进房地产市场平稳健康发展。落实减税降费优惠政策，为企业降成本300亿元以上。增强微观主体活力，持续深化“放管服”改革，实施“营商环境提升年”行动，启动“四个零”行动，力争昆明营商环境指数在全省名列前茅、全国排名进位。全面落实“一部手机办事通”，提升昆明政务服务“七办”品牌，完成“一网四中心”建设，打造“不打烊”的政务服务专区。建立完善中介服务信用评价体系，提升审批中介服务效能。推进“银税互动”，健全政银企协调沟通机制和融资担保体系，推动金融机构将更多信贷资源投向实体经济。

扎实推进重点领域改革。抓好农村集体产权制度改革试点，深入推进承包地“三权分置”改革，稳妥有序推进土地经营权、林权流转，抓好集体经营性建设用地入市等试点工作，组建昆明市林权收储交易中心，落实第二轮国家集体林业综合改革试验示范区目标任务。稳步推进公立医院薪酬制度改革试点工作。全面深化供销合作社综合改革，增强为农服务能力。深化国资国企改革，出台国企改革三年行动实施方案，加快国有经济布局优化、结构调整和战略性重组，分类分层、有序推进市属国有企业混合所有制改革。深化电力体制改革，深入推进增量配电网改革试点工作。

着力激发民营经济活力。全面实施市场准入负面清单制度，对歧视和不利于民营资本投资发展的地方性政策进行清理，出台促进民营经济高质量发展的实施意见，建立向民间资本推介项目长效机制，以更多的硬招、实招、新招着力破解制约民营经济发展的突出问题。推进社会信用体系建设，打造体系完备、良性运转的信用环境，用好“财园助企贷”政策促进企业融资，加大双创担保和双创基金支持民营企业发展力度，探索政府为企业增信新举措，激励金融机构对民营企业能贷、敢贷、愿贷。实施推进企业上市三年行动，拓宽直接融资渠道。深入构建“亲”“清”新型政商关系，落实领导干部挂钩联系民营企业制度，切实发挥“政商直通车”线上线下平台作用，健全完善政商沟通渠道和联系机制。营造良好法治环境，依法保护民营企业权益。

（六）加快区域性国际中心城市建设，提高对外开放水平。以区域性国际中心城市建设为统领，主动服务和融入国家战略，内外联动、合作共赢，在扩大开放优势上实现新突破。

加快推进“一枢纽”。加快长水综合交通枢纽前期工作，制定路线图、时间表、责任清单，加快征地拆迁和土地供应，确保东二跑道和机务维修区动工建设，启动T2航站楼征地拆迁，积极培育和加密南亚东南亚国际航线，加快东川、高新区通用机场建设。推进渝昆高铁、昆明西客站开工建设，做好昆明—深圳高铁项目前期，加快完善昆明南站配套设施。推进面向南亚东南亚的国际光缆和国际通信枢纽建设，加快建设面向南亚东南亚的数据交换中心和小语种呼叫中心，构筑“一带一路”建设支点。

加快建设“四中心”。加快中国（昆明）跨境电子商务综合试验区建设，提速昆明综合保税区建设发展，积极引进保税物流、保税贸易、保税服务、加工贸易等一批龙头企业（项目）入驻。推进国家外贸转型升级基地建设，支持寻甸、宜良等县区申报出口农产品质量安全示范区（基地）建设。加快推进“国家文化出口基地”建设，争取获批“国家服务外包示范城市”，加快申报出口农产品质量安全示范区，力争进出口总额达135亿美元。加快国家创新型城市建设步伐，重点推进信息及芯片产业创新研发中心、生物医药大健康创新研发中心和高原特色农业创新研发中心建设取得实质性进展。加快建设开放共享的科技创新资源平台，优化整合科技创新政策、计划、资金，增强科技创新要素供给能力，力争科技进步贡献率达57%，新认定高新技术企业70家，引进域外业内知名科技服务机构10个，新增专利申请17000件、专利授权9000件。不断完善金产园区服务配套，积极推动金融小镇首期示范点挂牌和机构入驻，大力引进金融及服务机构在昆设立分支机构，办好第四届昆明（国际）金融峰会。鼓励引导金融机构大力发展普惠金融、科技金融、绿色金融。稳妥推进昆明农商行组建。新缔结国际友城1座，办好第四届昆明国际友城合作与发展研讨会，筹备好第七届中国国际友好城市大会。积极开展国际友城旅游联盟会员城市旅游宣传推广等活动。继续加大经贸、教育、文体、传媒、智库等领域对外交流合作力度。建立驻外商务代表处、驻外联络部，打造昆明企业“走出去”平台。

（七）坚持生态优先、绿色发展，持续加强生态文明建设和环境保护。深入贯彻习近平生态文明思想，牢固树立绿水青山就是金山银山的理念，加强自然生态系统修复和环境治理力度，在保护生态环境上实现新突破。

建设生态昆明。编制《长江经济带发展实施规划》，切实抓好长江经济带生态环境保护。深入开展“青山”保护行动，扎实做好天然林、生物多样性保护等工作，严守生态保护红线。继续开展滇池流域及西山等重点区域五采区修复，积极推进退耕还林，抓好石漠化治理，实施“四地治理”，完成营造林50万亩，全市森林覆盖率达到50%以上。实施湿地保护与修复工程，新增湿地面积313.4公顷。

发展绿色昆明。全面推进能源、冶金、建材等行业清洁生产改造，抓好重点行业节能降耗，完成省下达的目标任务。大力发展装配式建筑，继续做好建筑节能和绿色建筑推广工作。倡导简约适度、绿色低碳的生活方式，完成市绿色学校、绿色社区申报、考核、命名工作。深入开展“净土”保护行动，重点开展规模化畜禽养殖、固体废物及重金属专项整治，加快滇池和阳宗海流域内规模化畜禽养殖关闭（搬迁）工作，完成东川区重金属污染防治项目建设任务。加强土壤污染重点行业企业监管，建立土壤污染重点监管单位名录。着力控制农业面源污染，测土配方施肥技术推广覆盖率达90%。

打造美丽昆明。出台建设美丽昆明实施意见，启动实施美丽昆明建设三年行动计划。打造“美丽县城”，分类、分批、分期对县城进行改造提升。打造“美丽景区”，完善景区基础设施和公共服务设施，推动3A级以上景区智慧化标准提升改造。打造“美丽公路”，以机场高速公路及出入主城高速公路为重点，建设沿线高品质绿化美化带。打造“美丽街区”，改造提升一批重点街道绿化美化景观，提高街巷、公园、广场等公共空间绿化美化品质，新增城市绿地200公顷，提升“世界春城花都”美誉度。

（八）加强社会治理，维护社会和谐稳定。深化对社会运行规律和治理规律的认识，着力防范和化解社会风险，全力确保城市安全、社会安定、市民安宁，在创新社会治理上实现新突破。

建设更高水平的平安昆明。贯彻落实总体国家安全观，严密防范“五大风险”，严打严防渗透颠覆破坏、暴力恐怖、民族分裂和宗教极端活动，加强境外非政府组织管理服务。持续完善立体化智能化社会治安防控体系，加快推进综治中心和“雪亮工程”建设，继续打好禁毒等10场战役，把扫黑除恶专项斗争不断引向深入，坚决铲除黑恶势力滋生蔓延土壤，净化社会治安环境。创新发展新时代枫桥经验，建设“智慧信访”，畅通诉求渠道，完善矛盾纠纷多元化解机制，努力将社会矛盾化解在基层和萌芽状态。加强网络舆情监测，提高重大突发舆情发现、研判、预警和应对能力。做好重大自然灾害、重大疫情防范应对工作，确保人民群众生命财产安全。细化党政领导、监管部门和企业主体的安全生产责任考核清单，提升应急管理和处置能力。加强互联网餐饮食品安全监管，高质量抓好“六大放心工程”，力争国家食品安全示范城市创建成功。

推进城乡社区治理。实施城乡社区治理“五个一批”工程，构建精准治理、多方协作的社区治理新模式。持续完善社区治理体系，加强社工队伍培育管理，提升社区服务品质。加快社区信息化建设，完善智慧社区的建设标准和推广模式，扩大智慧社区试点，提高城乡社区信息基础设施、技术装备水平，推进城乡社区治理体系和治理能力现代化。

（九）加快补齐民生短板，持续提升保障和改善民生水平。贯彻以人民为中心的发展思想，着力解决民生难事、烦心事，在增进民生福祉上实现新突破。

稳定和扩大就业。落实积极就业政策，统筹做好高校毕业生、返乡农民工、退役军人等重点群体就业工作，创建5个新型创业创新孵化服务园区，新增城镇就业13万人，实名登记高校毕业生就业率达90%。继续实施“百企万岗”入昆计划和“百千万”劳务输出工程，增强就业培训针对性，提高转移就业稳定性。落实援企稳岗政策，多渠道分流安置化解过剩产能职工。

提升社会保障服务能力。继续推进全民参保计划，以新业态从业人员、贫困人员为重点实施精准扩面，努力实现法定人员社会保险全覆盖。深入推进医保支付制度改革，继续开展“两险合并”，实施重点人群生物识别生存认证试点工作。继续推进全国居家和社区养老服务改革试点、医养结合试点城市建设工作，抓好呈贡、晋宁、官渡、盘龙等县（市、区）的试点推广。新开工城镇保障性安居工程1.02万套，基本建成2.15万套。

大力发展社会事业。深入实施“三名”工程，引进名校4所、名师50名、名校长4名。加快推进城乡义务教育优质均衡发展，稳妥推进中小学考试招生制度改革，建立健全小学生课后服务制度。加快普及学前和高中阶段教育，创建省一级示范幼儿园6所、省一级高（完）中2所，确保高考一本上线率明显提升。深化公立医院综合改革，推进市第二人民医院迁建工作，优化分级诊疗，加快第三批县级公立医院提质达标建设，继续开展县乡村医疗卫生服务一体化医疗共同体建设，引进3个国内外优质医疗机构到昆合作办医。加强危重孕产妇和新生儿抢救中心建设管理，推进公安110与医疗急救联动平台建设。实施关爱老人儿童健康行动，免费为60岁以上户籍老年人接种23价肺炎疫苗，开展户籍新生儿遗传性耳聋基因免费筛查试点工作。创作推出一批庆祝新中国成立70周年优秀文艺作品。办好昆明市第六届运动会，重点打造“昆明春城文化节”“昆明春城体育节”、全民健身挑战日等重大体育赛事活动。深入开展民族团结进步创建“九进”活动，实施好十项重点工程，力争创建成为全国民族团结进步示范市。聚焦群众期盼，开展民生痛点难点调查，着力办好惠民实事，让昆明发展更有温度。

科学谋划“十四五”规划前期工作，开展好第四次全国经济普查和第三次全国国土调查，做好参事、文史、地方志、哲学社会科学、决策咨询研究、广播电视、港澳台侨、科普、测绘、地震、气象、红十字等工作，切实保障妇女、儿童、老年人、残疾人合法权益，支持群团组织改革发展。推进军民融合深度发展，扎实做好国防动员、国防教育、人民防空、民兵预备役等工作，加强退役军人服务管理保障。

各位代表！完成改革发展稳定各项任务，高质量推进区域性国际中心城市建设，需要各级政府更有作为，需要各级干部更加忠诚干净担当。

我们要旗帜鲜明讲政治。自觉用习近平新时代中国特色社会主义思想武装头脑、指导实践、推动工作，进一步增强“四个意识”，坚定“四个自信”，坚决做到“两个维护”，坚持把党对一切工作的领导贯穿到政府工作各个领域、各个方面，确保中央重大决策部署和省委、省政府、市委的各项要求落地见效。

我们要依法行政重法治。坚持提高行政立法质量，建立完善适应区域性国际中心城市建设的法规体系。深化政府机构改革，扎实稳妥做好涉改部门的职责划转、部门“三定”等工作，确保3月底前基本完成市县政府机构改革任务。坚持严格规范公正文明执法，做到不越权、不滥权、不缺位、不失职。坚持依法接受人大及其常委会法律监督、工作监督，主动接受政协民主监督，自觉接受司法监督和社会监督，强化审计监督，让政府的各项权力在阳光下运行。

我们要求真务实强作风。巩固拓展落实中央八项规定精神成果，坚决反对形式主义、官僚主义，时刻防范“四风”隐形变异新动向，严厉整肃不敬畏、不在乎、喊口号、装样子等问题。加强学习和调查研究，树立敢破敢立的开拓精神、居安思危的忧患意识、精益求精的较真精神、一抓到底的实干精神，为昆明高质量建设区域性国际中心城市注入澎湃动力。

我们要持之以恒抓廉洁。始终保持惩治腐败高压态势，自觉接受监察监督，把好用权“方向盘”、系好廉洁“安全带”。坚持标本兼治遏制腐败和不正之风，严格落实党风廉政建设主体责任和“一岗双责”，一体推进不敢腐、不能腐、不想腐，守住从政为民的“压舱石”，筑牢拒腐防变的“防火墙”，巩固发展反腐败斗争压倒性胜利。

各位代表！时代赋予重任，奋斗铸就辉煌。站在新的历史起点上，我们都是奋斗者，我们都是追梦人。让我们更加紧密地团结在以习近平同志为核心的党中央周围，在省委、省政府和市委的坚强领导下，坚定必胜的信心，鼓足拼搏的劲头，朝着梦想奋力奔跑，奋力开创区域性国际中心城市建设新局面，以优异成绩庆祝中华人民共和国成立70周年！

附件1

2019年10件惠民实事

一、促进就业创业工作

目标任务：提供有效就业岗位13万个，实现城镇新增就业13万人。完成农村劳动力转移就业15万人次，转移培训15万人次。实名登记高校毕业生就业率达90%。创建新型创业创新孵化服务园5个，实现“贷免扶补”，创业担保贷款扶持8600人创业。

牵头单位：市人力资源和社会保障局

责任单位：各县（市、区）人民政府、开发（度假、园）区管委会

二、扩大优质教育资源

目标任务：推进“三名”工程，引进名校4所、名师50名、名校长4名。做好晋级升等工作，创建省一级示范幼儿园6所。推进普通高中优质特色发展，创建省一级高（完）中2所。

牵头单位：市教育局

责任单位：各县（市、区）人民政府、开发（度假、园）区管委会

三、提升养老服务质量

目标任务：做好符合条件的60岁以上户籍老年人免费接种23价肺炎疫苗工作，2019年计划完成40%的目标人群接种。做好80岁以上高龄老年人保健补助发放工作。建设城乡居家养老服务中心30个，新增居家养老服务中心床位400张；新增社会力量兴办养老机构4个，新增各类养老机构床位2000张。

牵头单位：市卫生计生委、市民政局

责任单位：各县（市、区）人民政府、开发（度假、园）区管委会

四、关爱妇女儿童健康

目标任务：婴儿死亡率控制在5‰以下，孕产妇死亡率控制在16/10万以下。

牵头单位：市卫生计生委

责任单位：各县（市、区）人民政府、开发（度假、园）区管委会

五、建设“四好农村路”

目标任务：全市新建、改建农村公路200公里，对300公里存在安全隐患的农村公路实施生命防护工程。全面推行“三级联动机制”，县、乡、村道“路长制”实施率达100%。养护工程自计划下达一年内完工率、合格率达100%，积极实施大中修工程。加快推进农村客运发展，建制村通客车率达99.4%。

牵头单位：市交通运输局

责任单位：各县（市、区）人民政府、开发（度假、园）区管委会

六、提升乡村环境

目标任务：着力提升村容村貌，实施乡村绿化行动，绿化美化村庄200个。建制村生活污水处理设施覆盖率达85%。推进农村“厕所革命”，2019年底乡镇镇区实现2座及以上水冲公厕全覆盖，消除乡镇镇区旱厕；提升改造行政村村委会所在地公厕557座；改造农村户厕38054座。

牵头单位：市住房城乡建设局、市滇管局、市城管综合执法局、市农业局、市卫生计生委、市林业局

责任单位：各县（市、区）人民政府、开发（度假、园）区管委会

七、道路畅通工程和停车泊位建设

目标任务：实现绕城高速外环线闭合，完成东格、寻沾昆明段2条高速公路建设，新增高速公路里程70公里。完成东风路路面恢复提升。新增机动车停车泊位1.2万个。

牵头单位：市交通运输局、市住房城乡建设局

责任单位：五华区、盘龙区、官渡区、西山区、呈贡区人民政府，高新区、经开区、滇池旅游度假区管委会，昆明轨道公司

八、城市道路亮化绿化美化

目标任务：改造提升一环路、广福路（庄家塘立交至滇池路）绿化景观，提升街巷、公园、广场等公共空间绿化美化品质，新增城市绿地200公顷。完成主城区现存“有路无灯”“有灯不亮”问题的补建整改工作，确保主次干道、背街小巷装灯率达100%、亮灯率达95%以上。

牵头单位：市城管综合执法局、市园林绿化局

责任单位：五华区、盘龙区、官渡区、西山区、呈贡区人民政府，高新区、经开区、滇池旅游度假区管委会

九、改造提升主城区集贸市场

目标任务：实施集贸市场提升整治三年行动计划，改造提升63个，新建扩建14个，提升集贸市场软、硬件水平，整治“脏乱差”现象，保障集贸市场健康运营，让市民群众满意、让市场主体和经营户满意。

牵头单位：市工商局

责任单位：五华区、盘龙区、官渡区、西山区、呈贡区人民政府，高新区、经开区、滇池度假区管委会

十、巩固农村饮水安全

目标任务：完成农村5万人口饮水安全巩固提升。

牵头单位：市水务局

责任单位：各县（市、区）人民政府、开发（度假、园）区管委会

附件2

名词解释

1. “三品一标”农产品　无公害农产品、绿色食品、有机农产品和农产品地理标志。

2. “533”产业体系　滇中新区的产业发展战略，即做大做强汽车及高端装备、石化、新材料、电子信息、生物医药5大高端产业集群，培育发展高端商务和总部经济、商贸及现代物流、旅游和健康服务三大服务业集群，高水平打造安宁工业园区、杨林经开区、空港经济区3大千亿级产业园区。

3. 脱贫攻坚“七个一批”　在精准识别、完善建档立卡数据、摸准脱贫需求的基础上，采取发展生产脱贫一批；转移就业脱贫一批；易地搬迁脱贫一批；生态补偿脱贫一批；教育脱贫一批；医疗救助脱贫一批；社会保障兜底脱贫一批“七个一批”方式扎实开展脱贫攻坚工作。

4．三旧　城市旧厂区、旧住宅区和城中村。

5．城乡“四治三改一拆一增”　“四治”为“治乱”“治脏”“治污”“治堵”，“三改”为改造旧住宅区、旧厂区和城中村。“一拆”为依法依规拆除违法违章建筑，“一增”为增加城市绿化面积。

6．农村“七改三清”　在农村开展改路、改房、改水、改电、改圈、改厕、改灶，清洁水源、清洁田园、清洁家园。

7．五小水利　小水窖、小水池、小泵站、小塘坝、小水渠。

8．政务审批“七办”模式　指昆明审批服务“一窗通办”“一网通办”“就近申办”“一次办成”“掌上通办”“马上办好”“全市能办”的“七办”模式。

9．“3550”改革目标　开办企业3个工作日内完成（包含办理名称预先核准、营业执照、刻制公章、开立银行账户、申领税务发票等环节）；不动产登记5个工作日内完成（包含不动产交易至取得不动产产权证书的所有环节）；工业建设项目施工许可50个工作日内完成（包含建设项目从启动土地招拍挂至开工建设的所有环节）。

10．“容缺审批”制度　指对基本条件具备、主要申报材料齐全且符合法定条件，其他条件或材料有欠缺或瑕疵的行政审批事项，相关行政审批部门先予以受理审批，并一次性告知需补正的材料、时限和逾期处理方式的审批办法。简而言之，就是在不违反规章制度的前提下，允许一边补充材料，一边审批。

11．“三权分置”　是指将土地承包经营权分为承包权和经营权，实行所有权承包权经营权分置并行。

12．“三医三预三康”　加强“医疗保障制度创新建设，医疗机构建设、医疗人才队伍建设”，提高“预知、预警、预防”水平，提升“康复、康养、康健”能力。

13．“五个坚持”　坚持稳中求进工作总基调，坚持新发展理念，坚持推动高质量发展，坚持以供给侧结构性改革为主线，坚持深化市场化改革、扩大高水平开放。

14．“六个稳”　稳就业、稳金融、稳外贸、稳外资、稳投资、稳预期。

15．招商引资“七步曲”　第一步，梳理行业内领军企业；第二步，以党委政府或主要领导名义致信（函）给意向企业；第三步，上门拜访或邀请投资者洽谈合作事宜；第四步，双方签订合作框架协议；第五步，签订投资协议；第六步，项目落地开工、建成投产；第七步，政府和投资者精诚合作，让企业发展壮大，实现互利共赢。

16．两不愁、三保障　指不愁吃、不愁穿，义务教育、基本医疗和住房安全有保障。

17．六个结合　指把脱贫攻坚与加快产业发展、新农村建设、基层组织建设、生态文明建设、乡村文明建设、民族团结进步结合起来。

18．六个不滑坡　在创建全国文明城市中，确保居民小区、背街小巷、城市道路、农贸市场、校园周边、重点区域的卫生环境和社会秩序不滑坡。

19．六个持续提升　在创建全国文明城市中，推进小区微改造、小区社会治理、城市景观形象、城市文明交通、数字化城市管理、未成年人思想道德建设提升。

20．“5＋N”群众性精神文明创建活动　以社会主义核心价值观统领文明城市、文明村镇、文明单位、文明校园、文明家庭“五大创建”，鼓励各机关单位、职能部门、社会组织等结合自身实际，充分发挥主观能动性，不断丰富群众性精神文明创建活动内容，全面提升全市文明程度。

21．“6＋2”特色产业体系　按照打造世界一流“绿色食品牌”的要求，大力发展蔬菜、花卉、林果（含林下经济）、山地牧业、特色水产、中药材6个农业特色产业，加快发展茶叶、咖啡2个农产品精深加工产业，促进昆明高原特色现代农业绿色化、有机化、规模化、品牌化发展。

22．“四好农村路”　“建好、管好、护好、运营好”农村公路。

23．“一定位三稳定两体系”　坚持“房住不炒”定位，以稳地价、稳房价、稳预期为目标，加快推进住房保障体系和供应体系建设，促进房地产市场平稳健康发展。

24．“四个零”　负面清单之外零门槛、收费清单之外零收费、对企业服务零距离、对侵权行为零容忍。

25．一网四中心　一网，指建立以市政府门户网站为入口，覆盖全市四级政务体系，界面清晰、便捷实用的多层级移动互联网；四中心，指政务服务中心、公共资源交易中心、投资服务中心、党群服务中心。

26．“四地治理”工程　推进宜林荒山荒地、低质低效林地、坡耕地、抛荒地治理工程。

27．“六大放心工程”　一是实施肉菜市场放心工程，二是实施餐饮业质量安全提升工程，三是实施食品“三小”（小餐饮、小作坊、小摊贩）行业放心工程，四是实施粮油放心工程，五是实施农村自办宴席放心工程，六是实施餐厨废弃物收运处理放心工程。

28．社区治理“五个一批”工程　指实施一批政府购买服务项目、一批党政群共商共建优秀社区（小区）、一批市（县）级优秀社会组织、一批市（县）级社区学雷锋志愿服务工作站、一批民主法治示范社区（小区），助推城乡社区治理社会化、法治化、智能化、专业化和组织化水平不断提升。

昆明市人民代表大会常务委员会工作报告

——2019年2月18日在昆明市第十四届人民代表大会第四次会议上

拉玛·兴高

各位代表：

我受市人大常委会委托，向大会报告工作，请予审议。

2018年主要工作

过去的一年，在中共昆明市委的坚强领导下，市人大常委会坚持以习近平新时代中国特色社会主义思想为指导，深入贯彻落实党的十九大，十九届二中、三中全会精神和习近平总书记对云南工作的重要指示精神，坚持党的领导、人民当家作主、依法治国有机统一，紧紧围绕市委确定的目标任务，主动依法履职，勇于担当、锐意进取，努力实现新作为，展现新气象。

一、坚持党的领导、依法履职有机统一，不断增强维护核心的行动自觉

常委会坚持用习近平新时代中国特色社会主义思想武装头脑，坚定人民代表大会制度自信，自觉把党的领导落实在人大依法履职全过程，体现在人大工作各方面，努力做到政治上保持定力，履职上精准发力，工作上形成合力，全面开创人大工作新局面。

努力做学习贯彻习近平新时代中国特色社会主义思想的表率。始终把学习贯彻习近平新时代中国特色社会主义思想和党的十九大精神作为首要政治任务，在深化学习上下功夫，在学以致用上下功夫，在提高能力上下功夫，切实增强“四个意识”，坚定“四个自信”，坚决做到“两个维护”，把坚持党的领导作为依法履职行权、开展人大工作的根本政治保证，自觉在思想上、政治上、行动上同以习近平同志为核心的党中央保持高度一致，牢牢把握人大工作正确的政治方向，为推进民主法治建设、促进经济社会发展奠定坚实基础。全年共开展党组理论学习中心组集中学习10次、专题讲座15次，调研送学9000余人次。

努力做认真贯彻落实党的决策部署和依法履职尽责的表率。始终把人大各项工作紧紧扣在贯彻落实中央、省市委重大决策部署上，确保在工作中坚持党的领导、贯彻党的领导、实现党的领导。按照中央、省市委部署要求，选举、任命市监察委员会组成人员，为深化国家监察体制改革提供组织保障。对市政府机构改革涉及的地方性法规规定的行政机关职责调整问题作出决定，实现立法决策与改革决策相衔接。强化预算决算审查和国有资产监督，促进提高依法理财、科学管理国有资产的能力和水平。坚持重大事项请示报告制度，共向市委请示报告30件次。坚持党委决策、人大决定有机统一，围绕改革发展和民主法治建设，依法作出嵩明撤县设市、与德国迪岑巴赫市建立友好城市关系等决议决定13项。坚持党管干部、依法任免有机统一，任免地方国家机关工作人员54人次。根据市委统一部署，常委会班子成员分别带队开展稳增长、河长制、文明城市建设、脱贫攻坚督查150余次。

努力做守纪律、讲规矩、转作风推进“两个机关”建设的表率。始终坚持发挥常委会党组把方向、管大局、保落实作用，把从严管理、提升能力，作为固本强基的重要抓手，务实推动人大各项工作与时俱进创新发展。持续推动“两学一做”学习教育常态化制度化，强化理论武装，践行根本宗旨。深入开展“基层党建巩固年”和“基层组织规范化建设提升年”活动，把人大机关建设成为市级机关党建工作和示范带建设观摩点、民族团结进步示范机关。强化常委会组成人员和机关干部队伍教育，深入开展宪法宣传、学习和培训，严格执行中央八项规定精神及省、市委实施办法，带头遵守政治纪律和政治规矩，贯彻执行准则条例，提振干事创业“精气神”，努力建设全面担负起宪法法律赋予的各项职责的工作机关，同人民群众保持密切联系的代表机关。

二、坚持深化改革、创新引领有机统一，努力聚集跨越式发展的新动能

常委会大力弘扬改革创新精神，坚持自身改革与全市改革统筹推进，理念创新与实践创新相辅而行，努力推动思想再解放、改革再深入、工作再抓实，在新的起点上迈出新的步伐。

以改革推动发展。围绕全市发展大局，找准依法履职的突破口，助力全市重点改革任务稳妥推进。加快建立

符合区域性国际中心城市建设和改革创新要求的法规体系，把社会主义核心价值观融入地方立法工作，充分发挥法治在改革发展中的规范引领和推动保障作用。支持政府深化放管服改革、进一步优化营商环境，对市政务服务中心和32家市级行政审批部门开展专题调研、满意度测评，对排名后四位的单位主要负责人进行约见约谈，推动政务服务质量、行政审批效率不断提升。围绕东川长远发展战略和空间布局，开展专题调研，提出拓宽东川发展空间、推动产业转型升级、加大政策扶持，促进北部地区生态环境保护和加快发展的对策建议，为市委、市政府决策提供参考。

以落实促进改革。按照中央、省市委决策部署，扎实推进人大领域全面深化改革。主动适应党和国家机构改革，准确把握全国人大和省人大机构设置新变化，落实市机构改革方案，开展完善人大专门委员会设置、调整常委会工作机构相关工作，努力实现机构职能设置更加科学、权责更加协同、运行更加高效。制定出台加强人大监督工作、对不依法履职尽责的政府组成部门负责人予以撤职的制度规定，强化人大监督刚性，合力营造风清气正、干事创业的良好环境。调研起草并报经市委研究出台关于建立市人民政府向市人大常委会报告国有资产管理情况制度的意见和人大预算审查监督重点向支出预算和政策拓展的实施方案，建立健全市、县人大预算联网监督系统，在全省率先实现人大预算联网监督系统全覆盖。

以创新激发活力。坚持解放思想，改进方式方法，在宪法和法律框架内积极稳妥开展“微创新”。创新立法机制，修订市人大及其常委会制定地方性法规条例，并依法提交本次大会审议，制定立法中涉及重大利益调整论证咨询、争议较大的重要立法事项引入第三方评估工作规范，完善立法程序，规范立法活动。完善监督方式，制定质询办法，探索运用市区人大联动质询、分阶段跟踪检查、约见约谈、专项工作评议等全链条监督新模式，切实增强监督实效。创新代表活动方式，与兄弟州市人大共同组织开展联合调研，共同推动解决跨区域性重大问题；修订代表约见办法，开展代表约见相关副市长和约谈政府组成部门负责人，督促责任部门采取有效措施，抓好工作落实；建立预算审查监督联系代表制度，强化人大预算审查监督职能。

三、坚持质量为上、突出特色有机统一，扎实推进以良法促发展保善治

常委会坚持把提高质量作为地方立法工作的永恒主题，注重突出昆明特色，努力服务昆明发展。全年共制定、修订、废止地方性法规9件，组织开展立法调研16项。

着眼提升城市管理水平立法。主动服务和融入国家发展战略，出台实施建设区域性国际中心城市促进条例，推动区域性国际中心城市建设全面步入法制化轨道。践行社会主义核心价值观，出台实施文明行为促进条例，引领时代风尚，提升文明程度，实现由“创建文明城市”向“建设文明城市”的整体跃升。适应交通路网变化需求，修订城市轨道交通管理条例，对城市轨道交通建设、规划、运营管理进行全面规范，推动城市轨道交通行业持续健康发展。对修订历史文化名城保护条例开展专题调研，延续城市历史文脉，守护城市精神家园。

着眼增进社会民生福祉立法。弘扬人道主义精神，出台实施献血条例，维护献血用血者合法权益，保障临床用血需求和安全，促进社会文明进步。维护劳动关系和谐稳定，修订企业工资支付条例，明确用工单位主体责任，规范劳动保障监察执法行为，实现工资支付治理法制化。完成城市供水用水管理条例立法后评价，对修订房地产交易管理、安全生产、不动产登记等人民群众普遍关注的地方性法规开展专题调研，积极回应人民群众期盼。

着眼促进生态环境改善立法。为促进城市绿化事业发展，修订城镇绿化条例，规范调整绿地规划、建设和管理行为，加大监督和违法处罚力度，巩固提升国家园林城市创建成果。加强轿子山国家级自然保护区建设管理，修订轿子雪山保护和管理条例，明确保护对象、范围和管理机构，强化底线约束，统筹资源保护与旅游开发。作出废止雷电灾害防御条例的决定，维护国家法制统一。对修订松华坝水库、九乡风景名胜区、地下水保护条例开展专题调研。协助省人大做好滇池、阳宗海保护等条例修订工作。

着眼推动民族团结进步立法。按照“中华民族一家亲，同心共筑中国梦”要求，弘扬民族团结主旋律，促进各民族共同团结奋斗、共同繁荣发展。深入开展民族自治地方单行条例立法调研，推动禄劝县文化遗产保护、石林县阿诗玛文化传承与保护条例批准施行，加强对寻甸县民族团结进步条例制定工作的指导，配合省人大开展民族团结进步示范省创建工作调研，为推进民族团结进步事业发展提供法制保障。

着眼法制统一加强备案审查。召开全市立法工作暨规范性文件备案审查会，系统总结实践经验，扎实推进规范性文件备案审查工作，对市十三届人民政府报备的31件规章、2017年报备的6件规章进行全面评审，提出审查建议及时交市政府研究处理。完成今年报备的居住房屋租赁管理、违法建筑处置等3件规章，以及深化改革推进出租汽车行业健康发展等4件规范性文件的备案审查工作，保证人民群众依法享有的权益不受侵犯。

四、坚持围绕大局、精准发力有机统一，切实增强监督的针对性实效性

常委会紧紧围绕改革发展大局和人民群众普遍关心关注的热点难点问题，突出重点、创新方式，努力实现监督与支持的有机统一。全年共听取审议专项工作报告21项，开展执法检查5次，专题视察调研210次，专题询问2次，质询1次，工作评议1次，约见约谈2次。

围绕生态环境保护治理强化监督。聚焦水生态综合治理，听取审议2017年度环境状况和环境保护目标完成情况报告，连续第三年围绕滇池流域综合治理开展专题询问，与玉溪市人大联合对阳宗海治理保护开展跨区域视察，合力推动滇中城市经济圈五州市水生态环境保护与治理一体化。滇池水质企稳向好，草海、外海水质均达到Ⅳ类；阳宗海湖体水质稳定保持在Ⅲ类。聚焦大气污染防治，针对空气质量下降和工作中存在问题，对市住建局建筑工地扬尘治理工作不力开展质询，对市政府8个相关部门主要负责人进行集体约见约谈，持续跟踪监督并组织开展集中评议，推动昆明空气质量得到进一步提升。全年空气质量优良率为98.9%，为2013年执行国家空气质量新标准以来最好水平。对森林防火条例贯彻执行情况进行执法检查，促进森林资源保护，维护自然生态平衡和安全。

围绕化解地方债务风险强化监督。突出政府性债务风险防范和化解，对全市政府性债务、或有债务、隐形债务等情况开展深入调研，全面摸清市属投融资平台公司的债务规模、管理以及防范化解风险的有关情况，找准政府性债务风险率高、偿债资源与债务不匹配、投融资平台公司自我造血功能弱等存在问题，从统筹配置资源、锁定偿债来源，促进企业转型、拓宽融资渠道等六个方面提出16条对策建议，形成专题调研报告，为市委、市政府加强债务风险防范管理提供决策参考。审查批准全市2018年度政府债务限额，推动政府强化债务管理。

围绕推动经济健康发展强化监督。高度关注经济运行情况，加强全口径预决算监督，听取审议预算执行、决算、审计工作以及审计查出问题整改情况报告，首次实行审计查出问题部门同步报告整改情况，审查批准财政决算、预算调整方案，作出相关决议。听取审议国民经济和社会发展计划执行、“十三五”规划纲要实施情况中期评估报告。高度关注国有资产管理情况，开展专题调研视察，听取审议专项工作报告，拓宽监督范围，首次实现国有企业、地方金融企业、行政事业单位、国有自然资源等国有资产管理情况报告的全口径、全覆盖。高度关注对外开放，听取审议发挥外事侨务工作职能、服务区域性国际中心城市建设专项工作报告，积极推动昆明国际商事仲裁服务中心和驻外商务代表处设立。听取审议加快建设“中国健康之城”议案办理情况报告，持续推动全市大健康产业提速发展。

围绕促进民生持续改善强化监督。努力实现好、维护好、发展好广大人民群众根本利益，对市政府23个职能部门和单位牵头办理的“10件惠民实事”落实情况开展评议调查，听取审议专项工作报告，推动政府及职能部门有效解决群众最关心、最直接、最现实的问题。对省少数民族教育促进条例、市民办教育促进条例贯彻执行情况进行执法检查，努力维护学校和受教育者合法权益，全面促进少数民族和民办教育事业健康发展。对老年人权益保障条例贯彻执行情况进行执法检查，进一步提升老年人权益保障水平，促进我市老龄事业与经济社会协调发展。

围绕维护社会公平正义强化监督。全面推进依法治市，切实维护宪法法律权威，积极推进依法行政、公正司法，努力实现人民群众对社会公平正义的新期待。听取审议公共法律服务平台、公安机关信息化和智慧检察院建设情况专项工作报告，提升司法和司法行政工作智能化水平，切实增强服务群众的能力。听取审议人民法院基本解决执行难情况专项工作报告，对加强人民法院执行工作作出决议，加大执行力度，最大限度保障当事人合法权益。听取审议关于未成年人案件审判庭建设情况的专项工作报告，推动未成年人案件裁判法律效果与社会效果相统一，预防、矫治未成年人犯罪，保障未成年人健康成长。

五、坚持民有所呼、我有所应有机统一，充分发挥人大代表的主体作用

常委会坚持把代表工作作为人大工作的基础，不断健全完善代表工作机制，深化拓展代表工作，支持保障代表依法履职，代表主体作用发挥更加广泛有效。

着力拓展代表联系群众的深度和广度。制定加强和改进人大代表工作、各级人大代表联系人民群众的意见，密切常委会同人大代表、人大代表同人民群众的联系。建立常委会组成人员联系基层代表制度，共与151名基层代表建立经常性联系；建立省市人大代表联系人民群众工作制度，全市各级人大代表共联系人民群众9000余户；建立常委会领导联系县（市、区）制度，加强对基层人大工作的指导。邀请代表参加立法、监督等重要活动，经常听取代表对人大和“一府一委两院”工作的意见建议，代表服务大局的意识进一步增强。

着力提升服务代表履职的能力和水平。健全四级人大代表联动机制，推广代表履职信息平台，加大联络站、工作站和代表之家建设，搭建代表直接联系人民群众和依法履职的平台；健全代表反映人民群众意见的处理反馈机制，通过多种方式倾听群众呼声，反映社情民意，推动一批问题的解决。加强代表履职学习培训，分三期组织300余名市人大代表开展人大制度理论和代表履职学习培训，

代表履职能力不断提高。

着力强化议案建议督办的力度和质量。完善提升代表建议办理系统，强化议案办理质量，常委会领导带头深入调研，专工委持续跟踪督办，创建全国民族团结进步示范市、深化放管服改革2件议案办理完成，全国民族团结进步示范市创建工作通过省级验收，继石林之后，禄劝、寻甸成功创建成为全国民族团结进步示范县。去年人代会和闭会期间代表提出的370件建议全部按时办结，5件重点建议办理成效明显。

着力丰富闭会期代表活动内容和形式。组织400余名代表听取区域性国际中心城市建设和迎接国家卫生城市复审工作情况，保障代表知情知政。邀请人大代表列席常委会和专门委员会会议300余人次；组织5个专业代表小组和15个代表活动小组，参加常委会组织的专题调研、执法检查和工作视察；组织部分全国、省、市人大代表参加脱贫攻坚、滇池治理、城市管理等方面视察调研、专题询问，为经济社会发展提出意见建议。

六、坚持瞄准靶心、尽锐出战有机统一，着力推动打好精准脱贫攻坚战

市人大常委会在市委和市委脱贫攻坚领导小组的领导下，坚持把脱贫攻坚作为最大民生工程，主动融入全市“1+13”脱贫攻坚指挥体系，认真履行牵头帮扶寻甸县责任，强化对东川、禄劝等县区脱贫攻坚督导，助推全市打好精准脱贫攻坚战。全年共开展18次集中视察、120余次专题调研督查，召开60场座谈会、30次推进会。寻甸县高质量脱贫摘帽，荣获国家脱贫攻坚组织创新奖；东川区、禄劝县达到脱贫摘帽标准，已向省级申请贫困退出评估。市人大常委会办公厅荣获全省2018年脱贫攻坚“扶贫先进集体”称号。

聚焦责任担当助推脱贫攻坚。强化统筹协调，督促132家市级单位挂实包实，每位常委会班子成员联系1至2个贫困乡镇，机关全体干部挂钩帮扶4个贫困村232户贫困户，与8个贫困村党支部结对开展“党建扶贫双推进”，引导全市各级人大代表与贫困户结对精准帮扶。强化人大监督，针对资金到位不及时、农村危房改造推进缓慢、产业发展可持续性不强等重点问题，连续三年开展专题询问。强化社会动员，积极协调驻昆部队、大专院校、金融机构、民营企业和各界人士参与全市挂钩帮扶，实施“6个16”帮村帮户帮扶，组织6个行业共96家单位，筹集资金1.9亿元，点对点精准帮扶寻甸县16个乡镇。强化动力激发，推动出台实施进一步规范完善村规民约指导意见，积极落实“三讲三评”工作要求，探索出赶集讲评、微信讲评等贴近群众、形式多样的“海嘎经验”，有效激发脱贫内生动力。

聚焦产业就业助推脱贫攻坚。提出“市有产业扶贫意见、县有产业发展规划、乡有特色品牌产业、户有持续增收项目”产业脱贫思路，督促出台实施支持三个国家级贫困县区产业扶贫意见，明确市级财政自2018年起，连续三年每年对每个贫困县区追加产业发展资金2000万元，重点培育10个特色产业。督促推进农村电子商务发展，三个贫困县区全部入围国家电子商务进农村综合示范县。推动创新结对转移就业模式，督促出台实施主城区精准帮扶贫困地区农村劳动力转移就业实施意见，定向定点向主城区转移输出农村劳动力1.63万人，协调促成北京市朝阳区与昆明市签订就业扶贫协议，共向北京等城市转移7200余人。

聚焦住房安全助推脱贫攻坚。针对贫困县区农村危房改造任务艰巨的实际，督促市政府出台实施农村危房改造资金补助政策，推动形成“五层级识别、四类型改造、三统筹保障、两强化质量”的“5432”工作法，破解农村危房改造难题，完成13.15万户农村危房改造，三个贫困县区全面消除农村危房。积极推动寻甸罗泊河、禄劝乌东德、东川白鹤滩移民安置工作，推进东川区对门山、起嘎安置点易地搬迁项目顺利竣工验收，全市4.67万农村贫困群众搬迁入住新房。

聚焦教育医疗助推脱贫攻坚。督促出台乡村教师支持计划，推动实施乡村教师差别化生活补助，稳定乡村教师队伍；开设民族班和“阿诗玛班”，累计招录505名贫困地区学生；协调中国泛海控股集团出资2354万元资助贫困学生4708人；开展系列校地扶贫合作，协调联系10余所高校，与贫困县区开展结对帮扶；推动落实动态归零督查工作法，组织人大代表开展专项督查，督促做好控辍保学工作。组织16家城区医院对口帮扶贫困县区医疗卫生机构，推动建立市带县、县带乡、乡带村的“城带乡”健康帮扶新模式，强化基层公共卫生服务，提升乡村医疗水平。

一年来，常委会主动争取省人大常委会的指导，积极配合开展脱贫攻坚、滇池治理等执法检查、视察和调研活动。加强与各省区市人大联系，立法、监督等工作经验多次在全国、全省性会议上做交流。强化对县（市、区）、乡镇（街道）人大的工作指导。加强理论研究，完成对监察委员会开展监督工作探索研究等四项课题。加大对外交往力度，加强人大工作宣传，各项工作取得了新进展、新成效。

各位代表，过去一年成绩的取得，根本在于习近平新时代中国特色社会主义思想的科学指引，在于中共昆明市委的坚强领导，是全体人大代表积极履职和各县（市、区）人大及其常委会大力支持的结果，是“一府一委两院”密切配合的结果，是全市各族人民和社会各界关心支持的结果。在此，我谨代表昆明市人大常委会，向长期以

来关心帮助支持人大工作的、向在全市脱贫攻坚工作中作出积极贡献的全体人大代表，中央、省市各级各部门、驻昆解放军和武警部队官兵、大专院校、金融机构、企事业单位，各民主党派、工商联、无党派人士、各人民团体和社会各界人士，表示最崇高的敬意和衷心的感谢！

同时，我们也清醒地认识到，与服务昆明改革发展稳定的要求，与各位代表和人民群众的新期待相比，常委会的工作还有一定差距。主要是：立法能力建设还需进一步加强；监督工作的针对性和实效性还需进一步增强；代表议案建议办理质量还需进一步提高；组成人员作用还需进一步发挥。这些都需要在今后的工作中不断改进。

2019年工作建议

2019年，是新中国成立70周年，是全面建成小康社会、实现第一个百年奋斗目标的关键之年。我们要坚持以习近平新时代中国特色社会主义思想为指导，进一步贯彻落实习近平总书记对云南工作的重要指示精神，带头增强“四个意识”，坚定“四个自信”，做到“两个维护”，认真贯彻落实市委十一届六次全会精神，更加注重在坚持党的领导中保持正确政治方向，更加注重在保证人民当家作主中维护群众根本利益，更加注重在依法履职中服务全市发展大局，更加注重在开拓创新中激发工作活力，勇于担当作为，为高质量推进区域性国际中心城市建设作出积极贡献。

一是强化政治担当，人大工作要更加与时俱进。始终把加强政治建设摆在首位，毫不动摇地坚持党的领导，确保人大工作正确政治方向。持续深入学习好、研究好、宣传好、贯彻好习近平总书记关于坚持和完善人民代表大会制度的重要思想，坚持在中央、省市委的工作大局中谋划人大工作，更好行使宪法法律赋予的各项职责，更好推进全面深化改革和依法治市工作，自觉接受人民监督，努力担负起党和人民赋予的职责使命，推动新时代人大工作与时俱进、创新发展。

二是突出地方特色，地方立法要更加有效管用。践行社会主义核心价值观，坚持急需先立、特色为重，进一步加强立法能力建设，不断提升立法质量。深入分析立法需求，科学制订年度立法计划，注重深化机构改革后的立法修订工作，重点围绕经济发展、生态环境、城乡建设与管理、历史文化保护、社会民生等领域开展立法工作。加强对民族自治县立法工作的指导，认真做好规范性文件备案审查工作。

三是坚持问题导向，监督工作要更加精准到位。围绕中央、省市委决策部署和人民群众普遍关心的热点难点，实施正确监督、有效监督。聚焦经济高质量发展，听取审议产业发展、重大项目推进和招商引资、企业面向南亚东南亚“走出去”、审计工作情况等专项工作报告，对审计查出问题整改情况进行专题询问。聚焦城乡一体化发展，对创建全国文明城市、城市交通综合治理、乡村振兴等工作进行专项视察。聚焦民生福祉，对食品安全监管、流动人口服务管理、旅游市场改革等工作开展监督；听取审议村级活动场所、卫生室建设管理情况专项工作报告并进行专题询问，听取审议民族团结进步示范市创建情况专项工作报告。聚焦生态环境保护，对大气污染防治、地下水保护、滇池阳宗海保护治理、河长制落实情况开展视察调研，适时开展专题询问或质询。聚焦公平正义，听取审议社区矫正、公益诉讼、扫黑除恶情况等专项工作报告，将专题询问拓展到法检两院工作，同时适时听取监察委员会工作情况报告。

四是强化服务保障，代表工作要更加扎实有序。健全完善代表履职工作平台和信息平台，代表活动阵地在全省率先实现乡镇（街道）全覆盖，活跃闭会期间代表活动。健全完善预算审查监督联系代表工作机制，有效发挥代表参与预算审查监督作用。健全代表履职监督管理机制，完善代表履职档案、通报代表履职情况，探索建立代表述职评议、优秀代表建议和办理工作评比表彰制度，促进人大代表更好依法履职。加强对代表的教育引导，分期分批组织代表履职学习，提高代表履职能力。加强代表议案建议跟踪督办，提高落实率和满意率。

五是提升能力素质，自身建设要更加充满活力。按照“两个机关”建设要求，不断加强政治建设、思想建设、组织建设、作风建设和纪律建设。继续推进“两学一做”学习教育常态化制度化，扎实开展“不忘初心、牢记使命”主题教育，加强机关党的建设和党风廉政建设，树立清正廉洁为民的人大机关形象。落实深化改革任务，做好专门委员会、常委会工作机构调整设置后续工作，优化常委会组成人员结构，提高常委会整体工作效能。加强人大干部队伍教育培训，强化进取意识，增强创新精神，锻造一支高素质专业化干部队伍。

各位代表，新时代承载新使命，新气象需要新作为。让我们更加紧密地团结在以习近平同志为核心的党中央周围，在市委的坚强领导下，站在民主法治建设第一线，站在改革发展稳定第一线，站在高质量推进区域性国际中心城市建设第一线，切实发挥好职能作用，以优异成绩庆祝中华人民共和国成立70周年。

中国人民政治协商会议
昆明市第十三届委员会常务委员会
工作报告

——2019年2月16日在政协昆明市第十三届委员会第三次会议上

熊瑞丽

各位委员：

我代表中国人民政治协商会议昆明市第十三届委员会常务委员会，向大会报告工作，请予审议。

一、2018年工作回顾

2018年是全面贯彻中共十九大精神的开局之年，在中共昆明市委的领导下，市政协常委会以习近平新时代中国特色社会主义思想为指导，团结带领市政协各参加单位和广大委员，紧紧围绕市委十一届四次全会确定的目标任务，深入调研、务实建言，广聚民智、协商议政，凝聚共识、汇集合力，为我市决战脱贫攻坚、决胜全面小康、加快区域性国际中心城市建设贡献政协智慧和力量。

（一）强化政治引领，筑牢团结奋斗的共同思想政治基础

常委会旗帜鲜明讲政治，坚持理论武装与党建工作并重，不断提高政治站位，凝聚思想共识，牢牢把握正确的政治方向。

坚持党的领导，把牢政治方向。中共昆明市委对政协工作高度重视，市委常委会多次听取市政协工作汇报，专题研究政协工作，审议市政协年度重点工作安排，对专题学习研讨活动、围绕中心议政建言等工作提出要求，给政协出题目、交任务、压担子。市政协切实把思想和行动统一到中共中央和市委的决策部署上来，把工作放在全市大局中谋划，及时请示重大事项、报告重点工作、反映重要情况，把党的领导贯穿于政协工作的各方面、全过程。

加强理论武装，凝聚思想共识。主席班子带头，通过中心组学习、常委会议学习、委员培训、专题讲座等，深入学习习近平新时代中国特色社会主义思想和中共十九大精神，全面学习新修订的党章、宪法和《政协章程》，引导政协委员和各族各界人士，增强“四个意识”，坚定“四个自信”，践行“两个维护”，夯实团结奋斗的共同思想政治基础。按照全国政协、省政协安排，全市政协系统开展了“习近平总书记关于加强和改进人民政协工作的重要思想”专题学习研讨活动，组织学习研讨100多次，4000多人次参加，撰写论文80多篇，市政协在全省和全国政协理论研讨会上分别做了交流发言。通过学习研讨，委员和政协工作者对新时代人民政协的性质定位有了更深入的理解，对围绕中心履职尽责有了更准确的把握，履职的使命感和责任感不断增强。

抓实政协党建，强化履职保障。坚持把党建工作放在突出位置，全面加强市政协党组、机关党的建设。发挥党组在政协工作中的领导核心作用，及时对市政协年度重点工作进行部署安排，通过抓班子、带委员、建平台，使专委会基础作用、委员主体作用得到了较好发挥，为政协工作提供有力政治保障。切实把党的建设贯穿于政协履职和自身建设的各个环节，注重建章立制，落实党建目标，抓好党建示范建设，创建了“党旗扬—助脱贫—政协行”“双联共建”等市政协党建活动品牌。

（二）深入协商议政，助推区域性国际中心城市建设

常委会紧紧围绕区域性国际中心城市建设这一中心工作，突出改革开放、经济发展、城市建设、文化建设、国际化发展等方面内容，多形式开展协商议政。全年组织2次议政性常委会议、3次主席会议协商、4项重点协商和60多次专题协商，30多个履职成果得到省市领导52次批示，相关部门采纳落实，有力促进了区域性国际中心城市建设。

围绕高质量经济发展议政建言。围绕供给侧结构性改革、农村产权制度改革、大健康产业发展、保税区建设、推进智慧旅游、高层次人才创新创业等进行调研视

察，为促进全市经济高质量发展建言献策。为助推我市产业调结构、促转型，就“深化供给侧结构性改革，促进经济社会高质量发展”召开议政性常委会议，围绕产业升级、科技创新、发展环境3个专题深入协商，提出“新经济”引领、强化科技创新、提升改造非烟轻工产业等18条建议，市领导和有关部门到会听取意见，给予充分肯定和积极回应。组织委员对全市消费品工业发展开展调研，提出强化统筹引导、培育龙头企业、打造消费品产业集群等建议，对我市工业发展产生了积极影响。就营商环境进行视察，提出深化“放管服”改革、推进综合执法改革、加快“互联网+政务服务”融合等建议，促进了优化营商环境具体措施的出台和落实。

聚焦高品质城市建设建言献策。通过主席会议、专题协商会等形式，围绕城市总体规划修编、“世界春城花都”建设、“十三五”规划纲要推进等工作进行专题协商，围绕社区网格化管理、公共法律服务平台建设开展调研视察。2018年，昆明市被列入全国城市总体规划和土地利用总体规划修编双试点城市之一，市政协立足于2035年长远发展，就“两规”修编进行协商，召开20多次协商会议，围绕综合交通、生态环保等7个专项规划，提出要注重规划衔接、优化物流集散等210条建议，引起多位市领导重视，建议采纳率达80%以上。围绕提升城市品质进行深度调研，召开议政性常委会议，提出要统筹规划、精细管理、加速“五采区”治理、打赢“蓝天保卫战”等20多条意见建议，市委主要领导要求相关部门认真研究，逐项办理落实。

紧扣高水平文化引领献计出力。按照市委关于政协应在文化引领方面发挥作用的要求，深入挖掘历史文化资源，围绕翠湖历史文化片区建设、老字号保护、西南联大历史文化保护传承等工作，进行调研与协商，助推“文化昆明”建设。对翠湖历史文化片区环境提升与业态定位开展调研，多次听取历史、文化、商贸等方面专家意见，邀请民建中央文化委专家来昆调研，厘清了翠湖片区历史文化脉络，提出依托西南联大、云南陆军讲武堂、翠湖公园，在“一文一武一园”核心区域布局文旅、文博、文创产业的建议，对擦亮昆明文化之眼起到积极作用。以西南联大建校80周年为契机，多次召开协商会，组织委员和专家就《西南联大历史文化品牌相关规划》进行论证，推动保护措施落实。对我市徐霞客游线持续开展调研，促成8个遗存点通过徐霞客游线标志地认证，促进旅游文化融合发展。

（三）加强民主监督，促进重大工作部署落到实处

常委会认真贯彻中央和省、市委关于加强政协民主监督的部署要求，突出协商式监督特点，寓监督于各项履职活动之中。

针对难点问题实施民主监督。围绕农村产权制度改革、国家卫生城市复审、国家园林城市复查、实施名校名师名长工程、扫黑除恶专项工作开展民主监督，促进了相关工作的推动与落实。针对国家卫生城市复审工作，召开主席会议进行协商，并组成督查组，赴有关县区开展督促检查，查找解决问题40余个，提出强化部门联动、集中专项整治、处理好突击整治与长效治理关系、“创卫”复审与“创园”复查、“创文”工作相结合等建议，被市级有关部门和县区采纳，转化为整改措施。

发挥专业特长推进界别监督。寓民主监督于界别活动之中，各界别委员围绕自然保护区建设、中医药健康服务、行政首长出庭应诉制度等开展了协商。选派界别委员担任民主监督员，向市公安局、市卫计委等9家单位推荐57名委员担任特约监督员，开展监督活动100多次。组织委员参加重要案件庭审、教育招聘考点巡视、脱贫攻坚等民主监督和听证活动30多批次，为全市各项重大政策落实、难点工作推进贡献了力量。

强化督导督查助推重点工作。按照市委安排，主席班子成员承担和参与了“稳增长、促跨越”、固定资产投资、重点基础设施项目建设督查和招商引资等11项全市重点工作。各位牵头领导和专委会，开展督查200多次，促进了各项决策部署落实。根据市委要求，市政协负责滇池、阳宗海流域以外区域全面深化“河长制”落实情况的督查，组织环保、生态领域的委员和专家，开展督查督导28次，集中对螳螂川等河道进行督查，促进了堵口、排污、清淤等问题解决，使“河长制”工作“上热中温下冷”情况得到较大改观。在滇池治理工作中，市政协7位河长认真履职，制订“一河一策”实施方案，全年开展巡河36次，召开工作协调会议47次，促使部门联动不够、支次河流无排污设施等问题得到及时解决，把河长责任落到实处。

（四）发挥政协优势，全力助推全市脱贫攻坚

常委会把助推脱贫攻坚作为一项重要政治任务来抓，积极动员政协组织和政协委员，投身到脱贫攻坚的主战场。

发动委员参与脱贫攻坚。广泛动员市县政协组织、党派团体和广大委员，按照群众所需、政协可为、委员所能的原则，以禄劝、寻甸和东川为重点，深入开展“六个助推”和“九个一”扶贫活动。全市政协系统3333名委员中有2760人直接参与脱贫攻坚，参与率达83%，投入帮扶资金1.5亿元，组织义诊、捐助等活动400多次。组织31个界别，开展“烛光行动”教师培训、“万企帮万村”结对帮扶、政协委员“光彩事业行”等帮扶活动，直接受益群众2万多人。省政协主席作出批示：昆明市政协积极组织开展脱贫攻坚，措施有力，成效明显，希望再接再厉，为全省政协系统助推脱贫攻坚行动提供更多经验。

牵头做好东川区挂钩帮扶工作。按照市委部署，做

实做深帮扶工作。年初召开市级单位对东川区挂钩帮扶会议，统筹安排帮扶工作。推进过程中，先后召开16次专题扶贫推进会，组织12次调研视察，督促市级部门落实帮扶责任，牵头66家市级单位向东川区投入帮扶资金2.03亿元，实施帮扶项目175个。为推进精准施策，连续13天深度调研，提出压实“三级书记”脱贫主体责任、强化精准施策等建议，市委给予充分吸纳，制订了《关于全面推进东川区、禄劝县脱贫攻坚工作方案》，对全市脱贫攻坚起到了指导作用。

牵线搭桥开展合作帮扶。加强对外联络，引进外力、外脑助推脱贫。携手北京市朝阳区政协，对东川区在产业、医疗、易地搬迁等方面进行精准帮扶，朝阳区政协委员捐款50万元，支持易地搬迁安置点卫生服务站建设，组织首都医疗专家为东川群众义诊400余人次。市政协牵头促成了与北京服装学院、市文产办签订“民族刺绣产业发展帮扶合作协议”，利用北京服装学院资源优势，对石林、禄劝等地少数民族刺绣产业规划、品牌打造、人才培养等进行帮扶，目前，民族刺绣传承创新体验中心在石林完成了选址。

（五）坚持履职为民，着力促进民生改善

常委会坚持以人民为中心，重民情、解民困、惠民生，积极谋利民之策、献安民之计、促惠民之举。

紧盯民生热点务实建言。围绕外来务工人员子女教育、防范校园网贷诈骗、推进“垃圾革命”、共享单车管理、规范住宅专项维修资金监管等民生问题，委员们通过界别联组协商、大会发言、提案等形式积极建言，意见建议专报得到多位市领导批示，进行了分解立项督办。围绕乡村学前教育、保障性住房建设、农村贫困劳动力转移就业等民生问题，开展12项调研视察，履职成果得到有关部门采纳，很多意见建议转化为政策措施。针对城市高层建筑消防安全问题，组织委员前往居民小区、商业街区、消防指挥中心等地进行视察，视察报告直指安全隐患问题，引起了有关部门重视，出台措施要求火灾隐患小区进行整改，保障群众生命财产安全。

着眼长远促进立法协商。立足于改善民生长效机制的建立，积极就社会关注、群众期待的问题开展协商，促进相关立法工作。先后就《昆明市城市轨道交通管理条例》《昆明市文明行为促进条例》《机动车停车场管理办法》《企业工资支付条例》《社会医疗保险监督管理规定》等10项地方性法规、政府规章的制定和修订，与政府相关部门进行了对口协商，很多意见建议得到采纳，体现在随之出台的文件中。

反映社情民意发声出力。切实发挥党和政府联系各界群众的桥梁纽带作用，注重体民情、察民意、解民惑，反映社情民意，化解社会矛盾，凝聚发展共识。举办委员专题讲座，深入宣传区域性国际中心城市建设的内涵、目标和路径，提升认知，引导参与，为区域性国际中心城市建设鼓与呼。针对广受关注的南二环改造提升工程，组织委员和新闻媒体参与视察，通过各种场合进行宣讲，解疑释惑，群众更加理解和支持南二环改造。发挥社情民意反映直通车作用，收集社情民意信息527件，报送《社情民意》专报60期，群众反映的一些困难和问题得到解决。

（六）注重彰显特色，做实做精政协经常性工作

常委会以提案、文史等特色工作为重点，完善工作机制，推进工作创新，市政协的经常性特色工作取得较好成效。

提案工作质量得到提升。一年来，市政协围绕提升提案工作质量积极探索，丰富线索征集方式，加强提案培育和前期调研，认真做好提案的收集、审查、交办、办理和督办工作，提案质量稳步提高，办理效果明显提升。全年立案提案585件，集体提案、界别提案比例提高，许多具有前瞻性、可操作性的建议被承办单位吸纳到相关规划、政策之中。加强物流园区建设、促进幼有所育、强化食品安全监管等17件重点提案，由主席、副主席领衔督办，促进了部门工作开展，解决了一些群众关注的难点问题。

文史工作凸显时代特色。发挥文史工作存史、资政、团结、育人的独特作用，收集文史资料，征编出版纪念西南联大成立80周年、庆祝昆明改革开放40周年等文史专辑。发挥地名和街名工作顾问组作用，为新规划建设的22条街路、41个地铁站命名开展咨询，做好地名咨询工作。精心编撰展现昆明历史文化内涵的综合文献—《昆明读本》，让读者认知、感悟昆明深厚的历史文化底蕴和包容开放、敢为人先的城市精神，增强昆明建设区域性国际中心城市的文化自信。

（七）广泛凝心聚力，汇聚改革发展磅礴力量

常委会发挥大团结大联合作用，凝聚各方智慧和力量，扩大团结面，画好同心圆，形成推动改革发展的强大合力。

密切同党派团体联系。落实与各民主党派、工商联、有关人民团体的联系制度，邀请党派团体同志参加市政协重要会议和重大活动，组织开展联合调研、联合协商、联合监督，多渠道通报情况、征询意见，为各党派团体搭建知情明政平台。一年来，各党派团体提出集体提案97件，提交大会发言32篇，反映社情民意162件，党派团体履职积极性不断提升。

增进各族各界团结。贯彻落实党的民族、宗教政策，促进民族团结、宗教和睦。实地走访宗教场所，听取宗教界代表人士意见，帮助呼吁解决实际困难和问题。围绕维护少数民族流动人口合法权益、民族团结示范县创建、城市少数民族矛盾纠纷调解履行职能，促进各民族共同团结奋斗、共同繁荣发展。举办全市新年茶话会、政协

之友联谊会等活动，增进各族各界团结交流。

加强对外交流合作。发挥人民政协联系面广、渠道多元的优势，围绕滇中生态保护一体化发展，承办滇中五州市政协合作机制第十次会议。围绕助推南向通道建设，参加昆明南宁贵阳三市政协主席第三次联席会议。接待省内外政协来昆考察120多批次，促进与外地政协工作交流。围绕昆明外向型经济发展、师生国际交流等工作，开展对外联络交流。召开市海联会理事大会，举办系列活动，接洽经贸，宣传昆明，增进外部助推力。组织中日厨师厨艺展示与健康交流论坛、在昆外国留学生看昆明、香港和澳门青年来昆交流等活动，与泰国东盟—中国经济贸易促进会签订合作框架协议，向世界推介昆明，为扩大对外开放献计出力。

（八）提升内功修为，全面加强政协自身建设

按照懂政协、会协商、善议政和守纪律、讲规矩、重品行的要求，强化自身建设，苦练内功，提升履职能力和服务水平。

加强工作创新。制定《专门委员会工作手册》，进一步明确专委会工作职责，专委会工作得到加强。围绕理论学习、联系界别、委员服务等工作，制定和修订市政协《常务委员会工作规则》《主席会议工作规则》《专题协商活动实施办法》等10多个规范性文件，建立完善常委会集中学习、信息报送等工作制度，启动“智慧政协”建设，市政协工作的制度化、规范化、程序化水平得到提升。

加强“两支队伍”建设。健全委员学习培训长效机制，举办委员履职能力提升培训班，定期召开全体委员情况通报会，让委员更好的知情明政。建立委员履职档案，试行委员履职量化考核。主席班子成员带头走访委员，积极协调解决相关困难和问题，委员履职热情高涨。注重干部队伍建设，组织参加相关专题培训，履职能力不断提升。狠抓工作作风，把纪律和规矩挺在前面，政协干部干事创业热情和精气神显著提升。

加强与省、县（市、区）政协联动。在省政协指导下，开展了专题学习、党建、扶贫等工作联动。配合全国政协来昆调研11次、省政协来昆调研18次。加强对县（市、区）政协工作指导，在机构改革中，积极沟通协调，统一了县（市、区）政协机构设置，解决了机构设置和名称不统一问题。就翠湖历史文化片区建设、徐霞客游线标志地认证、精准扶贫等工作，与县（市、区）开展联合调研视察，形成工作合力。

加强新闻宣传和理论研究。把握正确舆论导向，营造良好氛围，在国家和省市媒体上刊发政协履职新闻报道500多篇，刊印《昆明政协》12期，市政协荣获“省政协新闻宣传工作先进单位”等多项奖励，市政协微博被《人民日报政务指数微博影响力报告》列为全国10大政协微博。开展了重点办理提案、发挥界别作用等多个课题研究。《昆明市主城区贫困少数民族流动人口帮扶对策研究》课题，获国家民委社科研究三等奖、省民宗委调研成果一等奖。

各位委员，过去一年市政协工作取得的成绩，是中共昆明市委正确领导和省政协有力指导的结果，是市人大常委会、市政府大力支持的结果，是全市各部门、各县（市、区）政协和社会各界配合与支持的结果，是政协各参加单位和全体委员共同努力的结果。在此，我代表市政协常委会对大家表示衷心的感谢!

我们也清醒认识到，与市委的要求、全体委员和人民群众的期待相比，常委会工作还存在着差距和不足。主要表现为：协商议政质量需要进一步提高，民主监督实效需要进一步增强，团结各界协调各方工作需要进一步深入，政协工作信息化水平需要进一步提升。对此，我们将认真研究，切实加以解决。

二、2019年工作安排

2019年是中华人民共和国成立70周年，也是人民政协成立70周年，是高质量推进昆明区域性国际中心城市建设的关键一年。在新的一年里，市政协常委会要以习近平新时代中国特色社会主义思想为指导，贯彻落实习近平总书记关于加强和改进人民政协工作重要思想的精神，聚焦市委十一届六次全会中心任务，坚持建言资政和凝聚共识“双向发力”，认真履行政治协商、民主监督、参政议政职能，促进政协工作提质增效，积极为我市深化改革强动能、扩大开放增优势、聚力创新促转型，高质量推进区域性国际中心城市建设，作出新的更大贡献。

（一）维护核心，坚持用习近平新时代中国特色社会主义思想凝共识

强化政治引领，通过集中学习、专题报告、办班培训、研讨交流等形式，组织政协各参加单位和委员，深入学习习近平新时代中国特色社会主义思想，精准把握习近平总书记关于加强和改进人民政协工作的重要思想，引导参加政协的各党派团体和各族各界人士，把思想和行动统一到中央和市委的决策部署上来，牢固树立“四个意识”，坚定“四个自信”，坚决践行“两个维护”，巩固团结奋斗的共同思想政治基础。今年，要抓好理论学习、党的建设、经验交流三项重点工作：深化理论学习，在长期、常态、长效上下功夫，建立学习座谈会制度，强化专题研讨，推动学习往深里走、往实里走、往心里走，把学习成果内化为履职动力、固化为制度规范、转化为实际行动。加强政协党的建设，发挥党组在政协工作中的领导核心作用、党员委员先锋模范作用和中共界委员“关键少数”作用，争做“六个表率”。贯彻落实中央关于加强人

民政协党的建设有关文件精神，起草我市实施意见，推进市政协党建工作再上新台阶。开展政协工作经验交流，以庆祝人民政协成立70周年为契机，开展系列活动，回顾人民政协走过的70年光辉历程，认真总结昆明政协事业发展的生动实践和经验，激发政协委员的工作热情。

（二）围绕中心，为高质量推进区域性国际中心城市建设增助力

围绕“一个枢纽、四个中心、三大品牌”建设目标，通过调研、视察、提案等方式，助推高质量区域性国际中心城市建设。聚焦经济发展，围绕工业攻坚、民营经济发展、新能源汽车建设、农村合作社发展、水利设施建设等工作，开展调研视察，助力实现“八个新突破”。关注城市品质提升和生态建设，围绕智慧城市建设、滇池污染治理、重点区域“五采区”修复、饮用水源地保护、河长制落实等，开展民主监督，促进人居环境改善。围绕“中国健康之城”建设，开展协商议政，促进大健康产业示范区建设和大健康产业发展。继续就“世界春城花都”建设深入调研，推动春城花都建设绘到“纸上”、落到“地上”。围绕“历史文化名城”建设，继续协调推进翠湖片区整治提升，助力打造西南联大历史文化品牌，挖掘昆明具有国际特征的文化元素，传承弘扬优秀民族文化，将散落的文化资源“串珠连片”，为“文化昆明”建设增光添彩。

（三）不忘初心，为改善民生福祉聚合力

始终把人民对美好生活的向往作为履职责任，坚持协商于民、协商为民，不断增强人民群众的获得感幸福感。把民生热点问题作为履职重点，针对群众普遍关心的规范民办教育、乡镇卫生院基本医疗和公共卫生服务、安全生产、小区管理和“创文”等工作，开展履职活动。围绕乡村振兴战略实施中难点问题，开展针对性调研，助力乡村加快发展。持续关注脱贫攻坚，继续组织市县两级政协3000多名委员，围绕特色产业培育、创业就业、职业教育、医疗健康等开展精准帮扶，巩固脱贫成果，助力经济欠发达地区精准致富。畅通渠道知民情，组织委员进社区、入住户、问民意，通过提案、社情民意等反映百姓心声，提出意见建议。

（四）凝聚人心，为加快昆明跨越发展添活力

发挥人民政协统一战线组织的作用，把发扬民主、增进团结、协调关系、化解矛盾作为着力点，画好同心圆，凝聚正能量。深化同各民主党派、工商联和有关人民团体的团结合作，支持和保障他们参加政协活动，发表意见建议。加强同社会各界代表人士的沟通联系，做好民族宗教界人士、非公经济人士、新的社会阶层人士的走访，促进民族团结、宗教和睦。重视国际化发展，围绕促进对外贸易、扩大国际医疗合作、宣传推介昆明等进行调研和交流，为加快昆明国际化发展献计献策。增进与海内外爱国人士的联系，充分利用昆明市海外联谊会资源，积极为招商引资、招才引智搭建桥梁，扩大对外开放。加强与外地政协、商会、企业的合作与交流。坚持“有事好商量、众人的事情由众人商量”，围绕群众思想“困惑点”、社会矛盾“易发点”，问政于民、问需于民、问计于民，为深化改革、扩大开放营造更加有利的社会环境。

（五）固本强心，为政协工作提质增效注动力

以政协委员和机关干部“两支队伍”建设为抓手，不断提高政治把握能力、调查研究能力、议政建言能力、联系群众能力、合作共事能力。加大委员培训力度，创造知情明政条件，健全委员履职激励约束机制，发挥好委员主体作用，形成愿进政协门、乐做政协人、善干政协事的良好局面。以机构改革为契机，优化专委会职能，创新工作方式与内容，提升专委会工作实效。加强界别建设，丰富活动形式，发挥好界别的优势和作用。注重制度建设，促进各类履职活动规范开展。强化作风建设，提振干部“精气神”，营造风清气正、昂扬向上的工作氛围。开展前瞻性课题研究，深化宣传报道，展示政协履职成果和委员风采。加强对基层政协工作指导，加强履职联动，共推信息化建设，促进全市政协工作提质增效。

各位委员！新时代领航新征程，新使命呼唤新作为，让我们更加紧密地团结在以习近平同志为核心的中共中央周围，在中共昆明市委领导下，不忘初心、牢记使命、凝心聚力、锐意进取，奋力谱写人民政协事业发展新篇章，为高质量推进昆明区域性国际中心城市建设献计出力，以优异成绩迎接新中国和人民政协成立70周年！

名词解释

1.“四个意识”　指政治意识、大局意识、核心意识、看齐意识。

2.“四个自信”　即中国特色社会主义道路自信、理论自信、制度自信、文化自信。

3.“两个维护”　即坚决维护习近平总书记核心地位、坚决维护党中央权威和集中统一领导。

4.“一文一武一园”　即市政协提出的对翠湖历史文化片区环境提升与业态定位的思路，以西南联大旧址为核心，发展文化旅游产业；以云南陆军讲武堂为核心，培育文化博览产业；以翠湖公园为中心，布局文化创意产业。

5.“九个一”　省政协提出全省三级政协委员要积极参与脱贫攻坚工作，开展“九个一”活动，即为贫困户劳动力提供一个就业岗位；帮助贫困户选择一个合适的产业项目；为贫困户产业发展提供一项技术服务；为贫困户产品销售提供一个渠道；为贫困村开展一次义医义诊活动；为贫困村开展一次文化活动；为贫困村开展一次爱心义捐活动；资助一名贫困学子；为精准扶贫提出一条好的建议。

6. “六个助推” 即在全省政协系统开展脱贫攻坚助推行动中，各级政协组织和政协委员，围绕产业扶贫、就业扶贫、教育扶贫、健康扶贫、科技扶贫、文化扶贫实施帮扶行动。

7. “烛光行动” 即“农村教育烛光行动”，是由中国民主同盟倡导，通过对农村教师开展培训等方式，加强农村教师队伍建设，推动城乡义务教育均衡发展和城乡教育公平。

8. “万企帮万村” “万企帮万村”行动是由全国工商联发起，以民营企业为帮扶方，以建档立卡的贫困村、贫困户为帮扶对象，民营企业帮助贫困村加快脱贫进程的活动。

9. “光彩事业行” 光彩事业是在中央统战部、全国工商联组织推动下，非公经济人士发起实施的一项社会扶贫事业。它以消除贫困为宗旨，以民营企业为主体，以贫困地区为对象，以项目投资为主要形式，通过开发资源、兴办企业、培训人才、发展贸易、捐赠等方式，促进贫困地区经济社会发展。

10. “双向发力” 全国政协主席汪洋指出，人民政协工作的努力方向是：在建言资政和凝聚共识两个方面双向发力。

11. “一个枢纽、四个中心、三大品牌” 昆明市在区域性国际中心城市建设中提出的重点工作任务：“一个枢纽”即区域性国际综合枢纽；“四个中心”即经济贸易中心、科技创新中心、金融服务中心和人文交流中心；“三大品牌”即世界春城花都、历史文化名城、中国健康之城。

12. “六个表率” 云南省委要求，全省领导干部要做好“六个表率”，即维护核心、对党忠诚的表率；严守规矩、民主集中的表率；解放思想、改革创新的表率；真抓实干、勇于担当的表率；对标一流、争先进位的表率；改进作风、廉洁从政的表率。

13. “八个新突破” 昆明市委十一届六次全会提出，2019年的重点工作是，在八个方面取得新突破。即要围绕激发内生动力，在增强改革成效上实现新突破；要围绕释放发展活力，在扩大开放优势上实现新突破；要围绕增强竞争实力，在转变发展方式上实现新突破；要围绕彰显特色魅力，在提升城市品质上实现新突破；要围绕加快城乡融合，在推进乡村振兴上实现新突破；要围绕推动绿色发展，在保护生态环境上实现新突破；要围绕共享发展成果，在增进民生福祉上实现新突破；要围绕促进和谐稳定，在创新社会治理上实现新突破。

2019 KUNMING YEARBOOK

忠诚履行职责 勇于担当作为
以改革创新精神推动昆明纪检监察工作高质量发展

——在中国共产党昆明市第十一届纪律检查委员会第四次全体会议上的工作报告

（2019年1月21日）

杨正晓

我代表中国共产党昆明市第十一届纪律检查委员会常务委员会向第四次全体会议作工作报告，请予审议。

这次全会的主要任务是：学习贯彻习近平总书记重要讲话和十九届中央纪委三次全会、省纪委十届四次全会和市委十一届六次全会精神，总结2018年纪检监察工作，部署2019年任务，以习近平新时代中国特色社会主义思想为指导，弘扬改革创新精神，不松劲、不停步、再出发，深入推进全市党风廉政建设和反腐败斗争。市委对这次全会十分重视，市委常委会专题学习十九届中央纪委三次全会精神，研究我市党风廉政建设和反腐败工作。今天上午，省委常委、市委书记、滇中新区党工委书记程连元同志作了重要讲话。我们要坚决贯彻落实党中央和省委、市委的决策部署，忠诚履行党章和宪法赋予的神圣职责，努力推动全市纪检监察工作高质量发展。

一、2018年工作回顾

2018年，在省纪委和市委的坚强领导下，全市各级纪检监察机关认真学习贯彻习近平新时代中国特色社会主义思想和党的十九大精神，全面落实中央纪委、省纪委和市纪委各项决策部署，牢固树立“四个意识”、坚决践行“两个维护”，坚持稳中求进工作总基调，切实履行党章和宪法赋予的职责，聚焦监督首要任务，驰而不息正风肃纪，坚定不移惩治腐败，扎实推进纪检监察体制改革，党风廉政建设和反腐败工作取得新成效。

（一）旗帜鲜明讲政治，坚决践行“两个维护”

坚持把学习贯彻习近平新时代中国特色社会主义思想作为首要政治任务，树牢“四个意识”，坚定“四个自信”，把坚决维护习近平总书记党中央的核心、全党的核心地位，坚决维护党中央权威和集中统一领导作为工作的根本原则、目标取向和具体行动。市纪委常委会建立学习制度，把习近平总书记重要讲话和指示批示精神作为学习重点，把党中央和中央纪委国家监委重要文件、通报材料列入学习内容，市纪委理论学习中心组集中学习8次，传达学习习近平总书记重要讲话和指示批示精神11次。

坚持把“两个维护”落实到监督执纪监察各项工作中，查处违反政治纪律、组织纪律案件39件43人。督促抓好中央环保督察“回头看”反馈问题整改落实，认真核查交办转办的信访举报件和问题线索，处置791件，追究责任1037人。全力配合中央第十二巡视组和省委第六巡视组开展脱贫攻坚专项巡视，加强对移交我市问题线索的督查督办。牵头制定省委第八巡视组巡视昆明反馈意见整改方案，对整改情况开展再督促、再检查、再落实，整改工作取得阶段性成效。制定《党风廉政意见回复工作办法》，严把选人用人政治关廉洁关，审核回复党风廉政意见71批725人（次），对政治上有问题的一票否决、廉洁上有硬伤的一律排除。

聚焦落实“两个维护”、党内政治生活、民主集中制等方面问题，持续深化政治巡察，发挥政治监督和政治导向作用。市县两级共组建204个巡察组对289个党组织开展巡察，发现各类问题3637个，移交问题线索545件，立案48件，党纪政务处分34人，问责34人，督促被巡察党组织建立健全相关制度1392项。本届市委已开展7轮巡察，共巡察党组织58个，完成全覆盖任务的58%。

（二）创新监督方式，着力补齐监督短板

紧紧围绕监督第一职责，创新监督理念思路，突出全面监督、常态监督和重点监督。推广运用互联网+“两个责任”监督管理系统，实现“量化式”定责、“跟踪式”履责、“绩效式”考责。制定市纪委市监委监督工作联动协作、“蹲点式”谈心谈话监督、派驻机构监督执纪监察等工作办法，建立定期沟通交流、“单元制”监督、直查直办、巡察监督联动、市县“统合巡察”5项工作机制，初步形成纪律监督、监察监督、巡察监督、派驻监督“四个全覆盖”监督格局。发出责成办理通知和监察建议书101份，查处落实主体责任不力问题168个，问责党组织20个、党员领导干部213人，给予党纪处分15人，以严厉问责倒逼责任落实。

深化运用监督执纪“四种形态”，加强对党员和公

职人员的日常监督，全市纪检监察机关运用“四种形态”处理3620人次，其中第一种形态2478人次，占68.5%；第二种形态710人次，占19.6%；第三种形态170人次，占4.7%；第四种形态262人次，占7.2%，惩处“极少数”，教育挽救“大多数”，实现政治效果、纪法效果和社会效果的统一。

（三）高压惩腐不放松，反腐败斗争取得压倒性胜利

坚持改革试点与正风反腐互促共进，持续加大审查调查力度，坚决清除政治污染底泥和污染因子。全市纪检监察机关受理信访举报4686件（次），同比上升66.1%；初步核实1836件（次），同比上升162%；立案1154件，同比上升48.3%；处分党员、公职人员1044人，同比上升24.6%；移送检察机关审查起诉86人，通过办案挽回直接经济损失4900余万元。处置涉黑涉恶问题线索150件，给予党纪政务处分13人，移送审查起诉5人，正在立案查处7件23人。正确运用监察法赋予的权限，使用调查措施9279人次，其中留置81人。

坚持把办案安全贯穿审查调查全过程，严格执行“走读式”谈话、留置调查有关管理规定，开展留置安全培训106批2208人（次），对全市纪检监察机关办案场所开展4轮督导检查，确保审查调查工作安全有序开展。

（四）坚持不懈正风肃纪，干部作风持续改进

针对“四风”问题的顽固性、反复性、变异性，紧盯新形式和新动向，把日常监督和集中检查结合起来，突出重要时间节点，加强明察暗访和检查抽查，全市查处违反中央八项规定精神问题151个，追责问责300人。查处违反“七严格”“十严禁”问题477个，追责问责458人。加大对落实市委决策部署和公职人员履职尽责情况的监督检查，建立作风问题日常通报、月报告和季度例会研究等制度，发现不作为、不担当等问题1206个，追究问责728人。

加大党纪党规和法律法规宣传教育力度，认真学习贯彻并在全市组织宣讲新修订的《中国共产党纪律处分条例》，组织338批2.3万余名党员干部到纪律教育基地接受教育，在全市范围内通报典型案例15批119人，提高纪律建设的政治性、时代性、针对性；及时发布全市纪检监察工作动态，昆明党风廉政网累计访问量达284万次，“清风春城”微信公众号关注量达3万余人，“昆明廉博”发布各类信息5300余条，党员干部纪律规矩意识进一步增强。

（五）强化监督执纪问责，扶贫领域专项治理取得成效

健全完善扶贫领域问题线索排查、移交、处置、追责、通报“五项工作机制”，排查扶贫领域问题线索4595个，移交办理3911个，处置办结3899个，问责追责433人，通报典型案例95批391人；扶贫领域“五级联动”监督平台录入群众诉求5.04万件，办结率99.82%，满意率96.22%。建立工作例会制度和“五项工作机制”落实情况每月排名通报制度，召开工作例会2次，约谈工作不力的纪检监察机关负责人44人次。建立扶贫领域腐败和作风问题专项治理交叉检查和重点抽查工作机制，检查市县两级责任部门、乡镇、村委会538个，发现问题1029个。将脱贫攻坚任务落实情况纳入市委巡察范围，对东川区、禄劝县开展脱贫攻坚专项巡察，对东川区铜都街道、禄劝县转龙镇开展提级巡察，发现问题62个，移交问题线索12件，立案5件，党纪政务处分6人，移送审查起诉1人。

（六）深化监察体制改革，“1+1>2”的成效逐步释放

坚决贯彻党中央和省委、市委决策部署，制定工作方案，周密组织实施，划转编制307个，转隶271人，市县两级监委如期完成组建挂牌，监察对象从4.7万人增加到18.4万人，初步构建了党统一指挥、全面覆盖、权威高效的监督体系。推进人员融合、工作磨合，在力量配备上向监督执纪监察一线倾斜，机关监督执纪监察部门机构数、编制数分别占总数的80%和77%。组建信息技术保障室，构建大数据信息查询平台，为监督执纪监察插上科技的翅膀。

坚持把制度建设贯穿改革全过程，制定市纪委书记市监委主任专题会议事规则、市纪委常委会市监察委员会议事规则等制度，规范监督监察流程，推动工作高效有序顺畅运行。贯通纪法衔接环节，建立支持配合监察体制改革试点工作联席会议制度，推动形成监察机关与司法机关相互衔接、监察程序与司法程序有效对接的工作机制。

（七）强化教育监督管理，队伍能力素质进一步提升

严格执行监督执纪工作规则、重要事项请示报告、说情干预登记备案等制度，强化监督执纪审查权的制衡和约束。建立工作提示预警制度，定期向贯彻上级要求不力、工作进展滞后的单位和部门发送提示预警通知，督促整改，推动落实。市纪委常委会7次研究部署机关党建工作，深入推进“两学一做”学习教育常态化制度化。建立机关理论学习、业务工作每周领学制度，组织2940人次参加中央纪委、省纪委业务培训和中国纪检监察学院、中山大学、红旗渠干部培训学院、井冈山干部培训学院专题培训，在机关开展“讲政治、强素质、改作风、铸忠诚”专题教育，着力补短板、强素质、提能力。制定纪检监察干部纪律作风考核管理办法、监督工作暂行办法，对违规违纪行为“零容忍”，受理反映纪检监察干部问题线索71件73人，追责问责15人，坚决防止“灯下黑”。

当前，全市纪检监察工作保持稳中有进良好态势，但也要清醒看到，全面从严治党永远在路上，我市党风廉政建设和反腐败斗争形势依然严峻复杂：少数党组织对落实全面从严治党主体责任认识不深、重视不够，责任履行不到位，管党治党宽松软的问题还没有得到根本解决；违反中央八项规定精神问题时有发生，“四风”问题禁而未绝，形式主义、官僚主义，不担当、不作为、乱作为等问题在少数党员干部身上依然存在；有的党员干部心存侥幸，不收敛不收手、甘于被“围猎”，工程建设、审批监管、资源开发等一些重点领域违纪违法问题屡禁不止，群众身边不正之风和腐败问题易发多发；一些纪检监察干部政治站位和政策水平不高，对新时代纪检监察工作的特点、规律研究不够，工作方式方法、能力素质亟待改进提升。这些问题，我们必须高度重视、认真解决。

二、对弘扬改革创新精神，深入推进昆明纪检监察工作高质量发展的认识和体会

2018年是改革开放40周年，也是党的纪律检查机关恢复重建40周年。习近平总书记在庆祝改革开放40周年大会上的重要讲话，全面总结回顾了改革开放的宝贵经验和伟大成就，提出一系列重大论断和重要思想，发出“不忘初心、牢记使命，将改革开放进行到底”的伟大号召。习近平总书记强调，要坚持全面从严治党，敢于清除一切侵蚀党的健康肌体的病毒，以反腐败永远在路上的坚韧和执着，为继续推进改革开放营造海晏河清的政治生态。十九届中央纪委三次全会站在党和国家历史发展的高度，对40年来纪检监察工作的生动实践进行了全面回顾和深刻总结。这些成绩我们要倍加珍惜，这些经验我们要继承发扬，要坚持用时代发展要求审视自己，以强烈忧患意识警醒自己，以改革创新精神完善自己，在新起点上推进纪检监察工作高质量发展。

（一）必须坚持党对纪检监察工作的领导，坚决维护习近平总书记核心地位、坚决维护党中央权威和集中统一领导。纪检监察机关作为政治机关，必须把党的领导放在第一位，忠诚履职，举旗亮剑，较真碰硬，把“两个维护”的根本政治要求体现在行动上、落实在工作中，任何时候都不能模糊、动摇、放松。要认真贯彻落实中央和省委市委的决策部署，更加自觉地把纪检监察工作放在全市工作大局中谋划部署，主动适应“时”与“势”的变化，坚持以“稳”为基调，以“进”为目标，把握“稳”的内涵，强化“进”的措施，把实现纪检监察工作高质量发展作为努力方向，持续深化“三转”，在坚持思想政治引领上下功夫，自觉把思想政治工作贯穿纪检监察工作全过程；在坚持实事求是上下功夫，精准把握、统筹把握、辩证把握，实现政治效果、纪法效果、社会效果相统一；在坚持依规依纪依法上下功夫，严格按照规定权限、程序开展工作。

（二）必须坚守职责定位，创新监督方式，提升监督效能，做深做实做细监督第一职责。要协助党委抓好全面从严治党主体责任，以监督责任撬动主体责任落实。要做深做实做细监督第一职责，形成纪律监督、监察监督、巡察监督、派驻监督“四个全覆盖”的权力监督格局，把权力关进制度的笼子里，防止公权力异化、变质、滥用。要突出“监督的再监督、检查的再检查”，当好“裁判员”、不做“运动员”，坚决防止“三转”走回头路。要创新监督方式方法，突出监督重点，统筹运用好“蹲点式”谈心谈话、面询、“单元制”监督等方式，使监督有抓手、有载体、有效果。要深化运用监督执纪“四种形态”，着力在抓早抓小、防微杜渐上下功夫、见成效，为爱护“树木”、管护“森林”提供有力支撑。要坚持严管与厚爱结合，激励与约束并重，不断提高做好思想政治工作的理论水平和政策水平，把批评的力度、教育的深度和执纪的温度统一起来，转变纪委监委找干部谈话就是“有问题、查案子”、纪检监察干部就是冰冷生硬刻板的固有印象，努力探索更多的工作表达方式，追求更好的工作效果。

（三）必须坚持以人民为中心的政治立场，着力解决群众反映强烈、损害群众利益的突出问题。纪检监察机关作为党内监督和国家监察专责机关，担负着推进全面从严治党、维护人民群众利益的特殊历史使命和重大政治责任。必须坚持以人民为中心的政治立场和发展思想，从解决人民群众最关心、最直接、最现实的利益问题入手，持续督查执行中央八项规定精神情况，久久为功，抓出习惯、化风成俗。必须紧盯关键节点，对隐形变异、改头换面等“四风”新形式新动向，深挖细查、露头就打，督促相关部门建章立制，从源头上防止问题发生。必须聚焦民生领域、民生问题，增强精准发现问题能力，持续整治群众身边腐败和作风问题，严查基层干部违纪违法行为，做到人民群众反对什么、痛恨什么，就坚决防范和纠正什么，用正风反腐实效凝聚党心民心，让人民群众有更多更直接更实在的获得感、幸福感、安全感。

（四）必须坚持标本兼治，构建不敢腐、不能腐、不想腐的有效机制。全面从严治党，净化党内政治生态，标本兼治是关键。要坚持无禁区、全覆盖、零容忍，坚持重遏制、强高压、长震慑，坚定不移反腐惩恶，以高压惩腐的震慑，增进守纪律的自觉。以重拳反腐强化“不敢”，以监督制约和教育引导推动“不能”“不想”，将标本兼治贯穿于全面从严治党全过程。要破除就案论案、就事论事的思想，在全局中衡量把握个案呈现的规律性、普遍性问题，把典型个案、具体案情与昆明政治生态结合起来分析思考，一体推进不敢腐、不能腐、不想腐，努力构建风清气正良好政治生态。

（五）必须铭记“打铁必须自身硬”的要求，从严从实加强纪检监察队伍自身建设。打铁的人必须是铁打的人，只有严之又严地管理监督纪检监察干部，才能确保党和人民赋予的权力不被滥用，惩恶扬善的利剑永不蒙尘。要善于借力、借势、借脑，加强资源力量的调度、整合，找到撬动工作的杠杆，形成工作合力，提高工作质效。要严格执行监督执纪工作规则，强化纪法思维特别是程序意识，依规依纪依法严肃查处纪检监察系统内部的“害群之

马”，杜绝执纪违纪、执法违法行为发生，坚决维护纪检监察队伍的纯洁性。

三、2019年重点工作

今年是中华人民共和国成立70周年，是决胜全面建成小康社会的关键之年。纪检监察工作必须适应新形势，展现新担当、新作为。必须一以贯之用习近平新时代中国特色社会主义思想武装头脑、指导实践、推动工作，一以贯之践行“两个维护”，一以贯之贯彻落实全面从严治党的方针和要求，把党的十九大确定的党风廉政建设和反腐败工作任务一项一项抓到位抓到底。今年工作的总体要求是：以习近平新时代中国特色社会主义思想为指导，深入贯彻落实党的十九大和十九届二中、三中全会及十九届中央纪委三次全会、省纪委十届四次全会和市委十一届六次全会精神，不忘初心、牢记使命，增强“四个意识”，坚定“四个自信”，坚决做到“两个维护”，坚持稳中求进工作总基调，弘扬改革创新精神，忠诚履行党章和宪法赋予的职责，以党的政治建设为统领，协助党委全面从严治党，坚持纪严于法、纪在法前，执纪执法贯通、有效衔接司法，取得全面从严治党更大成果，巩固发展反腐败斗争压倒性胜利，一体推进不敢腐、不能腐、不想腐，健全监督体系，着力提高新时代纪检监察工作质量和水平，为决胜全面建成小康社会、高质量推进区域性国际中心城市建设提供坚强保障。

（一）深入开展“不忘初心、牢记使命”主题教育，在学懂弄通做实习近平新时代中国特色社会主义思想上下功夫见成效

以习近平新时代中国特色社会主义思想为引领，确保纪检监察工作始终沿着正确的方向前进。不断强化理论武装，把习近平新时代中国特色社会主义思想作为做好纪检监察工作的思想宝库和行动指南，持续跟进学习习近平总书记系列重要讲话、重要指示批示精神，学出更加坚定的信仰、更加纯粹的忠诚、更加牢靠的担当。坚持把自己摆进去、把职责摆进去、把工作摆进去，自觉把党中央决策部署与纪检监察工作科学、历史、具体地结合起来。

扎实开展“不忘初心、牢记使命”主题教育。紧扣主题主线，在学深悟透上持续发力，切实提高政治站位和政治觉悟；在联系实际上持续发力，带头接受教育，主动加强改造，坚守我们党的初心使命、纪检监察机关的初心使命、党员个人许党许国的初心使命；在务实戒虚上持续发力，依托“三会一课”、民主生活会和组织生活会、谈心谈话、民主评议党员等，解决实际问题，推动知行合一；在整改提高上持续发力，加大监督检查力度，对搞形式、走过场的严肃批评、追责问责，同时注重健全长效机制，把教育成果转化为坚定理想信念、砥砺党性心性、忠诚履职尽责的实际行动。

（二）以党的政治建设为统领，坚定不移落实“两个维护”政治责任

自觉把“两个维护”贯穿于纪检监察工作全过程。纪检监察工作必须突出政治的考量，强化对践行“四个意识”，贯彻党章和其他党内法规，执行党的路线方针政策和决议情况的监督，做到党中央重大决策部署到哪里，监督检查就跟进到哪里。深刻汲取秦岭北麓西安境内违建别墅问题严重违反政治纪律的教训，进一步深化对“两个维护”的认识，以“四个意识”为标准，以政治纪律为尺子，对照党中央的决策部署和习近平总书记对云南发展提出的“三个定位”“五个着力”，以及省委对昆明当好全省经济社会发展排头兵和火车头，加快建设区域性国际中心城市的要求，把贯彻新形势下党内政治生活若干准则和执行民主集中制、落实“三重一大”决策监督机制等作为重点，及时发现和查处违背中央大政方针和决策部署、“七个有之”、搞两面派、做两面人，以及政治上离心离德、思想上蜕化变质、组织上拉帮结派、行动上阳奉阴违等问题，防止讲政治只停留在表态、喊口号上，防止“标签式”“浮萍式”的政治敷衍。

集中整治形式主义、官僚主义问题。认真贯彻落实习近平总书记关于坚决整治形式主义、官僚主义的一系列重要讲话和批示精神，重点整治在贯彻落实党的路线方针政策、中央及省委市委重大决策部署，联系群众、服务群众，履职尽责、服务经济社会发展等方面存在的形式主义、官僚主义问题。在查处领导干部严重违纪违法案件时，既要查清贪污腐败问题，又要审查其形式主义、官僚主义问题，并在审理报告中单独列明。督促各级党委（党组）把查摆形式主义、官僚主义问题列入领导班子民主生活会的重要内容，作为政治巡察、谈心谈话、干部考核考察、述责述廉等方面的重要内容，强化日常监督。

（三）深化纪检监察体制改革，健全和完善监督体系

强化上级纪委对下级纪委的领导和对下级党组织的监督。在坚持各级纪委书记、副书记的提名考察以上级纪委会同组织部门为主的基础上，重点围绕线索管理、审查调查、处分处置等环节，建立健全查办腐败案件以上级纪委领导为主的工作机制，重大事项及时向上级纪委监委和同级党委请示报告。加大审查审理提级工作力度，对上级纪委监委和巡视巡察组交办的问题线索，加大提级办理、直查直办力度。各级纪检监察机关要加强对所辖地区和部门党组织管党治党情况的监督检查，督促各级党组织和领导干部扛起管党治党政治责任，市直部门、县（市）区党委（党组）要向市纪委常委会专题报告履行全面从严治党主体责任情况，强化对下级党组织的监督。

深化派驻机构改革。落实党中央和省市深化派驻机构改革要求，建立市纪委常委会统一领导、市纪委市监委统一管理，市纪委副书记（常委）、市监委副主任（委员）分管，相关职能部门分工负责、协调配合的派驻工作

领导体制，加强对派驻机构的管理、服务和保障。完善派驻机构向市纪委市监委报告工作制度和派驻机构主要负责人向市纪委市监委述职制度。赋予派驻机构相应的监察权限，将派驻机构名称统一为“市纪委市监委派驻纪检监察组”。擦亮派驻监督“探头”，突出政治监督，盯紧“关键少数”，把监督驻在部门领导班子及其成员作为首要任务；加强对驻在部门及其直属单位的监督，掌握重点人和事，加强信访检查、执纪检查、案件检查；健全与驻在部门党组（党委）的协调机制，每半年会同党组（党委）专题研究一次全面从严治党、党风廉政建设和反腐败工作，推动驻在部门党组（党委）履行全面从严治党主体责任。同步推进县（市）区纪委监委派驻机构改革，分类施策推进市管企业纪检监察体制改革，提高派驻监督全覆盖质量。

推进监察权向基层延伸。落实省纪委省监委关于县（市）区监察委员会向乡镇（街道）派出监察办公室的指导意见精神，各县（市）区监委向乡镇（街道）派出监察办公室，与乡镇（街道）纪委（纪工委）合署办公。根据授权依法履行监督调查处置相关职责，加强对村（居）务监督委员会的业务指导，推动全面从严治党向基层延伸，确保监察法规定的监察对象都纳入监督范围，实现对所有行使公权力的公职人员监察全覆盖。

（四）强化重点纠治和精准执纪，巩固拓展作风建设成果

持之以恒落实中央八项规定精神。认真贯彻习近平总书记关于进一步纠治“四风”、加强作风建设的重要指示精神，落实省委市委关于进一步贯彻落实中央八项规定精神的要求，切实提高政治站位，密切关注“四风”问题新表现、新动向，持续加强对中央八项规定及实施细则精神落实情况的监督检查，紧盯不敬畏、不在乎、喊口号、装样子等问题，重点纠治违规发放津补贴、违规取酬、公车私用、私车公养、超标用房、公款吃喝、公款旅游、大操大办等顽固性、反复性的“沉疴陋习”，对典型案例一律公开通报曝光，以更加坚决的态度把纠治“四风”向纵深推进，坚决防止“四风”问题回潮复燃。

持续整治不作为、慢作为、乱作为问题。以提振干部精气神为目标，着力整治党员干部身上存在的做懒汉、混日子，干工作只求过得去、不求过得硬；遇到困难就躲、碰到问题就拖；宁愿不干被问责，也不愿干错被追责；表态多调门高、行动少落实差；以文件落实文件，以会议落实会议等作风不严不实问题。对工作中推拖滑绕、敷衍塞责，行动迟缓、消极懈怠，能力不足、落实不力，罔顾实际、胡乱决策的干部，严肃追责问责。坚持“三个区分开来”，在强化约束的同时鼓励创新、宽容失误，积极构建敢想敢干、敢闯敢试的环境，严肃查处诬告陷害行为，及时为受到不实举报的干部澄清正名，旗帜鲜明地为敢于担当、踏实做事、不谋私利的干部撑腰鼓劲。

（五）拓展“四个监督”全覆盖格局，做实细化监督职责

加强纪律监督。强化党纪党规宣传教育，充分发挥昆明党风廉政网、“清风春城”微信公众号、昆明市纪律教育基地等各种媒介、平台的作用，把党纪党规植入党员干部心中，让党员干部守规矩、明底线、知敬畏。围绕“三大攻坚战”等重点工作开展监督检查，保障党中央和省市各项决策部署贯彻落实。运用约谈提醒、谈话函询、“单元制”监督、“蹲点式”谈心谈话监督等方式，不断强化常态化、近距离、面对面的日常监督，让党员干部习惯在受监督和约束的环境中工作生活。

严格监察监督。认真履行监察法赋予的职责，加强对公职人员依法履职、秉公用权、廉洁从政从业以及道德操守等情况的监督检查，及时发现履职不力、失职失责等问题，及时进行批评教育、责令整改，推动转变作风、解决问题、改进工作。对问题严重、整改不力，造成损失和不良影响的，严肃追责问责，涉嫌职务违法犯罪的，依法调查处置。

深化巡察监督。牢牢把握政治巡察定位，以“四个意识”“两个维护”为政治标杆，始终聚焦坚持和加强党的全面领导，统筹安排常规巡察、专项巡察、机动巡察，把巡察与净化政治生态相结合，与整治群众反映强烈的问题相结合，与解决日常监督发现的问题相结合，增强监督实效。推进巡视巡察上下联动，准确把握不同地区、不同领域、不同部门的个性特征，实践运用好市县两级“统合巡察”模式，提升巡察权威，破解“人情干扰”和“熟人监督难”的问题。巡察发现问题不整改，比不巡察的效果还坏，要注重巡察成果运用，在督促整改落实上狠下功夫。对巡察中发现的问题和线索要及时反馈、移交，督促相关党组织或纪检监察部门认真处置。

强化派驻监督。加强协调衔接，明确责任，理顺关系，健全制度，完善管理监督和考核评价机制，更好地发挥派驻监督职能作用。加强对驻在部门领导班子及其成员的日常监督，发现违规违纪行为及时向市纪委市监委反映。经常与被监督单位主要负责同志沟通交流单位政治生态情况，如实反馈监督中发现的问题，共同研究解决。发挥近距离、全天候、常态化的优势，延伸纪委监委日常监督触角，督促被监督部门党组织遵守党章党规党纪和国家法律法规，坚决贯彻落实党的路线方针政策和决策部署。

（六）保持惩治腐败高压震慑，巩固发展反腐败斗争压倒性胜利

坚决削存量、有效遏增量。持续保持惩治腐败高压态势，聚焦党的十八大以来着力查处的重点对象，把在党的十九大后仍然不知敬畏、胆大妄为者作为重中之重，深挖细查、严惩不贷。紧盯重大工程、重点领域、关键岗位，强化对权力集中、资金密集、资源富集部门和行业的监督，加大金融领域反腐力度，依法查处贪污贿赂、滥

用职权、玩忽职守、徇私舞弊等职务违法和职务犯罪。把规范政商关系作为修复净化政治生态的重要切入点，坚决防范利益集团拉拢腐蚀领导干部，推动构建“亲”“清”新型政商关系。坚决整治领导干部违规公款购买、违规收送、违规占用、违规插手干预或参与经营名贵特产类特殊资源问题，对利用名贵特产类特殊资源搞权力寻租、利益输送、以权谋私的，严肃追责。坚持受贿行贿一起查，让行贿者和受贿者同样付出应有代价，压缩“围猎”与甘于“被围猎”的生存空间。

坚持纪法贯通、法法衔接。把党规党纪、法律法规“两把尺子”结合起来，同向发力、精准发力，一体审查调查、一体审核处置，既防止以纪律处分代替法律制裁，又防止以刑事处罚代替纪律处分。发挥反腐败协调小组的作用，统筹纪检监察机关与司法、执法机关的协调配合，使办案模式由“中途换车”变为“直通车”，实现审查调查与司法程序之间顺畅高效对接。

科学运用审查调查成果，推动反腐败工作由治标向治本转变。加大典型案例通报曝光力度，变案件资源为教育资源，以查促教。注重从行业性的典型案件入手，由点到面，从个案上升到普遍，摸清行业各种“潜规则”和案件形成规律，督促相关职能部门开展整顿，抓好整治行业不正之风，以查促纠。坚持“一案一总结”，案件审查调查结束后，专案组既要提交审查调查报告也要提交相应的工作建议，以查促建。

（七）坚决整治群众身边的不正之风和腐败问题，增强群众获得感

深化扶贫领域腐败和作风问题专项治理。聚焦脱贫攻坚工作重点和薄弱环节，坚决纠正地方党委、政府在脱贫攻坚工作中履行主体责任不力，态度不坚决、工作不扎实、敷衍应付，相关职能部门履职不力、监管不严、推诿扯皮，以及纪检监察机关履行监督责任不力等问题，严肃查处扶贫领域贪污侵占、行贿受贿、虚报冒领、截留挪用、挥霍浪费、吃拿卡要、优亲厚友等突出问题。坚持贫困县区纪委书记“一年两例会”制度，发挥基层纪委的作用，对基层“微腐败”露头就打，绝不姑息。

集中整治群众反映强烈问题。聚焦群众痛点难点焦点，开展民生领域专项整治，解决教育医疗、环境保护、食品药品安全等方面存在的“微腐败”和“蝇贪”问题，加大督查督办、直查直办和通报曝光力度，对查结的问题线索进行抽查复核，对失职失责的从严问责。县级纪委监委要把整治群众反映强烈的腐败和作风问题放在突出位置，深入排查调查，及时推动解决。

坚决惩治涉黑涉恶腐败。找准扫黑除恶与“打虎”“拍蝇”的结合点，运用好线索研判、一案三查、协同办案、督查督办、直查快处五项工作机制，紧盯涉黑涉恶问题突出、群众反映强烈的重点地区、行业和领域，坚决清除包庇、纵容黑恶势力的腐败分子，严查“村霸”、宗族势力和黄赌毒背后的腐败行为，对黑恶势力“保护伞”一查到底、绝不姑息。对涉黑涉恶工作推动不力、有黑不打、有恶不除、压案不查、问责追责不力甚至故意隐瞒事实、证据的，严肃追责问责。

（八）从严加强队伍建设，打造纪检监察铁军

突出政治建设。坚持把对党忠诚作为工作的首要政治原则、队伍的首要政治本色、干部的首要政治品质，带头坚定信仰、带头对党忠诚、带头担当尽责，自觉在思想上政治上行动上同以习近平同志为核心的党中央保持高度一致。严明政治纪律和政治规矩，全面执行党内政治生活若干准则，认真落实重大事项请示报告制度，把守纪律讲规矩的要求落实到具体行动上。加强机关党建工作，把机关党支部建设成为坚强战斗堡垒，促进纪检监察机关职能、人员、工作和理念、文化全面融合。

加强能力建设。按照政治过硬、本领高强的要求，加大纪检监察干部教育培训力度，不断提高执行政策水平、执纪执法水平、思想政治工作水平，切实增强精准监督本领、精细核查能力。纪委书记、纪检组长要带头调查研究，深入基层了解实情，切实增强发现问题、破解难题、推动改革的能力。全市纪检监察干部要养成严谨、细致、务实的作风，察实情、出实招、办实事、求实效，体现昆明纪检监察干部的形象、气质和“辨识度”。

自觉接受监督。加强对纪检监察干部的日常教育监督管理，做到行使权力慎之又慎、自我约束严之又严。认真落实监督执纪工作规则，完善内控机制，严密程序规范，严格审批权限，坚持集体研究、集体决策，确保各项审查调查措施不被滥用。强化正视问题的自觉和“刀刃向内”的勇气，对执纪违纪、执法违法的纪检监察干部严肃查处，对失职失责的严厉问责。自觉接受党内监督和其他各方面监督，严格约束家属、子女和身边工作人员，打造忠诚坚定、担当尽责、遵纪守法、清正廉洁的纪检监察铁军。

同志们，反腐败斗争形势依然严峻复杂，全面从严治党仍然任重道远，纪检监察工作使命光荣、责任重大。让我们紧密团结在以习近平同志为核心的党中央周围，不忘初心、牢记使命，忠诚履职、务实创新，以强烈的使命担当履行好党章和宪法赋予的职责，以昂扬向上的精神状态抓好各项工作落实，扎实推进全面从严治党、党风廉政建设和反腐败斗争，为决胜全面建成小康社会、高质量推进区域性国际中心城市建设作出新的更大贡献，以优异成绩庆祝中华人民共和国成立70周年。

2018年昆明市组织机构及负责人名录

2019 KUNMING YEARBOOK

中共昆明市委

书　记　程连元
副书记　王喜良
刘　智
何　刚（挂职）
常　委　鲁　斌
保建彬
杨　皕
柳文炜（至3月）
夏俊松（6月起）
杨正晓
李建阳
金幼和
蒋朝忠
邢敦忠（挂职，至3月）
孙　涛（挂职）
金彦江（挂职，6月起）
胡宝国（挂职，3月起）
秘书长　柳文炜（至3月）
夏俊松（6月起）
副秘书长　孙　杰
陈　江（至3月）
李　亮（11月起）
蔡德生
徐正林
宋晓林
高宇明
吕怀玉
杜　文
张树宝（挂职，至6月）
杨蜀军（挂职，3月起）

昆明市人大常委会

主　任　拉玛·兴高
副主任　金志伟
常　敏
戚永宏
马凤伦
赵学锋
毕惠芝
秘书长　吴庆昆
副秘书长　李庆平
李　强
崔　猛
马　责
陈　敏

昆明市人民政府

市　长　王喜良
常务副市长　保建彬
副市长　王建颖（至10月）
周建忠
洪维智（至6月）
赵学农
吴　涛
高中建
王　冰（6月起）
胡宝国（挂职，4月起）
邢敦忠（挂职，至6月）
李志工（挂职，至6月）
秘书长　郭希林
副秘书长　甘　红
李　江
都　吉（8月起）
王国亮（至8月）
林远辉（至3月）
郭志宏
吴忠林（至2月）
龚询木
陈　汉（至8月）
王亚芳（至8月）
高　庚
刘　鲁（8月起）
罗　峻（2月起）
杨　清（挂职）
赵　丹（挂职，至8月）
陈开红（挂职，至4月）
杨　杰（挂职）

政协昆明市委员会

主　席　熊瑞丽
副主席　刘绍安
夏　静
朱　燕
董　林
胡炜彤
李冰晶
秘书长　许绍忠
副秘书长　鲁云宏
谭爱苹
李　鸿
何　燕
段增华（至11月）

昆明市纪委

书　记　杨正晓
副书记　熊　坚
郑　楠
李寿志
常　委　杨正晓
绪　伟（1月起）
张津华
沃　磊
土绍芳

市中级人民法院

院　长　董国权
副院长　安　静
周传彪

夏静良
张立志
孟　静

市人民检察院

检察长　王亚锋
代理检察长　李晓红（12月起）
副检察长　李晓红（12月起）
毕春华
李云峰（至4月）
赵　明
张　黎
张寒玉（至12月）
邓水云（4月起）

城郊地区人民检察院

检察长　彭君明

反贪局

局长　绪　伟（至1月）

市委各部委办局

办公厅

主任　孙　杰
副主任　曾　清
任碧成
赵　龙
李贵平（挂职，10月起）

机要局

局长　王　琳
副局长　房文利

保密局

局长　王建荣
副局长　黄玉林

农办（市统筹城乡办）

主任　蔡德生
副主任　刘正海
何艳波
魏　乾

组织部

部长　鲁　斌
常务副部长　杨爱武（至5月）
余祖林（8月起）
副部长　余祖林（至8月）
葛　宁
姚振康（兼）
张玉宁（兼）

干部监督办公室

主任　胡　蓉

市委基层党建工作协调小组办公室

主任　李荣文

党员教育中心

主任　高　杰

非公有制经济组织和社会组织工作委员会

书记　鲁再国
专职副书记　赵　武

老干局

局长　张玉宁
副局长　崔云聪
张　宏
唐晓越

宣传部

部长　金幼和
常务副部长　杨凤华
副部长　李富贵
陈　波
部务委员　黄　杰
曾　华

外宣办（市政府新闻办）

主任　黄　杰

文明办

主任　李富贵
副主任　王文萍
王雁鹏

网信办

专职副主任　吴豫昆

统战部

部长　杨　皕
常务副部长　陈铸武（11月起）
副部长　蔡永福
贾玉华
王　蓉
部务委员　尹朝晖
应江辉

台办

主任　冯美琼
副主任　高云龙

政法委

书记　李建阳
常务副书记　郎　佳
副书记　王亚锋（兼，至11月）
李晓红（兼，11月起）
董国权（兼）
周建忠（兼）
朱彬彬
郭沫彪
委务委员　董嘉毅
欧阳咏梅

市依法治市办

副主任　谭宜波

市综治办

主任　郭沫彪
副主任　毛映红
祝建昆

市委610办

主任　吴　疆
副主任　夏　佳

市维稳办

副主任　彭海滨

党校

校长　刘　智
常务副校长　范光华
副校长　蔡　杰（至10月）
陈向红
顾　巍

李启斌
党委书记　范光华
副书记　苏秀琼

政研室
主　任　陈　涛
副主任　李　玥
田东山
杨春蓉

编办
主　任　唐　琪
常务副主任　陈一杰
专职副主任　王　昆（至1月）
赵春泉

市级机关工委
书　记　柳文炜（至6月）
夏俊松（6月起）
常务副书记　陈光辉
副书记　唐继文
赵　平（1月起）

党史研究室
主　任　张　雷
副主任　李光勇
张鹏升（3月起）

信访局
局　长　王国亮（至8月）
都　吉（8月起）
副局长　韩　扬
杨　薇
柯旭波
张光明（兼）

市人大各机构

办公厅
主　任　李庆平
副主任　杨玺生
胡建军
李　莉（12月起）

法制委员会（法制工作委员会）
主任委员　兰　昆
副主任委员　杨　棱
工委副主任　张翼昆（12月起）

内务司法委员会（内务司法工作委员会）
主任委员（主任）　刘文义
副主任委员　陈　刚

财政经济委员会（财政经济工作委员会）
主任委员（主任）　寸　东
副主任委员　王　雷
工委副主任　董华祥

城乡建设环境保护委员会（城乡建设环境保护工作委员会）
主任委员（主任）　柳　伟
副主任委员　汪明涛
工委副主任　申开银

教育科学文化卫生工作委员会
主　任　周　凡
副主任　强东育
工委副主任　陈　泓

预算审查工作委员会
主　任　寸　东（兼）
副主任　袁　勤（8月起）

民族宗教工作委员会
主　任　丁　伟
副主任　张丽仙
段跃红

人事代表工作委员会
主　任　艾树祥
副主任　王本晋
张昆丽

农业工作委员会
主　任　马慈明
副主任　马留安

外事华侨工作委员会
主　任　吴卫东
副主任　李红萍

研究室
主　任　和松华
副主任　何金典

市政府各委办局

办公厅
主　任　甘　红
副主任　罗　峻（至2月）
符光曙
谭云芬
万晓琪（4月起）
何　松（4月起）
刘开庆（挂职，11月起）

市长热线办
主　任　张立涛
副主任　张仲才（至2月）
王智明

接待办
主　任　宋晓林
副主任　杨秀峰
郭琴贤

市志办
主　任　母正荣
副主任　字应军
李　洪

参事室（文史馆）
主任（馆长）　厉鸿华
副主任

发展和改革委员会
主　任　王　冰
副主任　左　晖
田　斌
戴惠明（至1月）
杨泽松
梅俊辉
总经济师　高淑霞

粮食局
局　长　杨文志

副局长 潘建刚
高玉英（至4月）
杨亚娟
党委书记 杨文志
副书记 常顺启

工业和信息化委员会
主任 严敏
副主任 锁良勇
周正和
李卫红
徐增雄（11月起）
黄吉先（11月起）
总工程师 阳书文

无线电管理办公室
主任 杨国泰

教育局
局长 刘绍安
副局长 穆仁早
吕丽
方宁
蒋坚桥
龚利春

教育督导团办公室
主任 孙晖

招生考试院
院长 张文伟

科学技术局
局长 王键（6月起）
副局长 周康
翟斌（至6月）
成小兵（至10月）
邹可（11月起）
付思华

知识产权局
局长 叶明

民族宗教事务委员会
主任 毕昆闽
副主任 陈浩
刀福东
夏梦
李菊艳

公安局
局长 周建忠
副局长 史云峰
杜俊超
杨建军
徐猛（至12月）
徐琪勇
李海峰
赵大围（兼）
党委书记 周建忠
副书记 史云峰
李永芳

交警支队
支队长 黄忠伟（至9月）
副支队长 杨明（至10月）
毕伟
袁满荣（至9月）
缪永春
政委 金志锋（至10月）
杨明（10月起）

消防支队
支队长 李庆渝
副支队长 刘关能（至8月）
曹卿（至8月）
周华（至8月）
政委 赵俊
副政委 李平
谭武忠（挂职，至10月）

监察局（至2月）
局长 熊坚
副局长 周红玉（至2月）

监察委员会（2月起）
副主任 熊坚
李寿志
郑楠

财政局
局长 徐毅清
副局长 李笠菲（6月起）
徐郑峰
陈静（至1月）
魏云辉
邹荣付
王燕
张云萍（挂职）
陈杰（挂职）
总会计师 梁勇

民政局
局长 李忠德
副局长 马正权
林华
吴智峰（至11月）
马金华
党委书记 李忠德

老龄办
主任 李庆玲

双拥办
专职副主任 仲华（至11月）

司法局
局长 孙跃文
副局长 陈波
李继华（至8月）
赵勇
袁玲（至1月）
周红玉（2月起）
党委书记 孙跃文
副书记 秦芸（6月起）

人力资源和社会保障局
局长 姚振康
副局长 闫晓陵
杨雄
黄梅
郭加强
黄文浩

军培中心
主任 闫晓陵
副主任 许玉文
梁平

社会保险局
局　　长　　杨学勇（至11月）

医疗保险管理局
局　　长　　李卫明（2月起）

人才服务中心
主　　任　　贾诏勋

劳动就业局
局　　长　　赵云川

劳动仲裁院
院　　长　　王　静

外专局
局　　长　　郭越媛

促进农民就业工作办公室
主　　任　　张万聪（至11月）

公务员局
副 局 长　　吴　俊

城乡居民养老保险局
局　　长　　赵贤锋

劳动监察支队
支队长　　王正军（至8月）
　　　　　张万聪（11月起）

国土资源局
局　　长　　王　涛
副 局 长　　赵　宏
　　　　　刘　宁
　　　　　胡光普
　　　　　谢　卫
党委书记　　王　涛
副 书 记　　刘　翔

国土执法支队
支 队 长　　魏黎明
副支队长　　蒙　斌（至1月）
政　　委　　郭嵘桦

征地处
处　　长　　张　燕

环境保护局
局　　长　　刘跃进
副 局 长　　高志刚
　　　　　肖　丁
　　　　　虎　龙
　　　　　和　矛
　　　　　陈　嵩（至8月）
总工程师　　施学东（至9月）

住房和城乡建设局
局　　长　　李　彤（至8月）
副 局 长　　陈　汉（主持工作，8月起）
　　　　　马文瑜
　　　　　李　波
　　　　　朵　雯
　　　　　刘　鲁（至8月）
党委书记　　李　彤（至8月）
副 书 记　　莫映珠
总工程师　　周丽玲

建设工程质量安全监管总站
站　　长　　刘　龚（11月起）

重点工程建设办公室
主　　任　　胡龙嘉

交通运输局
局　　长　　何毅刚
副 局 长　　赵　毅
　　　　　陈　勇
　　　　　袁　俊
　　　　　马东山
　　　　　彭　伟
　　　　　钱允江（兼）
党委书记　　何毅刚
总工程师　　游　苇

国际动员委员会交通战备办公室
主　　任　　何毅刚

农业局
局　　长　　郭增敏
副 局 长　　习再兰
　　　　　倪　森
　　　　　王昆华
　　　　　杨朝云
　　　　　但文德（1月起）
党委书记　　郭增敏
副 书 记　　袁　玲（1月起）

林业局
局　　长　　张正平
副 局 长　　杨景先
　　　　　王晓军（至9月）
　　　　　张建坤
　　　　　耿成兴（兼）

防火办
专职副指挥长　　耿成兴

森林公安局
局　　长　　王　翊

绿化办
专职副主任　　马陆章

轿子山管护局
局　　长　　张映华

园林绿化局
局　　长　　陈铸武（至11月）
　　　　　冉德涛（11月起）
副 局 长　　李建安
　　　　　王　兵
　　　　　朱金玉
党委书记　　陈铸武（至11月）
　　　　　冉德涛（11月起）

水务局
局　　长　　储汝明
副 局 长　　刘锐钢
　　　　　杨金仑
　　　　　卢文霞
　　　　　陈辉阳
总工程师　　邱云生

商务局（至6月）
局　　长　　徐增雄（至11月）
副 局 长　　李笠菲
　　　　　董锦元
　　　　　黄　焰

商务行政执法支队
支 队 长　张革胜

投资促进局（至6月）
副 局 长　张宗能
骆晓林
孙晓强

中共昆明市外地驻昆机构工委
副 书 记　何　英
完同良

招商引资考核办公室
专职副主任　史任川

商务和投资促进局（6月起）
局　　长　徐增雄（至11月）
副 局 长　桂　春（11月起）
孙晓强
黄　焰
董锦元（至11月）
骆晓林

文化广播电视体育局
局　　长　戴　彬
副 局 长　李安民
王明瑶
谷少华
李继刚
孙红昆
党委书记　赵健吾
副 书 记　潘锐云（至9月）

卫生计生委员会
主　　任　马　涛（2月起）
副 主 任　马　涛（至2月）
马红军
张必明
何文明（1月起）
党委书记　张云海（1月起）
副 书 记　王保定（6月起）

卫生计生综合监督局
局　　长　李红飙

审计局
局　　长　陈　静（4月起）
副 局 长　林　英
陈　林）
后文杰
杜建宝
总审计师　龚迎燕（2月起）
党组书记　蔡　刚（至1月）

旅发委
主　　任　成　民（至8月）
杨明俊（8月起）
副 主 任　林克俭
邹　可（至11月）
孙　健（11月起）
杨光明（挂职，10月起）

旅游监察支队
支 队 长　张　波（至11月）

安全生产监督管理局
局　　长　张洪安
副 局 长　钱树森（1月起）
张　伟
章　智

安全生产监察支队
支 队 长　李洪平

食品药品监督管理局
局　　长　李　勤
副 局 长　张云海（至1月）
李勤裕（至6月）
李　凌
王庆华

食品药品稽查支队
支 队 长　佴　岗

食品药品检验所
所　　长　曾剑平

统计局
局　　长　吴　波
副 局 长　袁　勤（至8月）
张　蕾
詹绍洪
黄海风
总统计师　白雄文

规划局
局　　长　李　亮（至11月）
副 局 长　牟　辉
敖　梅
林　卫
车俊宇
周文杰（9月起）
党委书记　李　亮（至11月）
副 书 记　敖　梅（11月起）
总规划师　王维柱

城市管理综合行政执法局
局　　长　陈剑平
副 局 长　邓卫东（兼）
蒋　波
王　俊
董建平（2月起）

城市管理综合行政执法支队
支 队 长　邓卫东
政　　委　朱靖文

智慧城管服务指挥中心
主　　任　陈剑平（兼）
专职副主任　龙　苗（至8月）
副 主 任　潘文胜（至8月）

滇池管理局（滇池保护委员会办公室）
局　　长　尹家屏
副 局 长　赵志德
陈志强
但文德（至1月）
吴朝阳
唐运宏（6月起）
总工程师　余仕富

滇池管理综合行政执法总队
总 队 长　董建平（兼，至1月）
政　　委　张立力（至12月）

滇池管理渔业行政执法处
处　　长　李勇云

外事侨务办

主　　任　杨志华
副 主 任　许昌明（至6月）
　　　　　何云屏
　　　　　汪　浩（8月起）

国资委

主　　任　陈　浩
副 主 任　李世新
　　　　　高明媛
国企工委常务副书记　陈　浩
副 书 记　张　宏（9月起）

研究室

主　　任　孙　宏
副 主 任　张鸿飞
　　　　　陈垠宏
　　　　　朱尧绯

法制办

主　　任　刘　毅
副 主 任　汪　敏
　　　　　魏　巍
　　　　　朱广祥

金融办

主　　任　李俊民
副 主 任　付　文
　　　　　董　姣
　　　　　杨晖宇
　　　　　陈　超（挂职）

扶贫办

主　　任　周开龙
副 主 任　薛光文（至3月）
　　　　　程幼昆
　　　　　张连荣
　　　　　陈庆云（挂职，6月起）
　　　　　任熙忠（8月起）
　　　　　袁亭聚（8月起）

人防办

主　　任　陈国慧
副 主 任　张　慧
　　　　　茹春荣

政务服务管理局

局　　长　李　江
副 局 长　姚燕梅
　　　　　杨俊杰
　　　　　李　锐
　　　　　张　健

公共资源交易监督管理委员会

主　　任　李　江（兼）
副 主 任　杨俊杰（9月起）

档案局（馆）

副局（馆）长　李蜀昆
　　　　　刘毅秋

防震减灾局

局　　长　勒树才
副 局 长　蒋静蓉

供销社

主　　任　李德荣
副 主 任　林　颖
　　　　　蒋　伟
党委书记　李德荣
副 书 记　罗燕平
监事会主任　赵应良

移民开发局

局　　长　王彦平
副 局 长　杨　力
　　　　　韩小艳

机关事务管理局

局　　长　肖　樱
副 局 长　杨　勇
　　　　　朱绍格
　　　　　苏建民
　　　　　安　彬（2月起）

市公共资源交易监管会办公室

主　　任　李　江（兼）
副 主 任　杨俊杰

测绘管理中心

主　　任　赵　宏

市政协各机构

办公厅

主　　任　鲁云宏
副 主 任　杨武振
　　　　　毕　猛
　　　　　丁　宗

委员联络委员会

主　　任　谭爱苹（兼）
副 主 任　李　霞

提案委员会

主　　任　张丽琼
副 主 任　王增桂

经济委员会

主　　任　李昆敏
副 主 任　严世清

城乡建设环境保护委员会

主　　任　焦延田
副 主 任　张　骞（4月起）

教科文卫体委员会

主　　任　尹　俊
副 主 任　李　云

社会法制委员会

主　　任　吕　志
副 主 任　冯月波

民族宗教委员会

主　　任　木志群

文史委员会

主　　任　苏国有
副 主 任　张　骞（至4月）

港澳台侨外事委员会

主　　任　庞博河
副 主 任　孙美丽

研究室

主　　任　张海峰

副主任 黄爱玲

驻昆有关单位

工商行政管理局
局长 潘开平
副局长 姜柯
陆弋
邓永斌
张建华
纪检组长 刘建斌

质量技术监督局
局长 赵文
副局长 顾云顺
梁承波
金明

国税局（至6月）
局长 和志刚
副局长 范一非
王斌
丁昆
申晓静

地税局（至6月）
局长 贺伟
副局长 袁忠
康焰
杨春龙

税务局（6—9月）
局长 贺伟
副局长 和志刚
范一非
王斌
丁昆
袁忠
申晓静
杨春龙
罗继富
康焰
陈若虚（挂职）
联合党委书记 贺伟
副书记 和志刚

税务局（10—12月）
局长 贺伟
副局长 和志刚
范一非
王斌
丁昆
袁忠
申晓静
杨春龙
罗继富
康焰
陈若虚（挂职）
党委书记 贺伟
副书记 和志刚

邮政管理局
局长 钱允江

气象局
局长 张成稳
副局长 王占良
赵元茂

水文水资源局
局长 肖林

昆明供电局
局长 徐尤峰
副局长 杨斌
吉德志
李仁杰
何涛
党委书记 李绍祥
副书记 徐尤峰
总会计师 陆映梅

住房公积金管理中心
主任 饶利萍（至10月）
陈友俊（10月起）
副主任 李志华（至9月）
杨克军
段兴
陈友俊（至10月）

国家统计局昆明调查队
队长 黄斌
副队长 李苇

新闻单位、大专院校

昆明报业传媒集团
董事长 姚宏
党委书记 姚宏
副书记 钱丽雯

昆明日报社
总编 姚宏
副总编 刘光平
闵晓阳
彭涛

昆明信息港管委会
主任 张稼文

昆明广播电视台
董事长 房旭东
台长 房旭东
总经理 罗飚
副台长 罗飚
蔡毅
吕永平
郑良欢
党委书记 房旭东
副书记 李树荣
罗力争

昆明广播电视网络有限责任公司
执行董事 和向东（11月起）
总经理 田文
常务副总经理 史为（至4月）
副总经理 罗焰
谢进
马黎
党委书记 和向东（11月起）
副书记 邹金凯

昆明学院
院长 黎素梅
副院长 熊晶（至12月）

董建华
郭　华
李　立（兼）
马银海
沈　凡
王　凡（12月起）
党委书记　陈永明
副书记　黎素梅
张祖武（至11月）
熊　晶（12月起）

国有企业

烟草专卖局

局　长　包　毅
副局长　陈　智
党委书记　包　毅
副书记　普国荣
纪委书记　普国荣

烟草公司

经　理　包　毅
副经理　郭　宏
杨永平
邓光新

自来水集团公司

董事长　施　伟
副董事长　王炤平
总经理　白新玉
副总经理　纳安如（至5月）
方　勇
党委书记　施　伟
副书记　王炤平
总工程师　黄晓晖

公交（集团）有限责任公司

董事长　苗献军
总经理　闫　忠
副总经理　陈瑞生
姜　犹
徐　昆
党委书记　苗献军
副书记　吴　艳
总会计师　付继芳

煤气（集团）控股有限公司

董事长　文　勇
总经理　高永生
副总经理　李志强
樊兴祥
党委书记　陈　华
副书记　胡鸿才
总工程师　樊　荣

开发（度假）区

昆明高新技术产业开发区管委会

主　任　陈　勇
副主任　赵戍军
裴演兵（至8月）
陈全季（6月起）
党工委书记　苏　宇
副书记　陈　勇
陈全季（至6月）
何云虹
和少柏（6月起）
纪工委书记　陈全季（至6月）
和少柏（6月起）

昆明经济技术开发区管委会

主　任　李河流
副主任　宋　栋
孟光寿
李丕方
徐　春
党工委书记　郭子贞
副书记　李河流
王富昌
赵兴旺
纪工委书记　赵兴旺

昆明滇池旅游度假区管委会

主　任　罗建宾
副主任　王月冲
成　明（8月起）
杨明俊（至8月）
李　诚
党工委书记　武　斌
副书记　罗建宾

王桂泽
陈思瑾
纪工委书记　陈思瑾

空港经济区

主　任　和丽川（兼）
副主任　李云周（兼）
李晓华（至1月）
李　燕（至1月）
朱恒俊
金　雄
党工委书记　保建彬（兼）
副书记　和丽川（兼）
王春晓
纪工委书记　曹志坚

昆明阳宗海管委会

主　任　袁培文
副主任　肖向飞
孙继华
金炯平
巨春良
洪志华
党工委书记　袁培文
副书记　高建明

嵩明杨林经济开发区管委会

主　任　杨相来
专职副主任　杨明和
副主任　李永山
董　辉（10月起）
党工委书记　杨相来
副书记　李绍文
王秀江（挂职，10月起）
纪委书记　李绍文（兼）

民主党派

民革市委

主任委员　朱　燕
副主任委员　李为民

民盟市委

主任委员 夏 静（兼）

副主任委员 李 霞

孙 骥（兼）

叶 明

赵 坚（兼）

郭鹏群（兼）

民建市委

主任委员 高中建（兼）

副主任委员 钟 华

张汉举（兼）

詹亚平（兼）

石 磊（兼）

民进市委

主任委员 王 键（兼）

副主任委员 余 平

谢家放（兼）

农工党市委

主任委员 马 涛（兼）

副主任委员 徐 辉

戴 彬（兼）

马 俊（兼）

吴继昆（兼）

致公党市委

主任委员 李冰晶（兼）

副主任委员 黄秋苹

王延春（兼）

蔡燕华（兼）

谷 欣（兼）

李 蔚（兼）

九三学社市委

主任委员 常 敏（兼）

副主任委员 王云伟

倪 淼（兼）

陈增会（兼）

秦亚洁（兼）

群众团体

总工会

主 席 戚永宏

常务副主席 赵涤群

副 主 席 李恪林

李 祥

李俊涛

刘 辉

团市委

书 记 郝国栋

副 书 记 黄 斌

林 勤

王乂丫

妇联

主 席 张 姝

常务副主席 万星宪（至11月）

副 主 席 王朝晖

王学艳

张玉宁（兼）

毕春华（兼）

李 兰（兼）

金卫华（兼）

吕 卉（兼）

社科联

主 席 龚志龙

副 主 席 赵 勇

李 燕

社科院

副 院 长 陈勇强

科 协

主 席 齐 江（至3月）

盛 军（3月起）

副 主 席 张学华

李小昆（至6月）

何文林

文 联

副 主 席 李永坤（至6月）

工商联（总商会）

主 席 董 林

常务副主席 蔡永福

副 主 席 訾贵金

范莉华

颜 语（兼）

阳书文（兼）

邓永斌（兼）

刘兴督（兼）

严元江（兼）

莫 非（兼）

苏国辉（兼）

李大剑（兼）

谭忠文（兼）

马永升（兼）

苏承爽（兼）

吴登刚（兼）

王国新（兼）

侯景严（兼）

李昊城（兼）

侨 联

主 席 朱 燕

副 主 席 毕娇娇

台 联

会 长 冯美琼

专职副会长 万 方

残 联

理 事 长 马文森

副理事长 庞 文

聂 晶

红十字会

会 长 王建颖

常务副会长 杨 凡

副 会 长 冯 浩

张琳林

市人口和计划生育协会

常务副会长 普跃英

秘 书 长 潇 潇

县（市、区）

五华区

区委书记　吕天云
副书记　赵志良
　陈　伟
人大常委会主任　苏天福
副主任　王　勇
　布艳芬
　余　彦
　期丽琼（2月起）
区　长　陈　伟
副区长　陈　净
　郭　颖
　涂力军
　何跃龙
　李克武
　徐　静（2月起）
政协主席　凡　群
副主席　许萍森
　孙　骥
　杨　伟
　陈达祥
纪委书记　马汝恒

盘龙区

区委书记　夏俊松（至6月）
副书记　梁　崑（至12月）
人大常委会主任　汪宏昌
副主任　张云燕
　张有为
　陈雁兵
区　长　梁　崑（至12月）
常务副区长　段　超
副区长　敖文昆
　易迎霞
　张学平
　张　波
　成　钢
政协主席　陶建宇
副主席　武　梅
　肖　毅
　耿　琏
　赵云昆
纪委书记　李　宁

官渡区

区委书记　和丽川
副书记　王　忠
　毕绍刚
人大常委会主任　刘利升
副主任　郭玉英
　石玲红
　李洑生
　汤　澎
区　长　王　忠
常务副区长　赵　昆
副区长　储云川
　李　进
　汪洪忠
　马春梅
　费劲松
　谌俊毅（挂职）
政协主席　毕惠芝（至2月）
　刘峻松（2月起）
副主席　李　武
　丁健琳
　张汉举
　袁纪文
纪委书记　张　竞

西山区

区委书记　周红斌
副书记　陈瑞斌
　李文斌
人大常委会主任　李　增
副主任　刘　伟
　矣志高
　李金义
　孔　卫
区　长　陈瑞斌（2月起）
代理区长　陈瑞斌（至2月）
副区长　陈瑞斌（至2月）
　李汝林
　田　峰
　彭杜平（至12月）
　陈　晓
　朱显福
　殷磊民
政协主席　章　震
副主席　李正良
　舒静涛
　赵钰梅
　明志新
纪委书记　谭先权
监察委主任　谭先权

呈贡区

区委书记　尹旭东
副书记　张先宝
　徐贵明
人大常委会主任　马宏途
副主任　张明华
　杨莲芝
　杨旭海
　高艳萍（2月起）
区　长　张先宝
常务副区长　杨　飞
副区长　王　丹
　肖为民（至11月）
　潘　劲
　张建文
　郭静雨
政协主席　杨绍斌
副主席　杨跃云
　赵　津
　王毅强
纪委书记　余利鸿
监察委主任　余利鸿（2月起）

东川区

区委书记　张之亮（至3月）
　胡江辉（3月起）
副书记　胡江辉（至3月）
　陈　江（3月起）
　欧明锋（至8月）
　李德鸿（8月起）
　尹为志（挂职，至3月）
　何　辉（挂职，3月起）
　程幼昆（9月起）
人大常委会主任　尹加华（2月起）
副主任　雷　斌
　马　俊
　李思禾
　吴云惠
区　长　胡江辉（至4月）
　陈　江（6月起）
副区长　李德鸿（至9月）

赵国明（12月起）
王丽昆（至10月）
伏思良（10月起）
翁　磊
颜　静
赖昱辉
黄大龙（3月起）
林岸立（挂职）
潘守领（挂职）
于　峰（挂职）
叶　耿（挂职，3—9月）
马　俊（挂职，9月起）

政协主席　张家福
副主席　孙庆辉
邹　康
陈勤龙
李泓运（2月起）

纪委书记　安　彬（至1月）
刘　彬（1月起）

安宁市

市委书记　王　迅
副书记　王胜章
张勤勋
人大常委会主任　尹贵生
副主任　李国祥
曹忠昌
蔡志勇
王　燕
市　长　张勤勋（2月起）
代理市长　张勤勋（至2月）
常务副市长　武春禄
副市长　张勤勋（至2月）
张宏斌（至7月）
杨蔚玲
马　伟
李宝林
王　梅
倪　红（7月起）
张才兴（12月起）
马　梅（挂职，1月起）
孙　凯（挂职，3月起）
政协主席　耿玉立
副主席　夏荣生
李玉平
张　辉
胡毅洁
纪委书记　韩春华

晋宁区

区委书记　傅　希（至1月）
李福军（9月起）
副书记　李福军（至9月）
徐　波（9月起）
刘中政（至6月）
杨万洪（8月起）
周　丽（挂职，11月起）
人大常委会主任　李飞鸿
副主任　李德政
赵丽娟
李树功
刘　艳
区　长　李福军（至11月）
代理区长　徐　波（11月起）
常务副区长　吕　丰
副区长　李绍荣
普娅馨
李云良
侯晓冰（至11月）
陈海清
娄张祥（11月起）
林　枫（挂职，至11月）
熊定卫（挂职）
周　丽（挂职，12月起）
政协主席　普鸿昌
副主席　肖子建
夏维林
肖红良
李永红
纪委书记　范今颖

富民县

县委书记　李　康
副书记　李旭东
李绍鹏
人大常委会主任　杨　超
副主任　徐世荣
张向阳
张玉美
何万强
县　长　李旭东（2月起）
代理县长　李旭东（至2月）
副县长　李旭东（至2月）
朱　伟
徐玫娟
刘建军
黄　媛（挂职，至9月）
李　辉
王九飚（2月起）
唐洪发
孙　源（挂职）
政协主席　杨红映（至11月）
副主席　熊　军
彭学云
彭跃东
杨立清
监察委主任　石惠玲

宜良县

县委书记　应亥宗（至3月）
李绍俊（6月起）
副书记　李绍俊（至6月）
刘中政（6月起）
张　攀
人大常委会主任　张贵平
副主任　杨云章
李秀英
马明良
李奉纲
县　长　李绍俊（至6月）
代理县长　刘中政（6月起）
副县长　王亚芳（8月起）
杨万洪（至8月）
孙自林
罗　东
杨洪坤
刘春菊
李锦昌（2月起）
丁　杰（12月起）
赵　彬（至6月）
李显东（至11月）
政协主席　段　富
副主席　王　刚
许正斌
马丽波

刘海燕
纪委书记　景碧昆

嵩明县

县委书记　杨相来
副书记　王秀江
潘加智
人大常委会主任　姚富正
副主任　洪志伟
杨晓影
桂志芬
王天寿
县长　王秀江
副县长　董　辉（至11月）
李友华
胡国海
艾发伟
李　韬
潘　智
于　磊（挂职，11月起）
政协主席　李俊彪
副主席　王金友
普菊珍
李　贞
邵晓松
杨　伦
纪委书记　王玉萍

石林彝族自治县

县委书记　冉德涛（至11月）
梁　崑（12月起）
副书记　黄世建
普建勇（2月起）
人大常委会主任　张忠贵
副主任　杨春宝
潘佳良
毕福祥
王　虹
县长　普建勇（2月起）
常务副县长　余　春
副县长　苏云波
周春林
张持恒（11月起）
殷　瑕
伏思良（至11月）
李雄彬
政协主席　者培仙
副主席　刘琴龙
潘华光
李　湖
毕宏志
纪委书记　张　晖

禄劝彝族苗族自治县

县委书记　焦　林
副书记　李开德
段庆颖
廖新研（挂职，县驻村扶贫工作队总队长）
薛光文（挂职，9月起）
人大常委会主任　张光文
副主任　朱淑芬
吴明泽
张成武
刘琴芬
县长　李开德
常务副县长　张大福
副县长　叶增强
莫佳鑫
熊国志
王丕兴
李兴翠
陈建华（挂职，至11月）
罗　艾（挂职）
李　俊（挂职，8月起）
刑军善（挂职，9月起）
吴振华（挂职，11月起）
杨相波（挂职，12月起）
政协主席　张庆学
副主席　张　怡
赵　明
张运平
王永云
纪委书记　周定龙

寻甸回族彝族自治县

县委书记　何建升
副书记　马　郡
普建勇（至1月）
杨蜀军（挂职，至3月）
张连荣（至9月）
周　燕（1月起）
山树云（挂职，3月起）
人大常委会主任　张永萍
副主任　赵文富
杨朝旺
张光凤
马加斌（至10月）
县长　马　郡
常务副县长　李东华
副县长　刘　龚（至10月）
杨智斌
段智颖（挂职）
郭　沁
成志东
朱选高
陈　猛（挂职，至9月）
储　琰（挂职，至10月）
陈　放（挂职）
何盛龙（挂职，8月起）
方元升（挂职，9月起）
董玉国（挂职，10月起）
马加斌（11月起）
政协主席　肖正坤
副主席　周利辉
方正平
马仲敏
赵德伟
纪委书记　董国新

柴石滩地区水资源管理局

局长　李红兵
副局长　张为国
罗　琦

掌鸠河引水供水工程建设管理局

局长　王道兴（兼）
常务副局长　施　伟

石林风景区管理局

局长　周林春

（资料由撰稿单位提供，方玉红整理，市委组织部审核。）

专 文

◆责任编辑 方玉红

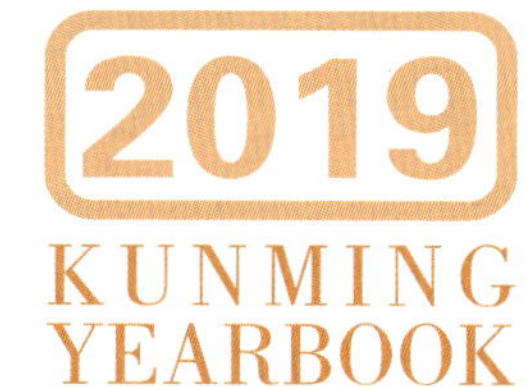

春雷激荡天地新

——昆明改革开放40年全景录

冬日昆明，依然温暖如春、鲜花盛开，在蓝天白云、绿水青山的映衬下，春城充满无限生机与活力。

位于呈贡新城龙潭山脚下的昆明南站，从早到晚熙熙攘攘，平均每分钟有百余名旅客从这里往返全国各地。

2015年1月20日下午，正在建设中的昆明南站迎来一位特殊客人——中共中央总书记、国家主席习近平到此视察。他说："千里之行，始于足下，关键还是要把我们自己的事情做好，把'接口'做好，才能实现互联互通。"

时至今日，习近平总书记的嘱托言犹在耳。

2016年12月28日，昆明南站通车，昆明进入"高铁时代"。紧接着，昆楚大铁路开通，昆明与香港直通高铁……

置身中国号巨轮，40年来，昆明一路风雨兼程，一路澎湃前行，走出了一条跨越发展的路子，书写了一个个催人奋进的"春天的故事"。尤其是党的十八大以来，昆明在习近平新时代中国特色社会主义思想指引下，统筹推进"五位一体"总体布局，协调推进"四个全面"战略布局，焕发出前所未有的生机与活力，实现历史性跨越，成功入选"改革开放40年经济发展最成功城市"。

40年，昆明人实现从贫困到奔向小康的历史性跨越，完成从"推开窗户，昆明看世界"到"敞开大门，世界看昆明"的历史性转变。

"云南要闯出一条跨越式发展的路子来，努力成为我国民族团结进步示范区、生态文明建设排头兵、面向南亚东南亚辐射中心。"春城花都好时节，改革开放再出发。昆明牢记习近平总书记重托，奋进新时代，努力当好云南经济社会发展的排头兵和火车头，朝着建设区域性国际中心城市的目标砥砺前行。

千年古城的历史跨越

2018年11月13日，在参观"伟大的变革——庆祝改革开放40周年大型展览"时，习近平总书记再次强调，改革开放40年来，在中国共产党坚强领导下，中国人民艰苦奋斗、顽强拼搏，用双手书写了国家和民族发展的壮丽史诗，中华大地发生了感天动地的伟大变革。

时间回到40年前。1978年底，党的十一届三中全会在北京召开，正式揭开改革开放的序幕。

历史的鸿篇巨制一旦开启，每一页都是崭新的。

1979年2月4日，昆明市召开区（县）四级干部会议，确定把工作重点转移到社会主义建设上。春城大地万物复苏、生机勃发。

工业经济率先迎来改革的第一个高潮。

昆明曾是一座有着深厚工业基础的城市，中国第一座水电站、第一挺机关枪、第一架望远镜、第一根电缆线都诞生在昆明。

改革的春风唤醒千年古城。1978年，昆明钢铁厂等4家工业企业率先实行亏损包干，拉开昆明工业企业改革序幕。一年内，昆钢、昆纺等4大亏损户实现扭亏为盈，工业经济进入全面恢复状态。随后，利润包干、承包经营负责制、厂长负责制等一系列改革全面推开，各类企业得到不同程度的放权松绑，企业经营自主权得到增强。这段时期，催生了名噪一时的云南轻工业"五朵金花"。此后，昆明率先在全省对国有大企业实施股份制改造，云南白药、昆百大完成改制登陆A股，昆明机床成功在香港上市。

云内动力股份有限公司也是从这时迎来发展良机，从一个改革开放初期连年亏损濒临破产、靠借钱发工资的企业，发展成为总资产达178亿元的国有大一型企业，以及国家重点扶持的512家企业之一。

云内动力的崛起，不仅仅是一串串不断增长的数字，更是昆明工业在改革开放大潮中发展壮大的最好例证。近年来，随着"工业强市"战略不断深入实施，昆明坚定不移地走新型工业化道路，工业经济呈现"稳中有升、稳中向好、质效双升"的良好态势，构建起以新兴产业为引领、传统产业为支撑、制造业与服务业融合发展的现代工业产业新体系。40年，昆明工业增加值从8.36亿元增长至1159.2亿元，增长137.66倍。

如今，曾是传统意义上制造业“旱地”的昆明，已培育一批独具特色的地标性企业。越来越多的业界“巨头”把研发机构和生产线布局于此，支撑昆明产业攀爬跃升。

在中国工业版图上，昆明坐标日益清晰。

改革开放40年，昆明工业爬过很多坡、上过不少坎，园区始终扮演着至关重要的角色。20世纪90年代初期，园区于昆明而言还是一片空白，当时的昆明几乎没有新审批工业用地，没有新上工业项目，工业经济比重大幅下降。

1992年5月，昆明经济技术开发区登上历史舞台。创业者手持一纸批文以及20万元开办费，怀揣理想，开始了艰苦创业……紧随其后，作为改革开放的试验区和展示窗口，昆明高新技术产业开发区、昆明滇池国家旅游度假区等先后应运而生。这是一次从无到有、从有到优的探索。截至2017年，全市以工业为主的产业园区共16个，数量居全省第一。园区经济对全市经济增长的贡献日益突出，成为拉动地方经济快速增长的重要支撑。进入新时代，昆明工业园区主动求变，开始“二次创业”，正谱写高质量发展的新篇章。

改革，也唤醒了沉睡多年的土地。

华明升和其他3位村民是呈贡斗南的第一批种花人。1987年，华明升花90元钱买来种球，在自留地上种下第一批剑兰。此后，鲜花种植业像雨后春笋般在斗南迅速发展起来，鲜花也成为一个崭新的产业，成为一座城市的符号。

弹指一挥40年，斗南，已从最初以路为市的50多米长“花街”变成亚洲最大的鲜切花交易市场。2002年12月20日凌晨2时，昆明国际花卉拍卖交易中心在斗南落成“开槌”。这成为斗南花市升级发展的又一重要里程碑，而第一拍的5把玫瑰花就是华明升种的。

2017年，斗南花卉交易市场鲜切花交易量达76.34亿枝，交易额63.82亿元，出口额1.7亿美元，远销50多个国家和地区。斗南连续20多年鲜花交易量、交易额、现金量、交易人次和出口额居全国第一。

2017年1月24日，国务院总理李克强夜访斗南花市，提出殷切希望：“现在已经是中国第一、亚洲第一，希望你们向世界第一迈进！”

“斗南有今天，要感谢斗南人的‘追新’精神和开放态度。”作为斗南发展的亲历者和见证者，华明升们也是“斗南精神”的最佳诠释。正是因为“斗南人”的不断改革、不断创新、不断开放，才使如今的斗南成为国内最集中的花卉产业集群发展区，形成了集花卉种植、包装、交易、冷链物流、科技研发、人才培训、花卉工业、旅游等全程标准化的现代花卉产业链。

改革从农业农村起步。春天播种的种子，裂变出巨大的能量，无数像斗南这样的奇迹被人们所见证。

稻花香里说丰年。40年来，昆明农林牧渔总产值从1978年的7.3亿元，发展到2017年的366.4亿元，增长了49.19倍；1978年农民人均收入180.4元，2017年农村常住居民人均可支配收入达13698元，增长74.93倍。成就翻天覆地，发展有目共睹。昆明农业已在深化改革和产业结构调整的广阔天地中，从传统农业向高原特色都市现代农业迈进。

产业是经济之本。改革开放40年，是昆明产业规模体量不断壮大、产业体系不断完善、产业结构不断优化的40年，也是昆明国民经济蓬勃发展、经济发展提质增效、综合实力不断攀升的40年。40年来，昆明经济总量不断跃升，2017年，全市实现地区生产总值4857.64亿元，为1978年15.06亿元的322.55倍。尤其是党的十八大以来，全市地区生产总值年均增长9.41%。2017年，全市地区生产总值增长9.7%，居全国省会城市第三位。

党的十八大以来，“产业强市”被提到新的高度。昆明进一步加大产业优化升级力度，按照“一产做特、二产做大、三产做强”的思路，着力推进“188”重点产业发展，基于大生态，依托大数据，重点发展大健康、大旅游、大文创，提速发展高新技术产业，加快发展现代服务业，大力发展先进装备制造业，着力构建高端引领、协调融合、绿色低碳、优质高效的现代产业体系，努力把昆明打造成为在全国乃至南亚东南亚具有区域影响力的现代产业基地。

昆明，已经腾飞；未来，值得期待。

富民强市的活力源泉

东风浩荡春潮涌，勇立潮头破浪行。改革开放40年，是昆明不断推进产业结构优化升级、三次产业结构发生深刻变化的40年，第三产业撑起全市国民经济半壁江山，民营经济实现从无到有、从小到大、从弱到强。

楼宇经济被称为“无烟工业”，在不断增加城市高度的同时，也为昆明发展提供了强大的带动作用和广阔的发展空间，成为发展加速跑的强力引擎。作为没有工业园区的主城区，盘龙区在发展楼宇经济上进行了有益探索。今年4月，盘龙区荣获“中国楼宇经济最具投资价值城区”称号，仅盘龙区就有商务楼宇83栋，税收达千万元以上楼宇40栋、达亿元以上楼宇14栋；各类总部集团型企业62家，落户盘龙区的世界500强、中国500强企业有25家。

楼宇（总部）经济的高速发展，是全市第三产业发展的缩影。

40年来，昆明的第三产业实现从无到有、从有到优，已成为昆明经济的顶梁柱。2017年，全市第三产业增加值同比增长10.5%，第三产业增加值占GDP比重达

57.3%，对GDP增长贡献率高达60.3%，服务业对全市经济增长的贡献最大、拉动最强。三次产业比例由1978年的13.0：60.9：26.1调整为2017年的4.3：38.4：57.3，现代服务业成为经济转型的新引擎。

数据的变化反映着奋斗的历程。

很多昆明人都还记得，改革开放初期，武成路、青年路聚集了许多卖衣服的小店，服装多从广东沿海一带进货。那时，广州、深圳新潮服装刚上市，3天之内就能出现在昆明街头。1989年，昆明实施旧城改造，将青年路市场整体搬迁到昆明螺蛳湾市场。当时，以豆腐“王十万”为代表的个体工商户如雨后春笋般冒了出来。此后，民营经济迎来大发展。1997年，昆明诞生第一家超市，当时拎着“红联超市”的袋子是一种时尚；1999年，昆明首家外资超市沃尔玛大观店开业；如今，昆明城里一座座商业综合体人气满满。

在昆明，有很多白手起家的励志创业故事，沈长虹无疑是典型代表。沈长虹的奋斗史也是昆明民营经济的一部发展史。1981年，沈长虹从浙江来到昆明，在青年路摆摊卖服装。5年后，他在昆明办起一个小作坊，实现从“卖衣服”向“做衣服”的转变。很快，小作坊变成工厂，开始企业化运作。2000年，云南奥斯迪实业有限公司成立。如今，奥斯迪已成为西南三省最大的西服、行业制服生产加工服装企业。

民营经济活则全局活，民营经济兴则全局兴。近年来，为支持民营经济加快发展，昆明市不断加大政策支持和要素保障力度，放宽市场准入，消除各种壁垒，下大力气解决中小微企业和民营企业融资难、融资贵等问题，依法保障民营企业合法权益，切实优化民营经济发展环境。经过多年培育，昆明既有昆明制药集团有限公司、云南奥斯迪实业有限公司等大企业，也在大力培育“铺天盖地”的小企业。

2017年，全市非公有制经济实现增加值2270.73亿元，占GDP比重达46.7%，呈现总量和比重双提高的良好势头，成为经济社会发展最具活力的增长点。

2017年8月富信通讯有限公司第一部手机在富民智能终端产业园下线以来，每天约17500台手机在园区生产线上进行组装。项目实现了当年招商引资、当年落地、当年投产的“昆明速度”。今年，公司的智能手机投产，2个月就有40万台智能手机出口到印度、越南、马来西亚、印度尼西亚等南亚东南亚国家。

产业的发展，离不开优质营商环境的“保驾护航”。近年来，昆明将优化营商环境作为重中之重，作为体制机制改革、提高经济质量发展的重要突破口，在简政放权、深化商事制度改革、人力资源、减税降费、市场监管、公共服务等方面的改革工作取得明显成效。

2017年9月29日，昆明市“多证合一”改革启动仪式举行，向海外集团控股有限公司等3家企业颁发了营业执照。23个部门的50个涉企证照事项整合到一张营业执照上，实现企业“一照一码”走天下，大幅度缩短了企业开办流程，减少了企业办证数量，降低市场准入制度性交易成本，真正让“企业少跑腿，信息多跑路”。

党的十八大以来，昆明市围绕优化服务环境，大力推进“放管服”改革，出台推进“最多跑一次”改革实施意见，成为全国省会城市中行政审批项目最少的城市之一；构建“互联网+政务服务+公共资源交易+投资服务+党群服务”的“一网四中心”政务服务体系，加快实施“先照后证”“多证合一、一照一码”等商事制度改革，有效激发了市场活力，形成国家公共资源电子化交易改革试点的“昆明样本”，构建“互联网+公共资源交易+政府有效监管”新格局。

政府权力的“减法”，换来的是市场活力的“加法”。全市平均每天新增市场主体319户。5年来，全市累计新增市场主体53.1万户，年均增长20.6%。

2018年11月23日，市委、市政府召开全市民营企业座谈会，省委常委、市委书记程连元，市委副书记、市长王喜良参加会议，听取民营企业家意见建议，帮助民营企业解决发展中遇到的困难和问题，共同研究促进全市民营经济发展的具体措施，全力支持民营经济发展壮大。

“昆明是一个可以让自身事业不断攀登高峰的地方。昆明对投资者和资本的吸引力正在不断增加，越来越多的投资者将会选择在昆明投资兴业。”昆明市温州总商会会长吴文献说。他的信心，来自昆明面对的南亚东南亚广阔市场，更来自多年来昆明各级党委、政府对企业家的尊重、支持和爱护。

世界版图上的昆明雄心

习近平总书记考察云南时殷切希望，云南主动服务和融入国家发展战略，努力成为面向南亚东南亚辐射中心。省委、省政府要求昆明努力当好云南经济社会发展的排头兵和火车头。

建设区域性国际中心城市，成为落实国家使命、实现跨越发展的抓手。

“骑一辆自行车，半天就能把昆明转个遍。”这是很多老昆明人眼里20世纪80年代的昆明城。1978年，昆明的城市建成区面积22平方公里，人口约50万人，相当于现在一个县城的规模。2017年，昆明建成区面积已超420平方公里，相较1978年增长近20倍。

谁也没想到，这样一个地理位置不沿海、不中心，人口、规模不占优的城市，却在随后40年的发展中，吐故纳新、化蛹成蝶。

每一座城市，都有着自己的成长史。昆明城市规模由小到大，也并非一蹴而就。

765年，南诏国筑拓东城，为昆明建城之始。这座千年古城，拥水而居，因水而兴。千百年来，昆明历经无数次兴衰，城市发展格局始终没有跳出滇池的北岸。1983年，昆明市由此前的四区四县调整扩大为四区八县，城市初步形成“组团型放射式”结构布局。1996年，昆明城市基础设施建设大提速，大量市政工程开工，金碧路改造，金马碧鸡坊得以重建，小菜园立交桥拔地而起。

但是，昆明城市发展基本都是以城市内湖——翠湖为中心，发展重心主要集中在二环路以内，城市发展的形态为单中心“摊大饼式”发展。

昆明城受“三面临山、一面临水”特定地形条件所限，城市发展空间受限严重。跳出翠湖时代，成为昆明城市发展的一个关键选择。

随着城市的发展，五网的联通，昆明的发展格局进一步放大，从“翠湖时代”进入“滇池时代”。大学城、行政中心、工业园区逐渐从主城分离，主城发展成为集商贸、金融、旅游、服务于一体的第三产业组团，城市的功能布局更加合理。“扩城”让昆明可以大展拳脚，城市建设和经济社会发展由此获得了巨大的空间和良好的环境。

2004年，昆明市主城区行政区划调整，盘龙、五华、西山、官渡四区新格局形成；2011年，呈贡撤县设区；2017年，晋宁撤县设区。关于长大的梦想正充盈于城市的每一个角落，一个极具现代魅力的大都市格局呼之欲出。

2015年，昆明发展格局再次发生变化——跳出滇池谋发展。2015年9月15日，国务院正式批复同意设立云南滇中新区。滇中新区成为我国第15个国家级新区。

2016年9月8日，昆明市第十一次党代会召开，确定加快建设立足西南、面向全国、辐射南亚东南亚的区域性国际中心城市的发展目标。

建设区域性国际中心城市，代表的是昆明未来的发展定位和城市理想，反映的是昆明人对美好生活的向往和追求，承载的是一种放眼世界、融入全球、赢得未来的城市梦想。

3年来，昆明市和滇中新区积极做好融合发展这篇大文章，坚持“一盘棋”谋划、“一家人”融合、“一股劲”推动，真正做到思想同心、目标同向、行动同步、发展同轨，市区融合发展叠加效应显著。

回望40年，昆明已从偏居西南一隅的边疆城市，成长为现代化国际化都市。这座意大利旅行家马可波罗眼中的“壮丽大城”，在短短40年实现了前所未有的巨变。

通联世界的时代梦想

东连黔桂通沿海，北经川渝进中原，南下越老达泰柬，西接缅甸连印巴，这是昆明在中国、在亚洲版图上的天然位置。

如何把得天独厚的区位优势变成交通优势，最终转化为经济发展优势？改革开放40年来，昆明五网建设不断发力。如今，昆明的交通通道立体成网、通江达海，与世界的距离无限拉近。

作为“黄金轴线”，北京路串起了昆明交通近半个世纪的变迁。

1966年，贵昆铁路通车，昆明站至塘子巷之间修建了一条新马路。这条路直奔昆明火车站，坐上车就可一路到达北京。因此，这条路被命名为“北京路”，取义“边疆连接首都北京”。

40年来，北京路不断延伸、变宽，从最初的不到3公里、双向2车道，逐步变为双向4车道、6车道、8车道、10车道，全长已达16公里。

1978年，昆明全市公路通车里程仅1895公里。目前，昆明全市公路通车里程达17959公里，其中高速公路约766公里。城市公交运营线路总长从改革开放初期的1062公里，到目前已达8000多公里。

1956年4月11日，一架国际班机从昆明起飞，越过澜沧江，跨过横断山脉，抵达缅甸仰光。这条航线打破了昆明国际航线“零”的记录，让昆明这个内陆城市插上飞向世界的翅膀。

此后一直到1978年，以昆明为节点的航线也不到10条。

2012年6月28日，昆明长水国际机场运营，昆明联通世界的速度不断被刷新。今天的长水国际机场已跻身世界最繁忙机场之一，“头顶上的通道”正向全球快速延伸。截至2017年底，长水国际机场航线达到359条，其中国际航线76条，东南亚、南亚通航点数量排名国内第一，达到36个。

2014年5月1日，昆明城市轨道交通首期工程1、2号线投入试运营，标志着昆明正式迈入“地铁时代”。如今，昆明地铁运营里程已达88.76公里，开通车站57座，日均轨道交通客运量近50万人次。昆明十字骨干路网已形成，城市轨道交通运营里程在全国排名15位。

轨道交通1号线西北延、2号线二期、6号线二期、4号线、5号线等线路全面投入建设，计划于2020年建成第一期规划的所有线路，初步形成覆盖主城的城市轨道线网体系。

昆明南站成为继长水国际机场之后，又一内联外通的交通枢纽。目前，中泰铁路已开工，乘坐高铁7小时直通曼谷的国际漫游图景，变得触手可及。这意味着，云南将成为北回归线上的亚洲十字路口，昆明也将成为亚洲中心城市之一。

高铁风驰北去。在昆明王家营中心站，一声长笛响过，云南新丝路快铁班列有限公司经营的中欧班列（昆蓉欧）快铁返程班列第二列，满载欧洲货物从德国纽伦堡一路向东疾驰而来，终抵王家营中心站。这个离主城不过五六公里的站台，已成为横贯亚欧新通道的新起点，标志着昆明将更迅速地走向世界。

伴随着发展空间的扩大，城市中心开始转移，各类基础配套设施、城市空间承载功能、交通功能、居住功能、保障功能全面提升。

二环快速交通系统、三环闭合、绕城高速、“四环”“十七射”……这些听起来有点生涩的交通工程名称，是城市发展、长大的骨架。

2017年，昆明被列为国家12个国际性综合交通枢纽。昆明按照“辐射带动、衔接高效、以点带面”的总体思路，依托航空、铁路、公路、水路、管道“五通互联”的综合交通体系，以“1（昆明长水国际航空枢纽）+2（昆明新南站、昆明火车站）+X（客、货运枢纽）”的功能布局，加快构建与建设辐射南亚东南亚区域性国际中心城市匹配的综合交通枢纽体系。

展开地图，云南将形成以昆明枢纽为中心，8条干线（滇藏、成昆、内昆、贵昆、南昆、云桂、渝昆、沪昆干线）入滇，4条铁路（中越、中老、中缅、中缅印铁路）出境，通江达海连接周边的铁路运输大通道，昆明作为区域性国际交通枢纽和区域性国际物流中心的地位日渐凸显。

昆明，已从对外开放的“末梢”变成“前哨”、从“末端”变成“前沿”，迎来前所未有的开放发展机遇。

拥抱世界的开放胸襟

党的十九大报告明确提出：“开放带来进步，封闭必然落后。中国开放的大门不会关闭，只会越开越大。”

回溯时间长河，可以清晰地发现，“开放”贯穿昆明的历史，激荡出一个城市的光荣与梦想。

在古代，昆明是南方丝绸之路上的重要枢纽，是内地和西南地区通往南亚东南亚的重要门户，中原文化、少数民族文化与南亚文化、东南亚文化在这里交融。伟大的航海家郑和就是从这里走向浩瀚的海洋。到了近代，随着开埠通商、滇越铁路通车，昆明成为一个开放的城市，逐渐形成“汇东方与西方、融传统与现代”海纳百川、开放包容的文化气质。

开放的基因，已经融入这座城市奔流的血液里。

1978年，沐浴着改革开放的春风，昆明对外开放再次出发。1981年11月5日，昆明市与日本藤泽市缔结为友好城市。这是昆明的第一个国际友好城市。1986年，昆明·藤泽友谊馆落成。32年过去了，友谊馆仍矗立在环城东路，成为昆明不断扩大对外开放的最好见证。

1982年，昆明与瑞士苏黎世缔结为国际友好城市。昆明在城市规划管理、供排水处理、环境保护等方面吸收到了世界的先进经验。两座城市缔结友好城市至今，友城规划合作项目近90个，合作成果累累，被誉为“中国对外友城合作的典范”。

从此，昆明的“朋友圈”不断扩大，延展至五洲四洋。截至目前，昆明市缔结国际友城数量达到22对，友好交流城市18对，多个南亚东南亚国家在昆设立领事机构，法国、德国等15国在昆设立签证中心。

以昆交会、南博会为代表的展会，为昆明的开放发展搭建起广阔的舞台。

1992年2月，昆明争取到承办第三届中国艺术节的机会。艺术节上，2万余名中外文艺工作者齐聚昆明，举行了“两场、两街、五会”等经济科技贸易活动。“艺术节的成功举办，让世界认识了昆明，也让昆明走向了世界，更大的意义在于让昆明认识到了开放的重要性。”全程参与艺术节采访、时任《昆明日报》记者王晓洁说。

1992年5月，中共中央4号文件决定，包括昆明在内的17座城市实行沿海开放城市政策。昆明人深刻认识到，要发挥特殊的地缘优势，扩大对外开放，才能从开放末端走向开放前沿。

昆交会正是在这样的背景下变成现实。

1992年7月，全国五省区七方经济协调会第九次会议在昆召开。会议决定，“由西南五省区七方在昆明联合举办面向东南亚南亚的出口商品交易会”。

1993年8月8日，昆交会鸣响了第一枚礼炮，首届中国昆明出口商品交易会举行。在昆明国际会展中心里，人潮涌动，昆明市民驻足各展位前，好奇地端详来自越南、缅甸、印度等国家的外国商人，欣赏展位上琳琅满目的外国商品，听外商招揽生意时的热情吆喝……虽然当时昆明仅有两家外贸企业，每年进出口交易额不过几百万美元，但是昆交会的成功举办，不但提升了城市的知名度，也吸引了更多外商来昆投资兴业。

从此，每当初夏，昆交会都会如期而至。对于生活在这座城市的人们来说，每年逛昆交会，也成了必不可少的事。

时间来到1999年，全世界的目光聚焦到昆明，世界园艺博览会在春城举办。这是中国第一次主办A1类世界博览会。这一年，来自95个国家和国际组织的近千万宾客走进昆明，品味世界园艺博览会呈现的一场盛宴。因为世博会的“热效应”，原计划于当年10月底结束的展会延长了半年。

“世博会的举行，使昆明城市建设发展足足提前了10年。”有专家如是说。的确，这场盛会与春城的最美相遇，为昆明带来开放的新机遇，让昆明这座西南边陲的省会城市从此站上世界舞台。世博会犹如一个杠杆，撬动了经济社会的全面发展，让昆明在全国脱颖而出。

2004年，昆交会由出口商品交易会更名为进出口商品交易会，向世界释放出了强烈的开放信号。2010年，商务部确定南亚国家商品展永久落户昆明，昆交会面向南亚东南亚开放的定位变得更加明确。2013年，昆交会迎来又一次飞跃——南亚国家商品展升格为中国—南亚博览会。

南博会、商洽会、旅交会、文博会、农博会……昆明已发展成一座会展之城。2017年，全市共举办各类展览活动120场，各类会议25966场，各类节庆活动180场，展业总收入超过26.1亿元，昆明连续3年入选中国最具竞争力会展城市。

一系列展会的成功举办，不但提升了城市的知名度，也吸引了更多外商来昆投资兴业，一大批世界500强和国内知名企业纷至沓来。

2017年，又有汉能、华强方特、宜家等一批项目签约落地，引进世界500强企业6家；引进市外到位资金1043.7亿元，增长14%；实际利用外资8.01亿美元，增长8.3%；实现进出口总额74亿美元，增长11%。

40年来，昆明以积极的开放态度、优越的投资环境和巨大的市场机会，吸引了近百个国家和地区的投资，并与200多个国家和地区保持贸易往来，开放的大门成为财富的大门。

近年来，昆明综合保税区、昆明高新和腾俊国际陆港保税物流中心建成运营；昆明机场口岸实现全天候通关，建立完善了72小时过境免签入境管控系统；澜沧江—湄公河次区域合作、中国—东盟行业合作昆明会议、GMS经济走廊活动周、昆明友城合作与发展研讨会等高层次对话合作深入开展；亚洲财富论坛、昆明国际友城旅游联盟、中国·上合组织青年交流中心落户昆明；昆曼国际大通道全线贯通，上合国际马拉松赛、中华龙舟赛等影响力日益扩大。

昆明多层次宽领域释放开放活力，着力推动国际国内合作日益深化，城市国际化水平明显提升，构建起了全方位对外开放新格局。

绿色发展的希望之城

绿水青山就是金山银山。习近平总书记在云南考察时强调，要把生态环境保护放在更加突出位置，像保护眼睛一样保护生态环境，像对待生命一样对待生态环境。

作为世界知名的春城，良好的生态环境和气候条件是这座城市的“金字招牌”。改革开放40年，于昆明而言是对生态环境保护认识发生深刻变化的40年，也是持续加强生态文明建设、践行绿色发展理念的40年。

“随着滇池治理的力度加大，湖滨生态变好了，引来了不少野生鸟类在此栖息。”李继明是晋宁区一名摄影爱好者，也是云南省野鸟协会会员。8年间，他在滇池周边拍下了白鹭、灰鹭、天鹅、红嘴鸥、白鹳、黑嘴鹳、灰雁、彩鹮等近百种野生鸟类，其中很多还是新发现物种。

“60年代淘米洗菜，70年代捉虾捞鱼，80年代初洗澡痛快，90年代鱼虾不在。”说的是滇池20世纪被污染的情况，蓝藻暴发、水体黑臭，高原明珠黯然失色。到20世纪90年代初，滇池已成为我国污染最严重的湖泊之一。

从“九五”开始，滇池水污染防治工作上升到“国家高度”，纳入国家“三河三湖”重点流域治理规划。20年来，环湖截污、外流域引水、入湖河道整治、农村面源污染治理、生态修复与建设、生态清淤滇池治理“六大工程”持续发力，滇池水质逐年变好，滇池湿地成为“中国最美湿地”。

2015年8月2日，省委常委、市委书记程连元到昆明任职后的第一次调研就选择了滇池治理。他还特意让工作人员灌了一瓶滇池水，检测后把指标贴在瓶身上，他说：“这是我到昆明工作后灌的第一瓶滇池水，把它搁在办公室，天天看着它。若干年后再灌一瓶，对照水质看滇池的变化。”

滇池保护治理是昆明理念、发展方式深刻转变的一面镜子。“滇池清昆明兴”，这是全市上下的共识，也是全市人民共同的责任。

2017年4月起，程连元多了一个“新头衔”——“昆明市市级总河长”，并担任盘龙江河长；市委副书记、市长王喜良也多了一个“新称呼”——“昆明市市级副总河长”，并担任洛龙河河长。另外，其余34名市级领导也全部上阵，分别担任全市各重点河湖的市级河长。

昆明建立了市、县、乡、村四级联动的河长体系，37名市级河长、387名县级河长、1100名乡级河长和1966名村级河长组成的河长队伍，成为入湖河道保护的责任人。今年，昆明招募百名“市民河长”，组织千支“爱湖志愿服务队”，发动万名“滇池卫士”，号召一批“滇池驴友”，动员全社会的力量都投入到滇池保护治理中。

每年滇池开湖季，“百舸入滇、千帆竞发”的壮丽景象和“云淡风轻、蓝天碧水”的自然美景都会刷屏微信朋友圈。

2016年，滇池外海和草海水质均由劣Ⅴ类提升为Ⅴ类，20多年来首次摘掉“劣”的帽子。2017年，滇池全湖水质继续保持Ⅴ类，蓝藻水华程度由重度逐步向中度和轻度转变。2018年1—10月，滇池总体水质持续保持企稳向好趋势，外海、草海水质均达到Ⅳ类。

党的十八大以来，绿色发展被提升到了新高度，全市上下也持之以恒推动各项生态环境保护治理工作，坚决打好污染防治攻坚战，生态文明建设水平全面提升。

“等干熄焦装置一上马，这个家伙就不排废气了。”望着50多米高的熄焦炉，云南煤业能源股份有限公司安宁分公司的技术专家们肯定地说。早在10年前，全国第5座140吨/小时熄焦规模、西南地区首座干熄焦装置就在昆钢建成投产。这一装置不仅节约了标准煤消耗，还减少了空气污染。

经过持续努力，昆明成为“国家园林城市”“国家森林城市”“国家卫生城市”“国家节水型城市”。主城区空气质量优良率保持在98.6%以上，“春城绿”“昆明蓝”“四季花”成为昆明最亮丽的名片。

逐“绿”而行。以更高的标准、更新的理念、更实的行动，昆明在提升生态环境质量上更进一步、更快一步，提出打造“世界春城花都”城市品牌，增强城市吸引力、影响力和美誉度。

作为中国面向南亚东南亚开放的门户，昆明生态优势、资源优势和区位优势突出，具备发展大健康产业得天独厚的条件。2016年，昆明提出要打造“中国健康之城”这一城市品牌，在落实国家战略中探索昆明发展新模式。一年多来，昆明以“医、药、养、健、游、食”六大健康产业为核心和支撑，以市场为主体，谋划“健康之城”建设。全市医疗资源聚集优势明显，人均医疗资源超过全国平均水平，位居西南地区前列。当前，昆明正加快推进国家植物博物馆和中国昆明大健康产业示范区建设，围绕“一城六中心”的战略定位，着力构建“3456”大健康生态圈，努力把昆明打造成为健康产业发达、健康服务完善、健康品牌亮丽、健康文化鲜明、具有国际影响力的“中国健康之城”。

着力建设蓝天永驻、碧水长流、绿润昆明、花香满城的“世界春城花都”，努力把昆明打造成为生态文明建设排头兵示范城市和“美丽中国”典范城市，这是市委、市政府向全市人民的庄严承诺，更是全市人民的共同心愿。

书写温暖的民生答卷

回望改革开放40年的辉煌历程和发展成果，这是一场由人民来“阅卷”的赶考。

2018年9月，正是收获的时节。曾经贫困发生率近27%、12.8万人生活在贫困线以下的寻甸回族彝族自治县，获批准正式退出国家扶贫工作重点县之列，戴了几十年的贫困县“帽子”终于摘掉了，也是昆明首个“摘帽”的贫困县。

“让贫困人口和贫困地区同全国一道进入全面小康社会，是我们党的庄严承诺。”伴着“决战脱贫攻坚、决胜全面小康”的嘹亮号角，市委、市政府始终把脱贫攻坚作为最大政治任务、头等大事和第一民生工程，用非常之力竟非常之功，以非常之策解非常之困，脱贫攻坚步伐铿锵，千军齐聚形成合力，脱贫成效初显，也为乡村振兴战略的实施奠定了坚实基础。

在脱贫攻坚的战场上，有这样一群人，他们很平凡，或许一生中都没有做出什么轰轰烈烈的大事情，但他们用付出、奉献，甚至生命铺就了脱贫路基。东川区汤丹镇扶贫办副主任、中河村党支部书记吴国良，昆明市旅发委派驻新田村帮扶点驻村扶贫队员刘军，禄劝县派驻皎平渡镇老坪子村委会驻村工作队队员张文举，他们的脚步永远停在了脱贫攻坚的路上。也正是因为有像他们一样的干部奋战在一线，用自己的奉献之火、生命之光，点燃苦寒贫穷的土地，温暖群众的心，为脱贫攻坚做出重要贡献，激励着更多党员干部义无反顾地向决战脱贫攻坚冲刺，坚决打赢这场不能输的战役。

道行致远，不忘初心。40年来，市委、市政府始终把增进人民福祉、增加群众收入、增强百姓获得感作为工作的出发点、落脚点，把群众对美好生活的向往放在工作首位，持续加大民生投入、强化民生保障，在学有所教、病有所医、困有所助、劳有所得、住有所居、老有所养上持续发力，推动群众的获得感和幸福感“更上一层楼”。

2017年，昆明城乡居民人均收入分别达到39788元和13698元，比1978年增长约90倍；1979年，昆明城市人口人均居住面积为3.46平方米。2017年，全市城镇、农村居民人均住房建筑面积分别达到43.96平方米、50.08平方米；2010年至2017年，全市共改造棚户区19.6万套（户），城镇住房保障率高于全国平均水平……数据的后面，是昆明人从贫困到逐步小康的历史性跨越。

“人民对美好生活的向往，就是我们的奋斗目标。”近年来，昆明坚持以人民为中心的发展理念，全力推动全面小康建设，努力解决群众最关心、最直接、最现实的利益问题。党的十八大以来，昆明的民生投入逐年增加，民生政策越来越好，民生举措越来越实，多层次、广覆盖、立体式、全纵深的民生保障网形成，市民的获得感、幸福感指数逐年提升。大力实施教育优先发展战略，深入实施“三名”工程，优质教育资源迅速增加，让更多孩子在家门口就能“上好学”；医疗卫生条件明显改善，全市每千人床位数由1978年的2.1张增加到2017年的8.97张；覆盖城乡的社会保障体系日益健全，各项社会保险覆盖率保持在96%以上；加大扶贫开发力度，贫困发生率降至5.26%以下……更好的教育、更好的医疗、更可靠的社会保障，这些是昆明人民触手可及的获得感。

工业与文化结合，能带来独特的想象空间。在昆明，由工业遗存改造的文创园区有很多，在久负盛名的创库艺术区诞生了中国第一家LOFT（艺术家创作仓库式工作基地）。

如何对待老厂房，关乎历史，它意味着如何对待城市曾经走过的路，意味着如何对待昆明的工业发展史。

昆明按照布局合理、特色鲜明、产业聚集原则，打造园区、基地、楼宇、文化街区、特色小镇五级文创空间，云南电视机厂转型为C86山茶坊，昆明橡胶厂转型为彩云里文创园等，文创园区由小到大、由弱到强，逐步实现产业集聚发展。文化创意产业从无到有、由弱到强，截至2017年，全市建成文化创意园区21个，入园企业超2700家。

党的十八大以来，全市深入实施文化引领发展战略，积极推进文化体制改革，加快构建现代文化市场体系，大力培育发展新业态新动能，不断提高公共文化服务效能，深入实施文化建设和产业发展“510”工程，全市文化改革发展取得明显成效并呈现良好发展势头。

上合昆明国际马拉松赛、中华龙舟赛等品牌文化活动集中展示了昆明的城市文化品牌，《云南映象》等文艺精品惊艳四海宾朋，新知图书集团走出国门……近年来，昆明先后荣获国家文化和科技融合示范基地、国家文化消费试点城市、全国十大最具文化影响力城市、国家文化出口基地等荣誉称号。

时代塑造精神，一座座彰显创意的文化地标，一项项绚烂多彩的文创活动，是承载着时代发展的文化符号，成为昆明文化的新名片，不仅体现着中华民族传统文化、云岭大地人文风貌，更展示着改革开放40年来昆明人的自信胸襟。

逐梦前行的铿锵足音

40年风雨兼程，40年砥砺图强。

40年众志成城，40年春风化雨。

蓦然回首，40年里每一个节点的细微变化，无不回响着春城人民逐梦前行的铿锵足音。

未来可期，迈入新时代的昆明蕴含着无限希望，正蓄势待发用心续写改革开放新史诗。

前路已明，朝着区域性国际中心城市建设砥砺前行的昆明，将努力把宏伟蓝图变成美好现实。在不久的将来，一座产业发达的经济繁荣之城、创新创造的活力绽放之城、开放包容的现代大气之城、兼容并蓄的人文魅力之城、和谐宜居的绿色健康之城，必将崛起在云岭大地。

（摘自《昆明日报》 记者 代兴波 李思娴 贾献培）

2019
KUNMING
YEARBOOK

综　述

◆责任编辑　方玉红

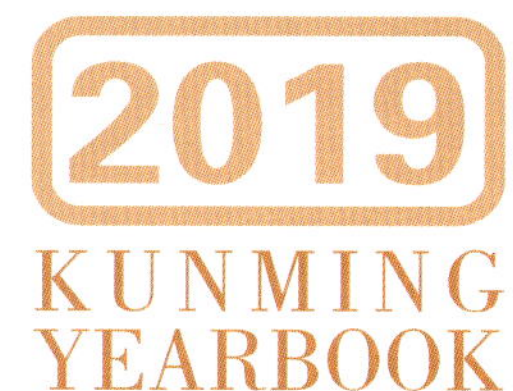

自然地理

昆明位于云南省中部地区，东经102°10′—103°40′，北纬24°23′—26°33′；南北长237.5千米，东西宽152千米，总面积21012.54平方千米；是云南省的省会，西南地区的中心城市之一；是中国面向东南亚、南亚乃至中东、南欧、非洲的前沿和门户，具有“东连黔桂通沿海，北经川渝进中原，南下越老达泰柬，西接缅甸连印巴”的独特区位优势。

市域地处云贵高原，总体地势北部高，南部低，由北向南呈阶梯状逐渐降低。中部隆起，东西两侧较低。以湖盆岩溶高原地貌形态为主，红色山原地貌次之。大部分地区海拔在1500—2800米之间。城区坐落在滇池坝子，海拔1891米，三面环山，南濒滇池，湖光山色交相辉映。

昆明属低纬度高原山地季风气候，冬无严寒，夏无酷暑，四季如春，年平均气温15℃左右，年均日照2200小时左右，无霜期240天以上，年均降水约1000毫米。鲜花常年开放，草木四季常青，是著名的“春城”“花城”，是休闲、旅游、度假、居住的理想之地。

自然资源

矿藏资源主要有磷、盐、铁、钛、煤、石英砂、黏土、硅石、铜等，以磷、盐矿最为丰富。磷矿探明储量22.77亿吨，昆阳磷矿为全国三大磷矿之一。岩盐储量12.22亿吨，

芒硝储量19.08亿吨，东川是中国六大产铜基地之一。

昆明植物资源丰富，分布着亚热带常绿阔叶林、针阔混交林、温带针叶林、高山灌丛和草甸等不同类型的植被。有400多个传统花卉品种。近年来，大量花卉新品种在昆明广为播种。

昆明属高原红壤地区，主要有红壤土、紫色土和水稻土3种。

市域界于金沙江、南盘江和元江的分水岭地带，河流分属三大水系。有滇池、阳宗海等高原淡水湖泊及众多大小河流。多年平均地表水资源量64.95亿立方米。滇池为中国第六大淡水湖，面积约300平方千米。

地热资源分布较广，出露的温泉有50多处。日照时间长，阳光充足，太阳能资源比较丰富。境内湖、山、石、洞、泉、瀑布、花卉、古树、园林名胜、文物古迹、风土人情等独具特色，极富魅力。

（宇应军）

行政区划

2018年1月11日，宜良县匡远街道析置为匡远、南羊两个街道。3月6日，嵩明县嵩阳街道析置为嵩阳、杨桥两个街道。截至2018年末，昆明

2018年末昆明市行政区划表

县（市、区）		街道	乡	镇	名称
1	呈贡区	10			龙城街道、斗南街道、吴家营街道、乌龙街道、洛龙街道、雨花街道、马金铺街道、洛羊街道、大渔街道、七甸街道
2	五华区	10			华山街道、护国街道、大观街道、龙翔街道、莲华街道、丰宁街道、红云街道、黑林铺街道、普吉街道、西翥街道
3	盘龙区	12			拓东街道、鼓楼街道、东华街道、联盟街道、金辰街道、青云街道、龙泉街道、茨坝街道、双龙街道、松华街道、滇源街道、阿子营街道
4	官渡区	10			关上街道、吴井街道、金马街道、太和街道、官渡街道、小板桥街道、大板桥街道、矣六街道、六甲街道处、阿拉街道
5	西山区	10			西苑街道、金碧街道、永昌街道、前卫街道、福海街道、棕树营街道、马街街道、海口街道、碧鸡街道、团结街道

续表

县（市、区）		街道	乡	镇	名称
6	东川区	1	1	6	铜都街道、汤丹镇、因民镇、阿旺镇、乌龙镇、拖布卡镇、红土地镇、舍块乡
7	晋宁区	2	2（民族乡）	4	昆阳街道、宝峰街道、晋城镇、二街镇、上蒜镇、六街镇、双河彝族乡、夕阳彝族乡
8	安宁市	9			连然街道、金方街道、八街街道、县街街道、太平新城街道、温泉街道、草铺街道、青龙街道、禄脿街道
9	富民县	2		5	永定街道、大营街道、罗免镇、赤鹫镇、东村镇、款庄镇、散旦镇
10	宜良县	3	2（民族乡）	4	匡远街道、南羊街道、汤池街道、北古城镇、狗街镇、马街镇、竹山镇 耿家营彝族苗族乡、九乡彝族回族乡
11	嵩明县	2		3	嵩阳街道、杨桥街道、小街镇、杨林镇、牛栏江镇
12	石林县彝族自治县	3	1	3	鹿阜街道、石林街道、板桥街道、西街口镇、长湖镇、圭山镇、大可乡
13	禄劝县彝族苗族自治县	1	6	9	屏山街道、撒营盘镇、茂山镇、翠华镇、团街镇、中屏镇、皎平渡镇、乌东德镇、九龙镇、转龙镇、云龙乡、汤郎乡、马鹿塘乡、则黑乡、乌蒙乡、雪山乡
14	寻甸县回族彝族自治县	3	4	9	仁德街道、塘子街道、金所街道、羊街镇、柯渡镇、倘甸镇、功山镇、河口镇、七星镇、先锋镇、鸡街镇、凤合镇、六哨乡、甸沙乡、联合乡、金源乡
合计		78	16（含4个民族乡）	43	

昆明市开发（度假）区辖区表

区名		托管街道、镇		
		街道	镇	名称
1	经济技术开发区	2		呈贡区洛阳街道，官渡区阿拉街道
2	高新技术开发区	4		呈贡区马金铺街道，五华区黑林铺街道（部分）、丰宁街道（部分）、普吉街道（部分）
3	滇池旅游度假区	3		呈贡区大渔街道，西山区前卫街道（部分）、福海街道（部分）
4	阳宗海风景名胜区	2	1	呈贡区七甸街道、宜良县汤池街道，玉溪市澄江县阳宗镇

市辖五华、盘龙、官渡、西山、东川、呈贡、晋宁7区，安宁1县级市，富民、宜良、嵩明3县和石林彝族自治县、禄劝彝族苗族自治县、寻甸回族彝族自治县；设3个国家级开发（度假）区（昆明市经济技术开发区、昆明市高新技术开发区、昆明市滇池旅游度假区）和省级昆明市阳宗海风景名胜区，其中昆明市经济技术开发区托管阿拉、洛阳街道办事处，昆明市高新技术开发区托管马金铺街道办事处及黑林铺、丰宁、普吉街道办事处部分，昆明市滇池旅游度假区托管大渔街道办事处及前卫、福海街道办事处部分，昆明市阳宗海风景名胜区托管七甸、汤池街道办事处及玉溪市澄江县阳宗镇。全市共辖137个乡镇（街道），其中有78个街道办事处、43镇、16乡（含4个名族乡）。2010年5月，玉溪市澄江县阳宗镇移交昆明市托管，全市实际辖138个乡镇（街道）。

（市民政局）

人口与民族

2018年末，全市常住人口为685万人，比上年末增加6.70万人。其中，城镇常住人口499.02万人，占常住人口比重为72.85%。

人口自然增长率6.50‰；户籍人口为571.67万人，其中城镇人口352.74万人，占户籍人口比重为61.70%；流动人口310.16万人，境外人员9776人；0—17岁107.99万人，18—34岁124.25万人，35—59岁230.07万人，60岁及以上109.37万人。全市户籍人口总户数为205.61万户。昆明市有3个自治县，4个民族乡，333个少数民族聚居村。截至年底，少数民族户籍人口92.67万人，较上年增加22551人，占全市户籍总人口的16.21%，增加0.15个百分点。人口最多的世居少数民族是彝族，有479690人，占少数民族人口的51.76%，人口最少的是布依族，有5349人，占少数民族人口的0.58%。

（市民宗委）

气　候

2018年，昆明市气温较常年偏高，降水量略少，日照时数略多，是一个降水充足、光热资源充沛的年景。春季旱情偏轻，全市出现倒春寒天气。雨季开始期较常年特早至正常，主汛期降水量略多，库塘蓄水条件较好。2018年的强对流天气、暴雨洪涝对交通、农业、水利设施等方面影响较大，属正常年景。

冬季气温偏高，降水偏少。2017—2018年冬季昆明全市平均气温9.6℃，较历史同期偏高0.1℃；全市平均降水量30毫米，较历史同期偏少33%。春季气温偏高，降水偏多。春季全市平均气温17.5℃，较历史同期偏高0.5℃，全市平均降雨量162毫米，较历史同期偏多23%。无春旱出现，森林火险气象等级正常。雨季开始期正常至特早。全市雨季开始期除昆明主城、嵩明、晋宁、东川和寻甸于4月下旬结束，较历史同期属特早外；其余县市区于5月下旬结束，较历史同期属正常。

汛期降水正常，多阴雨寡照天气。2018年，主汛期（6—8月）全市平均雨量534毫米，较历史同期偏多2%。全市平均日照时数为340小时，较历史同期偏少62小时，偏少幅度为15%。6—8月，全市共出现雨日753站次，雨日出现概率为68%。其中8月持续阴雨天气最明显，全市12个国家气象站共出现雨日306站次，雨日出现概率雨日为82%，有雨日均在20天以上，宜良、石林县和呈贡区仅有6天没有下雨，其余时段均出现不同量级的降水。

2018年，降雨总体略少，空间分布极不均匀。全年昆明市平均降雨量918毫米，较历史同期904毫米偏少1%，较上年同期1049毫米偏少13%。最多嵩明1145毫米（较历史同期偏多14%），最少东川621毫米（较历史同期偏少16%），降雨分布不均的特点依旧明显。昆明市年平均气温为16.0℃，较常年平均值偏高0.4℃，与2017年持平。

气候事件。2017年冬季后期至2018年2月上旬，昆明全市出现倒春寒天气，昆明、禄劝、富民、嵩明、呈贡、太华山、东川和寻甸出现降雪天气。其中石林、呈贡、晋宁、太华山、东川和寻甸等地出现强倒春寒。2018年，汛期多连续降水过程，降水量空间分布不均；大部县（市区）雨季开始期、结束期均正常。

（市气象局）

经济社会发展状况

2018年，在国内经济稳中有变、经济下行压力加大的形势下，昆明市坚持以习近平新时代中国特色社会主义思想为指导，自觉践行新发展理念，全面贯彻高质量发展要求，深入推进供给侧结构性改革，全力以赴稳增长，凝心聚力促发展，着力强产业助转型，扩投资增后劲，促消费激活力，育新兴添动力，防风险守底线，稳预期提信心。全年经济运行保持合理区间，发展质量和效益不断提高。初步核算，2018年，全市地区生产总值5206.90亿元，经济总量突破5000亿元大关；按可比价计算，同比增长8.4%。其中，第一产业增加值222.16亿元，增长6.3%；第二产业增加值2038.02亿元，增长10.0%；第三产业增加值2946.71亿元，增长7.3%。

农业生产稳步增长。2018年，全市农林牧渔业及农林牧渔服务业总产值374.84亿元，同比增长6.2%。其中，农业增长7.6%，林业增长8.4%，牧业增长4.4%，渔业下降0.5%，农林牧渔服务业增长6.4%。主要农产品产量增长稳定。鲜切花产量57.55亿枝，增长4.0%；蔬菜产量300.78万吨，增长4.4%；肉类总产量29.64万吨，增长5.7%。

工业经济高速增长。2018年，全市规模以上工业增加值同比增长14.0%。工业三大门类“两增一降”。其中，制造业增长16.6%，电力、热力、燃气及水生产和供应业增长6.9%，采矿业下降10.5%。七大重点行业增加值“六增一降”，烟草制品业增长2.1%，石油、煤炭及其他燃料加工业增长1.68倍，化学原料及化学制品制造业增长6.3%，医药制造业增长1.5%，冶金工业增长21.7%，电力、热力的生产和供应业增长5.2%，装备制造业下降4.3%。

固定资产投资保持稳定。2018年，全市固定资产投资（不含农户）同比增长5.5%。其中，第一产业投资增长91.0%，第二产业投资增长3.9%，第三产业投资增长5.2%。民间投资增长20.4%，增速高于全市投资14.9个百分点，占全部投资的比重51.5%，比上年提高9.4个百分点。重点行业投资增减不一。房地产投资增长9.3%，工业和信息化投资增长2.5%，农业投资增长124.6%，水利投资增长33.3%，文化投资增长70.0%，商贸投资增长24.8%，交通投资下降2.8%，卫生投资下降23.9%，教育投资下降15.6%。

消费品市场稳中趋缓。2018年，全市社会消费品零售总额2787.41亿元，同比增长10.0%，增幅比上年回落2.2个百分点。按经营所在地分，城镇零售额2625.74亿元，增长9.8%；乡村零售额161.66亿元，增长13.2%。从消费形态看，商品零售2307.04亿元，增长9.4%；餐饮收入480.37亿元，增长12.9%。刚需类商品增长平稳，粮油、食品类增长10.0%，服装、鞋帽、针纺织品类增长6.1%，日用品类增长9.7%。消费升级类商品增势良好，通信器材类增长13.7%，中西药品类增长14.1%，书报杂志类增长14.0%，体育、娱乐用品类增长9.5%。全年接待国内外旅游人数16053.43万人次，增长20.3%；实现旅游业总收入2180.08亿元，增长35.5%。

金融运行总体平稳。全市金融机构（含外资）人民币存款余额13618.77亿元，比年初增加126.08亿元，同比增长0.9%。其中，住户存款4882.51亿元，比年初增加449.19亿元，增长10.2%；非金融企业存款4837.74亿元，比年初减少662.01亿元，下降12.3%。全市金融机构（含外资）人民币贷款余额16268.00亿元，比年初增加1437.06亿元，同比增长9.7%。其中，住户贷款3261.83亿元，比年初增加621.34亿元，增长23.5%；非金融企业及机关团体贷款12950.40亿元，比年初增加820.69亿元，增长6.8%。

外资外贸增势良好。全年进出口贸易总额131.20亿美元，同比增长67.6%。其中，出口37.63亿美元，增长27.9%；进口93.57亿美元，增长91.5%。全年新批外商投资项目111户，实际利用外资8.50亿美元，增长6.1%。

发展质量不断提升。财政收支质量较高，重点支出保障有力。2018年，全市一般公共预算收入595.63亿元，增长6.2%。其中，税收收入477.07亿元，增长16.1%，占一般公共预算收入的比重80.1%，比上年同期提高6.8个百分点。一般公共预算支出756.80亿元，下降2.5%。民生支出557.83亿元，占全市一般公共预算收入的比重73.7%；其中，教育支出、社会保障和就业支出、医疗卫生与计划生育支出分别增长10.1%、16.3%和9.9%。企业效益较快增长，居民增收保持稳定。全市规模以上工业企业利润总额222.67亿元，同比增长29.1%。主营业务收入利润率4.89%，比上年同期提高0.24个百分点。全年城镇常住居民人均可支配收入42988元，增长8.0%；农村常住居民人均可支配收入14895元，增长8.7%。"三去一降一补"重点任务持续推进。原煤产量下降31.6%，化肥产量下降4.6%，水泥产量下降1.0%。年末全市商品房待售面积469.49万平方米，比上年末减少135.14万平方米，下降22.4%。规模以上工业企业每百元主营业务收入中的成本80.16元，比上年同期减少1.35元；每百元主营业务收入中的"三费"合计8.44元，比上年同期减少0.57元。

2019
KUNMING
YEARBOOK

大事记

◆责任编辑　李　震

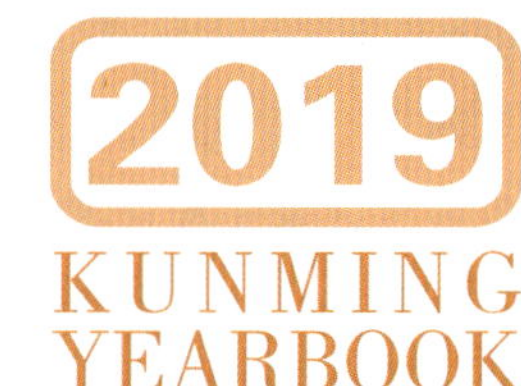

2018年昆明市十件大事

1. 昆明绕城高速公路东南段通车

1月22日，经过三年建设，长约51千米昆明绕城高速公路东南段（宜良至澄江段）工程建设项目完成交工验收，正式通车。项目建成后，与昆明绕城高速公路西北段、西南段形成闭合，实现昆明市内外交通高效衔接，对完善昆明干线路网布局，解决昆明“外拥内堵、过境交通线缺乏”困局，加强昆明与周边地区互联互通，实现滇中城市经济发展一体化具有重要意义。

2. 昆明连续四年获评“最佳避暑旅游城市”

7月6—9日，在由中国旅游研究院、中国气象局公共气象服务中心联合主办，世界旅游组织支持的第四届中国避暑旅游产业峰会上，昆明被评“最佳避暑旅游城市”之一，这也是昆明连续四年获评“最佳”。此外，在5月发布桂强芳榜第十五届（2018）中外避暑旅游目的地排名中，昆明也连续两年摘得全球避暑名城榜榜眼、中国避暑名城榜榜首。

3. 昆明再次获“国际友好城市交流合作奖”

11月14—16日，中国国际友好城市大会在武汉洲际酒店国际会议中心举行。会上，昆明接过大会传承物，成为2020年第七届中国国际友好城市大会举办城市，也是继北京、上海、成都、广州、重庆、武汉之后举办中国国际友好城市大会的城市。同时，在这个大会上，昆明再次获“国际友好城市交流合作奖”，这是自奖项设立以来昆明连续第六次获该奖项。截至2018年底，昆明缔结国际友城22对、友好交流城市18对，遍布世界五大洲，位居全国前列，在西部城市排名前三。

4. 昆明市举行纪念改革开放40周年系列活动

12月3日，由中共昆明市委、昆明市政府主办，中共昆明市委宣传部、昆明市文化广播电视体育局承办的庆祝改革开放40周年交响音乐会在昆明会堂一号厅举行。市委书记程连元、滇中新区管委会主任何刚、市人大常委会主任拉玛·兴高、市政协主席熊瑞丽等市领导出席音乐会。一年来，昆明市各级、各部门、各行业通过各种活动，隆重纪念改革开放40周年，回顾、总结40年来昆明市在政治、经济、文化、社会、生态等各领域取得的丰硕成果。

5. 中国昆明南亚东南亚科技服务业合作中心揭牌

12月5日，中国昆明南亚东南亚科技服务业合作中心揭牌仪式在呈贡信息产业园举行。作为昆明区域性国际科技创新中心重要组成部分，中心将打造现代通信技术及芯片产业、生物医药和大健康产业、智能装备制造产业、新能源材料产业、高原特色农业资源产业等6大产业研发创新分中心，构建现代科技服务和国际科技合作交流两大平台，对科技成果转移化、知识产权申请交易、科技研发投入强度、高新技术企业产值关键核心指标形成有力支撑，争取到2020年区域性国际科技创新中心总体框架基本形成。至12月底中心形成以科技服务业为特色、科技金融为支撑的科技服务全体系。

6. 昆明基础设施和政务环境评价上榜全国前十

12月12日，中央广播电视总台在北京举行《中国城市营商环境报告2018》发布仪式，昆明基础设施和政务环境评价上榜前十。此次评价指标体系包括基础设施、人力资源、金融服务、政务环境、法制环境、创新环境、社会环境几个要素，覆盖制度、市场、资源、技术、人才、资金等影响企业经营发展的关键环节，全方位评价城市营商环境状态水平，有36个城市纳入评价。基础设施评价中，昆明以91.05分排名第六位，仅次于广州、海口、深圳、杭州、厦门。政务服务环境评价中，昆明以83.85分排名第八位。近年来，昆明不断优化政务服务环境，积极推进“互联网+政务服务”，建设全市政务“一张网”。截至2018年底，全市五华区、盘龙区、官渡区、呈贡区、安宁市、东川区、阳宗海风景名胜区、滇池旅游度假区等基层政务服务中心基本实现“一网通办”“一窗通办”和“掌上通办”，从社区到市级形成四级联动便民模式，让群众在家门口就能办成事。

7. 昆明首获“全国无偿献血先进城市”称号

12月13日，国家卫生健康委、中国红十字会总会、中央军委后勤保障部卫生局在北京联合召开《中华人民共和国献血法》实施20周年暨2016—2017年度无偿献血表彰大会，昆明市首次荣获“全国无偿献血先进城市”称号。表彰大会上，昆明市财政局、昆明医科大学、昆明医科大学第一附属医院、完美（中国）云南分公司和云南昆明血液中心荣获“全国无偿献血促进奖（单位奖）”。云南省4347人获全国无偿献血奉献奖。其中，昆明市997人，占全省23%。2017年至2018年，昆明市采集血液人数、采血量、单采血小板三项指标增长率连续两年位居全国大中城市首位。

8. 2018云南—华为软件产业峰会在昆启幕

12月20日，“云智软件·众享未来”2018云南—华为软件产业峰会在昆明启幕，来自全国软件产业领域近千名优秀企业代表和专家齐聚一堂，开展学术研讨和项目洽谈，为昆明打造面向南亚、东南亚多语种软件产业高地献智献策。借此次峰会，昆明将与华为围绕智能终端制造、智慧昆明建设等七个方面开展务实、深入合作，共同搭建昆明软件产业合作生态圈，为昆明发展数字经济，建设区域性国际中心城市科技创新中心注入新动能。

9. 脱贫攻坚成效显著

2018年，昆明市投入72.40亿元财政资金用于脱贫攻坚，打出“七个一批”和农村危房改造、饮水安全保障等9项措施“组合拳”。推广“菜单式”产业扶贫模式，产业发展覆盖率100%，户均增收900元以上。3个贫困县区全部消除农村危房，易地扶贫搬迁入住率100%。全市10.60万贫困人口标注脱贫，贫困发生率由5.60%下降至1%以内。东川区、禄劝县贫困退出已申请省级评估并向社会公示。寻甸县顺利摘帽，获得国家脱贫攻坚组织创新奖。

10. 昆明市扫黑除恶专项斗争取得明显成效

2018年，全国扫黑除恶专项斗争开展以来，昆明市委、市政府坚决贯彻党中央、国务院，省、市党委、政府和省公安厅党委决策部署，统一思想认识、提升政治站位，以扫黑除恶专项斗争为统领，雷霆出击，向黑恶犯罪发起凌厉攻势，取得阶段性战果。截至2018年12月31日，全市打掉涉黑组织5个、涉恶团伙49个，抓获犯罪嫌疑人1000余人，破获各类案件1600余起，市公安局110接报刑事警情同比下降28.10%，破案同比上升17.20%；刑事案件、八类严重暴力犯罪案件、“两抢”案件同比分别下降13.30%、24.40%、48.60%，全市社会治安形势呈现出“11升11降”良好态势，切实保障昆明社会大局稳定，治安状况持续向好。

（李　震）

2019 KUNMING YEARBOOK

2018年大事记

1月

1日，第十一届2018昆明海鸥文化节暨第二届昆明戏剧节在云南省科技馆开幕。

5日，市长王喜良到昆明学院宣讲党的十九大精神，并围绕“大力发展大健康产业、加快打造中国健康之城”主题作形势政策报告。

7日，亚洲财富论坛走进西部暨十周年感恩庆典活动在昆明举行。亚洲财富论坛执行主席、秘书长韩剑锋，省市领导董华、喻顶成、洪维智、董林出席开幕式。

10日，中国共产党昆明市第十一届委员会第四次全体会议在昆举行。省委常委、市委书记程连元受市委常委会委托作题为《深入学习贯彻党的十九大精神，决战脱贫攻坚，决胜全面小康，奋力开创区域性国际中心城市建设新局面》报告。会议审议通过《中共昆明市委关于深入贯彻落实党的十九大精神奋力推动区域性国际中心城市跨越发展的决定》；讨论《2017年昆明市党的建设工作专题报告》。

12日，昆明市召开新一轮昆明城市总体规划编制启动大会。住房和城乡建设部驻昆督查员王严明，省住房和城乡建设厅副厅长杨渝，市领导王喜良、保建彬、邢敦忠、王建颖、高中建、郭希林等出席会议并讲话。

同日，滇中新区空港大道（中段）、嵩昆大道（一期）建成通车。

16日，国家开发银行行长郑之杰一行到昆明市调研滇池保护治理和棚户区改造项目。

17日，主题为“传承发展中医药　保障公共大健康”西南药学大会暨中药（民族药）助推大健康产业高峰论坛在昆明举行，来自西南6省市500余名专家学者参加会议。

18日，昆明巫家坝片区举行市政基础设施及总部基地项目集中开工仪式。此次集中开工市政基础设施主要集中在巫家坝片区春城路以南、广福路以北区域，涉及道路21条，道路总里程约25千米。

同日，由云南大学、云南省应用统计学会共同主办2018云移杯全国旅游大数据挑战赛在昆明启动。

19日，市人大常委会主任拉玛·兴高带队调研寻甸县河口镇脱贫摘帽迎检工作情况。市人大常委会副主任金志伟、秘书长吴庆昆及有关部门领导参加调研。

21日，市委书记程连元到禄劝县则黑乡民安乐村、中屏镇植桂村等地实地调研脱贫攻坚工作情况。拉玛·兴高、赵学农等市领导参加调研。

22日，昆明绕城高速公路东南段（宜良至澄江段）举行通车仪式。

24日，昆明市召开全市旅游市场秩序整治工作大会。

25日，昆明至重庆、成都开行5对直达动车，最快列车运行时间分别缩短至4小时40分和6小时30分。

2月

1日，省委书记陈豪参加并指导昆明市委常委班子2017年度民主生活会。市委常委班子及省市领导李小三、拉玛·兴高、熊瑞丽等参加会议。

同日，昆明航空高铁旅游成都推介会在成都举行。

2—5日，中国人民政治协商会议昆明市第十三届委员会第二次会议在昆明召开。会议听取并协商讨论政府工作报告，协商讨论市中级人民法院工作报告、市人民检察院工作报告和其他相关报告；听取并审议通过市政协主席熊瑞丽代表市政协常委会所作的工作报告、市政协副主席朱燕代表市政协常委会所作的提案工作情况报告。市委、市人大常委会、市政府、市政协领导班子成员参加会议。

3—6日，昆明市第十四届人民代表大会第三次会议在昆明召开。会议表决通过昆明市第十四届人民代表大会第三次会议关于昆明市人民政府工作报告的决议、关于昆明市2017年国民经济和社会发展计划执行情况与2018年国民经济和社会发展计划的决议、关于昆明市2017年地方财政预算执行情况和2018年地方财政预算的决议、关于昆明市人民代表大会常务委员会工作报告的决议、关于昆明市中级人民法院工作报告的决议、关于昆明市人民检察院工作报告的决议、关于议案的决议。选举产生昆明市监察委员会主任，选举产生云南省第十三届人大代表。市委、市人大常委会、市政府、市政协领导班子成员参加会议。

5日，昆明市组织市级老领导和离休干部春节集中慰问活动，向市级老领导通报全市2017年经济社会发展情况并听取老干部对市委、市政府工作意见和建议。程连元、王喜良、刘智、熊瑞丽等市领导参加慰问活动。

6日，市委、市政府召开总河长暨滇池保护治理“三年攻坚”工作动员会。市委书记程连元、市长王喜良分别与市级河长签订《2018年滇池流域河长目标责任书》。市领导刘智、何刚、拉玛·兴高、熊瑞丽等参加会议。

7日，省委书记陈豪率调研组到昆明市东川区铜都街道菁口村调研深度贫困地区脱贫攻坚工作情况。省市领导程连元、刘慧晏、陈舜、王喜良、刘智、赵学农等参加调研。

同日，昆明市政府与京东集团签署战略合作协议，共同打造互利互赢全方位战略联盟。

10日，市人大常委会主任拉玛·兴高率队巡查大观河综合整治情况。

13日，昆明市监察委员会挂牌成立。程连元、拉玛·兴高、杨正晓等市领导出席揭牌仪式。

22日，昆明市第十四届人民政府第三次全体会议召开。王喜良、保建彬、王建颖、周建忠、郭希林等市领导参加会议。

24日，省委书记陈豪率检查考核组对昆明市和滇中新区2017年度落实党风廉政建设责任制工作情况进行检查考核。

3月

1—10日，市委、市政府分3个督查组，对全市各级各部门贯彻落实市委十一届四次全会、市两会、市政府十四届二次全会和相关重要会议安排部署重点工作和明确目标任务落实情况集中开展专项督查。

同日，昆明市首个“新时代先锋讲坛”在宜良开讲。

2日，市脱贫攻坚指挥部一行到东川区阿旺镇大石头村陶家小河芦笋种植基地和铜都街道洗尾嘎村调研当地产业扶贫和铜都街道易地扶贫搬迁项目情况。刘智、李建阳、董林、吴庆昆等市领导参加调研。

12日，昆明市乡村振兴专家咨询会在昆明召开。刘智、赵学农等市领导参加会议。

15日，安宁市举行产业项目建设年一季度重点项目集中开工仪式。本次集中开工项目15个，协议总投资55.52亿元。其中，产业类项目11个，总投资51.57亿元，涉及石化下游、新材料、农业、现代物流等多种类别；重点工程4个，总投资3.95亿元，主要为道路工程。

同日，由中华全国青年联合会和泰国社会发展与人类安全部合作举办第13届澜沧江—湄公河青年友好交流活动在云南民族大学举行开幕式。

16日，中国记协调研组到昆明进行“加强和改进记协工作专题调研”。

17日，昆明聂耳交响乐团“2018昆明市交响乐走进14县区”首场演出在晋宁古滇名城举行。

18日，由市文化广播电视体育局主办，市文化市场综合执法支队、呈贡区文体旅游局承办“2018年‘3·18’全国文化市场法制宣传日宣传活动”在呈贡区文化广场举行。

21日，2018澜湄合作活动周·昆明站在昆明国际会展中心开幕。

同日，昆明首个理论宣讲示范基地在晋宁区成立。

23日，石林“中国天然氧吧”纪念雕塑在石林景区游客接待中心广场落成揭幕。

同日，2018年全国新材料企业云南行活动在昆明举行。

24日，“中国足球发展基金会杯”2018首届中国城市少儿足球联赛昆明赛区在官渡森林公园内足球场开赛。

同日，首届春城心血管论坛暨昆明医科大学第二附属医院心血管联盟成立大会在昆明举行。

26日，第三届“春天在哪里·昆明告诉你”活动启动。

27日，市人大常委会主任拉玛·兴高率队对寻甸县脱贫攻坚迎检及主产业扶贫工作进行督查调研。

同日，昆明轨道交通4号线工程大塘子站至小屯站区间右线贯通。

28日，2018年昆明市农村扶贫开发工作领导小组第二次会议暨寻甸县脱贫攻坚现场会在寻甸县功山镇召开。王喜良、刘智、何刚、拉玛·兴高、鲁斌、金幼和等市领导参加现场会。

29日，中国作协党组成员、书记处书记、副主席吉狄马加率调研到昆明市开展专题调研。

30日，市长王喜良会见招商局蛇口工业区控股股份有限公司董事长孙承铭一行，双方就加快在昆项目建设，进一步扩大双方合作领域进行沟通。市政府秘书长郭希林参加会见。

同日，市长王喜良与特隆美储能公司董事长胡原斌一行举行座谈。

4月

3日，昆明市召开迎接国家卫生城市复审冲刺动员会。王喜良、王建颖、常敏、洪维智、胡炜彤等市领导出席会议。

8日，国内首台地铁铣轨车在昆明通过出厂验收。

9日，市政府常务会审议并原则通过《昆明市违法建筑处置办法》。

同日，盘龙区获得中国楼宇经济最具投资价值城区奖。

11日，江铃集团新能源汽车昆明基地项目签约暨开工仪式在云南滇中新区杨林经济开发区汽车产业园区举行。市长王喜良，市委副书记、滇中新区管委会主任何刚与江铃集团董事长邱天高共同签署《江铃集团新能源汽车昆明基地项目投资合作协议》。

14日，市长王喜良会见以铃木恒夫市长为团长的藤泽市政府和湘南日中友协代表团一行。副市长王建颖参加会见。

同日，2018中国农业银行·昆明高原国际半程马拉松赛在云南省博物馆及云南大剧院鸣枪开跑。

同日，联合国世界旅游组织执行主任祝善忠带领世界旅游组织云南国际旅游营销策划项目经理马歇尔、专家组组长皮特一行到七彩云南·古滇文化旅游名城项目进行调研。

16日，由中共昆明市委外宣办（市政府新闻办）、昆明市旅发委主办2018年昆明航空高铁旅游推介会在南京举行。

16—18日，2018中国（昆明）东南亚南亚安防、警用装备展览会暨“智慧融合　共享平安”高峰论坛在昆明滇池国际会展中心举行。

17日，占地258亩、总投资10亿元深国际·昆明供应链现代产业园在阳宗海七甸工业园哨发路东破土动工。

18日，中缅国际通道昆广大铁路开始联调联试。

19日，全长16.40千米、总投资40.61亿元，连接新嵩昆高速、小龙高速、新320国道、空港大道（中段）、嵩昆大道大动脉的哨关大道开通运行。

20日，市委、市政府召开2018年脱贫攻坚工作会议暨市农村扶贫开发工作领导小组第三次全体（扩大）会议。程连元、王喜良、刘智、何刚、拉玛·兴高、熊瑞丽、赵学农等市领导参加会议。

同日，“2018书香云南”暨昆明市全民阅读系列活动启动仪式在昆明青少年活动中心举行。

21日，中国会展经济研究会年会暨中国会展经济（昆明）论坛在昆明开幕。来自全国36个省市会展管理机构、13个地方行业协会、65家重要会展企业、8个会展场馆、100多所会展院校500余位嘉宾，齐聚春城昆明，共话会展业新发展。

21—27日，昆明旅游推广周在上海东方明珠塔可口可乐欢乐餐厅举行。

22日，“华熙国际”2018昆明网球公开赛开幕式在安宁温泉半岛网球中心举行。

23—25日，上海市普陀区党政代表团到昆明开展沪滇合作工作调研。刘智、何刚、拉玛·兴高、赵学农等市领导陪同调研。

24日，市人民政府召开总体规划专家咨询会。会上，市长王喜良为新加坡墨睿公司董事长刘太格、住建部原总规划师唐凯等9名专家颁发“昆明规划修编执行委员会顾问专家聘书”。副市长高中建、市政府秘书长郭希林等参加咨询会。

同日，民革北京市朝阳区委和民革昆明市委举行合作签约仪式。

同日，昆明市政府利物浦足球俱乐部校园足球合作项目在昆明市第三中学启动。

24—25日，市人大常委会主任、市脱贫攻坚指挥部指挥长拉玛·兴高率队调研寻甸县产业扶贫、罗泊河水库建设及移民搬迁安置工作推进情况。

25日，2018年“创客中国”云南省启迪杯创新创业大赛在昆明启动。

同日，安宁市与中信正业投资发展有限公司签署战略合作框架协议。

26日，昆明日报社荣获“中国报业融合发展创新单位”称号。

29日至5月1日，昆明世博园举行首届百花节。

29日至5月3日，第十五届中国东川泥石流国际汽车越野赛在东川开赛。

5月

3日，省委书记陈豪率队到滇中新区调研。市委书记、滇中新区党工委书记程连元参加调研。

4日，市人大常委会主任、市“188”重点产业发展旅游业推进组组长拉玛·兴高率队调研全市文体旅游产业发展情况。市领导金幼和、赵学锋、王建颖、吴庆昆及有关部门负责人参加调研。

6日，“FIRST 2018青少年机器人世界锦标赛中国西南区选拔赛”在昆明举行。来自云南、四川、重庆、广西、广东、甘肃6个地区青少年，68支参赛队伍参赛。

7日，2018年中德滇池流域综合管理研讨会在昆明举行。

同日，2018年云南·昆明网络文化节启动。

7—8日，省政协副主席喻顶成率队，到昆明开展以“深化放管服改革，提高政务中心办事效率与质量”为专题的调研。

8日，昆明市政府与中国农业发展银行云南省分行达成战略合作协议。中国农业银行云南省分行行长江卫国、市领导王喜良、保建彬、郭希林等参加签约仪式。

8—11日，国家体育总局党组成员、副局长赵勇率调研组到昆明，围绕竞技体育后备人才培养和高原体育训练基地建设进行专题调研。副省长李玛琳、副市长王建颖陪同调研。

10日，市长王喜良主持召开2018年招商引资工作会议，并代表市政府与各县（市、区）、开发（度假、园）区、市级产业招商分局、驻外招商分局签订2018年招商引资目标责任书。

14日，连接云南昆明东川区拖布卡镇和四川凉山金东大桥建成通车。大桥全长914.10米，桥面距江面高148米，主桥采用跨度730米悬索桥型，由73节重60吨钢桁梁拼装组接而成。

14—15日，国务院扶贫办党组成员夏更生率队到禄劝县茂山镇、中屏镇、翠华镇，就脱贫攻坚工作开展情况进行实地调研。

15日，近50名外国驻华大使、公使、总领事等高级别外交官及家人组团到昆明，全面考察昆明市自然、人文和经济社会发展成就。

17日，西南首台移动CT卒中救护车落户昆明。

17—18日，市人大常委会组成3个视察组对全市脱贫攻坚工作情况进行视察。

18日，辽宁省人大常委会副主任、农工党辽宁省委主委杨关林率队到昆明开展脱贫攻坚民主监督。王喜良、杨皕、赵学农等市领导参加座谈会。

同日，昆明至新加坡铁海联运班列实现首发。

同日，地铁6号线二期菊华枢纽站主体结构封顶。

19日，“七彩云南·秘境百马”美丽乡村马拉松启动仪式暨“一部手机游云南”宣传推广活动在海埂公园举行。

23日，云南省高层次人才创新创业园在昆明高新区揭牌。省市领导李小三、董华、王喜良、鲁斌、王建颖等参加揭牌仪式并考察部分入园企业。

24日，市长王喜良带队调研部分开工大健康产业重点项目并召开座谈会，现场会办解决项目推进中存在困难和问题。胡宝国、郭希林等市领导参加调研。

30日，滇池大坝文化景观提升工程完工。

同日，腾俊国际陆港保税物流中心（B型）封关运营。

同日，昆明市人大常委会、玉溪市人大常委会对阳宗海流域生态环境综合治理情况开展联合视察，共同推动区域生态文明建设、生态文明联防联控机制，促进阳宗海流域生态环境进一步改善。

31日，长春市总工会考察团到昆明市总工会就工会资产监督管理和工会资产发挥公益性服务作用、工人文化宫经营管理等进行交流考察。

6月

2日，昆明市在瀑布公园广场举办2018年“6·5”世界环境日主题宣传活动。

同日，全国政协人口资源环境委员会副主任杨松率队到晋宁开展“加强管控与修复，强化土壤污染防治”专题调研。

6日，市委书记程连元率队对滇池保护治理“三年攻坚”相关工作进行巡查。杨正晓、吴涛等市领导参加巡查。

7日，中央第六环境保护督察组组长朱小丹一行督察调研滇池治理工作情况。省市领导程连元、王显刚等陪同督察。

同日，2018年全国知识产权服务品牌机构“牵手七彩云南，服务创新发展”启动仪式在昆明举行。

8日，市委书记程连元率队到寻甸县调研脱贫攻坚工作情况。刘智、拉玛·兴高、胡宝国、马凤伦、赵学农等市领导参加调研。

9日，央企入滇——中国医药集团有限公司滇中新区产业项目研讨会及启动仪式在昆明举行。省、市领导李玛琳、程连元、左广、王建颖等参加启动仪式。

11日，省人大常委会常务副主任、省级河（湖）长制副总督查和段琪带队到昆明阳宗海风景名胜区督查昆明市落实阳宗海河（湖）长制工作情况。王喜良、常敏、戚永宏、吴涛等市领导陪同督查。

12日，省政协主席李江率调研组到昆明市就政协系统党的建设工作开展专题调研。

同日，第三届云南国际人才交流会启幕。

同日，以“全面推进以项目合作为主导的长期伙伴关系”为主题“2018GMS经济走廊省长论坛”在昆明开幕。

同日，第7届云台会在昆明开幕。现场签约云台合作项目14个，协议金额96亿元人民币，内容涉及绿色农业、生物医药与大健康、特色小镇、旅游文化等领域。

13日，省委书记陈豪、省长阮成发率队到昆明滇池国际会展中心，检查第5届中国—南亚博览会暨第25届中国昆明进出口商品交易会筹备工作。省市有关领导参加检查。

同日，第16届东盟华商会在昆明开幕。

同日，市文产办与北京服装学院签订“帮扶民族刺绣产业发展”框架合作协议。市委书记程连元，北京服装学院副校长詹炳宏，市委宣传部部长金幼和等出席签约仪式。

14—20日，第5届中国—南亚博览会、第25届中国昆明进出口商品交易会、第1届中国—南亚合作论坛在昆明滇池国际会展中心举行。展会期间，签约项目456个，签约金额8079.37亿元。其中，合同和正式协议项目251个，签约金额5443.74亿元。意向和框架协议项目205个，签约项目2635.63亿元，预计现场商品销售2.50亿元。

同日，市长王喜良会见参加第5届中国—南亚博览会暨第25届中国昆明进出口商品交易会的捷克奥洛莫茨市代表团一行。

14—15日，第三届昆明国际友城合作与发展研讨会在昆明举行。

19日，计划投资约300亿元康美昆明健康城项目在呈贡启动。康美集团董事长马兴田，市领导王喜良、高中建、郭希林等出席启动仪式。

19—20日，省人大常委会副主任杨福生率队调研昆明市2017年度环境状况和环境目标完成情况。市领导拉玛·兴高、戚永宏、吴涛等陪同调研。

22日，市长王喜良出席市政府参事、市文史馆馆员聘任工作会。会上，王喜良为新聘14名参事、15名馆员颁发聘书并讲话。赵学锋、夏静等市领导出席会议。

同日，昆明市二环石虎关立交桥至大观河桥段高架桥提升改造工程项目启动。

23日，省委常委、省委组织部部长李小三在东川区调研脱贫攻坚工作情况。刘智、鲁斌等市领导陪同调研。

同日，“汇聚彩虹”第四届昆明无偿献血彩虹跑在云南民族大学举行。

24日，全国院校“昆滇行”高招会在昆明举行。

25日，昆明市召开2018年创建全国文明城市总指挥部第一次工作调度会。王喜良、刘智、金幼和、毕惠芝、王建颖等市领导参加会议。

27日，2018中国汽车技术发展国际论坛在昆明举行。副省长董华，国家认证认可监督管理委员会总工程师薄昱民，中国汽车技术研究中心有限公司董事长、党委书记、总经理于凯出席论坛并致辞。市长王喜良作题为《昆明建设区域性国际中心城市产业圆梦行动》主题发言。

29日，省委书记陈豪、省长阮成发、省委副书记李秀领等省党政军领导在昆明市参加义务植树活动。省市相关部门和领导参加植树活动。

7月

1日，市委书记程连元率队调研基层党建工作情况。市领导刘智、鲁斌、夏俊松参加调研。

同日，《昆明市非物质文化遗产保护条例》《昆明市道路交通安全条例》施行。

2日，昆明市党建主题馆授牌仪式在昆明市委党校举行。

2—5日，省委副书记、省长阮成发率省政府领导班子成员和省级有关部门负责人到昆明市调研。省市领导宗国英、王显刚、董华、程连元、张国华、杨杰、王喜良、刘智等参加调研活动。

5日，国家税务总局昆明市税务局在西昌路124号办公大楼前举行挂牌仪式，昆明国税地税合并。

同日，春雨路双向4车道全线贯通。

9日，北京市朝阳区人大常委会主任陈宏志率考察团到寻甸县考察脱贫工作。

10—17日，2018中国昆明国际石博会在昆明国际会展中心举行。

11日，2018昆明郑和文化旅游节在郑和故里—昆明市晋宁区开幕。

11—21日，第十二届全国舞蹈展演在昆明举办。

13日，市委、市政府举行法律顾问和法律专家咨询委员会委员颁发聘书仪式。程连元、王喜良等市领导参加仪式。

同日，“泉州建材中国行”系列推介活动昆明专场在昆明世纪金源大饭店举行。

14日，“登西山观滇池　谁是首届垂马王——2018年首届西山垂直马拉松”在西山鸣枪开赛。

15日，“一部手机游云南”昆明文明旅游志愿服务暨智慧景区试点启动仪式在晋宁区“七彩云南·欢乐世界”举行。拉玛·兴高、熊瑞丽等市领导参加活动。

16日，地铁4号线云大西路站至羊甫站区间双线贯通。

18日，滇中五州市政协合作机制第十次会议在昆明举行。

同日，“创青春”2018云南青年创新创业大赛启动仪式在昆明举行。

18—21日，市委书记、滇中新区党工委书记程连元率队到广东省、江苏省走访部分重点生物医药企业，开展精准招商活动。夏俊松、王建颖、李茂忠等市领导参加相关活动。

19日，由市人大常委会主任拉玛·兴高带队，市人大常委会组成两个调研组分别到寻甸县羊街镇和金所街道，实地调研产业市场对接和组织化程度、村集体经济发展、人居环境提升、村级活动场所使用管理、乡村卫生室药品、器材配备及医务人员队伍建设等情况。市人大常委会副主任戚永宏、马凤伦、赵学锋，市人大常委会秘书长吴庆昆参加调研。

20日，国家税务总局副局长汪康到昆明，为呈贡区税务局挂牌。昆明区县级新税务机构实现全部挂牌。

21日，全国首家少年司法专业委员会研究基地落户昆明。

22日，市委书记程连元在昆明会见华侨城集团党委副书记、总经理姚军一行，双方就加快项目推进，深化合作进行深入交流。何刚、夏俊松、高中建等市领导参加会见。

24日，国家粮食和物资储备局在昆明举办2018年“全国食品安全宣传周·粮食质量安全宣传日”主会场活动。

25日，市委副书记刘智率市第一调研督查组到官渡区开展“稳增长抓落实促发展”专题调研督查。

26日，昆明市举行庆祝中国人民解放军建军91周年暨军事日活动，并召开军地座谈会。程连元、刘智、夏俊松、吴涛等市领导参加活动。

27日，中国共产党昆明市第十一届委员会第五次全体会议在昆明会堂举行。市委书记程连元代表市委常委会做题为《强化问题导向　聚力重点任务　以高质量发展引领区域性国际中心城市建设》的报告。

27—28日，徐州市委书记率徐州市党政考察团到昆明市交流考察。夏俊松、高中建、王冰等市领导陪同考察。

28日，市委书记程连元率队走访慰问基层连队和重点优抚对象。市委常委、昆明警备区司令员蒋朝忠参加走访慰问。

同日，昆明市乡村振兴战略规划提纲研讨会论证会在昆明举行。副市长赵学农、王冰参加会议。

8月

2日，省政府综合督查第三督查组到昆明市开展2018年综合督查工作情况。

同日，第20届中国国际投资贸易洽谈会投资万里行之走进云南主宾省暨云南“绿色食品”招商引资推介会在昆明举行。

3日，市委、市政府召开全市生态环境保护大会。程连元、王喜良等市领导参加会议。

3—5日，“彝火传情　狂欢古滇——2018中国·昆明彝族国际狂欢节”在七彩云南·古滇名城开幕。

5日，2018年昆明市全民健身日系列活动在市体育场启动。

6日，省委常委、昆明市委书记、滇中新区党工委书记程连元，省委常委、曲靖市委书记李文荣率队联合巡查牛栏江（德泽水库），并召开座谈会。昆明市领导刘智、夏俊松、吴涛，曲靖市领导朱德光、黄太文、朱家甫，省水投公司党委书记、董事长陶关亮参加巡查。

8日，“2018全国传统媒体融合发展研讨会暨第2届主流媒体总编看昆明”活动在昆明开幕。

9—13日，创意云南2018文化产业博览会在昆明国际会展中心举办。其间，27.20万人参观展会，项目招商签约金额127.78亿元，1200多名参展商参展。

10日，2018年第三届“慕尼黑啤酒节——昆明之旅”在昆明国际会展中心开幕。

11日，第十二届世界华人保险大会暨2018国际龙奖IDA年会在昆明滇池国际会展中心开幕。

12日，聚马飞腾M1新能源汽车订单首批车辆下线仪式在昆明经开区举行。

同日，省人大常委会第二视察组对昆明市旅游市场综合监管情况进行视察。

16日，市委、市政府召开呈贡信息产业园工作汇报会。市政府秘书长郭希林参加会议。

同日，昆明市与阿里体育签署战略合作框架协议。

17日，昆明召开全市扫黑除恶专项斗争领导小组全体（扩大）会议，深入贯彻中央、省委关于推进扫黑除恶专项斗争决策部署及市委十一届五次全会精神，对全市扫黑除恶专项斗争进行安排部署。市领导鲁斌、杨正晓、周建忠参加会议。

同日，起于晋宁区太史村，止于高海高速终点，设计时速每小时40千米，全长11.78千米环湖南路提升改造工程开通。

17—20日，南京圣和药业股份有限公司董事长兼总经理王勇一行到昆明考察，昆明市、滇中新区与南京圣和药业签订战略合作框架协议。夏俊松、李茂忠、徐进等市领导参加签约仪式。

20日，市委书记程连元在昆明会见中国交建总裁助理周静波一行，双方就深化滇池治理项目合作，以及在片区开发、基础设施建设、金融、区域总部等领域加强合作进行交流。夏俊松、吴涛、高中建等市领导参加会见。

同日，市委书记程连元在昆明会见北京雪花电器集团公司党委书记、总经理倪众勤，中国农用塑料应用技术学会农用塑料制品分会会长秦立洁一行，双方就加快彩色膜联合研发项目，并应用于生态环境保护、高原特色都市现代农业等领域进行交流。夏俊松、赵学农等市领导参加会见。

22日，省人大常委会常务副主任、省级河（湖）长制副总督察和段琪率督查组对昆明市落实滇池河（湖）长制工作情况进行督查。拉玛·兴高、杨正晓、吴涛等市领导及有关部门负责人参与督查。

25日，云南省第二次全国“残疾预防日”主题宣传活动在昆明南屏步行街中心广场启动。

27日，上海市普陀区人社局与昆明市人社局签订劳务协作协议。

29日，第二届云南省农村创业创新项目创意大赛暨石林“台创杯”决赛首届石林台创园农民丰收节在石林启幕。

同日，东亚峰会新能源论坛在昆明举行。

9月

3日，由市参事室编撰首部全面展示昆明抗战遗址遗迹新书《望旌旗以千里——昆明抗战遗址遗迹登录》发布会暨纪念中国人民抗日战争胜利73周年昆明书画展在昆明市博物馆举行。

4日，市人大常委会主任、市脱贫攻坚指挥部指挥长拉玛·兴高率队调研东川区脱贫攻坚工作情况并召开座谈会。

5—6日，云南省督查全国文明城市提名城市第一组到昆明对全市开展创建全国文明城市相关工作进行督查。

6日，云南首个民族医药产业园落地昆明。

7日，昆明市、滇中新区与深圳市东阳光实业发展有限公司、南京海辰药业股份有限公司、爱仁（苏州）医药科技有限公司举行重点生物医药产业项目集中签约仪式。程连元、王喜良、何刚、夏俊松市领导参加签约仪式。

8日，首届“一带一路”生态文明科技创新论坛在昆明举行。

10日，市委书记程连元，市长王喜良与部分校长和教师代表座谈交流，共庆教师节。夏俊松、王建颖、胡宝国、刘绍安等市领导参加座谈。

同日，2018中国·昆明人体器官组织移植与捐献国际研讨会在昆明举行。

10—14日，第二次金砖国家科技创新创业伙伴工作组会议在昆明召开。

11日，市委书记程连元在昆明会见韩国浦项建设集团社长李英薰一行，双方就进一步拓宽合作领域，在城市开发建设、产业转型升级等方面加强合作等方面交换意见。夏俊松、高中建等市领导参加会见。

13日，2018年“创意昆明”系列主题活动在871文化创意工场启动。

14日，首届云南兴农扶贫大会暨“寻味云南”绿色食品牌发展峰会在昆明举办。

15日，以“创新引领时代，智慧点亮生活”为主题2018年“全国科普日”云南省主场活动在昆明南屏街开幕。

18日，首届中国农民丰收节昆明优质农产品推介品鉴活动在市级行政中心综合楼举行。

19日，以“深化改革，优化地方金融资源——开创区域性国际金融服务中心建设新局面”为主题2018国家金融与发展（昆明）研讨会在昆明开幕。

同日，市委书记程连元，市长王喜良会见出席2018国家金融与发展（昆明）研讨会方正证券股份有限公司首席执行官、执委会主任高利一行，双方就进一步深化金融合作、开展产业发展研究等方面进行交流。市委常委、市委秘书长夏俊松参加会见。

同日，昆明至越南海防国际道路客运试运行。

19—21日，全媒体看昆明城市基层党建座谈会在昆明举行。

21日，昆明聂耳交响乐团2018—2019音乐季开幕。

23日，昆明与香港直通高铁实现首发。

25—26日，由昆明市人民政府主办、昆明市科技局承办昆明市“科技入滇”推介会在上海举行。

27日，市人大常委会举行深化“放管服”改革、优化营商环境集体约见约谈会。

28日，滇中新区智能装备产业园项目建成投入使用。

28—29日，市委书记程连元率队到东川区调研，并主持召开脱贫攻坚工作调研座谈会。拉玛·兴高、保建彬、夏俊松、赵学农等市领导参加调研或座谈。

29日，第二届澜湄国际电影周在昆明世博园开幕。

30日，省委、省政府和昆明市委、市政府在昆明抗战胜利纪念堂举行2018年公祭烈士活动。陈豪、阮成发、李秀领、程连元、王喜良、拉玛·兴高等省市领导参加公祭烈士活动。

同日，双向8车道，设计时速50千米，北起南绕城高速春漫桥，南止呈贡区新北路，全长8521米春漫大道实现全线通车。

同日，昆明二环提升改造工程西段试通车运行。

10月

7日，由中国网球协会、云南省体育局、昆明市人民政府共同主办，昆明市文化广播电视体育局、安宁市人民政府等承办“七彩云南昆明·一带一路”昆明国际网球邀请赛在安宁温泉半岛国际网球中心开幕。

9日，2018年全国大众创业、万众创新活动周云南分会场启动仪式在昆明举行。

10日，昆明市召开全市优化营商环境工作动员会。王喜良、保建彬、胡宝国、周建忠、吴涛、郭希林等市领导参加会议。

同日，世界精神卫生日宣传活动在昆明市西山区碧鸡文化广场举行。

11日，中国植物学会第十六次全国会员代表大会暨85周年学术年会在昆明开幕。全国人大常委会副委员长、中国植物学会理事长武维华，省市领导董华、王喜良、纳杰、李茂忠、郭希林、以及部分中国科学院院士参加开幕式。

同日，2018中国云南绿色发展高峰论坛在昆明举行。

同日，“汉语桥”世界中学生中文比赛复赛决赛在昆明举行。

11—15日，第十四届中国昆明国际农业博览会在昆明滇池国际会展中心举行。签约项目32个、签约资金241.28亿元。其中，昆明市签约项目22个，签约资金231.91亿元。

12日，昆明市举行国家植物博物馆规划建设专家咨询会，广泛听取专家学者意见建议。程连元、保建彬、夏俊松、王冰等市领导参加咨询会。

15日，市委书记程连元率队到禄劝县调研脱贫攻坚工作情况。夏俊松、赵学农等市领导参加调研。

17日，全省脱贫攻坚奖表彰大会暨先进事迹报告会在昆明举行。

19日，昆明市与西南大学在昆明签订地校合作协议，双方将加强在教育、农业、扶贫等多个领域合作。

同日，二环提升改造工程项目——南二环西段通车运行。

20日，以“打造绿色食品牌，共谋投资商机”为主题2018首届中国·昆明国际绿色食品投资博览会在昆明国际会展中心启幕。

22日，由中国侨联主办“2018海外侨领中国国情研修班”到昆明进行现场教学活动。来自海外23个国家48名海外知名侨领参加活动。

24日，市人大常委会主任、市脱贫攻坚指挥部指挥长拉玛·兴高带队到东川区调研脱贫攻坚工作情况。市人大常委会副主任常敏参加调研。

26—28日，第四届云南咖啡杯中国冲煮大赛昆明站暨云南首届精品咖啡文化节在昆明举行。

26—29日，2018中国（昆明）国际茶产业博览会在昆明国际会展中心举行。

29日，纪念西南联大在昆明建校80周年《联大往事》在昆明莲花池庭院举行首演。

29—30日，民建中央文化委员会调研组一行考察昆明翠湖片区提升改造和五华区沙朗白族特色旅游小镇建设项目，并召开昆明文旅建设工作专家建言献策座谈会。高中建、刘绍安等市领导参加考察。

31日，市长王喜良率队调研禄劝县脱贫攻坚工作情况并召开座谈会。拉玛·兴高、胡宝国、马凤伦、赵学锋、赵学农等市领导参加调研和座谈会。

11月

1日，第二届中印航空趋势沙龙在昆明举行。

2日，市委书记、滇中新区党工委书记程连元率队调研滇中新区片区开发建设和项目推进工作情况。何刚、李树勇等市领导参加调研。

同日，昆明市召开创建全国文明城市总指挥部2018年第二次工作调度会。程连元、王喜良、拉玛·兴高等市领导参加会议。

3日，以“春城志愿行 滇池明珠清”为主题2018年滇池保护治理宣传月活动在昆明捞鱼河湿地公园启动。

4日，市委书记程连元率队到禄劝县调研脱贫攻坚工作情况。拉玛·兴高、夏俊松、赵学农等市领导参加调研。

6日，昆明市召开全市一至三季度经济运行情况分析会。程连元、王喜良、等市领导参加会议。

7日，市委书记程连元在昆明会见中体未来投资（北京）有限公司董事长王健光、四川蓝光股份集团总裁余驰、西班牙足球甲级联赛大中华区首席执行官塞提·汤莱斯等一行。夏俊松、胡宝国等市领导参加会见。

9日，2018中国（昆明）国际大健康暨养生养老产业博览会在昆明国际会展中心启幕。

12日，市委书记程连元率昆明市党政代表团到上海市普陀区对接沪滇扶贫协作工作，并召开联席会议，共商对口帮扶工作。

13日，北京市政协副主席林抚生率队到昆明对沿边金融综合改革试验区（金融产业园区）有关情况进行专题调研。

15日，市委书记程连元在昆明会见中国铁建西南指挥部指挥长、中铁建昆仑投资集团董事长、党委书记金跃良一行，双方就进一步深化合作，加快推进福宜高速、三清高速（昆明段）、昆明轨道交通5号线等基础设施项目进行深入交流。夏俊松、高中建等市领导参加会见。

15—16日，2018中国生物制品年会暨第十八次全国生物制品学术研讨会在昆明举行。

17日，昆明市获“最佳优质旅游城市”奖。

18日，美丽中国（昆明）文化科技旅游产业园项目启动仪式在宜良县举行。

20日，市委书记程连元在昆明会见华东理工大学党委书记杜慧芳一行，双方就进一步深化高校定点扶贫工作、强化技术支持、推动产业发展，促进群众持续增收等方面进行沟通交流。夏俊松、胡宝国、赵学农、刘绍安等市领导参加会见。

21日，云南省体育产业投资有限公司与中国航天建设集团有限公司在昆明签署战略合作协议，双方将在体育基础设施建设与管理等方面展开合作。

22日，宜良县2018年第三批重点项目集中开工仪式在南盘江宜良段治理工程项目现场举行。第三批重点项目13个，总投资25.50亿元，其中亿元以上项目9个。

23日，市委书记程连元在昆明会见国际花园城市竞赛委员会主席阿兰·史密斯一行。王喜良、夏俊松等市领导参加会见。

23—27日，2018澜湄合作博览会在昆明国际会展中心举办。

24日，以“教育工作者能力与素养提升”为主题2018中国教育明德论坛昆明峰会在昆明举行。

27—30日，第65届印度旅行商协会年会在昆明召开。

30日，市委书记程连元在昆明会见出席2018年昆明大健康国际论坛中外嘉宾代表。原卫生部副部长、中国保健协会荣誉理事长张凤楼，原国家食品药品监督管理总局副局长惠鲁生出席会议并讲话。王喜良、拉玛·兴高、熊瑞丽、保建彬、夏俊松、郭希林等市领导参加会见。

同日，2018上合国家青年文化交流晚会在昆明学院举行。

12月

1日，以“共创、共融、共赢、共享——共筑中国健康之城”为主题的2018昆明大健康国际论坛在昆明开幕。

2日，云南盐业·2018上合昆明马拉松赛在海埂会堂鸣枪开跑。

来自51个国家和地区2万名选手参与比赛。

3日，昆明市庆祝改革开放40周年交响音乐会在昆明会堂举行。程连元、拉玛·兴高、熊瑞丽等市领导观看演出。

4日，市委书记程连元率队调研昆明市污水处理厂污泥处理处置工作情况。杨正晓、夏俊松、吴涛等市领导参加调研。

同日，昆明市人民政府、西班牙职业足球联盟、中体未来投资（北京）有限公司战略合作备忘录签订仪式在安宁市举行。国家体育总局经济司司长刘扶民，省体育局局长尹勇，市领导拉玛·兴高、胡宝国、刘绍安等参加签订仪式。

5日，中国昆明南亚东南亚科技服务业合作中心揭牌仪式在呈贡信息产业园举行。

同日，官渡区与南开大学基础教育管理中心在昆明签订合作办学协议。夏俊松、胡宝国、刘绍安等市领导出席签约仪式。

同日，由省文明委主办云南省“我为美丽添光彩”志愿服务暨昆明市创建全国文明城市“12·5国际志愿日”大型志愿服务活动在昆明举行。

7日，市委书记程连元在昆明会见阿里巴巴集团副总裁、阿里健康高级副总裁柯研一行，双方就进一步深化多领域合作进行交流。保建彬、夏俊松等市领导参加会见。

同日，2018中国（昆明）大健康产业博览会在昆明国际会展中心开幕。

7—9日，首届南亚名茶大会在昆明举办。

8—16日，2018“七彩云南·一带一路”国际足球邀请赛在昆明举行。

10日，昆明市创建全国民族团结进步示范市省级初验组到嵩明县和呈贡区，实地检查创建情况。

11日，由西部十二个省区市和新疆生产建设兵团主办，云南省法学会承办第十三届“西部法治论坛”在昆明举办。

12日，昆明市庆祝改革开放40年重要活动——2018中国融媒体发展论坛暨“春城之变”全媒体采访活动在昆明开幕。

13日，全国首个楼宇经济大数据研究中心——昆明市楼宇经济大数据研究中心在昆明成立。

15日，昆明市获2018国际花园城市比赛城市类最高级别金奖。

17日，市委书记程连元率昆明市党政代表团到迪庆藏族自治州考察，并参加2018昆迪对口帮扶友好合作座谈会。拉玛·兴高、熊瑞丽、夏俊松、赵学农等市领导及两州市相关县区、开发（度假）区和部门负责人参加活动。

18日，市委书记程连元在昆明会见中青城控股集团董事长张鹏飞一行，双方就加强旅游产业等方面合作进行深入交流。副市长王冰参加会见。

19日，昆明市人民政府、博奥生物集团有限公司战略合作框架协议签约仪式在昆明会堂举行。中国工程院院士、博奥生物集团有限公司总裁、生物芯片北京国家工程研究中心主任程东，市领导程连元、王喜良、夏俊松、胡宝国、郭希林等参加签约仪式。

同日，市委书记程连元在昆明会见华为公司党委书记周代琪一行，双方就深化合作进行深入交流。王喜良、鲁斌、夏俊松、王冰等市领导参加会见。

20日，“云智软件 众亨未来”2018云南—华为软件产业峰会在昆明启幕。会上，昆明与华为签署深化合作协议。

同日，昆石高速马郎收费站启用。

21日，地铁4号线小屯站至金鼎山站全线贯通。

同日，宝能物流集团昆明临空物流中心项目开工。

22日，陕西省人大常委会副主任、安康市委书记郭青一行到昆明市考察智慧城市建设方面情况。

同日，2018年昆明环滇池高原自行车邀请赛在昆明呈贡区市级行政中心开赛。

24日，市委书记程连元率队到禄劝县调研脱贫攻坚工作情况。拉玛·兴高、赵学农等市领导参加调研。

28日，市委书记程连元率队调研滇池省级河长巡河及督察工作情况。省住房城乡建设厅相关领导，夏俊松、吴涛等市领导参加调研。

同日，昆明南二环提升改造工程通车。

29日，昆明市消防支队举行迎旗授衔和换装仪式，程连元、保建彬、李建阳等市领导参加仪式。

（李　震）

政 治

◆责任编辑 陈智容

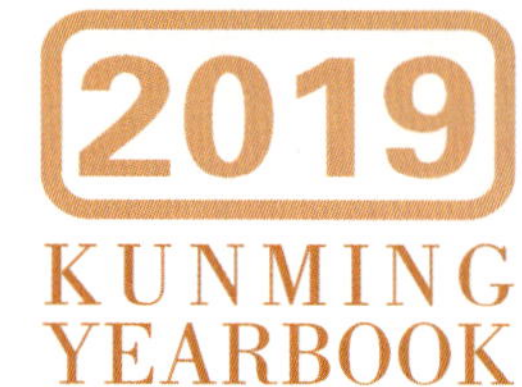

中国共产党昆明市委员会

【重要会议】 **市委常委会议** 全年召开市委常委会议33次，讨论研究议题251项。在重大事项决策、重要干部任免、重要项目安排、大额度资金使用等方面，坚持集体讨论，广开言路，科学决策。

市委理论学习中心组学习 全年召开市委理论学习中心组学习11次。以继续深入学习党的十九大和习近平新时代中国特色社会主义思想为首要任务，结合工作实际学以致用，把学习成果转化为有效的政策举措。

市委全面深化改革领导小组会议 全年召开市委全面深化改革领导小组会议6次，会议传达中央和省委全面深化改革领导小组会议精神，研究审议相关改革方案，签订2018年度全面深化改革工作目标责任书。

市委十一届四次全会 1月10日，中共昆明市委十一届四次全体会议在昆明会堂举行。全会由市委常委会主持，省委常委、市委书记、滇中新区党工委书记程连元代表市委做工作报告，市委、市人大常委会、市政府、市政协领导班子成员参加会议。

2017年度省委对昆明市省管领导班子和领导干部年度考核综合汇报会 1月18日，由省委组织部常务副部长李兴华带队的省年度考核第一组对昆明市省管领导班子和领导干部开展年度考核，并召开综合汇报会。受省委常委、市委书记、滇中新区党工委书记程连元委托，市委副书记、市长王喜良代表昆明市四班子汇报昆明市四班子2017年工作情况和2018年工作打算，并做个人述职报告。全市副厅级以上领导干部，近3年从厅级领导岗位退休的老同志，市委、市人大常委会、市政府、市政协领导班子成员等领导参加会议。

全市旅游市场秩序整治工作大会 1月24日，昆明市召开全市旅游市场秩序整治工作大会。市长王喜良出席会议并讲话。

市委常委班子2017年度民主生活会 2月1日，省委书记陈豪参加并指导昆明市委常委班子2017年度民主生活会。省委常委、昆明市委书记程连元代表市委常委班子做对照检查，市委副书记、市长王喜良等常委分别做对照检查，开展批评与自我批评。省委常委、省委组织部部长李小三参加会议。市人大常委会主任拉玛·兴高，市政协主席熊瑞丽列席会议。省委第二督导组负责同志到会指导。

总河长暨滇池保护治理“三年攻坚”工作动员会 2月6日，市委、市政府召开总河长暨滇池保护治理“三年攻坚”工作动员会。昆明市委书记程连元出席会议并讲话，与市级河长签订《2018年滇池流域河长目标责任书》。市长王喜良主持会议，并与责任单位签订《2018年滇池流域水环境综合治理目标责任书》。市委副书记刘智，市委副书记、滇中新区管委会主任何刚，市人大常委会主任拉玛·兴高，市政协主席熊瑞丽等市领导参加会议。

市纪委十一届三次全会 2月13日，中国共产党昆明市第十一届纪律检查委员会第三次全体会议以视频会议形式召开。市委书记程连元出席会议并讲话。市纪委书记杨正晓传达习近平总书记重要讲话和十九届中央纪委二次全会、省纪委十届三次全会精神。

市委政法工作会 2月13日，市委召开政法工作会议。市委书记程连元出席会议并讲话，市委政法委书记李建阳，市委秘书长柳文炜，市委常委、昆明警备区司令员蒋朝忠等参加会议。

城市文明建设管理电视电话会议 2月23日，昆明市以视频会议形式召开城市文明建设管理电视电话会议。市委书记程连元出席会议并讲话，市长王喜良主持会议，市人大常委会主任拉玛·兴高，市政协主席熊瑞丽等市领导及省级有关部门领导参加会议。市委常委、市委宣传部部长金幼和等对相关工作进行安排部署，市级相关部门和主城各区做表态发言。

2017年度昆明市和滇中新区落实党风廉政建设责任制工作汇报会 2月24日，省委书记陈豪率检查考核组对昆明市和滇中新区2017年度落实党风廉政建设责任制工作情况进行检查考核。省委常委、市委书记程连元主持会议，并代表昆明市及滇中新区党政领导班子汇报2017年度落实党风廉政建设责任制和推进反腐败斗争工作情况。王喜良等班子成员进行大会或书面述责述廉。参会的检查考核组同志和昆明市、滇中新区有关部门干部职工代表按要求开展民主测评。

市委农村工作暨扶贫开发工作会议 2月24日，市委召开2018年农村工作暨扶贫开发工作会议。市委书记程连元出席会议并讲话，市人大常委会主任拉玛·兴高，市政协主席熊瑞丽等领导参加会议，市农业局、西山区、安宁市、宜良县、寻甸县做交流发言，东川区、禄劝县、寻甸县、富民县、嵩明县、石林县、宜良县递交脱贫攻坚责任书。

昆明市农村扶贫开发工作领导小组第二次会议暨寻甸县脱贫攻坚现场会 3月28日，2018年昆明市农村扶贫开发工作领导小组第二次会议暨寻甸县脱贫攻坚现场会在寻甸县功山镇召开。市长王喜良，市委副书记刘智，市委副书记、滇中新区管委会主任何刚，市委组织部部长鲁斌，市委宣传部部长金幼和等领导参加现场会。

迎接国家卫生城市复审冲刺动员会 4月3日，昆明市召开迎接国家卫生城市复审冲刺动员会。市长王喜良出席会议并讲话，会上，播放暗访督查专题片；4个工作督查组通报督查情况；安宁市做交流发言，东川区做表态发言。

省委第八巡视组巡视昆明市（含滇中新区、市委党校）反馈会 4月18日，省委第八巡视组巡视昆明市（含滇中新区、市委党校）反馈会在昆明召开。省纪委常委、省委巡视办主任杨军传达省委书记陈豪主持召开省委常委会议听取十届省委第三轮巡视情况汇报时的重要讲话精神，并提出巡视整改要求。省委第八巡视组组长陈江分别向市委副书记、市长王喜良和昆明市委（含滇中新区、市委党校）反馈巡视情况。受省委常委、市委书记程连元委托，市委副书记、市长王喜良主持反馈会并就做好巡视整改工作做表态讲话。省委第八巡视组副组长周赤、周诚岗及全体成员，市委、市人大常委会、市政府、市政协党组领导班子成员，市中级人民法院院长、市人民检察院检察长，滇中新区党工委、管委会领导班子成员，市委党校领导班子成员出席会议。

2018年脱贫攻坚工作会议暨市农村扶贫开发工作领导小组第三次全体（扩大）会议 4月20日，市委、市政府召开2018年脱贫攻坚工作会议暨市农村扶贫开发工作领导小组第三次全体（扩大）会议。受市委书记程连元委托，市长王喜良出席会议并讲话。会上，市委副书记刘智通报2017年省对市、市对县扶贫开发成效考核情况并讲话。市委副书记、滇中新区管委会主任何刚，市委常委、市纪委书记杨正晓，市委常委、昆明警备区司令员蒋朝忠等参加会议。

昆明市举行庆祝“五一”国际劳动节暨表彰大会 4月28日，昆明市举行庆祝“五一”国际劳动节暨表彰大会，热烈庆祝“五一”国际劳动节，隆重表彰劳模先进。受市委书记程连元、市长王喜良的委托，市委副书记、滇中新区管委会主任何刚代表市委、市政府向受表彰的集体和个人表示祝贺，向全市各条战线的劳动者致以节日问候和崇高敬意。市委常委、副市长胡宝国等参加。

省第四环境保护督察组向昆明市委、市政府反馈意见会 5月31日，省第四环境保护督察组向昆明市委、市政府反馈意见会在昆明召开。省第四环境保护督察组组长赵建生反馈督察意见，市委副书记、市长王喜良做表态发言，市委副书记刘智主持反馈会。督察组副组长杨春明，市委、市人大常委会、市政府、市政协部分班子成员参加会议。

中央第六环境保护督察组对云南省开展“回头看”工作动员会 6月5日，中央第六环境保护督察组对云南省开展“回头看”工作动员会在昆明召开。督察组组长朱小丹、副组长黄润秋就做好督查“回头看”工作分别做讲话，云南省委书记陈豪做动员讲话，会议由云南省省长阮成发主持。中央环境保护督察组全体成员，国家环境保护督察办公室有关人员，云南省党政班子其他领导成员出席会议，云南省人大和政协主要领导，生态环境保护工作相关的党委和政府有关部门主要负责人，省高级人民法院、省人民检察院主要负责人列席会议。省委常委、市委书记程连元出席会议；市委副书记、市长王喜良，副市长吴涛在主会场列席会议；市委副书记刘智，市人大常委会主任拉玛·兴高，市政协主席熊瑞丽等昆明市和滇中新区领导在昆明分会场列席会议。

全市旅游市场秩序整顿及转型升级工作汇报会 7月23日，市委书记程连元主持召开全市旅游市场秩序整顿及转型升级工作汇报会，市委政法委书记李建阳，市委宣传部部长金幼和，市委秘书长夏俊松等参加会议。

市委十一届五次全会 7月27日，中共昆明市委十一届五次全体会议在昆明会堂举行。全会由市委常委会主持，市委书记程连元代表市委做工作报告，市委、市人大常委会、市政府、市政协领导班子成员参加会议。

全市生态环境保护大会 8月3日，市委、市政府召开全市生态环境保护大会。市委书记程连元，市长王喜良出席会议并讲话，市委副书记刘智主持会议，市委副书记、滇中新区管委会主任何刚等参加会议。

全市扫黑除恶专项斗争领导小组全体（扩大）会议 8月17日，昆明市召开全市扫黑除恶专项斗争领导小组全体（扩大）会议。市委书记程连元主持会议并讲话，市委组织部部长鲁斌，市纪委书记杨正晓等参加会议，市委政法委书记李建阳通报全市扫黑除恶专项斗争工作情况，市级有关部门就扫黑除恶专项斗争工作推进情况做专题汇报。市扫黑除恶专项斗争领导小组全体成员，各县（市、区）、国家级（省级）开发（度假、园）区党委（党工委）书记，市扫黑办全体成员参加会议。

全市网络安全和信息化工作会

议　8月28日，全市网络安全和信息化工作会议召开。市委书记程连元出席会议并讲话，市长王喜良主持会议，市委宣传部部长金幼和做总结讲话。

市委依法治市领导小组全体（扩大）会议　9月14日，市委依法治市领导小组召开2018年第一次全体（扩大）会议。市委书记、市委依法治市领导小组组长程连元出席会议并讲话。市人大常委会主任拉玛·兴高主持会议，市政协主席熊瑞丽等市委依法治市领导小组副组长、成员、办公室副主任，市委依法治市领导小组成员单位主要领导，各县（市、区）、开发（度假、园）区负责人及政法委书记参加会议。市委政法委书记李建阳传达中央全面依法治国委员会第一次会议及省委依法治省领导小组第二次办公室主任会议精神。

全市组织工作会议　9月20日，全市组织工作会议召开。市委书记程连元出席会议并讲话，市委副书记、滇中新区管委会主任何刚主持会议，市委组织部部长鲁斌，常务副市长保建彬，市纪委书记杨正晓，市委秘书长夏俊松，副市长胡宝国等参加会议。

全市优化营商环境工作动员会　10月10日，昆明市召开全市优化营商环境工作动员会。市长王喜良出席会议并讲话，代表市委、市政府与相关单位签订打造一流营商环境责任书，常务副市长保建彬主持会议，副市长胡宝国等市领导参加会议。

省扫黑除恶专项斗争第一督导组督导昆明市工作动员汇报会　10月30日，云南省扫黑除恶专项斗争第一督导组督导昆明市工作动员汇报会以视频会议形式召开。市委副书记、市长王喜良汇报昆明市开展扫黑除恶专项斗争工作情况。省扫黑除恶专项斗争第一督导组组长赵立功出席会议并讲话。省扫黑除恶专项斗争第一督导组副组长王春桥，省扫黑除恶专项斗争第一督导组全体成员，市委组织部部长鲁斌，市纪委书记杨正晓等参加会议，市委政法委书记李建阳主持会议。

全市一至三季度经济运行情况分析会　11月6日，昆明市召开全市一至三季度经济运行情况分析会。市委书记程连元主持会议并讲话，市长王喜良出席会议并讲话，常务副市长保建彬，市委秘书长夏俊松等市领导参加会议。

全市宣传思想工作会议　11月7日，全市宣传思想工作会议召开。市委书记程连元出席会议并讲话，市人大常委会、市政府、市政协领导出席会议，市委宣传部部长金幼和做会议总结。

全市河长制工作会议　11月9日，市委、市政府召开全市河长制工作会议。市委书记程连元主持会议并讲话，市长王喜良，市委副书记、滇中新区管委会主任何刚等参加会议。

全市民营企业座谈会　11月23日，市委、市政府召开全市民营企业座谈会。市委书记程连元主持会议并讲话，市长王喜良，市委副书记、滇中新区管委会主任何刚，市委秘书长夏俊松等参加会议。

全市房地产市场平稳健康发展座谈会　11月29日，市委、市政府召开促进全市房地产市场平稳健康发展座谈会。市委书记程连元主持会议并讲话，市长王喜良出席会议并讲话，市委秘书长夏俊松等参加会议。

省委第一巡视组对昆明市开展高原湖泊保护治理机动巡视工作动员会　12月21日，省委第一巡视组对昆明市开展高原湖泊保护治理机动巡视工作动员会召开。省委第一巡视组组长高龙通报巡视任务和有关安排。省委常委、市委书记程连元主持会议并做表态发言。省委第一巡视组副组长瞿洪堂及巡视组全体成员，市委副书记、市长王喜良，市委副书记、滇中新区管委会主任何刚等市委、市人大常委会、市政府、市政协、滇中新区领导班子成员，市中级人民法院院长、市人民检察院党组书记；市纪委监委、市委组织部班子成员以及市委巡察办主任、巡察组组长；市委、市政府相关副秘书长，办公厅副主任等参加会议。

【重要调研】　1月21日，市委书记程连元到禄劝县则黑乡民安乐村、中屏镇植桂村等地实地调研脱贫攻坚工作。

2月7日，省委书记陈豪率调研组深入昆明市东川区铜都街道菁口村调研深度贫困地区脱贫攻坚工作。省委常委、市委书记程连元，市委副书记、市长王喜良，市委副书记刘智等参加调研。

3月12日，中共中央政治局常委、中央纪委书记赵乐际到云南调研。在昆调研期间，先后调研西南联合大学旧址、云南白药集团、捞鱼河湿地，省委书记陈豪，省委常委、市委书记程连元等陪同调研。

3月25日，市委书记、盘龙江河长程连元率队对盘龙江进行现场巡查，并调研滇池治理工作。

4月9日，市长王喜良率队赴高新区现场调研招商引资、产业聚集、三旧改造和新旧动能转换等工作。

5月3日，省委书记陈豪率队赴滇中新区调研，省委常委、市委书记、滇中新区党工委书记程连元参加调研。

6月6日，市委书记程连元率队对滇池保护治理“三年攻坚”相关工作进行巡查，市纪委书记杨正晓等参加巡查。

6月7日，中央第六环境保护督察组组长朱小丹一行在昆督察调研滇池治理工作，省委常委、昆明市委书记程连元，副省长王显刚陪同督察。

6月10日，市委书记程连元率队赴寻甸县调研脱贫攻坚工作，市委副书记刘智参加调研。

6月11日，省人大常委会常务副主任、省级河（湖）长制副总督查和段琪带队赴昆明阳宗海风景名胜区督查昆明市落实阳宗海河（湖）长制工作情况。市委副书记、市长王喜良陪同督查。

6月13日，省委书记陈豪、省长阮成发率队到昆明滇池国际会展中心，检查第5届中国—南亚博览会暨第25届中国昆明进出口商品交易会筹备工作。省委常委、市委书记程连元，省委常委、省委秘书长刘慧晏，省委常委、省委政法委书记张太原，副省长、省公安厅厅长任军号，省政府党组成员高树勋，省政府秘书长杨杰，市委副书记、市长王喜良等参加检查。

6月13日，市委书记程连元率队到五华区调研翠湖周边历史文化片区整治提升工作。

7月1日，市委书记程连元率队调研基层党建工作，市委副书记刘智，市委组织部部长鲁斌，市委秘书长夏俊松参加调研。

7月2—5日，省长阮成发率省政府领导班子成员和省级有关部门负责人到昆明市调研。调研座谈会上，省委常委、市委书记、滇中新区党工委书记程连元做表态发言。省委常委、常务副省长宗国英，副省长王显刚，副省长董华，副省长张国华，副省长、省公安厅厅长任军号，副省长和良辉，副省长李玛琳，省政府党组成员高树勋，政协云南省第十二届委员会副主席、云南省科学技术厅厅长徐彬，省政府秘书长杨杰参加调研。市委副书记、市长王喜良汇报昆明市经济社会发展情况。市委副书记刘智，市委副书记、滇中新区管委会主任何刚，市政协主席熊瑞丽等昆明市和滇中新区领导参加上述活动。

8月6日，省委常委、昆明市委书记、滇中新区党工委书记程连元，省委常委、曲靖市委书记李文荣一行在曲靖市沾益区德泽水库大坝调研水库蓄水及调度运行情况。市委副书记刘智，市委常委、市委秘书长夏俊松等参加活动。

8月7日，市委书记程连元率队赴寻甸县调研，市委秘书长夏俊松等参加调研。

9月7日，市委书记程连元率队调研城市网格化管理工作，市委秘书长夏俊松参加调研。

9月28—29日，市委书记程连元率队赴东川区调研，并主持召开脱贫攻坚工作调研座谈会，常务副市长保建彬，市委秘书长夏俊松等参加调研和座谈。

10月15日，市委书记程连元率队赴禄劝县调研脱贫攻坚工作，市委秘书长夏俊松等参加调研。

11月3日，市委书记程连元率队赴禄劝县调研脱贫攻坚工作，市委秘书长夏俊松等参加调研。

11月19日，市委书记程连元随机对滇池治理工作进行调研，市委秘书长夏俊松等参加调研。

12月4日，市委书记程连元率队调研昆明市污水处理厂污泥处理处置工作，市纪委书记杨正晓，市委秘书长夏俊松等参加调研。

12月5日，市委书记程连元率队到呈贡信息产业园调研，市委秘书长夏俊松等参加调研。

12月6日，市委书记程连元率队调研全市公安工作，市委政法委书记李建阳，市委秘书长夏俊松等参加调研。

12月24日，市委书记程连元率队赴禄劝县调研脱贫攻坚工作。

12月28日，市委书记程连元调研二环提升改造工程，市长王喜良、市委秘书长夏俊松等参加调研。

【重要活动】 1月31日，昆明市举行2018年春节招待会，市委书记程连元，市人大常委会主任拉玛·兴高，市政协主席熊瑞丽，市委秘书长柳文炜出席招待会。副市长李志工主持招待会。

2月5日，昆明市组织市级老领导和离休干部春节集中慰问活动，并向市级老领导通报全市2017年经济社会发展情况。市委书记程连元，市长王喜良，市委副书记刘智，市政协主席熊瑞丽等领导参加慰问活动并听取老干部对市委、市政府工作的意见和建议。

2月5日，市委书记程连元率队到家乐福超市云纺店、轨道交通1号线西北延得胜桥站、市公安局指挥中心，实地检查生产安全、社会安全、民生保障等工作，市委秘书长柳文炜等参加检查。

2月8日，市委书记程连元率队走访慰问驻昆部队官兵、部分老领导、困难企业职工，市委常委、昆明警备区司令员蒋朝忠等参加走访慰问。

4月11日，江铃集团新能源汽车昆明基地项目签约暨开工仪式在云南滇中新区杨林经济开发区汽车产业园区举行。市长王喜良、滇中新区管委会主任何刚与江铃集团董事长邱天高共同签署《江铃集团新能源汽车昆明基地项目投资合作协议》，王喜良宣布项目开工。

4月14日，市长王喜良会见以铃木恒夫市长为团长的藤泽市政府和湘南日中友协代表团一行。会见结束后，王喜良与铃木恒夫一同出席2018年昆明高原国际半程马拉松比赛开幕式。

5月8日，昆明市政府与中国农业发展银行云南省分行达成战略合作协议。市长王喜良与中国农业银行云南省分行行长江卫国参加签约仪式并讲话。常务副市长保建彬代表市政府与农发行云南省分行签订《农业政策性金融支持昆明市经济发展战略合作协议》。

5月15日，近50名外国驻华大使、公使、总领事等高级别外交官及家人组团来到昆明，全面考察昆明市自然、人文和经济社会发展成就。受省委常委、市委书记程连元委托，市委副书记、市长王喜良代表市委、市政府及全体市民，对外国驻华使节团的到来表示欢迎并讲话，市委常委、副市长胡宝国参加会见并致辞。

5月18日，根据农工党中央的安排，辽宁省人大常委会副主任、农工党辽宁省委主委杨关林率队到昆明开展脱贫攻坚民主监督。中共昆明市委副书记、市长王喜良参加农工党辽宁省委与昆明市脱贫攻坚座谈会，中共昆明市委常委、市委统战部部长杨皕主持会议。

5月23日，云南省高层次人才创新创业园在昆明高新区揭牌。省委常委、省委组织部部长李小三，副省长董华，市委副书记、市长王喜良，市委常委、市委组织部部长鲁斌等参加揭牌仪式并考察部分入园企业。

6月12日，由国务院台湾事务办公室和云南省政府主办的第7届云台会在昆明开幕。中共中央台湾工作办公室、国务院台湾事务办公室主任刘结一，中共云南省委副书记、省长阮成发，中华青雁和平教育基金会董事长、中国国民党前主席洪秀柱出席开幕式并致辞，中共昆明市委常委、市委统战部部长杨皕出席相关活动。

6月13日，市文产办与北京服装学院签订《帮扶民族刺绣产业发展框架合作协议》。省委常委、市委书记程连元，北京服装学院副校长詹炳宏，市委常委、市委宣传部部长金幼和等见证签约。

6月14日，第5届中国—南亚博览会、第25届中国昆明进出口商品交易会、第1届中国—南亚合作论坛在昆明滇池国际会展中心开幕。中共中央政治局委员、国务院副总理胡春华出席开幕式并致辞，云南省委书记、省人大常委会主任陈豪致欢迎辞，省委副书记、省长阮成发主持开幕式。程连元、刘智、何刚、拉玛·兴高、熊瑞丽等出席开幕式。

6月29日，省委书记陈豪、省长阮成发、省委副书记李秀领等党政军领导在昆明市参加义务植树活动。省委常委，省人大常委会、省政府、省政协领导，省高级人民法院院长、省人民检察院检察长，驻滇解放军和武警部队领导参加活动。省委常委、市委书记程连元，市委副书记、市长王喜良，市委副书记刘智，市委副书记、滇中新区管委会主任何刚，市人大常委会主任拉玛·兴高，市政协主席熊瑞丽，市委常委、昆明警备区司令员蒋朝忠，市委常委、市委秘书长夏俊松等参加植树活动。

7月1日，市委书记程连元以普通党员身份参加所在的市委办公厅第一党支部纪念建党97周年主题党日活动，并为支部的党员同志讲授党课，市委秘书长夏俊松参加活动。

7月18—21日，省委常委、市委书记程连元率队赴广东省、江苏省拜访部分重点生物医药企业，开展精准招商活动，市委常委、市委秘书长夏俊松等参加相关活动。

7月26日，昆明市举行庆祝中国人民解放军建军91周年暨军事日活动，并召开军地座谈会，市委副书记刘智主持座谈会，省委常委、市委书记程连元，市委副书记、滇中新区管委会主任何刚，市委常委、市委政法委书记李建阳，市委常委、市委宣传部部长金幼和，市委常委、昆明警备区司令员蒋朝忠等参加活动。

8月11日，第十二届世界华人保险大会暨2018国际龙奖IDA年会在昆明滇池国际会展中心开幕。受省委常委、市委书记程连元，市委副书记、市长王喜良的委托，市委副书记刘智在开幕式上致辞。开幕式前，刘智会见世界华人保险大会创会主席、保险行销集团董事长梁天龙。

8月17—20日，南京圣和药业股份有限公司董事长兼总经理王勇一行来昆考察，商洽投资合作有关事宜。20日，昆明市、滇中新区与南京圣和药业签订战略合作框架协议，省委常委、市委书记程连元出席签约仪式并讲话，市委副书记、市长王喜良，市委副书记、滇中新区管委会主任何刚，市委常委、市委秘书长夏俊松等参加签约仪式。

9月7日，昆明市、滇中新区与深圳市东阳光实业发展有限公司、南京海辰药业股份有限公司、爱仁（苏州）医药科技有限公司举行重点生物医药产业项目集中签约仪式。省委常委、市委书记、滇中新区党工委书记程连元出席签约仪式。市委副书记、市长王喜良，市委副书记、滇中新区管委会主任何刚，分别代表昆明市人民政府、滇中新区管委会与三家企业签订战略合作框架协议，市委常委、市委秘书长夏俊松等参加签约仪式。

9月19日，以“深化改革　优化地方金融资源——开创区域性国际金融服务中心建设新局面”为主题的2018国家金融与发展（昆明）研讨会开幕。省委常委、市委书记程连元出席研讨会。市委副书记、市长王喜良在研讨会上致辞。中国社会科学院原副院长、国家金融与发展实验室理事长李扬出席研讨会，并在开幕式上做题为《区域金融中心建设的要素分析》的主旨演讲。中国人民银行昆明中心支行行长李波到会致辞。市委常委、常务副市长保建彬主持开幕式，市委常委、市委秘书长夏俊松等出席开幕式。

9月19日，省委常委、市委书记程连元，市委副书记、市长王喜良会见出席2018国家金融与发展（昆明）研讨会的方正证券股份有限公司首席执行官、执委会主任高利一行。双方就进一步深化金融合作、开展产业发展研究等方面进行深入交流。市委常委、市委秘书长夏俊松参加会见。

9月30日，云南省委、省政府和昆明市委、市政府在昆明抗战胜利纪念堂隆重举行2018年公祭烈士活动。省委书记陈豪、省长阮成发、省委副书记李秀领等省党政军领导参加公祭烈士活动。10时整，李秀领宣布公祭活动正式开始。在昆省级领导，省直有关部门和单位、各民主党派和工商联、各人民团体主要负责人，驻昆解放军和武警部队负责人，离退休干部代表、战斗英雄代表、劳动模范代表、优抚对象（烈属）代表、少数民族代表、少先队员代表、解放军和武警部队官兵代表等参加活动。省委常委、市委书记程连元，市委副书记、市长王喜良，市人大常委会主任拉玛·兴高等在职市级领导参加活动。

10月11日，中国植物学会第十六次全国会员代表大会暨85周年学术年会在昆开幕。全国人大常委会副委员长、中国植物学会理事长武维华，副省长董华，昆明市委副书记、市长王喜良出席开幕式并致辞。省人大常委会副主任纳杰、省政协副主席徐彬、省政府秘书长杨杰，以及部分中国科学院院士出席开幕式。

10月11日，第十四届中国昆明国际农业博览会在昆明滇池国际会展中心开幕。全国人大农业和农村委员会副主任委员李春生，中国农业国际合作促进会会长翟虎渠，省委常委、市委书记程连元，省人大常委会副主任李培，省政协副主席李正阳等出席开幕式。市委副书记、市长王喜良宣布第十四届中国昆明国际农业博览会开幕。市委常委、市委宣传部部长金幼和，市委常委、市委秘书长夏俊松等市领导出席开幕式。

11月7日，省委常委、市委书记程连元在昆明会见中体未来投资（北京）有限公司董事长王健光、四川蓝光股份集团总裁余驰、西班牙足球甲级联赛大中华区首席执行官塞提·汤莱斯等一行，市委常委、市委秘书长夏俊松，市委常委、副市长胡宝国参加会见。

11月15日，省委常委、市委书记程连元在昆明会见中国铁建西南指挥部指挥长、中铁建昆仑投资集团董事长、党委书记金跃良一行，市委常委、市委秘书长夏俊松等参加会见。

11月23日，省委常委、市委书记程连元在昆明会见国际花园城市竞赛委员会主席阿兰·史密斯一行，市委副书记、市长王喜良，市委常委、市委秘书长夏俊松参加会见。

11月30日，省委常委、市委书记程连元在昆明会见出席2018年昆明大健康国际论坛的中外嘉宾代表。原卫生部副部长、中国保健协会荣誉理事长张凤楼，原国家食品药品监督管理总局副局长惠鲁生出席会议并讲话。市委副书记、市长王喜良，市委常委、常务副市长保建彬，市委常委、市委秘书长夏俊松等参加会见。

12月3日，昆明市庆祝改革开放40周年交响音乐会在昆明会堂举行，市委书记程连元，市领导何刚等观看演出。

12月4日，昆明市人民政府、西班牙职业足球联盟、中体未来投资（北京）有限公司战略合作备忘录签订仪式在安宁市举行。省委常委、市委书记程连元，国家体育总局副局长李颖川，西班牙职业足球联盟大中华区首席执行官塞尔吉·托伦茨出席签订仪式，国家体育总局经济司司长刘扶民，省体育局局长尹勇，市委常委、副市长胡宝国等参加签订仪式。

12月5日，中国昆明南亚东南亚科技服务业合作中心揭牌仪式在呈贡信息产业园举行。省委常委、市委书记程连元，市委副书记、市长王喜良，省科技厅副厅长董保同，中国国际科技合作协会副会长冯瑄共同为中国昆明南亚东南亚科技服务业合作中心揭牌。市委常委、副市长胡宝国出席揭牌仪式并致辞，市委常委、市委秘书长夏俊松等参加揭牌仪式。

12月5日，官渡区与南开大学基础教育管理中心在昆明签订合作办学协议。省委常委、市委书记程连元，中国工程院院士、南开大学校长曹雪涛，市委副书记、市长王喜良，市委常委、市委秘书长夏俊松，市委常委、副市长胡宝国等出席签约仪式。

12月7日，省委常委、市委书记程连元在昆明会见阿里巴巴集团副总裁、阿里健康高级副总裁柯研一行。市委常委、常务副市长保建彬，市委常委、市委秘书长夏俊松参加会见。

12月17日，省委常委、昆明市委书记程连元率昆明市党政代表团赴迪庆藏族自治州考察，并参加2018昆迪对口帮扶友好合作座谈会。省委常委、昆明市委书记程连元，迪庆州委书记、州人大常委会主任顾琨出席座谈会并讲话。昆明市委副书记、市长王喜良和迪庆州委副书记、州长齐建新分别介绍两市州经济社会发展和昆迪对口帮扶情况。昆明市拉玛·兴高、熊瑞丽、夏俊松、赵学农、刘绍安、郭希林，迪庆州余胜祥、杜永春、李燕兰、杨梓江、普鲁华、程鹏、徐鹏声、陈平，两市州相关县（区）、开发（度假）区和部门负责人参加上述活动。

12月18日，昆明市党政机关党员干部集中收听收看庆祝改革开放40周年大会实况直播。市委书记程连元、市长王喜良、市人大常委会主任拉玛·兴高、市政协主席熊瑞丽等市委、市人大常委会、市政府、市政协领导班子成员，以及市委办公厅、市人大常委会办公厅、市政府办公厅、市政协办公厅、市纪委市监委、市委组织部、市委宣传部、市委统战部等部门全体党员干部集中收听收看大会实况。

12月19日，昆明市人民政府、博奥生物集团有限公司战略合作框架协议签约仪式在昆明会堂举行。省委常委、市委书记程连元，中国工程院院士、博奥生物集团有限公司总裁、生物芯片北京国家工程研究中心主任程京，市委副书记、市长王喜良出席签约仪式。市委常委、市委秘书长夏俊松，市委常委、副市长胡宝国等参加签约仪式。

12月19日，市委书记程连元在昆明会见华为公司党委书记周代琪一行，市长王喜良，市委组织部部长鲁斌，市委秘书长夏俊松等参加会见。

12月29日，昆明市消防支队举行迎旗授衔和换装仪式，省委常委、市委书记程连元出席并讲话，市委常委、常务副市长保建彬主持仪式，市委常委、市委政法委书记李建阳等出席。

（市委办公厅）

办公厅

【理论学习】 把学习领会习近平新时代中国特色社会主义思想作为理论武装的重中之重，坚定不移地用习近平总书记系列重要讲话精神和党中央治国理政新理念新思想新战略武装头脑，通过集中学习、专题讲座、研究讨论等方式，深入学习党的十九大精神和习近平新时代中国特色社会主义思想，切实做到入心入脑。组织开展中心组理论学习8次，巡视整改专题民主生活会1次，组织29名县处级实职干部参加“昆明市领导干部学习贯彻习近平新时代中国特色社会主义思想和党的十九大精神专题培训班”，组织全市党委系统办公厅（室）60名优秀年轻干部参加“昆明市党委系统办公厅（室）干部延安精神教育暨学习贯彻党的十九大精神培训班”。

【文稿起草】 把以文辅政作为领导科学决策、推动工作落实的重要载体，紧紧围绕党中央和省、市委的决策部署，切实抓好文稿起草、调查研究、信息报送等工作，不断提升以文辅政、以文资政能力。全年共起草市委十一届四次全会、五次全会报告及全会结束时的讲话、市委农村工作会讲话、市纪委十一届三次全会讲话等各类文稿300余篇、150万余字，整理市委领导讲话录音47篇，办理市委领导文电信函5700余件。围绕区域性国际中心城市建设的战略性、前瞻性问题，围绕全面深化改革的重点领域、关键环节，围绕群众关心的热点难点问题，深入开展综合调研、专题调研，察实情、问实策、求实效，完成2个市级决策咨询课题及17个重要研究课题，形成一批有新意、有分量、有价值的调研报告。

【综合协调】 2018年，共召开市级五机关秘书长联席会议6次，组织全市重要会议45次。圆满完成接待党和国家领导人栗战书、汪洋、赵乐际、尤权等17次重要活动，以及市委十一届三次全会、市委中心组理论学习会、民主生活会等100余个重要会议、重要活动的组织筹备、综合协调和服务保障工作。着力强化产业帮扶，全年共选派5名干部到东川和寻甸参加驻村扶贫工作，直接投入帮扶资金95万元，用于培育菌类种植、蜜蜂养殖、毛驴养殖、生鸡养殖等产业扶贫项目，“造血式”扶贫工作效果逐步显现。

【督促检查】 充分发挥督查考核的“利剑”作用和指挥棒作用，坚持目标导向、问题导向、结果导向，积极探索完善科学规范、高效快捷的目标管理督查工作机制，对全市脱贫攻坚会议、全市河长制工作会议、全市生态环境大会、全市大气污染防治工作会、全市高原特色农业工作会议等重大会议明确的任务进行督查督办，全年共分解督办重大会议任务63项。把市委十一届四次、五次全会确定的268项目标任务纳入重点督查，由市委领导带队组成3个督查组，围绕市委重大决策部署和经济社会发展主要指标深入实地进行重点督查，针对存在问题督促市直部门和县（区）按照“三先”要求上报整改报告80余份。全面督查落实常委会议精神，全程定期跟踪督查2018年11次市委常委会明确的311项工作任务，立项督查书记批示件424件，实行全过程督促检查、全过程管理管控、全过程跟踪问效，做到层层有落实、件件有回音。积极配合市人大和市政协，采取专人督办、实时提醒、到期催办、督查通报等方式，针对367项建议和585项提案开展督促检查，做到次次有督办、件件有答复、项项都满意。

【信息服务】 聚焦市委、市政府中心工作，紧紧围绕稳增长、供给侧结构性改革、滇中新区建设、脱贫攻坚、民生保障、生态文明建设等重点工作，强化信息收集、分析研判和专题策划，为领导科学决策提供优良的信息服务。围绕习近平总书记关于扎实推进“厕所革命”的重要指示精神，及时报送《昆明市认真践行“厕所革命”显成效》的信息，被中央办公厅采用；围绕省委各项重大决策部署，收集报送《昆明市认真贯彻落实陈豪同志批示精神》《积极推进云南阜外心血管医院周边环境整治》等10余篇重要信息，被省委领导批示；围绕热点焦点问题，收集上报《昆明市反映“小区民宿”需加强监管》《昆明市反映当前地质灾害防治工作存在短板》等多篇问题类信息，被省委办公厅采用。编报《昆明信息》60期、《昆外信息参阅》20期、《专报信息》84期、《昆明工作动态》7期。上报中办信息164条，上报省办信息294期7120条，发布微博3.66万条，粉丝数量达15.35万人，比2017年增加近10万人。党委信息工作在全省量化考核中继续保持领先。

【公文办理】 围绕实现年度目标任务，推动跨越发展，研究出台一批有利于稳增长、调结构、促改革、惠民生的政策措施。2018年，共制发公文363件，其中“昆”字头“昆发”“昆通”“昆请”等11类公文119件，较2017年同期的178件减少32%。各县（市、区）、开发（度假、园）区报送备案审查件共计306件。对40余份文件开展前置审查，充分发挥前置审查的“防火墙”作用。向省委办公厅报备文件95份。

【深化改革】 围绕中心精准谋划，深入调研掌握实情，注重改革的系统性、整体性、协同性，朝着全面深化改革总目标聚焦发力，使改革更加精准对接昆明发展所需、基层所盼、民心所向。紧扣中央和省委对改革工作的决策部署和要求，从区域性国际中心城市建设出发找准改革的切入点和突破口，牵头研究起草2018年改革工作要点，经市委全面深化改革领导小组会议审定后印发全市执行，明确138项改革任务、20项重大改革事项和60个重点督察落实改革文件。加强对各牵头单位、各县（区）的协调联络，对部门、县（区）50余件来文请示及方案征求意见进行认真研究回复，切实帮助解决改革推进中的困难和问题。组织召开4次深改领导小组会议、5次改革办主任会议暨联络员会议，审议通过41个改革方案文件，分解交办4批共73项改革事项，研究解决改革推进中存在的问题20余个。优化“12345”督察考核体系，完善改革任务分类管理、分级督办和定期通报等督察制度，明确改革主体“四级责任”，实现对改革任务的全过程跟踪督察、全过程管理控制。牵头开展2次全面督察和不动产统一登记、“3550”审批、河长制等6次专项督察，同时做好中央改革办和省委改革办先后6次到昆督察调研的服务保障工作。

【后勤保障】 把保障中央政令畅通同党委工作高效运转结合起来，把日常保障同重点保障结合起来，把政务保障和事务保障结合起来，坚持从大处着眼、细处着手、小处着力，及时研究解决接待工作中出现的新情况、新问题，进一步提高接待工作的能力和水平，既做到热情、周到，服务质量优良，又做到厉行节约，反对铺张浪费，高质量地完成各项工作任务。全年接待到昆考察调研、检查指导、合作交流、洽谈投资的各级来宾和客商355批2.55万人，与2017年同期523批1.13万人相比，批次下降32%，人次增长127%，为全市经济社会发展提供有力的后勤服务保障。

【自身建设】 从严从实加强自身建设，抓好班子、带好队伍、建好机制，“三服务”的重点更加突出、方式更加有效、效果更加明显。组织召开厅班子中心组学习8次、专题民主生活会2次。牵头组织昆明市党委系统办公厅（室）干部到延安市委党校开展延安精神教育暨学习贯彻党的十九大精神培训班，培训干部57人；安排140余名党员干部参加“全市机关党务骨干学习贯彻党的十九大精神示范培训班”，进一步提升领导干部的政治素质和业务素养。以培养和选拔“信念坚定、为民服务、勤政务实、敢于担当、清正廉洁”的好干部为目标，认真做好干部选拔任用和调整交流工作，不断优化干部队伍结构、提升整体素质。2018年，配合市委组织部推荐考察县处级干部4人，调整职务及转岗交流科级干部5人。选派6名科级干部到嵩明等县区街道和部门挂职锻炼，推荐新时代新担当新作为优秀干部人选2人、推荐市委巡察人才库人选1人。实践运用“四种形态”，提醒谈话县处级干部22人次，提醒谈话乡科级及以下干部58人次。召开厅务会专题研究机关党建和党风廉政建设工作2次，召开全体党员大会安排部署党建工作会议1次。

（市委办公厅）

组织工作

【学习教育】 树牢政治意识、强化理论武装，用习近平新时代中国特色社会主义思想和党的十九大精神武装党员干部。以党的政治建设统领组织工作全局，切实担当全面从严治党政治责任，选人用人坚持政治标准，基层党组织建设突出政治功能，人才工作注重政治引领和政治吸纳，着力教育引导全市广大党员干部树牢“四个意识”，坚定“四个自信”，坚决做到“两个维护”。深入推进“两学一做”学习教育常态化制度化，制定《昆明市2018年推进“两学一做”学习教育常态化制度化工作清单》《全市部分基层党支部2018年“两学一做”学习教育计划范例》，采取理论学习中心组学习、专题研讨、座谈会等方式，深入学习《习近平谈治国理政（第一卷）》《习近平谈治国理政（第二卷）》和《习近平新时代中国特色社会主义思想三十讲》，采取“5＋X”模式全面推行“主题党日”制度，推动学习教育不断深化、转化，形成常态化。下发《关于做好学习贯彻党的十九大精神干部轮训工作的通知》，分级分类抓好干部轮训工作，市级举办5期县处级领导干部学习贯彻习近平新时代中国特色社会主义思想和党的十九大精神专题培训班，实现全市党员领导干部集中培训全覆盖。全面落实党员和党组织书记培训工作，在全市建立312个党校教学点，整合4144名师资力量，“万名党员进党校”集中培训党员28万余名，培训率达86.2%。

【组织工作】 认真落实全国、全省、全市组织工作会议和市委十一届四次、五次全会部署要求，着力整体提升，强化分类推进，推动党的基层组织建设全面进步，为昆明决战脱贫攻坚、决胜全面小康、加快建设区域性国际中心城市提供坚强的组织保证。制订《昆明市“基层党建巩固年”实施方案》《昆明市“基层党建巩固年”重点任务项目清单》等系列文件，将全市基层党建工作细化分解为12个方面26项，系统谋划、整体提升全市基层党建工作。针对不同领域印发党建工作意见或实施方案，分类召开农村基层党建、机关党建、中小学校党建等11个推进会，精准推动全市党的基层组织建设。制订《关于向高新区、经开区、度假区派驻党建督导组的工作方案》，派驻党建工作督导组开展党建整顿提升督促指导工作。制定《党支部规范化建设“一表清”》《党费收缴管理使用一册通》，印发《党支部规范化文件汇编》《昆明市党支部规范化建设“星级”指数》，构建党支部规范化建设达标创建工作支撑体系，建立规范

2018年1月30日，全市组织部长会召开
（市委组织部　供稿）

化建设挂账销号推进机制，5857个党支部完成达标创建任务、占总数的31.7%。突出抓党建促脱贫攻坚、促乡村振兴，扎实开展“三讲三评”活动，对村级党组织书记进行分析研判，2018年共完成168个村（社区）软弱涣散基层党组织整顿工作。积极参与扫黑除恶专项斗争，深入开展“村霸”和慵懒滑贪“四类干部”整治。制定《中共昆明市委关于全面加强城市基层党建工作的意见》，印发《关于进一步加强专职社区工作者队伍建设的指导意见》，推进街道管理体制改革，逐步取消街道招商引资职能，加强专职社区工作者队伍建设，全面开展楼宇、互联网企业党建，昆明市被中组部列为“全国城市基层党建示范市”。开展机关干部作风“学、查、改”专项整治活动，全市3.90万名机关党员针对查找的12.80万个问题，制订整改措施15.40万条并认真进行整改。全面加强国有企业、中小学校和公立医院党建工作，推动全面从严治党向国有企业生产一线延伸，实现全市中小学党建工作全覆盖，制定《昆明市关于加强公立医院党的建设工作实施意见》。新成立“两新”党组织257个，成立市旅游行业党委，加强律师行业、互联网企业党建工作，“两新”党组织覆盖率达64.40%、工作覆盖率达100%，双向管理流动党员3.50万人，占全省的34.30%。以开展“两廊一圈一带双提升”建设为重点，着力构建全市上下“一盘棋”、基层党建“一张网”工作格局，全市基层党建工作更具特色、更有影响力。

【干部工作】　坚持事业为上、强化管理监督，推动全市各级领导班子和领导干部担当作为。坚持正确选人用人导向，把政治标准摆在首位，树立体现讲担当、重担当的鲜明导向，大力选拔重用践行忠诚干净担当要求的好干部。在脱贫攻坚第一线培养锻炼、考察识别、选拔任用干部，提拔一批在脱贫攻坚工作中实绩突出的干部，调整一批推动脱贫攻坚不力、不胜任现职的干部。出台《关于进一步激励广大干部新时代新担当新作为的实施办法》，着力为敢于担当的干部担当、为敢于负责的干部负责，进一步营造党员干部干事创业浓厚氛围。对3个国家级开发（度假、园）区开展领导班子和干部队伍建设专题调研，全面开展女干部、少数民族干部、党外干部和年轻干部队伍建设专题调研。根据“关联性+知情度”原则，以下评上拓宽干部识别渠道，2次组织县（市、区）、开发（度假、园）区党政正职对市直单位主要负责人进行民主测评，将测评结果作为干部考核、调配的重要参考。

2018年，继续在24个政府部门、11个群团组织开展科级正职干部全员竞争上岗。将干部的日常管理监督与推动经济社会发展、改进干部作风紧密结合起来，围绕打好“三大攻坚战”，组织开展重点工作督导，坚决调整工作不在状态、作风漂浮松垮、缺乏担当精神、涉嫌违纪违法的干部，一批不担当、不作为、不落实和“带病”的干部受到警诫。充分发挥提醒函询诫勉作用，对苗头性问题主动提醒、信访举报问题逐一函询、轻微违纪问题及时诫勉，并把提醒函询和诫勉情况作为干部考核、任免、调整的重要依据。深入推进领导干部个人有关事项报告和查核工作，2018年全市领导干部个人有关事项集中报告率为100%，并按有关规定认真进行随机抽查和重点抽查，对填报不一致的干部进行严肃处理。扎实开展“三重一大”执行情况、领导干部经济责任审计、“带病提拔”领导干部选拔任用倒查、公务员违规经商办企业专项整治、超职数配备干部问题专项整治等工作。

【人才工作】　聚焦重点任务，强化政策落实，人才队伍建设持续加强。坚持党管人才原则不动摇，创新开展党委（党组）书记向市人才工作领导小组述职工作，推动全市各级党组织在人才工作中担起责、履其职。制定《关于推进体制机制改革促进人才创新创业的实施意见》等“1+2+N”春城计划人才政策文件，对全市人才政策进行统筹整合，打造人才品牌和“拳头产品”。深入实施“三名”工程，建立市级领导挂钩联系县（市、区）推进“三名”工程制度，2018年共引进10所名校，引进名师68人、名长10人。印发《市委联系服务高层次人才实施办法》《关于认定2018年度高层次人才引进工程人选的通知》等，2018年引进各类高层次紧缺急需人才180余人。积极争取和支持云南省高层次人才创新创业园建设，高新区成为全省首个省级“高层次人才创新创业园”。举办昆明大健康国际论坛“侨牵春城——国际人才健康昆明行”分论坛，深化与北京朝阳等地的人才交流合作，开展首批“昆明市高层次人才创新创业示范基地”评选，召开驻昆高校毕业生大型招聘暨政策推介会，着力将各类优秀人才集聚到建设区域性国际中心城市实践中来。

【自身建设】 突出能力提升、强化作风转变，将旗帜鲜明讲政治要求贯彻落实到组织工作和部门自身建设全过程、各方面，带头深入推进“两学一做”学习教育常态化制度化，不断强化机关党支部建设，着力教育引导组工干部增强“四个意识”，坚定“四个自信”，坚决做到“两个维护”。着力强化组工干部综合素质和业务能力提升，举办全市组工干部学习贯彻党的十九大精神专题培训班、干部工作业务骨干培训班和党性修养专题培训班，成立“市委组织部机关党校”，带头扎实开展“万名党员进党校”集中培训，全市广大组工干部聚焦主责主业以担当诠释忠诚、以作为彰显价值，保证各项工作任务圆满完成。在全市组织系统开展“宣讲十九大，遍访贫困村，为民办实事”活动，集中开展以“贯彻落实新时代党的组织路线，不断提高组织工作质量和水平”为主题的全覆盖、深层次大调研工作，促进机关工作作风转变、推动组织工作质量提升。进一步加强和改进全市组织系统宣传信息工作，创新开展“党建引领城市发展”主题宣传活动，有18篇案例入选《全国城市基层党建创新案例》；2018年市级以上主流媒体报道全市组织工作经验做法1110篇（条），其中《人民日报》8篇，为全市组织工作开展营造良好氛围。

（白圣君）

宣传工作

【理论武装】 用党的创新理论凝心聚魂、引路指向，组织市委理论学习中心组学习11次，示范带动全市2.20万个基层党组织持续将学习宣传贯彻引向深入。全年累计刊发、播报各类学习贯彻落实新闻宣传报道7000余篇（条），开展宣讲活动450余场，受众达15万余人次，培训党员30.01万人，覆盖率达90.33%，并在全省率先组织召开理论研讨会、知识竞赛，启动“新时代文明实践中心（所、站）”试点建设工作。建立一批名师工作室、研究基地、调研基地、宣传宣讲基地、教育实践基地，安宁市和石林县被评为全省学习宣传贯彻习近平新时代中国特色社会主义思想示范基地。

【意识形态工作责任制】 2018年，市委常委会专题研究意识形态工作6次。严格规范各类意识形态阵地建设管理。扎实抓好省委巡视整改落实工作，制定68条整改措施并认真抓好落实，组织开展3轮意识形态工作责任制专项巡察和2次专题督查。严格落实网络意识形态工作责任制，制定出台具体实施办法，协调联动网信、工信、公安、国安等部门依法管网治网，网络空间日益清朗。推动传统媒体和新媒体融合发展，在省会城市中率先推出政务新媒体矩阵，积极推进县级融媒体中心建设，推动以“抖音”为代表的短视频平台的应用，以“一报一台一网多端”为龙头，融微博、微信、移动新闻客户端为一体的全方位、多层次、多声部融媒体传播体系初步形成，昆明市政务新媒体建设进入全国省会城市前列。加强网络社会组织建设管理，打造“昆明网络文化节”等网络文化品牌。

【舆论引导】 坚持团结稳定鼓劲、正面宣传为主，统筹内宣外宣、网上网下、理论舆论，加强与中央和省级媒体合作，精心组织开展主题宣传、形势宣传、成就宣传、典型宣传、社会宣传。围绕贯彻落实习近平新时代中国特色社会主义思想的生动实践和建设区域性国际中心城市的特色亮点工作，全年共推出庆祝改革开放40周年、“壮阔东风潮·奋进新时代”、决战脱贫攻坚、生态文明建设、全面从严治党等重大主题宣传50余个，在《人民日报》、新华社、《光明日报》、中央电视台、《云南日报》等中央和省级主要新闻媒体刊播重点稿件2.01万篇（条）；围绕住房、教育、医疗、就业等社会普遍关注的热点问题，举办新闻发布会136场。依托南博会、上合马拉松赛等一批有昆明特色的多边交流活动全面展示城市形象，加快构建面向南亚、东南亚的开放式立体化的对外传播体系。在香港、伦敦等地区投放昆明城市形象宣传片，赴北京、上海、广州等国内一线城市开展城市宣传介绍，扩大昆明在南亚、东南亚乃至全世界的知名度和影响力。

【服务全国文明城市创建】 以创建全国文明城市为统领，深入实施思想教育、价值引领等15项提升工程，组织开展4次季度模拟测评和多轮专项测评，圆满完成年度国检测评。出台《昆明市文明行为促进条例》，组建市民巡访团，开展文明旅游、文明交通、诚信建设等各类主题实践活动380余场次。持续推进细胞文明创建，全市获评省级文明单位69个，省级文明村镇23个，省级文明校园16个。深化拓展农村精神文明建设，推动移风易俗，构建以市带县、以县带乡、以乡带村的全域创建格局。广泛选树宣传道德模范、最美人物，评选表彰年度昆明好人100人，9人登上“中国好人榜”、2人获评云南省道德模范，建成一批道德模范和身边好人宣传展示长廊。围绕“扣好人生第一粒扣子”主题，开展未成年人思想道德建设主题实践活动320余场。成立昆明市志愿服务发展促进会，打造“滇池卫士”志愿服务品牌，开展“我为美丽添光彩”等各类志愿服务活动1580余场次。

【提升文化影响力】 深入实施文化引领发展战略，以先进文化塑造灵魂，大力推进文化惠民工程，文化艺术日益繁荣。全市共建成文化站135个，基层综合性文化服务中心1669个；开展文化惠民演出4406场，观众达596万余人次，放映农村公益电影1.78万场，文化小康建设加快推进。深化文化领域供给侧结构性改革，制定出台《关于推进中华优秀传统文化传承发展工程的实施意见》，深化“基层公共文化服务包”建设，举办创意昆明、郑和文化节、聂耳音乐节、中华龙舟大赛等活动，文化活动品牌影响力不断提升。以优秀作品鼓舞斗志，全年共扶持文艺创作项目38个，推出《讲武堂记忆》《到昆明去——我的青春在联大》《联大往事》等一批文艺精品。文创产业发展步伐加快，2018年，全市文化及相关产业预计实现增加值266亿元，同比增长约15%，占全省的45%；规模以上文化企业约360家，同比增长12%；建成文创园区21个，文化和相关产业融合发展示范基地4个，昆明获批“国家文化出口基地”。

【自身建设】 持续开展“走转改”“基层工作加强年”“深入生活，扎根人民”“全媒体走基层”等活动，锤炼宣传思想队伍的脚力、眼力、脑力、笔力，全战线勇于担当，昂扬奋进，凝聚力、创造力、战斗力显著增强。以文化名家暨“四个一批”人才工程为龙头，统筹推进各领域人才建设，全年共培训各级各类干部500余人次。深入推进“挂包帮”“转走访”扶贫工作，协调挂钩帮扶单位投入帮扶资金3073.25万元，实施帮扶项目100余个，助推挂钩联系点寻甸县联合乡脱贫摘帽。

（李能枝）

机关党建

【思想政治建设】 认真落实意识形态工作主体责任。坚持每季度分析一次意识形态工作，开展8次工委理论中心组学习。邀请市委副秘书长杜文向市级机关各级党组织开展党的十九大精神的专题宣讲，市级机关各单位结合实际采取中心组学习、主要领导宣讲等方式认真学习党的十九大精神。组织参加“云南省领导干部前沿知识讲座”4期，1843人次参加培训。举办4期“机关大课堂”，培训564人次。主办“学习宣传贯彻党的十九大精神”主题演讲大赛。制订下发《昆明市市级机关工委关于“万名党员进党校”培训工作实施方案》《关于进一步做好“万名党员进党校”“千堂党课进基层”“百名典型上讲台”“学习贯彻党的十九大精神科级干部培训”相关工作的通知》。2018年举办11期党员、党务干部示范培训班，共计1250余名党员参训。开展送学、送教上门，努力实现党员教育全覆盖。整合昆明市委党校等各类资源，下拨直属党组织50余万元培训经费，为教育培训工作提供有力支撑。组建党校教学点10个。机关所属各党组织共培训党员1.58万人，培训率91%，培训科级干部2580人，培训率100%。牵头开展学习《习近平新时代中国特色社会主义思想三十讲暨“改革开放我知道”》知识竞赛，以《习近平新时代中国特色社会主义思想三十讲》和党的十九大精神、新修订的《中国共产党章程》等为重点内容，结合“两学一做”学习教育常态化制度化和“不忘初心、牢记使命”主题教育，所属党组织27家代表队参加竞赛，选拔出15支代表队参加全市复赛，1支代表队进入全市决赛。充分利用工委“一网两微”信息平台，做好十九大精神学习贯彻宣传、普法、移风易俗、打黑除恶等网络学习宣传教育工作。《昆明机关党建网》发布党建信息196条，《昆明市级机关工委》官方微博发布信息1735条次，《昆明机关党建》微信公众号发布信息53条。举办2018年“法治宣讲进机关”活动，完成《法宣在线》学习辅导工作，开展《中华人民共和国宪法》学习宣传活动，全面完成依法治市目标任务。

【组织建设】 2018年，制订下发《市级机关“基层党建巩固年”实施方案》《市级机关“基层党建巩固年”重点任务项目清单》，明确5个方面23项重点任务。与市委组织部联合出台《关于健全完善机关党建工作责任落实体系的实施方案》。建立市级机关党建工作项目清单、责任清单、考评清单“三个清单”制度，开展党组织书记谈责任系列访谈和书记抓党建公开述职“两项活动”，召开“机关党组织书记述职考核评议会”，提出点评意见103条。抓实书记定期报告定期督导制度和书记抓党建工作纪实管理制度“两项制度”，编印下发党组（党委）及成员《纪实本》，编印下发《市级机关党支部工作手册》，实行各级党组织及书记抓党建工作纪实管理。制订下发《市级机关党支部规范化建设实施方案》，组织2期基层党支部书记培训班，对400余名党支部书记和支部委员进行支部规范化建设业务培训。全年共评审通过3星级党委、总支28个，3星级支部229个，4星级支部13个，5星级支部8个，有效提升机关党建工作质量。加强“三会一课”组织管理，严格实行“三会一课”“党费日”主题党日、党员政治生日、党员积分制管理、党组织按期换届等制度。20个软弱涣散党组织完成整顿提升，到期应换届的120个党组织全部完成换届。

举办入党积极分子、发展对象培训班和新党员培训班各1期，发展党员63名。开展党建品牌创建活动。积极参加北京路党建示范长廊建设，参加创建的党组织评定为4星级示范党组织。大力推动市级行政中心党建示范带建设，以35个示范党组织和25个机关党建品牌为点，以11栋办公楼为面，以点带面，聚面为带，逐步形成具有昆明特色的机关党建示范带。深入推进“互联网+党建”进机关工作，20个直属党组织完成“互联网+党建”进机关任务，积极推广使用“云岭先锋”手机App。健全党内关爱帮扶机制，拨付经费15万元，做好老党员、生活困难党员的看望慰问关爱工作。强化督促检查指导。采取一月一通报，半年一检查的方式，对所属机关党组织重点工作完成情况进行列表督查并每月予以通报；抽查211个机关党支部《工作手册》，重点检查支部“三会一课”等组织生活制度执行情况。组成4个调研督导组对37家直属党组织贯彻落实《中共昆明市委关于加强和改进机关党的建设的实施意见》、基层党建重点工作完成情况进行专项督查。举办县市区机关党建工作联席会。市级机关工委被市委组织部授予“昆明市2018年度党建工作先进党工委”称号。

【党风廉政建设】　认真研究部署党风廉政建设和反腐败工作，全面落实从严治党主体责任。落实党风廉政建设责任制。落实主要领导责任和班子成员责任。主持召开党风廉政建设专题会议、中心组理论学习会，上专题党课。坚持民主集中制。认真落实市委关于“三重一大”要求，按照《中共昆明市市级机关工委会议事规则》决策。严格党内政治生活，带头参加所在党支部生活会。认真执行《昆明市党政领导班子主要负责人述廉实施办法》，坚持重大事项报告制度，严格执行党务公开，接受机关党组织和广大党员的监督。深化党风廉政建设宣传教育，筑牢思想道德防线。以中心组专题学习、专题党课、廉政集体谈话、集中学习、先进典型学习、反面典型警示教育等多种学习形式，组织工委干部职工学习中纪委、省纪委、市纪委重要会议各级领导的讲话和中央八项规定及省委实施办法、市委实施细则，组织学习《十八大以来廉政新规定》《习近平关于党风廉政建设和反腐败斗争论述摘编》《习近平总书记系列重要讲话读本》《习近平谈治国理政》《中国共产党章程》《中国共产党廉洁自律准则》《关于新形势下党内政治生活的若干准则》《中国共产党党内监督条例》《中国共产党廉洁自律准则》《中国共产党纪律处分条例》《中国共产党问责条例》等。严格执行《准则》《条例》。组织警示教育，学习市纪委下发的各类违纪通报和市纪委《典型案例通报》。抓好“不忘初心，牢记使命”主题教育。深入学习贯彻十九届中央纪委二次全会、省纪委十届三次全会和市纪委十一届三次全会精神。制定《市级机关工委2018年推进“两学一做”学习教育常态化制度化工作清单》，认真落实“三会一课”、民主评议党员、党员党性定期分析、党员活动日等制度。纪检工作人员列席工委会，对工委“三重一大”决策事项程序进行监督。开展纪律作风专项整治。坚决贯彻落实中央八项规定和省委实施办法、市委实施细则，没有发生公款送礼、公款吃喝、奢侈浪费情况。开展“不作为、乱作为”行为集中整治工作，列出问题清单、整改责任清单，制定整改措施和要求。坚持践行“四种形态”。班子成员开展廉政提醒谈话17人次。开展“学、查、改”干部作风整治活动，工委各级党组织共查找问题53个，党员干部查找问题192个，制定整改措施258条，整改工作取得明显成效。

【群团工作】　开展昆明市第二十三届劳动模范和先进工作者的推荐工作。在湖南大学举办“2018机关工会主席能力提升培训班”。选送30位新任工会主席参加两期市总工会举办的“2018年昆明市工会干部岗位培训班”。举办“相约新时代·共筑幸福梦”单身职工联谊活动、“2018年昆明市机关工作人员计算机应用技能竞赛”、市级机关第十七届保龄球比赛、昆明市第十四届职工网球赛。组织市级机关单位职工参观“唱响主旋律，聚焦正能量”航天科普展。指导市级机关基层团组织的“智慧团建”工作，完成团中央“智慧团建”系统的组织建树和团员信息录入工作；举办纪念五四运动99周年“青春就要拼起来”爱国趣味拼图活动；组织开展2018年“创文明城市做文明市民”暨学雷锋志愿服务进社区活动，举办“弘扬五四精神　共创文明城市”昆明市青年文明号志愿服务行动暨“百号帮千家”扶贫志愿活动；加强对机关15家单位27家三星至五星级“青年文明号”的动态管理、复核、创建工作。召开昆明市市级机关妇女工作会暨纪念“三八”国际劳动妇女节活动；开展“巾帼心向党·建功新时代”学习贯彻十九大精神知识竞赛；继续开展寻找“最美家庭”活动暨好家风好家训征集展示活动；组织开展2018年度昆明市妇联系统“昆明好人”暨“最美昆明人”推荐活动；组织开展家庭亲子阅读活动；开展昆明市“女性大讲坛”暨“万名党员进党校”学习党章专题讲座；举办市级机关“女性大讲坛”暨“家庭教育进机关”培训讲座、中国好家庭好家风巡讲活动。市级机关33家单位的53户家庭参与评选，6户家庭被评为全市“最美家庭”。

【扶贫工作】　派出3名驻村队员到工委挂钩联系的寻甸县六哨乡拖期村和柯渡镇新庄村开展驻村扶贫工作。工委26名在职干部职工6次深入82户持续帮扶贫困户家中进行深度走访。协调帮扶项目和直接投入资金共计

22.89万元。2个村顺利脱贫摘帽。为提高村党支部战斗堡垒作用，为党员上专题党课，服务乡村发展。市级机关工委常务副书记陈光辉同志为拖期村党员同志讲授学习宣传贯彻十九大精神的党课，并作“感恩·诚信·自强”的专题宣讲。

（李红卓）

统一战线

【坚持党对统战工作的领导】 坚持将统一战线工作纳入党委议事日程、纳入党政领导班子工作考核内容、纳入意识形态和宣传工作计划，把统一战线纳入党校、行政学院教学内容。2018年，市委常委会专题研究统战、宗教、对台工作7次；制定统一战线目标考核细则，将统战工作纳入市级各部门、各县（市、区）、开发（度假、园）区党政领导班子考核内容中；将统一战线工作纳入《2018年昆明市宣传思想文化工作要点》，市委理论学习中心组专题学习统战理论方针政策2次；市委党校（行政学院）将统一战线政策理论教育纳入2018教学工作计划并组织实施。全市各级党政干部带头学习宣传党的统一战线理论方针政策，带头参加统一战线重要活动，带头广交深交党外朋友，全市大统战格局效能不断激发。

【筑牢共同思想政治基础】 坚持把加强对统一战线成员的思想政治引领作为首要政治任务抓牢抓实，将凝聚统一战线思想共识作为高质量推进区域性国际中心城市建设的生动实践和强大动力，确保中央、省委、市委关于统一战线工作的各项决策部署落地生根，见到实效。搭建工作载体平台，不断丰富活动内容和形式，进一步厚植统一战线思想政治基础。组织全市统一战线系统召开全市统战部部长（扩大）会议、市委对台工作会议、传达中央、省部署宗教工作督查会议精神会议等，及时传达贯彻、准确把握上级精神。强化学习教育培训，确保学懂弄通，制订培训计划，将党的十九大精神纳入专题培训，举办统一战线系统各类培训班8期，培训600余人次。在全市统一战线成员中掀起学习贯彻中共十九大精神热潮，进一步巩固多党合作的共同思想政治基础。开展专题活动，深化思想共识。以中共中央“五一口号”发布70周年等时间节点为契机，不断深化“不忘合作初心，继续携手前进”专题教育。围绕“重品行，树形象，做榜样”，切实推进非公有制经济人士理想信念教育实践活动。

2018年12月20日，全市统一战线庆祝改革开放40周年主题晚会

（市委统战部　供稿）

【“春融同心”品牌建设】 着力将“春融同心”打造成为彰显统战优势，体现昆明特色的统战工作品牌，从根本上改变统战工作务虚多、务实少的局面，实现统战工作贴得紧中心、跟得上大局、干得出业绩、打得响品牌。

抓好“春融同心·建功”品牌建设，围绕全市经济社会发展大局，发动和引导统一战线成员在各自岗位上创新创造、建功立业。组织开展“昆明市统一战线‘同心’助力脱贫攻坚”行动，积极引导统一战线广大成员投身“万企帮万村”、光彩事业活动等精准扶贫活动。2018年，全市各级民主党派参与协调帮扶项目9个，协调投入资金1400.66万元，捐款捐物35.62万元；组织动员181户企业参与帮扶行动，实施项目339个，共投入帮扶资金3424万元。邀请民建中央到昆调研，为推进翠湖周边历史文化片区整治提升，擦亮昆明文化之眼，全面提升“历史文化名城”品牌形象起到积极作用。建立全省首个“台胞台属公益服务站”，组织开展第15届两岸青年七彩云南联谊活动周、两岸同胞共植同心林、开展“两岸一家亲”作文大赛等活动。深化昆台经贸交流与合作，依托台创园及“南博会”“云台会”“农博会”等大型会展平台，积极开展大型经贸交流活动，承办产业合作对接会等，促成5个项目签约“云台会”，协议金额70.70亿元人民币。2018年，共有统战成员26人在各条战线上被中央、省、市表彰；41户非公有制企业入选全省非公企业100强；寻甸县、禄劝县上榜全国民族团结进步创建示范区（单位），石林县获授“海峡两岸少数民族交流与合作基地”。

抓好“春融同心·文化”品牌建设，充分发挥文化在统战工作中联人、联谊、联心的独特作用，开展形式多样的“春融同心·文化”工作品牌创建活动。先后打造昆明老街、冰心默庐、古城魁阁、中山文化园等10个“昆明统战文化基地”，“两岸青年七彩云南联谊活动周”成为两岸青年文化交流品牌。着力挖掘整合南侨机工历史资源，组织拍摄制作《南侨机工》等2部纪录片和爱国主义情景组歌《南侨颂》，五华区新闻里社区打造成为南侨机工历史文化社区。深入开展海外“昆明书屋”项目，截至2018年12月31日，已累计投入资金70万元，先后在泰国、缅甸、老挝、印尼等国捐建7所“昆明书屋”，捐赠华文图书3万余册。全年累计组织举办“名城八载，丰碑千秋”纪念西南联合大学在昆建校80周年主题绘画作品展、“学习十九大，品古典精华”习近平用典主题书法展等文艺演出、书画展38次。

抓好“春融同心·e+”品牌建设，创新“互联网+统战”信息化建设工作，推进统一战线工作在实体领域和虚拟空间、线上和线下互动互联，深度融合。昆明统一战线网站、昆明统战微博、“春融微语”的关注度进一步提高，网络宣传平台全年浏览量达494.60万次，发布宣传稿件3137篇（条），被全国媒体采用237篇（条），其中被中央统战部网站采用67条，名列全省第一；昆明统战微博位列“全国十大统战部微博”排行榜第5名。政务信息发布工作在全市党群口非重点信息公开部门中排名第二；开通微信公众号4个，建立微信朋友圈32个，打造全市新的社会阶层网上联谊交友“朋友圈”。信息化工作取得成效。涉密电子政务内网建设扎实推进，完成全市接入节点测评工作；信息化应用不断推进，办公自动化系统应用逐步深化，昆明市新的社会阶层人士网上联谊会系统投入使用。

抓好“春融同心·智库”品牌建设，制订下发《昆明市统一战线党外代表人士队伍信息库建设工作实施方案》，建立健全统计准确全面、适时动态管理的统一战线代表人士信息数据库。截至2018年12月31日，已建立全市党外代表人士“六支队伍”数据库1000名（册），党外代表人士“春城智库”100名（册）。

抓好“春融同心·新能量”品牌建设，先后组织近万名新的社会阶层人士参加“54km春城新能量”大型公益徒步、“新阶众智讲坛”“艺术走基层”“寒冬送温暖”等涉及慈善公益、扶贫救助等主题的社会服务活动30余次，捐款捐物累计达100余万元，广泛凝聚新的社会阶层人士思想共识，树立新的社会阶层人士良好形象。2018年，昆明市被中央统战部确定为全国新的社会阶层统战工作创新推广城市。

抓好“春融同心·政商直通车”品牌建设，打造昆明“政商直通车”线上平台，为非公有制企业搭建反映问题，表达诉求的绿色通道。截至2018年12月31日，已有53家市级部门、县（市、区）人民政府、开发（度假、园）区管委会及3200户企业、125家商（协）会注册上线，帮助商会、民企解决问题和建议106个。在市工商联“昆明市民营企业投诉中心和民营企业法律服务中心”的基础上组建完善“政商直通车”线下平台，制定企业与市级部门、驻昆商会全面参与的定期通报会制度，及时开展线下沟通交流。

【多党合作，民主监督】 深入推进政党协商工作，制订《中共昆明市委2018年度政党协商计划》，统筹做好全年政党协商工作，全年召开协商座谈会4次，协调安排市级各民主党派负责人参加市政府常务会议15次，不断扩大知情范围和参与程度。不断提升建言献策质量，组织市级各民主党派、工商联、有关人民团体围绕市委、市政府中心工作，完成调研报告11篇，市委主要领导组织召开调研成果协商座谈会，强化调研课题成果转化应用。组织党外政协委员提出集体提案97件，多项建议转化为推动工作的具体政策和措施。不断增强民主党派履职能力。制定出台《昆明市市级民主党派机关目标管理考核实施办法（试行）》，协助党派做好组织发展和基层组织建设工作，落实好民主党派领导班子谈心交心工作制度，坚持民主集中制原则落实议事会议制度，开展形式多样的教育培训活动。市委、市政府将民主党派工作经费纳入财政预算进行经费保障。不断发挥民主党派民主监督作用，全面贯彻实施《关于支持民主党派开展脱贫攻坚民主监督工作的方案》，建立民主监督工作责任制和成果会商机制。牵头完成农工党辽宁省委到昆明开展民主监督有关工作。市各民主党派向各级党委、政府提出意见建议100余条，上报社情民意及相关信息162篇。昆明市《发挥民主党派作用，积极探索脱贫攻坚民主监督新途径》在全省交流。

【压实民族宗教领域工作责任】 强化制度建设，制定下发《昆明市关于做好民间信仰的实施意见》《昆明市“一网两单”制度（试行）》及《昆明市推进宗教工作“一网两单”制度落实工作方案》。抓好重点工作，全面推进民族团结进步示范创建，着力抓好全国民族团结进步示范县、100个“九进”示范点的创建工作，昆明市创建全国民族团结进步示范市通过省级初验，3个民族自治县全部创建成为全国民族团结进步示范县。成功创建国家级示范单位5个、中国少数民族特色村寨3个、国家级民族团结教育基地1个、省级示范单位64个，命名市级民族团结进步示范先进单位240个。落实“一网两单”制度，建立起昆明市“一网两单”+3个系统（日常管理系统、情报系统和应急系统）的宗教工作格局，全市划分网格1581个，配备网格信息员1999名。召开民族宗教工作专题研究会10余次，开展有关专项问题排查工作9次，组织10个市级督查组开展宗教工作专项督查，扎实开展和谐寺观教堂创建，共命名30个市级和谐寺观教堂。全年未发生因民族宗教问题引发的重大突发事件。多渠道宣传新修订的《宗教事务条例》等，密切与宗教界代表人士联系互动。完成市道协新一届领导班子的选举产生，依法依规开展基督教“两会”换届人选配备相关工作。

【创新统战工作】 创新机制体制，市级16家单位和部门建立联动机制，组织召开昆明市新的社会阶层人士工作联席会议，出台《关于在非公有制经济组织和社会组织中加强新的社会阶层人士统战工作的通知》《关于在全市青年中加强新的社会阶层人士统战工作的通知》《关于加强全市新的社会阶层人士统战工作的实施意见》《昆明市新的社会阶层人士统战工作试点方案》4个指导性文件。强化推广示范，自2017年起，全力打造“春城新能量”新的社会阶层人士统战工作品牌，在全省发挥示范引领作用。首创建立“网上联谊会”，形成“党建+统战+群团组织”的三位一体联动机制，完善“市+县（市、区）+示范点”三级网络建设，全市工作体系建设做到市级有机制、县区有平台、基层有站点。成立4个市级新的社会阶层人士专业联合会，12个区（县）、街道联合会，市、县（市、区）两级共授牌示范站点218个。加强联系沟通，以专题培训、情况通报、主题调研等方式，召开党外知识分子统战工作座谈会6次，切实做好新形势下无党派人士、党外知识分子统战工作，了解思想状况、听取意见建议，为经济社会建设献计出力。

【加强非公经济统战工作】 切实优化政策环境。市委主要领导主持召开全市民营企业座谈会，组织民营企业代表参加昆明市促进民营经济发展若干政策征求意见座谈会，推动中央、省委支持非公有制经济政策落地。市委领导班子带头落实《昆明市领导干部挂钩联系民营企业工作方案》相关要求，实地走访调研，为民营企业排忧解难。制定出台《关于构建“亲”“清”新型政商关系的实施意见》《昆明市全力推进一网通办、审批服务便民利企、加快打造国际一流营商环境工作方案》等文件，支持民营企业发展。促进非公经济“两个健康”。印发《昆明市工商联（总商会）企业家副主席、副会长、常委、执委履职管理办法》及《2018年“五好”县级工商联建设工作实施方案》，开设“民企大讲堂”，抓好“五个培训班”。强化商会协会党建工作，全市已组建成立商会协会党支部88家，实现列入党建基数商会协会党建工作全覆盖，14家商会党支部完成规范化达标创建。

2018年6月11日，中央统战部领导到昆明调研
（市委统战部 供稿）

【扩大港澳台侨海外“朋友圈”】 深化交流交往交融，召开市委对台工作领导小组会议，全年举办“涉侨涉台涉外”联席会议4次。扎实做好市海联会2018年理事大会工作，不断强化港澳台海外代表人士队伍数据库建设。全年共组织24批交流团组329人赴台交流，接待台湾团组25批512人次来昆交流参访。深入开展港澳台侨交流活动，主动融入“一带一路”建设，在南亚、东南亚深入实施海外“昆明书屋”项目；启动第二届“昆明—蒙特利公园市夏令营”；圆满完成“南博会”“云台会”期间6个方面13场次活动等。提升服务品质，维护台胞侨胞合法权益。全年共接待涉台来电、来信、来访及网上投诉30余件。投诉立案16件，办结16件，办结率100%。接待涉侨群众来访30余人次，接受信访件8件，办结8件，办结率100%。共为11位台胞子女办理入学手续，为2位台胞子女办理加分，出具台胞台属关系证明3份，服务率达100%。制定昆明市城市散居困难归侨侨眷帮扶机制，为困难归侨及侨眷149人建立帮扶明白卡，提供困难帮扶资金。

【自身建设】 践行“政治坚定，业务精通，作风过硬”要求，结合自身实际，坚持更高标准、更严要求，扎实开展创建新时代“五个一流”机关工作，努力将昆明统战干部队伍打造成为全省统一战线的标杆模范、统战工作的行家里手、统战事业的精兵强将。深入推进全市统战系统“两学一做”学习教育常态化制度化，切实加强党风廉政建设，切实转变工作作风。市、县两级人大、政府、政协领导班子党外干部均实现按政策配备到位，圆满完成41名党外省政协委员的协商产生和10名党外省人大代表候选人、1名党外全国人大代表和1名党外全国政协委员的提名推荐。深入14个县（市、区）开展党外干部的培养选拔和基层统战系统人员结构情况工作调研，完成《昆明市党外干部基本情况统计分析报告》。召开理论中心组集体学习10次。组织党员干部积极参加市级机关工委牵头开展的“习近平新时代中国特色社会主义思想三十讲”学习竞赛活动，获得优秀组织奖；坚持三会一课制度，打造过硬党支部，各支部共召开组织生活会5次，主题党日活动60次，志愿服务活动27次；3个直属党支部完成规范化达标创建，“春融同心，共铸繁荣”被评为市级行政中心党建示范带第一批党建品牌。在统战系统扎实开展“提神振气转作风，五个一流创佳绩”大讨论活动，不断完善目标绩效管理、考勤等内部管理制度，推动党建工作与统战工作相融相促。

（锁潇晓）

机构编制管理

【推进“放管服”改革】 深入落实全国推进“放管服”改革会议精神，制定进一步深化“放管服”改革优化营商环境11条措施，扎实推进“放管服”改革落地见效。继续推进相对集中行政许可权改革，在五华、盘龙、西山、官渡、呈贡5个主城区，高新区、经开区、滇池度假区、阳宗海风景区4个开发（度假、园）区组建“行政审批局”，推行行政许可权向一个部门集中。督促推进“3550”改革，确保“3550”改革按时按质推进。继续完善权责清单管理，制定《昆明市政府部门权力清单和责任清单动态管理办法》。积极落实承接、取消、下放、调整行政审批事项，公布32个市级部门《昆明市市级部门行政许可事项目录清单》共282项。推行行政审批标准化，建立健全内部审批事项目录清单监管机制，梳理公布14个市级部门《昆明市市级部门内部审批事项清单》共85项。采取取消、冻结、下放、合并、调整类别、纳入省级下放目录管理“六个一批”措施，进一步清理规范精简市级行政许可事项。牵头开展“三多”问题整改，市级25个部门“提交材料多”方面共整改96项，“审批时限多”方面共整改118项。积极争取省级部门下放昆明市行政职权22项，其中，行政许可18项，内部审批4项。牵头梳理第二批“最多跑一次”改革事项清单，共公布“最多跑一次”事项614项。持续推进“减证便民”审批时限再压缩，全市行政审批事项审批要件再精简38%，审批时限再压缩51%。推进“证照分离”改革试点工作，在高新区、经开区、度假区开展“证照分离”改革试点的具体事项92项。规范行政审批中介服务，累计清理规范行政审批中介服务事项76项。组织开展营商环境第三方评价。全面推行“六个一”行动，努力实现审批更简、监管更强、服务更优，营造稳定、公平、透明、可预期的营商环境。

【优化调整部门职能职责】 深入贯彻落实中央、省委和市委深化党政机构改革决策部署，切实抓好全市党政机构改革工作落实，建立统筹负责全市机构改革工作的领导和协调机制。着力推动机构编制管理制度建设，加强和规范机构编制管理，与北京零点市场调查有限公司合作，选取市委办公厅、市发展改革委等15家党政部门开展机构编制配置及执行情况评估，提升机构编制管理的科学性、规范性、有效性，推动政府部门进一步落实职能转变，促进行政资源有效配置，更好地发挥行政效能。加强基础性前瞻性研究，完成《昆明市深化机构改革对策研究》《昆明市基础教育事业编制动态管理机制研究》2个课题，为推进新一轮党政机构改革提供政策准备、方案储备和决策依据。全面梳理2010年和2015年两轮机构改革以来政府部门职能职责调整、内设机构、领导职数、人员编制等信息，加强对机关事业单位和综合执法机构的调研，扎实做好推进机构改革的筹备工作。成立昆明市监察委员会和7个市委巡察组，优化调整阳宗海管理局、市发改委、市交通运输局、市国土资源局、市财政局、市金融办、市林业局、市公安局等部门的机构编制相关工作。顺利完成昆明市市、县两级法院、检察院上划省级管理的后续工作。推进清理整治党政机关部门办企业工作，经报政府同意7个市级部门共28户企业的脱钩方案。支持云南省高层次人才创新创业园建设发展，新增昆明高新区管委会10名事业编制专项用于高创园建设及管理服务工作。

【深化事业单位改革管理】 稳妥推进从事生产经营活动事业单位改革，市级撤并昆明市东郊苗圃等生产经营类事业单位5个，核销事业编制200名。全面推进承担行政职能事业单位改革，完成市、县两级职能清理审核工作，市级涵盖事业单位361个上报承担行政职能4340条。切实回应民生关切，整合9个事业单位，组建昆明市不动产登记中心、昆明市不动产信息档案管理中心和昆明市不动产权籍调查中心，在市级构建“一局三中心”的不动产登记机构体系。突出滇池治理的生态环境保护和水环境治理职责，健全完善滇池治理机制，整合2个事业单位，组建昆明市水生态管理中心。将昆明市滇池生态研究所调整设置为昆明市滇池高原湖泊研究院，提升滇池治理技术支撑能力。组建昆明幼儿师范高等专科学校，为全省唯一一所幼儿师范高等专科学校，填补了行业空白。整合办学资源，将昆明铁路机械学校整体并入昆明铁道职业技术学院。健全完善教育系统机构编制动态调整机制，完成市级教育系统

31家事业单位人员编制年度核定。将昆明市智慧城管服务指挥中心调整为昆明市网格化监督指挥中心，拓展城市管理职能，进一步提高综合指挥监督和部门联动效能。调整设立建筑垃圾管理服务机构，重点加强渣土等建筑垃圾执法监管，推进城乡人居环境改善。改革和完善财政支付方式，调整明确昆明规划馆、昆明市公有房屋管理中心、昆明市滇中引水工程建设管理局财政支持方式。继续推进事业单位登记管理制度改革，完成市级352家事业单位年度报告审查工作，对349家事业单位年度报告进行公示。规范开办资金确认登记工作，受理5家新设立事业单位的开办资金申请。办理事业单位设立登记5家、变更登记38家、注销登记6家、证书补领1家。扎实做好统一社会信用代码工作，办理市级机关、群团统一社会信用代码证书初领3家，变更16家。加强对事业单位法人的事中事后监督管理，随机抽取昆明市会计学会办公室等11家单位进行事业单位法人公示信息实地核查。积极协调划转滇中新区、“两区”事业单位网上登记管理系统数据。认真做好9家事业单位入驻中介机构基本信息审核，审批2家入驻中介超市事业单位基本信息变更。严格执行事业单位登记管理提示告知制度，依法提供事业单位登记事项查询服务。组织全市事业单位登记管理业务培训，各人民团体、市属各事业单位共400余人参加培训。

【指导县（市、区）工作】 理顺主城6区滇池管理综合行政执法管理体制和机构设置，在主城6区水务局（滇池管理局）加挂“昆明市××区滇池管理综合行政执法局”牌子，实行“三块牌子，一套班子”的管理模式，实现滇池管理综合行政执法全覆盖。积极指导县（市、区）控编挖潜、创新事业单位机构编制管理。指导盘龙区、嵩明县完成滇源街道、阿子营街道机构编制移交工作。积极组织县（市、区）进行经济发达镇的申报工作，推荐宜良县北古城镇和嵩明县小街镇开展经济发达镇行政管理体制改革。指导宜良县、嵩明县完成街道析置机构编制方案，确保街道析置顺利进行。先行做好县（市、区）编制统计核查工作。配合完成监察体制改革试点，做好县（市、区）涉改单位人员编制、机构转隶工作和监察委“三定”指导工作。进一步完善园区管理体制和机构设置，制订出台《嵩明杨林经济技术开发区机构编制方案》。督促县（市、区）加快推进事业单位分类改革，注重工作经验总结。加强实作性业务指导，组织14个县（市、区）、5个开发（度假、园）区负责事业单位机构编制管理、事业单位改革工作人员共19人分两批开展承担行政职能事业单位改革业务培训。积极指导各县（市、区）开展实名制管理工作，完成市级和11个县（区）的系统运行维护合同签订工作。

【严格实名制管理】 强化机构编制督查力度。依托机构编制统计及实名制网络管理系统，及时完善系统数据和各单位《实名制管理手册》信息维护更新，落实“定期对账”制度，严格办理台账更新、人员出（入）编、职级变更等事项共计2760余人次。规范机构编制日常业务管理工作，严格落实审批、审核权限和程序，共接收单位用编申请110余份，办理印发用编通知98份，接收办理单位用职数审核60余家，全年完成单位月工资报表审核680余家。强化机构编制监督检查力度，认真落实改革期间机构编制纪律规定，积极开展监督检查工作，全年共受理4起“12310”举报事件。编印下发《昆明市机构编制管理与监督检查政策选编》2000余册，为各单位开展机构编制工作提供权威参考。推进机构编制信息化建设，积极更新维护“昆明市机构编制网”，共上传发布信息460余条。扎实开展机构编制统计工作，市级和县（市、区）按月、季度统计工作进展顺利。积极配合市委组织部开展超职数配备干部整治复查工作，协助市人社局开展2018年“吃空饷”问题专项清理督查工作。完成市车改领导小组在企事业单位车改工作中分配的相关工作，协助统计局做好昆明市第四次经济普查数据核对工作。

【自身建设】 积极推进“两学一做”学习教育常态化制度化、基层党建提升年等活动。开展志愿者服务活动20次，参加人员100余人次。认真贯彻落实中央、省、市脱贫攻坚工作精神，全办干部职工完成6批次到贫困户家中入户调查和走访，投入经费11.12万元制作帮扶点宣传片和宣传栏，协调经费15.70万元建设大棚蔬菜产业脱贫示范项目，争取20万元项目补助资金协助东川区乌龙街道碑棋社区创办核桃加工厂，“挂包帮”“转走访”工作取得新的成效。着力加强干部人事制度建设，修订完善关于《干部职工请休假及体检规定》《考勤管理办法》2个制度；统筹协调新录用公务员招录、临时人员借用、军转干部安置、干部教育管理和干部考核培训等工作。组织编辑《昆明机构编制信息》28期，编发工作动态181篇，工作简讯143篇，报送的信息被“中国机构编制网”采用25篇，被“云南机构编制网”采用87篇，信息报送工作受到中央编办电子政务中心的通报表扬。市委编办政务微博共发布微博835条，工作日日均发布微博3.34条。办理人大代表建议5件，政协提案12件，办结率、满意率均达100%。建立健全法律顾问制度，聘请北京大成（昆明）律师事务所马巍律师、余坤律师2位律师作为市委编办外聘法律顾问专业团队。积极推进财务管理、机要保密、档案管理、河长制工作、公共机构节能减排、消防宣传教育、公务接待、综合管理的保障服务工作。

（奚兴灿）

保密工作

【宣传教育】 认真贯彻落实中央和省、市《“七五”保密法治宣传教育规划》，深入开展保密法治宣传教育，积极推广保密法治文化。扎实抓好教育培训，2018年，共举办全市保密业务培训班4期，各县（市、区）、市级机关单位、市属企事业单位共2400人参加培训。应邀到各单位授课，累计对相关单位干部职工、初任公务员、新提拔科级干部8000余人进行专题培训。赴南京大学国家保密学院举办专题业务培训班1期，各重点涉密单位共59名保密专兼职干部参训。深入开展保密普法活动，大力推进保密法律法规学习宣传进机关、进乡村、进社区、进学校、进企业、进单位，全市共编发手机保密提醒短信2万余条、微信和微博保密提醒2.50万余条，编发网站保密知识1135条，编辑保密宣传栏112期，张贴保密宣传标语1056条，电子显示屏保密宣传350余次，发放涉密专用文件夹2000余个。紧跟社会发展，积极建设“互联网＋保密微宣教平台”，“春城保密”微官网逐步成为昆明市保密宣教工作的新阵地。认真做好学刊用刊工作，2018年，昆明市保密局被国家保密局金城出版社评为“《保密工作》杂志通联工作先进单位”，并颁发“《保密工作》杂志学刊用刊工作突出贡献奖”。

【保密技术防范】 坚持科技强密，做好保密科技管理和技术监管工作，严格按照省保密局要求，每季度指导机关各部门和各县（市、区）开展信息系统和信息设备自检自查和抽查工作，认真做好互联网站信息审查工作，实现对保密工作的实时监管。积极推进保密综合业务网建设工作，开展保密科技项目研发工作，并完成立项和中期评审。按照市委关于深化保密技术服务保障体制改革的工作部署，成立市保密技术服务中心，预计2019年上半年竣工投入使用。

【保密监督检查】 坚持依法治密，切实履行好监管职能，加强对各单位保密工作检查督导。全面推进精准化定密管理，从源头认真抓好保密工作治理，编制《昆明市国家秘密定密事项一览表汇编》，为全市机关、单位规范定密管理提供基本依据。全面推进动态化涉密人员管理，严格执行保密相关管理制度，确保涉密人员可靠、可信、可用、可控、可管。全面推进常态化保密监管，扎实开展保密专项检查，督促全市各级机关、单位认真开展保密自查自评工作；对全市信息公开前保密审查工作开展督查，信息公开工作中未发生失泄密事件。对全市各类国家统一考试考务进行保密监管和指导，圆满完成全市淘汰报废涉密设备集中销毁处置和纸质涉密文件销毁工作。

（宁显志）

党史工作

【征编资政】 认真履行“存史、资政、育人”的根本任务，先后编辑出版《中共昆明市委执政纪要（2017）》《中国共产党昆明历史大事记（2017）》《中国共产党昆明历史大事记（1978—2002）》《昆明市对外开放实录（1978—2002）》《口述昆明（第十二辑）》《滇池治理三十年》《昆明市抗日战争时期人口伤亡和财产损失》《昆明红色记忆》《红色石龙坝》《昆明市纪念改革开放40周年征文选集》10部党史书籍。发行《昆明党史》期刊4期；开展《党的民族理论与政策在昆明的实践研究》《昆明市各县（市、区）建党初心及传承研究》专题研究工作。完成历届市委及主要领导简历、重要决策、重点工作的收集整理工作，形成约20万字的资政稿件。审读市参事室、文史研究馆《望旌旗以千里——昆明抗战遗址遗迹全录（1931—1945）》，禄劝县委党史研究室《彝山苗岭的回忆——红军长征过禄劝纪实》。市委党史办主要领导、分管领导多次对县（市、区）地方党史正本编撰工作进行督促指导。1月，分别到寻甸、嵩明、石林调研指导党史正本编撰工作。4月，召开专题会议指导盘龙区开展《中共盘龙区历史第二卷（1950—1978）》的编纂工作。6月下旬，专题调研五华区党史正本编撰工作。9月26日，召开全市党史工作座谈会，安排部署2019年党史正本编撰工作。11月，分别到安宁、官渡、富民、西山调研指导党史正本编撰工作。

【党史宣传教育工作】 扩大《昆明党史》期刊发行面到驻昆部队、市属中小学和基层党组织。到春苑小学、春苑幼儿园等做题为《不忘初心 牢记使命 让昆明红色基因代代相传》的党史宣讲。暑假期间，在中共云南地下党建党旧址为全国百所高校大学生暑期实践团宣讲党的光辉历史和革命先烈故事。“七一”建党节期间到对口联系的五华区新闻里社区开展主题党日暨党史宣讲活动。会同市委党校完成“昆明党建主题馆·中共昆明党史部分”的编撰和布展工作。向西山区区属各单位和石龙坝电站赠阅300册《红色石龙坝》党史书籍。7月1日，到对口帮扶的东川区梅子村开展党史宣讲，为40余名村民上题为《东川红土地的初心》的党课。

做好“昆明党史”网站、政务微博、微信公众号的信息发布工作。2018年，更新微信116条，网站信息587条，微博1500余条。联合省委党史研究室、盘龙区党史办开展祭扫烈士墓、重温入党誓词活动。向25所“中华魂”读书示范学校发放《昆明红色记忆》党史书籍。组织开展纪念“七一五”“反美扶日”爱国民主运动70周年活动和纪念改革开放40周年征文活动。编撰的《周恩来对滇军开展的抗日民族统战工作》《周恩来长征时在昆明的光辉足迹》分别被中央统战部官网和《中国统一战线》宣传报道。编撰的《传承红色文化 激励奋斗精神——昆明长征文化线路整体保护、开发和建设调查》被《云南日报》宣传报道。

【革命遗址保护利用】 组织全市14个县（市、区）申报2018年度省级革命遗址保护项目，争取省级补助资金20万元，确定禄劝县“团街镇红军总部驻地旧址”为省级革命遗址保护项目，截至2018年12月底，该项目顺利竣工。市委党史研究室领导带领相关处室人员，于1月、5月分别到盘龙区小哨红军烈士墓和五华区节孝巷中共云南地下党建党旧址、聂耳故居开展调研督查，现场核实修缮保护的情况，提出督促指导意见，并会同市委宣传部、市文广体局形成书面修缮保护意见和建议报市委决策。

【创新工作】 根据中央、省委相关文件精神，按照市委全面深化改革领导小组的工作部署，6月5日制定出台《关于加强地方党史工作的实施意见》。结合工作实际，制订《中共昆明市委党史研究室关于党史课题库建设的方案》《中共昆明市委党史研究室室领导联系县（市、区）党史部门工作制度》《关于执行统一稿费标准的通知》《关于加强2018年书籍出版管理的通知》等4个规范性文件。根据《中国共产党工作机关条例（试行）》要求，修订明确室务会和主任办公会的召开方式、时限、参加人员、内容等。通过“走出去”和“请进来”的形式，分别于3月、4月组织全市党史部门110余人参加中山大学党史党性专题培训和市委党校昆明市党史系统业务骨干培训。10月，组织机关全体干部职工参加党委信息工作专题培训。

（市委党史研究室）

老干部工作

【离退休干部情况】 离休干部1565人（党员1182人），其中，红军时期1人、抗战前期20人、抗战后期66人、解放战争时期1478人；行政机关467人、事业382人、企业716人；离休干部平均年龄89.3岁，年龄80—89岁914人、90—99岁641人、100岁以上10人；待遇为副省单项（医疗）待遇2人、正厅级2人、副厅级51人，正县（处）级133人、副县（处）级772人、科级及其他605人。退休干部6.07万人，其中，行政机关1.48万人、事业3.28万人、企业1.3万人；待遇为正厅37人、副厅107人、正县1591人、副县5012人、正科（乡）、副科（乡）级以下5.39万人。

【工作机构及人员】 市、县两级党委老干部局15个；市直机关、事业、企业单位内设老干部工作处、办、科71个，其中，机关41个、事业17个、企业13个。全市专职从事老干部工作人员348人（不含工勤人员），其中，研究生学历20人，大学本科学历219人，专科学历78人，高中（中专）以下学历31人；年龄30岁以下11人，31—40岁86人，41—50岁138人，51—59岁103人，60岁及以上10人。另有兼职老干部工作人员921人。

离退休干部庆祝建党97周年暨纪念改革开放40周年文艺演出

（市老干局　供稿）

【老干部工作会议】 2018年3月1日，2018年全市老干部工作会议在昆明会堂召开，市委组织部副部长、老干部局局长张玉宁主持会议并讲话。会议要求全市各级老干部工作部门提高政治站位，强化责任担当，努力开创新时代全市老干部工作新局面。会议传达学习全国老干部局长会和全省老干部工作会议精神，对2018年主要任务进行部署，与各单位签订工作目标管理责任书。五华区、官渡区、嵩明县分别就离退休干部"示范党支部""正能量活动示范点""老年大学示范校"创建工作交流经验。全市102家单位160余人参加会议。

【离休干部党组织建设】 把政治建设摆在首位，强化思想建设，加强党组织建设，持续深入抓好习近平新时代中国特色社会主义思想和党的十九大精神学习，成立"老干部讲习所"，制定《昆明市离退休干部党员教育培训制度（试行）》，认真落实"万名党员进党校培训"要求，组织"千名离退休干部党员进党校"学习，开展"学习党的十九大精神和新党章"知识竞赛，举办"不忘初心，牢记使命"纪念建党97周年文艺汇演、诗书画展和主题征文活动，引导全市广大离退休干部树牢"四个意识"，坚定"四个自信"，坚决做到"两个维护"。开展离退休干部"示范党支部"创建工作。全年创建"省级示范党支部"3个、评定"市级示范党支部"45个，离退休干部党支部的政治功能、组织功能和服务功能进一步增强。印发《关于明确市级机关事业单位离退休干部党组织工作经费保障标准的通知》，离退休干部党建工作经费列入财政预算，每年离退休干部党委工作经费不少于5000元，党总支不少于4000元，党支部不少于3000元；党支部书记工作补贴每人每月不少于300元；收缴党费按80%返还，离退休干部党建工作经费实现新保障。

【落实"两项"待遇】 老干部阅读文件、理论学习、组织生活、参加重要会议、情况通报、参观考察、走访慰问、在职领导联系同级老干部等八项政治待遇得到有效落实。全年召开离退休干部情况通报会3次，组织老干部就近就地参观考察4次、健康疗养1次；举办市级老领导井冈山党性教育培训班；走访、看望14名省外易地安置离休干部及遗属。

认真落实离退休干部各项生活待遇，离退休干部离退休费（金）100%社会化发放，离休干部抚恤费、丧葬费、住院陪护费、无固定收入遗属生活补贴等相关待遇100%落实。下发《昆明市离休干部和厅级退休干部家庭医生签约服务制度》，为离退休干部办理家庭医生签约服务。联合市卫计委等五委办局下发《关于做好昆明市离休干部和退休医疗照顾人员就诊工作有关事项的通知》，为离休干部就医提供优先挂号、优先化验、优先检查、优先付费、优先取药等"六优先"服务。实施精准服务管理，制定《昆明市离休干部精准服务管理办法》《昆明市离休干部精准服务手册》《昆明市离退休干部"六必访"制度》，开展"进千家门、访千家情、解千家难"活动，全年走访、慰问、帮扶困难离退休干部及遗属651人次。

【改革开放40周年纪念活动】 组织开展"不忘初心跟党走·牢记使命再前行"和"纪念改革开放四十周年·建言区域性国际中心城市建设"征文活动，收集改革开放赞言5436条，助力改革发展建言935条；召开"畅谈改革开放40周年 展望美好幸福生活"座谈会72场次，参加座谈、访谈离退休干部1562人，老干部为经济社会发展建净言、献良策，贡献"金点子"。文艺展演唱响正能量"好声音"，举办"永远跟党走·共筑中国梦""新春送祝福·传播正能量""创建全国文明城市"进社区文艺演出，"春城银霞心向党 携手奋进新时代"诗歌朗诵比赛，"讴歌辉煌成就 筑梦伟大时代"歌咏比赛等活动，用文艺歌唱共产党好、社会主义好、改革开放好、伟大祖国好。举办"同赞改革路·书写新时代"书画摄影展，十九大精神师生书画摄影诗词展，开展"老干部书画协会纪念改革开放40周年笔会"等活动，用笔墨油彩传递老干部爱党爱国情怀，展示老同志永远跟党走的决心。开展"我看昆明改革开放40年新变化"活动，组织市级老领导考察石林县域经济社会发展、经开区"互联网+非公党建"和现代企业、西山区新农村建设等，老干部看发展、谈变化、齐声赞改革。成立"春城银霞宣讲团"，老干部以亲身经历和切身感受积极发声，宣讲习近平新时代中国特色社会主义思想和党的十九大精神，宣讲改革开放40年尤其是党的十八大以来的新气象、新作为、新成就，为区域性国际中心城市建设凝聚传递正能量。

【构建老年教育体系】 2018年，全市老干部工作部门认真贯彻落实国务院办公厅《老年教育发展规划（2016—2020年）》和云南省人民政府办公厅《关于加强老年教育工作的实施意见》，积极推进学习活动阵地建设。实施"315工程"构建老年教育四级网络。把老年大学、老干部活动中心建设纳入公益类文化事业发展总体规划，推进县、区老年大学3000平方米，活动中心1500平方米达标建设。昆明老年大学本部招收226个班、学员1.06万人；呈贡校区招收107个班，学员4468人；全市建成市、县（市、区）老年大学16所，分校94所，社区（村委会）老年学校571所，构建覆盖市—县—乡—村四级的老年教育体系。示范创建带动科学发展。开展老干部"示范活动中心（室）"创建，2018年申报争创省级"示范活动中心（室）"2个，组织考评市级"示范活动中心（室）"10

2018年10月，市级老领导井冈山党性教育培训班
（市老干局 供稿）

个，推进活动中心（室）向标准化建设、规范化管理、优质化服务方向发展。加强“第一课堂”与“第二课堂”联动，与成都市老年大学签订《昆明老年大学游学基地方案与战略合作框架协议》。开展各类文体活动丰富离退休生活。围绕“纪念改革开放40周年”和“庆祝建党97周年”主题，举办诗歌朗诵比赛、歌咏比赛、文艺展演等大型活动4次，象棋、双扣、乒乓球、桥牌等全市性文体比赛活动5次。离退休干部艺术团体组队参加全国全省各类文体赛事获得多项荣誉。昆明老年大学艺术团《再唱山歌给党听》在第六届全国老年大学文艺汇演上获金牡丹奖一等奖，《心声》《噻噻噻》获全省纪念改革开放40周年文艺汇演一等奖；昆明市老干部活动中心舞蹈队《绣荷包》《滇池》在全省纪念改革开放40周年文艺汇演中获一等奖。加强内部管理，提升服务水平。加强校园（中心）政治建设，在学校（中心）设置党建长廊、党员活动室，建立政治辅导员制度、课前五分钟政治理论学习制度、季度公开课制度，强化政治思想引领。加强校园（中心）文化建设，实施以党建文化、国学文化、传统文化、学员文化为主的“文化、文养、文育”工程，增强校园文化的渗透力、影响力和感染力。加强平安校园（中心）建设，建立老年学员商业保险制度、学校（中心）物业管理制度、安全工作巡查制度。

【自身建设】 开展学习习近平新时代中国特色社会主义思想和新修订的《中国共产党章程》知识竞赛、“不忘初心，牢记使命”主题征文，举办全市老干部工作业务暨信息宣传工作培训班、助老员培训班、骨干教师培训班、诗词创作和诗歌朗诵骨干培训班，打造政治坚定、作风优良、业务精湛、老同志信得过的老干部工作队伍。加大工作转型调研力度，组织老干部工作骨干赴省外调研离退休干部党校和党员教育阵地建设，实地调研昆明14个县（市、区）和20个市直单位离退休干部工作情况，完成《昆明市离退休干部精准服务调研报告》《昆明市离退休干部“畅谈改革开放新成就 助力区域性国际中心城市建设”专题调研报告》。加强信息宣传，营造良好氛围。制定《昆明市离退休干部工作信息管理办法（试行）》，加大信息采写上报力度。2018年共收到上报信息2238篇（条），采写、推荐上报信息1000余篇（条），省级及其以上媒体采用286篇（条），市级以上媒体采用842篇（条），工作信息积分在全省16个州市中位居前列，被省委老干部局评为信息宣传工作优秀单位。充分利用传统媒体和新兴媒体宣传老干部工作，推进宣传工作走进“e时代”。发挥局门户网站、“昆明老干”微信公众号、《春城银霞》和《工作简报》宣传主阵地的作用，大力宣传老干部工作方针政策和经验做法，为做好新时期离退休干部工作营造良好的舆论氛围。全面推进文明和谐机关建设。加大扶贫攻坚力度，全年投入扶贫资金20万元，帮助扶贫点联销、促销农产品15万元。2018年，市委老干部局直属机关党委被市级机关工委列为“昆明市市级行政中心党建示范带”25个党建品牌之一，昆明市企业离休干部管理办公室争创为省级文明单位，昆明市离退休干部活动中心被授予全国“敬老文明号”称号。

（段群友 晏廷花）

市委党校

【概况】 中共昆明市委党校为“一校三院”体制，即中共昆明市委党校、昆明市行政学院、昆明市社会主义学院、昆明市青年干部学院，是培训轮训党员干部的主渠道和主阵地。2018年，通过2018年云南省文明单位复审工作，脱贫攻坚工作获评2018年全省先进集体，市委党校党委被评为“2018年度先进党委”。市委党校品牌被授牌为“市级行政中心党建示范带”第一批党建品牌，教研部党支部被评为“市级行政中心党建示范带”第一批示范点。校工会获评云南省模范职工之家。1名职工获评昆明市第二十三届劳动模范称号，2名教师获评“昆明市有突出贡献优秀专业技术人员”称号，1名教师获西南省区市州党校教学竞赛一等奖。

【教学培训】 聚焦主业主课，提高培训质量。校内共举办培训班340个，培训学员4.23万人次。其中，主体班次23个，培训学员4564人次，举办委托班次317个，培训学员3.77万人次。校内教师为主体班次和委培班次授课1171场次。承办“昆明市领导干部培训日”9讲，培训干部1.80万人次（含分会场）。承办“云南省时代前沿讲座”5讲，培训干部2100余人次。纪律教育基地接待316个班次，参观人次2.24万人，讲解425场。昆明市党建主题馆讲解80余场，接待3500余人次。加强和改进党员干部教育培训工作，创新教学培训形式，丰富培训内容，拓展培训课堂，增强教育培训的针对性、实效性，加大现场教学点建设，新增现场教学点15个，入库现场教学点达到48个。与云南开放大学合作建立实践教学基地，市委党校被云南省委组织部和云南开放大学列为云南省村（社区）干部能力素质和学历水平提升行动计划首批实践教学基地。建立昆明市党建主题馆，扩大党建教育工作的影响面，为全市开展党建教育培训工作提供良好平台。延伸教学课堂，拓展培训外延。开展“万名党员进党校”培训，市委党校成立28人的讲师团队，选派老师为全市312个市委党校分校教学点进行习近平新时代中国特色社会主义思想和党的十九大精神学习宣讲共计1718场次，培训党员32万余名，党员培训覆盖率达93%，经验做法被新华网宣传报道。

【科研课题】　全年课题立项53项。其中，省委党校课题立项6项；省社会主义学院课题立项4项；市、区级课题14项；昆明市党校系统课题立项29项。撰写调研报告9篇上报市委办公厅。在云南省党校（行政学院）系统第九届（2015—2016年度）优秀科研成果奖评选中，参评论文《少数民族文化产业化发展中的文化自信研究——云南纳苏彝绣产业创新发展的启示》获一等奖，《加强昆明城乡规划与产业发展结合的建议》和《昆明市深化基层公务员理想信念教育的对策研究》获三等奖。《斗南“国际花都”旅游发展专题研究》获云南省第二十一次哲学社会科学优秀成果三等奖。

【理论宣传】　出版专著《中国特色社会主义与人的全面发展》1部。全校教职工在省、市级党报党刊上发表时政评论、理论文章153篇。编印《昆明市脱贫攻坚百个典型案例及论文》。编辑出版《实践与跨越》4期。编印《党校智库内参》8期。编辑印刷《参考信息》11期。编辑《党政领导参阅》43期。参加学术研讨会共5次。组织参加征文活动16次，征文获奖3篇。

【理论研讨】　全年共举办理论研讨会2次。2018年12月22日，举办昆明市纪念改革开放40周年理论研讨会，中央党校、云南省委党校、云南大学领导，市级有关部门分管领导，各县（市、区）、国家级、省级开发（度假、园）区有关部门领导，以及市委党校班子成员、中层干部和专职教师参加会议，市委常委、宣传部部长金幼和出席会议并致辞。2018年12月25日，举办昆明市领导干部学习《习近平扶贫论述摘编》专题讲座暨研讨会，省委党校领导，市有关部门、各县（市、区）、开发（度假、园）区、市扶贫办的相关领导，市委党校全体专职教师参加会议。

【党建工作】　党建各项工作部署到位。落实“12345”，即制定一个党建工作要点；班子成员、党支部书记签订两个责任书；结合党校主业主课，抓实昆明市创建全国文明城市、创建民族团结示范市、打赢脱贫攻坚三项重点工作；完成持续深化“提神振气”工程、“基层党建巩固年”、党支部规范化建设达标创建、党支部整顿提升四项工作；明确“基层党建巩固年”重点任务项目、党建工作项目、党建工作责任以及党委班子成员、党支部书记抓党建工作五项责任清单，形成校党委负总责、党委书记带头抓、分管领导直接抓、党支部书记具体抓的党建工作格局。强化党委理论学习中心组示范带动作用，制订党委中心组理论学习计划，紧扣学习习近平新时代中国特色社会主义思想主题，召开党委中心组理论学习研讨会8次，中层以上党员干部共400余人次参加学习研讨。

【基层服务】　市委党校对口帮扶点为寻甸县先锋镇打磨箐村，“挂包帮”“转走访”联系点为东川区乌龙镇坪子村、水井村、大村子村3个村，全校各党支部和全体教职工参与建档立卡贫困户的帮扶工作，帮助扶贫点解决党员干部培训教育、扶贫工作宣传、产业发展、基础设施建设、环境卫生治理、五小水利建设等方面的问题。制订市委党校《2018年度脱贫攻坚工作计划》和各村年度计划。组织完成6名驻村工作队员和2名扶贫攻坚督导员的选派、894人次4轮教职工进村入户调研帮扶等工作。投入协调扶贫资金189.20万元，帮助4个挂联村解决水、路、学、医、房等方面问题。2018年，寻甸县先锋镇打磨箐村已顺利实现群众增收脱贫摘帽的目标，市委党校获评全省脱贫攻坚先进集体。组织47名教职工参加昆明市第三届公务员无偿献血活动，献血1.04万毫升。组织教职工每月参加“关爱滇池·春城志愿者在行动”“万名党员进社区”志愿服务活动，2018年完成总服务时长5376小时。

（赵庆元）

中国共产党昆明市纪律检查委员会

【市纪委十一届三次全会】 2018年2月13日，中共昆明市纪律检查委员会召开十一届三次全会，出席会议的市纪委委员31人，列席67人。省委常委、市委书记、滇中新区党工委书记程连元出席全会并讲话，市委常委、市纪委书记杨正晓主持并传达学习习近平总书记重要讲话和十九届中央纪委二次全会、省纪委十届三次全会和十一届市委第四次全会精神，总结2017年纪律检查工作，部署2018年任务。会议审议通过杨正晓代表市纪委常委会所做的《深入贯彻党的十九大全面从严治党战略部署，为决战脱贫攻坚决胜全面小康提供坚强的政治和纪律保障》工作报告。市委常委，市人大常委会、市政府、市政协领导，市中级人民法院院长、市人民检察院检察长出席会议。有关方面负责同志参加会议。

【践行“两个维护”】 全市各级纪检监察机关坚持把学习贯彻习近平新时代中国特色社会主义思想作为首要政治任务，把坚决维护习近平总书记的核心地位、坚决维护党中央权威和集中统一领导作为工作的根本原则、目标取向和具体行动，切实践行“两个维护”，全面落实十九届中央纪委二次全会、十届省纪委三次全会和十一届市纪委三次全会决策部署，坚持稳中求进工作总基调，切实履行党章和宪法赋予的职责，驰而不息正风肃纪，坚定不移惩治腐败，扎实推进纪检监察体制改革，全市纪检监察工作迈出新步伐，全面从严治党、党风廉政建设和反腐败工作取得新成效。市纪委常委会把习近平总书记重要讲话作为学习重点，把党中央和中央纪委国家监委重要文件和通报材料列为学习内容，常委理论学习中心组集中学习8次，11次传达学习习近平总书记重要讲话精神。坚持把“两个维护”落实到执纪审查、调查处置、问责追责具体工作中，查处违反政治纪律和组织纪律案件39件43人。制定《党风廉政意见回复工作办法》，严把选人用人政治关、廉洁关，审核回复党风廉政意见71批725人次，对政治上有问题的一票否决、廉洁上有硬伤的一律排除。

全力配合中央环保督察“回头看”，督促抓好中央环保督察“回头看”反馈问题整改落实，认真开展省纪委移交中央环保督察组交办转办信访件责任追究工作，成立昆明市问题线索调查处置和责任追究工作领导小组，认真核查办理督察组交办转办的问题线索，处置信访举报791件，办结率100%，追究责任1037人（其中县处级干部50人），问责单位11个。全力配合中央第十二巡视组对云南开展脱贫攻坚专项巡视和省委第六巡视组对昆明开展脱贫攻坚专项巡视工作，加强对移交昆明市问题线索的督查督办。牵头制订省委第八巡视组巡视昆明反馈意见整改方案，针对10个方面45项问题提出126条整改措施，明确由市级领导牵头、各责任单位具体负责，对整改情况开展督促检查，整改工作取得阶段性成效，整改情况报省委第八巡视组同意并在网站、报刊、电视台等媒体公布。

聚焦落实“两个维护”，紧盯“四个意识”、党内政治生活、民主集中制等方面问题，持续深化政治巡察，切实抓好整改，发挥政治监督和政治导向作用。市、县两级共组建204个巡察组对289个党组织开展巡察，发现各类问题3637个，移交问题线索545件，立案48件，党纪政务处分34人，问责34人，督促被巡察党组织建立健全相关制度1392项，有力促进管党治党责任落实。

【正风肃纪】 认真落实习近平总书记关于进一步纠正“四风”、加强作风建设的重要批示精神和要求，深化巩固拓展落实中央八项规定精神成果，针对“四风”问题的顽固性、反复性、变异性，紧盯新形式、新动向，把日常监督和集中检查集合起来，盯住重要节点，加强明察暗访和检查抽查，全市查处违反中央八项规定精神问题151个，追责问责300人。查处违反“七严格、十严禁”纪律规定问题477个，问责91人，党纪处分105人，政务处分18人，组织处理10人，提醒谈话等其他方式处理234人。组织开展“私车公养”专项整治试点工作，督促12家单位73人清退公油私加、私费公报资金40余万元。

坚决整治干部作风。认真落实省纪委、省监委《关于对公职人员履职尽责情况加强监督的意见（试行）》，切实加强对落实市委决策部署和公职人员履职尽责情况的监督，加强对不尽责、不担当、不落实等突出问题的监督检查，建立作风问题日常通报、月报告和每季度例会研究等制度，确保监督实效。加强对推动经济社会发展、旅游市场秩序整治、空气污染防治等重点工作中干部履职尽责、担当作为情况的监督检查，发现不作为、不担当的问题1206个，追究问责728人。其中，查处旅游市场秩序整治问题8个，问责单位1个，问责领导干部14人，运用其他方式处理6人；针对2017年昆明市空气环境质量下降问题，约谈3个县（区）和4个市级部门主要负责人，问责县处级领导干部11名。

全面加强纪律建设。加大党纪党规和法律法规宣传教育力度，认真学习贯彻并在全市组织宣讲新修订的《中国共产党纪律处分条例》，把条例纳入市纪委常委会、理论学习中心组学习内容，围绕加强纪律建设到县（区）和市级机关授课16次，在党风廉政网开设“学习宣传贯彻执行中国共产党纪律处分条例”专栏，及时更新昆明市纪律教育基地宣教内容，组织338批2.30万名党员干部到市纪律教育基地接受教育，扩大纪律教育覆盖面。及时转发党中央、全国人大和中央纪委国家监委颁布的党内法规和国家法律法规，及时发布全市纪检监察工作动态，昆明党风廉政网累计访问量达284万次，“清风春城”微信公众号关注量达3万余人，“昆明廉博”发布各类信息5300余条，编发纪检监察工作信息41期，中央纪委和省纪委采用信息121篇，中央及省级媒体报刊刊载昆明市宣传稿件1282篇，纪检监察信息和对外宣传报道工作排名全省第一。加大案件剖析力度，发挥典型案例警示教育作用，在全市范围内通报曝光典型案例15批119人，选取扶贫领域12个案例制作警示专题片，组织各级纪检监察干部、农村基层干部近万人观看，用身边事教育身边人，提高纪律建设的政治性、时代性、针对性，党员干部纪律规矩意识进一步增强，干部作风持续改进。

【惩治腐败】 坚持改革试点与正风反腐互促共进，持续加大审查调查力度，坚决清除政治污染底泥和污染因子。2018年，全市纪检监察机关受理信访举报4686件次，同比上升66.10%；初步核实1836件次，同比上升162%；立案1154件，同比上升48.3%；处分党员、公职人员1044人，同比上升24.6%；移送检察机关审查起诉86人，通过办案挽回直接经济损失4900余万元。处置涉黑涉恶问题线索150件，给予党纪政务处分13人，立案查处7件23人，移送审查起诉5人。

严格标准程序，正确运用《中华人民共和国监察法》赋予的权限和调查手段，重点探索使用留置措施。全市纪检监察机关共使用调查措施9279人次。其中，留置81人，谈话3537人次，讯问980人次，询问1522人次，查询1621人次，调取1310件次，搜查43件次，查封10件次，扣押118件次，鉴定27件次，冻结15件次，技术调查8人次，限制出境7人次。加强与司法机关的工作联系与协调配合，建立《支持配合监察体制改革试点工作联席会议制度》，推动查办职务违法犯罪案件的有效衔接，加强与公安机关在技术调查、限制出境等方面的协作，对重大、复杂或疑难案件，在审理环节商请检察机关派员介入，对案件事实和证据材料审核把关，为移送起诉打牢基础。

坚持把办案安全贯穿审查调查全过程，严格执行“走读式”谈话、留置调查等管理规定，坚守审查调查安全底线。对市纪委、市监委机关留置点、谈话室等场所进行改造，规范建设县区留置场所。开展留置安全主题培训106批2208人次，对全市纪检监察机关办案场所进行4轮督导检查，确保审查调查工作安全有序开展。

【细化监督职责】 紧紧围绕监督第一职责，创新监督理念思路，突出全面监督、常态监督和重点监督。在用好用活政风行风“春城热线”、问题线索移送函、大数据信息查询平台、作风问题·即时拍手机客户端和第三方评价等监督手段的基础上，大力探索“互联网+监督”，依托昆明市党政机关电子政务网，在全市102个党组织建立和推广运用互联网+“两个责任”监督管理系统，实现“量化式”定责、“跟踪式”履责、“绩效式”考责。制定出台市纪委市监委监督工作联动协作、“蹲点式”谈心谈话监督、派驻机构监督执纪监察等工作办法，建立定期沟通交流、“单元制”监督、直查直办、巡察监督联动、市县“统合巡察”5项工作机制，构建以党风政风监督室为“分指挥部”、纪检监察监督室为“督查督导组”、派驻纪检组为“护林队”、市委巡察办（组）为“政治体检组”的日常监督和巡察监督闭环模式，初步形成纪律监督、监察监督、巡察监督、派驻监督“四个全覆盖”监督格局。针对各单位工作中存在的具体问题发出责成办理通知和监察建议书101份，并督促抓好问题整改落实。查处落实主体责任不力问题168个，问责党组织20个、党员领导干部213人，给予党纪处分15人，以严厉问责倒逼责任落实。

深化运用监督执纪“四种形态”，加强对党员和公职人员的日常监督。坚持惩前毖后，治病救人，把思想政治工作贯穿于纪检监察工作的各个环节，把握运用好监督执纪“四种形态”，最大限度教育挽救党员干部。2018年，全市纪检监察机关运用“四种形态”处理3620人次。其中，第一种形态2478人次，占68.50%；第二种形态710人次，占19.60%；第三种形态170人次，占4.70%；第四种形态262人次，占7.20%，坚持惩处“极少数”，教育挽救“大多数”，实现政治效果、纪法效果和社会效果的统一。

【扶贫领域监督执纪问责】 健全完善扶贫领域问题线索排查、移交、处置、追责、通报“五项工作机制”。2018年，全市共排查扶贫领域问题线索4595个，移交办理3911个，处置办结3899个，追责问责433人，通报典型案例95批391人。扶贫领域“五级联动”监督平台录入群众诉求5.04万件，办结5.03万件，办结率为99.82%，满意率为96.22%。建立工作例会制度和“五项工作机制”落实情况每月排名通报制度，召开工作例会2次，约谈工作不力的纪检监察机关负责人44人次。

制订印发《昆明市扶贫领域

2018年2月13日，昆明市监察委员会揭牌

（市纪委　供稿）

腐败和作风问题专项治理工作方案（2018—2020年）》，建立扶贫领域腐败和作风问题专项治理交叉检查和重点抽查工作机制，从县区抽调267人组成16个检查组开展交叉检查，会同审计等部门组成15个检查组开展重点检查。2018年，共检查市级脱贫攻坚责任单位50个、县级部门208个、乡镇94个、村委会186个，发现并督促整改问题1029个，追责问责72人，批评教育159人。

将脱贫攻坚任务落实情况纳入市委巡察范围，发挥巡察利剑作用。先后对东川区、禄劝县开展脱贫攻坚专项巡察，对东川区铜都街道、禄劝县转龙镇开展提级巡察，共发现问题62个，移交问题线索12件，立案5件，党纪政务处分6人，移送审查起诉1人。

【监察体制改革】　坚决贯彻党中央、省委、省纪委和市委的决策部署，成立改革试点工作小组，制订工作方案，周密组织实施，全市共划转编制307个、转隶人员271人，划转执法执勤用车50辆，市、县两级监察委员会于2月13日前如期完成组建挂牌，监督对象从4.70万人增加到18.40万人，初步构建党统一指挥、全面覆盖、权威高效的监督体系。监察体制改革后，市纪委、市监委在力量配备上向监督执纪监察一线倾斜，监督执纪力量进一步增强，机关监督执纪部门机构数、编制数分别达到20个和142个，分别占总数的80%和77%。组建信息技术保障室，整合房产、广电、车辆、工商、电信等数据信息，构建大数据信息查询平台，为纪检监察工作插上科技的翅膀。

推动队伍、工作深度融合，对检察院转隶干部与纪委干部混合编成、交叉使用，市纪委监委14个监督审查部门正副职均由转隶干部和纪委干部混合搭配。坚持把制度建设贯穿改革全过程，制定市纪委书记市监委主任专题会议事规则、市纪委常委会市监察委员会议事规则以及派驻机构监督执纪监察工作办法等制度，规范监督监察流程，推动工作高效有序顺畅运行。建立支持配合监察体制改革试点工作联席会议制度，贯通纪法衔接环节，推动形成监察机关与司法机关相互衔接、监察程序与司法程序有效对接的工作机制。人员融合、工作磨合不断推进，各项工作高效顺畅有序运行，监察体制改革试点工作取得阶段性成果。

【自身建设】　严格执行监督执纪工作规则、纪律审查工作程序、监督执纪监察工作办法，严格执行重要事项请示报告、说情干预登记备案等制度，规范监督执纪问责工作审批程序，强化监督执纪审查权的制衡和约束。建立工作提示预警制度，定期向贯彻上级要求不力、工作进展滞后的纪检监察机关和部门发送提示预警通知，明确整改要求，督促整改，推动落实。

加强机关党建工作，发挥党建引领作用。市纪委常委会7次研究部署机关党建工作，深入推进“两学一做”学习教育常态化制度化。市纪委监委机关党委被市级机关工委命名为“市级行政中心党建示范带第一批党建示范点”，第一党支部被市级机关工委授予“市级行政中心党建示范带第一批党建品牌”称号、被市委组织部命名为“五星级”示范党支部。

制定机关理论学习制度、监督执纪工作每周领学制度，通过领导讲授、专题研讨、培训交流、以干代训等方式，加强党章党规党纪和宪法法律法规的学习。组织2940人次参加中国纪检监察学院、中山大学、红旗渠和井冈山干部培训学院学习培训和中央纪委、省纪委业务培训，在机关开展“讲政治、强素质、改作风、铸忠诚”专题教育，围绕思想政治、纪律作风、能力素质三个方面查找问题、抓好整改，着力补短板、强素质、提能力。制定纪检监察干部纪律作风考核管理办法、监督工作暂行办法，对纪检监察干部违规违纪行为“零容忍”，受理反映纪检监察干部问题线索71件73人，追责问责15人，坚决防止“灯下黑”，努力锻造一支让党放心、人民信赖的纪检监察干部队伍。

（李厚虎）

昆明市人民代表大会常务委员会

【市十四届人大三次会议】　市十四届人大三次会议于2018年2月3—6日在昆明国际会展中心召开。会议应出席代表454人，实际到会428人。昆明市选举产生的云南省第十三届人大代表，市委有关部门负责人，市人大常委会有关人员，市政府和市“两院”有关领导、部门负责人，部分县（市、区）委、人大常委会、政府及部分人民团体负责人，部分驻昆单位、企业负责人等列席会议。市政协委员列席听取政府工作报告。大会邀请市级民主党派、工商联、侨联、台联负责人参加开幕式。部分昆明市民经申请旁听会议。

会议听取和审查昆明市人民政府工作报告、昆明市人民代表大会常务委员会工作报告、昆明市中级人民法院工作报告和昆明市人民检察院工作报告；审查昆明市2017年国民经济和社会发展计划执行情况与2018年国民经济和社会发展计划草案的报告，批准昆明市2018年国民经济和社会发展计划；审查昆明市2017年地方财政预算执行情况和2018年地方财政预算草案的报告，批准昆明市2018年市级财政预算；做出相关决议。

会议认真贯彻中央关于深化监察体制改革决策部署，落实全国人大常委会决定，按照省、市委统一要求，依法选举杨正晓为昆明市监察委员会主任。

会议收到10名以上代表联名提出的议事原案15件。其中，内务司法方面3件；财政经济方面6件；教育科学文化卫生方面1件；民族宗教方面1件；农业方面2件；外事华侨方面1件；人事代表方面1件。经大会主席团审议决定，将《关于深化“放管服”改革、优化营商环境的议案》《关于把昆明市建成民族团结进步示范市的议案》2件议案作为本次会议议案，并做出《昆明市第十四届人民代表大会第三次会议关于议案的决议》。其余议事原案转为代表建议、批评和意见处理。会议期间，还收到代表提出的建议、批评和意见349件，按规定由大会秘书处交由有关部门和组织办理。

【依法履职】　2018年，市人大常委会坚持以习近平新时代中国特色社会主义思想为指导，深入贯彻落实党的十九大，十九届二中、三中全会精神和习近平总书记对云南工作的重要指示精神，紧紧围绕市委确定的目标任务，主动依法履职，勇于担当，锐意进取，努力实现新作为，展现新气象。全年，召开常委会会议6次；审议地方性法规9件；听取和审议专项工作报告21项，开展执法检查5次、专题询问2次、专项工作评议1次、质询1次、约见约谈2次、专题视察调研210次；依法讨论决定昆明改革建设发展和民主法治建设中的重大事项，做出决议决定13项；依法任免地方国家机关工作人员54人次。

2018年2月11日，市人大常委会十四届八次会议召开，对昆明市建筑工地扬尘治理不力开展质询，市住建局局长李彤回答组成人员的提问（市人大　供稿）

2018年7月31日，市人大常委会针对空气质量问题约见约谈市住建局、市环保局等部门负责人（市人大　供稿）

市人大常委会2018年度主要工作概览

一、地方立法

形式	地方性法规名称
制定	《昆明市建设区域性国际中心城市促进条例》 《昆明市献血条例》 《昆明市文明行为促进条例》
修订	《昆明市企业工资支付条例》 《昆明市城市轨道交通管理条例》 《昆明市城镇绿化条例》 《昆明市轿子雪山保护和管理条例》 《昆明市人民代表大会及其常务委员会制定地方性法规条例》（完成常委会审议）
废止	《昆明市雷电灾害防御条例》
立法后评价	《昆明市城市供水用水管理条例》
立法调研	《昆明市松华坝水库保护条例（修订）》 《昆明市九乡风景名胜区保护条例（修订）》 《昆明市历史文化名城保护条例（修订）》 《昆明市城市房地产交易管理条例（修订）》 《昆明市不动产登记暂行条例（草案）》 《昆明市安全生产条例（草案）》 《昆明市城市房屋权属登记管理条例（废止）》 《昆明市行政事业性收费管理条例（修订）》 《昆明市城市供水用水管理条例（修订）》 《昆明市地下水保护条例（修订）》 《昆明市文物保护条例（修订）》 《昆明市计量监督管理条例（修订）》 《昆明市住房保障条例（草案）》 《昆明市养老服务促进条例（草案）》 《昆明市家政服务管理条例（草案）》 《昆明市住宅专项维修资金管理条例（草案）》

二、主要监督

（一）执法检查（5件）

时间	内容	审议意见
3月28—29日	《中华人民共和国档案法》《昆明市档案条例》贯彻执行情况	4月27日，市十四届人大常委会第九次会议听取和审议执法检查报告后，提出“切实落实政府责任和单位职责；继续抓好档案馆建设工作；确保档案工作财政投入；加强档案人才队伍建设”等四方面审议意见
4月10—11日	《昆明市森林防火条例》贯彻执行情况	4月27日，市十四届人大常委会第九次会议听取和审议执法检查报告后，提出“高度重视《条例》的学习宣传教育；突出预防为主，切实把各项防火责任落到实处；增加资金投入，加大森林防火基础设施和信息化建设力度；加强森林消防专业队伍建设，提高队伍的应急处置能力；注重为基层解决工作中的实际困难”等五方面审议意见

续表

时间	内容	审议意见
5月29—30日	《昆明市民办教育促进条例》贯彻执行情况	6月29日，市十四届人大常委会第十次会议听取和审议执法检查报告后，提出“提高重视程度；加大扶持力度；规范办学行为；加强队伍建设；加强宣传引导”等五方面审议意见
7月5—6日 7月9日	《云南省少数民族教育促进条例》贯彻执行情况	8月30日，市十四届人大常委会第十一次会议听取和审议执法检查报告后，提出“加强组织领导，进一步贯彻落实好《条例》；加大扶持力度，不断改善民族地区办学条件；发挥资源优势，深化民族团结进步教育；加强队伍建设，打造优秀教师队伍；强化宣传引导，积极营造浓厚舆论氛围”等五方面审议意见
7月25日	《昆明市老年人权益保障条例》	8月30日，市十四届人大常委会第十一次会议听取和审议执法检查报告后，提出“切实提高思想认识，加大宣传执行力度；着力加强规划引领，提升老龄工作水平；加大资金多元投入，促进老龄事业发展；加强人才队伍建设，适应老龄事业需要”等四方面审议意见

（二）听取和审议专项工作报告（21件）

时 间	内 容	审议意见
6月28—29日市十四届人大常委会第十次会议（6件）	《市人民政府关于开展公共法律服务平台建设情况的专项工作报告》	提出“加大宣传力度，提高群众知晓率；重心下移，筑牢基础；完善服务，方便群众；健全机制，加强保障”等四方面审议意见
	《市人民政府关于我市国有资产管理情况的专项工作报告》	提出“提高思想认识，落实监管责任；深化改革创新，理顺管理机制体制；全面清产核资，切实摸清底数；盘活国有资产，提高使用效益；正确处理好保护与开发的关系”等五方面审议意见
	《市人民政府关于2017年度环境状况和环境保护目标完成情况的专项工作报告》	提出“提高政治站位，牢固树立绿色发展理念；突出工作重点，切实加强环境污染治理；树立问题导向，深入抓好问题整改落实；严格落实责任，大力提高执法监管能力；加大宣传力度，共同营造良好社会氛围”等五方面审议意见
	《市人民政府关于全市脱贫攻坚工作情况的专项工作报告》	提出“进一步提高认识，加强领导，高位统筹抓好落实；立足寻甸脱贫摘帽，全力做好迎接考核验收的各项工作；认真研究群众持续增收的产业发展，解决群众收入难的问题；营造脱贫攻坚良好氛围，增强群众脱贫内生动力；凝聚各方力量，形成合力推进脱贫攻坚”等五方面审议意见
	《市人民政府关于发挥外事侨务工作职能，服务区域性国际中心城市建设的专项工作报告》	提出“统一认识，加大宣传；完善配套，理顺机制；明确目标，稳步推进；加大对外交流，深化友城合作；加强侨务工作，维护合法权益；推进‘昆明国际仲裁服务中心’建设；加强外事侨务工作队伍建设；研究制定‘一带一路’国家议会交流工作计划”等八方面审议意见
	《市中级人民法院关于“基本解决执行难”情况的专项工作报告》	做出《关于进一步加强人民法院执行工作的决议》，提出“提高政治站位，统一思想认识；规范执行行为，确保执行公正；健全协调机制，构建联动格局；完善保障措施，提升保障能力；注重宣传引导，营造良好氛围；强化监督支持，促进工作落实”等六方面要求
	《市人民政府关于滇池流域“五采区”矿山关停及植被恢复情况的专项工作报告》	提出“强化认识，坚定信心和决心；严格执法，巩固治理成果；加强配合，形成工作合力；落实政策，妥善处理遗留问题；多措并举，全面推进恢复治理；加强宣传，推动形成良好氛围”等六方面审议意见

续表

时　间	内　容	审议意见
8月29—30日市十四届人大常委会第十一次会议（5件）	《市人民政府关于公安机关信息化建设情况的专项工作报告》	提出“注重规划引领，搞好顶层设计；突出重点难点，深化实战运用；健全保障机制，加大保障力度；加强队伍建设，确保人才支撑”等四方面审议意见
	《昆明市2018年上半年国民经济和社会发展计划执行情况的报告》	提出“坚持发展第一要务，保持经济持续健康发展；聚力推进项目建设，持续扩大有效投资；聚力产业转型升级，促进经济提质增效；聚力改革开放，加快优化营商环境；聚力打好“三大攻坚战”，着力改善民生”等五方面审议意见
	《昆明市2018年上半年地方财政预算执行情况的报告》	提出“要采取有力措施稳增长；要落实财政保障责任；要提高财政管理水平”等三方面审议意见
	《市人民政府关于2017年度市级预算执行和其他财政收支的审计工作的报告》	提出“要继续深化对市本级财政管理和决算草案编报情况的审计；要紧盯重大政策落实、公共资金使用、公共资源交易、公共权力运行等重点环节，加强对公共资金分配、国有资产和国有资源管理、领导干部经济权力运行的审计；要大力推进数字化审计，促进审计质量和审计效率双提升；要进一步强化审计整改工作，健全完善审计查出问题整改联动机制和长效机制”等四方面审议意见
10月30—31日市十四届人大常委会第十二次会议（6件）	《昆明市学习宣传〈中华人民共和国宪法〉情况的专项工作报告》	提出“要树立根本大法观念，突出思想认识提高；要加强宣传分类指导，突出宣传工作重点；要创新完善宣传方式，突出宪法宣传效果；要健全完善考核监督，突出强化结果运用”等四方面审议意见
	《市中级人民法院关于未成年人案件审判庭建设情况的专项工作报告》	提出“要提高思想认识，加强未成年人的法制宣传教育；要把握司法尺度，重视对未成年人的帮扶维权；要延伸审判职能，注重回访帮教；要加强队伍建设，提高审判人员的业务素质”等四方面审议意见
	《市人民检察院关于智慧检察院建设情况的专项工作报告》	提出“要加强统筹规划，搞好顶层设计；要突出检务实际，深化融合应用；要健全保障机制，赢得各方支持；要加强队伍建设，构建复合型人才”等四方面审议意见
	《市人民政府2017年城乡规划实施情况的专项工作报告》	提出“以问题为导向，着力解决好城乡规划管理工作中存在的问题；要加大科学统筹，全力保障各项城乡规划工作的顺利推进；强化培训交流，加强规划人才队伍建设；全面严格贯彻执行法定规划，完善规划体系；加强规划宣传教育，提高市民规划意识”等五方面审议意见
	《昆明市国民经济和社会发展第十三个五年规划纲要实施情况中期评估报告》	做出《关于〈昆明市国民经济和社会发展第十三个五年规划纲要实施中期评估报告〉的决议》，批准评估报告，并同意审查结果的报告
	《市人民政府〈关于加快建设“中国健康之城”的议案〉的实施情况报告》	提出“要推进行业专项规划和年度计划谋划工作；要进一步加强昆明市健康之城指标体系建设工作；要尽快出台与‘中国健康之城’建设相适应的相关配套政策；要加强宣传力度，统一认识，凝聚力量，营造氛围，打响品牌；要加强大健康领域人才的引进和培养力度”等五方面审议意见
12月27—28日市十四届人大常委会第十三次会议（4件）	《市人民政府关于2017年度昆明市市级预算执行和其他财政收支审计查出问题整改情况的专项工作报告》	提出“加强分析研究，增强审计整改的成效；加强审计整改成果应用，进一步提高预算管理水平；加强审计整改持续跟踪检查，强化审计整改工作全面落实”等三方面审议意见
	《市人民政府〈关于深化“放管服”改革、优化营商环境的议案〉的实施情况报告》	提出“要进一步加强领导，加大高位统筹，形成工作合力；要围绕‘最多跑一次’目标，着力推进‘一网四中心’建设，不断提高政务服务平台的信息化水平；要对标先进地区，有效提升办事效率，全面落实好‘3550’政务改革；要规范中介服务市场，严肃查处违法违规行为；要完善第三方评价及结果运用，严格考核问效，推动责任全面落实”等五方面审查意见

续表

时 间	内 容	审议意见
	《市人民政府〈关于把昆明市建成民族团结进步示范市的议案〉的实施情况报告》	提出“要对创建工作总结经验，巩固提升，攻坚克难，为创建成全国民族团结进步示范市验收打牢基础、做好准备；2019年向市人大常委会提交创建全国民族团结进步示范市专项工作报告”等两方面审查意见
	《市人民政府关于2018年“10件惠民实事”落实情况的专项工作报告》	提出“进一步强化思想认识，善始善终完成工作任务；进一步加强统筹协调，确保目标任务全面落实；进一步明晰工作责任，形成协同配合工作机制；进一步加强科学谋划，做好2019年度惠民实事选题；进一步加大宣传力度，充分调动群众参与积极性”等五方面审议意见

（三）专题询问（2次）

时间	内容	基本情况
6月29日	全市脱贫攻坚工作情况	市十四届人大常委会第十次会议举行联组会议，对全市脱贫攻坚工作情况进行专题询问。11位常委会组成人员围绕贫困县、贫困乡、贫困人口退出考核指标要求，确保寻甸县、东川区、禄劝县顺利完成脱贫摘帽目标；扶贫资金整合投入、到位、使用、管理及滞留情况；宜居农房建设、危房改造建设及入住情况；产业发展扶贫相关政策措施制定、出台、执行情况等方面进行提问，市政府相关部门负责人针对提问进行回答。此次专题询问，积极督促市政府及相关部门围绕2018年脱贫攻坚目标，向深度贫困地区聚焦发力，瞄准特殊贫困群体精准帮扶，深化因户因人精准施策，打好打赢精准脱贫攻坚战
8月30日	滇池流域“五采区”矿山关停及植被恢复情况	市十四届人大常委会第十一次会议举行联组会议，对滇池流域“五采区”矿山关停及植被恢复情况进行专题询问。与会的常委会组成人员围绕滇池流域“五采区”矿山关停、矿山扬尘污染防治、植被恢复等工作提出问题。副市长王冰及10个市级相关部门负责人到会应询做详尽回答。五华、盘龙、官渡、高新、经开、度假等区政府和开发（度假、园）区负责人汇报“五采区”矿山关停及植被恢复情况。此次专题询问，积极督促市政府严格按照“一矿一策一方案”，详细制订关停矿山治理恢复方案，持续巩固关停工作成果，坚决打赢滇池流域五采区矿山关停和植被恢复治理这场硬仗

（四）质询（1次）

时间	内容	基本情况
2月11日	市住建局履行建筑工地扬尘防治管理职责情况	市十四届人大常委会第八次会议举行联组会议，对昆明市住建局履行建筑工地扬尘防治管理职责的情况进行质询。根据柳伟等25名常委会组成人员提出的质询案，影响昆明市空气质量排名下降最主要的两项指标为可吸入颗粒物（PM10）和NO_2，其中可吸入颗粒物（PM10）主要产生来源为扬尘，其主要原因就在于对大气污染防治问题的长期性、紧迫性和艰巨性认识不足，缺乏忧患意识，工作的积极性、主动性不够，导致在城市扬尘治理工作中措施和管理责任落实不到位。要求市住建局就履行建筑工地扬尘防治管理职责情况、建筑工地“六个百分之百”管理要求落实、制度建设和执行、长效管理机制建立情况等做出答复。市住建局班子全体成员到会答复，副市长吴涛、高中建，市环保局、城管局、交运局、工信委等部门主要负责人和五华、盘龙、官渡、西山、呈贡、晋宁6区政府分管领导、区住建局主要负责人列席会议。在一对一的询问和答复后，25名联名提出质询案的市人大常委会组成人员进行合议，对质询情况进行满意度测评，现场公布测评结果为满意0票，不满意25票。大家一致认为，2017年建筑工地扬尘治理不力的情况是客观存在的，市住建局在加强监督管理治理上缺乏有效措施，工作明显不力，是导致昆明空气质量下降的一大主要原因。针对测评情况，市住建局局长做表态发言，明确下一步工作措施。会议要求，市住建局分三个时间段进行整改，市人大常委会将在5月份、8月份分别听取整改落实情况，年底集中进行一次评议，如果整改未达到预期效果，市人大常委会将启动相关程序进行处理

（五）工作评议（1次）

时间	内容	基本情况	测评结果
12月28日	市住建局履行建筑工地扬尘治理工作职责的情况	市十四届人大常委会第十三次会议举行联组会议，对市住建局建筑工地扬尘治理工作进行专项工作评议，并现场开展测评。市住建局副局长陈汉对2018年以来建筑工地扬尘治理工作情况做报告，截至2018年年底，市建筑工地扬尘防治在采取系列科学措施后，持续向好，防尘达标。市人大城环委主任委员柳伟在代表参评人员做评议发言中表示，市住建局针对建筑工地扬尘防治存在的问题及时行动，主动作为，对主城区建筑工地开展拉网式督察检查，严格治理，取得阶段性显著成效，对工作进行肯定，也提出下一步改进的意见建议。在测评结果公布后，市住建局、市环保局等8部门分别做表态发言，结合本部门的工作职责，对下一步如何做好大气污染防治工作提出有针对性的措施	发放测评表33张，收回33张。满意12票；基本满意21票；不满意0票。综合得票情况，测评结果为基本满意

（六）约见约谈（2次）

时间	内容	基本情况
7月31日	大气污染防治工作	为进一步推进大气污染防治工作，结合市人大常委会2月份对建筑工地扬尘治理不力开展质询及跟踪监督工作中发现的问题，柳伟等10名市人大代表依据相关规定，联名提出就大气污染防治工作中存在的问题集体约见市政府分管领导和市级相关部门负责人。同时，经市委同意，由市人大常委会对8个部门主要负责人同步开展集体约谈。市人大常委会主任拉玛·兴高，副主任金志伟、常敏、戚永宏、毕惠芝，市政府副市长吴涛、高中建，市人大常委会秘书长吴庆昆参加会议。30名省、市、县（市、区）、乡（镇）四级人大代表应邀列席会议。会上，提出约见的市人大代表向8家市级部门在履行大气污染防治工作中存在的问题做阐述发言。市环保局、住建局、城管局、交运局、公安局交警支队、工信委、国土局、土储中心等8部门分别针对代表的问题进行答复。五华、盘龙、西山、官渡、呈贡、晋宁6区政府汇报本行政区域内大气污染防治工作中存在的问题及下一步工作措施
9月27日	深化“放管服”改革、优化营商环境工作	为积极推动昆明市行政审批及政务服务质量效率提升，进一步改善全市营商环境，结合7月份市人大常委会专题调研情况和第三方对市政府服务中心窗口单位绩效评价，经市委同意，由市人大常委会主任会议决定，常委会举行深化“放管服”改革、优化营商环境集体约见约谈会。市人大常委会副主任金志伟、马凤伦，市纪委有关领导应邀出席会议，市人大常委会秘书长吴庆昆主持会议。部分市人大代表依据相关规定，集体约见市国土局、市滇管局、市文体广电局、市商务局等4个问题反映较多、综合绩效排名靠后的市级部门主要负责人。会上，市政务服务局负责人汇报2017年以来深化“放管服”改革、优化营商环境工作情况。与会代表针对所约见的事项做阐述发言和提问，被约见部门主要负责人做出答复，并表示将认真贯彻落实本次约见约谈会议精神，强化责任担当，聚焦市场主体和人民群众办事创业的痛点难点，全力以赴推进昆明市行政审批及政务服务质量效率提升

三、决议决定

序号	决议决定名称	通过日期
1	关于修改《昆明市道路交通安全条例（修订草案）》的决定	2月11日市十四届人大常委会第八次会议通过
2	关于接受郑楠同志辞去昆明市第十四届人大常委会委员职务的决定	4月27日市十四届人大常委会第九次会议通过
3	关于废止《昆明市雷电灾害防御条例》的决定	
4	关于进一步加强人民法院执行工作的决议	6月29日市十四届人大常委会第十次会议通过
5	关于对《昆明市人民政府关于提请审议撤销嵩明县设立县级嵩明市的议案》的决议	8月30日市十四届人大常委会第十一次会议通过
6	关于接受杨爱武同志辞职请求的决定	
7	关于批准昆明市2018年市级财政专项预算调整方案的决议	
8	关于批准昆明市2017年市级财政决算的决议	
9	关于《昆明市国民经济和社会发展第十三个五年规划纲要实施中期评估报告》的决议	10月31日市十四届人大常委会第十二次会议通过
10	关于批准昆明市2018年市级财政预算调整方案的决议	
11	关于昆明市与德国迪岑巴赫市建立友好城市关系的决定	
12	关于向上合秘书长阿利莫夫授予“昆明市荣誉市民”的决定	
13	关于召开昆明市第十四届人民代表大会第四次会议的决定	12月28日市十四届人大常委会第十三次会议通过

四、人事任免

通过时间	姓名	任命职务	姓名	免去职务
2月11日市十四届人大常委会第八次会议	马 涛	昆明市卫生和计划生育委员会主任	熊 坚	昆明市监察局局长
	熊 坚	昆明市监察委员会副主任		
	李寿志	昆明市监察委员会副主任		
	郑 楠	昆明市监察委员会副主任		
	绪 伟	昆明市监察委员会委员		
	张津华	昆明市监察委员会委员		
	土绍芳	昆明市监察委员会委员		
	吴一帆	昆明市监察委员会委员		
	袁兴仁	昆明市监察委员会委员		
4月27日市十四届人大常委会第九次会议	胡宝国	昆明市人民政府副市长	蔺以丹	昆明市中级人民法院民事审判第二庭副庭长
	陈 静	昆明市审计局局长	代晓明	昆明市中级人民法院民事审判第四庭副庭长
	蔺以丹	昆明市中级人民法院知识产权审判庭庭长	付 琼	昆明市中级人民法院未成年人案件审判庭副庭长
	刘建伟	昆明市中级人民法院未成年人案件审判庭庭长	刀文兵	昆明市中级人民法院审判监督庭副庭长
	代晓明	昆明市中级人民法院执行工作局裁判庭庭长	赵慧忠	昆明市中级人民法院立案二庭副庭长
	邓水云	昆明市人民检察院检察委员会委员、副检察长	李云峰	昆明市人民检察院副检察长、检察委员会委员、检察员
			李祖祥	昆明市人民检察院检察员
			龚晓明	昆明市人民检察院检察员
			牛 超	昆明市人民检察院检察员
6月29日市十四届人大常委会第十次会议	王 冰	昆明市人民政府副市长	洪维智	昆明市人民政府副市长
	王 键	昆明市科学技术局局长	李志工	昆明市人民政府副市长
			邢敦忠	昆明市人民政府副市长
8月30日市十四届人大常委会第十一次会议	袁 勤	昆明市人大常委会预算工作委员会副主任	成 民	昆明市旅游发展委员会主任
	杨明俊	昆明市旅游发展委员会主任	李 彤	昆明市住房和城乡建设局局长
	李 欣	昆明市人民检察院检察员	胡 [illegible]	昆明市人民检察院检察员
	刘燕芳	昆明市人民检察院检察员	韩利昆	昆明市人民检察院检察员
10月31日市十四届人大常委会第十二次会议			王建颖	昆明市人民政府副市长

续表

通过时间	姓　名	任命职务	姓　名	免去职务
12月28日市十四届人大常委会第十三次会议	李　莉	昆明市人大常委会办公厅副主任	陈铸武	昆明市园林绿化局局长
	冉德涛	昆明市园林绿化局局长	李　亮	昆明市规划局局长
	李晓红	昆明市人民检察院检察员、检察委员会委员、副检察长	徐增雄	昆明市商务和投资促进局局长
			徐学敏	昆明市中级人民法院审判委员会委员、审判员
			周靖华	昆明市中级人民法院审判委员会委员、审判员
			蔡　涛	昆明市中级人民法院审判员
			李　楠	昆明市中级人民法院审判员
			赵慧忠	昆明市中级人民法院审判员
			董绍文	昆明市中级人民法院审判员
			邱　靖	昆明市中级人民法院审判员
			张寒玉	昆明市人民检察院副检察长、检察委员会委员、检察员
			杨黔昆	昆明市人民检察院检察员

五、议案办理

议案名称	承办单位	办理情况	办理成效
关于深化“放管服”改革、优化营商环境的议案	市政府	夯实责任、加强领导，高位统筹人大议案办理工作；健全机制、明确目标，着力打造国际一流的营商环境；科学谋划、精准施策，再造项目审批流程，全面提升投资建设环境；解放思想、狠抓落实，统筹推进各项改革举措，全面优化企业经营环境建设；转变职能、加强监管，不断提升履职效能，全面改善政务服务环境；深化商事制度改革，为促进就业创业降门槛；严格考核问效机制，夯实各方责任，确保改革各项工作任务落地落实	在中央广播电视台发布的《中国城市营商环境报告2018》中，昆明市政府环境评价列全国第八名。在粤港澳大湾区研究院发布的2018年中国城市营商环境排名榜单中，昆明市营商环境排名由2017年的22名升至2018年的13名，其中，生态环境指数全国第三，城市基础设施指数位居全国第12位，商事制度改革释放双创动力，市场主体负担明显降低，营商环境越发公平，群众办事生活便利明显提高
关于把昆明市建成民族团结进步示范市的议案	市政府	制订办理方案，成立创建工作领导小组；紧盯创建目标和关键节点，做好迎检准备和整改落实工作；全面开展“民族经济跨越式发展、民生保障全覆盖、民族文化精品打造、民族教育振兴、少数民族人才引领、城市民族工作创先争优、民族团结保障、民族工作创新发展、典型示范带动、生态文明建设”等10项重点工程；扎实开展“进机关、进企业、进社区、进乡镇、进学校、进宗教活动场所、进景区、进军营、进基层政法单位”活动	石林县被国家命名为“全国民族团结进步示范县”；禄劝县、寻甸县经过国家民委公示，待正式命名；成功创建国家级示范单位5个、中国少数民族特色村寨3个、国家级民族团结教育基地1个；省级示范社区32个、示范乡镇7个、示范村16个、民族特色村9个、和谐寺观教堂121个，昆明市创建全国民族团结进步示范市基础已全面夯实，创建工作已初步通过省级初验

（李　莉）

新技术成果转化和产业转型升级新引擎、新平台，为全省经济社会发展提供强有力的人才保证和智力支持。

昆明市人民政府

【昆明绕城高速公路东南段通车】 1月22日，经过3年建设，长约51千米的昆明绕城高速公路东南段（宜良至澄江段）工程建设项目完成交工验收，正式通车。项目建成完工，与昆明绕城高速公路西北段、西南段形成闭合，实现昆明市内外交通高效衔接，对完善昆明干线路网布局，解决昆明“外拥内堵、过境交通线缺乏”的困局，加强昆明与周边地区的互联互通，实现滇中城市经济发展一体化具有重要意义。

【省委书记陈豪调研脱贫攻坚工作】 2月7日，省委书记陈豪率调研组深入昆明市东川区铜都街道箐口村调研深度贫困地区脱贫攻坚工作。陈豪强调，要以习近平总书记关于精准扶贫、精准脱贫的基本方略为指导，坚决贯彻落实党中央脱贫攻坚决策部署，紧盯“两不愁、三保障”标准，抓好产业扶贫这个关键，激发贫困地区内生动力，以决战决胜的勇气和钉钉子精神，坚决打赢新时代第一场硬仗精准脱贫攻坚战。省委常委、昆明市委书记、滇中新区党工委书记程连元，省委常委、省委秘书长刘慧晏，副省长陈舜，昆明市委副书记、市长王喜良，昆明市委副书记刘智，昆明市副市长赵学农参加调研。

【江铃集团新能源汽车昆明基地项目开工】 4月11日，江铃集团新能源汽车昆明基地项目签约暨开工仪式在云南滇中新区杨林经济开发区汽车产业园区举行。江铃集团新能源汽车昆明基地项目是云南省、昆明市和滇中新区的重点产业项目，是昆明市和滇中新区抢抓机遇，推进产业转型升级，打造云南“绿色能源牌”的重大举措。项目建成后将进一步促进云南省汽车产业集群发展，为滇中新区、昆明市乃至全省经济社会发展发挥重要作用。同时，项目是贯彻落实国家《汽车产业中长期规划》的重要举措，也是赣滇两地积极融入国家“一带一路”建设、搭建新能源汽车产业协同发展的桥梁。

【昆明高原国际半程马拉松赛】 4月14日，“奔跑中国”马拉松系列赛2018赛季第二站，“奔跑中国·美丽中国”主题赛首站——2018中国农业银行昆明高原国际半程马拉松赛在滇池湖畔鸣枪开跑，共有1.50万名海内外跑友聚集在春城昆明感受奔跑乐趣。本次马拉松继续沿用“春城花都·健康奔跑”主题，以“美丽中国”的视角，展现昆明秀丽自然风光和美好城市风貌。

【外国驻华使节团来昆考察】 5月15日，近50名外国驻华大使、公使、总领事等高级别外交官及家人组团来到昆明，全面考察昆明市自然、人文和经济社会发展成就。受省委常委、市委书记程连元委托，市委副书记、市长王喜良代表市委、市政府及全体市民，对外国驻华使节团的到来表示欢迎并讲话。市委常委、副市长胡宝国参加会见并致辞。

【云南省高层次人才创新创业园揭牌】 5月23日，云南省高层次人才创新创业园在昆明高新区揭牌。省委常委、省委组织部部长李小三，副省长董华共同为“高创园”揭牌。“高创园”将紧紧围绕人才强省战略，瞄准云南产业布局和发展方向，建设高层次人才聚集、体制机制灵活、承载能力较强、服务功能完善、产业特色突出、示范作用好的创新创业园，促进人才链、创业链、产业链深度融合，打造云南省高层次人才聚集、高

【第五届南博会暨第二十五届中国昆交会】 6月14—20日，第5届中国—南亚博览会暨第25届中国昆明进出口商品交易会在昆明滇池国际会展中心举行。中共中央政治局委员、国务院副总理胡春华出席开幕式并讲话。本届南博会以“融入‘一带一路’、促进合作共赢”为主题，秉持互利共赢原则，进一步提升办会水平，进一步扩大开放格局，进一步服务和融入“一带一路”建设。本届南博会取得圆满成功，吸引87个国家和地区参展参会，共设置19个展馆、8500个标准展位，展览面积达19万平方米。签约项目456个，签约金额8079.37亿元。展会期间，共有80万人次进馆参观商品展。

【2018中国汽车技术发展（昆明）国际论坛】 6月27日，2018中国汽车技术发展（昆明）国际论坛开幕。本次论坛的主题是“核心技术彰显品牌价值”，论坛围绕汽车产业发展趋势、行业服务、环境监测、认证认可、品牌打造、企业实践等角度，为中国汽车产业长远发展建言献策。政府相关部门领导、全球汽车及零部件生产企业代表、汽车认证和检测机构代表、行业权威专家学者等800余位国内外嘉宾出席本次论坛。副省长董华，国家认证认可监督管理委员会总工程师薄昱民，中国汽车技术研究中心有限公司董事长、党委书记、总经理于凯出席论坛并致辞。市委副书记、市长王喜良做题为《昆明建设区域性国际中心城市产业圆梦行动》的主题发言。

【省长阮成发率省政府领导班子调研昆明】 7月2—5日，省委副书记、省长阮成发率省政府领导班子成员和省级有关部门负责人到昆明市调研。要求昆明要落实习近平新时代中国特

色社会主义思想和党的十九大精神，坚持新发展理念，按照高质量跨越式发展要求，推动“四化”同步发展，打造区域性国际中心城市，努力当好贯彻落实总书记习近平对云南提出的“一个跨越”“三个定位”“五个着力”要求的排头兵。要坚定不移用习近平新时代中国特色社会主义思想武装头脑、指导实践、推动工作，提高政治站位、找准工作方向、提振干事创业精气神。要聚精会神抓发展，清醒认识昆明的发展态势，振奋精神，迎难而上，抢抓历史性发展机遇，促进昆明高质量跨越式发展。要高标准规划建设区域性国际中心城市，大力推进生态文明建设，着力解决环保突出问题，全力抓好滇池保护治理工作，切实解决好“看病难”“出行难”等人民群众关心的问题，坚决打赢精准脱贫攻坚战。

【2018国家金融与发展（昆明）研讨会】 9月19日，2018国家金融与发展（昆明）研讨会开幕。本次研讨会以“深化改革，优化地方金融资源——开创区域性国际金融服务中心建设新局面”为主题，通过“借智引才”、金融招商等活动，巩固和提升昆明金融影响力、辐射力，再次为全市全面提升“世界春城花都，历史文化名城，中国健康之城”三大城市品牌贡献昆明金融力量。省委常委、市委书记程连元出席研讨会。市委副书记、市长王喜良在研讨会上致辞。中国社会科学院原副院长、国家金融与发展实验室理事长李扬出席研讨会，并在开幕式上做题为《区域金融中心建设的要素分析》的主旨演讲。中国人民银行昆明中心支行行长李波到会致辞。

【省、市举行公祭烈士活动】 9月30日，云南省委、省政府和昆明市委、市政府在昆明抗战胜利纪念堂隆重举行2018年公祭烈士活动。省委书记陈豪、省长阮成发、省委副书记李秀领等省党政军领导与全省各族各界代表一道，怀着无比崇敬的心情共同参加公祭烈士活动，深切表达全省各族干部群众传承弘扬烈士精神，不忘初心，继续前进的心声。10时整，李秀领宣布公祭活动正式开始。在昆省级领导，省直有关部门和单位、各民主党派和工商联、各人民团体主要负责人，驻昆解放军和武警部队负责人，离退休干部代表、战斗英雄代表、劳动模范代表、优抚对象（烈属）代表、少数民族代表、少先队员代表、解放军和武警部队官兵代表等参加活动。省委常委、市委书记程连元，市委副书记、市长王喜良，市人大常委会主任拉玛·兴高等在职市级领导参加活动。

【中国植物学会第十六次全国代表大会】 10月11日，中国植物学会第十六次全国会员代表大会暨85周年学术年会在昆开幕。与会专家学者围绕“绿色发展助力中国梦”这一主题，研讨我国生物多样性、资源和保护，分类学、系统发育和进化，生态学、环境与全球变化，发育和生理学，细胞、基因组和生物信息学等植物学主要学科领域的最新发展，服务国家生态文明建设和美丽中国建设。全国人大常委会副委员长、中国植物学会理事长武维华，副省长董华，昆明市委副书记、市长王喜良出席开幕式并致辞。省人大常委会副主任纳杰，省政协副主席徐彬，省政府秘书长杨杰，以及部分中国科学院院士出席开幕式。

【第十四届中国昆明国际农业博览会】 10月11—15日，第十四届中国昆明国际农业博览会在昆明滇池国际会展中心举办。本届农博会以“绿色发展·幸福生活”为主题，聚焦质量兴农、绿色兴农、品牌强农，重点突出“农业＋互联网”“农业＋机械化”“农业＋农耕文化”等内容，通过展览展示、论坛研讨、贸易洽谈、优质农产品评选、乡村振兴主题演讲，全面展示云南高原特色现代农业独特魅力，助力国内、国际产业交流合作。全国人大农业和农村委员会副主任委员李春生，中国农业国际合作促进会会长翟虎渠，省委常委、市委书记程连元，省人大常委会副主任李培，省政协副主席李正阳等出席开幕式。市委副书记、市长王喜良宣布第十四届中国昆明国际农业博览会开幕。本届农博会主会场设置8个展馆，3200个展位，展览面积8万平方米，参展企业2800余家，展会期间共有招商签约项目32个，签约金额达到241.28亿元。

【全市民营企业座谈会】 11月23日上午，市委、市政府召开全市民营企业座谈会，深入学习贯彻习近平总书记在民营经济座谈会上的重要讲话精神，认真贯彻落实全省民营经济座谈会要求，听取民营企业家意见建议，帮助民营企业解决发展遇到的困难和问题，共同研究促进全市民营经济发展的具体措施，全力支持民营经济发展壮大。省委常委、市委书记程连元主持会议并讲话。

【2018上合昆明马拉松赛】 12月2日，2018上合昆明国际马拉松赛在昆明海埂会堂前鸣枪开跑。来自51个国家和地区的2万名选手同场角逐，在蓝天白云、海鸥嬉戏的美景中欢乐前行，争创佳绩。本次比赛是上合昆明马拉松赛第3次在昆明举行，比赛的主题为“乐跑春城，更亲、更近、更和谐”“跑出新高度，追梦彩云南”。

【中国昆明南亚东南亚科技服务业合作中心揭牌】 12月5日，中国昆明南亚东南亚科技服务业合作中心揭牌仪式在呈贡信息产业园举行。作为昆明区域性国际科技创新中心的重要组成部分，中心将打造现代通信技术及芯片产业、生物医药和大健康产业、智能装备制造产业、新能源材料产业、高原特色农业资源产业等6大产业研发创新分中心，构建现代科技服务和国际科技合作交流两大平台，对科技成果转移化、知识产权申请交易、科技研发投入强度、高新技术企业产值关键核心指标形成有力支撑，争取到2020年区域性国际科技创新中心的总体框架基本形成。截至2018年年底，中心已经形成以科技服务业为特色、科技金融为支撑的科技服务全体系。

【2018云南——华为软件产业峰会在昆启幕】 12月20日，“云智软件·众享未来”2018云南——华为软件产业峰会在昆启幕，来自全国软件产业领域的近千名优秀企业代表和专家齐聚一堂，开展学术研讨和项目洽谈，为昆明打造面向南亚、东南亚的多语种软件产业高地献智献策。借助此次峰会，昆明将与华为围绕智能终端制造、智慧昆明建设等七个方面开展务实、深入的合作，共同搭建昆明软件产业合作生态圈，为昆明发展数字经济，建设区域性国际中心城市科技创新中心注入新动能。

【市政府常务会议】 2018年，市政府坚持依法决策、科学决策、民主决策，共召开17次常务会议。会议结合昆明市发展的实际需要，主要研究党风廉政建设、法治政府建设、安全生产、脱贫攻坚、乡村振兴、行政审批制度改革、生态文明建设、供给侧结构性改革、区域性国际中心城市建设、环境保护、耕地保护、社会保障、招商引资、工业发展、创新驱动发展、旅游业发展、房地产业发展、服务业发展、大健康产业发展、农业农村发展、城市规划、城市建设、城市管理、消防工作、城中村改造、国有企业管理、创业创新、全国文明城市创建、人才工作、教育工作、投融资工作、工业经济、防灾减灾、轨道交通建设、公路建设、滇池保护治理、重大风险防范、城乡低保、厕所革命、滇中引水、食品药品安全、智慧城市、旅游市场整治提升、集贸市场整治、新能源汽车发展等重要工作和事项。研究讨论《关于进一步深化医药卫生体制改革的实施意见》《昆明市退役士兵安置规定》《昆明市居住房屋租赁管理办法（草案）》《昆明市特种设备安全数字化监管指导意见》《落实支持深度贫困地区及乌蒙山片区脱贫攻坚相关国土资源政策的实施意见》《昆明市违法建筑处置办法（草案）》《关于支持和规范社会力量兴办教育促进民办教育健康发展的实施意见》《昆明市贯彻农村土地所有权承包权经营权分置办法实施意见》《关于大力实施乡村振兴战略加快推进农业农村现代化的意见》《昆明市2018年度法治政府建设工作计划》《昆明市人民政府进一步健全特困人员救助供养制度的实施意见》《昆明市建设区域性国际科技创新中心的实施意见（2017—2030年）》《昆明市城市地下空间开发利用管理规定（草案）》《昆明市城市轨道交通管理条例（修订草案）》《昆明市关于大力发展民营经济的政策措施》《昆明市全面推行湖长制工作实施方案》《加快深度贫困地区脱贫攻坚工作的若干意见》《昆明加快教育质量跨越提升行动计划》《关于建立现代医院管理制度的实施意见》《昆明市城镇绿化条例（修订草案）》《昆明市全力推进一网通办审批服务便民利企加快打造国际一流营商环境工作方案》《关于加快推进农业供给侧结构性改革大力发展粮食产业经济的实施意见》《昆明市拥军慰问实施办法》《昆明市工程项目审批制度改革的实施方案》《关于加快推进“四好农村路”建设实施细则》《关于深化教育体制机制改革的实施意见》《关于深化新时代中小学教师队伍建设改革的实施意见》《昆明市促进分享经济健康快速发展的实施意见》《昆明市国土空间规划（2018—2035年）》《昆明市农村集体产权制度改革实施意见》《关于全面加强生态环境保护坚决打好污染防治攻坚战的实施意见》《关于贯彻落实加强耕地保护和改进占补平衡的实施意见》《关于加强我市电动自行车管理的通告》《昆明市建设国际性综合交通枢纽行动纲要（2017—2030年）》等重要文件。

【昆明市十四届人民政府第三次全体会议】 2月22日召开，会议主要目的是全面贯彻党的十九大精神，深入贯彻中央经济工作会议、中央农村工作会议、省委十届四次全会、省“两会”精神，按照市委十一届四次全会和市“两会”安排部署，进一步统一思想，坚定信心，明确目标，乘势而为，全力攻坚，确保完成全年经济社会发展各项目标任务，奋力夺取在全省率先全面建成小康社会的胜利。会议要求，全市各级各部门要提高政治站位，认清使命责任，增强高质量跨越发展的责任感、紧迫感和使命感，攻坚克难，持续转变作风，狠抓工作落实，确保各项工作部署落到实处。坚持严实要求，保持勤政廉洁，努力建设人民满意的政府。

【政府令】 3月23日印发第143号政府令，公布《昆明市居住房屋租赁管理办法》，自2018年5月1日施行，对居住房屋租赁监督管理、居住房屋租赁双方当事人订立书面租赁合同内容、居住房屋租赁登记备案、责任追究等做出明确规定。

4月28日印发第144号政府令，公布《昆明市违法建筑处置办法》，自2018年6月1日起施行，对昆明市违法建筑认定、县（市、区）人民政府及开发（度假、园）区管委会主要职责、市政府有关部门工作职责、责任追究等做出明确规定。

8月2日印发第145号政府令，公布《昆明市城市地下空间开发利用管理规定》，自2019年1月1日施行，对规划管理、用地管理、工程建设管理、信息管理、权属登记、法律责任等做出明确规定。

【通知·意见】 1月3日印发《昆明市人民政府关于深化改革推进出租汽车行业健康发展的实施意见》，对昆明市出租汽车行业改革的总体要求和基本原则、科学定位适度发展、深化巡游车改革、规范发展网约车和私人小客车合乘、营造良好市场环境、保障措施等做出安排部署。

1月3日印发《昆明市人民政府关于印发昆明市网络预约出租汽车经营服务管理暂行办法的通知》，对昆明市网约车平台公司、网约车车辆及驾驶员、网约车经营行为、监督检查、法律责任等做出明确规定。

1月10日印发《昆明市人民政府关于印发昆明市政府部门权力清单和责任清单动态管理办法的通知》，市、县两级政府工作部门和法律法规授权的具有管理公共事务职能组织的权力清单和责任清单的编制、公布、运行、调整和管理，适用本办法。

1月24日印发《昆明市人民政府关于印发昆明市退役士兵安置规定的通知》，自2018年2月25日起施行。2000年9月13日市人民政府公布实施，2010年12月7日修正的《昆明市退役士兵安置管理实施细则》同时废止。

2月1日印发《昆明市人民政府关于加强文物保护利用工作的通知》，对全市加强文物保护利用工作指导思想、基本原则、总体目标、工作重点和主要任务、强化文物保护利用监督管理、强化文物保护利用保障措施等做出安排部署。

2月1日印发《昆明市人民政府关于2018年度森林高火险期有关事项的通告》，对全市2018年度森林防火期、森林防火区域、森林防火期间注意事项、有关单位工作职责、法律责任等做出明确规定。

2月23日印发《昆明市人民政府关于做好第四次全国经济普查工作的通知》，对普查目的和意义、普查对象和范围、普查内容和时间、普查组织和实施、普查经费保障、普查工作要求等做出明确规定。

3月19日印发《昆明市人民政府关于促进经济持续健康较快发展20条措施的意见》，在持续扩大有效投资、加快工业转型提速、促进服务业提质增效、大力支持实体经济发展、激发经济社会发展活力、强化体制机制保障等方面做出安排部署。

4月17日印发《昆明市人民政府关于印发加快构建大众创业万众创新支撑平台的若干政策的通知》，在聚集创新创业资源，发展众创载体平台；发挥公共技术服务作用，打造众包技术平台；优化发展环境，建设众扶服务平台；改革金融服务双创方式，构建众筹资金平台；加强跟踪问效等方面做出安排部署。

4月24日印发《昆明市人民政府关于印发昆明市国有建设用地二级市场转让管理暂行规定的通知》，对出让用地使用权转让、划拨用地使用权转让、作价出资（入股）或授权经营用地使用权转让、闲置土地转让、政府债务保全用地使用权转让、土地使用权分割转让、其他形式的土地使用权转让等做出明确规定。

5月18日印发《昆明市人民政府关于宣布失效一批市人民政府文件的决定》，对与现行法律法规不一致、已被新规定涵盖或替代、调整对象已消失、工作任务已完成或者适用期已过的文件宣布失效。凡宣布失效的文件，自本决定印发之日起停止执行，不再作为行政管理的依据。

5月22日印发《昆明市人民政府关于支持和规范社会力量兴办教育促进民办教育健康发展的实施意见》，在积极稳妥推进分类管理改革、加大支持力度；建立现代学校制度、提高管理服务水平，推动民办教育改革与发展等方面做出安排部署。

6月15日印发《昆明市人民政府关于聘任市政府参事和市文史研究馆馆员的通知》，决定聘任张建伟等14人为市政府参事，聘期5年；王笑平等5人任期届满，续聘为市政府参事，聘期3年。聘任汪叶菊等15人为市文史研究馆馆员，聘期5年；石鹏飞等18人任期届满，续聘为市文史研究馆馆员。

7月2日印发《昆明市人民政府关于印发昆明市压缩企业开办时间工作方案的通知》，对加快实现“3550”中“开办企业3个工作日内完成”目标的工作目标、主要措施、部门职责、工作要求等做出明确规定。

7月12日印发《昆明市人民政府关于聘请法律顾问的决定》，决定聘请马巍、刘凌、李志杰、李俊华、鹿斌5人为市人民政府法律顾问，聘任期限自2018年7月至2023年6月。

7月25日印发《昆明市人民政府关于开展昆明市第三次全国土地调查的通知》，在调查目的及意义、调查任务、时间进度、组织实施、经费保障、工作要求等方面做出安排部署。

9月27日印发《昆明市人民政府关于加快推进旅游转型升级的实施意见》，对全力推进昆明市旅游革命和旅游产业转型升级工作的总体要求、组织领导、工作重点及责任分工、工作要求等做出明确规定。

9月27日印发《昆明市人民政府关于第三批清理规范市政府部门行政审批中介服务事项的决定》，清理规范15项市政府部门行政审批中介服务事项。

【表彰·奖励】 1月24日印发《昆明市人民政府关于表彰荣获2017年度云南名牌产品称号企业的通知》，对云南明镜亨利制药有限公司等77家获“云南名牌产品”称号的企业进行通报表彰。

1月24日印发《昆明市人民政府关于表彰第七届昆明市市长质量奖及提名奖荣誉称号企业（组织）的通知》，授予昆明龙津药业股份有限公司、昆明市第三中学、云南农垦集团有限责任公司“第七届昆明市市长质量奖”称号；授予中国电建集团昆明勘测设计研究院有限公司、昆明雪兰牛奶有限责任公司、昆明风行防水材料有限公司“第七届昆明市市长质量奖提名奖”称号。

1月25日印发《昆明市人民政府关于表彰奖励2017年见义勇为先进个人和先进群体的决定》，对李树能等6名见义勇为先进个人和王加勇等6个见义勇为先进群体予以表彰奖励。

4月27日印发《昆明市人民政府关于表彰昆明市第二十三届劳动模范的决定》，授予王凤泽等40人“昆明市特等劳动模范”称号，授予杨桥等160人“昆明市劳动模范”称号。

9月7日印发《昆明市人民政府关于认定昆明市第十三届杰出园丁和优秀园丁的通知》，认定郗宏德等10名教师为昆明市第十三届“杰出园丁”，张梅等101名教师为昆明市第十三届“优秀园丁”。

12月29日印发《昆明市人民政府关于命名依法行政示范单位的决定》，决定命名五华区市场监督管理局等19家单位为“昆明市依法行政示范单位”。2014—2017年，全市共命名47家单位为“昆明市依法行政示范单位”，经复核，继续保留“昆明市依法行政示范单位”称号。

（市政府办公厅办文处）

市政府办公厅

【自身建设】 2018年，市政府办公厅深入学习贯彻习近平新时代中国特色社会主义思想和党的十九大精神，进一步牢固树立“四个意识”，坚决做到“两个维护”，团结一心，埋头苦干，大力加强自身建设。严格按要求组织召开市政府党组、市政府办公厅党组2017年度民主生活会和2018年巡视整改专题民主生活会；分别组织8次市政府党组、市政府办公厅党组理论学习中心组学习；市政府领导讲授党课22次，参加所在支部学习23人次；市政府办公厅领导讲授党课45次，参加所在支部学习100人次。共召开党委委员会议6次、开展专项检查3次，工作例会10次，有力推动“两学一做”学习教育常态化制度化；成功举办5期“万名党员进党校”培训班，共计培训387人次；全面推动“基层党建巩固年”各项工作任务，严格落实“三会一课”制度；完成省级文明单位复审考评工作。高度重视党风廉政建设工作，制定下发《昆明市政府办公厅2018年领导班子落实党内廉政建设主体责任清单》和《昆明市政府办公厅2018年党风廉政建设责任制工作任务分解》。办公厅党组和班子成员开展廉政谈话或与分管联系部门主要负责人进行廉政提醒谈话50余次；班子成员向办公厅党组汇报分管范围内党员干部重要情况2次，汇报落实党风廉政建设责任制分工任务情况20次；班子成员听取分管部门主要负责人汇报落实党风廉政建设责任制情况40余次，主动参加党组中心组理论学习各8次，参加所在党支部“两学一做”学习教育和组织生活会100余人次，与分管联系部门研究布置党风廉政建设工作40次、签订落实党风廉政建设责任书156份、开展监督检查20次。领导干部主动落实党风廉政建设主体责任，带头参与党风廉政建设的各项工作，为办公厅干部职工树立榜样。

严格执行干部选拔任用条例有关规定，认真执行干部选拔任用程序，严把原则政策、严格执行干部人事制度、从严管理监督干部，重视廉政考察。全年共办理调出手续9人、退休人员手续4人，办理调入手续19人。办理新录用公务员试用期满转正定级6人，人才引进选调生1人，接收军转干部营职以下1人、团职2人。重视干部的推荐使用，2018年共有3名正科级干部提拔到副县级岗位，其中1名交流到其他单位任职。1名副县级领导干部被提拔到正县级岗位，1名副县级领导干部转任重要岗位任职，年终7名市管干部被考评为优秀等次。全年组织8名厅级领导、35名县处级领导干部参加领导干部学习贯彻习近平新时代中国特色社会主义思想和党的十九大精神专题培训班；1名厅级领导参加中组部调训；4名县处级干部参加2018年昆明市新提拔县处级领导干部培训班，1名县处级干部参加云南省政府系统2018年高素质专业化干部队伍建设研修班等各级组织调训。办公厅领导和工作人员239人次参加其他各类培训。组织全厅137名干部参加云南省干部在线学习；48名县处级干部、163名干部分别参加市委普法办、依法治市办组织的《中华人民共和国宪法》知识统一考试，参考率和及格率均为100%。进一步加强县处级领导干部个人有关事项报告，组织8名厅级领导和52名县处级领导开展年度领导干部个人有关事项报告填写工作；严格出国（境）政审报批制度；进一步完善全厅登记备案工作，对备案信息及时进行增加、撤销、修改并登记造册，确保新提拔的领导干部纳入登记备案人员范围；完成市委组织部开展的昆明市干部选拔任用工作集中检查、特岗人员因私出国（境）管理工作专项检查等工作。

【调查研究】 围绕市委、市政府中心工作，市政府办公厅针对区域性国际中心城市建设、脱贫攻坚、乡村振兴、放管服改革、优化营商环境、城市规划、生态环境保护等重点、热点、难点问题，深入开展调查研究。组织并会同有关部门结合实际对昆明稳增长、推进供给侧结构转型、生态环境建设、建设区域性国际科技创新中心、建设区域性国际综合交通枢纽、民营经济发展、城市空间规划、加快深度贫困地区脱贫攻坚工作、打造国际一流营商环境、社会信用体系建设、城乡人居环境整治、旅游革命、旅游市场整治提升、教育质量提升、医药卫生体制改革、大健康产业发展、房地产市场健康发展等问题进行调研，形成一批高质量报告，为市委、市政府决策提供参考和依据，较好地发挥参谋助手作用。

【综合协调】 积极发挥市政府办公厅作为市政府综合协调机构的职能职责作用，全力保障昆明市重大项目和重点工作的落实推进，围绕优质高效，增强统筹协调，解决发展困难，有力推进各项决策落到实处，不断提升政府行政效能。圆满完成市政府领导的调研、座谈、会见、走访慰问、公务接待、招商推介、论坛会展等事务活动的服务协调。协调有关部门成功举办第5届南博会暨第25届昆交会等重大会展，省政府领导赴昆调研、中央环保督察“回头看”、国务院大督查等重大活动，2018年上合昆明马拉松赛等重大赛事。主动加强与市级有关部门的协调和沟通，参与完成市“两会”、市政府全会、市政府常务会议、政府专题工作会议、政府系统办公室主任会议等全市性重要会议的筹备和服务，合理安排会议议程，保证会议顺利召开。同时，在开展重大项目会办、创建民族团结进步示范市、推进水生态文明建设、全市污染防治、智慧城管建设、国土空间规划、城中村棚户区改造、历史文化资源保护、现代综合交通运输体系建设、城市轨道交通建设、高速公路建设、主城区道路交通综合整治、草海片区开发建设、推进“放管服”改革、推进特色小镇建设、出租车行业健康发展和网约车管理等问题的处理中，根据工作需要，积极开展统筹协调，较好地发挥服务保障作用。

【督办工作】 始终坚持围绕中心，服务大局，突出重点，狠抓落实，较好地发挥督查工作在抓落实方面的“利器”作用，有力地推动全市各项决策部署和政策措施落地生效。对标对表抓好国务院第五次大督查和省政府综合督查反馈问题的督查整改，及时安排任务，及时反馈情况，及时整改问题。出台市政府领导批示件办理督查制度和会办制度，对783件市政府主要领导批示事项进行跟踪督办，办结率98.70%。对市政府工作报告、市政府全会、市政府常务会、市政府专题会确定的工作任务进行细化分解立项督查。开展综合交通征地拆迁、南二环提升改造综合保通、旅游市场综合整治、批而未供和闲置土地处置、城市防洪排涝整治、水源地保护、中小学幼儿园危房改造、非洲猪瘟防控等专项督查。对市政府领导挂钩联系的566个重点项目定期会办协调推进工作进行跟踪督办落实。对省10件惠民实事涉及昆明市的目标任务、市10件惠民实事进行分解细化，做好跟踪督查落实。认真做好2018年度市级行政部门年度目标考核各项工作。督促指导全市政府系统开展人大代表建议、政协提案办理工作，2018年全市政府系统共承办省人大建议23件、省政协提案26件，市人大建议370件、市政协提案585件。

【应急工作】 以习近平新时代中国特色社会主义思想为指导，按照“值守应急，信息汇总，综合协调”的要求，全年接报处置一般突发事件1319起，协助市政府领导妥善处置较大突发事件17起，全力保障全市经济社会安全稳定。按照“全面规范，调整充实，优化升级”的原则，从规范落实三级值班带班制度入手，升级改造并建成集值班值守、人员休息、决策协调等功能为一体的综合值班室，并将空港经济区纳入全市值班工作体系之中，统一管理，统一调度，全力推进市政府系统值班专业化建设。继续制作播放《全全说应急》系列的3部动画片，使“全全”这一应急小卫士的形象深入人心；继续上线发布“昆明应急”微信公众号，关注粉丝4.30万余人，基本构建起网上线下的“全媒体，多口径”应急宣教平台。牵头完成全国、全省“两会”等重要会议期间的值班值守工作，组织市级16家部门开展“第5届南博会”现场值守工作，确保重大会议和活动应急保障工作有序开展。组织开展“昆明市城市内涝情景构建”桌面推演和全市应急管理业务培训，进一步拓宽各级领导工作视野、理论素养和应急实践，为推动昆明市区域性国际中心城市应急体系建设迈上新台阶，实现新发展，提供智力支持和有力保障。

【公文处理】 把“零差错”要求贯穿于办文工作各个环节，不断提高公文处理质量和效率。制发《昆明市人民政府办公厅关于进一步明确向市人民政府报送请示和报告有关要求的通知》《昆明市人民政府办公厅关于实行行政规范性文件“三统一”制度的通知》等文件，进一步规范公文处理工作。扎实做好市政府及市政府办公厅文件的清理工作，按程序制发《昆明市人民政府关于宣布失效一批市人民政府文件的决定》，对与现行法律法规不一致、已被新规定涵盖或替代、调整对象已消失、工作任务已完成或者适用期已过的文件宣布失效。积极指导全市政府系统办文工作，根据需要有针对地采取讲座、授课等方式进行业务培训。加强公文处理知识培训，举办2期2018年全市政府系统综合能力提升专题培训班，对市政府办公厅机关、各代管单位和部分县（市、区）、开发（度假、园）区、部门办公室工作人员共239人进行培训。以提高公文质量和实效性为核心，认真执行精简文件有关规定。市政府及市政府办公厅全年共下发正式文件479份，同比减少12%。其中，政府令3件；昆政规5件；昆政发52件；昆政复93件；昆政文52件；昆政函42件；昆政办167件；昆政办文27件；昆政办函38件。深化政务公开，编发《昆明市人民政府办公厅通讯》9期；编发《昆明市人民政府公报》12期，及时在市政府门户网站“中国昆明”和政府公报微信公众号上发布。

【政务信息】　继续把信息报送作为反映社情民意，推动科学决策的重要渠道，紧紧围绕全国、全省、全市重大决策与工作部署，突出地方特色，注意抓热点、抓亮点、抓难点，广泛开展调查研究和信息资源的深入挖掘，着力提升信息质量，切实发挥好政务信息参谋辅政，服务决策的作用。全年，编辑《政务要情》《政务简讯》《政务工作通讯》等各类信息刊物187期，采用信息3179条；累计向省政府办公厅报送信息257条，被采用82条，年终得分1348分，在省政府办公厅信息工作通报中获一等奖及上报国务院办公厅信息特别贡献奖。其中，专报信息《昆明市以常态化第三方评价倒逼营商环境优化》《云南昆明市出台降低实体经济企业成本实施办法助力实体经济企业发展》被国务院办公厅采用，政务信息的决策参与和影响力明显提高。

【政务公开】　坚持以“公开为常态，不公开为例外”原则，围绕政务公开工作要点，加强组织领导、健全制度规范，拓宽公开渠道，有效保障人民群众对政府工作的知情权、参与权和监督权。加大重点领域公开力度。制定下发《昆明市2018年政务公开工作要点》，对全市政务公开工作进行全面部署。围绕公共资源配置、重大建设项目批准和实施、公益事业建设等民生关注领域，制订专项公开实施方案，有效规范和指导全市重点领域信息公开。2018年，主动公开政府信息33万余条。强化公开平台建设。昆明市政府网站获“2018年度‘互联网+’管理创新型服务平台”称号。“@昆明发布”获2018年“最佳政务微博矩阵”“中国优秀政务新媒体”等多项称号。规范信息公开流程。完善政府信息公开源头认定机制，制发《昆明市行政机关政策文件解读工作实施办法》《昆明市政府信息依申请公开工作规程》等工作规范，提升政务公开制度化、规范化水平。开展队伍专业素质培训。全市组织召开各类政府信息公开工作会议或专题会议386次，举办各类培训班184次，开展政府信息公开培训9935人次。改进评估考核方式。组织完成全市14个县（市、区）、4个开发（度假、园）区和53家市级部门2018年政务公开工作情况考核。在全省率先开展政务公开第三方评估，通过评估促进政务公开各项工作提质增效。

【脱贫攻坚】　2018年，市政府办公厅按照市委、市政府关于扶贫攻坚的总体部署安排，积极开展“挂包帮”“转走访”对口帮扶工作。严格落实脱贫攻坚工作党政“一把手”负责制，在以市政府秘书长、办公厅党组书记郭希林任组长，市政府副秘书长、办公厅主任甘红任常务副组长的“精准扶贫精准脱贫”工作领导小组带领下，及时调整帮扶关系，全厅185名干部职工和4名驻村工作队员，对口帮扶禄劝县则黑乡民安乐村、贵城村和马鹿塘乡赊角村共计278户建档立卡贫困户。2018年，用心推进“挂包帮”“转走访”工作，3个对口帮扶村顺利通过省级考核验收。共争取、协调、投入项目29个，为3个对口帮扶村投入各类帮扶、慰问资金共计710.79万元，其中，直接投入经费123.95万元，协调立项投入433万元，动员社会力量投入153.84万元；实施产业项目3个；帮扶贫困学生40人，为3个对口帮扶村脱贫摘帽打下坚实基础。

（市政府办公厅办文处）

机关事务管理

【房产基建】　认真贯彻《党政机关办公用房管理办法》，制定印发《昆明市领导干部周转房管理规定》。加强对办公用房维修改造项目的监督管理。完成市委统战部等20个部门和单位办公用房改造方案的审核工作及回复。组织完成市、县级领导周转房的检查维修维护、日常保障及卫生保洁工作。积极参与解决呈贡配套商品房遗留问题。

【公务用车】　认真贯彻《党政机关公务用车管理办法》，根据昆明实际制定《昆明市党政机关公务用车管理实施细则（报审稿）》。牵头组织完成昆明市公务用车信息化管理使用平台建设工作。严格执行公务用车购置审批要求和规定，共办理45个单位关于公务用车购置审批处理件，审批购置车辆350台，审核批复车辆所有人变更353辆。在公务用车领域中积极推广符合规定的新能源汽车，确保党政机关年度购买新能源车占当年配备更新车辆的比例不低于50%的总体要求，截至2018年12月31日共购置新能源车213辆。抓好应急综合服务保障及综合执法两个平台服务保障工作。积极参与全市企事业公务用车改革的组织准备工作。牵头组织全市机关事业单位“黄标车”治理淘汰工作，市本级机关、事业单位淘汰236辆，各县（市、区）机关事业单位淘汰513辆，如期全面完成淘汰治理工作。

【节能工作】　指导、督促盘龙区行政中心、官渡区区级机关办公中心等7家基层单位参与省、全国节约型公共机构示范单位创建工作，昆明市质量技术监督局等6家单位以高分通过国家考核组验收。开展14家单位的公共机构能源审计工作。围绕节能宣传周“节能降耗　保卫蓝天”和全国低碳日“提升气候变化意识　强化低碳行动力度”的主题，组织全市公共机构开展节能宣传周和低碳日活动，在市级行政中心组织开展节能宣传、能源紧缺体验日、新能源车推广等系列活动，并在新闻媒体上广泛宣传。

2018年1月19日，昆明市市级机关事务管理局参加国家级公共机构能效领跑者创建项目并获得通过 （市级机关事务管理局 供稿）

"全省公共机构能源资源计量及消费统计直报系统"在全市公共机构全面推开。水能耗在线检测系统安装施工顺利完成。2018年加强全市公共机构生活垃圾强制分类，作为试点的市级行政中心智能化垃圾分类收集系统进入建设实施阶段；开展"绿色食堂"行动，推进餐厨废弃物资源化利用，实现行政中心食堂餐厨废弃物统一化、集中化、全覆盖管理，每天清运厨余垃圾2吨多。2018年，市级行政中心被国家机关事务管理局、国家发改委、财政部授予全国"公共机构能效领跑者"称号（全国共有184家单位，云南省仅有5家单位获此称号）。

【资产管理】 按照市委、市政府相关要求，对昆明市级机关事务管理局国有资产进行全面调查摸底，准确掌握经营性及非经营性国有资产的资产总额、土地、房产、股权等方面情况，切实厘清资产权属。积极开展非公益性土地及房屋类资产专项清查，精准反映非公益性土地及房屋类资产情况。协助市级相关部门对市政府3家驻外联络机构的经营性资产脱钩方案开展研讨定稿，并上报市委、市政府审批。完成2017年度行政事业单位国有资产报告数据复审工作。完成长期挂账的15处已改、拆除、划转房屋的处置工作。完成2019年新增资产配置计划编制工作。

【政府采购】 完成政府采购管理信息系统开发，进入试用阶段。2018年组织实施政府采购项目105个，采购预算1.29亿元，采购成交金额为1.22亿元，共节约预算资金731.97万元，资金节约率5.68%。

【安全保卫】 深入开展多种形式的治安和消防安全专题培训讲座10次，与驻行政中心各单位签订《2018年度社会治安和消防安全责任书》130余份，聘请安保工作义务监督员12人，开展安全联合大检查3次，组织市级行政中心突发事件应急处置演练1次。试点开展固定和移动两类微型消防站建设。行政中心智慧安防系统一期建设顺利完成。完成2018年度市级行政中心车辆通行证换发。完成市级行政中心新进社会化外包服务单位人员政审工作，配合相关部门处置上访事件3554起和上访人数1.50万人次，出动安保力量6398人次。

【机关餐饮】 按照公开、公平、公正的原则，完成新一轮餐饮外包服务企业的引进工作。投入资金206万元更新食堂灶具设备，投入78万元对天然气管道进行新设和改造，全面提升餐饮服务保障品质。完成干部职工智能卡审核发放工作，共计办理智能卡1.48万张。试点推行食品食材统采统购制度。食品检验检测中心建设完成投入运行。

【物业管理】 切实加强对物业服务合同履约情况的监督检查，督促各物业服务单位做好设施设备的日常维护管理和园林绿化管养服务，按月考核的服务满意度达100%。圆满完成行政中心室外公共区域、35万平方米室内公共区域以及139间指定办公室的日常保洁。开展行政中心日常巡查事项1.91万件，处理设备故障1.20万件，完成综合类项目维修维护18项，处理各类供用电故障1026次、消防设施设备保修342件次、电梯报修95件次，维修维护智能设施设备1313件次，组织供电、消防、电梯救援应急演练4次。定期不定期开展巡检300天次，确保200台套设备设施的安全运行。按照会议保障和服务考核机制，完成四大机关行政办公区会议保障2720次，保洁服务1418次，昆明会堂顺利保障各类大型会议、演出活动1574次，收入543万元，完成全年既定经济目标。

【经营服务】 机关服务总公司抓好铺面经营管理，积极协调配合综合楼14家社会化服务单位开展工作，实现经营收入420万元。茶花宾馆坚持做好基本经营，维护职工队伍的稳定，完成茶花图案商标续展相关工作。昆厦物业公司实现经营收入1044万元，各项目综合服务满意率保持较好水平，一批历史欠账、多年遗留问题相继得到解决。

【党建工作】 完成市级机关事务管理局科级正职领导干部全员竞争上岗

工作。9个党支部完成换届选举，4个支部的支部书记进行届中调整。局机关注册正式党员志愿者189人，志愿服务活动总时长达5313小时。创建机关三支部“市级行政中心党建示范带”第一批党建品牌和餐饮中心支部示范点。茶花宾馆支部完成“北京路党建示范走廊”创建工作。

【扶贫工作】　完成寻甸县先锋镇窑上村、羊街镇多合村挂钩帮扶脱贫摘帽工作，稳步开展寻甸县仁德街道4个新增挂联点驻村工作，局领导5次带队深入局挂联点了解情况、督办扶贫项目进度、走访贫困户、协调建设项目，为中桥社区争取到省扶贫办道路建设资金120万元，为和平社区争取到水利项目建设资金10万元。组织局属各党支部党员干部11批次深入挂钩扶贫点，进行回访和入户调查，强化结对帮扶效果。搭建市级行政中心帮扶点农产品销售平台，先后组织农特产品展销活动10次，累积销售扶贫点蔬菜水果30余吨，销售收入达30余万元。市级机关事务管理局驻村干部周兴坤获云南省2018脱贫攻坚“优秀驻村扶贫工作队员”称号。

【教育培训】　积极开展“万名党员进党校”“千堂党课进基层”“百名典型上讲台”活动，组织局机关支部书记、党务工作者、党员逐级参加市级机关工委举办的培训班；组织14个县（市、区）的74名从事机关事务管理工作的党员干部在市委党校参加深入学习贯彻习近平新时代中国特色社会主义思想和党的十九大精神暨“万名党员进党校”专题培训班1期，组织50名党员赴井冈山参加“万名党员进党校”党性提升培训班1期，组织“万名党员进党校”大讲堂教育培训班1期。全年科级干部培训率达100%，党员参加集中培训率达90%以上。

（王　旭）

政务管理服务

【概况】　2018年，昆明市政务服务管理系统全力推动“一网通办”，提升政务服务环境的改善，助推营商环境的提升。截至2018年12月31日，在市政务服务中心设窗口的政府部门29家。全市14个县（市、区）、4个开发（度假、园）区建立政务服务中心。全市所有乡镇（街道）、村（社区）建立为民服务中心（站），形成以市、县两级政务服务中心为核心，乡镇（街道）为民服务中心为枢纽，村（社区）为民服务站为节点，立足基层、面向群众、覆盖城乡的政务服务体系，对企业和群众实行“一条龙”服务。

【全市“政务一张网”建设】　2018年，市政务服务管理局按照《昆明市加快推进“互联网+政务服务+公共资源交易+投资服务”实施意见》要求，紧跟时代发展、打破传统模式，聚集要素、积极谋划，深入推进行政审批服务事项改革，构建经济社会发展的助推器，进一步方便群众办事。着力构建联通省、市、县、乡、村五级的政务服务线上线下服务体系。截至2018年12月31日，昆明市政务服务网上平台联通省、市、县、乡、村五级的政务服务线上线下服务体系已初具雏形。积极与省投资项目审批服务中心对接协商平台建设，整合省、市政务服务网上平台。已完成“统一服务入口”“统一身份认证”“统一事项标准”和“统一数据交换”等统一办理事项，基本实现“统一效能监察”。完善网上平台办理事项。全市各级政府门户网站将政务服务和行政审批等相关服务板块统一更换为省政务服务网上平台，并在平台上公布事项的受理条件、办理材料、办理流程、收费情况、法定依据等情况。积极推进市本级政务服务大厅建设。为推动办事企业和群众少跑腿，2018年6月与建设银行云南省分行签订《昆明市智慧政务服务合作框架协议》，开发便民服务缴费、代扣代缴等功能，拓展便民服务渠道，完善便民服务能力。

【审批服务“七办”模式】　昆明实行一窗综合受理、集成服务，将审批服务事项纳入各级政务服务中心大厅统一办理，创新政务服务“一窗通办”“一网通办”“掌上通办”“一

2018年10月15日，市政务服务管理局举行打造一流营商环境新闻发布会
（市政务服务管理局　供稿）

次办成”“就近申办”“马上办好”“全市能办”的七办模式。昆明市政务服务中心设置综合服务窗口32个、统一发证窗口3个，25个市级部门的285项办事事项纳入综合服务窗口和平台受理。县（市、区）共设置综合服务窗口（统一出证窗口）309个，全市已有2180个办事事项纳入综合受理窗口进行“一窗受理”。

【“最多跑一次”改革】 昆明市将“最多跑一次”改革工作列为“10件惠民实事”。截至2018年12月31日，昆明全市共梳理公布“最多跑一次”事项5202项，事项类别包括行政许可、行政确认、行政检查、行政征收、行政奖励、行政给付和公共服务，并在政务大厅引入中国邮政EMS，提供免费审批结果送达服务，助推实现办事跑一次。2018年全年全市共办结“最多跑一次”事项4736.71万件，办结率100%。其中市本级共办理3857.97万件；18个县（市、区）、开发（度假、园）区共办理878.74万件。

【政务服务第三方评价】 按照管评分离的原则，引入第三方评价机构，以推进重大项目建设和提升政务服务质量为重点，以季度评价为周期，对全市30个审批部门、25个政务服务中心（大厅）、市公共资源交易中心开展政务服务第三方评价，评价结果纳入年终目标考核范围。第三方评价工作开展以来，昆明市政务服务水平、行政审批效率、群众和企业满意度明显提高。形成《昆明市政务服务第三方评价报告》16期，第三方评价共发现184条问题，各部门制定整改措施272条。

【投资项目集中审批和中介超市监管】 继续推进投资项目集中审批和在线审批监管平台工作。2018年6月，全省投资项目在线监管平台与昆明市政务服务网上平台实现事项统一管理、用户统一登录、审批人员单点登录、审批流程一致、审批数据自动同传、审批信息共享。截至2018年12月31日，市、县两级政务服务中心已全部接入“云南省投资项目审批系统”，依托统一接件窗口，项目业主就近选择地点进行报件。2018年，昆明市市、县两级政务服务中心（含开发度假园区）共受理投资项目4537项，涉及投资事项6490项，投资概算1.21万亿元，按时办结率99.71%，开展并联审批项目569个，联动项目38个，代办项目13个。集中审批有力地推进全市重点项目建设。以全省信息管理系统为依托，加强对采购主体进入本级中介超市公开选取行为进行监管，对设置不合理条款、排斥潜在中介机构的行为予以约束。2018年，全市中介超市共发布公告914个，选取结束914个，签约项目1002个，履约结束1015个，项目总成交额6161.03万元。

2018年8月30日，国务院督察组一行督查市政务服务中心（市政务服务中心　供稿）

【公共资源交易规范化】 完善公共资源交易制度体系，实施多元监管。建立综合监管、行业监管、行政监察相结合的监管体系，运用大数据实现公共资源交易智慧化，推进公共资源电子化交易方面走在全省前列，在全省乃至全国发挥积极的示范效应。探索开展远程异地评标，推动资源共享。市政务服务管理局（市公共资源交易管理局）率先在全省圆满完成省、市、县“三级四地”远程异地评标，并完成全国首例跨省两次昆明至贵阳、贵阳至昆明的远程异地评标工作。远程异地评标工作已推广至各县（市、区）。搭建投标中标企业融资服务平台，优化营商环境。2018年，昆明市通过电子化交易系统共完成工程建设招投标项目1978个，成交额205.20亿元；政府采购613个，成交额37.97亿元。组织土地公开交易293宗，共计成交232宗，成交总面积为1.35万亩，成交总金额574.34亿元。

【推进“服务一条龙”】 2018年，市政务服务管理局优化投资服务中心运行机制，创新服务方式，引入第三方专业运营服务团队，按照“自愿委托”的原则，自受理企业（投资者）的项目申请表并审核通过启动代办服务项目后，企业就能免费享受中心提供的全程代办服务，实现投资服务工作规模化、规范化和标准化运行。

【不良行为记录及投诉处理】在公共资源交易投诉处理工作中强化监管，

2018年昆明市市、县、乡三级政务（为民）服务中心工作数据统计表

单位名称	接件总数（件）	其中		办结总数（件）	其中		办结率（%）
		行政许可事项	服务事项件		行政许可事项	服务事项件	
市政务服务中心	92231	47577	44654	92231	47577	44654	100
市级分中心合计	9489078		9489078	9489078		9489078	100
县（区）政务中心	6240595	1264024	4976571	6240595	1264024	4976571	100
乡镇（办事处）为民中心	3488758	28273	3460485	3488758	28273	3460485	100
合计	19310662	1339874	17970788	19310662	1339874	17970788	100

严肃处理。2018年，共依法依规处理68件投诉、信访件，完成省纪委、市纪委转办件17件，处理现场纠纷51起。在公共资源交易项目开标、评标过程中派出400余人次人民监督员对市级工程建设项目进行现场监督。对《昆明市公共资源交易人民监督员管理规定》进行修订，出台《昆明市公共资源交易人民监督员管理细则》和《昆明市公共资源交易当事人不良行为管理暂行规则》。

【优化专家库管理】　2018年1月，以省综合评标专家库资源为基础，通过标准数据对接，市级专家库与省级专家库完成并库工作，作为全省的州市子库已正式上线运行。专家在库人数从原来的2571人，扩充到5513人，专家资源的深度整合，打破地域限制，使优质专家资源更加充足，市场环境逐步改善，为推进全市远程异地评标常态化工作打下坚实的技术基础。2018年，昆明市共完成专家抽取工作894项，完成工程建设招标条件备案828项，招标投标情况报告书备案817项，办结率均达到100%。

【精准扶贫工作】　市政务服务管理局高度重视扶贫工作，成立专项领导小组，制订帮扶计划，派专人到寻甸县倘甸镇竹园村委会和七星镇腊味村委会开展扶贫帮扶工作，多次召开党组专题会议和局办公会议研究脱贫帮扶工作。按照“挂包帮”“转走访”要求，全局党员干部共结对174户贫困户，每月坚持赴村入户帮扶。2018年，压缩行政开支，从有限的经费中拨付扶贫资金40万元，帮助两个扶贫点进行村容村貌整治和建设“爱心超市”。

（卜增靖）

信访工作

【概况】　2018年，全市信访总量、到北京非接待场所上访量、到市集体上访人次下降，到省集体上访批次、人次上升，来访下降，来信上升，呈现“三降两升，访降信升”的态势。全市县以上党政机关信访总量2.91万件次，同比下降19%，其中，来访5720批2.18万人次，同比批次和人次分别下降29%和26%；来信7310件，同比上升15%。到京非接待场所上访63批75人次，同比批次和人次分别下降21%和6%；到省集体上访123批653人次，同比批次和人次分别上升4%和7%；到市集体上访218批5260人次，同比批次上升3%，人次下降4%。

【领导高位统筹协调】　市委、市政府对信访工作始终高度重视，高位统筹协调。2018年2月12日，召开全市信访局长会议，安排部署全年信访工作；3月6日，市委常委、市委政法委书记李建阳专门到市信访局实地调研，听取全市信访工作情况汇报；6月4日，市委书记程连元对市委办公厅、市政府办公厅《关于印发〈2018年市级党政领导包案化解信访案件工作方案〉的通知》做重要批示；8月3日，市委第59次常委会听取“四大重点”信访矛盾化解攻坚战工作汇报；8月20日，市委书记程连元和市长王喜良主持召开昆明市委、市政府省市党政领导包案化解信访案件调度会，研究推进7件未化解信访案件工作；10月22日，市委副秘书长杨蜀军到市信访局实地走访调研；10月24日，全市召开“四大重点”信访矛盾推进会，市委常委、市委政法委书记李建阳，市政府副市长周建忠，省信访局副局长杨敏等领导参会，安排部署推进“四大重点”攻坚工作。

【化解矛盾纠纷】　2018年，市信访局出台《关于进一步推动昆明市信访局领导班子定期到基层接访、带案下访的工作方案》，局领导班子共计接待来访群众280批686人次。继续深入推进领导干部接访下访活动。2018年，县（市、区）领导干部1494人次接待上访群众1731批7247人次，市属

市信访局荣获“2018年人民网网民留言办理工作先进单位”称号
（市信访局　供稿）

部门领导干部670人次接待上访群众980批3998人次。持续组织执业律师参与信访接待。发挥第三方优势，解释宣传法律法规，引导信访人依法理性维权。截至2018年12月31日，共有20家律师事务所参与接访，组织律师177人次定期到市委、市政府设立的信访接待场所接待信访群众345批1820人次。

【落实信访工作责任】　市委、市政府办公厅下发《2018年市级党政领导包案化解信访案件工作方案》，对省领导包案化解工作进行安排部署，逐一落实市、县级包案领导，并分别于7月15日、8月14日、8月20日3次组织召开专题会议，研究推进案件化解工作。截至2018年12月31日，通过市领导的协调统筹和责任单位的努力化解，省、市信联办联合督办，24件省级领导包案信访件已经全部结案。开展信访案件评查工作，加大统筹督查信访事项工作力度。制订下发《昆明市2018年度信访案件评查工作方案》，通过信访案件评查，找准工作中存在的问题，督促责任单位依法依规处理信访问题，切实将信访工作责任制落实到化解源头上。加强督查督办，提高督查工作效能和权威，加大解决和化解信访突出问题力度，加强对热点信访事项的督查督办。2018年，市信访局共督办上级交办的重要信访案件112件；由市信联办牵头，市纪委、市委市政府两个目督办共同参与，对52件久拖不决、群众反映强烈、社会关注度高的重大疑难信访问题进行联合督办。

【聚力改革重点】　推进信访工作信息化升级，通过网络走好群众路线。2018年，共办理人民网留言1531件，市信访局在全国网上群众高峰论坛上被评为2018年人民网网民留言办理工作先进单位。拓展第三方参与信访工作渠道。与市司法局合作成立昆明市人民调解参与信访问题化解工作室，将人民调解员的力量引入到信访案件的化解中，由市司法局定期派出调解员参与信访接待；与市综治办发挥联动协调机制，联合印发《关于网格管理员协助信访部门做好基层信访工作的通知》，发动网格管理员协助信访部门做好基层信访工作。强化新时代信访工作宣传引导。根据2017年施行的《云南省信访条例》，专门制作专题信访知识宣传片《信访须知》，投放到地铁、公交播放平台及全市各级信访接待场所和官网滚动播出。探索建设智慧信访。根据国家信访局建设信访业务智能辅助及信访信息化建设有关工作要求，市信访局拟建设和使用昆明市“智慧信访”平台。

【强化信访维稳大局】　全市信访部门始终坚持组织到位、劝返到位、保障处置到位、信息对接到位的“四个到位”应急机制，加强统筹协调，精心安排部署，圆满完成中央环保督查组、中央扶贫督查组到云南，中共云南省第十届委员会第四次、第五次全体会议，中共昆明市第十一届委员会第四次、第五次全体会议，云南省“两会”、昆明市“两会”等31次重要会议、重大活动期间的信访工作任务，全力维护社会稳定。

（王　欢）

市长热线

【概况】　2018年，市长热线办通过电话“12345”、书记工作电话“63197977”、市长工作电话“63166500”、书记电子信箱、市长电子信箱、市长热线电子信箱、“昆明市长”微博、“昆明12345市长热线”微博及邮政等渠道共接收群众来电（件）94万余个（件）（不包括县市区联动热线独立受理件）。其中，书记工作电话及语音留言1071件；市长工作电话及语音留言638件；书记电子信箱邮件1823件；市长电子信箱邮件2276件；市长热线电子信箱邮件7097件。2018年，共有9位市政府领导参加市政府领导接听活动，接听群众来电117个，回答31位网友在线提问，办结率和反馈率均达100%。市长热线对7.30万件群众反映的疑难案件进行督办，并联合各职能部门到现场处理问题26次，完成局长（主任）接待日巡查13次，覆盖38个职能部门，编发各类信息490余期。2018年9月，由D3方评估平台公布的“2018年7—8月全国335个城市12345热线监测结果”中，昆明市12345热线获得“稳步攀升奖”。

【政务微博微信】 截至2018年12月31日，“昆明市长”微博自开通以来共发布微博1206条，拥有粉丝91万余人。2018年，“昆明市长”编写发布博文163条，新增博文阅读量205万余次，网友评论、@给“昆明市长”的微博1.70万条，共受理网友反映的民生问题1404件，已办结1395件，办结率99.36%，办结件由“昆明12345市长热线”微博公开或私信回复网友。

2018年，“昆明12345市长热线”微博共发布博文2590条，回复网友评论5600余次，办理网友反映明确的民生类问题4382件，完成昆明市政府领导接听日微直播9次，开展工作动态、创文等微话题、微直播活动13次。

2018年，“昆明12345市长热线”微信公众号推出48期共计248篇微信稿，内容涵盖市政府领导接听市长热线及其办理结果公示、近期办理情况、经济民生、文体科教等。截至2018年底，“昆明12345市长热线”微信公众号共拥有粉丝1.84万人，阅读总量突破22.50万次。2018年12月，市长热线获昆明信息港彩龙社区“2018彩龙政民互动服务奖”。

【加大督办力度】 全年对7.30万件群众反映的热点、难点问题进行督办，并针对群众反映问题的疑难程度和紧急程度，有针对性地联合各职能部门到现场处理问题26次。通过督办督查工作，既解决人民群众反映的大量热点、难点问题，更使市长热线与各网络单位和市民拉近距离，提高群众满意率，提升市长热线的民生品牌。

【局长（主任）接待日】 加大对“局长（主任）接待日”工作的巡查力度，全年共巡查13次，范围覆盖38个职能部门。对巡查中发现的问题及时进行批评指正，对极少数部门无人接待或接待不规范的情况进行通报，确保“局长（主任）接待日”各项措施落实到位，杜绝形式主义。

【政务平台整合】 充分发挥12345市长热线与96128政务查询专线平台整合的优势，利用整合后的高效人力资源、信息资源、行政资源。2018年，96128专线昆明市平台（含12345热线）累计受理群众来电43.94万个，转接昆明市电话9668个，转接成功率100%。全市各级各部门通过云南省政务信息在线查询系统累计受理网络信息查询事项763件。其中，市级部门和3个开发（度假、园）区受理320件；14个县（市、区）受理443件，办结率均为100%。

按照省政府要求，96128专线于2018年12月25日停止服务，“云南省12345政务热线”正式上线，实行“一号对外”。

【扶贫工作】 2018年，在市政府办公厅的统一领导下，市长热线办把扶贫攻坚工作作为办公室重中之重工作来抓。市长热线办共计对口帮扶禄劝县则黑乡民安乐村建档立卡贫困户31户。先后参加市政府办公厅及自行组织开展的扶贫走访慰问6次。2018年9月，热线办党支部与民安乐村党总支签订《党建共建结对协议书》，将党建工作与贫困村基层党组织建设工作结合起来，形成“党建+扶贫”的新模式，以党建促进精准脱贫。

【党建工作】 热线办党支部高度重视党建工作，结合新形势、新任务、新要求，逐步完善各项党建工作规范，实现党组织活动的正常化和制度化。在全市党支部规范化建设达标创建工作中，热线办党支部被市委组织部命名为全市规范化建设“五星级”示范党支部。

（李鹏飞）

参事·文史研究

【参事馆员队伍建设】 进一步修改完善并出台《市政府参事和市文史研究馆馆员选聘工作办法》，规范馆员选聘程序。严格按照选聘办法规定条件和程序，通过信函、走访和座谈等方式，向在昆的省、市有关单位发送100余份遴选参事推荐表，共收到参事推荐人选34名，馆员推荐人选28名。对符合条件的人选进行重点考察，经反复研究并经市委组织部、市委统战部审核同意后报市政府批准，新聘参事14人、新聘馆员15人，参事规模达到29人，馆员规模达到33人。高度重视参事、馆员业务水平提升，定期召开参事、馆员信息交流共享及工作会，及时传达市委、市政府工作精神，通报全市经济工作动态、决策动态、政策动向和统战工作精神，为参事馆员“知情出力”创造条件。

【参政咨询】 根据市长王喜良在年初参事聘任会上的讲话精神，坚持以质为帅、彰显创新、打造精品的总体思路，紧扣昆明市“世界春城花都”“历史文化名城”“中国健康之城”三大城市品牌，科学编制课题计划，确定“东风广场建设”等重点调研课题和推进“放管服改革优化昆明营商环境”等集体调研课题。参事、馆员积极适应调研工作的新常态，个人选择课题10余个开展调研，以务实高效的工作作风，展现新时期政府智囊的风采。全年先后10余次到全市各县（市、区）、市级部门进行实地调查研究。通过认真调研和充分酝酿，呈报《参事馆员建议》14份，内容涉及农业、城市、人口、法制和历史文化保护等多个群众关注的重点、难点问题，得到市政府领导的高度重视及批转办理，实现100%的批办率，市级相关部门认真吸取采纳，办理情况专门向参事、馆员进行反馈回复。

【创新工作】 继续做好“重塑昆明抗战历史文化名城”课题工作。课题历时1年半，课题组成员赴重庆、长沙、河北、腾冲等地以及昆明10多个县（市、区），开展大量实地走访调研，成书内容有202个条目、大事记、200多幅图片，共计66.50万字。通过两轮统稿、四轮校稿以及多次改稿，最终由专家评审会评审通过，课题成果《望旌旗以千里——昆明抗战遗址遗迹全录》一书由人民出版社正式出版发行，并于9月3日中国人民抗日战争胜利73周年纪念日在昆明市博物馆举行新书发布仪式。同期举办的纪念中国人民抗日战争胜利73周年书画展在昆明市博物馆开展，展出馆员们创作以昆明抗战为主题的52幅优秀书画作品。《云南日报》、《昆明日报》、云南电视台都市频道、光明网、云南网、光明日报客户端、中新网客户端、网易、昆明信息港、东方头条网等媒体对此次活动报道、转载，受到社会广泛关注。

抓住纪念改革开放40周年机遇，按照中央文史研究馆《关于委托开展“纪念改革开放40周年”口述史选题工作的函》精神，经报中央文史研究馆批准，将“中国最大的花卉产业和市场——昆明斗南花卉发展口述史”列为2018年中央文史研究馆重点选题。同时，经昆明市委宣传部同意，将该课题纳入“贯彻落实中央和省委、市委关于庆祝改革开放40周年活动系列文件”重点活动内容之一。该课题是由市文史研究馆组织馆员及专家研究、呈贡区委宣传部配合开展的一项通过当事人口述、专家组整理，全景展现30多年来斗南花卉从无到有，从小到大的发展史，反映昆明改革开放40周年发展历史的课题。课题成果《N0.1亚洲花都——昆明斗南花卉发展口述史》一书于2018年12月由云南人民出版社正式出版公开发行。

【拓展交流领域】 认真贯彻落实《中国共产党统一战线工作条例（试行）》《中共昆明市委关于加强社会主义协商民主建设的实施意见》，积极参加市委统战部举办的涉侨、涉台、涉外工作联系会，承办昆明市2018年第四次“涉侨涉台涉外”工作联系会，组织“三涉”成员单位赴云南省博物馆就“重塑昆明抗战历史文化名城”专题进行探讨，并参观《碧血千秋——滇军60军出滇抗战纪念特展》展览。与各民主党派、台联、侨联、工商联保持长期联系，通过座谈会、茶话会、联欢会等形式加强联络，增进感情。组织参事、馆员参加国务院参事室、中央文史研究馆和兄弟省、市举办的大型活动，交流参事、馆员著作和书画作品，与统战人士开展笔会交流，增进感情。充分发挥参事、馆员的优势，以联谊交友为重点，以沟通感情为纽带，多领域、多渠道、多形式、多层次地开展统战工作。

昆明市政府参事积极参加国务院参事室主办的“国是论坛”征文，推荐并采用5篇稿件；中央文史研究馆在京举办的第五届国学论坛，昆明市文史研究馆馆员郑千山出席活动，并发表文章《中华传统文化的革新精神》。组织馆员参加重庆市参事室“人才·创新·信息化与建设现代化经济体系”论谈会，昆明市政府参事室推荐陈增会参事撰写《新时代用好仍留居海外人才资源探讨》一文被录进该论谈会《论文汇编》，陈增会参事在会上做交流发言，反响较好。

支持鼓励参事、馆员参与各种形式的艺术创作。3月，组织馆员赴万溪冲、捞鱼河以“美丽梨花开呈贡，浪漫新城约万溪”为主题开展写生，创作出一批优秀的作品作为馆藏。王鹏程馆员中国画《和》、李建华馆员中国画《古桥幽幽》参加“中华文化边疆行——走进楚雄”展览。9月，李平馆员中国画《红土地·家园》、王熙权馆员书法《咏茶》、胡晓幸馆员《牛趣》等作品参加“中华文化四海行——走进陕西”展览。11月，国务院参事室、中央文史研究馆举办“文史翰墨——第五届中华诗书画展”，魏祖佑馆员作品《石林新雨后》、满江红馆员中国画《南岳烟雨》、沈健馆员书法《新妇石》《登西山望硖石湖》、石鹏飞馆员《七七年赴农场参加高考有忆》《题小湾发电厂》诗2首、赵翼荣馆员《纪念改革开放四十周年》诗2首等作品参展。

【宣传工作】 认真做好《参政咨询》刊物的组稿、编辑工作，充分利用《参政咨询》期刊报送层次高、范围广的渠道优势，加大对昆明市参事、文史研究工作成果的宣传介绍。2018年共组编参事撰写的11篇“咨询建言”文稿、2篇“文史研究”资料、2篇文学作品和4篇要情文稿、20余篇信息文稿，全面反映参事咨询、研究、创作方面的成果，服务于各级领导科学民主决策和昆明市文化建设需要。在昆明信息港开设昆明市政府参事室、昆明市文史研究馆网页，加大宣传参事室、文史研究馆和参事、馆员的力度。

【建立健全制度】 研究出台《参事馆员服务保障工作暂行办法》，对馆员聘金、参与考察调研采风、参加会议培训以及年节慰问、生日慰问、生病慰问、参加春游秋游集体活动福利待遇等事项进行明确。报经市政府批准印发《昆明市人民政府参事聘任办法》《昆明市文史研究馆馆员选聘工作办法》《昆明市政府参事、馆员履职考评办法》等规章制度。规范参事、馆员的履职行为，提升参事、馆员开展参政咨询、文化创作和存史资政的积极性。

（参事室　文史研究馆）

地方志工作

【年度概况】 2018年，昆明市地方志工作以扎实推进“两全”目标为重点，采取强力措施，推进未完成二轮修志任务的县区的编修进度，同时全面推进年鉴编辑、地情信息服务、方志馆建设、史志文化宣传、方志网站建设等各项业务，取得丰硕成果。3月14日，6册780万字的《昆明市志（1978—2005）》正式发行。县（市、区）志编修方面，截至2018年底，禄劝县、嵩明县、石林县、安宁市、呈贡区、宜良县、富民县、寻甸县、晋宁区、东川区完成二轮志书出版，《五华区志》《盘龙区志》《官渡区志》进入出版程序，《西山区志》编修稳步推进。市、县两级地方综合年鉴全覆盖。

【《昆明市志（1978—2005）》发行】 3月14日上午，《昆明市志（1978—2005）》发行会在昆明市级行政中心举行。市政府秘书长郭希林出席发行会并讲话。市属有关委办局领导和14个县（市、区）的地方志办公室主任以及市志办全体人员参加发行会。为新中国时期昆明第二部市志。本志的编修由市委领导，市政府主持，昆明市地方志办公室具体组织实施，近百个市级部门和驻昆单位承撰，数百人参与，2005年全面启动，历经12年，九易其稿而成。2017年底，《昆明市志》全部6册印刷完毕。该志共6册72卷327章，图片500余幅，共780万字。采用述、记、志、传、图、表、录等体裁，多角度对历史进行记录。在结构上，为与第一轮市志相统一，本志仍然采用卷章节目结构。在时限上，第一轮市志的下限为1988年，第二轮市志上限本应为1989年，根据省政府的要求，为了更加突出改革开放这一时代主题，将上限上调到1978年，下限至2005年。这部志书体例完备，资料翔实，篇目科学，行文规范，语言流畅，图文并茂，装帧精美。发行会上，市政府秘书长郭希林做讲话，市志办主任母正荣对本志的编修过程和成书概况做简要介绍，与会领导向有关部门和单位现场赠书。

【《昆明年鉴》按期出版】 为把《昆明年鉴》打造成反映时代特征、体现昆明特色的精品年鉴，在2018年版《昆明年鉴》编辑中，坚持高起点谋划、高标准定位、高效率推进。在年鉴内容的安排上，对全市年度的新变化、新进展和新成就予以重点反映，以突出特点，呈现亮点。在彩页宣传方面，除宣传年度全市大事、要事外，注重专题性和资料性，选取一两个专题进行集中宣传。2018年版年鉴，集中宣传昆明市扶贫攻坚和昆明市全国驰名商标。本版《昆明年鉴》全彩印刷，装帧精美，图文并茂，突出时代特色、年度特色和地方特色，2018年11月公开出版发行。

【《昆明史志》特色突出】 《昆明史志》一直以编辑质量高、区域特色浓、作者群广泛、可读性强、具有较高学术价值而得到省内外史志界的好评。2018年在继续保持特色的前提下，在栏目设计、稿件选择、图片登载方面进行优化，更加突出刊物的时代气息：根据纪念改革开放40周年等年度特点，组织、刊载一批专题文章，反响较好；微调板块结构，适当增加志鉴研究、志鉴工作动态内容；拓宽稿源，严把刊文质量，争取刊物在内容、编辑、校对质量有较大提高。

【昆明市县（市、区）志办主任会议召开】 3月14日下午，昆明市县（市、区）志办主任会议召开。市志办全体人员、14个县（市、区）志办主任参加会议。本次会议主要内容，一是安排布置各县（市、区）改革开放40年地方志成果调查和工作总结回顾，二是再次重申昆明市二轮修志任务全面完成的最后期限，要求未完成任务的单位，年底必须完成终审稿，并进入出版印刷程序。

【呈贡区举办史志业务培训会】 1月23日，呈贡区史志办举行2018年呈贡区史志业务培训会。会上，区委常委、区委宣传部部长王彦彦对全区2018年史志业务工作进行安排部署并提出具体要求。昆明呈贡信息产业园区管委会、区属各部委办局、各街道（含托管街道）、驻呈部队及部分在呈银行、企业等百余家单位的分管领导和撰稿人员共100余人参加会议。会上，市党史研究室科研管理处副处长邹红强针对在撰写执政纪要稿件时容易出现的问题进行翔实的讲解；市志办年鉴处处长方玉红就如何撰写年鉴条目做讲授。

【市志办举办茶文化讲座】 为使市志办全体党员和干部对中华茶文化蕴含的思想观念、审美价值、人文精神、道德规范有初步了解，引导全体党员强化修身、提升审美能力、提升生活质量，培育和践行社会主义核心价值观，2月10日，市志办党支部举行主题党日活动，邀请云南省特级教师、茶艺高级技师、评茶师、茶艺高级考评员、商务部茶馆评审员孙浪涛到市志办做茶文化讲座。孙浪涛以通俗简略的形式对茶的历史、茶与中华传统文化、茶树、茶叶、茶器、茶艺、茶礼等基本知识进行讲解，并就茶艺在提升生活品质、陶冶情操、交流沟通、休闲养身、艺术鉴赏等方面的作用谈自己的看法。随后，孙浪涛还进行茶艺表演，并就大家提出的问题进行解答。讲座结束后，市志办主任母正荣、副主任李洪分别对活动进行点评和小结。

【《盘龙区志（1978—2010）》终审会举行】 5月4日，盘龙区召开《盘龙区志（1978—2010）》终审会。分管副区长成钢出席会议，市志办副主任字应军到会指导。区级老领导及五华、西山、官渡、安宁、东川、呈贡、嵩明、富民、寻甸等县（市、区）史志办的主要领导应邀出席会议；区属78家单位的负责人参加会议。会上，区级老领导、区级单位代表、县（市、区）志办代表、市志办分别对终审稿发表评审意见。字应军代表市志办宣读终审意见。

【《寻甸回族彝族自治县志（1978—2005）》出版】 7月，《寻甸回族彝族自治县志（1978—2005）》由云南人民出版社出版发行。该志为中华人民共和国成立后寻甸县编修的第二部地方志书，也是2005年省、市政府要求全面启动二轮志书编纂工作以来，按照县级志书编纂和审批程序，由昆明市地方志办公室审核验收、批准出版的寻甸县第二部县志，其历经十二年时间，六易其稿，2016年11月23日由昆明市地方志办公室验收合格，交云南人民出版社审核，2017年12月正式签字出版。

该志为通志，上限起于1978年，下限断至2005年12月31日，前设序、凡例，后缀附录、后记、索引，正文设概述、大事记和专志26章，彩页共收录寻甸县政区地图和交通地图各1幅，彩色照片88幅，随文插图131幅。正文756页共计145万字，其体例规范、篇目科学、结构合理、文字简洁，具有较高存史价值，是一部“回顾历史、展望未来、服务当今”的综合性地情文献资料，也是一部集史料性、可读性、教育性于一体的地方综合志书，起到“展一卷而见全貌，观兴衰而明得失，通古今而察未来”的作用。

【宜良县方志馆建成开馆】 2018年9月12日，宜良县顺利完成县方志馆建设工作，在县国家综合档案馆一楼选定100平方米的建设场所，已挂牌和对外免费开放。设收藏室、资料阅览室、陈列室，其中，陈列室20平方米（规划设计在爱国主义教育展厅内，县国家综合档案馆一楼），资料阅览室和收藏室合并使用80平方米（县国家综合档案馆一楼），预计可藏书6000册。截至2018年10月19日，宜良县志办已移交和向全县各单位（部门）征集补充的藏书共计2825册。

宜良县地方志馆是全县收藏、查阅、展览和编撰、研究各类志书、史志著述、年鉴、史志刊物以及各类地方文献资料，为社会各界提供有关史志和地情咨询服务的平台，是宜良县社会主义文化建设的一项重要的基础设施。宜良县方志馆系继石林县方志馆后的昆明市第二个县级方志馆。

【省政府地方志工作推进电视电话会议昆明分会场】 10月7日，省政府地方志工作推进电视电话会议召开，昆明市市、县（市、区）、开发（度假）区设分会场。市政府分管领导郭希林、市属单位分管领导在昆明分会场参加会议。石林县作为经验交流单位在市级分会场作交流发言。

【《康熙呈贡县志校注》出版】 10月，由呈贡区志办组织的《康熙呈贡县志校注》正式面世（内部出版）。昆明市呈贡区旧志，明以前已难以稽考，见于记载的县志，最早可追溯到清康熙年间。其间，又分别有康熙十年（1671）、康熙二十五年（1686）、康熙五十五年（1716）三部。唯有康熙五十五年（1716）饶启心、夏瓆纂修县志二卷传世。饶《志》虽简，却是后来几部县志的重要资料来源，是研究呈贡历史文化的珍贵史料。因此，呈贡区史志办的旧志整理工作即从该志入手。本志的整理由呈贡区史志办组织实施，区政府安排整理专项经费，从国家图书馆购得饶《志》使用权，聘请从事历史文献整理与研究的年四国、高国强两位专家，进行具体的整理工作。整理工作的第一阶段，制作印行影印本。第二阶段，由年四国、高国强进行校注。校注初稿形成后，由呈贡区史志办对校注内容，尤其是重要史实、地名、人名等审核把关。然后又延请昆明市地方志办公室字应军编审，云南大学潘先林教授、秦树才教授组成专家小组进行审阅，并作出评审意见。评审会后年四国、高国强根据专家组意见进行修改、完善。2018年10月，《康熙呈贡县志校注》正式面世。

【《昆明历史文化读本》出版】 2018年11月，由市志办编撰的《昆明历史文化读本》由云南人民出版社出版。历史文化名城昆明，有着光辉灿烂、丰富多彩，而又独具特色的历史文化资源。长期以来，对昆明历史文化资源研究介绍的著述很多，但或太过专业，或过于粗略，缺乏一本综合全面，系统权威，规范严谨，通俗简明的普及读物。编撰一本适于广大干部和普通市民了解并认知家乡历史文化的读本，显得非常必要和迫切。有鉴于此，2013年，昆明市志办组织在职人员和外聘人员，编、撰出版《文明的步履——昆明历史文化简明读本》，出版后反响较好。根据几年来的读者反映，该书内容还有部分错漏、内容还可做适当补充、框架还可作调整。2017年，市志办决定再编一部有关昆明历史文化的读本，具体由志书工作处负责。编辑部完成篇目设计后，约请市志办专家和大专院校、科研院所的专家，经一年多的搜资、撰稿和编辑、校对，2018年11月，《昆明历史文化读本》由云南人民出版社出版。本书门类齐全、编排科学、资料系统、行文晓畅，为了解昆明数千年历史文化的普及读物。该书出版后，市志办免费向市级各部门、县（市、区）、在昆各图书馆、档案馆发放。

【加强县（市、区）地方志工作督查】 11月1日，为贯彻落实云南省地方志工作推进电视电话会议和副省长李玛琳讲话精神，强化推进昆明市地方志工作“两全目标”任务的完成，市志办主任母正荣，率副主任字应军、年鉴工作处处长方玉红、志书工作处处长杨端如、志书工作处干部李峰，赴嵩明县、寻甸县开展调研，并分别与两县志办进行座谈。嵩明县分管副县长胡国海参加在嵩明的座谈会。11月6日，市地方志办公室主任母正荣，副主任字应军、李洪及相关处室工作人员到禄劝县志办就“两全目标”的完成情况和贯彻落实省志办电视电话会议精神情况进行专题调研。禄劝县志办主任、副主任及全体工作人员参加座谈。

【《晋宁县志（2001—2008）》出版发行】 2018年12月，《晋宁县志（2001—2008）》由云南人民出版社出版发行。该志是新中国成立后晋宁县第二部社会主义新方志，该书全面、系统、客观地记述8年来晋宁改革开放和经济社会发展的脉络和历史风貌，地方特点突出，时代气息深厚，是一部重要的资料性历史文献。全志分为20篇，共108万字，富有浓厚的时代特点和地方特色，对人们了解晋宁、研究晋宁、宣传晋宁有着重要的参考价值。

【《东川志（1978—2005）》出版发行】 2018年12月，《东川志（1978—2005）》由云南人民出版社出版发行。该志全面、系统、客观地记述1978—2005年东川区（市）改革开放和经济社会发展的脉络和历史风貌，地方特点突出，时代气息深厚，是一部重要的资料性历史文献。

（字应军）

中国人民政治协商会议昆明市委员会

【政协昆明市第十三届委员会第二次会议】 政协昆明市第十三届委员会第二次会议于2月2—5日在市级行政中心昆明会堂召开，大会应出席委员449人，实到委员416人。省委常委、市委书记程连元，市委副书记、市长王喜良等到会祝贺，并在主席台前排就座。大会执行主席熊瑞丽、刘绍安、夏静、朱燕、董林、胡炜彤、李冰晶、许绍忠在主席台前排就座。中共昆明市委、市人大常委会、市政府领导班子成员，市中级人民法院、市人民检察院、滇中新区、高新技术开发区、经济技术开发区、滇池国家旅游度假区、市委党校、市延安医院、市第一人民医院、武警昆明市支队的领导，部分原市级老领导，市级各民主党派、有关人民团体的负责，主席团组成人员出席会议。开幕大会由刘绍安主持，市政协主席熊瑞丽代表市政协常委会做工作报告，朱燕代表市政协常委会做提案工作情况报告。会议认真听取并协商讨论王喜良市长所做的政府工作报告，协商讨论市中级人民法院工作报告、市人民检察院工作报告和其他相关报告。会议期间，中共昆明市委、市人民政府领导出席开闭幕大会，参加经济建设、城乡建设环境保护、社会建设、依法治市4个界别联组协商会和民族宗教界委员座谈会，听取大会发言，与委员们坦诚交流，共商大计。会议共收到提案材料619件，经审查立案554件。

【常委会议】 第六次常委会议 1月17日，市政协召开第十三届委员会常务委员会第六次会议，会期一天，会议应到常务委员会组成人员81人，实到70人。市政协主席熊瑞丽主持会议，副主席刘绍安、夏静、朱燕、董林、胡炜彤、李冰晶，秘书长许绍忠出席会议。会议听取副市长王建颖通报市政府办理市政协十三届一次会议以来提案的情况通报。会议协商决定召开政协昆明市第十三届委员会第二次会议的有关事项，政协昆明市第十三届委员会第二次会议将于2018年2月在昆明召开。会议审议通过市政协十三届委员会常务委员会工作报告和提案工作情况的报告（审议稿），并决定报告人；审议通过《政协昆明市委员会委员履职考核办法（试行）》（草案）；听取市委办公厅关于党群政法系统办理市政协十三届一次会议以来提案的情况通报（书面）；表彰2017年度市政协优秀提案；通过有关人事事项。主席熊瑞丽在会议结束时做重要讲话，强调要深入学习领会市委十一届四次全会精神，进一步修改完善好全会重要文稿；要认真做好会议的各项筹备组织工作，确保会议圆满成功。

第七次常委会议 2月4日，政协昆明市第十三届委员会常务委员会召开第七次会议。会议应到常务委员会组成人员81人，实到78人。会议由市政协主席熊瑞丽主持，副主席刘绍安、夏静、朱燕、董林、胡炜彤、李冰晶，秘书长许绍忠，常务委员出席会议，大会副秘书长、各工作组组长、委员讨论小组一位召集人列席会议。会议听取秘书会务组和提案组汇报各讨论小组审议常委会工作报告、提案工作报告的情况；听取秘书会务组汇报各讨论小组审议大会决议（草案）的情况；审议政协昆明市第十三届委员会第二次会议决议（草案）；听取关于政协昆明市第十三届委员会第二次会议提案审查情况报告的说明。

第八次常委会议 3月27日，政协昆明市第十三届委员会常务委员会召开第八次会议，会期一天。会议应到常务委员会组成人员81人，实到61人。上午的会议由市政协主席熊瑞丽主持，下午的会议由副主席刘绍安主持。市政协主席熊瑞丽，副主席刘绍安、朱燕、董林，市政协秘书长许绍忠，市政协常委出席会议，有关人员列席会议。会议传达学习全国政协十三届一次会议、十三届一次常委会议精神，审议《政协昆明市委员会2018年重点工作安排意见（送审稿）》，审议《政协昆明市委员会2018年重点协商工作计划（送审稿）》，协商通过有关人事事项，审议市政协2018年专门委员会、办公厅、研究室工作计划（书面）。市政协主席熊瑞丽在会议结束时做重要讲话，强调要全面贯彻落实习近平新时代中国特色社会主义思想和中共十九大精神，深刻学习领会全国“两会”精神，深入学习贯彻新修订的政协章程，统一思想，明确目标任务，全面做好全年市政协各项工作。紧盯区域性国际中心城市建设中的前瞻性问题、战略性问题，在提升城市品质、助推全市经济高质量发展等方面建真言、谋良策。

第九次常委会议　7月30日，政协昆明市第十三届委员会常务委员会召开第九次会议，会期一天。会议应到常务委员会组成人员81人，实到63人。7月30日下午的会议由市政协熊瑞丽主持，7月31日上午的会议由副主席夏静主持。市政协主席熊瑞丽，副主席刘绍安、夏静、朱燕、董林、胡炜彤、李冰晶，市政协秘书长许绍忠，市政协常委出席会议，部分政协委员，以及不是市政协常委的市级各民主党派、工商联、有关人民团体的负责人，不是市政协委员的县（市、区）政协主席列席会议。邀请市级相关部门负责同志到会参加分组讨论与常委互动和听取大会发言。会议听取市政府关于昆明市建设区域性国际中心城市工作情况的通报，围绕“提升城市品质，助推昆明区域性国际中心城市建设”协商建言，15名市政协常委和委员从加快大健康产业发展、打造公共法律服务平台、生态文明建设、挖特色促开放、旅游发展、推动企业“走出去”、深化医药卫生体制改革、打造宜居宜业城市环境、加快推进老年公共服务体系建设、建设多语种的“云上昆明”及南亚、东南亚服务体系、“五采区”生态修复、助推“春城花都”建设等方面进行大会发言和书面交流。熊瑞丽主席在会议结束时做重要讲话。

第十次常委会议　10月9日，政协昆明市第十三届委员会常务委员会召开第十次会议，会期一天。会议应到常务委员会组成人员81人，实到63人。上午的会议由市政协熊瑞丽主持，下午的会议由副主席胡炜彤主持。市政协主席熊瑞丽，副主席刘绍安、夏静、朱燕、董林、胡炜彤、李冰晶，市政协秘书长许绍忠，市政协常委出席会议，部分政协委员，以及不是市政协常委的市级各民主党派、工商联、有关人民团体的负责人，不是市政协委员的县（市、区）政协主席列席会议。邀请市级相关部门负责人到会参加分组讨论与常委互动和听取大会发言。会议听取市政府关于昆明市深化供给侧结构性改革，促进经济社会高质量发展工作情况的通报，围绕“深化供给侧结构性改革，促进经济社会高质量发展”开展协商议政，建言献策，8名市政协常委和委员从提高我市消费品工业发展质量、加快科技创新载体建设、优化营商环境、完善重点基础设施、助力昆明零售产业链升级、转变政府职能、发展“新经济”为引领、加强知识产权服务供给、扩大优质教育资源供给、加快农产品监管法治建设、大力弘扬企业家精神等方面进行大会发言和书面交流。市政协熊瑞丽在会议结束时做重要讲话，传达全国政协和省政协在工作中的新变化、新部署和新要求，传达市委对政协工作的新要求。

【对《政府工作报告》开展协商】　1月9日，市委副书记、市长王喜良率市政府班子成员到市政协，就2018年《政府工作报告（征求意见稿）》（以下简称《报告》）和市政府工作，听取市政协和市级各民主党派、工商联、有关人民团体协商意见和建议。协商会上，市政协领导班子和各民主党派、工商联、有关人民团体负责人直奔主题、建言献策。围绕《报告》中的主要内容以及篇章结构进行讨论，还就城市管理、文物保护、交通发展、产业发展、生态建设、民营经济发展等方面提出意见和建议。王喜良表示，市政协和各民主党派对《报告》的修改意见，很有价值、富有见地，充分反映社会各界和广大干部群众的愿望诉求，对改进政府工作和修改《报告》很有启发和帮助。市政府将认真梳理、吸收采纳，进一步把《报告》修改好、完善好。希望市政协继续发挥政治协商、民主监督、参政议政的作用，为昆明改革发展出实招、谋良策、增合力。市政府领导班子及市级相关部门负责人到会听取意见。市政协领导班子及市级各民主党派、工商联、有关团体负责人参加协商会。

【出台加强政协民主监督实施意见】　根据中央对加强和改进人民政协民主监督工作提出的新要求，按照市委安排部署，结合昆明市实际，出台昆明市《关于加强和改进人民政协民主监督工作的实施意见》。《实施意见》共分为总体要求、主要内容、监督形式、监督程序、监督机制、加强党对政协民主监督的领导6个部分。明确昆明市民主监督9个方面的主要内容，明确会议监督、视察监督、提案监督、专项监督、联合监督等9种主要监督形式。按照确定监督议题、组织监督活动、报送监督意见、办理监督意见4个步骤规范民主监督程序，从健全知情民政、协调落实、办理反馈、权益保障、督查联动等5个机制提出明确要求。从加强党委对政协民主监督工作的领导、发挥政协党组领导核心作用、为政协履行民主监督职能创造良好条件3个方面做出具体要求。文件的出台，对昆明市各级政协组织履行民主监督职能具有积极的指导意义。

【专题学习研讨活动】　2018年5月以来，按照全国政协、省政协安排，市政协牵头，在全市政协系统中开展“习近平总书记关于加强和改进人民政协工作的重要思想”专题学习研讨活动。昆明市政协高度重视，成立以主席任组长，相关副主席和秘书长任副组长，办公厅、研究室及各专门委员会负责人为成员的学习活动领导小组，统筹推进专题学习。制订《工作方案》，明确组织领导、职责分工、学习内容、具体要求，召开动员大会，就学习活动进行动员部署。及时征订学习材料，组织政协委员、机关干部等4000多人次，通过理论中心组专题学习、界别学习、专题学习座谈会、专题学习培训、新（融）媒体学习等形式，开展学习研讨100多次，撰写论文80多篇。市政协在全省和全国政协理论研讨会上分别做交流发言。

【省政协调研昆明市政协党建工作】　6月12日，省政协主席李江率调研组到昆明市就政协系统党的建设工作开展专题调研，市政协主席熊瑞丽陪同调研。李江一行先后来到盘龙区联盟街道金星社区“政协委员之家”，实地调研基层政协开展党建工作和党建扶贫等情况，并与政协委员互动交流。在市政协机关，调研组走进党员活动室，实地查看相关台账资料，了解市政协党建工作情况。李江对昆明市政协以党的五大建设为着力点，将制度建设贯穿其中，坚持政治引领，围绕中心服务大局，认真履行政治协商、民主监督、参政议政职能，履职实效不断增强给予充分肯定。李江指出，昆明市政协党建工作做得比较扎实，措施有力，有特色、有亮点、有创新，探索不少好做法好经验，在建章立制上再接再厉，不断提升政协党的建设质量和水平。

【昆明市海联会理事大会】　6月15日，值第5届南博会暨第25届昆交会召开之际，昆明市海联会召开2018年理事大会，150余名海内外理事相聚昆明，联谊合作交流，共商昆明发展。市政协主席、市海联会副会长熊瑞丽出席会议并做第五届理事会工作报告，对市海联会下一步工作提出新的要求，相关部门负责人介绍昆明市大健康产业发展情况。会议期间，市海联会组织召开座谈会，邀请来自美国、法国、加拿大、澳大利亚、印度尼西亚以及中国香港、澳门、台湾的海外理事30余人，围绕团结凝聚海外力量，加快推进昆明建设区域性国际中心城市进行交流。座谈会由市政协主席、市海联会副会长熊瑞丽主持，与会的海外理事们以国际化的视野、“昆明人”的身份，围绕改善投资环境、如何扩大开放推动昆明经济社会发展，动真情、讲真话、献良策，积极踊跃发言。会议期间，市海联会理事还参观考察滇中新区管委会、云南梦工厂机器人、中铁电建重型装备制造有限公司的盾构机TBM总装车间。

【滇中五州市政协第十次会议在昆举行】　7月17—18日，滇中五州市政协合作机制第十次会议在昆明举行。会议以习近平新时代生态文明思想为引领，围绕推动滇中生态环保建设一体化发展建言献策，写好“绿色文章”，绘好“生态画卷”。省政协副主席何波参加会议并讲话。昆明市委副书记刘智指出，建立深化滇中五州市政协合作机制，是顺应发展大势、突出优势互补、深化区域多边合作的有益探索。昆明将继续增强为全省和各州市服务的自觉性和主动性，全力做好保障工作，努力当好全省经济社会发展的排头兵和火车头。昆明市政协主席熊瑞丽强调，加强滇中污染防治和生态建设，已经成为滇中各州市共同面临的时代课题，推动滇中经济区生态环保高质量发展，也是五州市政协组织应尽的职责和义务。下一步应加强协调与合作，共同推动滇中生态环保建设一体化发展。会上，曲靖市政协主席朱德光、玉溪市政协主席夏立洪、楚雄州政协主席杨静、红河州政协主席聂明，分别围绕会议主题做主旨发言。大家表示，要认真贯彻“创新、协调、绿色、开放、共享”发展理念，发挥政协优势，积极开展双边或多边联合履职活动，加强环境保护和生态建设方面的履职经验交流，共同推动滇中生态文明建设。

【议政建言】　2018年3月以来，市政协组织委员围绕供给侧结构性改革、农村产权制度改革、大健康产业发展、保税区建设、推进智慧旅游、高层次人才创新创业等进行调研视察，为促进全市经济高质量发展建言献策。为助推昆明市产业调结构、促转型，就“深化供给侧结构性改革，促进经济社会高质量发展”召开议政性常委会议，围绕产业升级、科技创新、发展环境3个专题深入协商，提出“新经济”引领、强化科技创新、提升改造非烟轻工产业等18条建议，市领导和有关部门到会听取意见，给予充分肯定和积极回应。组织委员对全市消费品工业发展开展调研，提出强化统筹引导、培育龙头企业、打造消费品产业集群等建议，对全市工业发展产生积极影响。就营商环境进行视察，提出深化“放管服”改革、推进综合执法改革、加快“互联网+政务服务”融合等建议，促进优化营商环境具体措施的出台和落实。

市政协通过主席会议、专题协商会等形式，围绕城市总体规划修编、“世界春城花都”建设、“十三五”规划纲要推进等工作进行专题协商，围绕社区网格化管理、公共法律服务平台建设开展调研视察。2018年，昆明市被列入全国城市总体规划和土地利用总体规划修编双试点城市之一，市政协立足于2035年长远发展，就“两规”修编进行协商，召开20多次协商会议，围绕综合交通、生态环保等7个专项规划，提出要注重规划衔接、优化物流集散等210条建议，引起多位市领导重视，建议采纳率达80%以上。围绕提升城市品质进行深度调研，召开议政性常委会议，提出要统筹规划、精细管理、加速“五采区”治理、打赢“蓝天保卫战”等20多条意见建议，市委主要领导要求相关部门认真研究，逐项办理落实。

【文化引领献计出力】 按照市委关于政协应在文化引领方面发挥作用的要求，市政协深入挖掘历史文化资源，围绕翠湖历史文化片区建设、老字号保护、西南联合大学历史文化保护传承等工作，进行调研与协商，助推“文化昆明”建设。对翠湖历史文化片区环境提升与业态定位开展调研，多次听取历史、文化、商贸等方面专家意见，邀请民建中央文化委专家来昆调研，厘清翠湖片区历史文化脉络，提出依托西南联合大学、云南陆军讲武堂、翠湖公园，在“一文一武一园”核心区域布局文旅、文博、文创产业的建议。以西南联合大学建校80周年为契机，多次召开协商会，组织委员和专家就《西南联大历史文化品牌相关规划》进行论证，推动保护措施落实。对昆明市徐霞客游线持续开展调研，促成8个遗存点通过徐霞客游线标志地认证，促进旅游文化融合发展。

【发挥优势全力助推全市脱贫攻坚】 市政协把助推脱贫攻坚作为一项重要政治任务来抓，积极动员市、县政协组织、党派团体和广大委员，以禄劝、寻甸和东川为重点，深入开展“六个助推”和“九个一”扶贫活动。全市政协系统3333名委员中有2760人直接参与脱贫攻坚，参与率达83%，投入帮扶资金1.50亿元，组织义诊、捐助等活动400多次。组织31个界别，开展“烛光行动”教师培训、“万企帮万村”结对帮扶、政协委员“光彩事业行”等帮扶活动，直接受益群众2万多人。牵头做好东川区挂钩帮扶工作，年初召开市级单位对东川区挂钩帮扶会议，统筹安排帮扶工作。推进过程中，先后召开16次专题扶贫推进会，组织12次调研视察，督促市级部门落实帮扶责任，牵头66家市级单位向东川区投入帮扶资金2.03亿元，实施帮扶项目175个。为推进精准施策，连续13天深度调研，提出压实“三级书记”脱贫主体责任、强化精准施策等建议，市委给予充分吸纳，制订《关于全面推进东川区、禄劝县脱贫攻坚工作方案》，对全市脱贫攻坚起到指导作用。牵线搭桥开展合作帮扶。携手北京市朝阳区政协，对东川区在产业、医疗、易地搬迁等方面进行精准帮扶，朝阳区政协委员捐款50万元，支持易地搬迁安置点卫生服务站建设，组织首都医疗专家为东川群众义诊400余人次。市政协牵头促成北京服装学院与市文产办签订《帮扶民族刺绣产业发展框架合作协议》，利用北京服装学院资源优势，对石林、禄劝等地少数民族刺绣产业规划、品牌打造、人才培养等进行帮扶，2018年底，民族刺绣传承创新体验中心在石林完成选址。

【新年茶话会】 12月29日，昆明市政协举行新年茶话会，全市党政军领导和各族各界代表欢聚一堂，畅叙友情，共话发展。市政协主席熊瑞丽主持茶话会。省委常委、市委书记程连元出席茶话会并致辞。程连元代表市委、市政府向各位政协委员、各民主党派、工商联、人民团体和无党派人士，向全市广大工人、农民、知识分子、干部、离退休老同志和社会各界人士，向驻昆解放军、武警官兵和公安干警，向所有关心、支持、参与昆明改革发展的海内外朋友，表示衷心的感谢，致以节日的美好祝愿。程连元指出，“十三五”以来，市委团结带领全市各族干部群众，确立“加快建设立足西南、面向全国、辐射南亚东南亚的区域性国际中心城市”的奋斗目标，迎难而上、扎实工作，呈现经济发展提质增效、滇池治理成效明显、营商环境不断优化、民生福祉持续改善、管党治党更加有力的良好态势。程连元强调，2019年是新中国成立70周年，是决胜全面建成小康社会第一个百年奋斗目标的关键之年。希望大家团结协作、和衷共济，汇集推动改革发展的强大合力，共同谱写人民政协事业发展的新篇章。市级各民主党派、工商联、有关人民团体代表夏静，民族、宗教界代表马子富，工商经济和港澳台侨人士代表石磊在茶话会上发言。

附：2018年度重点提案简介

一、关于加强对住宅专项维修资金监管的建议

提 案 人：民建昆明市委

承办单位：市住建局

主要内容：住宅专项维修资金是房屋住宅的“养老保险金”，管好用好这笔资金，就如同发挥好养老保险金对人的保障作用，意义重大。昆明市启动缴交住房维修资金工作将近20年，随着时间迁移，有的房屋已经进入维修期，有的房屋即将进入维修高峰期，急需使用维修资金。昆明市住宅专项维修资金在收缴、管理、使用方面的规范管理、合理调配，将决定住宅维修资金保障作用的有效发挥，涉及千家万户，关乎百姓民生，事关社会的稳定。针对昆明市住宅专项维修资金管理存在的管理不到位，政府的监管职能薄弱；住宅维修资金底数不清；资金归集不到位；对法律规章宣传力度不够；信息公开透明度不高的问题，民建昆明市委提出高度重视，落实部门主体责任；摸清底数，规范管理；加大宣传，培育公众维权意识；健全制度，完善监管等建议。

二、关于加强昆明市农贸市场食品安全监管的建议

提 案 人：农工民主党昆明市委

主办单位：市食药监局

协办单位：昆明市农业局、昆明市工商局

主要内容：食品安全是重大的

民生问题，关系人民群众的生命和健康安全。近年来，昆明市涉及食品安全类的案件增多，其中涉及农贸市场销售有毒有害食品类的案件占大部分，一方面政府职能部门加大打击力度，在食品安全监管中做出一定成绩，另一方面也反映昆明市食品安全保障有待进一步提高，存在的问题应引起足够重视。如：多个摊位销售的同一种食品被检测出含有禁止添加的添加剂，由此可见一些有毒有害食品出现在农贸市场已非个别现象；甚至同类有毒食品来自同一源头，个别摊位销售有毒有害食品持续的时间较长。针对存在问题，农工民主党昆明市委提出加大对农贸市场经营者的食品安全和法律宣传，提高销售人员的责任意识和法律意识；加大对农贸市场的日常检查力度，防止出现大范围的销售有毒有害食品现象；加大对食品源头的监控力度，有效切断有毒有害食品流入农贸市场的渠道；完善专项整治和日常检查制度，促进销售行为规范化；借助“两法衔接”，依法有力打击食品安全犯罪等建议。

三、关于进一步加强昆明市社会医疗保险监督管理的建议

提 案 人：市政协社法委

主办单位：市人社局

协办单位：市卫计委、市食药监局

主要内容：近年来，昆明市的基本医疗保险改革取得明显成效，参保人群覆盖面不断增大，医疗保险参保率达到96%以上。但在实际工作中面临着平衡多元利益诉求、在利益博弈中规避风险、互联网时代监督管理的挑战。由于《中华人民共和国社会保险法》对基本医疗保险服务监督管理的规定过于原则和宽泛，在实际操作中还存在医疗保险费欠缴较多，部分参保单位瞒报、漏报、少报工资总额和参保人数，故意少缴医疗保险费；有的地方基本医疗保险基金征缴不到位、入不敷出；一些医疗机构、零售药店的违规、违法行为更具隐蔽性，通常会采取冒名住院、虚假检查治疗、不合理医疗等手段套取医保基金，导致医保基金支付压力大；医疗保险行政部门的监督职能弱化的问题。为进一步加强昆明市社会医疗保险监督管理工作，市政协社法委提出法治先行，通过地方立法进一步加强昆明市社会医疗保险监督管理工作；建立统一的基本医疗保险监督管理机制，进一步做好事前预防，建立医保经办部门和已定点医疗机构的协商谈判机制，进一步推进事中监控，建立动态跟踪交互机制，进一步完善事后监督，建立后台分析研判机制，进一步整合资源，完善医保稽查一体化机制等建议。

四、关于进一步加强昆明市网络餐饮服务食品安全监管的建议

提 案 人：民革界别

承办单位：市食药监局

协办单位：市工信委、市环保局

主要内容：“民以食为天，食以安为先”，食品安全一直是社会关注的话题。然而，在传统餐饮食品安全可控的同时，随着“互联网＋”模式的快速发展，美团网、饿了么、百度外卖等网络订餐网站、App应运而生，网络订餐外卖已经成为很多人日常餐饮消费的渠道之一，其方便性、快捷性受到广大群众的喜爱。但在给人们带来便捷和优惠的同时，网络订餐平台也成为无证经营、“黑暗料理”的避风港，部分网络订餐食品经营单位证照不齐、卫生状况堪忧等问题，严重威胁着消费者“舌尖上的安全”。为确保网络订餐外卖食品的安全，民革界别提出完善网络订餐食品安全地方性法规；对从事网络订餐的第三方平台进行实名备案；加大监管执法力度；督促第三方网络订餐平台加强自查自律；推进网络订餐食品经营者信用信息公示；建立行业自律，自觉接受监督；政府及相关职能部门积极配合，为网络订餐提供服务等建议。

五、关于增强昆明区域辐射能级，打造面向南亚东南亚国际物流枢纽的建议

提 案 人：九三学社市委

主办单位：市发改委、市商务局

主要内容：昆明地处“一带一路”与长江经济带的交会点，中国—中南半岛经济走廊和孟中印缅经济走廊的起点，以昆明长水国际机场为圆心，4—5小时航空圈内，可连通中国、南亚、东南亚共约35亿人口的巨大市场，昆明快递业的发展，势将成为聚集“一带一路”沿线电子商务及相关服务集群的中心枢纽和华西10省快件跨境服务的国际大通道，有效提升昆明国际枢纽能级，助推昆明区域性国际中心城市的建设步伐。目前支撑面向南亚、东南亚国际跨境快递立体大通道格局逐步显现，昆明打造面向南亚、东南亚跨境快递枢纽，发展面向南亚、东南亚跨境国际快递业，有得天独厚的优势。但增强昆明区域辐射能级，打造面向南亚、东南亚国际物流枢纽，还存在缺乏对面向南亚、东南亚快递业市场的战略布局和顶层设计；快递批量跨境困难，快递企业“舍近求远”，快递企业分布散，规模小、势力弱；昆明机场客运比重较大，货运能力相对薄弱；政策扶持力度弱，缺乏对快递企业的吸引力；本土电商较少，进出港快递逆差较大，快递行业发展模式单一；快递企业在管理和服务创新等方面专业程度有待提升；缺乏快递从业及管理人才的培养机制，行业监管力量不足等问题。针对存在问题，九三学社市委提出高位筹谋，畅通跨境快件“走出去”通道，争取通关政策，降低企业成本，加大国际货运航线开发，完善机场货运功能，政企联动，多层面推

动与南亚、东南亚快递业的合作；提高快件通关速率，让快件真正“快”起来；完善快递行业基础设施建设，促进行业规模化、集约化、精细化发展；加大政策扶持力度，促进创业创新，拓展行业发展新空间；加强行业人才培养，提高行业人力资源素质；健全体制机制，加强行业监管等对策建议。

六、关于动员全社会力量提高我市垃圾分类处理工作实效的建议

提案人：民盟昆明市委　市政协城环委

承办单位：市城管执法局

主要内容：针对昆明市垃圾分类处理工作存在政策法规制度还有待完善、责任主体尚未形成合力、企业责任还待深化落实、民众参与意识薄弱的问题，民盟昆明市委、市政协城环委提出健全完善生活垃圾分类处理体系；建立健全垃圾分类处理利用的法规及激励机制；夯实生产销售企业垃圾回收责任；采取多元化宣传教育模式，提高公民参与意识；健全全民监督机制，保障垃圾分类成效，动员全社会力量推进昆明市垃圾处理工作等建议。

七、关于进一步做好我市家庭医生签约服务的建议

提案人：农工民主党昆明市委

承办单位：昆明市卫计委

主要内容：家庭医生签约服务是医改的重头戏。根据国家卫生健康委员会的统一部署，要稳步推进签约覆盖率，并确保签约服务质量和效果，注重签约居民的获得感。昆明市自2016年启动此项服务以来，签约覆盖率在稳步提升，但签约服务质量和效果一直不太理想，究其原因，是签约的配套服务跟不上。针对存在问题，农工民主党昆明市委提出做好用药便捷服务、做好预约优先转诊服务、做好特定对象的健康管理服务、完善家庭医生签约服务考核指标体系、建立社区卫生服务平台支撑、加强签约信息技术支撑等建议。

八、关于健全“门前三包”责任制落实激发市民创文主体责任的建议

提案人：民盟昆明市委

承办单位：昆明市城管执法局

主要内容：从文明城市创建的实践来看，政府强有力的组织、推动与市民的责任感、积极性、主动性和参与度是决定“创文”成效不可或缺的两个主体。责任明确、便于操作和监督的法规、机制是发挥责任主体作用的保障。“门前三包”责任制就是发挥市民主体责任的较好机制。昆明市于1995年9月7日颁布《昆明市“门前三包”责任制办法》，2007年9月1日印发《昆明市"门前三包"责任制规定》。但从“创文”的实践来看，“门前三包”责任制在激发市民主体责任和参与热情上的作用还没有得到充分发挥，存在责任主体覆盖不全面；机制不完善，奖惩措施不明晰；监管方式单一，监管效率低下；宣传教育引导不足等问题。为发挥好“门前三包”制度作用，有效提升市民在城市管理和新一轮文明创建中的主体责任，民盟昆明市委提出开展立法调研、扩大覆盖范围、完善监管机制、优化监管手段、强化教育引导等建议。

九、关于全面布局高铁快运物流产业迈入现代物流业高铁新时代的建议

提 案 人：姚子龙委员

承办单位：市发改委

协办单位：市商务局

主要内容：2016年12月28日，随着G6143次动车从昆明南站飞速驶出，云南正式接入全国高速铁路网，真正迈入了“高铁新时代”。昆明的高铁快运也正式拉开帷幕。2016年10月发布的《云南省现代物流产业发展“十三五”规划》和《云南省现代物流产业发展“十三五”规划实施方案（2016—2020年）》《昆明市“十三五”现代物流业发展规划（2016—2020年）》提出要构筑以昆明为中心的滇中城市群物流核心圈，特别提出呈贡新区重点发展高铁物流产业的格局要求。但省级规划中缺少高铁快运的物流布局规划和前瞻性的战略思考，市级规划中没有明确高铁物流产业园区的具体布局。随着高铁网络的健全完善，高铁快运即将开启现代物流业新时代，改变物流业格局，全面布局高铁快运物流产业恰逢其时。高铁快运有利于昆明主动服务和融入“一带一路”、长江经济带等国家发展战略，有利于昆明建成面向南亚、东南亚的区域性国际物流中心。为加快全面布局高铁快运物流产业，促进昆明迈入物流业高铁新时代，姚子龙委员提出开展《昆明市“十三五”现代物流业发展规划》的阶段性评估，对2017年阶段性目标完成情况进行分析；在科学分析的基础上，修订和完善规划，重点补充高铁物流业发展的有关内容；依托主要高铁枢纽和近年将建设完成的高铁枢纽，在全市核心物流节点、主要节点城市及重点口岸，布局一批高铁物流产业园；积极争取以昆明市为核心，由省政府牵头主导，引导高原特色农业相关协会与中国铁路昆明局集团有限公司和中铁快运昆明分公司进行战略合作等建议。

十、关于打好“蓝天保卫战”加强我市大气污染防治的建议

提 案 人：陆凌云委员

承办单位：市环保局

协办单位：市公安局、市交运局、市住建局、市城管执法局

主要内容：2017年12月24—27日，昆明连续4天经环保部发布的空气质量指数（AQI）平均值达到轻度污染，个别时段达到中、重度污染，形成历史罕见的疑似雾霾现

象。环保部发布2017年全国74个重点城市空气质量排名，昆明没进前十，是自2014年以来，昆明空气质量排名首次跌出全国前十。针对空气污染已出现的苗头性问题，防微杜渐，未雨绸缪，及时研究监测空气污染物从何而来，如何采取措施防止污染，保护好昆明的蓝天，成为值得我们思考的重要课题。为实现昆明市经济社会可持续发展，及时打好昆明市“蓝天保卫战”，加强昆明市大气污染防控，陆凌云委员建议：由市政府牵头，环保、气象、交通、工信、城管等政府相关部门为成员，并可吸纳相关企业机构、社会团体等共同参与，成立昆明市大气污染防治委员会或领导小组，办公室可下设在环保局，建立空气污染联防联控的监测、评估、治理、监督机制；加强空气污染源管理。对大气污染防治重点区域、重点时段、重点项目进行督导检查；对高污染企业采取强制整改及搬离城市等措施；强化机动车排气的监管，提高落户机动车的尾气排放标准，适时控制机动车增长规模。加强城市道路建设和管理，改善城市交通拥堵现象，减少尾气排放；参考争创全国文明城市时期的做法，加强对建筑工地粉尘和交通运输车辆（特别是渣土车辆）扬尘的监管，多途径进行治理与防控。避免昆明市空气环境重蹈滇池污染的覆辙；加强宣传，形成正确舆论导向，提高全民保卫蓝天的环保意识；依照《中华人民共和国大气污染防治法》，适时建立地方性法规，为保护昆明的生态环境，保卫春城的蓝天提供法律保障。

市政协2018年度优秀提案（56件）表

序号	提案号	提案人	案由	类型	主办单位	协办单位
1	132001	陈湘榆	关于推进“智慧、共享”交通系统建设缓解昆明主城及老旧小区停车难停车贵的建议	城市建设与管理	市公安局 市交运局 市住建局	市工信委
2	132002	市政协经济委	关于加快我市生物医药产业发展的建议	经济建设	市工信委	
3	132003	李昆敏	关于加强我市农产品检验检测能力的建议	经济建设	市农业局	
4	132006	褚武明	关于加强养犬管理营造文明和谐城市形象的建议	城市建设与管理	市公安局 市农业局	
5	132010	苏承爽	关于加强劳动力技能培训和重视人才的建议	政法人事统战	市人社局	
6	132011	民进昆明市委	关于加强我市高层建筑消防安全管理的建议	城市建设与管理	市公安局	
7	132016	民进昆明市委	关于大力打造老年智慧服务平台　助力我市老年友好型宜居城市建设的建议	城市建设与管理	市民政局	
8	132022	民建市委	关于加强对住宅专项维修资金监管的建议	城市建设与管理	市住建局	
9	132025	民建市委	关于加快昆明工业经济转型升级工作的建议	经济建设	市工信委	
10	132032	徐　萍	关于构建昆明临终关怀服务体系的建议	教科 文卫体	市民政局	市卫计委 市司法局
11	132042	农工党市委	关于加强昆明市农贸市场食品安全监管的建议	城市建设与管理	市食药监局	市农业局 市工商局
12	132049	农工党市委	关于进一步做好我市家庭医生签约服务的建议	教科 文卫体	市卫计委	
13	132055	杨　帆	关于对我市“幼有所育”的建议	教科 文卫体	市教育局	
14	132085	民革界别	关于通过地方立法促进我市社会文明行为的建议	城市建设与管理	市政府法制办 市文明办 市文广体育局	
15	132087	民革界别	关于进一步加强昆明市网络餐饮服务食品安全监管的建议	城市建设与管理	市食药监局	市工信委市 环保局

续表

序号	提案号	提案人	案由	类型	主办单位	协办单位
16	132105	吴　森 徐启东	关于从严打击商标侵权假冒行为，规范成品油市场秩序的建议	经济建设	市工商局	市商务局
17	132107	陆凌云	关于打好“蓝天保卫战”加强我市大气污染防治的建议	城市建设与管理	市环保局	市住建局 市城管执法局 市交运局 市公安局
18	132138	李　勤	关于提升昆明市主城防洪水平的建议	城市建设与管理	市水务局	市滇管局
19	132180	者培仙	关于将石林台创园作为田园综合体建设试点的建议	城市建设与管理	市农业局 市财政局	市发改委 市旅发委 石林县政府
20	132181	市政协港澳台侨外事委	关于加大昆明市引进海外高层次人才的建议	政法人事统战	市委组织部	
21	132192	民盟昆明市委	关于提高电梯安全监管信息化水平的建议	城市建设与管理	市质监局	市工信委
22	132194	市政协社法委	关于进一步加强昆明市社会医疗保险监督管理的建议	政法人事统战	市人社局	市卫计委 市食药监局
23	132210	九三学社市委	关于推进“春城花都”文化内涵建设的建议	教科 文卫体	呈贡区政府	
24	132212	九三学社市委	关于增强昆明区域辐射能级，打造面向南亚东南亚国际物流枢纽的建议	经济建设	市发改局 市商务局	
25	132218	市台联	关于进一步传承发展石龙坝水电站历史文化的建议	教科 文卫体	市文广体局 西山区政府	
26	132276	吕金平	关于昆明市实施乡村振兴战略的建议	教科 文卫体	市委农办	市农业局
27	132279	万　方	关于昆明市加快发展文化创意产业的建议	城市建设与管理	市委宣传部	
28	132294	石　磊	关于提升地铁运营服务质量的建议	城市建设与管理	市交运局	
29	132296	民盟昆明市委	关于健全“门前三包”责任制落实激发市民创文主体责任的建议	城市建设与管理	市城管 执法局	
30	132300	市政协提案委	关于加快推进大健康产业发展的建议	教科 文卫体	市大健康办 （大健康建设 指挥部）	
31	132303	市政协教科文卫体委	关于加强我市家庭教育促进未成年人健康成长的建议	教科 文卫体	市妇联	市教育局 团市委
32	132308	冯美琼 庞博河 万　方	关于进一步深化我市扶贫攻坚工作　实现脱贫目标的建议	经济建设	市扶贫办 （市脱贫攻坚 指挥办）	
33	132310	市政协城环委	关于进一步完善我市保障性住房管理的建议	城市建设与管理	市住建局	
34	132322	赵志德	关于提高生态文明建设考核权重，逐步推进绿色GDP绩效评估的建议	教科 文卫体	市委目督办	市发改委 市环保局
35	132332	致公党 昆明市委	关于加强儿童少年节假日安全教育的建议	教科 文卫体	市教育局	
36	132341	致公党 昆明市委	关于昆明建设全国社会信用体系示范城市的建议	教科 文卫体	市发改委	市财政局 市工商局
37	132344	钱　磊	关于解决老年大学健康发展的建议	教科 文卫体	市委老干局	

续表

序号	提案号	提案人	案由	类型	主办单位	协办单位
38	132358	民盟市委 市政协环城委	关于动员全社会力量提高我市垃圾分类处理工作实效的建议	城市建设与管理	市城管 执法局	
39	132371	昆明市工商联	关于优化提升营商环境的建议	经济建设	市纪委 监察委 市发改委	市工商联
40	132372	昆明市工商联	关于降低非公实体企业综合成本的建议	经济建设	市工信委 市人社局	市工商联
41	132386	钱春萍 张铁松	关于将马街、海口片区打造为昆明工业遗产旅游区的建议	经济建设	市旅发委	市工信委 市文广体育局
42	132404	少数民族界别	关于对少数民族贫困县“摘帽”后继续加大帮扶力度的建议	经济建设	市扶贫办 （市脱贫攻坚指挥办）	
43	132428	彭跃东	关于加强农村学前教育的建议	教科 文卫体	市教育局	
44	132433	伍志旭	关于规范法律服务招投标市场的建议	教科 文卫体	市政务服务管理局	
45	132437	章　震	关于加快推进城市物联网消防远程监控系统建设的建议	城市建设与管理	市公安局	
46	132456	余映廷	关于加强“一乡一所、一村一法律顾问、一村一公示牌”工作的建议	城市建设与管理	市委政法委	
47	132469	市政协文史委	关于进一步加强历史文化名镇保护建设工作的建议	城市建设与管理	市规划局	市旅发委 市文广体局
48	132477	成　钢	打通交通服务的“最后一公里”实现城市公共交通的“无缝接驳”	城市建设与管理	市交运局 市规划局	市城管执法局
49	132494	梁　宇	关于借力新一代人工智能推进昆明智慧城市建设的建议	城市建设与管理	市工信委 市科技局	
50	132517	陈　嵩	关于在环滇池沿岸湿地公园建立完善医疗救护保障措施的建议	教科 文卫体	市卫计委	市滇管局
51	132532	张　实	关于大力推动昆明国际友城相关合作与关系的建议	经济建设	市交运局 市规划局	市城管执法局
52	132538	汪叶菊	关于2018年在我市开展三大纪念活动的建议	教科 文卫体	市委宣传部 市文广体育局	
53	132539	普鸿昌	关于进一步加强对古镇的保护与开发的建议	教科 文卫体	晋宁区政府	市文广体局
54	132545	杨　伟	关于打造世界春城花都品牌的建议	城市建设与管理	市园林局	
55	132566	侨联界别	关于发挥法治保障作用　服务区域性国际中心城市建设的建议	政法人事统战	市司法局 市委政法委	市政府法制办 市法院 外侨办
56	132583	凡　群 杨　伟 陈达祥 石　磊 罕　燕 钱春萍 段　伟 赵　坚	关于翠湖历史文化片区产业业态定位与提升的建议	城市建设与管理	市发改委 五华区政府	市规划局 市国土局 市国资委

（尹丽花）

民主党派·工商联

中国国民党革命委员会昆明市委员会

【思想建设】 2018年，民革昆明市委广泛动员，先后采取中心组学习研讨会，市委机关专题学习会，基层委（总支）、专委会、支部集中学习等形式，组织学习、宣传和贯彻落实中共十九大精神，进一步提升党员自身思想认识高度及理论素养水平。在省委统战部组织的“纪念‘五一口号’发布70周年主题宣传征文活动”中，民革昆明市委主委朱燕和直属基层委祁俊娴获三等奖；在昆明市组织的“纪念改革开放40周年——法治与我同行主题征文活动”中，民革昆明市委副主委邓水云和呈贡基层委副主委李睿分别获一、二等奖。

【民革成立70周年纪念活动】 2018年初，民革云南省委在昆明举行“不忘合作初心，继续携手前进——纪念民革成立70周年现场知识抢答赛”，民革昆明市委一队夺得本次比赛一等奖。为继承、发扬民革前辈优良传统，围绕推进新时期统战文化工作，不断挖掘城市文化内涵，民革昆明市委于2018年5月25日，在云南省花灯剧院花灯艺术传习馆，举行“纪念‘五一口号’发布70周年暨我为统战文化献一策”座谈会，追忆民革市委前辈党员与中共亲密合作共事的传统，重温多党合作的历史，加强对中国共产党和中国特色社会主义的政治认同、思想认同、情感认同，推进思想共识的新境界。中共昆明市委统战部副部长贾玉华、中共五华区委统战部部长李伊参加活动。

【推进“中山文化园”建设】 自2016年起，民革昆明市委以纪念孙中山先生150周年诞辰的契机，打造昆明市以弘扬“孙中山精神”为主题的“中山文化园”，并列为昆明市统一战线“聚文工程”。2018年4月23日，民革昆明市委驻会副主委李为民带领机关干部及呈贡区相关部门在园内安置“中山文化园”铭文石，在孙中山立像四周置放固定的统战文化宣传栏，推进文化园建设。

【组织建设】 做好组织发展工作，队伍活力不断增强。2018年，报备新党员42人。截至2018年12月31日，民革昆明市委共有党员1053人。其中男性645人，女性408人；各级人大代表、政协委员60人。加强党内纪律监督，保障基层组织换届工作顺利进行。2018年，按照民革昆明市委组宣工作会议部署及要求，基层换届及基层委成立工作按组织程序陆续开展。晋宁区、安宁市、呈贡区、盘龙区基层委员会顺利换届和成立，民革昆明市委基本建立与昆明市各行政辖区相匹配、和各区中共统战部相衔接的基层组织构架，为民革昆明市委更好地加强自身建设，加强对基层组织的指导和管理奠定良好基础。

【参政议政】 集思广益，积极开展课题调研和提案撰写。8月，为民革昆明市委2018年重点调研课题《关于进一步加强昆明市网络餐饮服务食品安全监管的建议》的研究和撰写工作进行准备，民革昆明市委主委朱燕率课题调研组赴上海普陀区政协进行调研。本次调研工作主要是调研组在对“饿了么”企业进行实地调研中，围绕网络餐饮食品安全监管等问题进行座谈，为调研课题的撰写奠定坚实的基础。

【内引外联脱贫攻坚】 4月24日，在民革昆明市委的积极协调和联络下，民革北京市朝阳区委在全国政协常委、朝阳区政协副主席、民革朝阳区主委张兴凯带领下，到昆明市开展交流合作，重点考察“脱贫摘帽攻坚”地区，并同民革昆明市委签署长期《交流合作协议》。民革昆明市委在主委朱燕带领下，前往东川区阿旺镇，开展东川阿旺镇助学活动；前往东川区铜都街道考察由民革昆明市委协调开展的腊利—大梨坪长3千米村道路面建设工程。民革昆明市委安排3万元资金，继续推进石林县水塘铺村食用玫瑰种植项目的提升改造。民

2018年5月25日，民革昆明市委在云南省花灯剧院花灯艺术馆举行座谈会
（民革昆明市委 供稿）

革昆明市委成立脱贫攻坚民主监督领导小组，听取禄劝县九龙镇党委、政府脱贫攻坚汇报，深入困难群众摸清情况，聚焦问题，助推各项工作。

【祖国统一联谊工作】　认真学习领会对台工作的方针政策，结合实际开展促进祖国和平统一工作。8月上旬，中国国民党中央委员会委员邓治平率台湾台东县市荣东协会参访团一行9人赴昆明进行交流，民革昆明市委积极做好接待及相关服务工作。此次交流座谈还得到中共普洱市委的大力支持，取得良好效果。9月25日，受台湾民主文教基金会邀请，民革昆明市委组织由主委朱燕带队的昆明市青年企业家体验式交流参访团，以昆明民营企业家协会名义赴台进行经贸交流。

【社会服务】　根据年度计划安排，民革昆明市委组织民革界别市政协委员，到五华区红云街道办事处幸福家园社区走访“最美中国人”王兰兰开办的“爱心食堂”，对居住在幸福家园廉租房小区内的孤寡、独居老人的生活情况和王兰兰等社会志愿者工作情况进行深入了解。6月25日，组织民革界别市政协委员，前往呈贡区昆明市教工第一、第二幼儿园，就进一步提升昆明市公办幼儿教育工作水平进行调研。

（民革昆明市委员会）

中国民主同盟昆明市委员会

【思想建设】　2018年，民盟昆明市委通过各种形式系统学习中共十九大精神、习近平新时代中国特色社会主义思想、习近平在新春座谈会和看望参加政协会议的民盟委员时的讲话精神。2000余人次盟员通过组织主题学习、专题征文、书画作品参展、集中观影、诵读交流及“纪念西南联合大学八十周年　感受民盟前辈爱国情怀”等系列活动，庆祝改革开放40周年、纪念“五一口号”发布70周年、纪念西南联合大学建校80周年。

民盟“烛光行动”助力教育扶贫东川行

（民盟昆明市委　供稿）

完成魁阁教育基地提升改造，新开辟20平方米的展板。积极为闻一多纪念馆设计献策，多条建议纳入纪念馆设计方案，纪念馆于2018年11月1日奠基开工。支持闻一多支部开展民盟前辈“口述历史”收编，首篇费孝通与魁阁故事的口述历史素材已完成。在龙泉古镇文化研究院开设昆明民盟名人展览室。中国科学院、抚顺、株洲、玉溪、修水等多地盟员100余人次到传统教育基地学习参观。

调整充实《昆明盟讯》编委会组成人员，改进《昆明盟讯》和微信公众号编辑方式。策划“我学中共十九大”“聚焦两会”“烛光行动东川寻甸行”3个专题宣传，隆重召开“纪念改革开放40周年暨第三届民盟红烛宣讲会”。全年出刊《昆明盟讯》4期，微信平台推送信息330余篇，上报信息433篇，共计采用315篇次，采用率62%。

【组织建设】　制订下发《中国民主同盟昆明市委员会2018年盟员发展指导计划》，全年新发展盟员57人，完成发展计划。其中硕士以上8人，占14.03%，平均年龄36.9岁。与2017年相比发展率提高0.07%，盟员队伍结构进一步优化。截至2018年12月31日，共有在册盟员2063人。其中，本科以上学历1240人，占60.11%；中级以上职称1494人，占72.42%；平均年龄60.81岁，同比下降0.85岁。

制定出台《关于“盟员之家”和示范支部联创工作的指导意见》，盘龙文化支部、五华文化支部、机关支部联创工作特色明显，机关支部获盟中央“优秀盟员之家”称号。健全落实谈心、提醒谈话、民主生活会和领导干部述职测评制度，在总结监督专委会工作经验基础上设立监督委员会。

制订《民盟昆明市委机关2018年度目标绩效管理日常考核工作方案》，2018年民盟昆明市委机关首次申报并通过考核获“呈贡区文明单位”称号，连续第四年在市级民主党派机关综合评价考核中名列前茅。

【参政议政】　2018年提交市政协集体提案16件，民盟界别提案2件。提交代表建议和个人提案60余件。2件集体提案列为市政协主席督办重点提案，5件提案获得优秀提案表彰。主席督办重点提案《关于动员全社会力量提高我市垃圾分类处理工作实效的建议》，推动《昆明市城市垃圾分类管理办法》等规章及时出台实施。民盟昆明市委提案和委员建言在“两会”期间成为媒体竞相报道的热点，21个媒体报道民盟的27条新闻。

组织脱贫攻坚民主监督调研组多次赴禄劝县、寻甸县、东川区等开展监督调研，形成《实施“三大工程”补充健康扶贫短板》等民主监督建议并得到采纳。2018年民盟志愿者139人次参与检查文化市场316家次，提出督查整改意见83条，争当“创文”好帮手。

对乡风文明建设开展专题调研，形成“补充乡风文明短板，巩固脱贫攻坚成效”政党协商建言。全年盟市委领导和盟员代表参加中共昆明市委、市人大常委会、市政府、市政协组织的专题协商10余次，就中共昆明市委、市政府重要文稿、重要立法规划等提出20余条协商建言。3位盟员在云南省政协召开的“依法推进‘控辍保学’”专题协商会做大会发言，占发言总人数的十分之三。组织参政议政骨干参加省、市政协组织的妇女儿童专项督查等调研视察和委员界别活动30余次，全年收集整理建言献策和社情民意90余篇，被各级政协、民盟组织采纳60余篇次。

【社会服务】 在东川区绿茂中学挂牌建立“烛光行动实践基地”，3位民盟名师与东川3所学校签订《师带徒教育帮扶协议》，创新探索烛光行动助力“三名工程”的新途径。落实民盟北京市朝阳区委、民盟昆明市委、寻甸县政府签订的《教育帮扶战略合作协议》。2018年开展“烛光行动”教育扶贫活动6次，参加活动的民盟志愿者及社会人士近百名，累计受益师生12000余人。

筹集资金30万元，帮助寻甸县乐朗村修建道路、修复“人畜饮水”工程。协调、筹集资金帮助寻甸县乐朗村、东川区绿茂中学安装27盏太阳能路灯。联合中共昆明市委办公厅组织医疗专家组赴寻甸县凤合镇、柯渡镇和东川区红土地镇，为500多位村民开展诊疗和健康指导。各基层委积极参与脱贫攻坚工作，东川区盟员共挂钩帮扶181户542人，23名盟员担任包村领导、驻村工作队员，坚持战斗在扶贫一线。西山基层委争取资金8万元，帮助白眉社区专业合作社推广青绿蚕豆种植项目，组织100余名群众参加田间培训。

以学习宣传新《中华人民共和国宪法》为重点，组织盟内专家在昆明学院、五华监狱、晋宁区司法局、东川区法制办等开展宪法讲座近20场，在云南农业大学开设“模拟法庭”。全年累计组织30余名志愿者到省第三女子监狱、五华监狱和官渡监狱开展“黄丝带”帮教活动6次，为2000余服刑人员提供讲座义诊等帮教活动。

（徐　萍）

中国民主建国会昆明市委员会

【思想建设】 2018年，民建昆明市委深入开展“不忘合作初心，继续携手前进”主题教育活动，开展纪念中共中央发布“五一口号”70周年和纪念改革开放40周年征文活动。参加民建云南省委、中共昆明市委统战部组织的纪念“五一口号”发布70周年诗歌朗诵会。强化学习培训，全年共组织会员参加各类学习培训5期，100余人次参训。

【宣传工作】 充分发挥“一刊一站”和微信公众号三位一体的宣传主阵地作用，2018年，通过《民讯》《统战信息》《昆明日报》《昆明统战》等渠道上报信息202条，被采用96条。其中，被民建中央采用16条；被民建云南省委采用47条；昆明市政协网站刊用9条；昆明统战信息、“春融微语”公众号和微博刊用24条；“昆明民建”微信公众号发布信息210条。

【组织建设】 加强基层领导班子建设，完成官渡区、盘龙区基层委换届工作，安宁市基层委主委届中调整，西山区基层委增补支委2人。建章立制，制定《民建昆明市委基层组织后备干部选拔、培养办法（试行）》，建立代表人士队伍信息库和后备干部队伍人才库，91名会员被列为后备干部进行培养。强化教育培训，召开新的社会阶层人士座谈会，举办新会员暨后备干部培训班，通过民建会章会史宣讲、举办提案工作和社情民意培训、新会员颁证及座谈、参观云南民主党派工商联发展史等方式，不断提

2018年12月16日，民建昆明市委主委高中建代表昆明市政府做“春城昆明，投资天堂”宣传推介　（民建昆明市委　供稿）

高履职能力。截至2018年12月31日，全市共有民建会员965人。其中，经济界会员786人，占81%；企业高级管理人员169人，占18%；大专以上学历761人，占79%；研究生以上学历57人，占6%；具有中高级职称388人，占40%，实职副处级及以上11人；省、市、区三级人大代表和政协委员114人次。

【专委会工作】　2018年，开展各具特色的专委会活动，民建省、市妇委会联合组织300多名女会员开展诗歌朗诵会。民建昆明市委领导班子带领青工委及各基层委主委、部分副主委和基层后备干部共40余人到重庆民建成立旧址，开展纪念“五一口号”发布70周年主题教育活动。民建市委老龄委在重阳节组织100多位老会员参加“老年人营养健康膳食讲座”。

【参政议政】　年初，召开市级“两会”履职动员培训暨参政议政工作会议。深入全市经济、教育、社会、金融领域开展调研，多份调研成果转化为政协全会大会发言、联组发言和议政性专题发言材料。关于《推动昆明城乡一体化公益性公墓建设的建议》和《加强校企合作增强职业教育服务产业发展能力的建议》两个提案被市政协评为优秀集体提案。成立以民建昆明市委主委高中建为组长的重点课题调研组，就昆明市市属投资公司债务情况深入市级政府平台公司、金融部门调研，并对昆明市防范化解政府债务提出具体建议。与对口联系单位市商务局就昆明市楼宇经济发展情况开展联合调研，形成两篇调研报告供市委、市政府决策参考。2018年“两会”期间，民建昆明市委省、市、区三级人大代表和政协委员共提交建议和提案146份，提交7份集体提案，其中《关于加强对住宅专项维修资金监管的建议》被列为重点提案，并在政协大会上做交流发言，在后续的提案办理中，催缴追缴住房维修基金17.86亿元，敦促政府主管部门出台管理办法，真正把民生提案办成惠民工程；《关于加快昆明工业经济转型升级工作的建议》在政协联组发言中被政府主要领导批示列为政协重点办理提案。同时，向市政协报送20余篇社情民意，其中两篇被采用。

【社会服务】　重点围绕东川区阿旺镇道路基础设施建设、捐资助学活动和助推产业发展3个方面做实事。着力抓好通村道路项目建设，打通脱贫致富“最后一公里”，协调市、区资金355万元修整村内道路6.20千米；为芋头塘小学宿舍配齐床上用品，为全校学生购买全新校服，出资修建7盏太阳能风能路灯。现场组织民建市委常委和政协委员为7位特困学生捐款1万元，共计捐资捐物近10万元；为东川产业发展脱贫出谋划策、牵线搭桥，助力打造扶贫产业，激发群众的脱贫内生动力，实现贫困村整体脱贫。在脱贫攻坚监督中，积极探索监督工作计划和监督工作方案，依托东川区基层委与贫困村组建立联系会议、信息通报制度，与东川区当地干部充分交流提出修建两条公路项目方案，力保在项目实施中做到资金使用有的放矢。

【机关建设】　2018年，制订《民建昆明市委机关工作人员岗位平时考核实施方案（试行）》。推进机关文化建设，通过购买图书、观影、组织学习、植树、参观、义务献血等方式，丰富机关精神文化生活，打造政治型、学习型、创新型、服务型、效能型“五型”党派机关。11月，民建昆明市委机关获“2018年呈贡区级文明单位”称号。

【对外联系】　走访民建重庆江北区委，就领导班子建设、参政议政、社会服务等方面进行工作交流和经验介绍。接待到昆走访的民建北海市委领导一行，就承接东部产业向西部转移情况共同到呈贡、杨林工业园区调研，为两地工业经济转型发展贡献民建智慧。邀请民建中央文化委员会14名专家、企业家到昆明调研考察，重点对翠湖历史文化片区的提升改造和业态定位，以及特色小镇的打造把脉问诊、建言献策。市政协主席熊瑞丽对调研组的建议予以充分肯定，表示昆明市将认真梳理研究，并把这些意见建议充分吸纳到翠湖提升改造工作中来。参与“百家民建会员企业云南行”活动，民建昆明市委主委高中建代表昆明市人民政府做“春城昆明，投资天堂”的宣传推介，昆明市人民政府与佳龙投资集团签订投资110亿元的“昆明佳龙国际旅游度假区”协议，为会员搭建招商引资、融通发展、合作交流的平台。

（王富飞）

中国民主促进会昆明市委员会

【自身建设】　2018年，民进昆明市委将呈贡“冰心默庐”创建为昆明民进会史学习教育基地，并举行挂牌仪式，作为继承民进优良传统和发扬冰心爱国情怀的平台和载体；在寻甸县柯渡红军长征纪念馆挂牌建立民进会员学习教育基地，为基层组织会员搭建具体化的红色教育学习平台。组织遴选全市教育、文化、经济等各界别的优秀骨干会员组成“昆明民进宣讲团”，到各基层和广大会员中开展“学习贯彻习近平新时代中国特色社会主义思想”“纪念五一口号发布70周年”等主题宣讲活动8场，500余人次参加活动。

【宣传工作】　编辑印发昆明民进《学习贯彻中共十九大精神暨纪念五一口号发布70周年》图文专刊资料提供给会员学习交流。举办以“我与民进”“学习贯彻中共十九大精神”“纪念五一口号发布70周年”等主题征文活动，形成100余篇文稿，被民进中央网站采用28篇，云南民进网站和会刊采用40余篇。2018年，先后在中共中央统战部网站、《人民政协报》、《团结报》刊载信息25篇，在民进中央网站刊载信息108篇，在《中国时报》、《中国青年报》、凤凰网、网易、云南网、云南电视台、《云南日报》、《昆明日报》、《云南政协报》、《春城晚报》等会内外主流媒体上报道登载消息100余篇次。会员个人与企业被会内外媒体宣传报道30余篇次。发挥好“一刊一网一个微信平台”的作用，编印《昆明民进》会刊4期，刊登新闻报道、学习心得与理论文章20万余字，《昆明民进》与全国80个省、市民进组织进行会刊交流。在2018年民进全国宣传思想工作会议上，民进昆明市委基层组织高新总支获“民进全国宣传工作先进集体”称号。

组织昆明民进书画院的书画艺术家，以反映西南联合大学文化先贤们的英姿和当时的著名历史事件等为主题，开展独具特色的文艺创作活动，形成43幅精品力作。分别在西南联合大学博物馆、龙泉古镇西南联大研究院和昆明市博物馆举办“名城八载　丰碑千秋——纪念西南联合大学在昆建校80周年主题绘画作品巡展”，传承和弘扬爱国主义精神。

【改革开放40周年纪念活动】　结合民进市委老龄委重阳节庆祝活动，组织开展昆明民进300余名会员参与的“共享改革开放成果，同展夕阳靓丽风采”主题文艺表演活动；结合党派特色举办“盛世如歌诵伟业，不忘初心共筑梦——民进昆明市委纪念改革开放40周年诗歌朗诵会”；在会员中广泛征集反映改革开放伟大成就的书画摄影作品，在云南陆军讲武堂博物馆举办“翰墨丹青绘伟业，同心奋进新时代——纪念改革开放40周年书画摄影展”。

民进云南省委、昆明市委在冰心默庐举行“民进会史教育基地”揭牌仪式
（民进昆明市委　供稿）

【组织建设】　2018年，共发展新会员79人，民进昆明市委所属会员达到1739人。其中，本科及中高级以上职称1312人，占76%；退休老会员638人，占37%；会员平均年龄为49岁。2018年，完成联合支部的换届工作，成立民进东川区基层委员会筹备组，为下一步正式成立东川区民进基层组织打好基础，新成立民进昆明市委文史和学习委员会、民进昆明市委社会和法制委员会。

选派40余名骨干会员参加民进云南省委的学习十九大精神专题培训和中共昆明市委统战部的暑期干部培训，遴选65位具有相应专业特长的会员进入文史学习委员会和社会法制委员会培养锻炼，组织2017—2018年入会的90余名新会员开展专题培训。遴选部分骨干会员参与民进昆明市委的重点课题调研和重大活动策划组织，努力为优秀年轻骨干会员发展搭建平台。筛选整理建立《民进代表性人士》《民进后备干部》《新阶层人士》《民进企业会员代表人士》数据库，并上报民进云南省委和中共昆明市委统战部备案管理。

【参政议政】　民进昆明市委确定2018年重点课题为“关于加快发展我市环水有机农业提升滇池综合治理成效的调研”“关于全面提高我市特殊教育质量的调研”“关于加强民办幼儿园管理建立民办幼儿园管理监控机制的研究”“关于我市幼小衔接情况的现状及存在问题的对策研究”“关于加快我市智慧公交系统建设的调研”等。其中两个课题被列为民进云南省委立项调研课题。确定“让历史名人文化走进中小学课堂的研究”“关于我市家庭医生签约工作开展情况和存在问题调研”“解决小学生课后服务问题调研”等8个由基层组织承担的二级调研课题立项。2018年，民进昆明市委与“云南政协报”联合开展议政论坛合作，就“城市共享自行车管理”“工匠精神要从娃娃抓起”等主题开展议政调研论坛。

在2018年政协昆明市第十三届二次全会上，提交集体提案14件。其中，教科文卫体类4件，社会民生方面4件，经济建设类2件，城市建设管理4件。在市政协全会期间，民进界别的两名政协委员分别做大会发言和界别联组发言，《关于加强市高层建筑消防管理的建议》被确定为2018年市政协重点办理提案。全年向民进云南省委、中共昆明市委统战部和昆明市政协报送60余条信息，其中30余条被采用编辑，报送给市级领导和相关部门参阅。2018年，民进昆明市委获“云南民进参政议政工作先进集体”称号。

【脱贫攻坚】 2018年，民进昆明市委组织会内部分骨干会员开展脱贫攻坚民主监督专题培训，并赴东川区贫困地区开展脱贫攻坚民主监督工作。先后前往东川区岩脚村、鲁嘎箐村、嘎德村扶贫移民回迁房实地，走访20余户贫困家庭。通过现场调研、听取汇报、座谈交流等方式详细了解东川区脱贫攻坚、贫困人口精准脱贫、落实脱贫攻坚重大政策措施、扶贫资金项目管理使用、扶贫移民回迁房建设等情况，并与乡镇、村组干部和驻村工作队员就脱贫攻坚工作，尤其是因病因残致贫、产业转型增收、劳动力转移、基础设施建设、产业扶贫、贫困移民后续帮扶等方面存在问题进行深入沟通交流，就存在困难和问题共同寻求破解的方法和途径。

【社会服务系列活动】 2018年，民进昆明市委在东川区铜都街道办姑海小学开展“同心·春暖”助力东川脱贫攻坚行动，向姑海小学全体学生捐赠价值3万元的书包250个，同时组织教学名师开展支教送课活动，组织民进书画院的书画家们开展送文化艺术下乡活动，现场为姑海小学进行书法、国画创作，创作的30余幅作品全部捐赠给学校；高新总支开展助力汤丹脱贫攻坚活动，并先后到宜良县竹山镇、弥勒市西一镇、大理州、祥云县、洱源县等地开展爱心捐赠和精准扶贫活动；民进嵩明筹备组向杨桥街道农家“胖子书屋”捐书；盘龙基层委到滇源街道办事处三转弯村开展扶贫捐赠活动，为贫困村民送去价值1万多元的粮油和被服；昆一中支部定点捐助帮扶富民赤鹫镇苗寨村贫困学生；安宁总支捐助安宁一六小学3名贫困学生每人600元。

组织医务人员开展“同心·送健康”社会服务活动，联合昆明普瑞眼科医院组织专业眼科医生携带检查仪器走进6所校园，为800余名贫困山区学生和外来务工子女免费开展义诊和眼科体检筛查，建立眼科健康档案，免费提供眼镜500副，价值15万余元。联合安宁总支组织会员中的医疗专家到拓东街道社区为80余位老年人开展“骨质疏松健康知识讲座”和义诊。

“同心·幸福列车”社会服务活动。民进昆明市委在云南陆军讲武堂举办“花都粽香浓情端午”民间优秀传统文化展演体验活动，150余名少年儿童身穿自己亲手制作的传统植物扎染服饰参加文艺展演，体验包粽子、扎染、吹糖人、捏面人、点雄黄、编织中国结、缝香包、制作陶艺、演奏古代乐器等传统技艺，并举办“同心·幸福列车”云南滇派硬翅风筝放飞活动，现场进行风筝绘画、风筝制作技艺学习、放飞体验等。

助力文明城市创建活动。民进昆明市委各基层组织围绕创建全国文明城市工作开展社会主义核心价值观宣传、文化传承、家风宣传、美化环境、亲子阅读和关爱老人等活动。民进昆明市委妇联委在海埂公园举行“春融同心健康行”活动；盘龙基层委开展“从我做起，爱我春城——盘龙民进在行动”徒步创文宣传活动；官渡基层委举行滇池湖畔“倡环保 迎新春 送祝福”全体会员主题活动；高新总支在安宁市主办瑜伽健康行活动；文化工作委员会联合安宁市太平新城昆华苑小区联合举办“携手欢庆中秋节，共建和谐邻里情”联谊活动等。

按照民进中央“春联进万家”活动的安排，民进昆明市委组织书画艺术家分别到3个社区开展写春联活动，向村民群众赠送春联300余幅。昆明民进书画院组织书画家到石林县开展美术教师培训，为全县中小学美术教师开展为期3天的免费授课。依托民进会员举办的培训机构——云南大课堂，分别组织民进教师会员和贫困地区教师300余人次免费参加培训。联合滇池度假区管委会举办“同心助力昆明教育国际化”中美学生参访交流活动。高新总支牵头组织文化艺术界会员和教学名师到东川区汤丹镇中心小学开展支教送课活动等。

2018年，民进昆明市委获得“云南民进社会服务工作先进集体”称号。

（向 茜）

中国致公党昆明市委员会

【思想建设】 2018年，致公党昆明市委（简称市致公党）深入学习贯彻中共十九大精神，把加强党员思想建设工作摆在突出位置。坚持以上率下，组织中心组理论学习，以高度的政治自觉，团结和带领全市致公党员坚定走中国特色社会主义道路的信念。组织参加致公党云南省委、中共昆明市委统战部纪念“五一口号”发布70周年座谈会等纪念活动，撰写学习心得体会，继承和发扬致力为公、侨海报国优良传统。2018年是市致公党成立30周年，市致公党以纪念成立30周年为契机，将巩固同心思想，夯实多党合作共同思想政治基础，继承好传统、展现新作为的主线贯穿纪念活动始终。组织开展优秀党务工作者评优评先，对在党务工作中做出突出贡献的党组织和个人给予表彰激励；举办纪念市致公党成立30周年座谈会，邀请参加第一次党员大会筹备工作和历届市致公党的老同志代表共同回顾市致公党发展历史，汲取前进的力量；组织整理市致公党档案资料，编辑纪念专刊；联合中共昆明市委统战部举办《南侨颂》汇报演出。系列纪念活动的举办，生动展示市致公党不平凡的发展历程，取得凝聚共识、振奋精神的效果。

【参政议政】 2018年，市致公党和各基层组织开展调查研究40余次。提交市人大建议10件；向省、市、区三级“两会”提交建议提案87件，致公党昆明市委《关于防范未成年人校园欺凌的建议》和《关于在昆明主城绿

2018年11月17日，致公党昆明市委举行成立30周年座谈会
（致公党昆明市委　供稿）

地和湿地中注入文化元素的建议》被市政协评为优秀提案。陪同率队赴云南的致公党中央副主席曹鸿鸣开展“易地扶贫搬迁安置房产权归属问题”调研。提出社情民意32件，专题向党委、政府报告3项，《东川区易地扶贫搬迁工作的建议》《阿里云高管团队调研工作的情况专报》得到市委、市政府主要领导批示件2次。副主委谷欣和严英在市政协专题议政性常委会议上做重点发言，就促进昆明市科技型中小企业健康发展和昆明主城绿地和湿地中注入文化元素提出意见建议。召开2018年“两会”动员会暨昆明市创文工作研讨会，专题学习新时代下人大代表和政协委员如何履职尽责，并就昆明市创建文明城市存在的问题开展讨论和提出改进建议。组织赴上海、浙江和曲靖开展归国留学人员工作、志愿者服务和乡村旅游等调研。资助37个课题开展调研，注重成果转化。在2018年11月召开的致公党中央参政议政工作会议上，市致公党获致公党中央授予的“参政议政工作先进集体”称号，并作为致公党中央参政议政工作联系点代表之一在会议上进行交流汇报。

【组织建设】　2018年，市致公党先后组织开办民主党派干部暑期培训班、参政议政工作培训班、法律知识培训班等，参加学习的党员达150余人次。青工委制作纪念“五一口号”发布70周年和改革开放40周年影音资料，为各基层组织学习交流提供有效载体；经联委借助“私董会”平台就如何持续有效传承南侨机工爱国精神的议题进行研究；老龄委组织以“继承发扬优良传统”为主题的敬老节活动，参观中国远征军主题展；妇委会组织参观省博物馆，感受改革开放以来昆明发生的翻天覆地的变化。围绕市致公党成立30周年，各基层组织结合自身特色，开展一系列丰富多彩的活动。

2018年，共发展新党员42人。全市致公党员总数为658人。经市致公党推荐，林怡平、谷欣被聘任为市政府参事，王延春被续聘任为市政府参事。党内监督小组以开展“不忘合作初心，继续携手前进”主题教育活动为载体，探索开展党内监督的方式方法、内容程序，使党内监督工作与时俱进，适应形势发展的需求。

【宣传教育工作】　2018年，市致公党全面加强宣传工作，掌握意识形态工作的领导权、管理权、话语权，进一步加强市致公党网站和“昆明致公”微信公众号建设，开辟“学习十九大精神”“改革开放40周年”“致公党昆明市委成立30周年”“创建文明城市”等专栏，弘扬好主旋律，传播好正能量。市致公党网站发稿100余篇，在致公党云南省委网站发稿40余篇，多篇信息被昆明市政协、中共昆明市委统战部以及中国网、云南政协网、搜狐网等各大媒体刊登。“昆明致公”微信公众号全年发布图文消息近30余篇。协助致公党中央宣传部副巡视员赵晓萍一行，赴昆明开展思想建设、党员学习教育基地建设以及新媒体宣传工作调研，汇报市致公党开展南侨机工精神传承和重走滇缅路等系列活动的情况。协助市律师协会举办昆明市青年律师辩论赛，推进昆明的法制宣传教育和法治文化建设。

【联谊工作】　市致公党以“同心共筑中国梦，广泛凝聚人心、汇聚力量”为工作目标，积极开展海外联谊工作。2018年逢菲律宾中国洪门致公党中吕宋支部举办换届活动，经致公党党内同志牵线搭桥，邀请致公党昆明市委参加观礼活动。市致公党组成以冯武为团长的代表团自费赴菲，在参加观礼活动的同时，就加强昆明市与菲华人华侨合作开展具有建设性的交流，为今后扩大双方联谊建立互信沟通渠道。协助致公党无锡、贵阳市委分别就昆明滇池治理、河长制治理体系和花卉产业发展等方面开展课题调研。市政协副主席、致公党昆明市委主委李冰晶代表致公党昆明市委参加首届云南·日本电影周的开幕式。市致公党落实市级民主党派与有关部门联系工作机制，与市外事侨务办公室开展对口联系工作，反映党派对侨务工作的意见建议，积极争取市外侨办对市致公党海外联谊工作的理解和支持。

【社会服务】　开展捐资助学和“三下乡”扶贫活动，整合健华图书馆和“致公爱心读书角”项目，发挥帮扶济困的作用。副主委黄秋苹、李蔚和党员32人一道，携价值3.90万元的药品、书籍赴寻甸县柯渡镇，为群众开展义诊、健康保健知识宣传，发放法律法规和农技科技宣传材料1800余份；为柯渡镇初级中学捐赠图书2252册、援建22个“致公爱心读书角”。市致公党主办2018首届“重走霞客之路”大型汉服徒步活动，助推沿线当地政府和民众增强文化遗产和环境保护的意识，带动区域经济和社会和谐发展。组织党员走进盘龙区滇源街道办事处凸董箐村，参加爱心公益联合行动活动。

（杨　杰）

农工党昆明市委在东川区举行扶贫义诊活动

（农工党昆明市委　供稿）

中国农工民主党昆明市委员会

【思想建设】　农工党昆明市委按照市委统战部安排，开展“不忘合作初心、继续携手前进”专题教育，理论学习常抓不懈，政治素质稳步提升。积极组织基层支部和党员坚持以习近平新时代中国特色社会主义思想为指导，深入学习中国共产党十九大精神，深入学习习近平总书记考察云南及系列重要指示精神；举办以社会主义核心价值观和十九大精神为主题的培训班，用新的思想理论武装头脑，指导各项工作。不断推进专题教育，组织40余个基层组织的党员举行“不忘合作初心，继续携手前进”演讲比赛；组织瞻仰烈士陵园、学习老山精神等爱国主义教育活动，坚定政治信念。召开2018年基层组织经验交流会，就支部建设情况、组织活动内容、组织发展、信息宣传、社会服务、关心党员等方面进行广泛交流。充分运用网络新媒体技术，开通建设农工党昆明市委微信公众号，建立农工党昆明市委班子、市委委员以及市委与各基层组织的微信群，引导各基层组织采取各种便捷方式加强交流，形成上情下达，信息畅通，反应及时的工作格局。

【参政议政】　2018年，农工党昆明市委领导应邀参加市委、市政府召开的协商会、座谈会、通报会60余次，就重大事项进行协商，并就昆明市建设区域性国际中心城市和经济建设、政治建设、文化建设、社会建设、生态文明建设等重大问题提出意见和建议，许多意见和建议得到充分采纳。2018年共提交集体提案12件，个人建议和提案50余件。《关于进一步做好我市家庭医生签约服务的建议》和《关于加强昆明市农贸市场食品安全监管的建议》被市政协评为2018年10件主席督办重点提案。

【社会服务】　深入盘龙区滇源街道办事处三转弯村开展2018年环境与健康宣传周活动，五官科专家向村民进行致盲性眼病防治知识专题讲座，妇产科专家、中医内科专家开展义诊，向村民发放价值2万余元的常用药品、急救药箱和帮扶物资，200余名村民参加讲座和义诊，活动受到当地群众的热烈欢迎和普遍称赞。3月，在盘龙区人民医院举办全国“爱耳日”活动，协调博奥晶典有限公司为云南提供价值60万元的耳聋基因检测服务，为400名听力障碍的患者和家庭送去关爱和健康。与东川区铜都街道小牛厂村结对帮扶，帮助深度贫困地区村民找路子，想办法。积极协调医疗资源和产业项目向贫困地区汇聚。农工党昆明市委对小牛厂村开展的300亩花椒种植项目给予种苗、资金、技术指导、后期销售等帮助。为

2018年3月3日，农工党昆明市委举行“世界爱耳日”活动

（农工党昆明市委　供稿）

积极实施中共昆明市第十一次代表大会提出的“大健康”战略，结合东川区独特的资源及赛事支撑，农工党昆明市委组织党员到东川开展“第三届东川区健康户外运动定向越野赛”，促进自身党建工作，增进各区域间农工党员的交流，以实际行动助力东川脱贫攻坚。

【组织建设】 2018年，扎实推进组织建设，新发展党员38人，完成盘龙区委员会、市第二人民医院等6个基层组织的换届任务，新成立晋宁区支部委员会。截至2018年12月31日，全市有农工党员934人。其中，中高级职称775人，占党员总数的83%；高级职称152人，占党员总数的16%；女党员639人，占党员总数的68%；医卫界党员580人，占党员总数的62%，大专以上学历767人，占党员总数的82%。全市有43个基层组织。其中，区委（基层委员会）5个，总支委员会4个，支部委员会34个。有各级人大代表、政协委员70人。

（农工党昆明市委）

九三学社昆明市委员会

【思想建设】 2018年，九三学社昆明市委深入学习十九大精神的丰富内涵，深刻领会习近平新时代中国特色社会主义思想，推进思想建设。开展“五一口号”发布70周年系列纪念活动，重温九三学社与中国共产党风雨同舟共同走过的历程，坚定社员的政治信念，坚持新时代中国共产党领导的多党合作和政治协商制度。组织社员集中学习庆祝改革开放40周年大会上习近平总书记的讲话精神，并积极参与九三学社中央、中共云南省委统战部、昆明市依法治市办的主题征文及摄影作品征集活动。坚持中心组学习制度。

【组织建设】 2018年，九三学社昆明市委坚持人才强社，加强组织建设。截至2018年12月31日，九三学社共有社员789人。其中，大学以上文化的社员占总数的92.80%；具有高中级职称的社员占总数的96.90%；博士、硕士93人，占11.80%；来自科学技术、高等教育和医药卫生界的社员占总数的75.50%，保持九三学社的特色和优势。社员中有省人大代表1人，市人大代表3人，区人大代表5人；省政协委员1人，市政协委员13人，区政协委员47人。九三学社昆明市委通过创新完善新社员入社仪式、组织社员培训、对各基层组织和专委会进行量化考评、开展丰富多彩的组织活动等，激发社员参与社务活动的热情，增进团结协作，让九三精神得以传续，为实现中国梦凝聚九三人的智慧和力量。

【参政议政】 2018年，九三学社昆明市委深入调研，在昆明市“两会”期间，共提交集体提案9件，其中提案《关于增强昆明区域辐射能级，打造面向南亚东南亚国际物流枢纽的建议》被市政协评为2018年主席督办重点提案；2017年的2件集体提案《关于规范我市房屋产权登记秩序的建议》和《关于在精准扶贫工作中完善我市农村民居建设政策的建议》获评优秀提案。与云南省政协报社联合举办《两会聊天室》访谈，邀请省、市、区政协委员就《如何加快推进美丽昆明建设，当好生态文明建设的排头兵》主题，积极为建设美丽昆明建言献策。扎实开展课题研究。九三学社昆明市委立项11个中标课题，中标九三学社云南省委课题1个，中标中共昆明市委决策咨询课题1个。为开拓参政视野，九三学社昆明市委通过创新参政调研机制，先后联合九三学社红河州委、九三学社重庆市北碚区委、九三学社大理州委，就大健康产业发展、环境保护治理等开展调研座谈，并组织九三学社昆明市委8个中标立项课题联合赴贵州调研，学习贵州各地在大生态、大数据、大扶贫、大旅游建设中融合发展的思路举措。深入开展政治协商，九三学社昆明市委主要领导通过参加一系列市委、市政府重大事项决策前专题协商工作，为市委、市政府的重大事项决策提出建议。积极参与交流学习，组织机关干部和青年社员参与九三学社云南省委组织的异地考察学习活动和九三学社中央青工委在昆明举办的九三学社第四届全国青年论坛，学习各地培育青年人才参政议政的先进做法。积极参与九三学社云南省委第六届参政议政

九三学社昆明市委持续推动周培源昆明旧居保护利用工作

（九三学社昆明市委 供稿）

论坛，组织10篇论文参加评选，其中社员李君婷和尹鸽娅的两篇研究成果获优秀论文奖。积极参与九三学社滇中五州市第二届参政议政联合调研工作会，围绕会议主题“推进康养产业发展，打造健康生活目的地”，提交论文，并进行大会交流发言。

【社会服务】 2018年，九三学社昆明市委发挥特色，助力脱贫。先后于春节前夕在晋宁区上蒜镇段七村开展2018年“科学之光”迎新春“三下乡”活动；6月在东川区红土地镇龙树村开展“百名专家科技下乡”活动，9月在东川区拖布卡镇格勒村大田坝小学开展扶贫捐资助学活动；12月组织医疗专家团队赴玉溪市新平县开展“九玉合作”健康扶贫医疗义诊活动。共为东川红土地卫生院捐赠价值3万元的医疗设备，捐助东川大田坝小学价值9200元的书包和学习用品以及价值9000元复印机1台、对9名品学兼优的困难学生捐助9000元；捐赠贵州省威宁县玉龙中学价值4800元的打印机3台、捐赠段七村贫困村民60个急救药箱。为贫困地区群众开展医疗义诊、健康科普讲座、免费照全家福、写送春联、核桃种植管养讲解示范等。

【民主监督】 2018年，九三学社昆明市委多层次参与民主监督工作。前往东川区拖布卡镇对脱贫攻坚工作开展民主监督，为完善脱贫攻坚台账和科技扶贫提出具体建议。多名社员作为市人民检察院人民监督员、市监察局特邀监察员、市人民检察院特邀检察员、市公共资源交易人民监督员，盘龙区、西山区、官渡区、东川区人民检察院特邀检察员等，积极参与各项督查和监督工作，充分发挥九三学社民主监督职能。

【创新举措】 2018年，九三学社昆明市委积极推动周培源旧居的保护和利用工作，助推昆明历史文化名城建设。九三学社昆明市委多次组织人大代表、社内专家和西山区委相关人员到西山区周培源旧居调研，并到无锡宜兴周培源故居调研，最终形成《关于加强对周培源旧居文物保护和利用的建议》报市长王喜良，得到市长批示。九三学社昆明市委还多次向九三学社中央、九三学社云南省委领导汇报，并向九三学社中央递交《将周培源旧居打造成为九三学社全国传统教育基地》申报书，九三学社中央社史研究处处长咎建军亲赴昆明调研指导九三学社全国传统教育基地建设工作。2018年10月，全国政协副主席、九三学社中央常务副主席邵鸿在昆明视察周培源旧居保护和基地建设工作时，对该工作给予充分肯定，并就下一步完善好旧居布展提出工作要求。新建“科学之光”创新学习基地。2018年6月，九三学社昆明市委“科学之光”创新学习基地在昆明国家高新技术开发区的云南首个“泛亚3D打印创新服务中心”正式揭牌成立，这是继昆明学院“科学之光”教育基地、花千谷“科学之光”读书基地、太华山气象台昆明市统一战线“科学之光”教育基地后，九三学社昆明市委重点打造的又一“科学之光”品牌教育活动平台。加强机关建设。2018年，九三学社昆明市委机关成功创建为“呈贡区文明单位”。立足九三学社昆明市委工作实际，完善机关文化走廊建设，整理编发《九三学社昆明市委规章制度汇编》和《工作手册》。稳步提升宣传信息质量。全年向九三学社中央、九三学社云南省委、中共昆明市委统战部报送宣传信息162篇。其中，被九三学社中央采用123篇，采用率达75%以上；被中共云南省委统战部官网、微信平台采用4篇，被中共昆明市委统战部官网、微信公众号采用30余篇。多篇稿件先后被《团结报》、《云南日报》、《云南政协报》、《昆明日报》、团结网、九三学社之声、新华网、中新网等多家报刊、网站和微信平台采用和转载。2018年，《昆明九三》微信公众号4次位列全国各民主党派总榜单前20名，位列九三学社全国排名第3位1次、第4位5次，第5位2次，其余月份排名均在前10位以内，充分展示昆明九三学社工作的特色和亮点。九三学社昆明市委首次实现《团结报》和九三学社之声公众号稿件采用量零的突破。

（尹鸽娅）

昆明市工商联（总商会）

【调查研究】 配合2018年6月国家发改委把昆明纳入国家物流枢纽布局载体城市的规划，确定年度重点调研主题为“昆明市物流业发展情况调研”。与市发改委、市工信委、市投促局等部门组成联合调研组，深入调查研究，最终形成《加快昆明市物流业高质量发展调研报告》报送有关领导和部门。

【参政议政】 发挥界别力量，引导工商联界别的政协委员参政议政。2018年，下发《关于市政协十三届二次全会相关事项的通知》，做好委员参会的提醒和指导委员撰写政协提案。向市政协十三届二次全会提交《关于创新转型优化非公实体经济结构的建议》等团体提案4个，工商联界别市政协委员个人提案27个。全年收集整理上报《关于探索社会综合服务大数据开放共享的建议》等社情民意、参政议政信息12篇。依托市工商联政协委员之家，分别以精准扶贫、民营企业党建等为主题，组织开展委员活动4次。

【执委、常委会】 2018年3月30日，昆明市工商联（总商会）在市级行政中心昆明会堂召开十二届二次执委会议。会议审议通过市政协副主席、市工商联主席董林所做的《深入学习贯彻党的十九大精神 开创新时代工商联事业新局面 奋力谱写建设区域性国际中心城市的非公经济篇章》工作报告。报告全面总结2017年全市工商联工作，安排部署2018年工作任务。会议对2017年度“四好”商会、平安商会进行表彰。

【非公经济人士思想教育】 深入学习党的十九大精神，特别是十九大关于鼓励支持民营经济发展的系列重要论述。学习宣传贯彻习近平总书记11月1日在全国民营企业座谈会上的重要讲话精神。以“不忘创业初心，接力改革伟业”为主题，继续开展理想信念教育实践活动。将主题教育与开展“重品行，树形象，做榜样”活动相结合，通过专题培训、理论讲座、赴红色革命基地现场教学等方式，不断丰富理想信念教育活动的载体和成效。

【教育培训】 开设“民企大讲堂”。2018年3月30日，邀请北京大学经济学博士张春晓开展《深入学习贯彻十九大精神 着力建设现代化经济体系》的专题讲座。办好十九大精神专题培训班、非公经济代表人士培训班、在中国人民大学举办的昆明市民营企业家素质能力提升专题培训班、年轻一代非公经济人士培训班、“企业效能全系统方案”企业家交流沙龙等“五大培训班”。参训非公经济人士、工商联系统干部200余人次。

【商会协会党建】 不断扩大党的工作和党的组织在驻昆商会的覆盖面。截至2018年12月31日，由中共昆明市商会协会党委批准组建成立的商会协会党组织88家。其中，党委2家，党总支1家；独立党支部86家，联合党支部2家（覆盖商会协会4家）；异地商会流动党支部47家。共有党员495人。实现列入党建基数商会协会党建工作全覆盖。14家商会党支部达到规范化建设要求。

市工商联在中国人民大学举办“昆明市民营企业家素能提升专题培训班”
（市工商联 供稿）

【先进民营企业宣传】 牢牢把握“两个健康”主题，结合纪念改革开放40周年、“弘扬企业家精神·争做新时代表率”等系列活动，加强与《中华工商时报》《云南日报》《云南经济日报》《昆明日报》的合作，通过多种形式宣传民营企业发展、民营企业家成长的先进事迹，宣传一批守法诚信、艰苦创业、积极参加精准扶贫的民营企业典型。全年编印《昆明商会》4期，发行7200册。

【“五好”县级工商联建设】 制订昆明市工商联《2018年“五好”县级工商联建设工作实施方案》，指导县（市、区）工商联开展创建工作。加强与当地党委、政府的工作对接联系，争取党委、政府对创建工作的支持。官渡区工商联、禄劝县工商联创建为全国“五好”县级工商联。官渡区工商联在全国工商联组织工作会议上做经验交流。

【驻昆商会建设】 举办驻昆商会会长培训班、新生代非公有制经济代表人士培训班、省、市工商联执委、常委会等培训、会议活动，参加驻昆商会人员300余人次。分别以商会党建工作、会员统计、“法律三进”等为主题，开展驻昆商会（协会）秘书长联谊活动4次。指导昆明市四川安岳商会、昆明市重庆大足商会等15家商会完成换届选举。把平安商会建设工作列入议事日程，召开昆明市平安商会创建领导小组工作推进会，动员组织商会参与到平安商会创建工作中来。

【创业服务】 召开“贷免扶补”专题会议，制定并下发《昆明市工商业联合会关于下达2018年度“贷免扶补”及小微企业贷款工作目标任务的通知》，将目标任务数分解到各县（市、区）。全年完成“贷免扶补”帮扶1700余人，完成小微企业创业担保扶持贷款15户的推荐。

【经贸交流】 组织会员企业、驻昆商会参加“2018四川会东（昆明）投资推介会暨项目签约仪式”引资推介会、南亚、东南亚国家商品展暨投资贸易洽谈会、滇缅经济贸易合作论坛第七次会议、2018“一带一路”共商合作云聚会、首届中国进口博览会、缅甸投资推介会等经贸合作、投资洽谈活动会议6批430余人次，参加会员企业300余家。

【结对扶贫】 广泛动员非公有制经济人士到贫困地区“结对认亲，爱心扶贫”，224家工商联会员企业签订帮扶协议，联系挂钩贫困村176个。组织工商联界别的市政协委员24人，结对帮扶东川区乌龙镇10个深度贫困村。据不完全统计，全年有181家企业参与帮扶行动，实施项目339个，投入帮扶资金3424万元，受帮扶贫困村173个、贫困群众3.63万人。

【“挂包帮”“转走访”工作】 组织机关干部到挂钩联系点寻甸县金源乡妥托村开展走访调研4批100余人次，完成“七个一批”项目2个。2018年7月，妥托村顺利通过国家检查验收组的考评验收，脱贫出列。

【构建新型政商关系】 向各驻昆商（协）会、会员企业征集在昆发展的问题清单和建议清单，收集问题85个，合理化建议21个。拟订《关于构建“亲”“清”新型政商关系的实施意见》由市委办公厅、市政府办公厅发文执行。按照《关于“昆明政商直通车”线上平台实施意见》，构建“昆明政商直通车”线上平台。自2017年底开通1年多来，53家市级部门、县（市、区）人民政府、开发（度假、园）区管委会发布政策信息、政务服务办事指南370余条。组织3200户企业、125家商（协）会（覆盖会员企业1万余家）注册上线。协调解决商会、企业反映的困难问题225个，有效畅通政企交流，促进政商互动，“政商直通车”成为昆明民营企业和商会反映问题、提出建议的最有效最直接的渠道。

【法律维权服务】 有效发挥法律维权领导小组、民营企业投诉中心、民营企业法律服务中心、商会调解平台、智力支撑平台即“一小组，两中心，两平台”的法律维权服务体系的职能作用。组织昆明市邵阳商会、云南同丰医药集团等会员企业参加省工商联的“法律三进”工作培训会，联合市司法局、市普法办举办昆明市“法律三进”工作培训会，市民营经济法律维权领导小组成员单位、各县（市、区）工商联、部分驻昆商协会代表300人参加会议。

（陈桓国）

群众团体

总工会

【概况】 2018年，昆明市总工会紧紧围绕建设区域性国际中心城市的总体目标，统筹推进思想政治建设、职工队伍素质建设、和谐劳动关系建设、服务职工工作体系建设、基层基础建设以及工会自身建设，各项工作取得新进展、展现新成效，获“云南省文明单位”“云南省集体协商工作先进集体”等6个奖项；昆明市困难职工帮扶服务中心党支部被评为“市级行政中心党建示范带”第一批示范点。在中国工会第十七次代表大会上，由昆明市总工会首创的维权“两书”制度被写入大会报告之中，上升为全国工会劳动法律监督“两书”制度。

【技能及素质提升工程】 2018年，深入实施春城职工素质建设工程，举办高技能人才培训班，2565名职工取得国家职业资格证书；组织4587名职工参加线上线下职业技能培训；组织2.61万名农民工参加“大培训，大练兵，大提升”活动。不断深化春城职工跨越发展先锋活动，在机械制造、滇池治理、园林绿化等行业组织32次108个工种的“72行大练兵·360行出状元”技术技能竞赛，参与职工达31万人次。在庆祝2018年“五一”国际劳动节暨昆明市第二十三届劳动模范表彰大会上，对滇菜烹饪、旅游服务等五大类技能竞赛活动进行远程多点现场直播。深入开展职工经济技术创新活动，累计推出发明创造124项、技术革新1451项、先进操作法154项，提出合理化建议1.05万条、实施8295条。大力弘扬劳模精神、劳动精神、工匠精神，召开昆明市第二十三届劳动模范表彰大会，表彰市级劳动模范200名；推选产生各级五一劳动奖状27个、奖章109个、工人先锋号193个；命名“昆明工匠”10名、“金牌工人”100名、“劳模创新工作室”3个以及“一室一站”10个；选树“五小”岗位竞赛优秀成果56项。

【维权维稳】 以维权“两书”为抓手，处理各类维权问题1770件；依托“五一工人维权岗”，为职工提供法律援助50件、法律政策咨询748件。扎实做好信访维稳工作，接待职工群众来电来信来访1595件次，办理春城热线问题11件，参与调处企业职工群体性上访10余起，切实维护职工队伍和社会稳定。推动落实集体协商“四项创新制度”，工资集体协商覆盖企业3.75万户，覆盖职工91.70万人，覆盖率85.52%。持续深化厂务公开、职代会建制专项行动，已建会非公有制企业厂务公开、职代会建制率分别达到97.01%和97.09%。加强职工安全生产和职业病防治宣教工作，共组织3771个单位、24156个班组、职工36.20万人参加“安康杯”竞赛、“安全生产月”等活动。着力维护好农民工合法权益，制定出台《关于加强和改进农民工维权服务工作的意见》，维权宣传短片《小强春城务工记》引起强烈反响。

【帮扶服务】 继续做实节日送温暖、大病救助、医疗互助等传统服务品牌，2018年共筹措各类帮扶资金2869.28万元，慰问、救助困难职工、农民工7.43万人次；为9.14万名生病住院职工提供医疗互助金6685万元；资助855名困难职工、农民工子女上大学。不断健全完善“四个一四关爱”制度，服务职工实现精准化、常态化、全员化。2018年7月17日，《工人日报》头版头条对昆明工会“四个一四关爱”制度进行专题宣传报道。以“工惠卡”为依托，以“春城职工家园”微信公众号为载体，积极为广大工会会员提供普惠服务，已拓展团购优惠服务职工商家网点2600多个，组织线上线下活动50余次。继续加大“爱心驿站”建设力度，累计建成“爱心驿站”263个；在全省率先建成“工惠母婴空间”44个、示范点5个。开展创业就业援助服务，参与举办各类劳务交流会12期，提供新增就业岗位8435个；发放“贷免扶补”166笔1634万元，创业担保贷款1351笔1.34亿元。按照精准识别、精准帮扶的要求，共帮助1316户困难职工实现解困脱困；通过职工书画义拍捐赠等多种途径，2018年筹措及协调各类帮扶资金112.90万元，帮助寻甸县七星镇高田村和河口镇米德卡村顺利脱贫出列。关心关爱劳模和一线职工，为57名全国劳模发放春节慰问金11.40万元，为540名困难劳模发放帮扶金220.13万元；分别组织43名全国及省部劳模和100名来自边远贫困地区的乡村小学优秀教师参加疗养休养活动。

【文化建设】 不断深化“中国梦·劳动美”主题教育活动，举办庆祝中华人民共和国成立69周年暨改革开放40周年职工书画摄影大赛及巡展活动。以部分市级劳模和昆明工匠为主角，联合昆明电视台、阳光频率广播和《昆明日报》在“五一”期间推出系列专题报道，同时深入开展劳模进机关、进工厂、进校园系列宣讲活动，在全社会营造劳动光荣、创造伟大的浓厚氛围。开辟职工大讲堂，推出手风琴、茶文化、家庭教育等课程，吸引数千名职工听讲；建立“全民阅读·书声昆明”朗诵会馆，举办“朗读者大赛”“读书会”等系列活动。开展“好家风好家训”系列活动，举办“和谐春城·文明家庭”读书主题活动，组织女职工参与家书诵读、和谐家庭建设以及寻找“好父亲”“好母亲”等系列活动，以家庭和谐促进企业和谐、社会和谐。

【改革创新】 全市工会系统改革全面展开、高效推进，年度刚性任务全面完成，长期任务稳步推进。坚持以上带下，指导各县（市、区）总工会主动对接、及时跟进。积极推动产业工人队伍建设改革，牵头起草《新时期昆明市产业工人队伍建设改革实施方案》并由市委、市政府正式下发执行；高新区、经开区、安宁市以及云南云内动力集团有限公司试点工作取得成效。聚焦货车司机等八大群体，重点抓好“两新组织”、园区工会建会，工会组建和会员发展实现双提升，按照全国工会管理系统统计，企业建会率和职工入会率分别达到98.55%和98.95%。全面推进基层工会规范化建设，坚持将力量配备、服务资源向基层倾斜，下拨基层的工会经费分成比例和总量均大幅增加。有序推进“互联网+工会”工作，“三网络一平台”提升改造、“工会会员网上评家系统”进入推进阶段。工运理论研究工作富有成效，多篇文章被全总、省总主办刊物采用。工会宣传思想工作成果丰硕，在市级以上新闻媒体开展宣传报道436次。产业工会充分发挥熟悉产业、直通基层的优势，在开展劳动竞赛、维权服务等方面广受好评。全市收缴工会经费同比增长7.50%，“四位一体”立体经审监督体系初步形成，工会经费使用效益明显提升。2018年共接待全总、省总和省内外工会考察团28个。

（袁　媛）

妇女联合会

【概况】 2018年，市妇联以保持和增强政治性先进性群众性为目标，以服务创新转型发展为主线，以联系和服务广大妇女群众为根本，遵循“党建带妇建”的工作方向，把深入学习贯彻习近平新时代中国特色社会主义思想作为首要政治任务，坚持有为有位的工作导向，弘扬“跨越发展、争创一流；比学赶超、奋勇争先”精神，立足新时代新方位，探索“星级化管理，项目化运作，规范化建设”，坚持妇联系统工作“一盘棋”，探索四级妇联同频共振的工作模式和工作方法，认真谋划实施年度各项工作，全面推进妇联组织和妇联工作改革创新，增强妇联组织的吸引力、凝聚力、战斗力，团结动员广大妇女在参与全面深化改革、脱贫攻坚、建设区域性国际中心城市等工作中，创造新业绩，展现新作为，做出新贡献。

【妇联改革】 党建带妇建，横向补白夯实基础基层，推进在“两新”组织中不拘一格健全妇联组织，采取联合组建、行业共建、单独建立等方式，在“两新”组织、园区、专业合作社、商务楼宇建立妇联组织352个。坚持群众路线，打造“专兼挂”妇联队伍，吸纳更多的社会力量参与妇联工作，全市共选举产生专职副主席160人，兼职副主席5986人。提高妇联干部履职能力，组织市、县、乡级妇女骨干培训20场，培训6300余人次。加强制度建设，规范管理固化改革成果，制定下发妇联改革配套性政策文件6个，健全管理、轮值、服务、公示等规章制度，推动妇联工作真正落实在基层。各种制度从改革前的31项增加到2018年的98项。坚持调研督查，查缺补漏，提升工作质量。发挥督查“指挥棒”作用，与市委改革办联合开展“妇联改革工作督查”，对工作进度滞后，工作情况不理想的及时下发督办通知书，限期要求整改完成。突出创新引领，齐抓共管打造品牌效应。以“一乡一品牌、一社一特色”思路，每个县（市、区）培育3—5个不同类型富有特色的改革示范点。官渡区的“2+7”妇联工作品牌提升工程、五华区“一核七带五联动”行业创建工作模式、西山区“六位一体”妇女维权工作机制等改革创新，成效显著。

【中心工作】 强化思想引领。把学习宣传贯彻习近平新时代中国特色社会主义思想和党的十九大精神、习近平总书记同全国妇联新一届领导班子成员集体谈话时的重要讲话精神、中国妇女第十二次全国代表大会精神作为首要政治任务，采取市妇联班子带头讲，各级妇联主席、执委、干部直接讲，层层宣讲234场，听众2.90万人次。

助力脱贫攻坚。深入推进“脱贫攻坚巾帼行动”“乡村振兴巾帼行动”“美丽庭院巾帼行动”，开展订单式培训32期共6100人；推动小额担保贷款向贫困地区贫困妇女倾斜，向1100人发放创业贷款1.13亿元。

深化家庭文明。常态化推进寻找“最美家庭”评选活动，6户家庭获第十一届全国“五好家庭”和“第九届云南省五好家庭”称号。深入开展“法入家门”，组织专家、律师深入社区、农村“送法进家”宣讲56场，9040人参加。开展“双合格”家庭教育培训和教育知识“四进”巡回讲座50场，培训家长近3万人次。在全省率先开展“扣好人生第一粒扣子——好家风之家庭文明礼仪”专题活动，开展家风巡讲20场。在32个市级社区家长学校，以政府购买社会组织服务项目的方式，启动“家庭教育服务”“家庭亲子阅读”“社区儿童保护体系”等项目。

关爱妇女儿童。开展男女平等基本国策宣讲23次，拨付“春蕾计划”资助经费234.70万元，资助1000名贫困家庭女童完成高中阶段学业。争取项目资金15.24万元，开展“农村单亲贫困母亲安居住房援建”“农村贫困妇女两癌救助”等项目。联合市农业局下发《切实做好我市在农村土地承包经营权确权登记颁证工作中维护妇女土地承包权益的通知》，确保农村妇女“证上有名，名下有权”。做好教育宣传引导失学辍学儿童劝返，“下农村，进家庭，找家长”走访控辍保学家庭2250户。接待来访来信来电1832件次。

扩大对外交流。组团出访泰国、孟加拉国，承接全国妇联“澜湄5国”及缅甸、老挝妇女培训班，接待泰国、缅甸、斯里兰卡、韩国、印度等多个国家妇女访团共计1200余人次。

2018年9月20日，昆明市妇联组织“梦想启航”报告会

（市妇联 供稿）

【自身建设】 坚持党要管党、全面从严治党，忠诚履行党章赋予的政治职责，以提升组织力为重点，持续深化“提神振气”工程，扎实开展“基层党建巩固年”各项工作。从加强思想建设、组织建设、队伍建设、作风建设、党风廉政建设和加强工青妇及老干部工作6个方面营造风清气正的良好政治生态，为全市妇联工作和改革发展提供坚强保证。履行从严治党主体责任。层层签订党建、党风廉政建设、意识形态、年度工作目标任务等责任书，落实“一岗双责”，确保工作有人抓、问题有人管、责任有人担。拟订《昆明市妇联党组理论学习中心组2018年度学习计划》，组织党组中心组学习10次，开展反腐倡廉警示教育，坚持逢会必讲，警钟长鸣，把党风廉政教育常态化。坚持重大事项请示报告、党政正职“六个不直接分管”等制度，全年召开党组会10次，行政办公会4次，中层干部碰头会5次，专题会议多次，均做到酝酿充分、决策民主科学。对下属两个事业单位和市妇联机关的2017年度财务运行情况开展年度审计。执行竞争性谈判工作制度，确认购买服务项目。制定下发《中共昆明市妇联党组关于深入开展“六个严禁”专项整治工作方案》《关于2018年开展工作作风纪律监督检查的通知》，紧盯重要“节点”和“脱贫攻坚”等重点工作，有针对性地开展专项治理和检查。在2018年科级正职干部全员竞争上岗过程中，邀请市级机关工委、市纪委派驻市人大机关纪检组领导全程监督，坚持做到公开、公平、公正。教育党员干部树立和弘扬良好作风，持之以恒狠抓作风建设。将批评教育、工作约谈、提醒谈话等手段运用到干部日常监督管理中，开展廉政谈话30余人次，中层干部任前谈话7人次，让党员和干部职工及时自醒、自警、自纠，以“健康”状态投入工作。

（戴张溶）

共青团市委

【组织建设】 截至2018年12月31日，昆明市共有共青团员14.71万人，少年队员42.67万人，专挂兼职团干部1.07万人。全市基层团组织9967个。其中，基层团委389个；基层团工委121个；团总支1047个；团支部8410个。

【宣传教育】 2018年，共青团昆明市委以习近平新时代中国特色社会主义思想和党的十九大精神为统领，把系统学习、传达贯彻团的十八大精神作为重要政治任务，深入学习贯彻习近平总书记同新一届团中央领导班子集体谈话时的重要讲话精神，提高政治站位。组建由专兼职团干部和少先队工作者等组成的“党的十九大精神”宣讲队伍20支100人开展宣讲活动万余人次；团市委书记班子带队赴18个县（市、区）、开发（度假、园）区开展团十八大精神等宣讲20余次；组建“红领巾”宣传小小志愿者队伍开展“不忘初心跟党走，争做时代好队员”自主教育宣讲、座谈活动30余场；开展“七彩童谣传唱十九大 春城少年唱响新时代”昆明市少先队优秀童谣进校园主题活动，征集2000多首童谣作品，选取优秀作品22首；利用共青团网络宣传矩阵加强意识形态工作，组建全市共青团系统320名网络宣传员骨干队伍，利用微信群、QQ群对网络宣传员进行“管理圈—骨干圈—网宣圈”三级联动管理；全市所有县（市、区）微信公众号、微博及“网上共青团”门户网站开通率100%，团市委官方微信公众号做到每天发布信息，粉丝人数9万余人，创新制作完成5期《共青团新闻》文化产品。

【推进改革创新】 2018年，积极主动推动《共青团昆明市委改革实施方案》落地生效，改革有序有力推进。创新开展机关开放日暨青年评议共青团工作活动，组织各领域青年代表面对面参与对共青团工作的考核评议，为青年工作献计献策，新华网做《昆明共青团改革：从俯下身子与青年面对面开始》的专题报道，并编入新华社高管信息第553期《云南领导专供》。创新打造新时期团代表履职阵地——团代表工作室68个，市级360名团代表全员覆盖，构建团代表与团员青年联系沟通平台，为全会闭会期间团代表常态化履职活动提供场所。积极延伸工作手臂，面向各领域选拔8名优秀年轻挂职干部，全面参与团市委机关工作，从先进青年典型、青年社会组织负责人中选拔优秀年轻兼职干部3人，参与团的重点工作项目。实施大学生志愿服务西部计划项目，88名全国项目志愿者和100名地方项目志愿者服务于昆明市14个县（市、区）从事基层社会管理、基础教育等工作，“团干部+社工+青年志愿者”基层团干部格局初步建成。统筹推进市青联、学联、少先队改革工作，打通少先队辅导员以“少先队活动”为学科的高级教师职称评聘渠道，建设市、区级少先队名师工作室。建立市级“‘总辅’团队”制，聘任市级总辅导员11人，出台《昆明市少先队队室标准化建设指导意见》《昆明市少先队中队文化建设规范化标准实施意见》等5份规范性文件。

【服务党政大局】 献智城市建设。举办“青春致昆明 筑梦新时代”2018年全国大学生暑期社会实践昆明行活动，在市委常委、副市长胡宝国带领下，主动吸引北京大学等高校的100支队伍近600名高校人才来昆明开展社会实践，形成《昆明科创中心建设研究：载体、架构与路径》等70余篇高质量调研报告、《爱上昆明的N个理由》等30余个文化视频产品、《如何提升中国健康之城品牌》等“我为昆明发展献一计”主题活动好计策100余条、“发现春城之美”随手拍摄影作品600余幅。聚焦脱贫攻坚。开展青春建功行动，在寻甸、东川等9个涉农县（市、区）、37个乡镇（街道）广泛开展“梦在远方，路在脚下——共青团与你同行”优秀外出务工青年经验分享交流主题活动38场次，覆盖7152名青年，影响和激励青年1300余人勇于走出去外出务工增收。发挥教育扶贫力量，打造“燃亮三号”“青蜗牛流动教室”等品牌教育扶贫公益项目，服务农村留守儿童5万余人次。首创“音乐会+公益+扶贫”新模式，特邀中国青年艺术家集训营室内乐团、昆明聂耳交响乐团等以“慈善交响音乐会”的崭新形式举办昆明第十三届“爱心助你上大学”活动，筹集爱心助学善款110余万元，为270余名昆明贫困学子提供每人4000元的助学资金支持。深入实施希望图书室、希望厨房、贫困学生资助等“希望工程”系列项目，筹集善款132.70万元，资助贫困学生169人。认真开展“挂包帮”“转走访”工作，团市委挂钩贫困户253户，共计开展帮扶活动65次，扶贫共投入38.99万元。推动绿色发展。按照中共昆明市委书记程连元提出的“发挥网格化城市管理机制作用，广泛组织开展滇池保护志愿服务活动”重要指示精神，在市委常委、市委统战部部长杨皕带领下，牵头起草《“春城志愿行·滇池明珠清”昆明“滇池卫士”志愿服务工作方案》，11月12日以昆明市委办公厅、昆明市政府办公厅“两办”名义下发，明确通过组建市、县两级专业志愿服务组织、招募百名“市民河长”、组织千支“爱湖志愿服务队”、发动万名“滇池卫士”、号召一批“滇池驴友”等社会化动员的方式，逐步建立“滇池卫士”志愿服务常态长效机制。持续开展青少年生态文明志愿行动项目、“1（家）+1（衣）等于爱”社区爱心衣物捐助活动、团团营公益项目，影响覆盖10万余人。促进创新创业。

创新成立昆明市文创产业青年联盟，凝聚60余家文创企业的青年力量，促进产业间交流合作。以“贷免扶补”“创业担保贷款”等方式扶持青年765人，发放贷款6208万元，带动就业3000余人。积极开展农村青年创业致富“领头雁”培养计划，培训电商学员430名。致力城市文明建设。积极发挥市创城志愿者指挥部办公室作用，举办“54km春城新能量”文明之城、志愿之城、健康之城大型公益徒步活动，4000名行走志愿者从云南民族村出发，公益徒步27千米到达终点捞渔河湿地公园，现场为昆明市贫困家庭先天性心脏病患儿筹集筛查及医疗救助善款64.70万元，企业捐赠活动队员服装、饮用水、意外伤害保险等价值150余万元物资。全市打造2500个志愿服务工作站点，设计制作《学雷锋志愿服务手册》，累计开展各类主题活动560场次，做好昆明高原国际马拉松、南博会、农博会志愿服务，昆明市志愿服务网注册志愿者96.17万人，累计服务时长2617.53万小时，服务团体4199个，发布服务项目4.67万个，为提高志愿服务质量奠定坚实基础。举办第四届中国青年志愿服务项目大赛昆明分赛，通过比赛推选的21个项目在全国总决赛590个参赛项目中脱颖而出，获奖的21个项目，占云南省获奖项目的75%，其中“鱼养天年”敬老爱老服务项目获云南省唯一的全国金奖。融入国家战略。构建青年人文交流新格局，承办第13届湄公河—澜沧江青年友好交流活动、澜沧江—湄公河青年领袖文化体验营活动、印度青年代表团友好交流活动、中缅青年交流活动，共计接待来自印度、柬埔寨、老挝、缅甸、泰国、越南的青年300余人。牵头承办以“传承上海精神，响应寄语号召，携手共创未来”为主题的2018年上合国家青年昆明交流活动，组织50名上合组织国家青年代表在昆明共话当代青年正确的思想意识、道德观念和行为规范，引领各国青年在上合组织框架内开展更多合作，共创未来。

【创新工作方式】 2018年，联合市财政局、市民政局出台《关于做好政府购买青少年社会工作服务的实施意见》，推动政府购买青少年社会工作服务制度化、规范化、科学化。委托红嘴鸥青少年事务服务中心实施“七彩云”项目，注重对涉案未成年人司法保护，承担全市合适成年人的管理、培训和委派工作，共新招募合适成年人117人，派遣合适成年人到场参与未成年人刑事诉讼67次，服务涉罪未成年人75人次。实施新兴青年群体“筑梦计划”，形成在册303人的《昆明市新兴青年群体花名册》，成立云南省首家“筑梦空间”，与文化创意园区、特色小镇、高校创业园区、青年社会组织孵化基地等签订“筑梦家园”合作协议，加强新兴青年群体的联系服务。

【自身建设】 以党的政治建设为统领，扎实推进“两学一做”学习教育活动，抓实党员教育，坚定不移加强党风廉政建设和反腐败工作，深入实施“提神振气”工程，全面提升组织力和服务中心工作能力。严谨、规范完成团十八大和省团代会相关参会工作，选举出郝国栋、王俊懿、钟毓、和丽庆4名代表出席团十八大，成为全省代表比例最大的州市，其中团市委书记郝国栋当选团十八届中央委员会委员。加强团干部的锻炼转岗输送，调整3名干部赴团市委挂钩扶贫点任驻村扶贫工作队员，增加干部基层工作实践经验，推荐1名基层团干部到团省委机关兼职锻炼。加强团员先进性建设，认真开展违规发展团员核查整改工作，有计划、有步骤地发展团员。加强基层团组织建设，深化新经济、新社会“两新”团建工作，完善对已建行业团组织的联系、管理和运转机制，将阵地积极向电商、物流、新媒体等新兴领域延伸和拓展，2018年新建“两新”团组织80个。截至2018年12月31日，全市共有3090个“两新”团组织，定期召开团建工作交流会，建立基层团组织的议事协商、资源整合、活动共联、信息共享，打造区域工作品牌。

（彭文怡）

台湾同胞联谊会

【概况】 2018年，市台联深入学习贯彻落实习近平新时代中国特色社会主义思想、党的十九大精神以及“和平统一，一国两制”的对台基本方针，团结带领全市台胞台属，为推动两岸交流合作和建设区域性国际中心城市做出贡献。在全市2018年度党风廉政建设责任制检查考核中，市台联被评为优秀单位。市台联党支部被市级机关工委命名为2018年“规范化建设达标”党支部。市台联通过档案规范化管理示范单位复查。

【“一示范、四品牌”建设】 积极服务台胞台属和昆台青年交流联谊工作，打造“一示范、四品牌”。“一示范”是与市台办、市民委、石林县共同协作，石林县成功创建为国家级海峡两岸少数民族交流基地，经验总结得到国家部委、省领导的肯定批示和推介。“四品牌”是率先建立云南省首个“台胞台属公益服务站”；率先开展“两岸一家亲 共植同心林”活动；在全省率先开展昆明市涉台教育进校园暨昆明2018（首届）“两岸一家亲”作文大赛活动；开展第15届两岸青年七彩云南联谊活动周活动。

【自身建设】 推进“两学一做”学习教育活动常态化制度化，发挥市台联党支部的战斗堡垒作用。认真落实“三会一课”、主题党日、党费日、党员党性分析和民主评议党员、党员积分制管理、领导干部双重组织生活等制度，组织党员集中开展学习教育、志愿服务、强化党内关爱等活

2018年9月21日，由昆明市台联牵线搭桥，昆十中获捐120万元“杨宗汉、尚秀英夫妇奖”　（市台联　供稿）

动，长期坚持、形成常态，切实让主题党日活动成为教育党员的载体，成为市台联党支部和党员发挥作用的平台。高度重视党风廉政建设，与市台联各项工作同部署、同落实、同考核，形成“年初定责、年中督责、年底追责”的责任体系。共召开办公会、专题会研究部署党风廉政建设工作8次，共开展集体廉政谈话、提醒谈话4次，及时研究解决存在问题，确保党风廉政建设工作顺利推进。

【云南昆明、台湾交流活动】　举办2018年第十五届“两岸青年七彩云南联谊活动周”活动。秉持打造品牌，以青年交流为重点、以文化交流为核心，围绕让中华优秀文化根植于心，加深两岸同胞了解，密切同胞感情，促进“心灵契合”，争取台湾民心，开展系列文化交流活动。来自竹南小学、台中科技大学、高雄医学大学等台湾19所学校的师生22人来昆明参观考察，与11名招募的昆明青年学生一起开展体验式交流。7月17日，36名滇、台青年实地参观云大启迪K栈，并参加昆明青创论坛。两岸青年在论坛上畅所欲言，共叙友谊，搭建起两岸青年和谐相处的平台，为台湾青年今后来昆明创业打下基础。全台湾教师工会总联合会文史教师参访团到昆明市中华小学参访，滇、台两地教师就大陆新时期教育改革成就、教师的培养和任用、学生的特色教育、当地教育政策等问题展开深入的交流互动。台湾中南部基层里长及民代参访团到翠湖社区、水晶宫社区和朱德旧居参访，就两岸社区建设和管理问题进行交流座谈。两岸同胞围绕基层治理开展交流活动，不断提升两岸同胞基层治理的层次和水平，共创两岸基层民众美好生活。在全省率先开展昆明市涉台教育进校园暨昆明2018（首届）“两岸一家亲”作文大赛活动，拉近同胞心灵距离，深化两岸师生、家长对中国历史的认识。共征集到来自两岸学生的稿件2323篇，昆明市97所中小学校参加活动，评选出90篇优秀作文。牵线搭桥，昆十中获捐120万元“杨宗汉、尚秀英夫妇奖”，用以帮助昆十中贫困学生和奖励为教学做出突出贡献的教师，捐赠活动搭建两岸同胞共同助力昆明教育事业发展的桥梁。率先开展“两岸一家亲　共植同心林”活动。2018年，先后3次在盘龙区松华坝水源保护区、石林台创园开展“两岸一家亲　共植同心林”植树活动，国家民委港澳台办副主任兰海滨，省台办主任张朝德和杨皕、夏静、董林、李冰晶等昆明市领导，与来自台湾、香港、澳门的台胞和在昆台胞、台属、台商、驻昆商会代表等200余人，种植近700棵代表两岸同胞和平发展心愿的亲情之树。组织昆明市民族文化、社区管理交流团和昆明市社区文化、少数民族文化传承交流参访团前往台湾参访交流，深入学习台湾在社区文化、少数民族文化方面的先进理念和经验做法。

【对台服务】　多渠道、多方式维护台胞台属的合法权益。聘请法律顾问，在台胞台属中加强法律宣传，为涉台服务提供法律咨询和保障作用。全年受理台胞台属来信来访8件9人次，办结率100%。搭平台、建机制，发挥社会主义核心价值观对台胞台属的引领作用。开展2018年元旦、春节慰问活动，共走访县区涉台工作对象和困难台胞台属135户，走访慰问老党员、老同志8人，共发放慰问金8.58万元。紧紧围绕建设区域性国际中心城市的目标，在五华区翠湖社区和盘龙区桃源社区先行试点，率先建立云南省首个“台胞台属公益服务站”，打造对台工作“春融同心·建功”工作品牌，促进昆台两地社区（里）工作在相互交流学习中契合，两地同胞在相互交往中达成共识。在寻甸县柯渡镇开展“不忘初心，牢记使命，重走长征路”为主题的爱国主义教育活动及“主题党日”活动。开展庆祝改革开放40周年系列活动，促进两岸同胞交流。举办台属杨绍玉“倾情昆明·感恩母校”主题画展活动；举办“庆祝改革开放四十周年台胞台属喜看呈贡新变化”主题活动；撰写改革开放40周年纪录市台联亮点工作征文。组织召开理事（扩大）会、传达2018年全国“两会”精神报告会、台海形势报告会，开办昆明市涉台干部培训班和学习贯彻十九大精神培训班，凝心聚力。夯实宣传阵地。进一步扩大昆台网、昆明台联之家官方微博、昆台两地情微信公众号影响面，全年编写《台联简讯》44期、《扶贫专报》35期，发布网站

2018年12月15日，昆明市涉台教育进校园暨昆明2018（首届）"两岸一家亲"作文大赛总结大会（市台联 供稿）

信息55篇，微信公众号信息360条，微博1965条。在《都市时报》"一点关注"上发布信息34篇。市台联上报信息被市政协采用5篇、市委统战部采用10篇、省台办采用22篇、省委统战部采用10篇，中央统战部采用2篇。

【参政议政】 2018年，制定下发《昆明市台联参政议政工作制度（试行）》和《市台联参政议政调研课题管理办法（试行）》；向政协全会提交18件提案。其中，集体提案9件；联名提案1件；个人提案8件。所提交集体提案《关于进一步传承发展石龙坝水电站历史文化的建议》被列为市政协2018年7件重点提案之一；集体提案《关于进一步传承发展石龙坝水电站历史文化的建议》、联名提案《关于进一步深化我市扶贫攻坚工作，实现脱贫目标的建议》、委员个人提案《关于昆明市加快发展文化创意产业的建议》和《关于借力新一代人工智能推进昆明智慧城市建设的建议》被市政协评为2018年优秀提案。发挥优势，汇集力量，动员台胞台属、市台联理事积极开展调查研究，成立课题调研组，完成13个调研课题，其中《昆明市建设环滇乡村振兴示范带的研究》在专题民主协商调研汇报会上向市四套班子主要领导进行专题汇报，《开展"春融同心"创建"昆明市台胞台属公益服务站"试点工作的调研报告》被列为市委统战部重点调研课题。反映社情民意51件，其中上报省政协的社情民意有3件，社情民意《切实加强雨天交通安全管理工作的建议》被市政协列为专报。台联界别牵头组织政协委员调研昆明高铁，邀请侨联界别、无党派界别政协委员到昆明南站、昆明站开展"高铁对昆明经济社会的影响和助力"主题调研。

【扶贫工作】 组织召开15次脱贫攻坚专项会议，班子成员到东川区阿旺镇鲁纳村开展调研10次，7名帮扶责任人挂包鲁纳村28户困难群众，走访挂包贫困户200余人次。开展讲党课，召开专题会，建立"抓党建促脱贫攻坚"的工作机制。直接投入资金10万元，帮助建设村委会的党员活动室。共动员社会力量向全市贫困地区捐赠爱心物资。其中台湾慈济慈善事业基金会向禄劝屏山街道以及东川区阿旺镇小营村、铜都街道办事处中殿村发放价值450多万元的爱心物资，昆明市道教协会、真庆观和中国狮子联会云南代表处6支服务队共向鲁纳村捐赠6万余元爱心物资。

（张丽红）

归国华侨联合会

【思想政治建设】 2018年，昆明市归国华侨联合会将学习贯彻党的十九大精神与习近平总书记重要讲话精神制度化，落实"三会一课"制度，开展"机关党员干部讲党课""微学习""送十九大精神下基层"等活动，组织干部参加多种形式的学习教育活动，参学率达100%。加强党风廉政建设，党组多次召开学习研讨会，领导班子成员带头讲授专题党课。深入推进"主题党日"活动，推进党的基层组织党建工作，市侨联党支部被评为2018年度机关规范化建设达标党组织、市级行政中心党建示范点。选派机关干部代表市委统战部参加市级"习近平新时代中国特色社会主义思想三十讲暨改革开放我知道"知识竞赛，获"组织奖""学习标兵"称号。举办"点亮微心愿，架起连心桥"党员进社区服务活动，共同政治思想基础更加巩固。

【宣传工作】 2018年，发布原创宣传稿件62篇，出版《昆侨之窗》4期，发布政务微博2680余条，发布微信135条。政务信息工作在全市统战系统排名前列，信息化建设和网络宣传工作经验在全省侨联系统得到推广。

【服务大众创业、万众创新】 结合侨联特点和优势，围绕微生态科研成果、民营企业发展、女性创新创业等社会热点问题，依托青年海归群体举办"侨智论坛"3期，推荐6名新侨人士加入云南省侨联"新侨创新创业联盟"，引导他们投入大众创业、万众创新。对侨资企业走访调研4次，建立侨商交流合作与互帮互助机制，帮

2018年10月22日，参加中国侨联“2018海外侨领中国国情研修班”的48名侨领参观云南陆军讲武堂 （市侨联 供稿）

助侨企实现业态跨界。落实市级领导与统一战线代表人士联系交友工作制度，市级分管领导实地走访驻昆统一战线代表人士10人次，推进联系交友工作制度化、常态化，凝心聚力画好“同心圆”。

【参政议政】 2018年，接待来信来访群众30余人次，接收办理信访件8起，办结8起，办结率为100%。制作并向基层侨联发放普法用品，编印侨法宣传册等普法资料。开展普法教育工作，全市各级侨联普遍专题部署侨法学习和宣传工作，做到与业务工作同部署、同检查、同落实。在市“两会”期间先后提交集体提案8个，侨界政协委员个人提案11个，其中《关于发挥法治保障作用，服务区域性国际中心城市建设的建议》被评为市政协优秀提案。积极建言献策，以《昆明市构建区域性国际法律服务平台对策研究》为题开展决策咨询课题研究，发挥法治精神在建设区域性国际中心城市中的作用。围绕涉外法律服务区域性国际中心城市建设、城市散居困难归侨侨眷帮扶等内容，开展专题调研6次。

【创新侨联工作】 以“亲情中华”品牌为统揽，承办中国侨联“亲情中华·走进昆明”慰侨文艺演出。修缮爱国侨领陈性初纪念亭，弘扬华人华侨爱国爱乡、乐善好施、勤于奋斗的崇高风范。开展华侨历史研究，促成马来西亚归侨黄新华向中国华侨历史博物馆捐赠6套162份史料和文物。征集摄影作品73件参加全省“纪念改革开放40周年图片摄影展”，展示在改革开放历史时期，昆明侨界干部群众的进取精神和创新实践。承办中国侨联“2018海外侨领中国国情研修班”昆明现场教学活动，组织来自23个国家的48名海外知名侨领一行参观考察云南陆军讲武堂、西南联合大学博物馆，考察花之城项目。弘扬中华文化，在马来西亚槟城菩提独立中学、印度尼西亚巴厘岛光明学校、老挝百细华侨公学捐建3所“昆明书屋”，项目资金投入20万元。筹集70万元，在泰国、缅甸、马来西亚、老挝、印度尼西亚等5个国家具有较大影响力的华文学校捐建7所“昆明书屋”，累计捐赠华文图书3万余册，逾千名师生受益。策划并主办以“艺脉同源”为主题的“澜沧江—湄公河流域国家华侨华人、归侨侨眷儿童美术作品展”，启动第二届“昆明—蒙特利公园市夏令营”，进一步深化拓展青少年文化交流主题活动，拓展海外工作。延伸海外联谊工作触角，与香港亚洲青年协会、澳门云南青年联谊服务会、美国南加州云南同乡会等侨团建立合作交流机制。

【扶贫献爱心活动】 开展精准扶贫行动，组织动员机关干部、侨商会企业筹集5万元建设寻甸县倘甸镇骂秧村骂秧箐村民小组活动场所，为100余名困难群众提供免费送医送药，提供免费法律咨询服务10次，组织干部结对帮扶建档立卡贫困村小组8个，113户393名贫困群众受益，助力打赢脱贫攻坚战。2018年，累计投入扶贫和项目帮扶资金2万元，开展脱贫攻坚专题调研16次，入户走访困难群众110人次。推进“侨爱心·光明行”“侨心系民生”“爱心食堂”“蓝丝带助残基金会暑期公益行”等公益项目，为侨界群众办实事、解难事。争取美国妈妈联谊会向官渡、禄劝、富民、石林、晋宁等县（区）捐赠多媒体教学设备6套，总价值逾40万元。慰问帮扶困难归侨侨眷，中国侨联主席万立骏专程到昆看望和慰问贫困归侨侨眷，对105户侨界知名人士、困难归侨侨眷、贫困群众等进行慰问。狠抓基层组织建设，7个“侨胞之家”建成并投入使用。

（陈　敏）

外事侨务

【概况】 2018年，学习贯彻落实党的十九大精神、习近平新时代外交思想及考察云南重要讲话精神，认真传达落实中央外事工作会议、全国外办主任会议、全省外办主任座谈会议等会议精神，以服务“一带一路”“辐射中心”建设以及服务

2018年12月1日，市委书记程连元、市长王喜良陪同“侨牵春城”与会嘉宾步入会场（市外侨办　供稿）

省、市经济社会发展大局为主线，坚持统筹规划和重点突出相结合，不断加强统筹协调，深耕厚植与周边国家友好合作，深化和拓展与其他国家相关领域合作。

完成国家和省级部门安排的重要外事接待53批次611人次，其中，亚洲44批513人次，占外事来访批次、人数的83.01%和83.96%。按照省委和上级部门的指示，重点服务接待老挝外交部部长、越共中央对外部副部长、缅甸重要代表团、DRC外国驻华使节团、泰国商务部代表团等云南周边国家高级别重要来访团队。

【昆明国际化建设】　市外事侨务办公室积极配合市人大开展“发挥外事侨务工作职能，服务区域性国际中心城市建设”专项调研工作，在围绕《昆明市建设区域性国际中心城市实施纲要（2017—2030）》指标，合理借鉴国内外发达城市的国际化通行标准基础上，通过聚焦区域性国际中心城市建设中的国际化要素，牵头制订《昆明市国际化建设工作方案》，对昆明市第一阶段（2018—2020年）国际化建设各项任务指标进行量化，明确重点工作及行动举措。全力营造国际化建设环境氛围。举办2018年驻昆使节春节招待会、昆明国际友城研讨会、第一届“侨牵春城——国际人才健康昆明行”活动、“海外昆明周”暨“2018年利物浦国际商务节”等重大涉外活动。成功申办“第七届中国国际友好城市大会（2020年）”，促成昆明市国际商事仲裁服务中心落户经开区。新缔结1座国际友城，国际友城总数达23座；新增1个国家（挪威）在昆明设立签证中心，在昆签证中心总数达22个。新增西山区华亭寺、官渡区古镇2个外事参观点。在主城5区范围内开展公务员英语培训，编写公务员实用英语教程。

【构建全面开放新格局】　积极贯彻落实中央外事工作会议精神，按照中央关于改革和完善外事工作体制机制精神、政策，制定出台昆明市《关于加强党对地方外事工作领导体制改革的贯彻落实意见》，按昆明建设国际化实际，扩充市委外事工作领导小组职责及其组成范围，明确县（市、区）外事工作机构及其职能，新增对国际友城交流合作及国际化建设经费保障要求，以此全面推进全市外事工作体制机制建设，努力健全“大外事”工作格局，进一步激发外事工作服务区域性国际中心城市建设合力。各县（市、区）正结合实际制定出台相关贯彻落实意见、办法。在中国人民对外友好协会、中国国际友好城市联合会两年一度的优秀国际友好城市评选工作中，昆明市获“2016—2017年度国际友好城市交流合作奖”，这是昆明市第六次获得该奖项。

2018年6月14日，市人大常委会主任拉玛·兴高会见缅甸仰光市市长吴貌貌索（市外侨办　供稿）

2018年，市委、市政府有关领导相继率团，出访土耳其安塔利亚出席“第13届丝绸之路市长论坛”，出访捷克奥洛莫茨市推进两市开展校园足球和教育合作；市外侨办代表团出席印尼泗水市UCLG大会（昆明当选UCLG理事会成员城市）、市公安局代表团访问古晋南市、市教育局代表团访问捷克奥洛莫茨市、昆明艺术代表团赴古晋南市演出、选派运动员参加日本藤泽市马拉松比赛等。援助友城老挝万象一批高空作业车及碎枝机园林设备，成功促成韩国高阳市议会代表团访昆，开展两市文化、旅游及花卉等领域合作；日本藤泽市代表团访昆，参加2018昆明高原国际半程马拉松赛、第九届“彩云基金”日语演讲比赛；缅甸仰光市、捷克奥洛莫茨市、老挝万象市、孟加拉国吉大港市、柬埔寨金边市代表团访昆，出席2018商洽会；日本高山市代表团访昆，对接两市签署友城协议事宜；美国丹佛教育、艺术代表团访昆，开展艺术学术交流合作等。

2018年6月14日，中共昆明市政协主席熊瑞丽会见柬埔寨金边市商务局主任卡特·拉塔娜　（市外侨办　供稿）

【因公出国（境）管理】　认真接受省委外办组织的关于“贯彻落实八项规定精神、治理公款出国旅游”专项检查，就存在问题及时梳理清单，提出整改方案，抓好贯彻落实。2018年，在省级批复出访计划内开展因公出国（境）管理工作，共审批审核因公出国（境）团组157批684人，其中，省外办批复计划内自组团104批526人，占审批审核团组的67%。

【侨务工作】　2018年，向省人大调研组专题报告昆明市归侨侨眷权益保护工作情况。深入实施侨务工作“双百计划”，使用10.25万元专项资金对205户次困难归侨侨眷进行帮扶。开展侨务信访工作，处理涉侨来电来访件41件次，办结率95%以上。严格落实归侨子女中、高考加分政策，共为26名归侨子女出加分证明材料。成功将官渡区新亚洲体育城社区和盘龙区明通巷社区打造为国侨办“侨法宣传角”重点创建单位，将安宁市新村社区打造为国侨办“暖侨敬老示范点”创建单位。

编制《海外华侨专业人士昆明创新创业指南（2018）》，为海外华侨华人来昆创新创业提供有效导引和重要参考。借第十六届东盟华商会之机，配合省侨办成功举办“侨之韵——中外艺术家交流会”。努力涵养侨力资源，进一步健全侨界高端人才库，人数达到70人。举办缅北地区华校华文教师培训班1批50人次。完成外派教师赴印尼、泰国、老挝、缅甸任教6批10人次。接待来自德国、意大利等7国的华裔青少年4批225人次。

做好港澳特区政府官员、各界知名团体和知名人士接待工作，保障昆明市市级领导率队赴港澳招商团组的出访招商工作，做好6个外国记者代表团在昆采访的管理和服务工作。推动昆港澳交流与合作事项8项，促成昆明市学校与港澳缔结11对“姐妹学校”，与港澳友好学校增至26对。

积极开展涉外管理工作，处置涉外突发事件4起，推进反邪教涉外斗争项目2个，适时开展涉外突发事件形势预判。

【自身建设】　坚持推进“两学一做”学习教育常态化、制度化，抓好“不忘初心、牢记使命”主题教育，组织“万名党员进党校”“学习贯彻党的十九大精神”专题培训。大力培育和践行社会主义核心价值观，围绕脱贫攻坚、创文明城市工作部署，深入开展“挂包帮”“转走访”“学雷锋志愿者行动”“我们的节日”“机关文化月”“滇池保护志愿者服务”活动。认真贯彻执行《中华人民共和国公务员法》《党政领导干部选拔任用工作条例》，新提拔科级正职领导干部7人，轮岗交流2人；考察试用期满转科级领导干部4人；考察试用期满转正参公管理公务员2人；新招录公务员1人。按组织部门要求，安排1名副县级干部到外交部挂职1年，推荐昆明市新时代新担当新作为优秀干部人选1人。结合工作需要，按程序规定轮岗交流干部3人。

2018年昆明市友好城市及友好交流城市统计表

类别	城市名称	所在国	所在洲	建立友好关系时间
友好城市	藤泽市	日本	亚洲	1981年11月5日
	高山市			2018年12月21日
	清迈市	泰国		1999年6月7日
	曼德勒市	缅甸		2001年5月10日
	仰光市			2008年12月1日
	吉大港市	孟加拉国		2005年8月18日
	金边市	柬埔寨		2011年6月8日
	波隆纳鲁沃市	斯里兰卡		2011年7月27日
	万象市	老挝		2011年10月17日
	博克拉市	尼泊尔		2013年7月8日
	加尔各答市	印度		2013年10月23日
	岘港市	越南		2015年2月6日
	安塔利亚市	土耳其		2013年5月10日
	苏黎世市	瑞士	欧洲	1982年2月17日
	于韦斯屈莱市	芬兰		2008年9月18日
	格拉斯市	法国		2016年3月27日
	奥洛莫茨市	捷克		2017年8月17日
	沙温市	摩洛哥	非洲	1985年5月14日
	丹佛市	美国	美洲	1986年5月15日
	科恰班巴市	玻利维亚		1997年9月25日
	斯克耐克特迪市	美国		2014年3月25日
	瓦加瓦加市	澳大利亚	大洋洲	1988年8月14日
	新普利茅斯市	新西兰		2003年8月11日
合计	共23对，其中亚洲13对，欧洲4对，美洲3对，大洋洲2对，非洲1对			

续表

类别	城市名称	所在国	所在洲	建立友好关系时间
友好交流城市	曼谷市	泰国	亚洲	1997年1月23日
	高阳市	韩国		2001年9月
	海防市	越南		2004年9月
	古晋南市	马来西亚		2004年11月
	卡罗县	印度尼西亚		2008年7月
	浦项市	韩国		2008年11月25日
	日惹市	印度尼西亚		2011年7月
	本拿比市	加拿大	美洲	2011年5月30日
	齐纳市	墨西哥		2011年5月23日
	塔斯克鲁斯市	美国		2012年5月
	里维拉比奇市	美国		2012年7月28日
	新西敏市	加拿大		2012年11月
	迪岑巴赫市	德国	欧洲	2011年9月1日
	弗拉基米尔	俄罗斯		2012年3月
	阿格玛市	荷兰		2013年3月22日
	南锡市	法国		2017年8月22日
	利物浦	英国		2016年2月25日
合计	共17对，其中亚洲7对，欧洲5对，美洲5对			

（李　亮）

政策·经济研究·咨询

政策研究

【文稿起草】　2018年，昆明市委政研室高度重视调查研究，着力提高文稿质量水平，制定“调研月”活动计划，紧紧围绕市委的重大决策部署精神，立足全市经济社会发展全局，科学制定年度重点调研课题18个，全室深入农村、社区和基层群众开展调查研究，取得丰硕的调研成果。调研撰写《昆明建设面向南亚、东南亚辐射中心核心区研究》《健康城市及“五大发展”示范市内涵、战略框架与发展策略研究报告》《昆明呈贡信息产业园发展研究》《区域性国际中心城市建设动态监测评价体系研究报告》等研究报告18篇，累计30余万字。调研撰写《加快打造昆明市地铁经济带的建议》《以标准化助推国际化的几点建议》《加速金融聚集发展态势　推进区域性国际金融服务中心建设的建议》《加强昆明地下综合管廊建设管理　助推文明城市建设》《供需两侧同时发力提升我市新能源汽车产业竞争力的对策建议》等决策内参21篇，其中《以标准化助推国际化的几点建议》获市长王喜良批示。报送省委政研室《重要调研记录》昆明市工作情况11期。参与或牵头撰写《中共昆明市委十一届五次全会报告》《中共昆明市委十一届六次全会报告》《程连元书记在迎接中央环保督察组“回头看”工作动员会上的讲话》《程连元书记在全市生态环境保护大会上的讲话》等9篇领导讲话稿。

【书刊编辑工作】　编撰《市委书记动态》100余期，完成《2018年昆明市情》《谋事之基》《昆明政研》编印发行工作，完成党群口决策咨询20个课题的管理服务工作。

【创新工作】　积极宣传推广昆明经验，在省级刊物发表文章4篇。《发挥首善优势　奋力跨越发展》《加强区域性国际中心城市动态监测评价工作》分别刊载于《社会主义论坛》2018年第1期、第7期；《昆明市推进精准扶贫精准脱贫的主要做法及经验》《推进城郊融合类乡村振兴发展的对策分析》分别刊载于《云南农村经济》2018年第4期、第5期。

【思想建设】　采取党员大会、专题研讨会、邀请党校老师专题辅导、“万名党员进党校”培训等多种方式，把学习党的十九大精神与学习习近平新时代中国特色社会主义思想结合起来、与学习新修订的《中国共产党章程》结合起来、与学习习近平总书记对云南工作的重要指示精神结合起来，切实把全体党员干部的思想和行动统一到党的十九大部署上来。积极开展主题党日、领导干部带头讲党课活动，积极培育和践行社会主义核心价值观，引导党员干部严守党的政治纪律和政治规矩，加强党性修养和锻炼，做到党中央提倡的坚决响应、党中央决定的坚决执行、党中央禁止的坚决不做。2018年，共召开民主生活会2次，支委会、党员大会12次，领导班子带头上党课6次。领导班子成员结合思想认识，联系工作实际，正视困难问题，认真撰写专题研讨心得体会文章和发言提纲20余篇。

【党建工作】　落实全面从严治党责任，把机关党的建设工作纳入市委政研室2018年度目标管理绩效考核重要内容。严格对照《昆明市市级机关2018年党建目标考核责任书》《昆明市市级机关2018年党建目标考核细则》，结合具体责任分工，制定基层党建工作年度计划和工作要点，并逐一按照责任分工进行任务分解。落实党风廉政建设责任制，把党风廉政建设和反腐败工作纳入市委政研室工作议事日程，专题研究和安排部署，强化履职担当，明确责任分工，狠抓责任落实。深入推进“两学一做”常态化制度化，教育引导广大党员、干部在学懂弄通做实上下功夫。全面落实“基层党建巩固年”各项任务，严肃认真开展基本活动，严格落实“三会一课”、领导干部双重组织生活制度、党员积分制管理等制度，切实提升党内政治生活质量。深入实施机关党建“提神振气”工程。扎实开展“学、查、改”干部作风整治活动，切实解决市委政研室党员干部中存在的不作为、慢作为、乱作为等问题，引导机关党员、干部破除“慵懒散”、提振“精气神”。

【专项工作】　高度重视意识形态教育工作，及时调整充实由主要领导担任组长的意识形态工作领导小组，加强责任管理，把坚持马克思主义指导地位、坚持党的领导、坚持社会主义制度、坚持中国特色社会主义发展道路等作为意识形态工作的核心来抓，每季度开展分析研判。积极参与“法律六进示范点”“法治文化建设示范点”“法治机关”“依法行政示范单位”等创建活动。积极学习《中华人民共和国宪法》序言和总纲及《中华人民共和国国家安全法》总则内容，每季度召开专题工作会，开展3次专题学法活动，市委政研室主要领导带头讲法制课，县处级领导干部认真参加省、市组织的法制讲座。重视统一战线工作。认真履行挂钩扶贫职责，继续抓好扶贫挂钩点寻甸县甸沙乡治租村脱贫巩固工作。积极支持并协助做好驻村扶贫工作队员工作，为工作队员驻村帮扶工作创造良好条件。

（邓惟洁）

经济研究

【重要文稿起草】 完成2018年《政府工作报告》起草工作。按照市政府及主要领导的要求，2017年10月初制订工作方案、成立起草班子，组织市政府研究室全室干部职工以严谨认真的态度，开展广泛深入的调查研究，注重加强与各县（市、区）、开发（度假、园）区、市级各部门的联系，做好与财政、计划两个报告的数据、项目等对接，经过多次征求意见、反复修改论证，先后完成政府工作报告初稿、讨论稿、送审稿、征求意见稿等各阶段17篇成稿，最终按时限要求圆满完成起草工作任务。报告得到市领导、“两会”与会代表和政协委员的高度评价。完成市委、市政府交办的文件和领导讲话稿等重要文稿起草工作，全年共完成各类文稿起草35篇，充分发挥以文辅政的参谋助手作用。

【自主调研】 围绕全市经济社会发展中的热点、难点问题，深入实际、深入基层、深入群众，自主开展调查研究，提出符合昆明实际的相关对策和工作建议，供市委、市政府决策参考。完成《关于加快打造中国（昆明）跨境电子商务综试区的调研报告》《关于进一步完善昆明市滇池保护治理监督工作的调研报告》《五华区在壹号广场项目建设中解决回迁居民生产生活问题的调研报告》《支持昆明铁道职业技术学院建设面向南亚、东南亚轨道交通技能人才培训中心调研报告》《落实全面从严治党主体责任　加强机关党建工作的调研报告》等8篇调研报告，为科学决策提供依据。

【工作创新】 创新完成市委、市政府交办的新增工作。根据市委全面深化改革领导小组的相关要求，积极开展《昆明市建立乡村特色产业发展机制对策研究》，提出昆明建立乡村特色产业发展机制的思路、目标及对策建议。课题成果已通过市委全面深化改革领导小组的验收，并得到上级领导和专家好评。

结合自身职能开展创新工作。创新开展智库建设和决策咨询能力提升工作。协调市委、市人大、市政协的3个研究室，市政府办公厅、官渡区委政研室、石林县委办、寻甸县政府办等13家党政机关，市委党校、云南西部智库规划研究院、昆明南亚、东南亚国际物流研究院、昆明学院昆明科学发展研究院等4家社会智库，组成参训人员达43人的“昆明市政策决策咨询能力提升及智库建设培训班”，赴上海财经大学进行为期6天的学习培训。通过培训提升参学人员为党委、政府科学决策、民主决策服务的能力和水平。积极助力社会智库发展。通过指导社会智库开展课题研究、举办学术研讨会议和决策咨询活动等多种方式，支持和推动社会智库发展，为党委、政府提供高质量的决策咨询建议。组织人员多次到昆明南亚、东南亚国际物流研究院开展调研，并积极参与该院举办的“2018澜湄合作智库伙伴对话会”等活动，聘请该院院长刘金鑫为市决策咨询中心专家库专家。以《决策咨询建议》的形式，将刘金鑫院长的研究成果《关于建设昆明面向南亚、东南亚国家物流枢纽中心城市的工作建议》报市委、市政府主要领导、分管领导以及相关部门，该建议受到相关市领导的高度重视，副市长高中健批示协商是否同意转为重点提案交市“两会”。委托云南万科城市与产业发展研究院开展《加快昆明会展业发展对策研究》课题，并转化形成《决策调研报告》报市委、市政府和有关部门决策参考。

创新工作取得突出成绩。根据《昆明市新一轮城市总体规划编制工作方案》的要求，牵头完成《“一带一路”背景下昆明与滇中城市群协同发展策略研究》。研究成果对昆明市新一轮城市总体规划编制具有重要的决策参考价值和指导意义，得到新一轮城市总体规划编制领导小组办公室的充分肯定，被《昆明市国土空间规划（2018—2035）》采纳。牵头与昆明综合保税区管委会、昆明海关组成联合课题组，开展《昆明综保区积极推广国家自贸区可复制经验，推进新型投资、贸易、通关便利化对策研究》，提出综保区推进新型投资、贸易、通关便利化的目标、路径和举措。研究成果为综保区的改革发展提出有价值、有针对性的政策措施建议，形成决策调研报告，供市委、市政府决策参考，并将为下一步综保区制定相关政策提供重要参考和依据。

【书刊编辑发行工作】 完成《昆明经济》编辑发行工作，全年共编发《昆明经济》6期。完成《2018·昆明·政府工作报告汇编》《2017·昆明市决策咨询研究成果汇编》《昆明市人民政府研究室2017年重要文稿汇编》等书籍的编辑发行工作。完成《树立党建主业意识　履行党建主体责任　不断开创决策咨询工作新局面》《强化“四个自我”　进一步提升干部队伍精气神》6篇报刊专题约稿编撰。

【建议提案办理】 高度重视人大代表建议、政协提案办理工作，分别完成市人大第224号《关于加强乡镇卫生院人才建设的建议》、347号《关于对政府、人大、法检工作报告中不正面回应存在问题如何解决的批评》2项人大代表建议的答复、面商工作，办复率、面商率、满意率达100%。

（罗林麟）

咨询工作

【市决策咨询中心工作】　2018年，按照“中心统揽，归口管理”的工作模式，进一步强化市决策咨询中心在课题征集、筛选、立项、管理和经费统筹等方面的统揽作用，充分发挥市委政策研究室、市人大常委会研究室、市人民政府研究室、市政协研究室4个部门的归口管理作用，紧紧围绕破解全市经济社会发展中的突出问题，共组织近百家市级部门、在昆高校和科研机构，完成课题研究68项。其中，党群口20项；人大口4项；政府口40项；政协口4项。在工作中注重全过程管理，从源头抓质量，把好课题筛选立项、中期咨询、结题评审、验收归档、成果转化5道关口，充分听取专家意见建议，积极发挥归口管理部门检查督促作用，突出抓好课题研究质量和成果转化率，课题研究质量进一步提高，研究成果转化率达70%以上。在管理上严格落实制度要求，以规范求效益，所有立项课题均签订《昆明市决策咨询研究课题委托协议书》，明确委托研究、课题进度、经费使用、课题成果等方面的要求，坚持按照《昆明市市级部门课题经费管理办法》使用经费，做到厉行节约、专款专用。

【咨询研究】　按照抓规范、提质量、促实效的要求，加大对课题研究的管理服务力度，促进研究质量和成果转化率的提升。《昆明市支持产业发展财政政策研究》《昆明市促进民间投资健康发展对策研究》《昆明市全面深化新时代教师队伍建设改革的对策研究》等课题研究成果形成市委、市政府文件下发执行。《昆明市打造面向南亚、东南亚“高技能轨道交通人才培养中心”对策研究》《昆明市促进公民有序参与政府立法机制研究》等15项课题，通过研究后形成《决策调研报告》，有的成果得到市领导的批示认可，进入决策。完成《2017·昆明市决策咨询研究成果汇编》编印发行工作。

【咨询建议】　加强对顾问、专家的服务和管理，修订完善《昆明市科学发展决策咨询中心专家服务管理办法》，对昆明市科学发展决策咨询专家库进行更换调整。充分发挥由22名国家有关部委领导和专家组成的昆明市科学发展决策咨询特聘顾问和92名省内知名专家组成的昆明市科学发展决策咨询专家的智力优势，及时为特聘顾问、咨询专家寄送市委全会、市“两会”、市委工作会等重大会议上市委书记、市长讲话稿和有关市情材料，便于专家了解市情。定期或不定期召开专家组会议、专家组长会议，向专家介绍市委、市政府领导关注的重大问题，为专家有针对性地建言献策提供参考。特聘顾问和咨询专家积极为市委、市政府决策建言献策，编报《决策咨询建议》9期。《关于建设昆明面向南亚、东南亚国家物流枢纽中心城市的工作建议》《人才争夺战　昆明怎么办》等建议得到市级领导的认可，有的建议进入决策。

【咨询论证】　围绕昆明经济社会发展的重点、难点问题和市委、市政府中心工作，借助市科学发展决策咨询专家和市政府咨询委员智力资源，组织专家对市级决策咨询研究重大课题进行咨询评审近百次，《昆明市地方特色品牌发展对策研究》《昆明市社会组织参与社区矫正对策研究》《创新会展管理　促进昆明市会展业快速发展对策研究》《昆明综合保税区贸易便利化研究》《昆明市城乡基本医疗保险制度动态筹资机制建设研究》等一批课题，经过专家咨询论证，得到充实完善，进入决策。

（李　耀）

军　事

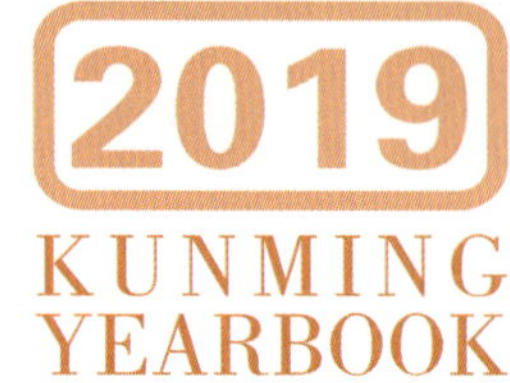

◆责任编辑　熊　英

昆明警备区

【思想政治建设】　深入学习贯彻党的十九大精神，按照走在前列、关键要实要求，突出抓好党委中心组带机关专题理论学习，集中组织团以上领导干部学习贯彻党的十九大精神专题培训，延伸抓好官兵职工的学习。扎实开展主题教育活动，按照每个季度一个专题，“大课集中辅导、小课分散串讲”方式，抓实“传承红色基因、担当强军重任”主题教育。突出问题导向、聚焦主责主业、聚力纠治和平积弊。禄劝县、寻甸县人武部政委为全区作小课串讲，在干休所开展“向三老学习”，轮训备勤民兵至少组织一次主题教育。紧贴实际打牢思想基础，开展向王继才学习活动，评选“感动警备区先进人物”。开展谈心谈话活动，做好经常性思想工作。抓好军队人员“信教”问题摸排、军队家属子女在国（境）外学习工作情况排查等，积极协调云南省首个军营开放日活动，新闻宣传成效明显。坚决贯彻军委主席负责制，召开党委常委会专题分析落实“三项机制”工作形势，完善警备区《贯彻落实军委主席负责制的措施》，查找在贯彻落实过程中存在问题，逐项抓好整改落实，讲政治能力有提升。严肃党内政治生活，严格落实制度，领导带头参加双重组织生活，民主生活会质量高效果好，师团领导干部带头上党课、交党费、过党日活动；带头承诺践诺，接受群众监督。全面加强组织建设，认真贯彻各级党的建设会议精神，召开警备区党的建设会议，依据使命任务要求，回应官兵期盼，对照“四个不纯”“七个弱化”问题，建立6个方面30个具体问题台帐，逐次对表整改。组织党委、支部正副书记和党小组长培训，及时建立健全各级党组织。

【备战训练】　高起点推进战备训练落实，规范战备值班秩序，健全应急行动指挥机构编组，完善物资储备，战备秩序进一步规范。对接军地修订应急方案，多次接受省军区临机战备拉动，警备区各级遂行任务能力得到提升。分期分批组织师团首长机关军官和文职人员、民兵教练员、基层武装部部长培训，开展群众性练兵比武竞赛活动，多次组织军事训练考核，以实际行动纠治和平积弊，拉动训练质量。接受军委训练监察和南部战区训练检查，评价较高。禄劝县、官渡区、呈贡区、宜良县、富民县人武部和盘龙区、官渡区、五华区、宜良县、安宁市人武部等单位分别进入年终军事训练考核和民兵比武竞赛前五名。高标准完成试点任务，积极探索民兵基地轮训备勤的方法路子，形成“五个一”试点成果，经验被军委国防动员部转发，在省军区推广。盘龙区、官渡区、东川区、宜良县、石林县、嵩明县、禄劝县人武部等单位多次高标准为省军区、南部战区首长和昆明市委“军事日”军地领导现场展演示。高质量完成应急抢险任务，五华区、东川区、嵩明县、禄劝县、寻甸县人武部等单位共组织1230人次，参与12次森林灭火行动。西山区人武部第一时间组织力量参与“6・16”民用直升机飞行事故救援，六城区人武部组织600余名民兵，参加昆明市“54km春城新能量”大型公益徒步活动安保任务。临江区（县）人武部组织民兵应急分队参与应对金沙江上游堰塞湖险情备勤，上述任务锻炼了部队，树立了形象。警备区被省军区评为军事工作先进单位。

2018年7月26日，昆明市庆祝中国人民解放军建军91周年暨军事日活动
（昆明警备区　供稿）

【党管武装工作】　坚持党管武装制

度，召开市委议军会和国动委全会，讲评人武部党委第一书记履职情况，指名道姓讲问题，跟踪落实抓整改。落实人武部党委第一书记谈话和任职制度。精心组织“八一军事日”活动。协调市委、市政府出台《昆明市城市公共交通和公园景点军人优待办法》《昆明市拥军慰问实施办法》等政策性文件办法。运用官渡区太和街道武装部规范化建设成果，加强7个新建街道武装部达标建设。全力协调停偿工作，率先完成警备区所有停偿项目，28次牵头协调驻昆部队停偿工作，停偿完成率100%，警备区在驻滇部队停止有偿服务工作电视会议上交流了经验。加大参治参建力度，出资217.68万元帮扶挂钩单位、学校和贫困户，3个贫困县（市、区）人武部全力参与脱贫攻坚，寻甸县已实现脱贫。昆明市和7个县（市、区）被云南省评为双拥模范城；2个县（市、区）被云南省评为双拥先进县区。积极支持参与“创文”“创城”和创建全国民族团结进步示范市“进军营”活动，组织156人官兵参加无偿献血。

【兵员征集】 深入推进民兵调整改革，落实改革新要求，结合实际抓落实、压规模、调结构，编实编强重点队伍，缩减普通民兵和基干民兵人数，五华区、官渡区、西山区、东川区和安宁市人武部等单位走在前列，并接受省军区抽查。扎实抓好征兵工作，出台退役大学生士兵落户“零门槛”，提高义务兵优待金标准，设立高校征兵专项奖励等14项配套政策。组织大学生征兵宣传启动仪式，五华区人武部深入高校搞宣讲抓动员。承办云南省新兵出征仪式，社会反响好。组织征兵业务骨干培训考核，扎实开展役前教育训练。五华区、官渡区、嵩明县、禄劝县、安宁市和东川区人武部“五率”排名靠前；官渡区、东川区、晋宁区、宜良县、富民县、禄劝县和寻甸县人武部实现“零退兵”，全市无责任退兵、无征兵违纪举报及线索。扎实推进国防动员工作，进一步抓好国访动员委员会机构规范化建设，抓实国防动员方案修订工作，制订《昆明市保障过境部队行动方案》，石林县人武部圆满完成过境部队交通保障工作。通过组织专题培训、研究推进、数据会审、查缺补漏等手段扎实进行国防动员潜力数据统计调查工作。

【党风廉政建设】 从严传导正风肃纪压力，抓好军委纪委党风廉政建设明察暗访工作组指出问题的整改，接受审计回访，整改问题到位，得到肯定，在省军区交流接受审计工作经验。扎实开展党风廉政教育，4次集中组织纪律教育专题党课辅导。扎实开展以房峰辉、张阳案为反面教材专题教育，两次组织专题组织生活会，认真进行检查剖析。抓好纪律教育和各级纪委典型案例通报“警示教育”。严格执行纪律规定要求，严格军队领导干部有关重大事项报告制度，逐级备案核查。注重抓早抓小，紧盯物资采购、经费管理使用、工程建设、住房清理、选人用人等重点领域抓监察整改，严格按“九步法”规范干部选拔任用程序，坚持重实绩、重能力、重公论，匡正用人风气。

2018年度云南省新兵出征仪式

（昆明警备区 供稿）

【提升综合保障水平】 努力提升综合保障能力，根据“基地化训练、常态化备勤”试点要求，改进和完善餐饮、卫勤、车辆运输等社会化保障方式。完成两个干休点保障关系转隶移交和保障工作。完善《物资集中采购管理规定》和团级单位经费开支汇总审批制度，组织财经执法巡查，开展严守财经纪律清查整治活动，规范经费物资管理。严格武器弹药的日常管理和训练保障，被省军区评为先进。老干部服务保障全面加强，整编后，两个干休所党委靠前指挥、亲抓落实，及时调整党组织，务实抓好省军区干休所工作规范落实，实现合心、合力、合拍、“三个不降”“一个没有”要求，昆明“一干”积极探索两点分散配置管理模式，昆明“二干”全面建设有加强。

【打牢安全发展基础】 坚持抓教育强素质、抓制度促规范、抓活动促落实、抓督导除隐患。深入开展“贯彻落实新条令，塑造军队好样子”、安全风险评估和“百日安全”活动。以迎接军委国防动员部安全大检查为契机，推动部队安全管理持续规范，官渡区人武部接受军委国防动员部检查，评价较好。贯彻军委国防动员部“三个一线”集训精神，落实《省军区机关工作规范》，对登、统计进行规范，抓好日常制度落实，突出重点抓防范，保持部队安全稳定。

（昆明警备区）

武　警

【概况】　中国人民武装警察部队昆明支队，1950年4月由中国人民解放军第二野战军第四兵团留守处警卫连全连与原保安警察大队合并改编组建。2005年6月由原昆明市支队、东川市支队和原第一支队三大队和五中队合并整编组建旅级支队。2018年1月1日零时起，支队紧跟武警部队指挥体制调整改革步伐，启用新番号为中国人民武装警察部队昆明支队，主要担负昆明市党政机关、重要目标安全警卫和昆明地区的守卫、看守、看押、城市武装巡逻、处置突发事件等任务。支队机关驻昆明市盘龙区颐华路1号。

2018年，支队党委深入贯彻习近平强军思想，按照武警部队党委、总队党委决策部署，紧紧围绕“建设一支与‘核心区’地位相适应的一流支队”奋斗目标，坚持聚人气、励血气、提士气、正风气、蓄底气的工作思路，积极适应新体制、新编制、新要求，持续抓基层打基础、抓训练提战力、抓管理促正规、抓后勤强保障，各项工作有力、有效落实，各项任务圆满出色完成，忠实履行“两个维护”使命任务，全面建设在新的历史起点上向上向好发展。11个单位被总队表彰为先进单位，494人记功嘉奖。

【思想政治建设】　持续推进十九大精神学习贯彻，深入学习习近平新时代中国特色社会主义思想和强军思想，官兵“四个意识”更加坚定，“三个维护”更加自觉。深入开展“训词、训令”专题教育和“传承红色基因，担当强军重任”“不忘初心，牢记使命”主题教育，利用各种媒介载体全方位展示党和军队红色文化，建立红色教育基地，弘扬革命优良传统，激发全体官兵争做习主席好战士的政治热情。严力查处基层“微腐败”和不正之风，健全完善干部和士官选晋用人机制，更加纯正部队的政治生态。基层基础不断夯实，构建挂钩帮建责任链，落实“两月十日”蹲队要求，加强帮建指导。严密组织“合编、合心、合力”教育，转隶部队全面融入融合。严密组织开展季度“双争”、夺“红旗”评比活动，有力激发各级争先创优热情。积极解决官兵难事急事，全部兑现承诺6件实事，为15名干部子女协调办理入学入托手续，救济困难官兵30人，看望慰问53人伤病员，有力凝聚兵心士气。

【支队党委全体（扩大）会议】　1月25日，支队党委召开一届二十次全体（扩大）会议。支队党委书记、政治委员孙伟明代表党委常委会做《不忘初心使命，勠力同心前，在新的历史起点上奋力开创建设一流支队新局面》工作报告；支队长陈志刚围绕“扎实打基础，聚力抓落实，在新起点上推进支队全面建设”做重要讲话。

【支队党委民主生活会】　6月6日，总队高道权司令员率工作组莅临昆明支队指导党委常委专题民主生活会。会议由党委书记孙伟明主持，支队党委常委参加。

【执勤战备】　以维护昆明社会稳定为主线，突出“扫黑除恶”行动，重点加强社会面巡逻管控和火车站、高铁站武装驻守警戒。强化战备训练演练，组织加强防暴器材操作使用、处突队形、紧急出动等课目训练演练；加强人装结合、班组战术、反袭击、反劫持战斗等课目训练演练。落实应急力量常态检查机制，支队前指每周不少于3次拉动训练，按照“三天一覆盖”要求，对“3＋1”战备值班力量进行检查，进一步规范编携配装，全面提升备战打仗能力。圆满完成敏感期战备维稳、南博会安保和要点驻守、武装押解、武装押运等临时勤务170起。

【武装追捕】　2月16日5时许，昆明市禄劝县汤郎乡汤郎村委会西务下村发生一起故意杀人案，支队出动×人兵力担负武装追捕任务，协助公安机关抓获仓皇逃窜的犯罪嫌疑人。

【训练演练】　坚持以“六种组训模式”为牵引，严格军事训练“八落实”，精心组织各类集培训和季度“魔鬼周”强训，举办支队首届军事运动会，促进军事训练水平提升。

【巡逻勤务】　坚持抓点稳面、以面保点，以昆明核心区的安全稳定维护全省稳定。紧盯“四区两场七站一线”，织严织密巡逻网络，构建“网格交叉，全域覆盖”的立体防控态势。常态担负联勤武装巡逻任务，元旦、春节、中秋、国庆等法定节假日及“六四”“7·5”等敏感期启动加强部署。加大全市巡逻力度密度，提高街面见警率和碰撞率，有效震慑和打击不法分子，全年累计出动3万余人兵力。12月23日，成功处置昆明火车站一起持刀企图砍人事件。

【后勤建设】　严格执行后勤装备法规和经费物资使用管理制度，提升后勤管理科学化、法治化、精细化水平。扎实开展“岗位大练兵”活动，持续加强“一组五队”保障模式训练，重点抓好“六支队伍”建设，有力提升后勤保障能力。深入开展医疗巡诊、装备巡修、营具巡检等下基层活动，进一步提升服务保障效能。顺利展开裕丰反恐战术训练基地二期工程建设，积极推进支队新机关迁建，进一步改善官兵训练、生活条件。

【南博会安保】　6月14—20日，第五届中国南亚博览会暨第二十五届中国昆明进出口商品交易会在昆明滇池国际会展中心举行。昆明支队出动×人兵力，协助铁路安检、公安民警查缴管制刀具370把、钝器20件、利器282件、易燃易爆液（汽）体526瓶、海洛因50克，处置打架斗殴2起，抓获贩毒人员1人、吸毒人员3人、诈骗犯1人，肇事逃逸人员1人，帮助群众500余人次，展示春城卫士良好形象。

【安保救援】　2018年2月19日14时05分许，昆明市五华区莲花街道办的昆明市警官学院北院后山（核桃箐马鞭山）发生森林火灾。支队出动×人兵力担负马鞭山“2·19”森林山火扑救任务，经过8小时连续奋战，运水13吨，扑打余火600余处，清理烟点830余处，值守火线2公里。

6月30日至7月1日，出动×人兵力担负“泛亚”有色金属案件庭审期间秩序维护任务。8月5日，支队出动兵力×人，车辆×台，圆满完成“2018年中国石林国际火把狂欢节”现场秩序维护任务。

【荣誉获奖】　在总队三级指挥员比武竞赛中，支队长陈志刚取得支队指挥员第三名；机动大队耿慧亮取得分队指挥员第二名；团体成绩名列前茅。支队参加总队教练员集训、导调员比武、后勤专业兵比武分别获得团体第二名；执勤四大队被总队评为“基层建设先进大队”；石林县中队被总队评为“正规化执勤标兵中队”；嵩明县、富民县、安宁市、石林县中队，执勤九、十、十一中队，机动一中队，特战中队，警卫勤务中队被总队评为“基层建设先进中队”。

（武警昆明支队）

消防安全

【火灾概况】　截至12月31日，全市共发生火灾2118起，死亡29人，受伤9人，直接财产损失2020.10万元。其中包含放火15起，死亡1人，受伤1人，直接财产损失6.50万元。同比2017年，火灾起数下降13.60%，死亡人数上升70.50%，受伤人数上升28.60%，直接财产损失下降15.70%，火灾四项数字“两升两降”，受西山区“9·01”“12·02”两起较大亡人火灾影响，火灾态势有所抬头。

【灭火应急救援】　全市共接警5802起。其中火警警情2122起，抢险救援警情2008起，社会救助警情1517起，其他警情155起。圆满完成全国两会、南博会、中华龙舟大赛、上合昆明国际马拉松赛等重大消防安全保卫任务，成功处置“1·21”官渡区大兴物流仓库火灾、“5·27”城市内涝抗洪抢险、“8·03”官渡区宝象河河水倒灌抗洪抢险、“8·13”玉溪通海跨区域地震救援、“9·01”西山区杨家地社区火灾、“12·02”西山区船房社区火灾等灭火和应急救援任务，赢得各级地方党委、政府和广大人民群众高度赞誉。

【服从改革大局】　根据《中共中央关于深化党和国家机构改革的决定》《深化党和国家机构改革方案》和十三届全国人大一次会议批准《国务院机构改革方案》，公安消防部队集体退出现役，转隶新组建的应急管理部。国务委员、公安部部长赵克志；应急管理部党组书记黄明等领导出席公安消防部队移交应急管理部交接仪式。12月29日，省委常委、昆明市委书记程连元；市委常委、市委政法委书记李建阳；市委常委、常务副市长保建彬；副市长、市公安局局长周建忠等市委、市政府领导出席全市消防队伍迎旗授衔和换装仪式，极大地鼓舞了广大指战员的士气，进一步增强了职业荣誉感和责任感，为“火焰蓝”深入人心、赢得尊重奠定坚实基础。

2018年12月29日，昆明市消防支队举行迎旗授衔和换装仪式

（市消防支队　供稿）

【筑牢发展根基】 在市委、市政府关心支持下，争取财政经费3.08亿元，纳入市政府目标管理绩效考核体系。72米高喷车、18吨大功率泡沫车、大流量水罐车、23米破拆车等12辆消防车以及2万余件套消防器材投入执勤一线，新投入5995万元采购21辆车、9956件套基本防护装备，完成6个基本建设项目，维修改造面积5200余平方米。

【信息化指挥体系】 稳步推进地质性灾害事故应急通信系统、灭火救援指挥终端、队伍管理教育技防平台、实战指挥平台建设，推动物联网、云计算、大数据、移动互联网等新兴信息技术在消防领域运用。从市政府“年度智慧城市发展项目”获得专项资金130万元，增配天通一号手持终端、卫星便携站、4G布控球、红外夜视无人侦察机等先进通信装备，不断增强灾害现场通信保障能力水平。开展复杂环境、建筑内部图像、语音、数据高质量采集传输演练，编写地质性灾害救援应急通信系统训练操法、战法规则与行动指南，深度应用无人机航拍技术，提升复杂环境下综合运用多种通信方式、第一时间采集上传灾情信息、辅助领导决策的能力。

【消防责任体系】 以《消防安全责任制实施办法》宣贯为主线，完成26个市级部门和19个县（市、区）政府的消防工作责任制考核。先后组织开展今冬明春、平安南博、大型商业综合体、博物馆、电动自行车等24项专项整治，协同公安、安监、住建、工商等消防安全委员会成员单位，突出昆明火灾防控特点，以临违建筑、旅游市场、电动自行车、城中村出租屋为整治重点，层层推进消防安全综合治理，提请市委、市政府印发实施《昆明市电动自行车消防安全管理办法》《昆明市消防安全隐患“清零”行动实施意见》，由省委常委、市委书记程连元；市长王喜良等18个市级党政领导对各县（市、区）进行包保划片、责任捆绑，出台“三清两断四通一宣”措施，为全省“五清三通五设”刚性规定提供参考，推动省市县三级政府对23家重大火灾隐患单位进行挂牌督办。通过集中约谈、督办整改，逐一落实整改责任，进一步进化全市消防安全环境。

2019年12月，国家山岳救援队昆明大队野外驻训

（市消防支队 供稿）

【“放管服”改革】 加大“减证便民”力度，全面落实“一窗受理、一窗出证”要求，实施《消防机构便民利民八项措施》，缩短办理时限30%—50%，推广“容缺登记”制度，取消递交5类重复性材料，简化申报材料，合并办事程序。加强事前技术服务指导，减少工程抽查。通过邮寄送达、问题一次性书面告知等便民措施，切实提高消防行政审批效率，建审合格率由48%提升到82%；验收合格率由45%提升到90%。在全省“强素质、迎改革、保平安”监督业务比武中，昆明市获1个团体第一；2个业务标兵；4个个人第一的优异成绩。

【消防宣传教育】 联合市教育局、市警备区组织开展“消防进军训”活动，承办2018年云南省暨昆明市“119消防日”系列宣传活动启动仪式，组织开展“一队一街区”宣传氛围营造活动；积极探索跨界合作，加大火灾隐患媒体曝光力度，联合美团外卖组建全省首支“外卖小哥消防志愿服务队”，在10万份苏宁易购商品外包装、50万份快递包裹上粘贴消防安全提示标签，印制公交消防公益广告；组织1万余名消防志愿者开展消防志愿服务活动220余场次，利用微信、微博推送消防安全内容5万余条次；组织开展宣传培训3800余场次、培训人数20.40万余人，发放海报58万份、通告16万份，面向昆明市手机用户6次发送消防安全短信，受众群体300余万人。

【组建应急救援队】 全力构筑“实战化”执勤训练体系，以“机关练强、大队练专、中队练精”为指导，施行“周讲评、月考核、季度比武”练兵模式。通过实地考核、集中比武、擂台竞技3种方式，组织全市36个中队555名指战员，以及18支政府专职消防队、11支企事业专职队254人，开展全市消防救援队伍比武擂台赛活动。坚持“专常兼备”发展路子，组建国家山岳救援队昆明大队，紧紧围绕“一高一低一大一化工”等灾害特点，以特勤、主城中队为基本作战单元，高标准组建轻重型石油化工编队、地震救援搜救队、高层建筑灭火救援编队等23支省、市级专业救援队，科学制定作战编成，逐步建成“守备昆明、辐射全省”的重大灾害事故救援“尖刀”“拳头”力量。

（杨　旭）

人民防空

【防空袭】　年内，成立以昆明市政府分管领导为组长，各相关委办局为成员单位的防空袭方案修订领导小组，按照一中心三部门成立防空指挥部，组织各相关单位开展防空袭方案修订培训，使各市级各相关部门明确各自在防空袭斗争中承担的职责任务，增进各相关部门对人防工作的了解与重视，建立战时协同配合机制。收集防空袭方案修订所需资料，更新防空袭方案信息数据，完成防空袭方案修订，经昆明警备区、市政府常务会议审议通过，为战时防空袭斗争打下坚实基础。

【重要经济目标防护】　会同市发展和改革委员会、市商务局、市交通运输局等相关职能部门，开展全市重要经济目标普查，摸清底数，全面掌握各重要经济目标单位的性质、特点、规模，在战争中作用及战时可能发生的影响和次生灾害，建立健全档案资料。在云南省人民防空办公室指导下，对全市重要经济目标进行分级分类，认真分析不同经济目标单位战时可能面临的威胁方式、攻击武器，积极探索重要目标防护力量、设施、手段等建设思路和方法，指导铁路、粮储、电站等重要经济目标单位开展防空袭方案编制。组织完成“昆防-2018”重要经济目标防护演练。通过演练，提高重要经济目标单位对防空袭斗争重要性认识，提升重要经济目标单位战时持续生产、保存潜力的能力。

【战备训练】　认真组织全市人防系统开展人民防空训练演练，聚焦实战需要，生成作战能力。组织完成“昆防-2018”防空指挥部室内推演；完成省人防办组织的省、州（市）人防指挥部及城镇居民参加的“滇盾-2018”防空指挥部演练。组织全市人防系统开展综合训练，对人防业务、组织指挥、军事技能等进行综合培训。组织通信专业队伍跨区域支援训练，全面提升全市人防队伍履行使命任务能力。

【人防工程】　10月31日，按照市政府关于金马坊节点改造工程与地铁、市政、人防同步设计、同步建设要求，开工建设三市街公共人防工程。将金碧路道路恢复范围内的人行下穿工程按人防工程标准统一纳入人防工程建设，统筹推进三市街人防工程建设，同步实施金马坊节点改造工程。实现地铁金碧广场站、金碧人行下穿工程和三市街公共人防工程同步设计、同步施工，不断完善地上地下空间功能。该项目有效整合地上地下建设，重塑城市中轴线，连通地铁、市政、人防和周边商业，对于缓解交通压力、完善城市功能、提升城市品质起到重要作用。

按照《关于印发〈昆明市城市排水防涝补短板实施方案（修编）任务分解方案〉的通知》要求，结合白云路公共人防工程建设，同步实施北京路与白云路交叉口淹水点治理，完成白云路（万宏路—万华路）排水管道提升改造，对被地铁修建影响的管段进行恢复，并严格按照经批准的排水管道临时排水迁改方案完成排水管道临时迁改，编制所涉区域防汛排涝专项预案，并做好巡查处置和应急保障工作，保障北京路与白云路交叉口防汛排涝安全。

认真落实城市地下交通干线以及其他地下工程建设应当兼顾人民防空需要的规定。督促、指导地铁、隧道及其他地下工程建设按照人防工程建设技术标准进行设计、施工，并预留与周边地下空间互联互通接口。做好地铁1号线西北延、2号线二期、4号线、5号线、6号线二期5条地铁在建项目兼顾人防工程的质量监督工作，地铁项目兼顾人防工程质监率达到100%。已建和在建地铁项目全部兼顾人防需求，以地铁为重要连通、疏散干道，不断推动城市地下空间连片成网。

【依法行政】　坚持贯彻有法必依、执法必严要求，加强人民防空依法行政和执法监督。制定并下发《昆明市人民防空办公室行政执法全过程记录制度》。全年共对274个项目进行757次现场执法和质量监督检查，对在建项目执法监督率达到100%。

【人防工程建设管理平台】　根据昆明市实际情况，组织开发“昆明市人防工程建设管理平台”，实现昆明市人防工程质量监督、竣工验收等相关手续均可通过互联网在平台上申报办理，同时也可以通过互联网和手机及时查看相关事项办理要求和办理结果。办理程序和结果通过短信直接发放到相关人员手机，让数据多跑路，人员少跑路，办事更快捷、服务更优质、程序更透明。

【行政审批改革】　按照“放管服”要求，扎实推进人防行政审批服务改革工作，精简行政审批时限、提供材料。进一步完善权力清单、责任清单和负面清单，划清政府与市场边界，切实把该管的事管住管好。认真落实最多跑一次工作要求，积极梳理准备，提高行政审批服务质量。做好政务公开，改进公开内容、标准、方式，以公开促落实；以公开促规范；以公开促服务。2018年，行政审批时限从15天压缩到5天，所需材料从9项压缩为5项，办理最多跑一次事项312件，执行易地建设费收费标准降低30%政策，实际少收781万元，减轻了企业负担。

【工程维护管理】 年内，出台《昆明市防空地下室施工图审查管理办法》，规范人防工程建设管理。试行《昆明市人防工程质量监督制度》，提升建设工程质量。按照《人民防空工程维护管理办法》和《昆明市级公共人防工程的日常工作管理实施细则》《市级公共人防工程巡查制度（试行）》要求，认真落实公共人防工程日常维护管理和监督工作。制作《人防工程维护管理手册》，加大对工程维护管理人员培训力度，确保工程处于良好的使用状态，充分发挥人防工程三大效益。

【宣传教育】 根据省人民防空办公室关于人防知识宣传教育“五进”要求，持续开展人防知识宣传教育“五进”工作。邀请国防大学教授为昆明市县（处）级以上领导干部作“人民防空与国家安全”讲座，增进全市领导干部对人防工作的了解与重视。发挥人防工程现场教学优势，多次承办省委党校领导干部培训班现场教学任务，打造一道向全省领导干部宣传人防形象的窗口。针对小学课外活动较多的特点，制作人民防空防护技能课件和视频，在中华小学、师大附小等学校开展“人民防空防护技能”讲座。组织学校、社区开展人防疏散演练，提高群众和学生自救互救能力。

【精准宣传】 高度重视市长热线12345、政务咨询96128、网上投诉信箱等群众关心的问题开展精准宣传。2018年，三市街公共人防工程开工建设。由于工程处于昆明市核心商业区，社会舆论广泛关注。认真梳理群众关心的问题，牢牢把握宣传主动权，及时召开新闻发布会，集中解答群众关心的人防工程建设问题。组织群众现场参观，让群众了解人防工程建设现状和需求。建立信息发布制度，及时向媒体和群众公开工程建设进度、围挡范围和影响、施工方案确定等信息，充分满足和尊重群众知情权，接受省、市多家媒体采访，正面回应群众诉求，正向引导社会舆论，顺利消除负面舆论，澄清群众一些模糊和错误认识，多家主流媒体、网络媒体在头版头条对工程建设进行正面宣传，为工程建设营造良好氛围。

（市人防办）

2019
KUNMING
YEARBOOK

法　治

◆责任编辑　熊　英

2019 KUNMING YEARBOOK

综　述

【维护社会大局稳定】　2018年，全市政法部门将政治安全作为国家安全和社会稳定的核心，扎实开展反渗透反颠覆反分裂反间谍斗争，妥善处置涉政治安全类案件，深入实施“互联网+技保”行动战略，推进打击“法轮功”等邪教地下团伙会战，深化打击网络政治谣言和有害信息专项行动，确保国家安全和全市社会稳定。深化严打暴恐专项活动，加大对特殊行业、特殊物品、重要部位监督管理和对相关责任主体查处力度，组织举行《中华人民共和国反恐怖主义法》“新六进”宣传活动，大力实施全民反恐行动计划，加强反恐应急处突专业力量建设，守住不发生暴恐案事件底线。高位推动重点时段、重大活动安保维稳，确保全国两会、博鳌亚洲论坛、进口博览会等418项1606场重要会议、重大活动安保万无一失。按照“三同步”工作意见，统筹抓好重大敏感案事件协调处置，确保“泛亚有色”案件庭审依法高效审理，舆情平稳可控，得到中央政法委充分肯定。

【扫黑除恶专项斗争】　年内，昆明市成立扫黑除恶专项斗争领导小组，由市委主要领导任组长，下设综合、案件、宣传、信访维稳、督导5个工作组，高位推动扫黑除恶专项斗争。制订印发《昆明市开展扫黑除恶专项斗争实施方案》，为全市深入推进专项斗争绘制“施工图”。各级党委和政府主要负责人为扫黑除恶专项斗争的第一责任，推动解决扫黑除恶专项斗争中重大问题。依法从严惩处黑恶势力，在侦在办涉黑组织案件5起、涉恶集团和团伙案件41起，抓获处理涉案人员924人，破获各类刑事案件1609起。全市刑事警情同比下降28.10%，社会治安持续向好，扫黑除恶专项斗争辐射带动效应初步显现。严厉惩治涉黑涉恶腐败，建立健全涉黑涉恶腐败问题线索快速移送反馈机制，压缩基层涉黑涉恶腐败问题的藏匿空间，确保除恶务尽。加大扫黑除恶宣传力度，组织各级各类媒体开展集中宣传、全网宣传、全覆盖宣传，接到举报线索1545条，形成防范打击强大声势。加强基层组织建设，将扫黑除恶与推进“基层党建巩固年”有机结合，整治软弱涣散基层党组织168个，摸排“村霸”和“慵懒滑贪”四类村干部30人。

【服务经济社会发展】　昆明市出台政法工作服务保障区域性国际中心城市建设34条、脱贫攻坚18条、服务民营企业30条措施，制订乡村社会治理专项工作方案，成立昆明市国际商事仲裁服务中心。开展“送法进贫困村”“万人进千村帮万户”法治助推脱贫攻坚专项行动、“公证助力精准扶贫”“困难群众法律援助直通车”“特殊人群困难家庭帮扶”活动，在9个县区172个贫困村建立“法润”法律服务微信群，努力实现贫困村法制宣传覆盖率、贫困村法律顾问配备率、贫困户法律援助受援率、贫困村矛盾纠纷调处率4个100%。向社会公布7类24项便民利民举措和派出所户政窗口便民服务10项承诺，推出当场办结便民利民措施32项，当场办结率由40%提升至90%。推出“昆明智慧法院”A、“互联网+交管”“互联网+公证服务”等品牌，全市建成26个交通事故“快处快赔”服务中心（点）、40个警邮超市、5个因私签证代办中心、27个出入境证件受理点。

2018年10月30日，省扫黑除恶专项斗争第一督导组进驻昆明市开展督导工作
（市委政法委　供稿）

【平安昆明建设】 构建"13467"巡逻防控工作体系，每天365辆巡逻车、5000余名警力（含辅警）常态驻守街面，开展巡逻防控，主城区布警密度由原来的每平方千米2.40人跃升至10.10人，110重大敏感警情3分钟快速反应到达率达87%以上，实现见警率、管控率、抓获率提升和发案率下降"三升一降"目标。创建全省示范"公医＋公卫"双向治疗合作模式和"即参即保、即保即结算"全员参保工作机制，破解病残吸毒人员应收尽收难题，被公安部总结为"昆明模式"并在全国推广。全面推进综合治理中心规范化建设，建成各级综治中心1459个，建成盘龙区东华街道、官渡区关上街道2个省级综治中心示范点。加强群防群治力量建设，组建村社治保组织1872个，治保委员10797人，"春城治安志愿者"队伍达24.40万人。深入推进"雪亮工程"建设，建成覆盖518条主要车道车辆抓拍信息系统，整合新建村社监控探头7896个、公建视频监控探头26523个，整合应用社会自建探头16万余个。大力实施"数据警务"战略，推进科技信息化建设应用"145"工程，建立警企合作"人工智能大数据联合创新中心"，创新"VID视频身份认证体系"。推进"智慧法院""智慧检察"建设，建成以"电子卷宗随案同步生成及深度应用""庭审语言识别"和"云柜"系统为核心的智慧审判模式，部署运用"立案监督线索分析平台"。

【深化依法治市实践】 落实司法责任制，遴选出员额法官600人、员额检察官457人，组建审判团队240个、检察办案团队387个。稳步推进内设机构改革，检察机关内设机构由原269个整合为103个，精简率达61.70%。推进政法跨部门大数据办案平台应用，试点法院、检察院、派出所通过执法业务协同办案平台流转办理刑事案件128件，运用智能辅助办案系统指引流转案件103件。大力推进全民守法，采取"一依托、三结合、互联网＋"模式，创新提出法治宣传"335"工作思路，开展"法律六进"宣传活动480余场次、宪法专题学习宣讲160次、现场法律咨询服务1万余人次。深入开展法治文化实践活动，启动第七届"消费维权联盟"活动，开展"模拟法庭进校园"106场次，举办"双百报告会""青年普法志愿者法治文化晋宁行"等活动。健全完善城乡公共法律服务体系，打造标准化公共法律服务实体平台、智慧平台和12348电话热线平台，推进法治惠民"十百千"工程，创建"法律六进示范点"10个、"法治文化示范点"2个、民主法治村（社区）4个。建立"一村（社区）一法律服务员"制度，建成法律服务基地5个，推动"法律服务咨询机器人"广泛运用。

2018年6月14日，昆明国际商事仲裁服务中心揭牌
（市委政法委　供稿）

【打造过硬政法队伍】 始终坚持党对政法工作绝对领导，健全完善听取政法机关党组（党委）工作汇报、政法机关党组织重大事项请示报告等制度规定。坚持以党的政治建设为统领，开展"万名党员进党校"活动，党支部书记、党员民警专题轮训近1.50万余人次，坚决打牢高举旗帜、听党指挥、忠诚使命的思想根基。大力加强基层党建工作，建成"北京路党建示范走廊"等10个基层党建示范点，对34个"软弱涣散"党组织提升"脱帽"；推动成立法律服务行业党委、律师行业党委，在重大案件庭审中探索建立律师临时党支部，推出"一对一"党员负责制、庭审律师思想分析研判制等举措，受到中央政法委及司法部充分肯定。依托昆明市委党校、井冈山干部教育学院等平台，重点抓好新任领导干部、新进干警、党员领导干部和依法治市、应急处突、社会治理等领域新知识、新技术的培训，全市1.60万余人次干警先后参加培训。将2018年定为"昆明市政法干部作风整改提升年"，在全市政法系统组织开展"对党忠诚、牢记使命、严守纪律"专题教育和政法队伍纪律作风专项整治活动，巡视巡查反馈问题612个，召开座谈会1465次，走访群众2140次28116人，全市政法干警违法违纪人数同比下降33.87%。

（市委政法委）

公共安全保卫

【概况】 2018年，全市公安机关在市委、市政府和上级公安机关领导下，以习近平新时代中国特色社会主义思想为指引，牢牢把握“对党忠诚、服务人民、执法公正、纪律严明”总要求，以不断提升人民群众获得感、幸福感、安全感为总目标；以“防风险保安全、解难题补短板、建体系勇争先”为工作思路；以“1575”战略目标推动公安跨越发展为抓手，坚持“从被动应对到主动作为，从主动作为到牢牢把握工作主导权”两个转变理念，围绕中心、服务大局，牢记使命、忠诚履职，扎实推进公安工作和队伍建设，圆满完成保稳定、护安全、促和谐各项任务，为昆明高质量推进区域性国际中心城市建设创造安全的政治环境、稳定的社会环境、公正的法治环境、优质的服务环境，昆明市公安局在全省公安工作综合考核中斩获第一。

2018年12月，开展“三查”（大清查、大盘查、大排查）行动（市公安局　供稿）

【维护社会稳定】　牢固树立总体国家安全观，保持态度上“零容忍”、思想上“零懈怠”、工作上“零差错”，把维护政治安全、政权安全置于公安工作首要地位，深化反恐、反颠覆、反渗透、反分裂、反邪斗争，扎实开展矛盾纠纷排查化解，有力维护国家安全和社会稳定。紧盯十九届三中全会、全国“两会”、上合青岛峰会、南博会等系列重大活动、敏感节点和泛亚、涉军等重点群体、重点人员，密切掌握动态，及时收集、研判重大敏感信息，努力获取预警性、行动性、内幕性情报信息，掌握工作主动权，为科学决策和精准防范提供重要支撑。出台《昆明市公安机关群体性事件防范处置指引》，健全完善群体性规模集聚上访事件处置“三防八控”工作机制，积极配合党政相关部门妥善处置多次“非法聚集”滋事等活动。发扬新时代“枫桥经验”，排查化解各类矛盾纠纷2.80万余起，最大限度把问题解决在当地和萌芽状态，有效防止各种风险向社会稳定领域传导。修改出台《昆明市反恐怖工作领导小组成员单位职责任务清单》《昆明市反恐怖主义工作责任追究机制》，构建体系更健全、权责更明确、层级更明晰的反恐防恐工作责任体系。

【110接处警】　全年市公安局110报警服务台接报警情179.90万起（日均4929起），有效报警114.78万起（日均3145起）。其中刑事警情7.20万起（日均198起），治安警情6.80万起（日均187起），交通事故19.70万起，灾害事故376起，受理警务监督投诉3901起。处警207万起，其中群众求助51.30万起、调解矛盾纠纷14.60万起、走失寻人1.45万起，挽救自杀者808人。接听办理12345市长热线1.47万件，96128电话155件。

【扫黑除恶专项斗争】　全市公安机关深刻领会习近平总书记有关重要指示精神，坚决贯彻党中央、国务院，省、市党委政府和上级公安机关决策部署，将扫黑除恶专项斗争作为当前和今后一个时期首要政治任务，按照“有黑扫黑、无黑除恶、无恶治乱”总要求，以“警情下降，治安好转，群众满意，队伍清纯”为目标，全力推动扫黑除恶专项斗争各项措施的落实。成立由“一把手”任组长的扫黑除恶专项斗争领导小组和办公室，抽调300人精兵强将组成专业队伍开展案件侦查工作。建立《涉黑涉恶线索梳理排查工作规范》《涉黑涉恶腐败和“保护伞”问题线索提级办理工作办法》等30余个规范性制度文件，将扫黑除恶专项斗争与反腐败、基层“拍蝇”相结合；与加强队伍建设、清除害群之马相结合。强力推进扫黑除恶专项斗争，向社会公布市、县公安机关24小时举报电话，设立举报信箱，建立涉黑涉恶线索有奖举报制度，提高奖励标准至5万元。进一步拓宽线索收集范围和渠道，成立线索核查专班24小时开展工作，对所有涉黑涉恶线索逐条逐项核查，对重大线索第一时间落地核查，以精准摸排确保精准打击。围绕专项斗争明确“十类”打击重点开展破案攻坚，打击锋芒直指“行霸市霸”、侵蚀农村基层政权、“套路贷”、建筑工程等领域的黑恶势力，实施精准打击。深入开展“一案三查”，既查办黑恶势力犯罪，又深挖彻查黑恶势力背后的腐败问题和“保护伞”。针对易滋生黑恶势力的重点领域、重点行业、重点部位及治安乱点地区，常态开展“一周一整治”“大排查、大清查、大盘查”三查行动和安全风险隐患“清

2018年9月19日，全市公安机关扫黑除恶专项斗争推进会
（市公安局 供稿）

零”行动，最大限度铲除黑恶违法犯罪滋生土壤。全年全市共打掉涉黑组织5个、涉恶团伙49个，成功侦办“6·29”周权涉黑组织案、晋宁区“10·13”桂元浩涉黑组织案，五华区“8·10”张兴辉“兄弟会”涉恶组织案、石林县“11·27”潘云华涉恶团伙案等一批涉黑涉恶案件，破获各类案件1600余起，缴扣涉案现金和资产预估1.20亿余元，切实维护昆明社会大局稳定，治安状况持续向好。制作、发放扫黑除恶专项斗争各类宣传资料164万份，悬挂宣传标语1万余条，在电视台、气象信息播报平台、4800辆公交车以及全市治安、交警岗亭、交通诱导屏和沿街LED电子屏滚动播放扫黑除恶专项斗争宣传，积极营造全民知晓、全民参与的良好声势。

【打击刑事犯罪】 深入开展严打整治“风雷行动”和打击整治枪爆违法犯罪、打击电信网络诈骗犯罪、“盗抢骗”犯罪、旅游市场秩序综合整治等10场战役。抓获“5·09”专案A级通缉令涉案人员蒋兆岗，侦破“8·09”盗抢改销手机案等一批大要案。全年立刑事案件8万件，破2.60万件，抓获刑事犯罪嫌疑人1.30万人，逮捕1万人，全市社会治安形势呈现“11降11升”的好态势。110“两抢”警情零接报51天，实现命案全破的历史性突破。严打电信网络新型犯罪，依托反诈中心在中国人民银行昆明中心支行、云南银监局及10家商业银行金融机构的入驻协助下，共监测、拦截诈骗电话、短信500万余条；阻止疑似诈骗电话1.80万个；停、封堵诈骗电话号码552个。成功止付涉案账户3133个，止付金额3216万元；冻结涉案账户4257个，冻结金额1.71亿元，直接和间接保护群众财产3亿余元。运用“物联网”技术，破解盗抢电动自行车案件“发案高、破案难、抓捕难、追赃难”的现实性难题，推广安装电动自行车防盗装置115万套（安装车辆占全市电动自行车总量70%），盗抢电动自行车犯罪警情同比下降47.10%，间接减少涉电动自行车犯罪2.80万起，找回被盗电动自行车1.10万辆，为群众减少和挽回经济损失近1亿元。加强旅游市场秩序综合整治，破获涉旅刑事案件169起、逮捕320人，同比上升302%和344.40%。查处行政案件514起，拘留761人，同比上升132.40%和127.40%，侦破全国首起旅行社工作人员受贿案和“6·02”仟悦案。全市群众安全感调查综合满意率为91.62%，较2017年上升6.62个百分点，全市社会治安环境持续向好。

【打击经济犯罪】 准确把握全市经济犯罪形势，深入开展打击非法集资犯罪、传销犯罪、涉税犯罪、银行卡犯罪等专项行动，防范化解金融风险，维护全市经济秩序稳定。全年受理经济犯罪案件2997起，立案2902起，破案2319起，抓获犯罪嫌疑人1175人。侦破昆明儒商民间融资登记服务有限公司非法吸收公众存款案、中汇行融资理财信息咨询服务有限公司非法吸收公众存款案等一系列大要案件，为群众挽回经济损失4.06亿。捣毁制售假发票窝点5个，制假窝点34个，缴获各类假冒伪劣商品7.90万件，涉案总价值1.84亿元。破获涉众型经济犯罪案件193起，抓获在逃人员81人，挽回经济损失2.65亿元。顺利完成“12·13”专案庭审工作，削减年前积压案件72起，年内涉众型案件办结率达70%。全力推进“猎狐2018”专项行动，抓获国内逃犯13人；抓获潜逃至国外犯罪嫌疑人4人。对全市11686家“类金融机构”开展全面摸底排查，上报公安部“涉众型经济犯罪风险监测云平台”136家，成功敦促611家涉风险企业自行到工商部门办理注销，严防经济案件引发的风险向政治、民生领域传导。

【禁毒】 以创建全国文明城市和创建全国禁毒示范城市“双创”工作为主线，以“两打两控”“鹰眼一号”“净边行动”等行动为抓手，严厉打击各类毒品违法犯罪，深入推进禁毒人民战争。全年共破获毒品刑事案件2942起（万克以上毒品案件30起、千克以上万克以下毒品案件137起），缴获各类毒品2869千克（其中海洛因1306千克、冰毒1459千克、其他毒品104.33千克），抓获毒品犯罪嫌疑人3159人，查获吸毒人员15944人次，收戒吸毒人员8562人，强戒吸毒人员4911人，破案数、抓获数居全省第一。破获团伙贩毒案件36起，成功侦办利用互联网招募运毒人员的“2·24”专案，抓获涉嫌运输毒品犯罪嫌疑人506人，缴获毒品149.30千克；成功侦办“零号”专案，打掉境外毒品加工厂4个，缴获各类毒品2.50吨，查扣制毒原料40余吨，得到国家和省禁毒委领导充分肯定。深入开展“鹰眼一号”专项行动，摧毁吸贩毒网络67个，吸贩毒团伙110个，查获吸毒人员6756人；深入开展“净边”专项行动，对物流寄递、易制毒化学品企业、仓库厂房和货运站全面清理排查，破获制毒案件8起，利用物流寄递渠道运输毒品案件9起，缴获制毒物品479.58吨。强化社区戒毒康复，全市共建立31个就业安置基地（点），落实安置1.30万余人，就业安置率达70%。创建“无毒县”2个、“无毒乡镇（街道办事处）”68个，网格化管理服务覆盖率达65%以上。持续推动禁种铲毒和替代种植发展，引导国内企业赴缅甸、老挝北部开展罂粟替代种植。截至2018年底，全市替代种植企业已达39家，替代种植面积120万亩，为推动禁毒工作在境外的前移和延伸、降低境外毒品对中国渗透起到积极作用。加强禁毒宣传和毒品预防教育，在校学生毒品预防知晓率达100%，娱乐服务场所从业人员毒品预防知晓率达95%，村寨毒品预防宣传教育知晓率达85%。

【病残吸毒人员收戒收治】　恢复公安强制隔离戒毒职能，出台《昆明市病残吸毒人员收治管控工作实施办法》《昆明市病残吸毒人员死亡处理办法》，市级财政投入3000余万元，完成公安强戒所升级改造，启动病残吸毒人员收戒收治管控工作，探索建立病残吸毒人员“公医、公卫”双向合作模式和医疗费用“社会保险报销、民政救助、当地财政兜底”保障制度以及“教育—执法—转戒”联动机制，市级财政为病残吸毒人员收戒收治投入专项资金700余万元，病残吸毒人员办理参保不受户籍限制，设立医疗保险经办点，开通结算专网办理参保手续。在全国率先建立登记“即参即保、全员参保、保即结算”医疗保障机制，分别在市第三人民医院、市戒毒所设立重症及传染性疾病医疗救治专区和公安强制戒毒所医院，建立“一站式”收戒机制，做到病残吸毒人员应收尽收、应治尽治，该举措被公安部总结为“昆明模式”。2月10日，启动病残吸毒人员收戒收治，共收戒收治强制隔离戒毒人员3345人。其中病残吸毒人员3060人，病残吸毒人员收戒率达91.50%。《中国新闻网》等多家媒体大篇幅报道昆明公安病残吸毒人员收戒收治工作成效，“全国社区戒毒社区康复‘8·31’工程暨堵源截流‘5·14’机制会议”300多人与会代表现场观摩，全省各地参观团队30批次2000余人到昆实地考察学习，昆明公安病残吸毒人员收戒收治“昆明模式”成为全国禁毒工作学习榜样。

【查缉网络犯罪】　以维护网上政治安全、政权安全和网络公共安全为目标，深入开展网上秩序打击整治专项行动，全力维护网络空间的主权、安全和发展利益。2018年，全市网安部门强化涉网络违法犯罪打击，共办理主侦案件87起（其中刑事案件55起、行政案件32起），抓获违法犯罪嫌疑人311人、刑事拘留181人、行政处罚130人。成功申报、侦办公安部案件3起、省厅网安总队督办案件10起，圆满完成公安部、省厅网安总队交办92起案件的侦办、取证、协助抓捕工作；成功侦破“12·18”网络传播淫秽物品牟利案、“2·01”网络介绍容留妇女卖淫案、“9·29”电信诈骗案、“11·20”特大系列非法收购、出售珍贵濒危野生动物及其制品案等一批大要案件。加强网络安全监管，发现并处置违法网站4个，违法栏目88个，违法信息单条4670条，关停相关用户账号300余个；自主发现并处置本地有害信息20余条，接收并处置公安部及异地下发有害信息12条，全年共发现上报涉政治类有害信息样本14220条。加强信息报送，上报网安部门舆情、情报信息17022条；加强重点人网上管控工作，成功预警上访维权行动信息40余次；开展网络安全执法检查，共检查单位212家，信息系统345个，对全市116个重要网站开展技术检测工作，消除安全隐患2143个。加强网络舆情监管，妥善处置20余起涉警涉稳事件舆情导控工作。

【治安行政管理】　对人民群众反映强烈的“黄赌”、枪爆、食药等问题，重拳开展专项打击整治行动，全面净化社会治安环境。全年共办理治安行政案件3.70万起，查处违法人员4.30万人次，治安拘留3.40万人次。开展打击整治枪爆违法犯罪专项行动，查破涉枪涉爆刑事案件171起、行政案件152起；收缴各类枪支2184支，各类子弹10万余发，炮弹17发，手榴弹41枚，仿真枪766支，管制刀具1万余把；收缴非法烟花爆竹1.20万件，炸药10.70吨、雷管4.80万余枚；删除网上涉枪涉爆信息2015条，落地核查线索32条；接群众举报涉枪涉爆违法犯罪线索204条，落实举报奖励1.50万余元。推进扫黄禁赌专项行动，办理涉黄涉赌案件6000余起，查处1.60万人次，成功侦办“2·01”组织外籍妇女卖淫案、赵某、张某等人开设赌场案、某水疗会所组织卖淫案等10余起部、厅督办大要案件。深入开展为期两年的打击整治跨境网络赌博犯罪“断链”行动，侦办网络赌博犯罪刑事案件48起，打掉涉案团伙11个，抓获犯罪嫌疑人204人，冻结扣押、收缴追缴涉案资金3625万余元。开展社会治安重点地区整治工作，将刑事或“黄赌”警情高发的62家派出所列为市局挂牌整治对象，将社会治安状况复杂的31家派出所列为分局挂牌整治对象。通过重点地区集中整治，带动全市接报刑事警情同比下降29.70%，涉黄涉赌警情同比下降14.50%。全力打击成品油走私等违法犯罪，扣押非法油罐车及非法改装流动加油车31辆，罚没油品250.20吨，打处各类违法嫌疑人员40人。打击危害食药品安全违法犯罪，侦办食药违法犯罪案件166起，查获走私冷冻牛肉、猪肉、鸡脚共计140余吨，食糖14.60吨，大米12吨。持续开展“扫黄打非”专项行动，收缴非法出版物2万余份，办理行政案件113起，刑事案件13起，捣毁“12·18”网络淫秽色情直播平台，跨省跨国抓获犯罪嫌疑人24人。加强保安服务管理，组织开展昆明市规范保安服务市场清理整治，全市共有保安从业单位1536个，保安员7万余人，持证保安员6.30万人，持证率89.40%。强化旅馆业治安管理，2018版旅馆业治安管理信息系统已覆盖全市7838个住宿登记服务前台，“港澳台”居住证登记模块升级已覆盖全市41.40%的旅馆，信息化管理水平进一步提高。强化寄递物流安全管理，严格落实物流寄递“六个100%”管理制度，由邮政部门主导、公安机关配合的“安易递”邮件快件实名收寄信息系统已实现对昆明辖区内28个快递品牌全覆盖，登记在册网点1881个、6649人从业人员，月均登记上传实名收寄信息1800万条。加强无人驾驶航空器管理，出台《昆明市公安机关民用无人驾驶航空器治安管理工作规定》，与相关行业主管部门建立联勤联动工作机制，全年未发生无人驾驶航空器扰乱重大活动秩序和干扰航空秩序案（事）件。全面启动15个客运站实名制购票、人物同检措施，全市共采集乘客实名购票信息3600余万条，为未携带身份证明文件的乘客开具临时乘车身份证明7.50万份，抓获网上逃犯97人。出台《昆明市公安机关推动立体化智能化社会治安防控体系建设实施意见》，构建空中、地面、水域、地下、边界“五域”防控格局，建强地面视频监控网、街面警务核查网等“五网”感知触角，覆盖实有人口、重点行业、重点单位、信息网络、社会力量五大阵地的“555”立体化智能化社会治安防控体系。

【基层基础建设】 出台《昆明市公安派出所基层基础工作建设三年规划（2018—2020）》《昆明市公安局进一步加强公安派出所规范化建设指导意见》。推进72个无房危房派出所建设，截至2018年底，有8个派出所建成使用、37个派出所开工建设；建成17个执法办案中心、148个执法办案区，升级改造完成10个智能办案场所，打造执法的安全区、高效区、智能区、集成区。

【警务辅助人员管理】 按照中央、省、市深化警务辅助人员管理改革要求，在全省率先出台《昆明市公安机关警务辅助人员管理办法》和《昆明市公安机关警务辅助人员工资待遇及经费保障暂行办法》，明确警务辅助人员法律地位、权利和义务、配备标准。从源头上严把“招录关”，面向社会招聘，由劳务派遣机构依法与警务辅助人员签订劳动合同。从政治上、管理上、绩效上、培训上进行把关和规范。建立动态保障机制，将警务辅助人员根据工作性质、工作时长、劳动强度和职业危险性等划分为文职警务辅助人员、一类勤务警务辅助人员、二类勤务警务辅助人员、三类勤务警务辅助人员。合理设置薪酬结构，各类警务辅助人员工资标准根据市统计局公布的昆明市城镇非私营单位在岗职工每月平均工资按比例核定，配套落实福利待遇，为警务辅助人员办理“五险一金”等。采取“设定目标、分步实施”方式，逐步提高警务辅助人员配备比例。全年昆明主城五区和3个国家级开发（度假、园）区按中央政法专项编制1：2、市公安局直属部门和其余县市区按1：1的比例配备警务辅助人员。到“十三五”结束，主城五区和3个国家级开发（度假、园）区将按1：3，其余县（市、区）按1：2的比例配备警务辅助人员。截至2018年底，全市已招录警务辅助人员21340人。

【巡逻防控勤务改革重组】 按照“市局党委管总、巡警管建、特警管战”思路，启动新一轮巡逻防控勤务改革重组，整合机关警力资源，按照“市局1200人，主城四区各600人，呈贡区、安宁市各260人，晋宁区200人，其他县区各100人”标准组建巡逻防控专业队伍，在解决巡逻防控警力不足的问题上取得重大突破。理顺职责关系，重建市、县、派出所“三网”叠加网格化巡逻防控体系。创新市、县、派出所三级分层布防模式，建立市、县两级巡特警和派出所社区巡防队伍互为补充的多元巡逻防控分级管辖机制，构建“市级反恐应急处置网、分县局重点区域控制网、派出所基础防控网‘三网’叠加”网格化巡防体系，突破以往仅由派出所作为巡逻防控主力军的陈旧单一模式。调整市、县两级110指挥中心和派出所勤务指挥室三个层级指挥调度和接处警模式，构建横向联勤互动、纵向贯通所队民警的扁平化指挥调度体系，释放派出所警力同时，提高警情处置精准化、专业化、高效化水平。全省首家建成市局巡逻防控勤务指挥中心，实现全市巡控布局、巡逻力量、勤务状态一图展现和可视化指挥、数字化决策、精准化指挥、数据化管理、智能化监督。新一轮巡逻防控勤务改革重组以来，全市新增巡逻警车167辆、警力近6000人，警力增长98.50个百分点，主城区布警密度由2.40人/平方公里跃升至10.10人/平方公里，见警率居全国前列。应急处置能力大幅提升，接处警警力由过去以派出所为固定原点辐射辖区处警区域转变为多层、多网、多格、多点警力动态待命，街面处警半径缩短5倍，平均响应时间由20分钟缩短至3.80

2018年5月30日，昆明市公安局新一轮巡逻防控勤务启动仪式

（市公安局 供稿）

分钟，全市110重大敏感警情3分钟到达率达90%以上。街面警情大幅下降，110接报刑事、街面实施暴力伤害、“两抢”、盗窃、盗窃机动车、盗窃电动车、扒窃、盗窃车内物品警情同比分别下降30.90%、26.60%、64.90%、37.90%、67.20%、39.30%、53%和33.60%。

【人口服务管理】 截至2018年底，全市公安机关登记在册实有人口8828107人，其中户籍人口5716697人、登记在册流动人口信息3101634人、境外人员9776人。深化户籍制度改革，印发《昆明市公安局关于全面深化户籍制度改革加快推进农业转移人口和其他常住人口落户城镇的通知》，降低城镇落户条件，精简审批材料。全年全市共受理新生儿落户72211人，迁移落户147460人，军人落户2209人，学生落户3270人。持续深化《昆明市居民身份证异地受理挂失申报和丢失招领工作方案》，共受理省内异地居民身份证94843份、跨省异地居民身份证36042份、挂失申报居民身份证89625份、丢失招领居民身份证112份。开展“云南公安自助便民服务超市”建设工作，实现治安、交警、出入境业务综合自助服务功能，全市通过“云南公安自助便民服务超市”共自助办理第二代居民身份证1万余件，自助查询、处理交通业务1900余件，自助办理赴港澳台旅游“二次签注”1.80万余件。开展《昆明市房屋租赁管理办法》《昆明市流动人口服务管理条例》立法相关工作，推进房屋租赁、流动人口管理法制化进程。全面实施云南省居住证制度，自在全市范围内正式启用新版“云南省居住证”以来，共办理居住证755201份。

【出入境管理】 全市共受理出国（境）申请530224万人次。其中：护照申请236297万人次，“往来港澳通行证”申请134319万人次，“往来台湾通行证”申请87331万人次，“前往港澳通行证”申请57人次，港澳台签注72220万人次；商务登记备案80家，审批各类出入境证件574437万人次；受理外国人申请14510万人次、受理台湾居民业务440人次、受理“中华人民共和国出入境通行证”262人次。共办理涉外案（事）件668起，处理涉案人员1633人。其中非法入境类352起952人，非法居留196起423人，其他类案（事）件107起219人，遣送652名外国人出境。深入贯彻落实公安部8项便民措施，国家移民管理局5项措施、省公安厅最多跑一次202项改革措施。将港澳台二次签注权限下放到县级公安机关，在全市设立5个因私签证代办中心、提供21个国家签证代办服务，开设27个出入境证件受理点，为46.10万人群众提供办证服务；为申请人（限大陆居民）提供免费采集出入境证件照片信息服务、免费拍摄出入境照片243921人次，为群众节约开支750余万元。

【交通安全管理】 以“防风险、除隐患”为重点，推动社会协同共治，推进“两站、两员”建设，推广应用“农村道路交通安全管理信息系统”，常态化开展“两客一危”运输企业安全大检查，大力推进隐患排查治理，强化路面管控，深化安全宣传，严格督导检查，全力预防重特大道路交通事故发生，全年共受理一般程序事故1674起，造成323人死亡，1411人受伤，财产损失498.15万元；同比事故起数上升10.57%，死亡人数下降0.31%，受伤人数下降6.62%，财产损失上升25.63%。共发生一次死亡3人以上较大道路交通事故7起，造成22人死亡，13人受伤，直接财产损失11.87万元，交通安全形势持续平稳可控。紧盯危害交通安全、扰乱交通秩序的重点车辆、重点人员和重点违法，持续开展交通秩序严打整治“风雷行动”“百日攻坚”等20余轮专项整治，采取日常管理、联合整治、夜间突击、缉查布控等方式，重点对无证、酒后、醉酒、毒驾、涉车、涉牌、涉证及肇事逃逸等严重交通违法犯罪行为打击整治。同时，结合创建文明城市工作开展，加大对不文明交通行为整治力度，在机动车“不礼让斑马线”整治取得明显成效基础上，组织开展“快递行业交通出行”“车窗抛物”专项整治，积极营造文明新风。全年全市公安交管部门共查处各类交通违法576.04万起。

【疏堵保通】 紧扣南博会安保和南二环提升改造、地铁施工等重大基础设施建设保通工作，积极推进“情指勤督”四位一体现代警务机制建设，实现路面勤务和指挥后台无缝对接、高效互动，实现勤务更加科学化、扁平化、实战化。持续优化交通组织，对南二环周边9条道路48个节点进行改造；对城区450余个路口进行全日各时段配时策略优化、调整配时2547次；对504个路口实施联网控制或区域协调控制。拓展交通诱导服务，研发应用交通信息发布系统（VMS），通过113块LED交通诱导屏、“畅行昆明”App、“昆明交警”微信平台向社会及时发布路况信息，引导市民出行。通过综合施策，在机动交通出行需求增加、通行空间因道路施工进一步压缩的情况下，保障城区交通正常运转，交通拥堵指数排名（高德地图）明显下降。

【公安改革创新】 制订《昆明市公安局全面深化改革2018年任务分工方案》，明确市公安局全年重大改革事项59项，并全部完成；主动融入、服务好市委、市政府中心工作，制定《昆明市公安机关保障服务区域性国际中心城市建设34条措施》，履行好公安机关服务大局、服务中心的职责使命。公安“放管服”改革持续深入，力推审批服务便民化，实现“就近办、便捷办”，开展行政审批“三多”问题清理，删减14项92类报审材料，推出当场办结便民利民措施32项，当场办结率由40%提升至90%。加强窗口服务建设，实现“一次办、马上办”，窗口单位向社会公布实施每天全时服务、周末叠加服务、365天24小时自助服务、预约上门服务、证件快递邮寄服务等5个效能服务。在全市出入境接待大厅、22个交警大队和车管所窗口推出“便民服务导办台”，设置专人引导业务办理；在全市建设26个交通事故“快处快赔”服务中心（点），实现事故快速处理和保险理赔“一站式”服务；联合邮政部门搭建警邮合作平台，开通40个警邮超市，共受理机动车、驾驶证业务并邮寄各类牌证33.40万件次，打造群众“家门口的车管所”；印发《昆明市公安局派出所户政窗口便民服务10项承诺》，实行户籍窗口延时、错时服务。借力科技手段，研发应用“公安交管非税收入电子缴费系统”和“智能缴费POS机”，推行出入境证件支付宝非税缴费业务，研发应用“昆明交警微信星级服务”和“畅行昆明”手机App等“互联网+交管”便民服务平台，建成“昆明出入境信息服务平台”，在全国率先推出出入境业务“电子政务（双语）服务平台”和“出入境办证大厅视频引导”系统，实现公安业务“网上办、掌上办”，相关创新成果获得全省公安改革创新大赛第一名。

【四项建设】 贯彻落实公安部关于大力推进基础信息化、警务实战化、执法规范化、队伍正规化四项建设的部署和要求。基础信息化建设方面，按照部、厅大数据建设的思路，市公安局党委提出信息化建设“三层构架”，由市局、分县局和基层分别从后台支撑、前端采集、终端运用角度，建设“最强大脑”“最灵前端”“最广应用”，统一规划、区分重点、分步建设，启动公安大数据建设一期项目“网安129平台”建设，提高大数据支撑公安机关规范执法、社会管理和服务群众的能力。警务实战化建设方面，坚持问题导向，强化实战引领，着力构建以一个多功能实战型情指联勤中心为龙头；以大力推进市、县、派出所三级警务实战为骨架；以推进反恐防恐、维稳处突、侦查打击、巡逻防控、管理整治、宣传导控6个实战化为重点；以健全完善情报信息主导常态化打击整治机制、快速高效的实战指挥处置机制、风险识别管控与人员核查稳控机制、贴近

2018年2月25日，昆明市公安工作会召开
（市公安局 供稿）

实战需要的教育训练机制、支撑实战任务的警务保障机制5项机制为支撑，体现实战特点、符合实战要求的警务实战化“1365”体系，推动警务实战化向纵深发展，提升公安机关维护国家安全和社会稳定、驾驭复杂治安局势的能力水平。执法规范化方面，出台《昆明市公安局加强执法监督管理体系建设实施意见》，构建起系统完备、职责清晰、集中统一、权威高效的“1671”执法监督管理体系（即一个监督中心、六个监督分区、七条监督主线、一个评估评价标准）；在建成17个执法办案中心、148个执法办案区的基础上，升级改造完成10个智能办案场所，打造执法安全区、高效区、智能区、集成区，基层办公环境和执法办案条件大幅改善。队伍正规化方面，以政治建警为统领，强化各级班子履行管党治警主体责任意识和“一把手”的“主业”“主角”意识；以从严治警为保障，营造良好政治生态。面向社会聘任1410名警风警纪监督员，对全市公安民警履行职责、执法执勤和遵纪守法等情况实施常态化、全覆盖监督。建立监督执纪“四种形态”运用机制，严格落实队伍风险评估机制、廉情分析制度，以素质强警为支撑，提升民警履职能力，组织246人的领导班子成员赴浙江大学培训，提升科学决策和指挥管理能力；组织市县两级公安机关6200余人的民警，开展113期“轮训轮值、战训合一”；以暖警爱警为导向，增强民警职业归属感；建立正向激励和容错纠错机制，制定22项爱警暖警措施，积极帮助民警解决实际困难。

【脱贫攻坚】 研究制定《昆明市公安机关保障服务脱贫攻坚18条措施及责任分解》《昆明市公安机关贯彻乡村振兴战略实施意见12条措施》等实施方案，明确职责分工、措施任务和具体指标。通过压缩办公经费和民警捐款等方式为市公安局定点帮扶禄劝县雪山、乌蒙两乡投入帮扶资金930余万元，用于道路基础设施、生态能源、党群活动室、村委会附属设施建设和产业扶植等21个帮扶项目建设。通过基础设施建设，让村民过上“业余生活有场地，晚上走路有灯照，出门不用泥粘鞋”的新生活。帮扶产业“除弱”，增加村民可持续增收能力；帮扶思想“除困”，激发脱贫内生动力。结对帮扶干部和驻村工作队员在入户走访过程中，与结对帮扶对象进行交心谈心，引导贫困群众增强感恩意识、进取意识、致富意识，解决“精神贫困”，推动形成艰苦奋斗、自力更生的良好民风和“脱贫摘帽光荣”的良好氛围。

【安保警卫】 全年圆满完成各类任务勤务212起。其中一级警卫任务7起，二级警卫任务28起，三级警卫任务82起，其他勤务95起。圆满完成中央政治局常委、中纪委书记赵乐际，中央政治局常委、全国政协主席汪洋，中央政治局常委、全国人大委员长栗战书等党和国家领导人来昆视察警卫任务。圆满完成老挝国家主席本扬·沃拉吉、贝宁总统帕特里斯·塔隆等外国元首来昆访问警卫任务。圆满完成南博会、省两会等在昆举行的重要会议和重大活动警卫任务。在完成各个重大警卫任务中，全市公安机关充分发扬无私奉献精神，在时间紧、任务重的情况下，迅速反应，按照“严之又严、细之又细、实之又实”要求，全面加强各项警卫措施，强化应急处突力量和防爆安全检查力度，全力确保万无一失，达到“三个满意”总目标。

（阮云鹤）

检 察

【审查批捕起诉】 全年共批准逮捕9866人，提起公诉15163人。严惩危害国家政治安全及暴恐、邪教犯罪，批准逮捕38人，提起公诉36人。依法打击危险驾驶等危害社会公共安全犯罪，批准逮捕79人，提起公诉3161人。突出打击故意杀人、故意伤害、“两抢一盗”等侵犯群众人身权、财产权犯罪，批准逮捕4402人，提起公诉5005人。持续推进禁毒人民战争，批准逮捕毒品犯罪1937人，提起公诉2154人。

全力开展扫黑除恶专项斗争，检察长靠前组织指挥，加强与公安、法院协作配合，加大提前介入侦查引导取证力度，形成《黑社会性质组织犯罪办案指引》《对涉黑涉恶案件强化督查督办》等7项工作机制，严把案件事实关、证据关、法律关，准确、有力惩处黑恶势力犯罪，批准逮捕194人，提起公诉261人。办理涉嫌恶势力“保护伞”犯罪3人。办理“6·29”周权等20人黑社会性质组织犯罪案件；“6·24”黑恶势力犯罪团伙损害滇池生态保护区案件得到社会各界充分肯定，确保专项斗争在检察环节高质高效推进。

【刑事检察监督】 坚决纠正有案不立、有罪不究、违法插手经济纠纷等问题，监督侦查机关立案419件，监督撤案162件。探索重大监督事项案件化办理，纠正漏捕479人，纠正漏诉290人，纠正侦查活动违法836件次。对审查认为确有错误的刑事判决、裁定提出抗诉73件；对审判程序中违法情形提出纠正意见23件；提出量刑建议4828人，两级检察长列席同级审判委员会52次。

以促进规范监管为目的，全面推开刑罚执行巡回检察。5月，启动对监狱实行巡回检察试点工作，提出以办案组织专业化为载体，工作机制规范化和监督方式智能化为“两翼”的“昆明方案”。审查减刑、假释、暂予监外执行案件54128件，纠正执行不当2544件，同比上升41%；纠正刑罚执行和监管活动违法情形844件，同比上升259%。

【民事审判和行政诉讼监督】 构建审违监督、执行监督、裁判监督为一体的民事行政检察工作多元化监督格局，提出抗诉、提请抗诉或发出再审检察建议41件，同比上升105%；对民事行政审判活动和执行活动中的违法情形提出检察建议1434件，同比上升33%。与市中级人民法院会签《关于在民事执行活动法律监督中加强配合协作的办法》，切实回应人民群众对“执行难”问题的关切。针对民间借贷、以物抵债等领域为获取非法利益而虚构事实打“假官司”问题，办理虚假诉讼14件，着力维护诉讼秩序和司法权威。

【未成年人检察监督】 严惩侵害未成年人权益犯罪159人，对未成年被害人及时引入心理干预，提供法律援助，启动司法救助，全力保障未成年被害人合法权益。坚持“少捕慎诉少监禁”原则，不批捕、不起诉351人。设立“关爱青春基金”，对涉罪未成年人进行跟踪帮教、观护教育、就业培训，促进回归社会。开展“守护青春、相伴成长，检察长送法进校园”“校园欺凌预防与应对”“远离不良‘校园贷’”等法治宣讲活动，提升未成年人自律自护能力，“昆明未检工作模式”被《检察日报》在全国推广。

【控告申诉检察】 市检察院和五华区、盘龙区、官渡区、西山区、安宁市、石林县等检察院继续保持全国检察机关文明接待示范窗口、文明接待室荣誉称号。打造新时期“枫桥经验”检察版，审查处理群众来信来访1857件次，落实律师参与化解和代理申诉案件制度，把问题解决在基层一线；把矛盾化解在首办环节。

【公共利益司法保护】 积极争取党委、政府的领导和支持，两办联合下发《关于支持检察机关开展公益诉讼工作推动全市生态文明建设和法治昆明建设的实施意见》，为强化公益诉讼工作提供制度保障。围绕生态环境、国有财产保护等领域，办理公益诉讼案件609件，依法向环保、国土、林业、水务等行政机关发出诉前检察建议456件，行政机关已整改359件，同比增加13倍和21倍。向法院提起公益诉讼6件，已判决检察机关胜诉3件。通过办案，督促修复被损毁和违法占用林地605亩，重启晋宁区“中国前寒武系（震旦系）地质自然遗产”宣传保护，规范安宁市温泉地下水资源开发利用，切实维护国家和社会公共利益。

【民生民利司法保护】 做好检察产品供给侧改革，认真开展“保障千家万户舌尖上的安全”专项监督活动，对食品药品安全、网络餐饮服务开展监督，发出检察建议156件；持续开展危害食品药品安全犯罪专项立案监督活动，批准逮捕11人，提起公诉37人，保障人民群众生命健康安全。建成12309“一站式”便捷服务窗口，打造“人工智能＋司法为民”新模式，开展控告申诉、法律咨询、案件信息查询等工作，畅通检察为民服务“最后一公里”。做好检察环节刑事司法救助，向生活确有困难的刑事被害人提供救助金248万元；对拖欠农民工工资民事案件支持起诉121件，追回被拖欠工资200余万元，彰显司法人文关怀。

【服务民营经济发展】 制定《服务和保障民营经济发展的若干措施》，依法保障民营企业经营权、财产权，严格规范涉案财产处置的法律程序，让企业家专心创业、放心投资、安心经营。积极参与整顿和规范市场经济秩序，批准逮捕非法经营、合同诈骗、虚开增值税专用发票等破坏市场经济秩序犯罪611人，提起公诉787人，为企业发展营造可预期、法治化营商环境。围绕创新驱动、转型升级发展方式，批准逮捕侵犯商标权、专利权等犯罪60人，提起公诉69人，最大限度激发企业创新活力。

【服务生态昆明建设】 在全省率先出台《关于进一步加强生态检察工作的实施意见》，重点打击盗伐滥伐、非法占用农用地、非法排放有毒有害污染物等多发性破坏生态环境刑事犯罪，批准逮捕115人，提起公诉270人。坚持把恢复性司法理念引入生态检察工作，依法督促152人犯罪嫌疑人、被告人，以承担劳务、给付货币、亲友代替修复等方法恢复生态原貌，将资源破坏和环境污染的损失降至最低程度。

【司法体制综合配套改革】 以落实司法责任制为核心，严格执行检察官办案责任制和办案情况通报制度，开展常态化案件评查工作，对案件质量全流程监控，完成基层检察院大部制改革，内设机构精简率达62%。主动适应国家监察体制改革的形势和要求，圆满完成转隶任务，协同建立职务犯罪监察调查与检察环节衔接办法，对监察委移送的职务犯罪案件决定逮捕21人，提起公诉197人。

【刑事诉讼制度改革】 充分发挥检察机关审前主导和过滤作用，完善非法证据排除、侦查人员出庭、庭前会议等工作机制，对不构成犯罪和证据不足的，决定不批捕1959人、不起诉238人，坚决防止案件“带病”进入审判环节。积极实施案件繁简分流，向法院提出适用简易程序建议2354件。依法保障律师执业权利，接待律师、诉讼代理人阅卷3608次，着力构建良性互动检律关系。

【智慧检务建设】 制订《“智慧检务·昆明”总体思路和初步建设方案》，深化应用电子检务工程“六大平台”，建成智能语音识别系统、远程提讯室和远程科技法庭公诉室、案件线索智能分析推送平

法制宣传

（市检察院　供稿）

台、刑罚变更执行智能辅助办案系统，启用环境公益诉讼协作平台和以无人机为基础的"昆检慧视"案件勘验办案辅助系统，检察办案质量和效率明显提升。

【队伍建设】　坚持以党建工作为引领，把深入学习贯彻习近平新时代中国特色社会主义思想和党的十九大精神与"不忘初心、牢记使命"主题教育、"两学一做"学习教育结合起来，把"四个意识""四个自信"和"两个维护"融在检察监督办案里，融在检察文化和检察人员血脉中，确保党对检察工作绝对领导。认真落实全面从严治党"两个责任"，扎实开展检察队伍纪律作风专项整治活动，深入开展"纠正四风"专项整治活动，完善权力清单、责任清单，在司法办案各环节设置"防火墙"，防止任性用权。对盘龙区、安宁市、石林县3个基层检察院进行巡察，推动巡察工作向基层延伸，实现党内监督全覆盖，向系统内外传递从严治检的强烈信号。突出专业能力和职业精神培育，开展业务实训、网络视频培训，推行精品案例、听庭评议、案件评查等活动，全年举办专业培训36期，培训检察人员3000余人次，侦监、公诉、刑罚执行监督等工作在全国、全省检察机关业务竞赛中取得优异成绩，培养一批在业务上"叫得响"、在政治上"靠得住"、具有法治情怀的优秀人才。先后有21个集体和57人个人荣立三等功或受到市级以上表彰，安宁市检察院被评为"全国模范检察院"。

【自身监督制约】　依法接受人大监督，自觉接受政协和社会各界监督。征询人大代表、政协委员对检察工作的意见94条，办理建议、提案8件，接待部分全国人大代表对昆明市检察机关服务生态文明建设工作情况的视察，就全市智慧检察院建设情况向市人大常委会进行专项报告，认真听取意见，不断改进工作。提请人民监督员监督案件26件40人，其中拟撤销案件2件2人、拟不起诉案件24件38人。经人民监督员独立评议，均同意检察机关拟处理意见。推行新闻发布、新闻发言人制度，通过案件信息公开网发布程序性信息19640件、法律文书10079份、重大案件信息1095条，让社会各界及时知晓检察工作，更好地监督检察工作。

（市检察院）

审　判

【案件受理数、审（执）结数】　全市法院受理各类案件213200件，审（执）结182402件，结案率85.55%，同比分别上升18.14%、20.72%和1.82%。全市法院受理案件总数占全省法院三分之一。其中市中级人民法院受理各类案件47768件，审（执）结39940件，结案率83.61%。

【刑事审判】　全市法院受理刑事案件14324件，结案13195件，同比上升12.07%和11.92%。其中市中级人民法院受理3194件，审结2606件，同比上升35.51%、29.98%。全市法院受理刑事案件中，毒品犯罪案件占17.25%，同比上升54.44%，昆明市禁毒任务仍然繁重。全市法院充分发挥审判职能，依法严惩黑恶势力犯罪，审结涉黑涉恶案件12件。召开新闻发布会通报全市法院扫黑除恶专项斗争开展情况，对9起涉黑涉恶案件集中宣判并向社会公开发布，营造扫黑除恶浓厚氛围，提升人民群众安全感和获得感。两级法院始终保持对腐败犯罪打击的高压态势，彰显党和国家从严惩治腐败的坚强决心。审结贪污、贿赂等案件263件，判处332人，依法审理楚雄州委原书记侯新华贪污、受贿案；玉溪市人大常委会原主任张玲贪污、挪用公款等职务犯罪案件。严厉打击严重危害人民生命财产安全的重大刑事犯罪，审结故意杀人、抢劫、绑架等案件472件；保持对毒品犯罪严厉打击力度，审结毒品犯罪案件2328件；加大对妇女儿童权益保护力度，依法审结侵害妇女儿童权益犯罪案件220件，维护人民生命财产安全。加大对生产销售伪劣产品、危害食品药品安全犯罪惩治力度，保障人民群众"舌尖上的安全"。依法从严惩治污染环境犯罪，坚决打击盗伐林木、非法采矿等犯罪，审结案件194件。准确适用刑罚手段依法惩治酒驾，审结案件3081件，维护社会公共安全。

【经济审判】 依法防范化解金融风险，坚决惩治非法集资、非法经营、电信诈骗等破坏市场经济秩序犯罪，审结案件476件。在党委、上级法院坚强领导和精心指导下，稳妥审理“泛亚有色”专案。通过制订严密方案，充分听取控辩双方意见，扎实做好庭前准备，确保庭审高质量推进，全面保障被告人诉讼权利。案件审理工作受到中央、省、市党委和上级法院充分肯定，也得到各诉讼参与人充分认可，彰显司法理性、公正、高效和有序，维护市场经济秩序。

【民商事审判】 2018年，昆明市经济平稳健康发展，全市法院受理民商事案件113919件，审结95554件，同比上升16.65%和19.34%。其中市中级人民法院受理18243件，审结13702件，同比上升21.86%和17.23%。优化营商环境，服务经济高质量发展。加强对民营企业平等保护，出台《关于保障和促进民营经济发展的实施意见》，以司法手段促进营商环境提升，审结涉民营企业案件59717件。其中，“健之佳药房”产品责任纠纷系列案的审理受到社会好评；欧普商标争议案、闰资公司诉华气公司合同纠纷案入选全省保护民营经济十大典型案例。尊重契约自由，倡导诚实守信，依法审理合同纠纷等案件6020件，全力维护市场经济秩序。服务保障供给侧结构性改革，妥善审结破产案件40件，云南煤化工集团有限公司等五家公司破产重整案件入选全国法院审理破产典型案例。持续加大知识产权保护力度，审结全国首例针对著作权集体管理组织提出的反垄断纠纷案，对统一规范KTV著作权侵权纠纷案件的审理具有指导作用。积极参与旅游市场整治，妥善审理涉及旅游纠纷案件，助推旅游产业转型升级。审结环境民事案件22件，提升环境公益诉讼审判质效，晋宁区法院坚持每周到滇池沿岸开展环保普法活动，保护昆明绿水青山。

【行政审判】 全市法院审结行政许可、强制、处罚等案件1630件，审查非诉行政执行案件461件，审结国家赔偿案件27件，行政机关负责人出庭应诉率达82.90%，既依法保护行政相对人合法权益，也支持行政机关依法行政，行政审判作用更加凸显。

【法治昆明建设】 普法工作从娃娃抓起，在市教育局支持下，市中级人民法院组织开展模拟法庭（庭审）进校园活动206次，参与学生5.75万余人，宣传法律、助推法律意识养成。加强涉军维权工作，成立专班、开辟绿色通道审执涉军案件，确保中央军委关于涉军停偿的决策坚决落实。积极探索运用司法介入手段，参与城中村改造涉法涉诉项目解决，依法化解历史遗留问题，服务保障城市更新发展。发挥昆明南亚东南亚司法研究中心功能，召开“一带一路”倡议下云南企业“走出去”相关法律主题研讨会，为地区发展和“走出去”战略提供法律保障和智力支持。认真落实市委关于脱贫攻坚总体部署，助力全市扶贫攻坚工作。依法惩治脱贫攻坚领域职务犯罪，为全市脱贫攻坚提供有力司法保障。

【司法为民惠民】 着力保护民生权益。全面深化家事审判方式改革，建立家事审判试点工作机制改革联席会议制度，形成社会合力。妥善化解涉民生纠纷，审结涉及消费、教育培训、农民工、医疗、住房保障、劳动就业、民间借贷等案件17194件，保障人民群众合法权益。

扎实推进司法惠民。全年巡回审理案件3821件，石林县、禄劝县、寻甸县人民法院积极开展双语审判工作；呈贡区人民法院选取邻里纠纷典型案件进入社区就地审判；五华区人民法院运用“云解纷”平台在线完成调解，为人民群众提供更方便快捷的诉讼服务。落实司法救助、法律援助和社会救助机制，为生活困难的当事人减免诉讼费。建成“诉讼易”文书送达系统，方便群众在法院非工作时间提交诉讼材料或领取法律文书。

【依法保障人权】 对131人自诉案件被告人依法宣告无罪，确保无罪人不受刑事追究。为符合法律援助条件的255人被告人指定辩护人，切实保障被告人的辩护权利。积极争取支持，切实解决信访人实际困难，对符合司法救助条件的困难信访人救助50.50万元。

【多元化解矛盾纠纷】 弘扬“枫桥经验”，出台《关于诉讼仲裁调解相衔接的矛盾纠纷解决机制实施细则》，推动社会各界广泛参与矛盾纠纷解决，全年调解民事案件18540件。适用简易程序和小额诉讼程序审结案件37418件，实现简案快审快结。西山区人民法院探索智慧多元集成型纠纷解决机制；官渡区人民法院构建矛盾纠纷多元化解线上线下模式，均受到上级法院肯定。

【深化司法公开】 深化审判流程公开，确保当事人可以随时查询案件结果。强化庭审公开，开展“阳光司法”活动279件次；网络直播庭审3.40万件，观看量1888万次。其中市中级人民法院直播庭审4485件，在全国中级人民法院排名第三，盘龙区人民法院进入全国前20名。坚持公开裁判文书，全市法院生效裁判文书上网公布13万余篇，在全国法院位居前列。

【执行攻坚】 2018年是“基本解决执行难”收官决胜之年。市两办下发《关于支持人民法院解决“执行难”问题的通知》，为昆明破解执行难打下最坚实基础。市人大常委会专门听取法院执行工作报告，出台《关于进一步加强人民法院执行工作的决议》。市委政法委多次对法院执行工作提出要求，出台《关于构建共同解决执行难联动机制的实施方案》。全市执行指挥中心指挥部各成员单位积极发挥职能作用，市人大代表、政协委员积极参与见证执行活动，党委领导、政法委协调、人大监督、政府支持、法院主办、部门配合、社会参与的综合治理“执行难”工作格局不断完善，成效明显。全年全市法院受理执行案件65515件，执结54839件，同比上升34.81%和43.36%，执行到位金额131.27亿元。其中：市中级人民法院受理6576件，执结5543件，同比上升11.23%和33.66%，执行到位金额74.63亿元。

集中开展“云岭总攻·昆明行动”，啃下一批执行骨头案，执结案件11516件，执行到位金额29亿余元；以拒执罪判处4人，拘留340人，罚款52人；直播执行6场，腾房1003间，出动警力18945人次；发布失信被执行人信息6329人次，限制高消费23193人次，限制出境5人。有效破解财产变现难题，全市法院网络拍卖7099次，成交额32.56亿元，溢价率29.94%，为当事人节省佣金1.29亿元。

深入推进阳光执行。坚持执行公开，短信推送执行主要流程节点，及时告知被执行人财产控制措施和处分信息，上网公开执行裁判文书和规范性文件。加大执行宣传，引导群众理性认识“执行难”与“执行不能”界限，营造褒奖诚信、打击失信舆论环境，理解执行、协助执行的社会共识逐步形成。全市法院召开14次新闻发布会通报执行工作，拍摄4部公益片、宣传片荣获全国法院十佳微视频奖；市人大代表、政协委员见证参与执行287件次；对31件执行案件现场直播，累计观看人数3200余万人，其中市中级人民法院到普洱执行查封飞机直播活动点击量突破293万次。

创新举措助力攻坚。引入公证参与执行，市中级人民法院、西山区、官渡区和五华区等人民法院与公证机构建立综合联动服务平台，受到最高法院肯定。邀请检察院监督执行，与市检察院联合印发《关于在民事执行活动法律监督中加强配合协作的办法》，宜良县人民法院与市检察院先行先试，执行质效有提升。在全市法院推广“悬赏金保险”制度，共悬赏案件43件，让“老赖”无处藏身。与昆明市社会治安综合治理办公室、市司法局配合，发挥人民调解员、网格员扎根基层、熟悉基层的作用，推动全民参与破解执行难。

【队伍建设】　思想政治建设不断加强。坚持把政治建设放在首位，以政治建设为统领，推进机关党建工作，以党建带队建促审判。严格落实意识形态工作责任制，切实维护意识形态安全。坚持重要工作、重大事项及时向市委请示报告，确保市中级人民法院工作正确政治方向。深入开展纪律作风专项整治活动，不断改进司法作风。加强交心谈心，畅通交流渠道，营造简单直接、清清爽爽的人际关系和工作氛围，市中级人民法院上下心平气顺、凝心聚力，担当作为、争先进位意识进一步加强。

司法能力建设不断推进。发挥教育培训主渠道作用，积极建设品质法院，组织5183人次参加各级各类培训、讲座113期，19篇调研文章获奖，队伍能力不断增强。高学历人才培养有进步，市中级人民法院在读博士已达8人。基层法院双语法官培养有起色，本年有4人通过双语法官考核。持续开展读书活动，两级法院读书、学习氛围进一步形成。纵深推进院校合作，云南财经大学在市中级人民法院挂牌设立卓越法治人才教学科研实践基地，着力培养高层次司法人才。

全面从严治党不断深入。层层签订党风廉政建设责任书，完善院庭长履职约谈制度，细化压实管党治党主体责任。认真执行领导干部和法院内部人员干预司法活动、插手具体案件记录、通报和执法承诺。扎实开展审务督查，对宜良县和东川区人民法院开展司法巡查，对巡查中发现的问题及时督促整改。运用监督执纪“四种形态”，及时约谈工作落实不力的基层法院主要领导和部门负责人。

司改配套措施不断完善。全面落实司法责任制，根据收结案情况动态调整案件考评指标，确保高质量完

2018年全市法院院长会议

（市中级人民法院　供稿）

成审判执行任务。全市法院员额法官人均结案329件，同比增长20.96%，为全省法院人均结案数的两倍。全面推进院庭长办案常态化，全市法院院庭长结案占全部已结案件44.93%。多渠道拓宽法官助理来源，五华区人民法院在全省率先引入实习律师担任法官助理。加强对基层法院内设机构改革指导，嵩明县人民法院内设机构改革模式受到上级法院充分肯定。

【接受各方监督】 向市人大常委会、市政协专题报告执行工作、未成年人审判工作、宪法学习宣传以及市人大代表建议、批评和意见办理等工作情况，主动接受监督。认真办理代表建议5件、政协提案8件，代表委员满意率达100%。及时对代表委员提出的意见建议分解立项督查，抓好落实。邀请代表委员旁听庭审、参与执行等重大活动131人次，向代表、委员发送通报法院重大事项、重大审判活动短信共计1万余条，走访代表、委员87人次。自觉接受检察机关的诉讼监督，市中级人民法院邀请检察长列席审判委员会18次，讨论案件44件。主动接受舆论监督，召开新闻发布会5场。自觉接受社会监督，全市法院1636名人民陪审员共参审案件39025件，占一审普通程序案件73.98%。

（张若楠）

司法行政

【法律服务行业党建】 创新社会组织党建工作，成立昆明市法律服务行业党委，将律师、公证、司法鉴定、基层法律服务、人民调解5支队伍党组织与业务工作深度融合。突出律师行业党建，专门成立昆明市律师行业党委，分级管理、指导市、县两级114个律师党支部，党的基层组织建设得到加强。注重以党建引领案件庭审，鼓励党员律师带头承办重大影响

2018年7月1日，昆明北京德恒、云南建广律师事务所党支部获得全国律师行业先进党组织荣誉称号

（市司法局 供稿）

的法律事务，在参与处置某起重大敏感案件中，通过建立庭审工作临时党支部，在抓党建促庭审、抓党建促管理方面进行有益探索，受到中央政法委及司法部肯定。年内，全市共有4家律师事务所、1家公证机构和1家司法鉴定机构创建成为省级社会组织党建设工作示范点。昆明市2家律师事务所和1名律师受到中共全国律师行业党委表彰；5家律师事务所和13名律师受到中共云南省律师行业党委表彰。

【公共法律服务体系建设】 围绕加快建设“均等普惠”公共法律服务体系，召开全市公共法律服务体系建设推进会，进一步扩展延伸公共法律服务实体、网络和热线三大平台功能。通过政府主导、人大监督、政协呼吁，努力实现政府购买公共服务，推动“法律服务咨询机器人”的广泛运用。创新公共法律服务宣传方式，在农业博览会上设置展台，为群众提供现场法律咨询，给参展企业发放宣传手册，提高公共法律服务认知度。截至2018年底，全市已建成市、县（市、区）、乡镇（街道）、村（社区）四级公共法律服务实体平台683个；全市共铺设“法律咨询机器人”终端机35台，“昆明掌上12348”微信公众平台扫码关注约1.96万人次；智慧网络平台访问量约15万人次。其中，智能法律咨询为老百姓提供法律服务解决方案9000余次；“12348热线”累计接听量咨询7500余次，百姓关注度、好评率不断提升。

【扫黑除恶专项斗争】 充分发挥法治宣传、法律保障、法律服务三大工作职能，切实抓好组织领导、源头整治、重点管控、行业监管、宣传发动5个方面工作，扎实有序推进扫黑除恶专项斗争深入开展。年内开展涉黑涉恶线索排查2930次，组织“扫黑除恶”法治宣传1550次。

【法治宣传教育】 牵头履行市委法治宣传教育专项组职能，制订下发《昆明市2018年法治宣传教育工作方案》，统筹协调各部门深入开展法治宣传教育，促进执法与普法有机融合。以市委、市政府两办印发《关于实行国家机关“谁执法谁普法”普法责任制的实施意见》。组织召开普法责任制联席会，审议通过《成员单位工作职责和普法责任清单》，逐步构建起“大普法”工作格局。圆满完成全市“七五”普法中期检

查验收。在全省首创学习宣传宪法“一二三四五”工作法，得到省司法厅高度评价。推进重点人群学法用法工作，组织全市10万余人国家工作人员参加网络在线学法考试。强化青少年法治宣传教育，大力开展“模拟法庭进校园”，在寻甸县建成1个省级青少年法治宣传教育基地。强化法治宣传教育渗透力，组织开展“法律六进”活动22场次；出版《法治昆明》杂志6期；播出电视普法栏目48期。推进多层次多领域法治创建，全年共创建“法律六进示范点”10个；“法治文化示范点”2个；民主法治村（社区）4个。

【律师工作】 完成348家律师事务所、4863人执业律师和35人法律援助律师年度检查考核。推进行业规范化管理，积极开展专项教育整顿，组织律师开展《中华人民共和国宪法》宣誓，增强律师职业使命感和荣誉感，创建“昆明市规范管理律师事务所”31家。组织市人大、市政协、市委政法委、市中级人民法院等召开联席会议，依法保障律师执业权利。服务“一带一路”和区域性国际中心城市建设，制定出台《昆明市关于发展涉外法律服务业的实施意见》，建立中国首个境外中资律所区域性合作机制。全面启动律师服务民营企业法治体检专项行动，为全市112家重点民营企业进行法治体检并出具体检报告，帮助企业梳理法律风险点620个，协助企业规避法律风险咨询167件。推动律师参与化解和代理涉法涉诉信访案件纳入政府购买服务目录，组织60家律师事务所200余人律师参与接待涉法涉诉信访467件。加大对违规律师事务所及律师的监督惩戒，共办理投诉123件。全市358家律师事务所和5505人律师共办理案件56230件。

【公证工作】 深化公证体制改革，印发《昆明市事业体制公证机构体制改革机制创新工作实施方案》，合作制公证机构改革方案已报市政府常务会审议通过。公证参与司法辅助实现诉前、诉中和执行阶段全覆盖。该做法得到全国人大代表肯定和省高级人民法院的推广，《法制日报》和《人民法院报》专版报道明信公证处在司法辅助方面的实践探索及取得的实绩。全年共接受法院委托或委派调解案件8927件，公证送达7576件，调查取证58件，公证保全1559件，执行辅助4199件，执行查询31155件。引导公证机构探索“互联网＋公证服务”，研发推出“聚方便”手机APP，推进公证办理“最多跑一次”，便民服务广受好评。持续开展公证质量检查，完成对15个公证处4次平时检查和1次集中评查，抽查公证卷宗3030件。依法做好行政管理，完成对全市15个公证处、160人执业公证员、154人公证员助理考核工作，办理投诉57件。全市共办理各类公证事项274583件。

【司法鉴定】 开展2017年度登录及公告工作，对所辖119家司法鉴定机构和2000余人司法鉴定人进行年度登录及公告的核实。完善执业监管检查工作常态化机制，完成对32家司法鉴定机构34次规范执业检查和对5家司法鉴定机构法医物证、法医毒物专项检查。做好准入、变更核实和投诉查处，完成52家司法鉴定机构（登记、变更、注销）核实和报送，受理办结对司法鉴定机构的投诉45件，全市共办理鉴定业务63623件。

【法律援助】 完成对15家法律援助机构、36人法律援助律师、100人法律援助工作者考核、检审。组织开展昆明市2018年法律援助案件评查，强化法律援助案件质量监管。制定出台《昆明市法律援助案件办理程序及标准》，进一步规范和完善法律援助案件管理，有效提高法律援助办案质量。全市共受理各类法援案件5952件，接待咨询43189人次，实现法院指定和符合条件的特殊群体法律援助率、咨询率达100%。

【基层法律服务】 组织完成157个基层法律服务所和703人基层法律服务工作者年检注册，依法做好基层法律服务所设立、变更、注销核准登记。组织开展信息收集整理，汇总更新全市范围内所有基层法律服务所和基层法律服务工作者信息。推进基层法律服务“三个一”工程建设，不断满足人民群众对法律服务新期待、新需求。全市基层法律服务队伍共担任478家法律顾问，代理民事、行政案件1833件。

【国家法律职业资格考试】 深入贯彻考试改革要求，圆满完成2018年首届国家法律职业资格考试昆明考区考务工作，组织8889人考生参加客观题考试，2869人考生参加主观题考试，确保首届国家法律职业资格考试安全、稳定、顺利、有序。全年共发放“法律职业资格证书”A、B、C证1284本，昆明市司法局被司法部授予国家司法考试先进单位。

【人民调解】 完成2017年度人民调解“以奖代补”检查考核。制订《昆明市司法局关于进一步推进落实“枫桥经验”开展社会矛盾纠纷排查化解专项活动的实施方案》《昆明市司法局关于开展矛盾纠纷大排查大化解切实防范“民转刑”命案专项行动工作方案》，扎实做好各类社会矛盾纠纷排查化解工作。健全完善市、县、乡、村四级人民调解组织，加强诉调、检调、公调相互衔接、协调联动，年内接受法院、公安机关委托移送调解案件5092件。深入推进人民调解参与信访问题化解试点工作，努力完善司法行政与信访部门之间对接协调衔接机制，全市共受理信访纠纷460件，调解信访纠纷401件，调解成功322件。昆明市共有人民调解委员会2068个，共调解案件83446件，成功83040件，成功率达99.51%。

【人民监督员】 做好人民监督员管理，对全市90名人民监督员档案进行复核、修改、完善，提高人民监督员档案全面性、准确性。做好人民监督员选派。年初全面启动人民监督员案件监督评议人员随机抽选，年内选派人民监督员参加检察机关案件监督评议23件共69人次；参加检务活动25件共75人次；参加两级检察院信访接待17次共29人次。建立与检察院的定期联席制度，与市检察院联合印发《昆明市人民监督员选任管理联席会议制度》。举办昆明市2018年度人民监督员业务培训，帮助提高履职能力。

【社区矫正和安置帮教】 强化社区服刑和刑满释放人员监管，重新犯罪率低于全国及全省平均水平。深化社区矫正信息化建设，持续推进可穿戴化社区矫正定位监管设备和执法记录仪等电子设备的使用，在西山、盘龙等11个县区发放定位设备523台。推进社区矫正执法规范化，在全市开展执法检查2次。持续深入探索司法社工项目建设，对昆明馨悦司法工作社会服务中心在度假区海埂司法所开展试点的情况进行总结和评估，起草《昆明市司法社会工作项目体系建设实施方案》《昆明市司法社会工作项目购买服务实施细则》。大力推行“电子平台”与“纸质档案”同步操作系统，认真做好社区矫正人员电子档案录入及刑释人员安置帮教和服刑在教人员信息核查，全市系统累计录入矫正人数建档率高于全省水平。

【强制隔离戒毒】 全力参与全国统一司法行政戒毒工作基本模式试点工作，成为全省首批统一戒毒工作基本模式验收合格单位。着力提升教育戒治质量，建立后续照管工作站6个，完成课堂化教育1286课时，开展个案化心理咨询26次。探索吸食新型毒品戒毒人员和老弱病残戒毒人员专区集中管理模式，进一步深化“所医合作”“所院合作”模式，提升医疗保障能力，主动服务全市禁毒防艾工作大局。不断健全研判、排查、防控、应急处突等机制，进行应急处置演练、组织安全形势研判、开展安全检查，年内场所持续安全稳定。

（熊　琦）

法治工作

【政府立法】 2018年，昆明市完成6件地方性法规起草、报送工作，分别是：废止《昆明市雷电灾害防御条例》；新制定《昆明市文明行为促进条例》；修订《昆明市城市轨道交通管理条例（修订）》《昆明市企业工资支付条例（修订）》《昆明市城镇绿化条例（修订）》及《昆明市轿子雪山保护和管理条例（修订）》。完成6件规章、规范性文件审查和报送工作，分别是：新制定《昆明市城市生活垃圾分类管理办法》《昆明市志愿捐献遗体管理办法》《昆明市地方标准管理办法》；修订《昆明市机动车场管理办法（修订）》《昆明市餐饮业环境污染防治管理办法（修订）》《昆明市人民政府关于公布城市管理相对集中行使行政处罚权范围的公告（修订）》。完成7件政府规章备案工作，分别是《昆明市居住房屋租赁管理办法》《昆明市违法建筑处置办法》《昆明市城市地下空间开发利用管理规定》《昆明市人民政府关于深化改革推进出租汽车行业健康发展的实施意见》《昆明市人民政府关于印发昆明市网络预约出租汽车经营服务管理暂行办法的通知》《昆明市退役士兵安置规定》《昆明市志愿捐献遗体管理办法》；制定《昆明市政府立法材料立卷归档办法》和《昆明市人民政府立法基层联系点工作办法》，对全市立法材料和政府立法基层联系点进行规范化管理；开展《昆明市档案中介机构管理办法》《昆明市城市道路通行规定》立法后评估工作，聘请第三方昆明理工大学法学院对2件规章实施情况开展调查研究；对实施成效进行评估，分析制度和程序设计的合法性、操作性、实用性，为建立规范化地方立法后评估制度进行积极探索。

加强规范性文件管理。完成对各县（市、区）、开发（度假、园）区、市级各部门报送登记、备案的30件规范性文件审查工作，对符合条件的24件规范性文件予以登记。

开展法规规章和规范性文件专项清理。启动“放管服”改革和“减证便民”专项行动涉及地方性法规、政府规章、规范性文件、涉及生态文明建设和环境保护方面的地方性法规两项专项清理。对涉及70件地方性法规、80件政府规章、54件市政府规范性文件逐一进行清理；对12件地方性法规、11件政府规章、2件市政府规范性文件提出修订建议；对1件地方性法规、3件政府规章、2件市政府规范性文件提出废止建议；按照国家相关要求，对截至2018年5月31日有效的73件地方性法规、80件市政府规章和55件市政府规范性文件进行全面清理。提出对现行有效的地方性法规拟废止2件、单件修改19件、打包修改7件；对现行有效的政府规章拟废止5件、单件修改17件、打包修改6件；对行之有效的政府规范性文件拟废止8件、单件修改14件、打包修改1件的清理意见。

【依法行政】 加快法治政府建设进程。制订《昆明市2018年度法治政府建设工作计划》，安排8个方面44大项120项具体任务，充分发挥牵引和突破作用，带动法治政府建设各项工作全面深入开展；开展“昆明市依法行政示范单位”创建活动。全年共有57家单位上报示范单位创建申请，经严格审查，推荐45家单位为培育对象，经考评验收批准19家单位命名为

"昆明市依法行政示范单位"。同时，对2014—2017年创建成功的47家示范单位进行复核。截至年底"昆明市依法行政示范单位"共有85家单位；建立行政裁量权基准制度。制订《昆明市全面建立行政裁量权基准制度实施方案》及《关于乡（镇）政府（街道办事处）建立行政裁量权基准制度的通知》，完成对市公安局、市教育局、市滇池管理局、市城市管理局、市环境保护局、市交通运输局、市工商局等40家市级行政执法部门报送的行政裁量权基准制度工作材料审查备案，全面建立行政许可、行政强制、行政征收等行政行为裁量权基准制度；建立执法全过程记录制度。制定《昆明市行政执法全过程记录实施办法》，对各县（市、区）政府、开发（度假、园）区管委会法制机构工作人员和市级行政执法机关开展行政执法全过程记录制度工作培训，完成对17个县（市、区）、开发（度假、区）和40家市级部门执法全过程记录制度推行情况的检查；加强执法人员管理。加强执法人员培训，全年共举办法律知识培训10期，其中新办证人员培训4期、通用法律知识轮训6期、培训执法人员3018余人、办理执法证件4312份。做好执法资格管理系统的管理和维护，开展执法主体和执法人员信息录入工作，录入行政执法主体483个，行政执法人员信息12623条；开展行政执法案卷评查。将行政许可、行政处罚、行政强制、行政复议四类案卷作为评查重点，在各级各部门自查自评基础上，市县两级工信、科技、民宗、安监、气象、环保、人防、旅发等共26个县（市、区）政府、开发（度假、园）区管委会和市级部门的行政许可、行政处罚、行政强制、行政复议四类共490件执法案卷开展集中评查，并将各案卷评查结果向被评查单位进行反馈；强化行政决策的法制审查。2018年，市人民政府法制办公室共接到并处理市政府及部门交办的各类涉法事务426件，主要涉及政府与社会资本合作、投融资、土地问题、基础设施建设、重大经济合同的合法性审查等方面。

2018年7月13日，市委、市政府以公开遴选方式聘请法律顾问

（市法制办　供稿）

【依法办理行政复议案件】 全年市政府接到行政复议申请94件，已经结案53件，其中补正6件、终止5件、不予受理6件、驳回4件、告知7件、确认违法2件、维持13件、中止1件、撤销9件。以市政府为被告的行政诉讼共36件。针对办案过程中发现的问题，通过复议建议书形式向有关行政机关提出整改建议，共向3个单位发出复议建设书，有力推动全市法治政府建设进程。

【推进行政机关法定代表人出庭应诉工作】 出台《昆明市行政机关出庭应诉规定》，对行政机关负责人出庭应诉比例提出要求，推动法定代表人出庭应诉制度落实。全年全市行政机关负责人出庭应诉率82.93%，切实做到在法定时限内按时提交答辩状和做出具体行政行为的依据、证据，努力做好沟通协调，积极配合人民法院和省人民政府法制办公室开展案件调解工作，共同化解行政争议。

【法律顾问制度】 出台《中共昆明市委　昆明市人民政府法律顾问工作规则》《中共昆明市委、昆明市人民政府法律顾问工作报酬支付标准》，采取公开遴选方式聘请5人律师为市委法律顾问；5人律师为市政府法律顾问；聘请20人律师、法学专家为市委、市政府法律专家咨询委员会委员。

（韩　波　李煜敏）

经济管理

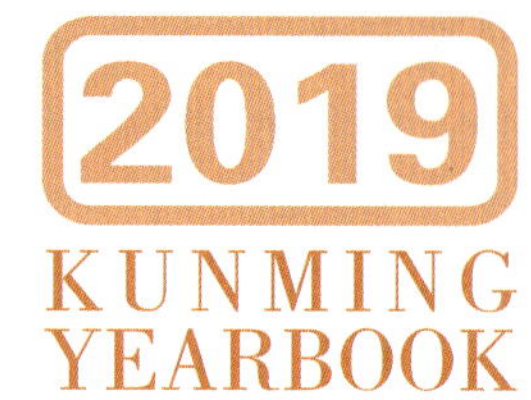

◆责任编辑　熊　英

宏观经济管理

【经济发展综述】　2018年，面对严峻复杂的宏观经济形势和艰巨繁重的改革发展任务，全市上下在坚持稳中求进工作总基调，不断推动结构优化、动力转换和质量提升，在困难挑战显著增多情况下，实现全市经济总体平稳和社会事业全面进步，区域性国际中心城市建设迈出坚实步伐。全年生产总值完成5206.90亿元，经济总量突破5000亿元大关；按可比价计算，同比增长8.40%。其中，第一产业增加值222.16亿元，增长6.30%；第二产业增加值2038.02亿元，增长10%；第三产业增加值2946.71亿元，增长7.30%。在27个省会城市中，昆明地区生产总值总量居第17位，增速居第9位。

2018年昆明市经济社会发展主要目标完成情况表

序号	指标名称	2018年预期目标	2018年完成	
			绝对值	增长率
1	地区生产总值	增长10%以上	5206.90亿元	8.40%
2	固定资产投资（不含农户）	增长10%以上		5.50%
3	社会消费品零售总额	增长11%	2787.40亿元	10%
4	一般公共预算收入	增长5.50%	595.60亿元	6.20%
5	万元生产总值能耗	下降2.90%	下降7%	
6	主要污染物排放量	完成省下达任务	完成省下达任务	
7	城镇常住居民人均可支配收入	增长8%	42988元	8%
8	农村常住居民人均可支配收入	增长8.50%	14895元	8.70%
9	居民消费价格总水平	增长3%以内		1.70%
10	城镇登记失业率	控制在4%以内		3.09%
11	人口自然增长率	增长7.10‰以内		预计6.80‰

【稳增长】　出台稳增长20条，成立10个稳增长督查组、13个工业帮扶组、5个经济发展督导服务组做好基层服务指导；每月召开经济运行分析会，及时解决发展中存在的“瓶颈”“梗阻”，经济运行稳中有进。充分发挥内需对经济增长拉动作用。加快实施重点项目，367个市级重点项目完成投资1585.50亿元，完成年度计划108.90%。其中，重点基础设施项目完成投资735亿元，完成年度计划105.60%；重点产业投资项目完成投资850.50亿元，完成年度计划112%；72项重点前期项目有序推进。民间投资活力增强，实现20.40%的较快增长，占比升至51.50%。继续巩固消费基础作用，积极推进市级电子商务示范创建和电子商务进农村综合示范县建设，通过公共网络实现商品零售增长27.40%，乡村消费品零售额增长13.20%。收入增长16.10%，占一般公共预算收入80.10%。规模以上工业企业利润总额222.70亿元，增长29.10%。能源资源消耗强度显著下降，质量效益不断提升。

【产业转型升级】　启动实施工业攻坚三年行动。京东方OLED微显示器等154个项目落地，滇中新区智能装备产业园等93个项目稳步推进，北方红外探测材料与器件产业化等103个项目竣工，规模以上工业增加值增长14%，增速居全国省会城市第1位。打好高质量发展“三张牌”。北汽新能源汽车首车下线，东风云汽项目取得实质性进展。国家植物博物馆选址确定，大健康产业集聚发展获得国家支持，大健康产业增加值增长10%。新增省级农业龙头企业14家，新认证“三品一标”企业37家、产品123个，蔬菜总产量300.80万吨、外销占比78.20%，鲜切花产量57.60亿枝，农业增加值增长6.30%。

推动服务业扩量升级。旅游业总收入突破2000亿元，增长35.50%。加快文创产业发展，文化及相关产业增加值增长15%。新认定总部企业21户，保有税收千万元楼宇48栋、亿元楼宇24栋，盘龙区获评“中国楼宇经济最具投资价值城区”。连续三年获评“中国最具竞争力会展城市”；服务业对经济增长的贡献达49.30%。

【对外开放合作】　获批中国（昆明）跨境电子商务综合试验区、国家文化出口基地，成功举办第5届南博会暨第25届昆交会。昆明综合保税区引进后谷咖啡等23个项目，新增注册企业38家。实现进出口总额131.20亿美元，增长67.60%，增速居全国省会城市首位。新开通昆明至兰卡威、昆明至迪拜等5条国际客货运航线，实现东南亚国家首都直飞全覆盖。昆明长水国际机场旅客吞吐量达4709万人次。昆明高原国际半程马拉松赛、上合马拉松赛等赛事影响力逐步增强，成功申办“第七届中国国际友好城市大会”，与日本高山市缔结国际友城，荣获（中国）国际友好城市交流合作奖。组建11个产业招商分局和4个驻外招商分局，全市引进市外到位资金1157.50亿元，增长10.90%；实际利用外资8.50亿美元，增长6.10%。

【城乡建设品质提升】　开展城市总体规划和土地利用总体规划修编工作，初步形成国土空间规划成果。实施主城区“三旧”改造连片开发23个片区，拆除违法违规建筑2049万平方米，巫家坝、草海等重点片区开发驶入快车道。开工新建城市道路76条，实施道路整治42项，宜石、武倘寻等13条在建高速全面推进，地铁4号线等5个轨道交通项目有序推进，昆石高速马郎立交建成通车，南二环提升改造提前完工。着力改善人居环境，全面启动创建第六届全国文明城市三年行动计划，出台文明行为促进条例，国家卫生城市、国家园林城市通过省级复审复查，荣获第18届“国际花园城市”金奖。农村“七改三清”扎实推进，完成农村公路建设1000公里，建成农村饮水安全巩固提升工程557件，“五小水利”工程1.40万件，建成美丽乡村626个。

【固定资产投资】　2018年，全市固定资产投资（不含农户）同比增长5.50%。其中，非房地产投资增长1.50%；三次产业投资分别增长91.00%、3.90%和5.20%；投资三大板块中，房地产投资增长9.30%，基础设施投资下降0.40%，工业投资增长3.90%。

【供给侧结构性改革】　整治清理“地条钢”，出台促进房地产市场平稳健康发展措施，新开工城镇保障性安居工程1.02万套，建成2.14万套。加大减税降费力度，全年降低企业用电成本20亿元，降低企业成本近500亿元。突出抓好防范化解金融风险、政府债务风险、国有企业风险等工作，政府债务保持在可控范围内。

【改革创新】　“放管服”改革纵深推进，着力解决审批“三多”问题，全市梳理公布“最多跑一次”改革事项5202项，累计办理5217万余件，办结率达99.99%。实施政务服务“七办”模式，初步实现“3550”改革目标，全市行政审批要件精简38%、审批时限压缩51%，全年新增市场主体14.70万户。推进国资国企改革，昆明煤气（集团）控股有限公司、昆明电缆集团股份有限公司等国有企业整合重组和云内动力有限公司、昆明产业开发投资有限公司混合所有制改革稳步推进。农村集体产权制度改革和“三权分置”改革有序推进，成为新一轮“国家集体林业综合改革试验示范区”。“金砖国家技术转移中心”落户昆明，新认定市级重点实验室和工程技术研究中心20个、院士工作站5个，引进高层次紧缺人才268人，全社会研发投入占GDP比重达2.30%（全口径），科技服务业增加值增长16.80%。

（市发改委）

国有资产监督管理

【国资监管】　2018年，昆明市人民政府国有资产监督管理委员会监管企业在重大市政基础设施建设、重要民生保障、重大项目推进、产业引导、扶贫攻坚、滇池治理等方面发挥重要作用。截至2018年12月31日，市属监管企业资产总额约8286.49亿元，净资产3597.24亿元，国有资本同比增加2.40%。公交地铁企业完成客运量10.06亿人次，同比增加11.60%；公交地铁出行分担率35.23%，同比上升3.66个百分点。自来水公司完成供水量4.27亿吨，同比增长8.27%。煤气公司完成煤气供应1984万立方米，同比减少25.47%；完成天然气供应27660.50万立方米，同比增加33.65%，煤改气工作有序推进。滇池水务公司完成达标污水处理量5.85亿立方米，同比增加11.15%，滇池水质转为V类。公用类企业进一步提高服务质量，确保城市居民安全便捷出行、生产生活用水用气及污水处理需求。

【规范监管企业】　完善企业法人治理结构。2018年9月，出台《昆明市人民政府办公厅关于进一步完善国有企业法人治理结构加强董事会建设的实施意见》和《中共昆明市委办公厅　昆明市人民政府办公厅印发〈昆明市市属国有企业市场化选聘高级管理人员指导意见（试行）〉的通知》。任免调整企业高管人员6人次，试用

2018年7月4日，省委副书记、省长阮成发一行调研云内动力
（市国资委 供稿）

期满转正考核3人。

企业投融资基础管理。落实投融资监督管理办法，加强投融资规范化管理，进一步理顺投融资管理体制，优化投融资工作流程，构筑政府与市场之间防火墙，防范投融资风险。规范融资管理，监管企业围绕控制融资成本，提高抵质押物利用效率，规范资金用途，着力提升融资质量。加强投资管理，监管企业严格履行投资决策程序、加强项目可研分析、强化企业市场主体意识，提高投资绩效。加强债务管控，防范债务风险。切实防范化解重大风险决策部署，出台昆明市防范化解债务风险工作方案。全年，平均资产负债率同比下降1.10个百分点；债务规模、融资成本和债务风险得以有效控制。

市场资源配置。按照省人民政府国有资产监督管理委员会产权登记监督检查工作要求和国有产权登记相关规定，全年完成产权登记65户；完成企业股权、资产转让和资产报废、划转等45项；完成企业国有资产评估项目审核备案76项。按照企业资产租赁监管规定，完成租赁审批77宗，共计金额5912.39万元。监督指导和推进昆明联合产权交易所有限公司规范开展各类交易活动，进一步完善国有产权交易流程和内部管理制度、提高交易服务质量和效率。年内各类国有资产进场交易挂牌487个，成交金额20267.38万元。

企业人才队伍建设。认真做好外部董事派驻和管理工作，向23户企业派驻外部董事32人、44人次，并组织外部董事参加昆明市国有企业高级管理人员研修班；严格按照程序和规定补充遴选20名外部董事专家库成员。组织25户市属企业620人领导干部参加昆明市干部在线教育学习。

年度资产统计与财务（预）决算日常监督。完成2017年度全市252户企业国有资产统计年报的审核、汇总和上报工作；完成监管企业2017年度财务决算审计的审核认定工作。全面梳理监管企业及其子企业年度审计报告，针对年报审计中披露的重要问题，与监事会和相关企业进行沟通协调，进一步规范企业会计核算和财务管理行为，完成2018年度监管企业财务预算会审备案工作。做好市属监管企业及18个县（市、区）国资监管机构下属监管企业月度财务快报的统计报送和监管企业各月度的经济运行分析，发挥财务动态监测预警作用，提示企业关注、解决经济运行中出现的问题，确保各项指标任务完成；加强对投融资公司运行情况分析，完善运行指标报送体系，全面了解掌握投融资公司融资、偿债相关情况，促进公司合理控制融资成本、提高融资水平，进一步加强债务管理，建立科学债务风险预警机制，切实防范债务风险。加强固定资产投资工作调度，确保投融资公司做好固定资产投资工作。加强企业对外捐赠管理，规范企业对外捐赠行为，引导企业正确履行社会责任。强化企业资金账户管理，增强企业资金使用、银行账户监管力度。加强企业对外借款和担保审批，规避企业资金风险。

市本级国有资本经营预算合理配置。按照《昆明市人民政府关于印发国有资本经营预算编报及收取管理两个办法的通知》要求，认真做好2019年度市本级国有资本经营预算方案编制工作，对企业上报的预算方案进行整理、汇总、分析，形成2019年度国有资本经营预算建议草案。

加强企业党建。全面落实基层党建各项目标任务，与市人民政府国有资产监督管理委员会监管的23户企业签订2018年度党建目标责任书，把党建目标考核结果纳入企业综合考核。完成63个基层党组织换届工作，发展党员372人。开展“万名党员进社区”“关爱滇池·春城志愿者在行动”等党员志愿服务工作。市人民政府国有资产监督管理委员会机关开展活动22次，400余人参加。加强教育培训力度，提高党建工作效率，对下辖管理的17家单位进行教学点授权挂牌，并在此基础上创建19个“新时代党员群众讲习所”。安排8人党务工作者分别参加市委党校师资力量培训班和“万名党员进党校”业务培训班。培训党员21679人，培训率达到90.70%，完成年度培训任务。开展基层党支部规范化达标创建工作，达标创建239个党支部。对标《昆明市党支部规范化建设“星级”指数》，完成“评星定级”以及“星级示范党支部”推荐申报工作，市委组织部命名

2018年4月16日，市公租房公司举行昆明市首个国企租赁住房业务品牌新闻发布会
（市国资委　供稿）

“五星级”党支部6个，“四星级”党支部13个。

【全面深化国有企业改革】　国企改革三年行动稳步启动。起草昆明市国企改革三年行动实施方案，进一步明确战略规划和功能定位；通过整合重组一批、改制退出一批、创新发展一批国有企业，进一步优化国有资本布局和经济结构。贯彻落实《昆明市人民政府关于国有企业发展混合所有制经济的实施意见》，积极推进混改，启动部分集团和二三级子公司混改，云内动力集团有限公司混改工作有序推进。

推进投融资公司转型发展。贯彻落实《昆明市人民政府办公厅关于加快市属投融资公司转型发展的意见》，有序推进各投融资公司转型发展。鼓励和支持投融资公司在做好风险防控基础上推进商业化转型、市场化运作，逐步在产业发展、综合交通、生态环保、城镇建设等板块，打造具有核心竞争力、稳定现金流和盈利模式的市场化实体企业集团。

提高资产运营效率。推进国有企业资源资产化、资产资本化、资本证券化，进一步盘活市属企业有稳定现金流的存量资产，提高资产运营效率和资本增值能力。按照市委、市政府做好资产证券化工作要求，市土投资产管理有限公司启动保障房公司西山区海口片区——天湖景秀等项目资产证券化融资业务；公交集团有限责任公司积极推进绿色资产支持证券化融资，公租房公司住房租赁收入申报资产支持证券化产品有序推进。

企业重组发挥协同效应。推进昆明农商银行组建，加大社会投资人引入力度；积极推进昆明配售电公司增资扩股，签订《出资协议》协调推进昆明城市燃气环网公司组建，已完成工商注册登记。

（杨泽飞）

统　计

【经济普查】　昆明第四次全国经济普查（以下简称“四经普”）工作启动后，成立以市委常委、常务副市长保建彬为组长，27家市级相关部门分管领导为成员的昆明市第四次全国经济普查领导小组，领导小组办公室设在市统计局。全市各级经普办完成机构组建、经费落实、人员选调、综合试点、区域划分、单位清查、普查培训等前期工作，取得阶段性成果。截至2018年12月，全市各级普查机构实际到位资金1053.16万元。其中，2018年市级到位经费211.05万元；各县（市、区）、开发（度假、园）区落实普查经费1269.90万元。全市共选调普查指导员1827人，普查员5233人。做实单位清查，充分利用工商、税务等部门行政记录，确保普查对象，尤其是正常纳税户应填尽填、应登尽登，完成19.90万户法人和产业活动单位、33.30万个体工商户，共计53.20万户的清查工作。创新宣传方式，首次制作并发布“经济普查”吉祥物和动漫彩铃，率先在《昆明日报》、昆明新闻和中国昆明官方网站等新闻媒体发布《第四次全国经济普查清查告知书》，并通过部门官方网站、微博微信、LED电子屏、政务网站、现场发放、公益短信等方式告知调查对象，不断提高公众知晓率、参与度，为经济普查工作开展营造良好舆论氛围。通过一系列努力，昆明市经普办各项工作在全省名列前茅，得到省经普办高度认可。

【统计监测】　预警预报。按月对工业、贸易、投资、服务业重点企业（项目）生产经营情况、投资完成情况、未来发展态势等开展动态监测，及时撰写预警分析报告专报，针对经济运行中出现的新情况、新问题提前预警，做到早发现、早研判、早预警。做好实时监测：联网直报期间，每日汇总昆明市、滇中新区主要经济指标数据上报情况；进一步强化GDP月度监测工作，开展GDP挂图监测，及时掌握GDP核算主要支撑性指标运行情况并提出工作建议。做好分析研判：全面加强经济运行、质量效益、转型升级、结构调整、创新驱动的分析研究，做到信息快、现状清、问题准、建议实。全年共撰写227篇统计资料、86篇专报信息，撰写的《昆明市固定资产投资与GDP增长关系研究》《昆明市与南昌市GDP发展情况对比分析》获得市委书记程连元的肯定性批示。

信息保障。按要求提供市委、

市政府领导所需统计数据，加强与相关城市统计部门沟通协调，全力以赴做好市委全会、市两会等重要会议的统计服务保障工作；做好调研服务。局领导班子成员多次带队深入基层、企业开展工作调研，倾听一线声音，了解经济运行情况、企业生产经营情况，为经济运行把脉问诊，帮助协调解决有关困难。

探索“三新”监测。围绕中国昆明大健康产业示范区建设，建立大健康产业统计监测体系，制订《昆明市大健康产业综合统计报表制度（试行）》和《昆明市大健康产业增加值核算方法（试行）》。围绕“188”重点产业发展，建立“4+4+3”工业产业统计监测体系，制定监测方案，按月测算昆明市规模以上“4+4+3”产业相关数据。围绕新形势、新要求，依托国家方法制度，结合实际，探索“三新”经济统计监测方法，加强对新产业、新业态、新商业模式分析调研，不断完善“三新”统计。

名录库维护。坚持“先有库，再有数”原则，出台《昆明市统计局一套表调查单位审核质量核查工作实施方案》，对各县（市、区）、开发（度假、园）区法人单位和产业活动单位认真核查，与部门加强信息共享，做到部门名录库和统计名录库高度融合，发挥好名录库“蓄水池”作用。

【统计法治】 提高思想认识。通过召开党组理论中心组（扩大）会议、党组会议等形式，认真学习贯彻习近平等中央领导关于统计工作批示讲话和《关于深化统计管理体制改革提高统计数据真实性的意见》《统计违纪违法责任人处分处理建议办法》《防范和惩治统计造假、弄虚作假督察工作规定》等重要文件精神，切实增强全市统计系统对统计造假弄虚作假严重性和危害性认识。

加强数据质量控制。开展统计数据动态审核查询工作，对数据异常波动和数据匹配性进行重点审核，逐一查询核实原因。全年各专业共发送查询书255份，对存在问题的县（市、区）、企业下发整改通知书19份；对部分县（市、区）企业开展约谈工作，有效防范和化解统计数据潜在质量风险。

开展随机执法检查。建立健全“双随机一公开”抽查机制，量化县（市、区）抽查任务、比例和频率。深入332家企业开展统计数据质量核查，针对存在问题下发统计执法检查查询书，对存在问题的县（市、区）统计部门和行业主管部门进行约谈；对统计造假、弄虚作假，发现一起查处一起，坚决做到“零容忍”。

抓好数据质量整改。对照《云南省统计局贯彻落实国家统计局统计数据造假巡视整改问题清单、任务清单和责任清单》中明确的7个方面13项问题，开展“以数谋私、数字腐败”全面排查和专项整治以及统计法实施情况检查整改工作。通过扎实整改，强化了统计机构防范和惩治统计造假、弄虚作假的主体责任意识、长效机制的不断建立完善。

防范数据干预。印发《昆明市统计局关于认真做好领导干部违规干预统计工作记录台账填报工作的通知》，全面、如实记录领导干部违规干预统计工作情况，确保统计机构依法独立行使统计调查、统计报告、统计监督职权。要求各县（市、区）、开发（度假、园）区在数据联网直报和数据下返期间不得到市局汇报工作，以防范数据生产、数据下返受到干扰。

纠正违反统计法做法。按照国家统计局关于坚决清理纠正把统计机构作为招商引资、经济增长、民生改善和节能减排责任单位的文件要求以及市委、市政府办公厅工作安排，全面开展清理纠正违反统计法精神文件和做法专项检查工作，对清理出的24个违反统计法精神的文件进行废止。

做好法治宣传教育。制订2018年度领导干部及工作人员法治政府建设暨依法行政学习计划、法治工作要点、法治宣传教育工作方案等一系列宣传教育文件，定期召开局党组理论学习中心组学习会、局党组会和局长办公会，开展法治学习教育。制订并印发《昆明市统计局2018年法治宣传教育工作方案》《昆明市统计局“谁执法谁普法”普法责任制实施方案》等文件。与昆明信息港联合以“全面弘扬宪法精神，深化统计改革、奋力推进依法治统”为主题开展“昆明统计‘12·4’全国宪法宣传日暨‘12·8’统计法颁布纪念日宣传月”活动，以宪法专题宣传、经济普查专题知识宣传、统计法律知识、统计法有奖知识竞猜等多种形式开展统计法治宣传。

【统计改革】 起草《昆明市关于深化统计管理体制改革提高统计数据真实性的实施意见》（以下简称《意见》），经市委全面深化改革领导小组第12次会议和市政府第18次常务会议审议通过，以市委、市政府两办文件下发。《意见》出台，为推动全市统计改革发展指明方向，明确任务，为增强统计工作科学性、权威性，确保统计数据真实性提供制度保障。出台昆明市统计局《意见》贯彻落实工作方案，对各项工作任务进行细化分解，明确责任人、时间表、路线图。稳步推进全市及14个县（市、区）自然资源资产负债表试编工作。做好优化分工调整，及时与昆明调查队召开业务分工调整工作会议，争取以购买统计服务方式，充实增强涉及分工调整的工业、投资、贸易等专业统计力量，按时、按质、高效完成劳动力调查和“四下”企业调查工作业务移交、资料交接、业务培训等各项工作，确保各项移交工作平稳过渡、正常开展。

【统计创新】 开展《“十三五”规

划中期发展目标实现程度评估》工作、全国农业村表联网直报试点工作、96家单位2018年营商环境调查工作、中国国际比较项目（ICP）政府职务报酬调查工作、规模以下工业法人单位核查工作、规模以上工业生产数据定期核查工作、文化产业单位核查认定工作。制定《工业专业投入产出调查问题解答》得到云南省投入产出办公室肯定及认可，并在全省各州市推广。开展昆明市生态文明建设年度评价工作，发布《2016年昆明市生态文明建设年度评价结果公报》，建立《昆明市大健康产业综合统计报表制度（试行）》，制定《昆明市大健康产业增加值核算方法（试行）》。

（市统计局）

2018年7月31日，云南省首张个体工商户全程电子化登记签发营业执照在呈贡区颁发

（市工商局　供稿）

工商行政管理

【商事制度改革】　年内，市工商局积极开展“证照分离”改革。3月8日，《云南滇中新区“证照分离”改革试点工作实施方案》经省政府同意，由市政府与云南滇中新区管委会共同印发，明确在滇中新区范围内开展“证照分离”改革试点，使行政许可进一步便利化，解决“准入不准营”等难题，打通企业进入市场“最后一公里”。

持续深化“多证合一”改革。按照国家顶层设计和省委、省政府部署要求，市工商局在原“50证合一”基础上，整合23个部门52项涉企证照事项，2018年6月28日在全市实施“52证合一”。

全面推进“先照后证”改革。认真执行《工商登记前置审批事项目录》和《企业变更登记、注销登记前置审批事项指导目录》，并根据其动态及时调整。对改为后置审批的事项一律不再作为登记前置，在办理工商登记时，不再要求申请人提交相关审批部门的许可文件、证件。设立登记的前置审批事项仅有32项，变更、注销登记的前置审批事项仅为31项。

大力提高企业登记核准效率。调整下放企业登记监管权限，实行工商登记业务“一窗式”办理，开展企业名称自主申报试点工作。按照市政府“3550”改革要求，市工商局作为“开办企业3个工作日内完成”的牵头部门，拟订《昆明市压缩企业开办时间工作方案》，压缩企业开办时间。截至2018年底，全市市场主体总量达到720858户，增长7.69%。其中，国有集体企业18456户，同比增长11.09%；私营企业253767户，同比增长4.05%；外资企业1869户，同比增长3.89%；个体工商户442419户，同比增长9.79%；农民专业合作社4347户，同比增长6.75%。商事制度改革进一步深化，市场主体活力进一步激发，营商环境不断优化。

【企业信用监管】　创新监管理念和方式，构建以信息归集共享为基础、信息公示为手段、信用监管为核心的新型监管机制，各项工作取得新成绩。

推进年报公示工作。通过加大清吊力度、持续精准宣传、做好服务告知、严格实施惩戒、加强督查通报，进一步引导督促全市企业及时公示年报。全年全市共引导督促2498户长期停业未经营企业办理注销登记，指导2672户企业补报年报恢复经营，吊销企业2.10万户，简易注销个体工商户1.32万户。2017年度企业年报公示率达91.44%，比上年增长10.56%。个体工商户年报率76.62%，农民专业合作社年报率88.23%，分别上升3.74%和0.03%。

全面推进“双随机、一公开”抽查检查。及时调整随机抽查事项清单，探索开展企业住所申报制后续监管。按照计划完成“双随机”抽查3次，共检查企业3216户，检查结果全部通过国家企业信用信息公示系统向社会公示。

强化信用监管实施联合惩戒。通过“昆明市市场主体信用信息服务监管平台”，持续开展政府部门涉企信息统一归集共享工作。不断加强联合惩戒，全年全市共有22887户企业被列入经营异常名录；6000余户企业在履行公示义务后获准移出经营异常名录；4628户企业因被列入经营异常名录届满3年仍未履行相关义务被列入严重违法失信企业名单。

【南博会秩序维护】 牵头开展2018年第五届南博会市场交易秩序管理工作，展会期间抽调市食品药品监督管理局、市质量技术监督局、市知识产权局、市公安局、市城市管理综合行政执法局等部门工作人员及五个主城区市场监督管理局工作人员，并向社会招募保安、志愿者，共计990余人共同参与交易秩序管理工作。为期7天的会展，现场执法2.82万人次，巡查展馆2008次，提供咨询服务2820次，劝告、清理占道经营3963次，查处流动商贩684个，对已发现的多个涉藏商贩摊位开展管控工作。针对境外馆部分进口食品出入境检验检疫证明与实物不符问题，责令参展商提供相应资质证明文件，合法经营，未发生食品安全问题。受理消费者投诉115件，办结115件；受理举报15件，办结13件；发放10万册南博会市民消费手册，圆满完成南博会交易秩序保障工作任务。

【“创文”“创卫”双推进】 发挥市场环境整治指挥部办公室职能，做好文明城市创建。针对集贸市场不良现象集中反弹情况，要求各单位对各辖区内所有集贸市场开展集中排查整治。提请市政府制订印发集贸市场长效管理工作方案，成立昆明市集贸市场建设管理领导小组办公室，督促落实工商和市场监管部门职责，持续对各辖区内所有集贸市场开展综合整治。根据“创卫”复审工作领导小组要求，成立食品安全与农贸市场卫生指挥部办公室，制订一系列工作方案，对照国家卫生城市标准的指标任务，按照集贸市场“五要五不要管理规范”和“三线、五面、一栏、一闸、一规范、一称”要求，在全市复审区域内开展市场整治，力求达到“六个必须、两个禁止、四个不能出现”的工作标准。

2018年2月，省、市工商局领导检查农贸市场

（市工商局　供稿）

【市场监管】 围绕社会关注度高、群众反映强烈的商标广告、旅游市场、网络市场等重点领域持续加强市场监管执法。

强化对旅游市场监管的协调组织。通过全市工作会和购物场所集中整治专题会等形式，强化组织领导，不断压实属地监管责任。加强对涉旅案件督查督办，在省局指导下完成对昆明市旅游市场督查检查3次，对发现的13条问题线索进行督办。联合旅游、公安、税务等部门，按照“吊销一批、变更一批、注销一批”原则开展对旅行社市场主体清理。全年全市共有158户旅行社企业被列入经营异常名录，各级工商和市场监管部门共吊销旅行社及分支机构33户，注销旅行社及分支机构210户。

全面加强商标广告监管执法。把打击侵犯知识产权和制售假冒伪劣商品作为推进商标专用权保护的有力抓手，持续深入开展“双打”专项执法行动，严厉打击各类侵犯商标专用权违法行为。先后组织开展“红盾质量维权”等市场专项执法、“云油利剑”“网剑行动”等专项行动，全市共查处各类违法案件109件。推进商标专用权保护的政企联动，与企业联合打击商标侵权行为，强化商标侵权行为的精准打击，对名优企业商标实施个体保护。搭建昆明市广告监测平台，2018年6月正式开始对全市主流媒体发布的广告进行监测，对监测到的111条涉嫌违法广告进行处理。自2018年7月起每月向广播电视台通报监测情况，要求对监测发现的问题进行及时整改。全年共立案查处违法广告案件75件，罚没款386.49万元，案件数和处罚金额为近年来最高，持续保持整治虚假违法广告高压态势，营造良好的广告市场环境。

深入推进网络市场监管。在全市范围开展对网络违法行为的查处，核查网络市场主体8878户，通过第三方网络存证平台，在线存证涉案线索545条。积极推进电子标识发放，继续开展网络平台数据采集，网站电子标识办理1407条，占全省办理数43%。

【商标广告战略】 大力加强商标培育指导，实施商标注册与企业登记注册联动机制，在全市148个企业注册窗口同窗设立商标品牌咨询窗口。全年全市商标注册申请量35694件，获准注册量22005件，有效注册商标达132458件。着力加强商标受理窗口建设，制定受理点工作规范，优化工作流程。昆明商标受理窗口共受理商标申请1225件，办理商标专用权质权登记4件，被担保债权总额4428万元。认真扶持广告业发展，加强对纳入昆明市规模以上统计名单的29家广告传媒企业，通过建立联络员名单、走访企业、专题通知方式，要求29家企业按时、按量、按质将营业收入情况联网直报国家统计局。根据企业年报情况统计，上报2017年企业年报3649户广告（传媒）企业正常开展营业，营业收入约为81亿元，较2016年企业年报有较大增长。

【法治工商建设】 年内，市工商局加强制度建设，实施权责清单动态管理，联合昆明市人民政府法制办公室开展涉及著名商标制度的地方性法规、规章和规范性文件清理工作。行政执法全过程记录、行政执法公示、重大行政执法决定法制审核等三项制度有效推进。加强行政复议应诉能力建设，有效化解行政争议，开展法治宣传教育活动，共组织350人次参加专题讲座学习宪法、监察法，持续开展“一日一题一月一法一季一考”和典型案例发布工作，提高行政机关工作人员依法行政的意识和能力。抓好“法宣在线”学法用法相关工作。

（市工商局）

价格管理

【价格改革】 天然气价格改革。2018年初，按照《云南省物价局关于降低居民生活用气临时销售价格有关问题的通知》要求，昆明市居民使用天然气销售价格由3.31元/立方米调整为2.95元/立方米；结合昆明市天气实际，推出采暖用气分类，对使用天然气采暖用户，每年一次性最高可购买2000立方米气量，按照第一档居民生活气价执行。

电力市场化改革。鼓励和引导符合条件的电力用户积极参与电力市场化交易，争取6家重要公用事业、公共性服务行业企业参与市场化交易。全年累计交易电量189亿千瓦时；累计为企业节约用电成本20亿元。引导配售电公司开展增量配电网业务，昆明配售电有限公司取得国家能源局云南监管办颁发的非电网企业第一张电力业务许可证（供电类）；富民县商贸中心区10kV增量配电网项目顺利完成通电，成为全国第一个实现并网通电的新增配电网项目。11月，正式制定昆明市新能源汽车充电服务费价格标准。采取最高限价管理，公交车0.62元/千瓦时，非公交车0.72元/千瓦时，且充电时不收取停车费用。

农业水价综合改革。以开展农业水价综合改革试点县和推广农田水利改革试点经验项目区为基础，在新增高效节水灌溉项目区、农田水利改革项目区、嵩明大型灌区续建配套与节水改造项目区作为年度改革重点区域，推进农田水利设施建设，加快农业产业结构调整，确保农田水利工程良性运行。年内，完成改革面积54万亩，在年度农业水价综合改革工作中评为优秀。

医疗服务价格改革。紧紧围绕深化医药卫生体制改革目标，全面取消药品加成，同步调整200项医疗服务价格。严格贯彻落实云南省关于冠状动脉桥血管流量监测等两项新增医疗服务项目价格，放开健康咨询等医疗服务价格、职业病诊断鉴定费收费标准等价格政策。同时，为进一步推进全市医疗服务价格改革，逐步扩大按病种收费范围，控制医疗费用不合理上涨，减轻患者负担，结合实际，研究制定昆明市按病种收费政策，选择109个病种实施按病种收费。

旅游景区门票价格改革。印发《关于降低昆明市重点国有景区门票价格的通知》，调整后景区门票价格10月1日起正式执行，降价方案涉及9个景区。其中，3个景区免费开放，降价幅度达32.62%，预计减少游客支出5960万元。

规范涉企收费行为。为进一步提高涉企收费政策透明度，切实减轻企业负担，市发展改革委员会同市财政局、市民政局、市工业和信息化委员会印发《关于进一步规范我市涉企收费行为的通知》，明确昆明市现行涉企收费政策，对昆明市企业涉及缴纳费用进行清单公布。要求各县（市、区）、各部门必须严格执行目录清单，目录清单之外的涉企收费一律不得收取。

降低实体经济企业成本。出台《昆明市发展和改革委员会等四部门关于继续做好2018年降成本重点工作的通知》《昆明市发展和改革委员会关于印发<昆明市2018年降低实体经济企业成本实施办法>的通知》等一系列政策措施。突出“降成本”政策普惠性、针对性和差别化，确保昆明市2018年为实体经济企业降低成本230亿元左右。

【价格基础工作】 价格监测。贯彻落实国家和省制定的各项价格监测报告。不断完善市场巡查、应急值班、跟踪监测、预警报告等各项工作制度，继续完善价格信息管理平台。

成本调查监审。完成国有重点景区定期成本监审，为降低国有景区门票价格打好基础；完成昆明市城镇管道燃气配气定价成本监审和住宅燃气管道工程配套建设成本监审及降低天然气输配价格工作；完成昆明市固体危险废弃物和医疗废弃物、主城区公办幼儿园保育费、昆明火车站、昆明长水机场、昆明南站机动车停放服务收费、昆明市殡仪馆基本殡葬服务收费、昆明市公办养老机构服务收费定期成本监审。

价格监察。截至年底，全市共计受理各类案件7748件，涉案金额34211.30万元。其中，市本级办案212件，涉案金额1199.20万元；县（市、区）办案7536件，涉案金额33012.10万元。全市涉嫌刑事案件5268件，涉案金额17754.10万元；涉烟案件

2476件，涉案金额16480.50万元。

【价格监督检查】 旅游市场整治。组织开展旅游市场明码标价示范点建设，推选示范单位28家，4个示范点标价规范率基本达95%以上。市、县两级价格检查部门累计出动1789人次，检查涉旅单位2603家次，处罚价格违法44家，罚款金额3.18万元。在14个县（市、区）、旅游（度假、园）区选出571家单位，开展市场价格秩序网格化管理试点工作，逐步建立市场价格秩序长效监管机制。

专项检查。推进公平竞争审查工作，召开3次全市公平竞争审查联席会，组成5个督查组，对各县（市、区）和市级各部门进行督查。全市共审查增量文件14739件，清理存量文件11412件，公平竞争审查已初步走向规范化、制度化，公平竞争审查工作初见成效。开展涉企协会收费、民办教育收费、转供电环节、水电气报装收费、殡葬收费、停放服务收费等专项检查。

12358价格举报平台。12358价格监管平台共受理各类价格举报、投诉、咨询6802件，已办结6661件，办结率达97.93%，经济制裁总额5100元。全年共处理价格违法案件19件，实施经济处罚总金额871.56万元。

（市发改委）

质量技术监督

【质量管理】 实施质量强市战略。接受云南省政府2017年度质量工作综合考核，昆明市成绩名列全省第三。9月27日，昆明市争创“全国质量强市示范城市”通过省级预验收。完成对全市14个县（市、区）人民政府，4个国家级、省级开发（度假、园）区管委会及29家市级成员单位“质量强市”专项工作督查考核。

启动质量提升行动。7月10日，市委、市政府印发《中共昆明市委办公厅 昆明市人民政府办公厅关于印发〈昆明市开展质量提升行动实施方案〉的通知》。9月5日，昆明市召开质量提升行动暨百城千业万企对标达标提升专项行动动员部署会议，安排部署相关工作，对获得第七届昆明市市长质量奖及提名奖的6家企业进行表彰。组织实施“双零”行动，进一步做好中小民营企业质量技术服务，市区两级在开展问卷调查基础上，有针对性地对200多家中小民营企业开展质量帮扶活动。组织25家企业参与云南“质量走廊”示范单位创建工作，持续推进“质量走廊”创建，编制发布昆明市2017年度宏观质量状况分析报告。

【品牌建设】 会同中国标准化研究院起草制定《昆明市品牌发展规划（2018—2025年）》，组织开展昆明市第八届昆明市市长质量奖申报评选，全市共有12家申报，已进入资料审核阶段。组织开展2018年名牌产品申报，全市共有234个产品申报昆明名牌产品、143个产品申报云南名牌产品。122个产品申报昆明名牌产品、94个产品申报云南名牌产品已进入现场核查，向市政府申请2017年名牌产品奖励专项经费660万元。协调省局在“呈贡斗南全国花卉产业知名品牌创建示范区”和“石林全国喀斯特地貌旅游知名品牌创建示范区”的验收工作。

【规范引领】 推进地方规范制定工作，制定22个昆明市地方规范。推进采标工作，有10个产品首次通过采标认可。推进企业标准自我声明公开试点和评估，全市已在企业产品标准信息公共服务平台上自我声明公开4174项标准，涉及企业863家，其中民营企业占比93%。推进国家地理标志产品保护及国家生态原产地产品保护，有7个地理标志产品获得国家批准保护，6家产地范围内的企业经申请取得地理标志产品保护专用标志使用权，9个产品获得国家生态原产地产品保护。推进服务业标准化，新增两个国家社会管理和公共服务综合标准化试点项目，昆明市共有68个国家级、省级、市级服务标准化试点项目，其中各级项目建成39个、在建29个，建成项目数量及在建项目数量均居全省首位。推进农业标准化，先后建成27个国家级农业标准化示范区；6个省级农业标准化示范区；5个高

2018年7月2日，全省首张简化审批程序工业产品生产许可证在昆明颁发
（市质监局 供稿）

原特色农业示范企业；9个市级农业标准化示范区；还有4个在建市级农业标准化示范区、2个在建省级示范区。推进旅游标准化，草拟《昆明市人民政府办公厅关于昆明市加强质量技术服务促进旅游业转型升级的指导意见》已于2月由市政府办公厅正式印发。昆明作为全省首批且唯一“百城千业万企对标达标提升专项行动”试点城市，在全市全面开展花卉产业对标达标提升行动，以实施先进标准为抓手，引领质量提升，助推昆明花卉产业转型升级。

制订印发《2018年全市计量重点工作计划》、全市公平秤规范化配置和管理通知，在44个集贸市场配置公平秤94台。2017年以来，全市在309个集贸市场规范化配置公平秤733台，实现公平秤100%规范化配置。组织集贸市场、食用油生产企业定量包装、普洱茶产品净含量、加油站、医疗机构、重点用能单位、旅游市场、货车超限超载检测设备开展“关注民生　计量惠民”专项监督检查，共检查企业2249家、计量器具12223台，对不合格加油机、定量包装商品及乡镇（社区）医用计量器具按辖区监管职责依法进行处理。组织昆明国家高新技术开发区生物制药企业23家5105台、长水国际机场277台、快递业务公司285家214台在用计量器具开展调查摸底。通过调查摸底，初步摸清3个行业在用计量器具的基本状况，为全市服务大旅游、大健康产业发展积极工作，夯实基础。

【认证认可】　制定印发《昆明市2018年质量技术监督认证认可重点工作》，完成406家检验检测服务业统计直报、年度报告、自检自查，审核通过405家，注销机构数1家，完成率100%。开展认证机构认证活动现场检查和消防产品生产企业专项监督检查，按照双随机方式重点对建筑质量检验机构和机动车安检机构进行专项监督检查。制订《昆明市有机产品认证专项执法监督检查工作实施方案》，完成获证企业19家次、3家次超市执法监督检查，对涉嫌违规的5家认证机构和2家获证企业进行立案调查和处罚。推进有机产品认证示范区创建、自愿性认证工作，开展检验检测机构技术水平提升活动。在全省首创举办2018年昆明市首届机动车安全技术检验职业技能竞赛，对提升机动车安全技术检验从业人员业务素质和职业技能、推动人才队伍培养建设、建设行业品牌等起到积极作用。

【特种设备安全】　组织开展元旦、春节、两会、五一、中秋、国庆及暑期、汛期等节假日和重大活动安全生产大检查，共检查特种设备使用单位9017家，检查特种设备32786台次，发出安全监察指令书682份，发现安全隐患1365条，查处特种设备违法案件83起。联合省特检院、电梯使用单位、维保单位和现场安保人员共计150余人进驻滇池国际会展中心，完成2018年南博会特种设备安全保障。巩固气瓶电子监管系统项目成果，完成120余万只气瓶数据录入及75万只气瓶电子标签粘贴。认真组织开展特种设备专项隐患排查和整治，开展安全生产“六项行动”、冶金起重机械专项执法行动、大型游乐设施、客运索道专项安全检查，场（厂）内专用机动车辆、危险化学品及相关特种设备专项整治和压力管道隐患排查整治，全市特种设备安全形势持续平稳。

【产品质量安全监管】　制订印发《昆明市2018年市级监督抽查计划》，对6类13种产品进行监督抽查。包括11家烟花爆竹经销企业35个批次产品、21家洗涤用品50批次洗涤用品、63家化肥生产企业112个批次产品、16家工业硫酸生产企业16个批次产品、13家消防产品生产企业24个批次产品、建筑防水卷材10个生产企业20个批次产品、食品相关产品104家生产企业关键原材料171批次样品。已完成烟花爆竹、洗涤用品、化肥、工业硫酸、消防产品、建筑防水卷材产品监督抽查工作；食品相关产品关键原材料抽样工作、检验工作正在进行。各类产品合格率分别为烟花爆竹71.43%、洗涤用品含磷量100%、化肥74.10%、工业硫酸100%、消防产品95.80%、建筑防水卷材90%。开展电线电缆产品质量安全专项整治，责令不符合从事电线电缆获证产品生产条件及履行法定义务的65个企业进行整改，对55个不合格关键原材料使用企业进行集体约谈，对19家生产不合格原材

2017年12月14日，昆明市举办首届电梯安装维修职业技能竞赛
（市质监局　供稿）

2017年12月21日，昆明市电梯应急救援处置中心启动上线试运行
（市质监局　供稿）

料企业立案查处。

【打假治劣】　组织开展农资打假下乡活动，全年累计出动执法人员1665人次，检查生产假冒伪劣农资企业331家，以“3·15”国际消费者权益日、计量日等为契机开展活动。公布农资打假举报电话，发放识别假冒农资宣传资料3200余份，发放调查问卷150份，接受群众咨询60余人次。组织开展假冒伪劣建材产品专项行动，全年累计出动执法人员1352人次，检查建材生产企业1034家，立案8件，结案7件，货值金额4.60万元。组织开展生产假冒伪劣汽车配件专项行动，全年累计出动执法人员505人次，检查企业175家。检查其他假冒伪劣产品1559家次，立案55件，办结54件，货值金额127.75万元。开展无证出厂销售强制性产品认证目录内产品检查，累计出动执法人员807人次，检查企业613家，立案30件，办结30件，货值金额109.92万元。根据“双随机”要求，对辖区14个旅游景区计量进行抽查，其中定量包装商品45批次、非自动衡器49台（从未检定）。

【提升服务效能】　制订《昆明市质量技术监督局2018年度全面深化改革工作实施方案》，与改革责任处（室）签订《昆明市质监局2018年度全面深化改革工作目标责任书》。全面推行昆明市（滇中新区）特种设备作业人员资格认定改革，公布实施《昆明市（云南滇中新区）特种设备作业人员资格认定办事指南和业务手册》。推进质量技术服务昆明大健康产业发展对策研究，形成《昆明市质量技术服务昆明大健康产业的课题研究报告》。开展17类省级工业产品简化审批程序改革，完成37家17类省级工业产品简化取证办理。上报昆明市第二批“最多跑一次”事项25项，累计完成“最多跑一次”业务87件。完成105家国家级、省级工业产品（含食品相关产品）生产许可证办理工作，按时办结率达100%。印发《昆明市质量技术监督局关于开展2017年度工业产品生产许可证（含食品相关产品）年度登记备案工作的通知》，完成245家登记备案工作，完成特种设备作业人员资格认定办理13942件。

（市质监局）

食品药品监督管理

【概况】　2018年，检查食品生产企业（含小作坊）4710余家次（监管基数获证企业1909含小作坊537）、食品经营销售企业53152家次（监管基数45850家）、餐饮企业56310家次（监管基数36502家）、保健食品生产及经营企业4760余家次（监管基数4984家）、药品生产企业195家次（监管基数85家）、药品流通企业4350余家次。检查化妆品生产企业20余家次（监管基数22家）、检查医疗器械生产及经营使用企业6310余家次（监管基数生产企业57家、经营企业3816家）。全市各级食品药品监管部门完成行政处罚案件数1511件。

【党政同责】　将“双安双创”（国家食品安全示范城市创建和国家农产品质量安全县创建）纳入各级党委、政府重要议事日程，落实食品安全党政同责要求，加强创建组织领导机构建设，进一步健全工作运转机制，完善经费保障、督导检查、动态评估等工作制度，全面细化分解创建任务，推动创建工作出特色、出经验，形成以点带面、示范带动。将食品药品安全纳入“建设区域性国际中心城市”总体城市定位，列为民生福祉增进行动、维护社会和谐稳定、着力提升人民群众幸福感和满意度重要内容。创建国家食品安全示范城市纳入年度市委常委会工作要点、市政府工作报告重要内容，列入年度食品安全重点工作。市委常委会、市政府常务会议分别听取全市食品药品安全工作情况汇报，对全市食品药品安全工作进行部署，提出明确要求。将食品药品安全在党委政府年度综合目标考核中所占权重由3%提高到4.5%，纳入综治维稳（平安建设）考核。实行食品药品安全事故“一票否决”，将食品安全工作与党风廉政建设、安全生产等重点工作一并列为8项“一票否决”事项之一。

【深化改革】　深化审批制度改革，明确市县两级职责，委托下放大部分零售审批，将大部分零售企业（如食品经营、药品零售、医疗器械零售）

许可办理委托下放到县区局。认真开展审批要件精简工作，压缩1项审批的材料2项，压缩1项审批的时限5天。积极推进“最多跑一次”改革，19个事项进入昆明市第二批“最多跑一次”清单。共受理各类行政许可事项3544件，发证3408件，按时办结率100%。

【风险防控】 2018年，按每两月一次开展食品药品安全风险分析，全年共开展风险分析6次。根据风险分析结果及时发布食品药品安全预警信息、春节期间食品安全预警；食用野生菌中毒预警；春夏季食用野菜中毒预警；第二期食用野生菌中毒预警；昆明市饮酒消费预警、草乌、附子等毒性中药材中毒防控预警。春节期间饮食消费提示、防范食品、保健食品欺诈和虚假宣传行为消费提示；腊八节饮食安全消费提示、粽子采购常识、月饼消费温馨提示；非洲猪瘟防治知识、购买食品和保健食品温馨提示等预警信息13次，组织开展应急管理培训和应急演练4次。

【执法监管】 加强日常检查力度，做到食品药品安全监管对象全覆盖，实现全产业链全过程全环节监管。突出重点环节、重点领域、重点品种，开展米线等谷物类制成品质量安全提升、食品添加剂、食糖生产监管、酒类产品质量整治、食用植物油塑化剂、校园及周边“五毛食品”、流通环节农村食品安全治理、食品保健食品欺诈及虚假宣传、现制现售奶茶果蔬汁、餐饮环节过桥米线质量、高风险药品经营使用环节、医疗机构制剂室、无菌和植入性医疗器械等20多项专项整治。通过整治，食品药品安全进一步加强，网络订餐、旅游市场秩序不断规范，监管综合效能有力提升。完成省、市两会、昆明高原国际半程马拉松赛、“54km春城新能量”公益徒步活动、第十四届中国昆明国际农业博览会、第十一届“汉语桥”世界中学生中文比赛以及元旦、春节、五一等重大节假日期间食品安全保障工作。

【服务保障】 昆明市食品药品检验所共接收“四品一械”4005批次，发报告3505批次。食品检品总数2546批次，药品检品总数1369批次（含基本药物320批次），保健食品36批次，化妆品53批次，空气洁净等级1批次。完成食品药品快速检测3728批次，收集评价《药品不良反应报告表》4514份，达到每百万人口671份（按昆明市672.80万人计算）；收集评价《可疑医疗器械不良事件报告表》877份，达到每百万人口130份；发放和收集《药物滥用调查表》1533份；共收集评价《化妆品不良反应报告表》125份。

【基层基础建设】 市食品安全委员会及食品安全委员会办公室、基层食品药品监管所（市场监管所）延伸到乡（镇、街道），配备监管执法人员，在村（社区）聘请协管员、信息员，监管触角延伸到村（社区）。市食品药品监督管理局组织监管业务巡回宣讲培训，覆盖所有县乡监管机构。105个基层监管所完成能力提升项目、监管执法和快速检测设施设备购置项目建设。恢复重建市食品药品检验所，食品安全检（监）测项目通过验收合格投入使用，在全省首家通过国家实验室认证审评。3个农产品质量安全检测机构通过双认证，建成县级农产品检测站8个，乡镇检测室86个。加强基层快检体系建设，建成县级食品药品检验所2个，各基层监管所按照标准配备专门快检室、快检装备设备和快检技术人员，14个县（市、区）配备食品快速检验车。

【示范城市中期评估】 昆明市创建国家食品安全示范城市工作启动后，市食品药品监督管理局认真践行以人民为中心发展理念，紧紧围绕落实党政同责和创新监管体系抓创建，全市食品安全水平显著提升，没有发生较大以上食品安全事故。2018年8月27—31日，按照国务院食品安全委员会办公室创建工作部署，省政府食品安全委员会办公室组织评估专家组对昆明市创建工作进行中期评估，评估结果为达到标准要求。

【宣传监管】 加强科普宣传工作，积极对接合作新闻媒体，与《云南日报》《春城晚报》《中国食品安全报》《中国医药报》等建立良好合作互动机制。在《昆明日报》设立“昆

2018年10月18日，昆明市安全用药月启动
（市食药监局 供稿）

明市食品药品监督管理”专栏，充分利用云南电视台都市频道、昆明电视台、七彩公交、出租车顶灯、政务网站、新浪微博、微信订阅号等媒介，定期向社会发布有关食品药品监管动态、安全信息、科普知识。参加《春城热线》解答食品药品难点热点问题。组织开展食品安全宣传周、“问计于民”、食品药品安全“六进”“你点我检”“我执法你监督”、实验室开放日、中秋月饼监督抽查、安全用药月暨昆明市第十五届家庭小药箱清理等活动。通过宣传，普及食品安全知识，切实提高社会公众食品安全意识，营造人人关心食品药品安全、人人参与食品药品安全、人人监督食品药品安全的良好氛围。报请市委外宣办（市政府新闻办）批准备案，召开四次新闻发布会。市食品药品投诉举报中心共接处咨询、投诉举报信息1459件，接处率100%。

2018年7月17日，食品安全宣传周启动

（市食药监局 供稿）

【特色亮点】 开展食品安全“问计于民”大型问卷调查。2018年7月17日—8月16日，昆明市创建国家食品安全示范城市领导小组办公室在全市范围内开展食品安全“问计于民”调查。调查采用电脑端+手机移动端为主、纸质问卷为辅的形式，历经一个月时间，共收到有效问卷608370份。据不完全统计，昆明市食品安全“问计于民”调查活动是迄今为止全国参与人数最多、规模最大的食品安全“问政于民”活动。通过此次调查活动，为昆明市政府做好市民最关心、最关注的食品安全工作提供重要参考依据。同时，使百姓提升了食品安全综合治理能力、解决食品安全突出问题、维护人民群众“舌尖上的安全”的信心和决心，极大提升昆明市人民群众对食品安全满意度和对创建国家食品安全示范城市工作知晓率和参与度，为昆明市顺利通过创建国建食品安全示范城市验收奠定坚实基础。

组织开展食品安全“你点我检”活动。为进一步提升昆明市食品安全监管水平，促进食品安全监管工作更加贴近民生需求，充分发挥社会公众在食品安全监管中的参与和监督作用，结合昆明市民关注度较高的食品检测问题，昆明市食品药品监管系统主动作为，开展食品安全“你点我检”活动。年内市食品药品监督管理局组织“3·15”食品安全“你点我检”活动（市民参与食品安全“快速检测”）及“端午佳节执法部门邀您一起检验粽子”活动（市民参与监督抽检及实验室检测），县区食品安全监管部门结合实际，依托农贸市场快检室，开展常态化食品安全“你点我检”活动。通过活动，主动回应群众关切的问题，提升群众对食品安全的满意度。

健全完善餐厨废弃物管理。为进一步加强餐厨废弃物管理，规范餐厨废弃物收运处置行为，防止餐厨废弃食用油脂经过加工回流餐桌，切实保障人民群众饮食安全，昆明市采取有效措施切实加强餐饮单位餐厨废弃物监督管理。督促餐饮服务单位强化食品安全主体责任意识，坚持诚信守法经营，切实履行社会责任。建立健全并严格落实食用油等食品原料进货查验、索证索票制度。加大餐饮服务单位监督检查力度，严防餐饮单位从非法渠道购进食用油、使用“地沟油”加工食品以及重复使用餐桌废弃油脂行为。要求餐饮服务单位严格落实餐厨废弃物管理制度，与取得具备餐厨废弃物收运、处置合法资质的单位签订协议，并留存收运单位相关资质证件。指导餐饮单位建立餐厨废弃物收运处置台账，详细记录餐厨废弃物的种类、数量、去向、用途、拉运人等情况。以城区、农村和城乡结合部、旅游景区等餐饮服务业集中地区为重点地区；以小餐馆、火锅店和学校食堂、企事业单位食堂、建筑工地食堂等集体食堂为主要对象；以食用油采购渠道，索证索票，进货查验、餐厨废弃物收运处置合同及收运处置台账为主要内容全面进行清查。加强餐饮服务单位食用油脂监督检查力度，加大违法案件查处力度，依法追究问责。依法查处餐饮服务单位购买、使用废弃食用油；未建立餐厨废弃物台账管理、分类放置、日产日清制度；乱倒乱堆餐厨废弃物的餐饮服务单位。

（王丽娟）

审　计

【概况】 2018年，全市两级审计机

关完成审计和专项审计调查项目766个。查出违规问题金额147873万元，管理不规范金额2980606万元。审计发现非金额计量问题311个，被审计单位损益或收支不实问题金额37583万元。审计后移送有关部门处理事项57件，移送处理金额9071万元。通过审计，为国家增收节支105536万元。其中，上缴财政44423万元，减少财政拨款或补贴52044万元，归还原渠道资金9068万元，调账处理83707万元，核减固定资产投资额161085万元，为被审计单位挽回或避免经济损失51112万元。

市本级完成审计项目81个，查出违规问题金额78575万元，管理不规范金额2663202万元，被审计单位损益或收支不实问题金额17236万元，移送有关部门10件。通过审计，促进整改落实有关问题资金66746万元。其中，直接为地方财政和有关单位增收节支10039万元；调账处理20351万元；缴纳其它资金27427万元。审计后挽回损失191万元，核减固定资产投资额86369万元，提出审计建议272条，审计信息被批示、采用91条。

【财政管理和预算执行审计】 2018年，组织开展预算执行及决算草案审计，严格贯彻落实新预算法规定，满足人大对本级财政决算草案监督审查需要，促进提高决算草案编制真实性、完整性和规范性，提高决算草案编制质量。深入开展全市地税机关2017年度税收征收管理情况审计，对市县两级2017年度税收征收管理及税收政策执行进行联网审计，重点关注企业未申报纳税、已申报税款未纳税、发生股权转让后未缴纳个人所得税等情况。扎实开展市级一级预算单位预算执行全覆盖审计调查，对2017年市级49个一级预算单位预算执行情况进行全覆盖审计。根据数据分析比对结果，延伸调查28家市级一级预算单位。大力开展市级部门预算执行审计，对市文化广播电视体育局、市移民开发局2017年部门预算执行情况进行审计。开展2016年度市级事业单位财政财务收支审计调查，对市西郊安置所等15家事业单位2016年度财政财务收支情况进行审计调查。

【重大政策措施落实情况跟踪审计】 坚持创新审计方式方法，实行“N＋1”模式，加强重大政策措施落实情况跟踪审计与其他项目审计的融合，以促进经济平稳运行、健康发展和转型升级为目标，重点关注精准扶贫精准脱贫、“三去一降一补”任务落实、三大战略推进、区域协调发展、“放管服”改革、创新驱动战略实施等重大决策部署贯彻落实情况。同时，对昆明区域性国际中心城市建设推进情况进行审计。完成保障性安居工程跟踪审计、市本级财政部门组织预算执行情况审计等项目；完成对城镇棚户区、城乡危房改造及配套基础设施建设、地方政府债券资金管理使用情况、九大高原湖泊保护治理“十三五”规划实施情况等重大政策措施落实情况审计。

【脱贫攻坚审计】 先后出台《加强审计监督推动贫困县区财政涉农资金统筹整合使用的实施意见》指导性文件和《关于开展扶贫审计有关事项的通知》相关文件制定和实施，有效引导和规范县区脱贫攻坚审计工作全覆盖，对整村推进、产业扶贫、资金整合等方面存在问题，有针对性地进行整改，有效推进扶贫资金和项目监管。安排对寻甸县实施专项扶贫审计，促进规范资金使用、提高资金使用效益，助力脱贫攻坚任务及时完成。组织实施全市发展改革委员会系统2017年预算执行一条线审计，围绕脱贫目标，重点揭示反映易地扶贫搬迁项目建设和资金使用情况，推动切实解决“六类地区”群众脱贫问题。

【领导干部经济责任审计】 对16名市管领导干部实施经济责任审计，其中县（市、区）委书记3人、县（市、区）长3人、工业园区管委会主任1人、部门领导干部5人、国有企业领导干部4人。审计发现问题135个，查出主要问题金额2266060.23万元。其中：管理不规范资金2148740.49万元、违规资金117319.74万元；移送问题线索5件，涉案人数4人，涉案金额483.29万元。根据《云南省党政部门主要领导干部经济责任审计评价办法》，对被审计领导干部做出客观审慎评价。其中，14人较好履行经济责任；2人基本履行经济责任。针对被审计单位财政财务收支及资产管理等方面存在问题和薄弱环节提出审计建议71条。

【自然资源资产审计】 2018年，市审计局在市县两级范围内全面推开领导干部自然资源资产离任审计，共对22位领导干部实施自然资源资产离任（责任）审计。其中，县处级领导干部4人，乡科级领导干部18人。在审计中，探索创新审计方式，“引智借力”，通过政府购买服务方式，首次引入第三方专业机构——省地图院协助审计，运用测绘地理信息技术对审计区域内国土资源、林业资源、水资源、矿山生态环境治理进行审计分析，打破原来传统审计手段局限性，为筛查违规用地、矿山越界超规模开采、林地破坏、水资源污染等工作提供技术支持。审计发现问题77个，涉及问题金额22526.39万元。促进领导干部切实履行自然资源资产管理和生态环境保护责任，加强制度建设，持续推进生态环境保护和治理，推动昆明市生态文明建设。

【政府投资项目审计】 按照国家审计署、省审计厅对投资审计工作新要求，厘清投资审计边界，进一步加强和规范投资审计工作，增强投资审计权威性和公信力。把投资审计着力点转移到履行审计监督职责上来。重点对环湖南路古城段提升改造工程竣工决算审计、昆明市黄土坡至马金铺高速公路、昆明轨道交通首期工程分项工程等政府投资建设项目进行竣工决(结)算审计，着力揭示履行建设程序、决策管理、项目绩效、执行环保政策及落实中央“八项规定”方面问题，促进公共资金效益和效果最大化。完成竣工决(结)算审计项目16项，报审金额1597227万元，核减投资额86057.52万元，对33项政府投资建设项目进行跟踪审计，涉及金额9380993.75万元。

【国有企业审计】 为积极揭示国有资产管理中存在的问题，促进提高国有资本经营效益，切实加强国有企业和国有资本审计监督，做到应审尽审，有审必严。组织开展昆明云内动力股份有限公司董事长期间经济责任审计及昆明公共自行车服务系统项目专项资金审计，完成12家融资平台公司专项审计调查和市委交办对工业引导资金法律风险、政策风险提出建议的督办事项，向市委上报专题情况报告，完成《昆明市政公用企业的PPP模式应用分析及审计对策》课题结题工作。

【保障性安居工程跟踪审计】 按照审计署、省审计厅统一安排部署，组织市县两级审计机关对2017年全市保障性安居工程进行跟踪审计，主要对各县(市、区)政府及所属住房城乡建设、发展改革、财政等有关部门；对94个安居工程项目建设管理情况进行重点检查；并对486户农村危房改造家庭做入户调查。审计查出8大类共77个问题，其中，昆明市12个县(市、区)52个、滇中新区管委会25个。涉及安居工程目标任务管理、资金分配管理、资金支持和优惠政策落实、工程建设程序、工程建设管理、住房分配管理、住房使用和运营管理等方面。通过审计，推动中央决策部署和省、市各项政策贯彻落实到位。促进住房保障和供应体系健全完善，规范工程建设和资金管理；促进住房保障体系不断健全、保障人群规模不断扩大、保障房分配公平公正，维护人民群众住房保障权益。

【内部审计】 2018年，全市内审完成审计项目1823个。其中，财务收支审计658个、经济效益审计127个、经济责任审计249个、内部控制评价审计179个、信息系统审计37个、基本建设审计293个、其他内容审计280个。审计资金总额81264814.82万元，促进增收节支16566.02万元，提出并采纳审计建议2241条。全市内审机构有101个项目进行外包审计，完成审计总金额469154.81万元，外包审计项目提出并采纳审计建议176个。

【深化改革目标】 按照中央、省委、市委改革决策部署，对标上级要求、对接昆明实际，把全面深化改革作为全局工作重点。严格按照《市委全面深化改革领导小组2018年工作要点》《昆明市2018年度全面深化改革工作目标责任书》要求，加强组织领导，层层压实责任，抓关键问题、抓实质内容、抓管用举措，推动各项改革工作顺利进行。贯彻落实《昆明市关于完善审计制度若干重大问题的工作方案》，健全完善“双重管理、双重考核、双重保障”机制，增强审计监督整体合力和独立性。在编制管理、干部管理、审计计划、组织实施、结果报告、队伍建设、经费保障等方面按照省审计厅加大全省统筹力度要求，积极采取措施探索和推进审计管理改革工作，进一步加强对县(市、区)审计机关管理。严格贯彻落实《昆明市领导干部自然资源资产离任审计工作方案》，及时印发全市审计机关学习、掌握。将全市领导干部自然资源资产离任(责任)审计作为2018年度重点工作，在西山区、富民县党政4人主要领导干部经济责任审计时，同步开展领导干部自然资源资产离任(责任)审计，要求各县(市、区)审计机关至少安排开展一个领导干部自然资源资产离任审计项目。创新审计技术方式、借助外力，首次与省地图院达成服务协议，运用地理信息系统对领导干部履行自然资源资产管理和环境保护责任情况进行审计，极大突破审计专业极限性，真正提高自然资源资产离任(责任)审计效果。推进“加强审计监督和督查问责，建立政府举债终身问责、倒查责任机制”重点推进类深化改革工作。建立改革工作台账，强化督查职能，加大宣传力度，确保各项改革目标任务圆满完成。

【审计信息化建设】 制订和印发昆明市审计局《2018年计算机应用目标考核及责任分解方案》，代市政府办公厅草拟《关于报送审计所需电子数据的通知》，以数字化审计方式全面推进全市预算执行全覆盖审计。全年共收到84个预算单位和14家市属国有企业上报电子数据334GB，完成全市84个一级预算单位及下属347个单位1069套电子账套数据的采集、转换、清洗、入库，组织数据分析团队以数字审计方式对全市部门预算执行进行全覆盖大数据审计探索，并取得良好效果。做好计算机审计人才培养，全年争取4人参加审计署计算机审计中级培训，20人参加省审计厅计算机审计中级培训；积极联动，全力推进“金审三期”建设，完成财政联网审计系统现场实施，稳定推进系统建设。继续深化并完成审计管理系统“1拖15”信息系统运维任务，实现全市审计机关OA项目管理无盲区、AO应用管理全覆盖，加大计算机应用审计推广，提升人员信息化条件下审计能力。继续开展信息化条件下理论研讨，组织10个县(市、区)审计局和市局各处室内部课题研究。

(市审计局)

人力资源和社会保障

2019 KUNMING YEARBOOK

◆责任编辑 熊 英

综 述

【基本情况】 2018年，全市提供有效就业岗位15.30万个，城镇新增就业16.47万人，城镇失业人员再就业4.14万人，就业困难人员再就业3.69万人；累计建立高校毕业生就业见习基地670个，新增就业见习人数4289人，实名登记高校毕业生就业率始终保持在90%以上；“零就业家庭”保持动态清零；城镇登记失业率3.09%。全市新增市级新型创业创新孵化服务园区15个；新增确定达标农业创业示范村22个、农业创业园区13家、农业创业孵化基地4家。落实“三项贷款”扶持创业，发放创业担保贷款、小微企业贷款和“贷免扶补”贷款资金13.49亿元，带动就业3.92万人。

实施全民参保计划，织密扎牢社会保障网。年内，城镇职工养老、工伤、失业保险参保人数分别为165.42万人、110.75万人、105.80万人，城乡居民养老保险参保人数211.36万人，城乡基本医疗保险参保人数553.56万人（不含省直），各项社会保险覆盖率保持在96%以上。贯彻落实降费率政策，减轻企业运营成本，企业职工基本养老保险用人单位费率下调为19%，失业保险总费率下调至1%，工伤保险行业基准费率按国家基准费率45%执行，为企业减轻缴费负担估算约为17.36亿元。企业退休人员待遇实现14连调，累计发放企业离退休人员基本养老金（含医疗补助、丧葬抚恤补助等）113.25亿元。城乡居民基础养老金最低标准达到每人每月113元。“两险”合并顺利推进，生育保险参保人数由86.88万人增到116.37万人，启动“特殊慢性病”待遇支付扩大至零售药店试点，跨省异地就医直接结算定点医疗机构扩大到74家。

2018年5月11日，《昆明企业工资支付条例（修订）》听证会
（市人社局 供稿）

围绕建设区域性国际中心城市建设，狠抓人才培养引进。年内，全市共引进高层次紧缺急需人才268人，评审认定高层次创新创业人才引进工程项目13个；为1092人来昆明工作的外国人发放“中华人民共和国外国人工作许可证”。全市专业技术人才总量达到26.14万人，评审设立昆明龙津药业股份有限公司等3家单位为昆明市第七批博士后工作扶持站。全市培养高技能人才11191人，组织职业技能竞赛25场。积极探索公务员分类管理，全市计划考试录用公务员647人（实际招录502人）。计划面向社会和大中专毕业生公开招聘事业单位工作人员2441人（实际招聘2227人）。举办公务员初任、任职、理想信念等主体班次培训1916人。积极破解干部队伍建设难题，在24个市直行政单位和11个市直群团组织中开展科级正职全员竞争上岗试点，任用科级正职干部337人。完成293人计划分配军队转业干部安置，新增自主择业军转干部352人，组织培训军转干部534人。

加强劳动关系三方协调机制建设，全市3.50万户城镇企业与职工签订劳动合同，涉及职工84.85万人，劳动合同签订率达到98%。全市签订有效集体合同1.80万件，涉及职工149.43万人，集体合同签订率达到92%。严格落实治欠保支工作，全市共对7.09万户用人单位及职业介绍机构实施劳动监察，为2274人劳动者追讨工资2346.89万元。办理劳动人事争议案件7713件，调裁金额2亿余元。落实最低工资标准制度，调整一类地区最低工资为1670元/月。

实施“百企万岗”入昆计划和“百人出村、千人出县、万人出省”工程，全年转移农村劳动力17.90万人，实现转移收入26.21亿元，转移培训15.53万人次，其中建档立卡劳动力就业培训6.10万人次。开展主城区精准帮扶贫困地区农村劳动力转移就业，主城区共接收安置“一区两县”农村劳动力8024人，其中建档立卡6301人。全市建档立卡贫困人口348537人，实现城乡居民基本医疗保险和大病保险全覆盖，建档立卡人员门诊医疗待遇政策范围内报销比例达到80.56%，全市符合参保条件建档立卡贫困人口268731人，100%参加城乡居民基本养老保险。

【工资收入分配】 2011年8月，下发《昆明市关于进一步推进企业工资集体协商工作的实施意见》，不断完善工资集体协商政策体系。市级协调劳动关系三方相继出台《昆明市集体协商指引》《昆明市企业工资集体协商办法》等一系列文件，做好工资宏观调控，定期向社会发布各类职业（工种）工资价位。年内，按照不同行业类别在全市抽取1502户企业开展薪酬调查，获取15.70万名员工薪酬数据，经过数据合规性和合理性审核，在汇总分析数据基础上发布工资指导线和482个职业（工种）指导价位。转发《云南省人力资源和社会保障厅关于调整最低工资标准的通知》，将昆明市最低工资标准调整至1670元/月，小时最低工资标准调整为15元。根据云南省人民政府办公厅下发的《省人力资源社会保障厅　省财政厅关于调整机关事业单位工作人员基本工资标准和增加机关事业单位离休人员离休费三个实施办法的通知》，市委、市政府对此次工资调标工作进行布置安排，12月19日，由市人力资源和社会保障局会同市财政局召开全市机关事业单位工资调标工作会议，传达省级相关工作精神及要求，布置安排昆明市机关事业单位工作人员基本工资调整和增加离休人员离休费工作。通过云南省工资福利信息管理决策支持系统完成全市各机关事业单位工作人员基本工资标准的调整申报和审批工作。至年末，全市市级调标和增资工作圆满完成。一是调整基本工资标准和增加离休人员离休费完成审批136911人，人均月增资额360.92元，补发工资共28168.85万元。其中，机关（参公）单位在职在编人员45047人，人均月增资额305.01元，补发工资9122.21万元；事业单位在职在编人员91062人，人均月增资额312.69元，补发工资18791.78万元；离休人员802人，人均月增资额465.07元，补发离休费254.86万元。二是调整艰苦边远地区津贴标准完成审批45657人，人均月增资额45.84元，补发津贴5023.20万元。其中，在职在编人员调整艰苦边远地区津贴审批45484人，人均月增资额45.59元，补发津贴5003.50万元；离退休人员调整艰苦边远地区津贴审批173人，人均月增资额53.57元，补发津贴19.70万元。

劳动就业和创业

【就业创业】 2018年，昆明市始终坚持就业优先战略，实施更加积极的就业创业政策，确保就业局势总体稳定。年内，全市提供有效就业岗位15.30万个，完成年度目标任务12万个的128%；新增城镇就业16.47万人，完成年度目标任务12万人的137%；实现农村劳动力转移就业17.90万人次，完成年度目标任务15万人次的119%；实现农村劳动力转移培训15.53万人，完成年度目标任务15万人的104%；城镇登记失业率为3.09%，控制在省、市规定的4%以内。全市累计建立高校毕业生就业见习基地670个，新增就业见习人数4289人，完成年度目标任务的107.20%；实名登记高校毕业生14413人，就业率为92.08%。持续推进创业服务园区建设，全市新增市级新型创业创新孵化服务园区15个，完成目标任务的300%；推荐上报国家级创业孵化示范基地1个，认定省级创业园示范基地1个、省级创业孵化示范基地3个。全市经确认的钢铁煤炭化解过剩产能企业11户，涉及计划分流安置职工总人数216人。

【就业扶贫】 2018年，昆明市以东川区、寻甸县、禄劝县为扶贫主战场，以整乡整村推进为重点，以精准扶贫、精准脱贫为导向，围绕减贫、增收、摘帽三大目标，做实农村劳动

2018年7月15日，世界青年技能日主题宣传活动之厨艺展示
（市人社局　供稿）

力转移就业工作，对劳动年龄段内有劳动能力的贫困劳动力家庭100%保证有1人就业，100%保证有1人参加就业培训，100%推荐2个以上就业岗位。积极实施“百企万岗”入昆计划和“百千万”劳动力出昆工程，与用工需求较大且稳定性较强的津京冀、长三角、珠三角等地企业开展对接，掌握企业用工需求，收集岗位信息，先后与安徽滁州、湖南浏阳、山东烟台等10余个省市建立劳务合作关系，优选北京朝阳等10余个地区600余户知名企业为昆明市提供优质就业岗位31.20万个。开展主城区精准帮扶“一区两县”农村劳动力转移就业，及时为“一区两县”建档立卡贫困农村劳动力提供稳定性较强的就业岗位。

【创业帮扶】 优化创业环境，放宽市场准入条件、投资领域限制、注册登记限制、经营场所限制等政策，营造促进创业的良好环境。加强创业创新基地、创业孵化基地、创业园区、返乡农民工创业园、农业创业示范村等创业载体建设，为创业者搭建广阔平台。至年末，全市共建成国家级、省级青年大学生创业示范园24个，省、市级新型创业创新孵化园54个，市级“农业创业示范村”140个，园区孵化企业达到4421个，带动就业约4.60万人。落实创业项目扶持政策，在年内举办的“中国创翼”国家大赛中，选送的4个参赛项目全部被国家人力资源和社会保障部授予“全国优秀创业创新项目”称号，其中“野生羊肚菌驯化”荣获创业组二等奖，得到副总理胡春华和大赛领导充分肯定。全年累计帮扶创业担保贷款、小微企业贷款、“贷免扶补”贷款1.32万人，发放创业贷款13.49亿元，带动就业3.97万人。

【就业服务】 坚持以就业服务标准化试点建设为基础，紧密结合公共就业服务新规定、新要求、新举措和新技术，努力形成制度较完善、平台全覆盖、业务相关联、重点较突出的全方位公共就业服务体系。推进基层就业网络平台建设，整合全市公共就业服务资源，使全市每个县（市、区）都有一个统一规范的劳动力市场，所有就业服务项目都能在家门口得到“一站式”服务。规范全市所有县（市、区）公共就业服务场所标识标牌，统一公共就业服务流程16项，提高服务质量。整合就业失业登记和失业保险数据系统，杜绝劳动者在就业状态下享受失业保险补贴，确保失业保险基金安全。开发技能培训和创业培训信息系统，发挥手机智能终端、互联网等技术手段的作用，政府部门可以通过视频实时查看培训情况，实现对培训全过程信息化监控。通过实施再就业“政策实效”行动、落实社会保险补贴、公益性岗位安置等措施，促进3.69万名就业困难人员再就业，为全市10家化解过剩产能企业的209人计划分流安置职工提供就业援助。开发公益性岗位7139个，为16户企业的927人就业困难人员兑付社会保险补贴558.48万元，全市“零就业家庭”始终保持动态清零。

【失业保险】 充分发挥“保障生活、促进就业、预防失业”失业保险三位一体作用，做好支持参保职工提升职业技能工作。年内，为3968人职工发放技能补贴678.65万元；将享受稳岗补贴政策范围扩大到全市所有参保企业，共审核拨付稳岗补贴7797万元，稳定就业岗位25.14万个。继续执行失业保险缴费费率由3%下调至1%的政策，全年约少征缴失业保险费12.35亿元。做好失业保险待遇发放，全市参保单位4.31万户，参保职工达到105.8万人，按时足额为5.16万人失业人员兑现失业保险待遇4.52亿元。

【高校毕业生就业】 继续实施高校毕业生“千企万岗”计划，统筹实施各类基层服务项目，简化实名登记手续，完善高校毕业生实名制数据库建设。开展“民营企业招聘周活动”“公共就业人才服务进校园”、高校毕业生就业服务月、服务周等专项活动，促进高校毕业生多渠道就业。持续开展高校毕业生就业见习工作，至年末，全市新增就业见习基地78家，新增就业见习4289人。招募“三支一扶”高校毕业生到基层服务68人，举办各类高校毕业生就业专场招聘活动215场次，提供有效就业岗位16.50万个，促进1.90万余人各类毕业生实现就业。

【“双创”工作】 年内，成功组织“中国创翼创业创新大赛”昆明赛区活动，有13个项目成功进入全省比赛，有4个项目进入全国决赛，有1个项目获全国二等奖，3人创业者获“全国创翼之星”称号。举办第三届“春城创业荟”创业创新大赛活动，全市有829个项目报名参赛，45个项目荣获“春城创业奖”。组织12个经初赛选拔受资助的优秀大学生创业企业赴山东烟台参加全国首届“泛海扬帆大学生创业行动群英汇”活动，其中2个项目获得“金帆奖”、10个创业项目获得“银帆奖”。圆满完成“泛海扬帆昆明大学生创业行动”六期项目，共资助项目204个，年平均营业额2.07亿元，累计上缴税费370万元，带动就业2369人。启动“泛海扬帆昆明大学生创业行动”七期项目，全市共有798个创业项目资料通过网络审核，618个项目通过各县（市、区）和开发（度假、园）区初审，234个项目通过复审；经专家集中评审、公示等程序，最终确定给予202个创业项目资金资助，其中大学生创业项目组72个、小微企业创业项目组130个。开启全市2018年度市级青年（大学生）创业示范园区和市级新型创业创新孵化服务园区推荐申报，全市新增市级新型创业创新孵化服务园区15个，完成目标任务的300%。推荐上报国家级创业孵化示范基地1个，推荐上报14个创业园区申报省级创业园示范基地和省级创业孵化示范基地，其中1个创业园被认定省级创业园示范基地，3个创业园被认定为省级创业孵化示范基地。成功举办“2018春城创业论坛”活动，推进小微企业创业创新基地城市示范工作，共征集评审小微企业创业创新基地城市示范项目5个。依托昆明学院、昆明高级技工学校开展1000人昆明市农村户籍在校学生、农村青年后备电商人才实训。

劳动保障

【城镇职工养老（工伤）保险】 全面实施社会保险全民参保计划，织密扎牢社会保障安全网，社会保险覆盖面不断扩大。年末，全市参加城镇职工基本养老保险人数为165.42万人，完成全年目标159.84万人的103.50%。其中，企业职工为111.42万人，城镇职工参加工伤保险人数为110.75万人，完成全年目标109.47万人的101.20%；养老、工伤保险覆盖率分别达到97.20%、97%。推进实施全民参保，以脱贫攻坚“两个100%”和“零参保”群体为重点，鼓励中断缴费人员继续缴费，提高缴费人员占参保职工比重。做好网络从业人员、物流快递人员等新业态从业人员的参保扩面，实施“同舟计划”二期，巩固建筑业按项目参保成果，让更多人纳入社会保障范畴，全民参保登记总人数为701万人，各项社会保险覆盖率达到95%以上。制订《昆明市社会保险服务标准化项目试点实施方案》，申请试点项目专项经费10万元，搭建科学合理的标准化体系。初步建立从参保登记到基金征缴、待遇给付、个人权益、社会保险稽核、内部控制、基金管理等经办管理业务项目库，搭建由137项标准组成的社会保险服务标准化体系。指导县区经办机构逐步做实职业年金，加大机关事业单位相关政策业务培训力度。年末，全市机关事业单位参保人数为19.54万人，其中在职职工13.35万人、离退休6.19万人；征收基本养老保险费35.76亿元，职业年金11.19亿元。按照国家统一部署，连续14年上调企业退休人员基本养老金，全市38.80万企业和机关事业单位的退休人员参加增资调待。经过调整，全市本年企业退休人员人均月增加148元，平均基本养老金水平达到2666元，增幅5.89%；机关事业单位退休人员月人均增加179元，平均养老金水平调整后达到4737元。年内，全市发放企业离退休人员基本养老金105.92亿元，发放机关事业单位退休人员基本养老金34.52亿元，月均支付率为100%。积极推进建筑等高风险行业按项目参加工伤保险，全市共有1256个项目的27.90万人次参加工伤保险，其中交通、水利、机场等行业项目162个；新开工项目参保率到达100%，参保项目和保障农民工人数总量均位于全省第一。对2017年度工伤保险协议机构服务情况进行考核评估，签订2018年度工伤保险服务协议。通过严格审核减少过度医疗对工伤保险基金的浪费，实现连续3年工伤保险人均住院、门诊费用逐年下降。做好2018年省、市属企业退休人员移交属地社会化管理服务经费申报工作，申报省属企业退休人员移交属地社会化管理经费699.88万元、市属企业退休人员移交属地社会化管理服务经费409.30万元。对1814户、9.71万人开展社会保险费征缴实地稽核，对49.80万名享受社会保险待遇人员开展社会保险待遇支付稽核。对3498人进行核查，发现疑似重复领取基本养老金退休人员1629人、疑似重复领取城乡居民养老保险金9人、疑似重复领取基本养老金和城乡居民养老保险金304人、疑似城乡居民死亡冒领1057人、疑似城镇职工死亡冒领130人、疑似工伤保险死亡冒领369人。杜绝基金跑冒滴漏，确保基金安全完整，清理回收历年社会保险欠费1.45亿元。6月27日，根据人力资源和社会保障部、省人力资源和社会保障厅和省社会保险事业管理局相关要求，全市全面取消领取社会保险待遇资格集中认证工作，不再要求待遇领取人在规定时段到指定地点进行集中认证。贯彻落实国家和云南省降低企业实体经济成本相关政策措施，市人力资源和社会保障局联合市财政局出台《昆明市关于继续阶段性降低社会保险费率的通知》，继续实施企业职工养老保险阶段性降费率政策。年内，预计为全市企业降低基本养老保险费48067.36万元；同时按照文件规定，从5月1日起，全市范围内的用人单位凡按单位参加工伤保险的，工伤保险现行费率在2015年降低至国家基准费率90%的基础上再降低50%，按国家基准费率45%执行。通过补退、冲抵等方式，预计为全市企业降低工伤保险费13272.92万元，预计全周期（至2019年4月30日）可为企业减负1.80亿元。

【城乡居民养老保险】 2018年末，昆明市城乡居民基本养老保险参保人数211.36万人。其中，领取待遇人数52.63万人，被征地人员参保人数29.43万人、领取待遇人员17.77万人。印制63万份《昆明市城乡居民基本养老保险政策宣传资料》发送到各县（市、区）给参保人，内容涵盖建档立卡贫困人员代缴政策和城乡居民基本养老保险政策，引导和鼓励城乡居民提升缴费质量，抓实续保缴费工作。在2017年完成老农保与城居保制度衔接近80%的基础上，年初城居保各经办机构在全市开展摸底排查，对未合并的老农保参保人员数据全部导入信息系统，将老农保体外数据清零，实现“基金进专户、人员进系统”，妥善解决老农保制度衔接相关遗留问题。围绕“两不愁、三保障”工作目标，落实符合参保条件建档立卡贫困人员100%参加城乡居民基本养老保险。年末，全市建档立卡贫困人口中符合城乡居民基本养老保险参保条件人员为269851人。其中，已领待遇52677人，符合条件需要缴费217174人，核查比对参保率达100%。根据中央和省、市相关要求，对全市范围内所有符合条件领取城乡居民基本养老保险待遇条件的人员和所有符合领取重度残疾人养老补助条件的人员，自2018年1月1日起提高基础养老金待遇。其中，中央财政补助的基础养老金标准提高至每人每月88元，即在原每人每月70元基础上提高18元；省、市补助维持不变，昆明市基础养老金最低标准由之前的95元提高到113元；对年满55周岁、未满60周岁且未领取国家规定的基本养老保障待遇的重度残疾人，按照提高后的基础养老金标准领取重度残疾人养老补助，即每人每月113元。昆明市被征地人员基本养老保险自2018年10月1日起进行第5次调待，领取待遇人员在原有基础上每人每月增加50元。从2018年启动以来，参保待遇累计增发240元，全市月人均领待标准达422.69元。具体为：五华区、盘龙区、西山区、官渡区、安宁市、呈贡区、高新技术开发区、经济技术开发区、滇池旅游度假区、阳宗海风景名胜区（七甸街道）被征地人员基础养老生活费（分高中低3个档次）从每人每月380元、340元、310元调整为430元、390元、360元；晋宁区、宜良县、石林县、阳宗海风景名胜区（汤池镇、阳宗镇）被征地人员基础养老生活费从360元、320元、290元调整为410元、370元、340元；东川区、嵩明县、富民县、寻甸县、禄劝县被征地人员基础养老生活费从340元、300元、270元调整为390元、350元、320元。昆明市被征地人员基本养老保险待遇标准提高后，当期缴费标准随之调整至对应标准。

【城乡基本医疗保险】 2018年，结合建档立卡贫困人口100%参保及城镇职工生育保险与医疗保险两险合并实施等重点工作，加强对全市参保工作指导，落实进度，挖掘参保资源，参保扩面迈上新台阶。优化保险管理资源，增强基金共济能力，扩大生育保险保障范围。年末，全市城乡基本医疗保险参保人数达到553.56万人（未含省本级参保78.77万人），全市城乡医疗保险参保覆盖率达到昆明市户籍人口数的112.31%（2017年昆明市户籍人口为563万人）。遵循昆明市生育保险和职工基本医疗保险合并“保留险种、保障待遇、统一管理、降低成本”总体思路，实现参保登记、基金征缴和管理、医疗服务管理、经办和信息服务“四统一”，同时确保职工生育期间生育保险待遇不变。年末，全市生育保险参保人数达到117.53万人，享受生育保险待遇39532人次，其中享受生育保险待遇32771人次、实施计划生育手术6761人次；支付生育及计划生育医疗费用10592.27万元，其中生育医疗费10092.56万元、计划生育医疗费499.71万元；支付津贴64345.99万元，其中生育津贴62705.49万元、计划生育津贴1640.50万元。生育费用及津贴两项合计支出7.49亿元。按照国家和省级部署要求，积极推进异地就医直接结算，跨省异地就医直接结算定点医疗机构服务范围不断扩大，提供跨省异地就医直接结算的定点医疗机构从15家扩大到74家，新增59家，确保全市辖区内每个县（市、区）至少有1家乡镇卫生院接入国家跨省异地就医直接结算平台。省内异地就医直接结算医疗类别不断增加，实现全市城镇职工和城乡居民参保人省内特殊慢性病和特殊疾病医疗费用直接结算。年内，昆明市城镇职工参保人员累计登记备案人数17107人，其中省内13264人、跨省3843人。异地就医平台住院省内累计结算6454人次，费用总额5694.46万元，统筹基金支出4375.99万元；跨省累计结算964人次，费用总额2207.38万元，统筹基金支出1395.50万元。昆明市城乡居民参保人员累计登记备案人数2230人，其中省内1549人、跨省681人。异地就医平台住院省内累计结算1204人次，费用总额961.93万元，统筹基金支出457.94万元；跨省累计结算487人次，费用总额1327.88万元，统筹基金支出607.62万元。拟订开展特殊慢性病待遇支付扩大至零售药店试点工作方案，由市人力资源和社会保障局、市卫生委计划生育委员会、市食品药品监督管理局3部门联合发文。方案实施后，全市持有特殊慢性病就诊证的参保人员（合并有特殊疾病的暂不纳入）持医疗机构开具的处方到慢性病零售药店购药时可享受特殊慢性病门诊医疗费统筹基金支付待遇，支付标准与医疗机构标准相同。城镇职工医疗保险每个自然年度报销上限从2001年18.60万元增长到2018年的25.90万元，统筹范围内住院报销比例达到80.92%；城乡居民每个自然年度报销上限从2013年11.80万元增长到2018年的15.80万元，统筹范围内住院报销比例达到67.37%。

【医疗保险DRGS付费制度改革】 2017年3月28日，昆明市人民政府办公厅印发《昆明市医疗保险DRGs付费制度改革工作试点实施方案》，正式启动实施昆明DRGs付费制度改革工作。按照积极稳妥、先行先试思路，在医院自愿申请、专家全面评估基础上，2018年1月1日起，在2家三级医院（云南省第一人民医院、昆明市延安医院）、3家二级医院（呈贡区人民医院、宜良县人民医院、石林县人民医院）先行开展结算试点。至年末，5家试点医院城镇职工费用总额、次均费用、日均费用增长率同比分别下降4.79、4.59、2.2个百分点；城乡居民费用总额、次均费用、日均费用分别增长率同比分别下降5.38、4.62、2.47个百分点；城镇职工医保支付平均结余率为16.69%，城乡居民医保支付平均结余率为18.63%。DRGs付费试点工作开展近一年，付费办法运行平稳，住院费用增长幅度明显放缓，费用增长控制有效，定点医院医保支付有所结余，说明全市DRGs支付制度改革初见成效。

公务员和人事管理

【公务员管理】 2018年，昆明市计划考试录用公务员计划647人。其中，公安、森林公安定向从公安院校毕业生招录127人，从大学生村官中定向招录乡镇公务员48人，从村（社区）干部中定向招录乡镇公务员14人。参加省统一组织面向社会公开招录的公务员计划458人。其中，党群部门招录83人（含选调生6人，定向招录驻村3年乡镇公务员5人，其他党群部门72人），政府部门招录375人（含审计系统7人，公安、森林公安14人，其他政府部门354人）；市级机关招录61人，县区级机关招录268人，乡镇机关招录129人；招录硕士研究生学历22人，本科学历404人，大专及以下学历32人。另外，县、乡级机关有15个计划定向招录近3年来服务期满的四项目人员，有1个计划面向退役士兵士官，有16个计划定向招录少数民族考生（含12人彝族，3人苗族，1人回族）。经网络报名并缴费后，共有48210人报名通过资格审核并交费确认考试，报考人数比2017年多近1.5万人，平均报考比例为105.30：1，高于2017年的72.50：1；昆明市报考人数最多的岗位是晋宁区市场监督管理局市场监管综合管理岗位，招1人，有1158人报考。7月14—16日，在云南警官学院集中组织完成面试，3天时间共面试考生1044人。至年末，共办理502人录用手续。核定市级行政机关非领导职数7家，晋升非领导职务备案24人，晋升领导职务备案11人，领导职务转任备案27人，免职20人，晋升非领导职务13人。严格执行省委、市委组织部关于机构改革期间暂停干部任免相关规定，指导帮助各单位解决遗留问题，确保机构改革期间干部队伍稳定。按照省、市相关规定，规范管理评比达标表彰项目，收集全市2018年表彰奖励项目15个上报省委、省政府审批。严格控制评比达标表彰奖励推荐，完成17个先进单位、23人先进个人推荐工作。贯彻公务员奖励规定，规范全市公务员考核，做好市级行政机关各单位（部门）2017年年度考核为优秀的公务员嘉奖、记三等功审核备案工作。完成52家单位绩效考核备案，全市应参加绩效考核公务员31635人（不含工勤、市直党群部门），实际参加考核31411人。完成省第六届人民满意公务员和人民满意公务员集体实地考核工作，昆明市石林县纪委监察委被评为人民满意的公务员集体；安宁市城管局、官渡区人民法院荣立一等功；官渡区特警大队民警王海岗被评为人民满意公务员；西山区就业局张丽霞荣立一等功。印发《昆明市清理规范创建示范活动工作方案》，指导全市开展清理规范创建示范工作，依据文件规定对411个创建示范活动项目进行审核，经市委、市政府主要领导同意保留活动69个、合并活动2个、取消活动340个。开展市直单位科级正职领导干部全员竞争上岗试点工作，在24个市直行政单位和11个市直群团组织中开展科级正职全员竞争上岗，共任用科级正职337人，空缺岗位26个。结合《2018年云南省公务员管理工作要点》要求，开展公务员初任培训、任职培训、专门业务培训和在职培训等共计1678人，培养和造就一支政治素质高、业务素质精、工作作风实的公务员队伍。完成2017年719人新招录公务员（其中公安类246人、迪庆州9人）为期10天的初任培训。举办2018年昆明市“双基”公务员教育培训示范班，选取全市各县（市、区）乡镇、街道、一线执法和公共服务部门基层公务员及机关基础岗位的175人公务员进行培训，科学设置职业道德、依法行政、服务群众、保障民生、化解矛盾等方面培训内容。按照《省公务员局印发2016—2020年云南省行政机关公务员培训规划》要求，采取专题讲授、结构化研讨、现场教学、视频教学等方式对昆明市市级党政机关（含参照《中华人民共和国公务员法》管理单位）2017年新晋升为正、副科级领导职务以及2016年新晋升为正、副科级领导职务但因工作冲突未参加2017年任职培训的261人公务员进行任职培训，组织各县（市、区）科级非领导职务及以下128人公务员理想信念教育和职业道德建设培训。进一步提升公务员管理工作者职业素养和综合能力，组织市级行政机关人事处长、各县（市、区）人事工作分管领导或工作人员53人培训。配合省公务员局开展2018年国家公务员局对口培训——上海送教云南公务员发展能力提升（昆明）专题培训班，组织市人力资源和社会保障局和部分县区窗口、服务一线工作人员180人参加培训。配合省人力资源和社会保障厅做好送教下乡工作，在西山区、富民县开展2018年行政机关“双基”公务员培训示范班，培训人员400人。选派14人参加省人力资源和社会保障厅下达“少数民族公务员特殊培养班（第五期）”“云南省创新驱动与脱贫攻坚能力提升高级研修示范班”等省级调训。落实昆迪合作有关内容，选派9人迪庆州公务员参加初任培训，加强两地干部队伍交流和能力提升。

【事业单位人事管理】 2018年，昆明市政府机关所属事业单位计划面向社会和大中专毕业生公开招聘工作人员2441人。其中，市属单位计划招聘772人（党群系统23人、政府系统749人），县区属事业单位计划招聘1669人（党群系统18人、政府系统1651人）。至年末，全面完成各市属事业单位和县区公开招聘考试工作，为2227人办理聘用手续。根据省人力资源和社会保障厅指令性分配给昆明市事业单位定向招聘68名“三支一扶”“特岗教师”“西部志愿者”等4类生的计划，经笔试、资格复审、面试、体检，确定聘用人员30人。指导全市2018年3家事业单位公开选调工作人员15人。1881家次、10301人次通过“云南省事业单位岗位设置管理系统”办理事业单位岗位设置、岗位聘用变动、聘用变动认定审核事项，审核完成64家市属事业单位岗位设置。按照中央、省级安排开展机关事业单位、国有企业“吃空饷”问题专项清理整治工作，全市8家市属事业单位通过竞争上岗（民主推荐）聘任24人工作人员到科级领导岗位。按照昆明市人员调配相关规定审核把关，为72人市属事业单位工作人员办理调动手续。在全市范围内开展8期事业单位考试主考官培训，拥有涵盖事业单位各行各业的公开招聘（选调）考试考官4937人（含主考官928人），对全市89048人事业单位在职人员情况进行详细统计并上报省人力资源和社会保障厅。

【军转干部安置】 2018年，省下达昆明市295人计划分配军队转业干部安置工作。其中，团职干部27人，营以下及专业技术干部268人，随调配偶8人。综合考虑各单位编制数、历年接收数和单位性质、专业化程度等因素制定安置原则，团职军队转业干部不参加考试，继续执行带编带职数安置，主要安置在党政机关和参照管理的事业单位；营级及以下职务军转干部主要安置在公安、执法部门和参照管理的事业单位，无空编的单位不安排；对主动要求到企、事业单位（不含参照公务员法管理单位）工作的军队转业干部，可不参加考核考试，直接安置；随调家属根据本人身份实行分类安置。年内，共提供团职军转干部岗位35个；营以下及专业技术干部岗位301个。省、市统一组织符合在昆明市主城区安置的专业技术和营级（及以下）职务军队转业干部《行政能力测试》和《申论》2个科目考试。10月18日，在昆明人力资源中心组织召开报名大会，军转干部与接收单位双方见面，现场报名。26日，在市级行政中心新区会堂组织召开选岗大会，军队转业干部按照个人考核考试总成绩高低依次进行公开选岗。春节、八一期间走访慰问企业军转干部中的特困户，发放市级慰问金140余万元。年内，全市新增自主择业军转干部349人，随调配偶2人。年末，全市共有领取退役金人数为3045人，自主择业军转干部人均退役金8730.69元，确保每月将退役金按时、准确、足额发放到个人。督促指导各县区为2018年新接收安置的自主择业军队转业干部办理医疗保险参保手续，积极为自主择业军队转业干部申报医疗保险经费，全年共支出医保经费3480余万元。为2017年新增的458人发放住房补贴278余万元。在春节、八一节期间，为全市自主择业军队转业干部每人每个节日各配套100元慰问资金，2个节日市级财政共投入慰问金近93万多元。组织召开2018年自主择业军队转业干部一、二等功臣、行政师职干部和创就业先进代表座谈会，走访慰问重特病和住院人员。配合省军转办组织全市自主择业军队转业干部管理服务部门工作人员53人进行培训；开展自主择业军队转业干部参加清华大学网络课堂学习；组织2017年接收安置的458人自主择业军队转业干部报名参加网络课堂培训；开展2018年自主择业军队转业干部个性化培训，90人自主择业军队转业干部参加了中式烹调、珠宝玉石鉴定与营销和创业咨询师3个专业的培训，分2期组织2018年新增的352人自主择业军队转业干部开展创业就业及适应性培训。

人才队伍建设

【人才引进】 2018年，昆明市深入实施人才强市和创新驱动发展战略，积极引进高层次急需紧缺人才，统筹推进各类人才队伍建设，牵头拟定《“春城计划”青年人才专项实施细则》《昆明市“春城计划”春城首席技师专项实施细则》《春城青年拔尖人才专项实施细则》《“春城计划”高端外国专家专项实施细则》《昆明市“春城计划”高层次人才一站式服务暂行办法》5个政策文件，为来昆人才就业创业提供优质服务保障。年内，全市共引进高层次紧缺急需人才268人，与2017年同比增长8%。其中，博士79人，硕士153人，副高以上职称56人。新评审认定高层次人才创新创业项目13个，拨付2017年、2018年入选的26个高层次人才创业创新项目扶持资金1800余万元，项目涵盖大健康、生物医药、新材料等重点发展领域。加强人力资源服务机构管理和服务，做实2018年度人力资源服务许可证年检，对全市206家人力资源服务机构开展年检。梳理编写《设立人力资源服务机构办事指南》，建立人力资源服务机构诚信服务制度，云南高创人才服务有限公司、北京外企人力资源服务云南有限公司等3家企业获评全国人力资源诚信服务示范机构称号。结合《人力资源市场暂行条例》颁布施行及“设立人力资源服务机构及其业务范围”行政审批权限下放，按照省人力资源和社会保障厅开展人力资源服务机构“四进”宣传活动部署，邀请人力资源服务机构到经济技术开发区开展咨询服务和论坛，到东川区等县区开展现场招聘活动。

【外籍人才引进】 2018年，昆明市外国专家局实施引进国外智力、管理人才项目，完成列入国家、省级、市级专项经费资助计划引进国外专家项目42个，引进美国、加拿大、俄罗斯、瑞典、瑞士、西班牙、葡萄牙、捷克、澳大利亚、新西兰、日本等国专家130人。实施2018年引智成果示范推广基地和示范单位评审，评出契合国家产业政策及昆明市优先发展方向的引智成果示范推广基地2个，至此昆明市引智成果示范推广基地和示范单位增至14个。稳步推进外国人来华工作许可办理，承接省人力资源和社会保障厅、省外国专家局、省行政审批制度改革办公室下放的“外国人来华工作许可”工作，做好审批及服务管理，经省、市行政审批制度改革办公室同意，于3月将“外国人来华工作许可”下放五华区、盘龙区、官渡区、西山区、呈贡区人力资源和社会保障局，形成以市级为中心，片区为分点，全市联动、上下统一的业务服务体系，全年为1092人来昆明工作的外国人发放“外国人来华工作许可工作证”。其中，A类外国高端人才27人，B类外国专业人才882人，C类其他外国人员183人。开展2018年昆明市外国专家“春城友谊奖”初评，经专家会议集中评审及相关部门征求意见后，从昆明市延安医院等10家项目单位申报的多名外国专家中评定出9人专家作为“春城友谊奖”候选人，并上报市政府同意认定。做好出国（境）培训工作管理和指导，确保国家局下达的出国培训项目达到百分之百执行，完成省下达的8个出国（境）培训项目，培训81人。其中，审批类（有资助）项目4个，派出培训41人；审核类（专业技术类）项目4个，派出培训40人。完成2018年度中国国际化外语人才考试BFT培训，做好昆明市出国（境）备选人员储备工作，选派40人专业技术人员进行为期3个月的BFT培训，有33名学员参加全国统一考试。其中，6人达到BFT高级水平，16人达到BFT中级水平，1人达到BFT初级水平，考试通过率达到69.70%。

【人才服务】 2018年，组织完成中央及其直属机关录用公务员考试、云南省公务员考试、云南省二级建造师职业资格考试等指令性考试，考试人数达10.20万余人；分2批组织完成2018年昆明市事业单位招聘考试，考试人数达6.60万余人。拓展委托招聘领域，完成91家企、事业单位的社会化委托测评工作，组织进行笔试及技能测试95场70917人次；面试78场3703人次；抽调考官1945人次，工作人员3539人次；委托考试网上报名3.80万余人次；办理各类考试资格复审2600余人次；发放各类资格证书1万余本，考试工作水平走在全省乃至全国前列。落实就业登记，协调各县（市、区）人才就业公共服务机构共同做好2018年度高校毕业生登记（报到），共为12646人毕业生办理就业手续，发放“就业失业创业证”467本。组织企业开展校园引才工作，举办涵盖医药类、师范类、卫生类等领域毕业生、研究生双向选择洽谈会24场，提供近1000个就业岗位。做好离校未就业高校毕业生就业工作，对昆明市主城区577人就业困难高校毕业生的就业情况进行调查了解，通过人才市场一对一就业推荐服务，529人实现就业。加强档案规范化、标准化、信息化管理，全年共接收档案19062份，转出档案8975份，个人材料归档958份；签订单位及个人人事代理管理合同2113份，开具政审证明421份，接受人事代理综合业务政策咨询2万余人次；结合昆明市最新落户管理规定，加强与户籍管理部门业务对接，做好集体户落户申报及户籍资料管理，做实昆明市非公经济单位工程类初级职称评审，120人通过评审。组织企业赴新疆、南京、郑州、长沙、兰州等地参加第五届全国跨区域（春季）高校毕业生巡回招聘活动。3月14日，召开2018年首届卫生计生人才专场洽谈会暨第五届大中城市联合招聘高校毕业生（春季）巡回招聘会，提供3000多个岗位，现场求职人员达到6000余人次，满足不同层次人才求职需求。3月17日、25日参加省人力资源和社会保障厅牵头组织赴西安、上海开展高层次人才招聘活动，上报40家高质量企业，筹集岗位200余个。举办2018年全国高校毕业生就业网络联盟夏季联合招聘周活动，至年末，1.30万人次的信息进入人才信息库；成功举办和参与各类招聘会、交流会132场次，提供岗位5.02万余个，进场单位4627余家，进场人数6万余人次；发布现场招聘会信息4300余条，人才网发布各类招聘信息5500余条，昆明人才招聘考试网访问量达300万余次，为高校毕业生搭建招聘、就业双向沟通平台。流动党工团管理服务创新开展，实现党建资源集约化利用，分级分期分批组织流动党员参加培训，实现昆明市内流动党员进入党校集中轮训全覆盖。年内，完成10批次、1089人次党员的培训；每月定期召开一次流动党员专场招聘会，优先推荐流动党员中各类管理和技术人才就业，共有77人流动党员达成初步就业意向；中心流动党员党委接收47人的组织关系，转出156人的组织关系；管理流动党员1038人，出国党员217人。昆明人才中心服务大厅共受理群众办件总量36380人次，导台引导总次数27995次，按时办结率、现场办结率及群众满意度均达到100%，获得“云南省五一巾帼标兵岗”“昆明市和谐家庭”奖。

【专业技术人才】 做实职称评审，下发《关于开展2018年专业技术职称申报评审工作的通知》，对2018年专业技术职称申报评审工作进行安排部署，年内全市网上职称申报量达

48733人。其中，7407人申报中级职称，通过5956人，通过率80.40%；向省评委会推荐评审高级职称7887人，通过5020人，通过率63.60%。全市27人通过中级职称破格评审，专业技术人员达261385人。深化职称制度改革，明确对外语、计算机和论文不做统一要求，突出对职业道德和创新能力评价。突出对工作实绩考核，评审向基层一线倾斜。改进职称管理服务方式，下放中级职称评审权。市人力资源和社会保障局与市教育局联合下发《关于开展2018年昆明市教师系列专业技术职务评审工作有关事项的通知》，取消中小学教师系列中级职称市级审核环节，改为市级备案制。加强单位（行业）自律管理，全面实行“四公开两公示两报告一告知”（政策公开、标准公开、程序公开、结果公开，评前和评后公示，评前和评后向人力资源社会保障部门报告情况、评后向社会告知评审结果）制度。创新评价机制，提高职称评价针对性、科学性，打破户籍、地域、身份、档案等制约，拓展评价人员范围。在特殊人才中级职称破格评审中增加符合性面谈环节，对全市各级职称评审委员会实行清单式管理，向社会公布职称评审委员会目录。开展2018年度“国贴”“省突”“省贴”“市突”等高层次专业技术人才推荐选拔，全市共推荐9人参加全省“国贴”选拔、8人参加“省突”、11人参加“省贴”评审，最终有3人入选“国贴”评选，各有8人分别获得“省突”和“省贴”荣誉，评选“市突”50人；昆明龙津药业股份有限公司、昆明市林业科技推广总站、云南治邦科技有限公司3个单位经申报和评审成为昆明市第七批博士后工作扶持站设站单位。市人力资源和社会保障局会同市委组织部牵头起草《昆明市分类推进人才评价机制改革实施方案》并按程序上报市委、市政府审批，起草《昆明市“春城计划”高层次人才培养工程“春城青年拔尖

昆明市2018年副高级以上专业技术人员分类一览表

专业类别	副高级	正高级
高校教师	448	112
中专教师	377	
中学教师	8523	36
小学教师	7491	6
技校教师	22	
自然科学研究	29	14
社会科学研究	13	3
工程	2966	160
卫生	2399	673
农业	1125	28
经济	287	3
会计（审计）	152	4
统计	53	
档案	34	
新闻	21	
文物博物	40	
出版	3	
图书	177	9
工艺美术	1	
教练员	28	
翻译	1	1
播音	5	
艺术	133	12
律师	15	10
公证	5	1
实验技术	24	
小计	24372	1072
合计	25444	

人才”专项实施细则》报市委组织部（市人才办）审定。

【职业技能人才】 2018年，推荐高技能人才参加享受国务院特殊津贴选拔2人，全国技术能手候选人1人，享受云南省政府特殊津贴专家1人。年末，全市共有高技能人才26.12万人。其中，获得中华技能大奖1人，享受国务院、省政府特殊津贴15人；云岭首席技师33人，云南技能大奖2人，云南技术能手8人，云岭技能大师31人，云岭技能工匠79人；昆明名匠37人，昆明市突出贡献高技能人才40人，昆明市优秀技术能手420人。涌现出一大批以云南冶金昆明重工有限公司耿家盛、云南白药集团范志伟、云内动力股份有限公司秦选等优秀高技能领军人才，培养了以孙鸿雁、鄢赪为代表的世界技能大赛教练、裁判队伍。开展第一届全省技能人才评选，推荐参加评选人员涉及工业制造、服务业、民族民间各领域的高技能人才；推荐范志伟参加“国务院特殊津贴”评选；推荐秦选参加“云南省政府特殊津贴”评选；推荐鄢赪、范志伟等7人参加“云南省技能大奖”评选；推荐秦选、杨洋、付昆祥等48人参加“云南省技术能手”评选。在“云岭先锋网”“云南省智慧人才云平台”初核“万人计划首席技师”28人，审核并提交上报19人。年内，开展职业技能鉴定705场，参加职业技能鉴定99229人次；开展专项职业能力考核14426人次、初级工25241人次、中级工13204人次、高级工40681人次、技师4643人次、高级技师1034人次，鉴定合格76291人次，鉴定合格率76.80%。组织2018年度全市机关事业单位技术工人等级晋升考核，全市机关事业单位工人技术评定共有15个工种、797人报名参加培训，其中技师206人、高级工458人、中级工111人、初级工13人、复核9人。通过考试考核，759人具有职业等级任职资格，其中技师199人、高级工438人、中级工110人、初级工12人，合格率为95.23%。在全市征集2018年职业技能竞赛项目，全年共组织25场、111工种职业技能大赛，在第45届世界技能大赛全国选拔赛上，昆明市人力资源和社会保障局推荐的19名选手参赛项目10个，其中昆明高级技工学校蔺永康在烹饪项目比赛中荣获全国第一名、昆明云内动力股份有限公司郑棋元与队友云南技师学院杨志凯在移动机器人项目荣获全国第五名、2个项目3名选手成功晋级国家集训队。对全市251所民办职业培训机构（其中17所为2017年新增）进行年检，限期整改不合格培训机构2所，注销10所职业培训机构，民办职业培训机构在职教职工3050人，其中专职教师1803人、兼职教师2290人。全年培训学员181167人，比2017年度增加3116人，同比增加56.80%，其中劳动预备制学员6146人、失业人员10121人、农村劳动者88490人、在职职工45563人、其他人员30787人；结业人数153455人，其中取得初级职业资格74813人、中级职业资格20224人、高级职业资格9590人、技师资格1113人、高级技师资格1362人。全年实现就业人数92072人，办理换证职业培训学校15所，培养高技能人才7378人。与日照市人力资源和社会保障局加强交流，安排“技能中国行”大型竞技活动；继续与北京市朝阳区人力资源和社会保障局加强合作，推进昆明市与北京市朝阳区高技能人才培养，完成2018年度两地就业扶贫技能提升项目目标任务，开展“三个一”技能提升工程，推动跨区域技能人才培养共建，组织昆明市高技能人才及中职学校教师60人赴北京市朝阳区进行培训。由云南省人力资源和社会保障厅、昆明市人力资源和社会保障局、共青团昆明市委、昆明市总工会在昆明市新工人文化宫广场联合举办2018年“7·15”世界青年技能日主题宣传活动启动仪式，在宜良县城市愿景中心广场设立分会场，与主会场同时开展主题宣传活动。推行终身职业技能培训制度，率先在市属技工学校先行先试。利用名人名匠示范引领优势，建设高技能人才培养示范基地，孵化拔尖技能人才。全市建立职业技能鉴定所19个，职业技能鉴定考评员1000余人，开展职业资格考核鉴定职业（工种）45个，遍及全市分级管理的职业技能鉴定。在全市职业技能鉴定系统深入开展“减证便民”行动，凡没有法律法规依据的证明材料一律取消，职业资格证书遗失补办仅需要个人书面承诺方式即可办理。

和谐劳动关系构建

【劳动关系】 健全协调劳动关系三方机制，市本级及各县（市、区）均建立协调劳动关系三方联席会议制度、同级政府联席会议制度。成立由市政府常务副市长为主任的昆明市协调劳动关系三方委员会，定期召开联席会议。印发《昆明市人力资源和社会保障局等四部门关于进一步推动非公有制企业加强劳动合同管理的通知》，切实加强非公有制企业劳动合同管理。制定《昆明市人力资源和社会保障局规范农民工劳动用工管理专项行动实施方案》，广泛推行农民工简易劳动合同范本。在全市范围内推行劳动用工网上登记系统，优化服务指导，提高劳动合同签订率及履约质量。2018年度，全市城镇各类企业签订劳动合同3.50万户，涉及职工84.90万人，劳动合同签订率达到98%；全市签订有效集体合同1.80万件，涉及职工149.40万人，集体合同签订率达到92%。按照《关于开展云南省劳动关系和谐企业评价工作的通知》要求，制订《昆明市人力资源和社会保障局等4部门关于开展劳动关系和谐企业评价工作实施方案》，完成80户劳动关系和谐企业评价工作。对2006年以来被授予“云南省劳动关系和谐企业、园区”称号的83户企业和6个园区开展实地复验，建议保留荣誉称号企业77户、园区6家。化解全市煤炭行业过剩产能企业总计11户，经过各县区社保数据对比、用工凭证审核、实地考察等多种方式，涉及计划分流安置职工216人。至年末，全市煤炭行业分流安置率达100%。

【农民工工资清欠】 2018年，昆明市劳动监察机构通过开展日常巡查、劳动保障执法年审、受理群众举报投诉、参与处理群体性突发性事件以及开展清理整顿人力资源市场秩序和农民工工资支付专项检查等，对全市7.09万户用人单位及职业介绍机构实施劳动监察，涉及劳动者100.64万人次；处理举报投诉案件1106件，追发2274名劳动者工资2346.89万元，全市农民工欠薪案件数、欠薪金额、欠薪人数与往年同期相比明显下降。贯彻执行《关于全面治理拖欠农民工工资问题的实施方案》《关于进一步构建解决农民工工资拖欠长效机制的实施办法》，建立和完善责任落实、源头治理、工资支付监控、诚信激励和失信联合惩戒、部门联动处置5项机制，细化各级政府、行业主管部门责任分工，明确各自职责，形成治欠保支工作属地管理、分级负责体系。开展法律进企业、进校园、进社区活动，在建筑项目工地进行劳动保障维权“双公示”。连续7个月在农民工最集中的南坝人力资源市场举办针对农民工的普法宣传活动，为维护农民工权益营造良好氛围。推行差异化农民工工资保证金缴存制度，统一规范农民工工资保证金缴存、动用和退还办法，做到应缴尽收，及时退还。在全省率先试点第三方担保代缴农民工工资保证金，通过保证金与工资支付双担保方式，为23户建设单位总价74亿元的项目采取第三方担保方式代缴保证金1.40亿元，涉及农民工9300余人。出台的《市本级农民工工资应急周转金管理使用暂行办法》受到云南省解决企业工资问题联席会议办公室的高度肯定，要求全省各州市在制度创新中学习借鉴。至年末，全市应急周转金账户余额6300万元。实行诚信典型“红名单”和严重失信主体“黑名单”制度，把重大欠薪和严重违反劳动保障法律法规企业列入“黑名单”，年内有8件案件纳入重大劳动保障违法案件“黑名单”并向社会公布，让失信企业“一处违规、处处受限”。通过市人力资源和社会保障局门户网站向社会公布4批12个重大劳动保障违法案件，引导企业经营者增强依法用工、按时足额支付工资，引导劳动者依法理性维权。开展清理整顿人力资源市场秩序专项行动，对4户发布虚假招聘信息的用人单位责令改正，有效规范人力资源市场秩序，从源头预防非法招用工行为的发生。市劳动监察支队2018年度被人力资源和社会保障部办公厅、市场监督管理总局办公厅评为“全国清理整顿人力资源市场秩序专项行动取得突出成绩单位”。

【劳动争议仲裁】 坚持“快受、快立、快审、快结”原则做好劳动争议案件办理。2018年，全市共处理劳动人事争议案件7713件，涉及调裁金额2.02亿元；结案7742件，结案率达99.61%，其中通过调解方式处理劳动人事争议案件5133件，调处率为66.30%。坚持“预防为先、调解优先”方法，调解处理劳动争议案件人数663人。坚持快调快处绿色通道，将农民工争议处理程序“化三为一”，通过绿色渠道，处理多起劳动者投诉某区环境卫生管理处的争议案件，处理人数达439人。对集体、重大争议、农民工工资争议案件优先受理、优先开庭、及时裁决，最大限度地把矛盾纠纷解决在基层和萌芽状态。利用市人力资源和社会保障局门户网站、昆明人社手机App上传法律法规、仲裁法律文书、仲裁服务指南等信息，优化网上劳动人事争议调解仲裁法律法规宣传查询。与昆明市中级人民法院联合下发《关于加强劳动人事争议仲裁与诉讼衔接机制建设的实施方案》，建立劳动仲裁与劳动监察联动机制常态化，成功举办第一次联合培训，参训人数100余人。加强基层劳动争议调解组织建设，在134个直属事业单位、18户国有企业、21个商会、2个行业协会、129个乡（镇、街道）和5823户民营企业开展劳动争议调解组织建设和示范工作。

（周耀标）

2019 KUNMING YEARBOOK

农业农村工作

◆责任编辑　罗桂莲

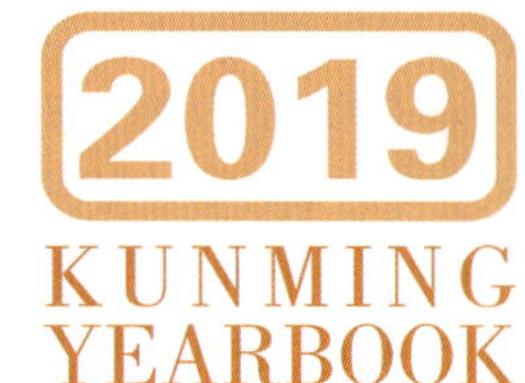

农业农村

【构建乡村振兴规划体系】　2018年，市委、市政府紧扣全面建成小康社会、加快建设区域性国际中心城市的奋斗目标，将脱贫攻坚与乡村振兴有机衔接，统筹推进农村产业发展、美丽乡村建设、生态环境保护、乡风文明提升、乡村社会治理等各项工作。及时组建昆明市实施乡村振兴战略领导小组办公室，办公室设在市委农办，负责统筹协调推进全市乡村振兴战略的实施。市乡村振兴办公室设置规划、产业、生态振兴等10个工作组，各组组长由市级相关部门实职副县级干部担任，工作人员从市级部门正科级以上干部中抽调了30余人，将成立乡村振兴工作领导小组和9个专项小组，在组织领导上形成“领导小组牵头抓总、专项小组积极推动、乡村振兴办统筹协调、各部门共同协作”的工作格局。强化顶层设计，构建乡村振兴规划体系。及时启动乡村振兴规划体系编制，围绕1个战略总体规划、1个空间规划和产业、人才、文化、生态、组织、农村改革、基础设施建设和公共服务保障提升、社会治理等8个专项工作方案，编制昆明市乡村振兴战略系统规划体系，《昆明市乡村振兴战略总体规划（2018—2022年）》和8个专项工作方案已上报待批。18个县（市、区）、N个乡镇（街道）、X个村庄的规划编制工作已经全面实施启动，富民县已完成规划并正式发文，主城五区及安宁、晋宁、东川、石林、嵩明的县级规划已完成初稿并向相关部门征求意见，其他县区规划编制工作有序推进。强化金融支持，构建乡村振兴多元投入机制。加大财政向“三农”倾斜力度，全市共筹措投入财政扶贫资金72.4亿元，重点向东川区、禄劝县和寻甸县3个贫困县区聚焦，积极推进贫困县财政涉农资金整合，市本级18项专项资金纳入整合范围，3个贫困县整合资金规模17.6亿元，整合后资金重点投向农业生产发展、农村基础设施建设等项目。强化示范引领，探索昆明乡村振兴模式。组织实施乡村振兴“十镇百村”示范创建工程，重点在城市核心区和功能区选点布局开展示范创建，着力打造一批优势独特的特色小镇和一批各美其美的美丽宜居乡村，通过抓点促面，串点成线，探索昆明乡村振兴发展模式。强化督查考评，确保任务落实到位。建立健全党政目标管理部门牵头，党委农村工作部门共同参与的市、县、乡三级乡村振兴督查考核体系。由市委目督办牵头，市委农办配合，制定2018年乡村振兴战略目标，纳入市级激励指标管理考核体系，每季度对工作推进中的问题进行通报，确保目标任务的完成。市委农村工作领导小组对乡村振兴战略工作任务进行了专门的分解立项督查，每季度由县（市、区）和相关部门报送工作进展情况，推动乡村振兴目标任务的落实。

【实施乡村振兴战略】　强化产业发展主抓手作用，突出“高原”“都市”“现代”3个昆明农业特色特征，现代农业产业体系、经营体系、生产体系建设取得新成效。现代农业产业体系建设加快。深入推进农业供给侧结构性改革，加快农业结构调整、转型升级，提高农业绿色化、优质化、特色化、品牌化水平，促进提质增效。花卉、蔬菜、水果、林木、农产品加工、中药材等9大特色产业发展迅速，综合效益不断提升。全年粮食总产106.50万吨；蔬菜总产量351.50万吨，外销量占生产总量的78.20%；畜牧业总产值134.36亿元；切花、切叶、切枝产量67.70亿枝，花卉园艺总产值186.80亿元；完成中药材种植面积22.90万亩，中药材农业产值21亿元。加快发展特色经济林果，实施特色经济林果建设14.50万亩，打造林下经济示范基地22个、森林庄园5个，林业产值同比增长16.30%，达到158.25亿元。

现代农业经营体系不断完善。大力培育农业龙头企业、农业专业合作社、家庭农场、种养大户等新型农业经营主体，把发展农业适度规模经营与扶持小农户结合起来。全市有各级农业产业化重点龙头企业507户（其中国家级8户，省级110户，市级336户、县区级53户），预计农业龙头企业累计销售收入800亿元；有各类农民专业合作社4347个。加快现代农业园区建设，市级10个重点现代农业园区产值达40亿元。都市农庄稳步增长，全市布局150多座，共审批81座，累计投资33.60亿元。农业社会化服务体系、基层服务组织体系、农村流通体系建设得到加强。截至10月末，全市供销综合服务社总数达到1777个，行政村覆盖率达90%。围绕高原特色都市现代农业发展和打造世界一流“绿色能源”“绿色食品”“健康生活目的地”，推动乡村科技振兴，加强农业科技创新和实用技术推广服务，全市建设试验示范基地8个，推广先进适用技术20项，培育农业科技示范主体25个。

现代农业生产体系能力提升。扶持发展生态农业、设施农业、体验农业、定制农业，不断提高农产品档次和附加值，拓展农民增收空间。建立健全从农田到餐桌的全程监管机制和体系，提升农产品质量安全水平。开展打造“绿色食品品牌”工作，全年“三品一标”产品申报企业37户，产品123个，新增“三品一标”农产品51个。粮油产品、畜产品、水产品、蔬菜水果等特色农产品加工业健康发展，前三季度，2018年全年农产品加工产值完成585亿元，增幅为8%。加快推进“互联网+高原特色都市现代农业”建设，昆明国际化农业博览会展中心初步建成，农产品精深加工中心、农业科技创新中心建设加快推进，有机农业示范中心、高原特色农产品重要集散中心、农产品信息及电子商务中心、农村一、二、三产业融合发展试点示范中心建设正部署推进。

【农村人居环境改善】 把农村人居环境整治作为实施乡村振兴战略的第一场硬仗，扎实推进。加快推进“森林昆明”建设。启动大规模国土绿化行动，以城镇面山、主要交通沿线、重点旅游区交通干线两侧、滇池面山等区域为重点，大力推进人工造林工程建设，新增人工造林20.79万亩，完成森林经营和新增造林56.14万亩，“五采区”植被修复3073亩。实施森林质量精准提升工程，完成森林抚育（含低效林改造）23.7万亩，提质增效11.65万亩，预计全市森林覆盖率49.56%。加强林业资源管护，建立5个林业系统管理自然保护区，4个国家级森林公园。深入实施农村“七改三清”行动。以农村生活垃圾治理、污水治理和农村公厕建设三大革命为重点和抓手，统筹推进农村“七改三清”，切实改善农村人居环境。年内，昆明市提升城乡人居环境工作综合排名全省第一，10个县（市、区）在全省综合排名中位列前10名；村庄生活垃圾治理，镇区生活污水治理、镇区自来水供水、新建户厕等多项指标排名全省第一。全市村庄生活垃圾收集处理覆盖率为100%；全市行政村、自然村污水有效治理分别为82.74%、60.37%；涉农乡镇改造提升公厕95座，行政村村委会所在地改造提升466座，农村卫生厕所建设完成3.54万座。乡镇集中供水实现全覆盖。大力开展农业清洁生产，实施农药、化肥零增长行动，推广测土配方技术、病虫害绿色防控技术、土肥一体化技术，畜禽规模养殖场粪污综合利用率达到87.27%，主要农作物秸秆资源化利用率达到89.05%以上，基本实现“一控两减三洁净”。

【美丽宜居乡村建设】 着手启动乡村振兴“十镇百村”和“千村”整治示范工程，力争用2—3年的时间打造一批乡村振兴示范点和样板。深入实施民族团结进步示范区创建工作，完成17个民族示范点的创建任务推进12个省级民族特色旅游村寨建设。在东川区、禄劝县、寻甸县78个贫困自然村开展深度贫困美丽乡村建设。加强传统村落保护，完成20个国家级传统村落保护发展建设规划编制工作。

【农村文化建设】 以完善乡村公共文化服务体系、优秀传统文化保护传承等为抓手，实施乡风文明行动，开展各类文明创建活动。建立市、县、乡志愿服务指导中心，村（社区）建立志愿服务站，采取言传身教和群众喜闻乐见的形式，宣传普及广泛开展扶贫救灾、敬老救孤、恤病助残、文化支教、环境保护、健身指导等志愿服务活动。发挥村规民约在规范乡村治理中的积极作用，村规民约建立覆盖率100%。持续开展最美家风家训、最美庭院、文明家庭等群众性精神文明创建。广泛开展文明村镇、文明家庭创建活动，全市累计创建144个市级以上文明镇村。实施文化惠民工程。完善县、镇、村三级公共文化设施网络体系，建设24个乡镇（街道）文化站、198个村（社区）基层综合性文化服务中心。创新传承发展优秀乡土文化和民族文化，加强非物质文化遗产传承和保护，全市有6人入选第五批国家级非遗代表性传承人名单，其中4人来自乡村。推进基层非遗传习馆（所）、非遗专题博物馆。充分发挥和延展文化馆（站）、文化室等载体作用。

【农村基层党建】 抓实农村基层党组织建设管理，推动村党组织晋位升级、达标创建，全市整顿提升168个软弱涣散党组织。深入实施农村党员带头致富、带领群众致富“双带”工程，全市434个贫困村专业合作社，有党组织覆盖的343个，引领带动贫困户4.92万户。健全完善村务监督委员会相关制度，抓好村民小组活动场所使用管理工作，全市1813个新建村民小组活动场所全部投入使用。建立“新时代党员群众讲习所”和“脱贫致富讲习所”，形成“党员经常受教育，群众长期得实惠”的长效机制。建成“云岭先锋”为民服务站1843个，实现乡镇、村综合服务平台全覆盖。实施农村“领头雁”工程。选优配强村级领导班子，全市共调整撤换贫困村党组织书记26名。在全市90个乡镇（街道）组建青年人才党支部，为“两委”换届提供人才储备。深入开展“万名党员进党校”加强党员干部培训。

【农村基层社会治理】 坚持自治、法治、德治相结合，不断完善乡村治理机制，构建和谐、安定有序的环境。在农村推进网格化服务管理，全市网格化服务管理覆盖率达到100%。加强群防群治队伍建设，全市共组建村社治保组织1872个，治保委员1.08万人，建立“春城治安志愿者”队伍22.50万人。推进平安细胞工程建设，全市共命名“平安家庭”（零家庭暴力）示范社区（村）557个。创新建立解决群众诉求“四级联动”工作机制，推动群众诉求就地解决。持续推进综治中心建设，建成1534个村（社区）为民服务站综治中心。深入开展“村霸”和慵懒滑贪“四类村官”整治，成立扫黑除恶专项斗争领导小组，坚持依纪依法从严从重打击。严肃查处侵犯农民利益的“微腐败”，确保农村社会充满活力、和谐有序。

【农村基础设施建设】 提升农村公路路网服务水平，在巩固建制村公路路面硬化100%成果的基础上，建设完成自然村通村公路建设1000千米，实现“建制村通班车率达99.24%”的目标。续建3件中型水库、10件小型水库建设工程，新开工建设3件小型水库，建设“五小水利”工程1.40万件，建设完成557件农村饮水安全巩固提升工程，累计巩固提升21.01万农村人口饮水安全巩固提升工程，持续推进中低产田地改造及高标准农田建设，完成中低产田地改造及高标准农田建设15.80万亩。加大农村危房改造推进力度，完成4类重点对象农村危房改造，计划任务开工建设3.35万户，全部竣工。全市农村行政村宽带通达率达100%。

【农村公共服务】 制定农村义务教育学校布局规划，实施村级幼儿园、义务教育学校标准化建设，乡村学校办学条件不断改善，农村地区教育教学质量稳步提高。全面加强农村医疗卫生体系建设，做实家庭医生签约服务工作，集中组织乡镇卫生院和社区卫生服务中心骨干进行专业技能培训。加快推进农村养老设施建设，启动建设30个居家养老中心，床位400张，完成4个民办养老机构建设，新增各类养老床位2000张。巩固完善城乡基本医疗养老保险制度，扎实开展农村劳动力转移就业工作，农村劳动力转移就业17.90万人，农村劳动力转移培训15.53万人。

【脱贫攻坚成效】 按照“两出两进两对接一提升”工作思路，建立完善全方位“挂包帮”格局，大力实施发展生产、务工增收、生态补偿、易地扶贫搬迁、发展教育、健康救助、兜底保障、农村危房改造和饮水安全保障9项攻坚措施，全市脱贫攻坚工作成效显著。全市10.60万贫困人口标注脱贫，预计贫困发生率下降至1%以内，寻甸县通过国家评估摘帽，获得国家脱贫攻坚组织创新奖，东川区、禄劝县贫困退出已按要求向社会公示，昆明基本消除区域性、整体性贫困，上榜全国小康城市100强。

【农村改革】 推进农村土地承包经营权确权登记颁证工作。截至10月底，全市调查承包农户数73.40万户，已确权家庭承包耕地面积565.76万亩，颁发经营权证书72.80万份，占调查农户数的99%。在富民县试点基础上，全面推进农村承包土地的经营权抵押贷款工作，截至2018年10月31日，全市累计抵押面积3496.87亩，发放贷款5486.34万元，抵押贷款投向农户3362.34万元，投向农业龙头企业1705万元，投向合作社419万元。推进农村集体产权制度改革试点工作。宜良县全国农村集体产权制度改革试点取得阶段性成效，集体经济发展壮大路径基本明晰，农村经济综合管理信息平台基本搭建，农民对集体资产各项权能得到保障，全年821个村已通过县级评估验收，全县增加农村集体经济收入6800多万元。富民县成功入列第三批试点县，积极推进房地一体农村集体土地确权登记发证工作及四级农村产权流转交易服务体系建设，晋宁、寻甸等6家城乡产权流转交易服务中心建成运营。推进林业水务综合改革，探索“企业＋专业合作社＋林农”的发展模式，集体林地“三权分置”改革深入推进，成为新一轮“国家集体林业综合改革试验示范区”，国有林场改革通过省级验收。探索创新农村水利建设管理体制机制，在富民县、晋宁区6个街镇农业水价综合改革试点基础上，全市完成农业水价综合改革面积25.82万亩。推进农村金融体制改革。积极推进农信社改制，组建昆明农村商业银行。开展以“三权三证”抵押融资为重点的“三农”金融服务改革创新试点，1—9月，全市“三权三证”农村抵押贷款余额36.99亿元。其中农村承包土地经营权抵押贷款8587万元；农村住房财产权抵押贷款1180万元；林权抵押贷款36.02亿元。

【“三农”工作存在问题】 “十三五”以来，特别是2018年以来，全市“三农”工作取得一定成绩，但还存5个方面的问题：

城乡基础设施建设和公共服务不平衡。昆明市既有先进的城区，也有落后的农村，无论水、电、路、气，还是教育、文化、社保、医疗，城乡差距比较大。

城乡的经济发展和收入差距不平衡。农村常住居民人均可支配收入增速连续7年跑赢城镇居民收入增速，但近5年的收入差分别是19081元、20929元、22657元、24184元、26090元，不仅没有缩小，反而是拉大。

农村区域发展不平衡。县区农村面貌差距较大，尤其是城市生态涵养区脱贫攻坚成效巩固任务还需持续发力。

组织化程度不高。农业经营主体组织化程度、就业组织化程度低，农产品精深加工不足，农业产业链条不长，产业融合度、集聚度不高。

乡村社会治理水平亟待提升。一些农村公序良俗失效、陈规陋习抬头，部分农村基层党组织软弱涣散。这些问题需要不断研究解决。

（市委农村工作领导小组）

农　业

【概况】　2018年，以实施乡村振兴战略为总抓手，以提高农业供给质量为主攻方向，持续推进农业供给侧结构性改革，优化农业产业体系、生产体系、经营体系，农业农村经济呈现良好发展态势。全年实现农林牧渔业增加值229.40亿元，可比增长6.30%；农村常住居民可支配收入1.49万元，同比增长8.70%。

【粮食产能小幅回落】　按照农普修订统计口径，2018年昆明市全年粮食种植面积337.20万亩，产量99.71万吨，产量与上年同期相比下降0.40%。结合昆明实际，推动粮食生产功能区划定，完成水稻50万亩、小麦30万亩划定工作，同时在石林县完成耕地轮作休耕试点1.50万亩。

【“菜篮子”农产品供应】　稳定蔬菜、畜禽等“菜篮子”产品供应。特色蔬菜生产方面，大力推进规模化、标准化生产，呈现面积、效益持续增长，产品质量稳步提高的良好发展态势，蔬菜种植面积163.80万亩，同比增长4.30%，产量300.80万吨，同比增长4.40%。山地牧业方面，全市出栏猪、牛、羊分别为280.45万头、21.23万头、96.68万只；家禽出栏4900.72万羽；肉类总产29.64万吨，同比增长5.70%；主要畜禽产品中猪肉产量19.99万吨，同比增长5.50%；牛肉产量2.13万吨，同比增长8.30%；羊肉产量1.61万吨，同比增长6.40%；禽肉产量7.89万吨，同比增长5.40%；禽蛋产量4.36万吨，同比增长7%。牧业增加值73.53亿元，可比增长5.20%。禄劝撒坝猪被认定为云南省特色农产品优势区。水产总产量4.10万吨，同比下降1%，渔业增加值5.08亿元，可比增长0.10%。

2018年昆明市主要农产品生产一览表

序号	主要农产品	完成情况
1	粮食	种植面积337.20万亩，产量99.71万吨
2	蔬菜	种植面积163.80万亩，同比增长4.30%，产量300.80万吨，同比增长4.40%
3	猪	出栏280.45万头
4	大牲畜出栏	出栏21.23万头，其中牛出栏21.15万头，马352头、驴296头、骡206头
5	羊	出栏96.68万只
6	家禽	出栏4900.72万羽
7	肉类总产	29.64万吨，同比增长5.70%
8	禽蛋总产	4.36万吨
9	水产品	4.10万吨
10	花卉	种植面积22.50万亩，其中最具代表性的鲜切花种植面积12.40万亩，切花产量57.60亿枝，同比增长4.40%
11	中药材	种植面积22.93万亩，产量2.19万吨
12	水果	产量26.10万吨

【农业重点产业区域布局】　推进花卉、林果、中药材等优势特色产业扩规模、调结构、上档次。2018年品牌花卉发展迅速，种植面积22.50万亩，其中最具代表性的鲜切花种植面积12.40万亩，切花产量57.60亿枝，同比增长4.40%。安宁八街食用玫瑰、晋宁花卉被认定为云南省特色农产品优势区，因花闻名的呈贡区斗南街道斗南社区被农业农村部认定为全国一村一品示范村镇。优化特色鲜果布局，全市优质水果产量26.10万吨，同比增长20.90%，形成以东川、寻甸、嵩明、禄劝、晋宁、宜良为主的“名、特、优、稀”小果种生产基地的优质果品产业布局。中药材产业发展迅速，完成重楼、黄草乌、三七（6.70万亩）、东川雪上一枝蒿、云参、石斛、当归、党参、黄精、附子、续断、金铁锁、白及、砂仁、木香、丹参等中药材种植22.93万亩，产量2.19万吨，产值21.30亿元。

【一、二、三产业融合发展】　以农业园区为载体，以都市农庄为抓手，石林县获国家2018年农村一、二、三产业融合先导示范区；2018年市级10个重点现代农业园区产值达40亿元。从2012年开始，全市共布局都市农庄150多座，已经审批的都市农庄81座（含2018年批复的13座），累计完成投资39.90亿元，其中39.36亿元来自于民营资本。

【特色农业金融保险】　落实《昆明市地方性特色农业保险试点工作方案》，开展马铃薯种植保险和能繁母羊保险试点。2018年，签单保费共1401.68万元，小春马铃薯投保1.24万亩，大春马铃薯投保10.20万亩，能

2018年10月12日，第十六届农交会暨第十四届昆明国际农博会开幕
（市农业局　供稿）

繁母羊投保46.25万只，应赔款合计2546.79万元（赔付率181.70%），为5.65万户农户（其中建档立卡贫困户1.49万户）提供风险保障4.67亿元。

【农业设施装备体系建设】　年内，推广以玉米、马铃薯地膜覆盖为重点的抗旱节水节肥粮食高产综合配套技术112.60万亩；加快推进农业机械化，全市各类农机具拥有量达到44.60万台（套），农机总动力达到330.30万千瓦；主要农作物耕种收综合机械化指标率51%。2018年，昆明市创建为省级“平安农机”示范市，晋宁区、安宁市、阳宗海风景名胜区创建为国家级“平安农机”示范县。

【科技创新推广】　2018年，在4个县实施基层农技推广体系改革与建设补助项目，补助资金224万元。全市建设试验示范基地8个，推广先进适用技术20项，培育农业科技示范主体25个。推荐申报云南省2017年农业科技推广奖10个项目，经省级评审获一等奖1项、二等奖2项、三等奖5项。获得省级认定农业主导品种和主推技术8个品种、4项技术；推进“智慧农业”发展，在富民县百花山庄及昆明市农业科学院试验基地建设物联网示范基地210亩，在云南凯普农业投资有限公司五华区西翥街道700亩蔬菜生产基地开展高品质农产品的标准体系及农产品质量追溯二维码运用体系建设，在云南三江并流农业科技股份有限公司研发《三江并流互联网＋肉牛智能化云养殖系统》，在昆明易莱农场农产品有限公司东川区红土地镇300亩有机蔬菜种植基地推广农业物联网运用。

【农业标准化生产】　2018年，“三品一标”产品申报企业37户，产品123个。其中无公害农产品企业26户，62个产品，面积902.85公顷；绿色食品企业9户，37个产品，面积1.78万公顷；绿色食品生产资料标志企业1户，产品23个，产量2.10万吨；石林人参果获得国家地理标志产品认证，以种植人参果为主导产业的石林县西街口镇被农业农村部认定为全国一村一品示范村镇。粮食作物高产创建37片计38.60万亩，创建3个省级畜禽标准化示范场。

【农产品质量安全监管】　全市主要农产品质量安全合格率均保持在95%以上。2018年开展主要农产品质量检测4478批次，综合合格率99.41%。其中畜禽产品3173批次，合格率100%；种植类产品检测933批次，合格率97.64%；水产品372批次，合格率98.92%。农残快速检测4.36万批次，合格率99.54%，对不合格样品进行溯源追查。围绕农兽药残留、非法添加、违禁使用、制假售假等突出问题，针对重点时段、重点区域、重点产品和薄弱环节，开展农药及农药残留、“瘦肉精”、兽用抗菌药、生猪屠宰监管、“三鱼两药”、生鲜乳质量安全、农资打假等开展7个专项治理工作。全年共出动执法人员1.06万人次，整顿市场1498个次，检查生产经营企业9869个次；受理举报案件3件，查处问题98起，查获数量192.60千克，货值金额10.83万元；立案14件，办理结案10件，移送司法机关2件。

【动物疫病防控】　2018年，按惯例在春秋两季开展高致病性禽流感、口蹄疫等重大动物疫病集中强制免疫工作，全市高致病性禽流感免疫禽类7874.65万只，口蹄疫免疫941.95万头，猪瘟免疫464.87万头，高致病性猪蓝耳病免疫460.16万头，鸡新城疫免疫5716.14万羽，小反刍兽疫免疫羊147.88万只，重大动物疫病应免密度达到100%，抗体合格率达到70%以上。全市117个产地检疫报检点，全部实行检疫电子出证，产地检疫覆盖面达100%，产地检疫申报受理率100%，全市入场生猪屠宰的生猪附有检疫合格证明并佩戴耳标达到100%。2018年全市屠宰检疫生猪215.80万头，抽检屠宰场生猪尿样1.19万份，未检出阳性样品，屠宰检疫率达到100%，对检出的4070头不合格生猪进行无害化处理。同时，全市在五华、富民、宜良、禄劝、嵩明、寻甸、东川、石林、空港9个县区19个乡镇成立21个动物防疫专业合作社。

【非洲猪瘟防控】　2018年8月，非

洲猪瘟疫情首次传入国内，11月16日，在呈贡区鸿腾屠宰场例行监测中排查出疫情，立即采取封锁、扑杀、消毒、无害化处理等处置措施，于12月29日零时解除封锁。全市各级各部门高度重视，严格落实监测排查、生猪调运监管、防控宣传培训、疫情应急处置等综合防控措施。累计出动7773人次现场宣传，发放4.69万份宣传资料，发布各类网络宣传信息961条，在市场等场合悬挂标语154条（幅），发布各类新闻报道79次，广播播放254次，在社区等场合制作宣传黑板报120幅（面）。全市同时启动省际公路、高速公路、市内普通公路132个联合检查卡点，检查过往车辆9.40万辆次，现场处理542起。迅速推行生猪运输车辆备案制度，全市完成运输车辆备案3116辆，其中安装GPS跟踪定位仪的73辆。邮政、交运、公安、农业等部门和乡（镇、街道）紧密协作，与物流企业签订责任书，加强宣传和巡查，网购生猪问题得到控制。从8月初对生猪定点屠宰场点进行专项整治，4家屠宰场（点）进行停业整顿。对规模养殖场、屠宰场、无害化处理场等开展疫情监测排查，全市各级农业部门累计排查场点数量合计391.68万户次、排查生猪5909.44万头次，开展非洲猪瘟病原学监测1014份。

【农业生态环境保护与治理】 2018年，完成农村省柴节煤炉灶推广1.10万台，太阳能热水器7421台，秸秆还田126.27万亩，饲料化利用36.40万吨，畜禽粪污资源化利用量780.79万吨；全市农作物秸秆资源化利用率达85%以上，畜禽粪污资源化利用率89.66%。完成禁养区划定修订工作，关闭或搬迁禁养区内规模养殖场78家。完成滇池流域及补水区测减肥减药项目，测土配方34万亩，绿色防控技术示范面积1.80万亩；加强农用地土壤污染防控，完成三大重点区确认登记18个，涉及东川、寻甸等6个县（市、区），总面积为81.60万亩（其中耕地面积7.73万亩），总人口约21万人（其中农业人口13.33万人）。在全市水稻种植区域进行水稻土采样131个、协同监测104个、完成300个国控监测点位设置监测工作，基本形成农用地土壤环境监测能力。

【第二次全国农业污染源普查】 农业污染源普查涉及种植业、畜禽养殖业、水产养殖业、秸秆、地膜、移动源6个方面，2018年，完成全市规模以上畜禽养殖业3013户的全面调查；全市14个县、20类种植模式、609个典型地块调查；畜禽养殖业590户、地膜120户、秸秆120户调查；寻甸县75个地膜样品采集、石林秸秆5种作物50个原位监测的采样工作。

【新型农业经营主体】 2018年，新增市级农业龙头企业43户，全市共有各类农业龙头企业507户，同比增长5%（其中国家级农业龙头企业8户、省级农业龙头企业110户），销售收入上亿元的农业龙头企业84户。新增农民专业合作社426个，入社率达25.70%以上，至2018年底，共有农民专业合作社4162家（其中国家级示范社17个、省级示范社113个、市级示范合作社155个），成员总数达20.59万人。新审批13座都市农庄，组织申报家庭农场59个，全市累计家庭农场达170个。全市完成新型职业农民培训2943人，全市新型职业农民达9120人。

【农产品交易】 2018年10月11—15日，在昆明滇池国际会展中心筹备举办第十四届中国昆明国际农业博览会。以“绿色发展、幸福生活”为主题，主会场设置8个展馆，3200个展位，展览面积8万平方米，参展企业2800余户。19个国家、地区，云南省各州市，以及国内16个省市参加展示，超过38万人次公众前来参会，实现现场销售额近4000万元，直接拉动经济效益3亿元。展会期间招商签约项目32个，签约金额达241.28亿元。现场洽谈签订购销合同475个，合同金额2.10亿元；现场洽谈意向性合作协议964个，协议金额6.82亿元。同时在昆明呈贡区斗南国际花卉产业园设花卉展销专业分会场，在昆明市嵩明县“晨农农博园”设置生态农业种植实体展分会场。此外，组织参加全国相关农业展会，先后组织参加2018北京朝阳国际风情节、第六届成都农博会、第八届乌鲁木齐国际食品餐饮博览会、第五届南亚博览会暨第25届昆明进出口商品交易会、第26届广州博

第十四届昆明国际农业博览会优质农产品颁奖现场

（市农业局　供稿）

览会、2018年云南高原特色现代农业（上海）推介活动等20多场农业展会活动，并利用外出参展机会开展招商引资走访工作。2018年共落实招商签约项目4个，签约金额197.60亿元。

【土地承包经营权颁证】 2018年，昆明市国土“二调”面积646.70万亩，涉及106个乡镇（街道）1248个村（居）委会10，165个村（居）民小组，全部部署开展农村土地承包经营权确权登记颁证工作，截至2018年12月底，全市实测地块面积701.60万亩；调查承包农户数73.43万户；确权家庭承包耕地面积564.60万亩；颁发经营权证书72.80万份，占调查农户数的99%。

【土地承包权抵押贷款工作】 2018年，在富民县试点工作基础上，全面推进农村承包土地的经营权抵押贷款工作，累计进行农村承包土地的经营权抵押贷款登记356户，抵押面积3496.87亩，金融机构发放贷款356笔，共计5486.34万元。

【农村集体产权制度改革】 宜良县2017年列为国家级试点，2018年全面完成改革任务，富民县2018年列为国家级试点。全市完成清产核资账面资产总额17.36亿元，其中经营性资产3477万元，核实资产总额28.18亿元。完成成员认定112个村、823个组，认定成员33.38万人。落实2019年市级财政经费1800万元。

【土地承包权流转】 据农经年报统计，2018年，农村土地承包经营权流转面积进一步扩大，全市家庭承包经营农户数72.53万户，家庭承包经营的耕地面积257.97万亩，家庭承包合同份数70.42万份，颁发土地承包经营权证份数66.36万份。家庭承包耕地流转面积124.26万亩，占家庭承包经营耕地面积的48.17%。

【产业发展助推脱贫攻坚】 2018年，加快推进东川区、禄劝县产业发展脱贫攻坚，不断巩固寻甸县产业脱贫成效。昆明市3个贫困县（区）农村常住居民人均可支配收入均同比增长9.30%以上（东川区、禄劝县、寻甸县增幅分别为：9.50%、9.40%、9.30%），均高于全市增长8.70%的平均水平；集体经济收入全部达标，产业发展覆盖率达100%，产业扶贫取得明显成效。2018年投入3个贫困县（区）中央、省、市项目资金共3.26亿元，其中市级资金9069.51万元。推进产业扶贫全覆盖，在3个县（区）培育新型职业农民850人；新建农民专业合作社40个。推广“党支部＋龙头企业＋农民专业合作社＋建档立卡贫困户”产业精准扶贫模式。寻甸县遴选帮扶企业187户，户均增收1200元以上。东川区8个乡镇146个村（社区）2.62万户贫困户与128个新型经营主体建立利益联结机制，确保贫困户实现稳定收益。提高产业扶贫成效，精准选择“一县一业”主导产业，重点推进寻甸县云岭牛、功山羊、苗鸡、马铃薯，东川区小江流域干热河谷区农业产业科技园、中药材、畜牧业，禄劝县中药材、农产品特色物流体系建设、核桃、板栗、青花椒提质增效10个特色产业项目。2018年，在东川、禄劝、寻甸3个县、区高产创建12片12万亩；完成中药材种植13.39万亩，带动农户6.94万户，其中贫困户2.05万户；实施稻渔综合种养9458亩，带动贫困户1361户；寻甸、禄劝两县完成烤烟种植22.60万亩，带动贫困户6055户2.42万人；三县（区）完成特色经济林果建设11.50万亩，带动贫困户6230户2.18万人。推行农业科技扶贫，支持寻甸、禄劝、东川3个县区40个乡镇、504个村委会实施畜牧产业科技扶贫保障体系建设，项目总投资1309万元（其中市级承担1047.20万元，县级承担261.80万元），提高扶贫质量。

【创建绿色食品品牌】 2018年，在云南省“十大名茶”“十大名花”“十大名菜”“十大名果”“十大名药材”评选中，全市有13个品牌获表彰，分别是花卉7个，蔬菜3个，茶叶1个，水果（坚果）1个，中药材1个。在“十大名花”评选中，本市2个花卉品牌位居第一、第二名。5户企业获评“10强企业”，4户企业获评“20佳创新企业”。全市获评品牌、企业共计22个，占全省80个的28%，共计获得奖金1660万元，占全省的32%。

【农业“放管服”改革】 承接省级下放（委托）共10项事项，对所有17行政审批事项进行梳理，完成办事指南和业务手册的编制工作。梳理出下放审批事项1项，完善现场勘测申报点，方便群众就近办；对常年无人申办的“渔业船舶及船舶用品检验”等3个事项申请冻结；梳理出“最多只跑一次”事项4项、“网上办”事项1项。全年办理行政审批事项39项，咨询事项185件，在承诺时限内办结率均达到100%。

【“庆改革，贺丰收”系列活动】 2018年，开展以“庆改革开放40年、贺‘中国农民丰收节’”为主题系列活动，采取“1（1个主会场设在宜良县）+N（若干系列活动）”模式进行。主要开展优质农产品推荐品鉴、强农惠农论坛、昆明市农业改革开放40年成就征文和图片展，手机摄影比赛等活动，充分发挥农民主体作用，突出地方民俗特色，弘扬农耕文化，展示昆明市农业改革发展成就。

（刘成玉）

林　业

【概况】 2018年，全市林业系统深入贯彻落实总书记习近平生态文明思想和十九大精神，全面总结改革开放40周年林业改革发展成果，坚持“绿

寻甸县清水海水源区自2002年退耕还林后建成的林区
（市林业局　供稿）

水青山就是金山银山”理念，按照市委、市政府关于生态文明建设和林业工作的部署要求，以生态保护和修复为主线，狠抓措施落实，加快推进“森林昆明”和生态安全屏障建设。生态建设取得明显成效，完成营造林56.14万亩，超过市委、市政府确定年度目标50万亩的12个百分点；林业产值同比增长16.50%，达到158.44亿元。

年内，争取中央和省级财政林业资金4.55亿元，完成本年度目标的101%；下达市级项目资金2.808亿元；落实2017年度林业贴息贷款项目28个贷款金额2.12亿元、财政贴息资金490.91万元，保障林业事业发展。

【生态环境改善】　林业资源管护全面加强，天然林生态功能逐步恢复。已建立6个林业系统管理的森林生态或野生动物类型的保护地，4个国家级森林公园。全市大部分保护价值较高、集中连片、面积较大的自然生态系统和野生动植物分布区域得到有效保护，初步形成分布较合理的保护体系。据调查，全市有陆生野生动物460种，锦鸡、白鹭、野猪、松鼠等野生动物数量明显增多，并列入野生动物肇事补偿种类，近3年红嘴鸥数量都稳定在4万只左右。古树名木得到有效保护管理，全市共保存有古树名木58563株。国有林场、森林公园、自然保护区管理更加科学规范。全市14个国有林场均列为生态公益型林场，林场森林覆盖率平均达到70%，森林蓄积量贡献率占全市5%以上。寻甸钟灵山、石林圭山、西山棋盘山国家森林公园按总体规划有序推进建设，森林资源得到有效保护。保护区依法保护有新进展，《昆明市轿子雪山保护和管理条例（送审稿）》经市人大常委会一审审议通过。落实自然保护区管理责任制，启动双河磨南德省级自然保护区申报工作。轿子山国家级自然保护区一期基础设施及能力建设、寻甸黑颈鹤省级自然保护区管护所（站）项目建设竣工，完成国家级和省级保护区勘界定标工作，寻甸黑颈鹤保护区核心区退耕还湿535亩。

湿地生态系统得到保护和恢复，实行湿地总量控制、用途管制制度，实施湿地保护修复3年行动计划，制订《昆明市贯彻落实湿地保护修复制度的实施方案》，编制《昆明市湿地保护与修复实施规划（2018—2020）》，成立昆明市湿地保护专家委员会。完成6块一般湿地认定的外业工作，配合开展省级重要湿地认定5块。湿地保护率稳步提高，昆明市的生态环境持续改善。各级投入森林生态效益补偿资金1.586亿元、天保工程项目资金5461万元。

【森林督查】　按照上级林业主管部门的统一部署，首次应用遥感技术，通过卫星影像图比对，组织开展以森林资源监测全覆盖、核查全覆盖、执法全覆盖为主要内容的森林督查工作，对全部森林、林地、林木实施全面监测，对破坏森林资源行为进行严厉查处。国家、省林草局通过对截止2017年底的昆明市卫星影像图比对，发现昆明市疑似破坏森林资源图斑共6839个，涉及面积8089公顷。经各县（市、区）林业部门现地核实，发现存在违法问题图斑570个，其中国家级图斑158个、省级图斑412个。对于森林督查期间发现的违法破坏森林资源线索，移交森林公安机关图斑182个（其中国家级70个、省级112个），森林公安机关依法查处101个（其中国家级42个、省级59个）。林业部门监测能力的提升，逐步解决了森林资源监管“被动式发现、运动式查处”的状况，履职能力及监管督查执行力得到提高。

按照“一案双查”的原则，对于履职不到位、监管不到位的相关人员，及时请求纪检监察部门介入，依法追究相应的监管责任。全市共责任追究相关人员613人，其中党纪政务立案24人、监察调查3人、问责55人、责任提醒谈话531人。同时，深入开展“平安林区”建设，打击涉林违法犯罪，全年受理涉林案件1826起，查处1805起，综合查处率为98.80%，切实维护生态安全。

【新一轮人工造林工程】　启动大规模国土绿化行动，坚持发挥重点生态工程在国土绿化和改善生态中的主体作用，以城镇面山、主要交通沿线、重点旅游区交通干线两侧、滇池面山等重点区域的植被恢复为目标，优化林种结构，强化措施落实，大力推进新一轮退耕还林工程、陡坡地生态治理、廊道面山绿化造林、速生林培育等人工造林工程建设，全年新增人工造林20.79万亩。滇池流域及西山等重点区域新一轮“五采区”植被修复3073亩，实现年内完成30%以上植被修复面积的目标。

实施森林质量精准提升工程，以森林抚育、低效林改造、经果林提质增效等项目为抓手，加快培育多目标、多功能的高质量森林，提高林地生态、经济综合产出率，年内完成森林抚育（含低效林改造）23.70万亩，提质增效11.65万亩。以2018年省、市党政军义务植树活动为契机，广泛动员群众参加义务种植，全市义务植树1188.98万株。不断增强林木种苗基础保障能力，苗木良种使用率达73.10%。强化管护措施，改善投入渠道，确保营造林成效，全年完成森林经营和新增造林56.14万亩，超额完成市委、市政府下达的任务。据森林资源监测调查，至2018年底，全市森林面积达到1564万亩，森林覆盖率49.57%，森林蓄积量达到5838万立方米，森林资源实现稳步增长。

【森林火灾疫病防控】 进一步健全林业防灾减灾体系，抓实森林火灾防控、林业有害生物防治检疫、陆生野生动物疫源疫病工作。森林火灾防控工作中，强化森林防火责任落实和处置措施，创新野外用火管理群防群治制度、应用森林防火视频监控系统新技术、提高扑火队伍专业化水平及、实施防火基础设施建设，最大限度地减少森林火灾发生及损失。全市发生森林火灾6起，当日全部扑灭，火灾受害率0.01‰（省下达控制指标为0.80‰以内），昆明市在全省森林防火目标管理责任状考核中评定为优秀。

林业有害生物防治工作中，逐级签订防治目标责任管理责任书，强化各级政府责任，着力加强松材线虫病的防控措施，完善跨区域联防联控机制，在周边州、市发生较大面积灾害和有害生物入侵的情况下，昆明市没有发生大面积的林业有害生物灾害，全市无公害防治率达100%，林业有害生物成灾率为0.38‰（省下达控制指标为4‰以内）。

野生动物疫源疫病工作重点对非洲猪瘟疫病进行防控，监测预测能力逐步提升，加大野外巡查监测力度，确保全市未发生重大疫情。

【林业产业转型升级】 以资源整合提升、产业结构调整和提质增效为核心，推进林业产业转型升级。推进特色经济林果产业发展，新增发展特色经济林果14.50万亩，完成计划任务的112%。在全市集中连片种植核桃、板栗等特色经济林果的10个县、区中，建设33个特色经济林果初级加工规范化试点，提升核桃为主的干果品质。举办首届禄劝板栗节活动，企业现场签约收购板栗1万吨，签订3000万元板栗深加工投资协议。禄劝县六江农林产品交易中心和宜良县大鹏坚果交易市场初具规模，年销售板栗3.30万吨，交易额达2.50亿元。筹办2018云南昆明坚果博览会，举办坚果产业高峰论坛和合作签约仪式，云安集团与安宁市政府签订西南国际林产品交易市场建设项目，投资金额36亿；禄劝县与河北栗业食品有限公司签订了板栗深加工项目，投资金额1.2亿元。

推进昆石高速观赏苗木产业带建设，发展观赏苗木2.80万亩。举办2018年第五届中国·昆明国际观赏苗木展览会，累计接待游客上百万人次，苗木花卉销售营业额达600多万元，带动宜良县旅游综合收入超过5000万元。昆明泛亚花木城园区年销售额达8.50亿元，“树多多苗木电商平台”录入苗木企业和苗农花卉、苗木等数据信息857家，年销售额达4800多万元，观赏苗木成为精品特色产业。中国昆明·寻甸国际林业产业园累计完成投资54.86亿元；年内31家企业入园投产，实现投资24.18亿元，年产值达30亿元。富民工业园区林产工业精品园和宜良工业园区木材加工片区企业开始入驻生产。发展林下经济面积24.70万亩，以示范基地建设试点带动全市林下经济工作，全年建设完成林下经济示范基地22个、昆明市森林庄园5个，森林生态休闲服务业初见成效。全市林业产业产值达到158.44亿元，同比增长16.50%。

【林业科技】 林业科技基础设施建设有新突破，昆明市林下经济工程中心科研楼立项建设完成环评报告、规划调整、土地分割、大楼外观设计等项目前期工作。海口林场被中国林学

2018年6月29日，省、市领导参加党政军义务植树活动
（市林业局　供稿）

会授予国家林业科普基地，海口林场院士工作站项目已申报立项，市林业科技推广总站被批准设立为昆明市第七批博士后工作扶持站。依托昆明市林下经济工程研究中心科研平台，制定涉林企业标准4套，发表科技论文5篇，2名科技人员被评为昆明市突出贡献优秀专业技术人员。石漠化难造林技术、林下野生菌促繁技术、核桃板栗经济林栽培技术等一批科研试验推广项目取得初步成效，推广开展科技成果23项，培训林业工程专业技术人员和林科员527人，培训技术林农1253人。林业标准化建设有新成果，编制完成《昆明市“五采区”植被修复恢复技术规程》《板栗栽培技术标准》等4项林业地方标准。

“数字林业”建设项目取得重要进展，昆明市数字林业信息资源整合应用平台搭建完成，平台14个系统建设完成9个，“昆明林业”手机客户端在会议、信息、办公中投入使用。“林业云”试点建设取得初步成功，基于前端传感器设备监测的负氧离子、空气湿度等森林环境微气象数据实现实时传送至监测中心。林业信息化率达到82%，科研对林业发展的支撑能力逐步提升。

【林业改革】 深入推进林业“放管服”改革，市林业局内设行政审批处。开展行政许可标准化建设，改进服务水平，有效解决行政审批“审批提交材料多、审批时限多、收费多”问题。按标准编写公开涉林11项行政许可事项的办事指南、业务手册。公布政务服务“最多跑一次”事项3项，下放给县级行政审批权限3项、内部审批事项1项，冻结审批事项2项，承接省级下放审批权限3项。推进集体林地“三权分置”改革，完善集体林权规范流转、抵押贷款、放活经营政策措施，推进林权信息化和社会化服务体系建设，促进集体林多种形式适度规模经营。全市共办理林权流转1603宗，流转面积25万亩，流转金额5.60亿元。办理林权抵押贷款698宗，抵押面积15.53万亩，贷款金额13.85亿元。新一轮国家集体林业综合改革试验示范区建设申报成功。加快国有林场改革，健全国有林场森林资源监管体制，推进国有林场相关产业发展，完成改革年度任务并通过省级验收。按照就近就便原则，森林公安调整警务责任区，刑事案件由集中管辖调整为属地管辖。年内，筹建阳宗海森林公安分局。

【实施生态建设保护扶贫工程】 通过实施生态补偿、生态建设、生态保护、林产项目助推贫困县脱贫。坚持“项目优先安排、资金优先保障、工作优先对接、措施优先落实”的原则，对贫困县、区的退耕还林、生态效益补偿、生态建设专项工程及生态护林员管护工作给予重点支持。年内，下达林业各类生态建设补偿资金3.67亿元，实际投入是计划资金的136%。

实施生态补偿扶贫工程，投入“三县区”公益林森林生态效益补偿6039.80万元，惠及“三县区”5万户贫困户18.60万人，户均增收292元。实施生态建设扶贫工程，投入“三县区”工程建设和直接补助资金2.40亿元。其中退耕还林资金2.11亿元，惠及1.98万户贫困户8万人，户均增收2050元；天保工程公益林等专项生态建设工程资金2911万元，惠及4000户贫困户1.47万人，户均增收3872元。实施生态保护扶贫工程，投入“三县区”公益林管护、天然林管护和生态护林员森林管护资金5135.76万元，惠及1700户贫困户6700多人，户均增收8915元。实施林业产业扶贫工程，发展特色经济林果11万亩，下达发展补助资金1530万元，惠及6400户贫困户2.27万人，户均增收638元。此外，投入专项帮扶资金219万元，用于挂钩贫困村发展脱贫产业。

（陈文才）

水　务

【雨情】 2018年，昆明市12个国家气象站年平均降水量为883毫米，较历史平均924毫米偏少42毫米。主城区降水量为1058毫米，比常年平均979毫米偏多79毫米，增长8%。各县（市、区）中除嵩明、宜良、呈贡、晋宁年降水量较历史偏多外，其余均略少至偏少。主汛期，全市12个国家气象站共出现大雨（日降雨量≥25毫米）以上天气过程65站次，较历史同期偏少4站次，其中暴雨（日降雨量≥50毫米）6站次，较历史同期偏少11站次。2018年昆明市气温较历史平均偏高，12个国家气象站年平均气温约为16.10℃，较历史同期平均偏高0.40℃，较2017年偏高0.10℃，降水量略少。年内春季旱情偏轻，雨季开始期较历史特早至正常，主汛期降水量略多，8月无夏季低温冷害天气。2018年属降水稍欠的气候年景。

【水情】 2018年，全市库塘蓄水14.07亿立方米，比上年同期13.79亿立方米多0.28亿立方米，增长2%，比历史同期14.14亿立方米少0.07亿立方米，下降1%。“七库一站”蓄水6.35亿立方米，比上年同期6.44亿立方米少902万立方米，下降1%，比历史同期5.69亿立方米多6506万立方米，增长11%。其中云龙水库蓄水3.67亿立方米，比上年同期3.71亿立方米少407万立方米，下降1%，比历史同期3.90亿立方米少2309万立方米，下降6%；松华坝水库蓄水9482万立方米，比上年同期9385立方米多97万立方米，增长1%，比历史同期1.05亿立方米少1050万立方米，下降10%；清水海水库蓄水1.36亿立方米，比上年同期1亿立方米多650万立方米，增长5%，比历史同期4774万立方米多8836万立方米，增长185%。

【抗旱】 2018年，昆明市因旱造成西山区、东川区、富民县、宜良县、石林县等县（市、区）的山区、半山区不同程度出现季节性轻微干旱，农作物受旱面积1.02万亩，轻旱1万亩，重旱100亩，有4900人、9198头大牲畜因旱临时饮水困难，粮食因旱损失120.88万元。年初，按照“一城一策、一村一策、一库一策”办法，分昆明主城、县城、集镇和农村4个层次进行蓄水供用水形势分析，编制抗旱应急供水保障方案，制定抗旱应急保供水措施，为抗旱保供水保民生提供决策支持，切实抓好城乡库塘蓄水、抗旱保供水工作。全年抗旱投入人员6492人，资金115.70万元，投入机电井1眼、泵站17处、机动抗旱设备167台套、抗旱用电1.97万度、用油13.19吨，解决1876人、421头大牲畜饮水困难，抗旱浇灌面积1928亩，挽回经济作物损失1104万元。

【防汛】 2018年，昆明市因强降雨造成12个县（市、区）、44个乡镇、1.69万人不同程度受灾，紧急转移50人；倒塌房屋14间；农作物受灾面积4.95万亩，成灾面积1.06万亩，绝收面积0.26万亩，减产粮食1678.30吨，经济作物损失2329.22万元，水产养殖损失8吨；公路中断8条次，供电中断1条次；损坏堤防51处、4.10千米，损坏护岸1处，损坏水闸1座，损坏灌溉设施27处，损坏机电泵站1座。因洪涝灾害造成的直接经济损失4109万元，其中农业直接经济损失1829万元，水利工程水毁直接经济损失895万元。

防洪减灾投入：抢险人数9755人次，机械设备107台班，编织袋4.08万条，编织布1110平方米，沙石料965立方米，木材282立方米，钢材150吨，抗灾用油14.61吨，用电8440度，总物资消耗折算资金100.90万元。

防洪减灾效益：减淹耕地790亩，减少受灾人口1444人，解救洪水围困群众52人。

【水利规划和项目前期】 2018年，完成新一轮昆明城市总体规划防洪、水系、供水3个专项规划编制工作。完成昆明市水务发展“十三五”规划中期评估。完成滇中引水二期工程昆明段可研报告编制。完成宜良县新庄、富民县新民2座中型水库可研报告省级审查；完成西山区牛鼻村、东川区绿茂2座小型水库初步设计审批。取得宜良县巴江竹山镇小羊寨至密枝科段治理工程、寻甸县九龙河鸡街段治理工程2件河道治理初步设计省级批复。完成东川、禄劝等9县区涉及21万农村人口饮水巩固提升实施方案的批复。完成6个县区7件8900亩山区小水网项目审批。完成4个县区5件1.27万亩高效节水项目审批。

【水网建设】 2018年，骨干工程按计划实施，柴石滩水库灌区工程建设取得进展，全年完成投资8.48亿元，3年累计完成投资19亿元。滇中引水工程建设进展顺利，完成干渠工程昆明段征地4648.08亩，占可征地任务的102%，按时完成二期工程昆明段可行性研究报告。水源工程建设持续推进，新开工3件小型水源工程，启动实施6座病险水库除险加固；续建的4件中型水库和10件小型水源工程稳步实施；完成海马箐水库蓄水验收及3件小型水源工程、35件除险加固工程竣工验收，新增蓄水库容2092万立方米。围绕农村饮水安全有保障的脱贫指标，全年安排农村饮水安全资金1.54亿元，其中贫困县区占到全市90%以上，建成农村饮水安全巩固提升工程557件，受益人口21.01万人。因地制宜开展小型农田水利建设，建成五小水利工程1.38万件；完成11件山区小水网、9件高效节水和东川区中央财政小型农田水利重点县建设，新增高效节水灌溉面积3.09万亩；建成高标准农田15.80万亩；开工建设8件集镇供水项目，实施河道治理工程4件。固定资产投资增速位居全市前列，共争取到国家、省水利项目资金13.58亿元，协调落实市级资金8.11亿元，争取到新增专项债券3亿元，有效拉动水利固定资产投资；协调涉水建设项目入库，实现固定资产增速和完成进度在全市有目标任务的9个行业中位列第3名。

【河长制工作】 加强体制机制建设，推进河长制工作从“有名”向“有实”转变。制定2018年全市河（湖）长制工作要点，提出全市河（渠）湖库水质保护目标；出台昆明市湖长制实施方案，做到河长制与湖长制工作有机衔接、统一部署、统筹推进、同步落实、共见成效；编制牛栏江、普渡河流域河道生态补偿办法、市级河（湖）长考核、市河（湖）长制工作述职办法、市河（湖）长制工作问责办法等文件，完善河（湖）长制政策措施和工作制度。开展滇池流域内、外水质水量监测体系建设，启动滇池流域外螳螂川—普渡河及牛栏江生态补偿机制。推进河（湖）长履职尽责，市、县、乡、村四级河长按规定要求开展巡河，巡河及督察发现的问题得到逐步整改落实。实施河湖“清四乱”和“云南清水行动”，在河渠湖库开展垃圾堆放、生活污水排放、河道非法采砂取土、入河排污口设置、城市黑臭水体等专项治理行动。到2018年底，全市共排查“四乱”问题542个，销号451个，销号率达83%。借鉴滇池治理保护经验，将水质类别提升和污染物浓度双目标控制的工作思路用于全市“一河一策”治理保护方案的编制，完成市级河长负责的36条河道“一河一策”编制工作。河长制信息化管理系统在全省率先建成并投入运行，提高治理保护的精细化水平，河长制技术工作基础进一步夯实。推行党建与河长制“双提升”的工作模式，促进基层党建工作与河（湖）长制工作的深度融合。通过使用河长制信息平台市民版手机App、聘用百名“市民河长”、开展“学生河长”“企业河长”活动等多种形式，引导市民积极参与河湖保护治理，主动接受社会监督，为河（湖）长制的推行营造良好的社会氛围。

【水土保持】 组织实施国家水土保持重点工程禄劝县民安乐小流域和寻甸县甸沙河小流域2个治理项目。组织完成2018年国家水土保持重点工程禄劝县三合小流域、寻甸县沙湾大沟和阳宗海石寨河小流域治理项目前期工作、寻甸县牛栏江尹武河云龙小河重点小流域和寻甸县牛栏江尹武河侵蚀沟治理工程前期工作。持续推进云南省昆明市百草园国家水土保持科技示范园一期工程建设。全市共完成水土流失治理243平方千米。2018年市级完成生产建设项目水土保持方案审批50件，征收水土保持补偿费195万元。全面开展水土保持信息化工作，对2009年以来市县两级审批的生产建设项目水土保持方案档案资料进行梳理，矢量化防治责任范围，外业复核疑似扰动图斑，并将项目信息录入全国水土保持监督管理系统，为本市水土保持信息化建设工作奠定基础。

【水利扶贫】 努力为贫困地区脱贫致富提供水利保障。以东川区、禄劝县、寻甸县为重点，统筹兼顾有脱贫任务的6个非贫困县区，结合《昆明水务发展十三五规划》，加大水源工程、山区小水网、高效节水、农田水利、五小水利、河道治理等方面的建设力度。加大资金投入，共安排3个国家级贫困县及涉及的贫困村市级资金3.57亿元。其中人饮安全巩固提升1.15亿元、集镇供水1100万元、水源工程1.68亿、农田水利工程1580万元、水源地保护及水土保持4700万元。围绕饮水安全有保障的重要脱贫指标，指导县区编制年度农村饮水安全巩固提升工程实施方案，加强行业监管和技术指导，明确责任，落实各项措施，保障各项工程顺利推进。按照农村饮水安全有保障四项达标任务，组织全局科级以上领导干部及县区水务部门全面开展对东川区、禄劝县、寻甸县所有行政村人饮安全有保障四项指标调查分析，通过水源保护、消毒杀菌、管网延伸、强化管理等综合措施，确保贫困地区农村饮水安全全面达标。

【水资源管理】 2018年，昆明市以实现水资源可持续利用、支撑水治理体系、实现人水和谐为总目标，全面实施水资源消耗总量与强度双控行动，以水功能区和取水许可监督管理为重点，突出饮用水源地保护和入河排污口综合整治，深入推进节水型社会建设和水生态文明建设，严格地下水管理和保护，编制完成昆明市地下冷水禁采区、限采区划定报告，加强水资源在线监控能力建设和基层水资源管理能力提升，强化“三条红线”刚性约束和责任考核。2018年11月，盘龙、晋宁、富民、嵩明、安宁5个示范县（市、区）通过省水利厅组织的最严格水资源管理制度示范县验收。12月，五华、盘龙、官渡、晋宁、石林等8个县（区）通过省水利厅组织的县域节水型社会示范县达标创建验收。

【饮用水源保护】 年内，市政府印发《关于印发昆明市2018年集中式饮用水源地管理保护工作的实施意见》，指导全市饮用水源保护和管理年度工作的开展。推进全市县级以上城镇集中式饮用水源地安全达标建设工作，市重点水源办印发各县（市、区）政府《关于进一步做好昆明市县级饮用水水源地安全保障达标建设工作的通知》和《昆明市县级以上饮用水水源地安全保障评估管理办法（试行）》文件，开展专题培训，完成全市22个县级及以上饮用水源地安全保障达标建设实施方案和2017年度台账编制，“一库一策”，因库施策。深入推进云龙水库、清水海水环境综合治理，全面落实水源地扶持补助政策，依据《昆明主城饮用水源区保护管理工作考核办法》对主城饮用水源保护区水量、水质、属地政府保护管理工作、资金使用情况进行综合考核，根据考核结果，拨付生态扶持补助资金2.06亿元。牵头组织编制《云龙水库一级保护核心区移民新增人口生活保障解决方案》。建立重点饮用水源区巡查机制，对全市主城及县级以上水源地、入库河道进行定期或不定期巡查检查，开展巡查120余次，同时开展多轮县级以上集中式饮用水水源地中央环保专项督察检查，巡检工作常态化、制度化。指导督促县（市、区）全面开展“七改三清”清洁水源工程建设，开展饮用水源区污染源排查，完善设置隔离防护设施和警示、宣传标志，推进饮用水源区生态隔离带建设和饮用水源区污水处理设施建设，建立水源地长效管护机制，全面落实提升城乡人居环境工作任务。严格审核饮用水源保护区项目建设，把好项目审查关，共回复项目意见81件，上报市政府《关于推进国道主干线昆明绕城公路西北段补充环境影响报告书审批工作的情况报告》等大型项目意见6项。

【供水管理】 2018年，组织水文、气象、自来水公司等部门分析雨情、水情，研究制订《2018年城市供水水源联合调度方案》。优化对云龙、松华坝、清水海三大骨干水库和散小水源的联合调度，确保主城供水安全。加强水质监管，委托水质监测机构对昆明市主城公共供水水质定期进行监测，确保水质符合国家饮用水标准。完成昆明市辖公共供水企业82个水样水质抽检，已完成检测任务。帮扶困难群体，深入到困难小区（单位）进行调查，投入专项资金对28户困难群体468个水池（塔），共2.38万立方米的二次供水设施的清洗消毒任务。2018年5月，按照《云南省人民政府关于调整一批行政许可事项的决定》文件精神，省住建厅取消供水经营许可证核发，市水务局也对应取消核发行政许可事项，继续按照2013年住建部《关于印发城镇供水规范化管理考核办法（试行）的通知》，对县、区供水行政主管部门及县、区供水企业开展供水规范化管理考核工作，规范行业管理。根据《昆明市人民政府办公厅关于印发昆明市乡镇农村供水设施建设五年行动方案（2016—2020年）的通知》，乡镇供水设施建设计划表，通过实施乡镇自来水新、改、扩建供水工程，提质增效，有效提高乡镇供水设施覆盖率。2018年完成8件“七改三清”集镇供水工程开工建设，完成年度目标任务。

【水法规建设】　做好《昆明市松华坝水库保护条例》《昆明市地下水保护条例》《昆明市城市供水用水管理条例》3部地方性法规修订，《昆明市柴石滩水库保护办法》《昆明市二次供水管理办法》《昆明市农村供水管理办法》3部政府规章立法工作。组织制定行政许可、行政强制、行政确认等裁量权标准，印发《昆明市水务局行政执法全过程记录工作规定》《昆明市水务局重大行政执法决定法制审核实施细则》。落实“谁执法谁普法”普法责任制，制订《昆明市水务系统落实“谁执法谁普法”普法责任制工作方案》及普法责任清单，以“世界水日”“中国水周”、“全国节水宣传周”等活动为契机，充分利用传统媒体和“三微一端”等新媒体，开展青少年网络微视频、随手拍轻摄影、微电影拍摄等节水宣传活动，进一步扩大水法律法规宣传覆盖面。

【水行政执法】　2018年，全市水政监察部门共依法查处各类水事违法案件91件，其中河湖类12件、水工程类18件，水资源类46件、水土保持类9件、其他类6件，结案率95%；罚款144.70万元，没收违法所得2.89万元。做到查处举报案件3个工作日内到现场，7个工作日内有办理结果。2018年，对2016年以来市级审批过的建设项目水土保持方案落实情况、水土保持设施补偿费缴纳情况、水土保持监测情况、已经完成建设但未开展水土保持设施验收的项目、在建项目水土保持方案的报批情况进行一次拉网式全面检查，配合做好中央第六环境保护督察“回头看”转办件的督查办理工作。

【安全生产】　2018年，按照“党政同责、一岗双责、齐抓共管、失职追责”原则抓好各项工作，出台《昆明市水务行业推进安全生产领域改革发展实施方案》，压实安全生产责任制，强化安全生产监管，重点做好隐患排查和治理，抓好专项整治工作，普及安全生产知识，加大教育培训力度，守好安全生产底线。2018年，对续建的中型水库工程，重点小（一）型水源工程、河道治理工程、柴石滩灌区工程等建设项目开展安全生产监督检查；对寻甸县老李凹、五华区西翥引调水等10件项目开展重大水利工程安全生产巡查，坚持例会和教育培训制度，扎实推进安全生产标准化创建，鼓励水利生产经营单位开展安全生产标准化创建工作。截至2018年底，全市共有松华坝水库一级达标，晋宁区双龙水库、寻甸县凤龙湾水库、呈贡区松茂水库等6个中型水库管理单位三级达标，东川区轿子山、安宁市箐门口法人单位二级达标。

【科技教育】　加强科技人才培养，努力拓宽国际交流，做好首届澜湄水资源合作论坛有关工作。推进水务科技工作，完成《全面提升入滇河道河长制水环境治理效能对策研究》和《丛枝菌根菌作用下昆明市亲水生态岸线护案研究》2项市级科技项目，完成《昆明市加强水库管理网格化对策研究》和《昆明市典型河道生态补偿水对策研究》2项课题研究，组织开展入滇河道（5条）水质提升处理示范工程的前期工作。积极推进智慧水务建设，加强网络信息安全管理，举办全市水务系统网络信息安全培训。

（市水务局）

2019
KUNMING
YEARBOOK

工业·非公经济

◆责任编辑　罗桂莲

工业综述

【经济指标】　2018年，全市规模以上工业总产值完成3918.47亿元，同比增长19.60%；规模以上工业增加值增长14%，增速高于全省2.2个百分点，在全国省会城市中排名第一位；4个新兴产业规模以上工业增加值增长4.70%，4个传统产业增长20.80%；工业投资增长3.90%；单位GDP能耗同比下降7.40%左右；民营经济增加值增长6.10%；电信业务总量增长108.70%；互联网、软件和相关服务业增长8.20%。

【园区发展】　2018年，全市工业园区实现主营业务收入8158亿元，规模以上工业增加值同比增长13.60%，占全市规模以上工业增加值的83.40%，新增规模以上入园企业58户。高新区主营业务收入突破2000亿元，经开区、五华科技产业园、安宁工业园区突破1000亿元，七甸产业园突破500亿元，海口、东川、晋宁、宜良、富民、呈贡信息产业园、嵩明杨林经开区等7个园区突破百亿元。经开区、七甸产业园分别创建为国家级绿色园区；七甸产业园创建为省级劳动关系和谐园区，富民工业园区创建为省级绿色园区。

【工业投资】　2018年，昆明市工业和信息化固定资产投资增长2.50%，增速较上年提高10.50个百分点。其中工业投资增长3.90%，以制造业为主的非电工业投资增长6.80%。组织实施工业攻坚3年行动，优服务、抓项目、促投资，协调推进全市前期、新开工、在建、竣工“四个一批”工业和信息化项目建设。北汽新能源汽车项目首车下线，东风云汽、江铃集团、中汽中心高原试验室等新能源汽车及配套项目稳步推进，贵金属新材料产业园、京东方OLED微显示器等53个亿元以上项目开工建设，中国医学科学院医学生物学研究所疫苗产业基地（二期）、中关村·电子城（昆明）科技产业园（一期）等38个亿元以上项目竣工。

【企业自主创新】　截至2018年末，全市共有国家级企业技术中心16家、省级220家、市级417家，形成以国家级为龙头、省级为骨干、市级为基础的三级企业创新体系。组织实施2018年昆明市新一轮工业和信息化技术改造升级（技术进步）项目计划208项，计划总投资562.17亿元，2018年计划投资155.38亿元，完成投资49.38亿元。2018年7月省工信委公布名单中，昆明市获得省级示范企业1户、示范项目2家、示范平台称号4家。在10月召开的第二届中国服务型制造大会上，昆明市3户企业（昆明嘉和科技股份有限公司、昊邦医药集团有限公司和昆明安泰得软件股份有限公司）入选第二批国家级服务型制造示范名单，分别成为国家级服务型制造示范项目、平台。

【控耗降污淘汰落后产能】　2018年，全市共有60户企业通过自愿性清洁生产审核评估，5户企业通过云南省清洁生产合格企业验收。完成煤矿产能置换审核确认工作，11个列为实施转型升级煤矿的建设项目产能经过置换。实行固定资产投资项目节能评估、审查和验收制度，控制“双高”项目建设。对9个工业和信息化固定资产投资项目开展节能评估审查，4个重大项目上报省级开展审查。

强化水泥、钢铁、焦化、造纸重点行业能效管理，对39户重点用能企业进行节能监察。淘汰云南永钢钢铁集团巨利达钢铁有限公司2座HX35吨电炉等8条生产线，涉及产能钢铁74万吨、水泥35万吨、有色金属2.16万吨、磷化工26万吨。依法依规组织淘汰昆明东昇冶化有限责任公司3万吨/年硫铁矿制酸装置等14户企业的17条生产线，涉及产能水泥30万吨、造纸6.58万吨、焦化130万吨、化工3万吨、有色金属1万吨、铁合金4.42万吨。同时督促指导相关县区政府全面淘汰砖瓦24门以下轮窑以及立窑、无顶轮窑、马蹄窑等土窑。

【信息化工业化融合发展】　完善昆明智慧城市相关实施细则，加快智慧城市相关规划标准体系建设，建立健全智慧城市相关管理办法。依托市智投公司和网运公司，整合全市物理网络资源，为智慧城市相关应用部署打下好基础。云上云·云南省信息化中心、昆明浪潮云计算产业园、昆明呈贡科技信息产业创新孵化中心、中国移动（云南）大数据中心、云上云·行业大数据中心、优必选智能服务机器人产业园、启明星辰信息安全产业园、紫光芯云产业园项目总投资超过100亿元；云南能投互联网大数据中心、中国数码港大数据产业园、睿思特智能制造项目等项目有序推进。

通过“政府引导、企业投资、

政府购买服务”的方式构建“昆明政务云”，整合、盘活全市现有各类信息资源。年内，有43家单位迁移上云，共计403个业务系统稳定运行在昆明政务云平台，平台积累数据3.86PB，较迁移前数据交换每秒提速21G，拦截恶意攻击37.96万次，病毒攻击2.53万次。立足昆明制造优势产业与品牌基础，推进互联网、物联网、云计算、大数据等信息技术在工业各领域深度应用，培育和构建制造业与互联网融合发展新模式。全市互联网宽带接入用户207.41万户，4G网络已覆盖全市所有乡镇（街道）及行政村；云南省际互联网出口带宽达到18T，昆明市城域网出口带宽达到8T，是全国第四大国际通信业务出口局。截至2018年底，昆明市公共区域免费WiFi项目共完成367个重点公共区域的建设，部署6746个AP热点。

2018年昆明市规模以上工业分行业情况一览表

行业分类			规模以上工业总产值			增加值增速
			完成数（亿元）	增长（%）	占比（%）	增长（%）
全　市			3918.47	19.60		14
非烟工业			3514.60	21.70	89.70	
采矿业	合　计		90.33	-8.90	2.30	-9.30
采矿业	煤炭开采和洗选业		7.99	-17.90	0.20	-26.40
采矿业	黑色金属矿采选业		0.92	-70.70	0	-71.50
采矿业	有色金属矿采选业		24.60	0.10	0.60	-7.80
采矿业	非金属矿采选业		56.82	-7.90	1.50	-7.30
制造业	合　计		3466.65	22.10	88.50	
制造业	烟草制品业		403.87	3.70	10.30	2.10
制造业	医药制造业		199.27	6.90	5.10	1.50
制造业	非烟轻工业		420.59	-0.10	10.70	-2.40
制造业	化工行业		1043.41	76.70	26.60	104.30
制造业	冶金行业	合　计	898.06	20.80	22.90	18.70
制造业	冶金行业	黑色冶金	201.12	20.80	5.10	6.60
制造业	冶金行业	有色冶金	696.94	20.8	17.8	25.9
制造业	装备制造业		351.35	-3.50	9	
制造业	建材行业		150.10	6.20	3.80	-3.50
电力、热力、燃气及水生产和供应业			355.86	6.90	9.10	6.90

（市工信委）

装备制造工业

【经济指标】　2018年，受国内投资不旺、铁路体制机制改革，以及新旧动能转换影响，全市装备制造业规模以上工业企业累计完成产值351.35亿元，同比下降3.50%，除计算机通信和其他电子设备制造业同比增长22.60%、电气机械和器材制造业同比增长2%外，金属制造品、通用设备制造业、专用设备制造业、汽车制造业、铁路船舶航空航天和其他运输设备制造业、仪器仪表制造业等其他6个子行业均同比负增长；增加值同比增速除除计算机通信和其他电子设备制造业同比增长45.90%外，其他7个子行业均同比负增长，其中先进装备制造业规模以上工业企业增加值增速同比下降8.40%。

【产业招商】　2018年，重点在新能源汽车、智能制造装备等产业开展展会招商、产业链招商。围绕省委、省政府打造世界一流“绿色能源”牌的工作目标，昆明市高度重视新能源汽车产业招商，以市政府主要领导名义向国内外新能源汽车产业链企业发出邀请函，邀请企业来昆明投资考察和洽谈；先后引入北汽新能源汽车昆明项目、江铃新能源昆明基地、宝能汽车制造项目等多个新能源整车制造项目，并以整车制造项目为依托，打造新能源汽车全产业链的思路开展招商引资工作，与宝能集团、国能汽车、宁德时代、浙江路威轮业、天津力神、润丰氢能源、中铝材料研究院等多家企业进行招商接洽。其中江铃集团新能源汽车昆明基地项目于2018年4月11日正式落地开工，宝能汽车制造项目于2018年10月19日签约落地。2018年6月26日，“2018中国汽车技术发展（昆明）国际论坛”在昆举行，邀请300多家单位的汽车业界精英齐聚昆明话发展。利用此次展会契

机，昆明市政府邀请参加论坛活动的20多户汽车整车及配套供应商企业代表召开座谈会，为昆明汽车产业发展出谋划策，并向企业宣传贯彻昆明市汽车产业发展优惠政策，吸引企业落户昆明。

【行业管理】 2018年12月18日，国家发展改革委第22号令正式发布《汽车产业投资管理规定》，对项目管理权限下放省级、新增汽车生产项目对省份的条件要求、新建燃油汽车整车项目条件、新建纯电动汽车整车项目条件等做了明确规定。市工业和信息化委围绕该规定先后起草《汽车产业投资新政对宝能汽车制造项目影响分析报告》和《汽车产业投资新政对我市汽车产业发展影响分析报告》，并呈报市政府。

为规范电动自行车行业管理，昆明市公安局、市工业和信息化委、市质量技术监督局、市工商行政管理局联合发布《关于加强我市电动自行车管理的通告》，明确自2019年4月15日起，昆明市电动自行车管理将执行国家新发布的技术标准——《电动自行车安全技术规范》（GB17761-2018），对不符合该标准的电动自行车产品不得在全市行政区域内生产、销售、登记。在2019年4月15日前完成注册登记的，实行4年过渡期（2019年4月15日至2023年4月14日），过渡期满后不符合该标准的电动自行车不得上路行驶。

【自主创新】 截至2018年末，全市共有装备制造国家级企业技术中心4家；省级企业技术中心46家，比上年增加2家。七五零试验场海洋工程装备检测试验技术国家工程实验室获国家发展改革委批复，是云南省第四家国家工程实验室；昆明嘉和科技的云南石化机泵石油炼化项目荣获第二批国家级服务型制造示范平台（项目）；昆明机床参与国家重大专项“大型航空发动机机匣加工及测量成套装备研制”完成项目验收；云内动力柴油机缸体缸盖智能制造试点示范项目入围国家智能制造试点示范项目，同时获第五届中国工业大奖；云南航天神州汽车有限公司、昆明三川电线电缆有限公司被评定为省级企业技术中心。

【高端装备业及智能制造】 年内，高端装备业及智能制造发展成效明显：依托昆船集团、中船重工昆明七零五所、昆明优必选科技公司等骨干企业，重点培育工业机器人、服务机器人、高端数控机床，并鼓励开展机器人推广示范应用，探索支持优必选CRUZR服务机器人的推广应用工作；智能装备制造企业走向省外市场，昆船逻根公司中标首都机场T3航站楼智能物流系统，中船重工七五零所水下安防工程系统工程化研制项目在南海成功完成海试任务；组织辖区内企业申报国家智能制造试点示范项目和智能制造综合标准化和新模式应用项目，2018年10月26日，云内动力“高效环保多缸小缸径柴油机智能制造新模式项目”完成验收，龙津药业注射用冻干粉针剂智能制造项目、昆明中药厂中药综合智能制造项目入围智能制造综合标准化和新模式应用项目。

【汽车产业】 2018年，本地新能源汽车生产企业实现新能源汽车销售1618辆，总产值超过4.50亿元。云内动力集团作为国内主要柴油发动机生产企业，全年实现主营业务收入98亿元，同比增长34%，国四、国五产品成为发动机产品主流，国六发动机具备量产条件。新能源汽车整车项目稳步推进，北汽新能源项目总投资50.60亿元，年内已完成固定资产投资23.50亿元，基本具备新能源汽车乘用车生产硬件条件；东风云汽搬迁技改项目总投资30亿元，一期已完成固定资产投资10亿元，已具备搬迁条件；江铃新能源昆明基地项目总投资24.50亿元，正在开展土建施工，临时生产线已搭建完成；中汽中心高原实验室项目总投资22.50亿元，累计完成投资2.33亿元；2018年10月19日，宝能汽车制造项目成功签约，项目总投资198.50亿元。昆明市汽车产业总体已形成“八整车一中心”的产业格局，产业配套能力日趋增强。

【新能源汽车推广应用】 2018年11月9日，经市政府研究决定将昆明市新能源汽车推广工作领导小组办公室调整至市工业和信息化委，并要求各县（市、区）、开发（度假）区和市级有关职能部门相应成立专项工作小组，制订具体实施计划，加快新能源汽车推广应用。2018年12月13日，昆明市政府印发《昆明市2018年新能源汽车推广应用工作方案》和《昆明市2018年充电基础设施建工作方案》，明确责任分工和目标任务，统筹推进新能源汽车推广应用工作。年内，全市推广应用新能源汽车总量1.51万辆，新建成公用（含专用）充电桩1434根，快充桩333根。新能源汽车推广工作领导小组从支持成立行业协会、开通新能源汽车车辆登记绿色通道、加快充电基础设施建设、深化与云南能投集团合作等方面，推进新能源汽车推广应用工作。

（市工信委）

原材料工业

【经济指标】 2018年，全市规模以上原材料行业实现工业总产值2181.91亿元，占全市规模以上工业的55.68%，同比增长38.6%。其中规模以上化工产业实现工业总产值1043.41亿元，占全市规模以上工业总产值的26.63%，同比增长76.70%；石油、煤炭及其他燃料加工业实现工业总产值625.52亿元，同比增长201.80%；化学原料和化学制品制造业实现工业总产值417.89亿元，同比增长9%。规模以上建材产业实现工业总产值150.10亿元（统计范围变化，2017年为162.77）占全市规模以上工业总产值的3.83%，同比增长6.20%。规模以上冶金产业实现工业总产值898.06亿元，占全市规模以上工业总产值的22.92%，同比增长20.08%。其中黑色金属冶炼和压延加工业实现工业总产值201.12亿元，同比增长20.80%；有色金属冶炼和压延加工业实现工业总产值696.93亿元，同比增长20.80%。

【产业发展】 昆明原材料行业拥有国家级企业技术中心5个、省级企业技术中心47个、市级企业技术中心98个，形成以国家级为龙头、省级为骨干、市级为基础的三级企业体系。

2018年，中石油云南石化有限公司1300万吨/年炼油项目投产，全年石油炼化项目累计加工原油1010万吨，增长151.30%，实现工业产值599.62亿元。推进重点项目建设及化工产业结构优化升级，形成一套较为完整的化工工业体系，高端钛白粉处于国内领先水平，磷化工产业规模全国领先，建成国家级新型工业化磷化工产业示范基地和以云天化为主体的国家高浓度磷复肥基地。中石油云南石化有限公司1300万吨/年炼油及配套项目建成投产，填补了省内石化产业空白。

城镇人口密集区危险化学品生产企业搬迁改造工作加快，全市化工产业向重点地区、重点企业集聚，形成西山海口工业园区磷肥大型特色化工基地，安宁工园区石化产业群业和国家高浓度磷复肥产业集群；寻甸工业园区磷化工产业集群，晋宁工业园区国家级云南磷复肥磷矿采选基地，富民工业园区钛化工产业集群。

2018年，全面开展“地条钢”排查整治工作。重点项目安宁钢力金属制品有限公司10万吨金属制品延伸加工基地项目建成投产，安发杭萧绿建有限公司钢元件生产研发项目开工建设，昆钢本部搬迁转型、云铜股份冶炼加工总厂搬迁等项目正常推进，其中云铜股份冶炼总厂已列入城镇人口密集区危险化学品生产企业搬迁改造名单，年内选点启动搬迁，2020年完成搬迁。按照《昆明市冶金（含有色、黑色）产业发展规划（2016—2020）》要求，完善产业布局，引导企业聚集发展。充分结合冶金产业布局现状特点，发挥资源优势和龙头集聚效应，推进冶金产业改造提升，转型发展。

新材料产业加快以光电子材料、稀贵金属功能材料、钛材料等为重点的产业集群建设。围绕有色金属、稀贵金属、半导体新材料等优势领域，整合新材料产业链上下游发展环节，着力打造一批规模大、链条长、拉动力强的新材料产业基地。高新区、经开区有色金属新材料，稀贵金属新材料、国家锗材料，阳宗海铜、铝金属材料，安宁市石油化工新材料基地建设稳步推进。贵研铂业股份有限公司贵金属新材料产业园项目于2018年8月28日举行奠基仪式。浩鑫铝箔有限公司3.50万吨新能源动力电池用铝箔项目累计完成2.25亿元，完成项目立项、环评、水保和林地等审批手续，厂房基础桩施工全部完成。昆明云锗高新技术有限公司高新锗产业基地项目建设正常推进。协鑫集团锂电池正极材料生产项目已开展前期预选址考察工作，上海鹏珀新能源发展有限公司5万吨三元前驱体项目和五矿稀土集团的5000吨稀土分离项目，正进行选址谈判。昆明日昌升新材料有限公司“晋宁年产1500万吨建筑新材料项目”和富民日昌升新材料有限公司“富民年产1500万吨建筑新材料项目”，获得工信部开发性金融支持特色产业精准扶贫醒目扶持。

云天化聚甲醛生产装置

（市工信委　供稿）

【行业管理】 2018年，组织对上一年度黄磷等12类企业资源、能源消耗情况进行核查，组织全市铅、锌、铜、焦化、钢铁、铸造用生铁、电解铝、水泥、黄磷、合成氨、电石等11个行业，共有63户企业进行材料填报，对黄磷行业共11户企业进行排查整治。组织开展焦化准入企业动态调整工作，云南煤业能源股份有限公司（曾用名云南昆钢煤焦化有限公司）列入国家公告。推进城镇人口密集区危险化学品生产企业搬迁改造工作。按照省工业和信息化委和市政府相关工作安排部署的要求，组织对全市危险化学品生产企业和化工产业聚集园区进行多次摸底调查，在省级提出城镇人口密集区危险化学品生产企业搬迁改造建议名单的基础上，广泛征求县区和企业意见，上报全市危险化学品生产企业搬迁改造建议名单。列入关闭的7户企业，已拆除主要设施设备，完成关闭5户（昆明化肥有限责任公司、昆明焦化制气有限公司、昆明邦伊特种涂料有限公司、云南云铜铁峰选矿药剂有限公司和昆明市松华油漆厂）。列入搬迁入园13户企业，2户完成搬迁选址（昆明青上化工有限公司、昆明神农汇丰化肥有限公司）；1户完成设备拆除（昆明新大制漆有限公司）。列入就地改造2户企业，1户完成改造（昆明钢铁集团有限责任公司动力能源分公司）。按照省禁化武办的要求，做好禁化学武器履约工作。完成监控化学品2017年度数据宣布工作，并报请省工信委不再将昆药集团股份有限公司列为监控化学品监管名单。

【节能减排】 按照省公告淘汰目标，2018年全市置换淘汰云南永钢钢铁集团巨利达钢铁有限公司电弧炉2座、宜良盘江水泥有限公司回转窑一座，淘汰宜良申泰再生钢铁炉料有限公司60立方高炉1座及烧结车间生产线1条，云南上磷化工有限责任公司风扫磨1座、四桨混化器1套，昆明新内都有色金属有限公司鼓风炉1台、烧结机1台，昆明龙凤锌业开发有限公司鼓风炉1台。根据中央环境保护督察组和市委、市政府要求，按照国家产业结构调整指导目录规定“砖瓦24门以下轮窑以及立窑、无顶轮窑、马蹄窑等土窑”列为淘汰类，经各县区对辖区内砖瓦企业摸底排查，共有52条砖瓦窑不符合产业政策，已列入计划陆续完成淘汰。

为加快能源的回收利用，促进企业节能降耗，在高耗能行业继续实施余热余压利用、电机系统节能改造、电机能效提升、能量系统优化等节能降耗重点工程。2018年度市级财政节能降耗及淘汰落后产能专项资金预算1500万元。3月，市工业和信息化委与市财政局联发组织各县（市、区）组织辖区企业进行申报，对33个项目进行奖励和补助。其中节能奖励类项目7个、淘汰落后产能类项目8个、能源管理体系建设类项目18个。

为督促企业依法合理使用能源，根据《云南省工业和信息化委员会关于印发〈云南省2018年节能监察工作实施方案〉的通知》要求，6—8月，市工业和信息化委员会委托昆明市节能监察支队对全市合成氨、电石、烧碱、独立焦化、钢铁、水泥等重点行业的重点用能企业进行节能监察（其中现场监察28户，书面监察11户）。对其中15户企业存在使用国家明令淘汰的用能设备、未按规定上报能源利用状况报告等行为责令改正，对1户企业未对产品进行能源标识的情况转送有关部门处理。全市共有66户企业开展清洁生产，其中61户企业实施清洁生产审核并完成审核评估，5户企业创建成为云南省清洁生产合格单位。呈贡工业园入列国家级绿色园区示范名单，云南九九彩印有限公司入列国家级绿色工厂示范名单，富民工业园入列云南省绿色园区示范名单，昆明嘉和科技有限公司等6户企业入列云南省绿色工厂示范名单，昆明三川电线电缆有限公司入列云南省级绿色供应链管理示范名单。组织阳宗海电厂、中石油云南石化有限公司、云南华电昆明发电有限公司完成省工信委组织的节水型企业建设情况检查，国电阳宗海发电有限公司、中石油云南石化有限公司被认定为云南省节水标杆企业。

（市工信委）

消费品工业

【经济指标】 全市消费品工业主要包括生物医药、烟草及配套、非烟轻工三大产业，生物医药产业成为新兴产业增长的主要动力。2018年，全市消费品工业实现规模以上工业总产值1090.01亿元，同比增长4.50%，占全市规模以上工业总产值的27.80%。其中生物医药产业实现规模以上工业总产值293.04亿元，同比增长17.30%，工业增加值增长9%；烟草及配套产业实现规模以上工业总产值403.87亿元，同比增长3.70%，工业增加值增长2.10%；非烟轻工业实现规模以上工业总产值393.10亿元，同比负增长1%，工业增加值负增长2.40%。

【生物医药产业】 昆明高新区是国家发改委批复认定云南省唯一的国家级生物产业基地，重点发展生物医药、生物工程、健康服务三大产业领域，园区布局生物医药产业园、基因科技创新园、新型疫苗产业园、医疗器械产业园四大产业园。园区聚集了全市80%的规模以上制药企业，包括德国拜耳药业、香港积大药业、云南白药集团、昆明制药集团、中国医科院医学生物所、华大基因等龙头企业，营业总收入上亿元的企业有23户，成为三七、天麻、青蒿素、灯盏花等道地药材系列产品加工基地。经开区成立国家级生物产业专业孵化器，形成以专业孵化为特征的创新型特色园区；盘龙区、呈贡区等县（市、区）集聚了一批高校和科研院所，成为昆明市生物医药研发机构聚集区。空港经济区依托滇中国家级新区及综合保税区的政策优势，着力打造医药产业新的增长极，引进中国中药云南滇中新区产业园、国药中生云南生物制品产业化基地等一批重大项目落地建设。

培育云南白药集团股份有限公司、云南鸿翔一心堂药业（集团）股份有限公司、昆明龙津药业股份有限公司、昆药集团股份有限公司4户上市医药企业，开发“云南白药”“康王”“绿A”“昆明”“络泰”“云昆”在内的中国驰名商标。灯盏花系列、血塞通系列等优势产品在全国知名度持续扩大，提升了本市生物医药产业在全国的品牌影响力和市场竞争力。销售额过亿元的中药（民族药）企业达12户，全市具有自主知识产权的中药（民族药）独家品种有近200个；销售额过5000万元的大品种中中药（民族药）品种31个，云南白药气雾剂和云南白药膏2个中药产品年销售额超过10亿元。年内，全市争取省级中药饮片发展专项资金1.19亿元，带动34户企业超过20亿元项目投资，提升中药饮片行业整体发展水平。中国医学科学院医学生物学研究所承接国家“863”“973”科技计划、自然科学基金、国际科技合作项目及云南省重点攻关计划等多项重大课题研究任务。

全市聚集中国医学科学院医学生物学研究所、中国科学院昆明植物研究所、中国科学院昆明动物研究所等一批国家级重点研究机构，拥有云南农业大学、云南中医学院、昆明医科大学等省内重点高校，构建了在中药（民族药）和生物技术药物领域实力较为突出的科研体系。本市认定生物医药领域包括重点实验室、工程技术研究中心和企业技术中心等形式的4家国家级、25家省级和54家市级创新平台。昆明市辖区内通过GMP认证的药品生产企业85户，其中疫苗生产企业1户，高风险药品生产企业10户，口服制剂企业35户，中药饮片生产企业34户，医用氧气生产企业5户。

全程跟踪重点产业项目，尤其是亿元以上重点项目，通过“周会办”、现场调研等方式加强问题协调，促进项目加快建设进度。北京通盈集团“双环铂”新药研发生产基地及配套项目计划投资3亿元，完成投资8000万元（土地款项），完成立项备案、场地平整。云南白药集团健康产业项目（一期）已完成投资1.73亿元，正在开展场地平整、地勘、试桩等工作，办理工程规划许可等相关手续。云南白药二期物流中心建设项目于2018年12月竣工完成并通过消防验收，完成投资2.10亿元。昆明赛诺制药中药原料药提取基地和综合生产车间建设及技术研发中心暨美洲大蠊系列研究项目计划投资2.85亿元，完成投资5850万元，办理完成规划用地许可证，进入土建基础工程施工。昆药集团的2个项目计划投资10亿元，完成投资4亿元，注射用血塞通（冻干）先进制造技术标准验证与应用项目正在进行全流程数字化车间新模式建设、运行测试及培训；昆明中药厂中药饮片（中药配方颗粒）生产线建设项目主体厂房土建工程经完成，进入试生产阶段。国药中生云南生物医药产业园正在协调省卫健委批准设置血浆站。中国中药滇中新区产业园项目完成主体钢结构招标和土建总承包的招标工作，正式进场开工。招商引资项目康美昆明大健康产业园项目开展项目选址初步考察，康美智慧药房项目已竣工生产；华润三九制药生产线项目拟落地石林县，投资协议正在洽谈中；南京圣和药业、东阳光药业、南京海辰药业、爱仁医药等已签订战略合作协议。

2018年，全市生物医药产业规模以上工业增加值增速同比增长9%。

【烟草及配套产业】 昆明市对烟草及配套业实施一系列改革措施，基本形成完整产业链，在全国烟草行业优化重组中优势明显。鉴于烟草行业在昆明工业经济体系中的“稳定器”作用，年内市委、市政府主要领导和相关行业主管部门负责人多次深入生产企业实地调研，帮扶企业解决生产经营中面临的困难和问题，有序推进重点项目。云南瑞升香料技术有限公司烟草加工新技术及重组烟草配套产业化项目场地平整工作完成，正在进行施工挡墙及厂区内给排水的建设工作。云南中烟再造烟叶有限责任公司易地技术改造项目场平工程于2018年11月13日进场施工。昆明卷烟厂打叶复烤异地技改项目控制性详细规划于2018年4月24日通过专家评审，现按专家意见和最终初设计修改环评报告。富民烤烟薄片仓储物流项目（原富民县烟草物流园）初步设计通过县规委会审批，于2018年1月通过国家局专家组评审，设计方案正在报批过程中。项目建设用地全面落实解决，所涉及的第三方服务单位已招标确定。

2018年烟草产业规模以上工业增加值同比增长2.10%。

【非烟轻工业】 持续政策扶持，组织推荐2018年云南省绿色食品10强企业和20佳创新企业，嘉华食品、雪兰

云南烟叶复烤有限责任公司

（市工信委 供稿）

牛奶、可口可乐、双汇食品、统一食品5户入围绿色食品10强企业；顶津食品、德和罐头等4户入围20佳创新企业，共获扶持资金1400万元。康师傅昆明饮品有限公司可乐及包装饮用水改扩建二期、云南伊利乳业有限公司绿色生产及智能制造技术集成等一批项目通过专家评审，进入省级工业和信息化发展专项资金扶持范围。云南九九彩印有限公司入选工信部第三批绿色制造名单。

加快推进重点项目，按照前期、新开工、续建、竣工分类建立“四个一批”产业项目库，对非烟轻工产业重点投资项目全流程跟踪、精细化服务管理，协调一批投资规模大、带动作用强的产业项目有序推进。云南广泽绿色食品生产建设项目初步规划设计已报规划局审核，环境评价报告基本材料已提交环保评审中心审核。益海嘉里（昆明）食品工业有限公司“粮油食品生产加工”二期项目的面粉车间主体框架建设完成，1.80万吨筒仓正在安装设备、电气。寻甸植物萃取深加工项目完成清表土工作，准备项目开工工作。产业聚集效应增强，依托现有企业的品牌影响力和区域旅游资源优势，以呈贡工业园、宜良工业园、晋宁工业园、石林生态工业集中区、倘甸产业园等非烟轻工产业发展基础较好以及农特产品资源丰富的园区为承载主体，以特色企业带动特色产业，推动农副食品加工、旅游商品加工、林产品加工等轻工产业的集群化发展。

2018年，非烟轻工业规模以上工业增加值增速为-2.40%。

（市工信委）

煤炭工业

【行业概况】 根据省、市政府签订的《煤炭行业化解过剩产能实现脱困发展目标责任书》要求，在2016—2020年5年间全市要引导5对煤矿矿井有序退出，退出产能37万吨／年。2018年关闭11个煤矿、退出产能103万吨，关闭煤矿比例达到44%。支持11个煤矿继续实施转型升级，全部完成产能置换和取得项目核准、初步设计批复，获得转型升级保留发展条件。11个煤矿转型升级后，其中8个煤矿的产能提升为15万吨/年、3个煤矿的产能提升为30万吨/年，煤矿“小、散、弱”的状况将得到进一步改观；临时封停3个应关未关小煤矿，采取封闭井口、张贴封停通知、悬挂警示标志、副科级干部盯守、加强巡查等措施，防范煤矿明停暗开或人员入井，倒闭煤矿关闭退出。

2016—2018年，累计关闭煤矿19个、退出煤炭产能155万吨/年，是省下达目标任务的4.18倍，煤矿关闭数量、退出产能均居全省各州、市前列，提前超额完成省下达本市“十三五”期间化解煤炭过剩产能目标任务。

【安全生产】 综合施策，杜绝煤矿生产安全事故。制订、上报市政府印发《昆明市依法打击和重点整治煤矿安全生产违法违规专项行动方案》，有序推进煤矿安全生产专项整治行动，推进煤矿风险分色定级和分析研判工作。对全市煤矿安全风险等级进行分级和调整，实行分级监管。同时，编制《昆明市煤矿安全风险分析研判报告》，研判风险点和制定防范化解措施。落实煤矿安全生产主体责任。对标对表督促煤矿企业开展自检自改和按月上报“两清单一报告”，严查严防关闭煤矿死灰复燃、停产煤矿擅自生产、建设煤矿擅自复产。采取安全生产执法检查、汛期专项检查、联合执法检查、暗查暗访等方式，深入全市各类煤矿进行现场全覆盖、多频次检查，督促指导各类煤矿整改各类安全隐患。2018年，市级部门单独开展执法检查30矿次，参加联合执法检查煤矿18矿次，做到对全市煤矿的全覆盖、多频次检查。整改查处典型问题，采取关闭矿井的方式，完成省政府对云南东源石林煤业有限公司挂牌督办事项的整改要求，会同云南煤监局红河分局调查处理寻甸郭家山煤矿、宜良小箐煤矿、石林盛丰煤矿等5个煤矿的违法违规行为，罚款近300万元。年内，实现煤矿安全生产零死亡。

（市工信委）

电力工业

【经济技术指标】 至2018年底，昆明供电局内设职能部门13个，有直属机构19个和县级供电单位8家，共有员工6584人。资产总额达189.12亿元，有35千伏及以上变电站209座（其中500千伏6座），35千伏及以上输电线路8517千米，10千伏配电线路27553.18千米，10千伏公用配电变压器5.25万台，用电客户总数达到294.55万户。

【安全生产】 2018年，抓实电网风险防控措施，电网总风险值19%得到永久或阶段性消除，成功消除网省公司挂号设备风险17项。年内成立电力行政执法技术支持办公室，与昆明市工信委建立电力行政联合执法机制，持续加大涉电公共安全隐患治理力度。不断完善安全生产责任制体系，全局违章总基量下降21.40%。加强与政府部门应急联动，持续深化应急平台推广运用。应对2月低温雨雪冰冻天气、金沙江白格堰塞湖险情，保险电力供应，完成全国“两会”“南博会”等三级及以上保供电332次，得到网公司和各级政府的认可。

开展供电质量暨客户停电时间“1”小时提升行动。实现配网调度、配网抢修指挥中心、服务调度“三调合一”运行，平均抢修复电时间同比下降19%。全年开展带电作业5003次，减少停电时间17.06小时/户。完成昆明市政府片区不停电示

2018年昆明供电局供电技术指标一览表

项　目	单　位	上年完成	本年完成	同期相比（%）
供电量	亿千瓦时	307.19	337.44	9.85
售电量	亿千瓦时	292.85	322.08	9.98
电力销售收入	亿元	113.14	120.68	6.66
平均销售电价	元/兆瓦时	427.11	425.97	–0.27
输配电成本	万元	339150.32	363069.51	7.05
单位输配电成本	元/千千瓦时	115.81	112.73	–2.66
最高日供电量	万千瓦时	10840	11023	1.69
最高日负荷	万千瓦	547.3	560.60	2.43
线损率（%）		4.67	4.55	–0.12
综合电压合格率（%）		99.37	99.46	0.09
综合供电可靠率（%）		99.875	99.877	–0.002
负荷率（%）		86.75	85.13	–1.62
电费回收率（%）		99.99	99.99	持平
全员劳动生产率	万元/人·年	165.23	175.44	6.20

范区建设，“1”小时区域客户平均停电时间降低到1.50小时以内。完成105个低电压台区治理，综合电压合格率同比提升0.087个百分点。

推进国家“两化”融合管理体系贯标试点工作，通过第三方评定机构审核。完成省内首座“机器替代人”智能化变电站建设，机器替代人工巡维业务量达59%。积极推进科技成果转化，首次实现转化收益5万元。全局共计获得科技奖127项，同比增加28.30%，累计授权专利数205项，增幅28.90%。科技奖项、专利数量双创历史新高。

【电力供应】　年内，精简业扩办理流程，推进业扩工程投资界面延伸，为客户减少接电成本1.82亿元。古滇王国、京东方、巫家坝片区等省市重点项目按期投产送电。落实国家降低一般工商业电价政策，对19.11万户一般工商业用电客户退补差额电费3.97亿元。售电量从2001年的100亿、2009年的200亿，到2018年突破300亿大关，创历史新高。

深化网格化服务平台运用，全省首家实现工单闭环全过程监控，客户问题处理及时率达99.95%，“12398”电话投诉同比下降66.67%。依托“互联网+”拓宽用电服务渠道，建成全省首个数字化智慧营业厅。智能电表、低压集抄覆盖率均达100%。协同政府推动解决交房小区仅能临时用电问题，全市“临电交房”小区数量从84个下降到45个。

【电网发展】　年内，完成“十三五”配电网规划修编。主配网储备项目共计810个，总投资13.22亿元。小型基建项目入库13项，总投资1768万元。完成滇中新区智能电网示范区专项规划。中央预算内农网工程建设任务全面完成。

工程建设项目有序推进，主配网基建项目开工率100%，富有、万溪冲等5个110千伏输变电工程竣工投产，雨树220千伏、永中110千伏输变电工程取得阶段性突破。石城220千伏变电站工程获南网2018年度基建优质工程奖。开展“两级仓库”管理，闲置物资再利用率79.30%，库存物资周转率282.36%。

昆明供电局工作人员正在消除线路安全隐患

（曹春霞　摄）

昆明供电局工作人员巡查维护线路

（龙振江　摄）

【深化改革】　全年市场化交易电量190亿千瓦时，同比增加26.67%。完成富民商贸中心区10千伏增量配电网并网工作。累计投资3.40亿元，大力提升东川、禄劝、寻甸贫困地区农村电网供电能力，实现贫困行政村、自然村100%通动力电。共派出驻村队员7名，投入69.76万元助力9个挂钩扶贫点脱贫攻坚。探索特色扶贫农副产品销售渠道，帮助贫困户增收致富。

内部体制机制改革稳步推进。完成组织机构调整、管理优化及5家县公司“子改分”工作，局机关、县级供电局职能部门编制分别精简11%、34%。与昆明市发改委、工信委等建立常态化“一站式”问题解决平台。完成全市484个小区、14.76万户“三供一业”居民电表改造。

大集体企业加快整合发展，编制竞争性业务“十三五”发展规划。以昆电投公司为平台，构建形成“一平台七板块”产业格局，南网A类企业扩大到3户。

【经营管理】　深化依法治企，聚焦基层一线难点、重点问题开展法律巡诊，提出法律风险防控措施284项。组织开展历史遗留问题解决专项行动，梳理历史遗留问题276项。完成原辰华公司遗留债权债务核查工作，依法收回复兴公司全部涉案房屋共68宗。解决昆百大违约用电纠纷，收回违约电费32万元。年内各项经营指标全面完成，“两金”（应收款项和存货类两项）存量同比降低13.80%（不含地方水利基金）。

【技能培训】　年内，推进“1+N”培训基地建设，建成区县实训场10个、供电所实训点11个，培训4.39万人次。加大技术技能专家培养选拔力度，全局拥有技术专家96人，技能专家165人，高技能人才占比60.26%。李辉、张孝祖获评云南省第一届“技术能手”。持续加大员工激励力度，兑现增供扩销、安全生产先进等专项奖励。李辉工作室获南网“全国示范性劳模和工匠人才创新工作室”称号，宝峰巡维中心获“全国青年安全生产示范岗”称号。5月，荼建华被云南电网有限责任公司授予第四届“十大杰出青年。

（曹春霞）

安全生产监管

【安全生产指标】　据统计，2018年，全市发生各类安全生产事故190起，死亡188人，受伤97人，与上年同比分别下降21.80%、14.50%和26.70%。

发生较大事故5起（其中道路运输3起，工矿商贸1起，消防火灾1起），死亡24人，受伤12人。与上年同比事故起数下降16.70%，死亡人数上升4.30%，受伤人数上升200%。从2015年4月起全市连续44个月未发生重大事故，连续35个月未发生重大以上事故。

年内，发生工矿商贸事故61起，死亡78人，受伤26人，与上年同比事故起数下降7.60%，死亡人数上升11.40%，受伤人数上升188.90%。发生道路运输事故125起，死亡108人，受伤69人，与上年同比分别下降27.70%、26.50%和43%。

【检查落实安全生产责任制】　围绕“党政同责、一岗双责、齐抓共管、失职追责”的安全生产责任体系，市委、市政府高位统筹，将“明责”与“督查”有机结合，推动各级党委政府领导责任、部门监管责任和企业主体责任的落实。市委常委会议听取全市安全生产情况汇报并研究部署相关工作，市政府年初召开全市安全生产工作会议，市政府常务会议每月听取安全生产工作汇报。各地党政主要领导和分管领导认真落实“党政同责、一岗双责”要求，在重点时段带队开展督查检查。市安委办按市政府工作安排，完成2017年度安全生产考核评定工作，并报请市政府印发《确定2017年度安全生产目标责任考核等次的通知》，同时报请市政府印发《2018年度安全生产目标管理责任书》和《昆明市2018年度安全生产目标管理考核细则》。7月，市安委办组织开展上半年综合督查，各地、各部门安全生产责任制得到进一步强化。市安委办先后对交通事故频发的4个县区政府和连续发生安全事故的二环提升改造项目单位进行约谈，严格督促责任落实。由市级领导带队对危险化学品、消防和道路交通3个高危行业领域进行安全督查、检查和指导。同时由市安委办抽调市属相关部门组成督查组，全面检查各地、各部门落实“安全生产目标管理责任书”情况，重点检查全国、全省、全市安全生产工作会议精神及要求落实情况，以及危险化学品安全、道路交通安全、消防安全等重点工作，并将督查中发现的问题和隐患形成清单，向被督查单位反馈。

为确保元旦、春节、“五一”、国庆、中秋、省市“两会”、高原国际半程马拉松赛、上合国际马拉松赛、“南博会”、中华龙舟大赛昆明滇池站等重点时段安全，协调、组织各地、各部门认真抓好工作落实。此外，严格执行24小时值班和领导带班制度加强应急值班值守，开展生产安全事故应急预案修改及备案管理工作，共组织5次市级应急演练，指导协调各级各部门组织应急演练489场次，组建中铁昆明应急救援队及云天化天安应急救援队两支市级专业隧道及危险化学品应急救援队，强化全市应急救援力量。

2018年1月，昆明市安全监管局副调研员王厚江，昆明市安全监管局非煤矿山安全监管处处长蒋春胜，昆明市安全监管局安全生产协调处处长高民，分别被国家安全生产监督管理总局、国家煤矿安全监察局授予“安全生产监管监察先进个人”荣誉称号。

【安全生产领域改革】 为贯彻落实中央和省委推进安全生产领域改革发展工作要求，年内，市安全监管局牵头起草《中共昆明市委　昆明市人民政府关于推进安全生产领域改革发展的实施意见》《昆明市地方党政领导干部安全生产责任制实施细则》《昆明市实施安全工程三年行动计划（2018—2020）总体工作方案》和《昆明市创建国家安全发展示范城市实施意见》等制度。其中《昆明市地方党政领导干部安全生产责任制实施细则》《昆明市实施安全工程三年行动计划（2018—2020）总体工作方案》已由市委、市政府印发，昆明市创建国家安全发展示范城市实施意见》已报审。着手开展《昆明市安全生产条例》（草案）的调研工作。

【安全生产专项整治】 2018年以来，由市长王喜良挂帅，各相关行业领域分管副市长牵头负责，在全市组织开展“1+11”（即1项安全生产大检查及煤矿、危险化学品、道路交通、建筑施工等11个行业领域）专项整治行动。共检查企业6.6万户次，排查整改隐患9万余项，打击违法、违规行为2267起，停产整顿企业1017户，关闭取缔企业145户，吊销证照企业57户，罚款2700余万元。市安全监管局立案调查11起案件，行政处罚86.30万元，促进安全生产措施落实。

【督促整改省市政府督办重大隐患】 近年来省政府挂牌督办27项重大安全隐患，年内全部整改完成。市政府今年挂牌督办7项重大隐患，除寻甸县道路交通隐患延期销号外，其余6项也基本完成整改，进入验收程序。省、市、县三级政府挂牌督办的23个重大火灾隐患全部整改销案。市安委办强化隐患整改工作的督办考核力度，已将各地隐患整改工作列为2018年重点督查考核内容，对未完成整改任务的县（市、区）将实施年度考核“一票否决”，并上报市委、市政府追究相关单位和人员责任。

【查隐患督整改】 年内，在非煤矿山领域全面推进全市691座矿山转型升级，完成652座，完成率94.30%。其中达标保留31座，升级改造233座，整合重组98座，淘汰关闭290座。在抓升级改造的同时执法检查同步跟进，全年共检查非煤矿山企业117户，查出问题隐患250处，下达现场检查记录72份、现场处理措施决定书8份、强制措施决定书3份、整改指令书3份。

在危险化学品领域进行安全综合治理，完成4个化工集中区的风险评估、66户危险化学品企业重大危险源摸底排查工作和全部138户危化品生产储存企业摸排，15户企业关闭退出、3户企业启动搬迁、104户整治提升企业的隐患整改率达76.80%。

在工贸行业领域强化金属冶炼企业日常监管，组织开展金属冶炼企业安全生产执法专项行动，共排查金属冶炼企业128户次，发现隐患1168条，完成整治1040条，督促整治128条。开展工贸行业粉尘涉爆企业和有限空间行业安全生产专项整治，对全市252户粉尘涉爆企业进行检查，取缔关闭企业1户、停产整顿企业3户、限期整改121户。

职业健康监管方面，新增职业病危害申报企业405户，开展陶瓷生产和耐火材料制造治理企业21户，排查检查汽车维修保养企业102户，发现并督促企业整改问题和隐患1388条。开展汽车制造和铅蓄电池两类企业工作场所职业卫生隐患排查及专项整治。

【依法治理安全生产领域】 推进行政审批制度改革，按全市“放、管、服”相关工作要求，清理整顿市安全监督局17项行政审批事项，取消1项，下放县区1项，压缩10项行政审批时限，累计办理行政许可审批项目1.23万件，依法公告注销315户企业的安全生产有关行政许可。严厉打击安全生产领域非法违法行为，制订年度执法计划，规范执法程序和执法文书，全年共计执法检查企业316户，使用法律文书343份，立案调查企业12户，共计处罚罚款46.50万元，共计执行到位罚款243.50万元。按市政府安排，依法、依规完成6起较大事故调查处理。

【安全生产宣传教育】 以昆明市被原国家安全监管总局列为“安全生产月”和“安全生产万里行”活动10个试点城市之一为契机，组织开展2018年“安全生产月”和“安全生产万里行”活动，先后开展安全生产月活动、“安康杯”知识竞赛、安全宣传咨询日活动及安全生产“春城热线”访谈、云南省领导干部安全生产专题访谈、安全生产法宣传周等活动。组织开展《地方党政领导干部安全生产责任制规定》巡回宣讲，录制两部安全宣传片。共举办安全宣传咨询日活动64场，安全教育培训700余次，安全知识竞赛2000多场次，参加人数达20万人次；组织全市3700多户企业、36万多名企业职工开展“安康杯”竞赛活动，发送公益宣传短信近60万条，在全市范围内营造重视安全生产氛围。

【安全生产信息化建设】 大力推进安全生产长效机制管理信息系统应用。年内，全市安全生产信息化系统内企业数量为3005户，在产企业数2151户，每月都开展事故隐患自查，零隐患率降到1%以下，“一企一标”备案率99%以上，“一企一标”自定义率100%，企业基础信息完整率达到99%。同时，结合智慧城市建设制定“智慧城市安全监管平台规划设计”并进行讨论，向市政府提交《关于智慧城市安全生产监管平台建设工作的报告》。

（邱　瑶）

非公经济

【经济指标】 截至2018年末，全市个私企业户数达69.60万户，同比增长7.70%。其中个体工商户44.20万户，增长10%；私营企业户数25.40万户，增长4%。全市民营经济完成增加值2390.60亿元，同比增长6.10%；占GDP45.90%，比上年下降0.90个百分点，对GDP的贡献率为34.30%。全市民营企业完成进出口总额29.38亿美元，同比增长26.45%；占全市进出口总额22.40%。全市民营企业上缴税金638.50亿元，同比增长13.60%。其中上缴地税税金228亿元，增长21.70%；上缴国税税金410.50亿元，增长9.60%。在全省民营经济发展考核中，官渡区、盘龙区、西山区3个区被评为“云南省民营经济综合10强县”。

【培育成长型中小企业】 以市场化运作模式举办2018年“创客中国”创新创业大赛，最终评选出大赛一等奖项目6个、二等奖项目10个、三等奖项目16个，并遴选出53个项目推荐参加全国总决赛，筛选出101个项目列入市重点扶持培育项目库。全国总决赛上，昆明市5个项目进入200强，2个项目进入全国50强。

筛选50户市场潜力大、成长性好的中、小型新兴产业企业进行重点扶持，带动民营企业转型升级发展。深入实施成长型中、小企业培育工程，34户企业获评云南省成长型中、小企业，占全省新增户数的34%。推荐符合条件的企业申报省级资金，推荐云南侨通包装印刷有限公司昆明分公司、昆明风行防水材料有限公司2户企业申报2018年民营工业企业引进首台（套）重大技术装备补助资金，推荐昆药集团股份有限公司申报2018年民营工业企业主营业务收入上台阶奖励资金，共获资金支持390万元。

【企业服务体系建设】 2018年，高新区、东川区建立区级中小企业服务中心，晋宁区、富民县中小企业服务中心正在筹建中。完成公共服务示范平台、小微企业创业创新示范基地认定管理办法修订，开展示范平台、基地认定工作，进充实中小企业公共服务体系。年内，认定市级示范平台19个、示范基地8个，新增省级示范平台13个、示范基地7个。

“财园助企贷”推行4年以来，共帮助193户园区企业获得6.90亿银行贷款，财政资金引导和撬动26.50倍金融机构贷款。2018年，新增交通银行、招商银行为合作银行，帮助70户企业获得2.90亿元贷款。在获得贷款支持的193户企业中，工业和信息化企业163户，民营企业186户，“财园助企贷”引导金融机构融资配套服务实体经济发展，对缓解民营企业、园区内企业融资难题发挥了政策扶持作用及示范引导效应。全力做好微型企业培育工程贷款和贴息工作。组织各县、区民营办，完善工作制度，全力开展微型企业贷款、一年基准利率贴息的推荐、审核、统计、报备等工作。积极协调解决富滇银行、农信社在为全市微型企业贷款过程存在的困难和问题。2018年，完成贷款3.55亿元，给小微企业1544万元贴息资金支持。华能澜沧江股份在上交所上市，仓谷科技、蓝典科技等4户企业在新三板挂牌。

（市工信委中小企业处）

乡镇企业

【经济效益】 2018年，全市完成农产品加工业现价总产值（不含烟草）585.60亿元，同比增长8.10%，完成省政府下达农产品加工业发展目标任务。同时，全市多数县区均按计划完成市政府下达农产品加工业发展目标任务。258户规模以上农产品加工企业实现现价总产值510.70亿元，占全市农产品加工业总产值的87.20%，继续发挥全市农产品加工业的支柱作用。

全市农产品加工企业完成营业收入552.80亿元，实现利润总额71.30亿元，上缴税金29亿元，支付劳动者报酬33.30亿元，四项指标同比均保持较快增长。从农产品加工业各项发展指标粗略估算，农产品加工业创造增加值超过110亿元以上，为扩大就业、培植财源、稳定农民收入发挥了积极作用。

【农产品加工重点行业】 全市845户特色农产品加工企业完成现价总产值543.60亿元，占全市总产值的92.80%。其中97户粮食加工业企业完成79.20亿元；111户蔬菜加工业企业完成26亿元；12户油料加工业完成16.20亿元；50户畜禽加工业完成29.10亿元；65户饮料制造企业完成44.40亿元；10户天然橡胶加工企业完成25.30亿元；57户生物制药企业完成208.20亿元（其中26户中药材加工企业完成124.40亿元）。生物制药、粮食加工、蔬菜加工、油料加工、畜禽加工、饮料制造、天然橡胶加工7大类农产品加工行业产值均超过10亿元，累计现价总产值达428.40亿元，占全市农产品加工业现价总产值的73.20%。以中药材加工为代表的医药制造业，对全市农产品加工业产值贡献率超过20%。

【农产品加工业产值县区分布】 呈贡区（含云南白药）实现农产品加工业总产值138亿元，官渡区（含经开区）实现农产品加工业总产值110亿元，继续成为全市2个产值超过100亿元的统计县区，两区产值合计占全市农产品加工业总产值的42.30%，与上年同期持平。五华、西山、晋宁、安宁、嵩明、宜良等6个县（市、区）产值均超过20亿元，总产值为280.40亿元，占全市总产值的47.90%。盘龙区、东川区、富民县、寻甸县、石林县、禄劝县6个县（市、区）总产值为57.30亿元，同比增长27.30%，占全市总产值的9.80%。以高新生物医药制造为农产品加工业主要产业的县区，特别是高新区、经开区、呈贡区的生物医药制造企业，对全市农产品加工业发展发挥着重要的引领支撑作用。

【三产业融合发展】 2018年，随着供给侧改革的推进，全市农产品加工业继续把产业链、价值链等现代产业理念、组织方式和商业模式引入农业，引领农村融合发展，推进农业产业分工分业、增值增效。融合形式有3种：前延后伸融合，即推进农产品加工企业向园区、基地适度集中，提高农产品精深加工能力，培育一批消费者认可、具有云南或昆明独特地理标志的“滇牌”“昆牌”农产品，打造特色优势区域品牌；接一连三融合，抓住农村土地承包经营权确权登记颁证工作契机，引导农民合作社、都市农庄、家庭农场等新型市场主体由一产业向二、三产业发展；技术渗透融合，“互联网+”等信息技术向农业渗透，发展农业物联网、电子商务、食品短链、社区支持、加工体验和中央厨房等新业态，提升农业生产和管理的信息化水平。

（市工信委中小企业处）

2019 KUNMING YEARBOOK

交通运输

◆责任编辑 李 震

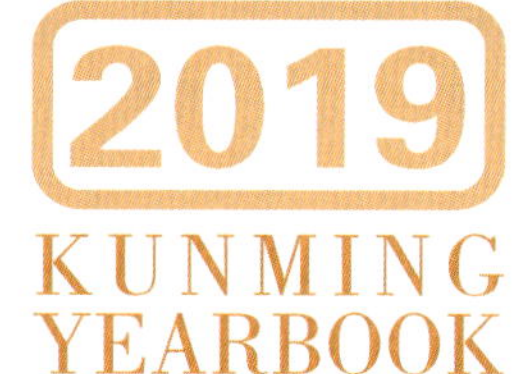

公路及轨道交通

【经济指标】 2018年，昆明市公路新增里程792千米，达到18751千米，公路网密度每百平方千米达89.29千米，公路网密度居全省第一。高速公路通车里程新增约134千米，达812千米；二级及以上高等级公路新增143千米，达2152千米。截至2018年底，基本形成以高速公路为公路网主骨架，普通国省干线为基础、县乡道为支撑的层次分明、脉络清晰的公路网结构。昆明市域范围内，绕城内环线系统闭合成圈，外环线系统即将形成，基本实现客货交通分离，减少过境交通对城市交通干扰，进一步净化城市交通通行环境，实现通往周边州市全部高速化，通往辖区内各县区公路基本高等级化，通乡油路率100%，行政村通畅率100%，基本实现有条件自然村均通公路。全市公路运输完成客运量4120万人，同比减少19.03%；完成旅客周转量43.69亿人千米，同比减少19.79%；完成货运量2.84亿吨，同比增长15.03%；完成货物周转量191.55亿吨千米，同比增长13.03%；完成公路运输总周转量210.22亿吨千米。邮政业务总量完成44.27亿元，同比增长40.24%。推进“公交都市”创建，日均公共交通客运量211.60万人次。2018年，公共交通机动化出行分担率57.60%。

【重点交通基础设施建设】 2018年，加快推进昆明绕城高速公路东南段（2018年1月22日，宜良—澄江段建成通车）、武定—倘甸—寻

2018年昆明市交通运力情况表

指　　标	单　位	运力情况
一、道路		
1.全市公路通车里程	千米	18751
2.高速公路通车里程	千米	812
3.二级及以上高等级公路通车里程	千米	2152
二、全市营业性公路客、货运营运车辆		
1.载客汽车	辆	6014
2.载货汽车	辆	123282
三、城市客运		
1.公共汽车		
运营车辆	辆	6164
运营线路条数	条	485
运营线路长度	千米	8030.4
全年客运量	万人次	77239.8
日均客运量	万人次	211.6
2.轨道交通		
运营车辆	列	82
运营线路条数	条	4
运营线路长度	千米	88.76
开通车站	座	57
累计客运量	亿人次	1.99
日均客运量	万人次	51.7
3.出租汽车		
运营车辆	辆	8037
日均客运量	万人次	31.49
四、旅游客运		
旅游车辆	辆	2008
备案包车业务量	万趟次	10.08
五、停车设施		
备案停车场	个	1604
备案停车位	个	466879
六、交通业务量		
道路运输总周转量	亿吨千米	210.22
邮政业务总量	亿元	44.27
七、交通固定资产投资完成情况		
市级交通固定资产投资	亿元	570

甸、宜良—石林、石林—泸西（昆明段）、东川—格勒、格勒—巧家（昆明段）、寻甸—沾益（昆明段）、机场北、昆明（岷山）—楚雄（广通）等高速公路建设；功山—东川高速公路主体完工；加快推进昆明（福德立交）-—宜良、曲靖（三宝）至昆明清水（昆明段）、昆明—倘甸高速公路前期工作；推进晋宁—易门、云南禄劝—四川会东高速公路前期工作；推进G320安宁段、G324阳宗段等国道提升改造前期工作；农村公路基础设施建设步伐加快。配合推进省、市级重点项目：对接、协调推进黄马高速、昆武高速入城段地面工程、大渔立交、呈澄高速等省、市级重点项目收尾工作；2018年12月21日，昆石高速公路（马郎立交）节点工程通车试运营；2018年12月28日，南二环高架桥提升改造工程建成通车。协助县区推进县级负责建设重点项目：督促、协调县区推进东倘公路一期工程（含东川段、寻甸段）、禄劝县皎平渡大桥、东川区金东大桥、寻甸县易隆至白石岩公路、五华区垃圾焚烧发电厂进出道路等项目建设。截至2018年底，金东大桥建设完成；皎平渡大桥完成投资8600余万元，占项目总投资55%；其余项目正由各县区加紧推进。

【干线公路网建设】 持续推进G324（经开段）等国省道干线公路建设、完成中乌联网公路、寻甸县30千米县乡道提升改造项目，开工建设皎马、东阿线工程。加快推进G108（富民至五华段）、G324（阳宗段）、G248（转龙至红土地段）、G320（安宁段）、G248（金所至鸡街段）、晋宁至峨山提升改造工程等项目前期。

【农村公路建设】 2018年，市交运局建设完成建制村公路1065.97千米。其中，路面硬化798.03千米、路基改造267.94千米。完成年度任务600千米的177.70%；完成年度投资62950.28万元，占年度投资任务45000万元的139.90%。

【农村公路管养】 截至2018年底，昆明市地方管养道路在库列养总里程17047.14千米。其中，国道199.02千米、省道637.16千米、县道3022.48千米、乡道7155.75千米、村道5667.55千米、专用道365.19千米。其中，高速公路80.92千米、一级公路64.85千米、二级公路270.82千米、三级公路306.34千米、四级公路13826.83千米、等外公路2497.38千米。桥梁总数1082座。其中，特大桥20座、大桥93座、中桥170座、小桥799座。2018年，计划安排农村公路养护工程补助资金18567.54万元。其中，省级农村公路养护补助资金5303.14万元；市级农村公路养护补助资金2512万元；县（市、区）自筹资金10752.40万元。其中，安排21个大中修工程、7座小桥危桥加固改造工程和18个路段的安全隐患路段整治工程。争取省级部门下达第一批车辆购置税补助地方资金3170万元。

2018年12月21日，马郎立交公路通车

（市交运局 供稿）

【路域环境整治】 截至2018年底，昆明市境内建成并投入运营高速公路21条，共701.64千米。加强主城区周边公路管理，大力推进昆明市辖区内高速公路路域环境整治工作，逐步形成长效监督和管控机制，切实打造“畅、安、舒、美”高速公路路域环境，将全市21条高速公路分为重点路段及普通路段进行管理。其中，机场高速、东绕城高速、高海高速、南连接线高速、黄马高速及高速公路出入城段（5段）共计10条高速公路作为城市周边重点路段，昆明绕城高速公路外环线（东南绕、西南绕、西北绕）、昆玉高速、昆石高速、昆曲高速、昆武高速、昆安高速五条进出市高速公路（收费站以外）、主城五区以外在昆明市范围内高速公路为普通路段进行管理。重点围绕高速公路“基础设施管理养护”“卫生保洁”“绿化美化”“路域环境优化”“沿线标志标线、交通安全设施整治”“高速公路服务区、收费站服务设施和服务质量双达标”“高速公路文明驾乘管理”7大重点专项工作为抓手，全力打造“环境优美、安全便捷、服务高效、监管有力”高速公路路域环境。

【“四好农村路”建设】 2018年，昆明市成立市政府主要领导为组长领导小组，高位统筹“四好农村路”建设各项工作，在省政府提出15个主要目标基础上，按照优于省政府目标、高于全省平均水平原则，提高建设标准，由市政府印发“四好农村路”建设实施细则，提出25项“四好农村路”建设任务目标，做好省会城市表率工作。2018年底，实现乡规民约制定率、“路长制”覆盖率、农村公路管理率、农村公路列养率、乡镇管理所和专管员设置率、建制村通邮率、建制村通硬化路率等指标达到100%，县乡道四级路比例、建制村通客车率、建制村通邮率、建制村和自然村通硬化路率目前均高于全省平均水平和省政府要求，昆明市还在全省范围内率先推广农村公路路政管理县、乡、村“三级联动”机制，突破人员不足、经费不足、装备不足局面，做到“有路必管，管必到位”。

【公路质量安全监督管理】 2018年，全年开展安全生产大检查4次，出具督查通报18份，开展综合督查7次，开展安全生产及大气污染防治专项督查8次，出具公路工程施工安全督查意见通知单17份。组织对建设工程项目建设单位落实“创建‘平安工地’主体责任”执行情况进行督查。2018年，计划考评项目15个，但由于退库、停工、进场晚等特殊情况，罗衙立交、二环提升改造、福宜高速、三清高速4个项目未进行考评，其余11个项目均完成考评并进行报备。其中，9个项目全部初评合格；2个项目（昆明绕城高速公路东南段、机场北高速）经复评后全部合格。

【公路质量监督和检测】 按照项目质量监督计划，对在建公路项目、新增建设项目开展质量督查，出具质量督查通报和抽查意见，督促相关单位落实整改。定期组织对东南绕、南二环立交、功东等项目质量综合督查、专项督查及日常巡查，紧盯重点项目、重要部位，突出开展专项督查，注重现场施工工艺抽检、实体抽查，及时下发督查整改通知书及督查通报，督促项目指挥部落实好监管责任。2018年，市交通工程质监局监督项13个地高项目，累计里程506.44千米，累计投资1047.82亿元；其他等级公路2个，累计里程14.99千米，累计投资4.98亿元；南二环高架里程6.20千米，投资9.99亿元。全年组织质量综合督查10次，专项督查24次，日常巡查数次，发出质量督查通报34份，质量抽查意见通知书11份。依据《公路工程竣（交）工验收办法与实施细则》《公路工程质量检验评定标准》，通过全国公开招标，选定第三方检测机构，审查质量检测申请，评审第三方检测机构《项目检测实施方案》。截至2018年11月30日，累计完成项目竣工质量检测6项，合计38.83千米；桥梁单位工程中间交工质量检测11项，合计983跨；隧道单位工程中间交工质量检测7项，合计31座，34.10千米；路基单位工程中间交工质量检测3项，合计25.21千米；路基土石方中间交工27项次。其他交工质量检测8项。做好监督范围内公路水运项目工地试验室登记备案和日常监督管理工作，开展工地试验室试验检测专项监督检查。做好工程质量责任人档案管理登记工作。2018年，10个项目完成登记报备：云南武定至倘甸至寻甸高速公路、石泸高速公路、宜石高速公路、禄劝皎平渡大桥、金东大桥、寻沾高速公路、马郎立交、昆楚高速改扩建工程、功东高速、南二环高架改造工程。做好二级以上公路项目监理单位和人员试验检测单位和人员信用评价管理工作。2018年，参与信用评价昆明绕城高速东南段、乌东德水电站建设征地交通工程皎平渡大桥及接线工程等11个项目。开展监理信用评价28个监理单位，173名监理工程师参与评价；开展试验检测信用评价76个工地试验室，242名试验检测工程师，283名试验检测员参与评价。截至2018年底，监理工程师业绩登记管理11个项目168名监理工程师进行登记。

【轨道交通建设】 2018年，昆明地铁在建5条线路，在建里程97.20千米。其中，65个站点开工，32个车站主体结构封顶。1号线西北延工程：得胜桥主体机构封顶，弥勒寺站、金碧广场站进行主体结构施工，西昌路站至锅盖山停车场等后续站点及区间进行围护结构施工及前期准备相关工作。2号线二期工程：火车站站、南坝站、怡园小区站、广福路站、盘龙村站、龚家村站、六甲站、会展中心站8个站开工建设。其中，盘龙村站、龚家村站、六甲站、会展中心站主体结构封顶，其余开工车站及区间正加快建设工作。4号线工程：全部站点开工建设，陈家营站、大河埂站等23座车站主体结构封顶。苏家塘站、牛街庄站受地质条件影响，火车北站、羊甫站、菊花站受配线调整影响正在进行主体结构施工。5号线工程：福保站、河尾村站、金海新区站3座车站主体结构封顶；龙庆路站、穿金路站等9座车站进行基坑开挖及主体结构施工；世博园、白云路站等5座车站进行维护结构施工。6号线（二期）工程：设站4座，均开工建设，其中拓东体育馆站、菊花综合枢纽站、高架区间桥梁主体结构全部完成。

【轨道交通运营】 截至2018年，昆明轨道交通通车总里程88.70千米，车站57座。自地铁运营开始至2018年底，累计运送乘客5.05亿乘次，全年客流1.99亿乘次，线网日均客运量约55万乘次，线网运行图兑现率99.99%，正点率99.99%，乘客投诉回复率100%，乘客满意度良好。地铁1、2号线首期及1号线支线工程：2018年，运送乘客1.3亿乘次，自试运营至2018年底累计载客4.59亿乘次。地铁3号线：2018年，运送乘客0.61亿乘次，自试运营至2018年底累计载客0.77亿乘次。地铁6号线（一期）：2018年，运送乘客0.08亿乘次，自试运营至2018年底累计载客0.15亿乘次。2018年9月30日，举行昆明地铁“春城号”“阿诗玛号”文化专列开通仪式，开通6列“春城号”和6列“阿诗玛号”地铁文化列车。

【路产路权管理】　组织开展所辖公路保护范围内矿业权排查清理，全市清理审查矿山生态环境综合评估70件；开展市管公路路产范围内违规建（构）筑物集中治理工作，拆除违法违规建（构）筑物10宗，面积3699.50平方米；制订《市管公路路产范围内非公路交通标志标牌整治实施方案》，对市管高速公路范围内42块非公路标志牌进行清理；依法纠正和查处各类路产违法违章案件694起。开展“路政管理宣传服务月”活动，出动执法车辆340余台次，路政执法人员1300余人次，分别在超限检测站点、公路收费站、人员比较密集村镇、街道社区以及运输企业、主要公路沿线等地开设宣传服务台22个、悬挂宣传标语34条、展示宣传展板130余块、发放宣传品1.58万余份，接受群众法律法规及政策咨询800余人次。

【治超工作】　2018年，市交运局签订《源头治超及安全生产承诺书》56份，出动执法人员8178人次，出动车辆3726辆次，检查货运车辆6347辆，纠正违法违规车辆691辆，卸载货物1.40万吨，对30万吨以上货运源头企业巡查完成率100%。加强治超工作统筹。2018年，分3个重点整治阶段（货车非法改装专项整治阶段、货运源头企业专项整治阶段、路面行驶车辆整治阶段）对非法超限超载车辆进行整治；重点对交通运输部暗访昆明市辖区6个省管超限检测站时发现的存在问题等进行督查整改；加强货运超限车辆治理日常统筹、协调，货运车辆超限率得到有效控制。2018年，全市出动执法人员（含交警）46370人次，检查货运车辆39.94万辆，查处违法超限车辆0.78万辆，卸载货物55143.69吨，超限率均值1.95%。

公路防汛应急工作

（市交运局　供稿）

【服务区服务设施管理】　组织开展所辖8个高速公路服务区监督检查工作，完善服务区“三级管理”工作机制，制作服务监督公示栏10块。累计出动人员4865人次，车辆1292车次，发现问题220个，下发整改通知书19份，现场整改问题154个，完成限期整改问题66个。通过整治，服务区服务设施得到完善，规模得到扩大，服务区拥挤、停车难等问题得到有效解决。

【应急保障及保通】　成立昆明市第一届交通运输安全应急专家咨询委员会，包含交通运输安全应急专家100名，交通运输应急救援队伍6家；完善昆明市交通运输系统突发事件应急预案体系，编修完成《昆明市交通运输综合应急预案》（包括《昆明市城市公共汽车客运突发事件应急预案》《昆明市公路水运工程生产安全事故应急预案》《昆明市公路交通突发事件应急预案》《昆明市水路交通突发事件应急预案》）；加强应急物资储备。截至2018年底，昆明市交通运输系统储备应急运输保障运力4857辆，水上交通安全事故应急反应可调用船只159艘，公交运营行业应急运力407辆（含应急公交车辆400辆，专用拖车7台），交通建设工程机械设备176台（含挖机、推土机、装载机等）；建立昆明市市域高速公路寒潮极端天气应急保通联勤联动工作机制，组织开展机场高速公路寒潮冰冻灾害应急演练；开展春运安全检查、火灾隐患排查、消防设施排查、防汛抗旱等安全生产专项整治活动组织检查775次，检查企业4537家次，打击违法违规行为560起，累计停业整顿323家维修企业；组织市级以上重大考察调研活动保通、部队机动保障、马郎立交和南二环提升改造项目协调保通及重大节日免收小型客车通行费相关交通保障，全年各类保通出动执法人员1560人次，出动执法车辆356台次。

【海事管理】　2018年，市交运局召开水运安全会议12次，开展水运企业生产安全管理、反恐防范、施工安全、客船安全培训6次；开展应急搜救、消防应急与污染防治培训3次，常规水运安全、码头渡口设施安全检查出动101人次，以“走渡口活动”等形式开展专项安全检查5次，打非治违2次；完成客运船舶运力审批10件，施工图审批2件，核发船舶营业运输证10份；核发船舶检验证书243本、出具审图意见书（批文）10份；完成船员培训40人（33人驾驶培训、7人轮机培训）、船舶登记64艘（其中27艘为所有权登记）、办理船员适任证145本。滇池航运一期工程主航道及支线航道83.70千米完工具备投运条件；完成呈贡新城码头（斗南）主体建设，乌东德翻坝转运设施以云南岸为主建设方案取得实质性进展，协助滇投公司推进盘龙江复航。开展新能源船舶推广应用工作，电力推进船舶完成建造1艘、正在建造1艘。开展滇池、风龙湾两次大型综合演练。其中，2018年，滇池水域水上应急搜救打捞综合演练，动用船只20艘、参演单位20家，参演观摩人员近200人，是滇池水域历史以来最大规模演练。通过演练检验涉水各单位快速反应能力、应急处置能力、综合协调能力、自救互救能力、联动互动能力。参与协办“2018珠江片区中国航海日活动”，以零差错、零失误完成各项服务保障任务。

【客运站及班线客运】 2018年，全市市际班线267条，省际班线134条。开展“昆明长水机场-玉溪”客运专线开行前期准备工作。开展云南省客运管理系统试用工作，完成车辆、驾驶人员入库审核，借助信息技术手段不断提升客运管理水平。进一步规范客运市场准入机制和退出机制，对昆明市所有经营省际、市际班线客运车辆经营主体资格、经营线路、车辆进站情况、车辆技术状况等基本情况开展核查。开展《高铁影响下的昆明市公路客运组织优化研究》工作，保障全市公路客运行业可持续发展。开展市、县二级道路运输统计体系研究工作。

【旅游客运】 2018年，全市旅游客运企业15家。完成“一部手机游云南”旅游客运企业信息采集工作。充分利用旅游包车系统技术手段，强化旅游包车监管，督促旅游客运企业规范经营。开展旅游客运转型升级政策解读及市场调研，排查化解旅游客运转型升级中存在的不稳定因素，期间，召开相关座谈会2次，走访调研15次。完成旅游客运转型发展实施方案及业务受理流程方案。

【货物运输】 2018年，全市危货运输企业新增9户，增至79家，新增危货运输车辆763辆，增至3378辆，运力总吨位达到8.10万吨。加强危货道路运输电子运单使用管理。2018年，使用电子运单41.33万单，危货运输安全管理水平有较大提高。配合开展危险化学品生产（储存）企业整治搬迁工作，完成所有危险化学品安全风险摸排和信息录入工作。进一步规范道路普货运输行业管理，继续深化“放管服”改革，对货运经营许可事项及办理流程进行优化。继续推进无车承运人试点企业监测工作，及时上传监测数据，云南昆明交通运输集团有限公司等4家试点企业经交通运输部考核合格，延续试点期限1年。配合编制《昆明市农村物流网络节点体系发展规划》，提供农村物流运输相关基础资料。

【汽车租赁】 切实加强汽车租赁行业管理，有序开展租赁企业备案。2018年，昆明市备案汽车租赁业户387户、租赁车辆3346辆，座位1.95万座。

【车辆技术管理】 完成道路货运车辆检验检测改革（“两检合一”）工作。18家综检机构完成系统调试和修改，可以认可30天以内合格安检结论，开展政策宣传、方案制订、检测结果互认、调整检测周期等工作，完成机动车检测18.19万辆次。其中，等级评定12.25万辆次，二级维护5.56万辆次，质量检测1449辆次，委托检测2309辆次。开展机动车维修企业非法改装货车专项整治行动，在40天整治行动中，检查维修企业2035户次，与维修企业签订安全生产责任书1357份，下发整改通知421份，发现并处理擅自改装车辆维修企业1户。继续推进绿色维修工作，督促企业签订规范处理废旧物品承诺书96份，发现不规范收集处置废油、废旧件等情况103起，责令现场整改55户，下发责令限期整改通知书39份。

【驾驶培训管理】 严格执行《机动车驾驶员培训资格条件》规定，严把

运输管理部门对货运车辆进行安全检查

（市交运局　供稿）

驾驶培训模拟训练

（市交运局　供稿）

驾培市场准入关，开展驾驶培训市场投资风险提示。2018年，全市新增驾驶培训机构9所，增至134所，新增教练车171辆，增至1.02万辆。推进“先培后付，按学时计费”服务模式改革，全市推行新模式驾驶培训机构覆盖率100%。开展计时培训系统改造工作，对系统进行联调，测试工作完成。认真处理驾培行业投诉，切实维护群众权益，处理投诉172起，投诉回复率和办结率100%。印发《关于开展机动车驾驶培训行业专项整治进一步加强事中事后监管的通知》，针对行业无序竞争行为在全市范围内开展为期4个月整治。完成教练员备案工作，受理教练员备案1.35万人。

【打击非法客运】　开展打击非法营运，加大路面巡查执法力度，参与全市“打非”专项整治行动。2018年，出动执法人员85190人次，执法车辆22264辆次，检查车辆107.25万辆次，查处各类道路运输违规、违法案件1.47万起，查扣非法营运车辆988辆，罚没款总额为2942.75万元。

【春运及重大活动运输服务保障】　做好2018年春运、第5届中国—南亚博览会暨第25届中国昆明进出口商品交易会、第十四届中国昆明国际农业博览会、2018昆明高原国际半程马拉松赛、2018上合昆明马拉松等活动公共交通运输服务保障工作。春运期间，主城区城市公交投入运力18.73万辆，日均客运量175.05万人次，总客运量7002万人次；第5届南博会期间，35条线路参与保障，营运车数2661台，营运7377车次，运送乘客54.54万人次；第十四届农博会期间，安排公交车1220台，营运3827车次，运送乘客23.94万人次。

【城乡公交服务】　截至2018年底，主城区7家城市公交企业有运营车辆6164辆，运营线路485条，年客运量77239.80万人次，日均客运量约211.60万人次。2018年，新开城市公交线路16条。其中，10条社区接驳线路，5条地铁接驳线路，1条连接主城核心区至云南省阜外医院，进一步拓展公交线网对公交盲区盲点覆盖。深化城乡公交一体化工作，编制《2018—2020年新增建制村通客车滚动计划》《昆明市建制村客车“村村通”两年攻坚方案（2018—2019年）》。成立云南昆明交通运输集团有限公司高铁站客运线路运营分公司，稳步开行昆明新火车南站至嵩明、安宁、禄劝、倘甸、晋宁等县区客运线路。做好主城五区公共汽车移交管理和五华区公交运力优化调整工作。以“海口车场—螺蛳湾公交枢纽站”“杨林-大板桥”客运线路为试点，明确中途停靠站点，突出城乡公交化特性。开行“昆华医院安宁分院-昆华医院”线路定制公交，解决两地医患出行问题。用“X”号段对城际公交进行标号，进一步规范城乡公交车辆内外标识。2018年，新增城乡公交运力180辆，延续经营171辆。开通城乡公交线路682条，投入城乡公交车3669辆，建制村通班车率98.80%，建成县乡村各级客运站87个，建成候车亭和沿途招呼站833个，逐步形成“开得通，留得住，有效益”平衡发展新格局。

【新能源公交推广应用】　督促主城区相关公交企业落实《昆明市人民政府关于印发昆明市新能源汽车产业发展及推广应用三年行动计划（2016—2018）的通知》要求。2018年，完成497辆新能源公交车辆购置（更新）工作。其中，昆明公交集团购置455辆，双誉公司更新30辆，东胤公司更新12辆。按照昆明市人民政府办公厅《关于印发〈昆明市新能源公交示范运营线路车辆运行资金管理办法〉的通知》，对昆明公交集团公司2017年度运营符合新能源公交示范运营线路要求的17条线路、193辆公交车进行认定，协调市财政局完成2017年度新能源公交示范运营线路补贴资金956.25万元清算工作。

【燃油补贴发放】　先后发放主城五区2017—2018年城市公交车成品油补助资金15359.09万元；中央2016年度城市公交企业成品油价格补助资金（涨价补助20%部分）3401.04万元；中央2018年城市公交车成品油价格补助资金1005.58万元；2017年城市公交车成品油价格补助资金（涨价补助20%部分）2738.90万元。2018年，合计发放城市公交企业燃油补贴资金22504.61万元。

【出租汽车市场监管】 截至2018年底，昆明市主城五区出租汽车企业32家，在运出租汽车8037辆。建立和完善巡游出租汽车长效监管机制。修改完善《昆明市出租汽车管理局领导定点联系企业分片包保工作制度》《出租汽车值勤站点设施建设实施方案》《出租汽车行业“创文”模拟测评方案》《昆明市主城五区出租汽车服务定期测评研判工作制度》《昆明市出租汽车行业教育培训管理暂行规定》《昆明市主城五区出租汽车服务质量投诉处理实施细则》等长效工作机制。年度处理出租车违章处罚案件166起，罚款15.04万元。组织52名出租汽车驾驶员违章整训学习，吊销驾驶员从业资格证案件47起，处罚违规企业9起。处理投诉11253起。其中，教育处理8108起，学习3125起，处罚20起，罚款14750元。处理市长热线、书记信箱和督办件等178件、本级涉旅件227件，处理“一机游”平台投诉14件、负面舆情10件。协助乘客GPS查询遗失物品约2035起。收到驾驶员上交失物1681起，归还947起。其中，贵重物品317起（贵重手机274部，价值约90万元；笔记本电脑45台，价值约22万；收到对驾驶员表扬463起，表扬信17起。2018年1月，市政府印发《关于深化改革推进出租汽车行业健康发展的实施意见》和《昆明市网络预约出租汽车经营服务管理暂行办法》。

开展对昆明市出租汽车32家经营企业2017年度服务质量信誉考核工作。经过现场考评和公示，综合评定得分1000分及以上AAA级企业7家；850至1000分AA企业20家；750至850分A级企业2家；直接评定B级企业3家。将得分在1000分以上“中北、乾盛、万通、世博、云旅、鸿畅、宏华”7家企业评为“昆明市出租汽车行业2017年度先进企业”，奖励现金2000元，7家企业发放1.40万元奖励资金。

【巡游出租车管理】 2018年，完成主城五区巡游出租汽车道路运输证换发工作，由原来“城市客运交通营运证”统一换发“巡游出租汽车道路运输证”，总计换发补发8075辆，其中补发48件。办理1714辆出租汽车报废更新手续，核发办理巡游出租汽车道路运输证件；受理巡游出租汽车驾驶员报名12期1939人次，下半年起报名和注册驾驶员背景审查合格2881人次；核发巡游出租汽车驾驶员从业资格证2079件，换发和遗失补办巡游出租汽车驾驶员证1904证次。

整洁的出租汽车

（市交运局 供稿）

【网络预约出租车规范管理】 规范网络预约出租汽车业务办理工作流程，强化网约车技术防范工作，安装符合要求车载终端设备，做好网约车平台、车辆和人员行政许可工作，严格对照行政许可工作规范和流程依法进行行政许可。截至2018年底，13家网约车平台企业取得“网络预约出租汽车经营许可证”。许可并发放“网约出租汽车运输证”850本、“网络预约出租汽车驾驶员证”968本；网络预约出租汽车驾驶员一对一注册车辆596件；规范网约车车辆和人员建档和管理。

【停车场建设】 2018年，市交运局主动对接有意向投资人和金融机构，介绍市委、市政府对公共停车场建设相关要求和政策，鼓励社会资本多渠道、多方式投资建设公共停车场。定期召开全市公共停车场推进会，要求各区政府、管委会及市智慧停车公司对公共停车场建设任务逐级分解，落实责任人和工作时间进度。2018年，全市新增停车场22个，累计新增停车泊位21780个。

【行政审批】 全面推进“放管服”改革，取消2项行政许可事项，下放17项行政许可事项（16主项、1子项）到县（市、区）实施。组织对行政许可事项审批“提交材料多”“时限多”“收费多”问题进行清理，对道路旅客运输经营许可等21项行政审批事项提交材料进行精简，对国内水路运输经营许可等13项行政审批事项承诺办结时限进行压缩，极大地优化和改善交通运输服务营商、创业和创新环境。

【内设机构调整】 2018年1月8日，

昆明市委编办批复昆明市交通运输局设立城市静态交通建设管理处。

（白　燕）

铁路运输

【概况】　云南境内铁路交通运输由中国铁路昆明局集团有限公司负责。2017年11月19日，中国铁路昆明局集团有限公司（以下简称昆明局）挂牌成立（前身为1997年4月1日重组成立的昆明铁路局），是中国铁路总公司下属和独立出资的铁路运输企业，管辖铁路线路主要分布于云南省境内，跨越四川省、贵州省、广西自治区，经过4省（区）12个地州市、51个市（区）县。管辖沪昆客专、云桂铁路、昆玉河线昆明南至玉溪段、昆楚大线4条时速在200千米及以上高速铁路，沪昆、成昆、南昆、威红、盘西、昆阳、安宁、大丽、水红、昆玉河线玉蒙和蒙河段10条准轨普速电气化铁路，羊场、东川、东王、广大、昆玉5条准轨普速铁路，昆河、蒙宝、昆石、昆小、草官5条米轨铁路。其中，沪昆客专、云桂铁路、昆玉河（包括昆明南至玉溪、玉溪至蒙自、蒙自至河口）、昆楚大广通北至大理、大丽、水红6条属合资铁路，昆玉1条属地方铁路；昆河铁路系国际联运铁路，在中越铁路大桥K464+444处与越南铁路衔接。

截至2018年末，线路总延展长度6861.32千米（正线5325.06千米）。其中，国铁3534.20千米（米轨759.98千米）、合资铁路3253.02千米、地方铁路74.10千米。营业里程3906.07千米（复线铁路1412.83千米）。其中，国铁2106.63千米（米轨653.20千米）、合资铁路1743.54千米、地方铁路55.90千米。电气化铁路2859.14千米。其中，国铁1287.95千米、合资铁路1571.19千米。高铁营业里程1039.06千米，占26.60%；电气化率73.20%，复线率36.17%。管辖车站224个。其中，国铁车站128个、合资及地方铁路车站96个。按等级分，特等站1个、一等站6个、二等站13个、三等站17个、四等站97个、五等站90个。拥有各种型号机车578台（准轨551台、米轨27台），其中内燃机车208台（合资公司配属11台）、电力机车370台；配属客车2301辆（动车78组624辆、普速准轨1658辆、米轨19辆）。全局固定资产原值1921.52亿元。设基层单位43个，职工总数3.67万人。

【铁路客货运输】　2018年，管内客运营业站50个，图定旅客列车194.50对（高铁动车129对，较2017年增加90对，增幅231%），日均开行旅客列车158对（较2017年增加83.5对，增幅112%）。完成旅客发送5460.70万人，同比增加720.70万人，增长15.20%。其中，高铁发送2235.70万人、同比增长85.50%，占客发总量40.90%，对客票收入贡献率62%，首次实现旅客发送人数高铁超普铁、客运收入超货运收入。

货运营业站89个，准轨日均装车2946车，同比增加146车；日均卸车4212车，同比增加171车。完成货物发送5872.08万吨，同比增加56.70万吨，增长1%，其中集装箱、石油、钢铁运输分别同比增长21.30%、133%、45%；货运周转量436.08亿吨千米，同比增加15.46亿吨千米，增长3.70%。

【货运增量行动】　2018年，昆明局按照铁路总公司部署，聚焦“交通强国、铁路先行”，发挥铁路运输路网发达、运量大、效率高及绿色环保等优势，围绕服务设施设备、运输通道与点线能力、运输产品结构、运输组织效率、服务质量水平“五个提升”，推进货运增量行动，推动大宗物流由公路运输转向铁路运输。

抓住政策机遇。2018年，云南省财政下拨扩销促产铁路运费补助1.14亿元，补助企业113家，引导企业单位推进“公转铁”相关工作，为打好污染防治攻坚战尤其是蓝天保卫战、实现铁路运输市场份额不断扩大提供政策支持。

深化路企战略合作。与云天化集团、昆钢集团、中石油、盘江集团等7家大企业面对面会商，与32家大客户签订战略合作协议，协议客户较2017年增加11家，协议运量3662万吨，约占全年货物发送总量60%，巩固和稳定铁路基础货源。树立“以服务赢得市场、以服务赢得客户信赖”理念，优化营销服务，把重点客户服务作为重中之重，研究制定基础货源运输需求保障实施办法，按“运输需求100%全部提报、除运输能力制约外货运日计划100%编制、日常重点运输组织100%装车”“三个100%”承诺，重点给予运力保障支持。

推进公转铁项目攻关。针对2017年云南省公路货运量为铁路货运量的21倍，“公转铁”市场资源潜力巨大的实际，把争取新政策、挖掘新市场、拓展新项目作为攻关重点，集中开展公路运输市场调查研究和重点客户企业走访，查清“可铁未铁”货源流向，研究回应客户潜在需求，梳理确定、推进落实两批39个“公转铁”重点营销项目。选取昆钢、云天化、盘江三家企业开展首批试点，带动完成“公转铁”运量635万吨；力促云南到京津冀地区集装箱成品卷烟项目落地，为流失白货回归铁路运输作出示范，在煤炭、铁矿石等基础货源大幅下滑情况下，39个重点营销项目实现增量557.5万吨。

主动服务和融入国家“一带一路”。发挥河口口岸优势，聚焦越南进口铝锭、木夹板、矿石三大品类，加大与河口海关、检验检疫及北山国际货场密切协作，构建河口口岸至国内各大钢铁厂铁路班列运输体系，开行中亚货运班列、中新铁海联运，提升运输产品供给质量，打造货运品牌。

加大集装箱运输组织。发挥集装箱“门到门、零货损、污染小”运输优势，把发展集装箱运输作为实现铁路货运增量目标重要着力点，按“宜箱则箱”思路，加大散货入箱组织力度，以提升服务品质促增运上量；用好集装箱回空方向运价自主下浮利好政策，加强集装箱回空方向“捎货”运输组织，实现整体效益最大化。全年，51个集装箱办理站日均装车880车，同比增加138车，增长18.6%，装车占比29.8%，同比提高3%。

加大货运无轨站建设。在不通铁路的德宏、保山、临沧、普洱、西双版纳州等州市和办理铁路货运不方便的地区设置16个公铁联运无轨站，覆盖8个州市，服务功能集营销、揽货、受理、信息服务、配送服务、仓储服务为一体，构建全覆盖、网格化、便捷式的经营服务网络，有效开发布局无轨地区货运市场，实现铁路货运向现代物流转型发展。

提升增收创效能力。优化运输组织，开展“达标达速”和“满吨满轴”活动，加大货运能力保障。2018年，准轨单日装车7次、卸车6次刷新纪录，装车最高（11月7日）达3571车，卸车最高（12月17日）达5209车，卸车首次突破5200车。

截至2018年底，32家企业完成协议运量4027.30万吨，占货物发送总量68.60%，同比增长16.60%。其中，云天化集团协议铁路运量600万吨，实际运量892万吨，同比增加73万吨；昆钢集团协议铁路运量280万吨，实际运量341万吨，同比增加72万吨；贵州盘江集团协议铁路运量523万吨，实际运量546万吨，同比增加23万吨。39个“公转铁”运输项目发运货物1694万吨，同比增加635万吨，增长60%。16个无轨站累计揽货189.8万吨。

【客运提质】 深化强基达标、提质增效行动，推进实施客运提质计划，提升服务品质。实施客运畅通工程和“厕所革命”。完成昆明站和大理站畅通改造，推进主要客运站实名验证及安检、售取票功能外移；逐站逐车开展卫生达标补强，补强硬件设施和管理制度，以服务赢得市场。6月，在昆明站出站口大厅建成“旅客换乘服务中心”，提供空公铁联运便捷中转换乘服务，并具备长途汽车和摆渡汽车购票、铁路业务咨询、共享汽车租车、接驳引导等服务功能，车站与城市交通接续紧密，旅客不出站即可购买机场大巴车票，办理登机牌等手续，初步形成空铁、公铁联运一体化运输模式。制订“1+3+N”昆明南站智慧车站建设方案，实现站内精准导航、旅客信息查询、服务预约、客运设备智能监控等应用功能。7月1日，昆明南站候车室G3、G4卫生间升级改造完成并正式投用，重点增加婴儿多功能台、儿童安全座椅、无障碍成人坐便器、烘干器、挂衣钩等，成为全局首个第三卫生间，进一步提升旅客出行体验。

客运营销功能进一步升级。建立客运票价市场化机制，完善“铁路畅行”常旅客会员、网上订餐、移动支付等便民利民举措；推进无轨高铁站建设，19个无轨站投入运营，高铁无轨站48个，同时，拓展无轨站公铁换乘功能；在42个中国建设银行网点部署46台自助售票机，非车站窗口售票比例达77.10%。

升级客运市场经营层次。推行“一日一图”，紧贴市场需求，优化动车组重联和加密开行，延伸动客车开行区段，提升客运产品分众化、分时化供给质量；结合呈贡办公区、大学城旅客出行特点，提高昆明南至昆明间动车开行密度，由最初4对增至11对，并做好动车开行时刻与早晚、周末回城高峰衔接，充分为上班族、学生出行提供便利，实现经济效益与社会效益双赢。

7月1日昆楚大线运营后，形成滇中滇西快速客运通道，客流爆发式增长，动车平均客座率保持在81.40%以上。10月1日，发送旅客30.50万人，首次突破30万人大关，创单日旅客发送量最高纪录。

【春运组织】 2月1日至3月12日，累计发送旅客670.30万人，同比增加17.45万人，增长2.70%。其中，高铁发送旅客190.60万人，同比增加43.91万人，增长29.90%，占旅客发送总量28.40%。日均开行图定客车137对（普速客车62.50对、高铁动车74.50对），适时增开重庆、上海南、广州等方向临客470列，加挂客车1292辆次；日均运能23.80万座（卧），同比增加1万座（卧），增长4.10%。2月20—27日，连续8天单日客流量突破20万人，2月21日发送旅客23.83万人，创春运单日客流量历史新高。

丰富购票手段，多渠道方便旅客。管内50个客运站和348个代售点640个售票窗口、248台自助售取票机共同投入，推出微信和支付宝扫码支付及自助售票机异地售票，互联网、电话订票、代售点、车站窗口和自助售票机等渠道通售共享，实现分流购票、快捷服务，网上购票成为主流，旅客春运排长队购票成为历史。期间，总计售出火车票680.10万张，其中互联网（手机）售票423.90万张，占春运售票总数62.30%，同比增长31.10%，提高12.40个百分点。开设学生、团体旅客、重点旅客购票专窗，优先保障学生、贫困地区务工人员购票需求，累计发售学生票33.87万张，办理务工人员团体票44批4037张。

加大科技投入，提升旅客进站通行体验。在昆明、昆明南、曲靖北、普者黑等客流较大车站，设置自助检票闸机通道36个，旅客通过“刷脸进站”，3秒钟完成人、票、证核对，替代人工查验，提高实名制验票准确率，缩短旅客排队验票时间，实现进站乘车快速有序。

共享汽车首次投用，实现旅客“无缝化”中转。与云南省能源投资集团有限公司联合，在昆明站、昆明南站投入共享汽车40辆，在全路首次推出汽车租赁和共享汽车服务，实现高铁和共享汽车“无缝对接”，并在昆明市区提供异地送车、异地取车服务，打通服务旅客“无缝化”乘车中转“最后一公里”。

加强重点旅客服务，多角度提高服务品质。推行“爱心预约”服务，重点旅客拨打预约电话，即可享受优先购票、咨询、中转换乘、候车及免费搬运行李、轮椅担架接送等服务。昆明南站新增主体景观、云南铁路“微型博物馆”、儿童乐园等28个特色服务功能区。春运期间，集团公司机关专业处室组成60个工作组，抽调1707名干部，建立春运包保网络；招募高校青年志愿者385人支援重点站车，做好客运乘务、站车秩序维护等，实现春运安全平稳有序。

【昆明至重庆、成都直达动车开行】 1月25日8时零8分，昆明南站至成都东站G2886次高铁列车开行，利用当天开通运营渝贵铁路（初期最高运行速度200千米/小时），实现昆明与重庆、成都间高铁动车直达。自此，沪昆高铁、西成高铁、贵广高铁等首次实现成网运行，西南与西北、华南、华东等地间时空距离大幅压缩。

昆明南至重庆西间开行动车3对（G2872/7、G2874/9、G2876/81次），最短运行时间由原来19小时缩短至4小时41分；昆明南至成都东经停重庆西间动车2对（G2886/7、G2888/9次），最短运行时间由原来17小时11分缩短至6小时32分。

【昆楚大铁路开通运营】 7月1日8时12分，昆明至大理D8661次动车组开行，昆明与大理间实现动车直达，以大理为中心滇西地区接入全国高铁网，昆明到楚雄由原来2.50小时缩短至1小时，到大理由原来最快5小时21分缩短至1小时52分，实现以昆明为中心，滇中城市群1小时铁路交通圈全覆盖，对于促进滇西地区经济社会发展，助力精准扶贫等具有重要意义。

初期，开行昆明南至大理动车组列车21.50对，平均25分钟左右1趟，最短发车间隔12分钟。

7月20日起，每日动车开行对数增加到36.50对（管内26.50对、跨局10对，其中大理至广州3对，至北海、桂林各2对，至南宁、柳州、衡阳各1对），实现满图运行，平均每20分钟1趟，最短发车间隔11分钟，日均旅客发送增加1.85万人，旅客首次从滇西地区一日直达珠三角地区。

【昆明至西安间直达动车开行】 7月2日11时23分，昆明南站直达西安北站G2854次高铁动车开行，经曲靖北、贵阳北、重庆西、阆中、汉中等站，运行时间10小时44分钟，比普速列车运行时间缩短近24个小时。

【昆明至香港间直达动车开行】 9月23日，广深港高铁香港段投入运营，9时19分，昆明南至香港九龙西间首开高铁动车，实现云南香港间一车直达。

9月23日起，昆明南至广州南间G312/3次、G314/1次高铁动车延长至香港九龙西站，利用2组“复兴号”车底开行，全程1472千米，运行时间7小时35分。

广深港高铁是香港与内地紧密联系重要纽带，香港段全长26千米，通过贵广高铁、沪昆高铁连通云南，实现西南边陲与粤港澳大湾区有效连接。旅客在香港九龙西站采用“一地两检”方式办理出入境，通关时间大幅缩短。

【城际动车票价下浮】 4月28日—12月31日，包括节假日期间，对管内部分城际动车组列车执行票价优惠政策，探索构建灵活票价浮动机制。

此次动车票价调整，涉及昆明至昆明南之间5对动车、昆明至玉溪之间2对动车，昆明至昆明南间动车二等座票价由8元降为6元，昆明至玉溪间动车二等座由40元降为32元，下浮20%左右。

【货运票据电子化】 4月1日，货运票据电子化系统投用，管内纸质货票全面取消。2017年12月1日，货运票据电子化工程启动，原货物运单、货票整合为“一单制”新货物运单，11种货运票据格式实现更新，货运站、集装箱信息管理、零散快运平台、制票共8个核心系统完成升级。铁路货票在出发站是向托运人核收运输费用收款依据，在到站是向收货人办理交付手续一种凭证。之前，铁路纸质货票均采用人工传递、交接签认方式流转，容易造成货票错漏、毁损或丢失，并浪费人力和纸张，效率低下，实行电子化后，通过电子货票综合管理系统，货票可以在车站间以及车站各岗位之间进行电子化传递，取代以往手工填记及纸质货票随车人工传递方式，实现数据共享和全程管控，既节约铁路运营成本，也降低客户物流成本，且适应国内物流“一单制”运输需求。货主在网上即可办理所有流程和审批，客户凭手机上取货密码，即可领取货物。

【云南至新加坡铁海联运班列开行】 5月18日10时18分，昆明至钦州港“中新南向通道班列”首发，50组集装箱班列装载云南化肥和咖啡豆从桃花村站始发，通过中国与新加坡互联互通重要节点广西钦州港东站，至新加坡后中转销往东南亚和北美国家，开辟铁海联运新通道。该班列在钦州港东站对开，装运玉米、高粱、大豆、石材等货物入滇，实现集装箱铁海联运重去重回，降低物流成本，提升云南企业市场竞争力。

“中新南向通道班列”是昆明局、南宁局集团公司及中铁集装箱运输有限责任公司联手打造的西南地区南向通道铁路运输新产品，由铁路集装箱和海运集装箱组成，采取集装箱原箱下海出境方式，发挥集装箱多式联运优越性，改变以往云南出口物资在港口拆箱换装或散货直接装船模式，为云南大宗物资出口提供新的物流解决方案，实现一站式直达，在节约时间成本同时，实现货物全程零损耗。

【南非铁矿海铁国际联运】 10月8日14时58分，编挂有2车62吨南非昆巴矿区进口铁矿石的1213次中越国际联运货物列车（以装运越南进口的硫磺为主）由越南驶入中国山腰国境站站场，成功拓展第三国转口贸易运输通道，为未来云南扩大国际物流运输通道、实现产业升级提供更多选择。

此次铁矿石运输5.38万吨，8月下旬自南非始运，经大西洋、太平洋海域，9月15日，运抵中国防城港后，分劈出5000吨货物，通过大西洋25号小型货轮，运输至越南海防港换装米轨铁路货车。10月5日，首批试装车铁矿石从海防港始发，通过滇越米轨铁路通道，以一票直通形式运输至中国境内，行程3天。

【青龙寺铁路货运产品推介】 8月24日，联合云南省工业和信息化委员会，在安宁市举办青龙寺铁路货运产品推介会，5个州市工信部门、4个行业协会、48家生产及物流企业，以及中铁集装箱昆明分公司、云南财经大学105名代表参会，重点推介青龙寺站闲置货场综合开发项目。

此项目位于青龙寺站站场左侧，由昆明局与昆明中货通物流有限公司合作建设，占地面积约26亩，前期投资约1000万元，新建货场2条股道，可进行每批24辆整车装卸作业，每年新增整车成件、散堆装货物吞吐能力210万吨。8月6日，具备开通使用条件，缓解青龙寺站年货运量超过货场设计能力170%（当前突破350万吨）运输压力，有利于推动“公转铁”运输，降低周边企业综合物流成本。

【东川支线改造】 10月30日，昆明局与东川区政府就东川支线运能提升项目签订合同，由东川区政府投资，对线路进行升级改造，进而吸引“公转铁”货源。2019年，改造工程预计完成，届时，铁路年到发量将由7万吨提升至50万吨以上。

【铁路建设推进】 2018年，昆明局完成铁路建设投资250.30亿元，较上年增加43亿元，增幅20.70%。在建项目建设总规模1401.40亿元、1563.60千米。其中，广通至大理铁路年度完成投资13.50亿元，开工累计完成投资143.50亿元，完成设计数量100%；昆明枢纽扩能改造工程年度投资6.65亿元，开工累计投资138.45亿元，完成设计数量100%；永仁至广通扩能改造工程年度投资13.50亿元，开工累计投资98.50亿元，完成设计数量87.01%；丽江至香格里拉铁路年度投资13.80亿元，开工累计投资57.30亿元，完成设计数量55.53%；玉溪至磨憨铁路年度投资89.50亿元，开工累计投资263.50亿元，完成设计数量52.13%；大理至临沧铁路年度投资30亿元，开工累计投资80.50亿元，完成设计数量53.50%；弥勒至蒙自铁路年度投资6亿元，开工累计投资11.15亿元，完成设计数量9.01%；成昆铁路昆明至广通段达速扩能改造工程年度投资10.30亿元，开工累计投资10.80亿元，完成设计数量100%；大理至丽江提速改造工程年度投资7.70亿元，开工累计投资7.70亿元，完成设计数量100%；新建云桂铁路引入昆明枢纽工程年度投资1.90亿元，开工累计投资85.40亿元，完成设计数量100%；新建云桂铁路昆明南站房年度投资0.10亿元，开工累计投资24.10亿元，完成设计数量75.69%；昆阳至玉溪扩能改造工程年度投资7.02亿元，开工累计投资56.44亿元，完成设计数量100%；沪昆客专引入昆明枢纽工程年度投资1.73亿元，开工累计投资26.23亿元，完成设计数量100%；新建云桂铁路年度投资5.40亿元，开工累计投资424.20亿元，完成设计数量93.96%；沪昆客专年度投资16.67亿元，开工累计投资224.67亿元，完成设计数量100%；大理至瑞丽铁路年度投资26.50亿元，开工累计投资112.37亿元，完成设计数量47.79%。

【广大铁路扩能改造工程竣工投用】 7月1日，广通至大理铁路扩能改造工程竣工，实现昆明与大理间动车直达，与既有广大铁路实行客货分线运输，既有广大铁路货运能力得到释放，有效缓解滇西地区运输拥堵问题。

1月7日，大理东、大理站站场改造施工全面启动，大理站成为连接昆明、香格里拉、临沧和瑞丽多个方向的云南铁路第二大枢纽，辐射丽江、临沧、迪庆、保山等地区。2月6日，全长10.22千米全线控制性工程祥和隧道贯通；4月2日8时18分，全线铺轨完成。4月4日15时30分、4月18日上午10时许，温泉至广通北段、广通北至大理段联调联试先后启动，调试检测轨道、路基、桥梁、隧道、牵引供电、接触网、通信、信号、客运服务、声屏障等综合运用情况，对线路设备设施进行全面调试，彻底整治存在问题。5月25日8时10分，全线拉通联调联试，“和谐号”高铁测试动车组从昆明站始发，10时05分抵达大理站，全程运行1小时55分，最高运行速度每小时220千米，全面检测列车运用安全性、舒适性等。6月7日，进入按图行车试验阶段，昆明至大理每天有1对确认列车、约4对动车组列车投入试验，每天开行约16个往返，以确保全线按期达到开通运营条件。

广大双线铁路正线全长175千米，途经楚雄、大理2个州市，旅客列车速度目标值200千米/小时，设广通北、楚雄北、南华南、云南驿、祥云南、大理等车站8个，有桥梁80座，隧道44座，桥隧比63.60%，2012年12月开工建设，工期5年7个月。

【“昆铁+”融媒体平台上线运行】 6月27日，昆明局自主开发“昆铁+”融媒体平台上线运行，成为昆明局首个数字化、智能化、网络化手机客户端。该平台以社会公众和铁路职工为两大服务对象，围绕宣传与服务两大主题，依托互联网与铁路网，构建公众服务、旅客服务、货运服务、职工服务和新闻资讯五大功能版块，为社会公众提供住宿、旅游、出行、购物一体化服务体验，以及票务、货运业务办理及查询服务，打造服务旅客货主、展示企业形象新窗口、新平台。

（吴立群）

民用航空运输

【各项经济指标】 截至2018年，云南省内民航机场15个，在建机场5个，是全国拥有机场数量较多、等级较高、航空资源富集、机场管理一体化省份。全年集团公司累计保障飞机运输起降53.29万架次，旅客吞吐量6758.56万人次，货邮吞吐量47.50万吨，分别比上年同期增长6.20%、7.60%、2.50%。其中，昆明机场运输起降35.95万架次，旅客吞吐量4708.81万人次，货邮吞吐量42.83万吨，分别比上年同期增长3%、5.30%、2.30%。全省旅客吞吐量超过百万人次机场从5个增加至7个。全年集团公司实现合并营业收入47.03亿元，同比增长8.53%；实现利润总额1.06亿元（含收到中小机场补贴1.14亿元），同期减亏6.79亿元，实现扭亏为盈。非航产业汇总收入22.05亿元，同比增长9.38%。其中，17户非航控股企业营业收入14.48亿元，同比增长0.89%，实现利润总额1.02亿元，同比增加401.74万元，增长4.12%，连续4年保持盈利。

【安全服务】 2018年，集团公司认真贯彻落实习近平总书记关于民航安全重要批示指示精神，落实安全责任，加大现场监管力度；紧抓“三基”建设，丽江机场高云峰劳模工作室被局方作为先进典型在民航西南地区推广班组建设经验；引入应用安全新技术，全年安排超过9亿元资金用于安全设施设备升级改造，确保安全态势平稳，连续实现第14个安全年；开展服务质量体系建设工作。2018年，旅客满意度测评4.47分，同比2017年提高0.08分。

【基础设施建设】 2018年，集团公司完成云南省民航建设项目投资35.11亿元，顺利实现年初下达34.85亿元目标。昆明机场总体规划修编方案通过民航局评审，丽江机场三期改扩建可研获批，芒市机场改扩建工程完工，版纳、腾冲机场改扩建基本完成，其他机场改扩建工程稳步推进。元阳等5个支线机场项目场址获批，预可研组织评审；兰坪通用机场基本建成，弥勒、陇川通用机场开工建设。

【集群效应】 2018年，集团公司持续推进省内机场一体化发展航空网，州市机场增长强劲，澜沧、泸沽湖、沧源机场三项指标增速超过40%，腾冲、保山机场旅客吞吐量突破百万，集团航线数量增加到524条；七彩通航获EMB-505飞机航线维修资质及昆明机场EMB-505飞机定期检修资质，推出省内短途运输及公务包机产品。七彩通航抓住机遇开拓市场，突破现有模式、整合优化流程、提升管理服务，与昭通市政府达成合作共识，11月按照每周一、三、五、七开通“昆明—昭通—昆明”短途运输定期航班。

【提升枢纽功能】 2018年，集团公司分解落实昆明国际航空枢纽战略规划，全面推进五大体系59项任务；引入南航成立云南分公司，紧扣“一带一路”倡议、辐射中心建设布局航线网络，推动南亚东南亚国际航线补贴方案落地，南亚东南亚航线中，昆明机场开通连接东盟10国、南亚5国首都及重点旅游城市航班，南亚东南亚通航点34个，位列全国首位；在全省机场实施跨航空公司中转业务，实现“一票到底、行李直挂”，推动昆明144小时过境免签获批；开发“航空＋铁路”“航空＋公路”系列产品，打造便捷高效空地一体化综合交通联运体系，提高换乘效率；推动国际市场保持高速增长，国际地区旅客吞吐量占比10.30%，同比增长11.18%，国际地区货邮占比16%，国内国际全货机航线达到10条。

【运行水平提升】 2018年，集团公司引入应用民航新技术，丽江进近管制正式运行，泸沽湖机场远程塔台试点工作稳步推进；昆明机场开放HUD II类运行和RVR150米起飞最低标准，各机场引进双视角X光机、安检闸机和人脸识别系统，完成ADS-B系统地面站建设，有效提升整体运行效率和安全裕度；大力推动“智慧出行”，深入挖掘A-CDM系统潜力，完善智慧停车、智慧厕所功能，在行业内率先实现全省机场全流程人脸识别、全流程自助服务、全流程无纸化登机、全航空公司支持“四个全”一站式刷脸乘机便捷通关服务；昆明机场完成航空器机坪运行管制部分移交，全年平均航班放行正常率88.69%，高于全国平均正常率8.60个百分点，位列全国旅客吞吐量占1%（含）以上机场第三名。

2018年1月27—30日，国际民航组织秘书长柳芳率理事代表团参观访问昆明长水国际机场（云南机场集团 供稿）

【非航企业管控】 2018年，集团公司加强二级企业董、监事会建设，以空港百事特为试点推行职业经理人制度，建设集团公司国资监管体制机制和资产评估管理体系；开展僵尸企业出清、完成无效股权清退，空港房地产问题彻底解决，“三永水乡”项目350名投资人补偿款全额拨付到投资者手中，切实维护国有资产安全和职工利益；空港物流新三板上市获批，加快推进空港商贸股权转让、收购昆明中免公司股权、三家酒店混改工作，探索酒店整合发展新模式。加强对各非航企业和各机场非航业务运营分析研判，不断完善经营业绩考核，深入挖潜增效；完成昆明新机场建设项目一期、二期用地土地供应手续及权证办理，土地权属更为清晰；研究深化土地开发利用，加速整合飞机维修资源、昆明机场地面交通运输资源，推动航空、旅游、景区、酒店企业协同产品开发，发挥规模效应。规范集团编制管理，推进薪酬分配市场化改革；加强工资总额包干机场预算管理，推行内部模拟法人制管理；进一步优化集团公司工资总额增长及内部收入分配调控机制，发挥薪酬管理激励杠杆作用；分层分类培养，丰富基层培训方式，实现人才全面发展。建立审计整改工作制度，梳理各机场、控股企业近三年内外部审计整改情况，开展资金流程管理专项检查，扩宽范围与拓展深度相结合，全面深化经济监督。

【发挥人才效用】 2018年，集团公司根据业务发展需要，规范集团公司编制管理，准确核定14个通航机场（不含腾冲）、飞机维修服务分公司和新建机场指挥部2018年人力资源需求，加强人力资源一体化管控，提高人力资源配置效率。科学合理配置人员，根据实际需求，通过公开招聘、校园招聘、定向委培等方式开展人力资源配置工作。其中，通过公开招聘招录技术生产岗位67人，组织校园招聘招录40人，选拔管制专业定向生17人，中国民航大学管制、机务专业定向招生10人。创新丰富人才选拔方式，修订完善招聘管理办法规范员工招聘管理工作，稳步推进校企合作、劳务派遣工作，积极推进业务外包工作，有序组织集团国际化人才培养。推进薪酬分配市场化改革，加强工资总额包干机场预算管理，以丽江机场为试点推行内部模拟法人制管理，进一步优化集团公司工资总额增长及内部收入分配调控机制，发挥薪酬管理激励杠杆作用，促进集团公司持续健康发展。

（云南机场集团有限责任公司）

城市公共交通

【经济指标完成情况】 2018年，昆明公交集团公司客运量7.33亿人次，完成全年计划103.57%；票款收入7.71亿元，完成全年计划105.48%；行驶里程2.43亿千米，完成全年计划107.61%，三项主要指标均完成年计划进度。

【线网优化】 截至2018年底，公司在运线路473条，新开线路17条，优化调整局部走向线路49条，新增或取消局部停靠站点线路28条，优化调整营运时间线路31条，优化调整公交站台68个，暂停营运线路15条，配合地铁等市政施工临时调整公交站台24个。针对“出行方式变化”，依托市级行政中心片区向外辐射，做精做细通勤业务；做好医院、厂区等客运服务，做大做优定制公交业务；依托昆明新火车南站东广场公交枢纽，成立新南站东广场营运管理公司，开通快线、专线25条，连接主城、机场、各大客运站及公交枢纽站，服务市民出行。发展“一湖四片”及呈贡新区、空港经济区公交业务。针对“出行区域变化”，以新火车南站东广场为“原点”，向周边及中心城区辐射；以长水机场为“原点”，向中心城区五大客运站及周边等区域辐射；以晋宁昆阳为“原点”，依托滇骏公交资源优势，向古滇国旅游风景区辐射，全力打造“五原一体”公交客运服务体系。

【安全教育培训】 2018年，公司持续加大安全生产教育培训力度，明确安全教育培训主体、培训职责及培训范围。3月1日，组织开展“昆明公交集团有限责任公司星级服务等级考核办法（试行）”业务培训；3月20—

21日，组织开展“客服业务培训—发声发音技巧训练”专业技能培训；3月23日，组织开展2018年度安全管理人员业务技能培训；5月10–18日，组织开展2018年员工普通话培训；7月6日，组织开展“2018年安全生产知识和管理能力考核合格证”取、复证培训；9月13–27日，组织开展客服中心包车业务受理、“春城e路通”业务、数据统计知识等多场专题培训，进一步规范业务受理流程，提高客服人员业务能力和服务水平；9月28日，组织安全管理人员安全知识和安全技能知识培训。

【维修人员技能提升】 贯彻《汽车维护、检测、诊断技术规范》（GB/T 18344–2016）国家标准和集团公司《车辆一、二级维护作业项目和技术要求》企业标准，结合车辆配置实际情况，不断完善车辆维护修理工艺标准。2018年1—9月，东、西部修理分公司完成1—7营运公司营运车辆一级维护60273台次，二级维护6005台次，小修42357台次，各类大修172台次，确保车辆技术状况，保障营运生产。2018年3月21日，举办福田新能源控制系统专项培训，参会人员100余人。公司选派东、西部修理分公司技术骨干赴上海松芝空调公司进行技术培训。10月底，开展维修高级技师和技师专项培训，涉及知识内容全面详细，培训东、西部修理分公司70余人次。

【信息管理服务】 2018年4月16日，集团公司推出“春城e路通”扫码乘车业务，让更多乘客体验乘车便捷与优惠，逐渐吸引付费乘车客流，业务推出后扫码乘车客运量持续上升，截至2018年10月17日，“春城e路通”App下载量175万人次，注册量约62万人次，二维码交易约1000万笔，交易总额1581万余元。为充分发挥科技监管平台作用，进一步强化安全行车社会监督，鼓励举报交通违法行为，及时发现和消除安全行车隐患。2018年6月15日起，“春城e路通”手机App中“文明公交即时拍”社会监督功能增加至12项，主要针对车长在营运工作中使用手机、吸烟、斑马线未礼让行人、不按规定车道行驶、未系安全带、闯红灯6项交通违法行为，及监护驾驶员不履行职责、服务态度差发生打骂吵行为、着装不规范、行车水溅路人、乘客跑来未等、未二次进站6项不文明行为进行社会监督和举报奖励。确保为广大市民乘客提供安全、方便、舒适、快捷、经济公交出行服务。

【职能监管】 充分发挥运营监管职能，搭建生产动态信息交流平台。针对各公司高峰时段出车率相对较低，发车间隔时间不均匀，特别是晚高峰低于早高峰等问题。为抓好高峰时段运力组织及监管工作，2018年8月27日，公司下发《关于做好公交线路高峰时段营运组织有关工作的通知》，对客流高峰时段出车率进行考核，要求各公司根据营运线路生产特点梳理上报常规公交线路运营组织计划（具体包括线路配车数、峰段区间、峰段派车数、峰段出车率以及发车间隔等指标）。根据对各营运公司上报常规公交线路运营组织计划情况进行核查分析，发现各营运公司在传达文件精神和具体执行方面存在偏差，为有效推进高峰时段运力组织及监管工作，确保营运公司与集团公司工作思路达成一致，专程赴各分公司对客流高峰时段出车率考核目的、考核办法等进行详细沟通解说，并要求各公司重新梳理上报常规公交线路运营组织计划。

【员工培训】 截至2018年10月26日，集团公司完成驾驶员培训56批次，人员共计5040人。2018年10月20日，启动集团公司职业技能培训工作，培训技师57人，高级技师14人，共计71人。协助完成2018年度昆明地区公交行业职业技能竞赛活动，修理竞赛79人参加。

【场站建设】 2018年，昆明市公交场站63个。其中，23个停车保养站为自有用地，17个场站为长期租用具有一定规模用地，15个稍有规模租用车场，8个小型租用首末站场地，2个公交修理厂，其它用地3个。

东南部公交停车保养场（在

2018年4月16日，昆明市公交公司推出扫码乘车业务
（市公交公司　供稿）

建）：本项目位于官渡区新昆洛路以东，南部客运站东侧，净用地面积79.04亩，总建筑面积22.51万平方米，总投资13.38亿元，设计停放公交车400台。一期占地面积40.39亩，建筑面积93951平方米，建设内容包括公交立体停车库、公交大厦、两层地下室。二期占地38.65亩，建筑面积133307.92平方米，建有配套员工倒班轮休楼、写字楼、地下停车库及配套商业。

半岛公交停车场（在建）：本项目位于环湖东路与珥季路交叉口，占地约40.46亩，总建筑面积19531.20平方米。建有半地下停车库、调度楼、车辆检测间、中水洗车间等，设计停放公交车130辆。

黄土坡公交枢纽站（拟建）：项目位于黄土坡立交桥东面，南临滇缅大道，北临学府路。项目净用地面积27.16亩，总建筑面积7.60万平方米。投资估算3.60亿。建设内容包括调度楼、立体停车库、公交综合服务楼。设计公交停车180辆，小车88辆。

大渔公交停车保养场（拟建）：项目依据发改委批复，位于昆玉高速与大渔三号路交会处，占地面积94.80亩，总建筑面积41389.44平方米，建有员工倒班轮休楼、调度楼（含修理间）、加油加气站、砼停车坪等。设计停放公交车150辆。

（赵　飞　李孟倩）

城市交通管理

【交通事故各项指标】　截至2018年底，市交警支队受理一般程序事故1674起，造成323人死亡，1411人受伤，财产损失498.15万元，同比事故起数上升10.57%，死亡人数下降0.31%，受伤人数下降6.62%，财产损失上升25.63%；发生一次死亡3人以上较大道路交通事故7起，造成22人死亡，13人受伤，直接财产损失11.87万元；同比事故起数上升75%；死亡人数上升29.41%，受伤人数上升100%，直接财产损失上升126.10%。

【缓堵保通】　抓好“南博会”安保和南二环提升改造、地铁施工等重大基础设施建设保通工作，推进“情指勤督”四位一体现代警务机制建设，实现路面勤务和指挥后台无缝对接、高效互动，勤务更加科学化、扁平化、实战化；持续优化交通组织，对南二环周边9条道路48个节点进行改造，对城区450余个路口进行全日各时段配时策略优化、调整配时2547次，对504个路口实施联网控制或区域协调控制；拓展交通诱导服务，研发应用交通信息发布系统（VMS），通过113块LED交通诱导屏、“畅行昆明”App、“昆明交警”微信平台向社会及时发布路况信息，引导市民出行。通过综合施策，在机动交通出行需求增加、通行空间因道路施工进一步压缩情况下，保障城区交通正常运转，交通拥堵指数排名（高德地图）明显下降。

【交通秩序管理】　紧盯危害交通安全、扰乱交通秩序重点车辆、重点人员和重点违法，持续开展交通秩序严打整治“风雷行动”“百日攻坚”等20余轮专项整治，采取日常管理、联合整治、夜间突击、缉查布控等方式，重点对无证、酒后、醉酒、毒驾、涉车、涉牌、涉证及肇事逃逸等严重交通违法犯罪行为打击整治。结合“创文”工作开展，加大对不文明交通行为整治力度，在机动车“不礼让斑马线”整治取得明显成效基础上，组织开展“快递行业交通出行”“车窗抛物”专项整治，积极营造行车文明新风。

【车辆及驾驶员管理】　截至2018年底，全市机动车保有量267.78万辆，净增14.78万辆、增长5.84%；机动车驾驶人325.86万人，净增24.94万人、增长8.29%。全年办理各类机动车业务524.49万件。其中，注册登记28.27万件，转移登记22.98万件，转入登记1.96万件，变更登记7.14万件，抵押登记18.22万件，注销登记9.29万件；办理各类驾驶人业务306.59万件。其中，办理申领业务30.70万件，补证换证34.48万本，考试预约审核1.39万件，异地申领驾驶证11万人次。推行网上自编自选号牌服务，实现网上号牌自编与现场号牌自选并行，号牌号码50选1并公开发放；推行新能源汽车号牌，发放新能源车牌1.10万副；推进黄标车淘汰治理工作，下半年完成淘汰黄标车31230辆。2018年，昆明车管所连续第八次被公安部评为“一等车辆管理所”。

【执法规范化建设】　大力强化执法教育培训，严格执法质量考核把关，建设执法监督数据平台；完善执法管理制度，规范执法工作流程，组建刑事案件办理中心，实现案件查缉与办理分离；加强执法工作调研，修订《昆明市道路交通安全条例》，研究制定《电动自行车管理通告》，进一步提高执法保障水平。

【信息化建设】　2018年，建成二环快速路交通管控系统，启动违法自动抓拍和交通诱导系统建设，完成交通指挥中心升级改造，整合数据采集、综合研判、勤务管理、指挥调度“四大系统”并接入市局平台，实现数据共享、统一指挥，灵活布警、快速反应、动态查控、多警联动。

【改革创新】　充分借助科技信息技术，不断创新管理、优化服务，推出系列公安交管改革新举措，实施新车免检、私家车6年内免检、省内异地检车等服务措施，推行预约检验和周末延时检验服务，施行自主约考、异地考试、网上补换证，推广应用互

省交警总队领导慰问一线交警

（市交警支队　供稿）

联网交通安全综合服务管理平台、“交管12123”App，推行窗口电子缴费，开通微信、支付宝、网银、银行卡4种电子缴费渠道。贯彻落实公安交管“放管服”改革20项新措施，推出“四个减免”“一证即办”“一窗通办”“自助快办”车辆登记“通道式服务”等措施，不断提升服务质量和效能。

【文明交通宣传】　推进“文明交通行动计划”，充分运用电视、广播、报纸、网络和昆明交警微博、微信平台，集中开展大曝光、大警示、大教育、大直播、大宣传等形式多样交通安全教育活动，开展“两公布一提示”，组织开展“百万车主百日零违法挑战赛”等交通安全文明主题宣传活动。2018年，印刷发放各类交通安全宣传材料132万余份，各类媒体刊播交管信息7.67万条，向“两客一危”、小微型面包车等重点车辆驾驶人发送安全提示短信342万余条，公示曝光严重交通违法行为16675条。

【交通安全保卫】　完成中央政治局常委汪洋、赵乐际等党和国家领导人到昆明视察，老挝国家主席本扬·沃拉吉等外国政要访昆交通警卫及“第五届南博会”、省市“两会”、昆明高原国际半程马拉松赛、上合马拉松送赛等各类交通警保卫任务694起。

【队伍建设】　贯彻执行市局党委从严治党从严治警“1226”体系，经常性、针对性开展党纪党规、警纪警规等教育，狠抓“禁令”“警规”执行，及时排查隐患、堵塞漏洞，全面筑牢队伍管理防线。加强队伍教育培训，选树先进典型，落实关爱措施，深化暖警爱警，全面激发队伍活力，努力打造忠诚干净担当、对党忠诚、人民满意过硬队伍。2018年，交警三大队被省公安厅授予“集体二等功”；交警一大队邮电大楼岗等10个岗组被云南省总工会授予“巾帼标兵岗”荣誉称号；交警三大队民警尹戈被昆明市总工会评为昆明市“特级劳模”。

【较大以上交通事故情况】　2018年度，全市发生1次死亡3人以上交通事故7起，造成22人死亡，13人受伤，直接财产损失11.87万元；同比事故起数增加3起，上升75%，死亡人数增加5人，上升29.41%，受伤人数增加13人，上升100%，直接财产损失增加6.62万元，上升126.10%。

一、嵩待高速公路“1·25”死亡3人较大交通事故

2018年1月25日15时许，张××驾驶机动车（车内乘载3人）沿昆明市嵩待高速公路北向南方向靠路中车道由北向南行驶至嵩待高速公路K13＋200米处时，所驾车车头前部与彭××驾驶的机动车（车内乘载7人）尾部相碰撞，致两车轻微损坏，造成财产损失道路交通事故。事故发生后，双方车辆停于靠路中车道内，张××、彭××及双方乘车人等下车察看事故情况。15时25分许，唐××驾驶机动车载货物2890千克（该车核定载质量1580千克，超载1310千克，超载率82.90%）沿嵩待高速公路北向南方向靠路中车道由北向南以约100千米/小时时速驶来，所驾车与前方停放的两辆机动车和在路面上察看情况的5人发生碰撞、碾压，造成3人现场死亡、2人受伤、3车不同程度损坏的较大道路交通事故。

二、渝昆高速公路“3·27”死亡3人较大交通事故

2018年3月27日18时20分，陆××驾驶机动车（车内乘载8人）沿昆明市渝昆高速公路行驶至K729＋900米处时，所驾车车头前部与张××驾驶的机动车尾部相碰撞，造成2人现场死亡、1人送医院抢救无效于2018年3月29日4时50分死亡，5人受伤，两车不同程度损坏的较大道路交通事故。

三、西北三环“5·17”死亡3人较大交通事故

2018年5月17日20时43分，杨××驾驶经检验制动系不合格的“江铃全顺”牌小型普通客车，沿昆明市西北三环路左侧机动车道由西向东以约为83千米/小时的时速行驶至西北三环路普吉立交桥路段时，与聂××驾驶的“绿佳”牌电动自行车（载2人）相碰撞，造成电动自行车上的3人现场死亡、两车不同程度损坏的较大道路交通事故。

四、渝昆高速公路“6·09”死亡4人较大交通事故

2018年6月9日1时57分，李××驾驶“东风”牌重型半挂牵引车牵引1辆重型仓栅式半挂车载电石58120千克（该车核定载质量33500千克，超载24620千克，超载率73.50%），沿渝昆高速公路由北向南行驶至小铺立交桥道路分岔口时，倒车折返分岔口过程中，与邓××驾驶的“江淮”牌小型轿车（车上乘载3人）相碰撞，造成4人现场死亡、两车不同程度受损的较大道路交通事故。

五、嵩待线“7·22”死亡3人较大交通事故

2018年7月22日17时25分，杨××驾驶“马自达”牌小型轿车（车内载乘4人）沿昆明市嵩待线二级路由北向南以高于83千米/小时时速行驶至K63+100米处时，车辆越过道路中心单实线驶入对向车道，车体与道路东侧挡墙发生碰擦后，又与对向车道行驶的赵××驾驶的“五菱”牌小型普通客车（车内前排载乘赵××、中后排装载有一些灯具家电等货物）相碰撞，造成2人现场死亡，1人在送医院救治途中死亡、4人受伤、两车不同程度损坏的较大道路交通事故。

六、禄劝禄大路“8·26”死亡3人较大交通事故

2018年8月26日5时许，李×驾驶“东风”牌小型普通客车（载3人），以约72千米/小时时速沿禄劝禄大路（禄屏线）由南向北行驶至撒冲砖厂前路段时，车辆驶出东侧路面，撞于路外山体过程中，造成3人被甩出车外，被侧翻的车体碰压后现场死亡，车辆损坏较大的道路交通事故。

七、国道320线“10·8”死亡3人较大交通事故

2018年10月28日18时35分，杨×驾驶着具有安全隐患的“福田”牌轻型仓栅式货车载废旧塑料5550千克（该车核载925千克，超载4625千克，超载率约500%），沿国道320线由西向东行驶至K2731+500米处时，与葛××醉驾的“新和特”牌两轮电动车（车上载有4人）相刮擦，致葛××所驾车失控倒向道路中央后，被迎面对向驶来、由杜××驾驶的“解放”牌重型仓栅式货车（载煤95620千克，该车核载16250千克，超载79370千克，超载率488%）相撞擦，造成3人被车轮碾压后现场死亡、2人受伤、3车不同程度受损的较大道路交通事故。事故发生后，杨×驾车驶离现场，并于当日21时许在其租住地被查获。

（市交警支队）

城乡建设与管理

2019 KUNMING YEARBOOK

◆责任编辑 李 震

综 述

【市政基础设施建设】 2018年，市住建局围绕“开工新建城市道路38条，实施道路整治25条”工作目标，督促指导各区加快推进相关道路建设任务。进一步推进骨干道路建设，完善城市新区内部支次路网，提高城市各片区内部路网密度，缓解城市交通拥堵、改善城市交通环境、完善市政基础设施、提升城市品质。继续推进春雨路地下综合管廊建设，完成约7.30千米管廊主体施工；基本完成人民路恢复提升工程建设；完成东风路恢复提升工程开工前准备工作；开展滇缅大道快速路前期工作；完成三环快速路（昌宏路段）、三环快速路（眠山段）设计招标，启动项目设计工作；恢复飞虎大道北段（含春城路下穿节点工程）建设。

【建筑工地扬尘防治】 加强领导、高位统筹，进一步明确各方主体责任及落实要求，成立由市政府分管领导任组长的昆明市建筑工地扬尘污染防治工作领导小组。3月7日，市政府办公厅下发《昆明市人民政府办公厅关于进一步落实工地扬尘污染防治责任的通知》，明确市级部门、辖区政府、企业责任，多层次宣传动员，全覆盖督促检查，逐级压实各方主体责任，从属地监管部门、市级平台公司、重点房地产开发企业、重点施工和监理企业四个层面进行宣传动员和压力传导。完善工作机制和技术标准，树立对建筑工地扬尘污染严查严管、敢于动真碰硬的统一思想，通过严惩建筑工地扬尘污染违法违规典型，形成强有力震慑，抓出实效。与市级城管、环保、交警部门联合印发《关于进一步加强建筑工地扬尘防治联合执法的通知》《关于进一步加强渣土清运所涉及建筑工地源头管理的通知》，建立联动执法长效机制。

2018年，全市主城约310个建筑工地安装PM10在线监测设备，基本实现符合条件建筑工地信息化监管全覆盖，全市PM10监测值同比2017年下降7.14%，未发生颗粒物造成的污染。

人民路改造效果图

（市住建局 供稿）

【物业管理】 2018年，加强物业行业法律法规及专业知识宣传工作，加强对县（市、区）住宅专项维修资金管理工作指导。开展全市住宅专项维修资金追缴、移交工作，印发《昆明市人民政府办公厅 关于开展住宅专项维修资金催交追缴工作的通知》，通过明确责任主体、压实追缴工作责任，调度相关部门积极配合，形成追缴合力，多种措施并用，提升追缴效果。截至10月，全市累计追缴维修资金20余亿元。按照属地化管理原则，依托县（市、区）住房城乡建设局强化日常服务管理，牵头做好全市平安小区创建工作，完成市级平安小区评审，全市评出137个市级平安小区。

【燃气管理】 2018年11月16日，成立昆明市城市燃气环网公司，组织制订2018年度燃气管线设施投资建设计划，协调推进天然气高压、次高压管线设施建设，燃气企业累计投资1.20亿元，建设完成210千米高、次高压、中压燃气管线设施。完成《2018—2035年昆明市燃气专项规划》大纲编制，通过专家评审。抓好2017年冬2018年春、2018年冬2019年春保供气管理，协调上游气源单位保障气源供应，督促城市燃气企业保障城市燃气安全稳定供应。2018年，中缅天然气年供气近7亿立方米，较2017年4亿立方米增长75%。协调处置经开区辖区内存在的管道燃气经营纠纷，制定《关于加强管道燃气建设经营管理的通知》；制定燃气安全监管计划，开展安全专项检查81次，下发《昆明市燃气安全隐患自查自报管理办法（试行）》，完成28家燃气企业安全生产分类分级评定；研究制定燃气管线设施防第三方破坏制度，组织完成反恐及LNG场站泄漏应急演练；制定《关于规范用气报装流程的指导意见》，督促燃气企业压减用气报装时限，提升服务水平；推进燃气下乡工作，完成19个燃气下乡项目方案编制，24个燃气下乡项目建设，实现15个燃气下乡项目点火通气。

【深化放管服改革】 推动3550中“50”（工业建设项目施工许可50个工作日按时完成，包含建设项目从启动土地招拍挂至开工建设的所有环节）目标实现，结合昆明市工作实际和相关政策法规，起草《昆明市关于优化工业建设项目施工许可“50”目标工作实施细则（含流程图）（代拟稿）》、《关于印发工业建设项目施工许可“50”目标任务分解的通知》（代拟稿）等系列文件。2018年7月2日，市政府办公厅印发《关于印发优化工业建设项目施工许可“50”目标工作实施细则的通知（含流程图）》（试行），7月1日实施。工业建设项目施工许可全流程由原来170余个工作日缩减至40个工作日办理完毕。

（柳　润）

城乡规划与管理

【推进国土空间规划编制】 按照国家机构改革要求及自然资源部对国土空间规划安排部署，及时调整工作方式，与市国土局密切合作，形成《昆明市国土空间规划（2018—2035年）》初步成果。2018年，召开市规划局城市总体规划编制工作领导小组相关会议43次，全国性专家咨询论证会2次，向市政府上报请示15项，向市委、市政府主要领导上报城市总体规划编制重要情况专报10期，报送工作简报37期，多次向国家相关部委和省级相关部门汇报规划编制工作情况。《昆明市城市总体规划》涉及13个专项研究、31个专项规划研究大纲、各县（市、区）总体规划、各区发展大纲基本完成初步成果，部分专题研究和专项规划成果完成专家咨询工作。

【昆明城市总体规划】 完成《昆明市城市总体规划（2011—2020年）》实施评估，初步成果经市规委会和规划领导小组会审议通过；推进《昆明市中心城区概念性空间发展规划》编制工作，2018年4月，市政府召开专题会议听取《昆明市中心城区概念性空间发展规划》中期成果汇报，6月27日，完成结题汇报；推进《昆明2050城市发展战略规划》编制工作，10月11日，按照市委、市政府部署要求，《昆明2050城市发展战略规划》专家论证会召开。截至2018年底，已进行市政协民主协商。

【规划选址及规划编制】 规划选址工作。年内，对昆明市“510”工程标志性文体设施项目、云南省图书馆分馆项目、云南省政务服务中心、昆明国际体育产业港项目、云南省渔业科学研究院搬迁选址项目、云南省档案馆、昆明市档案馆、国家植物博物馆、生态公墓选址等22个项目进行研究，提出合理选址方案。其中，昆明市“510”工程标志性文体设施项目选址方案，按程序上报市规委会审议通过。

控规审查工作。组织完成《昆明市五华区西翥厂口片区控制性详细规划》《昆明东白沙河分区局部地块控制性详细规划调整》《昆明国家高新技术产业开发区（东区、西区）控制性详细规划调整》《昆明经济技术开发区控制性详细规划优化完善》《昆明市西山区海口片区控制性详细规划》《昆明市五华区西北片区昆武高速以东区域控制性详细规划修改》《昆明五华西翥沙朗片区控制性详细规划》《盘龙区双龙片区KC2011-76号地块控制性详细规划》等8项控制性详细规划联审工作；完成《昆明巫家坝片区地下空间控制性详细规划》《巫家坝片区经三路及飞虎大道街道设计导则》《五华区西翥桃园、厂口、落水洞片区控制性详细规划》等片区控规报省政府、市人大备案工作。

控规调整工作。完成《大漾田轨道车场及周边地块控规修改方案》《五华区下马村城中村改造项目A3、A4、A5地块控规修改方案》等50余项控规修改的审核工作；完成《长虫山东侧沿山片区控制性详细规划修编》《大商汇升级改造项目控规调整方案》《官渡区关坡村片区控制性详细规划修改方案》等26项控规修改，经市政府批复同意。

专项规划编制工作。完成《五华区教育资源布局布点专项规划》《昆明市官渡区学前教育和高中阶段教育资源布局布点专项规划》《昆明市呈贡区中小学、幼儿园建设布点布局专项规划（修编）》审查工作；完成《滇池湖滨有轨电车项目初步规划方案优化》编制及成果入库工作。

【翠湖片区整治规划】 制订《翠湖周边历史文化片区整治提升规划》方案。恢复“洗马河”历史水系，实现翠湖水系通过洗马河、篆塘河、草海与滇池相连的生态格局再现，恢复翠湖片区小三山一水与昆明大三山一水相连的独特历史文化景观。深入挖掘历史典故，再现明代昆明八景之一的“柳营洗马”历史文化景观。规划一期示范项目“两坡一街一河”整治工作按照方案实施（“两坡一街一河”：先生坡、沈官坡、景虹街和洗马河）。先生坡改造提升工程和洗马河再现工程基本完工，沈官坡、景洪街提升改造工程一期基本完成。

【历史文化名城保护】 推进3项历史文化名城名镇名村和重要历史地段等保护规划编制和专题研究工作。6月，《文明街历史文化街区保护规划（修编）》通过云南省城乡规划委员会办公室组织召开的部门暨专家联席审查会议审查，后续城乡规划管理工作主动服务辖区政府，细化工作，有序推进相关工作落实。《昆明城市米轨沿线改造提升规划》和《西南联大历史文化品牌相关规划》两项重点规划阶段性成果完成专家咨询，并向市委、市政府主要领导进行专题汇报和上报市名城委会审议。推进历史文化资源保护，开展呈贡区乌龙村、晋宁区金砂村、嵩明县上下马坊村村落保护发展规划编制工作，工作方案向市委主要领导进行专题汇报；完成第三批挂牌保护历史建筑推荐名单；积极做好对翠湖周边历史文化片区整治提升一期示范项目规划指导工作和做好中心城区范围内文明街历史文化街区、南强街历史文化街区建筑维修方案审批工作。2018年11月8—9日，2018年中国历史文化名城委员会西南片区会议在昆明召开，来自全国专家学者通过专题报告、交流发言、现场考察等形式，共话历史文化名城名镇名村保护。

【公共空间和城市形象管理】 推进规划编制工作。完成《滇池流域地区“五采区”生态修复和采区布点规划》《昆明市环滇池空间形态与城市天际线规划》《昆明主城二环内城市修补性规划》；组织编制《北京路人民路沿线城市设计》，经市规委会审议通过，制定相关政策及文件。拟定《昆明市环滇池空间形态与城市天际线管理规定》初稿，并开展立法调研工作；推进《昆明市城市设计导则》编制工作，完成专家评审；为持续推进城市双修工作开展，拟定《关于建立健全生态修复城市修补工作长效机制的意见》上报市政府研究。加强对涉及公共空间或对城市形象影响较大的重点项目、片区城市设计的审查，进一步提高设计水平。完成对《巫家坝片区经三路及飞虎大道街道设计》《润城第三至七大道城市设计》等重点片区城市设计方案审查，召开《金碧路市政节点改造及三市街人防工程地面景观设计方案》《昆明翠湖公园北门地块规划与建筑方案设计》《云南省妇女儿童发展中心建设项目设计方案》等多个重点项目专家评审会。

【完善城乡规划管理制度】 为确保配建基本公共服务设施布局合理性，进一步理清居住项目中公共服务设施配建标准及要求。2018年1月，下发《关于〈建设工程规划许可证〉阶段建设项目基本公共服务设施配布置的指导意见》。为继续有序推进昆明市绿色建筑规划许可工作，结合城乡规划管理工作实际。2018年5月，下发《关于修订绿色建筑要求及审查内容的通知》。及时根据国家更新的规范出台相关实施细则，2018年9月，与市住建局、市消防支队下发《关于执行国家建筑设计防火规范和相关文件的通知》。与民航云南监管局多次对接，确定昆明长水国际机场总规调整过渡期间民航净空保护对规划审批的工作要求。为规范交通影响评价工作，修订下发《昆明市交通影响评价管理办法（修订）》。

【基础测绘】 2018年，市规划局为总规修编项目提供1：2000数字地形图2774幅、各县（市、区）坐标转换服务75批次面积73.83万平方千米。为昆明规划馆制作三维模型83.30平方千米、1：2000数字地形图2997平方千米、1：500数字地形图1950平方千米。截至10月底，完成规划道路红线定线测量58千米，规划建筑物放线测量2131件，批后建筑面积测量933.45万平方米，三维辅助审查1022.36万平方米。

【档案接收】 2018年，市规划局完成152个建设工程项目档案预验收工作，接收各类工程竣工档案25949卷、规划审批档案193卷、声像档案501卷。积极提供利用服务，提供城建档案查阅服务1098次，调阅馆藏档案4230卷。持续开展自建声像档案如城市风貌、城市重大基础设施建设、城市规划建设领域重大活动收集工作，采取航拍和地面拍摄相结合方式，收集包括巫家坝片区改造前区域原貌、翠湖片区提升改造、文明街街区保护修缮在内近100余个项目点的自建声像档案收集，拍摄照片8142张，视频1400分钟。

【地下空间管理资料提供】 2018年，市规划局为重要交通基础设施建设工程提供地下管线信息资料149.44千米；为滇池流域支流沟渠水系规划编制提供2238.57千米地下管线信息资料；为2018年城市黑臭水体治理示范城市项目申报提供地下管线信息资料1118.67千米。

【城市交通研究】 完成昆明市南北大通道方案研究，并上报市规委会审议通过，成果下发至各辖区政府；完成《2018年昆明中心城区道路建设白皮书》《近期缓解昆明城市交通拥堵的实施方案（2018—2019年）》两项成果并上报市政府；完成《昆明呈贡低碳路网规划管理和建设实施办法》编制工作；完成《昆明长水综合交通枢纽规划方案交通影响评价》；按中瑞合作战略要求，4月份，与苏黎世专家开展市郊列车及城市轨道相关研究，相关成果纳入SSLCC项目。

【行政审批】 2018年，城乡规划管理工作核发行政审批证书1193件。其中，《建设项目选址意见书》101件；《建设项目规划条件》194件；“建设用地规划许可证”282件；“建设工程规划许可证”311件，费用减免7件；行政许可变更与延续130件；规划核实168件。代收城市基础设施配套费20.23亿元。严格按要求和标准做好各项公示、公布及公告工作。完成公示公布项目420个。其中，建设工程规划许可证公示296个；附图变更公示67个；分期规划核实公示5个；注销公告17个；规划条件公示16个；控规调整及专项规划公示19个。城市规划馆接待参观团体79个3868人；接待入馆市民参观3107人，播放数字沙盘129场。

【深化放管服改革】 精简审批事项、精简前置要件、压缩审批时限。市规划局对行政职权事项进行最大限度精简，调整后行政职权事项5项。其中，行政许可事项3项；行政确认事项1项；行政征收事项1项。通过对当前行政审批过程中存在“办事流程多、提供材料多、收费项目多”“三多”现象进行整改落实，实施审查与审批分离办法，项目审批要件大为精简，由58项调整为21项，精简37项；审批时限从20个工作日压缩至7个工作日。推进行政许可标准化。编制行政许可事项目录，更新2018年市级投资项目审批服务事项清单，积极推进落实行政审批标准化。创新行政审批机制。为进一步加强对规划建设项目的审查、审批工作，城乡规划管理工作积极创新行政审批机制，实施方案审查与行政审批相分离，并对现有审批流程重新再造，2018年5月23日，下发实施《昆明市规划局关于对行政审批事项实施方案审查与审批分离机制及审批流程再造的通知（试行）》，不断推进“多图联审”“多评合一”工作。开展“优化规划服务、推进项目审批”专项行动。2018年6月，为贯彻落实市委、市政府进一步优化投资环境，通过舞起规划“龙头”促进重点项目落地，促进全市固定资产投资向上增长，开展“优化规划服务、推进项目审批”专项行动，对辖区政府、市属平台公司、重点在昆投资企业进行“一对一”主动上门服务，对规审批中的重点、难点问题进行集中梳理，针对服务对象反馈问题，逐一研究解决，对重点项目建立绿色通道，特事特办，促进项目早落地、早开工。

【健全规划立法体系】 按照立法计划，《昆明市城市地下空间开发利用管理规定》由第十四届市人民政府第二十一次常委会议讨论通过，2019年1月1日施行。《昆明市城乡规划管理技术规定》修订相关立法成果上报市政府，完成《昆明市环滇池空间形态与城市天际线管理规定》立法调研工作，完成《昆明市历史文化名城保护条例》修订立法调研。学习宣传《中华人民共和国宪法》，充分利用局内宣传栏，打造普法学习园地。结合市普法办法治宣传学习计划和昆明市规划局2018年法治宣传教育工作方案，在规划局宣传栏刊出10期主题专栏。积极组织参加2018年第二期、第四期执法培训。翻印《中华人民共和国城乡规划法》《云南省城乡规划条例》《昆明市城乡规划条例》等规划法律法规宣传材料10000册，发放给各县区、各规划分局及部分服务对象，大力宣传《昆明市城乡规划条例》修订后要点和亮点。高度重视“双随机、一公开”监管工作，利用昆明市市场主体信用信息服务监管平台“双随机”执法检查功能，随机抽取2018年上半年执法检查对象和检查人员，对48个建设项目进行现场检查。通过检查，进一步加强对建设单位监管，促使建设单位依法依规报批项目、开展建设，自觉履行公告义务，主动接受人民群众监督。

【规划日常巡查】 开展住建部遥感督查图斑核查工作。2018年2—5月，按照住建部要求，城乡规划管理工作对327个图斑进行核查。其中，涉及城市总体规划强制性内容图斑61个，不涉及城市总体规划强制性内容图斑266个。核查中发现疑似违法建设图斑92个，及时通报城管综合执法部门进行查处，并按要求上报相关核查情况。认真落实《昆明市规划局城乡规划管理巡查办法（暂行）》，要求各规划分局采用批后巡查、定期巡查、专项检查、重点检查等方式，对本辖区内建设工程进行日常监管。2017年11月以来，城乡规划管理工作对282个建设项目进行批后（定期）巡查，对8个建设项目进行重点检查，3次向市政府和住建部驻昆督察员进行专题报告，及时提出存在问题及处理建议。

【人大建议、政协提案办理】 2018年，市规划局收到省人大建议1件、省提案3件、市人大建议17件、市政协提案34件，共计55件。其中重点提案2件。全面完成答复、面商等工作，办结率100%、面商率100%、代表满意率100%。认真履行行政复议工作职责，依法参加行政诉讼案件应诉。

（市规划局）

园林·绿化

【规划建绿】 2018年，市园林绿化局编制完成《昆明市重要城市道路绿化景观提升导则》《昆明绕城高速景观带提升深化设计及实施方案》和《部分重要城市道路绿化景观提升方案》；推进《昆明市绿地系统规划（2018—2035年）》《“世界春城花都”城市品牌宣传推广规划》《昆明市花卉应用导则》编制工作，进一步规范全市绿地建设，提升城市绿化景观。

【绿地建设】 截至11月30日，全市累计新增绿地373.80公顷，完成全年目标101%，其中新增公园绿地136.60公顷。不断提升城市绿化景观，积极推进城市公园、道路绿化景观提升改造。截至11月30日，完成11条绿化示范路建设；完成22条（段）城市道路、13个公园绿地景观提升改造；完成2个立交桥绿化示范点、16个垂直绿化和立体绿化示范点建设。不断提高小区绿化水平，按照国家住建部关于园林城市系列标准和评审管理办法要求，积极推进园林式

昆明动物园的樱花

（市园林局 供稿）

小区（单位）建设和评定工作，截至2018年底，全市评选园林小区46家，园林单位29家。

【绿化管养】 大力推进园林绿化巡查。市园林局下属9个单位抽调专业技术人员组成9个日常巡查组和1个集中巡查组，开展2018年度园林绿化巡查。日常巡查分单月和双月，单月以发现问题为主，双月以检查整改情况为主，集中巡查每月最后一周对全市范围内公共绿地养护情况开展巡查。截至11月30日，日常巡查887轮次、集中巡查11轮次，参加巡查人员2148人次，发出整改通知207期。建立健全摆花长效机制。按照“突出文化、体现地方特色、主题鲜明、立意新颖、内涵丰富、花卉品种丰富”要求，加强城市立体花坛和摆花方案审查和监督检查。截至11月30日，全市主城9区（含3个开发区、晋宁区）完成设置立体花坛60组，长效摆花2052.23万盆，超额完成全年任务量。认真做好节会绿化美化工作。为迎接南博会举办，全局将主城5区、3个开发区绿地均列为绿化景观整治范围，将滇池国际会展中心周边道路和节点的绿化列为重点整治内容，全市绿化整治工程在南博会开幕前完工，为展会举办营造优美靓丽城市环境。

【市属公园花事活动】 2018年，市属各公园举办金殿名胜区茶花展、“赶山花节”杜鹃花展和夏季花展；西华公园年宵花展暨迎春花展、鸢尾花展；昙华寺公园牡丹花展暨花潮会、垂吊花展；黑龙潭公园梅花展、杜鹃花展、枫叶节、醉蝶花展；大观公园郁金香花展、叶子花展、荷花展、金秋菊花展、国际风情节；郊野公园桃花展、美人梅花展、百合花展；昆明动物园樱花节等20多次花事活动。

【公园和风景名胜区管理】 2018年春节期间，市属各公园免费开放两天；国庆假期期间，郊野公园、昙华寺公园免费开放；大观公园、金殿名胜区、黑龙潭公园门票实行降价。制订《昆明市园林绿化局关于旅游市场综合整治任务的工作方案》，形成公园抓落实，机关抓监督工作机制，有效整治旅游市场秩序，提升公园服务质量和水平。有效整治旅游市场秩序。截至11月30日，上报工作周报47期、月报12期。配合市旅发委、市旅游警察支队开展全市旅游市场联合专项检查，有效提升公园服务质量和水平。

【公园规范管理和简政放权】 制定高效规范管理细则，全面推动公园精细管理。借鉴国内先进城市经验，编制印发《昆明市公园岗位规范（试行）》《昆明市公园管理工作细则（试行）》《昆明市公园管理检查评分细则（试行）》，全面推开对全市公园规范化和精细化管理。规范行政审批管理，进一步转变政府职能，深化简政放权，降低基层和行政相对人办事成本，将“改变绿化规划、绿化用地的使用性质审批”和“工程建设涉及城市绿地、树木审批”两项职能进行规范，由主城4区园林绿化主管部门全面行使职权，进一步强化区级部门社会经济管理服务职能。

【人员考核选备】 2018年，组织完成2017年度事业单位人员、机关公务员考核工作；组织完成市园林局所属11家事业单位733名工作人员2017年度绩效考核工作及上报备案工作；完成机关21名乡科级以下应考核公务员、3名工勤人员2017年度考核评议及报备工作；组织开展2017年局领导班子和14名县处级干部年度考核有关工作。严格选拔任用程序，做好民主推荐考察工作。完成1名正科级非领导职务确定备案工作。完成局8名交叉履职专职纪检委员、5名局属单位工会主席民主推荐组织考察工作。充实和完善局属单位科级后备干部队伍，产生局科级后备干部26人。其中，科级正职后备干部人选10人，科级副职后备干部人选16人。

【园林法治建设】 制订印发《昆明市园林绿化局2018年法治宣传教育工作方案》，开展《中华人民共和国宪法》《云南省安全生产条例》《昆明市城乡规划条例》宣传、扫黑除恶专项斗争、国家安全教育日、创建文明城市法治宣传等活动，全局在线学法考试和《中华人民共和国宪法》知识参考率和合格率100%。2018年，金殿名胜区、大观公园申报“法治文化示范点”和“法律六进示范点”创建。严格按照立法程序开展《昆明市城镇绿化条例》修订工作，修订草案通过市政府常务会、市人大常委会一审、二审和市委常委会审议，下一步将按程序报省人大常委会审议批准后实施。承办省、市人大政协建议提案9件，办复率、满意率、面商率均100%。完善信访工作制度。开展局长接待日12次，严格按《信访条例》办理网上信访件6件，日常信访件4件，“12345”市长热线电话件和网络件201件，办结率和答复率均100%。针对老干部生活补助信访问题，坚持领导亲自接访、专题研究、积极做好思想工作，力求将矛盾和问题在市园林局范围内解决。

（李雅菲）

国土资源管理

【用地保障】 2018年，全市完成建设用地预（初）审项目22宗、2.57万亩，上报自然资源部、省国土厅用地53宗、3.26万亩（不含滇中新区）。完成国务院、省政府审批用地48宗、2.65万亩（不含滇中新区），批复临时用地5宗、1713亩；批复先行用地2宗、815亩。重点保障“五网”“四个一百”“十三五”高速公路和服务区，易地扶贫搬迁、乌东德电站移民搬迁安置、宝能项目一期、康美健康城、草海片区五号地块等重点项目用地。

【土地供应】 2018年，市国土资源局大力推进昆明市存量用地清理和盘活，全力做好土地供应。截至2018年底，全市（含滇中新区）供应土地4.52万亩，完成出让收入总计864亿元。办理转让业务23宗、947.63亩。

【加强耕地保护】 2018年，开展重庆至昆明高铁、昆倘高速、嵩明至昆明高速等项目占用永久基本农田补划方案审查工作，拟占用昆明市永久基本农田4183.84亩，在原县域范围内补划4202.06亩，做到数量不减、质量不降、布局稳定要求。积极开展高标准农田建设助力脱贫攻坚，将中央补助资金3614万元，安排至东川区、寻甸县和石林县，积极开展高标准农田建设。完成建设用地项目占补平衡挂钩89个，落实1.54万亩耕地占补平衡。积极督促开展中缅油气管道、云南成品油管道工程土地复垦项目验收。

【提速不动产登记改革】 市国土局为深入贯彻落实放管服和优化营商环境改革要求，推进不动产登记便利民服务举措，推动实施一窗受理、不见面服务等新模式，精简办事流程，压缩办理时限，提升服务质量，不动产登记改革取得明显成效。完成机构改革，调整原昆明主城5区不动产登记机构隶属关系，机构重新挂牌，机构改革涉及的人员全部划转到位。进一步压缩工作时限，自2018年7月1日起实现不动产登记5个工作日办结，查封、注销等登记即时办结，完成市政府“3550”改革目标。全面规范和统一主城区不动产登记对外服务窗口制式标准。创新不动产登记办理模式，减少办事环节，优化办理流程，深入推进不动产登记“一窗受理，集成服务”，设置交易登记综合受理窗口，与住建、税务部门建设联办联审系统平台，共享数据，实时交换，一窗受理、并联审批，涉及查档信息采取内部后台系统查档推送信息等方式，多让信息和数据跑路，让群众少跑路。登记费可通过微信远程缴费，证书可自愿委托邮政快递，实现最多跑一次目标。推进政务服务“一网、一门、一次”改革，延伸不动产登记服务窗口，将抵押登记窗口前置银行，由银行端人员在线上提交资料，不动产登记机构工作人员在后台审核、登簿，将登记结果推送给银行端口，实现不动产抵押登记不见面服务。12月6日，市国土资源局与建设银行昆明分行签订“互联网+不动产抵押登记”合作协议。12月11日，“昆明不动产”微信公众号和昆明市不动产登记中心网站向公众开放，实现不动产登记业务办理进度查询、首次登记条件查询、不动产证书验真、在线缴费等功能。2018年，全市颁发不动产权证63.75万本，发放不动产登记证明11.57万份。其中，主城区发放不动产登记证书34.10万本、发放不动产登记证明3.83万本。

【推进国土空间规划试点】 明确编制思路。以自然空间和发展空间相统一为目标，综合谋划好空间格局、功能布局、要素配置等，提升国土空间开发保护质量与效率。拓思路“开门做规划”。邀请自然资源部和住建部备案3位德国专家到昆明市现场调研给予规划编制指导，开展研讨培训，积极推进规划编制进程。重实际组织实地调研。到19个县（市、区）、开发区和托管区进行调研，了解各地社会经济发展状况、土地利用现状和存在的突出问题以及土地利用规划相关内容等，实地踏勘地方特色产业、园区及地质景观，为下一步编制县级土地利用总体规划奠定基础。强融合与城市总体规划相衔接。落实市政府“两规同编”“两规合编”要求，多次与规划局就昆明市土地利用总体规划总报告提纲进行对接，并在数据资料方面进行共享，合编《昆明国土空间规划》。2018年10月，初步成果通过全国专家论证会，12月，向国家自然资源部做专项汇报，得到部领导和专家肯定。

【二级市场试点成效显著】 开展二级市场试点工作。建立“产权明晰、市场定价、信息集聚、交易安全”土地二级市场试点目标，坚持“依法规范，大胆探索，风险可控”原则，认真落实“放管服”改革要求，精心谋划，积极探索，从政策层面、操作层面全面开展试点探索，稳妥推进试点工作，2018年8月，试点工作结束。9月4日，国家自然资源部对昆明土地二级市场试点工作进行验收，昆明市试点工作以位居第一梯队成绩通过部级验收。2018年1—8月，昆明市完成建设用地使用权转让31宗、1038.66亩；抵押157宗、4.10万亩。

【滇池流域矿山关停及治理修复】在滇池流域及西山等重点保护区开展关停整治和生态修复为主要内容生态治理行动，全面关停禁采区内所有采石采砂采矿点，并对采空区及水土流失、破碎山体等进行全面治理修复，需关停72个矿权全部实现停采。在推进矿山关停同时，各区按照“边关边治”要求，同步开展关停矿山生态修复治理工作，并逐一核实确定72个关停矿山采损总面积10034.71亩。2018年，计划修复治理面积3068.44亩。经各区自检自查自验和市级复核复验，72个关停矿山实际完成修复治理面积3329.12亩，占采损面积33.20%，任务完成率108.40%。

【提升矿政管理水平】2018年，市国土资源局累计受理、审查、上报探矿权、采矿权登记申请17件，办结10件。累计发放矿业权到期预警通知书536份，矿业权年检预警通知书130份。加强矿业权市场建设工作，建立健全事中联合审查、事后有效监管工作新机制，完成矿业权联勘联审及各类保护区审查29个，矿山生态环境综合评估34个。全面完成2017年度矿山储量动态测量工作，通过省级实地检查验收。完成18个矿业权储量核实报告评审备案工作；完成130个建设项目压覆矿产资源的查询和审查工作，对5个建设项目用地压覆矿产资源进行备案；完成20个过期探矿权（采矿权）审查上报工作。按照中央环保督察及省自然资源厅的要求，对自然保护区范围内矿权进行全面清理，引导和督促涉及保护区矿山企业依法有序退出保护区范围，涉及昆明市118个采矿权。其中，14个注销，63个关停，其余全部退出保护区。做好矿业权出让收益征收工作，完成8个采矿权预存采矿权出让收益工作，完成5个采矿权出让收益征缴工作。2018年，累计完成7893.28万采矿权出让收益征缴入库。

【强化执法监察】2018年，全市实现国土资源执法监察工作由“违法—立案—查处—整改”单一监管模式，转为“发现—制止—整改”“发现—制止—立案—查处”等多种监管模式。截至2018年底，全市发现违法行为979起，当场发现并制止违法行为510起，通过快速反应拆除和立案查处469起。监测图斑12279个、7.56万亩，通过动态监测，图斑数和面积数较上年呈大幅下降趋势。调动“人防”管控，市国土局每月不少于1次对全市128个乡（镇）、街道进行全覆盖式实地督导，县区局不少于2次，及时发现违法用地行为，及时协助当地政府开展整改，1—12月，开展动态巡查8060次。

【地质灾害防治】2018年，全市排查地质灾害隐患点1880个，涉及110个乡镇，威胁3.78万户17.70万人，潜在经济损失59.54亿元，针对排查出地质灾害隐患点，发放“两卡一书”3.80万份、落实监测人员3444人。开展地质灾害演练34次，演练人数4520人，开展培训167次，参与培训人数11953人。建立地质灾害气象风险预警预报机制，密切关注地质灾害隐患点监测和预测预报信息。2018年，发生地质灾害7起（其中中型1起、小型6起），无人员伤亡。完成滇池东岸关停矿区2014年度中央资金矿山地质环境治理示范工程市级和省级竣工验收，组织滇池东岸关停矿区2015年度中央资金矿山地质环境治理示范工程市级验收。加强梅树村界线层型剖面地质遗迹保护工作，组建成立中国前寒武系省级地质自然保护区管护局，对晋宁区梅树村界线层型剖面地质遗迹实施专门管护，截至2018年底，编制《云南晋宁梅树村中国前寒武系（震旦系）—寒武系界线层型剖面省级自然保护区总体规划（2017—2020）》上报省政府审批。

【国土资源基础工作】2018年，全市完成建设用地勘测定界审核备案180宗、面积2507.13公顷；完成建设用地勘测定界验收登记115宗、面积5621公顷。制定并优化勘测定界市级检查和县区验收工作程序，编制市级内业检查表和外业实地踏勘表，对技术单位成果以质量监督检查方式进行，内业核查率100%，外业以实地抽查方式开展工作，开展外业实地勘察17次。截至2018年5月31日，收回单位及个人581宗土地国有土地使用权，面积1020895.85平方米（合1531.34亩）。完成2017年土地变更调查与遥感监测和土地卫片执法外业核查工作，全部图斑通过省级复核。指导勘测院及整理中心按时完成昆明市城镇地籍数据库整理汇交工作。全面推进昆明市第三次全国国土调查各项工作。成立市“三调”办，推进国家及省先行试点县宜良县“三调”工作，积极协调，将市级配套资金纳入市级预算，有序推进“三调”招投标工作。

【扶贫攻坚】2018年，市国土资源局结对帮扶挂钩联系东川区、寻甸县7个贫困村588户建档立卡户，全局217名干部职工全员参加结对帮扶，选派6名驻村扶贫工作队员，通过走访慰问、基础设施投入、产业帮扶、爱心助学、补助贫困村党建经费等措施，党群共建共促扶贫攻坚，直接帮扶109.81万元，为当地群众解决实际困难。积极开展行业扶贫，3个深度贫困县（区）编制增减挂钩项目实施方案26个，上报省厅26个，获批16个；实施增减挂钩节余指标流转，涉及省内2040亩、跨省2271亩指标，节余指标收益专项用于支持深度贫困县扶贫攻坚任务。优先将2017、2018年中央高标准农田建设项目补助资金中

5114万元安排在贫困地区，惠及5283人。2018年，向上争取乌蒙山贫困地区国土综合整治重大工程项目资金18075.22万元，安排禄劝、寻甸2个县实施4个土地整治项目，计划建设高标准农田812.33公顷，新增耕地面积52.98公顷，惠及2898人。重大地质灾害治理项目、避险搬迁项目计划资金8181.60万元优先保证贫困地区需要，惠及11871人。

【人大建议、政协提案和群众信访】 2018年，市国土资源局办理人大建议、政协提案32件。其中，市人大代表建议16件、省政协提案3件、市政协提案13件。办理行政复议和诉讼案件38件。协助司法执行办理各类查封、查询函件390件。接听“96128”热线解答咨询电话128个，转接成功率和群众满意率100%。受理群众来信来访312件。其中，接待群众来访189件、422人次；信访督办件32件，网上信访办结216件。全年无因国土资源信访事项引发进京上访事件。

【测绘管理】 2018年7月1日，国土资源系统全面使用2000国家大地坐标系。严格管理、规范使用地理国情监测成果，召开昆明市主城区及滇池流域地表覆盖与沉降监测项目成果推广会，向有关部门推广监测成果。加强昆明市卫星定位综合服务系统运行维护与管理工作，发展注册近百家用户单位，注册100余台套GPG接收机。积极开展测绘地理信息综合检查，配合云南省测绘地理信息局对18家乙级测绘单位的质量进行监督检查，组织对10家丙丁级测绘单位进行双随机检查。做好测量标志保护工作，受理测绘资质申请37件，全部通过省级审批发证。完成《昆明市2004昆明坐标系数字网使用批准书》使用审查633件；完成《昆明市国土资源局2000国家大地坐标系数字网使用审查表》使用审查1189件；完成国家秘密测绘成果提供使用审查207件；完成昆明市卫星定位综合服务系统用户备案47件，备案使用GPS接收机73台套。

（聂本娆）

城市管理与执法

【执法体制改革】 2018年，持续深化城市管理体制改革，制定印发《昆明市城市管理执法体制改革工作领导小组办公室关于对2018年度城市管理执法体制改革有关工作任务进行分解立项督查的通知》和《昆明市城市管理执法体制改革工作领导小组办公室关于对2018年城市管理执法体制改革任务落实情况进行全面督察的通知》，市级和全市14个县（市、区）和4个开发（度假、园）区均设置城市管理执法机构和相应执法队伍，实现住房城乡建设领域行政处罚权集中行使，权责明晰、服务为先、管理优化、执法规范、安全有序城市管理体制正在逐步形成。

【文明城市创建】 制定印发《关于印发深入开展市容环境综合整治提升工作三年行动方案（2018—2020）的通知》《关于印发昆明市城管系统深入开展市容环境综合整治提升行动细化方案的通知》《昆明市市容环境整治提升导则》，结合建设文明城市及“六个不滑坡”“六个持续提升”各阶段工作情况，推动生活环境整治指挥部各成员单位、全市城管综合执法系统创建全国文明城市工作。

【城乡环境卫生管理】 2018年，超额完成省级“厕所革命”3年行动计划指标，新建公厕202座（其中45座旅游厕所），改建城市公厕88座，改建乡镇镇区水冲公厕92座，行政村村委会水冲公厕453座，重点县（市、区）平均每平方千米7座公厕，其他县（市、区）平均每平方千米5座公厕。全面实施“以克论净、深度保洁”“变扫为吸、变扫为洗”环卫作业方式。抓好农村生活垃圾治理，全市1234个行政村、9164个自然村生活

生活垃圾分类收运及收集设施设置

（市城管局　供稿）

垃圾处理设施覆盖率以及生活垃圾有效治理率100%。大力推进生活垃圾分类，制订出台《昆明市2018年城乡生活垃圾分类工作方案》，推进垃圾分类体系建设，强制推进公共机构垃圾分类，开展垃圾分类试点示范，主城区试点街道22个，涵盖约150个社区，开展试点约15万户。持续推进环卫一体化，在上年基础上，五华区、度假区实现环卫一体化，其他县（市、区）采用PPP模式，正在大力推进环卫一体化工作。

【户外广告设施管理】 制订下发《关于进一步加强户外广告设施整治的工作方案》，持续开展户外广告设施规范整治，主城5区、3个国家级开发（度假）区规范整治各类违法违规户外广告设施36594块条（包括拆除南连线违规设置广告牌41块、七彩云南5块立柱式和机场高速1块），对存在安全隐患户外广告牌2355块，店招店牌2387块，全部完成排查整改，积极开展户外LED广告屏公益宣传，全年25项重大活动、会议，公益宣传片累计播放492.86万秒，有效播放时间1371.24万秒，公益宣传时间占有效播放时间比例35.90%。

【道路桥梁管养维护】 根据属地管理原则，督导主城各区履行城市道路桥梁管理职责，严格城市道路占用和开挖审批，强化城市道路桥梁安全检测和日常管护，2018年，全局投入经费约4634万元，对城市800余条道路进行修补，面积30.37万平方米（含部分人行道）修复。在全市范围内19座城市桥梁（含大型匝道桥）上设置健康监测设备，通过健康监测设备，实时对道路桥梁进行监测。利用城市道路桥梁管理信息系统，对市政道路、桥梁、隧道进行状况登记、评价分析、健康监测和养护决策等实行信息化管理，切实为广大市民提供安全出行环境。

【共享单车管理】 2018年，制定出台《昆明市共享单车运营服务管理实施细则（试行）》及与之配套的《昆明市共享单车运营服务管理考核办法（试行）》，投资50万元聘请第三方评价机构对共享单车运营管理实施第三方综合考核。相比较北京、上海、深圳及其他省会城市，昆明市共享单车管理水平趋于领先地位。截至2018年底，经严格管理、考核及连续3个月核减，全市核准共享单车28.50万辆。其中，摩拜7.50万辆、ofo小黄车8万辆、哈罗6.50万辆、青桔6.50万辆。市面上有效、正常运营共享单车26万辆左右，能够满足市民出行需求。“轨道交通＋共享单车”出行逐渐成为市民出行组合模式。据调查统计，在共享单车出现前，全市轨道站点自行车接驳比例不足1%，步行接驳距离900米；共享单车出现后，使用共享单车到达、离开地铁站点客流比例分别达到10.90%和9.69%，单车接驳距离提升到1.60千米，有效地扩大地铁服务半径，增强地铁客流吸引范围。共享单车运营2年间，累计为全市节省碳排放约21287吨，相当于种植425.70万棵树。昆明市共享单车管理举措得到中央电视台财经频道、中国国际广播电台交通频道肯定，全国多个城市发函咨询管理上先进经验。

【提升城市照明管理水平】 督促维护管养单位做好城市照明维护管养工作，坚持每周组织对全市城市照明设施亮灯率检查及设施完好率检查。截至2018年底，进行路灯亮灯率抽查98次，路灯16.67万盏，平均亮灯率99.63%，按计划进行36次城市照明设施完好率检查，检查路灯17420盏，设施完好率99.94%。督促指导维护管养单位做好城市道路有路无灯补建、有灯不亮整改工作，落实对照明维护管养单位考核制度。推进城市照明景观亮化提升改造，特别是对昆明二环快速路、盘龙江、北京路、滇池大坝景观亮化工作，通过春节和国庆节期间试亮灯，亮化效果得到广大市民好评。

【违法违规建筑治理】 2018年，制定出台《昆明市违法建筑处置办法》，坚持依法行政，创新机制，联动执法，明确违法违规建筑标准、范围、内容、查处程序和法律责任等，进一步规范全市违法违规建筑治理工作，建立“公安＋城管”执法模式、“住建＋城管”管理模式、“工信＋城管”严管模式、“国土＋城管”靠前模式，全力保障违法违规建筑治理工作。强化基层力量，加强防控，四员合一，建立健全“两违”建筑巡查监控网络，加强日常巡查，落实工作

拆除违规建筑

（市城管局　供稿）

责任制，形成“人人有事、事事有人”巡查机制，防控到位，拆除到位，对违法建设“露头就打，见违就拆”。实施挂图作战，攻坚克难，逐点销号。建立违法违规建筑治理动态监测信息库，实时更新显示全市治理工作进展情况。加强组织领导，凝心聚力，强化舆论引导，督查督办，跟踪问效，多次召开媒体通报会、典型案例分析会，宣传相关法律法规，做好宣传和舆论引导。利用高分辨率卫星遥感技术开展全市违法违规建筑监测智能管控，精准精细，拆违控违进入科技时代，逐步实现“天上看、地上查、网上管”多维防控手段。充分发挥数字城管监督员、违法建设监督员、流动人口协管员、土地专管员职能作用，严格控制新增，着力消减存量。2018年，整治拆除违法违规建筑面积2049余万平方米。

【建筑垃圾运输处置管理】 2018年，编制《昆明市中心城区弃土消纳场布局建设方案》，联合市政府目督办进行跟踪督查。全年新建弃土消纳场13个，延期审批7个，审批大型调拨点4个。截至2018年底，全市主城区开放运营弃土消纳场17个（有3个弃土消纳场关停整改中），接纳容纳总量约2233万立方米；大型调拨点4个，总接纳方量约220万立方米，全市主城区弃土可接纳总方量约2453万立方米，主城区弃土消纳难问题得到有效缓解。组织推广新型智能环保渣土车。联合交警支队车管所完成13家车企送检样车检验验收工作，督促指导各区城管综合执法局根据全市建筑工程量、企业发展规模等实际情况，积极做好全市智能渣土车新增企业及车辆的发展规模统筹、审查、核准和审批工作。截至2018年底，全市2539辆智能环保渣土车投入使用，基本满足全市主城区渣运市场需求。2018年，全市城管综合执法部门检查出土施工工地9715家次，现场督促整改192家次，下达停工整改通知书113家次，查处违规使用无资质车辆运输处置渣土施工工地21家次，查处各类违规运输处置建筑垃圾案件4267起。

【市容环境综合整治】 全市各级城管综合执法部门合理编组，坚持每周在辖区范围内开展巡查工作，及时处置发现占道经营和违法小广告问题。截至2018年底，清理占道经营22.18万起，取缔流动摊点10.49万个，清理违法小广告47894起，整治夜市及违反“门前三包”27.19万起。特别是针对南二环及周边道路占道经营行为进一步加大查处力度，取得良好整治效果。

【城市网格化管理】 2018年，昆明市智慧城管服务指挥中心更名为昆明市网格化综合监督指挥中心。进一步健全网格化管理体系，将滇池水环境治理纳入网格化管理，建立重点案件督办机制。截至2018年底，督办滇池水环境治理相关案件11.22万件，结案11.13万件，结案率99.22%，有效促进滇池水环境治理工作持续推进；严格落实“五进网格”制度，督促形成工作合力，以人口、面积和街道为依据，对市级监督员网格配比进行优化，不断细化管理标准，有效提升城市管理水平；依托智慧城管系统，持续开展巡查受理工作，形成综合数据分析报告，为领导决策提供数据支持；结合创建全国文明城市、国家卫生城市复审、国家园林城市复检和创建食品安全示范城市等重点工作要求，坚持重点问题导向，不断提高案件处置效率，督促各区形成长效化管理；完善管理考核制度，强化考核结果运用。建立长效常态监督考核机制，提升城市精细化管理水平，实现由“建设文明城市”向“建设城市文明”转变；积极推进城市运行指挥调度体系建设。逐步实现以实际案件数据为支撑，时时监测城市运行动态，充分发挥网格化管理监测、预警、指挥、协调、调度作用的目的。利用卫星遥感技术开展城市综合管理工作。2018年以来，市、区两级监督员上报各类城市管理案件881.88万件。其中，市级监督员再监督发现漏报案件35.99万件，区级监督员上报案件845.89万件；涉及“创文”“创卫”、国家食品安全示范城市、创建园林城市等重点工作共计上报494.46万件。其中，街面秩序问题105.72万件，宣传广告问题106.10万件，施工管理问题63883件，市容环境问题248.13万件。对《昆明市城市网格化管理部事件立案、结案标准和考核权重、处置时限》进行修订扩充。其

昆明市网格化综合监督指挥中心

（市城管局　供稿）

中，修订后事件包括7大类、127小类（新增小类7类）；部件包括6大类，153小类（新增小类7类）。至2018年底，主城8区（含3个开发区）1093人市、区两级监督员在网格中开展巡查和上报问题。

（桑亚林）

住房建设

【房地产市场管理】 2018年，市住房和城乡建设局贯彻落实十九大“坚持房子是用来住的、不是用来炒的”定位，加快建立多主体供给、多渠道保障、租购并举住房制度。昆明市人民政府办公厅印发《关于进一步促进房地产市场平稳健康发展的通知》《关于进一步稳定商品住房市场有关问题的通知》《关于印发进一步促进房地产市场平稳健康发展工作方案的通知》。持续开展房地产乱象专项整治行动，建立健全市场监管信息共享、联合查处机制。

【商品住房建设、销售情况】 2018年，据昆明市统计局统计，昆明市房产开发投资累计完成1839.79亿元，同比增长9.30%。商品房销售面积1909.70平方米，同比增长4.50%。据国家统计局发布2018年12月70个大中城市新建商品住宅价格指数显示，昆明市新建商品住宅价格环比上涨0.90%，同比上涨16.60%。深化“放管服”改革，加快实现行政审批服务“最多跑一次”。2018年，核发房地产开发资质335本；核发主城4区“商品房预售许可证”310本。

【保障性住房建设】 全力推进保障性安居工程建设。按照省政府与昆明市政府签订《2018年云南省保障性安居工程工作目标责任书》要求，2018年，昆明市保障性安居工程目标任务为开工建设棚户区改造8000套户，基本建成18202套。至年底，开工建设棚户区改造8000套户，开工率100%。基本建成保障性安居工程21385套，占基本建成年度任务117.49%。全力做好公共租赁住房分配及住房补贴管理。公租房累计分配10.16万户，分配率94.10%，超额完成92%全年考核工作目标；租赁补贴发放2987户，全年考核工作目标2100户，占全年任务142%，超额完成全年工作目标。持续完善住房保障政策体系。结合昆明市住房保障工作实际，开展《昆明市住房保障条例》《昆明市关于进一步加强经济适用住房售后管理工作的实施方案》《关于进一步明确公租房准入条件的通知》等系列制度起草调研工作。突出行政统筹优势，统筹整合各方面项目资金，着力改善各类保障房基础设施条件。在规划设计方面，所有保障性住房项目容积率、建筑密度、绿地率、地下空间开发利用等完全按现行居住规范和全市对商品房项目开发的要求实施。各个户型均满足日照、采光等要求，实现廉租不廉质、经济、适用目标；在设施配套方面，所有保障性住房项目完全参照现行商业房地产楼盘标准，配套社区用房、学校、商业生鲜超市以及公园绿地等设施和场地；狠抓项目周边基础设施配套建设，每年以白皮书形式，将保障房周边道路交通等基础设施作为硬性指标，下达到各属地县区政府，签订目标责任，层层细化工作措施，确保配套基础设施与保障房项目同步启动、同步建设、同步投用。

（柳　润）

建筑业和建设市场管理

【建筑业市场管理】 促进建筑业持续健康发展。做好建筑业企业资质管理服务工作，深入推进建筑业“放管服”改革，不断简化、规范建筑企业资质办理流程。2018年，办理2054家次建筑企业资质新办、增项审批事项，扶持223家次建筑业企业升级。加强建筑市场规范管理，持续打击建筑行业违法分包转包挂靠等违法行为，配合做好建筑市场“扫黑除恶”专项检查治理行动。做好清理建筑领域拖欠工程款相关工作，配合人社部门做好农民工工资清欠工作。2018年，全市建筑业产值完成3194.47亿元，同比增长8.40%。

【装配式建筑发展】 2018年3月22日，《昆明市人民政府办公厅关于大力发展装配式建筑的通知》发布实施，对全市装配式建筑发展提出明确发展目标、发展路径和保障措施。《关于印发昆明市大力发展装配式建筑工作领导小组各成员单位工作职责的通知》《昆明市装配式建筑及产业发展规划（2018—2025）》《昆明市装配式建筑工程施工图审查要点》《昆明市装配式市政工程评价标准》等一系列政策文件、技术标准起草完成。至年底，全市获住建部批复5个国家级装配式建筑产业基地：云南震安减震科技股份有限公司装配式建筑隔震减震产业基地（部品部件类）、云南建投钢结构股份有限公司装配式建筑基地（施工与部品部件类）、云

装配式建筑施工
（市住建局　供稿）

南省设计院集团装配式建筑基地（设计类）、昆明市建筑设计院集团股份有限公司装配式建筑基地（设计类）、云南昆钢建设集团有限公司装配式建筑基地（施工与部品部件类），占云南省同期获批“产业基地”100%。安宁市成为云南省首个省级装配式建筑示范城市，安宁工业园区成为云南省装配式建筑产业示范园区。一批示范项目陆续开工建设。2018年，装配式建筑建设面积完成200万平方米目标任务。

【绿色建筑和建筑节能】 2018年，围绕省住建厅下达建筑领域能耗“双控”考核目标任务，与相关部门联动沟通，及时将年度目标任务进行责任分解，明确各项任务分管领导和责任部门，组织相关部门和企业负责人90余人参加昆明市建筑领域能耗“双控”工作培训。2018年，新建建筑设计阶段和施工阶段执行建筑节能强制性标准比例达100%。大力开展绿色建筑材料推广应用，至年底，累计14项产品获得绿色建材评价标识认证。2018年，全面推广使用预拌混凝土2397万立方米，预拌砂浆115万立方米，散装水泥371万吨，散装水泥、预拌混凝土使用工业固体废弃物312万吨，社会综合节约效益9亿元。

（柳　润）

燃气·煤气

【经营业绩】 2018年，昆明煤气集团公司总收入18930.10万元，利润总额完成2793.10万元，净资产收益率2.88%（不含少数股东权益），成本费用利润率15.50%，投资收益率4.39%，营业增长率15.40%。

【安全生产】 2018年，公司压实安全管理责任，严控各类安全风险点，从源头上杜绝事故、事件发生。公司实现全年安全生产工作目标，保持集团公司安全生产平稳态势。继续严格执行安全目标责任制，将安全责任分解到个人，逐级签订安全目标责任书，公司各级责任主体签订生产安全消防安全目标责任书419份，“一岗双责”责任书38份。公司开展以“全员安全责任落实到位、设备设施安全可控、管理体系持续改进”为主题“春检”“秋检”工作。深化专项检查、应急演练、业务培训为抓手的日常巡检维护抢修管理工作。全年出动安全检查组842组，参加检查1443人次，检查出安全隐患103项，整改隐患完成103项，整改率100%。开展安全生产安全环保履职能力评估，进一步促进领导干部安全观念转变、推动领导干部风险意识与风险管控能力提升，确保集团公司健康安全环境管理水平持续提升。

【重点工程】 2018年，累计投入天然气置换资金7500万元，组织完成安宁市草铺天然气门站及主城区天然气置换安全隐患整改，完成涵盖草铺门站及中压干管在内13.90千米中压干管敷设，实现城镇燃气管网向安宁边远集镇延伸。配合滇中新区道路进度完成全部主线工程施工。办理完成穿越沪昆铁路相关施工手续，协调穿越花桩河相关事宜，沪昆铁路和花桩河穿越完成后，即可实现哨关路燃气干管全线贯通，保证小哨核心区乃至整个小哨片区燃气供应。配合小哨核心区三纵三横路网建设，同步开展燃气管网建设，保证与道路建设进度同步施工完成，满足小哨核心区发展建设。截至2018年2月，拓东线、东绕城高中压调压站实体工程施工完成。2018年9月，与云南昆仑集团签订安全托管协议，拓东线、东绕城高中压调压站投入试生产运行。

【市场开发】 2018年，空港片区全年累计完成燃气民用户开发1748户，工业及工商用户11户的开发建设，新增公共用户开发用气量6000立方米/日。安宁片区全年累计完成燃气民用户开发4541户，工商业用户11户。

【燃气和配售电业务】 2018年，燃气下乡项目完成24个乡镇签约，完成居民签约2.33万户，安装411户，安装费收入58.77万元。燃气销售6.02万立方米，燃气销售收入24.31万元，工程投资完成223.01万元，增值业务收入3.08万元。配售电项目取得云南监管办颁发第一张非电网企业配售电公司电力业务许可证（供电类）。全年签约用户76家，累计完成电力市场化交易电量14.50亿千瓦时。呈贡信息产业园区2号变电站输变电工程主体工程完成建设，全站电气设备完成安装，具备系统接入条件。富民县商贸中心区10kV增量配电网顺利投产运营，成为云南首个实现并网通电的增量配电网项目。

【扶贫攻坚】 2018年，集团公司派出各级干部180人次到帮扶点蹲点、调研，围绕“产业带动、项目支撑、农民增收、脱贫摘帽”思路，经过3年努力，公司负责鲁六村实现脱贫摘帽。按照市委再整合优化资源增加定点帮扶力量，公司新增帮扶东川区红土地镇。公司全年出资140万元用于寻甸县甸沙乡鲁六村和东川区脱贫攻坚工作。

【企业文化】 2018年，集团公司继续坚持“和气　大气　名气”企业精神，修订企业文化手册，加强文化宣贯，增强员工归属感、认同感、荣誉感。组织筹办中国梦·劳动美—“弘扬新时代精神·讲述昆煤大家庭故事”职工演讲比赛，激发广大职工立足岗位做奉献的干劲和工作热情。制作党建文化长廊和企业文化长廊，使公司党建文化、企业文化更富有生命力和感召力。为职工发放书籍、推荐好书，积极鼓励职工充分利用时间多读书。通过开展一系列文娱活动，丰富员工业余文化生活，展现企业活力，为企业实现“二次创业”提供强大精神动力和文化支撑。

（杜瑜丽）

城市供水

【经济指标】 2018年，昆明自来水集团有限公司实现城市供水总量4.30亿立方米，比2017年同期增长9.08%；管网水质合格率99.98%；管网抢修及时率99.66%；管网压力合格率99.70%；水费回收率99.62%；供水安全保障率99.64%，营业收入15.10亿元。实现供水量、售水量、管网漏损率历史最好水平。

【供水保障】 2018年，集团公司加强云龙水库、松华坝水库、清水海水库三大水源联合调度，充分合理使用供水水源，做到优水优用。截至2018年12月31日，城市供水水源7库库容合计6.29亿立方米。其中，云龙水库、松华坝水库、清水海水库合计蓄水5.93亿立方米，较上年同期多402万立方米。实施掌鸠河工程输水管线检修工作，原水切换工作运行平稳。城市自来水用户142.74万户，比上年同期增加11.53万户。集团公司结合城市供水特点，进一步优化水厂供水区域，确保管网压力稳定，充分满足城市用水需求，完成春节、省、市“两会”、南博会等节假日及重要活动期间城市供水保障工作。

【保障水质安全】 2018年，集团公司通过不断加大巡查巡检力度，投入运行水质自动监测站等方式，确保原水水质稳定。云龙水库总体水质84%达到II类。清水海水库总体水质100%达到II类。云龙、清水海水库、输水管线主要设备设施完好率100%，供水管线安全零事故，供水保障率100%。通过不断推广新工艺应用，根据各水厂原水特点配置相应应急处理装置，并结合供水生产实际增加水质监测点、检测频率和检测项目，保证出厂水水质合格率100%，达到并超过国家106项检测指标，管网水水质综合合格率99.98%。

【智慧水务】 2018年，集团公司在“互联网＋”方面全面推进发力。互联网＋生产：继集团公司生产数据平台上线运行后，完成《集团公司供水管网信息系统数据标准》初稿编制及意见征求。启动GIS、SCADA系统升级建设工作，现进入开发阶段。完成云龙水库输水管线抢险抢修基地核心网络建设。互联网＋服务：为有效解决自来水客户服务热线96106拨打难问题，完成供水服务热线系统升级改造。新系统采用供水行业领先的热线硬件设备，在现有基础上扩容4倍，中继线由30路升级到120路，实现同城同号，使客服热线服务更加科技化、智能化。实现报修、咨询、投诉和查询“一站式”服务和管理，处理及时率98.70%，回访满意率99%以上；充分利用“两微一站”全面提升供水服务水平。集团公司官方微博粉丝11.33万人，全年发布微博信息1454篇，累计回复网友240次，回复解决网友问题179件。在市网信办2018年度测评中，集团公司微博排名公共服务行业第二名，获得政务微博在线办理案例最佳荣誉。微信营业厅、微信支付功能正式上线，微信关注用户23.70万人，绑定户号13.70万人，累计完成交易17万笔，交易金额3148万元；微信电子发票累计开票8.30万张。门户网站累计访问量133万人次；累计处理“咨询投诉”工单809单。引导用户使用移动查询和移动支付业务，降低热线电话工作压力和柜台缴费比例，柜台现金收费率降至3.14%。主动对标对表先进发达地区，大力精简相关审批办理流程，实现用户从资料提交到通水办结，所需提交资料压缩50%以上，办理时限压缩50%以上。启动并完成“一网通办”服务平台一期项目建设，30项供水服务事项实现“一网通办”“移动办”，其中24项服务实现“零跑”。6项服务承诺“最多跑一次”，业务涵盖居民和工商客户用水报装、缴费、电子发票、过户、在线客服、报修及低保等30项服务，覆盖自来水实体营业厅85%以上业务；严格履行服务承诺制度，科学合理布置维修站点，完善30分钟服务圈，在主城5区设立8个分区维修站点，还有2个正在建设过程中。互联网＋管理：积极配合国资委完成昆明市国有企业大数据监管平台建设项目，完成需求审核、平台测试及验收资料审核等工作。2018年，平台通过验收并投入使用；2014年，集团公司率先实现OA系统上线，下属各子公司也陆续完成OA系统上线运行，从行政业务到财务、合同、人力资源、工程建设等管理均可在平台上实现。

【安全生产】 2018年，集团公司安全未发生任何特、重大安全生产事故，安全生产形势总体平稳。组织安全交叉大检查4次，开展各类专项安

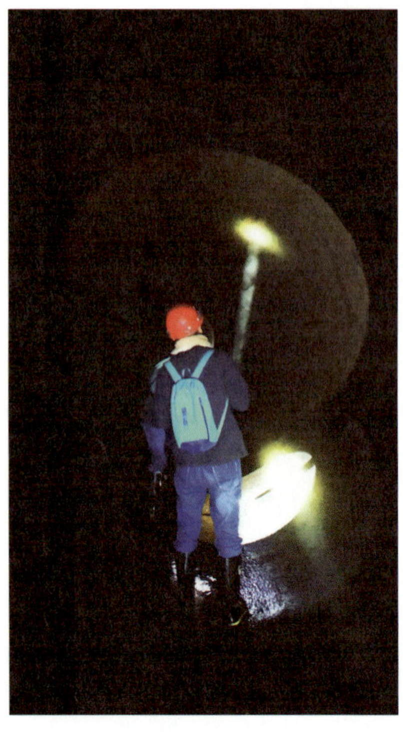

掌鸠河引水供水工程输水隧洞停水检修 （市自来水公司 供稿）

全检查16次，发现安全隐患92项，整改88项，整改率95.65%。开展各类安全培训317次。全面加强防汛、反恐维稳、消防安全管理及宣传教育工作，确保城市生命线安全供水生产。荣获中华全国总工会、中华人民共和国应急管理部授予2016-2017年度全国“安康杯”竞赛优胜集体示范单位称号。

【重点工程】 2018年，集团公司配合昆明城市布局和发展，按计划持续有序推进西翥自来水厂、北部山水新城、空港南北区泵站建设等重点工程建设。滇中东片区给水工程设计方案完成，八家村水库替代工程开工建设。继续推进各水厂污泥处理系统升级改造，实现水厂零排放。加大城市管网配套建设工程，新增DN100以上管道211千米，管网总长4607千米，完成老旧管网更新改造117千米。通过对标全国先进同行，加大学习培训力度，切实采取各项措施降低管网漏损率。实施专项考核奖惩，推进GIS系统升级改造，开展DMA分区计量、加大违章用水查处等，管网漏损率持续下降，成效明显。

【扶贫攻坚】 2018年前，集团公司投入近4000万元完成禄劝县云龙乡包乡扶贫任务。2018年，集团公司又投入1500万元新增对口帮扶寻甸县柯渡镇进行帮扶。为柯渡镇新建处理规模3000立方米/天的净水厂1座，实施集镇管网改造工程、村委会人饮工程和村内道路硬化，上述4项基础设施建设按规定时限全部高效、优质完成，扶贫工程项目完成整体验收及移交。投资20余万元，采购120套家具、床上用品等物资，以实物捐赠形式送到寻甸县柯渡镇120户贫困户家中，解决他们搬迁入住难题。

（王森森　赵　洁　段　可）

城市节水

【节水宣传】 2018年，组织开展昆明市全国城市节约用水宣传周活动；联合昆明长水国际机场、昆明日报社等单位，组织开展内容丰富、形式多样宣传活动，对城镇节水工作紧迫性、城镇节水成效、节水先进典型、节水型城市建设标准、海绵城市建设、污水再生利用、节水政策法规、科学用水节水知识等内容进行广泛宣传，树立节约用水就是保护生态、保护水源、保护家园意识，倡导简约适度、节约低碳、绿色环保生活方式，促使全社会重视城镇节水；采用微电影和网络微视频开展节水宣传活动，出品儿童节水微电影《节水行动小分队》，开展青少年网络微视频大赛、“爱·节水——随手拍”轻摄影大赛等活动，通过多渠道、全方位、多角度普及节水知识，逐步形成政府主导、社会参与、横向到边、纵向到底、上下联动、全面动员立体宣传态势，全社会节水意识得到不断提升。

【节水管理制度】 健全水资源管理法规体系，依据节水法规规章，制定实施《昆明市城市雨水收集利用设施竣工验收规范》《昆明市城市计划用水管理工作规范》《昆明市再生水利用设施竣工验收规范》《昆明市企业（单位）水量平衡测试规范》和《昆明市节水型小区创建考核办法》《关于加强节水型社会建设的实施方案》《滇池流域主要入湖河道分散式再生水利用设施运行监管工作方案》。

【海绵城市建设】 截至2018年底，昆明实施海绵城市建设面积59.40平方千米，建成316个海绵型建筑与小区，80条海绵型道路，73个海绵型公园绿地，5.40万亩湖滨生态湿地（林地），17座雨污调蓄池。强化项目建设管控。新、改、扩建项目在主体工程建设时，必须同期配套建设透水铺装、下沉式绿地等海绵设施，减少城市地面硬质覆盖。统筹推进海绵城市建设。每季度深入县（市、区）开展2018年海绵城市建设工作专项督查，持续推进县（市、区）海绵城市建设专项规划和实施方案编制工作。截至2018年底，6个县区专项规划和16个县区实施方案通过专家评审，其中3个县专项规划和10个县（市、区）实施方案获得政府批复。切实规范海绵城市省级试点补助资金使用。印发《昆明市2017年海绵城市省级试点补助资金管理办法》，用于规范和加强补助资金监管。加大海绵城市宣传力度，利用媒体、网络、“全国城市节约用水宣传周”等载体，大力宣传海绵城市建设。累计刊发、播报各类海绵城市建设宣传报道30余篇，发放宣传册4000余份，在市中心滚动播放海绵城市宣传片40余天，节水及海绵城市宣传进校园2次，出品云南省首部儿童节水微电影1部。组织召开初期径流污染物削减量核算、海绵型道路技术培训会，对相关部门工作人员进行初期径流污染物削减量核算以及海绵型道路设计、施工技术指导，实地进行观摩学习。

【计划用水管理】 按月编制下达计划用水指标，逐月进行考核，对超计划用水严格征收超计划用水加价水费，以经济手段促进各计划用水单位科学、合理用水。计划用水管理工作由主城区为管理中心，逐步向新区、郊县区延伸，管理范围逐步延伸到全市域。截至2018年底，主城区月用水量在100立方米以上近1.20万只户表纳入计划用水管理，郊县区纳入管理计划用水户近1000户，计划用水率91.70%，达到国家节水型城市指标考核要求。编制完成2018年上半年和下半年计划用水指标，下发至各用水户，开展计划用水考核，完成主城区通用自来水公司用水户2017年8月至2018年8月计划考核，实际托收加价水费1192万元。2018年，主城区启动非居民超定额累进加价水费制度工作。会同市发改委出台《昆明市非居民超定额累进加水价水费制度实施方案》，开展月用水量500立方米以上用水户定额项目用水调查工作，启动节水管理信息系统升级工作。

【节水型城市建设】 2018年，按照新修订国家节水型城市创建标准，7月25日，制订下发《昆明市迎接2019年国家节水型城市复查方案》，强力推进复查迎检工作开展。下发《关于印发昆明市国家节水型城市复查各责任单位具体工作细化表的通知》，进一步细化压实各责任单位工作责任。聚焦创建薄弱环节，针对创建难点工作，联合市级相关部门组织5次专项检查，对城市管网漏损、节水器具普及、黑臭水体整治进行检查和工作督查，形成专报上报市政府和市级相关责任部门。针对复查难点工作，下发《昆明市节水型器具专项检查整治活动工作方案》，明确责任，强化监督，狠抓落实。

【再生水利用】 严格落实节水“三同时”制度，要求所有新、改、扩建工业和民用建筑工程项目全面实施节水“三同时”制度，主体工程必须同期配套建设节水设施。截至2018年底，审查建设项目节水措施方案2720件。其中，2018年，审查270件。积极推进污水再生利用，加大集中式再生水推广利用力度，继续推进分散式再生水利用设施建设，作为城市再生水利用有效补充。建成540座分散式再生水利用设施，设计规模16.26万立方米/日，其中2018年新建成22座，新增设计处理规模0.36万立方米/日。2018年，昆明市城市杂用水再生水替代量2250万立方米。建立再生水利用补助政策，加强建成再生水设施运行（营）监管，全力保障设施发挥效用。对纳入日常监管500余个再生水利用设施进行2000余次·站点巡查；依照《昆明市城市再生水利用专项资金补助实施办法》规定，对申请补助再生水利用设施进行1224次水质抽查，发放再生水利用补助资金款492.50万元。截至2018年底，分散式再生水抄表统计使用量1407.10万立方米，集中式再生水抄表统计使用量843.90万立方米。认真落实滇池流域主要入湖河道精准治污五级责任体系督查工作。每月落实滇池草海主要入湖河道及支流（沟渠）建立精准治污识别建档立卡签约责任机制及精准治污五级责任体系，对分散式再生水设施运行进行监管。

【水平衡测试和节水型企业（单位）小区创建】 2018年，组织全市19个县（市、区）完成水平衡测试109家，减少庭院管网漏损近100万立方米。利用水平衡测试成果，配合市质量技术监督部门完成6个重点用水行业市级用水定额制定，在全省首创“州市地方用水定额”制定先例。配合2019年“国家节水型城市”复验，支持节能型公共机构创建，以工业企业、机关单位、学校、居民住宅小区为载体，组织指导创建“节水型企业”“节水型单位”“节水型小区”230余家。

（市节水办）

测　绘

【推动城市规划建设管理数字化应用】 2018年，市测绘管理中心在2017年度成果应用推广基础上，继续加大项目成果应用范围和领域。重点在昆明市不动产登记管理中推广应用，经市政府批示同意，中心向昆明市国土资源局提供昆明市城市规划建设管理数字化应用项目成果。中心多次和昆明市不动产登记局和国土局不动产登记相关负责人沟通，经过数据测试整理，针对不动产登记应用进行数据完善后，已和市国土局签订成果使用协议。加强成果共享，避免重复建设，节约财政资金。

【地理信息公共服务平台的推广与使用】 市地理信息公共服务平台是昆明市公共地理信息资源整合项目（一期）建设核心内容。项目以昆明市测绘地理信息资源为基础，利用市工信委网络资源，建立软硬件支撑环境，整合全市公共地理信息资源，制定公共地理信息标准，建立公共地理信息数据库，开发数字昆明地理信息公共服务平台，制定公共地理信息共建共享政策、更新机制，实现公共地理信息资源共享服务，促进社会经济发展。该项目是数字昆明地理空间框架和昆明市城市规划建设管理数字化应用建设重要基础平台。2018年，昆明市地理信息公共服务平台验收并提供数据及接口共享，结合市测绘中心现有公共服务平台及数据，提供端口给昆明市工商行政管理局、市环境监控中心、市河长制领导小组办公室进行共享使用，积极配合上述单位开展二次开发使用。

【基础测绘地理信息服务】 2018年，市测绘中心依托现有基础地理信息数据，为昆明市城市管理综合行政执法局提供0.50米分辨率卫星影像9244平方千米、15米分辨率卫星影像2.10平方千米用于开展违法违规建筑落图工作；提供给昆明市河长制领导小组办公室0.50米分辨率卫星影像9244平方千米（含滇池流域主城规划区、东川区及寻甸县主城区）用于昆明市河长制信息平台系统建设；为昆明市政府办公厅、市委办公厅、市环保局、人防办、文广体局及党史研究室等党委、政府相关部门编制并提供世界地图、中国地图、云南省行政区划图、昆明市行政区划图、昆明市主城影像图、滇池盆地卫星影像图、昆明爱国主义教育基地影像位置示意图等专题地图60余幅。

专注测绘

（市测绘院　供稿）

【学术交流与业务培训】　2018年，市测绘管理中心参加由云南省测绘地理信息学会统一组织在浙江省湖州市召开的中国测绘地理信息学会年会和第八届中国测绘地理信息技术装备博览会，中心派4名技术骨干参加大会，通过参会，业务人员了解和学习当前国内外测绘地理信息新时达发展现状和趋势，为做好全市测绘地理信息事业打下良好基础。2018年度，市测绘中心组织20多人次专业技术人员参加省测绘地理信息学会组织的多项学术交流和业务培训，增强中心业务人员专业理论和技术水平，为更好做好昆明市测绘地理信息公共服务工作做好支撑。

（刘　晶）

【目标任务】　2018年，市测绘研究院按照昆明市“多规合一”要求，购置昆明市规划区卫星遥感影像，完成7150平方千米航空影像数据的加工处理工作；对市测绘研究院保存航摄历史资料档案进行整理，整理出昆明市1993年1：3000及1：15000航空摄影胶片8482张，完成扫描数字化，形成数字档案；编制昆明市回族人口分布图、昆明主城区影像图、呈贡新区影像图、昆明购房地图等专题地图，以满足市委、市政府及各委办局基本用图和工作用图需要；在昆明市规划区内，根据政府及社会公众需要，开展大比例尺地形图修补测工作，完成修补测面积200余平方千米。

【测绘保障】　2018年9月，市测绘研究院向昆明市水务局免费提供滇池流域1：2000地形图1528.54平方千米，确保“一河一图”“一支流一规划”按时规划编制；为总体规划修编项目提供1：2000数字地形图2774幅（平方千米）；各县区坐标转换服务75批次面积累计738296.40平方千米，坐标点1.20亿点次，保障总体规划修编顺利开展；为提升昆明规划馆物理、数字沙盘建筑模型精度及模型制作参考，免费向昆明市规划编制与信息中心提供三维模型83.30平方千米、1：2000数字地形图2996.93平方千米、1：500数字地形图1949.87平方千米；为满足和支撑2018年规划管理系统各规划分局业务审批工作、建成区划定及规划管理工作要求，向市规划局提供2018年0.50米分辨率卫星影像6400平方千米，各种比例地形图累计7739平方千米，挂图制作29幅，数据光盘27张；为昆明市滇池管理局提供昆明市主城区1：2000地形图约218平方千米，提取图上高程点、等高线，为昆明市申报2018年城市黑臭水体治理示范城市奠定基础；市测绘院与盘龙区公安分局合作，全国首创三维大数据应用平台，构筑集成化、可视化智慧警务“一张图”，通过三维大数据应用平台，将盘龙区各警种业务汇聚到三维一张图中，建成系统集群，构筑三维空间，打造数据铁笼，实现警务工作一张图展现、一体化运用、一键式完成。

【昆明市地下燃气管网探测服务（三期）监测达良好】　2018年，市测绘研究院通过国家测绘局组织测绘地理信息质量监督检查，受检项目—昆明市地下燃气管网探测服务（三期）评分达到良级，通过质量、安全及环境综合体系监督外审。

【项目获奖】　2018年，市测绘研究院承担“昆明市重点区域地下空间普查项目”及“昆明市地下燃气管网探测服务项目”2个项目获云南省优秀测绘工程奖金奖荣誉。

（张君华）

环境保护

2019 KUNMING YEARBOOK

◆责任编辑　李　震

环境保护

【环保督察整改】　2018年5月31日，中共云南省委、省政府第四环境保护督察组向昆明市反馈73个意见问题，昆明市制订整改方案并按时间计划推进。2018年6月5日至7月11日，中央第六环境保护督察“回头看”向昆明交办投诉举报件32批次791件，其中重点关注185件。昆明市按规定时限应办结第1—32批次、791件，实际办结791件，办结率100%。立行立改432个和限期整改114个整改完成，定期整改245个完成36个。立案查处156件，责令整改413家，下发处罚决定书260份，关停取缔27家，运用“四个配套办法”处罚33件。对143个问题处罚款1550.57万元，行政拘留20人，刑事拘留7人。对34个未批先建项目处置进行立案查处，责令34个环境违法建设项目立即停止建设。对25个项目环境违法行为进行处罚，罚款809.27万元。对404人进行问责，问责单位8个。云南省公布“未批先建”违法建设项目，涉及昆明市34个项目全部办结，处理相关责任人50人。2018年10月22日，中央第六环境保护督察组反馈督察云南省环境保护情况，涉及昆明问题15个。其中，中环境保护督察“回头看”问题11个，高原湖泊专项督察问题4个。昆明市待制订方案并实施整改。

【大气环境污染防治】　2018年，市环保局委托中国科学院大气物理研究所开展《昆明主城区空气质量现状分析及大气污染防治对策建议》课题研究，根据课题研究成果形成《昆明市进一步加强大气污染防治工作实施方案》报昆明市委办公厅、市政府办公厅联合印发实施。市环保局与昆明市气象局共同拟定《昆明市2018年大气污染防治应急人工增雨实施方案》，围绕冬春季节气象和风速条件，增设人工增雨作业。2018年，发10期空气质量黄色预警通知，2期空气质量橙色预警通知。市环保局主动牵头，邀请云南省生态环境厅、曲靖市、玉溪市、楚雄州环境保护局召开滇中城市群大气污染联防联控座谈会，共同签署《大气污染联防联控工作合作框架协议》，为今后探索建立滇中四城市政府高层面大气联防联控和广泛合作机制搭建初始平台。探索利用激光雷达扫描、道路动态移动监测、卫星遥感、无人机高空拍照等先进技术，精准锁定污染排放来源，对城市建筑工地、城市裸地实施网格化监管。出台《昆明市治理淘汰黄标车工作方案》《昆明市黄标车治理淘汰的通告》《高污染排放机动车实施第一阶段交通限制通行措施的通告》。截至2018年底，昆明市治理淘汰黄标车31230辆，淘汰完成率100%。昆明市43家机动车安检站（汽车）全部建设简易工况法环保检测线，实现机动车安检和环检全覆盖。检测机动车86万辆，各机动车环保检测机构运行稳定、检测质量较高、检测率稳步上升。对43家机动车环保检测机构采取定期、不定期监督性检查112次。针对公交及大型营运车辆冒黑烟等严重排气污染问题，对1525辆全市营运的国四以下柴油公交车辆、119辆柴油货车和1340辆柴油客运车辆开展监督性抽测。2018年，昆明市环境空气质量优188天，良好173天，轻度污染4天（首要污染物均为臭氧），全年空气质量优良率98.9%，各项污染物浓度均达到《环境空气质量标准》（GB3095-2012）二级标准要求。优级天数比2017年（154天）增加34天。空气质量优良率在全国处于较高水平，位于省会城市前列。

【水污染防治】　2018年，市环保局持续开展滇池三年攻坚工作和滇池流域及周边地区专项整治行动，推进不达标断面水质整治工作。针对富民大桥、普渡河桥断面总磷、氟化物超标问题，自2018年9月起，昆明市环境监察支队联合昆明市环境监测中心对螳螂川、普渡河流域开展每月两次现场检查，督促企业正常运行污染防治设施，加强在线监测设施管理和维护，提高处理效能，有效遏制各类物污染排放，实现稳定达标排放，螳螂川、普渡河水质状况得到明显改善。推进《阳宗海流域水环境保护治理“十三五”规划》《昆明市阳宗海流域水体达标方案（2016—2020年）》实施，完成阳宗海环湖截污等9个项目。继续收集处理砷超标泉涌水及实施阳宗海湖体降砷项目。2018年，阳宗海湖体水质类别Ⅲ类。开展昆明市市（县）级饮用水源地评估工作，全面排查划定县级地表水型集中式饮用水水源地保护区、设立保护区边界标志、保护区内环境违法问题等情况，并对存在问题进行整治。开展集中式饮用水水源地环境保护专项行动，排查15个县级地表水型饮用水水源地，发现37个环境问题。自查问题中34个问题完成整改，2个问题按照进度进行推进。

2018年，纳入国家和云南省考核的25个地表水断面水质监测中，水质优良水体16个，占比64.0%。昆明市纳入考核7个市级城市集中式饮用水水源地年均水质均达到或优于Ⅲ类。滇池全湖水质总体保持趋稳向好趋势，水质类别Ⅳ类，草海、外海水质均达到Ⅳ类，营养状态由中度富营养好转为轻度富营养，水质明显改善。

【土壤污染防治】 2018年，完成昆明市农用地调查点位划定。启动重点行业企业用地土壤污染状况调查。基本完成昆明市重点行业企业用地土壤污染状况调查现场信息采集工作。全面排查昆明市涉重金属重点行业企业，建立全口径涉重金属行业企业清单。开展涉镉等重金属重点行业企业排查专项整治。全面排查昆明市工业固体废物堆存场所整治情况，形成整治清单。将相关行业企业用地土壤环境管理工作纳入污染地块信息管理系统进行管理，2家企业完成土壤环境调查及风险评估，确定为污染地块。严格建设用地准入管理。编制完成《昆明市土壤污染治理与修复规划》。

【污染物总量减排】 2018年，向云南省生态环境厅申报昆明市主要污染物总量减排重点项目，按照云南省下达昆明市2018年环保约束性指标：二氧化硫减排比例0.00%、氮氧化物减排比例0.16%、化学需氧量减排比例8.20%、氨氮减排比例6.37%。2018年，昆明市二氧化硫排放量同比2017年排放量减少1.29%，氮氧化物排放量同比2017年排放量减少1.16%，化学需氧量排放量同比2017年排放量减少24.20%，氨氮排放量同比2017年排放量减少9.00%。编制重金属减排计划，严格环境准入，新、改、扩建涉重金属重点行业建设项目必须遵循重点重金属污染物排放“减量置换”或“等量替换”原则，将重点重金属减排目标任务分解落实到有关涉重金属重点行业企业，明确淘汰落后产能、工艺提升改造、污染治理设施完善、实行特别排放限值、清洁生产技术改造等减排措施和工程，昆明市重点行业重点重金属排放量较2013年削减12%。

【审批服务】 2018年，市环保局审批环评文件115个（其中，昆明市83个、滇中新区32个），排污许可证35个、辐射安全许可证109个。制定《昆明市环境保护局审批环境影响评价文件的建设项目目录（2017年本）》，自2018年1月20日起，环境影响报告表项目原则上下放各县（市、区）审批，方便建设单位在属地办理环评审批工作。环境影响登记表在昆明市各县（市、区）环保部门备案管理，不再进行行政审批。促进昆明市与滇中新区融合发展，按规定程序提请省级环境保护部门下放行政许可权限1项。开展精简许可事项工作，取消1项、纳入《昆明市承接省级下放行政许可事项目录》1项、冻结1项。

【生态创建及生态文明体制改革】

2018年，昆明市创建24所绿色学校、10个绿色社区、16个绿色家庭、4个环境教育基地。2018年7月，省生态环境厅对安宁市在内第三批省级生态文明县（市、区）进行公示，报省政府待命名。在创成149家宁静小区基础上，对五华区、盘龙区、官渡区、晋宁区4家小区授予昆明市“宁静小区”称号。成立昆明市生物多样性专家委员会，协调昆明市各县（市、区）和领导小组成员单位开展生物多样性保护工作。根据《中共昆明市委办公厅关于印发〈市委全面深化改革领导小组2018年工作要点〉的通知》和《昆明市2018年全面深化改革工作目标责任书》，完成生态文明体制改革专项小组2018年22项改革工作目标任务。

【核与辐射安全】 严格落实核技术与辐射安全法规制度，开展核与辐射环境安全监察工作。对昆明市核技术利用单位、非密封性放射性物质使用场所开展现场专项检查，对辐射安全许可证申领单位进行现场检查，并按照《2018年度辐射安全和防护监督检查计划》对昆明市核技术利用单位辐射安全和防护工作开展抽查检查74家次。

【危险废物监管】 2018年，对危险废物产生单位和经营单位开展现场检查182家次；对核技术利用与射线装置使用单位开展现场检查74家次，下达《责令改正违法行为决定书》16份；对2家危险废物经营单位环境违法行为进行行政处罚，处罚金22万

2018年6月2日，昆明市“六五”环境日主题宣传活动在瀑布公园举行
（市环保局　供稿）

元。组织昆明市各县区环保部门开展2017年度危险废物申报登记工作，对2330家次危险废物产生单位申报数据进行认真审核。联合市卫计委印发《关于进一步做好医疗废物年度申报登记的通知》，加强医疗机构医疗废物的管理工作。2018年，审核办理危险废物跨市转移备案1884家次。

【环境监管执法】 2018年，市环保局对486件环境违法案件进行处罚，累计罚款金额14802万元。办理新环保法配套办法案件81件，查封扣押18件，限产停产21件，行政拘留40件，移送涉嫌犯罪案2件。加强对污染源遵守环境保护法律法规事中事后监督管理，规范日常环境监管工作，检查重点、特殊监管对象、一般污染源、其他执法事项447家次，其中重点企业113家次。对被检查单位污染防治设施运行、污染物排放情况以及环评、“三同时”制度、排污许可证等环境管理制度落实情况进行监督检查，对同一监管对象多个检查事项，一次性完成全面内容检查。向社会公开双随机监管信息197条。组建由石化、冶金、化工、辐射、尾矿库、危险废物处置等专业领域22名专家组成环境应急专家库。10月30日，联合嵩明县、寻甸县、中石油云南石化有限公司、中国石油天然气公司云南销售分公司、中国石油天然气运输公司云南分公司等单位共同开展2018年突发水环境事件应急演练。2018年，昆明市环境执法部门处理投诉9000余件，办结率100%，未发生因环境问题引发群体性上访事件。办理市级12369电话投诉2955件，12345市长热线办交办件272件，办结率100%，满意率90%以上。

【宣传教育】 2018年，市环保局将环保“五进”宣传活动与创建全国文明城市社会宣传、环保志愿等工作结合起来，向群众发放环保宣传册（画、品、袋）等资料10万余份。与掌上春城客户端“昆滇”栏目开设“昆明环保”新闻栏头，发布环保相关新闻并发布昆明空气质量日均值。继续在昆明广播电台100.8阳光频道开设“绿色宝典”栏目，每天3次播出相关节目，普及环保知识。继续与昆明日报、昆明电视台签订合作协议，每天定时发布空气质量日均值。组织召开“2017年昆明市环境状况新闻通报会”，从昆明市环境状况综述、水环境质量状况、大气环境质量状况等13个方面，通报2017年昆明市环境状况。2018年6月2日，昆明市环境保护局联合盘龙区人民政府在瀑布公园主办“六·五”环境日主题宣传活动。在昆明日报《滇池特刊》推出环境日主题宣传专版，对昆明市生态环境工作进行宣传报道。2018年，“昆明环保局”微信发布环保信息368条，“昆明环保”微博发布环保信息2147条，原创率95%以上，转交并办结相关部门投诉189件，回复网民问题172个，粉丝24万多人。

（市环保局）

滇池保护

【滇池治理】 滇池“十三五”规划项目107个，规划投资159.24亿元。2018年，完成总投资23.39亿元，累计完成投资67.73亿元。全面实施滇池保护治理“三年攻坚”行动，组织滇池保护治理“三年攻坚”行动技术指导培训会，开展专项督查，召开两次工作调度会及按季度召开水质调度会，精准分析、精准调控确保全年水质达标；指导各区成立区级滇池保护治理“三年攻坚”指挥部及办公室，督促指导各区落实项目进度。2018年，实施市级重点项目62个、区级重点项目145个，开工率100%。

2018年，完成滇池蓝藻富集区水华预测分析及动态跟踪工作、滇池高原湖泊蓝藻、绿藻生长机理和影响要素研究、滇池外海局部水域孢子转移技术降磷控藻试验项目等科技项目，进一步综合运用工程技术、生物技术、信息技术、自动化控制等各种技术手段，切实提高滇池保护治理效率和科学化水平。

2018年，完成滇池治理上级资金争取81362万元。其中，中央资金5000万元、省级资金78162万元。年内，草海、外海水质达到Ⅳ类，为1988年建立滇池水质数据监测库30年以来最好水质。

【滇池流域河道管理】 2018年，制定35条河道《滇池流域全面深化河长制目标责任书》，编制完成滇池流

滇池帆影

（赵建生　摄）

域35条主要河道“一河一策”实施方案；完成63个河道生态补偿水质自动监测站建设；开展63个河道生态补偿水量自动监测站建设。结合滇池治理“三年攻坚”行动，督促各区加大入湖河道综合整治工作，建成盘龙江智慧河道监控管理中心。组织滇池流域各区编制完成滇池流域35条主要河道“一河一策”实施方案，制定具体整治措施，经各市级河长研究审定并印发至各区、各责任单位执行。推进滇池流域河道生态补偿水质自动监测站项目，完成63个水质自动站建设，并进行初步验收。创新实施滇池流域河道生态补偿机制，建设完成63个河道生态补偿水质自动监测站，全面实施滇池流域河道生态补偿。截至2018年底，核缴生态补偿金13.16亿元，有效促进入湖河道水质提升和地方责任落实。

【健全法治保障】 2018年，省人大常委会审议通过《云南省滇池保护条例》修订内容，修改补充《条例》第三十四条关于滇池一级保护区经批准可以建设的项目和设施类型；将《条例》第四十五条关于二级保护区限制建设区内经批准可以建设项目类型进行补充规定；为进一步加大保护力度，坚决制止和惩处破坏生态环境行为，按照“过罚相当”原则对个别处罚条款进行调整。

【新（改、扩）建项目审查】 严格按照《云南省滇池保护条例》等有关规定，开展滇池流域内新（改、扩）建项目审查。2018年，办理滇池流域建设项目审查112个（其中涉及滇池一级保护区项目审查9个）。

【排水许可管理】 2018年，发放“城镇污水排入排水管网许可证”398件。强化批后监管，完成对83户排水户排放污水水质监测工作，对排水户进行现场检查485户次和回访230户次。

【排水设施维护管理】 全面落实“一城一头一网”管理模式，开展公共排水项目技术审查工作，出具《排水咨询意见》104份、《排水技术审查意见》12份。对主城区公共排水设施运行维护情况进行监督检查48点次，出动人员90余人次。

【违法违规查处】 开展联合执法、区域执法、交叉执法，深入开展专项整治行动，严厉打击向滇池及入湖河道偷排污水、倾倒垃圾以及乱占乱建等违法违规行为。2018年，组织开展专项执法行动20次，立案调查348件。其中，查处违反《云南省滇池保护条例》案件61件，向河道排污、倾倒废弃物污染河道水质案件47件，在滇池一级区违法建筑、埋土、破坏界桩、堤坝7件。加强部门联合执法。2018年，组织并参与执法活动146次，出动执法人员154人次，参与巡查入湖河道236条次。

【渔政水面执法】 为保护渔业资源，持续开展滇池水面巡查执法，严厉打击偷捕滇池渔业资源违法行为。2018年，出动执法船艇998艇次、车辆173辆次、执法人员2878次，收缴船只、轮胎筏子等偷捕工具136个，查获电捕器8套，收缴各类违法网具14.10万张，行政处罚950人次，组织联合执法22次，劝阻钓鱼421起，销毁钓鱼竿101根。

【滇池渔业增殖放流及滇池开封湖】 2018年，向滇池投放滇池高背鲫鱼苗788万尾、鲢鳙鱼鱼种134吨。争取中央资金40万元，向滇池投放土著鱼类滇池金线鲃14万尾、云南光唇鱼11万尾。2018年9月21日至11月1日分两个阶段，滇池开湖捕捞大型经济鱼类与银鱼和虾，审验办理捕捞许可证1159本，开湖捕捞鲢、鳙、鲤、鲫鱼2520吨，捕捞银鱼和虾316吨。

【船舶污染防治监督管理】 严格控制滇池船舶准入工作，对滇池水域7家客运公司水路运输资质和119艘客运船舶营运资质进行年度核查。2018年，出动执法人员95人次，开展日常、联合、专项检查36次，查处安全与污染隐患和问题46起，下发整改通知书7份。与7家船舶单位签订安全生产责任书，与10家施工作业单位签订水上施工安全承诺书，并组织安全及污染防治培训。落实航道码头助航设施月巡查制度，完成滇池航标维护保养工作。

市民参观盘龙江水质自动监测站

（市滇管局　供稿）

【滇池水位调控】 密切关注水情，积极联系上下游防汛相关部门，实行“牛云松滇螳”联合调度，科学合理调控滇池外海及草海水位。2018年，滇池全年累计下泄水量8.12亿立方米，保障滇池防洪安全。

【治理宣传】 2018年，开展滇池保护治理活动等43场，媒体采访报道44次，主流媒体播发稿件800余篇（条）；发挥滇池保护志愿者作用，搭建平台并开展主题宣传活动；按月更新河长制公示视频在滇池大坝电子屏滚动播放，推动公众参与及社会监督。

（市滇池管理局）

【资产运营】 2018年，滇投公司资产运营总体平稳，国有资产保值增值率101.06%，经营性收入稳步增长、成本费用有效控制、利润总额大幅增长。资产板块营业收入2666.86万元，同比增长68.95%。其中，经营性资产收入1017.95万元，同比增长63.75%；成本费用节约率37.63%；净利润390.03万元，同比增长245.4%；经营性资产出租率95.68%。

【污水处理】 2018年，主城及环湖各水质净化厂处理污水6.26亿立方米，平均出水水质优于行业最高一级A标准，完成全年污染物减排任务。各水质净化厂全年累计8条河道补水3.18亿吨，补水水质各项指标优于国家考核要求。主城区各水质净化厂氨氮、化学需氧量、总磷和总氮等主要指标分别比国家一级A标准排放限值低92%、77%、72%和46%，有效削减入河、入湖污染负荷。污水处理运营管理持续保持行业先进、省内领先水平。

【市政排水服务】 2018年，完成日常维护管渠清淤733.84千米，泵站累计抽排水量10.70亿立方米，17座调蓄池年度蓄水3433万立方米。全年24小时值班，处理公共排水案件9393件，处置率100%，公共排水案件呈下降趋势，案件来源逐步从公众举报转为自检自查，社会公众满意度进一步提高。滇投公司参与行业标准制定，牵头编制《云南省城镇公共排水泵站设计规程》，应邀参与中国工程建设标准化协会组织的《合流制系统污水截流井设计规程》修订。修订昆明市公共排水信息化建设规划，全面建成城市排水泵站监测评估信息系统；开展水力模型及无人值守泵站试点。制订《2018年度防汛排涝工作预案》，制订281个易涝点《“一点一策”专项处置方案》。汛期有效保障北站下穿隧道、机场高速等重点区域，无偿支援地铁、社区、学校等单位应急排涝抢险，完成年度防汛保障工作。

【滇池治理成效】 2018年，王官、斗南和东大河湿地出水口平均水质稳定达到IV类和III类，削减总磷3.29吨、总氮122.60吨、氨氮34.90吨，对滇池生态修复功能进一步显现，吸引彩鹮鸟、白眉鸭等保护鸟类回归滇池，流域生物物种鱼类23种、鸟类138种、水生植物280余种，生物多样性进一步强化。王官、斗南、东大河和昆明瀑布公园继续发挥滇池保护治理宣传“主阵地”作用，接待游客220万人，接待调研、视察、公益活动等50余次，成为入昆游客、市民直观感受滇池治理成效“窗口”。

【构建滇池治理大数据体系】 2018年，滇投公司不断探索精细化、科学化、系统化、集约化治理滇池新途径，依托排水管网、污水厂、蓝藻传输通道、牛栏江调水等数据资源，构建包含滇池治理信息管理中心，模型平台、数据平台，评估体系、监测体系、标准体系，监测监控、效能评估、工程决策、联合调度的“1234”滇池流域大数据体系，将原3054.10千米排水管道数据核查入库。2018年，测量后新增入库数据总量为：排水管道数据3536.80千米，管渠数据741千米，河道数据230.50千米，11个污水厂，17个调蓄池、90个泵站。编制《滇投公司滇池治理信息化建设规划（2018—2025）》。致力水治理技术研究。历时8年国家“十二五”水专项昆明项目下设两个课题全部验收；与云大信息学院联合完成泵站监测评估信息系统开发与应用，被市科技局列为示范项目，取得两个软件著作权。

环湖南路滇池沿岸景观

（市滇投公司 供稿）

【滇池蓝藻治理】 2018年，滇池蓝藻治理不断构建“打捞与处置相结合，固定与移动设备相辅助”滇池除藻、控藻设施体系，快速提升滇池蓝藻水华治理能力和水平，按照“固定藻站＋装配式藻站＋藻车＋藻船”互补配置，“固定＋移动”点线结合控藻方式，利用高效可调节涡井式取藻器、巡航曝气控藻船、蓝藻打捞加压控藻船和水平型水动力控藻器等“黑科技”，通过导流、聚集、围捕、打捞、处置等方式，全年累计收集富藻水约2.78亿立方米，打捞藻浆约866万立方米，累计削减滇池内源总氮1444吨、总磷93吨。

【品牌文化建设】 2018年，滇投公司荣获市级以上荣誉11项。其中，2018年5月获全国五一劳动奖状，晋宁东大河、呈贡斗南湿地获国际风景园林联合会亚非中东地区最高奖——杰出奖，两名职工分获云南省五一劳动奖章和昆明市劳动模范称号。

（市滇投公司）

环境监测科研

【环境监测】 2018年，对五华区、盘龙区、官渡区、西山区等县（市、区）、管委会开展空气质量连续自动监测和评价。对昆明市纳入国考23个、省考25个（含国考23个）地表水水体断面以及7个市级饮用水源地水质进行监测，将水质监测情况编入《昆明市环境质量月报》，发布《昆明市环境质量月报》12期。开展污染源监测，对171家国控、省控重点污染源按季度进行监督性监测，要求已安装在线监测系统的重点污染源企业按季度开展比对监测。对滇池湖体（含草海、外海）、滇池35条入湖河流的各个监测断面，每月组织开展一次监测，对阳宗海湖体、3条入湖河流入湖断面每月组织开展一次监测。编制《昆明市环境质量月报》报送昆明市领导及市级有关部门、各县（市、区）党委政府（管委会），上报《昆明市环境质量月报》12期；对云龙水库水质进行监测，上报《云龙水库应急监测水质专报》17期；对涉及河长制考核的河流、湖库及饮用水源地水质进行监测，编制上报《昆明市河长制水质监测月报》12期；发布《滇池草海片区水环境质量监测专报》12期。

【环境科学研究】 继续推进滇池流域“十二五”水专项“环湖截污工程问题识别与构建监控系统研究”、“滇池全湖内源污染调查与氮磷释放风险评估研究”工作。推进中德合作双方开展技术交流，组织召开2018年中德滇池流域综合管理研讨会，推动中德水专项合作项目实施。继续开展环境保护专题研究工作。“滇池流域水污染控制工程评估及精准治污决策系统研究”“官渡区排水系统调查及效能评估”“阳宗海环境保护信息管理系统平台搭建一期”项目“昆明市水环境承载力测算与评估”“滇池流域自然生态资产评估”工作，“滇池流域生态环境资产核算技术方法研究”等专项科研工作正有序推进。以滇池河流为重点，开展大量流域环境综合治理工作，完成多个实施方案编制工作，编制《滇池保护治理“三年行动”实施方案》《滇池流域35条入湖河道一河一策的实施方案》《滇池草海水质（Ⅳ类）稳定达标实施方案（2018—2020年）》《昆明市滇池保护规划（2018—2035）》《牛栏江流域（昆明段）污染负荷核算报告》《普渡河流域污染负荷核算报告》《滇中引水工程受退水区规划实施方案》等专项规划和报告方案等。

【环境污染损害鉴定评估】 推进环境污染损害鉴定评估试点工作，继续实施国家环境污染损害鉴定评估试点各项工作，按照国家司法和环保部要求，完成机构重新审核登记工作。承接“怒江兰坪铅锌矿金鼎锌业环境污染”“安宁草铺镇麒麟村滴水箐非法倾倒垃圾”及“各县市区周边烂菜叶倾倒、堆场”等16个案件的环境污染损害鉴定评估工作，完成多项司法鉴定报告。修改完善《昆明市生态环境损害赔偿改革实施办法》。

【污染源普查】 2018年3月，市政府召开昆明市第二次全国污染源普查工作动员会，制订《昆明市第二次全国污染源普查实施方案》《昆明市第二次全国污染源普查试点工作方案》，基本完成清查建库、普查试点等任务。根据清查结果，昆明市纳入全面入户调查对象10616家。其中，工业企业6780家、规模畜禽养殖场3009家、生活源锅炉141台、入河（海）排污口326个、集中式污染治理设施360个。昆明市清查数据达到国家、省级清查建库要求，进入国家清查数据库。截至2018年底，昆明市各级各部门正在开展普查对象数据采集工作。

（市环境科研所）

开发区建设

◆责任编辑　罗桂莲

2019 KUNMING YEARBOOK

昆明国家级高新技术产业开发区

【主要经济指标】　2018年，完成一般预算收入25.56亿元，增长11.72%。主营业务收入2146亿元。规模以上固定资产投资51.10亿元，规模以上工业增加值增长率13%。新增入园规模以上企业6户，园区规模以上企业达74户。保有税收千万元、亿元楼宇各1栋。外贸进出口总额23.90亿美元。

【招商引资】　2018年，引进内资人民币135亿元，实际利用外资1.01亿美元。引进华派生物工程集团"动物疫苗生产基地"、广东高尚集团"昆明高尚正电子药物生产基地"、清华海峡"健康科技小镇"、广州伊尔美生物科技有限公司"化妆品生产基地"、云硅智谷投资有限公司、"云硅智能科技小镇"、云南省戎合投资控股有限公司"军民融合发展平台"等一批新项目。

【重大项目建设】　年内，云南中环金泽科技有公司"环保产业基地（一期）"、可口可乐云南饮料有限公司新厂搬迁、宇培昆明电商物流园、中国医学科学院医学生物学研究所"昆明疫苗基地（二期）"等项目先后竣工。昆明中药厂"中药现代化提产扩能（二期）"、云南生物制药有限公司"生物制药产业基地（二期）"、北京通盈投资集团"双环铂注射剂及原料药生产基地"、云南省贵金属集团"贵金属新材料产业园"、凯昆科技制造产业园、昆明拓东调味食品人限公司"调味品生产厂房"、昆明十一物流有限公司"电子商务产业园（一期）"等项目先后开工。

【园区基础设施建设】　2018年，完成基础设施投资14.46亿元。基础设施PPP项目入选财政部示范项目，并获财政部最高资金奖励。新开工道路10条（段）7.20千米，建成道路11条（段）约8千米，在建道路9条（段）6.10千米。完成产业项目场地平整760亩。土地实物收储入库1138.52亩，供应988.43亩。启动建设昆洛路地下综合管廊工程试验段；完成东区乡村道路改造提升4条（段）5.80千米，马金铺—呈贡信息产业园新通道建成通车。推进海绵城市0.66平方千米建设工作。马澄路以南三旧改造项目和龙院二、三、五组城中村改造项目启动。建成西区38套违停抓拍系统。

2018年6月27日，昆明高新区与西安通用航空科技集团有限公司签订通航产业战略合作框架协议　（高新区管委会　供稿）

【生态环境建设】　"园区循环化改造试点示范"通过终审。五项主要污染物总量减排任务完成率、园区规划环境影响评价执行率、环境空气质量优良率均达100%，大气污染防治工作在开发区板块中排名第一。完成21个项目环评审批。实施新老运粮河清淤工程，排查整治黑臭水体，河道断面水质均达到市政府考核标准，建成雨污管网8千米。义务植树11.20万株，新增绿地28.22万平方米。

【深化改革】　2018年，通过改革方案或办法23个。创新型产业用地（M4）管理制度通过市政府审核实施。企业开业、变更、注销实现全程电子化，实施相对集中审批、"证照分离"改革试点，开展"最多跑一次"审批服务，营商环境优化改善。新增各类市场主体3266户。KPI考核办法在实践中完善，绩效考核的激励作用陆续显现。

【科技创新】　年内，新认定高新技术企业30户，总数达210户，占云南省总数的15.41%、占昆明市的22.60%。发明专利有效量2238件。"科技资源支撑型特色载体"获科技部、财政部批准并得到资金支持，云南省大学科技园入选工信部国家小型、微型企业创业创新示范基地，昊邦集团智能化大健康服务平台、安泰得公司智能化生产服务平台获国家级服务型制造示范平台称号。贝泰妮等7户企业入选省级企业技术中心，新认定市级技术中心5家，入库科技型中小企业181户。新增科技创业各类高层次人才16名、云南省创新团队5家。双创升级工作获得国家科技部、财政部中小企业特色载体建设专项补助，园区特色产业创新创业生态逐步优化。科技金融方面，国资公司中期票据注册获批，债务风险得到有效化解。新增“新三板”企业1户。

【云南省人才创新创业园挂牌】 2018年5月，云南省高层次人才创新创业园（简称高创园）在高新区挂牌。围绕实现“聚集各类人才、释放创新活力、促进成果转化、推动产业升级的重要引擎和爆点”的主要目标，通过整合资源、搭建平台、拟定政策、实施服务，积极开展各类工作。已有亮风台（云南）人工智能、天成科技、中孵高科、昌盛达投资等企业入驻，30户新入园申请进入初审阶段。按照“高新区园区楼宇均可作为高创园开展工作和服务的对象”全域化人才服务模式，充分联动园区创业服务中心、留学人员创业园、大学科技园等17个国家级创新创业服务平台和3个省级人才优势，为高层次人才提供创新创业的有利条件。至年末，高新区（“高创园”）有国家级工程技术研究中心、企业技术中心、重点实验室、工程实验室、研究院（所）、国家地方联合工程研究中心共19个，省级企业技术中心48个，市级企业技术中心84个，院士工作站24个、专家工作站8个、博士后科研工作站7个。享受国务院特殊津贴15人，中组部“千人计划”入选9人，获兴滇人才奖1人，享受云南省政府特殊津贴41人，云南省有突出贡献优秀专业技术人员17人，昆明市有突出贡献优秀专业技术人员24人。

【社会事业】 2018年，城市新增就业3971人，城镇登记失业率控制在3.07%，基本社会保险累计参保24.57万人。建成保障房1875套并安置入住。建成6个社区综合文化活动中心，举办了“梁王山健康文化节”等活动，庄子廻龙寺和化城书院等文物保护单位维修工程按期完成。完成马金铺卫生院迁址新建。高新区第二幼儿园开园办学，新增等级幼儿园2所、普惠性幼儿园1所。深入开展“扫黑除恶”专项斗争，建设智慧高新“安全云”，提升群众安全感。全力做好“创卫”“创文”迎检工作，文明氛围日渐浓厚，拆除违法临时建筑42.09万平方米，园区环境进一步提升。马金铺农业和农村工作健康发展，农民人均纯收入14996元，比上年增长12%。投入资金6602万元，继续实施社区道路、饮水、公厕、污水排放等工程，不断改善人居环境。安排东川铜都街道专项资金2150万元，提供建档立卡户转移就业工作岗位5513个，完成转移就业503人。

（昆明高新区管委会）

2018年5月23日，云南省高层次人才创新创业园在高新区揭牌成立

（高新区管委会　供稿）

昆明国家经济技术开发区

【机构设置】 昆明经济技术开发区管理委员会推行“大部制”，主要是以职能整合为基础，设置“五部一办”，即党群工作部、经济发展部、建设发展部、城乡发展部、社会发展部、办公室。党群工作部下设12个机构：工委组织部（工委编办、人社局、纪工委、监察审计局）、政法委、工委工作部（统战部、工商联）、“两新”组织党委、政研室、机关党委、妇联、总工会、团工委、法制局、人大政协联络办。经济发展部下设4个机构：经发局、商务和投促局、出口加工区管理局、国资局。建设发展部下设6个机构：住建局、安监局、拆迁安置局、环保局、滇管水务局、城管综合执法局。城乡发展部下设2个机构：城乡工作局、民政局。社会发展部下设2个机构：社会事业局、食药监局。办公室下设1个机构，党工委办公室（管委会办公室）。

【经济发展】 2018年，昆明经开区实现主营业务收入1835亿元，增长11.20%。其中第二产业实现产值和增加值分别为1181.30亿元、240.23亿元（增长14%），第三产业实现产值和增加值分别为696亿元、185.67亿元（增长6.90%）；二、三产业增加值比例为56.29：43.5。规模以上固定资产投资完成99.06亿元，负增

第三届昆明国际友城合作签约现场

（经开区管委会　供稿）

长41.40%；规模以上工业总产值完成438.35亿元，增长4.52%；规模以上工业增加值完成122.92亿元，增长13%。地方一般公共预算收入37.93亿元，同比增长13.20%，其中非税收入仅占6.70%。限额以上社会消费品零售总额134.20亿元，负增长1.60%；建筑业产值742.95亿元，增长45.32%；争取上级资金3.60亿元。

在商务部组织的2017年国家级经济技术开发区综合发展水平考核评价中，昆明经开区在全国219家国家级经济技术开发区中排名34名，较上一年度前进6名，在科技创新方面处于全国领先水平。

【产业发展】　2018年，昆明经开区新增规模以上工业企业13户，规模以上工业完成利税总额55.97亿元、增长10.14%，工业增加值总量占全市九分之一。推进工业创新，支持企业建设智能化工厂，云内动力柴油机缸体缸盖智能制造项目入围国家2018年智能制造试点示范项目名单，昆钢重装“起重机智能制造及工业大数据应用”获得2018年国家制造业与互联网融合发展试点示范项目认定。强化科技创新，科技投入资金3.20亿元、占一般公共预算支出比重达11.77%，全社会研究与发展（R&D）经费11.16亿元。高新技术企业工业产值占规模以上工业产值达37.50%；获批成为国家“支持打造特色载体推动中小企业创新创业升级”基地；云南海归创业园被认定为省级服务外包示范基地；中越国际货运班列开行；举办2018年“创响中国”昆明经开站系列活动，发明专利有效量达到802件；建筑业发展迅速，绝对数占全市四分之一；文化创意产业特色鲜明，营业总收入31亿元，增长23%，南数传媒、国品雅意获批国家文化出口重点企业和项目。昆明经开区已形成主要工业和现代服务业共生互促发展的结构，成为推动地区生产总值增长的主要因素，正由主要依靠传统产业和加工贸易产业向战略性新兴产业、先进制造业和现代服务业共同带动转变，由主要依靠资源消耗向资源集约、生态化发展、创新驱动、技术引领转变。

【科技创新】　2018年，昆明经开区科技投入资金累计支出3.20亿元，占同级财政支出比重的11.77%，同比增长63.05%；高新技术企业工业产值170.15亿元，占全区规模以上工业产值的37.50%；全社会研究与发展（R&D）经费11.16亿元、在昆明市各园区R&D投入强度中排名第一；发明专利有效量为802件。全年获认定国家级高新技术企业55户，省级创新型企业8户，省级知识产权试点企业2户，省级面向南亚东南亚科技创新中心示范机构2个，市级工程技术研究中心2个，市级院士专家工作站2个，市级科技创新团队3个。获省级科技进步奖一等奖1项，二等奖4项，三等奖5项，科学技术合作奖1项；专利奖二等奖2项，三等奖3项。年内，先后举办2018年“创响中国”——坚持高质量发展，打造绿色产业“三张牌”研讨峰会，开展“双创周”路演项目评选以及“双创周”孵化器专业人才队伍建设专题培训等各类创新创业活动100余场次，参与人次5000余人。在第四届云南省创新创业大赛暨第七届全国创新创业大赛云南地区赛中，昆明经开区共17户企业获奖，其中获一等奖2项，二等奖2项，三等奖3项，优胜奖10项，一大批有特色、有创意、有亮点的创新创业项目相继入区发展，形成良好的创新创业氛围。

【投资促进】　2018年，昆明经开区党政主要领导亲自带头外出招商，围绕着园区发展规划，准确定位产业发展目标，通过产业链延伸、产业链补齐、产业链整合，创新招商引资方式，有针对性地开展招商引商工作。举办第16届东盟华商会经开区专场推介会、并赴深圳举行招商推介会，引进一批有规模、有品质、带动能力强的大项目和好项目。宝能汽车制造项目签约落地，被列为省、市重大项目，即将开工建设；引入奥斯迪智慧物流园等20个产业项目，总投资规模300多亿元；云南超越能源集团油气销售公司、云南城投康源投资公司等23户注册资本亿元以上企业入区发展；累计引进各类高层次紧缺人才478人；全年引进市外内资138亿元，实际利用外资1亿美元，亿元以上开工项目4个、竣工项目4个，招商引资考核连续7年位居开发区板块第一。

【深化改革】　2018年，继续推行科

级以上干部全员聘任制和“一年一聘、双向选岗、逐级聘用”机制，全年聘任正职干部37名，副职干部128名，聘用工作人员369名，盘活人力资源。创新建立“小政府、大社会”的管理体制和“精简高效”的行政运行机制，连续13年在全省推行ISO9001和ISO14001质量环境“双认证”工作，持续优化服务，不断提升行政效率。年内，组建行政审批局，集中行政许可事项39项，连续13年开展质量和环境管理体系认证。

【投融资服务】 拓展企业融资渠道，建立“财园助企贷”保证金及代偿制度，以1：16放大融资额度，支持经开区中小微企业发展。2018年完成两批企业财园助企贷审批，发放贷款3880万元。

昆明经开区召开银企座谈会，积极搭建银行与小微企业的交流平台，切实为中小微企业解决融资难、融资贵等问题。2018年已有4家小微企业贷款业务上报审批，涉及贷款金额约720万元。落实创业担保贷款财政贴息政策，拨付贴息资金34.61万元。落实新型金融机构定向费用补贴政策，拨付区级财政资金29.20万元。

【生态环境建设】 2018年，围绕绿色发展理念，兼顾生态环境保护，投入环保资金5.34亿元，加大环境基础设施建设力度。按照国家生态工业示范园区创建标准正式向国家层面提交验收申请。新增城市绿地29.25公顷，种植乔木1.98万株；建成区绿地率达36.90%，绿化覆盖率达40.80%，人均公园绿地面积12.90平方米；五采区”矿山恢复治理面积3825亩；面山绿化整治面积351亩。全面深化河（湖）长制工作，建立“三级河长、四级管理体制”体系，实施经开区河渠湖库统一管养工作。实施滇池保护治理“三年攻坚”行动，启动普照水质净化厂挖潜增效工程等14个水环境治理项目建设，处理污水3399万立方米。落实最严格水资源管理制度，保障全区水库蓄水及水利设施安全，抓好大气、水、土壤、噪声污染防治工作，实现空气质量优良率达99.72%。加快推动绿色制造体系建设，促进工业经济绿色转型发展，云南昆钢重型装备制造集团有限公司（龙港基地）、昆明嘉和科技有限公司获得云南省第三批绿色工厂企业认定；昆明雪兰牛奶有限责任公司和昆明统一企业食品有限公司获得2018年云南省绿色食品10强企业认定；昆明顶津食品有限公司获得2018年云南省绿色食品20佳创新企业认定。

2018“创响中国”昆明经开区分会场
（经开区管委会 供稿）

【国际合作服务】 2018年，昆明经开区设立国际商事仲裁服务中心，为中外企业组织和个人提供国际知名商事仲裁机构的情况介绍、跨国招商引资政策咨询、经贸摩擦预警、国际法律知识培训、国际纠纷调解等服务，并深化与南亚、东南亚各国法律界机构和人士的合作交流。设立中国—东盟创新中心，先后与泰国、越南等多个国家开展科技成果转化、孵化器建设等领域合作。区内企业云内动力与德国FEV、同济大学等合作，研发出包括DEV（德威）系列、YN系列国五车用发动机及T3阶段非道路用发动机，并出口乘用车柴油机产品到欧洲；昆明嘉和科技股份有限公司与中国钢铁集团、浙江大学、西门子等院所建立产学研技术合作平台。

【园区建设】 2018年，完成分区规划、控制性详细规划优化完善和数字化现状图等规划编制工作；加强以道路为重点的基础设施建设，春漫大道（广福路东延线段）建成通车，经开区四中周边路网、鸿运大道支线路网等项目完工；呈黄路（北段）、安石公路市政化改造、经开204号、103号路南延长线下穿昆河铁路立交桥等重点工程顺利推进；倪家营项目周边绿化、石龙路南段和春漫大道景观绿化提升等8个项目开工；加强城市网格化管理，实施城乡环境综合整治，持续推进文明城市创建，强化土地卫片执法管理，拆除违法违规建筑200万平方米。

【社会事业】 全年民生支出21.23亿元，占一般公共预算支出78%。完成教育布局布点规划编制，引进市教工一幼在区办学，加快及附属幼儿园、经开区第三小学倪家营分校等新建项目建设，教育基础设施投资达6.17亿元。加快经开区人民医院新院建设，家庭医生签约实现全覆盖。建成文体活动广场43个、健身路径66套；举办经开区第二届企业文化节

"阿拉撒梅"文化节，选送节目《小马街的小新娘》获省群众文化艺术最高奖项"彩云奖"。祭虫山森林公园三皇宫被命名为市级"和谐寺观教堂"，高坡社区成为第一批全市民族团结进步创建示范单位。城镇登记失业率控制在2.39%；完成君欣景花园永泰园、云峰家园等3681套公共租赁住房配租。

（罗益龙）

昆明滇池国家旅游度假区

【主要经济指标】 2018年，度假区全年完成产业增加值195亿元，同比增长5.80%，其中第三产业增加值185亿元，同比增长5.50%。完成财政总收入54亿元，同比增长46.40%，其中地方公共财政预算收入完成16.30亿元，同比增长4.70%。服务业总收入671亿元，同比增长9.40%，其中旅游总收入37亿元，同比增长42%。争取上级资金1.53亿元，完成融资48.50亿元。

【深化改革】 进一步深化"放管服"改革，大力推行"最多跑一次"模式，实现营业执照办理时间由5个工作日缩减为3个工作日。推进国投公司战略转型升级，整合资源组建国投集团公司，推进国有企业向多元化发展。发挥度假区作为对外开放的窗口作用，做好上合国际马拉松赛、世界龙舟赛等大型赛事活动，不断扩大度假区的影响力和知名度。开展重点产业招商和产业链招商，围绕昆明建设"中国健康之城"开展精准招商。在第五届南博会期间，与泰国帕塔拉集团、云南中泰医院等公司签订7个项目74亿元，首届中国国际进口博览会签约1个项目8.79亿美元，全年实际到位内资47.30亿元，同比增长25.30%；实际利用外资9345万美元，同比增长16.40%。

【全域旅游工作】 2018年，整治旅游市场秩序，聚焦旅游定点购物和"不合理低价游"，开展专项整治行动，查处违规违法经营活动，加强对涉及旅游企业的动态监管，旅游业规模效益持续提升，完成云南民族村"一部手机游云南"试点。深入推进全域旅游工作，对重点旅游企业的各类安全隐患进行全面排查和整改，做好假日旅游统计分析。完善建设旅游基础设施，年内完成4座旅游厕所建设任务。

【企业发展】 年内，及时出台稳增长工作方案和工作制度，鼓励支持中小企业加快发展，着力培育发展新动能。严格落实委领导挂钩联系民营企业和固定资产投资包保责任制，深入重大项目、重大产业、重大基础设施和重大民生工程建设一线，进行现场调研督查、帮办协调，积极推动绿地滇池国际健康示范城、泰国"帕塔拉"国际养生和派拉蒙昆明国际度假区等重点项目建设。全年完成规模以上固定资产投资111.40亿元。

【全域城市化建设】 强化规划的引领作用，以全域城市化为突破，不断提升度假区的承载力。开展度假区新一轮城市规划和土地利用总体规划编制试点工作，优化拓展辖区城市空间，初步形成国土空间规划成果。以完善交通基础设施建设为重点，启动马澄路延长线、3号路等城市道路建设，实施滇池路南段、悦海路等4条道路综合整治，全年完成投资3.30亿元，建成6条道路，通车3.50千米，完成道路综合整治里程5.20千米。开展全域城市化建设，加快海埂片区金家、周家和金河二、三期"城中村"重建改造，稳步实施大渔片区"迁村并点"工作，完成大渔片区8个村530户农房搬迁，拆除房屋面积13万平方米，大渔欣城二期2772套安置房建设完工，全面启动分房工作。加大违法建设整治工作，拆除违法违规建筑42万平方米。开展全国文明城市创建3年行动计划，强化市容市貌、公共秩序和人文环境整治，辖区人居环境品质进一步提升。

【环境保护】 深化"三级河长四级治理"体系，开展滇池保护治理3年攻坚行动，全力开展黑臭水体排查整治、金柳河等3条黑臭水体整治工作。高质量整改环保督查反馈问题，对中央环保督查组反馈的51件问题全部整改到位。加强对施工工地、道路渣土运输的扬尘治理，完成73辆黄标车的淘汰任务，辖区空气质量不断提升，有序推进环卫一体化改革工作，道路、河道、公共设施等环卫保洁实现提质提标。继续实施生态文明实验区建设，新增绿地29.50公顷，其中公园绿地12.18公顷，种植乔木1.63万株，按照打造"世界春城花都"品牌的要求完成1条道路、1个公园景观提升改造以及2个立体绿化示范点建设。度假区建成区绿地率53%，绿化覆盖率为57%，人均公园绿地65平方米，道路和河道绿化率实现两个100%。

【民生改善】 推进社会保险扩面，辖区新开工项目全部参加工伤保险。多措并举促进就业，通过举办"春风行动""就业援助月""民营企业招聘周"等活动，现场提供有效就业岗位4149个，接收安置寻甸贫困农村劳动力428人，完成目标任务的107%，城镇登记失业率为3.14%。创建1所省级"平安校园"，完成1所现代示范学校市级复评和1所一级三等省级示范幼儿园等级评定，挂牌成立7个区级名师工作室，湖畔之梦小学、金岸中学申报成为国家级足球特色学校。申报国家体育示范基地，安装市、区级健身路径17条，健身步道24千米，形成以海埂体育训练基地、红塔体育中心为示范，海埂公园为主体的公共体育服务体系。投入帮扶资金1587万元，做好对口帮扶寻甸县禄劝县脱贫攻坚工作。全面落实食品安全整治，2018年度，学校食品安全事故“零报告”。

【依法治区】 全面落实从严治党主体责任和“一岗双责”，强化检查实效，把好工程项目造价审核关口，2018年完成建设项目工程预、结算审核93项，累计审核节约资金1.84亿元。开展普法宣传教育，增强群众宪法意识。坚持领导干部双重组织生活会、民主评议党员、谈心谈话等制度，充分发挥巡察工作“发现问题，整改问题”的作用。

（昆明滇池国家旅游度假区办公室）

昆明空港经济区

【主要经济指标】 2018年，空港经济区一般公共预算收入完成7.81亿元，同比增长17.80%。固定资产投资完成252.25亿元，同比增长29.60%。规模以上工业总产值完成38.20亿元，同比增长4.40%；规模以上工业增加值增长5.80%。限额以上社会消费品零售总额完成13.13亿元，同比增长2.30%。

【招商引资】 2018年，分别赴广州、深圳、成都、厦门等地上门招商，并举行重点项目投资说明会，在上海首届进口博览会上，签订京东集团“亚洲一号”项目投资协议。全年招商引资到位内资项目53个，到位内资完成116.75亿元，其中工业招商引资到位资金完成20.95亿元，电子信息招商引资到位资金8.69亿元；实际利用外资项目9个，到位资金6032.43万美元。

【重点片区开发建设】 启动东盟产业城项目征地拆迁工作，做好杉松园片区、滇中商务广场等项目的清表、围网工作。2018年，获省政府追加用地指标2.27万亩，本着“有保有压”“节约集约”的原则，根据项目成熟度，按照开发时序，切实做好用地保障工作，共获批用地14宗、8325亩，供应土地56宗、16874亩。临空产业园、航空物流园等片区建设全面启动，形成以空港商务区、航空物流园、临空产业园、小哨国际新城为重点的连片开发格局。

【基础设施建设】 年内，快速推进本级实施的96、70、77、80、85、86号路和“村村通”路面硬化改造工程建设，积极配合机场北高速、东南绕城高速等主干路网建设。同时，加快配套设施建设，启动48班中学、空港人民医院等民生配套项目建设。累计建成公租房7660套，完成分配6516套，分配率85.07%；棚改项目安置房完成投资15亿元，累计开工建设9008套，封顶断水3500套。

【“两违”整治】 2018年，学习借鉴河北省保定市徐水区成功经验，制定《关于落实国土资源执法共同监管长效机制实施办法》等4个落实国土资源共同监管配套文件，完善网格化管理，充分发挥基层组织作用，从源头有效遏制和严厉打击违法用地、违法建设行为。全年共拆除违法违规建（构）筑物279.59万平方米，其中两次集中整治，分别拆除机场北高速云桥社区段124.90万平方米、乌西社区乌撒庄小组50余万平方米违法违规建（构）筑物。同时，通过合法举证、强制拆除等方式，整改违法用地3422亩。

【生态文明建设】 年内，以中央环境保护督察“回头看”及省委、省政府环境保护督察为契机，切实做好生态文明建设和环境保护工作。制订大气污染防治工作方案，多部门联动，加大工业污染源管控，强化建设工地扬尘防治。定期开展巡河，对滇池流域、牛栏江流域河道进行重点监管，按期开展水质监测分析；积极落实滇池保护3年攻坚行动计划，持续推进宝象河、槽河综合整治和秧草凹污水处理厂建设，实施滇池水环境治理面山中幼林抚育2000亩，义务植树14万株，完成“五采区”植被修复250亩。

（昆明空港经济区管委会）

嵩明杨林经济技术开发区

【主要经济指标】 2018年，实现规模以上工业企业主营业务收入90.08亿元；工业总产值92.10亿元，规模以上工业增加值完成21.18亿元；规模以上固定资产投资完成40.80亿元，其中工业固定资产投资34.22亿元。地方财政总收入完成5.68亿元，其中地方一般公共预算收入完成2.79亿元。

【园区企业发展】 2018年，杨林经开区围绕供给侧结构性改革，坚持扩量提质，向上争取资金9550万元，加快产业培育，促进企业壮大发展。注册内资企业948户，外资企业11户，其中新增内资企业227户。规模以上工业企业达61户，其中新增规模以上工业企业3户。产业进一步聚集，金属制品业、食品饮料业、橡胶和塑料制品业、包装印刷业、新材料业、化学品业分别占规模以上工业总产值的39.90%、19.90%、18.30%、6.20%、6.40%、7.50%。

【招商选资】 年内，围绕主导产业，促开放、育产业，瞄准重点项目招大引强。制作招商清单，梳理公司、协会、商会4112户，逐一联系对接；赴上海等地举办（参加）8场招商推介会；参加全球人工智能技术大会、第五届南博会等7个展会，发放招商宣传资料6200余份；到北京等地招商15次，先后深入对接力神新能源汽车动力电池、卡耐新能源汽车电池

2018年4月11日，杨林经开区举行江铃新能源汽车签约暨开工仪式
（杨林经开区管委会　供稿）

等60余个项目，洽谈730余次，其中汽车零部件项目15个，为延伸汽车产业链奠定了基础。全年招商引资内资实际到位63.48亿元，利用外资1480万美元。新引进江铃新能源汽车、浙商科技产业园、雄鑫汽车等13个项目，其中10亿元以上项目2个、亿元以上项目6个。

【项目建设】　杨林经开区紧紧围绕“入园、进场、供地、开工、配套”等关键环节，抓重点、攻难点，53个重点项目按照投资计划顺利进展。北汽新能源汽车一期建成，首批汽车于12月26日下线；东风云汽一期（一阶段）联合厂房完工；江铃新能源汽车于4月落地开工，启动建设总装、冲压、焊装、涂装车间；中汽中心高原实验室项目一期主体设施完工；雄鑫汽车、中集数控机床、顺鹏机动车检测站等项目开工建设；伊利常温酸奶、呈达玻璃一期、广田衡器、康师傅方便面一期、金丰汇油脂等项目竣工投产；南鑫包装印刷、嘉丽泽高原体育运动小镇等项目建设加快。基础设施项目稳步推进，装备制造园6、7、8号路竣工通车，中心商务区1、13、15、16号路开工建设，新材料片区7号路等项目正推进前期工作。

【优化产业结构】　杨林经开区围绕提高产品质量和企业效益，调结构，开展“增品种、提品质、创品牌”行动，产值超亿元的企业22户，源瑞制药、昆仑燃气、昆线电缆、岸宝纸业等15户企业产值增速跑赢全省工业增加值增速，最快的企业同比增长86.92%。拥有高新技术企业18户，发明专利43项，市级以上企业技术中心16个，新三板上市企业3户；拥有市级以上名牌产品19个，中华老字号1个。云南建投钢构等金属制品企业，持续改造工业技术、工艺装备、促进重点领域向中高端突破，提升产品附加值，增强盈利能力。康师傅饮品、伊利乳业等食品饮料生产企业，以消费者需求决定生产，创新拓展新产品、新业态，产值增速较快。

【基础设施建设】　杨林经开区紧紧围绕“高标准、高效率、高品质”配置发展资源，优布局、补短板，厚植发展优势。开展总体规划修编，形成完备的资料成果报批。开发建设汽车产业园，建成110千伏变电站，园区内部分土地平整，水、电、路、气等保障要素建设已经基本完成，“三整车一中心”落户园区，汽车产业园雏形初具。开展1663亩土地的征收工作，调增建设用地指标2100亩，办理农转征1756.90亩，供应土地1235.80亩，清理闲置等项目等用地1725亩，土地出让收入2.18亿元，建成区面积达12.04平方千米。提高资金资源配置效率，泰佳鑫公司资本金达2.29亿元，所有者权益68.91亿元，公司主体再次获评AA级；投资项目9个，完成固定资产投资1.7亿元。

【改善生态环境】　杨林经开区坚守环保底线，关停凤凰橡胶、高深橡胶2户企业。依照制度对经开区总体规划修编进行环境影响评价，执行率达100%，对于16类48项限制发展、禁止发展类项目实行环保一票否决。科学规划云林片区、汽车产业园区污水管网，建设景观大道——东环路污水管网等环保设施，提高中水利用率，

2018年12月26日，昆明新能源汽车研发中心首车亮相
（杨林经开区管委会　供稿）

落实废水零排放。开展全国第二次污染源普查工作，工业固废处置利用率达90%以上。

【深化改革】 规范经开区党工委、管委会的运行机制，机构编制事项经昆明市机构编制委员会明确，实行嵩明县和经开区"县区融合发展"的管理体制，机制进一步完善。在商务部对国家级经开区综合发展水平考核评价中进位争先，排名向前跃进12名。提升园区"获得感、幸福感、安全感"，严规范、提效能，用心服务企业、项目、职工。落实综治维稳及生产、消防、道路交通、森林防火、食品等安全责任制，提高公共安全保障水平。强化联动执法，落实重大行政决策听证工作，公正文明执法，排查处置矛盾纠纷25起，办结来信来访43件。深化"放管服"改革，推行"多证合一""最多跑一次""网上审批"等改革，清理确定18项承接的县级行政审批事项，梳理权责清单，制作办事指南，照"单"审批，办结行政审批事项869件，其中网上办结837件，网上审批率达96.32%。

（叶权娜）

昆明阳宗海风景名胜区

【发展规划】 紧紧围绕"东进、西联、北拓、南优"的基本思路，按照"多规合一"、一张蓝图干到底的总体部署和要求，全面统筹区域资源配置，科学布局区域"三生空间"，形成"一湖、一心、一圈、三镇"的城乡振兴发展新格局。全面厘清区域规划层级和体系，以总体规划为总纲，启动控详规、给排水、道路交通、防洪排涝、旅游发展、海绵城市、特色小镇、村庄建设等专项规划编制，实现城乡规划纵向、横向全面覆盖，为引领区域经济社会科学发展、促进城乡建设品质提升打下坚持基础。

【经济指标】 2018年，全区完成一般公共预算收入6.210亿元，增长8.20%；规模以上固定资产投资完成49.90亿元，增长35.10%；规模以上工业增加值增长12.50%；社会消费品零售总额增长17.70%；旅游总收入13.70亿元，增长39.40%；招商引资内资34.50亿元，增长14%；外资410万美元，增长2.50%。

【基础设施建设】 2018年，协调推进"三清高速""福宜高速"建设，马郎立交建成通车，梁王山现代农业公园主入口道路完成修建，公园内"六个一"工程已初步完成。全区硬化农村道路10.90千米。324国道阳宗海段提升改造工程列入市级2019年重点项目计划。"两水"PPP项目通过省市两级财政审核，已纳入财政部PPP项目库管理，正在委托中介开展招标工作。扎实做好工农水库、摆依河河道治理等项目前期工作，建成梁王山现代农业公园中低产田改造、高效节水灌溉一期工程、野竹社区山区"小水网"等水利工程，全年完成"五小水利"1015件。完成马郎I、II回10千伏网架完善项目建设，阳宗镇110千伏桃李变电站投入运营。建成中低压天然气管道33千米，完成七甸片区保障房等2690户用气报装，首个燃气下乡试点头甸村实现通气点火，超额完成"七改三清——燃气下乡"任务。

【生态环境建设】 年内，继续全面深化"河（湖）长制"。切实抓好中央环保督察及"回头看"反馈问题整改，全力做好省委高原湖泊保护治理机动巡视及省市对阳宗海保护治理专项调研指出问题的整改工作。全面推进"十三五"规划项目建设，环湖截污一期、东排浸沟湿地等9个项目完工，环境保护信息平台、环湖湿地等9个项目有序推进。加强农业农村面源污染治理，在全省发行3亿元高原湖泊专项债券用于阳宗海南岸湿地建设。切实加强监管执法和取水管控，阳宗海湖体水质稳定达Ⅲ类。着力面山生态修复，实施国家造林补贴、低效林改造等工程，完成营造林1.20万亩。开展打击破坏森林资源专项行动，森林防火工作连续2年被市级考核为优秀。有序推进"四治三改一拆一增"和网格化管理等工作，拆除各类违法违规建筑70宗，面积16.41万平方米，新建和提升改造公厕59座，改善城乡环境。

【民生保障】 完成校安工程和改薄项目9.04万平方米，建成七甸卫生院、阳宗海老年养护楼等一批民生项目。马郎小学新建项目正有序推进。加大产业扶贫、技能培训和农村剩余劳动力转移就业工作力度，完成农村劳动力转移就业3220人，社会保险参保18.73万人，城镇登记失业率控制在3%以内。开展农民工工资清欠专项整治工作，落实农民工工资保证金1845.36万元。加强立体化、智能化社会治安防控体系建设，建立健全矛盾纠纷排查化解机制，从源头上减少和化解社会矛盾，增强人民群众获得感、幸福感。

【改革创新】 探索建立昆明、玉溪两市工作会商机制，与澄江县签订工作备忘录，破解"跨市托管"中影响阳宗海保护治理和区域经济社会发展的瓶颈难题。完成阳宗海管理局更名工作，工业园区经省政府批准更名为昆明七甸产业园。出台投融资体制改革实施办法，制定进一步深化"放管服"改革优化营商环境的实施意见，加快推进"最多跑一次"政务服务，落实"3550"改革制度，多措并举营造良好营商环境。不断深化基层党建与河长制"双推进""双提升"工作机制，充分发挥基层党组织和党员干部在全面深化河长制工作中的先锋模范作用。

（昆明阳宗海风景区管委会）

信息·通信

◆责任编辑 罗桂莲

信息产业

【产业数据】 2018年，全市纳入信息产业行业统计企业276户（含31户电子信息制造业企业），实现信息产业规模284.36亿元，同比增长32%，其中电子信息制造业实现工业总产值147.20亿元，同比增长23.94%；软件和信息技术服务业实现营业收入137.16亿元，同比增长41.92%；软件业务收入合计87.64亿元，同比增长24.20%。

【产业发展管理服务】 贯彻落实国家、省信息产业行业统计工作要求，积极对接统计国家联网直报平台，初步建立省、市、县（区）三级信息产业运行监测体系，进一步完善产业发展管理服务职能、加强目标责任考核。做好产业指导服务工作，研究制订《昆明市加速信息产业发展工作方案》，并定期组织召开信息产业发展专题会、统计培训会、运行调度会，及时对统计数据进行监测分析、统筹调度，深入重点企业、重点项目了解协调运营建设中存在的困难问题，对各有关县（市、区）、开发区指标完成情况进行督促。

【产业集群发展】 2018年，高新区信息产业规模突破100亿元，呈贡信息产业园主营业务收入突破百亿元。重点将昆明呈贡信息产业园打造为全省产业高地和核心园区，在发展资金、土地利用、企业扶持、要素保障等方面给予突破性的政策支持，浪潮、优必选、启明星辰等一批项目落地建设，“云上云”双创小镇吸引华为、微软、谷歌、中星微等知名企业入驻。空港经济区充分发挥临空优势，引入京东方OLED微显示器、凝慧氮化镓等项目，重点建设滇中智能装备产业园、智能科技产业园。昆明高新区云南软件园正加快建设国家电子商务示范基地。昆明经开区聚焦光电子产业，推动军民融合延伸产业链。

【招商引资】 2018年，昆明市继续加大信息产业招商引资力度，市级主要领导亲自挂帅，多次对接知名企业，年内，市政府与网龙网络、福建睿思特、上海泽阳及省城投公司、拉萨闻天下投资公司、上海鹏欣集团等签订合作协议。网龙网络计划总投资为34.30亿元，选址昆明呈贡信息产业园区进行VR/AR文创产业园和网龙西南总部基地项目建设，在VR/AR虚拟现实行业应用和智能全域综合教育培训方面与昆明市开展全面合作。福建睿思特与本市在智能及物联网设备生产、智慧城市建设等领域进行全方位的合作，计划投资10亿元打造昆明“工业物联网产业”基地，自主研发与生产核心控制系统、车载智能终端设备、自动监测设备、工业级物联网智慧终端设备。上海泽阳计划在昆明建设中国国际T.DT人工智能学院、物联集团西南总部、软件产业转移园区，为昆明引入、培养软件产业人才。云硅智能科技小镇一期项目计划投资86.82亿元，用地880.80亩，建设智能终端整装生产线（年产不低于5000万部）；项目二期计划投资约60亿元，用地约1000亩，建设集成电路级大尺寸单晶硅项目（年产600万片）；项目三期计划投资440亿元，建设基于安世半导体（闻泰科技收购）的分立器件芯片生产、封装测试厂以及相关半导体产业。

【创新业态】 通过智慧城市建设有效提升数据资源价值，推动数据资源整合共享开放，形成数字经济集聚新业态。“云上云”双创小镇被批准为国家级双创示范基地，已有40户优质企业入驻，累计服务企业611户，在孵企业424户；五华区“金鼎1919创意园”“M60创意园”“108智库空间”吸引九机网、猪八戒网、360搜索、新浪乐居等企业入驻；炬龙科技的“合采网”平台上线6个月来，入驻企业超过1000户，交易额达到2.10亿元，为入驻企业节省采购成本超过1300万元；云南凯立达跨境大数据、天地汇云南物流大数据中心、东讯科技“大湄公河次区域（GMS）企业电子商务平台”和“中国东南亚南亚国际电子商务平台”等一批行业大数据平台投入运行。

（市工信委）

邮　政

【行业网点、快递企业及从业人员数】 截至2018年底，全市共有279个邮政普遍服务网点及13个机要服务网点；全市共有41户品牌快递企业，355户取得快递经营许可证的法人企业，663个备案分支机构和1069个备案末端网点。邮政业务呈现国有、民营、外资多元资本协调发展、竞争有序的市场格局。全行业从业人数1.87万人。

【业务收入】 2018年，全市完成邮政业务收入38.10亿元，同比增长25.52%；完成业务总量49.44亿元，同比增长43.30%。其中快递企业完成快递业务量2.24亿件，同比增长53.79%；完成快递业务收入27.84亿元，同比增长28.77%。全市邮政业务总收入、业务总量、快递业务量、快递业务收入分别占全省比重49.80%、54.68%、65.79%和59.05%。邮政、快递业务量均在全省排名第一，完成市政府下达的邮政业务总量增速40%的指标任务。

【服务和审批监管】 通过调查摸底、制定流程、操作培训、问题答疑、进度跟踪、备案督促等工作措施，推进快递末端网点备案管理。2018年，全市完成1069个末端网点备案工作，备案数量占全省总数的43%，位列全省第一。做好用户申诉信访办理工作，全局共收到消费者申诉信66件，处理66件，申诉处理满意度为100%，提升邮政监管服务形象。全年完成296户企业年度报告网上提交和审核；实地核查新增许可企业57户次，核查许可企业基本信息变更142户次；受理和实地核查新增分支机构248个次、变更分支机构基本信息192个次。依法开展行政审批和备案工作经申请资料审核、实地核查，依法作出同意10个普遍服务营业场所经营方式、名称、地址等信息变更的备案，依法同意1个普遍服务营业场所撤销的行政审批，依法办理省机要局机要场所搬迁的行政审批，向省机要通信局出具“邮政机要通信场所审批决定书”。开展快递业信用体系建设，完成全市957户快递企业信用信息采集和审核工作。在快递行业推广使用新能源汽车，促进节能减排、环保增效。2018年，全市快递企业新能源汽车达136辆。积极向市政府汇报沟通和协调市级相关部门，发布《昆明市推进电子商务和快递物流协同发展实施方案》，寻求解决全市电子商务与快递物流协同发展面临的瓶颈问题。

【市场监管】 深入企业处理中心、营业网点检查指导企业完善安全管理工作，通过日常检查以及涉枪涉爆隐患整治、全国“两会”、南博会、上合峰会、中非论坛峰会、进口博览会专项执法检查，开展相关法律法规现场培训，督促企业依法合规开展经营活动，保障行业安全和稳定，维护消费者合法权益。全年，共检查分拨中心68个、网点667个，累计出动执法人员2940人，检查范围覆盖全市各县

加大行政处罚力度，印制《关于加强上海合作组织成员国元首理事会第十八次会议期间寄递物品安全管理的通告》和“重点行业从业人员反恐怖宣传培训手册”共计5400份，下发各快递企业进行广泛宣传，针对日常检查和专项检查中发现的问题，严查违法行为。全年，共下达责令改正通知书40份，查处各类违法行为30起。其中针对两起影响恶劣的违法行为按照《中华人民共和国反恐怖主义法》进行处罚，处罚金额20.40万元，并在全行业内进行专项通报，以案示警，进一步堵塞安全漏洞，落实管理责任，确保全市邮政寄递渠道的安全畅通。继续执行周通报制度和利用监管端对企业实名登记情况进行跟踪督促，促进信息系统推广和应用，不断提升和巩固实名信息化率，全市邮件快件实名信息化率稳定在98%以上。

此外，与公安、国安等相关部门开展专项联合执法检查行动和建立案件线索抄告机制，形成寄递渠道安全监管合力。联合治安支队，按照“一人一档”的标准，建立健全安检人员信息档案，统一制发安检员服务卡，规范全市寄递企业安检人员管理。与市烟草专卖局建立协作机制，打击邮政寄递渠道涉烟违法行为，年内，联合查处较大数额的案件两起，涉案金额29.16万元。建立完善企业安全生产责任制、反恐部门协调联动机制和邮政禁毒工作情况上报制度，加强邮路反恐防范和禁毒工作。据不完全统计，全年，通过邮政寄递渠道查堵仿真枪3支、管制刀具59件、易燃易爆物品399件、化学品5件，协助公安部门查处毒品案件53起。

全年共出动执法人员249人次，先后开展法定业务开办、邮政机要通信、纪特邮票销售、邮政标志专用车辆、普遍服务综合检查等监督检查，累计检查县（市、区）14个，网点81个，机要网点检查覆盖率100%，其中对省机要通信局和昆明邮区中心局机要通信组的检查达到每季度一次的检查频次要求。对检查中发现的问题要求企业及时进行整改，全年下发检查通报4份、责令整改通知书6份（普服责令改正通知书2份，机要4份），并对企业的整改情况进行复查。全年组织社会监督员监督邮政服务网点109个，走访消费者109人。

【推进建制村直接通邮工作】 全面完成193个建制村直接通邮任务。做好普服营业场所分级监管工作，极推进邮政网点代办交通车驾管理业务。全市14个县（市、区）邮政网点均开设交通车驾管理便民服务点，共可办理18项车驾管业务，涵盖车驾管80%的业务。

（李　虎）

中国移动

【4G运营】 2018年，中国移动昆明分公司秉持“客户为根，服务为本”的服务理念，以客户需求为出发点，不断改进产品和服务质量，4G客户数不断攀升，渗透率接近80%。

【网络发展】 年内，公司不断加强网络基础设施建设，聚焦客户感知，做优基础管理，4G网络实现100%覆盖。全网性能指标仍保持优秀水平，

提升客户满意度，为昆明市信息化发展、智慧城市建设贡献力量，为5G建设和发展打下坚实基础。

【数字家庭】 推动“宽带中国”在昆明的建设和落地，2018年，昆明移动宽带覆盖用户数超500万户，99%以上实现光纤入户，大力推进“乡村振兴”建设，实现行政村层级宽带100%覆盖。2018年，昆明移动数字家庭业务高速发展，家庭宽带用户数突破百万。建立并实现“一点支撑、全程响应”，提升运维能力、服务质量、业务技能、支撑能力和管理能力，提升服务品质。

【政企市场】 年内，公司整合自身的CT、信息化基础设施资源及众多优质客户，利用省内外信息化服务商的专业优势及客户关系，形成优质信息化产品解决方案，重点信息化产品投入于教育、医疗、旅游行业，做好定位和细分，并与行业中有影响力、技术雄厚的集成商建立合作伙伴关系，实现资源共享、互惠共赢，开创政企客户服务新模式。

【通信保障】 昆明移动创新通信保障服务模式，根据14个区（市）县的网络特征和应用场景，对20辆拖挂式应急通信车进行个性化改造，打造应急保障半小时响应圈，得到昆明市政府和通信管理局认可。2018年，完成南博会、火把节、2018年昆明高原国际半程马拉松赛、中华龙舟赛、农博会、旅交会、车博会等200余次应急保障工作，全面实现零网络事故、零安全事件、零客户投诉的保障目标。

【企业文化】 主动履行央企责任，助力精准扶贫，积极支撑支持禄劝、东川、寻甸、石林等县区开展信息化扶贫工作。2018年，启动并推进“新时代136移动惠民乡村振兴工程”和“智慧城市建设工程”，发挥昆明移动信息化优势，推进昆明信息化脱贫攻坚和信息化跨越发展。

（移动昆明市分公司）

中国联通

【经营业绩】 2018年，中国联通昆明市分公司经营收入保持稳定增长，同比增长3.66%，高于行业平均水平；用户规模快速提升，同比增长36.50%。全年完成利润502万元，较上年增加498万元，经营业绩“双V”反转，趋势持续向好。

【互联网化转型】 强化互联网思维，积极践行互联网化转型战略，在全省率先推进互联网业务本地引流的尝试和突破，并最大化的配置人力资源和政策支持。截至2018年底，本地引流月订单量已突破9.10万单，日均2900单，迅速成为新的业务增长点。

【人才队伍培养】 抓好干部队伍建设，培养担当创新的干部人才。人才队伍结构不断优化，干部年轻化。至年底，累计提拔干部16人，其中从专业系列提拔进管理系列11人，平均年龄33岁；管理系列提拔晋升5人，畅通内部上升通道。政企创新人才破零，公司人才政策向产业互联网发展方向倾斜，引进创新人才10人，薪酬前置。一、二级人才选拔工作力度进一步加大，后备干部储备力量不断壮大。2018年，分公司选拔产生一级人才21人，同比增长16.70%；二级人才32人，同比增长18.50%。

【提升服务能力】 2018年，坚持“客户为中心，服务促发展”的服务理念，以面向管理构建完善“大服务”体系和面向客户提升服务能力为抓手，完善管理制度和流程，打造匠心网络，补服务短板，提升用户感知。年内，网络建设规划按季度进行常态化调整，结合市场需求和客户感知开展，解决热点和深度覆盖。充分放权区县分公司，对制度进行梳理，对流程进行简化。合理、充分利用投资，采用创新技术、多方式开展第三方合作。2018年，网络NPS（净推荐值）从2017年的-26.90提升到-21，提升21.90%；业务NPS从2017年的-6.30提升到23.90，提升479.40%；服务NPS从2017年的-6.20提升到22.60，提升464.50%；综合NPS从2017年的-17.30提升到-7.10，提升59%。

（冯志彪）

财税·金融

◆责任编辑　方玉红

财　政

【财政收入】　2018年，全市一般公共预算收入595.60亿元，完成预算的100.70%，较上年决算数增长（下同）6.20%。市级一般公共预算收入301.40亿元，完成预算的107.20%，增长5%。市本级一般公共预算收入188.40亿元，完成预算的108%，增长19.90%。

【财政支出】　2018年，全市一般公共预算支出756.80亿元，完成预算的103.80%，收支平衡。市级一般公共预算支出269.50亿元，完成预算的105.90%，收支平衡。市本级一般公共预算支出184.90亿元，完成预算的107.20%，收支平衡。

【政府性基金预算】　全市政府性基金预算收入705.30亿元，完成预算的107.20%，增长83.20%。全市政府性基金预算支出650.30亿元，完成预算的96%，增长85.30%。

市级政府性基金预算收入612.30亿元，完成预算的102.40%，增长98.40%。市级政府性基金预算支出539.80亿元，完成预算的94.05%，增长90.80%。

市本级政府性基金预算收入546.20亿元，完成预算的104.20%，增长102%。市本级政府性基金支出462.30亿元，完成预算的92.40%，增长118.50%。

【国有资本经营预算】　全市国有资本经营预算收入3.90亿元，完成预算的103.30%，下降30.40%。全市国有资本经营预算支出7.90亿元，完成预算的216.40%，增长339.20%。市级国有资本经营预算收入3.60亿元，完成预算的100%，下降34.10%。市级国有资本经营预算支出4.30亿元，完成预算的121.90%，增长474.30%。

市本级国有资本经营预算收入0.20亿元，完成预算的100%。市本级国有资本经营预算支出0.20亿元，完成预算的99.60%。

【社会保险基金预算】　全市社会保险基金预算收入344.06亿元，完成预算的115.60%，增长0.60%。全市社会保险基金预算支出268.20亿元，完成预算的102.40%，下降7.50%。收支相抵，当年结余76.50亿元，上年滚存结余320.90亿元，2018年末滚存结余397.40亿元。

【债务风险防范】　调整充实政府性债务和投资管理委员会，完成全市地方政府隐性债务摸底认定，开展政府投资项目融资前置审核，加强风险源头管控，坚决遏制新增政府隐性债务。严防以PPP模式违规变相举债融资，整改规范37个项目，加强政府支出责任监测，严守支出限额。健全分级应急处置机制，加强风险预警和到期提示，严守风险底线。严格偿还计划和清单管理，盘活资产筹集资金，督促落实偿债责任，全市政府债务余额净减少74.50亿元。

【支持脱贫攻坚】　全市投入脱贫攻坚财政资金72.40亿元，其中市本级28.70亿元。推进县级涉农资金统筹整合，加强资金监管和问题整改。围绕脱贫核心指标精准投入，保障“七个一批”和农村危房改造、饮水安全等9项措施落实，助力寻甸县顺利脱贫摘帽，有力地支持东川区、禄劝县加快脱贫出列步伐。

【支持污染防治攻坚】　全市节能环保支出25.30亿元，支持滇池和阳宗海湖泊治理、黑臭水体整治、河长制、滇池流域“五采区”恢复治理、“森林昆明”建设等，实施入滇河道生态补偿机制，实施黄标车和老式渣土车提前淘汰补贴，支持打好蓝天、碧水、净土保卫战。

【优化企业发展环境】　全面落实减税降费政策，对先进装备制造业等行业增值税留抵退税7.20亿元；取消工业用地项目省以下计提，降低企业用地成本0.80亿元。发布财政支持企业发展专项资金目录清单，投入0.20亿元，推进“一网四中心”建设，改善营商环境。

【促进实体经济发展】　投入8.40亿元，落实产业稳增长政策；争取4.30亿元，支持61家企业“三供一业”分离移交。实施普惠金融政策，拨付创业担保贷款贴息资金1.40亿元，撬动银行发放创业担保贷款13亿元。推进“财园助企贷”，为113户企业提供无抵押无担保贷款6.80亿元，支持解决民营企业和中小微企业融资难、融资贵问题。

【助推产业转型升级】　支持科技创新，实施企业研发后补助政策，促进全社会研发投入；支持人才强市、质量强市、名牌强市和标准化战略。投入6.50亿元支持工业攻坚三年行动计划。投入3.70亿元支持服务业经济攻坚，发展总部、楼宇、会展经济，支持旅游市场秩序整治，推动旅游产业转型升级，积极支持国家植物博物馆和中国昆明大健康产业示范区建设；投入3.10亿元支持新能源汽车产业发展及推广应用。投入2.90亿元支持高原现代农业、林下经济、都市农庄、特色农产品加工、新兴生物产业扶持等，支持打好“三张绿色牌”，提高发展质量。

【组织申报并推介PPP项目】 2018年2月1日，昆明市财政局组织申报的昆明市东川至格勒高速公路等8个PPP项目入选财政部第四批PPP示范项目，总投资188.11亿元，包括市政工程项目4个、交通运输项目2个、水利建设项目1个、生态建设和环境保护项目1个。

11月22—23日，昆明市财政局参加“2018第四届中国PPP融资论坛—云南PPP项目推介会”，推介昆明市寻甸至沾益高速公路（昆明段）等13个项目，总投资679.17亿元，包括市政工程项目9个、交通运输项目2个、水利建设项目1个、生态建设和环境保护项目1个。

【支持扩大对外开放】 投入1.40亿元，支持开拓和培育国际航线、公路班线、铁路班列，新开通国际直飞航线5条。争取中央补助资金1.30亿元，支持国家跨境电子商务综合试验区和国家流通领域现代供应链示范项目建设。投入1亿元，支持出口导向型经济发展，促进全市进出口总额大幅增长。

【支持乡村振兴战略】 投入1.60亿元推进农村综合改革，持续开展“一事一议”财政奖补和“四位一体”建设。支持村集体经济发展试点、乡村振兴试点示范、美丽乡村建设等。投入1.40亿元支持开展农业综合开发，建设高标准农田7.70万亩。投入农林保险保费补助0.50亿元，为全市1.80万户农户提供10.60亿元的风险保障。采用以奖代补方式，支持做好农村环境卫生集中整治。支持村级活动场所建设，促进农村电商发展。

【支持城乡人居环境提升】 全市城乡社区支出108.20亿元。加大项目前期费投入，并积极引入社会资本，推进“五网”综合交通等城乡基础设施建设，改善人居环境。投入29亿元，支持功东、宜石、武倘寻等高速公路，轨道交通，新建和整治城市道路、农村公路，南二环提升改造等。有力保障两规修编、城市缓堵、海绵城市建设、全国文明城市创建。扎实推进城乡“四治三改一拆一增”和农村“七改三清”。

【支持发展公平优质教育】 全市教育支出130亿元，同比增长10.10%，其中普通教育、职业教育支出分别为102.30亿元、7.50亿元。推进义务教育优质均衡，促进各阶段教育协调发展。投入5.70亿元，落实资助家庭经济困难学生生活费补助、职业教育各项学生资助政策，资助学生72.87万人次。投入2.60亿元，支持全面完成薄弱学校改造。投入1.70亿元支持全市中小学、幼儿园C级校舍加固改造工程。投入“三名工程”专项资金0.50亿元，支持“三名”工程和银龄讲学计划，扩大优质教育覆盖面。

【支持社会保障和就业创业】 全市社会保障和就业创业支出98.40亿元，同比增长16.30%。其中，投入36亿元用于社会保险补助、支持实施全民参保计划、提高企业职工基本养老保险待遇等；投入资金13.40亿元，完善社保和社会救助，支持优抚、临时救助、特困人员救助供养等兜底保障。投入1.30亿元用于全市15.40万名高龄老年人保健补助提标。投入1.30亿元支持残疾人服务保障。投入0.50亿元推进城乡居家和社区养老服务体系建设。12月21日，昆明市城乡居民基础养老金中央财政补助由每人每月70元提高到88元。投入3.60亿元用于高校毕业生、就业困难人员等重点群体就业。落实国家对转业干部、退役士兵优抚安置政策。设立农民工工资应急周转金，保障农民工工资支付。拨付乡村公共服务岗位补贴资金，支持农村劳动力转移就业。支持“泛海扬帆昆明大学生创业行动”，促进就业创业。

【支持医疗卫生服务水平提高】 全市医疗卫生支出62.50亿元，同比增长9.90%，其中，财政对基本医疗保险基金的补助21.10亿元。投入3.50亿元，将基本公共卫生服务项目人均补助标准由每人每年50元提高到55元。投入0.80亿元，支持开展地方病防治、艾滋病防治和60周岁以上老年人肺炎疫苗免费接种等重大公共卫生项目。投入1.20亿元，加强困难群众医疗保障，健全疾病救治体系，完善综合保障措施，推进健康扶贫惠民医疗政策落实。投入2.30亿元，推进县级医院、乡镇卫生院、村卫生室提质达标，提升医疗服务质量和服务能力。

【支持文化和体育事业发展】 全市文化、体育和新闻广电支出8亿元，增长8.10%。主要用于支持文化产业发展，实施文化惠民工程、重点文物保护、文化传承，支持国家现代公共文化服务体系示范区创建等文化项目，支持全民健身工程、上合昆明国际马拉松等赛事举办。

【支持平安和谐昆明建设】 全市公共安全支出66亿元，增长15%。支持完善社会治安防控体系，“平安细胞工程”建设，扫黑除恶，禁毒反恐。支持“七五”普法，完善公共法律服务体系。投入2.70亿元，保障安全生产、消防应急救援支出，支持创建国家安全发展示范城市。投入1.20亿元，支持创建国家食品安全示范城市和全国民族团结进步示范市。

【预算管理水平明显提升】 收入组织提质增效，全市一般公共预算收入增幅高于全省平均0.50个百分点。争取上级转移支付资金214.20亿元，增长8.20%。加大预算统筹，完善基本支出定额标准，清理规范重点支出挂钩事项；优化支出结构，压缩一般性项目支出预算10%；加快执行进度，清理消化结转结余资金36.10亿元；突出保“三保”、保重点，全市一般公共预算支出的73.70%用于民生。

【市对下财政体制不断完善】 坚持保障与激励相结合，全年市对下均衡性转移支付7.50亿元，较上年增加1.50亿元，增长25%。其中县级基本财力保障6.50亿元、生态保护补助1亿元，对财政运行困难地区给予一次性补助1.70亿元，切实帮助基层政府兜住“三保”底线。继续实施市对下税收增量奖补政策，出台省级税收增收留用和以奖代补结算办法，兑现县区留用奖补资金，激励各地培植财源，加快发展。

【国库管理】 开展财政专户清理规范，累计销户81个。强化预算单位银行账户管理和监控，推进国库集中支付电子化改革，实现市、县、乡三级预算执行动态监控和国库集中支付电子化管理全覆盖，规范、完整、高效、透明的国库集中支付体系初步形成，财政资金运行安全和使用效益明显提高。

2018年3月12日，昆明市财政局召开全市财税工作会议
（市财政局 供稿）

【预算绩效管理】 完善预算绩效管理考核评价体系，规范全过程预算绩效管理流程，初步形成财政资金绩效闭环系统，为实施全面预算绩效管理构建制度基础。组织开展部门预算绩效目标申报审核，对956个项目进行重点绩效跟踪，对1018个项目实施预算绩效评价。运用绩效评价结果扣减部门年度预算0.70亿元。总额8.40亿元的63个预算申报项目开展事前绩效评估，审减1.20亿元。

【法治财政建设】 开展预算法等财政法律法规宣传教育，加强规范性文件管理，完善重大行政决策程序、法律顾问服务、执法全过程记录制度，规范细化行政执法自由裁量权，开展合法性审查170余件次，规范政府采购投诉处理、非税稽查、财政评审执法程序和法律文书，依法开展行政复议，强化执法监督，全国法治财政示范点建设深入推进。

【财政监督管理】 整合财政监督力量，构建“日常监管和专项监督结合、外部监督和内部监督并重”的监督机制，全面提升监督效能。深入开展财政收支真实性、政府性债务管理、扶贫资金监管等专项检查，移交脱贫攻坚资金监督执纪问责线索45条。加强政府投资项目监督，评审项目26个，审减投资2.10亿元，审减率5.80%。严格政府采购监管，全市实际采购46.90亿元，节约率12.10%。强化政府购买服务管理，修订政府购买服务指导性目录和禁止购买事项清单，规范政府购买服务行为。

【财政运行规范透明】 建立与市人大、审计等部门协同监管机制，积极配合市人大开展覆盖各县区的预算监督联网平台建设。认真整改审计查出问题，提升财政规范运行水平。高质高效办理人大代表建议33件，政协委员提案38件。提前完成预决算公开，提高信息公开完整性、规范性、及时性。2018年清华大学公布的295个地级以上城市政府财政透明度排行中，昆明市名列第二十三位，较上年上升25位，在省会城市中排名第六位。

（普继琳）

2018年昆明市一般公共预算收支执行简表

单位：万元

收入				支出			
项目	2017年决算数	2018年快报数	增幅（%）	项目	2017年决算数	2018年快报数	增幅（%）
一、税收收入	4109462	4770666	16.10	一般公共服务	872929	976041	11.80
增值税	1837032	2189760	19.20	外交			
营业税	22926	9450	-58.80	国防	10010	6739	-32.70
企业所得税	293649	342225	16.50	公共安全	573723	659529	15
个人所得税	144425	165701	14.70	教育	1181689	1300493	10.10
资源税	55783	56544	1.40	科学技术	168930	180075	6.60
城市维护建设税	359514	423979	17.90	文化体育与传媒	74044	80039	8.10
房产税	221853	252244	13.70	社会保障和就业	846157	983919	16.30
印花税	106313	117227	10.30	医疗卫生与计划生育	568172	624659	9.90
城镇土地使用税	185393	184359	-0.60	节能环保	362894	253916	-30
土地增值税	282742	379257	34.10	城乡社区	1395562	1082261	-22.40
车船税	74935	83076	10.90	农林水	615943	647831	5.20
耕地占用税	115756	29086	-74.90	交通运输	335297	169715	-49.40
契税	353036	486858	37.90	资源勘探信息等	203686	120790	-40.70
烟叶税	56105	47706	-15	商业服务业等	53249	41726	-21.60
环境保护税		3194		金融	8200	10286	25.40
其他税收收入				国土海洋气象等	57054	45808	-19.70
二、非税收入	1499181	1185667	-20.90	住房保障	286729	255387	-10.90
专项收入	526671	493531	-6.30	粮油物资储备	28277	14715	-48
行政事业性收费收入	103146	115483	12	其他支出	58039	20205	-65.20

续表

收入				支出			
项目	2017年决算数	2018年快报数	增幅（%）	项目	2017年决算数	2018年快报数	增幅（%）
罚没收入	102016	149200	46.30	债务还本支出			
国有资本经营收入	1389	−2600	−287.20	债务付息	57121	93264	63.30
国有资源（资产）有偿使用收入	697921	311844	−55.30	债务发行费用	1307	646	−50.60
捐赠收入	12675	8055	−36.40				
政府住房基金收入	33192	99024	198.30				
其他收入	22171	11130	−49.80				
本年收入小计	5608643	5956333	6.20	本年支出小计	7759012	7568044	−2.50
转移性收入	5354595	4755886	−11.20	地方政府一般债务还本支出	1457200	1110850	−23.80
返还性收入	612986	812459	32.50	置换一般债券还本支出	1457200	1110850	−23.80
一般性转移支付收入	805070	887021	10.20	新增一般债券还本支出			
专项转移支付收入	1144651	1107114	−3.30	转移性支出	1747026	2033325	16.40
上年结余收入	247691	182434	−26.30	返还性支出			
调入资金	672759	394013	−41.40	一般性转移支付			
债务转贷收入	1692200	1136350	−32.80	专项转移支付			
新增一般债券收入	235000	25500	−89.10	上解支出	1316531	1351188	2.60
置换一般债券收入	1457200	1110850	−23.80	调出资金	12565		−100
调入预算稳定调节基金	179238	236495	31.90	年终结余	182434	331590	81.80
附：营改增税返基数收入	318062	318062		增设预算周转金	−35		−100
				安排预算稳定调节基金	235531	350547	48.80
收入合计	10963238	10712219	−2.30	支出合计	10963238	10712219	−2.30

2018年昆明市市级一般公共预算收支执行简表

单位：万元

收入				支出			
项目	2017年决算数	2018年快报数	增幅（%）	项目	2017年决算数	2018年快报数	增幅（%）
一、税收收入	2057599	2391896	16.20	一般公共服务	276551	311370	12.60
增值税	1109937	1317699	18.70	外交			
营业税	8218	3570	-56.60	国防	4968	4401	-11.40
企业所得税	194308	222887	14.70	公共安全	242641	280262	15.50
个人所得税	85601	98487	15.10	教育	218880	218994	0.10
资源税	2430	2153	-11.40	科学技术	93603	116925	24.90
城市维护建设税	146029	166548	14.10	文化体育与传媒	25879	29512	14
房产税	125123	138962	11.10	社会保障和就业	239718	271317	13.20
印花税	38072	40234	5.70	医疗卫生与计划生育	266609	282894	6.10
城镇土地使用税	92837	94580	1.90	节能环保	258476	146644	-43.30
土地增值税	35880	38999	8.70	城乡社区	809698	614411	-24.10
车船税	28558	30653	7.30	农林水	127933	115818	-9.50
耕地占用税	12366	5528	-55.30	交通运输	254594	63659	-75
契税	167621	229155	36.70	资源勘探信息等	142833	67394	-52.80
烟叶税	10619	1865	-82.40	商业服务业等	23534	24774	5.30
环境保护税		576		金融	7240	9389	29.70
其他税收收入				国土海洋气象等	27677	24018	-13.20
二、非税收入	812461	622346	-23.40	住房保障	62271	81379	30.70
专项收入	287881	251636	-12.60	粮油物资储备	13534	7385	-45.40
行政事业性收费收入	35410	70463	99	其他支出	12643	4122	-67.40
罚没收入	43476	77548	78.40	债务还本支出			
国有资本经营收入	-211	-3000	1321.80	债务付息	11532	20111	74.40
国有资源（资产）有偿使用收入	417171	132357	-68.30	债务发行费用	360	248	-31.10

续表

收入				支出			
项目	2017年决算数	2018年快报数	增幅（%）	项目	2017年决算数	2018年快报数	增幅（%）
捐赠收入	26	999	3742.30				
政府住房基金收入	27539	87841	219				
其他收入	1169	4502	285.10				
本年收入小计	2870060	3014242	5	本年支出小计	3121174	2695027	-13.70
转移性收入	5513859	4871079	-11.70	地方政府一般债务还本支出	1088309	566423	-48
返还性收入	612986	812459	32.50	置换一般债券还本支出	1088309	566423	-48
一般性转移支付收入	805070	887021	10.20	新增一般债券还本支出			
专项转移支付收入	1144651	1107114	-3.30	转移性支出	4174436	4623871	10.80
上解收入	622034	599620	-3.60	返还性支出	378248	476811	26.10
体制上解收入	451120	429660	-4.80	一般性转移支付	689267	807172	17.10
专项上解收入	170914	169960	-0.60	专项转移支付	1148924	1087095	-5.40
上年结余收入	158269	62523	-60.50	上解支出	1316531	1351188	2.60
调入资金	422357	194872	-53.90	体制上解支出	1130982	1185425	4.80
债务转贷收入	1692200	1136350	-32.80	专项上解支出	185549	165763	10.70
新增一般债券转贷收入	235000	25500	-89.10	调出资金	11856		-100
置换一般债券转贷收入	1457200	1110850	-23.80	年终结余	62523	124714	99.50
调入预算稳定调节基金	56292	71120	26.30	地方政府一般债务转贷支出	410891	544427	32.50
附：营改增税返基数收入	318062	318062		新增一般债券转贷支出			
				置换一般债券转贷支出	410891	544427	32.50
				安排预算稳定调节基金	156196	232464	48.80
收入合计	8383919	7885321	-5.90	支出合计	8383919	7885321	-5.90

备注：市级2018年数据包含市本级、滇中本级、空港、高新区、经开区、度假区、阳宗海。

2018年昆明市市本级一般公共预算收支执行简表

单位：万元

收入				支出			
项目	2017年决算数	2018年快报数	增幅（%）	项目	2017年决算数	2018年快报数	增幅（%）
一、税收收入	1219722	1406727	15.30	一般公共服务	164317	208834	27.10
增值税	676318	796552	17.80	外交			
营业税	7342	2319	-68.40	国防	4947	4376	-11.50
企业所得税	104786	119801	14.30	公共安全	207371	238558	15
个人所得税	53023	59013	11.30	教育	124801	139075	11.40
资源税		3		科学技术	55974	71411	27.60
城市维护建设税	86373	98625	14.20	文化体育与传媒	22622	26126	15.50
房产税	78374	92857	18.50	社会保障和就业	202400	225595	11.50
印花税	10436	10217	-2.10	医疗卫生与计划生育	252660	266305	5.40
城镇土地使用税	49455	46554	-5.90	节能环保	172853	87464	-49.40
土地增值税	29	315	986.20	城乡社区	197891	324866	64.20
车船税	20540	19592	-4.60	农林水	96616	88250	-8.70
耕地占用税	2180	977	-55.20	交通运输	204604	62521	-69.40
契税	130866	159902	22.20	资源勘探信息等	55693	14027	-74.80
烟叶税				商业服务业等	9615	12385	28.80
环境保护税				金融	7191	9335	29.80
其他税收收入				国土海洋气象等	21795	20844	-4.40
二、非税收入	351398	477555	35.90	住房保障	44304	43299	-2.30
专项收入	242964	201451	-17.10	粮油物资储备	5405	4903	-9.30
行政事业性收费收入	25213	60778	141.10	其他支出	1451	557	-61.60
罚没收入	40567	71525	76.30	债务还本支出			
国有资本经营收入	-412	-3000	628.20	债务付息			

续表

收入				支出			
项目	2017年决算数	2018年快报数	增幅（%）	项目	2017年决算数	2018年快报数	增幅（%）
国有资源（资产）有偿使用收入	15415	60527	292.70	债务发行费用		23	
捐赠收入	26	999	3742.30				
政府住房基金收入	27480	85140	209.80				
其他收入	145	135	-6.90				
本年收入小计	1571120	1884282	19.90	本年支出小计	1852510	1848754	-0.20
转移性收入	5734859	5142498	-10.30	地方政府一般债务还本支出	917351	214202	-76.60
返还性收入	612986	812459	32.50	置换一般债券还本支出	917351	214202	-76.60
一般性转移支付收入	805070	887021	10.20	新增一般债券还本支出			
专项转移支付收入	1144651	1107114	-3.30	转移性支出	4536118	4963824	9.40
上解收入	952080	993470	4.30	返还性支出	421690	557141	32.10
体制上解收入	583341	772797	32.50	一般性转移支付	714902	740662	3.60
专项上解收入	368739	220673	-40.20	专项转移支付	1313696	1199103	-8.70
上年结余收入	117113	26825	-77.10	上解支出	1316531	1351188	2.60
调入资金	395289	179259	-54.70	体制上解支出	1130982	1185425	4.80
债务转贷收入	1692200	1136350	-32.80	专项上解支出	185549	165763	-10.70
新增一般债券转贷收入	235000	25500	-89.10	调出资金			
置换一般债券转贷收入	1457200	1110850	-23.80	年终结余	26825	80000	198.20
调入预算稳定调节基金	15470		-100	地方政府一般债务转贷支出	649849	896648	38
附：营改增税返基数收入	318062	318062		新增一般债券转贷支出			
				置换一般债券转贷支出	649849	896648	38
				安排预算稳定调节基金	92625	139082	50.20
收入合计	7305979	7026780	-3.80	支出合计	7305979	7026780	-3.80

税　务

【任务完成】 2018年，昆明市税务系统紧紧围绕国税地税征管体制改革，圆满完成全年税收改革发展任务，2项创优工作得到总局通报表扬，8项突出工作得到总局、省政府、省局和市委市政府领导肯定性批示，8项省局试点任务圆满完成，5项自主创新工作实现成果转化，绩效考评位列全省税务系统第一名，为高质量推进新时代税收现代化奠定坚实基础。

【机构合并】 服从党和国家机构改革大局，坚决拥护党中央、国务院关于税务机构改革的决定，按照时间表、任务书、路线图，稳妥有序推进市、县（区）局改革。制订《昆明市国税地税征管体制改革组织实施工作方案》，成立改革工作领导小组，建立“1+8+16+N+1”的组织推进工作机制体系，统筹实施改革工作。7月5日，原昆明市国税局、地税局正式合并为昆明市税务局，并举行挂牌仪式；7月20日，16个县区级新税务局统一挂牌并对外履行职责。健全工作运行机制。明确过渡期间公文办理、公务用车、纳税服务、财务管理等相关规定，建立昆明市税务局市局领导联系、机关科室挂钩基层工作机制，修订完善工作制度55项，成立调整议事协调机构46个，明晰部门职责，规范工作流程，确保新税务机构高效运转。严格按照批复的“三定”暂行规定设置市、县（区）局内设机构、事业单位和派出机构，严格按照配备管理办法选配县（区）局联合党委书记、副书记、委员，坚持“人随事走、人岗相宜、规范操作、平稳过渡”的原则安排干部。9月21日，昆明市税务局机关宣布任命科室领导96名，其他人员468名；10月25日，各县区局宣布任命259名内设机构、派出机构和事业单位负责人，以及2667名其他工作人员，并按程序选举成立机关党委、机关工会、机关妇委会和机关团委。

【税费收入】 昆明市税务局坚持税费同抓与量质并重相结合，把稳增长促发展贯穿全年税收工作，以机构的合并转化为抓收入的合力。面对结构性矛盾突出、结构性减税政策深入实施、管户划转形成净减收等错综复杂的组织收入形势，全市税务系统坚持“有保有控、科学精准”，加强收入形势分析和预判，密切关注经济形势变化，准确把握重点行业、重点税源发展变化情况，提升组织收入工作的前瞻性和主动性，做到税源监控不放松、征管力度不放松、税收分析不放松、风险防控不放松，圆满完成税费收入任务。全年累计组织税费收入1315.85亿元，较上年同期增长11.10%，增收131.10亿元，其中，组织税收收入989.28亿元，较上年同期增长8.02%，增收73.48亿元；组织地方级税收收入475.93亿元，较上年同期增长11.95%，增收50.80亿元；组织全市一般公共预算收入399.71亿元，较上年同期增长14.78%，增收51.47亿元；组织社会保险费及非税收入326.57亿元，较上年同期增长21.40%，增收57.62亿元。同时，稳妥有序推进社会保险费和非税收入征

2018年昆明市税务局各征收项目收入完成情况表

单位：万元

征收项目	累计完成情况					
	完成数	同期数	同比增减（%）	增减额	收入规模排序	收入增速排序
一、税收收入合计	9892767	9157933	8	734834		
1.国内增值税	4239801	3929508	7.90	310293	1	9
2.国内消费税	1226211	1301871	-5.80	-75660	3	13
3.营业税	18599	51131	-63.60	-32532	16	17
4.企业所得税	1762320	1658645	6.30	103675	2	10
5.个人所得税	585518	471890	24.10	113628	4	4
6.资源税	41116	43703	-5.90	-2584	14	14
7.城镇土地使用税	137418	134472	2.20	2946	10	11
8.城市维护建设税	354971	300019	18.30	54952	6	6
9.印花税	81029	70343	15.20	10686	11	7
10.土地增值税	330375	254300	29.90	76075	8	3
11.房产税	194686	158447	22.90	36239	9	5
12.车船税	59798	63088	-5.20	-3290	12	12
13.车辆购置税	353801	319979	10.60	33821	7	8
14.烟叶税	44626	52805	-15.50	-8179	13	16
15.耕地占用税	28968	31982	-9.40	-3014	15	15
16.契税	431908	315750	36.80	116158	5	2
17.环境保护税	1623		100	1623	17	1
二、教育费附加	154735	130851	18.30	23884		
三、罚没收入	2224	1387	60.40	837		

2018年昆明市税务局税收收入分行业完成情况表

单位：万元

项目	累计完成情况					
	完成数	上年同期数	增降幅（%）	增减额	占总收入比重	比重变化
税收收入合计	9974837	9240235	8	734602		
（一）第一产业	8380	11041	-24.10	-2661	0.08%	-0.04%
（二）第二产业	3801334	3650934	4.10	150400	38.11%	-1.40%
1.采矿业	122566	117992	3.90	4574	1.23%	-0.05%
2.制造业	2613616	2610605	0.10	3011	26.20%	-2.05%
3.电力、热力、燃气及水的生产和供应业	296601	252816	17.30	43785	2.97%	0.24%
4.建筑业	768551	669521	14.80	99031	7.70%	0.46%
（三）第三产业	6165123	5578260	10.50	586862	6181%	1.44%
1.批发和零售业	1518982	1453799	4.50	65183	15.23%	-0.51%
2.交通运输、仓储和邮政业	344335	259386	32.70	84948	3.45%	0.64%
3.住宿和餐饮业	54879	49506	10.90	5374	0.55%	0.01%
4.信息传输、软件和信息技术服务业	150585	263316	-42.80	-112731	1.51%	-1.34%
5.金融业	697969	826187	-15.50	-128219	7%	-1.94%
6.房地产业	1702875	1281534	32.90	421341	17.07%	3.20%
7.租赁和商务服务业	489861	413464	18.50	76398	4.91%	0.44%
8.科学研究和技术服务业	174302	160210	8.80	14092	1.75%	0.01%
9.水利、环境和公共设施管理业	21572	22476	-4	-904	0.22%	-0.03%
10.居民服务修理和其他服务业	136574	126967	7.60	9607	1.37%	
11.教育	39440	30404	29.70	9036	0.40%	0.07%
12.卫生和社会工作	41231	26447	55.90	14784	0.41%	0.13%
13.文化、体育和娱乐业	38067	27685	37.50	10382	0.38%	0.08%
14.公共管理、社会保障和社会组织	462295	355757	29.90	106538	4.63%	0.78%
15.其他行业	292155	281123	3.90	11033	2.93%	-0.11%

管职责划转，按照时间节点，统筹做好数据交接、系统测试、职责承接、缴费服务、督导落实等工作，确保社保费和非税收入征管职责划转平稳有序、圆满落地。

【队伍建设】 昆明市税务局坚持以人为本，做实队伍稳定工作，为完成各项工作任务提供坚强的组织保障。一方面加强学习教育和宣传引导。增强“四个意识”，坚定“四个自信”，落实“两个维护”，始终在思想上政治上行动上同以习近平同志为核心的党中央保持高度一致。加强教育培训，形成“总局+省局+市局+县（区）局”“四位一体”的教育培训模式和专题培训、配套培训、相关性培训、特色性培训的“全覆盖、无盲区”教育培训构架，组织开展干部教育培训104期，完成“一竿子到底”3轮67个专题培训的参训任务，开展机关政治业务学习21次，组织3670名在职干部参加总局举办的“新机构、新职责、新业务、新作为”知识网络竞赛，参赛率达95.42%，30名参赛人员进入全省前100名。持续推进“两学一做”学习教育常态化、制度化，组织开展“万名党员进党校”活动，培训在职党员3，817人。各级党组织开展专题学习研讨246场次，举办专题培训班117场次。组队参加“学习习近平新时代中国特色社会主义思想三十讲暨改革开放我知道”知识竞赛，获得昆明市市级机关第一名。另一方面扎实做好思想政治工作。把思想政治工作置于首位，贯穿机构改革始终，以“人心稳、改革进；人心顺，改革成”为导向，紧跟机构改革进程因事而化、因时而进、因势而新，按照“三个谈心”全覆盖、“三个一”要求，通过改革政策宣讲、专题调研座谈、挂钩联系走访、每周三局领导接待日活动等多种渠道、多种方式，完成3轮全覆盖的谈心谈话活动，时刻了解干部职工所思所想，积极排忧解难。

【依法治税】 昆明市税务局坚持深化税制改革与国税地税征管体制改革统筹推进，促进税收领域的改革红利充分释放，激发税收征管的强劲动能。深化增值税改革，做好税率调整工作，统一小规模纳税人标准，进一步加强和规范增值税纳税申报比对管理，退还部分行业增值税留抵税额任务7.14亿元。持续做好营改增后续工作，加强政策辅导，做好营改增税负分析。稳步推进个人所得税改革，加强组织领导，健全应急机制，组建个人所得税师资库，开展集中办公，进行全方位、立体式宣传，组织内部培训101场次，对18226户个税扣缴义务人开展培训1329场次，对自然人纳税人开展点对点辅导20余万次，确保全市个人所得税改革与全国、全省同步落地实施。坚持依法治税，制定行政许可、行政征收、行政裁量权基准，开展行政执法案卷评查，抽查评查案卷76件，审理重大税务案件47件。落实“放管服”改革，完善商事登记制度改革后的税收征管配套措施，认真做好不动产交易涉税业务划转主城四区征管工作，在盘龙登记处率先推行不动产交易税收登记“一窗受理、集成服务”试点工作。全面强化税种管理，做好环保税开征工作，持续深化资源税改革，加强所得税、增值税、消费税、车购税，以及“九税二费”管理，各税种实现平稳增收。抓好税收风险任务落实，完成2.8万户次风险任务应对，以此组织入库税款4.5亿元。强化增值税发票风险管控，认真落实增值税发票风险管理和防范打击虚开骗税工作，严格执行增值税发票风险快速反应专项工作的各项规定。加强大企业和国际税收管理，对全市920户千户集团企业进行摸底调查，健全企业名册，实施动态监控。全面强化非居民税收管理，持续开展非居民税收和协定后续管理，平稳推进反避税工作，全年共组织非居民税收收入3.4亿元。加快税收信息化建设，抓好核心征管系统升级改造、岗责配置等改革事项，做好核心征管系统“并库”整合上线工作，突出做好数据清理、云南税务统一工作平台推广运用、电子档案系统优化改造、不动产登记、税务“一窗受理，集成服务”联审联办平台推广运用等先行先试工作。大力整顿税收秩序，做好重点稽查对象随机抽查、打击发票违法犯罪活动、税收违法“黑名单”公布及联合惩戒、扫黑除恶、整治旅游市场税收秩序、整顿和规范影视行业税收秩序等工作，积极开展专案查办结案和积案清理，重拳打击各类税收违法行为。

【纳税服务】 昆明市税务局坚持以人民为中心的发展思想，秉持“税务机构改革推进一步，纳税人获得感增进一分”的理念，通过整合资源、融合服务、聚合业务，让改革发展成果更多更公平地惠及人民。以减税降费提高服务“含金量”。发挥税收职能作用，主动服务供给侧结构性改革，支持和服务民营经济发展，依法依规落实好各项税收优惠政策。全年共减免各项税收收入321.05亿元（含原国税滇中数据），以减出“白银”换取企业发展的“真金”。持续扩大“税银互动”受惠面，税银合作全年累计投放信贷业务2100笔，贷款金额9.57亿元；以便民办税提升纳税“获得感”。编制《昆明市国税地税相同业务事项办税指南》，统一标准、统一流程、统一资料。优化税收营商环境，认真落实“一厅通办”“一套资料办”“主附税（费）一次办”等改革要求，推行“全国通办”业务，实现同一个主管税务机关、原国税地税相同业务一次办理、税收业务一窗通办、税费一厅通办。全面落实办税“最多跑一次”和“全程网上办”，进一步缩短纳税时间、简化办税流程。统一实名办税流程，实现“实名办税”互认。整合纳税人端信息系统，实现纳税人网上办税“一次登录”“一网通办”；以税收协作助力企业“走出去”。在推进“一带一路”“长江经济带”等国家战略中主动作为，加强对“走出去”企业税收政策的宣传辅导，建立信息共享、协作监管机制，健全完善“走出去”企业名册，有针对性地开展税收政策指引，积极支持帮助“走出去”和“引进来”企业健康发展。2018年“走出去”纳税人104户，比2017年新增26户，增幅超三成。

（赵　娟）

金融监管与服务

【全省金融运行特点】 2018年，各项存款增速回升，居民储蓄方式更加多样化；各项贷款增长稳中有升，金融支持实体经济力度不断加大，信贷投向结构持续优化，金融支持全省供给侧结构性改革成效明显。制度性调查显示，微观主体经营情况未见明显改善，银行家、企业家对未来经济走势看法不一。

【金融服务“小微”企业】 年末，全省小微企业贷款余额5275.96亿元，比年初新增376.85亿元，余额同比增长7.78%，增速比三季度末回升0.43个百分点。剔除政府投融资平台的小微型企业贷款余额5126.82亿元，同比增长9.91%。同时，小微企业票据贴现金额实现快速增长，多渠道满足小微企业短期资金需求。年末，全省小微企业票据贴现余额比年初新增86.49亿元，余额同比增长100.16%。

【金融精准扶贫工作成效显著】 年末，全省金融精准扶贫贷款余额2948.74亿元，比年初新增283.31亿元，余额同比增长10.63%，超过同期各项贷款增速0.47个百分点。其中：建档立卡贫困人口及已脱贫人口贷款余额404.99亿元，同比增长16.32%，带动和服务贫困人口84万人次；个人及产业带动精准扶贫贷款余额634.21亿元，同比增长15.39%，带动和服务贫困人口53万人次；项目精准扶贫贷款余额1909.55亿元，同比增长8.03%。

【信贷结构持续优化】 金融支持工业经济转型发展力度加大。年末，全省装备制造业中长期贷款余额85.24亿元，同比增长20.38%，超过同期各项贷款增速10.22个百分点。同时，全省金融机构继续贯彻执行差异化信贷政策，严控产能过剩行业信贷增长。年末，全省六大高耗能行业中长期贷款余额2247.14亿元，同比增长4.22%，低于同期各项贷款增速5.94个百分点；金融支持基础设施“补短板”力度不减。年末，全省基础设施建设行业贷款余额8913.92亿元，比年初新增933.78亿元，余额同比增长11.70%，超过同期各项贷款增速1.54个百分点，为全省基础设施“补短板”提供强有力的资金支持。其中，交通运输、仓储和邮政业贷款比年初新增664.93亿元，余额同比增长18.88%；水利、环境和公共设施管理业贷款比年初新增231.47亿元，余额同比增长13.47%；住房金融服务水平持续提升。年末，全省房地产开发贷款余额2263.67亿元，比年初新增348.36亿元，余额同比增长18.19%，超过同期各项贷款增速8.03个百分点。其中，保障性住房开发贷款余额比年初新增277.54亿元，余额同比增长23.11%，对保障性住房开发形成有力支撑。同时，金融机构加大购房贷款投放力度，积极助推房地产市场去库存。年末，全省个人购房贷款余额比年初新增856.69亿元，余额同比增长26.34%，超过同期各项贷款增速16.18个百分点。

【跨境收支总规模和银行结售汇总额实现“双增”】 2018年，全省涉外经济总体向好，外贸进出口稳步回升。海关数据显示，全省外贸进出口总额298.90亿美元，同比增长27.50%。其中，出口和进口分别增长11.70%和42.50%。受其影响，全省跨境收支总规模和银行结售汇总额4年来首次实现“双增”，全年总规模分别为276.63亿美元、121.75亿美元，分别同比增长4.83%、11.34%。

【跨境收支总规模和银行结售汇总额运行特点】 全省跨境收支和银行结售汇差额出现背离，呈“一顺一逆”态势。伴随外部环境不确定性增大、人民币兑美元汇率双向波动加剧及省内外贸进出口结构大幅调整，全省跨境收支和银行结售汇差额出现背离，分别呈顺差和逆差态势。全年全省跨境收支顺差14.49亿美元，上年同期为逆差10.21亿美元。全年银行结售汇逆差达15.73亿美元，同比扩大17.95%；经常账户波动性增强，结售汇逆差大幅增长。2018年，经常账户结售汇呈逆差态势且大幅增长84%，对全省结售汇逆差的贡献率达65%，是全省银行结售汇逆差扩大的主要因素。具体来看，一是货物贸易结售汇顺差下降成主因。2018年，全省货物贸易结售汇顺差4.63亿美元，同比下降45.35%，对经常账户结售汇逆差增长的贡献率达160%。二是服务贸易结售汇逆差保持高位，主要体现在旅游项下。全年全省旅游逆差13.04亿美元，同比小幅扩大1.18%；资本和金融账户收支实现顺差，有利因素正在累积。2018年，全省资本和金融账户跨境收支顺差5.5亿美元，上年同期为逆差9.22亿美元。一是对外直接投资资金回流明显，净流出继续回落。2018年，全省对境外直接投资收入5.65亿美元，同比增长1.33倍，支出6.86亿美元，同比下降16.94%，对外投资资金净流出1.21亿美元，同比下降79.22%，降幅较上年同期扩大58.67%。二是外商来华投资实现净流入，减撤资意愿降低。2018年，全省外国来华直接投资净流入2.66亿美元，扭转了上年的净流出局面。其中，外国来华直接投资收入4.29亿美元，同比微降0.24%；支出1.69亿美元，同比下降69.76%。三是企业跨境融资需求上升。2018年，受对外贸易稳步回升、银行表内融资规模限制等因素影响，全省国有企业跨境融资需求持续上升。全年全省获得境外贷款7.17亿美元，同比增长75.14%。

【跨境人民币结算实现增长】 2018年，全省跨境人民币结算570.61亿元，同比增长10.37%。人民币在全省本外币跨境收支中的占比33.48%，较上年提高2.22个百分点，继续保持全省第二大跨境结算货币地位。一是经常项目、资本项目实现“双升”。2018年，全省经常项目跨境人民币结算444.91亿元，同比增长11.95%，主要是同周边国家货物贸易结算增多；资本项目跨境人民币结算125.70亿元，同比增长5.12%，主要是企业跨境融资借入和到期归还境外借款增加。二是与周边国家结算量快速增长。2018年，与云南省发生结算的63个国家（地区）中，结算量最大的是缅甸、中国香港和越南，结算占比分

2018年昆明市引进的金融机构之一——云南聚容股权投资基金管理有限公司
（市金融办　供稿）

别为35.31%、24.33%和22.33%。云南省与毗邻的缅甸、越南、老挝结算合计349.71亿元，同比增长12.02%。三是资金持续保持净流入态势。2018年，全省跨境人民币结算收入376.21亿元，结算支出194.40亿元，净流入181.81亿元，较上年多流入33.94亿元。结算流入主要来自贸易出口收入、境外放款到期收回和企业跨境融资借入，结算流出主要是贸易进口支出和投资款汇出。

【强化再贷款再贴现引导作用】 2018年，全省累计发放信贷政策支持再贷款（含支农、支小、扶贫再贷款，下同）114.17亿元，同比增加17.63亿元。其中累计发放支农再贷款9.24亿元，累计发放扶贫再贷款88.63亿元，累计发放支小再贷款16.30亿元。再贴现支持力度进一步加大，全年全省累计办理再贴现330.54亿元，同比增加77.82亿元。截至年末，全省再贴现余额162.52亿元。其中涉农票据再贴现余额占比79.92%、小微企业票据再贴现余额占比59.94%。

【移动支付便民示范工程正式启动】 2018年3月13日，云南省移动支付便民示范工程正式启动。以全国移动支付便民示范城市昆明、曲靖为支点，辐射全省各州市，全面部署，采取有力举措积极推动辖区移动支付业务创新，突破重点场景，取得显著成效。在昆明曲靖公交、昆明地铁重点交通领域支持金融行业移动支付业务产品（银联二维码、银联手机闪付、金融IC卡等），是国内实现重大突破的示范地区之一。

（人民银行昆明中心支行）

【全市金融数据】 2018年，昆明市金融业实现增加值438.20亿元，同比增长3.90%，占GDP的比重8.40%，占第三产业增加值比重的14.90%，对经济增长的贡献率为4%。金融业已经成为昆明市重要支柱产业之一。截至12月末，昆明市金融机构人民币各项存款余额13618.77亿元，同比增长0.93%；各项贷款余额16268亿元，同比增速9.69%。2018年末，全市证券账户约为255.60万户，资金账户约143万户，证券总成交额1566.43亿元。全市实现保费收入231.03亿元，同比增长8.20%，保险密度3418.21元/人，比全国平均水平高出786.21元/人；保险深度4.76%，高出全国平均水平0.34个百分点。

【金融机构】 截至2018年末，昆明拥有汇丰、恒生、东亚、泰京、渣打、马来亚、新加坡大华昆明分行、开泰、安盛天平等9家外资金融机构，在西部12个省市排名第三。同时，金融机构走出国门发展，太平洋老挝合资证券公司和富滇银行老中合资银行相继开业后，老中银行在老挝磨丁特区设立磨丁分行，是中国在该国的首家合资证券法人机构和国内商业银行境外银行法人机构。

截至2018年末，金融监管部门、全国政策性银行在昆都设有派出机构、全市拥有法人银行机构37家，其中全国性银行金融机构驻昆分支机构30家，地方法人银行业金融机构驻昆分支机构2家；证券公司2家，证券分支机构189家；保险法人机构1家，省级分公司40家，驻昆各保险公司及分支机构合计455个，县（区）覆盖率达100%，保险市场多元化格局初步显现；村镇银行16家，私募基金管理机构79家，管理基金128只，小额贷款公司42家，融资租赁1家。全市逐步形成多元化、深层次、宽领域的金融组织体系和服务体系。

【融资规模、融资渠道】 昆明市政府与金融机构、企业建立了良好的政金企合作机制，鼓励金融机构做好金融服务实体经济工作。截至2018年末，市政府已与中国邮储银行、工商银行、农业银行、建设银行等21家金融机构签订金融合作协议，明确未来合作项目，金融机构在未来将给予昆明市上万亿元以上意向资金支持，推进各驻昆金融机构支持企业项目融资，落实市政府与各银行业金融机构合作协议；做好政府性项目融资统计，鼓励和支持市级平台公司拓宽融资渠道。截至2018年12月，昆明市政府性项目新增融资实际到位642.79亿元，其中银行贷款322.06亿元，融资占比50.10%；信托、债券、融资租赁、基金、股权融资、特许经营权融资等其他方式融资320.73亿元，融资占比49.90%。推动相关民营企业处置问题债务及融资工作，如中豪集团债务重组、奥宸滇池星城项目等。

【金融产品和服务创新取得成效】 为加快实施创新驱动发展战略，促进昆明市科技和金融结合，2018年，昆明市金融办与昆明市科学技术局、中国建设银行股份有限公司云南省分行营业部共同研究并联合印发《昆明科技金融（建行）示范支行工作方案》，促进科技与金融深度融合，开辟全新的发展模式。至12月末，科技银行累计为云南格泰科技有限公司等43户科技型企业提供账户、资金结算以及信贷等服务，累计授信金额2687.90万元，存量贷款余额1080.90万元。为中国电建集团昆明勘测设计研究院有限公司提供10亿元信用额度，为昆明云内动力股份有限公司提供16.9亿元信用额度。

【普惠金融快速发展】 各驻昆银行金融机构及下属分行陆续设立普惠金融事业部，并将普惠金融服务机构向二级分行以及县城、乡镇等末梢延伸，已设立45个普惠金融事业部、47个普惠金融服务中心、73家小微特色支行，全市直接服务于县（市、区）乡（村）的银行网点机构611个，全市ATM机、POS机等各类电子机具布设1482个行政村（社区），全市覆盖率91.94%；部分银行（农合）机构通过在30个行政村设立惠农服务点等方式，为当地村民提供金融服务，极大地提升县域金融服务覆盖面及服务便利性。驻昆保险机构通过参与云南白药集团保险、昆明地铁工程项目责任险、云南省林木火灾保险、云南省旅游组合保险统保等项目，形成了与经济社会互融共生的良好局面，在保险业务创新、保险辅助社会管理等方面成为全省典型示范区。

【培育发展资本市场】 市金融办联合市财政局组织昆明市辖区内企业开展“2018年度云南省资本市场发展专项资金”申报及初审工作，共申报42家企业的45个项目，通过39家企业42个项目，为相关企业拨付专项资金984.08万元。同时开展培训孵化、路演观摩、融资服务等跟踪指导、重点扶持工作。

【服务中小企业融资】 协调合作银行积极参与“财园助企贷”企业融资试点工作，截至2018年末，全市共有12个园区的178户企业累计获得贷款资金6.74亿元，累计贷款余额3.80亿元。财政资金引导和撬动金融机构融资配套中小企业效果明显。继续推动昆明市小微企业应急贷款周转金支持昆明市生产经营正常、市场前景较好的、资金周转暂时出现困难的小微企业。

【区域性国际金融服务中心建设】 昆明市围绕面向南亚东南亚辐射中心建设目标，以沿边金融综合改革试验区建设为动力，以金融产业中心园区为平台，加快建设区域性国际金融服务中心。持续推动金产园区建设。截至2018年末，金产园区西山、呈贡片区累计总投资393.72亿元，其中政府投资128.41亿元，社会投资265.31亿元。西山片区引进金融机构25家，呈贡片区引入金融机构21家。“一园两片”累计入驻项目20个，包括西山万达广场、东盟大厦、蓝光昆仑中心等，引进金融机构及金融服务机构35家；加强金融招商力度。2018年全市共引进金融机构4家，即平安普惠企业管理有限公司云南分公司、云南聚容特色小镇股权投资基金合伙企业（有限合伙）、混沌天成期货股份有限公司昆明营业部、中天国富证券有限公司云南分公司；加快昆明国际金融小镇示范点建设。有序开展金融小镇示范点选址征集工作，经前期广泛征集意向和研究讨论，10月29日，市政府正式批复西山区云南天景房地产开发有限公司云投中心项目作为昆明国际金融小镇建设首期示范点，将于2019年1月正式挂牌；推动昆明农商银行组建。2018年在省委省政府、市委市政府领导的高位统筹下，在省级相关部门和云南银监局等监管部门的大力支持下，按照银监会关于组建农村商业银行相关法律法规及工作指引，昆明市积极高效推进昆明农商银行组建。

【强化“三农”金融服务】 鼓励引导辖内金融机构积极支持农业农村农民发展，从整体上推动“三农”金融服务工作。推动金融资源向贫困地区倾斜，助力昆明打好精准脱贫攻坚战。加大“三农”信贷投放。截至2018年12月末，全市银行业金融机构涉农贷款余额3275.76亿元，较年初新增169.53亿元，增幅5.46%。稳步推进村镇银行支农支小。昆明市有16家村镇银行，累计注册资本达11.90亿元，共计22个营业网点，从业人数411人，基本实现县区覆盖。至12月末，全市村镇银行支农支小贷款余额24.01亿元，占比贷款总额的74.93%，支农支小贷款余额同比增长8.93%。截至2018年末，全市共有47家小额贷款公司营业，累计发放贷款16361笔，贷款余额为70.89亿元，其中支农支小金额20.23亿元，占比为28.53%。全市各县（市、区）均在当地农信社及涉农银行金融机构的支持下，有序开展“三权三证”抵押贷款试点工作。全年全市农村承包土地的经营权抵押贷款发放567笔，累计余额8587万元，当年累计发放6145万元；农民住房财产抵押贷款发放58笔，累计余额1180万元，当年累计发放388万元；林权抵押贷款36.02亿元，累计实现“三权三证”抵押贷款余额37亿元。

【金融生态环境持续优化】 着力防范和化解金融风险。昆明市认真落实中央及省关于防范化解金融风险的部署安排，积极做好防范和化解金融风险工作。全市金融风险总体可控，金融运行总体稳健。市委办公厅、市政府办公厅于2018年5月24日印发《昆明市防范化解地方金融风险工作方案》，各相关单位陆续制订11个子方案，为今后科学开展防范化解金融风险工作提供制度保障。2018年，通过失信企业治理、楼宇排查、公安机关涉众经济案件风险专项排查等多种形式，对注册名称中含投资公司、经济信息咨询、寄售行、融资担保、期货、外汇、资本管理、典当行、小额贷款、融资登记服务、股权投资基金、私募、P2P网络借贷等类金融类企业风险持续开展滚动摸排，坚决防止经济风险向社会、政治领域传导。截至年底，全市公安机关已清理排查9936家，排查率88.90%。全市上下联动，共同开展防范非法集资宣传教育暨2018年防范非法集资宣传月活动，各级人民政府、各国家级开发（度假、园）区管委会全面组织开展辖区内防范非法集资宣传教育工作，各级行业主管监管部门做好本行业（领域）防范非法集资宣传教育工作，通过普及法律知识，剖析非法集资典型案例，开展警示教育，提升群众防范非法集资的意识和能力。共组织大型宣传活动189次，参与群众82844人；在全市40余

2018年9月19日，市长王喜良在国家金融与发展（昆明）研讨会上致辞
（市金融办　供稿）

块户外LED屏播放防范非法集资公益广告4055次，受众40万人次；在全市8037辆出租车上持续滚动播放防范非法集资口号945万条次；开展进村活动867次，参与群众98891人；开展进社区活动348次，参与群众72461人；开展进机关活动156次，参与员工11678人；开展进学校活动186次，参与师生143042人；开展进工厂活动67次，参与职工5403人；发放传单、手册等宣传材料136640份；制作海报、展板、横幅5776张；发放购物袋等其他各类宣传品91383份。

金融服务质量有效提升。认真履行地方政府属地职责，积极支持和配合“一行三局”抓好对全市银行业、证券业、保险业的监督管理，配合省金融办对地方金融进行的统一归口管理，依法依规加强监管，构建更加健康有序的金融秩序。此外，根据第三方评价结果，昆明市积极敦促金融机构进行营商环境整改，进一步拓宽企业及群众获得金融服务的便利性，提高办事效率，提供优质高效的金融服务。

【行业学会活动】 昆明市金融业联合会及昆明金融与发展研究院有效发挥平台作用。昆明市金融业联合会积极开展会员活动，为全市金融机构创造互相交流和学习的机会，鼓励协调各市场参与主体有效联动，形成共商金融发展大计、共谋智力驱动的良好氛围，齐心协力推动昆明区域性国际金融服务中心建设。昆明金融与发展研究院积极对接首都资源，主动开展金融与发展研究工作。2018年以来，先后完成《昆明金融发展（2018）年度报告》《昆明建设区域性国际金融服务中心金融竞争力比较分析研究》《昆明建立健全地方金融监管体系路径研究》等课题申报和研究工作，编辑出版《昆明金融参考》《金融快讯》等专刊，在分析昆明金融形势，为昆明金融发展建言献策方面发挥重要作用。

【2018国家金融与发展（昆明）研讨会成功举办】 2018年9月19日，由国家金融与发展实验室、云南省金融学会、昆明金融与发展研究院、昆明金融业联合会共同举办主题为“深化改革，优化地方金融资源——开创区域性国际金融服务中心建设新局面”的2018国家金融与发展（昆明）研讨会在昆举行。本次研讨会立足于贯彻落实党的十九大和第五次全国金融工作会议精神，增强金融服务实体经济能力，防范化解好金融风险，深化金融改革，充分发挥国家金融与发展实验室作为中国金融高端智库在理论研究和政策咨询方面的优势，推动昆明金融主动服务和融入国家“一带一路”建设等，提高昆明金融的影响力与辐射力，奋力开创昆明区域性国际金融服务中心建设的新局面。省委常委、昆明市委书记程连元出席研讨会，市委副书记、市长王喜良，中国人民银行昆明中心支行行长李波到会致辞，市委常委、常务副市长保建彬主持研讨会。中国社会科学院学部委员、国家金融与发展实验室理事长、昆明金融与发展研究院院长李扬发表题为《区域金融中心建设的要素分析》的主旨演讲和题为《当前经济金融形势分析》的专题讲座。方正证券股份有限公司首席执行官高利，中国农业银行总行公司部高级专家郑旭华、国家外汇管理局资本项目管理司资本处处长周海文，中国外汇交易中心技术开发部副总经理叶胜国，中国金融学会秘书处主任李国卉，云南师范大学副校长、博士生导师丁文丽等分别结合会议主题发表专题演讲。中国人民银行昆明中心支行副行长王春桥、云南银监局副局长潘文波、云南证监局巡视员张玉祥、中国银行云南省分行行长周洪源、中国进出口银行云南省分行行长邢敦忠、云南财经大学金融学院院长熊德平参加圆桌会议交流观点。国家金融与发展实验室专家学者，建银国际金融有限公司、华融资产管理公司云南省分公司、云南红塔银行、富滇银行、中国建设银行昆明分行等省内外金融机构负责人，省沿边金融综合改革领导小组成员单位，云南省金融学会会员单位，昆明金融业联合会会员单位，昆明市工商业联合会会员单位，在昆知名金融中介服务机构代表，各国家级开发（度假）区、14个

县（市、区）主要负责人，各市级部门和市属投融资公司负责人，云南大学、云南师范大学、昆明理工大学、云南财经大学、云南民族大学、市委党校等省内高校相关领域专家参与研讨会重要环节。

9月20日，部分与会嘉宾实地考察滇池污染治理、云南白药集团等项目和企业，了解项目融资和上市公司发展情况。

此次研讨会为奋力开创昆明区域性国际金融服务中心建设的新局面建言献策，凝聚各方金融力量，为加快昆明在全省率先全面建成小康社会，奋力推进区域性国际中心城市建设创造有利条件。

（代梦婕）

银　行

【存款及分析】　各项存款增速回升，居民储蓄方式趋多样化。2018年末，全省各项存款余额3.07万亿元，比年初新增580.10亿元，余额同比增长1.92%，增速较10月末回升0.26个百分点，已连续两个月实现增速回暖。从结构看，住户存款增长持续向好。年末，全省住户存款余额比年初新增1288.71亿元，同比多增67.05亿元，余额同比增长9.78%，超过同期各项存款增速7.86个百分点。同时，居民金融理财意识不断加强，储蓄方式更趋多样化。2018年，个人结构性存款和大额存单余额累计新增764.04亿元，占同期住户存款增量比重达59.29%；非金融企业存款降幅逐步收窄。年末，全省非金融企业存款余额比年初减少882.75亿元，同比多减1619.73亿元，余额同比减少10.28%，降幅比10月末收窄1.47个百分点，企业存款降幅持续扩大的势头扭转。

【贷款及分析】　各项贷款增长稳中有升，实体经济融资渠道得到拓宽。至年末，全省各项贷款余额2.85万亿元，比年初新增2627.38亿元，同比多增261.18亿元，全年累计增量创2011年以来最高水平，余额同比增长10.16%，增速较三季度末回升1.34个百分点，各项贷款增速总体稳中有升。实体经济融资渠道进一步拓宽，全年全省共发行非金融企业债务融资工具98只，发行总额961.20亿元，同比增长41.25%，发行态势持续保持增长。全年全省通过平台共成交应收账款融资业务407笔，融资金额492.30亿元，应收账款融资服务平台作用彰显。

（人民银行昆明中心支行）

【银行业金融机构及从业人员数】　2018年末，昆明市共有银行业法人机构39个，占全省的18.14%；各类营业性网点1466个，占全省的26.29%；从业人员29534人，占全省的37.34%。

【银行业金融机构资产及负债】　2018年末，昆明市银行业金融机构资产总额21108.95亿元，占全省资产总额的51.57%，比年初增加559.46亿元，增长2.72%。其中，各项贷款余额16676.78亿元，占全省各项贷款余额的58.39%，比年初增加1437.17亿元，增长9.43%。负债总额20478.08亿元，占全省负债总额的51.92%，比年初增加562.21亿元，增长2.82%，其中各项存款余额13047.08亿元，占全省各项存款余额的44%，比年初减少47.84亿元，下降0.37%。

【推动银行业改革发展】　2018年，云南银监局再次获得昆明市人民政府“金融创新与发展成果奖”。深化农合机构改革。稳步推进昆明农商行组建，做好改制机构清产核资验收和股东资格审查等工作；抓好村镇银行“多县一行”试点工作。研究上报“多县一行”制村镇银行试点工作方案，选取安宁稠州村镇银行作为试点银行；推进城市商业银行改革。推进曲靖商业银行增资扩股和换届，批复投资人股东资格，督促入股资金足额到位。督促富滇银行优化资产结构、化解重点风险，批复发行40亿元绿色金融债。引导红塔银行完善公司治理，加快发展转型。

【提升金融服务实体经济质量效益】　引导银行资金流向实体经济。出台《关于2018年辖内银行业提升服务实体经济质效的意见》，从支持重点项目建设、推动普惠金融发展、打好精准脱贫攻坚战、打造世界一流“绿色能源”“绿色食品”“健康生活目的地”三张牌等方面制定措施，引导督促银行业加大对实体经济的信贷支持。全市工业转型升级项目贷款余额204.21亿元，占全省的59.78%；战略性新兴产业贷款余额323.81亿元，占全省的60.13%。

服务薄弱环节。持续改进小微企业金融服务，召开小微金融服务专题工作会议，推动小微企业贷款增量扩面降成本，推荐5家辖内符合要求的法人机构纳入2018年小微企业贷款利息收入免征增值税范围。积极支持民营经济发展，联合有关部门对有地方行业代表性的民营企业开展调研逐户解决诉求，推动“银税互动”。推动完善农村金融基础服务，推进建设“村村通”工程，实现昆明辖内行政村基础金融服务100%全覆盖；督促主动对接特色小镇建设项目，实施信贷优惠措施，创新产品服务。

服务脱贫攻坚。开展扶贫领域作风问题专项治理工作，选取辖内5家机构进行专项督查，督促金融扶贫贷款精准对接贫困人口。以扶贫小额信贷为主要抓手，联合省扶贫办制定年度信贷计划并督促落实，全市共发放扶贫小额贷款2.09亿元。

【严守风险底线】　强化信用风险防控。研究印发银行业风险防控通知，层层压实风险防控责任；狠抓贷款分类真实性，约谈偏离度较大的城商行

2018年12月17日，中国银行保险监督管理委员会云南监管局挂牌成立
（云南银保监局　供稿）

和股份制银行；加快推进不良资产分类处置，督促辖内银行业机构综合运用各种方式化解处置风险；切实化解大额授信风险，选取昆明市9家企业开展联合授信委员会试点，指导债委会研究处置措施；对信用风险突出、不良率持续上升的机构，采取专题调查、监管约谈、督促指导等措施。

加强重点领域风险防控。提前布防地方政府债务过快上升引发的违约风险，配合财政部门开展清理工作；高度关注房地产风险，开展房地产信贷业务风险排查，严肃查处虚构首付款、消费贷款违规流入房市、以理财资金对接资管计划向房地产项目融资等问题。

严防案件操作风险。召开银行业案件风险防控会议，印发银行业案件防控工作意见，分析案件风险形势，严格落实主体责任，严肃案件查处。督促辖内机构深化风险排查，强化员工行为管理，开展重点风险排查和大型银行、股份制银行安全保卫检查，组织辖内31家农村中小机构开展员工行为排查。

防控中小法人机构风险。督促辖内高风险机构制定并落实风险处置三年规划，压实风险处置主体责任。持续完善中小法人机构流动性风险救助机制，推动辖内3家城商行充分运用流动性互助协议，提升流动性保障作用；推动辖内农合机构及农商行参与缴纳省联社风险救助准备金，建立风险救助长效机制；督促辖内16家村镇银行与主发起行续签流动性支持协议，制订流动性风险及声誉风险应急预案。

推进互联网金融风险和非法集资整治，开展扫黑除恶专项斗争。认真履行相关职责，积极稳妥推进P2P网贷风险专项整治工作。防范和打击非法集资，组织开展宣传教育活动，督促银行业加强可疑资金监测。认真开展银行业扫黑除恶专项斗争，印发具体实施意见，部署专项排查。

深化银行业市场乱象整治。聚焦银行业乱象，做实整治各个环节工作。选取辖内13家机构开展现场检查、监管督导，保持对违法违规行为的高压态势，严格执行“双罚”，切实提升机构依法合规经营的意识和动力。

【提升银行业监管效能】 实施风险管控“三导机制”。提出并落实“事前引导、事中指导、事后督导”的风险管控工作措施，坚持问题导向、工作导向、目标导向原则，熟练掌握监管政策“集装箱”和监管手段“工具箱”，提升风险管控能力和水平。

增强非现场监管效能。发挥非现场数据日常监测和预警功能，定期进行分析，充分揭示被监管机构风险点，提出监管意见并督促整改落实。加强数据质量全流程管理，通过日常监测、报表答疑等方式提升报送质量，对云南红塔银行开展监管统计现场检查。

提升现场检查质效。坚持科学立项，突出问题导向和风险导向，积极开展EAST系统的应用与推广；创新单机构检查加多机构延伸检查的检查机制，查实查透资金脉络；统一问题定性标准和处罚问责尺度，建立“整改—评估—整改”机制。

提升依法监管能力。推进依法行政体系建设，调整优化行政许可流程，不断规范行政处罚，印发公平审查实施细则、原银监局依法行政与依法监管实施意见及法律审查工作暂行办法等，加强对重大复杂信访投诉、政府信息公开等事务的法律审查和咨询。

强化金融消费者权益保护。继续强化监管考评，将消保考评结果作为监管评级的重要参考，推动落实消保主体责任，部署开展营业场所销售行为现场检查，针对损害消费者权益突出行为开展“精准打击行动”，妥善处理消费者投诉及信访。

（云南银保监局）

保　险

【保险业务规模】 2018年，昆明保险市场实现平稳发展，全市保险业实现原保险保费收入265.05亿元，同比增长6.52%。其中，财产保险公司保费收入121.26亿元，同比增长9.33%；人身保险公司保费收入143.79亿元，同比增长4.26%。保险公司总资产达496.03亿元，同比增长16.29%。2018年，全市保险公司共承担风险保障23.54万亿元，昆明市各项赔款与给付支出合计92.65亿元。

【保险机构及从业人员数】 全市共有保险公司法人机构1家，保险省级分公司41家，其中财产保险省级分公司26家、人身保险省级分公司15家，保险中心支公司及以下保险机构408家，专业中介法人机构34家。保险从业人员5.23万人。2018年，在昆明新获批设立人身保险省级分公司1家，为工银安盛人寿保险有限公司云南分公司。

【保险市场监管与风险防范】 全力规范市场秩序。云南保监局派出53个检查（调查）组210人次，对昆明市内（包含省公司）53家次保险机构（产险机构11家次、寿险机构12家次、中介机构30家次）开展现场检查（调查），包括农险和车险专项检查、人身险“治乱打非”检查、保险中介机构业务合规性及备案情况检查、防控非法集资检查等，形成从严监管高压态势。针对整治乱象检查（调查）发现的违法违规问题，坚持从严整治、从快处理、从重问责，共对昆明市内（包含省公司）28家机构和20名个人实施行政处罚及相关监管措施，共计罚款185.70万元。其中，对机构罚款139.10万元，警告6家次，对个人罚款46.60万元，警告责任人20人次。印发《关于报送保险业市场乱象整治工作情况的通知》《云南保监局关于深入开展保险专业中介市场乱象整治工作的通知》，部署开展辖内保险机构乱象整治工作，对自查发现问题，保险机构严肃追究相关管理人员责任；强化保险机构现场督导。2018年，派出督导组对71家次保险机构进行现场督导，内容涉及乱象整治、车险乱象、提示寿险营销员和满期给付风险、非法集资工作情况等；积极开展金融安全知识宣传教育。强化客户反洗钱意识，辖内保险机构以客户身份识别为基础、以重点业务本人亲自办理为方式，推动社会公众强化个人身份信息保护意识，增强社会公众参与反洗钱工作的积极性和主动性。积极参与防范非法集资专题宣传活动，会同省金融办及省公安厅在昆明官渡广场组织“5·15打击和防范经济犯罪宣传日”活动，通过播放警示教育宣传片、面对面讲解、发放宣传单等形式，为群众普及防范非法集资有关知识，活动月累计发放手册、折页3000余份。利用网点优势将金融知识送到基层，按照进机关、进企业、进学校、进社区、进村组、进家庭的要求，采取现场咨询、“三农”座谈会等多种形式，不断培育和强化金融消费者及社会公众的识别能力和风险防范意识。促进保险机构推广“五个一”，即至少张贴一幅宣传海报、公开至少一种举报投诉方式、悬挂宣传条幅或滚动播放标语至少一个月、至少面向公众开展一次现场咨询、群众随时可以取阅一份防范非法集资宣传折页；深入开展非法集资风险排查。开展楼宇铺面涉嫌非法集资专项排查工作，配合省处非办、地方政府做好楼宇铺面涉嫌非法集资行为的排查处置工作，排查主体覆盖40家保险公司、100余家中介公司，排查范围覆盖各公司自有楼宇铺面、租用楼宇铺面以及合作方楼宇铺面情况。开展2018年保险业涉嫌非法集资广告资讯信息排查清理工作，组织辖区保险机构开展涉嫌非法集资广告资讯排查活动，排查重点为保险机构和保险从业人员个人通过报刊、广播电视、网络媒体、户外广告、传单、手机短信等渠道发布的各类广告资讯信息，同时督促保险机构加大对新型媒介的管控。做好2018年防范和处置非法集资风险专项检查，对3家保险公司省分公司开展2018年防范和处置非法集资风险专项检查，督促保险机构进一步提高对防范非法集资风险工作的重视程度，夯实防控工作基础；积极开展反保险欺诈工作。组织全省保险机构及保险行业协会开展“安宁2018”反保险欺诈专项行动，以车险欺诈行为为打击重点，统筹扫黑除恶工作，严肃打击有组织的欺诈团伙。“安宁2018”反保险欺诈专项行动警示和震慑潜在犯罪分子，有效维护保险市场秩序，深化警保联动机制，形成联合打击欺诈犯罪的高压态势。

【保险服务保障】 切实维护昆明市保险消费者合法权益。扎实推进保险消费投诉处理工作，提升12378保险消费者权益保险热线电话服务能力，升级12378热线话务系统云南分中心系统，加强分中心的运作和管理。组织开展2018年辖内保险公司服务评价工作，促进保险公司加强和改进保险服务水平。加强小额理赔监测，督促公司进一步完善理赔流程、简化理赔单证，切实提高理赔服务水平。监控保险公司销售行为，组织行业开展自媒体保险营销宣传行为的自查工作。针对保险消费者反映的问题，开展“精准打击行动”，严查重处损害消费者权益的行为；深入推进保险纠纷调处及诉调对接机制建设，与省高院联合召开全省保险纠纷诉调对接工作会议，在全省范围内推进保险纠纷诉调对接机制建设。在昆明市建立健全保险纠纷调解组织，2018年，全市成功调解保险纠纷案件16件、调解结案金额414.94万元。昆明城区5家法院调处案件72件，调解结案金额750.42万元。在官渡区法院和人保财险昆明市公司设立保险纠纷一体化网络处理平台在线调解室，标志着云南省在依托互联网探索建立保险纠纷在线调解方面取得突破性进展。最高人民法院在昆明召开有关会议期间，来自全国各法院的70余名法官、云南省高院领导、官渡区领导在官渡区法院现场观摩保险纠纷一体化网络处理平台，对平台建设工作给予肯定。云南省保险行业协会积极与昆明市交警六大队、盘龙区司法局沟通，健全完善小额人伤交通事故保险业主动调解机制试点工作，拓展保险调处机制在处理交通事故方面的服务功能；加强保险宣传与消费者提示。在“3·15国际消费者权益保护日”“7·8全国保险公众宣传日”普及保险知识、宣传保险功能。组织行业开展保险宣传教育活动，推动开展保险知识进校园、进社区、进企业、进贫困地区等活动，依托官方网站、报纸专栏等媒介向社会公众发布保险消费者风险提示。加强行业信用体系建设，全面落实《社会信用体系建设规划纲要（2014—2020年）》和《中国保险业信用体系建设规划纲要（2015—2020年）》等文件要求。推进保险诚信文化建设，运用多种形式和载体，持续开展“守信用、担风险、重服务、合规范”的保险行业核心价值理念学习教育，传播保险诚信理念，宣传保险诚信文化。

【保险助力经济社会发展】 以服务深化供给侧结构性改革为主线，提高服务实体经济的能力和水平。助力企业降成本和推动解决融资难、融资贵问题。推动房屋建筑和市政基础设施工程领域保证金综合保险试点工作在昆明市开展，在一定程度上缓解建筑企业缴纳现金保证金的资金压力。推动新一轮小额贷款保证保险试点，发展借款人意外伤害险，为银行信贷投放提供风险保障。加大保险资金融资引导及项目对接力度，助力昆明市重点项目建设，2018年，新增6项投资在昆明的保险资金债权投资计划，合计注册金额100.55亿元，平均每个项目投资金额16.80亿元，平均投资年限8年，保险资金投资单项金额规模大、投资期限长的相对优势明显。参与昆明市大健康产业示范区建设，聚焦“医、药、养、健、游、食”等领域加强服务供给，保险机构与医疗机构、养老机构、健康管理机构积极合作，扩大健康保险、养老保险、医疗责任保险覆盖范围，推动医护人员职业综合保险、长期护理保险、就医人员意外伤害保险等试点。

助力社会治理创新。推动环境污染强制责任保险试点落地，联合相关政府部门印发实施方案，建立风险评估系统、投保系统、政府查询系统“三位一体”的环境污染强制责任保险网络服务平台，为参保企业量身定制保险方案，在100万—3000万元间设置多档保额供企业选择。与省民政厅、省财政厅联合印发《关于推行养老机构综合责任保险的意见》，为养老机构的服务对象及雇员提供意外伤残或身故、意外医疗等保险保障。联合省安监局、省财政厅印发《云南省安全生产责任保险实施细则》，在全省统一推广安全生产责任保险。推动食品安全、校园安全等领域的责任险发展。总结试点经验，全面推广公路和农村地区道路交通事故快处快赔工作。推动平安保险集团“智慧医保”项目在昆明市运行，打造事前风险防控、事中诊疗监管、事后费用核查的智能核查系统，与现有的医保业务系统实现系统对接，协助医保中心完成异常参保行为分析、异常理赔费用分析、抗排异治疗异常费用数据分析等工作。完善保险应急保障机制，及时、充分地应对“1·16”杭瑞高速交通事故、地震等重大自然灾害和雨季汛期等意外事故并为导致的损失提供保险补偿。

【保险助推脱贫攻坚】 精准对接农业保险服务需求，有效保障农业生产。保险业以服务高原特色农业现代化战略为核心，将保险与农业产业化政策相结合，推动农业保险发展，不断提升农险扶贫工作水平。2018年，昆明市农业保险为全市农业生产经营者提供111.63亿元的风险保障，累计赔款支出2.66亿元，12.23万户次农户受益。农险特色扶贫项目有序推动。昆明市实施以马铃薯种植保险、能繁母羊养殖保险为主要内容的政策性地方特色农业保险试点，试点采取农户自愿参保与政府补助相结合的模式，保障适度、保费较低。种植保险方面，市、县两级财政分别补贴马铃薯保险保费的64%、16%，农户自缴20%。养殖保险方面，试点给予贫困户大幅优惠，对于东川区和寻甸、禄劝县3个贫困县（区），市、县两级财政补贴能繁母羊保险保费的99%，农户仅需缴纳0.22元/只，其他地区补贴95%，农户自缴1.12元/只，保额800元/只。东川区农业局制定出台《2017—2018年东川区甜杏低温需冷量气象指数保险》，保险业为1006.20亩的甜杏提供休眠期不足导致减产或绝收方面的风险保障，2018年，实现承保面积100%理赔，赔付金额48.33万元。

深入推进大病保险工作，提升健康扶贫工作水平。通过政府引导、政策支持、市场参与，云南保险业按要求在昆明市落实建档立卡贫困人口扶贫倾斜政策。昆明城乡居民大病保险建档立卡贫困人员大病报销起付线由原来的2万元降低为1万元，降低50%；大病保险最高支付限额由原来的9.80万元提高到18.30万元。建档立卡贫困人口在自然年度内个人自付医疗费超过1万元以上（含）3万元以内的报销50%，3万元以上（含）4万元以内的报销60%，4万元以上（含）5万元以内的报销70%，5万元以上（含5万元）25万元以下的报销80%。同时，22种重大疾病门诊和住院医疗费用政策范围内报销比例不低于70%。

凝聚保险行业力量，优化扶贫模式。通过“云南省驻村扶贫工作队百亿保障计划”为全省建档立卡贫困村驻村扶贫工作队员系上“保险绳”，已为昆明市多位出险扶贫队员进行赔付。2017年10月起，昆明市扶贫办为昆明市驻州市挂职、驻村扶贫工作人员投保半年期的团体意外险保障计划，保障内容涵盖意外身故、意外残疾、意外住院津贴和交通事故意外伤害。

（云南银保监局）

证券期货

【融资供给】 2018年，昆明市企业通过交易所市场新增直接融资349亿元。股票融资持续保持良好态势。年内，昆明共有2家上市公司、9家挂牌公司实现股票融资39.38亿元，后续股票融资正积极推进，2家企业IPO在审，3家企业IPO进入辅导，2家上市公司的20.49亿元再融资获批，1家上市公司的26亿元再融资申请获受理。截至年末，昆明市共有23家A股上市公司，总市值2901.12亿元。2018年，昆明市企业累计通过交易所市场发行公司债和资产证券化产品实现债券融资309.62亿元。创新型债券产品发展态势良好，成功发行全国首单绿色扶贫资产支持证券、社会责任—扶贫公司债等债券创新产品，为云南省绿色发展、脱贫攻坚提供精准支持。

【证券期货业市场】 2018年，昆明证券市场累计交易额17965.91亿元，同比减少14.20%；客户资产2558.41亿元，同比减少23.55%；新增资金账户数167497户，同比增长11.70%，累计资金账户数1598853户。期货市场累计交易额15413.41亿元，同比减少4.90%；新增期货账户数1551户，同比增长5.28%，累计期货开户数30939户。截至2018年末，昆明共有证券期货经营机构136家（其中证券公司2家、期货公司2家），红塔证券、太平洋证券净资本分别为124.40亿元和99.58亿元，在全国券商中分别排名第34位和第46位；红塔证券IPO在审。完成登记的私募基金管理人共88家，备案基金154只，管理资金规模845.80亿元，较2017年末增长261亿元。2018年，证券经营机构通过保荐上市、发行债券等中介服务，开展股权质押融资、定向资管、资产证券化等融资业务为云南企业融出资金余额424.46亿元。国务院同意云南和广西

2018年昆明市证券期货市场基本情况表

项目		年末数或本年累计数	数据填报口径
境内上市公司	家数	23	
	市值（亿元）	2901.12	
	股票首发筹资金额（亿元）	0	本年累计数
	股票再筹资金额（亿元）	37.65	本年累计数
	在审在辅导公司家数	5	
股转系统挂牌公司	挂牌公司家数	66	
	在审挂牌公司家数	1	
	定向发行股票筹资金额（亿元）	1.73	本年累计数
交易所债券市场1融资	企业通过交易所债券市场筹资金额（亿元）	309.62	本年累计数，包括公司债、可转债、可交换债、资产证券化产品
证券经营机构	证券公司家数	2	
	证券公司分公司家数	29	
	证券营业部家数	80	
	证券投资咨询公司家数	1	
	证券市场交易金额（亿元）	17965.91	本年累计数
	客户托管资产总额（亿元）	2558.41	
	资金账户数（户）	1598853	
期货经营机构	期货公司家数	2	
	期货营业部家数	22	
	期货市场交易金额（亿元）	15413.41	本年累计数
	客户权益（亿元）	20.13	
	期货开户数（户）	30939	
私募基金	私募基金管理人家数	88	
	备案私募基金数量（只）	154	
	私募基金管理规模（亿元）	845.80	

1. 交易所市场指上海证券交易所、深圳证券交易所、机构间私募产品报价与服务系统

在沿金综改区分别设立1家内地与香港合资证券公司，云南合资证券公司筹建工作正积极推进。

【资本市场提质增效】 上市公司并购重组提质增效助力供给侧结构性改革。2018年，昆明市共有1家次上市公司实施重大资产重组涉及交易金额55.31亿元，1家上市公司的重大资产重组申请获批涉及交易金额13.70亿元，1家上市公司重大资产重组申请获受理涉及交易金额20.17亿元，1家上市公司披露重大资产重组预案涉及交易金额508.13亿元；新三板挂牌公司数量持续增长支持创新创业企业发展。2018年，昆明市新增新三板挂牌公司4家，挂牌公司数量达到66家，11家入围创新层。

【资本市场助力脱贫攻坚】 年内，云南证监局大力推动辖区证券期货经营机构开展“一司一县”结对帮扶。红塔证券、太平洋证券、云晨期货和红塔期货4家证券期货法人机构分别结对帮扶大理漾濞县清河村、怒江贡山县、香格里拉格咱乡中心完小等，2018年，累计投入帮扶资金348.11万元。两家证券公司在2018年中国证券期货业扶贫工作表彰大会上荣获最佳精准脱贫项目等4项奖项。

【防范和处置市场风险】 加强上市、挂牌公司风险研判，及时向省政府报告相关情况，稳妥做好*ST昆机退市中的年报披露、涉诉事项处理、维稳等风险防范化解工作，公司已稳妥退市，后续工作有序开展。逐一摸排债券兑付风险情况，推动下发《关于切实做好公司债防控工作的通知》，持续维护辖区公司债券零违约局面。扎实开展私募基金专项整治工作，对发现的违法违规行为开展分类处置。持续关注股权质押风险，对股东触及平仓风险和股份质押率超过80%的公司采取“一司一策”，全力推动公司化解风险。召开民营上市公司纾困现场对接会，组织证券基金经营机构对接辖区内存在纾困需求的民营上市公司，设立纾困产品支持民营企业发展。红塔证券发起设立20亿元纾困基金，已向基金业协会登记备案。积极配合开展交易场所清理整顿工作，云南省交易场所清理整顿工作通过部际联席会议验收。

【单位领导名录】

局　　长：林　林
副 局 长：蒋厚贤
党委书记：林　林
纪委书记：邹陵曦

（李冬琴）

商　业

◆责任编辑　方玉红

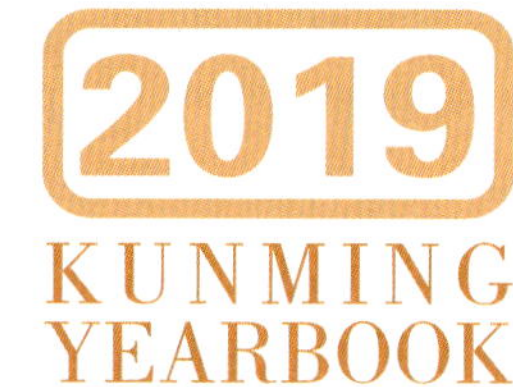

商业贸易

【商贸业数据】　2018年，在省委、省政府和市委、市政府的坚强领导下，全市社会消费基本保持平稳运行的态势。全市2018年1—12月社会消费品零售总额达2787.41亿元，增长10%，连续三年实现两位数以上增长，在全国省会城市中排名前列。分行业看，批发业商品销售额达到8759.41亿元，增长17%；零售业商品销售额达到2624.59亿元，增长9.20%；餐饮业营业额达到491.48亿元，增长14.90%。商贸业固定资产投资完成125.25亿元，同比增长24.80%；商贸服务业营业收入完成29.21亿元，同比增长15.60%；新认定总部企业21户，保有税收千万元楼宇48栋、亿元楼宇24栋。

【社会消费保持平稳运行】　2018年，全市商务系统和各县（市、区）、开发（度假、园）区高位统筹，综合施策，昆明市消费市场平稳运行。积极实施“消费升级行动计划”，通过扩大服务消费、培育信息消费、引领绿色消费、创新时尚消费、提升品质消费、拓展农村消费等六大领域结构升级，提高消费对经济增长的拉动作用。主动搭建促销平台，扎实开展促销活动，充分发挥财政扶持资金的激励促进作用。根据《昆明市人民政府关于进一步促进全市经济平稳健康发展26条措施的意见》及相关产业发展扶持政策，积极争取和兑现省市1610万元扶持资金，对重点商贸企业进行扶持奖励。2018年，在经济下行压力增大的形势下，全市社会消费品零售总额完成2787.41亿元，同比增长10%，连续三年实现两位数以上增长。

【推进流通发展】　搞好昆明市生活必需品监测，认真做好市场监测统计和商贸流通企业统计日报、周报、旬报、月报、季报和年报，组织企业安装信息泵相关工作，做好典当、拍卖年审工作。开展商贸服务业发展。东风广场片区、巫家坝片区、北京路延线、呈贡新区等片区商业集聚区建设水平逐步提高；全力推进南屏步行街和“公园1903”高品位步行街申报国家第二批高品位步行街；全年提升改造商业特色街区4条、智慧社区1个。持续推进昆明市肉类蔬菜流通追溯体系优化升级工作。以肉类、蔬菜为重点，以创建昆明市食品流通溯源电子商务服务平台为载体，建立市场化运行机制，用科技手段着重解决肉类蔬菜质量安全追溯难题，实现政府对肉类蔬菜质量安全的有效监管，提高工作效率，防范食品安全风险。2018年，昆明市肉菜流通追溯管理平台共有120家溯源节点单位，分布在五华、盘龙、官渡、西山、呈贡区和度假区、经开区、高新区。开展全市成品油运行监测信息平台建设工作，于2018年2月22日投入使用，系统运行状况正常。为加快推进昆明市“十三五”期间成品油供应网络体系建设，新建加油站30座。

【电子商务进农村综合示范项目建设绩效明显】　寻甸县、东川区电子商务进农村综合示范项目建设绩效明显，全市建成10个电子商务园区、3个县级电子商务服务中心、44个乡级电子商务服务站、359个村级电子商务服务点。据第三方机构测算，昆明市2018年网络零售交易快速增长。按近年省级电子商务奖励资金申报统计，昆明市电子商务规模占全省比重超过40%。据不完全统计，全市电子商务销售额3000万元以上的的企业近30家，电子商务零售超亿元的企业2家。土大姐特产商城、茶窝网、树多多等本土电商平台立足产品资源优势，开展云南高原特色产品、普洱茶、苗木等网上销售，九机网以线上线下融合、产品+服务为特点，已成为国内知名电商平台。

【跨境物流体系建设水平提升】　推进跨境直达运输试点，建设跨区域物流服务网络，打通跨境物流信息通道，发展国际多式联运，2018年中欧、中越班列以及中亚铁海联运国际货运班列稳定开行，运输货物总量3.78万吨，比上年增长89.56%。其中，中欧班列到发柜数量20TEU，货量205.44吨，货值516.44万元；铁海联运到发柜数量869TEU，货量20578.72吨，货值18388.15万元；跨境汽运到发柜数量182TEU，货量2256吨，货值606.04万元；中越班列货柜到发量410TEU，货量10460吨，货值1845万元；海运到发柜数量40TEU，货量369.99吨，货值447.88万元。货品主要为脚手架、金属硅、机械配件、生产设备、泥煤、酒水等。

【总部楼宇经济快速发展】　2018年举办首届昆明楼宇（总部）经济论坛暨《盘龙区城市价值白皮书》发布

会，盘龙区获评“中国楼宇经济最具投资价值城区”，新认定总部企业21户，保有税收千万元楼宇48栋、亿元楼宇24栋，千万以上72栋楼宇入库税收80亿元，增幅14.50亿元，对昆明市经济贡献度逐步提高

为规范和提升昆明市楼宇服务水平，逐步构建楼宇经济生态圈，提高全市楼宇产业承载能力和城市竞争力，开创“以楼聚产，以产兴城”的良性发展格局，市总（楼）办借鉴“成都经验”，积极探索制定《昆明市商务写字楼等级划分要求》。开展昆明市第一批甲级商务写字楼的评定工作，俊发中心、同德广场、低碳中心、招银大厦、昆钢大厦5幢楼宇获评为昆明市首批甲级商务楼宇并在“2018年昆明市楼宇总部经济论坛”上发布，树立楼宇发展新标杆。经昆明市商务局批准、市民政局备案，由云南同德实业集团、俊发集团等5家企业作为发起人，成立全国第二个促进楼宇经济发展的专业组织。

【推动老字号企业传承发展】　依托昆明老街历史文化街区，通过对文物保护单位及历史风貌建筑的保护、修缮以及再利用，结合建筑本身特色和老字号文化内涵，打造一条集老字号商贸、餐饮美食、地方特色伴手礼等为一体的老字号商贸一条街。潘祥记、东方书店、文古堂、孔雀银楼、云南白药、精益眼镜、云子围棋、凤牌红茶、福照楼等15家老字号企业已经签约入驻。2018年，已认定5家“昆明老字号”，推荐3家“云南老字号”。至年底，昆明共有中华老字号14家，云南老字号18家，昆明老字号11家。通过对“云南老字号”“昆明老字号”的认定评定工作，扶持和保护昆明老字号，规范老字号管理，引导具有自主知识产权、优秀民族文化和独特技艺的老字号加快创新发展，提升昆明市老字号品牌价值，发挥老字号在经济和社会发展中的重要作用。

【利用外资稳步提升】　在国家新一轮改革开放中，昆明市以改革促开放，全面推广落实自贸区可复制改革试点经验，对外商投资实行准入前国民待遇加负面清单管理制度，外商投资企业设立商务备案与工商登记实现“一口办理”，外资企业设立及备案时间缩短至1天，投资便利化水平大幅提升。2018年，新批外商投资企业111户，同比下降3.48%；合同利用外资50.29亿美元，同比增长162.85%；实际利用外资8.50亿美元，同比增长6.09%，占全省实际利用外资总额的80%以上。主要呈现以下特点：第一是投资领域不断拓宽，延伸进入医疗、养老、建筑工程设计与施工、教育、文化和体育等服务贸易领域。第二是欧美等发达国家和地区投资大幅增长，投资来源呈现均衡和多元化。2018年，共有23个国家和地区在昆明市实际投资，投资国别是2017年的近两倍。第三是区域性国际中心城市地位突现，昆明市成为“一带一路”国家在中西部地区的最佳投资目的地。2018年，共有6个“一带一路”国家在昆明市投资，即新加坡、柬埔寨、马来西亚、泰国、印度和波兰，共投资19个项目，实际使用外资7992.15万美元，同比分别增长111.11%和60%。其中，新加坡是“一带一路”国家中在昆明市最大的投资国，共投资7个项目，实际利用外资7778.28万美元，同比增长56%；波兰是首个在昆明市投资的“一带一路”欧洲国家。第四是公共事业与农业成为投资热点，各行业利用外资分布均衡。2018年，服务业实际利用外资33385.91万美元，同比下降6.64%，占总额的39.27%；制造业利用外资32382.42万美元，同比下降9.31%，占总额的38.09%；电力、热力、水的生产和供应业实际利用外资18349.40万美元，同比增长118.42%，占总额的21.58%；农业实际利用外资656.72万美元，同比增长114.51%，占总额的0.77%；有色金属矿采选业实际利用外资139.24万美元，占总额的0.16%；土木工程建筑业实际利用外资99.43万美元，占总额的0.12%。

【对外合作不断加强】　2018年，新批境外直接投资企业20户，协议投资总额6.57亿美元，与上年同比增长11.20%。主要投资制造业、有色金属采矿业、广播影视、互联网和相关服务业、餐饮和商务服务等行业。主要投资国别（地区）为中国香港、老挝、缅甸、柬埔寨。新签工程承包合作39项，项目地涉及尼日利亚、老挝、缅甸、柬埔寨、贝宁、印度尼西亚、卢旺达、刚果（金）、马来西亚、斯里兰卡、韩国等11个国家，工程承包合同金额达8.30亿美元；新批对外劳务合作公司2家。派出各类劳务人员1461人，主要派往埃塞俄比亚、尼日利亚、斯里兰卡、巴基斯坦、缅甸、柬埔寨从事建筑业；派往老挝从事农业；派往泰国、越南、孟加拉从事计算机服务和软件业等。

【履行电商扶贫责任】　昆明市商务局高度重视脱贫攻坚工作，根据党中央、省委、市委关于脱贫攻坚工作的总体部署，提高政治站位，加强组织领导，扎实履行电商扶贫专项责任，切实扛起政治责任：加强领导，夯实责任。成立脱贫攻坚领导小组，局党组书记、局长任组长，其他班子成员任副组长，主要业务处室负责人为成员，统筹协调全市电商扶贫具体工作；初步建立全市电商扶贫工作“市级指导、县区负责、乡镇村落实”的工作机制。精心谋划，务实推进。局领导班子坚持定期研究电商扶贫工作，多次召开会议推进电商扶贫工作，并现场进行考察观摩，交流典型经验，全面部署推进电商扶贫工作。强化督导，跟踪问效。寻甸县、东川区电子商务进农村综合示范项目建设绩效明显，全市建成10个电子商务园区、3个县级电子商务服务中心、44个乡级电子商务服务站，359个

村级电子商务服务点。2018年，全年开展进村入户走访活动1000余人次，动员筹措各类扶贫资金（实物）合计160余万元，完成东川铜都街道饮水工程、红土地镇撂荒土地复耕等12个扶贫项目建设。

2018年1—12月昆明市分县区社会消费品零售总额表

（单位：万元）

地区	累　计									
	本年限上	上年限上	可比增速（%）	本年限下	上年限下	本年合计	上年合计	增速（%）	本年限上占比	上年限上占比
昆明市	11403695.80	10854768.80	4	16470357.40	14496803	27874053.20	25351571.80	10	0.41	0.43
五华区	2819598.30	2728912.70	2.10	2563104.20	2222223.30	5382702.50	4951136	8.70	0.52	0.55
盘龙区	2143702.90	1999020.90	5.60	3401488.40	2993324.90	5545191.30	4992345.80	11.10	0.39	0.40
官渡区	2879296.20	2824333.80	1.30	2570570.60	2192662.90	5449866.80	5016996.70	8.60	0.53	0.56
西山区	2031577.30	1957832.50	3.30	4551895	4049579.30	6583472.30	6007411.80	9.60	0.31	0.33
东川区	27017.60	22996.50	17.50	263516.40	234647.90	290534	257644.40	12.80	0.09	0.09
呈贡区	842183.50	726862.50	13.80	−249958.60	−222180.40	592224.90	504682.10	17.30	1.42	1.44
晋宁区	92455.70	81098.60	13.60	371322.80	332748.70	463778.50	413847.30	12.10	0.20	0.20
富民县	24881.20	22036.90	11.30	188242.30	168823.30	213123.50	190860.20	11.70	0.12	0.12
宜良县	132804.50	115697.60	14.80	413997.30	371622.80	546801.80	487320.40	12.20	0.24	0.24
石林彝族自治县	66256.20	57232.80	15.50	441629.50	395008.40	507885.70	452241.20	12.30	0.13	0.13
嵩明县	96826.20	87741.80	10.10	286897.80	255584.70	383724	343326.50	11.80	0.25	0.26
禄劝彝族苗族自治县	62312.90	57261.10	8.70	338247.80	304720.70	400560.70	361981.80	10.70	0.16	0.16
寻甸回族彝族自治县	40647.40	38022	6.60	356162.60	320946.60	396810	358968.60	10.50	0.10	0.11
安宁市	144135.90	135719.10	5.70	973241.30	877089.90	1117377.20	1012809	10.30	0.13	0.13

2018年12月分县区零售额计算表

（单位：万元）

地区	当月					
	本年限上	上年限上	可比增速（%）	本月	上年同期	增速（%）
昆明市	1099530	1076295.10	1.60	2759172.90	2467853.90	11.80
五华区	242161.50	244052	−2.70	588244.20	529603.10	11.10
盘龙区	228149.90	200124.60	14	575433	487842.80	18
官渡区	279495.80	307105.90	−8.60	482836.20	461830.90	4.50
西山区	194972.90	192022.40	1.50	628421.30	571058.10	10

续表

地区	当月					
	本年限上	上年限上	可比增速（%）	本月	上年同期	增速（%）
东川区	2210.40	1840.20	20.10	29099.50	24841.30	17.10
呈贡区	80262.80	64566.80	20.50	50371.40	42051.10	19.80
晋宁区	9884.70	9246.10	6.90	56881.70	51126.30	11.30
富民县	3207.10	3121.40	2.70	25319.20	21888.60	15.70
宜良县	16798.40	13984	20.10	59158.50	50505.10	17.10
石林县	5383.10	4768.70	12.80	51296.80	42953.10	19.40
嵩明县	12404.20	10535.70	17.70	39704.10	32819.20	21
禄劝县	7251.70	7702.80	-5.90	44440.10	41205.10	7.90
寻甸县	3338.90	3387.80	-2.20	33025	30667.90	7.70
安宁市	14008.60	13836.70	0.50	94941.90	79461.20	19.50

昆明市重点老字号企业基本情况表

序号	企业名称	注册商标	注册地	主营业务	非遗	中华老字号（70年历史）	云南老字号（50年历史）	昆明老字号（30年历史）
1	昆明吉庆祥食品有限责任公司	吉庆牌	五华区	焙烤	省级	是	是	是
2	昆明冠生园食品有限公司	梅花牌	西山区	食品生产		是	是	是
3	昆明酿造总厂	昆湖牌	西山区	酱油、食醋、大头菜	省级	是	是	是
4	昆明桂美轩食品有限公司	桂美轩	五华区	食品加工		是	是	
5	昆明福林堂药业有限公司	福林堂	五华区	医药	市级	是	是	是
6	昆明饮食服务有限公司	建新园	官渡区	餐饮服务	省级	是	是	是
7	昆明精益眼镜有限公司	瑞明	盘龙区	零售		是	是	是
8	云南杨林肥酒有限公司	杨林	嵩明县	白酒、杨林肥酒系列产品	省级	是	是	是
9	昆明德和罐头食品有限责任公司	德和	五华区	罐头食品制造		是	是	是

续表

序号	企业名称	注册商标	注册地	主营业务	非遗	中华老字号（70年历史）	云南老字号（50年历史）	昆明老字号（30年历史）
10	云南白药集团股份有限公司	云南白药	五华区	生物医药		是	是	是
11	昆明中药厂有限公司	云昆牌	西山区	生物医药	国家级	是	是	是
12	云南无敌制药有限责任公司	王子荣	盘龙区	医药	省级	是	是	是
13	昆明北门书屋	北门书屋	五华区	图书		是	是	是
14	昆明虹山面粉有限责任公司	如愿	五华区	粮食加工			是	是
15	昆明市斑铜厂	孔雀	五华区	手工业	省级		是	是
16	昆明市官渡区杨艳贞依仁堂诊所	鸡鹿	官渡区	医药			是	是
17	昆明市向阳食品有限责任公司	双塔	西山区	糕点生产			是	是
18	昆明云香斋食品有限公司	金碧	西山区	糕点、糖果			是	是
19	宝翰轩字画装裱店	宝翰轩	五华区	字画装裱	省级		是	是
20	五华文古堂装裱店	文古堂	五华区	字画装裱			是	是
21	云南保元堂药业有限责任公司	洪光保元堂	西山区	药品生产		是	是	是
22	昆明百货大楼（集团）股份有限公司	昆百大	五华区	百货零售			是	是
23	云南易武同庆号茶叶有限公司	易武同庆号	官渡区	茶业			是	是
24	昆明潘祥记工贸有限公司	潘祥记	经开区	糕点、月饼生产			是	是
25	云南鸿庆号茶叶有限公司	鸿庆号	官渡区	批发、零售			是	是
26	昆明电缆集团股份有限公司	昆电工	西山区	生产电缆				是
27	昆明饮食服务有限公司	端仕、南来盛	官渡区	餐饮服务				是
28	昆明拓东调味食品有限公司	永香斋	西山区	酱油、食醋、大头菜			是	是
29	云南金花针织有限公司	金花	西山区	轻纺				是
30	石林玉天赐饭店	玉天赐	石林县	餐饮				是
31	红云红河烟草（集团）有限责任公司	云烟		烟草			是	

续表

序号	企业名称	注册商标	注册地	主营业务	非遗	中华老字号（70年历史）	云南老字号（50年历史）	昆明老字号（30年历史）
32	昆明曲焕章药业开发有限公司	曲焕章		药业			2016	
33	石林县陈香酱菜有限公司	陈老奶	石林县	酱菜			2016	
34	云南省盐业有限公司	白象牌	官渡区	采盐业			2018	2016
35	云南围棋厂	云子	官渡区	围棋	省级			2016
36	云南安宁温泉宾馆		安宁市	服务业			2018	2016
37	樟留焕餐饮管理有限公司	留焕	官渡区	餐饮				2016
38	石林记陈老燕风味凉卷粉		石林县	餐饮				2016
39	云南药材有限公司	延寿堂	官渡区	药业			2018	2018
40	云南丁氏蜂业工贸有限公司	花馨、丁氏	五华区	食品				2018
41	中轻依兰（集团）有限公司	依兰	西山区	化工				2018
42	云南万里化工制漆有限责任公司	航船	嵩明县	化工				2018
43	云南兰老鸭学成饭店有限公司	学成饭店	宜良县	餐饮				2018

注：其中中华老字号14家，云南老字号18家，昆明老字号11家。

（市商务局）

供销合作

【经济指标】　2018年，全市供销社系统完成销售总额64.19亿元，占年度目标任务的101.53%。完成营业收入40亿元，占年度目标任务的114.30%。完成电子商务销售561万元，占年度目标任务的103.85%。完成农副产品购进7.77亿元，占年度目标任务的101.85%。完成农副产品市场交易额10.21亿元，占年度目标任务的102.11%。实现汇总利润总额17595万元，占年度目标任务的119.20%，争取省级及省级以上专项资金249万元，占年度目标任务的124.50%。昆明市宜良县茂升供销合作社、建凤农产品产销合作社联合社被中华全国供销合作总社分别命名为“基层社标杆社”“农民专业合作社示范社”。安宁市八街食用玫瑰被评定为“云南省特色农产品优势区”。

【综合改革】　全市供销社系统以《中共昆明市委　昆明市人民政府关于深化供销合作社综合改革的实施意见》为行动纲领，紧紧围绕“改造自我、服务农民”深化改革，切实做到为农、务农、姓农，将综合改革不断向纵深推进。建立健全“社员代表大会＋理事会＋监事会”的“三会”制度、制定完善管理模式，全面增强防控风险能力，市供销社和12个县（市、区）供销社均已成立社有资产管理公司，初步实现县级以上供销社理事会资产所有权和经营权分开，“社企收支两条线”的管理模式。

【第六次代表大会召开】　2018年9月28—30日，市供销社第六次代表大会在昆明会堂召开。云南省供销社党组书记、主任陈霖，市委常委、副市长胡宝国等领导出席会议并讲话。会议审议通过《昆明市供销合作社联合社章程》《昆明市供销合作社联合社理事会报告》《昆明市供销合作社联合社监事会报告》等内容。会议选举产生第六届理事会理事、常务理事、副主任、主任，监事会监事、主任。社代会的召开，进一步厘清供销系统治理机构，加强行业指导。

【基层社改造提升】　2018年，市供销社积极做好空白基层社恢复重建工作，依托专业合作社、综合服务社、涉农企业等农村经营服务组织组建乡镇供销社，对部分基层社进行重组，增强自我发展、强化服务的“造血”功能，着力打牢供销社基层经营服务组织基础。宜良县供销社牵头筹建超

2018年9月28—30日，昆明市供销社第六次代表大会召开
（市供销社　供稿）

市联盟，解决基层供销社超市发展面临的规模小、成本高的瓶颈。富民县供销社联合当地乡镇为农服务组织、村委会、农民专业合作社和农村能人，通过完善“三会”制度恢复基层社7个，全县基层社服务丧失、功能退化的局面得到扭转。至年底，全市59个乡镇，共有基层社99个，乡镇基层社全覆盖，进一步夯实了基层经营服务基础。

【合作社提质增效】　市供销社坚持“抓合作社建设立社”的理念，带头领办创办各类农民合作社，大力创办一批管理民主、制度健全、产权清晰、带动力强的农民专业合作社。2018年，全市供销系统共新建农民专业合作社40个，其中，供销社参股农民专业合作社4个，发展农民专业合作社联合社4个，规范农民专业合作社27个。截至年底，全市供销系统领办创办的各类农民专业合作社总数达993个，入社成员40815人。农民专业合作社经营服务范围已经覆盖蔬菜、林果、畜牧、流通、加工几大领域。

【农村流通】　2018年，市供销社完善农村现代流通服务体系建设，继续推动农资连锁经营、农副产品流通、日用消费品和再生资源回收利用连锁配送为主体的农村现代流通服务体系巩固和发展。已建成市级农资配送中心1个，县级农资配送中心9个，配送网点达1538个；建成日用消费品配送中心8个，配送网点931个；建成废旧物资分拣中心8个、社区回收网点689个。市农资公司化肥供应量占全市80%以上；农药销售覆盖全省16个州市，近3年来，农药年均销售额达5亿元以上，占全省农药市场份额近40%；2018年，储备化肥3.27万吨、农药1928吨，完成市级农资“淡储”任务。农资、农副产品、日用消费品、再生资源回收等现代流通网络日趋完善。

【电子商务】　根据全国供销合作总社、省、市供销社关于供销社系统开展电子商务工作的有关要求和部署，顺应“互联网＋供销社”的时代趋势，市供销社把农村电子商务作为供销社综合改革的一项重要工作抓落实，大力构建农村电子商务服务体系，指导县区供销社探索“互联网＋供销合作社”的经营模式，结合综合服务社提升建设，对线下实体店实施信息化改造，积极开展代购代销、网上交易、终端配送等服务，多渠道拓展营销平台。自建电子商务平台的同时，在淘宝、苏宁易购、供销e家等平台上线当地农特产品，发展农村电子商务初见成效。完成电子商务销售561万元，占年度目标任务的103.85%。昆明宜供万容电子商务有限公司建立“走进宜良”网站；建立1个宜供电子商务服务中心、2个宜供电子商务服务站。“愚公宜商”“建凤农产品市场”2个微信公众号平台，在淘宝、苏宁易购、供销e家、邮乐网、微信网上开设5个“愚公宜商”网店。公司充分利用供销社系统资源，组织44个宜良农特产品上线交易，带动全市供销社电商发展。

【精准扶贫】　市供销社始终坚持老乡不脱贫帮扶不脱钩，认真贯彻落实市委、市政府脱贫攻坚决策部署，重点围绕东川、禄劝、寻甸3个贫困县，研究制订产业扶贫和挂钩扶贫点脱贫工作方案，通过组建农民专业合作社、农产品经纪人培训和发展农村电商，推动供销社系统积极参与精准扶贫、精准脱贫。2018年，对口帮扶的寻甸县先锋镇大窝铺村和柯渡镇可郎村101户302人顺利实现脱贫摘帽，帮扶工作得到当地党委政府的充分肯定和广大群众的普遍认可。2018年，市级乡村流通体系建设资金200万元，其中，安排3个贫困县区160万元（东川区64万元，禄劝县51万元，寻甸县45万元）；省级供销综合改革与产业发展专项资金117万元，其中，安排东川区40万元，禄劝县37万元，寻甸县40万元；省级食用菌产业扶持资金65万元，安排寻甸县25万元；在3个贫困县区建设农民专业合作社，新建14个、打造一类示范社5个、二类示范社6个，补助资金146万元，占全市总资金460万元的32%。

【社有企业】　全市供销系统完善现

代企业制度、内部管理制度，建立激励约束机制，社有企业经营效益明显提升。全市供销社系统县级以上全资、控股企业达66家，全资、控股企业利润达1858万元。指导社有企业完善内部管理制度20余项，制定《昆明市供销社社有资产营运机构产权代表薪酬管理办法》，极大地调动企业经营者的积极性。全市供销社系统县级以上全资、控股企业66家，资产总额达8.20亿元。在企业发展的同时，保障职工根本权益，市社直属企业职工的养老保险、医疗保险、失业保险、工伤保险、生育保险参保率达100%，实现职工收入与企业经济效益同步增长。

【服务三农】　市供销社围绕服务农业生产经营、提高农业生产组织化程度，不断在创新为农发展服务方式，拓展为农服务领域，增强服务“三农”能力上下功夫。9月15日，市供销社、市农行签订“昆明市供销合作社联合社　中国农业银行股份有限公司昆明分行合作框架协议”；11月15日，市供销社、市农行召开“供银”合作推进会，建设昆明供销农行昆明分行惠农支付服务点，探索增信合作模式，即市农行为供销系统提供“供银通”专属信贷产品，提供个性化定制金融服务方案，在深化农村改革、贯彻落实乡村振兴战略中迈出一大步。同时推动生产、供销、信用合作“三位一体”合作经济组织服务体系建设，有效提升服务“三农”水平。12月26日，宜良县政府增信产业发展基金贷款工程正式启动，第一批贷款已发至农户手中。下一步“供银合作”将全面推进。

【教育培训】　积极组织联合社机关、社有企业和基层社干部职工开展行业、法规、政务等业务培训，2018年，完成各类人员培训14049人，占年度目标任务的131.30%，其中农产品经纪人培训2757人，占年度目标任务的110.30%。

【人才建设】　始终坚持党管干部、正确选人用人导向和打造高素质专业化人才队伍。8月，开展全员竞争上岗，全过程公开、公正、公平，真正让“想干事、能干事、会干事、干成事”的人走上正科领导岗位，进一步优化干部年龄结构、激发其工作热情。全系统开展技术技能、业务知识、法律法规等各类培训380余期，培养热爱“三农”工作、懂业务、会经营的供销人才队伍，为市供销社机构建设提供人才保障。

（龙　燕）

粮　食

【粮食主要经济指标完成情况良好】　全市纳入统计粮食企业粮食总购进（含本地收购、原粮）364.50万吨，总销售（原粮）364.60万吨，完成政府考核目标的186.90%和182.30%；全市纳入考核的粮食企业实现利润1792万元，实现营业收入195154亿元，完成政府考核目标的179%和122%。

【粮食安全行政首长责任制落实】　2018年，市粮食局紧紧围绕确保全市粮食安全这一中心工作，认真贯彻落实粮食安全行政首长责任制工作。组织领导不断强化。2018年，调整补充领导小组成员单位，市粮食安全行政首长责任制考核工作领导小组成员单位增至21家，各责任单位之间沟通有力、团结协作，重农、抓粮、保供应的积极性不断增强，粮食行政安全行政首长责任各项工作有力推进；工作责任全面压实。对照国家和省最新的考核指标修订完善目标责任书，立足各地工作实际开展差别化考核，明确把各县（市、区）人民政府和开发（度假、园）区管委会主要负责人、分管领导及相关责任人作为考核对象。年初由市政府与14个县（市、区）人民政府和5个开发（度假、园）区管委会签订责任书，全面压实粮食安全责任；督查考核有力有效。7月，组织市粮食安全行政首长责任制考核工作领导小组各成员单位对各县（市、区）和市属各粮食企事业单位上半年落实目标任务情况进行督查调研，充分掌握各县（市、区）粮食工作推进情况。严

2018年粮食质量安全宣传日活动

（市粮食局　供稿）

格按节点开展季度综合考评，有力确保粮食安全行政首长责任制各项工作圆满完成。昆明市2017年落实粮食安全行政首长负责制工作获全省优秀等级，州市排名第一。

【全市粮食购销两旺】　积极掌控粮源，持续加强与黑龙江、吉林、河南、山东等地的产销协作，2018年5月和8月，市粮食局分别组织粮食企业前往湖北、黑龙江参加2018年全国粮食科技周和2018年中国粮食交易大会。搭建产销协作平台，于2018年10月配合江苏省盐城市在昆明召开“盐城好大米”推介会，两地粮食企业合作进一步加强。2018年，全市粮食市场供应充足，粮食购销量稳步增长，各项粮食主要经济指标完成情况良好。

【应急保障体系完善】　全市145个平价销售点、42个稳价保供点数量稳定、布局合理，实现了市民在家门口1.50千米范围内即可购买到粮油产品，确保市民就近、便利地购买粮油产品。积极推进应急网点及配送中心建设，全市年内新建成应急网点17个。11月，组织开展重大自然灾害粮食应急实战演练，全市粮食安全应急处置能力不断提升。

【粮油市场监管】　按照“双随机一公开”要求，持续强化粮食收购、储备、流通监管，运用多种手段加强事中事后监管。完成2018年度新收获粮食品质调查和测报，每月进行全市粮油质量抽检，并及时将抽检情况向社会公布。各县（市、区）及相关企业配备的14套快检设备均已完成验收，粮食质量安全检验检测体系逐步健全。积极开展专项监督检查和联合检查，顺利完成2018年粮食库存检查。出台《关于建立滇中五州（市）粮食流通监督检查联动机制的实施意见（试行）》，通过新型区域联动机制进一步消除区域监管盲区，与周边毗邻地区粮食流通市场的监管合力持续加强。2018年，市粮食局荣获“全国粮食流通执法督查创新示范单位”荣誉称号。

开展重大自然灾害粮食应急实战演练
（市粮食局　供稿）

【粮食产业经济发展】　粮食行业供给侧结构性改革稳步推进。《昆明市人民政府办公厅关于加快推进粮食行业供给侧结构性改革的实施意见》于11月12日发文执行。持续深化国有粮食企业改革，推进粮食行业转型升级，全市国家粮油统计信息系统入统企业达66家，粮食加工转化用粮量达235.30万吨，粮油加工能力进一步增强；“放心粮油”工程加快实施。组织开展2018年“放心粮油示范企业”评审活动，新评审企业8家，全市“放心粮油示范企业”达80家。全市“放心粮油”进校园386所，进机关108个；粮油品牌培育成果显著。积极实施中国好粮油昆明行动计划，大力培育优质粮油品牌。昆明滇中粮食贸易（集团）有限公司“彩云之南云香米”获国家粮食和物资储备局第一批“中国好粮油”称号，为云南省唯一入选企业。昆明国家粮食储备有限公司和昆明市滇中粮食贸易集团有限公司作为云南省推荐“中国好粮油”示范企业上报国家粮食和物资储备局。昆明第十四届国际农产品博览会、2018年世界粮食日和粮食安全系列宣传活动顺利开展，省内外35家粮油企业共计80个展位参加会展，共展示恒大、福临门、天下安等近300个粮油品牌，其中滇中粮贸公司“彩云之南云香米”、东川稷龙公司“钦铜山”分别获得本届农博会“优质农产品”荣誉称号，进一步增强品牌宣传力和行业影响力。

【粮食流通重点项目推进】　粮库智能化升级改造工作深入开展。按规范程序完成15个中心粮库智能化升级改造和市级粮食信息平台项目建设实地调研工作，编制完成项目建设技术方案和投资估算，项目前期工作有序推进；加大对粮食流通仓储物流重点项目建设的协调指导力度，督促项目单位定期上报项目进展情况，针对存在的问题及时帮助协调解决，有力推动全市粮食流通重点项目建设，2018年，全市粮食流通重点项目完成投资7488万元。

【粮食储备能力提升】 储粮规模落实到位。各级储备粮计划落实到位，截至2018年12月，全市原粮库存27.27万吨，其中市级储备16.63万吨、县级储备10.64万吨；全市油脂库存0.99万吨；成品粮储备1.34万吨，其中市级储备0.85万吨、县级储备0.49万吨，圆满完成市级储备任务；储粮安全保障有力。认真做好市、县两级储备粮监管，重点督促承储企业加强储备粮管理、积极采用储粮新技术，坚持市级储备粮一年四检制度。市级储备粮前三个季度抽检工作已经完成，共抽检279份样品。全市各级地方储备粮“一符”率达100%，四无储粮率达95%以上。市级储备粮科学储粮率达100%，县级储备粮达95%以上；体制机制持续完善。积极推进市县两级储备粮进场交易，引导各级储粮企业通过国家粮食电子交易平台进行公开交易。修订完善《昆明市市级储备粮承储资格认定管理暂行办法》，制定《昆明市市级储备粮质量安全管理办法》《昆明市促进军粮供应军民融合深度发展联席会议制度》。

【粮食系统自身建设】 党建工作全面提升。深入学习贯彻习近平新时代中国特色社会主义思想和十九大精神，认真落实党建和党风廉政建设主体责任，紧紧围绕“基层党建巩固年”各项重点任务，不断推进粮食系统党建工作科学化、制度化水平。全面推进党支部规范化建设，市粮食局所属4个党支部通过验收，其中昆明市粮食储备公司党支部被市委组织部评为四星级示范党支部。抓好党员学习教育培训，举办“万名党员进党校”2期，基本实现党员培训全覆盖。进一步理顺党组织隶属关系，顺利完成昆明良田粮食转运有限公司、昆明黄龙山（饲料）工贸有限公司党组织关系的划转移交；系统作风持续好转。扎实开展机关党建“灯下黑”专项整治和机关干部作风“学、查、改”专项整治活动，实施机关党建“提神振气”工程。开展廉政教育学习10余次，组织8名新提拔的科级正职领导干部参观反腐倡廉警示教育基地，开展任前谈话、廉政谈话和任前《中华人民共和国宪法》宣誓。开展纪律作风明察暗访和节前检查7次，办结网上信访举报案件1件；队伍建设全面加强。完成机关科级正职领导干部全员竞争上岗工作，激发了机关干部干事创业的信心和激情。成功举办昆明市第二届粮食行业职业技能大赛，推动粮食流通改革发展的能力和水平不断提升；脱贫攻坚扎实推进。驻村工作队员保持稳定，对口帮扶工作高效开展，局领导带队深入挂联村调研9次，结合帮扶点实际，有针对性地细化帮扶方案，安排落实扶贫资金35.93万元（自有资金投入21.75万元，协调引进资金14.18万元）。

（徐子瑜）

2019 KUNMING YEARBOOK

烟 草

◆责任编辑 方 玲

2019 KUNMING YEARBOOK

烟草专卖

【昆明市烟草专卖局（公司）】 云南省烟草公司昆明市公司成立于1984年，云南省昆明市烟草专卖局成立于1985年。下辖呈贡区、安宁市，五华区、盘龙区、西山区、官渡区、东川区，晋宁区、富民县、宜良县、嵩明县、石林彝族自治县、禄劝彝族苗族自治县、寻甸回族彝族自治县14个县（市、区）烟草专卖局（分公司）及1个物流分公司。

【行政机构设置】 2018年，市局（公司）机关内部设置企业管理科、办公室、专卖监督管理科（专卖稽查支队）、财务科、技术中心、烟叶基础设施建设办公室、人事科、卷烟营销中心、安全管理科、信息中心、烟叶生产经营科、纪检监察科、法规科、审计科（审计驻派办公室）、群团工作办公室（工会办公室）、党建工作办公室（机关党总支）。截至2018年末，昆明市局（公司）在册在岗职工1692人。

【“两烟”效益】 2018年，全市系统实现“两烟”（烤烟、卷烟）不含税销售收入159.22亿元，同比增加18.33亿元，增长13.01%；实现税利62亿元，同比增加7.98亿元，增长14.77%，税利增幅位居全省烟草商业第一，创昆明烟草历史最好水平，完成“稳增长、保税利”目标任务。

【烤烟生产】 2018年，全市种植烤烟50万亩，户均种烟规模10.12亩，同比增加0.27亩；累计收购烟叶135.10万担，上等烟比例73.77%，同比增加7.26个百分点；收购均价31.14元/千克，同比增加0.84元/千克；在收购总量减少2.90万担的情况下，实现烟农售烟收入21.04亿元，同比增加1280万元；实现烟叶税4.63亿元，同比增加300万元；烟农户均售烟收入4.26万元，同比增加2300元；国家烟草专卖局检查的烟叶收购等级综合合格率85.36%，省局（公司）7次专项检查合格率均在80%，在首次“云南烟草商业烟叶质量奖”评选中获第一名，历史上首次实现烟叶全额原级入库。

【烟叶生产基础设施建设】 2018年，全市投入4220.76万元（烟草行业补贴4220.76万元，其中申请国家烟草专卖局补贴2062.27万元，省内烟草系统配套投资2158.49万元）；建成烟水工程1377件，水池79个、水窖1290个、管网3条、提灌站3座、小塘坝2个，机耕路4.36千米；购置烟夹730套、生物质燃料烤房改造900座，新建生物质燃料烤房100座；烟草农用机械补贴购置44台（套）。烟水配套工程受益面积1.70万亩，受益农户698户。

【卷烟销售】 2018年，全市销售卷烟33.955万箱，同比增加1850箱，增长0.55%；实现含税销售收入115.78亿元，同比增加4亿元，增长3.58%；实现单箱含税销售收入3.41万元，同比增加998元，增长3.01%；销售一类烟94254箱，同比增加6572箱，增长7.50%；销售二类卷烟29510箱，同比增加4522箱，增长18.10%。

截至2018年末，全市有效零售

2018年5月16日，云南省烟草农业科学研究院专家到安宁市指导烤烟生产（市烟草专卖局 供稿）

户共有2.52万户，实现网上订货的零售户2.47万户，占零售客户比例的98%，参与网上配货零售户131户，占零售户比例的0.50%。

【物流配送】 2018年，物流分公司共计配送卷烟33.955万箱，日均仓储量1.57万箱，物流分拣平均作业效率56764条/小时（每条分拣线平均作业

2018年昆明市烟草商业系统主要情况统计表

地市级局（公司）名称		昆明市烟草专卖局（公司）
主要负责人/法人代表		包毅
所属县级单位		呈贡区、安宁市，五华区、盘龙区、西山区、官渡区、东川区，晋宁区、富民县、宜良县、嵩明县、石林彝族自治县、禄劝彝族苗族自治县、寻甸回族彝族自治县等14个县（市、区）烟草专卖局（分公司）
总资产（亿元）		112.84
资产负债率（%）		13.93
从业人员（人）		1747
所属业务机构（个）	营销机构	1个营销中心，14个区域市场部
	物流配送机构	1个物流中心，4个物流中转站
	专卖稽查机构	1个稽查支队，14个稽查大队，55个稽查中队
	烟叶机构	53
实现税利	亿元	62.06
	2018年比2017年（%）	15.42
实现利润	亿元	33.93
	2018年比2017年（%）	21.88
销售卷烟	亿支	169.78
	2018年比2017年（%）	0.55
卷烟销售收入（亿元）		99.67
查处涉烟违法案件（起）		3617
查处涉烟违法案件案值（亿元）		2.37
2018年度烟草行业投入烟叶生产基础设施建设资金（亿元）		0.47
全年烟叶生产基础设施新增受益面积（万亩）		1.70
烟叶种植（万亩）		50
烟叶收购（万担）		135.10
烟农户数（万户）		4.94
实现烟农总收入（亿元）		21.04
零售户数（万户）		2.52
零售户销售毛利率（%）		8

烟叶喜获丰收

（市烟草专卖局 供稿）

效率9461条/小时），人均分拣效率617条/小时·人，分拣设备有效作业率131.40%。日均送货量6606.03件，日均送货客户数4212户，配送车辆送货总里程418.61万千米，人均配送效率4599.91万支/人，送货破损量和送货差错量为零。

【专卖管理】 2018年，全年查办各类涉烟案件3617起，比2017年同期的3657起，减少40起。涉案物品金额2.37亿元，同比增加7036.42万元，增幅42.11%，其中查获各类卷烟6308.70万支，同比减少898.40万支，减幅12.470%；查获烟叶、烟丝3878.50吨，同比增加1925.70吨，增幅98.62%。查获5万元大要案件500起，其中网络案件9起；配合公安机关逮捕涉烟犯罪嫌疑人41人，同比增加2人；夺回市场空间2180箱，超额完成“夺回2000箱空间”的目标。落实“负面清单”制度，制定实施新的烟草制品零售点合理布局标准，卷烟零售户数量增加542户，同比增长2.12%。顺应“多证合一”工作要求，推进许可证网上办理和电子化管理，提高资源配置效率，夯实市场基础。

【社会公益】 2018年，昆明市烟草专卖局（公司）帮扶资金共投入1.96亿元，其中产业帮扶投入1.94亿元，非烟产业帮扶投入197万元，个人捐款6.38万元，用于各项社会公益活动。

（市烟草专卖局）

红云红河烟草（集团）有限责任公司

【概况】 红云红河烟草（集团）有限责任公司成立于2008年11月8日，由原红云烟草（集团）有限责任公司和原红河烟草（集团）有限责任公司红河卷烟厂、新疆卷烟厂合并组建，下辖昆明卷烟厂、红河卷烟厂、曲靖卷烟厂、会泽卷烟厂、新疆卷烟厂、乌兰浩特卷烟厂。控股山西昆明烟草有限责任公司、内蒙古昆明卷烟有限责任公司、曲靖天福烟叶复烤有限责任公司。“云烟”“红河”为主要品牌。截至2018年末，集团总资产（年末值）951.82亿元，其中固定资产（年末净值）123.82亿元、流动资产684.62亿元，资产负债率24.74%。共有从业人员1.05万人，其中在岗职工1.04万人。

截至2018年末，红云红河集团总部下设3个中心15个部室。即生产制造中心、物资采购中心、物流中心、党政办公室（董事会工作办公室）、人力资源部、经济运行部（法律事务部）、财务部、审计部、工艺质量部、原料部、信息管理部、宣传策划部、基建技改部、安全管理部、党建工作部、纪检监察部、群团工作部（工会办公室）、调研室。

【生产经营及主要产品】 2018年，红云红河集团共生产卷烟469.86万箱，销售卷烟472.68万箱，实现税利611.28亿元，实现利润62.11亿元。主要产品有“云烟”“红河”“小熊猫”“红山茶”“茶花”“钓鱼台”“雪莲”“呼伦贝尔”“紫气东来”“冬虫夏草”“大青山”等11个品牌119个规格，并互动加工“红塔山”品牌3个规格、“红梅”1个规格。

【品牌培育】 针对品牌存在的不足和短板，把重点放在提高一二类占比和创新产品上，推出云烟（中支大重九）、钓鱼台（中支）、云烟（中支金腰带）、云烟（中支天眼）、云烟（小熊猫家园）、红河（去野）等新品，研发储备云烟（中支蓝烟庄）、云烟（金云龙）、红河（中支V8）等规格。布局新型烟草，推进新型烟草的战略储备、技术研究、生产落地。

做好市场走访，协调新品准入和上市投放，对接商业争取规模拓展、结构提升的更大空间。做实品牌助销，协调集团内部资源，协助营销中心做好新品预热上市拓展、次新品稳步投放扩点和老品持续深耕细作。全年2000人次助销，覆盖全国27个省份。做专市场分析，深化基于“互联网＋”的市场质量监测体系建设，开展质量监测调研，

2018年1月26日，云烟（中支大重九、中支金腰带）、钓鱼台（中支）新品首发会在昆明举行
（魏红文　摄）

扩充质量监测队伍，加强数据分析应用，实时把握卷烟消费动向和产品市场状态。做响品牌宣传，举办“云烟创牌60周年”“红河创牌30周年”纪念活动，借助“云香之声”“七彩印象直播”等网络平台传播品牌，扩大品牌影响。1月26日，云南中烟工业有限责任公司中支烟首发会在昆明举行，新品云烟（中支大重九）、云烟（中支金腰带）、钓鱼台（中支）正式发布。7月13日，红河（去野）在昆明首发上市。

【卷烟销售】　全年“云烟”品牌商业销量363.37万箱、保持行业第二位，商业销售额1138.83亿元、保持行业第三位，单箱销售额3.13万元；“红河”品牌商业销量96.27万箱，商业销售额182.95亿元，单箱销售额超过1.90万元。二类卷烟的增长拉动集团品牌结构提升，全年二类卷烟商业销量40.60万箱，同比增加17.58万箱、增幅76.36%，占集团销量的8.37%，同比提升3.58个百分点。创新产品成为集团发展新的增长极，全年创新产品商业销量25.87万箱，同比增加18.38万箱、增幅245.11%，占总销量的5.34%，同比提升3.78个百分点，细支卷烟销量22.96万箱，云烟（细支云龙）年销量突破12万箱，云烟（中支大重九）、钓鱼台（中支）、云烟（中支金腰带）、云烟（小熊猫家园）等新品合计销售1.42万箱。

【企业基础管理】　健全体制机制，构建各司其职、各负其责、协调运转、有效制衡的决策执行监督机制。规范运行，加强审计监督。全年完成经济合同审核1658项、工程结算审核1202项、审减金额4785.87万元。规范实施采购，巩固“应招尽招”成果。全年采购公开招标金额占比工程类99.97%、物资类100%、服务类99.39%。突出降本增效，重点加强细支云龙的成本研究和控制，优化烟用物资、烟机零配件采购管理，全年实现降本增效6.55亿元。深化对标管理，以精准对标促进管理提升，集团16项对标指标达到行业平均水平、12项同比提升，6个工厂分类对标达标率80%。推进依法治企，健全法律风险防控体系，多形式、多角度、多层次开展普法教育，承办并组队参加云南烟草工商企业法律知识竞赛获一等奖。11月30日，红云红河集团举办“云烟创牌60周年”“红河创牌30周年”纪念活动暨“高质量发展背景下大品牌的创新升级”论坛。

【生产管控】　突出柔性制造，克服增加的新型、异型、小批量、多规格产品需求和局部产能不足、生产负荷不均之间的矛盾，紧盯生产要素保障，联动省内外计划，调整手工产品布局，均衡合理安排生产，确保快速响应市场。优化产能布局，超前布局创新产品设备规划，抓紧中细短爆设备改造，形成细支40万箱、中支20万箱、短支6万箱年产能布局。加速新型烟草项目建设，年产能达到3.3万箱，建成“中心加热不燃烧卷烟”及“周向加热不燃烧卷烟”生产线，完成600件“MC”出口烟生产任务，加快“红河WIN V7”国际市场培育。强化质量管控，树牢“我制造、我负责”的质量担当，健全质量分析、缺陷追溯、预防纠正机制，加强生产全过程质量监控，云烟（软印象烟庄）综合质量与感官质量列行业第一，开展QC活动，3个QC小组获评“全国优秀质量管理小组”。加强物流建设，完善物流保障体系，优化仓储资源布局和运输资源调度，探索“智慧物流”，全年卷烟准时发货率99.59%，高于基准值1.09个百分点。推进全员安全化管理，加强安全标准化建设，加大重点领域和薄弱环节的隐患排查治理力度，全年实现安全生产目标。

【技术创新】　深化工艺研究，以消费需求为导向，配合技术中心深化叶组配方、香精香料、加工工艺、外观装潢研究，开展配方模块工艺试验，推进工艺质量智能管控云平台构建。加强技术创新，加大专利研发和课题研究力度，全年获专利授权74件，2项课题获云南中烟科技进步奖，15件发明专利、94件实用新型专利、12件软件著作权获云南中烟知识产权奖励。深化两化融合，以行业智能制造主要试点单位为契机，推进基于CPS的智能制造平台项目建设和转化运用，曲靖卷烟厂智能制造与互联网融合的发展实践得到行业高度认可。举办全国烟草行业卷烟工厂厂长培训班并作智能工厂建设应用展示，在“首届工业互联网平台创新发展暨两化融合推进会”展示智能制造试点成果，集团在“2018 IDC中国数字化转型年”评选中获“运营模式转型领军者”称号。加快技术改造，昆明卷烟厂打叶复烤易地技改及新建烟叶仓储设施项目、昆明卷烟工商物流一体化建设项目有序推进；红河卷烟厂易地技改项目、曲靖卷烟厂打叶复烤易地技改及新建烟叶仓库项目加快建设；会泽、新疆卷烟厂技改项目抓紧决算验收审核；乌兰浩特卷烟厂技改项目通过国家烟草专卖局总体竣工验收。

【原辅材料保障】 加强烟叶基地建设，主动切入商业“土地流转烤烟规模化产业化示范种植”改革，精选核心种植区和高端原料生产示范基地，协调商业合理布局良区良种，提升原料保障能力。抓好原料采购，把好纯度关、标准关、部位关、品种关，完成国内烟叶采购334.06万担，占总计划的91.46%，落实进口烟叶采购计划15.08万担。提高使用效率，健全完善复烤加工技术标准、库存烟叶分析调整机制，合理配置资源，提高原料资源对品牌发展的支撑力。

严格公开招标，启动议价机制，控制卷烟材料采购成本，全年采购卷烟材料68.40亿元，同比节约采购资金5749万元，公开招标金额占比100%。使用SRM系统完成零配件寻源采购、报价与订单管理，采取“工厂间、供需双方间协同库存”“零配件寄售”等方式。全年采购烟机零配件1.87亿元，公开招标金额占比100%，烟机零配件库存占设备固定资产原值比重1.70%（目标2.4%）。建立非烟用物资集中采购供应商库和产品库，实行“即买即用”零库存管理，完善促销物料“到货验收”环节。全年采购非烟用物资2.87亿元，公开招标金额占比100%。

【队伍建设】 集团党委坚持党管干部原则，把政治标准放在首位，健全完善干部管理制度体系，有计划地推进干部交流轮岗，从严选拔、管理、考核和使用干部。全年提拔任用62人、平级调整141人次、降免职2人，试用期满考核合格正式任职21人。抓好人才队伍建设、搭建成长平台，依托“4+”培训模式，加大技术技能人才培养力度，增强员工本领、拓宽职业发展通道。全年组织员工培训2.72万人次，组织初级职称评审76人、认定56人，23人通过云南中烟中级职称评审认定，3人通过行业高级技师鉴定，烟机设备维修技师8人、操作技师15人通过云南中烟鉴定，组织烟叶仓管员三级鉴定21人全部通过，组织烟草物流师三级、四级鉴定29人、通过27人；择优录用应届毕业生153人。年内，8人获评云南中烟劳模，1人获评云南中烟学科带头人，获评国家级技能大师工作室1个、省级劳模创新工作室1个，集团被授予云南省“五一劳动奖状”。

【党建工作】 强化党的领导，严格执行党委研究讨论是董事会、经理层决策重大问题的前置程序，集团党委全面统筹、谋划、部署集团改革发展重大战略、政策、任务，全年召开党委会25次、研究重大事项99项，召开党建工作领导小组会议6次。树立“抓好党建是最大的政绩”理念，建立集团党委到基层党支部四级组织的主体责任体系，明确各级党组织负责人的第一责任、班子成员的共管责任48项，把党建工作细化为7个方面、29项考核内容、110个评分项，对所属基层党委进行目标化考核和述职评议。推进“两学一做”学习教育常态化制度化，集团党委中心组全年共学习12.5天，集团和各工厂党委班子成员讲授党课45人次，开展基层党务干部培训1580人次、“万名党员进党校”培训1700人次。强化组织建设，修订完善《基层党建工作责任落实体系实施意见》等30项制

2018年11月30日，红云红河集团举办“云烟创牌60周年”“红河创牌30周年”纪念活动暨“高质量发展背景下大品牌的创新升级”论坛

（红云红河集团宣传策划部 供稿）

度，健全党建工作责任清单。全年落实云南中烟21项重点工作，严格程序发展党员32人，增设党总支3个，新增、调整基层党组织负责人49人，对155个党支部开展全面体检和系统完善。丰富工作载体，开展读经典、唱红歌、看展览、谈感悟等系列活动，打造一批“书香党支部”“平安党支部”“阳光党支部”等特色党组织。全年创建党员先锋岗420个、责任区326个、共建结对项目713个。

【廉政建设】 落实“两个责任”。全年集团党委研究部署党风廉政建设工作12次22项，开展廉洁教育活动416场次2万人次，开展预警处置10项次，开展效能监察9项次，处置信访举报23件；组织处理2人，党纪处分3人，政纪处分2人。狠抓作风建设，集团班子成员主动参加双重组织生活会。全年深入车间、职能部门和市场一线走访调研平均达50天。制定《贯彻落实中央八项规定实施细则的实施办法》，从严修订公务接待、公务用车、差旅费等制度，突出监督检查，确保制度贯彻落实。开展肃清余云东严重违纪案件恶劣影响专项整治和自查自纠，召开警示教育大会，集团和工厂领导班子成员共47人逐一对照问题谈认识、写体会。严格整改落实，云南中烟巡察“回头看”检查40项整改任务完成26项、长期坚持7项、正在落实7项，完成上年度民主生活会6个方面11个问题及班子成员意见建议的整改，对昆明卷烟厂、红河卷烟厂党委按计划开展巡察工作。

【企业文化建设】 文化建设聚焦集团发展和品牌培育，通过开展与销区工商结对共建、“强品牌 致匠心”人物评选、“我亲历的品牌故事”征集、打造“云香之声”空中阵地等方式，提升员工的文化自信和品牌自信，坚定争创一流企业、一流品牌、一流团队的信心和决心。宣传工作聚焦一线、聚焦市场、聚焦品牌，借助内外媒体资源，宣传品牌的历史文化和发展内涵。工会开展评优树模、慰问帮扶、劳动竞赛、文体活动和劳模创新工作室、技师工作站创建活动，激发职工的创新创造活力，增强职工的荣誉感、责任感和价值感。促进办事公开民主管理深度融合，推进扶贫帮困工作。离退休职工管理通过走访调研、走进市场、慰问表彰、学习交流、文体活动等方式，落实“两项待遇”，推进“文化养老”，服务的精准度、管理的规范化得到提升。团建工作以服务青年，打造青工理想信念教育、青年论坛、青年品牌、维护志愿者服务等“青”字品牌，引导青年立足岗位担当责任、潜心工作主动作为。

【单位领导名录】

第三届董事会（至6月）

董事长：武　怡（1月起）
董　事：武　怡　李光林
　　　　谢昆或　方　斌
　　　　徐　晖　文华玖
　　　　和国刚　周芳旭

第四届董事会（6月起）

董事长：武　怡
董　事：武　怡　谢昆或
　　　　夏开元　方　斌
　　　　徐　晖　文华玖
　　　　周芳旭

监　事：罗建华

党　委

书　记：武　怡
副书记：杨煜文（12月起）
委　员：武　怡
　　　　李　恒（至12月）
　　　　杨煜文（12月起）
　　　　王家寿
　　　　范　晓（至9月）
　　　　李泓燊
　　　　罗建华

经营班子

总　裁：武　怡（至1月）
　　　　杨煜文（11月起任总经理）
副总裁：李　恒　王家寿
　　　　范　晓（至9月）
　　　　李泓燊

纪　委

书　记：罗建华

工　会

主　席：罗建华（8月起）

集团相关领导

财务总监：周芳旭
董事会秘书：罗建华（至9月）
调 研 员：和国刚（至4月）
　　　　田东明（至11月）
　　　　肖亚泽
　　　　周选松（至3月）
　　　　李建平（9月起）

（杨裕萍）

2019 KUNMING YEARBOOK

对外贸易

◆责任编辑 方 玲

2019 KUNMING YEARBOOK

招商引资

【引资金额和企业】 2018年，昆明市共引进市外内资1157.54亿元人民币，实际利用外资8.50亿美元，共引入7家世界500强企业，招商引资成绩居全省第一。

【增强招商引资工作合力】 市商务和投资促进局围绕市委、市政府年度中心工作，结合自身职能、职责，研究创新招商引资工作思路，报请市政府出台《关于进一步加强招商引资工作的意见》《2018年昆明市招商引资开门红工作方案》《关于进一步推动招商引资项目落地的实施方案》《昆明市2018年度招商引资工作实绩综合考评办法》《昆明市人民政府办公厅关于进一步完善招商引资工作机制的意见》等系列文件，为下一步加强招商引资工作和工作队伍建设指明方向。2018年8月27日，昆明市下发《关于进一步完善招商引资工作机制的意见》，昆明市招商引资工作委员会主管招商引资工作，工作机构设在市商务和投资促进局，由市长任主任，有关市领导任副主任，市级相关部门负责人为成员。负责指导、协调、推动全市招商引资工作。

【精准招商】 2018年，围绕大健康、大旅游、大文创，贯彻落实关于加快发展现代服务业、现代制造业、战略性新兴产业的产业发展思路，聚焦招商引资的重点行业、重点企业、重点区域，以世界500强、中国500强、中国民企500强，以及行业龙头企业和全市产业链发展所需的重点企业为招商引资重点对象，贯彻市级领导小分队招商与跟踪联系重点企业制度，通过锁定重点行业和目标企业，对接企业发展需求，推动重点产业招商和产业链招商，加强与国内外知名企业和专业孵化器合作，提高招商引资的精准度。年内，由市领导带队开展重点产业链招商、重点行业龙头招商。全年外出招商10次，与一批行业龙头企业达成合作意向，推进部分重点投资项目。

【项目签约及开工】 2018年，以南博会、农博会等展会为契机，做好招商引资项目签约及项目开工等工作。在2018年南博会期间，举行昆明市重点招商引资项目集中签约和集中开工仪式，促成一批项目签约及开工。全市集中签约项目109个，其中内资项目106个，协议投资总额3591.32亿元人民币；外资项目3个，合同利用外资5000万美元。参加省级签约内资项目7个，协议投资金额556.10亿元；外资项目1个，合同利用外资1000万美元；集中开工项目44个，协议投资总额665.76亿元，其中亿元以上项目34项，占开工项目数的77.27%，亿元以上项目协议投资660.89亿元，占开工项目协议投资总额的99.27%。项目涵盖绿色能源、绿色食品、大健康、新型工业、现代服务业、城市综合体等多个领域。农博会期间，对全市相关高原特色农业及绿色食品项目进行梳理，做好宣传推介、投资考察、项目洽谈等工作。农博会签约23个项目，协议投资总额228.14亿元人民币。

【产业招商】 围绕“188”重点产业，加强招商引资项目储备，强化项目包装，下发《关于做好招商引资项目库建设有关工作的通知》。在各县（市、区）上报的42个项目中精心筛选20个项目，申报省级重点项目。年初，向各县（市、区）、开发（度假）区征集2018年招商引资项目，经评估和反复校对，筛选、整理出102个项目，汇编成《昆明市招商引资项目》；8月、9月，2次向各县（市、区）、开发（度假）区征集项目，并筛选出10个项目进行精包装，形成项目册。做好产业招商，按照一个重点产业，一个推进组、一个发展规划、一套支持政策、一批重点项目、一个考核机制的原则，分产业加强对“188”重点产业发展招商的统筹协调，在全市各产业主管部门的基础上，突出绿色食品、绿色能源、大健康、总部经济、生物医药、新材料、先进装备制造、电子信息等重点产业。全市产业招商系统优化调整成立11个产业招商分局和4个驻外招商分局。明确产业招商的组织领导和工作机制，确定各重点产业推进组的主抓部门和配合部门，形成解决重大问题的协调机制。向市级各产业招商分局、驻外招商分局，各县（市、区）、开发（度假、园）区征集297家产业招商目标企业，经过筛选和整理后，根据企业及项目所属产业归类到11个产业招商分局，按照企业所在地归类到4个驻外招商分局。至年末，确定拟引进目标企业名录169家，拟推出重点招商引资项目清单114个。明确招商主体、招商目标、招商平台、招商方式、招商目的等关键因素和环节，制定全市开展精准产业招商的“时间表”“路线图”，为下一步领导带队招商和产业招商奠定基础。

（市投促局）

对外贸易

【外贸相关数据】 2018年，昆明市实现进出口131.20亿美元，同比增长67.60%，其中出口37.63亿美元，同比增长27.90%，进口93.57亿美元，同比增长91.50%。增速连续12个月居全国省会城市第一位，且高于全国55个百分点，高于全省40.10个百分点。进口与出口均实现高速增长；与“一带一路”沿线国家进出口实现快速增长，进出口额87.12亿美元，增幅达117.42%，占全市进出口总额的66.40%；进出口占全省进出口总额的43.89%。一般贸易进出口117.14亿美元，同比增长83.60%，加工贸易进出口10.28亿美元，同比下降21.93%。对外承包工程出口货物8271万美元，租赁贸易进口2.45亿美元；国有企业进出口101.82亿美元，同比增长84.90%，占全市进出口总额的77.60%。非公经济企业进出口29.38亿美元，同比增长26.45%，占全市进出口总额的22.40%；内资企业进出口128.01亿美元，同比增长69.06%，外资企业进出口3.19亿美元，同比增长23.56%；昆明与世界173个国家（地区）有贸易往来，比2017年增长22个国家（地区）。与亚洲地区贸易额93.66亿美元，同比增长107.80%，占昆明进出口额71.39%，亚洲成为昆明增速最快和体量最大的贸易地区；与拉丁美洲贸易额18.40亿美元，同比增长37.70%；与非洲的贸易额为2.91亿美元，同比增长17.90%，与大洋洲的贸易额为4.07亿美元，同比增长10.60%；与欧洲贸易额9.52亿美元，同比下降5.90%；与北美洲贸易额2.64亿美元，同比下降26.80%。

2018年，昆明与传统贸易伙伴东盟贸易额14.41亿美元，同比下降0.80%；与南盟贸易额8.45亿美元，同比增长106%；与欧盟贸易额8.78亿美元，同比增长43.60%。昆明市与全球十大贸易伙伴分别为沙特、伊朗、阿曼、秘鲁、印度、阿联酋、智利、科威特、中国香港、澳大利亚。昆明同“一带一路”国家（地区）中的63个国家（地区）开展贸易活动，进出口额87.12亿美元，同比增长117.42%，其中出口61个国家（地区）21.04亿美元，同比增长35.07%；进口45个国家（地区）66.08亿美元，同比增长169.78%。昆明与“一带一路”国家（地区）贸易额前10位分别是沙特、伊朗、阿曼、印度、阿联酋、科威特、卡塔尔、印度尼西亚、泰国、老挝。

昆明对外贸易着力推动成品油加工贸易、保税航油、磷化工、药品、光学仪器、电子产品，实施与缅甸“以物易物”贸易等一批重点项目。推动昆明综合保税区、昆明高新保税物流中心（B型）、腾俊国际陆港保税物流中心（B型）营运，吸引一批加工贸易、保税物流、一般贸易企业入驻，发挥海关监管区的保税及口岸功能，扩大进出口贸易。鼓励晋宁、寻甸、嵩明等县区及重点农产品出口企业加大出口基地建设，扩大蔬菜、花卉出口。支持斗南花卉市场海关、安检关口前置，提升贸易便利化水平，扩大花卉等农产品出口。

【服务贸易】 2018年，昆明市实现服务贸易12.78亿美元，同比增长25.16%。6月，开拓昆明市文化出口的新前景，获批国家文化出口基地。2018年，昆明市文化产品出口751万美元，同比增长97.60%，文化和娱乐服务出口68.52万美元，同比增长13.93%。云南杨丽萍文化传播股份有限公司的《云南印象》《十面埋伏》海外巡演。昆明市6家企业8个项目入选2017—2018年度国家文化出口重点企业和国家出口重点项目，重点企业在全国参评的31个省份和地区中居十三位，西南第二位，占全省文化出口重点企业总量的85%。新建成云纺文创园、滇创季官产业园等6个园区，昆明电缆厂文创园、昆钢文化创意产业园等8个园区正在规划建设。至年末，已建成各类文创园区21个，其中国家级园区1个，省级园区16个，省级文化与相关产业融合示范基地4个，市级文创园区20个，入园企业超过2700家。

昆明市在获省级服务外包示范城市基础上，经云南省人民政府批准后，云南省商务厅联合有关部门于2018年8月新认定昆明市经开区云南海归创业园为省级服务外包示范基地。根据商务部服务外包管理信息系统数据统计，2018年，昆明市服务外包执行额达8671万美元，同比增长92.77%，占云南省服务外包执行总额的99%，其中离岸外包执行额达838万美元，同比增长2.32%。执行合同备案登记的企业共有39家，占全省总数的84.78%。

【推进跨境电商发展】 2018年7月24日，《国务院关于同意在北京等22个城市设立跨境电子商务综合试验区的批复》，批准昆明设立跨境电子商务综合试验区，标志着昆明市在带动创业创新、开放型经济建设及外贸转型升级方面又新增一个重要平台，由此提升昆明的国际影响力。云南省成立由省政府分管领导任组长的综试区建设工作领导小组，昆明市成立由市政府主要领导任指挥长、分管领导任副指挥长的综试区建设指挥部，高位统筹推动综试区建设实施工作。经省政府常务会审议通过并正式发布《中国（昆明）跨境电商综试区实施方案》《云南省人民政府关于进一步加快跨境电子商务发展的指导意见》。昆明市委托商务部研究院编制《昆明市跨境电子商务规划（2018—2022）》，对《昆明市促进跨境电子商务发展的若干政策》进行广泛的意见征求。

昆明国家高新技术产业开发区列为首批国家电子商务示范基地。至年末，昆明通过电子商务开展业务的企业超过3500家，云南省跨境电商产业园、官渡区电商产业园、高新区电商产业园、经开区奥斯迪电商产业园、呈贡信息产业园建设初具规模。昆明颐高国际免税、保税国际时尚城跨境电商体验店与2000家国外商家搭成合作意向，将带来不低于5000个进口商品渠道，为昆明市的跨境电商提供进货渠道。昆明综保区、昆明高新和腾俊国际陆港保税物流中心（简称“一区两中心”）相继封关运作，一批企业落户园区，推动“一区两中心”开通跨境电商“9610”和“1210”业务，为昆明发展跨境电商提供保障。“阿里巴巴1688进口货源平台”昆明站上线运行，带动B2B、B2C、C2C、C2M等模式发展。深圳市通拓科技有限公司、Google AdWords、猪八戒网、东道设计、新浪乐居等一批龙头电商企业相继落地昆明。中通、能投等一批“海外仓”“展示中心”正抓紧建设。由中国、缅甸、泰国、越南、老挝等6国共同推动建设的GMS跨境电子商务交易平台落户昆明并完成网站全部建设。此平台已开发8种语言版本，上架商品50万种，实现交易额2000万元。与老挝、缅甸和孟加拉国的当地电商、物流企业达成合作协议，共同实现本地化的运营与推广工作。首家有色金属矿产资源B2B平台“易矿网”在昆明落地，平台注册用户5322人，认证企业数689家，平台发布供求资源8133条，为“易矿网”进行销售转换奠定基础，全年“易矿网”完成撮合交易8600万，自营交易3500万。随着一系列政策的出台，腾讯、敦皇网、京东、阿里云等一批电商企业将入驻昆明。

【参加首届中国国际进口博览会】 2018年11月5日，首届中国国际进口博览会在上海开幕，昆明市分团组织邀请1518人进行网络注册报名，其中企业467家、1233人，非企业44家、263人，其他22人，实际赴上海参展526人。在博览会上，昆明市共成交签约23家企业（单位），实现成交额38.98亿美元。

【推动市场采购贸易试点】 据初步调研统计，螺蛳湾国际商贸城和鑫东盟酒店用品市场有50亿美元的小商品流向南亚东南亚市场，具有开展市场采购贸易的基本条件。2018年，昆明市推动市场采购贸易方式试点申报，推进市场采购贸易与跨境电商融合发展，扩大小商口出口。年内，优先开展对两大市场的摸排调研，先后邀请海关、外汇管理、税务等相关部门多次召开“市场采购贸易方式试点申报工作推进会议”，实地考察学习德宏、西双版纳州的“边民互市”及义乌、广州市等先进地区发展经验。委托商务部研究院编制完成以昆明俊发·新螺蛳湾国际商贸城、昆明鑫东盟酒店设备用品市场为依托的《昆明市实施市场采购贸易方式试点方案》。已向国务院申报市场采购贸易方式试点。

（市商务局）

海关·检疫

【昆明海关机构设置及完成目标值】 海关是国家进出关境的监督管理机关，实行垂直管理体制，中华人民共和国昆明海关负责管理云南省各项海关管理工作。2018年，在昆明地区设有滇中海关、昆明邮局海关、昆明长水机场海关3个隶属海关，主要承担昆明市、昭通市、楚雄州内的属地海关业务（含检验检疫业务）；中国邮政昆明国际邮件互换局、跨境电商园区、综合保税区和快件监管中心、腾俊和高新保税物流中心的海关监管业务（含检验检疫业务）；长水机场口岸的海关监管业务（含旅航检及各项检验检疫业务）。2018年，昆明海关完成全年目标任务，云南外贸实现进出口1611.50亿元，增长27.60%；监管进出口货运量3034万吨，同比（下同）增长22.70%；进出口货物检验检疫290万批次，同比增长25.27%。

【海关与检验检疫合并】 根据中共中央《深化党和国家机构改革方案》，2018年4月14日，原国家质量监督检验检疫总局的出入境检验检疫管理职责和机构划入海关总署，海关总署明确原云南出入境检验检疫局职责和机构整体转隶昆明海关。原云南出入境检验检疫局承担的对云南出入境人员、动植物及其产品、进出口商品、交通运输工具等实施检验检疫和监督管理职责划入昆明海关职责范围。2018年4月20日开始统一以昆明海关名义对外开展工作，一线旅检、查验和窗口岗位统一上岗，统一着海关制服、统一佩戴关衔。旅检监管、通关作业申报查验放行“三个一”、运输工具登临检查、辐射探测、邮件监管、快件监管、报关报检企业资质注册以及对外一个窗口办理等7个业务领域完成优化整合，实现一口对外、一次办理，并完成业务单证及印章的统一替换。8月1日，正式启用新版报关单，原报关单、报检单“合二为一”，229项申报要素缩减至105项，减少54%，8—12月，共办理新进出口报关单5.37万份。年内，昆明海关完成机构“三定”工作，实现人员、机构、业务的平稳过渡与全面融合。机构改革期间，为更好地服务云南对外开放大局，昆明海关争取海关总署在机构设置方面向云南省倾斜。机构调整后，云南省25个口岸全部设有正处级隶属海关，除昭通、楚雄外，其余14个州市均设有海关机构。海关机构布局与云南开放发展形势更加匹配，其中在昆明地区新设滇中海关、昆明邮局海关；在曲靖、玉溪分别新设曲靖海关、玉溪海关；在瑞丽、河口、版纳、勐腊、腾冲等重点地区另设7个副处级办事处。昆明海关所属原南伞海关（副处级）、沧源海关（正科级）、都龙海关（正科级）、田蓬海关（正科级）4个单位均升格为正处级海关；原怒江办事处（正处级）、香格里拉办事处（正科级）、河口海关驻蒙自办事处（正科级）3个派驻机构改设为怒江海关、香格里拉海关、蒙自海关，均为正处级海关。

【口岸监管】 关区所有在运行的监管作业场所实现卡口联网全覆盖，综合平均运用率98%。制定差异化检查指标，强化运输工具登临检查。加强快件领域监管，开展快件现场视频巡查66次、现场检查16次，强化风险防控。严格执行行邮现场“3个100%”（即寄运物品先验视后封箱、寄递物流活动实名登记、邮件快件通过X光机安检）查验要求，设置动态调整的边民互市指导查验率。全年监管进出口货运量3034万吨、货值1611亿元、运输工具1194万辆（架、艘、节）次，分别增长22.70%、27.60%、16.60%。查获毒品172.50千克，易制毒化学品13.40吨，分别增长1.20倍、1倍。查获各类枪支32支。

【查缉走私】 开展“国门利剑2018”等专项行动，办理各类走私案件2240起，案值18.90亿元；侦办刑事案件136件，排名全国海关第九位。侦办走私洋垃圾案件161起，查获固废4717吨，立案数全国海关排名第三位。查办走私成品油案件59起，查证成品油4.50万吨，打掉走私团伙12个，“9·18”“10·01”大要案得到海关总署、公安部领导肯定。查办象牙及其制品案件44起、2.74千克，同比分别增长62.90%、32.50%。侦办署局一级挂牌督办案件16起，打掉走私团伙39个，受到省部级以上领导批示22次。

【征收税款】 属地纳税人管理体系初步建立，完成财关库银横向联网及《海关专用缴款书》企业自行打印改革的推广工作。两税净入库97.30亿元，同比增长59.60%，税收入库创历史新高。

【口岸建设】 规范非口岸通道管理，加强一线实货监管。围绕国家“十三五”口岸发展规划，协调地方各口岸管理部门做好关区口岸规划、评审、开放等工作，支持芒市机场口岸通过国家级验收、大理机场口岸临时开放、香格里拉机场口岸对外开放。景洪机场、磨憨、河口、金水河4个口岸通过总署口岸核心能力复核督导检查，增强口岸核生化（即辐射生物、代学）监测能力、寨卡病毒等重点传染病快速检测能力。

【风险防控和后续监管】 加强事前审批管理，通过“一个窗口”完成注册登记出境果蔬基地914个、150.60万亩，供港种植基地59个、5.90万亩，企业167家。强化进口动植物及产品后续监管，对12个动物隔离检疫场开展现场考核，集中完成94只海关工作犬隔离检疫监管。加强常规稽查和专项稽查，办结稽查作业152起，稽查作业完成率108.57%，稽查有效率56.52%，稽查补税入库599.76万元。强化企业信用管理，完成50家认证企业的重新认证，调整103家企业信用等级。持续加强虚假贸易管控，对24家“注册信息失实”的企业实行通关布控。

【重大传染病防范】 2018年，在交通工具中发现媒介生物20起，增长3倍。配合地方政府对口岸及周边区域采取网格化登革热防控措施，检出登革热106例。在瑞丽口岸检出登革热4种血清和多种复杂基因型共同流行病例，防控大规模爆发性流行和出现重症临床病人的风险。推动出台外籍劳务人员管理规定，境外边民入境务工管理服务中心在部分边境地区建立。开展外籍劳务人员传染病监测体检17.35万人、检出各类病例7925例，同比分别增长61.80%、85%。

【跨境动植物检疫】 开展偶蹄动物蓝舌病、口蹄疫等疫病调查，为跨境动物疫病区域化管理试点工作提供支撑。严防非洲猪瘟自口岸传入传出，妥善处置O型口蹄疫疫情，确保供港澳猪肉安全稳定。全年口岸检疫截获违禁物品2.47万批。通过边境农产品贸易需求调研，开展周边国家6个输华农产品有害生物风险分析，完成老挝输华香蕉、木薯干准入审批程序，老挝香蕉首发入境。从进境植物及其产品中检疫截获有害生物537种、5.09万次，其中检疫性有害生物50种、6484次。开展“绿蕾4”（即打击非法携带邮寄植物种子和其他禁止进境物）专项行动，截获有害生物种次增长15.50%。

【优化服务】 优化外贸营商环境，持续压缩进出口整体通关时间，12月，昆明海关进出口整体通关时间为28.41小时、1.17小时，同比压缩66.31%、48.23%。制定落实口岸提效降费9项工作措施，按时间节点完成收费项目公示、精简监管证件等任务，推行“先放后检”“先放后税”监管模式。实行“一个窗口”行政审批，原产地证书“属地备案、全国通签”无纸化申报占比85%，为企业节约时间50%。助推云南祥鹏航空试行“通程航班”业务监管模式，协调推动磨憨国际快件监管中心建设获批。推动跨境电商直购监管中心正式运行，办理直购零售进口申报清单778票。支持开展多式联运工作，在河口山腰铁路口岸正式推广应用铁路运输工具管理系统和舱单管理系统。服务高原特色产业健康发展。聚焦中美经贸摩擦应对、特殊监管区发展、农产品出口等热点重点工作，向省委、省政府报送工作专报76期，获省领导批示34次。累计办理优惠贸易协定项下进口报关单1.86万份，减免税款5.10亿元，增长62.10%。签发原产地证书4.70万份，为出口企业减免进口国关税7767万美元，分别增长3.45%、13.94%。服务云南省打造世界一流绿色食品牌，支持在斗南花卉交易中心实施进出口花卉前置作业，促进桉叶油等云南特色农林产品出口欧美。专题调研云南境外合作耕地种植作物情况。开展“龙腾行动2018”（即知识产权保护专项行动），查获知识产权案件64起、9.60万件，为70个国内外知名品牌提供知识产权海关保护。继续为原油产业、会展业等提供优质便利服务，服务第五届南博会暨二十五届昆交会，助力形成进出口差异化竞争优势。为3批次维和部队人员提供体检服务。

【脱贫攻坚工作】 充实配备关员1人驻村扶贫，组织4批次16人次到扶贫点开展建档立卡、信息审核、“百日攻坚”等集中工作，下拨9.45万元加强养牛产业后续建设并取得初步经济成效。坚持党建带扶贫、扶贫促党建，探索“党支部＋专业合作社＋建档贫困户”模式，助推基层党建与脱贫攻坚“双推进”。为所属8个隶属海关争取扶贫资金65万元，协调推动10个隶属海关自筹扶贫资金134.99万元，做好支持滇西边境片区扶贫、支持滇桂黔石漠化片区扶贫工作，推进关区扶贫工作整体向好发展。

【报通关及检验检疫改革】 拓宽改革深度广度，年内关区无纸化报关单占比达99.60%，国际贸易“单一窗口”报关覆盖率100%，随机选择布控查验占比达到99.20%。统筹推进税收征管方式改革，税费电子支付比率88.50%，“自报自缴”比率74.10%，结合关区实际推进多元化税收担保改革，协调中国银行、人保财险等单位，推动“增信担保”和“关税保证保险”改革措施落地。做好首批纳入“多查合一”改革事项相关工作。完成水空运运输工具监管领域“查检合一”试点及推广工作。结合“三定”落实，优化完善隶属海关及其派驻机构功能类型，确保与全国通关一体化业务改革相匹配。推动落实“一带一路”沿线大通关合作行动计划，开展与越、老、缅、泰等国海关国际合作，召开外事会议3次、开展边境海关会晤6次、培训交流活动9次。支持跨境、边境经济合作区建设，推动中国老挝跨合区围网建设。继续复制推广自贸区海关监管创新制度在昆明、红河综保区落地。深化边民互市业务改革，在章凤、畹町口岸试点边民互市申报人脸识别功能，在磨憨口岸试点查验移动单兵作业系统，在畹町、瑞丽试点金融系统全程参与的交易电子结算系统，在河口、天保、金水河口岸试点限制拼车业务改革。推进跨境动物疫病区域化管理试点工作，促成与缅方就检疫和卫生要求议定书开展新一轮会谈。支持在西双版纳建设进口肉类指定口岸。

【科技保障】 推进智慧监管体系建设。推行H986集中审像，试点CT机智能审图作业。启动关区智慧监管中心建设，优化业务监控展示平台。推进边民互市关检业务系统整合，自主研发卫检智慧防线系统与车辆检疫智能通关系统，在河口、瑞丽等多个口岸应用推广，新配备监管查验设备快速安装运行。科研和实验室建设取得新进展。主持、参与国家级和省级科技项目12个，自主立项6个，智慧口岸执法监管平台等11个信息化项目投入应用。3个云南省科技项目正式立项，1个云南省标准体系研究项目通过验收，1个合作研究项目获云南省科学技术进步一等奖。进口固体废物属性鉴定常规实验室、进出口食品安全实验室获批建设。

【从严治关】 推行“政治生日”（即共产党员入党日）“五个一”（即组织一次警示教育活动、一次先进典型教育活动、听一次党课、参加一次专题报告会、开展一次廉政文化活动）制度，优化党员积分制管理，推动“互联网＋党建”进机关，“智慧党建”水平明显提升。以“抓两头带中间”促进党支部分类定级、达标创建，推动“支部强在科上”，2个基层党支部被总署授予全国海关基层党建示范品牌和培育品牌。推进党风廉政建设，开展“讲政治、守纪律、敢担当”等专题警示教育，筑牢队伍思想防线。巡察、审计监督机制持续优化，对4个单位开展党组巡察，任中审计比例60%，建立屡审屡犯问题责任分析处置和问题清单动态调整机制。设立15个派驻纪检组，配强派驻监督力量。开展违反中央八项规定精神问题、匿名诬告等4个专项整治，通报曝光2起违反中央八项规定精神典型案例。以准军标准打牢队伍建设基础。开展“补短板、转作风、提效能”专项活动，推进落实整改措施2300条。强化内务规范日常学习和定期督查，完成全员准军事化集训。深化全员培训，多平台轮训干部7885人次，1811人参加执法能力学习考试。推进平时考核，筹备机构改革专项考核，“三位一体”（即调研＋研判＋结果运用）知事识人体系初步建立。5个单位通过省级文明单位公示，2个集体被命名为省级“青年文明号”。

（昆明海关）

旅游·风景区

◆责任编辑　方　玲

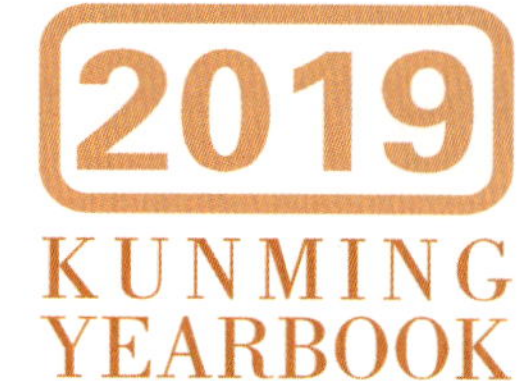

旅　游

【旅游经济数据】　昆明市实现旅游业总收入2180.08亿元，同比增长35.52%；接待游客总数1.61亿人次，同比增长20.32%；接待海外旅游者142.20万人次，同比增长6.07%。

【旅游项目建设】　2018年，昆明市完成旅游重大项目投资289亿元。推进旅游重点项目118个，预计总投资2565.23亿元。七彩云南欢乐世界等项目建成投入运营，安宁圣亚大白鲸海洋世界、华强方特美丽中国（宜良）文旅项目正式开工建设，佳龙国际旅游度假区项目正式签约落地昆明市。杏林大观园通过国家3A级旅游景区评定，晋宁未来城项目启动规划编制工作。

【旅游厕所建设】　2018年，昆明市加大A级旅游厕所建设力度，建设旅游厕所计划151座，完成旅游厕所建设164座，超计划完成13座。推进“智慧厕所”建设步伐，全市800座旅游厕所全部打点上线“一部手机游云南”App。探索“互联网+厕所”的智慧旅游厕所建设，让智慧旅游厕所成为真正的服务型厕所。

【精品自驾旅游线路和营地建设】　2018年，率先启动“昆勐磨”精品自驾旅游重点线路和营地建设。全年完成5个汽车营地建设，20个通信基站和6746个AP建设。滇池度假区大坝观景平台、青龙峡景区、凤山观景塔台和玫瑰山谷观景长廊、观景亭以及龙山观景平台、玉龙湾观景平台建设。

【乡村旅游和旅游扶贫】　配合省民宗委和省旅发委对已创建的12个省级民族特色旅游村寨的项目建设工作给予指导帮助。为东川区拖布卡镇树桔村申请到80万元的省级乡村旅游扶贫资金。推进乡村旅游聚集区旅游厕所建设，改善农村卫生条件和农村面貌，提升乡村旅游品质。开展乡村旅游培训，参加文化和旅游部和省旅发委组织的各类乡村旅游培训，选派6个旅游扶贫重点村的村干部参加文化和旅游部组织的全国乡村旅游培训。

【旅游宣传促销】　参加国内旅游专业展会。组织昆明相关景区、旅行社等旅游企业参加“2018年第十四届海峡旅游博览会”“2018山东（济南）国际旅游交易会”“2018西安丝绸之路国际旅游博览会”。赴重庆、成都开展高铁旅游专题促销活动，赴杭州、南京、上海开展高铁旅游专题促销活动。与中共昆明市委外宣办（昆明市政府新闻办）共同主办的“春城花都·好享昆明”2018年昆明旅游主题推广活动在沪昆高铁主要沿线城市南京、杭州、上海举办。在南京、杭州召开“2018昆明航空高铁旅游推介会”，开展“2018中国旅游日云南分会场”系列宣传活动。在昆明长水国际机场开展昆明旅游形象及昆明旅游公益宣传，提升昆明旅游品牌形象。

【旅游国际合作与推广】　2018年，与中国旅游精英会联合邀请南亚、东南亚百名旅行商和媒体代表赴云南和昆明考察踩线。在马来西亚、菲律宾、印尼、中国台湾等国家和地区主流媒体刊载昆明旅游宣传专栏。昆明市于2018年6月正式加入世界旅游联盟，成为世界旅游联盟第114家会员单位。9月7—10日，世界旅游联盟2018年“湘湖对话”在杭州举行，昆明市作为首批世界旅游联盟会员受邀参加此次峰会，并接受了世界旅游联盟颁发的会员证书。推进昆明旅游海外宣传片和宣传册的拍摄编辑工作，已完成全部拍摄及组稿工作。与昆明长水机场共同研究起草昆明机场发展国际中转旅游奖补方案，促进昆明机场国际中转旅客和昆明入境旅游市场增长。推进昆明国际友城旅游联盟常设机构筹建工作，制订联盟常设机构组建方案及联盟年度工作计划。9月27日上午，昆明市旅发委以“9·27”世界旅游日为契机，在昆明长水机场召开“昆明市·一部手机游云南旅行社品质旅游线路产品发布会暨9·27‘文明旅游’宣传活动”。

【公共服务体系建设】　2018年，位于昆明老街和火车站的2个旅游信息公共服务中心运转正常有序；在昆明长水机场旅客到达出口2号门设立昆明市旅游公共服务中心站点；推进昆明新南站旅游公共服务站点和昆明东部汽车客运站“昆明市旅游服务中心　旅游集散中心”建设工作。继续实施“昆明城市形象和全媒体整合营销”年度方案，加强对昆明旅游官方微博、微信、政务网等自媒体、多媒体宣传营销矩阵的整合完善；加强与信息港、都市时报、掌上春城、今日头条等优势媒体渠道和平台合作，联合开展对“昆明旅游”线上营销推广。

【旅游市场综合整治】 严管旅行社，打击“不合理低价游”。加强旅行社经营诚信管理，对列为重点监管的旅行社，采取约谈、加大联合执法频次等方式加强监管力度。强化通过网络经营销售旅游产品的旅行社的监管，督促“不合理低价游”产品全面下架。全市清理旅行社240家，其中吊销旅行社经营许可证29家、注销112家、撤销99家，拟撤销旅行社127家。

严管导游人员，杜绝“强迫消费”。将导游人员纳入统一平台管理，依托游客对导游服务质量进行网上评价，向社会公开评价结果，形成对导游的正向激励机制。运用2017年发生的云迪旅行社辱骂游客导游入刑案例，对全市1.1万名导游人员进行综合素质提升培训和以案说法教育。全年全市吊销导游资格证27人。

严管购物店，遏制“灰色利益链”。实行属地政府领导包保责任制和新增涉旅购物场所零申报制度，严禁旅行社操作团队购物，发现一起关停一起。对月营业额在3万元起征点以上的涉旅行业纳税人推行增值税发票新系统。加大涉旅大案要案查处力度，涉旅非国家公职人员商业贿赂案查办取得突破。整顿旅游景区，优化游览环境。对全市现有的A级旅游景区，多次开展暗访检查，对设施建设滞后、资源品质退化、管理服务薄弱、游客投诉较多的景区进行处理。撤销云南人家、昆明经典假日谷、盘龙寺和龙润大龙潭等4家A级景区的等级资质。加强日常监管，实行“户籍化”管理。在旅游警察支队基础上充实力量，对旅行社及导游逐步实现“网格化”“户籍化”的日常管理，坚持一天一走访，一天一排查。在全省率先推动旅游大巴视频监控系统安装，强化团队行程单实时监管，实现导游和旅游车辆合法资质的联网核查和联网调派。

加强技术支撑，启用电子合同，争取成为全国旅游电子合同全面推广试点城市。昆明市旅游电子合同9月1日正式上线，已有91家旅行社签署1.6万份合同，合同金额1.6亿元。配套审核线路产品2.79万条，审核通过9817条。全市各级税务机关已在85户旅行社推行使用电子发票。实行联合惩戒，实施“红黑榜”制度。制定实施昆明市旅行社、分社及从业人员“红黑榜”制度，加大社会监督和曝光力度，于2018年7月起正式施行。至年末，共发布7期，131家旅行社及导游18人上黑榜。将严重违法违规行为纳入失信名单，推送工商、发改征信管理，进行联合惩戒。

出台举报奖励制度。实施《昆明市旅游市场违法违规行为举报奖励办法》，投入300万元设立举报奖励基金。发动广大游客、市民等社会力量，举报者提供充分的证据，经核实后，根据被举报者受处罚的程度给予奖励，最高奖励金额达2万元。2018年，全年通过12301国家智慧旅游公共服务平台的投诉399件（2017年654件），同比下降39%；“游云南”App平台投诉总件数1238件；“96927电话投诉”平台投诉258件。各级各部门及时受理投诉举报，严格落实昆明市“1+18+X”投诉处理机制，推行24小时投诉办结制，确保对外公布的投诉电话24小时有人接听受理，根据线索联合各职能部门查处，提高诉转案的查办率。2018年，全市查处涉旅行政案件1233件，罚款4514.90万元，其中旅游部门查处案件120件，公安部门查处案件503件，市场监管部门查处案件252件，税务部门查处案件110件，发改（价格监督）部门查处案件44件，交运部门查处案件168件，人社部门查处28件，财政部门8件。2018年上半年全市查处各类涉旅刑事案件169件，2月，侦破云南省首起涉旅非国家公职人员行贿受贿案棘银案件。一起涉及多省市、上下游连通，涵盖旅行社、购物店、导游、大巴司机等产业链完整的“不合理低价游”、涉嫌非国家公职人员行贿受贿典型案件“6·02”仟悦案取得重大突破，涉案金额高达5700万元，抓获涉案人员31人，其中逮捕11人、刑事拘留17人、取保候审3人。

【推进“一部手机游云南”】 至年末，按照云南省“一部手机游云南”领导小组对“一机游”第一批和第二批任务要求，城市名片、景区名片、手绘地图、AI识景、景区闸机改造、智慧停车场、诚信评价、4G覆盖及基站建设等工作全部完成。慢直播和智慧厕所最终完成率分别为106%和111%。落实门票优惠政策，已有14家景区与腾云公司签订协议，完成68家旅游景区最大和最佳承载量的核定工作。市旅游发展委员会在城市出租车顶灯、城市户外LED、公交、地铁免费播放“一部手机游客云南”公益视频广告；在市内人行天桥LED宣传屏作为公益广告进行宣传。投放高速公路出入口路牌、星级酒店客房桌牌等平面广告，在各类新媒体和主要门户网站上投放网络广告，实现“一机游”宣传全面覆盖。

完善诚信评价工作方法制度，按照“一部手机游云南”的评价需要，修改完善昆明市餐饮服务单位、住宿服务单位、商品零售经营户的评价办法，开展相关评价工作。为研究完善涉旅企业的诚信评价办法，昆明市将相关评价办法纳入2018年政府标准化工作计划，委托第三方专业机构制订的昆明旅游行业诚信评价办法列入昆明市地方规范制订计划，相关工作成果将于2019年3月份完成并提交评审。改善配套基础设施建设，为提升“一机游”的网络应用环境，对全市网络基础设施进行优化，3家运营商针对昆明市A级景区、精品自驾路线和重要营地的网络覆盖情况进行摸底测试，对景区等重点区域的网络覆盖进行补点建设，在重点景区和重要营地建设免费WiFi网络，保证“一部手机游云南”各板块的网络覆盖和运行。

6月8日上午，省长阮成发、常务副省长宗国英、副省长董华、陈舜和云南省“一部手机游云南”领导小组成员单位主要负责人来到云南民族村，用“游云南”App体验购票、景区名片、慢直播、刷脸入园、导游导览、找厕所、AI识物等相关功能。

A级景区名表

编号	名称	所属辖区	级别
1	昆明世界园艺博览园	盘龙区	AAAAA
2	石林风景名胜区	石林县	AAAAA
3	金殿风景名胜区	盘龙区	AAAA
4	云南野生动物园	盘龙区	AAAA
5	官渡古镇	官渡区	AAAA
6	西山国家级风景名胜区	西山区	AAAA
7	云南民族村	西山区	AAAA
8	大观公园	西山区	AAAA
9	昆明七彩云南实业股份有限公司经开云南民族大观园	经开区	AAAA
10	九乡风景名胜区	宜良县	AAAA
11	昆明轿子山景区	禄劝县	AAAA
12	青龙峡风景区	安宁市	AAA
13	星河温泉旅游小镇	寻甸县	AAA
14	中国兵器房车温泉度假中心	市辖区	AAA
15	翠湖・讲武堂景区	五华区	AAA
16	黑龙潭公园	盘龙区	AAA
17	斗南花市	呈贡区	AAA
18	宜良县岩泉风景区	宜良县	AAA
19	万家欢蓝莓庄园	石林县	AAA
20	昆明嘉丽泽旅游度假区	嵩明县	AAA
21	杏林大观园	石林县	AAA
22	郑和公园	晋宁区	AA
23	寻甸县柯渡红军长征纪念馆	寻甸县	AA

【石林阿诗玛形象大使选拔赛】 1月12日，2018中国石林阿诗玛形象大使选拔赛在昆明海埂会堂正式启动，有关领导以及来自全国各地的企业家500人出席启动仪式。

【中国石林婚恋文化产业园签约】 2018年3月8日，石林风景名胜区管理局与云南宝烨文化产业发展有限公司合作项目——中国石林婚恋文化产业园签约。中国石林婚恋文化产业园落户乃古石林风景区，标志着乃古石林正式成为集婚纱摄影、民俗婚庆体验、婚纱礼服、婚礼策划、蜜月旅拍等一体化国内最具影响力的婚恋文创示范基地。

【参加香山旅游峰会】 9月6—10日，昆明市参加在青岛举办的2018世界旅游城市联合会青岛香山旅游峰会。昆明市是世界旅游城市联合会正式会员城市，已连续七届组团参加香山旅游峰会。

【文明旅游志愿服务活动】 8月17日，昆明市旅发委在翠湖公园组织开展主题为“绿水青山、无痕旅游”的文明旅游志愿服务活动，旨在普及、推广“无痕旅游”理念，引导广大游客树立文明旅游和环境保护意识，建设保护好昆明的生态环境。

【再获“最佳避暑旅游城市”】 2018年7月6—9日，中国旅游研究院、中国气象局公共气象服务中心联合主办，世界旅游组织支持的第四届中国避暑旅游产业峰会上，昆明被评为“最佳避暑旅游城市”，这也是昆明连续4年获评“最佳”。

【参赛微电影】 11月3日，2018走进美丽中国・中国风景名胜微视频（微电影）大赛颁奖盛典在峨眉山盛大举行。云南石林获“最佳人文景区微视频奖”。

（董　荣）

云南民族村

【主要经济指标】 2018年，云南民族村全年累计接待海内外游客201万人次，实现旅游总收入1.80亿元，同比增幅2.37％。

【"一部手机游云南"建设】 云南民族村作为全省"一部手机游云南"首批10家试点景区之一，整合现有资源和平台，抓实数据采集接入和硬件设施改建工作，按期完成"一机游"各项工作分解任务。云南省长阮成发、常务副省长宗国英、副省长董华、陈舜、腾讯公司董事会主席马化腾，先后到云南民族村就"一部手机游云南"推进工作进行检查调研并给予肯定。云南民族村"一部手机游云南"成为云南省的示范和标杆，全省16个州市及多家省外行业主管部门和景区先后到云南民族村进行学习观摩。

【民族文化展示】 云南民族村作为弘扬、传承、保护、展示云南民族文化的旅游主题景区，民族文化始终是景区赖以生存的生命线和核心竞争力。深挖景区发展潜力，打造精品民族节庆品牌，提升景区魅力。按照"以节庆展示文化、以节庆丰富活动、以节庆招徕游客"的工作理念，举办元旦佤族木鼓踩街、春节庙会、藏历新年、纳西族三朵节、景颇目瑙纵歌节、傣族泼水节、白族绕三灵、普米族情人节、苗族花山节、彝族火把节、佤族新米节、傈僳族阔时节共11个民族节庆系列活动；5—10月开展"一月一民族"主题特色夜间活动，打造丰富多彩、民族特色浓郁的动态展示氛围，为提升民族村"月月有节庆，天天有欢乐"的景区民族文化展示氛围奠定基础；打造提升囊括云南15个特有少数民族歌舞元素的主题演出《高原的呼唤》。2018年《高原的呼唤》实现票房1200万元，开创云南民族村依靠自身人才和演艺队伍力量编创、打造的演出票房创收之最；提升村寨定点演出《七彩云霞》系列游客参与和体验度，并新打造推出哈尼梯田实景演出；通过对现有村寨静态展示项目和单品进行再梳理和继续完善提升，增加纳西村壁画文化展示、白族壁画文化展示、白族甲马纸文化展示等一系列静态展示元素，丰富静态展示氛围；加强薛文安、罗凤学、董江山、李燕军民族文化传承人工作室展示效果，强化景区非物质文化遗产保护和传承工作。高原艺术团完成市委、市政府、市总工会的春节慰问演出；完成市政府安排赴马来西亚古晋市的访问演出，提升云南民族村特色民族文化品牌知名度。

特色泼水节

（云南民族村　供稿）

【打造文化景观新亮点】 按照景区绿化改造"一村一特色、一寨一亮点"的要求，突出村寨绿化、美化改造与民族文化相融合，结合各民族村寨地域背景及文化特色，对村寨绿植及树木进行移栽和提升，改善部分村寨绿植与该民族所处云南地域背景、文化冲突和突兀的问题，让景区园林与民族文化相融相生，提升景区优美的旅游环境。

【景区文明创建】 推进5A级景区创建，对照创建标准开展景区提升改造、配套设施控制性详细规划工作。强化全国文明城市创建工作常态化，把创文工作纳入景区日常管理工作同安排、同推进，充实"文明引导员"队伍，强化和完善景区文明城市创建氛围营造，强化创文经费，结合景区实际开展特色亮点工作。

【拓展市场营销】 转变营销观念、创新营销方式、拓展营销渠道。结合景区实际，改变传统的营销模式，以节庆促销型宣传、告知性宣传与季度形象宣传相结合，推出春夏秋冬系列主题营销活动；拓展线上电子商务营销渠道，加强与"驴妈妈"的独家深度合作，新增航空杂志、高铁杂志、室内酒店电梯、室内LED屏、朋友圈推广等宣传营销方式。组建自媒体宣传项目组，解决过去无法剪辑视频的短板，加强微信、抖音等自媒体宣传，及时更新官网、官微及抖音等平台信息，形成全方位、多层次，线上、线下联合营销模式，提升民族村的知名度和市场占有率。坚持以实施项目制为抓手，调整创新景区经营管理方式及营利模式，继续引进经营业绩好、营利能力强、市场认可度高的自营或合作项目，改善景区单一靠门票收入为主的状况，突出景区商品特色，突出项目化运作，落实项目制管理目标、促进经营增长转变，促进经营效益的提升。

（徐同辰）

石林风景名胜区

【旅游经济下滑】 2018年，受经济大环境、国内旅游市场消费模式转变、云南省旅游市场整治、门票降价的影响，石林的旅游经济持续下滑。石林管理局针对不利形势，通过会员卡推广、传统媒体宣传、新媒体营销、渠道营销、活动营销、会展营销等全方位立体式开展石林旅游市场宣传营销工作，最大限度地遏制游客接待下降幅度。全年，大小石林景区接待入园游客280万人次，其中购票入园人数250万人次，门票收入3.50亿元，同比降20%；景区讲解员营业收入808万元；景区停车场营业收入150.80万元。长湖景区全年接待游客3.90万人次（购票入园3.20万人次），旅游收入32.10万元。乃古石林景区全年接待游客19万人次，其中购票入园16万人次，门票收入566.30万元。景区电动车公司营业收入6400万元。全年，石林景区实现旅游直接收入4.30亿元。

【景区规划设计】 2018年，云南省住房和城乡建设厅组织专家评审《石林风景名胜区总体规划（修编2003—2020年）》评估报告，根据专家评审意见修改完善并上报到国家林草局。启动《石林风景名胜区总体规划》（修编2021—2040年）规划大纲编制工作，完成第一轮的现场调研。《乃古石林景区详细规划》历经多年多次修改完善、多次对接协调，4月4日通过住建部批准。《大石林景区南部入口区选址规划方案》于5月9日通过石林彝族自治县城乡规划委员会审查。《大石林景区南部区域电瓶车道及配套建设项目选址及规划方案》于5月9日通过石林彝族自治县城乡规划委员会审查。大小石林景区环林路景观规划设计于9月20日编制完成，并通过专家评审。剑峰池栏杆设计于9月20日编制完成，并通过专家评审。10月13日，大叠水景区建设规划编制通过县规委会审查。

【景区设施建设】 2018年，石林管理局围绕全域旅游，推进景区配套设施建设。“石林县全域旅游标识系统”项目于2018年1月5日开工，10月全部完工，11月22日通过竣工验收。至年末，“石林冰雪海洋世界”海洋馆、极地世界、大马戏、滑雪场和亲子酒店建成并正常营业。“石林阿诗玛旅游文化城”项目完成风景区建设项目选址意见书、项目备案、水保、环评批复和进行土方施工和景观施工。石林国际旅游项目由云南元亨置业有限公司竞拍取得，9月7日，云南元亨置业有限公司到国土局签订6个地块的土地出让合同。“只有·云南”旅游小镇项目土地一直未能供应。石林好莱坞文化旅游产业城项目方案初稿进行4次汇报，5次商谈补充协议协商修改工作。石林高铁旅游文化新城项目完成规划范围确定。昆明七世界文化旅游区项目于2018年火把节进行签约，至年末，泰方完成初稿设计工作，中方进行细化完善，10月26日，企业名称核准为“昆明七世界旅游开发有限责任公司”，股份分别为普吉幻多奇大众有限公司12.50%、野生世界大众有限公司12.50%、（香港）领力设计咨询有限公司10%、昆明产业投资开发有限公司45%、云南石林旅游集团有限公司20%。大叠水景区整体开发项目投资方为中金国泰控股集团有限公司（重新进行招商确定），于火把节进行签约，完成项目公司注册。至年末，项目完成停车场区域征地工作，于10月9日举行开工仪式。石林少林文化园项目已完成公司注册、规划设计初稿和土地出让，待企业筹集资金缴纳剩余土地出让金。

【综治网格化管理】 2018年，石林风景区整合资源、细化职责，一月一考核，落实综治网格责任。景区综治网格共处置游客急救63起，求助198起；调处游客纠纷抱怨133起；制止喊客拉客267起，游动兜售297起；加强巡逻防范严格查堵景区逃票行为；制止游客乱爬石头等不安全、不文明行为1.90万人次。对智慧石林的158个视频监控、26部SOS应急求救电话安排专人职守，全方位对景区重点部位进行监控，全天候对视频信息进行监测研判。全年监控中心发布寻人、寻物信息262起，雷电预警、安全提示2682次，保障游客安全和游客需求。

【宣传营销】 2018年，石林风景区加强与周边景区的联动，做好联合营销。与弥勒水上世界、四川黄龙、贵州荔波互换资源，互相宣传，共享客源。联合景区联盟，依托旅游滇联，在全国主要云南客源市场、一、二、三级城市举行推介会，采用“行业推介会+营销推介活动”的方式宣传石林。做热高铁游、自驾游、家庭亲子游，拓展科普体验游、乡村休闲游、红色文化游、民俗风情游等旅游产品，配合市委宣传部、市财政局、市文明办、石林县人民政府、昆明轨道交通集团有限公司等有关部门和单位，共同做好“阿诗玛号”文化列车开行永久命名的工作。加强与人民网、新华网、搜狐等网站的合作，建立专题网页；加强石林旅游官网、官微及微博的运营，共同发布旅游咨询和重大活动新闻。全年发布各类新闻、旅游推广稿件2000篇、订阅人数4.30万人次。8月2日，石林旅游IP形象发布会在石林风景区日月广场隆重举行。做好2018年火把节的主题晚会、开幕式等演艺工作和新闻报道工作。石林景区举办“七夕节”石林

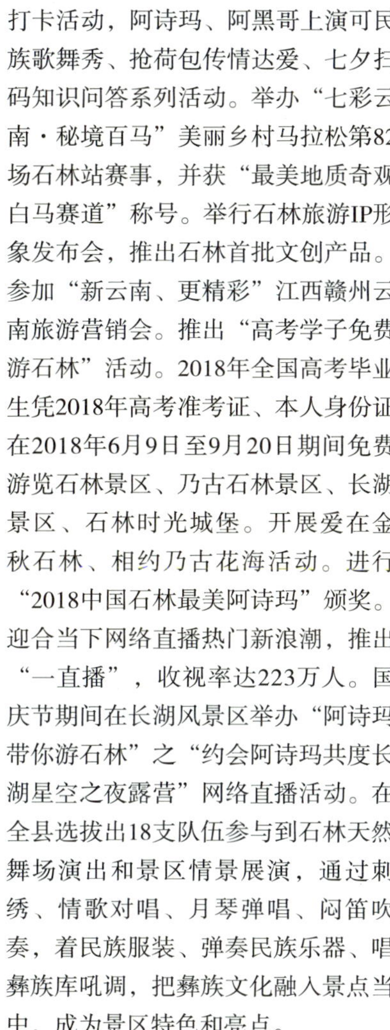

打卡活动，阿诗玛、阿黑哥上演可民族歌舞秀、抢荷包传情达爱、七夕扫码知识问答系列活动。举办“七彩云南·秘境百马”美丽乡村马拉松第82场石林站赛事，并获“最美地质奇观白马赛道”称号。举行石林旅游IP形象发布会，推出石林首批文创产品。参加“新云南、更精彩”江西赣州云南旅游营销会。推出“高考学子免费游石林”活动。2018年全国高考毕业生凭2018年高考准考证、本人身份证在2018年6月9日至9月20日期间免费游览石林景区、乃古石林景区、长湖景区、石林时光城堡。开展爱在金秋石林、相约乃古花海活动。进行“2018中国石林最美阿诗玛”颁奖。迎合当下网络直播热门新浪潮，推出“一直播”，收视率达223万人。国庆节期间在长湖风景区举办“阿诗玛带你游石林”之“约会阿诗玛共度长湖星空之夜露营”网络直播活动。在全县选拔出18支队伍参与到石林天然舞场演出和景区情景展演，通过刺绣、情歌对唱、月琴弹唱、闷笛吹奏，着民族服装、弹奏民族乐器、唱彝族库吼调，把彝族文化融入景点当中，成为景区特色和亮点。

【旅游智慧化】 打造全域旅游智慧平台，通过“一部手机游云南”数据采集接入和硬件设施改建，在直播、景区地理信息、导游导览、投诉处置4个方面为游客带来新服务和新体验。6月1日，石林风景名胜区在大小石林、乃古石林、长湖景区17座智慧旅游厕所的改造建设工作全部完工。智慧旅游厕所基于物联网技术，通过传感器关联景区厕所的相关设施设备，可以快速定位厕所，查看厕所环境、拥堵情况，并对厕所环境进行监督评价，是“一部手机游云南”的工程重要内容之一。11月1日，“一部手机游云南”澜湄体验官走进石林，开启“一机游”上线后的智慧旅游新体验。来自澜湄国家的新闻官员16人和来自柬埔寨、缅甸、老挝和泰国的留学生体验官15人开启了1天的石林之旅，体验手机购票、刷脸入园、智慧导览、扫码识景等“一机游”服务项目。

【相关科协组织探索石林活动】 2018年1月24日至2月10日，由中国科学院京区科学技术协会组织，来自北京第35中、汇文中学、京源学校、牛栏山实验小学等学校的师生470人，分批在云南石林开展科普考察。

【动力伞旅游项目试运营】 2018年2月15—21日的春节黄金周期间，黑鹰飞翔（北京）国际旅游文化有限公司在乃古石林景区举行动力伞旅游项目试运营。带你“上天”，在天空中尽情欣赏石林风光，成为一种充满挑战性和个性化的全新旅游体验。

【旅游推广路演活动】 2018年4月21日和22日，4场以“春城花都　好享昆明”为主题的旅游推广路演活动，在上海东方明珠塔广场上演，此次华东3省推介活动，免费送出包括石林景区、石林地质博物馆、石林冰雪海洋世界、冰雪海洋大马戏、杏林大观园、石海温泉、万家欢蓝莓庄园等景区门票和酒店房间券在内价值10万元的旅游大礼包和撒尼刺绣礼品。

【参加第十四届海峡旅游博览会】 2018年4月20—22日，参加由福建省旅游发展委员会、厦门市人民政府共同主办的“2018年第十四届海峡旅游博览会”。来自中国台湾、香港、澳门，东南亚，欧洲，美洲等43个国家和地区、国内23个省、市、自治区旅游主管部门参展，有近万名客商亲临本届会场。展会期间，石林景区发放宣传材料1000份。

【杨志凤入选“金牌导游”名单】 2018年6月14日，国家文化和旅游部发布文件，对入选2018年度万名旅游英才计划“金牌导游”培养项目名单进行公示，全国共188人，云南省6人，石林管理局景区讲解员杨志凤榜上有名。

【遗产地保护和项目评审】 2018年6月19日，“中国世界遗产地保护与管理项目·社区可持续生计活动”石林项目评估会在云南石林召开。联合国教科文组织驻华代表处派出马哈瑞·梅阿丽和卢叶莅临石林，对项目执行情况进行评估总结。8月17日，中国南方喀斯特世界自然遗产地保护管理协调委员会轮值主席单位云南省住房和城乡建设厅在石林风景区组织召开《中国南方喀斯特世界自然遗产保护状况报告》专家评审会，参加会议的有云南省、贵州省、重庆市、广西壮族自治区等4个省级（区、市）世界自然遗产管理部门和武隆、荔波、石林、桂林、环江、施秉、金佛山等7个南方喀斯特遗产地管理机构代表。

【石林阿诗玛形象大使选拔复赛】 2018年6月23日，由石林风景名胜区管理局主办，云南前瞻旅游营销策划有限公司承办的“2018最美阿诗玛选拔大赛”在昆明上海东盟大厦举行复赛。来自全国上海、河南、哈尔滨、四川、云南等省市县海选晋级的选手39人参加晋级20强角逐。

（钟文友）

九乡风景名胜区

【业绩】 2018年，九乡风景区实现综合接待游客350.99万人次，同比2017年增幅达31.26%；实现营业收入2.03亿元，同比增长6848.41万元，增幅50.86%。

【营销策略】 年内，抓住“大渠道”，升级拓展省外市场。与省内158家地接旅行社开展组客合作，通过实施“阶梯式”奖励措施，发旅行

九乡风景区雄狮大厅

（九乡风景区 供稿）

社组客积极性，稳定团队市场；联合营销，抢占入滇市场份额。与世博集团旗下景区、普者黑等省内精品景区开展联合营销，实现客源共享、抱团营销效应；在入滇的6条高速路、高铁站、人流量较大的公路、车站发布形象广告，提高游客的到达率、转化率；协调相关部门，在东南绕城、昆石高速、宜良城区、宜九公路新建8块广告牌以及6块旅游导引标牌，在宣传九乡的同时获取价值广告资源，引入《三生三世（第二部）》《燕赤霞》等剧组到景区拍摄取景，借势提升品牌；聚集专项活动，扩大省内市场份额。抓住红河州庆、国际旅交会、农博会等大型活动，推出专项优惠政策，并优选当地主流媒体进行宣传推广；针对学生市场，策划举办亲子游、研学游活动，年内吸引20所学校，学生6000人参加活动；针对企事业单位，举办“创新突破、超越自我”等主题团建拓展活动，针对女性市场策划举办“三八女神节”活动，为拓展团建市场打下基础；联合举办“抖动九乡”短视频创意大赛、“秘境百马跑”“国庆欢乐颂”等主题活动。通过活动造势，制造噱头，打造卖点和市场吸引力；加强自建媒体运营及宣传能力。年度发布微信公众号107条，新浪微博134条，抖音A57条，美篇15条，今日头条61条宣传信息，景区微信粉丝持续保持3万人。推出“九妹带你游九乡”“世界上第一场洞穴毕业典礼”等话题营销，实现较好的点击量及转发率。

【制度建设】 主动融入华侨城、世博集团现代企业管理模式，规范公司党委会、总办会、董事会决策程序，严格落实“三重一大”（即重大事项决策、重要干部任免、重要事项安排、大额资金使用）决策制度。针对人员招聘、公车使用、物资采购、固定资产管理等工作，制定印发《对外招聘管理办法》《公务车辆管理办法》《固定资产管理办法（试行）》《物资采购管理规定》等相关制度，规范公司决策流程及日常管理；实施绩效考核，释放和激发员工活力。制订实施《组织绩效管理制度》《岗位绩效管理制度》《薪酬绩效管理制度》等绩效管理制度，优化完善公司绩效薪酬体系，组织开展公司内部竞聘4次，录用81人，对外招聘4次，录用43人。

【安全工作】 按照“党政同责，一岗双责”责任制要求，建立实施《2018年度旅游安全工作意见》《0123456安全生产管理制度》，落实安全生产企业负责制，强化现场管理，实施关口前移，开展监督检查及隐患排查治理，加强重点旅游设施设备的现场管理和应急管理工作。组织开展安全、消防等安全培训3次、电梯游船、索道、反恐防暴等专项预案演练3次；开展日常监督、重点设施设备、森林防火、交通安全、食品安全、设施设备等检查90次；建立应急救援及处置专项预案18个。实现重大安全责任事故、一般责任事故、轻微事故指标均为零的管理目标。

【项目申报】 《九乡风景名胜区叠虹桥景区、三脚洞景区详细规划》通过住房和城乡建设部批复，突破国家风景名胜区保护条例对项目开发建设的政策限制；九乡旅游小镇、叠虹桥景区提升改造项目通过华侨城集团批准实施；叠虹桥提升改造索道改建项目、垂直电梯建设项目选址方案通过云南省住房和城乡建设厅审批；《大九乡旅游区概念性规划》、《大九乡旅游区控制性详细规划》、“一镇、两带、三区”各项目修建性详细规划的编制，通过县级评审批准实施。

（侯　丽）

昆明世博园

【经营业绩】　昆明世博园旅游区是世界上唯一完整保留、并持续经营的世博会会址，拥有8项“吉尼斯之最”。2018年，景区累计接待入园人数260万人次，实现综合收入1.10亿元，园区各经营项目做到游客有效投诉为零。

【园区系列文体活动】　整合园区场地资源优势，引进特步、李宁等健跑活动，打造世博活动品牌；筹划及实施2018年华侨城世博新春灯会活动、2018年世博园20周年庆活动、世博文化旅游节、啤酒节等活动，其中2018年华侨城世博新春灯会，为云南各族人民和中外来宾献上一台亲民、热烈、闪亮的彩灯艺术大餐，灯会成为世博园转型升级以来举办规模大、内容丰富的活动之一，活动多次登上中央及省市各级媒体的报道。结合节庆主题，策划泼水节、火把节、三月街活动、十一黄金周、双十一狂欢购物节等活动，大小活动并举，丰富园区活动，提高昆明世博园的社会影响力及美誉度，扩大昆明世博园的品牌影响力。

【景区创新】　2018年，世博园景区进行调整盘活，在运营“世博房车时光·行云轩轩”“世博·浮城娱乐集群”项目的基础上，打造“世博52℃——森林温泉康养”“板栗林景观提升体验”树屋酒店项目等建设，紧扣大健康主题，打造集温泉水疗、康体养生、休闲度假等为一体的世博温泉康养休闲度假区，衍生新的旅游形式，提供全新的旅游体验，增强对游客的吸引力，促进游客量的增长，共同促进世博园的转型发展。

自世博园景区被纳入“一部手机游云南”全省10家首批试点景区后，2018年，世博景区公司细化任务，从景区名片、景区直播、智慧票务、导游导览、智慧厕所、智慧停车场等方面按照“一部手机游云南”标准，按时完成第一、二阶段的建设任务，确保6月1日游云南App上线运营。实现基础网络建设、手绘地图、景观直播、导游导览、智慧厕所、网络智能售票、大数据平台、智慧停车场等功能。上线运营当天评分位居昆明市地区首列。推动景区管理服务提升，提升世博园品牌知名度和游客体验感，推动昆明世博园转型升级。

（昆明世博园）

2019 KUNMING YEARBOOK

科学研究

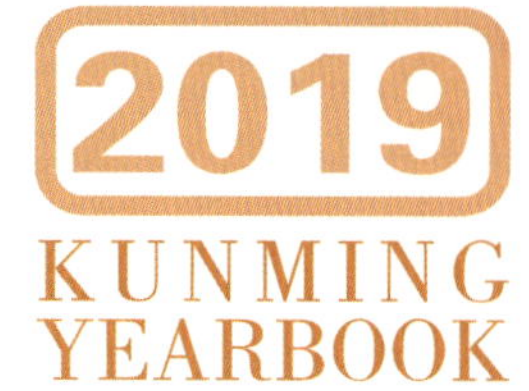

◆责任编辑 方 玲

科学技术

【区域性国际科技创新中心建设】2018年，昆明市科学技术局按照《昆明市建设区域性国际中心城市实施纲要（2017—2030）》加快建设区域性国际科技创新中心的目标，推进区域性国际科技创新中心建设。7月20日，中共昆明市科学技术局党组印发实施《关于深入贯彻落实十九大精神奋力推进区域性国际中心城市跨越式发展科技行动方案》。12月5日，市委、市政府和省科技厅主要领导共同为中国昆明南亚东南亚科技服务业合作中心揭牌，为加大与南亚东南亚国家科技合作交流、建立区域性国际科技创新中心迈出坚实一步。12月14日，昆明市人民政府与华东理工大学签署科技创新战略合作协议，助力昆明建设区域性国际科技创新中心。

【科技合作】 完善“金砖国家”国际科技合作机制，金砖国家技术转移中心落地昆明，使昆明成为金砖国家科技创新与技术转移合作的国际枢纽。深度融入国家“一带一路”建设，构建与周边国家的双边或多边国际合作机制，昆明—万象科技创新中心正式签约，标志着“昆明—万象科技创新中心”建设全面展开。围绕建设区域性国际科技创新中心的目标，开展与省内外大学、科研院所的合作与交流，实现产、学、研、政、用紧密结合，搭建以企业为主体、市场为导向、产学研结合的技术创新体系。“高校发展合作联盟”和“昆明市科研院所联盟”工作有序推进。年内，新认定市级重点实验室和工程技术研究中心20个，新增院士工作站5个。至年末，全市共有各级重点实验95个，其中国家级6个；有各级工程技术研究中心172个，其中国家级4个；有各级科技企业孵化器59个，其中国家级12个；引进1个国家级重点实验室到昆明市建立分支机构；有各类研发机构1068个，其中企业研发机构658个、高等学校研发机构196个、医疗单位研发机构167个；从事科技活动人员4.62万人；经与中国科学院多轮磋商，昆明市人民政府和中国科学院数学与系统科学研究院、中国数学会达成共建“天元数学国际交流平台”项目的合作协议。与太库达成战略合作共识，10月11日，市科技局向市政府办公厅上报《昆明市科技局关于对太库科技创业发展有限公司起草的战略合作框架协议的修改意见》，牵头对接中国检验检疫科学研究院、同济大学东方医院等权威机构，组建昆明干细胞及产学研全产业的“王牌”国家队。12月，市科技局到上海同济大学东方医院进行实地调研，并与上海同济大学初步达成合作意向。发挥“面向南亚东南亚知识产权服务中心”作用，为昆明600家涉外企业提供知识产权服务交流，获批全国第四批知识产权品牌服务机构。

2018年12月5日，南亚东南亚科技服务业合作中心揭牌仪式

（市科技局 供稿）

【推进科技项目落地】 构建学术科研机构和产业之间的有效桥梁，在上海召开“昆明市科技入滇专场对接洽谈会”，征集需求200项，其中落地70项。推进海特集团“航空产学研一体化基地”“银江孵化器”等一批科技含量高且符合昆明产业发展的项目落地。

【培育科技创新主体】 坚持把高新技术产业放在重要位置，以高新技术产业集群为抓手，以科技创新体系建设为支撑，以人才引培为保障，加大政策扶持力度，增强企业自主创新能力。2018年，全市新认定高新技术企业117家，占全省新增高企数量123

家的96.7%。年末，全市高企数量累计达到929家，占全省累计高企1362家的68.2%；全市拥有国家级高新技术产业化基地9个、国家级高新技术产业集群1个（昆明生物医药高新技术产业集群）、省级高新技术特色产业化基地2个，省级高新技术产业开发区5个（昆明经开区、嵩明杨林开发区、五华科技园、海口工业园区和晋宁工业园区）、省级创新型试点企业124家。

【成果转化工作】 开展全市全科技成果转化工作。年内，组织五华区、官渡区、呈贡区、东川区、嵩明县、宜良县、禄劝县、寻甸县建设县域科技成果转化中心，嵩明县、宜良县、禄劝县和寻甸县申报“云南省科技成果转化示范县”；继五华区、盘龙区、安宁市之后，晋宁区成为昆明市第四个可持续发展实验区；全市9个县（市、区）进入国家、省、市知识产权强县（培育）工程的行列，其中国家级示范、试点县（区）6个，占全省进入国家级示范试点县（区）的55%；全市专利申请2.39万件，申请量占全省专利申请总量的67.51%；全市专利授权1.24万件，授权量占全省专利授权总量的60.97%；全市共登记技术合同3209项，合同成交总额达到70.07亿元，占全省总量的83%，其中技术交易额55.45亿元。年末，全市有国家级、省级众创空间分别为25家和77家。

【科技创新人才选拔】 开展科技创新人才选拔工作，草拟《昆明市春城计划“高层次人才”专项实施细则（试行）》《昆明市春城计划”高层次创新团队“专项实施细则（试行）》《昆明市春城计划“科技领军人才”专项实施细则（试行）》。年内，完成第16批昆明市中青年学术和技术带头人及后备人选的选拔工作，选拔市级“两类”人才73人，推荐入选省级“两类”人才105人，选拔“昆明市科技创新领军人才”5人，认定市级科技创新团队10个，推荐5人入选国家科技部青年科技领军人才和科技创新创业人才，选拔昆明市中青年学术和技术带头人及后备人选73人。认定昆明市高层次人才创新创业示范基地5个。

【优化科技创新环境】 完善全市科技创新政策体系，出台《昆明市人民政府关于加快构建大众创业万众创新支撑平台的若干政策》《昆明市中青年学术和技术带头人及后备人选考核培养实施细则》《昆明市关于进一步落实和完善市级财政科研项目资金管理等政策的意见》。推进“放管服”改革，1项行政审批事项的法定时限由63日缩短为18个工作日，2项行政确认事项优化及时办结。年内，全社会研发投入强度全口径为2.30%，科技进步贡献率为55.09%。

【科技服务】 根据《国务院关于加快科技服务业发展的若干意见》《云南省加快科技服务业发展实施方案》，市人民政府出台《昆明市人民政府关于加快科技服务业发展的实施意见》《昆明市科技服务业“十三五”发展规划（2016—2020年）》，科技服务业营业总收入从2013年的195.63亿元，增加到2018年的413.95亿元，年均增长22%。

【科普工作】 2018年，围绕食品安全、环境治理、生物医药大健康、医疗卫生、教育、公共安全等民生领域，先后安排省、市各类科技计划项目8个，项目总经费超过1500万元。加强全市科普平台建设，新认定青少年科技创新实验室7个、昆明市科普精品基地6个，开展2018年科技活动周、“科技文化卫生”三下乡、全国科普日等多个大型科普活动。4月，开展“昆明市第四届科普讲解大赛”；选派12支优秀代表参加云南省第四届科普讲解大赛并包揽大赛前五名，昆明市科技局获大赛优秀组织奖。

【脱贫攻坚】 市科技局落实产业扶贫计划，每季度听取1次局扶贫领导小组工作汇报，分析研究扶贫工作形势，安排部署扶贫工作任务。局主要领导带头落实扶贫工作职责，4名驻村工作队员长期驻扎3个村帮助贫困村开展扶贫工作，深入扶贫联系点开展“四个一”活动。合理安排科技扶贫项目，在东川、寻甸和禄劝3个扶贫点安排扶贫攻坚产业项目9项、省级科技特派员扶贫项目7项，安排资金500万元。推进绿色光亮工程，分别为禄劝县、寻甸县安装太阳能路灯460盏和381盏。支撑构建“一村一品”的特色产业发展体系，培育生猪养殖合作社8个、土鸡养殖合作社3个、山羊养殖合作社1个、中药材种植合作社1个、青花椒种植合作社1个。落实脱贫攻坚扶智计划，在东川区、禄劝县和寻甸县开展培训119期，培训9464人次；选派“三区”科技人员23人，选聘市科技特派员43人。

【廉政建设】 开展“七严格十严禁”专项整治，落实中共云南省纪律检查委员会、云南省监察委员会和中共昆明市纪律检查委员会关于对公职人员履职尽责情况加强监督的意见。强化纪律规矩执行情况的监督检查，完善监督电话、举报信箱、网络投诉等信息反馈渠道，收集和掌握相关信息，及时发现可能存在的风险。推进廉政建设全覆盖，制定《昆明市科学技术局内部控制手册》，建立设计规范、运行有效的内部控制体系，确保科技资金业务安全稳健运行。做好科技领域重点风险防范工作，从重大科技项目安排、重大资金使用安排、各类科技项目管理等9个方面分析廉政风险防控点，区分风险等级，制定防控措施。对标对表制定整改领导弱化、党的建设缺失等5个方面14个问题，细化分解为26个整改落实措施，逐一对反馈问题进行剖析细化，抓好整改落实并经市纪委复查验收通过。

推行政务公开，深化财政预算决算、“三公”经费和行政经费、社会公益事业经费使用等重要事项的公开。

【建章立制】 落实一岗双责、党政同责、齐抓共管要求，促进廉政工作常抓不懈、规范有序。严格执行“三重一大”讨论决策制度，规范局长办公会民主决策程序，制订定落实《昆明市科技局局长办公会议议事规则（试行）》《昆明市科技局工作例会制度（试行）》《昆明市科技局专题工作会议制度（试行）》等系列管理制度，坚持重大事项集体研究、集体决策，严格执行主要领导末位表态制，提高行政决策能力。年内，召开局长办公会16次，讨论议题174项，其中研究决策重大事项74项、重大项目安排46项、大额资金使用54项。印发《昆明市科技局系统公务车辆及油料使用管理规定》，加强公务车辆使用管理。加强机关日常管理，制定并实施《昆明市科技局加强日常工作纪律管理规定》《昆明市科技局公务员平时目标绩效考核实施细则（试行）》，严格执行上下班、请销假、外出公务备案等制度。

【来访信件办理】 落实领导干部直接联系群众、接访下访相关规定，做好来信来访件的办理工作。年内，对受理的信访件11件、交办件12345件和1件依申请的公开件均已按时限按要求办结；办理市人大代表建议2件，市政协提案21件。

【信息发布】 2018年，通过门户网站发布各类信息471条，其中最新要闻201条，通知公告94条，四项制度听证5条，公示38条，通报4条，重点工作通报2条，科技计划管理4条，行政处罚信息7条，部门预决算信息4条，政府文件信息5条，政策解读信息1条，常见问题问答4条，科技银行3条，“最多跑一次”3条，其他栏目总计96条，主动公开规范性文件3件，制发规范性文件3件。通过政务微博发布政府信息57条，通过官方微信发布政府信息140条，通过创新汇微信公众号发布信息168条，通过公交广播、报纸、宣传栏等其他方式共发布政府信息56条。提高政务服务窗口服务水平，在零点公司公布的34个委办局政务服务排名中，市科技局综合成绩排名前十名，综合成绩保持在92分以上。

（市科技局）

科学技术协会

【经典科普品牌活动】 2018年，昆明市科协系统紧扣全国科普日“创新引领时代，智慧点亮生活”主题，组织开展各类科普讲座、科技论坛、报告会285次，设置科技咨询台322个、科普展板1269块，编印活动指南1000份、科普挂图2402张，悬挂标语横幅584条，开放科普基地106个，放映科普影视173场。开展科技下乡139次，发放各类科普宣传资料40万份，参与群众35万人次。组织活动460项，市、县两级开展活动面达100%。完成2018年“三下乡”活动。市科协献爱心捐款1万元扶持东川区基层农村脱贫攻坚项目，并向当地群众免费发放《昆明科技》等科普宣传资料600份，环保手提袋500个，年历、年画1000份，洗衣粉、纸笔等生活学习用品一批。开展2018年“科技活动周”活动，联合东川区农技协联合会在东川区主会场举办“东川区农技协名特优农产品”展示活动。活动共组织48家协会、企业参展，设展位22个，系统介绍各协会助力产业脱贫攻坚等方面取得的成绩。活动现场放置科普宣传展板34块，易拉宝25个，发放科普宣传资料、主题环保手提袋、生活学习用品1万份。助力“平安昆明”建设，编印昆明反邪教宣传通讯4000册，印制《尊重科学　文明健康　拒绝邪教　促进平安》口袋书1万册。结合三下乡、综治维稳宣传月、科技周和科普日等活动，分送给各县（市、区）开展反邪教科普宣传。

【科普示范创建活动】 开展市级“科普示范社区”评选工作。年内，昆明市科协、市财政局联合开展昆明市2018年市级“科普示范社区”评选工作，评选出五华区西翥街道大村社区等30个“科普示范社区”。开展社区科普大学创建工作。年内，全市科协系统建设社区科普大学总校1所、社区科普大学分校14所、社区科普大学教学点45个，聘任教师187人。年内，各教学点因地制宜，以民生科普为重点，组织开展培训216期，培训1.43万人次。开展昆明市科普教育示范学校评选活动，评出昆明市科普教育示范学校17所，其中7所学校被评为云南省科普教育示范学校。青少年科学工作室建设取得新进展，对盘龙区金辰中学等5个昆明市青少年科学工作室进行挂牌，扶持学校开展科学普及活动。建成10个昆明市青少年科普教育基地，新建3个昆明市科普教育基地，并组织基地开展形式多样的科普活动。举办“动物科普明星学校”“非物质文化遗产保护明星学校”授牌活动。举办“我与动物—创新科技少年在行动”2018年昆明市青少年科普主题系列活动，并在全省范围进行网络直播。举办昆明市首届新奇花卉·蔬菜科普展、呈华木瓜节等活动，丰富市民植物科普常识。

【科普信息化建设】 以“科普中国”落地应用为重点，推动科普工作全面创新，实现科普服务精准推送，打通科普工作“最后一公里”。通过加强组织领导、经费投入、队伍培训、宣传覆盖、督促检查力度5项举措，全市已建设各类科普中国e站735个，e站建设数量在全省科协系统遥遥领先；有科普信息员8853人通过“科普中国App”注册认证，转发分享科普文章49.34万篇。

【青少年科普教育竞赛活动】 组织举办第三十三届昆明市青少年科技创新大赛，14个县（市、区）的中、小学生和科技教师的1693项作品参赛，最终评出获奖作品989项，优秀科技教师79人，优秀组织工作者33人，优秀组织单位33个，优秀机器人教练员8人。组织昆明市代表队参加第三十三届云南省青少年科技创新大赛暨机器人竞赛，获奖221项，其中一等奖15项、二等奖50项、三等奖156项；参赛项目《腹足纲Gastropoda贝壳的螺线类型与食性的对比研究》获大赛最高奖项“云南省科协主席奖”；参加机器人竞赛的昆明市代表队中，有14支队伍获一等奖、13支队伍获二等奖、16支队伍获三等奖。5—9月，联合昆明市动物园继续举办第二届昆明市青少年科技创新大赛优秀成果展，受众达30万人次。

【“小三农”服务】 2018年，市科协发挥优势，组织开展农村专业技术协会（以下简称农技协）、农村致富技术函授大学（以下简称农函大）、农民技术职称评定3项工作，培育有文化、懂技术、会经营的新型农民，服务全市农业科技发展和产业提升。年内，全市农函大培训学员1.74万人次，专业涉及蔬菜、花卉、果树种植和畜禽养殖等实用技术。新成立农技协6个，对富民县东村镇东村种植养殖协会等13个农技协给予经费补助。组织东川区滇盛农产品开发加工技术协会等32个农技协参加第十四届农博会。开展昆明市第二十届农民技术职称评定工作，最终评审通过134人，其中确定为农民高级技师35人、农民技师99人，总通过评审率为87.58%。向上争取“百名专家科技下乡”和“科技传播及现场教学”项目，成功申报活动81项。至年末，在各县（市、区）组织开展“百名专家科技下乡”和“科技传播及现场教学”活动30场，服务群众5000人次。推进生态补偿脱贫攻坚工作，牵头在东川、禄劝、寻甸3县（区）完成4717人次的科普培训任务。

【创新与服务】 2018年，按照以建代奖、以建促改、建奖结合、重在建设的原则，遴选优秀学会项目进行重点扶持，全年对11个学会的17个项目进行了补助。开展学术研讨活动。年内，市水利学会召开以“创新驱动助力水治理体系和能力现代化”为主题的学术年会，收录论文29篇；市仪器仪表学会举办“变频器技术与应用交流会”，流程行业无线通信技术交流会等学术活动；市园艺学会召开以“现代农业设施”为主题的学术年会；市老科学技术工作者协会举办第六届优秀农民企业家论坛，促进了农村民营中小企业的健康发展；市科协动员所属学会参加第八届云南省科协学术年会，围绕“创新引领绿色发展科技支撑楚雄跨越”主题申报的18篇高质量论文全部被大会采用。

【推动学会与科普融合】 动员、支持市科协所属各学会（协会、研究会）结合自身特点开展科普活动。年内，市科协生态文明建设学会联合体组织“云花”主题交流，“六五”世界环境日宣传、“云果”“云菜”品牌建设、环保宣讲进校园等活动；市农学会参加昆明市2018年文化科技卫生“三下乡”活动，现场开展宣传和咨询，发放宣传资料5万份、宣传手册1.2万本、宣传画1000张；市园艺学会与市茶花协会联合承办“2018昆明茶花节滇源茶花展”；市环境保护联合会组织第七届徒步环滇公益活动、关爱山川河流与志愿者服务活动等，提高公众环保理念；市老年学会举办营养与健康辩论会；市珠算心算协会针对不同人群开展现场教学，传承珠算心算非物质文化遗产。

【“全国科技工作者日”主题活动】 年内，市科协等领导以及40个科协所属学会科技工作者代表70人参加2018年“全国科技工作者日”主题活动，并召开座谈会。活动实地考察松华坝水库水源保护区现状，听取松华坝水库水源保护区生态建设新成就介绍。

【搭建服务企（事）业单位科技创新平台】 2018年，针对昆明市企业在云计算、大数据、人工智能等前沿科学上的局限，联合阿里云计算有限公司举办“科技服务企业，创新推动发展”交流会，昆明地区40家科技创新型企业专业人士60人参会交流。抓实“金桥工程”项目，优选扶持具有行业代表性、预计效益显著的云南金禹生态工程咨询有限公司便携式坡面水土流失监测装置应用推广、亮风台（云南）人工智能有限公司特色小镇AR旅游互动展示中心建设等4个项目。继续推进“一站式”服务企业项目。年内，面向全市企业组织专利知识培训活动3次，培训专利工程师300人次。推进企（事）业单位科协组织建设。年内，新组建云南品森科技有限公司等3家企业科协。发挥院士、专家工作站引领作用，新成立亮风台（云南）人工智能有限公司等3家科技专家服务站。

【搭建对外科技合作平台】 加强民间科技交流与合作，搭建留学人员联络平台，选定富民、东川两地成立县（区）级海智工作站暨留学人员工作服务站。组织开展留学归国人员联谊活动，做好海外高层次人才窗口的管理和维护工作，为海外高层次人才提供信息交流平台。组织科技工作者5人参加第十五届海峡两岸休闲农业学术研讨会，学习借鉴各地休闲农场发展建设的成功经验。

【“4+1”试点工作】 2018年，以增强政治性、先进性、群众性，克服机关化、行政化、贵族化、娱乐化倾向，深化基层科协改革为目标，推动“4+1”（“4”是指医院院长、学校校长、农技站站长、科技型企业家。“1”是指加强上级科协对下级科协的指导）试点工作。吸纳“四长”（医院院长、学校校长、农技站站长、行政村村主任）进入县、乡（镇）科协领导机构兼职挂职，发挥作用，并加强指导。至年末，石林县科协作为县级试点、五华区黑林铺街道科协等16个乡（镇）科协作为乡（镇）试点，分别吸纳“四长”进入科协领导机构兼职（挂职）副主席或常委、委员，通过“关键人物”带动卫生、教育、农业等各领域科技工作者投身科普事业，形成“传播者（医院院长、学校校长、农技站站长）＋组织者（村主任）＋指导者（科协）”模式，联系在基层的医生、农技人员、教师和有影响力、支持基层科协工作的村委会（社区）主任参加科协活动，让科协组织真正接长手臂、扎根基层。

【对外宣传品牌】 落实意识形态工作责任制，加强对自办媒体和各类报告会、研讨会、讲座、论坛等意识形态阵地的管理，利用《昆明科技》杂志、昆明科普网站、官方微博、微信等自有媒介弘扬主旋律、传播正能量，多媒体呈现、多渠道发布全市的科协工作和科普活动。年内，《昆明科技》选编文章455篇，免费发放5万册至基层；《昆明科普网》上传稿件1047篇，政务微博更新620条，微信公众号更新60条。

（吴　芮）

防震减灾

【地震监测预报】 2018年，全市防震减灾部门开展地震监测预报工作。年内，制订《昆明市2018年震情跟踪工作方案》和《“昆明圈”震情跟踪监视与震情保障工作方案》，召开季度震情跟踪工作会议和年度地震趋势会商会议4次、“昆明圈”震情跟踪监视与保障工作会议1次；编写各类会商报告16个，震情跟踪工作月报12期，震情月报12期，震情周报42期，震情汇报2期，宏微观零异常报告247期，典型异常干扰登记表51期等。针对8月13日、14日通海5.0级地震和9月8日墨江5.9级地震，召开紧急会商会，研究震情形势，提出预测意见，形成震情汇报，及时向市委、市政府及省地震局报告，并下发《关于做好近期震情跟踪工作的通知》，对全市震情跟踪工作作出安排部署。

【地震监测台站建设与改造】 2018年初，启动全市测震台网和前兆台网升级改造工程，对禄劝县、富民县等地的8个测震台网和11个前兆观测台站进行升级改造，更换数采、GPS，安装调试软件，项目完成后可实现测震、前兆、宏观观测点数据自动采集入库，运行率统计、观测日志管理、在线绘图、实时共享等。按照国家地震烈度速报与预警工程云南子项目工作要求，全市将新建基准台13个、基本台2个、一般站67个、预警示范学校48所。至年末，已新建基准站10个，完成2个基本台建设用地的租地、租用工作。

【群测群防工作】 加强地震群测群防工作。截至10月末，全市建有固定地震宏观观测点168个、地震宏观联络员563人，每个乡（镇、街道）至少有防震减灾助理员1人，实现所有乡（镇、街道）、村（社区）防震减灾助理员、地震宏观联络员全覆盖。年内，制定《昆明市地震宏观信息联络员管理规定》，向基层发放地震宏观联络员补助经费及地震宏观观测工作经费22万元；各县（市、区）防震减灾部门均对本辖区地震宏观信息联络员组织培训、检查、总结；对收到的5次地震宏观异常报告均及时进行调查落实。

【工程抗震设防工作】 高度重视工程抗震设防工作。年内，制作昆明市防震减灾局“放管服”改革宣传推广工作短片，对“建设工程选址避开活断层意见”“建设工程抗震设防要求审批”2个事项的办理时限进行压缩；市防震减灾局收到建设工程防震选址报件483件，发出《防震选址意见书》483件，办结率100%；收到建设工程抗震设防要求报件232件，发出《建设工程抗震设防要求审批书》232件，办结率100%。无投诉案件发生。

【地震安全示范社区建设】 9月，召开2018年昆明市地震安全示范社区评审工作会议，认定16个社区为2018年昆明市级地震安全示范社区（小区）。年内，五华区龙院社区春城慧

防震减灾科普宣传活动

（市防震减灾局　供稿）

谷A1区被认定为国家级地震安全示范社区，五华区保利花开香郡小区等5个小区被认定为云南省级地震安全示范社区。

【地震应急工作】 加强地震应急基础数据库建设，7月，制订《昆明市地震应急基础数据更新工作方案》，8月，在富民县举办全市地震应急通信及数据收集上报培训，12月，完成《昆明市地震应急基础数据汇编》。10月22—26日，市抗震救灾指挥部防震应急办公室于组织市相关部门对全市抗震救灾组织预案体系等10个方面的工作进行检查。

【健全完善应急预案体系】 2018年，针对昆明经济社会发展特点、地质地貌特征和近年来地震应急工作存在的问题，借鉴省内外破坏性地震应急处置的经验教训，依据《云南省地震应急预案》《云南省特别重大地震灾害应急处置工作方案》，编制下发《昆明市防震减灾应急行动工作预案》，并要求全市各地各单位修订完善各自的《防震减灾应急行动工作预案》，建立纵向到底、横向到边，上下衔接、左右相边的抗震救灾预案体系，提高“预案”的针对性、实效性，把抗震救灾综合演练作为提升抗震救灾组织指挥、抢险救援、协作配合、保障有力等综合能力的有效途径。

【抗震救灾组织指挥软硬件建设】 依托昆明森林消防支队组建现场抗震救灾指挥部保障分队，购置现场抗震救灾指挥部必备的装备、设备。指导各县区建立交通管制、救援力量接洽、救灾物资接收综合管控机制，保障市县级指挥部与各综合管控所的有效联络、管控。5—6月，对全市12个县区震情会商与地震应急视频会议系统进行巡检和维修；6—8月，对东川区、寻甸县、禄劝县20个乡镇和军警部队26部短波电台进行巡回检查维修维护；8月，举办全市地震应急通信培训；11月，开展地震应急无人机飞行操作培训。

【地震应急救援队伍建设】 市防震减灾局依托驻昆军警部队、民兵预备役部队、医院、水利、电力、燃气、通信、交通、化工、建筑等企业组建2支500人的地震专业应急救援队伍，5支1万人的军警部队综合应急救援大队，12支4000人的医疗、交通管制、警戒、水利、电力、燃气、通信、交通、化工、机械等行业救援大队。加强县级政府应急救援志愿者队伍建设，全市组建志愿者队伍122支5000人，实现了全市地震应急救援志愿者队伍乡镇全覆盖。为提高地震应急救援队伍救援能力，制订《昆明市地震应急救援志愿者队伍培训方案》，选送管理干部和救援队骨干到国家地震救援培训基地学习培训。8月，在富民县举办昆明市地震“第一响应人”培训班和昆明市地震应急救援志愿者骨干业务及技能培训班。

【地震应急避难场所建设与管理】 加强昆明市创建全国文明城市和国家园林城市复查地震应急避难场所整改达标工作，制定《昆明市地震应急避难场所分类评定标准》，各单位按照“评定标准”开展地震应急避难场所摸底排查、整改落实工作。市防震减灾局组成工作组对全市50个功能设施较为完备、标识标牌较为齐全的地震应急避难场所进行2轮现场勘查和评定，其中18个达到Ⅱ类标准、30个达到Ⅲ类标准。

【科普教育基地与示范学校建设】 继续推进2017年6月启动的昆明市地震科普教育基地建设工作。至年末，已完成考察论证、方案设计、意见征集、专家评审、听证等工作。该基地将建设成为“全国领先、云南一流”的防震减灾科普教育基地。年内，市防震减灾局和市教育局经联合评审，批准23所中小学校和3所幼儿园为2018年度“昆明市防震减灾科普示范学校（幼儿园）”；为复审合格的2016年新建和复审为市级示范学校的37所学校再次授牌；开展2018年国家防震减灾科普示范学校的申报和推荐工作。

中小学校地震应急演练活动
（市防震减灾局 供稿）

【防震减灾科普宣传】 围绕全市开展的全国文明城市创建活动，制订《昆明市防震减灾宣传工作规划（2016—2020年）》和《昆明市2018年度防震减灾科普宣传教育工作计划》，利用广播、电视、报纸、杂志、网络、短信等媒介有针对性地开展以防震减灾宣传进农村、进学校、进社区、进企业、进机关、进部队、进家庭的“七进”为主要内容的防震减灾科普宣传活动，普及防震减灾知识。构建部门网站、政务微博、微信公众号立体宣传平台反映工作动态、速报震情灾情、宣传地震知识，回应网民关切。紧急应对并及时报道通海5.0级、墨江5.9级地震和“5·12”汶川地震十周年祭、避难场所分类评定、地震预警项目基准站选址等行业大事、中心工作，营造关心参与防震减灾氛围。年内，发布各类信息3077条，微博微信关注粉丝4.3万人次，单条微博阅读量1600万人次；组织8人参加2018年全省防震减灾科普讲解大赛，其中2人获三等奖、6人获优秀奖；组织16支队伍参加云南省中学生防震减灾知识竞赛，其中昆明市获全省高中组第一名、初中组第二名，并代表云南省参加全国防震减灾知识大赛南部赛区高中组比赛。

（桂辉涛）

气　象

【概况】　2018年，昆明市气温较常年偏高，降水量略少，日照时数略多，全年降水充足，光热资源充沛。春季旱情偏轻，全市出现倒春寒天气。雨季开始期较常年较早至正常，主汛期降水量略多，库塘蓄水条件较好。

【降水量】　2018年，昆明市12个国家气象站年平均降水量为918毫米，较常年平均值偏少6毫米，偏少幅度为1%；较2017年偏少131毫米，偏少幅度为13%。昆明主城区年降水量为1085毫米，较常年平均值偏多106毫米，偏多幅度为11%。

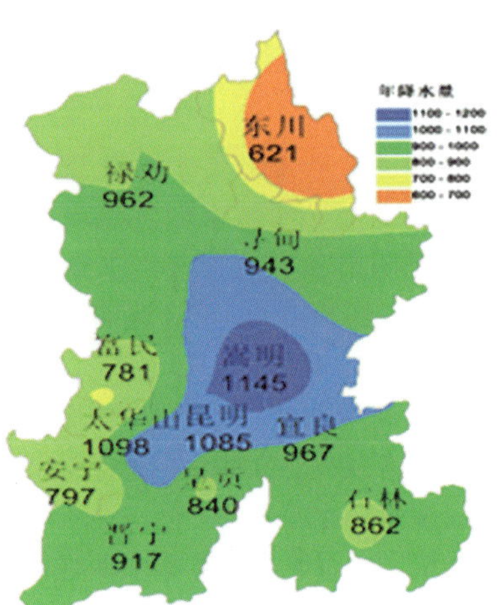

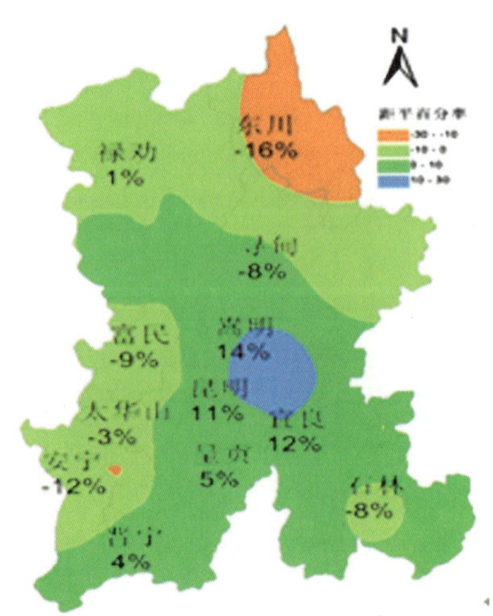

2018年昆明市各县（市、区）年降水量（上，单位：毫米）与距平百分率图（下）

【气温】　2018年，昆明市12个国家气象站年平均气温为16.0℃，较常年平均值偏高0.4℃，与2017年持平。昆明主城区年平均气温为15.7℃，较常年平均值偏高0.2℃，与2017年持平。

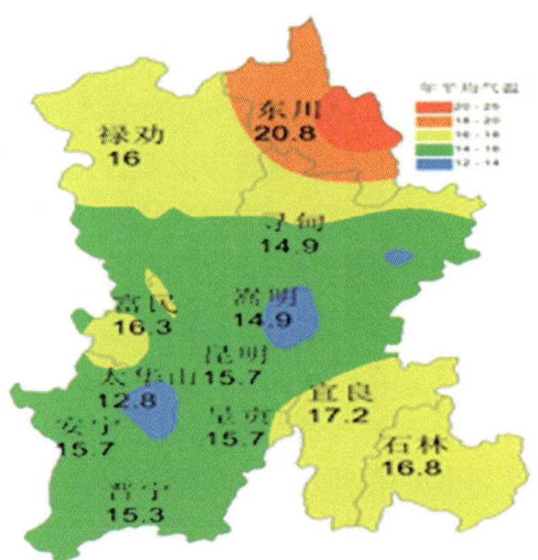

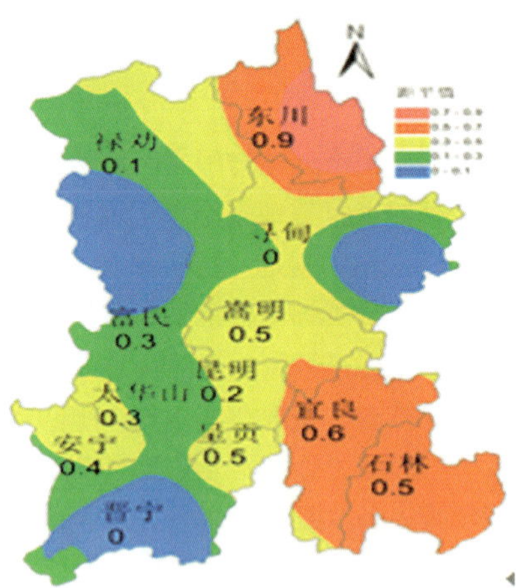

2018年昆明市各县（市、区）年平均气温（上，单位：℃）与气温距平图（下，单位：℃）

【日照】　2018年，昆明市12个国家气象站年平均日照时数为2091小时，较常年平均值偏多19小时，偏多幅度为1%，较2017年偏多59小时，偏多幅度为3%。昆明主城区年日照时数为2287小时，较常年偏多169小时，偏多幅度为8%，较2017年偏少55小时。

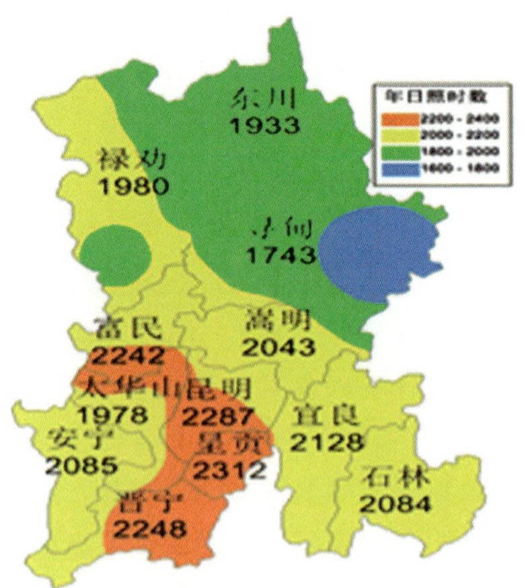

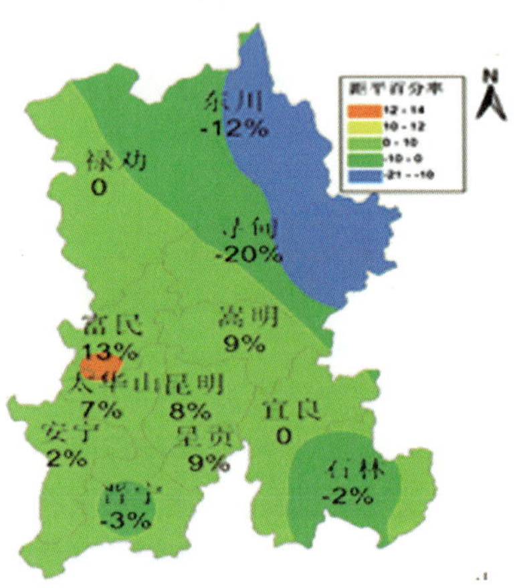

2018年昆明市各县（市、区）年日照时数（上，单位：小时）与距平百分率图（下）

【气候事件】　2018年2月上旬，全市出现倒春寒天气，昆明主城、禄劝、富民、嵩明、呈贡、太华山、东川和寻甸出现降雪天气，其中石林、呈贡、晋宁、太华山、东川和寻甸出现强倒春寒。汛期多连续降水过程，降水量空间分布不均，大部分县（市、区）雨季开始期、结束期均正常。

【防灾减灾气象服务系统建设】　推进突发预警信息发布系统建设，年内，西山区已建成，官渡区、盘龙区、五华区气象局已落实项目建设经费并开展项目建设。规范、完善市、县两级灾害性天气“内响应、外联动”工作，更新预警服务信息发布策略和服务对象信息，开展点对点决策气象服务。年内，全市共

2018年昆明市气象站气象资料一览表

气象要素	昆明	禄劝	富民	嵩明	宜良	石林	呈贡	晋宁	安宁	太华山	东川	寻甸	平均
降水量	1085	962	781	1145	967	862	840	917	797	1098	621	943	918
距平值	106	6	−82	139	107	−78	40	37	−112	−37	−120	−79	−6
距平百分率	11	1	−9	14	12	−8	5	4	−12	−3	−16	−8	−1
平均气温	15.7	16.0	16.3	14.9	17.2	16.8	15.7	15.3	15.7	12.8	20.8	14.9	16.0
距平值	0.2	0.1	0.3	0.5	0.6	0.5	0.5	0.0	0.4	0.3	0.9	0.0	0.4
日照时数	2287	1980	2242	2043	2128	2084	2312	2248	2085	1978	1933	1743	2091
距平值	169	−8	254	176	6	−38	190	−67	41	137	−258	−448	19
距平百分率	8	0	13	9	0	−2	9	−3	2	7	−12	−20	1

发布决策服务材料800份，发布气象预警2496条，发送决策服务手机短信87.34万次。

【公众气象服务】 2018年，昆明市气象局创新服务模式，应用微博、微信、电子显示屏开展公众气象服务，气象服务公众满意度得分89.38分。年内，官方微博影响力连续第2年位列全市公共服务行业第一位，“每日气象通报”成为昆明应急、昆明市气象局官方微信点击量第一位栏目；及时、准确做好气象信息服务，实时推送预报预警信息，面向公众发送气象短信186.48万条，发布各类灾害性天气预警2496次，社会公众接收气象短信600万人次；在昆明50个景区安装旅游气象公共信息屏，发布旅游咨询和气象信息，与市公安局、市民族宗教事务局等单位联合发布平安建设、民族团结宣传信息300条。

【城市气象保障服务】 联合防汛、排水、交警等部门开展城市内涝普查研究，加密增设监测雨量站，建立半小时至24小时滚动发布的雨情通报，发布天气预报预警和实时雨量信息短信765次。自主开发常规预报产品分发、雨量阈值监测系统，解决城市防洪排涝气象保障服务中的重点问题。为第五届南博会、昆明高原国际半程马拉松赛、上合马拉松赛、第十二届农博会、慕尼黑啤酒节、中华龙舟赛等重大活动提供精确、及时、细致的专题气象保障服务，制作专题服务材料21期，加强重要时间节点与省气象台、县气象局的会商研判，及时应用多元化的服务手段，保障活动的顺利进行。

【农业气象】 加强乡村气象监测预警能力和防灾减灾能力建设，做好农业产业发展保障服务。年内，寻甸县三农专项业务通过验收，推进全国农试站水稻区域联合试验，完成嵩明试验基地、市局农业气象试验温室的建设并投入使用，农气测报错情率0.0‰。制作发布《昆明农业气象信息》等服务材料65期。

【人工影响天气工作】 加快人工影响天气现代化建设步伐，完成29个未达标人工影响天气固定作业点标准化改造及市级和6个县级人工影响天气作业指挥平台建设与改造，推进固定作业点的可视化监控系统建设。发挥人工增雨工作对全市防灾减灾、农业生产等方面的作用，3—5月，在昆明火险高发区周边开展春季实施森林防火人工增雨60点次，增加林区空气湿度，降低森林火险气象等级；5—10月，开展主城水源区常态化人工增雨作业145点次。加强冰雹天气的监测预警，做好防雹工作的指挥管理和基础设施建设，新建固定作业点2个，改扩建固定作业点1个，新增6个防雹流动点，全市74个人工影响天气防雹作业点开展作业835点次，保护烤烟种植面积25.55万亩、其他经济作物和粮食作物种植面积328.818万亩。

【滇池生态修护治理监测】 强化气象对滇池治理工程的科技支撑作用，与滇管部门合作，实施滇池湿地生态系统修复气象监测工程，建成环滇池湿地生态综合观测站，创新设立首个内陆湖大型水体湿地生态保护应急气象监测船，弥补常规监测手段的不足。加强与交运、环保、滇管部门合作，联合编制《昆明市防治船舶及其有关作业活动污染水域环境应急能力建设规划（2017—2020）》，规范船舶及其有关作业活动。配合完成水位调控、水质情况、蓝藻水华变化等调查工作，提高滇池水资源调度科学化水平。

【大气污染防治气象保障】 强化与环保部门合作，建立空气污染物扩散气象条件预报工作相应机制，实施空气质量气象条件监测，制作《空气污染物扩散气象条件周报》37期。推进大气污染防治气象保障工程，3—5月开展大气污染防治应急人工增雨作业40点次。

【生态环境气象监测】 将生态气象服务建设任务纳入市政府目标考核督查，与园林部门开展热岛效应课题研究，助力国家园林城市复核考评。逐步拓宽负氧离子生态监测骨干网络，建设负氧离子功能站16个，为昆明“绿色生活目的地”建设提供科技支撑。强化气候环境分析，为市规划、环保、国土、住建、滇管等部门提供气候背景资料论证。

【气象现代化建设】 推进重点项目建设，完成晋宁、宜良、石林的气象附属设施建设，寻甸综合业务平台正式启用，建成风云四号气象卫星省级接收站，启动市气象局雷达升级改造项目。推进太华山气象博物馆科普教育基地建设，太华山气象站被中国气象局认定为首批“中国百年气象站”。全市气象现代化综合评分排全省第一名。

【气象服务供给侧改革】 丰富科技服务种类，强化集约化经营，继续推进乌东德水电站气象服务和昆明市水上气象监测服务，做好云南轿子山国家级自然保护区专业旅游气象服务。强化区域自动站社会化保障改革，与铁塔公司合作制订《区域自动站社会化维护暨铁塔防雷检测、气象服务实施方案》，实现资源共享、优势互补，促进共同发展。拓展中央电视台CCTV-1频道天气预报宣传昆明生态文明建设成果，推介昆明生态发展理念、生态靓丽名片和特色生态旅游，助力区域性国际中心城市建设。

【气象科技创新和人才队伍建设】 完成“滇池周边城市群热岛效应分析与研究”和“昆明市主城区城市内涝短临预警指标体系建设”科研项目验收并投入业务应用，推进“宝珠梨保护及提质增效关键技术研究与应用”等2个科研项目，年内获软件著作权2项，已申报发明专利2项。加强业务人才的培养。年内，举办昆明市第一届气象行业综合业务技能竞赛；组队参加全省气象行业综合业务技能竞赛，并获团体第一，1人获技术能手荣誉称号；1人获全国气象行业综合业务技能竞赛全能三等奖。

【气象灾害防御法制建设】 加强《昆明市气象灾害防御条例》的宣传贯彻落实，完成《昆明市雷电灾害防御条例》废止工作。“放管服”改革持续推进，梳理升放无人驾驶自由气球或者系留气球活动、防雷装置设计审核、防雷装置竣工验收3项审批事项，雷电灾害鉴定、气象证明2项公共服务事项，制定昆明市气象局“最多跑一次”改革事项清单并公示，配合做好“一部手机办事通”的上线和宣传工作，完成精简审批要件行政审批事项清单和压缩审批时限行政审批事项清单，向社会公布《昆明市气象局规范行政裁量权工作材料》。

（潘娅婷　于　璐）

水文水资源管理

【概况】 云南省水文水资源局昆明分局成立于1961年，2008年4月加挂“昆明市水文水资源局”牌子，主要工作职责是负责金沙江一级支流普渡河、牛栏江，滇池流域及南盘江宜良段的水文资料的收集、整理和汇编，汛期提供普渡河、牛栏江、南盘江及滇池流域的水情报汛工作及水文情报预报工作，为区域内的防汛减灾提供决策依据，为促进辖区内的社会经济发展提供技术服务；定期监测主要河段的水质状况，组织调查和评价区域内地表水径流量和地下水资源蕴藏量，开展水文水资源调查评价、建设项目水资源论证、洪水分析评价、水文测量、水平衡测试、水文分析计算等基础服务工作。2018年，市水文水资源局通过对全市辖区内的水位、流量、降水量、泥沙、蒸发、地下水位及水质、墒情等水文要素的监测和分析，对水资源的量、质及其时空变化规律的研究，以及对洪水和旱情的监测与预报，为全市国民经济建设、防汛抗旱、水资源的配置利用和保护提供基本信息和科学数据。

【降水情况】 2018年，全市平均降水量993.7毫米，比多年均值偏多6.1%，比上年均值偏少5.9%，属平水年。全市降水的主要特点是：降水量与常年同期基本持平。降水量时空分布不均，东多西少，南多北少，富民县、东川区偏少，石林县、安宁市偏多；7、10月明显偏少，5、6、9月偏多，8月基本持平。单点暴雨频发，汛期5—10月，全市多地发生单点强降雨，各县（市、区）均有短历时强降水发生；汛期1小时降水量超过30毫米的有175站次，其中14个雨量站1小时降水量超过50毫米，最大为石林县团结水库站1小时降水量72.5毫米。1—4月，全市累计平均降雨85.1毫米，较历史同期偏多14.1%；5—10月，全市累计平均降水量871.8毫米，占年降水量的87.7%，较历史同期偏多7.8%，其中主汛期（6—8月）全市累计平均降水量551.3毫米，占年降水量的55.5%，较历史同期偏多2.4%；11—12月，全市累计平均降水量36.8毫米，较历史同期偏少21.2%。

【河道水情】 2018年，全市境内主要河道出现涨水过程67站次，涨水过程峰量较小，持续时间短，河道水情总体平稳。8月24日，受昆明主城北部地区局地短历时强降雨以及牛栏江—滇池调水的共同影响，盘龙江中下游松华坝至敷润桥段涨水，昆明水文站水位从24日22时起涨至25日0时达到洪峰水位1890.69米，水位上涨0.64米，超过警戒水位0.17米，相应洪峰流量66.0立方米每秒。9月6日，受局部强降雨影响，牛栏江干支流水位大幅上涨，涨水幅度在1.07—2.92米，部分中小河流站相继出现超警洪水。年内，全市境内主要河道水文断面过水总量最多的是普渡河干流尼格水文站，过水总量为32.3亿立方米；水资源量偏多最为突出的是石林县，较常年偏多12.0%，其次是嵩明县，偏多11.6%。

【水库蓄水】 2018年末，全市水利工程总蓄水量为14.02亿立方米，比上年同期增多0.70%，其中云龙、松华坝、柴石滩、清水海4件大型蓄水工程蓄水量为8.22亿立方米，比上年增加5.5%；大河、柴河、双龙、张家坝、车木河、凤龙湾、双化、封过、上游、大石头、八家村、宝象河、松茂、横冲、果林、坝塘、黑龙潭、月湖、木戛利19件中型水库蓄水量为2.19亿立方米；小型水库及小坝塘蓄水量为3.61亿立方米，比上年增加2.3%。滇池容水量15.64亿立方米，比上年同期增加0.23亿立方米。阳宗海容水量为5.93亿立方米，比上年同期增加0.03亿立方米。

【防汛抗旱】 2018年，按照云南省防汛抗旱指挥部办公室（以下简称省防汛办）下发的《关于做好2018年报汛报旱工作的通知》要求，市水文水资源局承担着向国家防汛抗旱总指挥部、省防汛办、市防汛抗旱指挥部办公室及重要水工程报汛的任务。年内，市水文水资源局向各级防汛抗旱部门报送蒸发、降水、水位、流量、水库库容等信息共298.80万组；编写水情快报141期、水情日报184期，通过水情业务平台报送作业预报184期，发送水雨情短信1.31万条，编发水情简报6期、水情周报54期；在应对金沙江白格堰塞湖的过程中，针对昆明辖区情况编写堰塞湖水情专报18期；汛前编写完成《2018年昆明市雨水情趋势预测》，为防汛部门合理调度提供科学依据。

【牛栏江— 滇池补水工程水量监测】 根据滇池防洪调度、水环境治理、牛栏江—滇池补水工程调度运行的需求，市水文水资源局对牛栏江—滇池补水工程调入昆明及入滇池水量开展连续不间断的监测工作，为工程运行调度及工程评价效益、滇池防洪调度、水量分配、滇池水环境治理提供可靠依据。监测结果显示，2018年，牛栏江补水工程向昆明调水总量为5.78亿立方米。

【滇池流域生态补偿水量监测】 根据滇池流域河道生态补偿考核工作要求，市水文水资源局按照《滇池流域河道生态补偿办法（试行）》《滇池流域河道生态补偿水量监测办法（试行）》及《水文测验规范》等现行相关规范的规定，对滇池流域34条河道59个考核断面开展水量监测工作，每月将监测成果按时上报市河长办，为滇池流域生态补偿实施提供重要考核依据。

（崔松云　邓丽仙）

社会科学

【概况】 2018年，昆明市社会科学界联合会（以下简称社科联）贯彻落实《昆明市社会团体管理办法》，完成全市35家社科学会年度检审工作。推进学会规范化建设，建立和落实学会活动申报制度、学会工作绩效考核制度、学会联系制度。4月13日，市社科联组织召开“2018年昆明市社科学会秘书长培训工作会”。会上，邀请昆明市委党校副教授作“党的十九大精神”专题辅导；对全市2018年社科学会、协会和研究会的管理工作进行安排和部署，提高市属各社科学会、协会、研究会秘书长理论水平和业务能力。“昆明市社会科学界联合会”互联网站运行正常，市属各社科学会、协会和研究会以及广大社科专家、学者能够通过此平台查找社科研究项目及理论研究成果。9月，昆明市社科联在全国大中城市第29次社科联工作会议上被评为“全国大中城市先进社科组织”。

【科研工作】 围绕打造区域性国际综合枢纽，加快建设区域性国际经济贸易中心、科技创新中心、金融服务中心、人文交流中心，提升“世界春城花都、历史文化名城、中国健康之城”三大城市品牌等重大理论和实践问题，站在主动服务和融入国家发展战略的高度，结合昆明实际，创造性地开展社科研究工作。年内，面向全市征集、发布指南、受理申报和立项社科规划研究课题26项，按课题研究时限完成评审、验收2016年度社科规划研究课题19项。

【科普工作】 5月19日，市社科联在东川区参加以“科技创新·强国富民”为主题的“昆明市暨东川区2018全国科技活动周”启动仪式，发放《昆明“七·一五”反美扶日运动档案史料选编》《李、闻惨案时事报道选编》《“一二·一”运动实录》《抗战时期西南联大教授演讲录》《酒文化与健康生活》科普宣传读本1000册；发放《昆明社会科学》期刊、《昆明市2015年度社科规划课题成果选》等600册。组织开展云岭大讲堂昆明系列讲座25场，邀请省市社科专家进学校、进机关、进企业、进农村宣讲社科知识，向市民普及社科知识，提高市民文明素养，提升昆明城市形象和品位，推进“文化昆明”建设。深入扶贫点寻甸县倘甸镇计施宽村、东川区舍块乡云坪村、拖布卡镇桃园村进行扶贫帮困，资助资金9万元，捐助资金7800元、物资100件，帮助当地群众解决生产生活中的实际困难和问题。

【学术交流】 8月30日，市社科联组织召开2018年“云南省‘双百’报告会昆明专场”暨“县处级领导干部依法治市培训讲座”，邀请云南大学法学院教授作“增强法制思维和能力 构筑现代化经济体系”专题讲座，提高县处级领导干部依法治理能力和水平。9月5日，市社科联在云南文山参加滇黔桂三省（区）社科联第四届南盘江流域发展论坛，以“新时代南盘江流域发展的新使命——精准扶贫 精准脱贫”为主题，为推动滇中城市群经济发展提供智力支持。9月18日，全国大中城市社科联第29次会议在河北承德召开，会议以“新时代社科群团组织与社会主义核心价值观培育”为主题，对地方新型智库建设、理论研究、科普宣传、群团管理等方面的新经验和好做法进行交流研讨。

【智库建设】 2018年，市社科联呈报《社科决策参考》10期，其中组织指导完成的《社会治理系列研究报告》《乡村振兴 春意盎然》《我市新能源汽车发展陷入僵局》调研报告获得市委、市政府领导批示，并转换为市政府决策。组织完成的《昆明市实施“乡村振兴战略”，推动农业农村现代化调研报告》转化为市委、市政府《关于大力实施乡村振兴战略加快推进农业农村现代化的意见》。组织完成《新时代昆明市加强和创新社会治理，构建共建共享社会治理新格局调研报告》，其成果为上海华夏院制定《昆明2018社会治理指数》提供了重要参考。

【党建工作】 市社科联按照“围绕发展抓党建、抓好党建促发展”的要求，以“两学一做”常态化、制度化学习教育为契机，组织干部职工学习党的十九大精神和《习近平谈治国理政》（一、二卷）、《习近平新时代中国特色社会主义思想三十讲》，推动社科工作创新发展。落实在职党员到官渡区明通社区联系服务群众工作。开展“昆明跨越当先锋、机关党建走前头”主题实践活动，培育和践行社会主义核心价值观，深化“中国梦”教育。落实机关党建工作责任制，将党建目标责任制纳入年度目标考核的重要内容，融入各项工作之中，与业务工作同安排、同部署、同检查、同落实。落实《市社科联党组落实“三重一大”实施细则》，加强对权力的监督和制约，实现党组决策的科学化、制度化。

【成果出版】 2018年5月，市社科联编辑出版《昆明“七一五”反美扶日运动档案史料选编》科普宣传读物，该书图文并茂地再现昆明“七一五”反美扶日运动中的青年们大义凛然、勇往直前、视死心如归的爱国主义情怀。编辑出版发行《昆明社会科学》4期、《社科资讯》2018年4期，编辑出版《2016年度社科规划课题成果选》（上下册）。完成昆明市2018年度哲学社会科学优秀成果资助工作，资助马宏谋、陆蔚《呈贡城内回族简史》，缪雨《科学社会主义与人的全面发展》和张媛媛《“廉”花盛开——云南昆明宜良基层社会治理视阈下的廉洁文化建设研究》3本社科读物。编印《昆明市纪念改革开放40周年征文选集》《改革开放40年 昆明实践与成就》。

2018年昆明市社科联规划（立项）课题（含5项智库专项课题）一览表

编号	项目名称	负责人	所在单位	资助经费（万元）	成果形式	预计完成时间
KSGH1801	昆明市“全国小微企业双创基地示范城市”建设的财政政策优化研究	王仁显	市财政局	3	研究报告 咨询报告	2019年6月
KSGH1802	昆明建设区域性国际中心城市的短板研究	来志勤	昆明学院	2.5	发表论文1篇 研究报告	2019年6月
KSGH1803	昆明市脱贫攻坚中的审计监督机制研究	刘长青	市审计局	2.5	研究报告	2019年4月
KSGH1804	生态环境损害赔偿金法律制度的建构	杨　越	市中级人民法院	2.5	发表论文1篇 研究报告	2019年8月
KSGH1805	昆明市“校园欺凌”的法律防控研究	张寒玉	市检察院	2.5	论文	2019年6月
KSGH1806	众筹融资模式在昆明少数民族文化产品中的应用	张　颖	昆明学院	2	发表论文1篇 研究报告	2019年8月
KSGH1807	面向南亚东南亚的昆明国际辐射力指数研究	陈勇强	市社科院	3	研究报告 社科决策参考1篇	2019年10月

续表

编号	项目名称	负责人	所在单位	资助经费（万元）	成果形式	预计完成时间
KSGH1808	昆明市加强矛盾纠纷化解预防个人极端犯罪研究	舒　刚	市警察协会	3	调研报告	2019年7月
KSGH1809	新时代昆明加强乡村治理体系建设研究	李　敏	市社科院	2.5	研究报告	2019年3月
KSGH1810	昆明大健康产业示范区核心区发展研究	李　光	晋宁区委	3	研究报告	2019年4月
KSGH1811	挖掘民族关键符号促进昆明民族团结进步示范建设研究	刘　芳	昆明学院	3	发表论文1篇 研究报告	2019年7月
KSGH1812	昆明市呈贡区村改居社区服务型基层党组织建设的对策建议	刘　潇	市委党校	2	发表论文1篇 研究报告	2019年5月
KSGH1813	昆明特色小吃产业化发展研究	余凤焱	市委政研室	3	研究报告咨询报告	2019年9月
KSGH1814	昆明健康生活目的地建设研究	王宣文	市委党校	3	研究报告咨询报告	2019年9月
KSGH1815	社会治理创新下的基层区域化党建研究——基于昆明市官渡区太和街道的实践	彭诗棋	官渡区太和街道	3	报告报告	2019年9月
KSGH1816	在线负面口碑传播下旅游目的地危机补救及对昆明的启示	邹　昀	市旅游监察支队	3	研究报告 咨询报告	2019年6月
KSGH1817	昆明市产业扶贫“433”精准监督机制研究	张　力	市农科院	3	研究报告	2018年12月
KSGH1818	昆明市民族地区刺绣产业现状及发展对策研究	木志群	市政协民宗委	2	调研报告	2018年10月
KSGH1819	规范发展昆明市中小学校教育机构研究	张　艳	市教科院	2	发表论文1篇研究报告咨询报告	2019年6月
KSGH1820	昆明市农村生态产业发展支持体系研究	高一瑾	市社科院	2.5	研究报告咨询报告 社科决策参考1篇	2018年12月
KSGH1821	昆明建设区域性国际人文交流中心城市支撑政策研究	杨凤华	市委宣传部	3	研究报告	2018年11月
KSGHZK1801	昆明市建设区域性国际卫生健康服务中心对策研究	张学琼	市社科联	2	研究报告咨询报告	2019年6月
KSGHZK1802	系统推进高原特色体育产业发展对策研究	孙晓坤	昆明学院	2	研究报告规划报告	2018年11月
KSGHZK1803	昆明市完善老龄金融服务产业对策研究	肖　磊	昆明学院	2	研究报告咨询报告	2019年3月
KSGHZK1804	昆明市构建公共文化机构法人治理结构对策研究	段智毅	昆明学院	2	调研报告咨询报告	2019年5月
KSGHZK1805	少数民族流动人口参与昆明市社区治理对策研究	李守雷	昆明学院	2	研究报告咨询报告	2019年9月

（杨富刚）

教育·文化

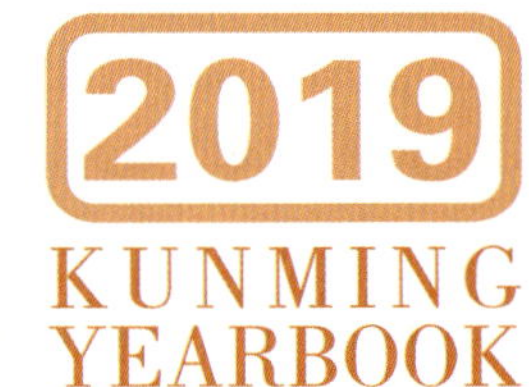

◆责任编辑　罗桂莲

教　育

【概况】　截至2018年末，全市有各级各类学校2491所，教职工9.42万人，专任教师7.59万人，在校学生125.45万人。其中幼儿园1329所，教职工2.78万人，专任教师1.50万人，在园幼儿23.14万人；学前教育毛入学率97.86%。小学755所、教学点266所，教职工3.05万人，专任教师2.93万人，在校学生49.80万人，小学毛入学率102.25%。初中199所，教职工1.88万人，专任教师1.76万人，在校学生22.09万人，初中毛入学率111.53%。特殊教育学校6所，教职工198人，专任教师188人，在校学生767人；工读学校1所，教职工45人，专任教师39人，在校学生50人；残疾儿童入学率98.31%。普通高中学校120所，教职工1.08万人，专任教师0.89万人，在校学生11.62万人。中等职业教育学校81所、其他中等职业机构3所、附设中职班高校34所，教职工0.61万人，专任教师0.48万人，在校学生18.72万人。高中阶段毛入学率94.20%。

基础教育学校占地面积2717.70万平方米，校舍建筑面积1254.08万平方米，图书2683.01万册，固定资产值173.26亿元，教学仪器设备值17.77亿元。中等职业教育学校占地面积240.58万平方米，产权校舍面积109.42万平方米，图书240.20万册，固定资产值16.04亿元，教学仪器设备值4.15亿元。

【教育经费投入】　2018年，持续保证公共财政预算内教育经费增长高于财政经常性收入增长、生均公共财政预算教育事业费支出实现逐年增长、生均公共财政预算内公用经费支出实现逐年增长。全市公共财政预算总支出756.80亿元，其中教育支出130.05亿元。地区公共财政教育经费占地区公共财政比例17.18%，地区国家财政性教育经费占地区生产总值比例2.91%。

昆明师专附小"春城名师"窦艳波授课现场
（市教育局　供稿）

【教育领域综合改革】　贯彻落实《中共昆明市委全面深化改革领导小组2018年工作要点》和改革工作目标责任书，研究制订2018年度全面深化教育综合改革任务分解方案，将2018年改革任务分为贯彻落实类、重点推进类、其他改革事项、日常改革事项共5类29项，明确每一项改革任务的完成时限、责任领导、责任处室及责任人，确保件件有人管，事事有人抓。先后出台《关于深化教育体制机制改革的实施意见》《关于加快教育质量跨越提升的行动计划》《关于深化新时代中小学教师队伍建设改革的实施意见》《关于支持和规范社会力量兴办民办教育促进民办教育健康发展的实施意见》《关于加强中小学幼儿园安全防控体系建设的实施意见》等改革文件，编辑教改简报19期，向市委改革办报送改革信息33条，教育综合改革典型案例4个。年内在中央、省、市级以上新闻媒体刊载教育改革专题报道400余篇。

【名校、名师、名（校）长工程】　名校工程。在上年的基础上，引进清华附中、北京八十中、湖北黄冈中学、中央民大附中等16所省外名校来昆合作办学或举办学校24所。年内，西南大学附中、南开大学附中、华东师大附中等名校落地来昆办学，全国优质教育资源不断向昆明聚集。名师工程。年内引进名师68名，创新实施银龄讲学3年行动计划，面向全国引进优秀银龄讲师11名，评选认定“杰出园丁”10名，“优秀园丁”101名，名班主任694名，最美班主任28名，身边好老师29名，春城教学名师100名，市级学科带头人71名，骨干教师146名，教坛新秀700名。名（校）长工程。年内引进名校长10名，评选认定首届昆明市名校长57名，组织优秀校长分别赴新加坡、西南大学和华东师范大学进行高级研修。组建6个市级名校长培养基地，建立市直属学校中青年教育管理人才库，储备人才149名。

【教育国际化发展】 2018年，昆明市主动融入和服务国家“一带一路”建设，服务昆明区域性国际化城市建设，开展教育国际化交流合作。引进国际足球理念和教育资源，与英国利物浦足球俱乐部合作，在昆开办利物浦国际足球学校。开展涉台教育进校园和首届“两岸一家亲”作文大赛活动，全市30所中小学获优秀组织奖，90篇作文获大赛奖励。全市11所高中学校设立国际部，就读学生1400余人；年内，全市中小学幼儿园和中等职业学校接收来自33个国家和地区900余名外籍、港澳台和华侨学生就读；30余所中小学与国外学校缔结“姊妹学校”关系；与缅甸、泰国等南亚东南亚国家中小学间开展教育交流互访300余人次；8所学校建设成为华文教育示范基地。

【学前教育】 年内，国家级学前教育改革发展实验区工作全面收官，在“扩大普惠性资源、完善幼儿教师队伍培养和补充机制、贯彻落实《3—6岁儿童学习与发展指南》精神”等3个方面取得突出成效。全市实施“一乡一公办”、小区配套幼儿园建设管理、建立公用经费拨款制度、组建幼儿师范专科学校做法，2018年11月印发的《中共中央国务院关于学前教育深化改革规范发展的若干意见》在实践中得到推广。启动实施第三期学前教育3年行动计划，推进乡镇第二所公办中心幼儿园、一村一幼和班改幼项目建设，投入1.20亿元资金补助乡镇和村级幼儿园建设项目219个。完成18所幼儿园等级创建和评定，省一级示范幼儿园172所，一级一等示范幼儿园33所。

全市有幼儿园1329所，其中民办幼儿园962所，普惠性民办幼儿园440所；幼儿班8124个，其中民办幼儿班5731个，普惠性民办幼儿园2634个；幼儿教职工2.78万人，其中民办2.06万人。专任教师1.50万人，其中民办1.03万人。在园幼儿23.14万人，其中民办16.25万人。进城务工人员随迁在园幼儿6.78万人，其中外省迁入2.60万人、本省外县迁入4.19万人。在园幼儿中女生幼儿11.04万人、少数民族幼儿4.90万人、农村留守幼儿2534人、残疾幼儿335人、华侨幼儿11人、港澳台幼儿67人、外国籍幼儿120人。2018年，全市学前三年毛入学率97.86%、学前一年毛入学率99.86%。

2018年4月，英国利物浦足球俱乐部在昆明开办国际足球学校
（市教育局　供稿）

【小学教育】 2018年，全市有小学755所，其中民办小学76所；另有小学教学点266所。小学教学班1.22万个，其中民办教学班1822个。小学教职工3.05万人，其中民办3869人；专任教师2.93万人，其中民办3529人。在校小学生49.80万人，其中民办6.71万人、女生23.6万人、少数民族学生10.50万人、寄宿生7.09万人、农村留守儿童1.17万人、农村户口学生29.46万人、享受营养餐学生21.39万人、享受城市低保学生1089人、年度死亡学生43人、华侨学生4人、港澳台学生315人、外国籍学生107人、随班就读残疾学生1173人。小学随迁子女在校学生18.97万人，其中外省迁入6.95万人、本省外县迁入12.02万人，在民办学校就读学生5.06万人，在公办学校就读学生13.91万人，在公办学校就读学生占73.32%。进城务工人员随迁子女在校学生11.55万人，其中外省迁入4.79万人、本省外县迁入6.76万人，在民办学校就读学生3.79万人，在公办学校就读学生7.76万人，在公办学校就读学生占67.16%。小学一年级招收新生9.23万人，其中接受学前教育学生9.21万人；招收随迁子女3.65万人，其中接受学前教育学生3.64万人；招收进城务工人员随迁子女2.13万人，其中接受学前教育2.12万人。2018年，全市小学毛入学率102.25%、净入学率99.83%、巩固率99.59%、辍学率0.06%、毕业班学生升学率95.26%。

【初中教育】 全市有初中199所，

其中民办61所。初中教学班4884个，其中民办1229个。教职工1.88万人，其中民办4195人；专任教师1.76万人，其中民办3733人。在校初中学生22.09万人，其中民办5.29万人；在校学生中女生10.55万人、少数民族学生4.34万人、寄宿生10.97万人、农村留守儿童5804人、农村户口在校生14.21万人、享受营养餐学生10.59万人、享受城市低保学生826人、随班就读学生646人、死亡学生29人、华侨学生7人、港澳台学生42人、外国籍学生14人。初中随迁子女学生6.19万人，在民办学校就读的学生2.19万人，在公办学校就读的学生3.99万人，随迁子女在公办学校就读占64.54%。初中进城务工人员随迁子女学生4.13万人，在民办学校就读的1.31万人，在公办学校就读的2.82万人，进城务工人员随迁子女在公办学校就读占68.22%。初中一年级招收新生7.43万人，其中招收随迁子女2.24万人、招收进城务工人员随迁子女1.46万人。2018年，全市普通初中毛入学率111.53%、净入学率98.60%、升学率98.02%、辍学率0.31%、巩固率99.05%。

2018年6月，昆明幼儿师范高等专科学校成立

（市教育局　供稿）

【普通高中教育】 实施高中普及攻坚计划，改善贫困地区普通高中新建和扩容改造，晋宁区、宜良县、禄劝县、嵩明县、阳宗海风景区新建高中项目完成前期规划论证。科学编制2018年高中阶段招生计划，完成普高招生4.08万人。推进高完中学校等级创建，云南民大附中成功晋升省一级三等高（完）中，全市省一级高（完）中33所，优质普高学校在校生占比74.50%。

全市有高中学校120所，其中民办60所。普通高中教学班2385个，其中民办689个。教职工1.08万人，其中民办3571人；专任教师8851人，其中民办2362人。在校高中学生11.62万人，其中民办2.83万人、女生6.46万人、少数民族学生2.24万人、残疾学生117人、寄宿生8.24万人、随迁子女学生2.89万人、重读学生31人、年度死亡学生4人、华侨学生3人、港澳台学生9人、外国籍学生3人。2018年，全市高考成绩呈现出一本和本科上线率快速提升，主城和郊县教育质量同步提升态势。昆明市参加高考人数4.37万人，占全省14.56%，位于州市第三；全省600分以上学生3392人，位于州市第一；全省文理科前50名，昆明32人，占64%；全市高考上线率99.86%，一本上线率24.77%。

【中等职业教育】 年内，组建昆明幼儿师范高等专科学校，实现首届招生536人。安排各级各类职教专项资金9067万元，新增昆明市艺术学校等5所学校8个专业，校内外实习、实训基地237个。禄劝县职中通过省级重点中等职业学校评审，完成农村劳动力转移培训任务50万人次。承办云南省2018年职业院校技能大赛，昆明市大赛奖项数位居全省第一。组织10所中职院校组队代表云南省参加全国职业院校技能比赛，获2个三等奖。首次采取政府购买服务方式，引入第三方对全市职业院校教育教学质量进行监测评估。官渡区职业高级中学和安宁市职业高级中学被确认为国家中等职业教育改革发展示范学校。推行现代学徒制试点工作，遴选第一批市级现代学徒制试点学校5所，3所学校被确定为省级现代学徒制试点单位。云南省邮电学校被国家邮电局认定为“第二批全国邮政行业人才培养基地”。

全市有中等职业学校81所，其中民办23所、其他中等职业机构3所、附设中职班高校34所、省部级以上优质中等职业学校34所。教职工6125人，其中民办2216人；专任教师4830人，其中民办1710人。在校中职学生18.72万人，其中民办12.01万人；高校附设中职班在校学生11.16万人，其中民办8.09万人。招收新生7.35万人，其中民办5.15万人；高校附设中职班招生4.85万人，其中民办3.66万人。

【民办教育】 2018年，出台《昆明市人民政府关于支持和规范社会力量兴办教育促进民办教育健康发展的实施意见》。加大民办教育资金扶持力度，支持民办骨干普惠性幼儿园、民办学校教师培训和民办骨干中小学校建设，下达普惠性民办幼儿园奖补资金2634.80万元，惠及431所幼儿园。年内，认定普惠性民办幼儿园247所。开展全市校外培训机构专项治理行动工作，共摸排校外培训机构2502个，1086个存在问题的培训机构全部完成整改。全市有各级各类民办学校1182所，教职工3.45万人，专任教师2.17万人，民办学校在校学生43.09万人。

【特殊教育及民族教育】 实施特殊教育第二期3年提升计划，推进特殊教育学校规划和建设，保障七类残疾适龄儿童和少年接受教育权利。依法保障在接受义务教育的同时，积极向职业教育领域延伸。全市有特殊教育学校6所、教职工198人，专任教师188人，在校学生767人；工读学校1所，教职工45人，专任教师39人，在校学生50人。残疾儿童入学率98.31%。推进民族团结教育“进机关”“进校园”活动。年内培训双语教师80名，“阿诗玛班”“民族班”招收新生203名。

【素质教育】 年内，推进全员育人、全过程育人、全方位育人体制机制建设，组织开展“扣好人生第一粒扣子”“圆梦蒲公英”“少年传承中华传统美德”“中国航天科普展”“优秀传统文化进校园”等系列活动。以创建全国文明城市为契机，推进文明校园创建活动，创建活动覆盖率100%。加强县级青少年校外活动场所建设与管理，云南省野生动物园和石林县地质博物馆被教育部认定为全国学生研学实践基地。推荐首届云南省文明校园16所，评选表彰省市级优秀学生干部533名，三好学生1936名，先进班集体338个，新时代好少年40名，最美孝心少年20名。

【贫困家庭学生资助】 年内，提高资助标准，安排各级各类补助资金7.09亿元，惠及学生63.78万人次。1.27万名在校大学生获得生源地信用助学贷款，扶持167名大学毕业生自主创业，带动584名大学毕业生实现就业。获云南省大学生“贷免扶补”先进集体、生源地信用助学贷款先进集体两项荣誉。228名贫困考生通过专项计划录取到全国重点大学，35名农村贫困考生成为省内院校的农村免费医学学生。

【义务教育学生营养餐改善计划】 全市893所农村义务教育阶段学校、31.98万名学生享受国家营养改善计划，下拨营养改善计划专项资金2.91亿元，其中中央资金9812.98万元、市级资金9409.46万元。县级配套资金9883.29万元。

【体育美育工作】 年内，举办昆明市第二届校园足球联赛；与英国利物浦足球俱乐部合作，培训校园足球教练326人。培训体育教师600名、音乐教师100名、美术教师100名。参加全省校园足球、篮球、排球比赛，获8项冠军。参加云南省第十四届学生运动会，获得金牌39枚、银牌23枚、铜牌15枚，取得金牌总数、奖牌总数、团体总分第一，昆明市代表团被评为“优秀组织奖”和“体育道德风尚奖”。举办昆明市第二十九届学生艺术节。举办昆明市高中音体美教师教学技能大赛，推荐6名教师参加省级比赛，获得2个教学状元、3个教学能手好成绩。全面完成学校食品安全、禁毒防艾等各项工作。全市7所中小学被评为国防教育示范学校。

【语言文字工作】 至2018年末，共创建省级语言文字规范化示范校17所，省级规范汉字书写教育特色学校3所，市级语言文字规范化示范学校18所。完成4.49万人次普通话水平测试。举办第二十一届全国推普宣传周系列活动、第四届中小学生语言才艺大赛、中华经典网络诵读比赛，组织首届汉字应用水平测试和首届教师普通话大赛。加快民族地区国家通用语言文字的普及推广，在全市开展语言扶贫App推广应用，创建禄劝县中屏乡法格村委会为云南省普及普通话示范村。

【教育科研工作】 年内，2项课题获全国教育科学“十三五”规划项目立项，9项课题获云南省哲学社会科学教育科学规划项目立项。“十三五”教育科学规划第三批课题立项574项。加强教育质量监测，与先进发达地区教育科研信息进行合作交流，强化教研、师训和电教的有效整合，促进教育教学质量提升。开展“一师一优课、一课一名师”活动，全市2.70万名教师完成网上注册，晒课2.06万节，提交课堂实录1848节，

2018年5月，昆明市举办第二十九届学生艺术节
（市教育局 供稿）

439节县级“优课”参加市级评选，128节市级“优课”参加省级评选。

【教育扶贫工作】 年内，印发实施《昆明市深度贫困地区教育脱贫攻坚实施方案（2018—2020年）》，推动教育新增资金、新增项目、新增举措向深度贫困地区倾斜；完成寻甸县脱贫摘帽教育扶贫目标任务。全年下达“三县区”学生资助补助资金2.47亿元，惠及学生24.10万人次。完善控辍保学“双线十人制”和“动态归零督查制”，全市建档立卡贫困家庭适龄子女实现义务教育阶段零辍学。在特岗教师招聘、免费师范生培养、乡村教师生活补助等方面向贫困地区倾斜。在主城优质普通高中开设“阿诗玛班”和“民族班”，扩大贫困地区学生接受优质教育机会。在14个县（市、区）开展“两学三比”活动，共开办700多个班次，培训8万余人次。主城四区结对帮扶“三县区”69所中小学和幼儿园。

【教育督导工作】 2018年，继续推进县级政府履行教育职责督导评估，对各县（市、区）教育经费投入、控辍保学、学前教育发展等重点工作进行抽查。开展城乡义务教育一体化、义务教育控辍保学、教育经费“三个增长”、中小学校危房拆除和加固等9个专项督导。评估认定市级现代教育示范学校39所、幼儿园17所，推荐云南省现代教育示范学校15所、幼儿园17所。推进督学责任区工作，实施挂牌督导，实现督导网络全覆盖。盘龙区被教育部认定为全国责任督学挂牌督导创新县。加强督导队伍建设，聘任昆明市政府第八届督学94名、特聘督学35名和昆明市第二届教育督导评估专家库专家642名。

【依法治教工作】 落实法治政府建设第一责任人责任制。印发实施《昆明市教育局行政执法全过程记录工作制度》，制发行政执法文书35份。建立行政执法公示制度。推进学校幼儿园章程建设。年内开展“模拟法庭进校园”活动32次，开展法治讲座108次。对照权责清单及“最多跑一次”改革事项清单，制定行政裁量权细化标准，规范行政行为的裁量范围、种类及幅度。发挥法律顾问参谋助手作用，全年出具法律意见书31份、参与规范性文件审查1件、起草或审查合同协议18件。完成法治政府建设听证工作4项，办理人大代表建议31件；政协提案59件，其中省级提案1件、市重点提案1件。面商率、回复率和满意率100%。

【招生考试工作】 年内，推进高考综合改革试点工作，18所普通高中入选省级高考改革试点学校，组织70名校长、骨干教师参加《新修订普通高中课程方案和课程标准》省级培训。高中阶段招生录取工作实行“一档两投”，中等职业与普通高中同步录取，破解中职招生难题。组织高等教育自学考试、研究生招生考试、普通高考、成人高考、高中学业水平考试、初中学业水平考试、教师资格考试、计算机等级考试和专项考试，共计9大类23次考试任务，考生66余万人次。

【教师队伍建设】 2018年，出台《全面深化新时代教师队伍建设改革的意见》，提升教师政治地位、社会地位和职业地位。全年招聘中央特岗教师342名，接收国家公费师范生214名，接收市级免费师范生70名，招录市级免费师范生187名，争取省级公费师范生90名，推荐省委省政府表彰“乡村学校从教20年以上优秀教师”37名。全市有中小学幼儿园正高级教师76名，高级教师1.50万人。集中培训校（园）长、专任教师2400余人。推进县域内义务教育学校校长教师交流轮岗，轮岗交流人数1788人。2018年，幼儿园、小学、初中、普通高中和中等职业专任教师学历合格率分别为98.44%、99.88%、99.93%、98.31%、86.65%。

【教育信息化建设】 2018年，完成全市1253所义务教育阶段学校、1.61万个班级信息化网络建设，实现“校校通网络，班班全覆盖”，班均带宽100M，全面消除义务教育阶段学校信息化盲点。安排市级专项资金6000万元，实施第二期120所学校优必选智能机器人实验室建设。实施敏特英语网络学习项目，实现市直属中小学敏特英语学习全覆盖。推进“智慧教育”一期1000万元项目建设，以“同步课堂”“资源共享”等方式，让贫困地区学校共享城区优质教育资源，助推教育脱贫工程。年内，全市小学接受过信息技术培训的专任教师1.40万人，从事信息化工作人员1192人；中学接受过信息技术培训的专任教师1.90万人，从事信息化工作人员1072人；中等职业教育学校接受过信息技术培训的专任教师1358人，从事信息化工作人员507人。

【校园安全能力建设】 年内，出台《昆明市人民政府办公厅关于加强中小学幼儿园安全风险防控体系建设的实施意见》《昆明市学校安全“一岗双责”责任制实施办法（试行）》《昆明市加强中学生欺凌综合治理实施方案》《昆明市校园安全“一岗双责”监管责任清单》《昆明市中小学生行为六不准》等文件。全市各中小学配备安全专干3699名和保安员5394名，844所学校配备一键式紧急报警装置，1912所学校配备视频监控摄像头7.34万个。开展防溺水、交通安全、隐患排查、扫黑除恶、反恐怖防范、校园及周边环境治理等专项整治工作，力抓安全检查培训、宣传教育、提醒提示、疏散演练和“平安校园”创建工作，排除安全隐患，促进全市教育系统安全和谐稳定。

【教育基础设施建设】 落实昆明市

2018年昆明市各类办学类型学校情况汇总表

序号	类别	幼儿园			小学			初中			高中			特殊教育学校			工读学校			基础教育学校			中职教育学校			总计		
		小计	公办	民办	小计	公办	民办	小计	公办	民办	小计	公办	民办	小计	公办	民办	小计	公办	民办	小计	公办	民办	小计	公办	民办	小计	公办	民办
0	昆明市	1329	367	962	755	679	76	199	138	61	120	60	60	6	6	0	1	1	0	2410	1251	1159	81	58	23	2491	1309	1182
1	五化区	106	30	76	44	35	9	10	4	6	18	9	9	1	1	0	0	0	0	179	79	100	15	10	5	194	89	105
2	盘龙区	106	21	85	62	52	10	21	9	12	12	5	7	1	1	0	1	1	0	203	89	114	14	11	3	217	100	117
3	官渡区	196	22	174	91	60	31	27	7	20	26	11	15	1	1	0	0	0	0	341	101	240	11	9	2	352	110	242
4	西山区	127	27	100	66	59	7	19	11	8	13	7	6	1	1	0	0	0	0	226	105	121	11	5	6	237	110	127
5	东川区	44	10	34	37	37	0	10	10	0	2	2	0	0	0	0	0	0	0	93	59	34	1	1	0	94	60	34
6	呈贡区	48	6	42	16	11	5	3	2	1	11	3	8	0	0	0	0	0	0	78	22	56	3	3	0	81	25	56
7	晋宁区	66	11	55	19	19	0	12	10	2	2	2	0	0	0	0	0	0	0	99	42	57	3	2	1	102	44	58
8	富民县	34	1	33	26	25	1	6	6	0	2	1	1	0	0	0	0	0	0	68	33	35	2	2	0	70	35	35
9	宜良县	106	57	49	76	76	0	13	11	2	3	2	1	1	1	0	0	0	0	199	147	52	3	2	1	202	149	53
10	石林县	91	78	13	16	16	0	5	5	0	3	2	1	0	0	0	0	0	0	115	101	14	2	2	0	117	103	14
11	嵩明县	73	24	49	47	47	0	8	8	0	3	3	0	0	0	0	0	0	0	131	82	49	6	3	3	137	85	52
12	禄劝县	72	21	51	41	41	0	16	16	0	3	2	1	0	0	0	0	0	0	132	80	52	2	2	0	134	82	52
13	寻甸县	118	31	87	154	154	0	17	17	0	4	3	1	1	1	0	0	0	0	294	206	88	3	2	1	297	208	89
14	安宁市	61	13	48	11	8	3	10	9	1	7	4	3	0	0	0	0	0	0	89	34	55	3	3	0	92	37	55
15	高新区	20	3	17	3	2	1	5	2	3	3	2	1	0	0	0	0	0	0	31	9	22	1	0	1	32	9	23
16	经开区	23	3	20	14	9	5	8	3	5	4	2	2	0	0	0	0	0	0	49	17	32	1	1	0	50	18	32
17	度假区	19	2	17	6	2	4	4	3	1	4	0	4	0	0	0	0	0	0	33	7	26	0	0	0	33	7	26
18	阳宗海	19	7	12	26	26	0	5	5	0	0	0	0	0	0	0	0	0	0	50	38	12	0	0	0	50	38	12
说明		1.2018年，全市小学教学点266所，其中东川区35所、晋宁区8所、石林县52所、嵩明县8所、禄劝县161所、阳宗海2所，不计校数未纳入基础教育学校数统计。 2.2018年，全市中等职业教育其他机构数3所，其中官渡区1所、经开区1所、嵩明县1所，不计校数未纳入中职教育学校数统计。 3.2018年，全市普惠性民办幼儿园共440所。																										

校舍建设保护条例和教育设施配建管理规定，规范全市居住区配套教育设施建设，优化教育设施资源布局。年内完成教育固定资产投资81.60亿元，完成29家市直属学校（单位）政府采购项目258个。实施“全面改薄”专项工程，安排专项资金3.03亿元，完成校舍和运动场建设25.6万平方米。推进全市C级校舍加固改造工作，下达省级资金2.64亿元、市级资金9240.88万元，完成44.07万平方米校舍加固改造任务。

（宋永东）

昆明学院

【概况】 昆明学院是2004年5月经教育部批准成立的全日制普通高等学校，在原昆明师范高等专科学校和昆明大学合并的基础上，整合昆明市优质教育资源组建而成。学校遵循“修德、唯真、博识、笃行”的办学理念，践行“明德至善，知行利物”的校训，坚持立德树人，以服务地方经济社会发展为己任，致力提升教育教学质量，促进学校内涵发展。2012年，学校高质量通过教育部本科教学合格评估；2014年，被列为云南省应用型整体转型试点高校；2017年，成为云南省应用型人才培养示范院校；2018年，成为硕士学位授予单位和云南省应用型高校联盟首届理事长单位。此外，学校还加入全国新建本科院校联盟、全国地方院校教师教育联盟、云南省高等学校教师教育联盟。

【基础设施建设】 校区占地总面积2439.18亩，其中洋浦主校区占地1817.73亩，校外实习基地621.45亩；主校区规划建筑面积60余万平方米，已建成50万平方米，完成投资总额20亿元，其中教学行政用房34.40万平方米，生均17.50平方米。图书馆馆藏图书328万册，其中纸质图书210.80万册，电子图书117.20万册，生均纸质图书100.46册。教学科研仪器设备资产总值3.24亿元，生均教学科研仪器设备值1.54万元。

【本科专业建设】 至2018年末，昆明学院有22个教学单位，60个本科专业，涵盖经济学、法学、教育学、文学、历史学、理学、工学、农学、医学、管理学、艺术学11个学科门类，是云南省学科门类最齐全的高校。其中汉语言文学专业是国家级特色专业，学前教育专业和特殊教育专业交叉融合，烹饪与营养教育专业在全国同类专业排名中名列前茅。此外，学校还有省部级优势专业5个，省级应用型示范专业4个，省级应用型示范专业群1个，省级专业综合改革试点项目3项，省级提升专业服务产业能力建设项目2项，省级卓越工程师教育培养计划2项，省部级卓越人才协同育人计划4项，省部级人才培养模式创新实验区3个。

【教育教学】 昆明学院以“思想品德优，理论基础实，专业能力强，综合素质高”为基本目标，着力为地方经济社会培养应用型人才。面向全国25个省（直辖市、自治区）招生，至2018年末，有全日制在校生1.97万人。2016—2018年，学生参加各级各类竞赛获得国家级奖项一等奖15项，二等奖55项，三等奖66项，优秀奖16项；省级特等奖2项，一等奖152项，二等奖183项，三等奖255项，优胜奖14项。获得大学生创新创业训练计划项目80项，1000余名学生组建101支创新创业团队，注册企业20户。2016—2018年，共有省级优秀毕业生713人，就业率保持在97%以上，专业对口率75%以上，就业满意度80%以上。学校连续10年获得云南省高校就业创业工作目标责任考核一等奖。

【师资队伍】 2018年，昆明学院有教职工1502人，其中专任教师990人。专任教师中具有高级职称的500人，占比50.51%，其中教授110人（含二级教授6人），占比11.11%；具有博士学位的193人，占比19.49%；双师双能型和具有工程、行业背景教师257人，占比25.96%。专任教师中有云岭教学名师1人，云南省高校教学名师7人，云南省优秀教师1人；享受国务院特殊津贴专家1人，云南省政府特殊津贴专家5人，云南省有突出贡献优秀专业技术人才3人；云南省“千人计划”青年人才专项入选者1人，昆明市有突出贡献

2018年4月13日，云南省应用型高校联盟成立，云南省教育厅授牌昆明学院为理事长单位

（昆明学院　供稿）

优秀专业技术人才16人，昆明市学术专家3人，“昆明市挂牌十大名匠工作室首席名匠”1人。

【学科研究能力】 至2018年末，昆明学院获得各级各类纵向课题571项（含国家基金项目27项），横向课题12项；出版学术著作61部，在国内外期刊发表被三大检索、CSSCI收录的论文1338篇，专利授权199项，其中发明专利76项；获得省部级奖励9项。有省级哲学社会科学研究基地1个，省级工程技术研究中心2个，云南省高校工程研究中心2个，省级科技服务平台1个；省级重点实验室1个，高校重点实验室2个，市级重点实验室3个；省级哲学社会科学创新团队1支，市级科技创新团队3支；云南省中青年学术与技术带头人及后备人才6名，昆明市中青年学术与技术带头人及后备人才23名；硕士学位授权点3个，省级硕士学位授权建设学科7个，省级优势特色重点学科2个。

【社会服务】 依托昆明科学发展研究院/昆明科学发展智库（云南省高校智库，中国智库索引来源智库）、昆明滇池（湖泊）污染防治合作研究中心、昆明南亚东南亚合作战略研究院、昆明物联网及泛在工程研究中心等一批省、市级平台，积极开展社会服务。《“中巴经济走廊”安全报告》在《清华国家战略研究报告》上全文发表，并送中央及驻外有关部门参阅；《关于高位推动打造面向南亚东南亚医疗卫生与健康辐射中心的建议》直送省委、省政府主要领导；《昆明市人口发展规划（2011—2020）》获云南省哲学社会科学成果三等奖、昆明市科学决策咨询优秀成果一等奖，成为推进昆明市人口工作的重要指导性文件；滇池（湖泊）流域生态建设与生态文化数字化信息平台为昆明市环保类信息平台。

【国际化交流】 至2018年末，昆明学院与18个国家和地区的72所院校、教育机构签订109份合作备忘录和协议，建有“中国—上合组织青年交流中心”等11个国际合作平台；有来自28个国家的本科留学生260人。接受国（境）外1400人次师生到学校交流学习，2018年期间，有112人师生赴国外交流学习。先后与南京大学、兰州大学等多所大学签订合作协议，在人才培养、科研合作、师资培训等方面开展合作。

（段　晶）

文　化

【基层公共文化服务】 2018年，昆明市基层公共文化服务专项资金由人均12元提高标准至人均14元，全市下达经费共计9037.71万元。其中市级承担2254.89万元，县区承担6782.82万元。全市利用基层公共文化服务包共组织开展各种文化惠民活动1.16万场，受惠群众450万余人。推进第四批国家公共文化服务体系示范区创建工作。年内完成创建规划和创建方案及相关材料的起草和上报工作。与北京大学签订昆明市创建国家公共文化服务示范区制度设计课题研究合同，并开展前期调研等相关工作。

【公共文化基础设施建设】 2018年，全市完成222个乡镇（街道）综合文化服务中心和村（社区）基层综合性文化服务中心的新建、改扩建任务。全市农家书屋实现全覆盖，加强农家书屋“建管用”工作。推进市图书馆分馆建设，2018年新建3个分馆，全市共有15个分馆。完成昆明文庙恢复性修建项目一期工程建设，于2018年7月1日对外开放。

【文化惠民活动】 组织开展2018年春城文化节系列活动，以“中国梦·花飞四季”及“我们的节日，百姓的舞台”为主题，按季度开展元旦春节期间迎新春系列群众文化活动、“4·23世界读书日”系列活动、《夏日绽放》——少儿艺术节、“金秋诵雅”全民阅读系列活动、“冬日舞韵”广场舞比赛等主题鲜明的群众文化活动，开展以中国传统节日七一、七夕、中秋、国庆、重阳为主题的系列主题活动10余次，受益群众4万余人次。开展“中国梦·云南情——百团千队万场‘文化大篷车·千乡万里行’红色文艺轻骑兵文化进万家”文化惠民演出活动，举行文化惠民演出4406场，惠及人数达596.36万人。2018年，拨付市县两级16个图书馆、16个文化馆，1个美术

新剧目展演——《足迹》

（市文广体局　供稿）

馆、135个文化站（室）免费开放补助资金1367万元。指导市文化馆、市图书馆开展对特殊人群的免费开放服务，在为老年人、残疾人服务方面成效显著。

【培育重点文化产业】 完成文化投资48.20亿元，推动文化消费试点各项相关活动的有序实施。根据《昆明市引导城乡居民扩大文化消费试点工作实施方案》的要求，在8个试点县（市、区）开展文化消费试点工作基础上，年内将试点范围扩大到全市18个县（市、区），直接拉动文化消费规模超过1.36万元。

2018年1月26日，春城文化节启动

（市文广体局　供稿）

【创作展演文艺作品】 年内，创排音乐剧《馨香之城》、云南民族精品歌舞集《足迹》（暂名），创作交响乐作品《讲武堂记忆》、庭院音乐话剧《聂耳》。扶贫攻坚“五个一百”活动共创作舞蹈、歌曲、歌舞、曲艺、音乐情景剧等文艺节目19个。昆明聂耳交响乐团委约作曲家邹野创作的交响乐《彩云之南》获得115万元国家艺术基金扶持。

2018年7月11—21日，文化和旅游部和云南省人民政府主办，云南省文化厅、昆明市人民政府承办的第十二届全国舞蹈展演中，昆明市民族歌舞剧院的3人舞《般般如画》参加祝贺演出。9月，在云南省文化厅主办的云南省第十二届青年演员比赛中，昆明市文化广播电视体育局获得优秀组织奖，昆明市民族歌舞剧院共有舞蹈、声乐、器乐、戏剧（快板）等不同类型的11个节目（人次）入选最后决赛，其中舞蹈类荣获一等奖1个，二等奖1个、三等奖3个；音乐类三等奖2个；原创作品奖1个。昆明聂耳交响乐团王艺洁获得音乐、器乐类一等奖。10月19—22日，“迈进新时代舞动彩云南、全国广场舞展演”中，昆明市文化馆的《马铃响来玉鸟唱》和《春到茶山》获得全省第二名。少儿舞蹈《小海鸥》参加2018年“世界青少年国际艺术节——云南赛区”比赛获金奖。广场舞《山茶绽放》参加第二十九届香港世界非遗“金紫荆花奖”，获舞蹈金奖和最佳编导奖；广场舞《春到茶山》被评为“云南省欢跃四季广场舞展演”优秀作品。2018年云南省第三届“大家乐彩云奖”评选活动中，音乐类作品《小马街的小新娘》，戏剧类作品《一块麦饼》《夕阳情》，曲艺类作品《牵手》，美术类作品《哈尼梯田》，摄影类作品《小水井合唱团训练日》《普天同庆》获云南省“彩云奖”，市文广体局获得“优秀组织奖”。创排“扫黄打非”花灯节目《扫黄打非进乡村》参加云南省举办的首届“扫黄打非”进基层文艺汇演活动并荣获一等奖。12月，举办2018年昆明市新剧节目展演。

【文化艺术交流】 2018年，快板《升国旗》、舞蹈《美丽的中国梦》和交响组曲《阿诗玛》入选云南省2018年“百团千队”红色文艺轻骑兵巡演。昆明市民族歌舞剧院演出团在“2018北京朝阳国际风情节”活动中，与来自9个国家的演员们同台表演12场次，充分展示昆明民族风情；赴台湾参加“七彩云南·相约台湾”文化月演出；台湾地区嘉义县太保市南新小学“南新小学儿童乐团”赴昆与昆明市歌舞剧院共建少儿民乐团（盘龙小学民乐团）进行民乐交流，并举行“云台学生文化交流活动周启动仪式”。

【文化遗产保护利用】 2018年，起草《昆明市文化文物专项资金管理暂行办法》，明确提出市级文物保护利用资金和文化文物资金管理使用的规范、程序、要求。指导各县（市、区）文物部门开展22项文物保护工程项目。组织开展5项昆明地区的考古勘探调查和考古发掘工作。昆明市属博物馆引进和自办展览37个，流动博物馆巡展30余场，展厅接待国内外观众160余万人。昆明市博物馆和云南陆军讲武堂历史博物馆与国内多个博物馆进行馆际交流和合作布展。做好文物保护规划和可研报告的编写工作。云南陆军讲武堂旧址文物保护利用总体规划已获国家文物局批复。编写和报审石寨山古墓群保护性基础设施建设项目和石龙坝水电站保护设施建设项目可行性研究报告。市文广体局和市消防支队联合下发《关于印发博物馆和文物建筑消防安全大检查工作方案的通知》，抽查各县（市、区）博物馆和文物建筑单位124余处，发现问题119处，整改86处。做好历史文化名城品牌提升工作，配合市规划局开展《昆明市历史文化名城保护规划（2018—2035）》修编工作。

【非物质文化遗产保护】 2015年，昆明市开始启动非物质文化遗产保护地方立法工作，2018年3月31日，审议通过《昆明市非物质文化遗产保护条例》，7月1日正式颁布实施。健全非物质文化遗产项目名录体系，昆明市6人入选文化和旅游部公布的第五批国家级非遗代表性传承人名单，全市国家级非遗传承人增加至7人。打造非物质文化遗产宣传展示品牌，2018年“文化和自然遗产日”期间，组织举办“中国（昆明）官渡第八届全国非物质文化遗产联展系列活动”，来自全国20个省、市、自治区的102个非遗项目参展，其间还举办“第五届昆明滇剧艺术周”活动，开展戏剧专场公益演出、滇剧分点演出等活动，积极传承弘扬传统戏剧戏曲。市文广体局与昆明学院联合举办昆明市非遗传承人群培训班，形成民间非遗传承与院校非遗推广的互通促进长效机制。加强非遗资源生产性保护利用，对具有发展潜力和市场竞争力的项目进行生产性保护，增强非遗项目自身活力。5月，石林县彝族（撒尼）刺绣项目入选由文化和旅游部、工业和信息化部联合发布的第一批国家传统工艺振兴目录。深入开展“中华优秀传统文化进校园活动”，组织开展戏曲进校园、非物质文化遗产进校园、中华经典诵读进校园、传统体育进校园等活动，传承弘扬中华优秀传统文化。

【文化市场监管】 开展文化市场统计工作，全市共录入文化市场经营单位3141家，其中娱乐场所经营单位1678个，互联网上网服务营业场所1405个，文艺表演团体24个，演出场所经营单位14个，艺术品经营机构20个。积极开展文化娱乐行业转型升级工作，印发《关于举办庆祝改革开放40周年昆明市2018年阳光娱乐·夕阳红K歌比赛的通知》，通过组织比赛促进文化娱乐行业转型升级。大力开展文化市场综合整治专项行动，全市共出动执法人员2.81万人次，检查文化经营单位1.31万家次。在“6.26”国际禁毒日，组织全市文化娱乐服务场所200余人参与“无毒青春，健康生活”主题大型禁毒宣传教育活动，并参观云南禁毒教育基地，提高从业人员的禁毒防艾意识。同时，通过设立咨询台和毒品展柜、参观禁毒展览、观看宣教影片、现场疑难问题解答等形式，向全市公共服务娱乐场所开展禁毒宣传。制订《2018年“平安网吧”创建实施方案》及“平安文化市场考核细则”，通过开展创建平安文化市场活动，引导广大青少年自觉抑制文化垃圾侵蚀，营造平等竞争的市场环境和健康安全的消费环境。深入推进文化市场综合执法改革，深入各县（市、区）开展督促、指导工作。2018年，12个县（市、区）出台《实施意见》，成立文化市场管理工作领导小组并落实机构、人员、经费等相关事项。按照《文化市场黑名单管理办法（试行）》要求，制订《昆明市文化市场黑名单管理实施方案》，全面展开文化市场信用体系建设，积极推动全市文化市场健康、良序发展。

（市文广体局）

2018年9月11日，戏曲进校园活动在盘龙区拓东二小举行
（市文广体局　供稿）

文学艺术

【完成教师培训在禄劝和寻甸县的试点工作】 2018年，市文联支持乡村学校少年宫建设，助力贫困地区脱贫攻坚，实施乡村学校少年宫艺术教师培训项目。市文联选派市级音乐、书法、美术志愿者到试点县培训当地艺术教师约3000人次，统筹完成启动仪式和成果汇报展演工作，提升乡村学校艺术教师的艺术素养和水平。项目推进经验和运作模式在中央文明办、中国文联举办的“2018年乡村学校艺术辅导培训计划工作会议”上进行了交流。

【文艺进基层活动】 围绕精准脱贫基本方略，立足群众、立足基层、立足昆明实际，通过开展“五个一百”宣传活动，广泛征集“一百幅摄影作品”“一百幅美术作品”“一百幅书法作品”，评选有思想、接地气、“沾泥土”“带露珠”的本土原创作品。充分调动广大群众支持、参与全市脱贫攻坚工作的主动性、积极性，凝聚力量、营造氛围、鼓舞士气、振奋精神。

积极探索“文艺扶贫”及“文化脱贫”运行机制，组织昆明摄影家协会会员深入挂钩扶贫点寻甸县金源乡瓦房村，开展“学习贯彻十九大精神，为老百姓拍摄全家福”活动。摄影师到7个自然村共计431户家庭免费拍摄全家福，并打印装框赠送贫困群众，深受当地百姓的欢迎。组织昆明市文艺志愿者红色文艺轻骑兵小分队赴寻甸县羊街、官渡区、盘龙区等开展“学雷锋”志愿服务活动、“送欢乐下基层”文艺服务活动等，把党和政府的关怀、温暖送到基层，送给群众。组织昆明市30余名摄影家、7名书法家、寻甸县6名摄影家，组成5个文艺小分队分赴寻甸县易地扶贫搬迁安置点村民家中开展“写对联写福字挂新居，现场拍摄全家福挂新居”活动。书法家共写春联、福字贴1000余副赠送给村民；摄影家和工作人员，深入寻甸县16个乡镇、街道办事处的32个村庄为贫困户拍摄全家福，共打印照片、装相框1100余幅。

【文艺活动】 年内，围绕纪念改革开放40周年，组织各个艺术门类的主题文艺创作和展演活动。发表和刊载一批反映改革开放的优秀文学作品。组织市文学工作者向云南省文联《边疆文学》改革开放40周年纪念专号上投稿10余篇；在市文联《滇池》文学杂志2018年第十期编辑发行改革开放40周年纪念专号，刊发一批反映改革开放的报告文学、诗歌、散文等优秀文学作品。举办“改革开放40周年”书法美术摄影展、举办“改革开放40周年”民间文艺调演、举办改革开放40周年“笑咪乐呵曲艺、小戏、小品大赛”、举办“改革开放40周年”农民画展等活动，用文艺方式生动展示改革开放40年来昆明的变化、发展，表现全市各族人民安全幸福的精神状态。

举办旨在提升昆明地区少数民族作家的创作水平，繁荣发展昆明少数民族文学创作的“2018昆明地区少数民族作家创作培训班”，培训班已连续举办两届。此次培训班邀请《诗刊》和《中国作家》的著名编辑授课。举办2018年昆明青年评论家培训暨昆明文学研讨交流会，邀请《小说选刊》副主编、评论家王干，江苏凤凰文艺出版社副总编、评论家作家黄孝阳，南京师范大学教授、博士生导师、评论家何平授课。进行昆明都市文学批评主题交流，推动昆明青年批评家成长，繁荣昆明文学批评和文学创作。

【对外交流】 贯彻落实市委、市政府建设区域性国际中心城市建设战略部署，实施“华文文学亚洲东南共同体”项目，打造文艺交流新平台，拓展对外交流新渠道。按照《昆明市建设区域性国际中心城市实施纲要》的要求，利用《滇池》文学杂志现有平台，加强与东南亚华文文学交流，建立面向东南亚的文学交流机制，打造以昆明为中心的“华文文学共同体”，构建昆明特色鲜明、融通东南亚文学作品、吸引东南亚文学人的区域性文化交流平台，举办文学论坛，为打造立足西南、面向全国、辐射南亚东南亚的人文交流中心助力。《滇池》在第十一期推出首期东南亚华文文学“刊中刊”，刊登泰国、马来西亚、新加坡、越南、缅甸等9名作家的作品。

坚持文艺“走出去，请进来”道路，加强与省内外、国内外文艺家交流与合作，展现昆明开放包容的城市形象。与中国艺术研究院、中国画学会联合主办“君子之风——邓福星绘五君子画展”；与南昌文联联合举办“南昌·昆明书画交流展”，并派出由文联部分工作人员、书法家、画家共10人赴南昌参加在江西省南昌市举办交流展；贯彻落实省委、省政府滇中“一体化”发展战略，促进艺术交流，繁荣云南美术创作，与玉溪、曲靖、楚雄4州市文联共同举办“滇中艺术年展——2018书法展”活动。与市外事办、美国科罗拉多州中国委员会共同主办“昆明—丹佛艺术交流展——‘美国西部女艺术家绘画展’”展览活动，推动昆明和美国丹佛友好城市艺术交流；选派武新文、刘宗琪两名画家参加云南省人民对外友好协会赴韩国全罗南道参加“2018全南国际水墨双年展”活动。两次活动为昆明美术家和爱好者们学习发达地区高水平艺术创作提供借鉴和参考，也为中美、中韩两国艺术家交流与合作搭建平台。昆明市文联文化交流团一行11人，出访缅甸曼德勒、仰光，泰国清迈、曼谷，马来西亚亚吉隆坡、槟城等6个城市，与东南亚友城华人华侨社团、文化机构以及民间专业文化社团开展涵盖文学、美术、摄影、电影、民间文艺等门类的文化艺术交流活动，洽谈举办“一带一路”美术、摄影、影视、民间文艺联展工作。

参与2018年昆明市春节招待会文艺演出等工作。一年一度的“昆明市春节招待会”，是以市委市政府名义举办，面向在昆明工作和生活的外交官、外国专家、外资企业和华侨华人开展的活动。市文联联合昆明广播电视台制作主题视频，安排摄影家协会会员赴外国驻昆总领事馆拍摄照片，并推荐市合唱学会组织禄劝崇德小学彝苗童声合唱团到场表演童声合唱，展现昆明独具特色的少数民族原生态文化，表达贫困山区的少年儿童对美好未来的憧憬和脱贫奔小康的希冀，得到省市领导和在场嘉宾的好评和称赞。

【实施文艺创作精品工程】 整合主流媒体资源，以培养新一代影视编剧、导演、表演人才，推动昆明影视创作再上新台阶为目的，举办“2018昆明大学生微电影作品颁奖活动”，为广大微电影工作者及爱好者提供一个交流展示、切磋互鉴的平台。其中一等奖作品《撒花坡》和《洋娃娃》，均以脱贫攻坚为题材，展示当地的民族文化，营造脱贫攻坚良好氛围，为探索文艺扶贫的新思路做有益尝试。市文联摄制的《撒花坡》参加第八届迈阿密美洲电影节暨金灯塔电影节华语电影峰会，获得最佳微电影导演奖，美洲视频、CCTV6、CCTV7、《中国电影报》等进行专题报道，被中央外宣办和国务院扶贫办选定为对外宣传脱贫攻坚的影片之一。2018年10月下旬，市文联联合寻甸县举办脱贫攻坚影视创作培训暨《撒花坡》研讨会，邀请央视纪录频道导演和首都师范大学少数民族影视创作专家授课，为下一步打造脱贫攻坚主题的影视作品打下基础。

完成2018年度昆明市文艺精品创作专项扶持项目的申报工作，积极推荐“四个一批”文艺人才。举办“纪念改革开放40年——砥砺奋进‘追梦之路’大型摄影图片展览及美术书法作品展览”；举办以“纪念改革开放40周年”为主题的昆明市第十一届“笑眯乐呵曲艺、小品、小戏大赛”；举办纪念改革开放40周年“传承与创新歌颂与弘扬”昆明民间美术作品大展（农民画）；编辑整理《明清两代滇籍谏官录》。获得2018年度昆明市文艺精品创作专项扶持资金70万元。推荐昆明市文联春城文化名家暨“四个一批”人才人选8名。

举办第十四届“滇池文学颁奖”，通过严格评审，昆明作家内陆飞鱼的散文《谁到最后也会活成一部电影》、浙江作家赵雨的小说小辑《赵雨作品》、四川作家羌人六的中篇小说《江油关》、云南诗人蚂蚁的诗歌《张安屯记》、江西作家傅菲的散文《身体的玫瑰》获奖。举办“梅香富民”昆明北部县（区）第六届文艺创作笔会，以增进北部各县区文学艺术创作交流学习，提升北部各县区文学创作实力和影响力。

（陈　蓉）

档　案

【档案法制建设】　2018年，市档案馆进一步完善档案法律法规体系建设，联合相关单位制定《昆明市不动产登记档案管理办法》《昆明市妇联创业担保贷款业务档案管理办法》等管理规定、标准。3月28—29日，市人大常委会副主任毕惠芝带领执法检查组，对昆明市贯彻落实《中华人民共和国档案法》《昆明市档案条例》情况进行检查，检查组对市公安局、西山区档案局、禄劝县档案局、富民县档案局开展检查，市秘书长郭希林代表市政府向检查组做汇报；6月7—11日，由云南省档案局局长黄凤平带队的执法检查组，对昆明市贯彻执行《云南省国家档案馆管理办法》情况开展执法检查。以查阅台账资料、实地查看、听取汇报等方式对昆明市进行执法检查。检查组还抽查昆明市、盘龙区、西山区、富民县、宜良县等5个国家综合档案馆和昆明市城建档案馆1个专业档案馆。市政府办公厅副主任万晓琪代表市政府作工作汇报。此外，市档案馆配合市人大对重点工程项目东川区档案馆建设项目进行督查工作；配合市法制办完成《昆明市档案中介机构管理办法》规章立法后第三方评估工作；配合市扶贫法办完成寻甸县16个乡镇173个村委会脱贫摘帽档案资料检查工作；对全市市级机关开展档案执法检查，抽查31家单位档案工作开展情况，并撰写执法检查报告。

【目标考核】　2018年，昆明市档案局制订下发《昆明市档案工作目标考核实施方案》，对纳入档案目标考核的55家政府机关单位进行考核。市属部分县（市、区）将档案工作纳入本地区年度综合目标考核体系，促进全市档案工作目标和任务落实，推动全市档案事业科学规范发展。

【档案工作规范化认定】　2018年，云南省档案局组成复查组对昆明市档案馆、盘龙区档案馆等8家国家综合档案馆进行复查。其中西山区档案馆、晋宁区档案馆、寻甸县档案馆通过云南省档案局复查认定。全市共完成105家机关企事业单位档案工作规范化管理示范认定，210家机关企事业单位规范化管理示范单位到期复查；完成全市315家档案工作管理示范单位认定和复查单位的统计报备工作。

【档案业务指导】　2018年，昆明市档案局加强对各级综合档案馆、机关档案室、企业、科技事业单位档案规范化管理的业务指导工作。指导完成安宁市档案馆、寻甸县档案馆等4家档案馆档案工作规范化示范单位复查工作；指导完成昆明市级机关工委、昆明市园林绿化局等10家单位档案工作规范化管理示范认定及昆明市中级人民法院等19家单位档案工作规范化示范单位复查工作。

【档案宣传】　市档案局结合2018年“国际档案日”主题——档案见证改革开放，于6月9日在全市范围内组织开展系列宣传活动。省档案局副局长刘海岩，市人大常委会副主任毕惠芝、市人大教科文卫工委副主任陈泓等领导参加活动。市档案局展出“红星照耀中国”、盘龙区档案局“档案与民生”等主题展览受到市民广泛关注。活动中向市民发放《昆明市档案条例》“档案资料征集”“名人档案征集”“家庭建档指南”“档案知识小问答”等宣传材料，同时，利用广场LED屏幕、火车站滚动视频等方式开展宣传活动。

【档案文化建设】　2018年，全市共

开发各类档案文化产品10余种。其中，完成《昆明“七一五”反美扶日运动档案史料选编》《昆明市档案志（2011—2015年）》两本书共计20余万字的出版工作；完成《昆明档案》1—4期20余万字的出版发行及对外刊物交流；开展“遇见过去·感知未来”昆滇老字号品牌商标展工作，向社会展出昆明市档案馆馆藏40余件百年老商标，传承昆明经典品牌精神；完成国家档案局重点档案保护与开发项目《警钟长鸣——抗战防空实录档案专题片》拍摄工作，并在云南电视台黄金时段播出，受到社会各界关注。

【信息化建设】 2018年，严格按照国家、省和本单位有关档案数字化加工的制度管理，完成馆藏档案原文55.78万页数字化转换工作任务；按照国家档案局统一部署安排，做好2018年度国家重点档案基础目录体系建设，完成昆明市档案馆馆藏民国档案13.33万条文件级目录的采集、著录，已通过云南省档案馆和中国第二历史档案馆的逐级验收。8月，指派专人赴银川市档案馆完成异质异地备份馆藏档案数据原文1250万页，文件条目550万条。组织昆明市各县（市、区）国家综合档案馆到云南省档案馆重要档案和电子档案异地备份库进行备份，确保档案万无一失。

【档案查阅利用】 2018年，市档案馆做好档案、政府信息和现行公开文件的查阅利用工作。档案查阅利用中心共接待档案查阅利用人员1358人次，调卷1093卷、13件，查阅利用电子文件715份，资料复印3013页。

【档案接收】 2018年，市档案馆做好机构改革单位档案及到期进馆档案的接收工作，馆藏资源总量进一步增加，结构进一步优化。共接收市工商局、云南中立会计师事务所有限公司等7家单位的文书档案1.51万卷（盒）。

【档案抢救与保护】 2018年，市档案馆认真做好馆藏破损国家重点档案的抢救保护修复工作。针对不同档案文件保存状况的差异，采取机器修裱与手工修复相结合，确保修复质量。全年共计完成32全宗29目“云南省合作金库办事处”目录、30全宗16目“民国云南省会警察局各种证件”，共计6130页档案的抢救修复工作。

【档案馆建设】 年内，全市14个县级馆均已启动新馆建设，其中晋宁区，宜良、石林、寻甸县及安宁市新馆建设已竣工并投入使用；五华、盘龙区，嵩明、富民、禄劝县主体建设工程已完工；官渡区已开工建设，西山、呈贡、东川区完成可研批复，全市县级国家综合档案馆建设有序推进。

【安全管理】 2018年，对新接收进馆的档案进行消毒、灭菌、除尘等工作，并对馆藏2000卷保存状况较差、存在安全保存隐患档案进行消毒、灭菌和杀虫处理；开展档案库房虫霉情况检查，定期投放防虫、防霉药物，共投放驱虫、防霉药1170余份；完善落实库房安全应急方案及档案安全管理、24小时值班、节假日带班、库房巡视等制度，发现问题及时处理，确保档案安全。

（顾建英）

文物及博物馆

【文物保护】 年内，印发《昆明市人民政府关于加强文物保护利用工作的通知》，着手起草《昆明市文化文物专项资金管理暂行办法》，明确提出市级文物保护利用资金和文化文物资金管理使用的规范、程序、要求。组织开展申报第八批全国重点和云南省文物保护单位，经遴选，由市文广体局最终申报国家重点文物保护33项、省级保护51项（其中昆明市26项被公布为第八批省级文物保护单位）。有计划、有重点地指导并监督各县（市、区）和直属单位做好文物的保护规划和修缮工作，严格按照“不改变文物原状”的文物维修原则制定专项保护规划，确定修缮方案，实施文物修缮工程，2018年，指导各县市区文物部门开展22项文物保护工程项目。

【文物保护规划维修方案编制】 云南陆军讲武堂旧址保护规划（2018—2035）已获国家文物局批复，按意见修改完善后报省政府公布；继续完善可行性研究报告，编写和报审石寨山古墓群保护性基础设施建设项目和石龙坝水电站保护设施建设项目可行性研究报告。

【博物馆群落建设】 组织实施“百年军校 将帅摇篮”展览序厅和东一厅提升改造。起草《昆明市关于打造博物馆群落的工作方案》，提出打造翠湖、龙泉和官渡古镇片区3个博物馆群落，已纳入省文化厅全省6个博物馆群落建设规划之中，起草《翠湖片区博物馆群落建设方案》。

【提升历史文化名城品牌吸引力】 为把昆明建设成为立足西南、面向全国、辐射南亚东南亚的区域性国际中心城市，打响“历史文化名城”品牌，市文广体局牵头草拟《关于全面提升历史文化名城品牌吸引力的实施意见（送审稿）》，报市政府常务会议研究；积极参与《昆明市历史文化名城保护规划（2018—2035）》修编工作，提出符合昆明实际的意见、建议；2018年11月，市文广体局和市规划局共同承办“2018中国名城委西南片区会议”，来自全国各地近100人参加会议。

【健全完善文物巡查制度】 2018年，昆明市级财政预算中安排文物巡查经费30万元、消防补助经费60

万，市文广体局根据地区经济水平差异、巡查难度和消防情况补助到各县（市、区）和开发（度假、园）区开展相关工作。研究制定《昆明市2018年度文物安全工作考评细则》。市政府和市级部门，县（市、区）政府分别签订“昆明市文物安全责任书”，并将文物安全工作纳入社会综合治理考核体系，开展年度文物安全工作考评。进一步加大文物巡查、检查力度，市文广体局和市消防支队开展年度文物安全检查、抽查2次。

【馆藏青铜文物修复项目】 年内，按照国家文物局批复要求，昆明市博物馆开展馆藏青铜器文物保护修复项目工作，内容包括542件青铜文物的科学分析检测（XRF、XRD、探伤、显微镜形貌观察等）数据和影像资料4000余组，542件青铜文物基本信息采集（包括质地、质量、具体尺寸、具体年代、完残状况等），542件青铜文物病害综合评估及部分线图绘制，379件青铜文物保护修复实作，投入补助资金589万元。

【文物征集】 昆明市博物馆馆藏文物总号数9841件套，实际数量2.01万件，其中2018年度新增藏品434件套，新增实际数量513件。文物新增具体情况如下：新增陶器文物17件，实际数量17件；新增瓷器文物1件，实际数量1件；新增民族服饰文物23件套，实际数量52件；新增杂项文物66件套，实际数量81件；新增飞虎队文物14件套，实际数量25件；新增书画文物312件套，实际数量334件；新增近现代文物1件套，实际数量3件。及时完成以上文物的整理、除尘、分类、编号、登记、上账、入库、入柜、上架等工作。云南陆军讲武堂历史博物馆与邵阳市文物管理局相互交换复制各自馆藏的与蔡锷相关文物和历史资料，充分丰富了昆明市博物馆馆藏的关于蔡锷的文物、历史资料；持续开展文物征集工作，经过对征集收录到的相关文物进行遴选、甄别，并经省文物鉴定站专家鉴定，锁定15件与讲武堂相关文物实物、文献资料。

【展览陈列】 2018年，昆明市博物馆结合自己的特点，共引进和自办展览29个。其中临时展览27个，包括“池坊昆明五年花道展”“全国艺术硕士美术优秀作品展”“杨丽萍工笔画作品展”“中国梦——同一片蓝天下画展”等。临时展“碗礁一号——沉船出水瓷器展”“一花一世界——杨丽萍工笔画展”“杨丽萍收藏宋代仿真作品展”“枕上添花 帐中观曲——满族绣品展”“武汉上空的鹰——纪念苏联空军志愿队特展”是分别与福州博物馆、官渡区博物馆、吉林市博物馆、武汉辛亥革命博物馆等同行合办的展览。

云南陆军讲武堂历史博物馆结合时代主题、国防教育基地建设和创建文明城市工作，先后引进联合举办“‘涉笔成趣’筇池书屋师生作品展”“江汉关博物馆主题展览”“江西南昌人民抗日战争史迹展”“孙中山卫队长的传奇人生——姚观顺将军纪念展览”“纪念改革开放40周年——昆明—南昌书画交流展”“宜良·通海两地楹联书法绘画拓片巡回展”“纪念改革开放40周书面摄影作品展”“昆明市道德模范先进事迹”等8场临时展览。

【观众接待】 2018年，全市博物馆、纪念馆共接待各地观众547万人次，其中免费参观人数521万人次；未成年观众数109万人次，境外观众数11万人次；昆明市博物馆接待国内外观众31余万人，取得良好社会效益。云南陆军讲武堂历史博物馆接待世界各地观众总人数132.67万人，其中成年人46.88万人，未成年人27.14万人；团队29.78万人；军人5.44万人，外宾3.64万人，港、澳、台观众4.14万人。免费讲解场次3444场，免费发放宣传资料7.64万份，其中“中国远征军”专题展览资料5.21万份；扫码送小册子2122本。

【学术研讨和馆际交流】 年内，先后对2017年“云南陆军讲武堂办学历史研究”“云南陆军讲武堂与云南辛亥起义、云南护国战争的关系”“云南陆军讲武堂建筑历史和价值研究”“云南陆军讲武堂办学历史研究”“云南陆军讲武堂在四大著名军校中的历史地位”“云南陆军讲武堂毕业的中共将领对中国近代革命的贡献”“云南陆军讲武堂对朱德早期军事思想的影响”等6项课题进行评审结题，并公开出版研究成果；与云南大学、昆明学院等院校进行合作，启动实施2018年度“云南陆军讲武堂与云南航空学校”“云南陆军讲武堂留洋教官和华人华侨外籍师生军事思想对军事文化交流融合的影响”“云南陆军讲武堂历史博物馆历任校长治学理念研究”等3项课题研究。

云南陆军讲武堂历史博物馆先后赴贵州省遵义市、广东省中山市开展交流活动。年内组织馆内干部职工、讲解员参加中宣部组织爱国主义教育工作推进会、“2018年普洱云南省文博专业人员古代陶瓷鉴定知识”培训、国家文物局2018年文博单位游客承载量评估规范培训班、国家文化和旅游部红色旅游“规范讲解队伍建设 塑造行业良好风貌”专题培训工作。

【考古调查勘探】 昆明市博物馆考古部受云南省考古研究所委托，承担5项昆明地区考古勘探调查和考古发掘工作，即昆明长坡泛亚国际物流园区建设项目、青鱼湾康体综合项目、云龙社区安置用房建设项目、桃树社区柳树箐居民小组地址灾害搬迁点建设项目、云南磷复肥基地尾矿库海口石马哨石头山建设点。受昆明市文广体局指派，昆明市博物馆与晋宁区文物保护管理所组成联合文物考古调查勘工作队，于2017年12月6日至2018年2月8日，对晋宁区马鞍山青铜墓地进行文物考古调查勘探工作。2018年6月21日，接东川区文管所报告，在新村镇开挖防洪沟时发现和石碑、建筑石构件，6月23—24日，考古部会同东川区文管所专业技术人员到现场踏勘。2018年12月，受昆明市西山区城市建设投资开发有限责任公司委托，就书林二小、侨光小学排危改造建设项目进行考古勘探事宜。配合各县（市、区）文物管理所进行矿区联勘联审工作，对各处矿区进行实地调查。

【对外宣传】 2018年，云南陆军讲武堂历史博物馆在市级以上媒体公开平台、杂志发表宣传稿件、文章36篇，其中在新华网、人民网等国家级媒体平台见稿7篇，省级平台见稿11篇，部分稿件被今日头条、搜狐、网易、凤凰资讯、云岭先锋等网络媒体转载，提升了百年军校品牌文化知名度、影响力。

昆明市博物馆完成6期“博物馆信息”的收集、筛选、整理、编辑、印发工作。完成“昆明市博物馆”网站及“昆明飞虎队纪念馆”网站的更新工作，两个网站全年共更新信息190余条，昆明市博物馆网站访问量达到435.66万人次。昆明飞虎队纪念馆网站访问量达到83.50万人次。年度更新发布微信信息共计80多条，接收各部门报送信息325条。

【表彰奖励】 2018年，云南陆军讲武堂历史博物馆启动一系列云南陆军讲武堂旧址保护与合理利用项目建设，强化文物保护规划引领，做好文物保护修缮和文化传承，深入挖掘历史文化底蕴、拓展展览展示思路，开展云南陆军讲武堂历史文化研究，讲好讲武堂故事，充分发挥云南陆军讲武堂在历史文化名城保护及翠湖历史文化圈打造中的重要作用，努力构建以讲武堂为核心的历史文化名城主题片区，在文物保护管理、保护规划、展示利用、科学研究以及提供公共文化服务等方面成绩突出。云南陆军讲武堂文物保护管理所（云南陆军讲武堂历史博物馆）被人力资源和社会保障部、国家文物局授予“全国文物系统先进集体”称号。

（市文广体局）

2019 KUNMING YEARBOOK

新闻媒体

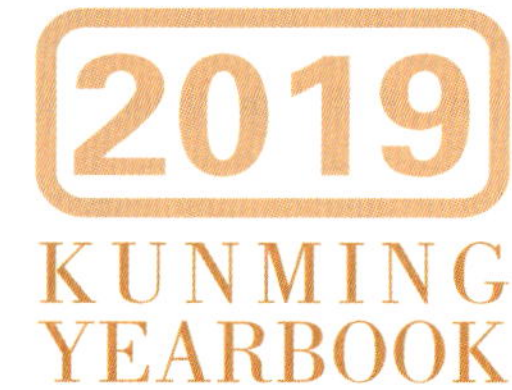

◆责任编辑　罗桂莲

广播电视和新闻出版综合管理

【公共广播电视服务体系】　加强广播电视基础设施建设。组织实施5000户直播卫星户户通脱贫攻坚专项工程建设。实施贫困地区民族自治县边境县村综合文化服务中心覆盖工程二期建设。推进中央广播电视节目无线数字化覆盖补点工程建设。开展广播电视乡镇便民服务点建设，确定在东川区拖布卡镇文广中心、盘龙区滇源街道文化广播电视服务中心建设“广播电视乡镇便民服务点”。做好晋宁区、嵩明县、宜良县无线发射台站基础设施建设工作，完成寻甸县、禄劝县制播能力提升工程。加快推进昆明市、县两级本地广播电视节目无线数字化覆盖工程。

加强广播电视行业监管。加强播出机构管理。严格按照国家、省、市有关广播电视节目传送业务经营的规定及《云南省广播电视播出机构设立审核管理办法》，努力提升昆明市、县两级广播电视台在内容生产、运行管理、技术系统、人才队伍等建设水平，完成对嵩明县有限电视台、昆钢广播电视站进行审核，换发“广播电视节目传送业务经营许可证”。管控频道频率这项广播电视核心资源，依法保障其正常运转，全市未发现违规情况。加强广播电视广告管理，截至第三季度，先后发出广播电视广告整改通知12份，查处11个频道频率，分别对48条电视广告、30条广播广告进行停播和整改处理。全市播出机构制作124条公益广告、播出7.30万次、播出时长达3.63万分钟。加强节目制作经营管理。本着“保证质量，控制数量”的原则，严把准入关，扶持相关制作机构申领广播电视节目制作经营许可证。引导广播影视引导节目制作机构打造品牌，提升产业核心竞争力，完成20家广播电视节目制作机构审核，上报省广电局审批。开展非法卫星电视广播地面接收设施专项治理行动。严格遵照“统筹协调，各司其职，属地管理，分级负责，综合治理”的方针，印发《2018年昆明市非法卫星地面接收设施专项治理行动工作方案》和《2018年非法卫星地面接收设施专项整治工作要点及责任分解的通知》，召开昆明市卫星电视广播地面接收设施管理专项整治工作联席会议，共出动执法人员1310人次，车辆276辆次，检查涉嫌擅自安装和使用卫星电视广播地面接收设施的单位或用户61家次。查处拆除接收设施166座，发放宣传单6300份，电视广播广告宣传90条。

【电影工作】　全面提升公共服务效能，农村公益电影，广场社区公益电影和城镇电影放映，为广大农民群众、进城务工人员和城市低收入人群提供优质的公益电影服务。2018年共放映农村公益电影1.17万场，受惠观众350多万人；新增电影院11个，新增座位数9600个，共有89家电影院，票房5.30亿。落实国家、省级补助农村公益电影资金311万元，市政府补助农村电影167万元；落实昆明市补助广场社区公益电影放映资金25万元；落实国家广播电视总局、云南省新闻出版广电局电影事业发展专项资金530万元下发各城镇电影院。

组织开展庆祝改革开放40周年优秀国产影片展映展播活动。昆明广播电视台、昆明教育电视台、各县区广播电视台精心挑选与改革开放有关的影视作品，在黄金时段安排优秀国产电影播出，及时报道全市展映、展播活动成果；新昆明农村数字电影院线有限公司及时订购与改革开放有关的影视作品，在全市农村，城市广场、社区和各大中专学校以及特殊教育学校、农民工集中的工地组织庆祝改革开放40周年优秀国产影片放映。城镇各电影院探索优秀国产影片放映的新机制、新思路、新做法，以高度的政治责任感和社会使命感广泛开展各种形式的宣传营销活动和主题放映活动。全市共放映庆祝改革开放40周年优秀国产影片20多部3000多场，观众达60多万人。

【宣传管理】　年内，组织各县（市、区）文广体局、辖区广播电视播出机构和社会影视制作机构开展广播影视领域环境专项整治工作。3—4月，在全市范围内开展有关军事类节目的专项排除清理工作，完善相关军事类节目播出审批备案手续，规范节目播出内容，强化媒体责任。4—5月，对情感类节目、负面新闻报道节目进行专项清查，坚决抵制节目庸俗、低俗、媚俗化之风，不断增强新闻宣传的传播力和影响力。

开展推选优秀原创网络视听节目参加全国评选活动，组织开展“2018年弘扬社会主义核心价值观共筑中国梦”主题原创网络视听节目征集和展播活动、“2018年网络视听节目精品创作传播工程”，共向省局推荐优秀作品10余件。承办“2017年度广播电视奖·金孔雀杯”评选活动，共收到市、县两级各播出机构及影视制作机构参评作品143件，经过资格审查、专家评定、结果公示等程序，共评出获奖作品73件。其中电视新闻奖22件、电视社教奖8件、电视文艺奖3件、电视优秀栏目奖2件；广播新闻奖8件、广播社教奖5件、广播文艺奖2件；电视播音奖6件、电视主持奖9件、广播播音奖2件、广播主持奖1件；影视作品奖3件、网络新闻作品2件、金孔雀杯大奖（空缺）。

组织开展“2018年弘扬社会主义核心价值观共筑中国梦”主题原创网络视听节目征集和展播活动、“2018年网络视听节目精品创作传播工程”，累计向省局推荐优秀作品10余件。印发《昆明市文化广播电视体育局关于开展广播电视新闻作品季度推优活动的通知》，共有1件新闻作品获得省局推优、1部纪录片获得总局专项扶持资金。

组织做好第六批“中国梦”主题创作歌曲和庆祝“改革开放40年”优秀歌曲展播的宣传和推广工作，为隆重庆祝改革开放40周年营造团结奋进的浓厚社会氛围。

【“扫黄打非”工作】 以制度措施为保障，全面抓好各项工作的落实，坚持把查堵各种非法侵权出版活动作为重中之重，深入开展“扫黄打非”斗争。建立昆明市网上“扫黄打非”联席会议等一系列制度，全面落实查堵措施，切实做到“六个禁止”，即禁止境外流入、禁止境内出版、禁止非法印制、禁止市场销售、禁止网上传播、禁止媒体炒作。

以专项行动为抓手，持续加大案件查处力度。开展“清源2018”专项行动。重拳打击攻击党的基本理论、基本路线、基本方略，诋毁党和国家领导人，否定改革开放，宣扬历史虚无主义和“港独”“台独”和中国社会主义制度的有害出版物及信息，以及针对淫秽色情、暴力恐怖、封建迷信等内容印刷产品出现的新情况、新特点，持续深入地开展专项整治和集中打击行动。深入开展“护苗2018”专项行动。着眼于“管苗、练苗、培苗、育苗、护苗”，集中清查校园周边出版物市场，4月20—30日，在昆明市1240余所中小学开展“护苗2018”绿书签进校园系列宣传活动，在学校张贴“绿书签”宣传海报，组织向中小学生派发绿书签，积极引导和鼓励孩子们养成“爱读书、读好书、善读书”的良好习惯，同时邀请腾讯公司老师为学生做如何运用网络安全的公益讲座，深化开展网络安全课活动，指导学生要合理用网，科学规划上网时间，同时，组织部分书店开展绿书签购书优惠等活动。深入推进“净网2018”专项行动。及时启动全市网上“扫黄打非”工作联席会议，分析研判当前网络“扫黄打非”工作态势，通报有关网络案件线索，同时，强化信息共享、日常查删、应急处置、部门约谈和协同查处5个机制，大力推动网上“扫黄打非”全方位协作，进一步夯实网络“扫黄打非”工作机制。成功侦破“昆明市12·18网络直播平台传播淫秽物品牟利案”，打掉一个盘踞在昆明市利用网络从事卖淫活动的犯罪团伙，2018年7月4日该案件被全国“扫黄打非”工作小组办公室和公安部治安管理局列为联合挂牌督办案件。另外还成功侦破“昆明市2·01网络介绍容留外籍妇女卖淫案”，公安部、省“扫黄打非”领导小组办公室已将该案列为“净网2018”专项行动挂牌督办案件。组织开展“秋风2018”专项行动。深入打击新闻敲诈、假媒体、假记者站、假记者，依法打击境外媒体非法采编活动，专项整治假冒学术期刊及网站，专项整治网站、公众账号违规采编、转载时政新闻以及“黑电台”、非法卫星地面接收设备，加强对“黑广播”和擅自设立黑电台的监管。成功破获寻甸县“9·30周某某擅自设立非法广播电台案”，共取缔“黑电台”19个。首次对擅自设立广播电台的犯罪嫌疑人移交司法程序，对擅自设立广播电台的行为给予坚决打击，维护边疆合法广播电台运行，维护广播电台公信力，把境外敌对分子利用部分非法电台攻击党和政府、宣扬反动思想等不法行为消灭在萌芽状态。

以宣传活动为载体广泛发动群众，巩固工作成果。按照全国和省“扫黄打非”工作领导小组的统一部署，“4·26”世界知识产权日，省、市“扫黄打非”领导小组办公室在呈贡区举办全国侵权盗版及非法出版物云南主会场集中销毁活动，集中销毁侵权盗版制品和非法出版物10.40万册（张、盘），其中非法音像制品5.12万（张、盘）、非法盗版图书5.33万册。

以基层建设为重点，不断夯实扫黄打非基础工作。6月27—29日，市“扫黄打非”领导小组办公室对昆明市全体文化市场执法人员进行“扫黄打非”进基层专题推进培训和“扫黄打非”信息系统综合业务培训，使基层“扫黄打非”工作业务素质得到提升。

【知识产权管理】 截至2018年7月15日，昆明市文化广播电视体育局共收到78户企业（个人）的计算机著作权登记资助申请708件。经审核并在网上公示，其中122件申请符合资助要求，拟按500元/件的标准进行资助，资金6.10万。

本着保护知识产权，提高全民对计算机软件著作权的创作和保护意识，经审核并在网上公示，拟对2017年国家版权局取消计算机软件著作权登记收费后的586件申请，按100元/件的标准进行奖励，奖励资金5.86万元。

（昆明市文化广播电视体育局）

昆明广播电视台

【重大主题报道】 全面深入报道全市干部群众深入学习贯彻习近平新时代中国特色社会主义思想和党的十九大精神，奋力开创经济社会发展新局面、建设美好新生活的生动实践，策划播出《在习近平新时代中国特色社会主义思想指引下——新时代 新气象 新作为》《贯彻十九大精神 走进新时代 开启新征程》等10余个专栏，播发新闻1500余条（集），举办昆明市学习《习近平新时代中国特色社会主义思想三十讲》暨“改革开放我知道”知识竞赛。策划《坚持“五位一体”》《推进“四个全面”》《创建全国民族团结进步示范市》《打造生态文明建设排头兵示范城市》等20余个专栏，推出系列重大主题报道，播发新闻1700余条，全面立体宣传报道全市推动区域性国际中心城市跨越发展的战略部署、辉煌成就。

【改革开放宣传报道】 策划推出《壮阔东方潮，奋进新时代》《庆祝改革开放40周年·变迁》《四十年40·人》10余个专栏专题、系列报道、特别报告，播发新闻1100余条（集）。新兴媒体平台同步推出专栏专题、系列报道1800余（集）。对“昆明市庆祝改革开放40周年群众合唱展演”作网络高清视频直播。联合央视新闻移动网进行庆祝改革开放40周年特别节目《昆明斗南：小渔村的“芬芳”蜕变 把昆明鲜花洒向全球》《穿越历史的波光 寻访中国湖泊四十载》大型网络视频直播，当天点击观看量突破300万人次。

【脱贫攻坚报道】 策划推出《推进四个全面·全面建成小康社会》《打赢脱贫攻坚战 全民共圆小康梦》《聚社会力量 促脱贫攻坚》《脱贫攻坚进行时》等10余个脱贫攻坚主题专栏，播发新闻报道、新闻评论、新闻访谈、特别节目近570余条（集），新媒体平台发布脱贫攻坚报道360余条，全面反映脱贫攻坚重大决策部署，重要成就成效。采制播出《追记东川扶贫干部吴国良》《扶贫好干部吴国良》等系列报道、动态报道、微视频，向云南台《云南新闻联播》推送播出，全面生动报道东川区扶贫干部吴国良先进事迹、感人故事，吴国良先进事迹在新兴媒体平台阅读量突破8.40万人次。

【“创文”宣传报道】 为全市城市文明创建营造良好氛围，开设《建设城市文明 擦亮城市名片》《文明城市创建在行动》《不文明随手拍》《城市曝光台》等10多个专栏，播发新闻1800余条，报道全市城市文明创建工作举措、显著成效。播出“创文”宣传片5.70万次。与有关部门联合推出创建全国文明城市专题直播节目《创文总动员》，主动接受群众监督、督促问题整改，强化舆论引导。

【重要会议（活动）报道】 完成省市主要领导活动、省市“两会”、市委全会、南博会暨昆交会、上合昆明国际马拉松赛等重大新闻、重要会议、重大展会（活动）宣传报道任务。组织实施2018昆明高原国际半程马拉松、昆广大动车开通试运营等重大新闻现场直播。

【舆论监督报道】 强化对公租房分配、中高考、春运、滇池保护、地铁建设、交通主干道改造提升工程、拆临拆违专项整治行动、重点整治工地扬尘等重大民生话题、热点问题的正面舆论引导，持续关注民生民意。持续开展舆论监督、促进政务公开，为民排忧解难，49家单位的200多名领导走进《春城热线》节目直播间，接到热线电话、市民评议员提交以及网友在线反映各类意见、投诉、建议923件，办结率96%，满意率98%。

【对外传播宣传】 精心制作28期《“一带一路”看昆明》电视专题节目在云南台国际频道、昆明台同步播出。与国际台合作，制作28期昆明市对外宣传推广节目《走进昆明》，面向海外播出。在云南台播发新闻210余条。在中央电视台播发新闻10余条。与新华社手机客户端《现场云》直播平台、央视新闻+客户端等权威平台合作直播180余场，总点击量突破323万人次。与央视少儿频道合作现场录制、网络视频直播2019年《银河之声》新春特别节目，点击量突破60万。与中广联城市台新闻委员会联制《春城无处不飞花》《40年造就鲜花王国传奇》《金飞豹40年追梦人生》等纪录片、专题节目，在全国30余个城市台联播。

【专题片、形象片制作】 拍摄制作专题片、形象片199部。《感受宜良耿家营彩色稻田之美》视频在全球知名平台上组合推广24小时内，阅读量达25万人次，Facebook（脸书）浏览数当天达3万人次。《鱼跃龙门》短视频收获2400多万播放量、95.5万点赞量，近5000人次转发。精心制作播出40余种10万余条次公益广告。其中《向善的力量》荣获首届全国优秀公益电视节目优秀作品奖，《一次选择决定一生》等5条公益广告荣获省级奖。

【媒体融合】 强化新媒体与频道频率相互配合联动，同步推出重要新闻、重大主题报道。“无线昆明”客户端“庆祝改革开放40周年”相关报道累计点击量达16.50万次；庆祝改革开放40周年大会当日推送图文、视频报道48篇，点击量突破2万次；联合全媒体新闻中心，推出《春城热线》全媒体直播节目56期。制作《新使命 新征程——昆明市监察委员会》新媒体宣传短片，在市纪委官方新媒体平台同步推送。策划推出12期《主播品读二十四节令》系列新媒体原创音视频产品，深受网友好评。

【平台建设】 建成并投入使用高清电视制播系统一期、媒体融合“中央厨房”等硬件设施，建成集指挥调度、内容生产、传输分发、共享交互和技术维护为一体的新型媒体融合平台。“无线昆明”“伙食团”客户端下载用户突破130万人次，最高日浏览量80万次，日浏览量同比增长300%。微信、微博关注用户突破430万人次。微信公众号年阅读量突破2203万次，同比增长13%。微博粉丝量达385万人，同比增长39%。8月微博传播力排列全国省会及计划单列市台第5位。官方网站年访问量达800万次，同比增长27%。

【拓展网络直播】 实施直播常态化，重点打造“K直播”品牌，强化直播内容策划，组织实施市“两会”、昆明市庆祝“五一”国际劳动节暨劳动模范表彰大会等234场视频网络直播和大量图文直播，观看人数达到323万人次。

【产业发展】 整合户外、地铁、电梯等广告资源，持续推进内容营销、场景营销、全媒营销，与10余户企业开展产业合作。拓展云南首款方言电视剧《〈东寺街西寺巷〉整两把》衍生手游产品、教育培训等产业项目。“喜满客”电影院线欣都龙城店、时光贵州店两个项目获利润1300万元。

【节目获奖】 遴选报送“第34届云南新闻奖”“第二十届昆明新闻奖”“云南新闻出版广播影视奖”“昆明市广播电视奖”“首届全国优秀公益电视节目推选”“全国城市台社教节目创优”“2017年度广播电视公益广告扶持项目”等多项全国及省市各奖项的评选，共有26件作品获省级奖，其中1件作品获一等奖；59件作品获市级奖，其中19件作品获一等奖。

【节目收视听率】 春城频道全年114天位列所有频道晚间排行榜第1位。影视频道收视排位由上年的第9位跃升至2018年第5位，与春城频道共同进入昆明地区有线电视网络所有可收视频道收视排行榜前5位。所有频率均进入车上收听率前10位。其中，汽车广播稳居昆明地区车上收听第二位、网络收听排列全省第一位。

（王庆榆）

昆广网络

【经营概况】 昆明广播电视网络有限责任公司是昆明市唯一一家具有全程全网覆盖能力的有线电视运营单位，在昆明地区建成一张上联国家骨干网，下能有效覆盖全市14个县（市、区）的综合信息网。公司主营业务包括高（标）清数字电视、互动数字电视（包括VOD、时移回看等）、宽带业务、广告业务、数据专线/专网及信息化业务。2018年，公司全数字网共传输数字电视节目154套，其中标清节目96套、高清节目58（含1套3D频道）。截至2018年12月31日，在线主机用户数74.33万户。

2018年，是昆明有线电视网络建网25周年、昆广网络市场化运营10周年。年内，昆广网络有5个城区分公司、1个经营部、6个县区分公司、1个全资子公司、5个参控股公司，在职员工580人。截至2018年11月30日，公司在职员工具有专业技术职称的有185人，其中正高1人、副高24人、中级51人、初级109人，占公司职工总数的30.30%。

【平台优化拓展业务】 2016年高清点播电视平台“爱点云TV”年上线后，系统功能不断优化升级。公司结合市场需要，自主研发平台兑换码功能、供电服务专区、垂直电商业务等新功能，并为企事业单位、酒店提供定制化的服务，开发“供电服务”“省委党校”“产投”“酒店”等专区板块。增添凤凰专区、云岭先锋专区、腾讯专区等视频资源，满足用户多方面的收视需求。

2018年1—12月，“爱点TV”互动平台、爱点云平台，累计更新节目内容3.50万期，合计约5.20万小时，平均每月更新3250期。完成微信电视基本部分、节目推屏、电视电商等新功能测试。公司先后参与建设“云南林业学校采购交互智能平板设备项目”“云南省女子强制隔离戒毒所一期、二期政府采购项目”“红河弥勒第六中学触控交互一体机采购项目”等26个项目，拓展“绿春县公安局向北京神州新桥公司提供技术服务的项目”“六盘水钟山区中小学教育装

2018年8月，昆广网络建网25周年纪念活动

（昆广网络公司 供稿）

2018年7月18日，昆广网络晋宁分公司挂牌仪式
（昆广网络公司　供稿）

备计算机及设备采购项目”等6个项目。与云南音像出版社及康辉旅行社共同创新市场营销管理服务模式，在“文化+旅游”与有线网络电视融合产品的研发、销售、服务等建立合作关系。与风光和海外两家旅游公司签订《旅游融合产品代理合作协议》《旅游产品采购协议》及《旅游套餐宣传协议》。与丽江老君山进行战略合作，开发广告类新业务，提升广告资源价值。

【网络建设】　2018年，完成金水湾、长水、中天融域、信产基地、行政中心、艺术之家、马街等7个机房的12条主干光缆项目建设，已完成40.89千米建设任务。截至2018年11月30日，双向网络覆盖137.59万户。供电集抄项目累计完成供电集抄项目4.64万个采集点建设，覆盖78.73万户，采集成功率为99%。完成昆明供电局4个城区昆广建设区域内光纤区域78.73万户档案数据迁移工作，实现自动抄表成功率95%的指标任务。

【服务体系建设】　为进一步提升用户满意度与服务及时率，公司细化优化服务体系指标15项落实到岗、考核到人。建立完善客户服务部呼叫中心、区域分公司、经营部多项联动机制。2018年1—11月，“96599”客户热线总来电171.68万个，接电话量155.28万个，接通率为91%。其中人工接通85.18万个，派发工单18.01万张。回访客户共计20.97万户，在回访过程中收集到客户意见、建议共计6912条。整体客户满意度为99%，多次受到市长热线、数字城管等市政单位的好评。

【安全播出保障】　遵循“安全第一、预防为主、综合治理”的方针，以“保底线、促安全、求高效”为目标，2018年，按照国家、省（市）局、集团公司要求，完成元旦、春节、全国“两会”、省市“两会”、中秋节、国庆节及“中非合作论坛峰会”“上海合作组织成员国理事会第十八次会议”“中国国际进口博览会”共计12次重保工作及日常重要时段的保障工作。信息与网络安全方面没有发生重大恶意攻击、篡改、破坏事件，确保公司全年安全播出重保工作零事故。

【全市广电网络整合工作】　年内，继续推进县（市、区）广电网络整合和昆明市主城区联并网整合工作。2018年3月9日，与呈贡区政府签订《呈贡区广播电视网络整合收购协议》，挂牌成立昆广网络呈贡分公司；7月18日，与晋宁区政府签订《昆明广播电视网络有限责任公司昆明市晋宁区人民政府广播电视网络整合战略合作协议》及《晋宁区广播电视网络资产资源授权昆明广播电视网络有限责任公司经营管理的委托协议》，挂牌成立昆广网络晋宁分公司。2018年10月29日，昆广网络在委托经营的基础上与东川区人民政府、寻甸县人民政府达成收购协议，签订广播电视网络资产收购协议。

（叶婷婷）

报业传媒

【新闻舆论工作】　2018年，始终围绕中心、服务大局，按照中央、省市的决策部署，组织好“在习近平新时代中国特色社会主义思想指引下——新时代新作为新篇章”“新时代新作为新篇章　奋力开创区域性国际中心城市新局面”“在习近平新时代中国特色社会主义思想指引下——弘扬跨越发展、争创一流；比学赶超、奋勇争先精神大讨论”等主题采访报道，圆满完成党的十九届二中、三中全会，庆祝改革开放40周年大会，全国两会、省市两会，市委十一届四次、五次全会等重大报道。围绕建设中心以及经济高质量发展、脱贫攻坚、生态文明建设、社会事业发展、党的建设等重要工作搞好宣传报道，为加快建设区域性国际中心城市营造良好舆论氛围。

【改革开放40周年报道】　集团各媒体围绕改革开放40年来昆明取得的巨大成就，自2018年4月底起，展开全方位、多形式报道，共报道稿件800余篇。特别是《昆明日报》推出8篇特别报道、全景录、昆正平评论文章以及7个特刊，掀起宣传热潮，得到社会各界好评。

【吴国良先进事迹报道】　年内，集

3 壮阔东方潮 奋进新时代

2018年12月3日 星期一 昆明日报

庆祝改革开放40周年特别报道①

激活动力源 昆明经济实力全面提升

记者 殷雪

全面经济改革

牢固产业强市

持续优化结构

建设"四个中心"

40年来，"钱袋子"涨了多少

GDP

收入

支出

《昆明日报》推出改革开放40年特别报道

（昆明报业集团 供稿）

团各媒体推出一批有力度、有深度、有温度，鲜活感人、鼓舞人心的典型报道，得到各级党委、政府认可。其中，《昆明日报》在全省首家报道扶贫干部吴国良先进事迹，被全国30多家中央、省级媒体纷纷转载，吴国良被省委、市委追授为“优秀共产党员”。

【《昆明日报》版面优化升级】 2018年，《昆明日报》完成版面优化升级工作。升级后的《昆明日报》字体加大，阅读更加方便，同时进一步创新版面及栏目设置。此外，在中国报业协会成立30周年纪念大会上，昆明日报社获“中国报业融合发展创新单位”称号。

【国际传播】 2018年，昆明信息港加大国际传播能力建设，拓宽面向南亚东南亚国家网络传播渠道，英文站、缅文站共计发布稿件1833篇，并同步在海外社交媒体平台推特、脸书推介昆滇形象，传扬昆明故事。

【表彰奖励】 在第三十四届云南新闻奖及2017年云南新闻论文奖、第二十届云南报业新闻奖及第六届云南报业新闻论文奖评选中，集团共有50件作品获奖，在全省各州市媒体中连续5年名列第一。

此外，《昆明日报》作品《春城创业荟》被中国报业协会评选为“2018中国报业重大主题报道+服务年度双十佳案例奖”。由“掌上春城”策划执行的“全民点赞·身边的劳动者”活动获评中央网信办“2018年与爱同行网络公益”年度传播力大奖，连续两年成为云南省唯一获得国家级殊荣的新媒体。

在全省脱贫攻坚表彰大会暨先进事迹报告会上，集团被评为“云南省脱贫攻坚奖——扶贫先进集体”，受到省委、省政府表彰。

2018年（第十一届）全国地市新媒体创新发展高峰论坛上，昆明信息港获全国地市网络媒体最具创新力十大品牌、全国地市网络媒体综合实力二十强品牌、全国地市新媒体微信公众号三十强品牌。此外，被认定为国家科技型中小企业。

在2018中国融媒体发展论坛上，集团全媒体指挥中心（中央厨房）获评2017—2018年度中国十佳融媒体中心。

【掌上党报】 2018年，随着“掌上春城”传播力、引导力、影响力的不断增强，被省、市主管部门确立为“掌上党报”，逐渐成为昆明乃至全省移动端的现象级平台。年内获得省委宣传部、省委网信办与省总工会举办的2018年度“劳动者风采”宣传活动优秀组织奖。

【“一点关注”改版升级】 都市时报新媒体“一点关注”改版升级上线，完成“三微一端一网一中心”（微博、微信、微视频、一点关注

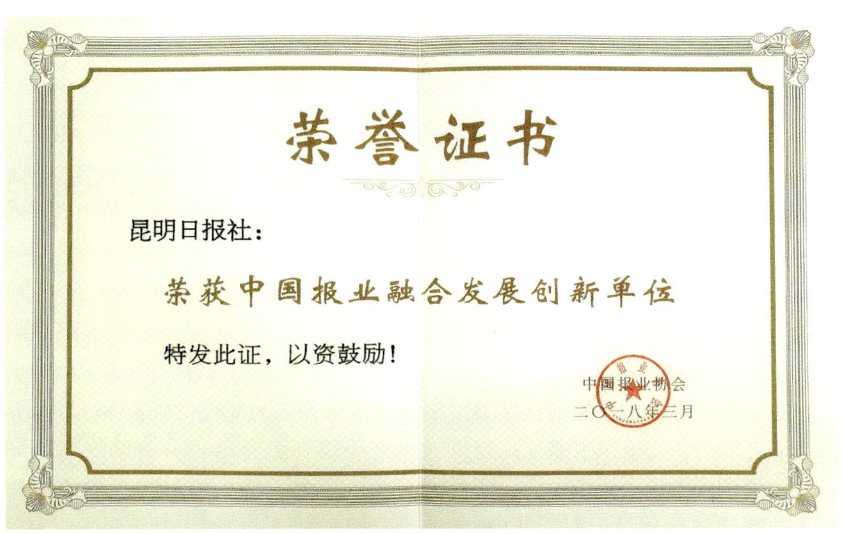
荣誉证书

昆明日报社：

荣获中国报业融合发展创新单位

特发此证，以资鼓励！

中国报业协会

二〇一八年三月

2018年3月，昆明日报社获“中国报业融合发展创新单位”称号

（昆明报业集团　供稿）

客户端、一点关注网、用户服务中心）全媒体矩阵布局。全新改版后的“一点关注”以客户端为主发渠道，初步实现一次采集、多次生成、多渠道传播。

【成立技术中心】　年内，传媒集团成立技术中心，经过3个多月的攻坚，技术中心应用大数据、云计算等技术，自主研发新闻线索采集系统、热点舆情监控系统、版权追踪系统。该系统能对全国119家重点报纸进行比对，对全国6500家新闻网站、650多个有影响力的官方微信、微博账号等平台的数百万条信息进行分析，极大地促进了新闻采编工作效率。技术中心还自主研发了“县级融媒体中心管理系统”。

【马克思主义新闻观培训班】　年内，集团与云南大学新闻学院联合举办马克思主义新闻观培训班，进行6个专题共计18个学时的学习，上千人次参加学习，这是集团党委“万名党员进党校”教学点挂牌后，首次组织开展的专题培训教学活动。

（宗　卫）

卫生·体育

◆责任编辑　罗桂莲

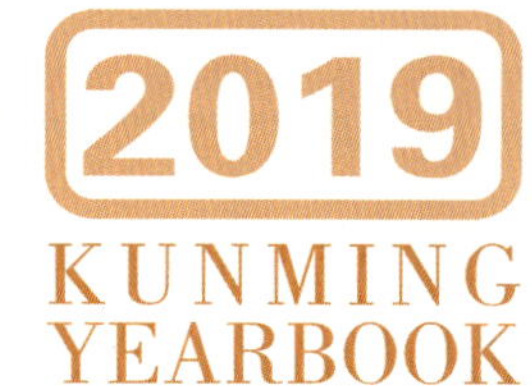

卫　生

【医疗卫生机构】　2018年，全市拥有各级各类医疗卫生机构5363个，其中省属三甲医院8所、市属三甲医院7所，占全省全部42所三甲医院的35.70%；拥有床位6.32万张，在岗职工9.26万人，卫生技术人员7.59万人，平均每千人拥有床位8.98张。

【居民健康水平】　2018年，全市人口平均期望寿命为79.01岁，优于全国人口期望寿命平均值76.70岁。孕产妇死亡率11.66/10万，优于全国平均值18.30/10万；婴儿死亡率3.27‰，优于全国平均值8.40‰。

【分级诊疗制度建设】　认真实施《昆明市分级诊疗和双向转诊制度实施方案》，市属10所医院全部开展医联体、医共体、专科联盟试点，覆盖519个医疗机构及14个县（市、区）。年末，全市6367名家庭医生组建家庭医生签约团队2188个，签约率63.60%，重点人群签约率74.80%，计划生育特殊家庭签约率100%，分别超目标要求的30%、60%、100%。市级医院接收首诊医院转诊病人7316人，向下转诊病人8772人，县级医院向上转诊病人5477人，向下转诊病人309人。

【基层服务能力提升】　推动出台《昆明市关于进一步加强乡村医生队伍建设的实施意见》。完善全市基本公共卫生服务项目管理制度，推进基本公共卫生计生服务均等化，年内，昆明市代表云南省参加国家基本公共卫生服务项目考核获西部第一，并获奖励金20万。继续开展执业医师、医疗专家服务社区工作，提升社区卫生机构服务能力。完成国家基层高血压防治管理试点工作。继续实施15所县级医院提质达标建设工程，其中6所通过验收。

【完善国家基本药物制度】　半年采购周期结束后，《昆明市首批常用低价药集中议价和采购目录》于2018年4月10日起正式终止交易，全市所有市、县两级公立医疗机构统一执行省级常用低价药采购政策，通过省平台“县及县以上医疗机构药物集中采购交易系统”采购常用低价药。全市公立医疗机构使用的血管介入类等五大类高值医用耗材均通过云南省药品集中采购平台实施“阳光采购”“阳光交易”。继2017年10月1日三级公立医院实施“两票制”之后，从2018年3月31日起，全市县、乡、村三级公立医疗机构开始推行药品采购“两票制”。

【医疗养老融合试点】　加快医养机构建设，探索“医疗+养老+幼教+党建”新模式，得到国务院督查组、民政部、国家卫健委的肯定。年末，全市有获得养老服务资质的医疗机构25个，开设老年病科的二级以上医院32所、康复保健科的医疗卫生机构190个、安宁疗护科的医疗卫生机构1个，开设护理院5所、康复医院7所，设置安宁疗护中心（临终关怀机构）的医疗机构有35个。91.89%的养老机构能够提供医疗服务，100%的医疗机构开设老年人就医绿色通道，分别超过全年指标任务70%、95%。

【健康服务业】　充实以市卫生计生委主要领导为局长、分管领导为常务副局长、配合单位分管领导为副局长、相关人员为成员的大健康招商分局。拟订《昆明市健康服务业2018年工作实施方案》和《2018年昆明市“188”重点产业健康服务业工作考核细则》，并经市政府审定正式印发至各成员单位。成立由医疗卫生、药品批发零售、药学研发、养老、健康体育、健康旅游、健康地产、健康信息等领域的15位专家组成的健康服务业专家咨询委员会，为健康服务业发展提供智力支持。年内，全市健康服务业产值为605.11亿元。

【中医药事业】　继续实施《昆明市加快中医药发展行动计划（2016—2020）》，制订《昆明市基层中医药服务能力提升工程“十三五”行动计划》，对中医药服务能力较弱的15个乡镇卫生院、社区卫生服务中心开展中医综合服务区（中医馆）建设，提升全市乡镇卫生院、社区卫生服务中心中医药服务率。年内，实现全市100%的社区卫生服务中心和乡镇卫生院、93.94%的社区卫生服务站、72.37%的村卫生室能够提供中医药服务。

【优质医疗资源引进】　继续深化京昆、沪昆医疗卫生合作，梳理市级医疗机构在医疗技术、人才培养、学科建设等方面的合作需求，与北京301医院、上海中医药大学签订医疗卫生合作框架协议。着力加强干细胞基础研究与临床转化应用，市延安医院建成云南省最大的公益性干细胞库，并与中国食品药品检定院合作建立临床级干细胞规模化制备技术和质量管理体系。

【公共卫生服务】 加强疫情报告管理和传染病监测、预警、分析，开展免疫规划和疫苗针对疾病防控，做好慢性非传染性疾病、重点地方病防治。实施新一轮防治艾滋病攻坚工程，全市新报告艾滋病病毒感染者和艾滋病病人1051例，死亡179例。全市HIV/AIDS累计存活1.48万例，累计存活艾滋病病毒感染者和艾滋病病人占全市总人口的0.22%，死亡3143例。提高卫生应急能力，全市网络报告突发公共卫生事件29件，共波及1.63万人，发病652人，死亡3人。继续实施“关爱妇女儿童健康行动”，全年农村妇女宫颈癌检查1.20万人，乳腺癌检查1.19万人。免费婚检5.35万人，婚检率89.53%。规范开展新生儿疾病筛查工作，新生儿遗传代谢性疾病筛查率为94.94%，超过92%的省下达指标；新生儿听力筛查率为93.70%，超过92%的省下达指标。农村妇女叶酸增补2.62万人；免费孕前健康检查1.39万对。

【爱国卫生工作】 组织开展第30个爱国卫生月主题活动，迎接国家卫生城市复审。8月29日至9月1日，全国爱卫办抽派4名专家对昆明市复审10区进行国家卫生城市暗访调研，随机抽取310多个点位，通过国家暗访考核。开展城乡环境卫生整洁行动，省级病媒生物先进城区、3个国家卫生县城（乡、镇）通过复审。完成农村户厕无害化改造3.04万座。重新修订印发《昆明市健康社区（村）标准》《昆明市健康单位标准》和《昆明市健康家庭标准》，对全市申报的健康细胞进行检查验收。

【食品安全风险监测】 拟定《2018年昆明市食品安全标准与风险监测工作要点》，组织全市各县（市、区）卫计部门、市属医院开展食源性疾病监测工作。年内，全市共有餐具饮具集中消毒服务单位35个，查处餐饮具集中消毒违法案件29件，罚款6.6万元；受理办结食品安全企业标准备案443件。

【计划生育服务管理】 2018年，全市共出生人口5.43万人，人口出生率8.33‰，自然增长率6.50‰。严格执行社会抚养费“收支两条线”制度。完成国家卫生计生委半年计划生育统计报表网上直报工作，计划生育管理人口652万人，其中已婚育龄妇女117.60万人，领取独生子女父母光荣证家庭累计40.60万户。兑现发放计划生育奖励扶助资金1.37亿元。巩固计划生育特殊家庭联系人制度、就医绿色通道和家庭医生签约“三个全覆盖”工作，为特殊家庭集中办理公租房。年内，全市流动人口卫生计生动态监测工作和全国生育状况抽样调查工作均获国家卫生健康委通报表扬。

【医疗服务】 继续实施改善医疗服务行动计划。年内，组织参加2018年改善医疗服务全国医院擂台赛活动；完成设置审批备案221项，医师护士注册1.34万件；加强采供血质量安全管理，昆明地区无偿献血16.70万人次，采集血液55.30吨，单采血小板2.60万单位，临床供血量55.12万单位，获国家卫生健康委颁发的“全国无偿献血先进市”称号；完成白内障复明术9688例、尿毒症透析治疗2318例；完成2018年昆明高原国际半程马拉松赛、第二次金砖国家科技创新创业伙伴关系工作组会议、第五届南博会、第十四次农博会等各类活动医疗保障任务30次；配合公安部门、市三院完成全市吸毒病残人员集中医疗救治工作。

【人才队伍建设】 实施昆明市卫生计生人才培养“十百千”工程，完成570名在培的卫生人才和39个内设研究机构（技术中心）的年度考核。完善继续医学教育管理模式，实施国家级继续教育项目42项、省级152项、市级343项及学术活动148项。推动医疗科技成果转化，获批国家自然科学基金9项，获云南省科学技术进步奖5项，云南省卫生科技成果奖18项。建成4个院士工作站、8个专家工作站、2个博士后科研工作站、3个博士后工作扶持站。主动服务国家“一带一路”建设，加大对南亚、东南亚、非洲等国家的医疗合作交流和人才培养工作，全年接待4个国家的医疗卫生考察。

【健康扶贫工作】 贯彻落实云南省健康扶贫30条措施，按标准化达标建成寻甸县、禄劝县、东川区3个贫困县的511个村卫生室，其中寻甸县全面完成健康扶贫工作，当年脱贫摘帽。村医已按标准配备达标，对扶贫数据平台中的建档立卡贫困人口因病致贫情况进行筛查，重点核查发病率高、费用高、影响生产生活能力的93个病种，实施筛查后大病专项集中救治，全面开展家庭医生签约服务。

（市卫计委）

红十字会

【备灾救灾】 2018年，结合《昆明市红十字会自然灾害及突发事件救援应急预案》，于5月8日和9月8日分别组织红十字会应急救援队开展现场灾害应急演练。积极参与大型马拉松体育赛事的赛道医疗救援保障工作，在4月14日昆明高原国际马拉松赛道保障、10月20日“太爱跑2018年昆明站”赛道医疗保障、12月2日上合马拉松赛道救援保障工作中，市红十字会共组织昆明红十字救援队、昆明红十字蓝天救援队、昆明市红十字会心理救援队组300余名队员参与赛道保障任务。推进全市备灾救灾仓库建设，加强储备物资管理，建立完善物资安全管理制度，对各县（市、区）红十字会备灾仓库、物资储备、急救培训、车辆使用中存在的安全隐患进行排查。组织参加全省防灾减灾知识比赛，市红十字会获得第二名。

【应急救护培训】 持续推进红十字应急救护培训“进社区、进农村、进学校、进企业、进机关”活动，组织开展自救互救知识和技能培训、灾害逃生避险知识和卫生防病知识宣传普及培训，全市培训救护员7250人，救护知识普及4.50万人次。组织举办师资培训班1期，59名各县（市、区）红十字会推荐的人员参加培训，经考核合格全部获得省红十字会颁发的师资证。参与政府公共应急体系建设，积极推进省红十字会卫生救护培训中心、昆明市应急救援协会及《春城晚报》共同推出的社区应急救援站项目建设，在五华、西山区部分单位（场所）设立了应急救护站。

【人道救助】 2018年元旦和春节前夕，全市红十字会系统筹集价值救助款物200余万元开展慰问活动，把温暖送到困难群众、低保户、麻风病休养员及孤老残等特殊人群中，惠及5816个家庭，6500余人受益。通过“人道救助基金救助”助脱贫，开展对患大病困难、白血病、贫困学生家庭及特困家庭、无偿献血者进行救助，共发放救助资金20万元。申报中国红十字基金会“小天使基金”“天使阳光基金”对全市患儿实施救助，审核上报患儿资料20人，8人获得救助，救助金额21万余元。与市妇联联合组织参加由中国红十字会总会举办的“魔豆妈妈”扶贫创业大赛，市红十字会推荐的“魔豆妈妈”田爱梅获得创业大赛第三名，得到中国红十字会总会救助金3万元。

【“三献”工作】 2018年，制定出台《昆明市志愿捐献遗体管理办法》，挂牌成立市红十字会昆明医科大学志愿捐献遗体登记接受站，筹备成立红十字眼库和市红十字会驻昆明市第一人民医院工作站。积极开展人体器官捐献宣传登记工作，全年共有公民去世后捐献人体器官73例。与云南昆明血液中心联合开展无偿献血宣传发动，组织红十字志愿者重点在高校和城市社区、党政机关及企事业单位开展宣传发动工作，在全市组织开展无偿献血宣传活动16场次，宣传群众达1万人次。同时，开展造血干细胞捐献宣传动员、知识普及、捐献服务回访等工作，巩固和稳定捐献者队伍。年内举办全市红十字系统业务培训班，各县（市、区）红十字会干部职工和“三献”工作志愿者60余人参加培训。

【宣传筹资】 发挥新闻媒体的宣传导向作用，通过传统媒体以及官网、微信、微博及时报道工作动态及宣传红十字运动知识；通过举办“世界红十字日”“世界急救日”等主题宣传活动，提高市民对红十字会的关注度和群众参与度，组织并调动社会各界参与公益事业的积极性。年内，全市红十字系统共筹集款物价值合计4286.10万元。

【志愿者服务】 壮大应急救援、心理援助、人道关怀等方面志愿服务队伍，广泛开展红十字志愿服务活动。年内，共注册红十字志愿者3370人，发布志愿服务项目124个，累计服务时长11.07万小时。新成立志愿服务基地2个，为志愿者开展服务工作提供保障。推进红十字进企业、进社区、进农村、进学校、进机关、进企（事）业单位和进网络工作，确定五华区华山街道文化巷社区等15家基层单位为2018年红十字“六进”工作市级示范点。

【扶贫工作】 年内，筹集捐款2556万元定向用于东川区脱贫攻坚项目，推动全市脱贫。争取到中国红十字会、香港红十字会总经费120万元，在东川区及禄劝县、石林县实施红十字“博爱家园”项目，逐步实现全市贫困县全部覆盖红十字“博爱家园”项目。

（漆一桦）

体　育

【公共体育】 2018年，昆明市公共体育以构建和完善全民健身服务体系

昆明市第八届外来务工人员健身运动会现场

（市文广体局　供稿）

为主要任务，群众体育活动与全民健身设施建设并举，积极推动公共体育资源向基层延伸、向农村延伸。年内，全市共培训二级社会体育指导员97人，三级社会体育指导员1095人。继续推动“七彩云南全民健身工程”和城市社区“15分钟体育健身圈”建设，全市建成全民体育健身工程点1043个、全民健身路径1759条、健身步道46条。举办2018年“红红火火过大年，龙腾狮跃闹元宵”全国龙狮大联动昆明市舞龙舞狮展演活动、2018昆明市端午节龙舟赛、昆明市第八届外来务工人员健身运动会等一系列丰富多彩的群众体育活动，引导和支持全市群众体育活动的开展。年内，全市各行业体协、各委办局及各县（市、区）组织开展100人以上的全民健身示范活动304次，昆明市体育代表团的238名运动员参加了云南省第十一届民族运动会全部项目的比赛，以良好的精神风貌勇创佳绩。

完成南博会“高原康体运动中心”展区的布展工作，展示了建设中的昆明嘉丽泽高原体育运动小镇、安宁温泉国际网球小镇、云南云健体育用品有限公司。昆明市青少年足球训练基地挂牌嘉丽泽运动小镇，正在对接一系列的国际、国内赛事的落地举办，助推体育小镇的发展。鼓励各类协会俱乐部开展各类户外运动，引导民众进行户外健身。全面完成昆明市人民政府、中体未来投资（北京）有限公司与西班牙足球甲级联盟战略合作备忘录签订工作。

【品牌赛事】 2018年4月14日，成功举办了“2018昆明高原国际半程马拉松赛”。赛事规模1.50万人，设男、女半程马拉松，男、女10千米跑，亲子跑3个组别，来自埃塞俄比亚的选手BISOMA YOHANIS NEGASA以1小时07分20秒的成绩夺得男子半程马拉松冠军，国内选手潘银丽以1小时18分22秒夺得女子半程马拉松冠军。该项赛事已成功举办7届，2017年入选为国家级IP赛事“奔跑中国·改革开放”系列赛首站，被中国田协命名为“中国马拉松金牌赛事”，2018年再次入选“奔跑中国”马拉松系列赛，并以“打造美丽昆明，擦亮春城名片”成为“美丽中国”主题的先发首站。4月20日至5月5日，在安宁温泉半岛国际网球度假区举办了2018年昆明网球公开赛。该项赛事是昆明市“510”工程“十大文化旅游体育（节庆）”活动品牌之一。4月26日至5月10日，在昆明市东川区举行第十六届泥石流国际汽车越野赛暨全国汽车越野锦标赛东川站。该项赛事为昆明市重点打造的十大文化旅游体育（节庆）活动品牌之一，经过15年的精心打造，已成为社会各界广泛关注的体育热点，不仅助推了中国车赛事业的发展，更拉动了东川经济社会的发展。8月18—25日，在昆明嘉丽泽国际体育训练基地举办了2018 MCC地中海中国（昆明）冠军赛，这是昆明首次举办大型国际青少年足球赛事。此项赛事为西班牙地中海杯组委会担任赛事顾问单位，中国足球协会为指导单位，云南省体育局、昆明市人民政府为主办单位，昆明市文化广播电视体育局、中体未来投资（北京）有限公司等协办的大型国际青少年足球公益赛事。比赛设国内外男子U14年龄段组别和女子U13年龄段组别，邀请24支球队参赛，其中国内队伍18支、海外球队6支。经过8天的比赛，瓦伦西亚获得男子组冠军、山东鲁能获得亚军，来自西班牙的女足获得女子组冠军、四川达州中学女足获得亚军。11月10—11日，在滇池草海举办了2018中华龙舟大赛（昆明·滇池站）。本次赛事由国家体育总局社会体育指导中心、中央电视台体育频道、中国龙舟协会、云南省体育局、昆明市人民政府主办，比赛分设职业男子组、男子精英组、公开混合组、青少年组4个项目。赛事的举办，为昆明建设区域性国际中心城市提供了重要载体。12月2日，成功举办了2018上合昆明马拉松赛。赛事共设置男、女全程马拉松，男、女半程马拉松，5千米大众健康跑，2千米上合家庭跑4个组别，参赛人数2万余人，其中全程马拉松参赛3113人、半程马拉松参赛6253人、5千米大众健康跑参赛7658人、2千米上合家庭跑参赛3026人。该项赛事自2016年举办以来，赛事规模不断扩大，赛事品牌价值不断提升，推动“体育+”产业融合发展，搭建了云南省、昆明市与上合组织国家交流合作的有效平

2018年4月26日至5月10日，第十六届泥石流国际汽车越野赛在东川区举行
（市文广体局 供稿）

2018年4月20日至5月5日，昆明网球公开赛场景

（市文广体局　供稿）

台。12月22日，以“和谐、环保，高原体育休闲之都”为主题，倡导“爱我春城，保护母亲湖”和“低碳环保，绿色出行，享受运动，健康生活”，成功举办了2018昆明环滇池高原自行车邀请赛。本次比赛分设国际公路邀请组、男子公路青少年组、男子公路业余组、男子山地车组、女子山地车组5个级别。

【竞技体育】　2018年8月8日，在历时13天的云南省第十五届运动会上，昆明市体育代表团的647名运动员参加了青少年组22个大项、484个小项的比赛，109名运动员参加了职工组全部7个大项的比赛，是全省参赛人数最多、参赛项目最全的州市。最终，昆明市代表团青少年组以323.50金（现场获得金牌147.50枚、带入金牌176枚）、119.50银、107铜、总分4131.50分的成绩获得青少年组金牌总数、奖牌总数、团体总分3个第一，并获代表团体育道德风尚奖；职工组以12金、4银、5铜的成绩获得奖牌榜、总分榜第一。

在中国自行车运动协会2018“我要上青奥”自行车项目全国选拔赛中，昆明市运动员唐欣、王亚薇为正选运动员。在2018雅达加亚运会上，昆明籍运动员朱爱萍、荀永宏、杨京辉和熊刚（云南大学）与队友在桥牌团体混合赛中，为中国代表队获得金牌1枚；普译娴在公路自行车女子100千米项目中获得银牌；殷若宁和队友携手夺得高尔夫女子团体季军；董国建在男子马拉松项目中获得第7名。

（市文广体局）

社　会

◆责任编辑　吴焰红

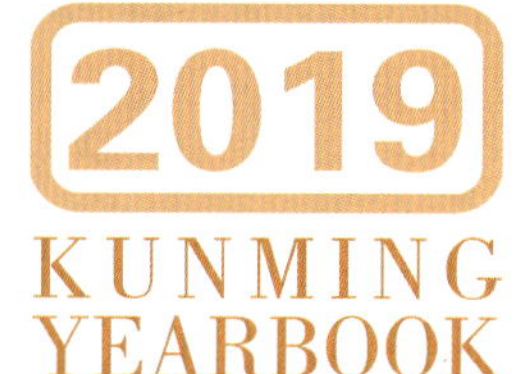

城乡居民生活

【人均可支配收入】　据国家统计局昆明调查队抽样调查显示：2018年，昆明市城镇常住居民人均可支配收入为42988元/人，比全国平均39251元高3737元，比全省平均33488元高9500元；城镇常住居民人均可支配收入增幅为8%，比全国平均（7.8%）高0.2个百分点，与全省平均（8.0%）持平。昆明市农村常住居民人均可支配收入为14895元/人，比全国平均14617元高278元，比全省平均10768元高4127元；农村居民人均可支配收入增幅为8.7%，比全国平均8.8%低0.1个百分点，比全省平均9.2%低0.5个百分点。昆明市城镇和农村常住居民人均可支配收入在全省各州市中均排名首位，分别比第二名的玉溪市高出5338元/人和631元/人，城镇常住居民人均可支配收入首次突破4万元，是全省唯一突破4万元的州（市）；昆明市城镇常住居民人均可支配收入比上年增长8%，在全省16个州（市）中排名第8；昆明市农村常住居民人均可支配收入比上年增长8.7%，在全省16个州市中排名第15。

2018年昆明市县（市、区）城乡居民收入情况一览表

单　位	城镇常住居民人均可支配收入		农村常住居民人均可支配收入	
	绝对额（元/人）	增幅（%）	绝对额（元/人）	增幅（%）
昆明市	42988	8.0	14895	8.7
五华区	43833	7.9	19215	8.8
盘龙区	43975	8.1	19398	8.5
官渡区	43867	8.0	20376	8.8
西山区	43850	8.0	19889	8.5
东川区	32809	8.4	8543	9.5
呈贡区	43320	8.0	19639	8.4
晋宁区	39776	8.3	15776	8.7
富民县	39426	8.4	14656	8.7
宜良县	40178	8.1	14997	8.9
石林县	40636	8.2	14729	8.4
嵩明县	39911	8.0	14565	8.8
禄劝县	33125	8.4	8802	9.4
寻甸县	34646	8.3	9072	9.3
安宁市	42922	7.8	17994	8.5

【城乡居民收入结构】 昆明市城镇常住居民人均可支配收入中工资性收入、经营净收入、财产净收入、转移净收入四大项占比分别为工资性收入53.2%、经营净收入7.1%、财产净收入19.4%、转移净收入20.4%，农村常住居民人均可支配收入中四大项占比分别为工资性收入47.8%、经营净收入38.6%、财产净收入7.1%、转移净收入6.6%。

【城乡居民收入增长因素】 2018年，昆明市共提供就业岗位14.5万个，新增就业15.63万人，就业困难人员就业3.68万人，提供公益性岗位7063个，城镇下岗失业人员再就业4.1万人。农村劳动力转移培训人数15.2万人，农村劳动力转移人数17.77万人，农村劳动力转移就业收入245887.52万元。全市完成新型职业农民培训2943人，建设市级培育新型职业农民示范村6个。全市累计认定新型职业农民5928人，其中初级5404人、中级419人、高级105人。

省、市、县（区）级政府机关事业单位在职人员各种政策性工资补贴、政府机关车改等补贴落实到位，机关、企事业单位各类奖金兑现，云南省上调最低工资标准等政策的推进及部分企业效益好转、生产规模进一步扩大在就业增加的同时提高了城乡居民的工资性收入。全市离退休人数40.54万人，同比增长2.67%；机关、事业单位离退休人员养老金发放316401.53万元；企业离退休人员基本养老金发放1101153万元，同比增长8.78%。

培育新型农业经营主体。2018年前三季度农业产业化龙头企业累计总产值为434亿元，同比增长0.13%；销售收入608亿元，同比增长4.1%。全市农业龙头企业累计销售收入800亿元，经营情况良好，发展势头平稳。

农业改革促进农村居民增收。农村集体产权制度改革陆续完成清产核资，农户分红按股份量化，增加农村居民分红收入；农村土地确权登记颁证，全面推进农村承包土地经营权抵押贷款工作；地方性特色农业保险成效显著，有效保障了农村居民收入。

产业发展助脱贫攻坚。加大对贫困县（区）产业扶贫财政投入力度，东川区对30022户建档立卡贫困户按照每户建档立卡户1500元的补助标准进行产业扶贫资金补助。进一步推行产业精准扶贫模式，推进产业扶贫全覆盖。其中，寻甸县遴选帮扶企业187家，实现产业扶贫全覆盖，户均增收1200元以上；东川区8个乡镇、146个村（社区）的26173户贫困户与128个新型经营主体建立利益联结机制，确保贫困户实现稳定收益。

【恩格尔系数】 2018年，城镇居民家庭中食品支出占消费支出的比重（恩格尔系数）为26.4%，农村居民家庭中食品支出占消费支出的比重（恩格尔系数）为26.9%，反映城乡居民生活水平的提高，在理论上已经达到国际认可的富裕水平。

【居住条件】 2018年，昆明市城镇居民人均住房建筑面积为43.58平方米；水电燃料及其他支出801.07元；人均居住支出6651.33元，同比增加15.8%。昆明市农村居民人均住房建筑面积为46.89平方米；水电燃料及其他支出383.31元；人均居住支出2855.47元，同比减少2.2%。住房

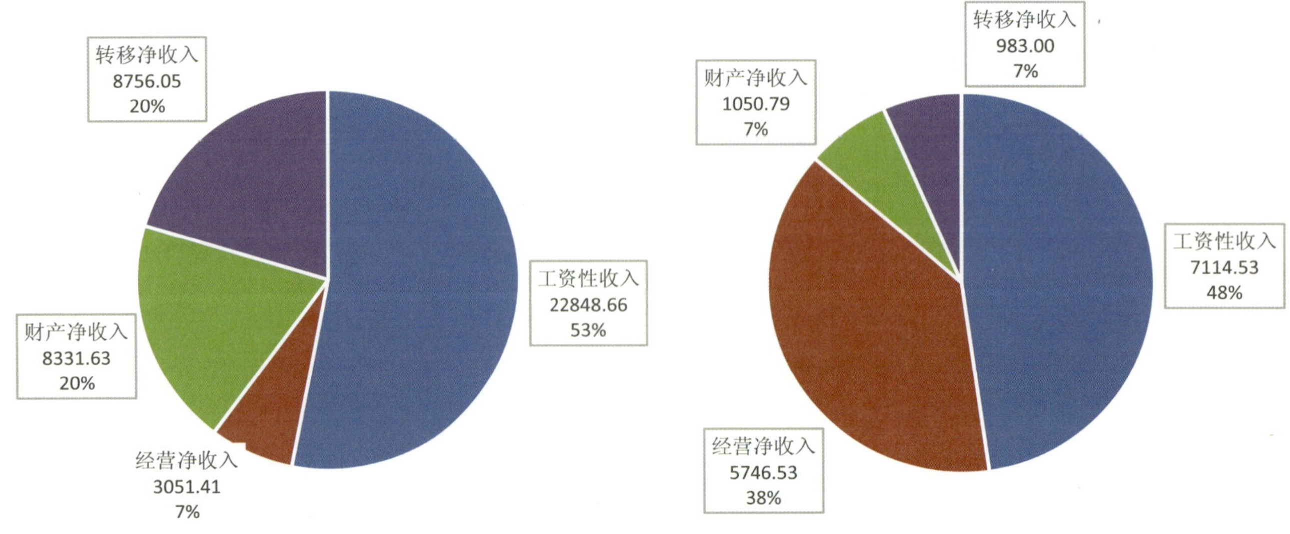

2018年城镇居民收入结构图

2018年农村居民收入结构图

2018年昆明市城镇和农村居民收入结构情况图

配套设施进一步提高，城镇居民有45.1%的家庭炊用燃料使用管道煤气和罐装液化石油气，有39.2%的家庭选择用电作为主要炊用能源。城乡居民居住环境不断向好，居住条件不断改善。

【消费状况】 2018年，昆明市城镇居民人均消费性支出28574元，同比增长9.5%；昆明市农村居民人均消费性支出11426元，同比增长2.5%。

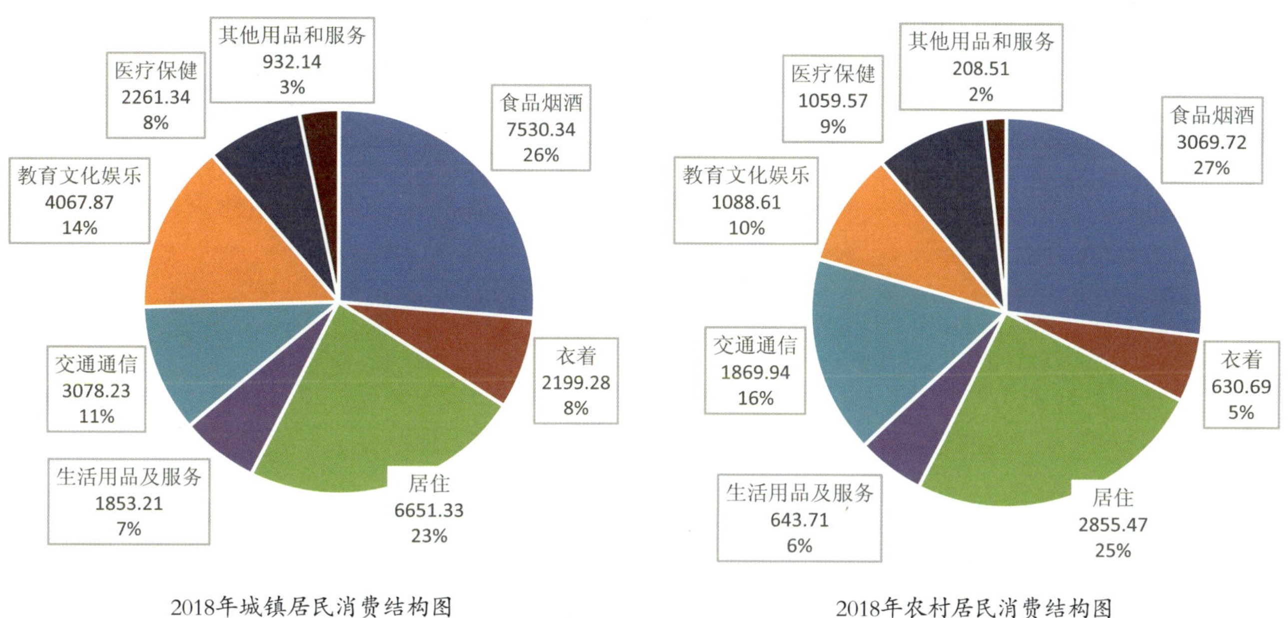

2018年昆明市城镇和农村居民消费结构情况一览图

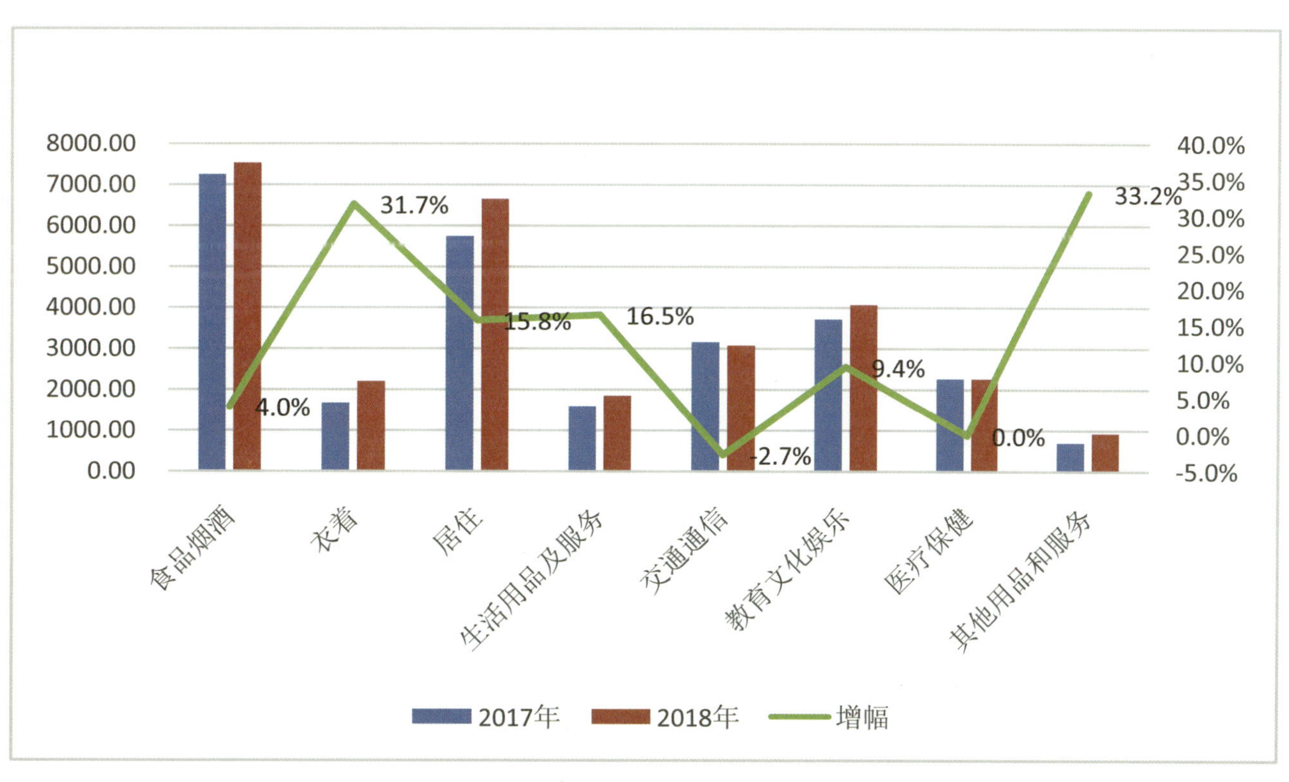

2018年昆明市城镇居民消费增长情况一览图

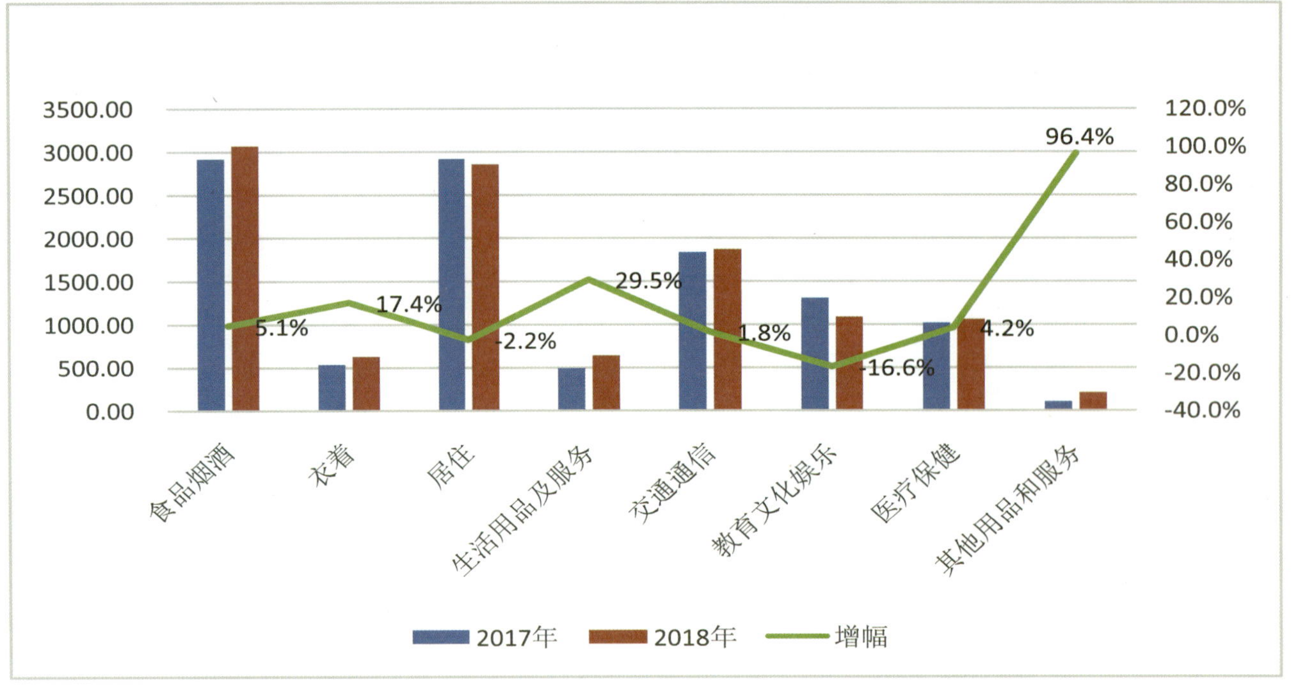

2018年昆明市农村居民消费增长情况一览图

【居民消费特点】 2018年，昆明市城镇居民饮食结构更加健康，常住居民人均烟酒类消费482.37元/人，比上年减少9.1%。其中，烟草消费417.54元/人，比上年减少4.5%；酒类消费64.83元/人，比上年减少30.6%；除食堂外的在外饮食消费2396.10元/人，比上年增加36.8%。

城镇居民居住类消费快速增长，城镇常住居民人均居住类消费6651.33元/人，比上年增长15.8%（房价连续上涨是主因）。12月，昆明新建商品住宅价格和二手住宅价格同比分别上涨16.6%和15.4%，房价的持续上涨导致居住消费中的自有住房折算租金增加到5127.32元/人，同比增长20.2%，拉动人均居住消费增长15.0%，是居住消费增长的最主要原因。

城镇常住居民人均交通通信支出3078.23元/人，比上年减少2.7%，其中交通消费支出增加3.1%、通信消费支出减少14.7%。交通方面，居民在交通工具上的支出比上年减少了44.4%，而在交通费上的支出比上年增加25.1%，同时由于车险新政，折扣降低使得居民在车险上的消费支出比上年增加16.6%。通信方面，智能手机已普及，升级换代的需求相对减少，通信工具消费支出减少10.5%，更主要的是三大运营商的提速降费改革，使得通信服务消费支出减少119.62元，比上年减少16.5%，对通信消费支出减少的贡献率达到79.0%。

教育支出大幅增长，全市城镇常住居民人均教育支出1778.79元/人，同比增加43.8%。父母除注重子女教育外，也注重自身素质的提升。从分项看，除大专及以上教育支出减少3.0%外，其他各项教育支出均不同程度增加，学前教育、小学教育、初中教育、高中教育、中专职高教育及成人教育支出分别增加138.2%、81.9%、42.0%、12.6%、235.5%和28.5%。

服务性消费支出成为拉动城镇居民消费增长的绝对主力。2018年，昆明市城镇常住居民人均服务性消费支出达14962元/人，同比增长13.3%，占消费支出的52.4%。与上年相比，昆明市城镇居民服务性消费增加1752元，对消费支出增长贡献率达70.6%，拉动消费支出增长6.7%。

（梅　袁）

【居民消费价格变动】 2018年，昆明市居民消费价格总水平与上年同期相比上涨1.7%。其中，食品价格上涨1.5%，非食品价格上涨1.8%，消费品价格上涨1.5%，服务价格上涨2.0%。从八大类别看，食品烟酒类价格比上年同期上涨0.8%，其中食品价格上涨1.5%、茶及饮料价格上涨2.8%、烟酒价格上涨0.2%、在外餐饮价格下降0.9%；衣着类价格比上年同期上涨2.6%，其中服装价格上涨1.4%、服装材料下降2.3%、其他衣着及配件上涨2.4%、衣着加工服务费上涨3.8%、鞋类价格上涨6.0%；居住类价格比上年同期下降0.2%，其中租赁房房租上涨1.2%、住房保养维修及管理价格上涨0.4%、水电燃料价格下降1.7%、自有住房价格与上年持平；生活用品及服务价格比上年同期上涨1.1%，其中家具及室内装饰品价格下降0.9%、家用器具价格上涨1.7%、家用纺织品价格下降2.7%、家庭日用杂品价格上涨1.8%、个人护理用品下降0.2%；交通和通信类价格比上年同期上涨3.5%，其中交通价格上涨4.7%、通信价格上涨1.7%；教育文化和娱乐价格比上年同期上涨4.2%，其中教育价格上涨3.0%、文化娱乐价格上涨5.1%；医疗保健价格比上年同期上涨3.7%，其中药品及医疗器具价格上涨4.1%、医疗服务价格上涨3.3%；其他用品和服务价格比上年同期上涨0.8%，其中其他用品类价格上涨0.8%、其他服务类价格上涨0.7%。

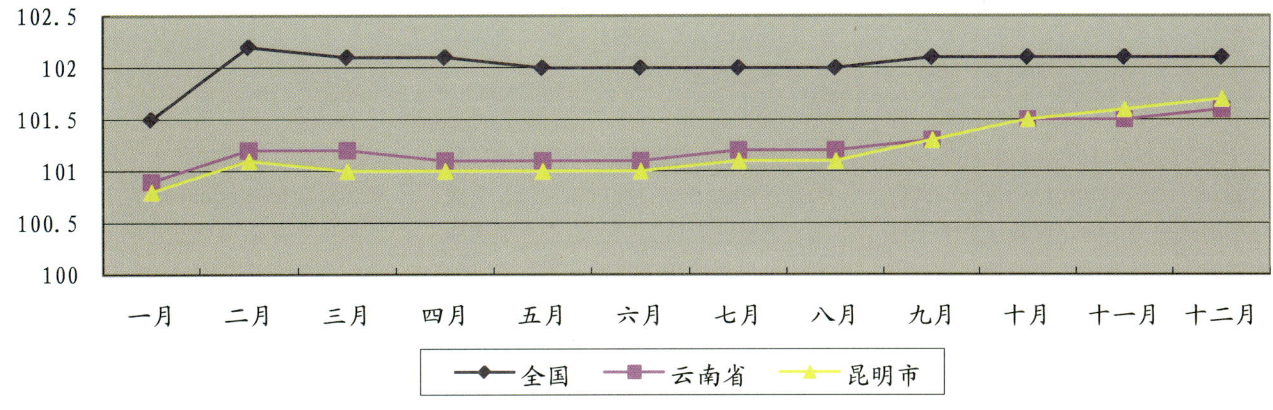

2018年居民消费价格指数走势图（上年同期=100）

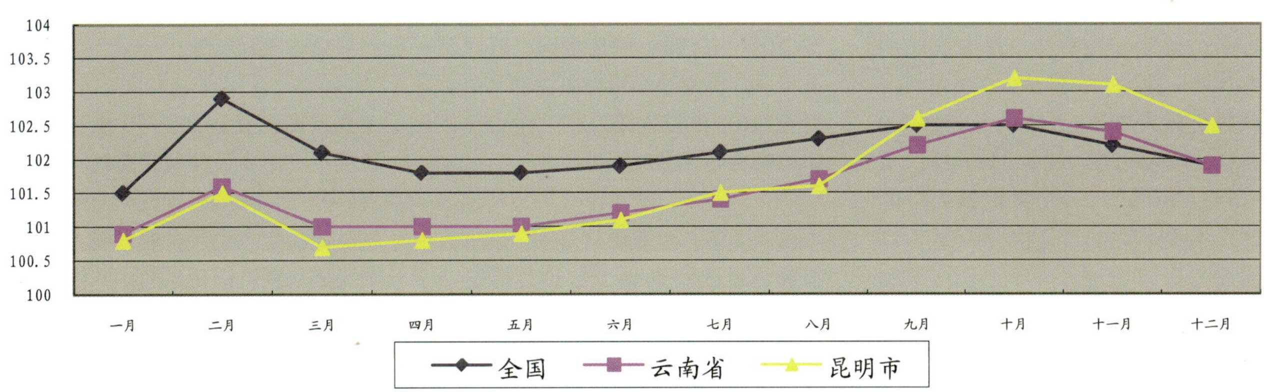

2018年居民消费价格指数走势图（上年同月=100）

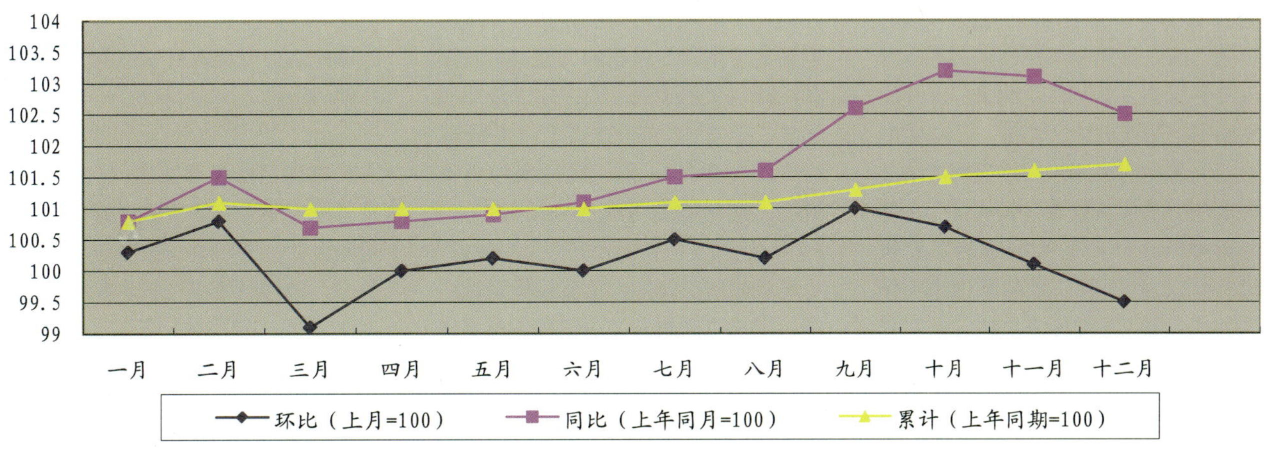

2018年昆明市居民消费价格指数走势图

（林　涛）

民族工作

【少数民族概况】 2018年，全市有3个自治县、4个民族乡、333个少数民族聚居村，民族地区占全市国土面积的57%，少数民族人口呈现分布广、大分散、小聚居的特点。年末，全市少数民族户籍人口926728人，比上年增加22551人，占全市户籍总人口的16.21%，增加0.15个百分点；有55个民族成分（56个民族成分中无塔吉克族），世居少数民族为彝族、回族、白族、苗族、傈僳族、壮族、傣族、哈尼族、布依族9个。世居少数民族人口排序为彝族479690人，占少数民族人口的51.76%；回族170916人，占少数民族人口的18.44%；白族92807人，占少数民族人口的10%；苗族57862人，占少数民族人口的6.24%；傈僳族21246人，占少数民族人口的2.29%；壮族19009人，占少数民族人口的2.05%；哈尼族18587人，占少数民族人口的2%；傣族17453人，占少数民族人口的1.88%；布依族5349人，占少数民族人口的0.58%。

【全国民族团结进步示范市创建】 全面开展全国民族团结进步示范市创建工作。在组织深入调研和广泛征求意见的基础上，市民族宗教委草拟的《关于深入创建全国民族团结进步示范市的行动方案》《昆明市深入开展民族团结进步创建“九进”活动实施方案》《昆明市深入开展民族团结进步示范市宣传工作方案》等系列文件经市委、市政府研究同意后下发执行。6月，禄劝县、寻甸县创建工作顺利通过省级验收；7月13日，召开昆明市创建全国民族团结进步示范市动员大会，加大对各县（市、区）指导支持力度，围绕“中华民族一家亲，同心共筑中国梦”的目标，全面开展“十大工程”，扎实开展创建“九进”活动。8月，石林县被命名为国家级“海峡两岸少数民族交流基地”。12月5—12日，省民族宗教委组织初验组对昆明市创建工作进行初验和互观互检，昆明市创建全国民族团结进步示范市顺利通过省级初验，并获得省级初验组的高度评价。12月，国家民委正式命名禄劝县、寻甸县为全国民族团结进步示范县。

【“全市民族团结进步示范单位”命名】 根据中央宣传部、中央统战部、国家民委《关于进一步开展民族团结进步创建活动的意见》，省委、省政府《关于加快建设民族团结进步示范区的实施意见》，市委、市政府《关于建设民族团结进步边疆繁荣稳定示范区的意见》精神，为树立典型、激励先进，推进新时代民族团结进步事业，经择优推荐、严格评审，7月10日，昆明市创建全国民族团结进步示范市领导小组命名禄劝县火本村等240个单位为第一批“全市民族团结进步创建示范单位”。

【民族团结进步宣传教育】 以重大节日、重要活动和少数民族传统节日等为契机，通过全市4000多辆公交车电子显示屏、3000个气象电子屏、3582个地铁LED屏等媒介，多形式、多渠道开展创建工作宣传，营造浓厚的创建工作氛围，进一步铸牢中华民族共同体意识。结合民族团结进步示范创建工作，开展党的民族宗教政策和法律法规教育培训工作，7月22—26日，举办“全市民族宗教工作干部能力提升班”，县、区民宗局负责人、民宗专干共170人参加培训。

【民族团结工作】 落实民族宗教团结稳定长效机制，按照情报信息协作和研判工作机制、四级同步监管机制，加强对涉及民族宗教因素影响团结稳定问题情报信息的共享、协作、研判，妥善处置影响民族团结、宗教和谐的难点、热点和敏感问题。年内，组织召开全市民族团结稳定形势分析研判会4次，编印《2017年度全市民族团结宗教和谐形势研判材料汇编》《2017年全市处置涉及民宗宗教因素影响团结稳定典型案例选编》；召开全市统战、民宗工作会议，细化措施，积极稳妥处理热点、难点问题，全力做好全市民族宗教领域和谐稳定工作。

【民族地区项目扶持】 年内，争取上级资金4051万元（中央资金2600万元，省级资金1451万元）用于示范创建、少数民族文化抢救与精品打造、宗教活动场所修缮等。市政府共安排民族宗教专项资金4410万元，实施262个项目，促进民族地区经济社会的发展。严格项目资金管理，所有专项资金下达到各县（市、区），按照《民族专项资金管理办法》的规定开展项目管理和实施。

【扶持民族贸易企业和定点生产企业发展】 落实民族贸易财政、金融、税收政策，扶持民族贸易企业和民族特需商品定点生产企业发展，保障少数民族群众特需用品的生产供应，为民族贸易和民族用品定点生产企业提供多种形式的扶持和帮助。协调市政财局，组织相关县（市、区）做好2018年中央、省级扶持民族地区企业发展贷款财政贴息贷款项目进行项目备案。及时下拨企业扶持资金，争取计算机农业专家系统试点县专项资金补助6万元。

【民族地区社会事业】 12月4—13日，全省第十一届少数民族传统体育运动会在临沧举办。按照市组委会的要求，做好昆明市代表团参赛的准备工作，成立市筹备工作领导小组，协调参赛经费，落实承担各竞赛项目的县（市、区）和单位做好备赛工作，做好250名代表团（含团部人员）参加14个竞赛项目和3个表演项目的参赛工作。经过激烈角逐，昆明市代表团共获得54枚奖牌，其中金牌15枚、银牌20枚、铜牌19枚，奖牌数列全省第二。年内，继续在昆明市第一中学、昆明市第三中学和云南民族大学附属中学、云南师范大学附属中学呈贡校区招收民族班和“阿诗玛”班，共招收昆明市户籍学生203名；与市教育局共同举办民族团结行政人员及教师培训班，参加的人员有民族团结教育教师100余人；完成石林县民族小学和长湖希望小学创建民族文化教育示范学校的初评；指导寻甸县六哨乡九年一贯制学校创建脱贫攻坚民族团结示范点；落实省级民族文化项目经费160万元，继续做好少数民族传统文化抢救保护和精品打造工作。

【城市民族工作创新发展】 加强各民族交流交往交融，搭建少数民族服务联系平台、信息服务平台、创就业服务平台、纠纷调处平台、法律援助平台、民族社团培育平台“六位一体”平台。加强状元楼、东华路、洛龙、欣景4个社区创建点工作进展跟踪检查，指导稳步推进实施。年内，全市共创建民族团结进步示范社区35个，其中国家级2个、省级22个、市级11个。在金星、顺城、关上中心区、回回营、盛高大城等社区开展省级少数民族流动人口服务管理体系建设试点工作，形成“试点先行、典型引路、活动牵引、整体推进”的工作模式。组织调研制订《关于加强和改进少数民族流动人口服务管理工作的实施方案》，进一步推动少数民族流动人口服务管理工作实践。

【清真食品监督管理】 市清真食品监督管理办公室结合节假日和重要会展的保障任务开展清真食品安全专项检查，保障清真食品安全。年内，开展清真食品安全专项检查3次，出动执法人员1286人次，对全市4192家次生产经营清真食品企业及个体工商户进行现场检查，对存在问题的209家次提出整改意见，取缔违规使用清真食品标志标识7家；妥善处置涉及清真食品的矛盾纠纷，受理涉及清真食品的投诉举报信访12件，做到件件有落实、办结率达100%。

【脱贫攻坚】 市民宗委全力支持寻甸县脱贫摘帽迎检工作，指导寻甸县做好脱贫经验总结工作，使脱贫攻坚与创建全国民族团结进步示范县工作两融合、两促进。集中力量助力东川区、寻甸县脱贫攻坚，加大对东川区的项目资金扶持力度，安排4个挂钩扶贫点资金471万元，其中寻甸县凤合镇大箐村86万元、合理村95万元，东川区红土地镇龙树村135万元、舍块乡白鹤村155万元。经过奋力攻坚，寻甸县顺利实现脱贫摘帽，东川区脱贫退出省级评估顺利通过，实现零漏评、零错退。

【省人大民族区域自治“一法一办法”执法检查】 10月18—19日，省人大常委会副主任杨福生带队到昆明市开展《中华人民共和国民族区域自治法》《云南省实施〈中华人民共和国民族区域自治法〉办法》执法检查。检查组一行深入到石林彝族第一村、石林县人民医院、糯黑村实地检查工作情况，并在市级行政中心召开执法检查汇报会。

【国家民委李钟协一行莅昆调研】 11月12—16日，国家民委监督检查司副司长李钟协一行对昆明市创建全国民族团结进步示范市工作进行调研。省民族宗教委副主任陆永耀，市人大常委会主任拉玛·兴高，市委统战部部长杨皕，市人大常委会副主任金志伟，市人民政府副市长、公安局局长周建忠等领导陪同调研。调研组一行先后实地调研了嵩明县职教园区东方时尚驾校、中信嘉丽泽高原运动特色小镇，禄劝县秀屏社区、人民法院、民族小学、凤家古镇、彝道重楼种植基地、火本村，寻甸县塘子清真寺、小海新村、月秀社区、脱贫攻坚展馆、功山镇兴盛肉羊饲养专业合作社、额秧村、海潮集团听牧肉牛股份有限公司，石林县五棵树彝族第一村、石林风景区、台创园、杏林大观园国药博览园、民族医药馆，呈贡区昆明市委党校、云南民族大学，晋宁区古滇名城等民族团结进步创建“九进”示范点。通过实地调研，李钟协一行深入了解“九进”各示范点的做法、经验和成效，对昆明市的创建工作给予充分肯定和高度评价。

【人大代表建议、政协委员提案办理】 2018年，市民宗委共接到人大代表建议、政协委员提案办理任务26件，收到市政府转省政协委员提案办理任务2件。根据建议提案涉及内容，进行认真调研并及时答复，全部建议、提案办结率、满意率均为100%。

（唐秀琴）

宗教工作

【昆明市“和谐寺观教堂”命名】 2018年，经过逐级申报，认真评审，市委统战部、市民族宗教委命名五华区聚仙山道观、五华区岗头社区永丰寺、盘龙区真庆观、盘龙区桃园清真寺、盘龙区团结清真寺、官渡区官渡古镇三圣宫、官渡区馨德宫、西山区崇德清真寺、呈贡区城内清真寺、呈贡区中庄基督教堂、东川区乌龙镇坝塘清真寺、东川区尼拉姑村三元宫、晋宁区宝泉寺、安宁市大屯基督教堂、安宁市曹溪寺、嵩明县杨桥街道凤溪寺、嵩明县回辉清真寺、富民县麻地村麦地冲教会、宜良县新街清真寺、石林县小屯仙花寺、石林县紫玉村基督教堂、禄劝县中屏村委会安保康教堂、禄劝县团街中心教堂、禄劝县茂龙村委会大平地教堂、寻甸县塘子清真寺、寻甸县新田社区戈卡村基督教堂、寻甸县羊街镇甸心村三台寺、高新区马金铺街道古城社区古山禅寺、经开区祭虫山森林公园三皇宫、汤池社区万福寺30个宗教活动场所为“昆明市和谐寺观教堂”。

【宗教政策法规学习宣传】 5月30日，市民族宗教委印发《昆明市民族宗教委关于开展2018年“政策法规学习月”活动的通知》，对昆明市民族宗教界深入开展“政策法规学习月”活动进行安排部署。将《中华人民共和国宪法》《中华人民共和国监察法》《中华人民共和国国家安全法》《中华人民共和国反恐怖主义法》《中华人民共和国反间谍法》《中华人民共和国网络安全法》和新修订的《宗教事务条例》及国家宗教事务局《关于印发〈宗教事务部分行政许可项目实施办法〉的通知》《宗教临时活动地点审批管理办法》等相关宗教政策法规编印成册下发到各宗教场所。到基层开展民族宗教政策法规宣传活动，向基层群众宣传党的民族宗教政策和国家有关民族宗教工作的法律、法规。针对基督教私设聚会点工作、反邪防邪和反恐怖防范工作，开展“政策法规宣传教育”进教堂活动，向信教群众宣传党的民族宗教政策和国家有关民族宗教工作的法律、法规。利用“春融微语”微信公众号、统战民宗门户网站、宗教活动场所宣传栏等多形式、多渠道宣传新修订的《宗教事务条例》，努力扩大知晓面。将宗教政策法规纳入全民普法教育内容，制作并发放民族宗教政策宣传手册，向宗教界人士、信教群众宣传党的宗教政策和法律法规。在民族宗教政策法规学习月系列活动中，把新《条例》作为党员领导干部、宗教工作干部和宗教教职人员教育培训的重要内容，着力提升各级党政领导干部和宗教工作干部依法管理宗教事务的能力，提升宗教界人士学法守法意识，提高宗教工作法治化水平。

【中国宗教“中国化”昆明实践】 推动中国宗教“中国化”昆明实践的探索，通过培训、宣讲等形式组织宗教界人士和信教群众深入学习贯彻习近平新时代中国特色社会主义思想、中共十九大精神，强化宗教界人士政治上的认同。引导全市宗教活动场所开展“国旗、宪法和法律法规、社会主义核心价值观及中华优秀传统文化、民族团结进步”进宗教活动场所的“五进”活动，引导宗教界树立国家意识、公民意识、法律意识。推荐爱国爱教的宗教代表人士担任各级人大代表、政协委员，保障信教公民与不信教公民享有公平的政治权利，为宗教界人士参与经济社会建设提供建言献策的平台。鼓励佛教、道教开展讲经交流和伊斯兰教开展“解经”工作，支持市伊协举办第7届“卧尔兹”演讲比赛、天主教民主办教、基督教开展神学思想建设，引导宗教界文化上与中华优秀文化自觉融合。

昆明市伊斯兰教界“五进”清真寺活动启动仪式

（市民宗委　供稿）

【解决宗教领域突出问题】 继续贯彻落实《关于处理涉及佛教寺庙、道教宫观管理有关问题的意见》《关于开展整治违法违规设立功德箱等借教敛财问题专项工作的通知》等文件，对寺观被承包经营、乱设功德箱等典型案例进行重点督办和“回头看”检查。继续开展违规建造的大型露天宗教造像专项整治工作，支持佛教、道教界开展“文明敬香”“合理放生”活动，推动“生态寺观”建设。华亭寺、筇竹寺等市管寺院先后取消门票，免费向市民开放。进一步加强经文班规范管理，做好流动穆斯林服务管理工作。支持天主教加强组织建设和人才培养，夯实独立自主、自办教会基础。切实解决基督教私设聚会点问题，进一步完善管理制度，建立长效机制，巩固治理成果，防止反弹回潮。

【宗教工作网格化管理】 2018年5月29日，市委统战部、市民宗委印发《昆明市宗教工作网格化管理清单交办责任清单落实制度（试行）的通知》，市委办公厅、市政府办公厅印发《昆明市推进“一网两单”制度落实工作方案》，建立市、县、乡、村、重点宗教场所5级宗教工作格局，配备网格信息员，进一步打牢宗教工作基层基础，督促问题清单交办和责任清单落实工作。

【市道教协会代表会议】 9月10—12日，昆明市道教第四次代表会议召开。会议选举以袁至兑为会长，刘昌祥、夏诚德、姜琼、蒋理全、万鹏为副会长，郑爱文为秘书长的新一届道教协会班子。

【宗教活动场所挂牌】 根据《云南省民族宗教事务委员会关于组织开展佛教道教活动场所挂牌仪式的通知》要求，在经依法登记开放的道教、佛教活动场所悬挂统一标识牌，推动佛教、道教活动场所的规范化管理，制止非法宗教活动，保障道教界、佛教界和信教群众的合法权益，维护正常的宗教秩序。10月24日至11月1日，完成全市审批合法的157家佛教活动场所、23家道教活动场所挂牌工作。

【宗教慈善周活动】 本着结合实际、体现特色的原则，组织倡导在市内宗教界开展以“慈爱人间・五教同行”为主题的“宗教慈善周”活动。各市属宗教团体倡导在宗教界开展扶贫济困和助学帮贫活动，市佛教、道教、伊斯兰教、天主教和基督教5大宗教团体积极响应号召，参与脱贫攻坚战。其中，市佛协为贫困地区捐助资金5万元；市天主教和基督教协会捐资3万元用于帮助深度贫困地区的脱贫攻坚；市伊斯兰教协会主动为急需手术的穆斯林群众捐款捐物，共募集捐赠扶贫济困资金31.55万元；市道协为贫困群众赠送价值4万元的慰问物资。各宗教团体开展“传承革命精神 砥砺奋进前行”为主题的爱心助学公益活动，对农村困难户、下岗失业人员和少数民族贫困家庭中品学兼优的学生开展捐资助学，培养学生坚韧、刻苦的品质，帮助他们继续学业、圆梦大学。

【宗教活动场所消防安全工作】 按照“政府统一领导、公安机关消防机构监督管理、民族宗教部门行政指导、宗教团体督促协调、宗教活动场所全面负责、教职人员和信教群众积极参与”的原则，对全市宗教活动场所的消防安全责任、教育、管理、标准、基建消防管理等方面作出制度化规定，指导宗教团体和宗教场所成立相应的消防安全工作领导小组，帮助宗教活动场所建立健全科学适用的消防安全管理制度和应急预案。制定宗教场所消防安全网格化管理制度，进一步明确政府相关部门和宗教团体、场所的消防安全管理责任和工作内容，全面落实宗教场所消防安全主体责任，并层层签订《昆明市宗教场所消防安全责任书》，促进昆明市宗教场所消防安全工作的落实，确保宗教场所消防安全。

【宗教工作专题培训】 2018年3月7日，市委统战部、市民族宗教委举办全市宗教工作干部解读《宗教事务条例》培训班。6月19—22日，在市委党校举办全市宗教代表人士培训班。10月22—23日，在市委党校举办“全市宗教工作‘一网两单’专题培训班”，全市宗教代表人士，各县（市、区）、开发（度假、园）区统战、民宗部门负责人，各乡（镇、街道）分管领导和重点村（社区）负责人，民宗专干共500余人次参加培训。

【朝觐组织服务】 2018年，组织昆明朝觐团127人，选派马子富、李才方、马勇作为带队人员，马伟、合卫韩作为随团教务人员做好保障服务工作。朝觐工作得到中国伊协和省民族宗教委的肯定，圆满完成2018年度的朝觐组织服务保障工作，实现平安朝觐的目标。

（唐秀琴）

人口与计划生育

【计划生育服务管理】 2018年，全市严格执行社会抚养费“收支两条线”制度，坚持计划生育目标管理责任制，执行计划生育“一票否决”制度，严格把好各种聘任、评先、选拔的计生审核关，进一步规范、优化计生业务办理流程，做好计划生育办事事项等信息公开工作，提高办事效率和群众满意度。进一步加强整治“两非”工作，促进出生人口性别比保持平稳下降态势。年内，全市共出生人口54267人，人口出生率8.33‰，自然增长率6.50‰。

【计划生育特殊家庭扶持】 做好计划生育特殊家庭联系人制度、就医绿色通道和家庭医生签约“三个全覆盖”的巩固工作，为特殊家庭集中办理公租房，对计划生育特殊困难家庭发放健康包292个。启动创建幸福家庭实施“新家庭计划”。兑现发放计划生育奖励扶助资金1.37亿元。

【人口信息质量提升】 采取系统比对、基层自查、实地核实等方式进一步规范人口信息管理，提升全员信息质量，完成国家卫健委半年计划生育统计报表网上直报工作。年内，全市计划生育工作管理人口652万人，管理已婚育龄妇女117.6万人，领取独生子女父母光荣证家庭累计40.6万户。

【流动人口卫生计生服务均等化】 认真实施《昆明市流动人口基本公共卫生计生服务均等化试点工作方案》，在流动人口中落实14类基本公共卫生、6项计划生育技术服务项目。年内，五华区、西山区被云南省卫生计生委、社会治安综合治理办公室、农民工工作领导小组办公室、民政厅、财政厅明确为省第二批流动人口基本公共卫生计生服务均等化试点区，加上第一批的盘龙区、官渡区，全市共有省级试点区4个。完成2018年流动人口卫生计生动态监测工作，全市流动人口卫生计生动态监测工作和全国生育状况抽样调查工作均获国家卫生健康委通报表扬。

【人才队伍建设】 实施昆明市卫生计生人才培养“十百千”工程，完成570名在培的“十百千”卫生人才和39个内设研究机构（技术中心）的年度考核。完善继续医学教育管理模式，实施国家级继教项目42项、省级继教项目152项、市级继教项目343项，学术活动148项。推动医疗科技成果转化，获批国家自然科学基金9项，获云南省科学技术进步奖5项，云南省卫生科技成果奖18项。建成院士工作站4个，专家工作站8个，博士后科研工作站2个，博士后工作扶持站3个。主动服务国家“一带一路”建设，加大对南亚、东南亚、非洲等的医疗合作交流和人才培养工作，全年接待4个国家的医疗卫生考察。

（市卫计委）

民　政

【社会救助】　2018年，昆明市城市低保标准由2017年的560元/月·人、510元/月·人分别提高到590元/月·人、570元/月·人；农村低保标准由2017年的320元/月·人、295元/月·人提高到340元/月·人，农村低保标准稳步高于扶贫标准；特困人员集中供养标准由720元/月提高到770元/月，分散供养标准由600元/月提高到665元/月；全市120968户、170092人纳入城乡低保范围，支出低保资金7.3亿元；特困供养对象7587户、7664人，支出特困供养资金0.62亿元；临时救助27327户、68396人，支出救助资金0.92亿元；资助参保和医疗救助38.16万人次，支出医疗救助资金1.31亿元，确保困难群众困有所济、衣食无忧。全年开展“救急难”工作99例，单例最高救助金额4万元，平均救助金额7000余元，妥善解决农村贫困人口突发性、临时性、紧迫性困难，没有发生冲击社会道德和心理底线的事件。

【脱贫攻坚】　农村低保与扶贫开发政策有效衔接，全市农村低保标准由3840元/人·年、3540元/人·年调整为4080元/人·年，实现农村低保标准高于3500元/人·年的扶贫标准。对建档立卡贫困户中通过扶贫行动计划无法脱贫的完全或部分丧失劳动能力的家庭成员纳入社会救助范围，全市农村低保85774人，支出低保金2.71亿元。其中，建档立卡贫困人口纳入农村低保31869人，支出资金784.89万元；临时救助建档立卡贫困对象7051人次，支出资金351.66万元。医疗救助建档立卡贫困对象5253人，其中，住院救助4515人，支出资金324.71万元；门诊救助712人，支出资金15.03万元；重特大病救助26人，支出资金11.92万元，有效缓解因病致贫和因病返贫现象。定点帮扶东川区汤丹镇和因民镇共4个村、374户，派驻村工作队员7名。年内，市民政局主要领导专题研究帮扶工作82次，到帮扶点调研73次，直接投入帮扶资金174万元，协调引进资金10万元，资助完成4个养殖金土猪项目和1个水利项目，落实工作经费13万元、驻村工作队员待遇0.76万元，结对帮扶干部200人，帮扶贫困户351户，帮扶干部全员走访60次，帮扶干部入户走访贫困户1533户次。至年末，东川区汤丹镇三家村、杉木村、江西村已搬迁63户，火麻箐村已搬迁126户。

【防灾减灾】　深入实施防灾应急“三小”工程建设，开展防灾应急小演练1348次，发放应急小册439860册，发放小应急包122644个，增强群众的防灾减灾意识，宣传效果明显。进一步加强减灾救灾队伍建设，市、县（区）和乡（镇）共组织开展300次灾害信息员培训，共培训37235人次，超额完成省民政厅下达的各项指标任务。投入冬春救助资金1570万元，临时救助受灾群众227624人次，确保灾区群众有饭吃、有衣穿、有干净水喝、有临时住房、学生能及时上学、有病能及时就医，灾民满意率达90%以上。为了给因水旱风雹等自然灾害的灾区群众生产生活提供保障，昆明市建立以应急指挥、应急预案编制和应急物资储备为支撑的救灾应急体系。至年末，全市已建成应急避难场所401个，救灾物资储备库（点）57个。

【社会福利】　加快构建社会福利体系，不断拓展社会福利覆盖面，受惠范围逐渐由孤寡老人、残疾人、孤儿、弃婴等特殊群体向全社会拓展，社会福利事业正在由补缺型向适度普惠型迈进。困境儿童分类保障水平进一步提高，实行城乡同标发放，从2018年7月1日起，机构供养孤（残）儿童基本生活费提标为1800元/人·月，社会散居孤儿、艾滋病毒感染儿童和事实无人抚养儿童提标为1100元/人·月，年内，拨付孤儿生活保障金1852万元，惠及全市困境儿童1646名。全市近1.6万名困难家庭儿童纳入城乡最低生活保障。不断加强流浪乞讨人员分类救助，建立长期流浪乞讨人员档案信息，站内救助建档率达100%；对不愿到救助机构接受站内救助的人员进行登记建档，实施动态跟踪和站外救助，站外救助建档率达90%以上。常态化开展“寒冬送温暖”“送流浪孩子回家”活动。年内，全市共救助流浪乞讨人员7018人次，其中未成年人524人次、残疾人3015人次。将全市11074名农村留守儿童、25157名困境儿童的信息录入“全国农村留守儿童和困境儿童信息管理系统”，全部建立档案信息，强制报告、应急处置、评估帮扶、监护干预、持续跟踪为一体的救助保护工作体系初步形成。昆明市福利彩票销售16.49亿元，截至2018年11月20日，昆明市慈善总会共接受慈善捐赠金额为1520万元，实施慈善救助金额1341万元，救助贫困群众2.20万人（户）。

【老龄事业】　加快推进居家养老服务改革试点，重点完成盘龙区居家养老智慧平台建设，建设官渡区居家养老示范中心。晋宁区探索农村土地养老新模式，创新土地养老政策，将农户土地集中运营，为老年人提供养老服务，解决老年人就餐、娱乐活动等。至2018年末，全市已建成各类养老机构122个，其中农村敬老院37个、城市公办养老福利机构12个、社会力量兴办养老服务机构73个。启动建设62个居家养老中心，完成4个民办养老机构建设，新增居家养老床位610张、民办养老床位2907张。至年末，全市已建成或正在建设的城乡居家养老服务中心达331个，共有各类养老床位4.02万张，每千名老年人养老床位达36.76张。80—89周岁、90—99周岁、100周岁以上3个年龄段的高龄老年人保健补助分别从2008年的补助10元/人·月、25元/人·月、200元/人·月提高到补助60元/人·月、120元/人·月、500元/人·月。年内，全市共发放高龄补助12475.33万元；办理老年人优待证63655本，老年人免费乘坐市内交通工具、免费进公园等26项优待、优惠政策得到有效落实。

【双拥工作】　贯彻落实昆明市《城市公共交通和公园景点军人优待办法》《拥军慰问实施办法》《退役士兵安置规定》《成立“军人之家”工作实施方案》《关于进一步规范带病回乡退伍军人常见慢性病工作的通知》和《关于进一步做好昆明市义务兵家庭优待工作的通知》等文件精神，进一步推动军民融合深度发展。年内，在昆明市民兵训练基地开展“昆明市庆祝中国人民解放军建军91周年暨军事日活动”；推进城舰共建，支持“昆明舰”开展舰通道文化建设，并赠送价值40万元的物资；以春节、清明节和“五四”青年节为契机，深入推动党政军民共建，营造“军爱民、民拥军、军政军民一家亲”的深厚氛围；2018年春节，全市各级各部门对驻昆部队官兵开展新春慰问，向部队送去慰问金2090万元；市委、市政府主要领导分别率队走访慰问基层连队和重点优抚对象，为他们送去新春的祝福和慰问金；市、县两级对辖区内所有重点优抚对象进行走访慰问，共向50324名重点优抚对象发放慰问金1063.37万元；协调解决驻昆部队27名随军家属的调动就业安置及1183名子女入学入托；举办首场“驻昆部队随军家属就业安置定向招聘活动”，现场达成就业意向110余人次；投入581.5万元支持部队文化设施建设；投入98万元支持“昆明舰”通道文化建设，帮助官兵改善物质文化生活；协调解决驻昆部队阵地电磁环境保护、天然气进营区、天线阵地附近有关建筑物拆除改造工作等军地问题；配合做好“中澳联合演习”、南部战区摩托化公路跨区机动演习等部队保障等工作。组织做好争创云南省第十届双拥模范城（县）工作，至年末，经市双拥工作领导小组审核评估，全市共推荐昆明市等13个城市、县（市、区）申报云南省双拥模范城（县），推荐市国资委等4个单位申报云南省爱国拥军模范单位，推荐龚利春等5人申报爱国援军模范个人。

【基层政权和社区建设】　加强社区治理，制定印发《关于加强和完善城乡社区治理的实施意见》《关于开展城乡社区治理创新试点建设工作方案》和《关于创新社会治理加强基层建设规划（2018—2035）纲要》等文件，进一步明确社区建设的工作思路和措施，为全面提升昆明市城乡社区治理社会化、法治化、智能化、专业化和组织化水平，推动社会治理重心向城乡社区不断下移指明方向。配合完成社区网格化治理各项工作，印发《关于进一步修订完善村规民约的通知》，指导各县（市、区）进一步规范村规民约（社区公约），充分发挥自治章程、村规民约、居民公约的作用，促进法治、德治、自治的有机融合，不断提高基层治理和网格化服务管理的法治化水平。在完成社区综合服务设施全覆盖的基础上，2018年市民政局积极争取省、市福彩公益金300余万元用于配套设施建设及办公用品的采购。培育发展社区社会组织。年内，全市各类社区社会组织达到1096个，其中社团717个、民办非企业单位377个、基金会2个；引导社会组织参与社区治理工作，安排经费76万元支持城乡社区治理服务项目8个，协商处理社区公共问题6263件，极大地提升了居民参与和处理社区事务的能力和信心。全面推行“四议两公开”工作法，继续贯彻落实《昆明市村务公开条例》，加强村（社区）委会对各项党务、政务、财务、事务的公开力度，年内全市村（社区）事务公开检查率达到90.4%。

【社会组织】　2018年，全市评估出3A以上社会组织8家，增长率为15.40%。制定并印发行业协会、商会与行政机关脱钩专项督查等相关文件，开展相关专项督查，多方引导社会组织强化“四个服务”（服务国家、服务社会、服务群众、服务行业）定位，增强行业自律，维护行业发展秩序，联合发改、财政、卫生等部门开展行业协会商会与行政机关脱钩专项检查1次，全面完成2018年行业协会、商会与行政机关脱钩工作，共脱钩73个。进一步加强社会组织监督管理，出台《昆明市进一步清理规范社会组织工作方案》《打击整治非法社会组织专项行动实施方案》《昆明市民政局关于打击整理非法社会组织工作领导小组的通知》等文件，开展清理领导干部兼职和打击非法社会组织等工作。举办市政府购买服务社会组织专业化人才培训班1次，共培训303人。

【殡葬管理】　加强全市殡葬管理工作，连续11年实现平安清明。年内，全市建成殡仪馆10个、农村公益性公墓192个、经营性公墓20个，全市火化率保持在95%以上，14个县（市、区）已有12个实现“三个100%”，殡葬改革工作处于全省领先、西部省区前列、全国中上水平；殡葬改革质量得到提升，全市火化遗体35290具，火化率达到95.94%；推行节地生态安葬6840家，节地生态安葬率达到28%。公益性公墓管理不断加强，年内完成公益性公墓植树5.40万株，超额完成0.40万株。

【社工人才专业队伍建设】 2018年，全市共有628人通过全国社会工作者职业水平考试，占全省60%以上。年末，全市社会工作专业人才总量达14613人，超额完成年度目标任务。

【优待抚恤】 完善优抚工作制度、体系，印发《关于进一步规范带病回乡退伍军人常见慢性病工作的通知》，明确适用范围、申报材料、审批程序、审批表填写规范、扫描材料等内容。与市财政局联发《关于进一步做好昆明市义务兵家庭优待工作的通知》，进一步规范义务兵家庭优待金发放规程，市级财政将对于义务兵家庭优待金标准达到全省前三名的县（区）给予本年度义务兵家庭优待金总额30%的奖励补助。

提高抚恤补助保障水平，落实优抚对象医疗保障待遇。建立在国家抚恤补助标准的基础上增发8%的自然增长机制，下拨1200万元的市级自然增长机制补助资金。按照退役军人事务部规定的各类优抚对象的抚恤和生活补助标准，及时、足额划拨抚恤和生活补助资金，做到100%发放到位。年内，共下拨抚恤补助资金31116.76万元、医疗补助资金1486.71万元，保障优抚对象的正常生活。

做好解困帮扶工作。年内，发放节日慰问金760万元，解困帮扶资金4258万元，为8165名优抚对象发放地方性生活困难补助；帮助5555名优抚对象缴纳城乡居民养老保险；投入临时生活困难救助金385.53万元，救助优抚对象2200人；将3323名困难优抚对象纳入低保；组织13403名优抚对象体检；资助缴纳医疗保险费16046人，实施医疗救助546人，住院医疗补助2492人，解决参战退役等优抚对象的生活困难，做好参战退役等重点优抚对象的解困帮扶工作。

【军休安置】 有效落实退役士兵安置政策，以退役士兵就业创业培训为抓手，开发安置岗位，鼓励退役士兵自主创业就业。年内，全市共接收退役士兵1763人；对4295名军休人员的档案材料进行核查、更新、完善。3月，试点启动“军人之家”建设。年内，集服务、议事、宣传、活动、联谊、接待等6项功能于一体的遍布全市各县（市、区）的“军人之家”为复退现役军人帮难解困，成为一个凝心聚力的拥军爱军工作服务平台。从2018年8月1日开始，全面开展全市退役军人和其他优抚对象信息采集工作，旨在摸清全市退役军人和其他优抚对象底数，建立健全服务对象档案和数据库。

【地名工作】 有序开展“平安边界”创建活动。年内，完成东川—禄劝1条县级行政区域界线联检工作；完成五华、盘龙、官渡、嵩明、富民、寻甸等相关县（区）7条县级行政区域界线的联合勘界工作，埋设界桩21棵，毗邻双方政府签订《联合核实变更勘定行政区域界线协议书》及《睦邻友好公约》。通过界线勘查联检和平安边界创建工作，维护行政区域界线的法定性、权威性和边界地区的社会稳定。

地名管理不断实现规范化，全年共审批命名、更名地名164个。加强地名标志牌管理，提供优质地名公共服务，重新规范设置地名标志牌213块，协调交警支队、住建部门整治交通标志牌242块。完成全市第二次全国普查50655条地名的普查工作，同时加强地名文化建设，提升地名文化软实力。

【婚姻登记管理】 2018年，全市共登记国内结婚45278对、离婚20141对，登记涉港澳台结婚71对、离婚28对，登记涉外结婚121对、离婚19对。

（丁 悝）

住房公积金管理

【全年归集住房公积金145.53亿元】 2018年，全市新增住房公积金145.53亿元，同比增长12.44%，全年新增缴存职工9.86万人。截至2018年底，全市共有实缴单位13088家，住房公积金实缴职工83.84万人，累计归集住房公积金1051.23亿元。

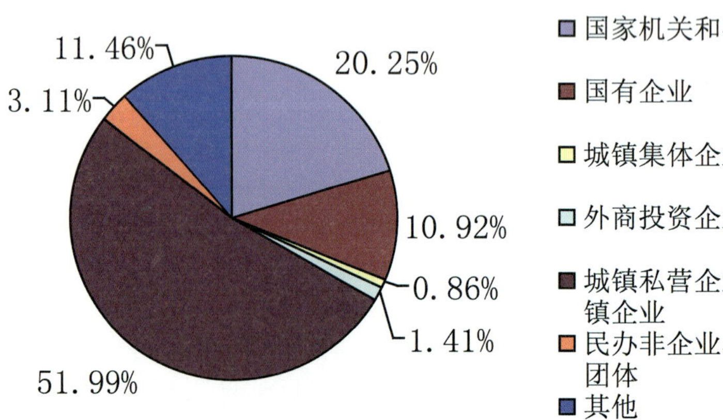

2018年昆明市缴存单位分布情况图

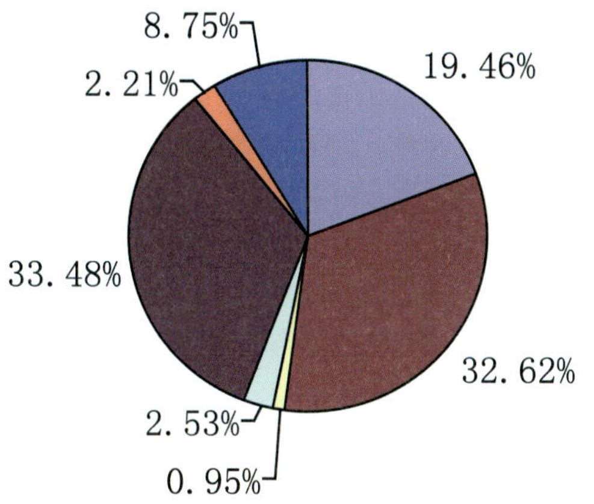

缴存职工分布情况图

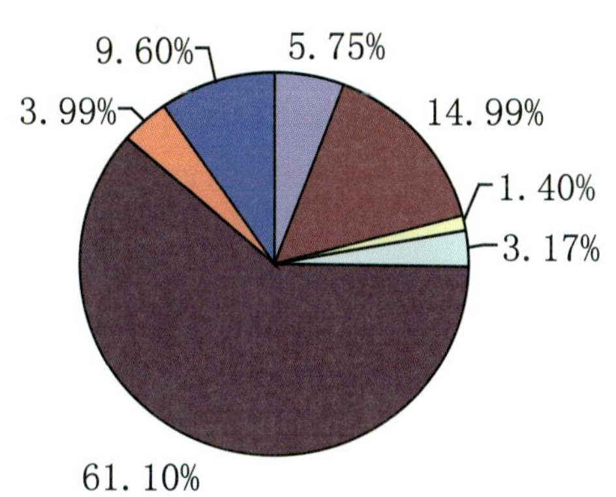

新开户职工分布情况图

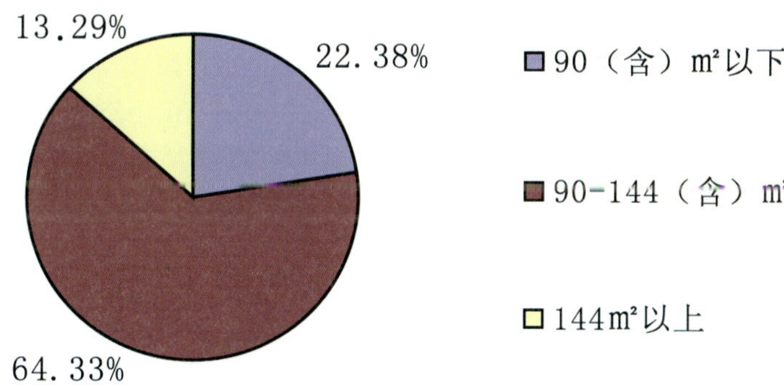

2018年贷款职工购房面积占比情况图

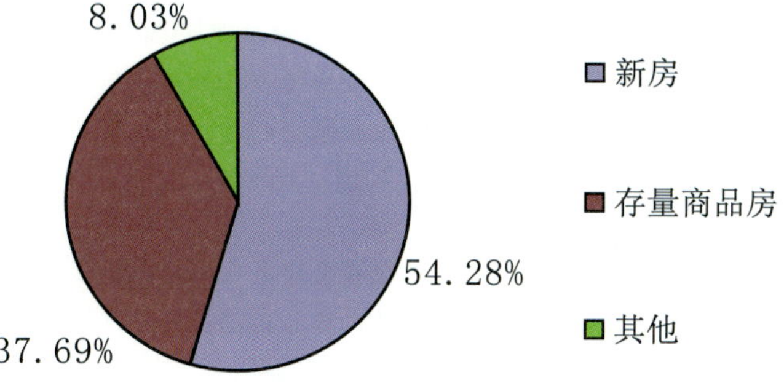

2018年贷款职工购房类型图

缴存单位中，国家机关和事业单位占20.25%，国有企业占10.92%，城镇集体企业占0.86%，外商投资企业占1.41%，城镇私营企业及其他城镇企业占51.99%，民办非企业单位和社会团体占3.11%，其他占11.46%。

缴存职工中，国家机关和事业单位占19.46%，国有企业占32.62%，城镇集体企业占0.95%，外商投资企业占2.53%，城镇私营企业及其他城镇企业占33.48%，民办非企业单位和社会团体占2.21%，其他占8.75%。

新增缴存职工中，国家机关和事业单位占5.75%，国有企业占14.99%，城镇集体企业占1.40%，外商投资企业占3.17%，城镇私营企业及其他城镇企业占61.10%，民办非企业单位和社会团体占3.99%，其他占9.60%。

【全年使用住房公积金174.90亿元】 2018年，全市发放住房公积金个人住房贷款1.11万笔40.98亿元，同比分别下降34.32%、45.54%。全年提取住房公积金133.93亿元，同比增长41.86%。至2018年底，全市累计为19.75万户职工家庭发放住房公积金个人贷款496.49亿元，贷款余额为295.43亿元，个人住房贷款逾期率为0.021%，信贷资产质量良好。

2018年职工贷款笔数中，购房建筑面积90（含）平方米以下占22.38%，90—144（含）平方米占64.33%，144平方米以上占13.29%。购买新房占54.28%，购买存量商品住房占37.69%，建造、翻建、大修自住住房占0%，其他占8.03%。

2018年贷款职工中，30岁（含）以下占43.56%，30岁—40岁（含）占33.18%，40岁——50岁（含）占20.00%，50岁以上占3.26%；首次申请贷款占94.88%，二次及以上申请贷款占5.12%；中、低收入占99.22%，高收入占0.78%。

2018年提取金额中，住房消

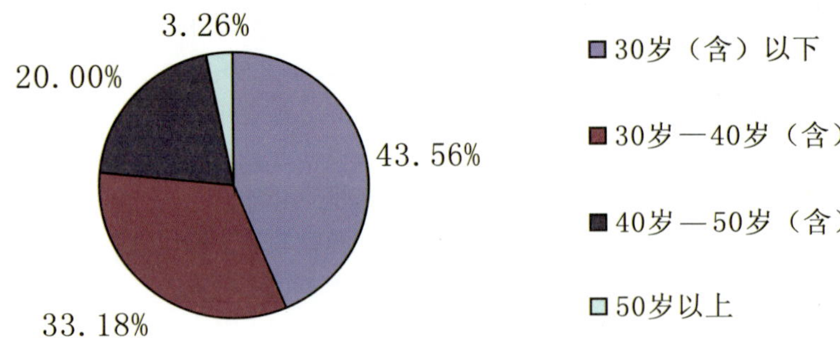

2018年贷款职工年龄分布情况图

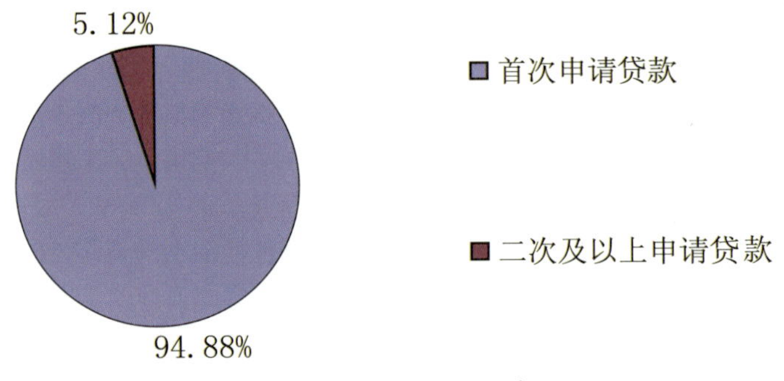

2018年贷款职工贷款次数占比情况图

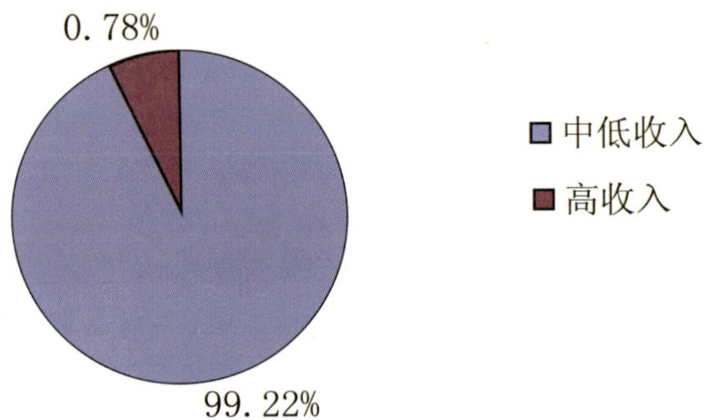

2018年贷款职工收入情况占比图

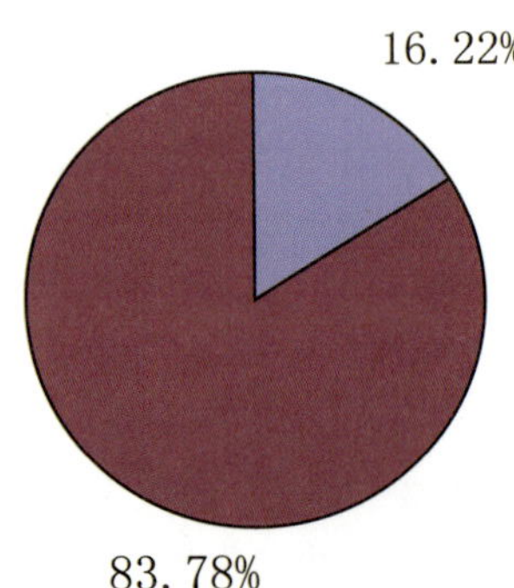

住房消费提取占83.78%。其中：购买、建造、翻建、大修自住住房占57.45%，偿还购房贷款本息占22.69%，租赁住房占1.06%，其他占2.58%

非住房消费提取占16.22%。其中：离休和退休提取占10.87%，完全丧失劳动能力并与单位终止劳动关系提取占4.62%，户口迁出本市或出境定居提取占0.01%，其他占0.72%

2018年缴存职工提取金额统计情况图

费提取占83.78%（购买、建造、翻建、大修自住住房占57.45%，偿还购房贷款本息占22.69%，租赁住房占1.06%，其他占2.58%）；非住房消费提取占16.22%（离休和退休提取占10.87%，完全丧失劳动能力并与单位终止劳动关系提取占4.62%，户口迁出本市或出境定居提取占0.01%,其他占0.72%）。

【实现住房公积金增值收益5.15亿元】 2018年，在确保资金安全运行的前提下，年度实现住房公积金增值收益5.15亿元。

【制度创新】 年内修订完善3项内部管理制度——《关于印发〈昆明市住房公积金管理中心受托银行手续费绩效考核修订流程（暂行）〉的通知》《关于印发〈昆明市住房公积金管理中心档案服务外包项目考核管理办法（试行）〉的通知》《关于印发〈昆明市住房公积金管理中心信息系统维护服务外包项目考核管理办法（试行）〉的通知》。

出台《关于进一步改进服务优化流程加强住房公积金提取管理工作有关事项的通知》。提取业务线上渠道在原有提前偿还公积金贷款，离、退休提取，物管费提取基础上，首次至服务网点办理提取业务后，购房类业务的后续提取，新建、翻建、大修住房类业务的后续提取，选择按季进行租房提取的后续提取（当年按季提取后续可在线上渠道办理，次年首次还需到服务网点）均可通过线上渠道办理。

出台《关于调整住房公积金个人住房贷款政策的通知》，“单职工缴存家庭40万元，双职工缴存家庭80万元”下调为“单职工缴存家庭30万元，双职工缴存家庭50万元”；住房公积金个人住房贷款轮候期，轮候期为两年；调整公积金首付款比例，首套房最低首付比例为20%，二套房最低首付款比例不低于50%，贷款利率

昆明市住房公积金失信行为名单管理办法专家论证会
（市住房公积金中心　供稿）

不得低于同期首套住宅的住房公积金个人贷款利率的1.1倍。

出台《昆明市住房公积金管理中心住房公积金失信行为管理办法》及《昆明市住房公积金管理中心住房公积金失信行为管理实施细则》。倡导个人诚实守信，惩戒失信行为，打造良好的住房公积金使用环境，促进住房公积金事业健康有序发展。经面向社会公开征求意见、市公积金管委会审议、市法制办备案等流程，《管理办法》已于5月7日正式实施。

出台《昆明市住房公积金管理中心关于在昆就业的港澳台同胞缴存使用住房公积金的通知》，支持在昆就业的港澳台同胞缴存使用住房公积金，该政策于2018年6月19日起施行。

出台《昆明市住房公积金管理中心关于2018年度提取住房公积金支付物业管理费相关事项的通知》，自2018年10月15日起至2019年6月30日，继续执行提取住房公积金支付物业管理费政策，缴存职工可申请提取一次不超过2500元的住房公积金支付物业管理费。

【提升服务】　支持港澳台同胞缴存住房公积金，实行与内地（大陆）缴存职工一致的政策规定，同等享有使用住房公积金的权利。港澳台同胞在内地（大陆）跨城市就业的，可通过全国住房公积金异地转移接续平台办理转移手续；港澳台同胞可通过昆明市住房公积金管理中心网站、手机App、微信公众号查询住房公积金缴存等相关信息及办理住房公积金相关业务。

贷款审批时限由人工控制提升为系统控制，严格控制在10个工作日内完成，并将审批时限纳入对合作银行和各机构的考核。

2018年12月国务院印发《个人所得税专项附加扣除暂行办法》，市公积金中心对综合服务平台进行调整，并于2019年1月3日实现注册职工线上自助查询公积金贷款合同号等相关信息，让职工在新修订的《中华人民共和国个人所得税法》正式执行的第二个工作日就可以足不出户的完成公积金贷款方面的个税专项附加扣除。

实现通过网上营业厅完成单位汇缴登记、补缴登记、缴存比例调整、缴存基数调整、个人账户转移业务一步办结；实现单位基本信息变更申请、单位缴存登记注销申请、个人开户申请、个人信息变更、个人账户封存、个人账户启封、托管申请等业务的预登记，有效提升服务效能。

开通多渠道互动交流，接受老百姓监督，采集老百姓意见。提供线上预约，线上线下排队。通过以上措施实现了老百姓自主自助办理公积金业务，真正贯彻落实了国务院提出的放管服要求。

【党建工作】　制订实施方案和学习计划，夯实基础党务，严格落实“三会一课”“主题党日”等基本制度；完成“基层党建巩固年”各项工作任务；强化党性教育，抓好“不忘初心牢记使命”主题教育；完成“项目清单”“责任清单”“考评清单”的制定；完成党支部规范化建设创建达标工作；完成“学、查、改”干部作风整治活动；开展服务基层先锋行动，党建和脱贫攻坚“双推进”；做好春城党建品牌培育工程严肃党内政治生活，严格落实基本制度，加强党内民主监督；规范组织生活制度。

【队伍建设】　遵循“抓班子、带队伍、促工作”的基本思路,着力提高班子的凝聚力、战斗力和号召力；加强制度化建设，营造凝心聚力、共创辉煌的团队精神，培育了接地气、通下情、敢干事、敢担当的干部队伍；加强党员干部队伍的职业道德教育和法纪教育，全体干部职工深入学习贯彻党的十九大，十九届二中全会、三中全会精神，牢固树立“立党为公、服务为民”的理念，全力提升对外形象和内在实力；加强职工业务技能培训，提高业务办理效率，强化职工窗口服务意识，使职工真正树立全心全意为人民服务的崇高服务意识和观念。坚持“以人为本、诚信为先、服务至上、造福百姓”的宗旨，做到文明礼貌、热情周到、公开透明、快捷高效。

【党风廉政建设】　落实全面从严治党，强化作风纪律建设；按照“一岗双责”要求，组织签订《责任书》，逐级落实党风廉政责任制；健全完善党风廉政建设及廉政风险防控长效机制；认真开展作风纪律工作，推进作风纪律检查常态化；组织召开党组民主生活会，开展巡查反馈问题整改落实“回头看”工作；加强党员干部队伍的职业道德教育和廉政纪律教育，认真落实党风廉政建设“两个责任”“1+7”制度工作；积极配合上级纪检监察等部门开展党风廉政建设、作风纪律、扶贫攻坚等工作的明察暗访和监督检查。

（崔　瀚）

扶　贫

【概况】　昆明市有贫困县区3个（以下简称“三县区”）、贫困村404个，建档立卡贫困人口9.64万户、35.02万人。2018年，市委、市政府始终把脱贫攻坚作为首要政治任务和第一民生工程，先后召开市委常委会7次、市政府常务会11次，市农村扶贫开发工作领导小组会议4次、市脱贫攻坚指挥部有关会议12次研究部署脱贫攻坚工作。市脱贫攻坚指挥部印发《昆明市2018年脱贫攻坚作战任务》，下达64条“任务清单”，11位市领导率13个分指挥部各司其职、各负其责，筑牢“1+13”脱贫攻坚指挥体系。调配壮大工作力量，选派市扶贫办2名副主任挂职东川区、禄劝县委副书记，抽调18名干部（市级机关正科级干部10名，县区副科级干部6名和普通干部2名）全脱产到市脱贫攻坚指挥部办公室工作。推动中央、省各项方针政策在昆明落地见效，牵头拟定《昆明市关于加快推进深度贫困地区脱贫攻坚的若干意见》《昆明市打赢打好精准脱贫攻坚战暨巩固提升脱贫成效三年行动方案》，全年出台脱贫攻坚各项政策文件70个。年内，全市有30787户、105977名贫困人口和211个贫困村脱贫出列；寻甸县顺利摘帽并获全国脱贫攻坚组织创新奖，东川区、禄劝县达到脱贫摘帽标准并申请贫困退出。至年末，全市共有404个贫困村、94311户、344648名贫困人口脱贫出列，还有2097户、5568名贫困户未脱贫，全市贫困发生率下降至0.26%。

【资金投入】　2018年，全市共投入各类脱贫攻坚资金77.66亿元。其中，中央和省级财政补助资金38.89亿元，市级财政补助资金28.66亿元，县区财政投入资金4.85亿元，社会帮扶资金5.26亿元。发放小额扶贫到户贷款2.03亿元，惠及贫困户4853户。健全完善扶贫资金常态化监管机制，确保资金管理严格、使用规范。

【责任落实】　严格实行脱贫攻坚党政一把手负总责的工作责任制，确保市、县、乡、村四级书记抓扶贫责任落到实处。压实市级领导责任，市级领导联县挂乡全覆盖。层层签订责任书，有脱贫任务的县（区）、15个市级相关行业部门与市委、市政府签订脱贫攻坚责任书，县、乡、村逐级签订责任状，织牢横向到边、纵向到底的责任网络。开展县（区）、行业部门交叉检查，累计发现有关问题1029个，督促整改、处置办结问题1028个，其中批评教育188人、问责48人、党纪处分32人、政务处分2人。全市纪检监察机关共排查扶贫领域问题4595个，问责追责433人，通报曝光95批、173个典型问题。全市五级联动平台共录入群众反映扶贫领域相关诉求50419件，其中已办结50329件，办结率99.82%，满意率96.22%，及时有效维护群众利益。

【精准管理】　严格执行精准识别和贫困退出标准，全市组建贫困对象动态管理工作队808支、8864人，共清退472户、1794人，补录3474人，脱贫回退229户、362人，人员自然增加4429人，自然减少7353人，新识别290户、952人，返贫63户、206人。全面开展脱贫措施"户户清"专项行动，制订实施《昆明市关于加强县级脱贫攻坚项目库建设的实施方案》，全面完成有脱贫任务的9个县（区）项目库、78个乡（镇）路线图、843个行政村施工图建设，规划总投资141.39亿元。

【精准施策】　多措并举稳增收，三

寻甸县扶贫干部进村走访

（市扶贫办　供稿）

农民分到产业分红款

（市扶贫办　供稿）

县区农村常住居民人均可支配收入达到8500元以上，增幅达9.3%以上，超过全市8.7%的平均水平。发展生产抓增收，积极推进“一村一品、一乡一业、一县一示范”工程，全市1645个新型农业经营主体与9万余户贫困户建立利益联结，持续实施“菜单式”产业扶贫模式，贫困户户均增收900元以上，全市404个贫困村集体经济收入全部达标。转移就业促增收，全年完成农村劳动力转移就业17.90万人（其中建档立卡贫困劳动力3.58万人），实现转移收入26.20亿元。生态补偿助增收，全面实施生态补偿扶贫、生态工程扶贫、生态保护扶贫，共拨付各类林业生态补偿脱贫攻坚资金5.29亿元，惠及23.1万贫困人口，其中聘请1947名贫困群众为生态护林员，人均增收9000元以上。

【民困纾解】　坚持住房安全不漏一户的原则，以“五层级识别、四类型改造、三统筹保障、两强化质量”的“5432”工作法，完成农村危房改造8.24万户，全面消除东川区、禄劝县危房。全市贫困人口全面易地搬迁入住，易地扶贫搬迁6473户、23091人，入住率100%；拆除旧房3551套，土地复垦复绿187亩，土地增减挂钩交易2333.7亩、8.17亿元。落实健康救助，贫困群众基本医疗保险、大病保险参保率100%，慢性病家庭医生签约服务管理覆盖率100%，贫困群众住院医疗费用个人自付比例控制在10%以内。扎实推进教育保障，贫困家庭适龄子女义务教育阶段辍学率为零，全市因贫不能接受继续教育的“两后生”为零；拨付各类资助补助资金7.09亿元，惠及学生72.47万人次；发放“雨露计划”职业教育补助资金1933万元，惠及学生12887人。

【特殊人群保障】　全面落实建档立卡贫困残疾人“两补政策”，为27554名贫困残疾人发放11045万元困难残疾人生活补贴，为27183名贫困残疾人发放1342万元重度残疾人护理补贴，为460户贫困残疾人发放230万元特困残疾人临时救助，确保残疾人生活有保障。低保标准提高至4080元/年，实现扶贫开发与低保两项制度有效衔接。全市符合参加基本养老保险条件的建档立卡贫困对象269822人，参保率100%；60周岁以上领取待遇贫困群众53833人，待遇发放率100%。

【基础设施建设】　在全面解决贫困人口饮水困难的基础上，2018年，全市实施农村饮水安全巩固提升工程240件，受益农村群众10万人，三县区农村饮水水质检测合格率均达100%。全市贫困村均通10千伏以上动力电和网络宽带，广播电视覆盖率均达99%以上。在实现行政村100%通硬化公路的基础上，大力推进自然村公路建设，新建改建农村公路里程1000千米（其中贫困地区新增农村公路859千米），全市自然村通村公路

上海市普陀区党政代表团赴东川区调研

（市扶贫办　供稿）

硬化率72%，通达率99%。

【合力扶贫攻坚】 开展东西部扶贫协作。年内，成立昆明市沪滇扶贫协作领导小组，签订《上海市普陀区人民政府与云南省昆明市人民政府对口帮扶框架协议》；上海市普陀区派驻三县区挂职领导干部6人次，昆明市组织和选派60名干部赴上海市学习和培训，为沪滇扶贫协作提供人才管理和专业技术支持；上海市普陀区支持昆明市扶贫资金8852万元，向三县区捐赠帮扶资金1690万元，实施扶贫项目20个；定点帮扶成效明显，3个中央定点派出挂职干部6人，投入帮扶资金1765万元，引进各类资金86万元，实施帮扶项目10个；6个省级帮扶单位派出挂职干部22人，投入帮扶资金1005.5万元，引进各类资金4.7亿元，帮助贫困地区劳务输出1638人次，实施帮扶项目6个，惠及贫困群众616人；帮扶工作扎实有力，全市组建526支驻村工作队、2142名驻村工作队员扎实开展驻村帮扶工作，3.9万名干部职工全覆盖结对帮扶贫困户，464家民营企业（商会）参与“万企帮万村”精准扶贫行动；创新基层社会帮扶，市脱贫攻坚农村致富带头人帮扶联合会和570个农村致富带头人帮扶协会投入资金9850万元，吸纳会员21430名，带动贫困户就业46530人，吸纳23636户贫困户入股，累计收购贫困户农产品2万余吨，筑牢“1＋N”农村致富带头人帮扶体系。

【宣传发动】 在中央和省、市媒体刊登昆明市脱贫攻坚重点报道1550篇（条），大力营造劳动光荣、致富光荣的浓厚氛围。深入推进“三讲三评”活动，在526个村委会开展3306场次“三讲三评”活动，驻村队员6150人次、村（社区）干部12122人次、群众代表84464人次、贫困群众83132人次参加活动。扎实开展“学文化、学技能，比就业、比创业、比贡献”的“两学三比”活动700余班次，培训8万余人次，提高贫困群众生产能力。举办脱贫攻坚各类专题培训班79期，培训县处级及以下领导干部15657人次；选派干部到陕西延安、四川成都学习借鉴外省市扶贫干部培训的先进经验、典型做法，切实提高扶贫干部的理论素质和实践水平，努力锻造一支有信念、有思路、有办法、能战斗的扶贫干部队伍。

（张　赟）

移民工作

【概况】 2018年，昆明市移民开发局争取中央、省级资金25826.18万元，完成年度任务15930万元的162.12%，增幅排名位居全市有增资任务的20个市级部门第一名。年末，全市大中型水利水电农村移民涉及19座水库和4座水电站，登记人数为53922人，分布在全市14个县（市、区）。

【重大水电工程移民搬迁安置】 2018年，市政府组织召开3次专题会议研究乌东德白鹤滩水电站移民搬迁安置工作，市委、市人大、市政府、市政协相关领导到乌东德、白鹤滩水电站移民安置点调研检查13次，确保移民工作稳步推进。

乌东德水电站移民搬迁安置。乌东德水电站完成年度投资62672.81万元，该站的移民搬迁安置涉及昆明市禄劝县乌东德镇、皎平渡镇、汤郎乡3个乡（镇）7个行政村30个村民小组，需搬迁安置3800人，生产安置4498人。年内，完成移民安置协议签订、移民委托建房合同签订及建房面积确认和新村安置点移民宅基地分配工作，全面开展新村安置点移民安置建房工作，完成对外交通连接线（A、B线）路基工程，基本具备通车条件；全面开展皎西安置点移民建房和皎西集镇公建配套设施建设前期工作。

白鹤滩水电站移民搬迁安置。白鹤滩水电站完成年度投资16878.07万元。该站移民搬迁安置涉及东川区、禄劝县7个乡（镇）、23个行政村、88个村民小组，需搬迁安置2128人、生产安置5341人。年内，全面启动移民人口界定工作，基本完成生产安置实物指标土地分解到户复核工作；基本完成象鼻岭居民点征地

2018年8月1日，国家能源局领导调研乌东德水电站禄劝县移民安置工作
（市移民局　供稿）

工作和搬迁避让协议签订，场平工程正在启动；金东大桥交通恢复工程顺利完工。

【建设工程征地移民规划安置】 年内，完成禄劝县洗马河赛珠、普渡河铅厂2个水电站建设征地移民安置专项终验工作。完成宜良县新庄水库工程建设征地实物调查审查工作。配合做好宜良县柴石滩灌区、石林县鱼龙水库、安宁市箐门口水库、东川区轿子山水库等在建中型水库的移民搬迁安置工作，完成水利移民投资2.6亿元，安置移民1495人。

乌东德水电站效果图

（市移民局 供稿）

【移民后期扶持】 移民情况统计年报和移民长效补助工作。年内，组织完成昆明市2017年大中型水利枢纽和水电工程移民情况统计年报工作；完成全市大中型水库现状移民53922人后期扶持直补资金兑现下达工作；完成禄劝县云龙水库一级保护区搬迁群众7653人、盘龙区松华坝水库核心区搬迁群众3089人、清水海引水工程搬迁群众691人长效补助下达工作。加大库区和移民安置区基础设施建设和产业扶持，强化库区基础设施和移民产业扶持脱贫发展“双轮”驱动。年内，全市完成移民后期扶持75个项目的前期调研、2018年度拟投资额在50万元以上的25个后期扶持项目可行性研究报告审查和44个50万元以下后期扶持项目的备案工作；下达后期扶持项目58个，涉及资金5143.5万元；推进云南省第三批禄劝县汤郎乡新建村上、下组避险解困试点项目，该项目规划总投资2347.29万元，项目惠及移民123户478人；“美丽家园·小康库区”移民新村涉及的安宁市和兴村移民新村建设项目主体工程顺利完成；禄劝县中屏镇德茂井一、二组移民新村建设项目正在有序推进；按照省级2018年度申报移民新村的工作部署，晋宁区六街镇龙王塘村委会移民新村建设项目获省局竞争性立项。开展大中型水库移民后期扶持“十三五”规划中期修编和中期评估。年内，结合昆明市“十三五”期间大中型水库移民后期扶持项目实施情况，组织县（市、区）增补规划项目，共涉及项目361件，资金33679.38万元。开展官渡区、富民县、石林县、寻甸县、宜良县大中型水库移民后期扶持规划实施情况的稽查及呈贡区大中型水库后期扶持政策监测评估工作，组织对县（市、区）8个后期扶持项目进行竣工验收，确保移民资金的使用安全。成立调研检查组对2018年度移民后期扶持项目实施情况和2019年移民后期扶持项目申报情况开展检查调研，确保2018年度移民后期扶持项目均按照时间节点有序推进。

【平安建设】 移民工作涉及搬迁、安置、土地调整等诸多敏感问题，导致各类群体上访、涉法涉诉案件等时有发生。为确保库区和移民安置区社会和谐稳定，全市移民干部深入基层和库区一线开展工作，及时了解移民群众所思所想所盼，为移民群众切实解决生产生活中的困难。以创建“平安库区”为抓手，健全移民信访维稳责任制。年内，定期进行移民信访维稳形势分析4次，上报领导接访、下访和“零报告”制度24次；移民矛盾纠纷排查12次；影响社会稳定矛盾问题排查12次；上报信访工作情况和信息8次，接待到市移民开发局咨询相关政策移民8批次、50余人次；全年未收到移民信访件。严格落实重点时段“零报告”值班和信访维稳接待制度，把矛盾解决在基层和萌芽状态，全年未出现群体性非法越级上访、到省进京访等现象。全年共办理人大代表建议、政协委员提案7件，其中主办5件、协办2件，办理工作做到件件有答复、事事有回音，面商率、办理率、答复率、满意率均达到100%，在市人大代表建议承办工作测评中，市移民开发局在全市26个被测评单位中获得第一名。

（林 全）

残疾人事业

【残疾人基本状况调查】 2018年，昆明市残疾人联合会组织开展残疾人基本状况调查工作，系统共分配残疾人138737人，调查133918人，其中入户调查125905人、电话调查8013人。全市1684个社区的残疾人已经全部调查录入。经查，全市残疾人总数为138737人，“查无此人”457人，已搬迁678人，空挂户305人，外出2276

人，死亡注销1103人。

【社会保障】 2018年，市残联与市民政局、市财政局配合发放残疾人“两项补贴”资金2446.5万余元。其中，发放困难残疾人生活补贴27554人，资金1104.5万元；发放重度残疾人护理补贴27183人（一级残疾人9508人、二级残疾人17675人），资金1342万元（一级残疾人护理补贴667.5万元、二级残疾人护理补贴674.5万元）。下拨中央补助资金277万元至各县（市、区），通过政府购买托养服务，确定35家机构为1300名残疾人提供托养服务，其中全托408人、日托89人，上门服务777人。元旦、春节期间，市残联前往全市142个贫困乡镇的残疾人家庭走访慰问，为8780户贫困残疾人家庭发放慰问金共273.3万元。投入230万元对全市460户特殊困难残疾人进行临时救助。投入555.415万元对全市64997名三、四级残疾人购买养老保险和医疗保险个人缴费部分进行补助。

【扶贫脱贫】 从5月起，市残联委托“美团网”为36家盲人保健按摩机构开展“互联网+助残服务”活动。年内，市残联制定《昆明市残疾人扶贫基地建设管理办法》，投入扶贫经费100万元建立一批残疾人扶贫示范基地。其中，70万元分别下拨给石林县、宜良县、富民县、嵩明县、东川区、寻甸县、禄劝县、安宁市对残疾人发展生产实施到户扶贫；投入30万元分别建立禄劝县奇诺威肠衣有限公司、宜良县建凤农产品产销专业合作社、富民恒艺花卉种植有限公司、昆明大江牧业有限公司4个残疾人扶贫基地，共安置124名残疾人就业，辐射带动86户残疾人家庭就业。投入经费208736元用于开展初级盲人保健按摩技能培训、盲人按摩小儿推拿培训、盲人计算机操作员培训。投入经费10.8万元组织完成盲人医疗按摩人员省级继续教育培训。新增20家规范化建设的盲人保健按摩机构，市级下发规范化建设补助资金共40万元。

2018年8月25日，云南省第二次全国“残疾预防日”主题宣传活动在昆明启动
（市残联　供稿）

【教育扶持】 年内，市、县两级残联共投入资金198.05万元，对795名考入大、中专的残疾学生、残疾人子女以及完成国家认可的成人高等教育学习的残疾人给予一次性资助，其中拨款5万元支持5所特教学校发展特殊教育事业。投入90万元省、市两级残疾人彩票公益金对全市全日制高中阶段在校残疾学生和残疾人子女进行一次性补助，补助残疾人学生144人，补助标准为1500元/人；补助残疾人子女807人，补助标准为1000元/人。投入34万元用于340名残疾青壮年文盲扫盲工作。

【就业培训】 开展残疾人就业服务工作，全市残疾人新增就业2000人次（含按比例就业、集中就业、自主创业、灵活居家就业、辅助性就业和社区基层公益性岗位就业等）。组织开展以“就业帮扶、真情相助”为主题的就业援助月活动，先后在西山区、五华区、盘龙区、东川区、嵩明县、宜良县和禄劝县等县、区组织残疾人就业专场招聘会7场，近120家用人单位参加，提供就业岗位980多个，参加应聘的残疾人及其亲属1350余人，初步达成就业意向的残疾人和残疾人亲属350人次。市就业中心充分利用按比例就业安置残疾人就业政策，开展残疾人就业推荐服务工作，全年推荐1200人次，实现就业246人次。投入99.85万元举办8期残疾人技能培训班，培训学员687人。投入150万元在18个县（市、区）开展实用技术培训，参训3000余人次。追加10万元至禄劝县残联，完成100名农村贫困残疾人实用技术培训工作。审核全市残疾人自主创业扶持补贴申请220份，扶持资金173.39万元。其中（市级）补助金额100万元，县、区级补助金额73.39万元。投入经费28.28万元，补助取得机动车驾驶证残疾人201名。

【康复工作】 年内，市残联与市卫生计生委联合出台《昆明市残疾人定点康复机构认定管理办法（试行）》，通过网上申报、专家评审和认定委员会认定，共确定43家机构为昆明市残疾人定点康复机构。

投入经费1134.72万元用于昆明市0—17岁残疾儿童开展抢救性康复工作，将1020名有康复需求的残疾儿童中符合条件的900名残疾儿童送到昆明市定点康复机构进行康复。投入200.4万元采购人工耳蜗20套，对20名符合条件的听力残疾儿童在昆明医科大学第一附属医院进行人工耳蜗植入手术。拨付县、区残联资金307.26万元用于精准康复工作。其中，发放辅助器具6564件；免费安装假肢共计222例；实施“光明工程”白内障复明手术800余例；开展残疾人精神病康复服务和家庭医生签约服务，为4万多名残疾人解决家庭医生签约服务，其中为9000余名精神病患者提供康复服务，本年度昆明市残联精准康复服务率达91.5%。投入经费78.96万元，以政府购买服务的方式确定机构通过运用专业的理论与方法，以团体课程、工作坊以及户外疗法等形式对全市1000名心理患者残疾人提供心理健康团体辅导。指定西山区为UFE项目试点工作地区，拨付西山区残联专项经费10万元用于开展UFE精神障碍社区康复服务模式试点工作。

【宣传工作】 年内，市残联与昆明电视台持续合作播出双语新闻52期，播出“星星点灯”专题节目52期。编辑刊出《昆明残疾人》杂志6期。与昆明日报社开办“同一片蓝天”专栏，刊出专版6期。在助残日、爱耳日、全国残疾预防日等残疾人特殊节日，组织县、区残联开展残疾人慰问活动、助残志愿服务活动，全市共进行志愿服务活动70余场，发放助残扶残宣传资料1.5万余份。以元旦、春节、助残日等节庆活动为契机，组织各县、区残联开展各类残疾人文艺活动54场次，惠及3000余名残疾人，向社会各界展现残疾人的才艺和丰富多彩的文化生活。投入30万元用于开展残疾人文化进家庭“五个一”项目，在县、区残联精心组织和残疾人家庭配合下，组织1000余名残疾人体验读一本书、看一次电影、游一次园、参观一次展览、参加一次文化活动“五个一”活动的乐趣。

【残疾人体育】 2018年9月8日，云南省第十一届残疾人运动会暨第五届特殊奥林匹克运动会在临沧市运动中心体育馆举办，由67名残疾人运动员与30名工作人员组成的昆明代表团参与残运会8个项目和特奥会4个项目的角逐，获金牌28枚、银牌20枚、铜牌11枚。深入县、区在适龄残疾儿童中选拔优秀体育苗子50余人。

（徐 欢）

2018年9月8日，云南省第十一届残疾人运动会暨第五届特殊奥林匹克运动会在临沧市举行 （市残联 供稿）

消费者权益保护

【流通领域商品质量抽检】 2018年，结合昆明市流通领域商品市场监管工作实际情况，制订《昆明市工商局2018年红盾质量维权行动工作方案》，组织开展流通领域商品质量抽检，提升全市流通领域商品质量安全。年内，共抽检产品670批次。其中，洗涤用品45批次，不合格4批次，不合格率8.9%；纺织品商品107批次，不合格26批次，不合格率24.2%；儿童玩具40批次，不合格9批次，不合格率22.5%；眼镜类商品31批次，不合格14批次，不合格率45%；手机30批次，不合格8批次，不合格率27%；装饰装修材料85批次，不合格43批次，不合格率50.5%；电线电缆50批次，不合格20批次，不合格率40%；消防器材65批次，不合格5批次，不合格率7.6%；日化用品65批次，不合格0批次，不合格率0%；吸油烟机29批次，不合格13批次，不合格率44.8%；小家电17批次，不合格9批次，不合格率53%；电动车充电器25批次，不合格4批次，不合格率16%；净水器9批次，不合格1批次，不合格率11.1%；汽配72批次，不合格34批次，不合格率47.2%。

【专项整治】 为确保省、市“两会”的顺利召开，组织开展省、市“两会”期间商品质量专项整治，共检查市场、商场、超市387个次，检查经营主体2570户次，对在专项整治中发现的违法经营行为进行处理；查处销售假冒伪劣和不合格商品案件11件，案值15.05万元。

开展汽车市场专项整治行动，

检查汽车销售服务经营主体（含4S店）825户次，指导规范企业155户，约谈企业34户，发放告知书31份；受理申（投）诉举报520件，办结478件，为消费者挽回损失350.48万元；立案查处违法案件14件，办结5件，罚没款31.8万元；对奔驰、奥迪、现代通用等10余个品牌的机油、防爆膜、刹车油等汽车配件进行抽检，抽检经营户27户、汽配商品72组，对不合格的29组严格按相关法律法规进行处理。

开展电动自行车销售市场整治，检查电动自行车经营主体612户次，检查辖区电动自行车销售及维修经营者主体612户（电动自行车销售主体415户，电动自行车维修经营者主体207户），开展流通领域电动自行车及其配件质量抽查检验3次，抽检电动自行车及其配件类商品34组（批），不合格4组。

开展会议营销违法行为专项整治，检查相关企业179户、相关个体户数261户，立案3件，责令整改10件，收缴罚没款22.5万元；媒体宣传报道37次，发放宣传材料3.3万余份。

查处流通领域消防产品质量违法行为，检查相关经营户3371户，下达监督意见书13份，责令整改19份，对55组商品进行抽样送检（合格43组、不合格12组），抽检合格率78.18%。查处销售不合格消防器材商品8户，立案8件，收缴罚没款56110元。

【“诚信经营放心消费”企业创建】 在“3·15”权益保护日，与省工商局联合在康乐茶城成功举办“诚信经营放心消费”创建活动启动仪式，并对昆明市“诚信经营放心消费”的50家企业授牌。通过云南省电视台春城热线对西山红星美凯龙，官渡区居然之家、康乐茶城现场采访制作“诚信经营放心消费”专题节目，向社会宣传昆明市工商局组织企业开展的“诚信经营放心消费”创建活动，向社会公示授牌270户“诚信经营放心消费”企业。

在全市旅游重点区域深入推进放心消费创建工作，重点突出交通沿线服务区、景区景点及周边地区、旅游商品销售集中街区和旅游地区的宾馆、饭店、客栈，实现“诚信经营放心消费”创建和“12315消费维权服务站”建设“两个全覆盖”，让旅游消费安全放心、质量放心、价格放心、服务放心、维权放心，提升旅游消费者满意度，推动“消费满意在云南”行动，服务昆明市旅游转型升级。

【12315指挥中心建设】 加强12315指挥中心建设，畅通消费者诉求渠道，坚持“100%受理、100%处理、100%反馈、违法线索100%诉转案”的工作标准，履行12315“指挥调度、分析研判、督办反馈”的工作职责，努力完成各项工作。年内，接听消费者来电12.4万件，承担“3·15”、南博会、创建全国文明城市消费者投诉举报热线服务工作；结合创建全国文明城市工作开展，加强12315工作规范化建设，推动12315工作制度化、法制化、规范化，提升12315服务效能；加强基层维权网络建设和规范管理，促进12315消费维权直通车企业发挥作用；以12315数据为抓手，不断强化12315中心数据综合分析应用能力，大力推进业务数据化和数据业务化，规范信息推送工作流程，形成12315数据信息多渠道推送的工作机制；12315中心数据分析实现日报、周报、月报、季报、年报全覆盖，逐步形成相应的分析指标体系，规范对分析结果的推送。

【维权宣传】 昆明市消费者协会牵头强化维权宣传，与各主流媒体合作，宣传消费维权活动，适时发布消费提示和典型案例，取得较好宣传效果。年内，春节预订酒店提示被171家媒体采用，其中中央及中字头媒体24家、媒体头版1家、纸媒52家；大学生消费提示被110多家媒体采用，其中中央及中字头媒体11家、纸媒46家、网媒42家、广电媒体6家、客户端9家，客户端总阅读量达14万余次；带领消费者代表和行业、企业代表走进消费教育基地、直销企业，围绕2018年“品质消费 美好生活”主题，近距离了解消费教育基地工作和企业的产品及服务状况。

（李卓衡）

2019
KUNMING
YEARBOOK

县（市、区）概况

2019 KUNMING YEARBOOK

◆责任编辑　吴焰红

五华区

【年内大事】　1月1日　第二届昆明戏剧节庭院小剧场经典演出在五华区莲花池庭院剧场举行。

1月2日　昆明国家广告产业园上榜国家创新创业示范基地。

1月27日　云南省首个社区服刑人员服务基地在五华区普吉街道办事处“美好时光敬老院”成立。

2月1日　云南省科学技术院与五华区政府签订共建“科技成果转化中心”“科技入滇成果转化孵化服务”合作协议。

2月10日　中国侨联主席万立骏到五华区大观街道新闻里社区调研侨联工作，看望慰问归侨罗开瑚老人。

3月2日　云南省首个“税收宣传进校园普法教育示范基地”在五华区武成小学落成。

3月8日　昆明女子中学获全国“三八红旗集体”荣誉称号。

3月28日　五华区举行对口帮扶寻甸县金源乡“爱心助学”捐赠活动暨教育合作签约仪式。驻区云南艾维投资集团等9户企业现场捐赠助学金30余万元。

4月26日　五华区召开农村土地承包经营确权登记颁证推进会并举行首证颁发仪式。

5月12日　五华区司法局获“全国人民调解工作先进集体”称号。

5月15日　五华区政府出台《推动五华区经济持续健康快速发展的18条政策措施》，安排1亿元配套资金，兑现、落实扶持政策。

5月17日　五华区总工会获云南省“模范职工之家”荣誉称号。

同月18日　五华区启动2018年科技活动周暨科技成果转化中心授牌仪式，五华科技成果转化中心正式成立。

6月27日　在中央环保督察“回头看”中，五华区桃园社区生态破坏问题因整改不到位被“点名”批评。区政府表态9月份彻底完成治理工作。

6月30日　翠湖提升改造中建设的洗马河带状公园正式完工，向市民开放。600多年前的“柳营洗马”景观重现。

7月1日　文庙恢复性修建工程竣工。

7月3日　五华区新闻里社区获全国“为侨服务示范单位”称号。

7月10日　经多年扶持培育，五华辖区有“中华老字号”企业6户、“云南省老字号”企业13户、“昆明市老字号”企业14户。

7月23日　五华区在全市率先成立网格监督大队。

8月17日　昆明滇池水务股份有限公司与五华区政府签署协议，合资建设西翥桃园片区污水处理项目和长虫山五华片区滞蓄防洪工程。项目投资1.32亿元人民币。

9月8日　区政务服务管理局、政务服务中心整体搬迁至万彩城花园6栋2楼、3楼办公。

9月19日　首届“中国农民丰收节”系列活动在五华区西翥街道今田尚园举行，开展舞丰收龙、传统祭祀、民族舞蹈、民俗演唱及农产品鉴尝等具有五华特色的活动。

9月25日　五华区成立“楼宇经济促进会”，由全区商务商业楼宇业主、物业管理单位（个人）和楼宇入驻企业自愿组成。

9月27日　在全国新型智慧城市评选中，五华区居第16位，在西南部县（区）中排名第一。

2018年7月1日，文庙恢复性修建工程竣工
（五华区史志办　供稿）

9月30日　2018年云南省暨昆明市公祭烈士活动在云南抗战胜利纪念堂举行。省、市领导陈豪、阮成发、李秀领、程连元、王喜良、拉玛·兴高和各族各界代表一起公祭。

10月20日　五华区举办首届西翥陡坡自行车挑战赛，来自全省各地的223名运动员参赛。

11月1日　西南联大在昆建校暨云南师范大学建校80周年纪念大会在昆举行。广大师生、海内外校友和各界嘉宾参加。

11月20日　柬埔寨人民党高级干部考察团一行32人到五华区考察社区文化资源利用、廉政教育和基层拒腐防变能力建设工作，实地考察翠湖社区、翠湖廉政文化园建设情况。

12月1日　全国唯一专门纪念潘琰烈士的纪念馆“潘琰学堂”面向全社会免费开放。纪念馆设在文林小学内，建筑面积121平方米。

【区划、人口】　五华区位于昆明市主城区西北部，地势西北高、东南低，地形地貌复杂多样，海拔在1670—2527米之间，平均海拔1887米。区内有玉带河、沙朗河、西北沙河、迤六瓦恭河等主要河流。辖区面积381.6平方千米，其中建成区面积40.86平方千米。下辖护国、大观、华山、龙翔、丰宁、莲华、红云、黑林铺、普吉、西翥10个街道、92个社区、214个村（居）民小组。区机关驻华山西路1号。

主要风景名胜及旅游景点有云南陆军讲武堂、朱德旧居、节孝巷中共云南地下党建党旧址、抗战胜利纪念堂、翠湖公园、昆明动物园、圆通寺、筇竹寺、虚宁寺、文庙、郊野公园、西游洞、莲花池公园、月牙潭公园、篆塘公园、隅山公园以及长虫山、荷叶山、眠山、昭宗、石盆寺等多处生态公园和西翥乡村旅游点。

五华区是云南省人民政府所在地，驻区中央和省市机关、企事业单位众多，科教、文卫、商贸、金融、通信等机构云集。辖区有11所高校、20多个科研机构，汇集了云南铜业、云南冶金、云南煤化工、红云红河、昆明联想、昆明国家广告产业园、王府井、金鹰、沃尔玛、家乐福、百盛、国美、苏宁等一大批国内外知名企业，以及渣打、马来亚、汇丰、恒生、东亚、大华银行，普华永道、安邦保险等金融机构，形成了商务楼宇集聚的都市经济以及园西IT电子产品市场。

2018年末，全区常住人口87.82万人，户籍人口（不含高新区）594871人。户籍人口中，城镇人口583226人，占98.04%；乡村人口11645人，占1.96%；少数民族85345人，占14.35%；户籍人口自然增长率为7.5‰。人口密度每平方千米1559人。

【经济综述】　2018年，五华区委、区政府围绕“建设区域性中心城市高品质核心区”这个中心任务，全力稳增长、调结构、促改革、惠民生、防风险，保持经济持续健康发展和社会大局稳定。年内，全区实现地区生产总值1115.4亿元，同比增长4.6%；实现一般财政总收入148.44亿元，同比增长11%，其中地方一般公共预算收入完成41.33亿元，同比增长7.44%；完成固定资产投资37.1%，超目标26.1个百分点；社会消费品零售总额增长8.7%，欠目标1.3个百分点；实现城镇常住居民人均可支配收入43883元，同比增长7.9%；农村常住居民人均可支配收入19215元，同比增长8.8%，跻身“中国百强区”行列。城镇登记失业率2.89%，控制在预期范围之内。

【产业转型升级】　工业经济转型提升，启动实施工业攻坚三年计划，推进昆明卷烟厂打叶复烤及仓储物流等工业技改项目前期工作，促进传统工业转型升级。开工建设垃圾焚烧发电厂异地重建项目、昆仑燃气LNG应急调峰站项目，完成厂口产业园区规划编制和道路设施建设前期准备，筑牢新型工业集聚发展基础。投资拉动效应明显，安排项目前期研究经费1800万元，新增亿元以上投资储备项目40个，新增总投资492亿元。新开工建设中海麓景花园、御辰商务中心等西北片区项目41个，稳步推进首创奥莱等180个重点项目建设。全年引入市外到位资金100亿元，利用外资6651万美元。现代服务业发展壮大。高端化生产性服务业和便利化生活性服务业快速发展，实现增加值138.46亿元，占GDP比重的12.4%。引导传统商贸业转型升级，苏宁小店、国安社区等智慧零售新业态持续发展。盘活国有资产，吸引爱尔信教育集团、昆明保安集团等优质企业入驻。引入永辉超市、工银安盛人寿、蔚来汽车等行业，区域总部达到53户。持续拓展多层级商务中心，新城吾悦广场、中铁云时代广场建成开业。持续推动商务楼宇去库存，人工智能产业园和五华科创大厦的入驻企业达108户。高原特色农业健康发展。绿色食品可追溯体系建设日趋完善，26个蔬菜品种获得有机论证，62个蔬菜品种获得绿色论证。建成凯普、良道等农业龙头示范种植基地2370亩，新增区级农业龙头企业14户，农业综合产值达2.49亿元。大健康产业潜力迸发。编制完成以阜外医院为核心的“一院两中心两基地”心血管健康产业园规划方案，着力打造健康生活目的地。西翥桃园健康养生城项目顺利推进，石盆寺科化足球基地建成举行赛事。

【改革创新】　加快“放管服”改革步伐，深入推进“六个一”行动，全面运行“3550”工作机制，清理取消24项行政审批权，梳理公布群众和企业到政府办事“最多跑一次”清单179项。对14035户企业免收登记费用464万元；对52644户小微企业免征增值税6931万元；87户企业参与电力市场化交易，降低用电费用1700多万元。五华政务服务中心搬迁新址

（万彩城），实现18个部门136项业务“一窗式”受理。设立不动产登记五华签约服务中心，使二手房交易各项税收达到1.44亿元，增长77.82%。安排偿债资金1.84亿元，防范化解政府债务风险。开展互联网金融风险专项整治，严厉打击非法集资等违法行为。规范融资行为，在全市率先获得4亿元政府土地储备专项资金支持。放大M60和同景108智库的文化产业效应，激活昆明氧气厂、昆明美特铸造厂等老厂房资源，打造“学府路创新创业走廊”，推动金鼎文化产业开发开放试验区建设。引入科大讯飞等优质企业，构建园区产业生态体系。

【科技产业园】 强化资源整合，优化园区综合发展环境，完成园区总体规划（第三版）修编。开展土地收储供应，完成土地收储1500.21亩，实现土地供应1562.01亩，土地出让资金入库90.38亿元。稳步推进基础设施建设，新建道路17条和昆明主城西片区（五华区二环路外）排水管网18.25千米。加大招商引资力度，实现宜家项目、龙湖熙悦花园（E地块）、璀璨星城（6个地块）、万科14、15号地块等项目落地，引进内资395974.78万元，利用外资1950万美元。培育重点骨干企业，新增规模以上工业企业1户、限额以上商业企业2户，现代服务企业7户。年末，园区拥有规模以上工业企业21户，限额以上商业企业60户，建筑生产企业74户，房地产企业53户，现代服务企业29户。狠抓重点项目推进，全年实现固定资产投资133.62亿元。健全公共服务平台，园区一站式服务平台由22个增至30个，被昆明市科技局和昆明市人才中心认定为昆明市首批高层次人才创新创业示范基地。构建政策洼地效应，对45户企业、49个项目进行政策扶持，兑现扶持资金293万元；31户企业、49个项目获得广告产业政策扶持，兑现扶持资金498.58万元。健全科技创新体系，新认定省级孵化器1家，省级众创空间3家及一批市级孵化器和众创空间。年末，园区聚集了各级科技企业孵化器7家，孵化面积4万多平方米；众创空间58家，小微企业及团队1000余家，成为云南省规模最大的众创空间、创新创业服务机构集群发展洼地。年内，园区实现主营业务收入1159.79亿元，规模以上工业增加值251.97亿元，规模以上工业主营业务收入327.85亿元，规模以上工业利税总额230.17亿元。

【城乡建设】 以规划为先导，优化空间布局；扎实抓好城市管理，不断提升承载能力，努力营造生态宜居环境。年内，完成沙朗片区控制性详规编制，昆武高速以东控制性详规已审批入库；城镇低效用地专项规划及再开发规划编制顺利进行，已完成小西门、龙泉路等区域的连片开发规划设计；完成五华134、137号路等8条道路建设，梅江路、盈江路等改扩建开工，人民路提升基本完成，三市街公共人防工程正式动工；完成轨道交通4号线、1号线延长段征迁；龙庆35千伏变电站建成，燕子哨110千伏变电站完成可研编制；深入实施“厕所革命”，新建、改造公厕20座。城市更新步伐加快。年内，龙泉俊园等6个项目开工，西尚林居、下马村等停滞项目重新启动；建成回迁安置房12万平方米，近千户群众入住新居；翠湖周边历史文化片区整治亮点纷呈，景虹街、先生坡、沈官坡整修完成，洗马河带状公园建成，600多年前的“柳营洗马”景观重现；昆明老街顺利开街，景星珠宝市场、甬道街、云瑞公园重新对外开放；文庙大成殿修复完工，南强历史风貌和特色文化街区建成营运；丰宁小区、虹山新村微改造完成，普吉路U形断面整治初见成效，拆除违法建筑250万平方米。安排3600万元农业发展扶持资金实施乡村振兴战略，完成新一轮土地承包确权3.58万亩，厂口高效节水灌溉项目一期建成，西翥引调水工程贯通供水。桃园、沙朗片区实现天然气供应零突破，乡村振兴活力显现。瓦恭稻鱼共生项目实践成功，林奇花卉种植基地投产，“云花谷”立体花园项目建成。

【生态文明建设】 健全生态保护长效监管机制，严守生态保护红线，推动绿色发展。年内，全区退耕还林1868亩，进行中幼林抚育2000亩，改造低效林200亩。持续实施大气污染联防联控，强化污染源治理。全面推行使用智能新型渣土车，淘汰黄标车3557辆，空气质量优良率达98.99%。完善“河（湖）长”制，加大城市黑臭水体整治力度，实施长虫山、石盆寺滞畜防洪工程及上峰村、老运粮河再生补水工程建设，全力改善水环境质量。盘龙江、大观河水质保持Ⅲ类，新、老运粮河水质持续趋好。加强城乡绿化建设，建成2个立体绿化示范点和1条花卉示范街，新增城市绿地319.5亩、公园绿地79.5亩。加快“五采区”生态修复，义务植树67.1万株，森林覆盖率达56.29%。全力抓好中央和省环保督察反馈问题整改，划定畜禽禁养、限养区，关闭西翥禁养区、限养区内的养殖场。

【劳动就业】 抓好就业创业工作。年内，累计提供有效就业岗位27650个，完成年度目标任务的110.6%；新增城镇就业人数2.81万人，其中城镇下岗失业人员再就业7750人，就业困难人员实现就业6920人，城镇登记失业率控制在2.98%以内；全区失业保险参保人数为24.2万人，实现农村劳动力转移就业1047人，新增转移就业收入1489.04万元；加大创业就业培训力度，进行各种就业创业培训10053人。落实就业创业金融扶持政策，大力推进大学生创业示范园、农业创业示范村和农业创业园区建设，仅五华—北理工青年（大学生）创业示范园就有在园企业85户，带动就业225人。辖区实名登记的高校毕业生就业率保持在97%以上，困难毕业生100%实现就业。进行小额担保贷款扶持创业人数220户，推荐小微企业担保贷款6户，分别完成年度目标任务的116%和100%。落实援企稳岗政策，为79户企业、65166名职工发放稳岗补贴1898万元。

【社会保障】 按照“全覆盖、保基本、多层次、可持续”的要求，织密扎牢社会保障安全网，构建适应五华区经济发展水平的城乡一体化的社会保险体系。年内，全区基本社会保险参保人数128.79万人，完成年目标的101.43%，其中养老保险24.89万人、工伤保险16.9万人（农民工4.4万人）；基本医疗保险（含生育险）57.18万人，城乡居民社会养老保险5.72万人，失业保险24.1万人，各类社会保险参保率均保持在96%以上。稳步推进付费总额控制工作，在14所医院开展试点工作。开展社保基金安全评估工作，探索创新“两评三员六制”基金监管机制，切实维护社保基金安全。加大社会保险征缴稽核力度，开展“六个严禁”专项整治。年内，完成城镇职工基本养老保险基金征缴184382.18万元。其中，企业168723.13万元，完成率88.87%；机关事业单位15659.05万元，完成率84.45%。工伤保险基金征缴完成4407.46万元，完成率81.27%。全年累计发放养老金526981人次，金额12.88亿元。筑牢民生服务保障底线，为全区6285名低保对象发放低保金4438万元。健全完善保障住房管理长效机制，博众花园250套公租房分配完毕。

【教育】 大力发展学前教育，投入1000余万元经费改建园博幼儿园，同时做好普惠性民办幼儿园认定工作。加速示范幼儿园建设，辖区年末有省一级示范幼儿园32所，名列省、市前茅。均衡发展义务教育。年内，全区小学阶段毛入学率101.74%，巩固率99.04%；初中阶段毛入学率112.98%，巩固率97.88%。在公办小学招收的新生中，外地生员占41.77%；来昆务工的1157名随迁子女参加昆明市初中学生学业水平考试。推进高中学校“优质+特色”建设，努力形成“一校一品”局面。教育质量持续提升，区属公办学校初中考一级完中上线率23.20%；高考一本率48.41%，本科率77.19%，600分以上367人，占全市的11.12%。民办教育持续健康发展，辖区有民办职中3所，中小学21所，幼儿园74所，培训学校360所，教育培训规模持续增大。开展校外培训机构专项治理，排查校外培训机构922家，发现232家存在问题，整改完成89家。开展科技创新教育，举办五华区首届校园机器人创新评比展示活动，完成“科普中国·校园e站”建设，新增15所学校建设智能机器人实验教室。加强学校体育工作，开展学校大课间检查评比活动，举行中小学生田径运动会，做好网球进校园试点工作，昆明市第八中学和五华区外国语实验小学被命名为“国家级网球特色学校”。持续推进“三名”工程，引进名校长3名、名师13名，培育区属名校8所、名校长20名、名师109名，五华区外国语实验小学创建为“昆明市现代教育示范学校”，西坝小学创建为“云南省现代教育示范学校”。

【科技信息】 推进科技体制改革，与省科学技术院开展战略合作，成立“五华区县域科技成果转化中心”，在政策服务、科创培训、空间孵化、政校企结合、新兴产业推动等方面发挥促进作用。组织实施知识产权强县示范工程，不断提升知识产权创造能力，新增发明专利4642件，新增高新技术企业7户，辖区累计有高新技术企业142户，科技服务业增加值为14.3%。加快智慧城市建设，启动6个大类、16个重点建设项目，成立科技工作站，建立政企链接新桥梁、新平台。加快通信基础设施建设，重点完成林奇花卉、云花谷、科化足球训练基地的无线信号覆盖和厂口产业园区通信杆线迁改工作。全面开展光纤入户工程，新增光纤覆盖用户5万户，累计达到60万户，家庭宽带用户数超过36万户，行政村光纤通达率100%。推进辖区公共区域免费WiFi覆盖项目建设，在公共广场、旅游景区、便民中心、医院等71个地点安装AP终端1362个。实施光伏取水及太阳能路灯建设，瓦恭光伏取水系统已通过专家验收。加快科技人才培训步伐，对昆明市第10—14批26名学科带头人及后备人选进行考核，16人通过，10人基本通过。年内，辖区1人入选昆明市第四批科技创新领军人才，3人确定为市中青年学术技术带头人、9人确定为后备人选，分别占全市总数的20%、10%和21%。

启动“五华区人民政府”网站升级改版工作，设置“五华动态”“公共服务”等8大版块，强化五华区情、人文历史、投资政策等方面的介绍。新开通使用中国移动云MAS平台，为区属各部门发送短信16124条。区政府门户网站全年发布及公开各类信息7722条。五华区“两会”期间，“昆明五华”网站发布简报33篇、图片102幅。全年保障各类视频会议65次。

【卫生计生】 全面深化公立医院综合改革，控制医疗费用不合理增长。巩固完善基本药物制度，区属医院和全区所有公立基层医疗机构全部配备使用基本药物，实行零差价销售。健全完善公立医院现代管理制度，全面推进分级诊疗，2018年区医院转诊1015人次。加大基础设施建设，五华区医院及康养中心已开工建设，沙朗、厂口卫生院建设加快推进。强化公共卫生服务，家庭医生签约服务31万人，签约率达60%。0—6岁儿童、孕产妇、高血压病患者、Ⅱ型糖尿病患者、65岁以上老年人等

14类公共卫生健康服务项目全部落实。累计建立居民健康档案66万份，网络登记管理严重精神障碍患者3574例，管理率100%。全面落实妇幼保健制度，孕产妇死亡率为13.14/10万，婴儿死亡率1.45‰，五岁以下儿童死亡率1.71‰，妇女常见病筛查率133.84%，婚检率91.12%。加强防艾管理，对辖区200余家娱乐场所、宾馆、酒店采取培训与现场检查相结合的方式进行监管，完成自愿咨询检测3639例，全年新发现艾滋病病毒感染者和艾滋病病人126例，比上年减少22例；报告感染者和病人2950例，死亡379例，建档随访2373例。组织开展大规模周五爱国卫生大扫除义务劳动39次，参加38500余人次，清除一批卫生死角，城乡环境焕然一新。

【文化】 推进文化信息资源共享工程建设，在辖区8个街道建立共享基层站点，83个社区建立社区服务点。探索实践公共文化服务“零距离”工程，改变传统的“政府提供，百姓接受”办文模式，使之向“百姓需求，政府满足”的文化模式转变，达到公共文化“权利均等、参与均等、服务均等”的目的。全年举办群众文艺演出262场次，参加46641人次。举办第十届“海鸥文化暨首届昆明戏剧节”、春城文化节五华区非物质文化遗产展示、“百姓欢歌大舞台”、科技、卫生、文化“三下乡”等系列活动。抓创作、出精品，组织创作花灯歌舞《欢乐五华游》、小品《大桥下面》、相声《如此旅游》等一批观众喜闻乐见的作品。开办文艺骨干培训班65班次、培训3933人。开展公益性展览讲座201次、参加人数30107人。《五华讲坛》全年开讲53讲，接待听众4200余人次，成为五华区的知名品牌。区图书馆接待借阅人员10.9万余人次，开展咨询服务4239人次，图书馆网站访问量达70余万次。

加强文物保护修缮。年内，昆明广播电台旧址、黄河巷杨氏公馆修缮完工，欧阳氏宅院、周钟岳旧居修缮正在进行，筇竹寺消防和防雷设施及泥塑像科技保护已完成。加强非物质文化遗产保护，整理归档有价值的非遗项目和艺人23个。打造“五华区非遗传习点”，组织中小学生走进宝翰轩动手体验书画装裱制作。深入开展“扫黄打非”，检查网吧2279家次、旅行社1628家次、娱乐场所455家次，查缴非法音像制品及电子出版物500余盘，对7家违规经营者进行立案处罚。

【体育】 组织开展第十届海鸥文化节环翠湖千人迎新健身跑、春节元宵系列文体活动。举办全区干部职工新春健身运动会、“三八”节健步登西山、创建文明城市千人自行车骑行等活动。举办全民健身日五华区晨（晚）锻炼点健身展示、健身气功通讯比赛、健身路径比赛、北门太极武术比赛等项活动。举办第十一届全区残运会。打造五华跑团全民健身活动品牌，组织开展五华跑团每月一期大型活动，完成五华跑团周年庆典活动。组织开展2017昆明高原半程国际马拉松训练营活动，做好五华区参加半程马拉松比赛的各项工作。竞技体育成效显著，乒乓球、足球、田径等项目在省、市比赛中获得好成绩。青少年体育训练有序开展，在原11个区级代表队（田径、游泳、网球、足球、乒乓球、篮球、排球、拳击、射箭、武术、体操）的基础上，新增4个（举重、摔跤、柔道、自行车），达到15个代表队。老年体育蓬勃发展，举办全区老年人麻将、扑克双抠、门球比赛，组队参加昆明市第九届老年人健身运动会，参加全国龙狮闹元宵昆明展演和昆明市第十三届职工网球比赛并取得好成绩。

【旅游】 推进翠湖片区提升改造，提升长虫山—虚宁寺景区的旅游基础设施建设。加大投入，推进翠湖片区品质提升改造和A级景区建设，继续推进昆明老街、长虫山虚宁寺、陡坡西游洞、同景108等A级景区申报；翠湖—讲武堂完成3A级景区认定后，继续申报4A级景区。全区10家三星以上宾馆酒店，23家旅行社总社、13家分社，81家网点门市全部开展创建文明城市活动，48家建立学雷锋志愿服务站点。开展旅游行业“打非治违”“不合理低价”等项整治，对辖区106家旅行社营业网点及三星级

翠湖公园第六届荷花展

（五华区史志办　供稿）

以下宾馆酒店进行安全生产及防艾检查，立案查处案件9件，罚款76287元。构建“1+3+N+1”模式，翠湖、陆军讲武堂等景区上线“一部手机游云南”，全年旅游收入423.8亿元。

【扶贫攻坚】 明确目标，落实包保责任，扎实推进精准扶贫。年内，全面完成97户农村低收入低保家庭的危房修缮改造任务，同时开展新一轮农村低保收入群体C、D级农户危房改造；配套财政资金1800万元，完成法嘎“7·19”灾后异地集中安置房建设；确认退出农村低收入149户；对46名“已脱贫建档立卡”的贫困人员100%参加城乡居民医疗保险和大病保险，符合条件的35人全部参加城乡居民基本养老保险；对贫困人群到社区就诊，免除“挂号费、诊查费、化验费”，取消住院起付线、门槛费。累计投入资金8489.43万元，对口帮扶禄劝县乌东德镇、则黑乡及寻甸县、迪庆藏族自治州德钦县脱贫。安排969名干部结对帮扶禄劝县建档立卡贫困户，选派20名优秀干部驻村帮扶。开发就业岗位9209个，接收安置东川区农村劳动力546人就业。利用“环卫一体化”空缺岗位，由五华北控环境服务有限公司提供环卫岗位200个，进行农村劳动力转移就业安置。与寻甸县签订教育帮扶合作协议，对口帮扶金源乡发展教育。

【社会治安综合治理】 不断深化城市风格化管理机制，建立起“区、街道、社区、网格”四级网格长责任制，在全区196个管理网格中全面推行“1+7+X”模式。规范共享自行车、共享汽车有序发展，促进城市高效有序运转。完善社区治理体系，增加社区自治与服务功能，强化社区工作者队伍专业化建设，新成立龙锦等3个社区。平安五华建设扎实推进，“七五”普法向纵深发展。深化公安和司法行政改革，治安防控体系不断健全，立体化、智能化防控体系不断完善。深入开展扫黑除恶专项斗争，全年刑事警情同比下降32.18%。坚持和发展“枫桥经验”，探索建立“云解纷”五华中心，及时、多元化解矛盾纠纷，促进社会和谐稳定。应急管理体系进一步增强，增强安全生产、交通消防、食品药品等重点领域安全排查整治进一步强化，社会大局保持和谐稳定。

（杨连国）

盘龙区

【年内大事】 1月16日 云南泽奥生物科技有限公司向盘龙区人民医院捐赠TEG5000血栓弹力图仪1台、MX-1200母乳分析仪1台、产科专用血流动力学监测系统1台，总价值人民币1271790元。

2月6日 国务院教育督导委员会发布第二批全国中小学校责任督学挂牌督导创新县（市、区）名单，盘龙区是云南省唯一入选县区。

3月7日 盘龙区举行滇源、阿子营街道机关、事业单位人员移交仪式。标志着滇源、阿子营街道机关、事业单位人员正式由嵩明县调整至盘龙区管理。

3月15日 根据《云南省科技厅关于同意建设云南省科技成果转化示范县（市、区）的批复》，盘龙区获首批建设云南省科技成果转化示范区。

8月26日 团区委、昆明市浙江台州商会到盘龙区水源保护区开展精准扶贫、爱心助学活动。昆明市浙江台州商会会员企业与贫困大学生一一结对，共筹集善款10万元，向每名学生一次性资助3000元，帮助松华街道、阿子营街道20余名贫困学生完成学业。同时慰问新街社区10余名孤寡老人。

9月4日 区司法局在全省首家挂牌成立昆明市家政服务行业盘龙区人民调解委员会。

10月23日 国家禁毒委副主任、公安部党委委员、反恐专员刘跃进率参加全国社区戒毒社区康复“8·31”工程暨堵源截流“5·14”机制推进会的全国各省禁毒委主任及禁毒办领导300人到联盟街道考察调研社区戒毒社区康复工作。

11月1日 闻一多纪念馆奠基仪式在俊发城举行。西南联大教授亲属和闻一多纪念馆的设计者、清华大学教授王丽方等嘉宾出席奠基仪式。

12月13日 昆明市党员干部教育培训现场教学点授牌仪式在青云街道金沙社区举行，金沙社区成为盘龙区第一家由市委组织部、市委党校授牌的现场教学点。

【区划、人口】 盘龙区位于昆明市主城区东北部，东、南面与官渡区相连，北接嵩明和富民两县，西临五华区，西南与西山区接壤，辖区海拔在1891.6—2589.5米之间，年平均气温15.7℃，年降雨量1085毫米，辖区面积861.04平方千米。其中主城建成区面积60.96平方千米；水源保护区629.8平方千米，占辖区总面积的73%。2018年末，全区辖拓东、鼓楼、东华、联盟、金辰、青云、龙泉、茨坝、松华、双龙、滇源和阿子营12个街道，71个城市社区、32个行政村。户籍人口571078人。其中，男性284230人，女性286848人；18岁以下102633人，18—34岁110432人，35—59岁232010人，60岁以上126003人。全区在册流动人口430176人。截至2018年10月31日，全区城镇人口迁入30360人，城镇人口净增长15125人。

【经济综述】 2018年，盘龙区地区生产总值实现705.66亿元，同比增长11%。其中，第一产业增加值实现5.1亿元，同比增长1.5%；第二产业增加值实现212.7亿元，同比增长24.3%；第三产业增加值实现487.86亿元，同比增长5.1%。三次产业结构比为0.73∶30.15∶69.12。规模以上工业增加值同比增长33%；固定资产投资（不含农户）完成353.62亿元，同比下降22.3%；社会消费品零售总额实现554.52亿元，同比增长11.1%，其中限额以上社会消费品零售额完成214.37亿元，同比增长5.6%；城镇常住居民人均可支配收入完成43975元，同比增长8.1%；农村常住居民人均可支配收入完成19398元，同比增长8.5%。

【财政、税务】 2018年，全区一般公共预算收入完成41.4亿元，增长5.22%，其中税收收入占比为79.61%，同比增长6.69%；规模以上工业增加值同比增长33%，高于全市平均水平19个百分点。荣获云南省“2017年县域经济跨越发展进位县”称号。

全区完成税收收入950259万元，同比增长18.07%，增加145406万元。其中，环保税收入完成28万元，同比增长100%，增加28万元；资源税收入完成86万元，同比增长68.63%，增加35万元；契税收入完成58135万元，同比增长68.59%，增加23652万元；土地增值税收入完成45620万元，同比增长49.06%，增加15015万元；个人所得税收入完成75950万元，同比增长38.72%，增加21198万元；营业税、消费税、车船税、车辆购置税消费税均同比减少，分别减少67.37%、23.02%、19.83%、2.92%。

【商贸、旅游】 全面落实“六稳”要求，出台23条稳增长措施，经济运行平稳健康，发展质效不断提高。狠抓项目稳投资，实施区级重点建设项目277项，完成固定资产投资（不含农户）353.62亿元。兑现楼宇（总部）经济和现代服务业奖励扶持资金4572万元，成立楼宇经济促进会，评定星级楼宇26幢，引入区域型总部企业3户，第三产业完成增加值487.86亿元。社会消费品零售总额完成554.52亿元，同比增长11.1%。成功引入平安普惠、费森尤斯、财通证券等知名企业入驻，完成内资99.06亿元、外资1424.85万美元。推进“质量强区”和“国家知识产权强县工程试点区”建设，新培育认定高新技术企业49户，全社会研发经费投入占GDP比重达2.56%，成功创建为全市首批省级科技成果转化示范区。持续优化营商环境，实行“容缺受理”机制，组建全省首支行政审批服务队，公布“最多跑一次”事项115项，157个行政审批事项纳入“一窗式”综合办理。市场主体快速增长，新增市场主体1.66万户，市场主体总量达8.39万户。

年内，全区监测范围内的旅游企业共接待游客1743.84万人次，同比增长52.94%，完成全年指标的116.03%；旅游综合收入298.39亿元，完成全年指标的101.49%；完成“一部手机游云南”阶段性任务，整治旅游市场秩序，实现旅游综合收入303.55亿元。

【城市建设与管理】 开展《盘龙区控规梳理完善——城市设计及市政基础设施部分》《北京路、人民路沿线集中商务区城市设计》等规划编制。加快“批而未供”及闲置土地处置，完成土地供应1228.3亩，成交金额72.7亿元。龙泉路延长线北段、盘龙67号路建成通车，寺瓦路综合整治及综合管廊、龙泉路延长线二期等9个项目开工建设，白云路地下人防工程、北京路连接西北绕城高速立交等4个项目加快推进。启动金色交响等5座人行天桥建设，完成龙泉110千伏电力通道建设，完成东华站、火车北站等一批地铁4、5号线站点征迁。实施东干渠加固整治、长虫山分洪项目等5项城市防洪排涝工程，建成防汛视频监测站59个，防止城市内涝。开展青龙山、金刀营等10个片区控规梳理及规划方案编制，启动大波村二期、茨坝村等14个项目征迁工作，完成麦地村2-2期、波罗村2-1期等7个项目征地拆迁，建成交付回迁安置房65.33万平方米。推进城市更新改造历史遗留问题处置，蒋家营、刘家营、清泉村回迁安置房交付使用，完成王旗营一期、德惠小区微改造。持续开展全国文明城市创建工作，成功创建云南省第四届文明城市，国家卫生城市、国家园林城市通过省级复审复查。创新开展市容环境综合整治“六净”行动，建成区实现环卫一体化全覆盖，网格化管理考核全市排名第一，新建及提升改造公厕33座，整治旱厕62座。开展城乡生活垃圾分类试点工作，建成红荞地、石关坡弃土消纳场。完成“两违”建筑治理216.42万平方米，其中重点路域4.77万平方米。完成北京路229幢建筑和盘龙江灯光亮化美化。“世界春城花都”建设扎实推进，实施“个十百千万”鲜花靓盘龙行动，高品质建成景润公园等一批城市公园、小游园和景观节点，新增城市绿地21.2公顷。

【生态环境保护治理】 抓好中央环保督察“回头看”反馈问题整改，整治一批环境突出问题，巩固提升生态环境建设水平。年内，完成盘龙区第二次全国污染源普查试点工作，首次开展水源区土壤监测，为面源污染治理、水源保护提供基础数据；实施滇池保护治理“三年攻坚行动”，开展滇池流域支次沟渠水系规划编制，完成盘龙江、金汁河等10条河道“一河一策”实施方案编制工作，建设雨污应急调蓄池20个，完成东白沙河水库清淤，水质从劣Ⅴ类提升为Ⅳ类；开展冷水河等河道水环境综合治理工作，完成清水河综合整治，使冷水河、牧羊河水质稳定保持在Ⅱ类水；严格水源保护，完成松华坝水源保护区一级核心区133户移民搬迁，建成松华坝水源保护区物理隔离防护工程22千米；落实河（湖）长制，严格执行河道水质生态补偿制度，建成河道水质自动监测站26座，常态开展河道断面水质监测，完成东白沙河、花渔沟黑臭水体整治；严格落实大气污染防治各项机制，新建7个大气自动监测站，加强重点领域源头扬尘治理，治理淘汰黄标车3598辆，空气质量优良率达97.81%，空气质量综合指数为3.71，位列主城四区第一；实施中幼林抚育3000亩，义务植树86万株。

【“三农”工作】 将巩固脱贫攻坚与实施乡村振兴战略有机衔接，出台《盘龙区全面巩固提升脱贫成果实施方案》《盘龙区实施乡村振兴战略加快推进农业农村现代化实施意见》，围绕“两不愁、三保障”标准，按照“七个一批”巩固提升脱贫攻坚工作，强化动态管理，加强医疗、教育保障，建档立卡贫困人口100%参加基本医疗保险和大病保险。加强产业扶贫，推广林下有机三七、生态有机蔬菜种植等扶贫项目，增加群众收入。抓紧完善水源区生态补助方案。完成10个美丽宜居乡村区级示范村建设。基本完成农村土地承包经营权确权登记。年内，完成粮食播种14.85万亩，蔬菜种植4.5万亩，种植烤烟2.17万亩，收购烟叶6.25万担，全区农林牧渔业总产值实现8.22亿元，同比增长1.5%。其中，农业产值6.63亿元，同比增长7.7%；林业产值0.41亿元，同比增长37%；牧业产值0.93亿元，同比下降20%；渔业产值0.07亿元，同比下降5%。全区农林牧渔服务业产值实现0.18亿元，同比增长25%。全区农林牧渔业增加值实现5.18亿元，同比增长1.6%。其中，农林牧渔服务业增加值实现0.09亿元，同比增长20.7%。启动第一批水源区农村C、D级危房改造。围绕“四好农村路”建设目标，实施2018年农村公路路网联通工程和小双、阿新公路改造，完成小河公路改造，治理交通安全隐患点43个。开展山区“小水网”及高效节水灌溉项目，完成“五小水利”500件。

【教育】 2018年，完成《盘龙区中心城区教育资源布局布点专项规划》《盘龙区教育设施规划（2018—2035）》《盘龙区学前教育和高中阶段教育布局布点专项规划》编制。云南师范大学实验中学昆明湖校区、云大附中西林分校等优质资源入驻盘龙，区域教育资源进一步优化，布点布局更加合理。新开办东华幼儿园朝九晚五分园等7所学校（园），与国际学校签订战略合作协议。安置外来人员随迁子女小学入学4356名。学生资助基本实现全学龄段至创业阶段全覆盖。完成129幢、7.87万平方米中小学及幼儿园不安全校舍加固改造。先后荣获全国中小学校责任督学挂牌督导创新区、首批国家义务教育质量监测结果运用实验区、全国优秀国学教育项目、云南省勤工俭学工作先进集体、云南省“五一”巾帼标兵岗、云南省生源地助学贷款先进集体、昆明市教育工作目标考核一等奖第一名、昆明市教育质量考核一等奖、昆明市“一师一优课”“一师一优活动”优秀组织单位等荣誉。

【科技】 开展社区科普益民工作，组织健康知识讲座、节能环保活动、安全知识培训、防震防汛减灾演练等活动近200场次。开展示范社区创建，以此为抓手推动社区科普工作深入开展，金辰街道映象社区、鼓楼街道灵光社区被命名为2018年云南省科普示范社区。创新服务方式充实社区科普服务，购买科普仪器和展品，定期在社区、学校、机关之间流动展示，有效解决原有袖珍科普馆服务辐射面不足的问题，进一步扩大科普服务的受众辐射面。

重视青少年科普工作。年内，盘龙区14项作品参加第33届昆明市青少年科技创新大赛终评决赛；1所学校被命名为省级科普教育示范学校，2所学校被命名为市级科普教育示范学校，7所学校被命名为省级青少年科学调查体验活动特色学校。校园科普e站的科普传播形成常态，通过科普中国网站视频、文章等资源，为学校的科普教学提供支撑。引进社会先进科普教育资源，创新开展社区儿童科普公益课堂项目，为社区青少年科普注入新鲜活力。承办“2018WRO机器人高手大会南区联盟赛西南分站赛”。科普大篷车科普活动进校园9次，受到学校老师和学生的热烈欢迎。

围绕科技扶贫、精准扶贫重点，加大对农村科普工作的力度。年内，共组织农函大、农业技术等培训20余期，农业种植、养殖等专题培训1000人次。关爱农村留守儿童，进一步加大农村儿童科普力度。

【文化、卫生】 年内，全区组织开展各级各类公共文化服务演出活动672场次、讲座128场次、培训360场次、展览97次、体育赛事194项、其他活动552场次，以常态化服务供给机制助推“幸福盘龙”工程建设。启动闻一多纪念馆建设，完成4个街道综合文化站、21个社区（村）综合文化服务中心达标建设，区图书馆被评为国家一级公共图书馆。

建成6个卫生院中医馆，家庭医生电子化签约率达26.73%。完善水源区“健康大篷车”巡回医疗机制。顺利通过国家慢性病综合防控示范区复审，成功创建为云南省首个全国流动人口基本公共卫生计生服务均等化示范区，完成云南省第三轮全国艾滋病综合防治示范区各项指标任务。

【社会保障】 年内，全区农村劳动力转移就业5401人，城镇新增就业2.84万人，城镇登记失业率控制在3.75%以内。城镇职工社保参保率达96%，城乡居民基本养老保险、医疗保险参保率分别达98.5%、95%，城乡居民基础养老金连续6年全省最高。落实城乡最低生活保障、特困人员供养等救助政策。开展“互联网+”智慧养老和“医养结合”改革试点建设，建成健康养老信息服务中心，新增居家养老服务中心3个。

（黄　睿）

官渡区

【年内大事】　1月18日　官渡区举行昆明巫家坝片区市政基础设施及总部基地项目集中开工仪式。

1月20日　官渡区杨方凹幼儿园被《环境教育》杂志社、全国生态文明教育师范学校委员会评为“全国生态文明教育示范学校”。

1月23日　官渡区羊甫头古墓葬考古发掘展在官渡区博物馆开展，铜削、带柲铜戈（西汉）、漆木箭箙等一批有影响的考古成果纷纷亮相。展览免费开放到5月底。

2月7日　省委组织部、省人力资源和社会保障厅、省财政厅发布首批引进100名“云岭青年人才”专项入选名单。驻区的中铁二院昆明勘察设计研究院有限公司张蕊、中国科学院云南天文台赵应和、陈海亮位列其中，并将得到省级财政各50万元的一次性工作生活补贴。

3月初　官渡区河道综合治理工程PPP项目入选全国第四批PPP示范项目，涉及投资额9.02亿元。

3月15日　新亚洲体育城社区成为官渡区首家被昆明市侨联授予“侨胞之家”称号的社区。

同日　官渡区2018年“七十二行大练兵　三百六十行出状元”竞赛活动启动，旨在造就更多的“官渡工匠”和创新人才。

3月16日　建设近2年的官渡区党群活动服务中心、官渡区社会组织孵化基地揭牌运营。

同日　首届昆明市官渡区“公益节”成功举办。

3月20日　云南省县区第一家“医学3D打印运用示范基地”——官渡区人民医院“云南省3D医疗惠民官渡工作站、医学3D打印运用示范基地”揭牌。

3月25日　全省首个电商产业党委——官渡区电子商务产业党委成立。

3月30日　昆明市首个物业行业团体党支部——官渡区物业管理协会党支部成立。

4月13日　全省首家“红色影院”在官渡区横店影城揭幕。

同日　云南省首家新兴青年群体“筑梦空间”成立。“筑梦空间”是一个聚合政府、社会各方资源的新兴青年活动服务平台，可以自由发起众创，参与体验众多有趣的活动和培训。

5月24日　云南省首个幼儿科学工作室在官渡区曙光幼儿园方旺校区揭牌成立。

5月29日　昆明官渡新经济产业园入驻签约仪式举行，摩拜单车云南总部、云南人人树电子商务有限公司等共享出行、智慧农业类13户企业入驻园区。

6月8日　中国领先的互联网创新创业公司——颐高集团云南新经济产业园落户官渡区。

6月15日　在第五届中国—南亚博览会暨第25届中国昆明进出口商品交易会上，官渡区政府签约巫家坝片区总部项目总金额达412.8亿元，标志着巫家坝城市新中心逐步形成。

6月20日　官渡区首个非公经济组织区域化妇女联合会成立。

7月26日　区政府与云南省经济社会大数据研究院签署战略合作协议，就共同推进官渡区大数据应用，助力官渡区“智慧城市”建设达成共识。

8月9—13日　官渡区组织区内18户特色文化企业报名参加在国际会展中心举办的创意云南2018年文化博览会，展位面积达495平方米，并荣获云南文化产业博览会组委会颁发的“最佳展位奖”和“优秀组织奖”。

8月19日　在重庆举行的第33届全国青少年科技创新大赛专项奖颁奖典礼上，昆明市第十二中学《水流三池（尺）清——昆明十二中大理白族生态智慧研学调查实践活动》项目获得科学实践活动全国十佳科技实践奖第三名。

9月中旬　工信部研究院赛迪顾问发布《2018年中国百强区发展白皮书》，量化评选出2018年中国百强区，官渡区位列第52名。

10月初　最高人民法院下发《最高人民法院关于对全国法院文化建设先进单位予以表扬的通报》，官渡区人民法院荣获“全国法院文化建设先进单位”荣誉称号。

10月17日　省政府办公厅公布2017年度州、市民营经济发展和“云南省民营经济综合10强县”考评结果，官渡区位列云南省民营经济综合10强县第一名。

10月29日至11月2日　官渡区太和街道和平路社区党总支书记兼居委会主任段永芬作为昆明市唯一一名基层妇女代表参加第十二次全国妇女代表大会。

11月23日　2018云南首届“金茶花”文创设计大赛暨文创人才创业就业选拔赛颁奖典礼在官渡区举行。本届大赛由昆明市文化创意产业协会、官渡区文产办主办，是创意云南2018文化产业博览会主题项目之一。

11月25—28日　2018第六届“中信置业杯”中国女子围甲联赛昆明官渡站暨2018女子围甲赛在官渡区云子棋院举办。本次赛事是中国女子围甲联赛首次到云南“云子”的故乡官渡举办。

12月4日　全省首个街道“三社联动”指导中心和社区社会组织孵化基地在金马街道东华路社区揭牌成立。

12月5日　官渡区与南开大学基础教育管理中心在昆签订合作办学协议，联合在官渡区建立南开日新国际（官渡）学校。市委书记程连元，中国工程院院士、南开大学校长曹雪涛，市长王喜良出席签约仪式。

同日　云南省首个多元化矛盾纠纷调解中心在官渡区金马街道成立。

12月6日　“云南省知识产权高端人才官渡行”活动暨面向南亚东南亚知识产权人才基地建设研讨会在官渡区云南滇创季官产业园举行。22名获云南省评定的知识产权高端人才受聘成为“面向南亚东南亚知识产权人才基地”专家，入驻官渡区知识产权人才培养基地。

12月12日　由省委宣传部、省文明办、省总工会、团省委、省妇联和云南广播电视台主办的2018“云南好人”颁奖晚会在昆明举行，官渡古镇古渡梨园创办人张雄获得“2018云南好人”称号。

同日　全省第一个商品价格指数系统——螺蛳湾小商品和中药材价格指数在官渡区发布。

12月26日　官渡区辖区内8个街道、96个社区“一窗式”综合受理窗口上线运行。此举标志着官渡区在云南省县区率先实现政务外网辖区“全覆盖”、实现“互联网+政务服务”平台全区“全覆盖”，省、市、区、街道、社区五级联动，让群众办事更便捷。

【区划、人口】　官渡区位于昆明市区东南部、滇池北岸，东接滇中产业聚集区，南接呈贡区，西南濒临滇池，西北与盘龙区相接，西与西山区相连，总面积552.21平方千米，实管面积128平方千米。全区辖关上、金马、太和、吴井、官渡、小板桥、六甲、矣六、阿拉、大板桥10个街道。其中，大板桥街道由滇中产业聚集区托管，阿拉街道由昆明国家经济开发区托管。2018年，通过改革户籍政策，迁入的人员较多，全区总户数为230769户，比2017年增加5567户，增加24.7‰。总人口数592399人，比2017年增加10897人，增加18.7‰。出生7767人，死亡2608人，出生率13.1‰，死亡率4.4‰。年平均人口592399人，自然增长率18.4‰，人口呈现正增长。迁入23500人，迁入率39.67‰；迁出17852人，迁出率30.14‰，机械增长率9.53‰。人口中男性297426人、女性294973人，男女性别比100：101。全区有彝族、回族、白族、壮族、哈尼族等44个少数民族，有1个少数民族聚居社区——子君社区，其中彝族3226人，占社区总人口的84.1%；有1个回族聚居居民小组——官渡社区秀英村，其中回族113人，占25.5%。

【经济综述】　2018年，全区突出“大建设、大开发、大发展”主基调，经济社会保持平稳较快发展，被评为“全省民营经济十强县”第一名，“2018年中国百强区”第52位，排名全省第一、西南地区第二。出台推动经济持续健康快速发展的32条政策措施，经济运行保持稳中有进的良好态势。年内，实现地区生产总值1223.2亿元，同比增长8.1%，绝对值居全市第一，排头兵地位进一步巩固；地方一般公共预算收入完成43.29亿元，同比增长8.4%，绝对值居全市第一，其中税收收入37.59亿元，占比由上年的77.1%提高至86.8%，收入结构持续优化；城镇和农村常住居民人均可支配收入分别为43867元、20376元，同比增长8%、

坐落于海东湿地公园的昆明市规划馆

（王正鹏　摄）

8.8%。根据“十三五”中期评估，全区国内生产总值、引进市外资金、社会安全指数、保障性安居工程建设等5大类21项指标均达到或超过预期，发展效益不断提高。强化消费促进发展，社会消费品零售总额达544.99亿元，增长8.6%。强化投资拉动发展，实施重点建设项目221项，项目总投资3165.44亿元，固定资产投资增长29.5%，考核排名全市第一。

【改革创新】 全面完成涉及行政领域的45项改革和46项省、市重点督查事项。全面贯彻落实国家各项减税降费政策措施，切实帮助实体、民营经济降低运营成本。出台《官渡区国有企业分类监管实施意见》，进一步优化资本配置，提高运营效率。全面推行预算绩效管理，内控制度规范化建设取得阶段成果。完成国家中、小学知识产权教育试点、市级“一窗一人一机”办税试点工作任务，启动企（事）业单位公务用车制度改革。探索行政执法与刑事司法衔接机制，率先成立市政民警队，进一步加大城市管理、生态保护等监管力度。

营商环境明显改善。深化放管服改革，印发《昆明市官渡区人民政府关于进一步深化放管服改革优化营商环境的实施意见》《昆明市官渡区贯彻落实云南深化“放管服”改革“六个一”行动实施细则》。全面推进8个街道为民服务中心、96个社区为民服务站“一窗式”受理改革工作，在全省率先实现全区政务服务平台全覆盖和“互联网＋政务服务”省、市、区、街道、社区5级联通全覆盖，初步实现“3550”改革目标。梳理公布“最多跑一次”事项清单202项，全年共受理“最多跑一次”事项约92万件，办结率100%。16个区级部门、8个街道、96个社区的300项办理事项全面实施“一窗式”综合办理，2018年政务服务第三方评价得分总体成绩优秀。“双随机、一公开”监管实现全覆盖，全区新增市场主体3.5万户，总量和增速连续3年居全省第一。全年实现非公经济增加值618.93亿元，增长6.9%。

创新发展动能增强。成立“官渡区新经济孵化器产业园联盟”，建成新经济、电商等各类园区16个，面积达32.58万平方米，入驻企业548户，带动就业5400余人。推动阿里巴巴国际站、五洲跨境等跨境电商平台多元发展，区内跨境电商企业数约占全省1/3。全年投入273万元实施21项科技计划项目，建立市级重点实验室1个、市级院士工作站1个，创建1个省级科技创新团队，22人入选云南省“万人计划”人才名单，中铁建被评为全市首批高层次人才“双创”示范基地，新认定高新技术企业26户，科技及信息服务业增长14.95%。编制完成《官渡区新型智慧城市顶层设计（2018—2022）》，组建全省首个区级大数据工作专家顾问团，政府治理大数据平台启动建设。西部首个原创认证保护中心落户官渡，推进“面向南亚东南亚知识产权服务（昆明）中心”建设，康乐茶文化城被列为全省首家“国家知识产权保护规范化培育市场”，云南滇创科技孵化器企业管理有限公司被确定为“全国知识产权服务品牌培育机构”，云南滇创季官产业园被评为“云南省知识产权示范园”。

【招商引资】 深入开展精准招商。制定《加强全区重点产业招商引资工作实施意见》，加强与空港区、综保区融合发展，三区联动赴8个城市开展招商，全年实际引进市外到位资金83.04亿元、利用外资1.02亿美元。中国金茂、中建股份、绿地集团东南亚区域总部相继落户，总部企业新增4户，总数达27户，保有税收千万元楼宇6幢、亿元楼宇3幢。

【产业升级】 传统产业提质增效。现代商贸服务业支柱地位更加牢固，大都、海伦国际、清溪渡等商业服务综合体更加成熟，全区批发业商品销售额增长17%，营利性服务业营业收入增长8.1%。强化开放支撑发展，实现外贸进出口额6.2亿美元，全省首个市场价格指数——螺蛳湾指数应用系统上线，商贸业跨境辐射作用不断增强。房地产业持续健康发展，商品房销售面积达438.11万平方米，增长41.7%。工业和现代装备制造业转型升级，完成工业产值605.13亿元，规模以上工业增加值增速达8.9%。

新兴产业逐步崛起。电子商务迅速发展，新建成颐高新经济产业园，签约入驻企业50户，官渡、季官电商产业园专业化水平不断提高。旅游、文创和大健康产业持续发展，“一部手机游云南”与省、市同步上线，旅游市场整治有序推进。年内，旅游接待人数达3548万人次，收入完成560.9亿元，分别增长22.56%、34.93%；全区规模以上文化企业60户，营业收入达47.16亿元；成功承办第三届“慕尼黑啤酒节·昆明之旅”、第六届“中信置业杯”中国女子围棋甲级联赛昆明·官渡站等赛事及相关公益活动；编制完成《官渡区健康服务业三年行动计划》《官渡区养老服务体系构建规划（2018—2025）》；金融业快速发展，辖区金融机构人民币存贷款余额增速达11.79%。

特色产业蓬勃发展。高质量保障第五届南博会、澜湄合作博览会等大型活动，辖区内共举办各类会展活动9673场，会展业总收入12.08亿元，拉动相关行业收入约108.72亿元，占全市总量的35%，荣获“2018中国最具竞争力会奖强区”称号。

【农业、林业】 开展全区农村土地承包经营权确权登记颁证工作。截至2018年11月末，完成全区2个街道、25个社区、112个村组、1.90万余户、130966.55亩耕地的承包方调查、核查、土地经营现状的地块确认、指界指认及矢量化等工作；完成第一轮和第二轮公示，公示面积101467.8亩，涉及农户1.9万余户；印制“农村土地承包经营权证”19221本，颁发证书19221本。

继续加大对农业加工、流通型龙头企业的培育扶持服务力度，促进农产品附加值和全区第一产业增收。全区共有各级农业产业化龙头企业31户，全年实现销售收入61.07亿元，增长率10%。2018年，市级下达的“三品一标”认证工作目标任务6个，云南盐业有限公司开展6个绿色食品认证工作。年末，全区共有“三品一标”认证11个，产品监测合格率100%。蔬菜、花卉生产集中在矣六街道，全年完成蔬菜播种面积0.3万亩，为任务数的150%；产量1.5万吨，为任务数的500%。花卉种植面积3700亩，为任务数的100%；上市量1.7亿枝，为任务数的100%。

全年共投入486万元（抚育专项10万元、机场高速冻害桉树改造476万元），完成滇池流域水环境治理面山森林抚育1119亩。完成义务植树63.2万株。东绕城高速官渡区段（含广福路延长线）路域环境绿化优化冻害桉树绿化改造项目投入资金3354.97万元（按“3、3、3、1”列入财政年度预算，分4年到位，2018年到位427万元），实施面积为879亩，砍伐桉树56515株，种植苗木127373株，完成计划种植114615株的111%。全年发放“林木采伐许可证”8份，采伐林木1598.9立方米，无林权纠纷调处发生。

【城市建设】 基础设施不断完善。进一步完善市政配套设施，整治旱厕219座，提升和新建公厕15座，城市公厕全部免费开放。加快立体停车场建设，新增备案停车泊位2.39万个。

重点片区加速建设。全年共完成土地收储2732.62亩，土地供应1963.25亩，超额完成目标任务，成交总价居全市前列。扎实推进巫家坝、滇池会展、金马—凉亭3大片区开发建设，挂牌交易土地1525.89亩，完成投资73.38亿元。推进五里、关坡、小街片区等城中村改造项目10个，启动宝丰、普自等“三旧”改造连片开发项目10个，累计完成拆迁面积253.4万平方米，完成投资119.37亿元。推进佴家湾、上苜蓿村项目历史遗留问题有序解决。抓住昆明列入国家城市规划修编试点的机遇，提出矣六生态隔离带、凤凰山片区规划调整意见建议。编制完成《官渡区土地整治规划（2016—2020）》，立案查处土地违法案件73宗。

官渡古镇

（王正鹏 摄）

城市文明常抓不懈。制定《昆明市创建第六届全国文明城市官渡区三年行动计划（2018—2020）》，严格落实“六个不滑坡”“六个持续提升”，被评为第四届“云南省文明城市”。推行“五个一”城市网格化综合运行模式，提升城市精细化管理水平。零容忍整治违法违规建设，整治违建381宗，拆除面积260万平方米。深入开展市容环境和道路交通综合整治，完善环卫一体化管理机制。顺利完成国家卫生城市复审、国家园林城市复查。

全力保障省、市重点基础交通设施建设，地铁2号线二期、4号线、6号线二期征地拆迁工作接近尾声，完成南二环提升改造保通工程。实施81个道路建设项目，建成会展西路等道路15条，新增里程10.04千米，完成投资15.2亿元。在新建道路中，官渡40号、官渡55号路等4条道路计划2019年底完工，官渡341号等6条道路已开工，官渡42号路等5条道路正在开展项目前期工作。在续建道路中，永中路（广福路—官渡43号路）、官渡3号路等7条道路已完成施工；矣六街等5条道路计划2019年底完工；古滇路（含地下综合管廊）等20条道路建设正在推进中。在道路综合整治和节点改造项目中，广和路（官渡11号路）与彩云北路节点改造、昌宏路与雨龙路交叉口、二环高架改造保通项目等8个节点项目已完工；南部客运站、大树营光明路口2座人行天桥正在办理前期手续；佴家湾路等4个综合整治工程建设正在推进中；东三环王旗营蔬菜批发市场人行天桥任务已取消。在市级重点项目中，地铁2号线二期（官渡区段）8个站点、4号线（官渡区段）9个站点、6号线二期（官渡区段）3个站点征迁工作已完成。完成菊花枢纽站至菊华站盾构区间新增拆迁任务。福宜（福德立交至宜良）高速项目建设主体为市交通运输局，已积极协调开展用地报审工作。

【污染防治】 深入实施区级滇池水环境治理“十三五”规划，落实“一河一策”，健全河长巡查包保、联动督查等制度，探索PPP、EPC等合作模式，投资13.4亿元推进工程整治，实施滇池保护治理项目37个，创历史新高。新建原位污水处理站12座，强化生物治理等新技术运用，提高治污效率；实施新宝象河、海河等总长35千米的河道清淤，广普大沟、姚安河等6条黑臭水体基本消除。大力推进河道治理，全面开展滇池流域保护治理“三年攻坚”行动，攻坚黑臭水体及河道综合整治。不断深化河长制，全区各级河长累计巡河5391次，发布市、区级河长巡河工作动态50余期，下发整改交办通知9件。大力推进环境整治，完成中央环境保护督察“回头看”交办件132件，办结率100%；打好蓝天保卫战，强化大气环境质量网格化管理，完成黄标车治理淘汰，全年空气质量优良率保持在98.8%；实施节能减排降耗工程，区内重点污染源企业均实现达标排放，主要污染物氨氮、COD分别削减0.19万吨、2.15万吨；启动第二次全国污染源普查。

【绿化美化】 大力推进生态建设。年内，强化基本农田保护，在全省首家出台《基本农田保护补偿机制暂行办法》；积极打造“春城花都”，启动东沟公园等建设，新增绿地面积37.56公顷，人均公共绿地面积达13.63平方米；全面完成中央环保督察“回头看”132项任务整改；在全市率先编制完成《城市道路树种专项规划》，打造环湖东路、飞虎大道等“一路一景”。

不断提升城乡人居环境。年内，推进东沟公园、新海河滨河带状公园建设，完成大清河入湖口湿地等3个湿地（共239.7亩）布水系统项目实施方案编制并通过专家评审；完成海绵城市建设项目52个约3.5平方千米；调动全区建筑工地参与扬尘防治，全年对辖区内113个在建工地进行检查600余次，完成黄标车治理淘汰，全年空气质量优良率保持在98.8%；整治违建381宗，拆除面积260万平方米；启动官渡宝丰、六甲盘龙等10个“三旧”改造连片开发项目，完成拆迁253.4万平方米；完成东华小区、中医学院宿舍、升华小区二期、昆明铁路段东北门、中营云秀小巷等旧住宅区微改造工作；制订完善《官渡区环境监管网格化实施方案》，推行“五个一”城市网格化综合运行模式，开展各类环境监察巡查400余次。

【科技、教育】 2018年，官渡区实施科技计划项目21项，扶持经费达273万元。成立“官渡区新经济孵化器产业园联盟”，年内有联盟成员14个，为官渡区新经济产业发展奠定基础。新遴选出区学术和技术带头人15名和区科技创新团队5个。实施国家知识产权强县工程，助推产业转型升级。通过2017—2018实施国家知识产权强县工程示范工作，在全省县（区）中实现“七个率先”。8月，为推进官渡区政府治理大数据平台建设工作，成立“官渡区智慧城市大数据平台建设工作领导小组”，建立官渡区信息产业及智慧城市发展建设专家库。

持续实施“增量扩优”“名校融校”战略，全面推进“三名”工程，与西南大学基础教育集团、南开大学基础教育管理中心签订合作协议，成功引入优质基础教育资源。完成2所全国名校的引进，完成204名名师、14名名校长的引进和培育工作，超额完成任务。方旺片区配套48班小学、63班中学等7个新建、改扩建项目竣工并投入使用，琥珀俊园二期配套9班幼儿园等12个新建工程项目建设正在推进中。完成古镇一小运动场等32个项目约3万平方米校舍修缮改造。制订第三期“学前三年行动计划”，年度学前教育三年毛入园率达102.47%。加大普惠幼儿园建设，公办幼儿园和普惠性民办幼儿园在园幼儿占比达85.02%。建立健全官渡区义务教育均衡发展保障机制，年度小学、初中巩固率均达100%。推进中、小学标准化建设，关二小被评为“云南省现代教育示范学校”；启动和平小学等重建改造工作，完成新二中心学校等3万平方米校舍修缮改造，官二中等6所学校建成投入使用；妥善保障1.41万名外来务工人员随迁子女就学，总量居全市第一；中高考成绩再创新高，一级高（完）中教学质量评价获奖达8所，居全省首位。

【公共文体】 完善公共文化体育服务体系，建设完成街道综合文化站3个、社区综合性文化服务中心9个。扩大文化惠民消费试点，制作价值64万元的文化惠民消费券和体育惠民卡免费发放给群众，创作《小小昆明人》《天山儿女情》等优秀文艺作品25部。进一步完善基层图书文化网络，建设图书馆馆外图书服务点46个，运用数字新技术开展阅读推广服务。科普中国“e站”建设服务在社区、学校实现全覆盖。强化“三个人才基地”建设，区非物质文化遗产传习基地提升为四星级人才基地，区青少年体育人才基地被评为三星级人才基地；区民族民间文化人才基地开展“官渡区庆祝改革开放40周年官渡画乡三十年优秀作品展”等交流活动，2人获文化和旅游部表彰，1人获“昆明市劳动模范”称号。完成第八届“非遗”联展、“古韵官渡”等系列活动，全年演出533场次，举办各类培训357期、讲座165期、展览85期，放映公益电影246场。投入文物修缮保护资金1170.5万元开展金刚塔地宫

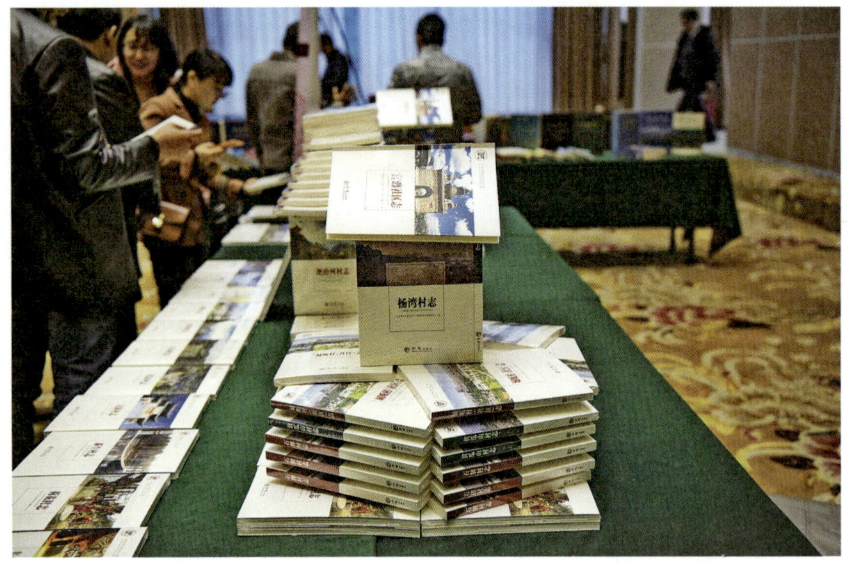

《官渡社区志》入选中国名村志文化工程。图为《官渡社区志》参加中国名村志座谈会暨第二届中国名村志发行会展会

（王正鹏　摄）

等15项文保单位修缮保护工程，其中完成巫家坝机场旧址民国时期候机楼等文物修缮保护。持续打造“15分钟健身圈”，建成文体活动广场2个，健身路径34条。官渡区国民体质监测中心完成辖区居民3117人的免费体质监测服务。11月25—28日，2018第六届“中信置业杯”中国女子围甲联赛昆明官渡站暨2018女子围甲赛在官渡区云子棋院举行，此为中国女子围甲联赛首次在云南、在“云子”的故乡官渡举办。举办区第七届运动会、庆祝改革开放40周年文化系列活动等惠民性文体活动，高质量完成昆明高原国际半程马拉松赛、上合昆明国际马拉松赛等国际型体育项目赛事的保障工作。

【医疗卫生】　持续推进城市公立医院综合改革，全面实施药品采购“两票制”，组织对20家医疗机构开展2018年分级诊疗制度建设督导检查，区属公立医疗机构均与转诊机构签订双向转诊协议。家庭医生累计签约30.99万人，选派32名专家进入社区开展门诊诊疗。制定《官渡区名中医工作室建设管理办法（试行）》，建立区级名中医工作室5个。区人民医院迁建项目累计完成投资7.21亿元，与上海同济大学附属第十人民医院脊柱微创治疗中心等国际性知名医院协作，提高医疗技术服务实力及社会知名度。助推三级医院建设，省3D医疗惠民工作站等3个示范基地相继落户。建立公共卫生服务绩效考核评价机制，基本公共卫生服务项目实行“分块管理、分包考核”管理模式。开展全科医师转岗培训，70人参加各类全科医师培训并取得合格证，42人注册为全科医师。推动落实官渡区基层中医药服务能力提升工程“十三五”行动，整治病媒生物滋生地和卫生死角，全面落实“两项制度”“奖优免补”和“三项奖励”政策，切实抓好妇幼保健、人口计生工作。同时，加大非法行医打击力度，持续推进疾控、防艾工作。

【民生保障】　社会保障力度持续加大，民生投入达35.55亿元，同比增长15%，占一般公共预算支出的67.93%。努力完成贫困帮扶、交通路网、人居环境、滇池治理、就业扶持、社会保障、教育增量、卫生服务、公共文体、政务服务等10件实事。

实施全民参保计划，各类社会保险参保人数达110.24万人。推进“同舟计划”建筑业新建项目工伤保险落实，参保率达99%。在全省率先开展“互联网＋”智慧养老体系建设，首家建成养老综合服务示范中心，社区居家养老服务中心达43个，新增养老床位500张，总量继续保持全省第一。全面建成吴井街道四〇三厂社区、矣六街道云翔社区和金马街道幸福邻里社区3个居家养老服务中心。完成五腊、四甲、中闸等片区回迁安置，共交付回迁安置房4966套、面积85.29万平方米。全面完成区、街道、社区三级“军人之家”建设，荣获第十届“云南省双拥模范城市”称号。

就业扶持渠道进一步拓宽。年内，提供有效就业岗位3.3万个，新增城镇就业3.51万人，城镇登记失业率控制在3.12%；“充分就业社区”“农业创业示范社区”建设等工作有序开展，小板桥社区通过市人社局“农业创业示范社区”初步考评；68名登记高校毕业生实现就业63人，就业率为92.6%，困难家庭高校毕业生实现100%就业；小板桥社区成功创建“昆明市农业创业示范社区”，“昆明长水教育众创空间”“昆明滇创季官创业产业园”被认定为省级创业孵化示范基地；确保“零就业”家庭动态清零，实现困难家庭高校毕业生100%就业，发放创业贷款3885万元。

【脱贫攻坚】　严格按标施保、应保尽保和分类施保，完善动态管理，新增申请对象家庭经济状况核对率达100%。通过政府采购引入第三方开展低保家庭经济状况入户核查，全区低保对象精准率达98%以上，保障标准率达96%以上。完善最低生活保障动态管理，全年累计发放低保金2941.81万元、困难重度残疾人“两项补贴”301.42万元。开通覆盖市、区、街道三级定点医疗机构12家，医疗救助“一站式”结算率达90%以上，全年累计发放医疗救助金429.89万元。扎实开展对口帮扶，投入3056万元助推禄劝县雪山乡、九龙镇及东川区因民镇脱贫攻坚，给予宣威市马戛村300万元帮扶，向东川区提供就业岗位1.46万个、安置就业778人，选派18名驻村扶贫工作队员进驻禄劝县雪山乡、九龙镇各村点开展脱贫攻坚工作。

【精神文明建设】 进一步加强精神文明创建，推进细胞创建工作。组织开展2018年区级文明单位、区级文明社区推荐评选，共考核单位35个、社区6个。组织开展2018年官渡区第一届文明家庭评选，共评选文明家庭26户。在全区广泛开展新时代“十星级文明户”创建活动，组织开展官渡区建设新时代文明实践中心（所、站）试点工作和新一轮村规民约（居民公约）修订完善工作。同时，以评选为契机，扎实开展好省级文明单位（社区）、文明校园创建工作。评选表彰第四届“官渡区道德模范”，评选出“助人为乐、见义勇为、诚实守信、敬业奉献、孝老爱亲”等五类道德模范，其中张留焕、李兰等10人获得“官渡区第四届道德模范”称号，朱金水、杨丽萍等10人获得“官渡区第四届道德模范”提名奖。广泛动员市民参加“最美家庭”故事会和好家风好家训征集，评选表彰“余冉家庭”等官渡区2018年“最美家庭”7个。继续做好“善行义举榜”立榜工作，各街道、社区“善行义举榜”共发布4期，发布人数100余人。继续组织各街道开展市民学校培训414期，培训主题414个，参加人数1.90万余人。

（文继承）

西山区

【年内大事】 1月27日 位于西山区海口街道青鱼社区、建成于民国元年（1912）的中国第一座水电站——石龙坝水电站入选中科协发布的第一批“中国工业遗产保护名录”。

3月8日 昆明金果幼儿园获得日本安全促进学校协议会“国际安全促进学校”认证并挂牌，成为中国首家获得此项国际认证的幼儿园。

5月8日 西山区非物质文化遗产代表性项目——昆中药传统中药制剂传承人张元昆获国家文化和旅游部发布的“第五批国家级非物质文化遗产代表性项目代表性传承人”命名，成为西山区第一位国家级命名的传承人。

6月12日 西山区的昆钢大厦被昆明市人民政府认定为昆明市首批5家甲级写字楼之一。

6月 省科协、省教育厅、省财政厅命名昆明市第一中学西山学校为2018年云南省“科普教育示范学校”，示范期为2018—2023年。

9月18日 西山区古树名木资源普查工作全面完成。通过调查，全区共有古树名木218株，其中一级古树21株、二级古树119株、三级古树78株，植物分类涉及26科、45属、58种。

9月21日 云南电信公司、省文化厅，省、市、区文物行政主管部门，前卫街道办事处等相关单位在昆明国际无线电支台旧址之红庙收信台现场举行开馆仪式，将收信台开辟为云南电信博物馆红庙分馆。该馆展示了云南电信事业从无到有的百年发展史和抗日烽火中永不消失的电波等史实内容和藏品。

11月19日 草海文化旅游项目第一批次市政道路启动建设。

11月20日 西山区在云安会都国际会议中心召开2018年招商推介暨优化营商环境工作会议，329家知名企业、金融机构、驻区医疗机构、商会参会。会上，西山区政府与43户企业集中签订涉及城市更新改造、商贸物流、金融服务、生态治理、现代工业等多个方面的合作协议，协议资金达959.2亿元。

11月29日 中共中央政治局常委、全国人大常委会委员长栗战书就制定基本医疗卫生与健康促进法到西山区前卫社区卫生服务中心调研。

【区划、人口】 西山区位于昆明市主城区西部。东临滇池，与昆明市五华区和官渡区相连，与呈贡区隔滇池相望；南与晋宁区接壤；西与安宁市及楚雄州禄丰县交界；北与富民县、五华区毗邻。辖区总面积881.32平方千米，其中，山区面积660.49平方千米，占74.94%；坝区面积220.83平方千米，占25.06%。辖区有滇池湖岸线68千米，滇池草海水域12平方千米。境内有大小山脉山峰10余个，河流属长江流域金沙江水系，有大小河流20余条，多数汇于滇池和螳螂川。

2018年，全区辖马街、金碧、永昌、前卫、福海、棕树营、西苑、碧鸡、海口、团结10个街道，下辖110个社区、393个居民小组。年末，全区常住人口为79.27万人，其中户籍人口55.81万人；人口出生率为11.89‰，死亡率6.2‰。人口自然增长率5.69‰。

【经济综述】 2018年，全区完成地区生产总值600.98亿元，同比增长5.4%。人均地区生产总值7.58万元，同比增长4.9%。地方公共财政预算收入完成42.87亿元，同比增长7.7%；地方公共财政预算支出46.79亿元，同比增长5.6%。规模以上工业增加值完成32.75亿元，同比下降0.4%；规模以上固定资产投资（区属）完成461.79亿元，同比增长2.9%。社会消费品零售总额658.35亿元，同比增长9.6%。城镇常住居民人均可支配收入4.39万元，同比增长8%；农村常住居民人均可支配收入1.99万元，同比增长8.5%。第三产业增加值448.41亿元，增长6%；第二产业增加值148.84亿元，增长3.8%；第一产业增加值3.72亿元，同比增长2.2%。一、二、三产业结构由上年末的0.6：25.1：74.3优化为0.6：24.7：74.7。制定实施年度经济持续健康跨越发展政策措施56条，兑现扶持奖励资金1.13亿元，表彰企业201户。荣获“云南省县域跨越发展进位县”“云南省民营经济十强县”称号。

【商贸、旅游】 2018年，全区社会消费品零售总额完成658.35亿元，增长9.6%。其中，限额以上商贸企业189户零售额完成146.31亿元，同比增长9.1%；批发业销售额1465.79亿元，同比增长55.9%；零售业销售额194.81亿元，同比增长2.2%；餐饮业营业额5.6亿元，同比增长3.5%。商贸业固定资产投资10.57亿元。招商引资完成市外到位资金103.67亿元，实际利用外资1.448亿美元。外贸进出口总额4.545亿美元，同比增长85.73%，其中出口1.29亿美元、进口3.255亿美元。在第五届南博会暨第25届昆交会上，西山区与企业共签约涉及房地产业、商贸业、工业等领域项目6个，签约资金583.05亿元。

楼宇总部经济发展取得明显成效，实现保有税收亿元楼宇4幢（10亿元楼宇1幢）、千万元楼宇15幢。楼宇经济发展带来显著的聚集效应，上海红星美凯龙、万达、中石油等知名企业地区总部，云南能投集团、云南交投集团等大型省属企业总部纷纷落户西山区商务楼宇，逐步形成优势企业集群化、重点行业集聚化、资源利用集约化的楼宇总部经济发展模式。年内，全区新认定总部企业6户，总量达到38户。大悦城、悦云天地等商业综合体建成运营，形成南亚第壹城、爱琴海等“六大商贸集聚圈”。全区各类金融机构、涉金融企业超600家，金融业增加值实现48亿元，同比增长4.1%。云纺文创园、“春雨937”工业遗产文化街区等文化创意项目建成运营，云安会都、云隐西山、南亚N.E.WMALL被评为省级优秀文创园区（基地），文化产业增加值实现45.25亿元，同比增长15%。打造智慧旅游“西山区城市名片”，西山风景区等2个4A级景区提升为智慧旅游景区。以“医、药、养、健、游、食”六大健康产业为支撑的大健康产业体系初步形成，长和天城康复医院、盛和康复医疗中心等大健康项目建成。

2018年，西山区接待游客1916.79万人次，同比增长26.61%；旅游总收入288.289亿元，同比增长36.54%。

【信息化】 制定加快软件和信息技术服务业发展的扶持政策，由腾讯公司、云南省投资控股集团、云南省交通投资建设集团三方共同出资成立的云南腾云信息产业有限公司落户西山，推动西山区旅游大数据中心的建设。全区纳入行业统计的信息产业实现营业收入6.18亿元，其中软件业规模3.92亿元、电子制造业规模2.26亿元；纳入国内生产总值核算的互联网、软件和相关服务营业收入增长56%；全区规模以上软件和信息技术服务企业户数新增3户，共有8户。

全年共有22个区级职能部门和企业申报信息化项目66个，安排财政资金4380万元，信息化项目增加到62个。在社会治理和城市管理中打造“智慧西山”综合系统，整合智慧党建、互联网＋智慧纪检监察、智慧水务、智慧城管等10个部门业务系统，建成区级指挥中心1个、街道办事处分中心试点5个、街道视频会议系统4个、社区服务站16个，为实现推进政府信息系统和公共数据互联共享提供硬件基础和支撑环境。

【工业与民营经济】 2018年，启动实施工业攻坚行动计划，精细磷化工、先进装备制造、生物医药等工业三大主导产业稳步发展。规模以上工业企业新增4户，总数达64户；规模以上战略性新兴企业保有20户，规模以上工业企业中高新技术企业占比达37%以上。鼓励工业企业进行技术改造和技术创新，累计建成省级企业技术中心12个、市级技术中心24个。规模以上工业总产值158.47亿元，增长5.15%；规模以上工业固定资产投资9.16亿元；规模以下工业总产值10.05亿元，增长14%。

海口工业园区规模以上工业增加值17亿元，规模以上工业总产值完成109.35万元。全年引进市外内资5亿元，引进外资7000万美元，外贸进出口总额完成9189万美元。全年新增规模以上企业3户，主营业务收入217亿元。新开工云南翁福云天化氟化工科技有限公司氟硅资源综合利用年产3万吨氟化氢/氢氟酸项目、云南中烟再造烟叶有限责任公司项目，云南达海新型材料科技有限公司＋年产40万吨冷轧钢带建设项目竣工。

全区民营经济实现增加值296.74亿元，同比增长4.9%，占国内生产总值比重达49.4%。全区在市场监督管理局登记的私营企业共有3.75万户、个体工商户5.67万户；个私企业从业人员24.73万人，同比增长21.18%。累计培育省级成长型中小企业23户。做好微型企业贷款贴息扶持工作，为42户微型企业发放贷款共2269万元。昆明企之巅企业管理服务有限公司获得第一批“昆明市中小企业公共服务示范平台”认定，云南光谷获得“2018年度云南省省级小企业创业示范基地”认定。指导支持企业技术中心建设，2户企业获得省级企业技术中心认定，4户企业获得市级企业技术中心认定，全区累计有14户企业获得省级企业技术中心认定、24户企业获得市级技术中心认定。

【基础设施建设】 加强城市基础设施建设。年内，投入资金3.53亿元维修城市道路、整治市容市貌、打通“断头路”和加强城市道路与桥梁的养护及改造等，有效提高交通综合承载能力和道路通达性，优化城市道路网络功能，缓解交通压力；完成西苑浦路、昌源南路、西山319号路、杨家路等9条断头路的打通工作；完成西山287号路、宏业路等11条（项）道路新建及综合整治工程。10条道路三线入地工作，其中鱼翅路中段、西福路（南连接线—闸口路，10千伏、110千伏）、西山19号路、西苑浦路、西山319号路、西山10号路7条道路电力通道（土建部分）已完成建设；云山路、绿景路、气象路电力通道（土建部分）前期工作已全部完成，绿景路已开工建设；完成车（车家壁）明（明朗）路等县乡道路大中修、应急抢险及生命防护工程；新增停车泊位近5000个，交通环境持续改善。

协调推进110千伏草海西输变电工程、110千伏河尾输变电工程、220千伏永和（云纺）输变电工程、110千伏春苑输变电工程4个电网目标任务项目。协调推进互联网基础设施建设，新增光缆1296千米，行政村、自然村宽带覆盖率达95%，固定宽带家庭普及率达80%，城市和农村家庭宽带接入能力分别达到100米和50米。新增互联网基站382座，全区累计互联网基站总数达1249座，4G网络覆盖率95%，3G/4G用户普及率80%以上。年末，全区移动电话用户157.65万户，固定宽带互联网接入用户35.61万户；移动互联网用户156.74万户，其中4G网络用户数120.96万户。

经过农村人居环境建设提升工程改造的西山区海口街道达子上村
（西山区志办　供稿）

【农业农村工作】 全区农林牧渔业总产值6.1亿元，同比增长2.2%。大力推广农业综合科技措施，全区农作物播种面积5073.95公顷，其中粮食作物2633.33公顷、经济作物2440.62公顷，实现粮食总产量1395.76万千克（小春335.6万千克、大春1060.16万千克）。完成花卉、园艺种植面积888.82公顷。完成蔬菜种植面积1667.11公顷，实现产量5930.65万千克、产值1.35亿元。引进水果新品种示范8个，开展苹果矮化密植栽培技术示范14.67公顷，实施苹果老果园提质增效技术示范266.67公顷，推广草莓优质高效栽培技术示范49.2公顷。全年出栏肉猪9万头、肉牛1086头、肉羊1.1万只、肉禽51.81万羽，肉类总产1109.2万千克、蛋类总产80万千克、奶类总产70万千克，畜牧业产值2.3亿元。完成区级标准化规模养殖场建设2家。所有重大动物疫病强制免疫病种免疫密度均达90%以上。生猪定点屠宰检疫、产地检疫率100%。年末，全区12家都市农庄企业完成投资共4.24亿元。全区有农业龙头企业44户，其中省级龙头企业3户、市级龙头企业12户、区级龙头企业29户，农业龙头企业总产值87.09亿元，同比增长8.5%；完成销售收入87.11亿元，同比增长8.6%，带动农户18.57万户。区内云南英茂糖业（集团）有限公司、云南鲲鹏农产品电子商务批发市场有限公司等一批农产品加工企业年产值均达亿元以上。

完成太阳能热水器推广安装321套，推广节柴灶示范1500眼，建设养殖小区沼气工程1个。完成“七改三清”项目22个，实施建成美丽宜居乡村5个，惠及3562名村民。农村改革稳步推进，农村土地承包经营权确权登记颁证工作基本完成，确认土地权属7353.33公顷。

【城市管理】 创新城市管理服务西山模式，建立“1+5+X”五进网格机制，完善“格长负责制”“包保责任制”和“绩效考核制”，变被动突击式管理为科学精细治理。建成“智慧西山”指挥中心，整合网格化监督和鹰眼视频监控，实现市容环境、大气污染防治、河道治理、建筑工地全方位监管。全年修复道路面积5.42万平方米，施划交通标线共3635米。整改“有路无灯”“有灯不亮”道路42条。完成19.69万平方米城中村及老旧小区“提升人居环境工程—宜居微改造”。涉农地区集镇及行政村公厕、集镇自来水供水设施、集镇污水处理设施、街道生活垃圾处理设施以及常态化保洁覆盖率均达100%。

整治旱厕35座，提升改造垃圾中转站11座，提升改造垃圾房11座，完成垃圾分类亭棚建设124个，新建公厕4座，提升改造公厕7座。完成建成区范围内新增绿地31.14公顷。完成云投财富中心、水岸青城2个立体绿化示范点的建设。完成碧鸡文化广场和盘江西路2个绿化喷雾系统建设。辖区134条道路、17个游园公共绿地和19条河道绿地管养工作及辖区主要道路和重要节点摆花工作全部纳入市场化运作。辖区融城优郡、水岸青城、润城七区、润城十区和昆明市滇池投资有限责任公司5个小区（单位）被命名为2018年昆明市第一批园林小区（单位）。

【生态环境保护】 2018年，全区投入滇池流域水环境整治、“四退三还”、西山区滇池草海保护治理和开发建设工程、其他城市基础设施建设等项目资金和社会环保投资共19.86亿元，“四项”主要污染物总量减排完成率100%，区内昆明第一、第三水质净化厂管理减排项目共削减化学需氧量3.57万吨、氨氮2806.58吨，工业固废处置利用率100%。投资91.41万元完成大观河、西坝河地表水断面自动监测站房建设，投资279.97万元完成10个街道空气质量PM10、PM2.5在线监测系统建设，投资49.68万元完成马街、春雨路、草海片区PM103个简易空气质量在线监测系统建设；完成3D可视激光雷达空气质量监测系统建设；投资2300万余元完成棕树营老旧小区雨污管网改造二期工程。

全力攻坚滇池治理，投入6亿元实施21个滇池治理项目。启动春雨路面山洪水拦截工程；建成6个入湖河道水质自动监测系统及53个视频监控站点，河道管理科学化、信息化、智慧化水平不断提升；黑臭水体整治成效明显，车家壁岔沟、郑河路沟、渔村沟、老运粮河水质得到改善；生态修复关停矿山20个，完成关停矿山及其他采区治理修复278.8公顷；强化空气质量监测预警，实现空气质量在线监测系统全覆盖。

【教育、科技】 全区有各级各类学校237所，在职教职工9504人、专任教师7272人，在校（园）学生12.02万人。全区有民办学校142所、民办培训机构101所。有区属中等职业学校6所。国家财政性教育经费投入10.27亿元，增长10.88%。一般公共预算教育经费投入7.95亿元，增长7.22%。建成团结民族中学、谷律民族中学、团结谷律中心学校朵亩分校3所学校校舍8146.42平方米。全年新增教学楼、综合楼、食堂等教学用房总计1.33万平方米，新增学位1680个，项目总投资约2.93亿元。落实义务教育“两免一补”，补助城乡义务教育公用经费3451.88万元；发放义务教育阶段寄宿生生活费补助274.81万元，惠及城乡学生2782人。实施农村义务教育阶段学生营养改善计划，共投入资金865.2万元，惠及学生1.08万人。建成区“职业教育名师工作室”1个、区“名匠工作室”1个。落实职业教育奖补政策，发放中职学生省政府奖学金和中等职业教育一、二年级在校生国家助学金约3007万元，惠及学生1.5万人。建成云南经贸外事学校产教融合实训基地，云南昆明工业学校、西山区职业高级中学产教融合实训基地正在建设，职业教育产教融合、校企合作成效明显。

科技计划项目立项34个，投入区级研发资金410.4万元，带动企业投入项目资金2021.45万元，项目为企业实现产值8.46亿元，总产值13.09亿元，销售收入5.61亿元，上缴税收4012.5万元。培育各级各类创新主体及平台共76个，其中国家高新技术企业43户。年内，新增昆明市青少年科技创新实验室1个、昆明市第六批工程技术研究中心2个、昆明市第十一批科技创新团队3个、区级专家工作站11个。

【文化、卫生】 开展广场文化、社区文化、农村文化和校园文化等群众性文化活动，全年开展文化节系列活动共2800余场。推出“图书五进”“西山文化大讲堂”“我们的节日”——元旦、春节、元宵、中秋、重阳等系列文化惠民活动，弘扬社会主义核心价值观，惠及全区30万余人次。开展“非遗进校园”“非遗进社区”“非遗进景区”等非遗传承文化系列活动15次。全区10个街道文化站、105个社区综合文化服务中心完成展览、游园、培训、演出等各类公共文化服务1700余次。文化站均衡配置文化资源达5类29项，社区综合文化服务中心达6类25项，全年基层公共文化服务项目落实率80%。建成西山区图书馆馆藏地方文献、珠宝收藏类特色数据库。108个社区实现“农家书屋”全覆盖。区图书馆、文化馆和10个街道综合文化站、105个社区综合站文化服务中心免费开放。新公布“李培莲墓石牌坊及墓庐”等8项为第五批区级文物保护单位。

西山区金家河畔新增绿地

（西山区志办　供稿）

加大对卫生事业的投入力度，国家财政性卫生经费投入1.71亿元，增长24.95%。基层医疗机构经费投入5641.66万元，增长32.8%。辖区内各级医疗机构实际开放病床1.36万张，每千人常住人口拥有医疗卫生机构床位17.43张，共有各类卫生技术人员1.95万人。组建家庭医生签约团队267个，签约12.33万人，覆盖率30.2%。大力发展中医中药事业，全区118个基层公共卫生服务机构全部设置中医科，10个公立社区卫生服务中心均开展中医药服务工作，覆盖率100%。全区农村户厕改造建设完成268座。创建省级卫生村4个，创建昆明市卫生社区1个、昆明市爱国卫生先进单位2个、昆明市无吸烟先进单位2个、昆明市健康社区1个、昆明市健康单位1个、昆明市健康家庭1户。将医养结合融入“大健康”发展战略，建成昆明广福养老中心、昆明市西山区大观怡养中心、云南老年之家敬老院、昆明市西山区西仪敬老院4个集养老与医疗服务为一体的医养结合机构。

【民生保障】 2018年，西山区民生支出占一般公共预算支出的72.54%。提供有效就业岗位1.99万个，实现城镇新增就业2.81万人，城镇登记失业率控制在2.85%以内。全区基本社会保险参保103.31万人次，其中城镇职工养老保险参保19.3万人、城乡居民养老保险参保8.53万人、城镇职工基本医疗保险参保18.6万人、城乡居民基本医疗保险参保22.95万人、失业保险参保11.77万人、工伤保险参保9.92万人、生育保险参保12.24万人。组织农村劳动力技能培训500人、创业培训70人、国家目标外技能培训202人、其他培训9752人，完成农村劳动力转移就业3969人。为4592名就业困难人员发放社会保险补贴1662.3万元。全区纳入城市最低生活保障5218户、6717人，发放低保金共4322万元。特困供养261户264人，供养经费262万元。社会医疗救助2.25万人次、669万元，资助参保3896人、151万元。

发放残疾人“两项补贴”5122人次、292.8万元；投入资金66.3万元为全区城乡居民中的三、四级残疾人3685人购买医疗保险，补助全区残疾人购买养老保险1549人、15.5万元；为135名义务教育阶段、特教学校在校残疾学生和124名考取大中专、高中学生提供“扶残助学金”32万元。通过政府购买服务，对辖区419名处于就业年龄段（16—59周岁）且无业的精神、智力和重度肢体残疾人开展政府购买托养服务，拨付托养经费100.22万元。

持续推进“挂包帮、转走访”，建立相对困难群众脱困出列机制，2015年确定的15个发展相对滞后社区、60个相对困难小组共534户相对困难户全部脱困出列。

（刁培凤）

东川区

【年内大事】 1月9日 东川区与云南康帆医疗器械有限公司招商引资协议签约仪式在东川举行。云南康帆医疗器械有限公司东川分公司东川生产基地为医疗器械生产基项目，总用地面积13347平方米（20.01亩），项目总投资4000万元，项目建设期12个月。

2月1日 市食药监局召开餐饮服务食品安全量化分级管理工作会，会上对被评为第七批餐饮服务食品安全量化分级管理A级的单位授牌，东川区有6家餐饮服务单位获得A级单位称号。至此，东川区共有食品安全量化分级管理A级单位26家。

3月2日 市脱贫攻坚指挥部到东川区召开脱贫攻坚现场推进会。

3月8日 省人大常委会研究室副主任尹保生率调研组调研东川区人大常委会工作开展情况，并深入阿旺镇调研指导乡镇人大工作，到阿旺岩头村参观养殖基地、返乡农民创业园区，实地了解东川区扶贫攻坚情况。

3月19日 市委常委、常务副市长保建彬率队赴东川专题调研易地搬迁脱贫攻坚工作。

4月20—21日 上海蔬菜经济研究会专家组一行赴东川考察热区蔬菜产业及早熟林果产业种植发展情况，为东川农特产品外销服务牵线搭桥，助力东川脱贫攻坚。

4月24日 上海市普陀区区委书记曹立强率普陀区党政代表团赴东川区调研工作，对东川实施对口帮扶。

4月28日 云南中润能源光伏发电扶贫项目框架协议与东川区政府在东川区举行签约仪式。

5月19—20日 由《人民日报》、新华社、《光明日报》、《经济日报》、《中国日报》、中新社等国家级媒体和云南省、昆明多家省、市级媒体组成的采访团共同深入东川区汤丹镇机关单位及相关村组，深入挖掘扶贫干部吴国良生前的感人故事。4月26日下午，作为广大基层干部和扶贫干部优秀代表的吴国良在入村查看危房改造途中，车辆坠入深沟因公殉职，年仅32岁。

5月23—25日 由省政协副主席何波带队，省政协人口资源环境委员会、省林业厅及省有关部门组成的调研组到东川开展“生态扶贫攻坚战推进情况”专题调研工作。

5月28日 东川区委副书记、代理区长陈江率区委常委、区政府副区长李德鸿等区领导班子及企业代表到碧桂园集团云南区域参观考察，双方就合作事宜举行座谈，并就前期双方接洽事宜签订投资合作协议。

6月4日 四川科伦集团昆明南疆制药有限公司向东川区基层医疗机构捐赠健康一体机180台，价值270万元，助力东川健康扶贫。

6月4日 市委副书记刘智到汤丹镇达朵村，代表市委、市政府看望慰问因公殉职扶贫干部吴国良的家属，为他们带去党和政府的关怀和温暖。

6月15日　云南医药工业销售有限公司医疗器械销售部经理龚俊坤向东川区人民医院捐赠价值460万元的超声肝硬化检测仪（ET-CD-II）2台，昆明市红十字会秘书长邵国成向捐赠企业颁发捐赠证书和荣誉匾牌。

7月10日　东川区因公殉职的扶贫干部吴国良被追授2018年度云南省“云岭楷模”荣誉称号。

7月23日　由中宣部、国务院新闻办公室策划的大型扶贫纪录片《承诺》在东川区选点拍摄。摄制组深入东川区因民镇、汤丹镇、红土地镇、铜都街道等地，围绕脱贫攻坚、风土人情、旅游文化等方面进行为期40天的拍摄记录。

7月24日　北京市朝阳区政协主席陈涛率北京市政协委员及部分企业家代表赴东川区调研对口帮扶工作。

8月11日　中国航天科工集团党组副书记、副总经理方向明一行15人到东川区调研2018年定点扶贫工作，并出席航天智高奖学金发放仪式。

8月14日　副省长和良辉率省政府办公厅、省民政厅、省水利厅相关部门赴东川调研指导民政、水利工作。

8月18日　昆明聂耳交响乐团为帮扶李子沟村，首次举办高雅音乐进乡村演出，为李子沟开花洋芋代言。

8月22—23日　全国人大常委会委员、华侨委副主任委员、致公党中央副主席曹鸿鸣带领致公党中央“易地扶贫搬迁安置房产权归属问题”调研组到东川区开展综合实地调研，了解云南省及东川区易地扶贫搬迁工作成绩、建设进展、存在问题和困难，着重了解进城农民安置过程中房屋产权归属等相关问题。

9月17—18日　市人大常委会副主任赵学锋率市人大常委会、市环保局、市国土局、市河长办相关人员到东川区开展巡河工作。

10月15日　国家卫健委办公厅、国务院扶贫办综合司联合发文，对东川区等全国45个健康扶贫工作表现突出的贫困县区给予通报表扬，东川区成功创建为首批国家健康扶贫工程先进县。

2018年7月12日，共青团市委对口帮扶拖布卡镇象鼻村茶花土鸡捐赠发放现场
（东川区史志办　供稿）

10月24日　市人大常委会主任、市脱贫攻坚指挥部指挥长拉玛·兴高带队赴东川区调研脱贫攻坚工作。

10月25—26日　省政府副秘书长、省扶贫办主任黄云波到东川区调研脱贫攻坚工作。

12月19日　市委常委、市委政法委书记李建阳到东川区调研易地扶贫搬迁工作。李建阳实地察看了对门山易地扶贫搬迁安置点，详细了解搬迁房建设和群众入住情况，随机走访已搬迁入住的贫困户，深入了解他们的家庭情况、致贫原因、享受到的扶贫政策、就业愿望等。

【区划、人口】　东川区位于昆明市最北端（东经102°47′—103°18′，北纬25°57′—26°32′之间），东邻曲靖市会泽县，南倚寻甸县，西与禄劝县毗邻，北连昭通市巧家县并和四川省会东县隔金沙江相望，国土面积1858.79平方千米。区政府所在地铜都街道海拔1254米，距昆明市区公路距离135千米。2018年末，全区辖铜都街道、汤丹镇、拖布卡镇、因民镇、阿旺镇、乌龙镇、红土地镇和舍块乡，下设130个行政村、35个社区，其中红土地镇和舍块乡于2018年1月1日整建制划回，经济社会事务管理权归位到东川区。2018年，辖区年平均气温20.8℃，年总日照数为1920.2小时，年总降水量为620.6毫米。

2018年末，全区户籍总人口（含红土地镇、舍块乡）31.91万人。其中，城镇人口13.13万人，乡村人口18.78万人；少数民族2.6万人，占户籍人口总数的8.2%。人口自然增长率6.86‰。

【经济综述】　2018年，全区实现地区生产总值94.73亿元，同比增长3.8%。一般公共预算收入完成7.29亿元，同比增长9.3%；一般公共预算支出39.31亿元，同比增长42.1%。规模以上工业增加值增长7%，规模以上固定资产投资完成103.65亿元。三次产业结构比由2017年的6.9∶50.6∶42.5调整为8.3∶47.3∶44.4。社会消费品零售总额29.05亿元，同比增长12.8%；城乡居民人均可支配收入分别为32809元和8543元，分别增长8.4%和9.5%，增速位列全市第一。年末，全区金融机构人民币存贷款余额234.94亿元，增长1.82%。

【招商引资】 全区共引进招商引资开工新建项目49个，同比增长25.6%，其中一产项目18个、工业项目24个、三产项目7个，总部经济类项目1个，实际新增投资8.1亿元，同比增长51.8%。引进市外到位资金44.2亿元，超额2.2亿元完成任务；外资100万美元，完成率100%。争取国家和省项目资金16.19亿元，占市级下达任务的109%。全区166个项目建设完成投资95.08亿元，占年度计划的85%。

【农业】 全区粮食作物播种面积19.44万亩，总产量4.46万吨；蔬菜播种面积6.91万亩，产量13.57万吨；水果种植面积3.11万亩，产量8177吨；中药材种植面积1.2万亩。农林牧渔业总产值完成14.88亿元，同比增长6.9%。农村经济总收入完成23.4亿元，同比增长10%。发展省市龙头企业、规模养殖场、专业合作社等农业新型经营主体共182家，培育无公害农产品25个、绿色产品4个、特色农产品商标1件。

全区生猪出栏12.59万头，猪肉产量1.24万吨；肉牛出栏1.11万头，牛肉产量978吨；羊出栏11.94万只，羊肉产量1594吨；禽出栏156万只，禽肉产量2808.8吨；年末家禽存栏76.8万只，禽蛋产量1203.4吨。有省市龙头企业26家，规模养殖场47家，养殖大户38家，家庭农场38家，区级以上示范合作社33家。建成东川红云肉牛养殖场等12个农业产业项目；52个村初步形成“一村一品”特色产业。

【工业】 全区完成工业总产值111.9亿元，同比增长8.18%。其中，规模以上工业总产值102.33亿元，同比增长10.76%；规模以下工业总产值9.57亿元，同比增长-13.39%；全部工业增加值32.77亿元，同比增长6.5%。铜、磷产业实现总产值78亿元，同比增长23.9%；金沙公司新老区一体化整合项目累计完成投资4403.56万元，以生产铜工艺品为主的昆明帝赐铜文化传播有限公司投产运营。云南中洲海绵城市建材厂实现产值2479万元，昆明铂生金属材料加工有限公司、云南华再新源环保产业发展有限公司等战略性新兴产业企业达10户。

【基础设施建设】 2018年，东川区城市人居环境提升改造工程完成投资2.33亿元，占年度投资计划的233%；城市公共停车场完成投资2000万元，占总投资的100%；农村公路硬化完成278千米，铺设集镇排污管网3.2千米，城市生活垃圾无害化处理率达100%，城市建成区面积达13平方千米。

完成城市道路提升改造24条，铺设排水管网10千米，新建改建城市公厕10座、集镇公厕7座、村组公厕69座、垃圾房19座，完成东起路1号地块、民安路2号地块城市绿化广场建设，完成铜都、铜城、集义农贸市场提升改造。拆除违法违规建筑30.33万平方米，顺利通过国家卫生城市复审。城市新增绿地19.1公顷，绿化覆盖率达41.95%。硬化农村公路278千米，城乡公交行政村通车覆盖率达100%。

【生态建设】 2018年，出动执法人员360余人次检查全区企业230余家次，依法查处环境违法案件19件，行政罚款243.6万元；关停违法采矿、采砂、采石点115个，完成49家矿山企业治理方案编制及27个采矿权土地复垦方案编制评审，催缴矿山地质环境恢复治理保证金4399.1万元。推进大气污染防治，淘汰黄标车834辆，全区空气质量优良天数达353天，优良率96.7%。开展河道综合整治，编制小江等8条主要河段“一河一策”方案，完成6个入河排污口设置审批，全区集中饮用水源地水质达标率100%。开展土壤污染治理和第二次全国污染源普查工作，区域土壤环境质量总体良好。城市交通噪声平均值为67.3分贝，区域环境噪声平均值为53.2分贝，声环境质量处于较好水平，环境安全风险总体可控，全年未发生较大以上环境安全事故。完成营造林4.5万亩、退耕还林7.83万亩；实施核桃提质增效3万亩，种植花椒、油橄榄等1.41万亩，种植树木19.9万

2018年6月28日，东（川）倘（甸）二级公路建成通车
（东川区史志办　供稿）

株；兑付退耕还林、公益林生态效益补偿资金1.56亿元；开展河道流域水保生态建设，河道沟渠绿化种植各类树木4.61万株。全区森林覆盖率达到33.65%，生态环境明显改善。

【教育】 2018年，教育“全面改薄”任务按期完成。全区共有省级骨干教师13人，市级学科带头人7人、市级骨干教师51人，区级骨干教师450人。“互联网＋教育”的“腾讯智慧校园”平台推广使用，普通教室配备多媒体或交互式电子白板比例达90%，学前教育毛入园率90.81%，义务教育巩固率90.01%，高中阶段毛入学率62.09%。

【文化、旅游】 年内，全区39个镇村级综合性文化服务中心竣工，715个村民小组实现有线广播村村响，文化站室、农家书屋实现村（社区）全覆盖，行政村体育设施覆盖率达95%以上。乌蒙巅峰运动公园、红土地元亨丽景酒店、金沙江高峡平湖等旅游项目建设顺利推进，完成投资8865万元。建成电子商务进农村公共服务中心1个、乡镇服务站7个、村级服务点84个，培育本土电商6家。4月28日至5月3日，成功举办“第十五届2018中国·东川泥石流国际汽车越野赛”。此次比赛共有来自全国各地的57个车组、114名车手征战东川380千米泥石流赛道。全年共接待游客152万人次，旅游综合收入5.18亿元，同比增长36%，第三产业增加值增长8.5%。

【医疗卫生】 年内，全区148个村卫生室标准化业务用房建设全部完成，4家乡镇卫生院创建为国家卫健委“群众满意卫生院”，全区城乡居民健康档案建档率达90%以上。“县乡村医疗服务管理一体化”工作实现全覆盖，区人民医院加入“上海市肺科医院专科联盟成员单位”，院内重症医学科（ICU）、急诊医学科成为省级补短板重点专科，区精神病院和云南省精神病医院成为医疗联合体。“医疗＋养老”模式探索取得新进展，东川区被列入昆明市第一批市级医养结合试点县区，东川区老年病医院被列入昆明市第一批市级医养结合试点单位。成功创建首批“国家健康扶贫工程先进县”“全国基层中医药工作先进单位”，全国第三批健康促进县顺利通过国家复核。

【扶贫工作】 2018年，全区贫困村全部脱贫出列，28143户、102508人实现脱贫，贫困发生率从建档时的52.88%下降到1.09%，圆满通过云南省2018年贫困县退出专项评估检查。整合各类资金24.34亿元用于产业发展、农村危房改造和农村道路建设等扶贫项目。实施产业扶贫“5＋3”增收计划，投资5903万元实施产业扶贫项目38个，发放产业发展补助资金9018.86万元，实现农户不低于10%的稳定分红；全区129个贫困村集体经济与66个新型经营主体实现利益联结，实现村组产业“清零”目标。完成易地扶贫搬迁8754户、32227人，城镇化安置率达95.67%；实现C、D级农村危房改造25042户，竣工率100%，入住率99.85%。累计投入生态建设项目资金3.8亿元，涉及建档立卡贫困户4.3万户、15.2万人次，实现户均增收1164.5元，人均增收410元。投入就业扶贫资金6951.21万元，累计提供就业岗位8万余个，开发安置乡村公共服务岗位5000个，农村劳动力转移就业35264人，5063户建档立卡零就业家庭实现就业清零，实现就业收入5.56亿元。发放贫困学生助学补贴5895.9万元，资助学生10.19万人次。落实健康扶贫政策，累计补助健康扶贫救助（政府兜底保障）资金3874.75万元，贫困人口基本医保和大病保险参保率达100%，代缴贫困人口医保1849.54万元。设立“扶贫医院（卫生院）”13家，报销贫困人口住院费用和大病医保1.02亿元，报销比例平均达92%；组建79支家庭医生团队，贫困人口家庭医生签约率达100%。将1907户、2804名建档立卡贫困人口纳入社会兜底保障范围，实现应保应保。

【民生保障】 2018年，全区城镇新增就业人数4093人，就业困难人员再就业3439人。为256户城乡创业者发放创业担保贷款2580万元，为290户创业者发放“贷免扶补”创业贷款2895万元，城镇登记失业率为8.87%。城市低保最高标准提高到570

牯牛山旅游新增滑翔伞项目

（东川区史志办 供稿）

元/人·月，农村低保最高标准提高到340元/人·月，全区共有城市低保对象11614户、21184人，农村低保对象17046户、25059人，累计发放城市低保金1.18亿元、农村低保金8322万元；发放临时救助金2603.7万元。参加城镇职工基本养老保险45499人、城镇职工基本医疗保险42840人、城乡居民社会养老保险166062人、城乡居民医疗保险263544人，符合参保条件的建档立卡贫困人员100%参保。全区“五项保险”参保人数达59.45万人次。东川区老年活动中心竣工并投入营运，总投资9817.2万元的铜都街道、汤丹镇、拖布卡镇、阿旺镇农村敬老院建设项目完工并投入使用。

（聂东丽）

呈贡区

【年内大事】 1月3日 省、市新闻媒体到呈贡区开展“新时代 新气象 新作为”主题专访。区委书记尹旭东等区领导及有关委办局负责人与省、市新闻媒体进行座谈，并接受采访。

1月12日 市纪委书记、马料河市级河长杨正晓到呈贡区巡查马料河，区委副书记、区长、马料河区级河长张先宝等陪同巡查。

2月13日 呈贡区举行区监察委员会成立揭牌仪式。

3月5日 呈贡区举行“呈贡区学雷锋志愿服务站”揭牌仪式。

3月9日 呈贡区广播电视网络资源整合收购协议签字仪式暨昆广网络呈贡分公司揭牌仪式在洛龙公园举行。区长张先宝与昆广网络党委书记、执行董事和向东共同为新成立的昆广网络呈贡分公司揭牌。

3月20日 吾悦广场奠基暨云南苏商中心落地签约仪式在项目地举行。该项目坐落于呈贡区彩云南路与祥和街交汇处，项目总建筑面积超85万平方米，总投资约65亿元。

4月17日 全国妇联副主席、书记处书记夏杰一行3人到呈贡区昆明妇女创业创新示范中心调研。

4月26日 云南省2018年侵权盗版及非法出版物集中销毁昆明主会场活动在呈贡举行。

5月2日 呈贡区新政务服务中心正式启用并投入运行。

5月6日 民进云南省委、民进昆明市委举行冰心默庐·云南民进会史教育基地揭牌仪式。副省长、民进云南省委主委李玛琳和呈贡区委书记尹旭东共同为“民进会史教育基地”揭牌。

5月16日 市妇联、市委依法治市办、市司法局联合在吴家营街道前卫营社区开展“五个一”的“法入家门”系列宣传活动，全面启动全市“法入家门”法制宣传进家庭活动。

5月24日 中国特色小（城）镇直属研究课题组发布的《中国特色小（城）镇2018年发展指数报告》公布50个中国最美特色小镇，呈贡斗南花卉小镇上榜。

5月30日 市委副书记、市长王喜良率队对斗南花卉小镇进行实地调研指导，对小镇的发展规划、建设工作提出意见。

6月26日 驻昆高校呈贡校区举行云南省、昆明市宣传《云南省禁毒条例》启动仪式。在仪式上，云南大学学生代表宣读禁毒倡议书；省、市领导向大学生，机关、企事业单位和社区群众代表发放《云南省禁毒条例》；省委常委、省委政法委书记张太原向“禁毒宣传队”授旗。

7月12日 第五届中国杯插花花艺大赛西南赛区（昆明）预选赛在斗南国际花卉产业园·花花世界举行，来自全国的近50名资深花艺师同台竞技。

7月13日 福建睿思特科技股份有限公司落地签约仪式成功举行，标志着睿思特项目正式落户呈贡信息产业园区。项目用地面积30亩，分2期建设，预计总投资约10亿元。

同日 呈贡区举行以“绿色新动能 春城花都美”为主题的“高铁经济看呈贡”全国主流媒体行暨“斗南花卉特色小镇”建设情况发布会。来自中央、省、市，沪昆高铁、云桂铁路、渝贵铁路、成渝高铁沿线的46家主流媒体参加发布会。

7月21日 中宣部组织中央媒体开展“来自长江经济带的报道”主题采访活动的100余名中央媒体记者，以“服务和融入长江经济带国家发展战略，以滇池保护治理助推生态长江建设工作”为主题，到呈贡斗南花卉小镇实地参观花卉交易流程，考察鲜花种植、采摘、物流及相关产业发展情况。

8月8日 由中国报业协会和中共昆明市委宣传部联合举办的“2018全国传统媒体融合发展研讨会”暨“第二届主流媒体总编看昆明”活动在呈贡区举行，全国50多家主流媒体相关负责人参加活动，探讨媒体融合时代构建现代立体传播体系的路径，传播昆明声音。

9月29日 昆明人力资源服务产业园授牌暨“呈贡人才云”上线发布会和2018年呈贡区人才优先发展高峰论坛活动在呈贡区举行。中国人事科学研究院副院长、研究员李建忠，中关村人才协会创始人之一、执行副理事长王钧，深圳市一览网络股份有限公司常务副总裁冷明在论坛上分别作题为《中国国家人力资源服务产业园的发展新模式》《科技创新人才战略与政府作用——以中关村为例》及《地方政府人才新格局的构建》的演讲。

12月5日 省委常委、市委书记程连元到昆明呈贡信息产业园区调研，对园区发展建设和入驻企业发展方向提出建设性指导意见。

【区划、人口】 呈贡区位于滇池东岸，东邻宜良县、玉溪市澄江县，南接晋宁区，西隔滇池与西山区相望，北接官渡区，为昆明市市级行政中心所在地。辖区总面积510.2平方千米，森林覆盖率38.03%。全区辖10个街道，2018年实际管理龙城、斗南、吴家营、乌龙、洛龙和雨花6个街道41个社区，其中城市社区12个，“村改居”社区29个，实际管理面积200.89平方千米。洛羊、大渔、马金铺、七甸4个街道分别委托昆明经济技术开发区管委会、昆明滇池旅游度假区管委会、昆明高新技术开发区管委会、阳宗海管委会管理，托管面积309.31平方千米。全区地势东高西低呈三级阶梯状，平均海拔1900米左右。全年平均气温15.7℃，最高气温为28.5℃，最低气温为-3.1℃。全年降水量840.2毫米，单日最大降水量为42.0毫米。

年末，呈贡辖区（不含托管街道）实有人口43.9万人，其中，流动人口13.2万人，户籍人口12.6万人（男性6.24万人，占比49.50%；女性6.36万人，占比50.50%），大学生17.8万人，常住境外人员3000人；城镇人口12.6万人，城镇化率100%。人口自然增长率6.94‰。

【经济综述】 2018年，全区完成地区生产总值249.9亿元，比上年增长8.8%。其中，第一产业实现增加值4.88亿元，比上年增长3.8%；第二产业实现增加值130.26亿元，比上年增长10.7%；第三产业实现增加值114.76亿元，比上年增长6.7%；三次产业结构比调整为1.95:52.13:45.92。非公经济完成增加值108.96亿元，比上年增长9.2%，占GDP的比重为43.6%。辖区范围内完成规模以上固定资产投资292.13亿元，比上年增长13.9%；社会消费品零售总额累计实现59.22亿元，比上年增长17.3%；完成区级一般公共预算收入23.94亿元，比上年增长13.67%；完成区级一般公共预算支出33.54亿元，比上年增长2.63%。城乡常住居民人均可支配收入达43320元、19639元，同比分别增长8%、8.4%。斗南花卉产业园区全年实现鲜切花卉交易82亿枝，实现产值78亿元。

【农业】 年内，全区农林牧渔业总产值完成8.2亿元，比上年增长4.3%。农业产值6.87亿元，比上年增长9.5%。其中，粮食产值300万元，比上年下降21.9%，主要粮食作物为杂交玉米，播种面积340亩，总产量1929.6吨；花卉产值1.6亿元，比上年增长3.6%。林业产值6000万元，比上年下降6.3%。畜牧业产值4000万元，比上年增长6.4%。渔业产值2000万元，比上年下降61.9%。

新搬迁的呈贡区政务服务中心

（杨 丽 摄）

【工业】 年内，全区完成工业总产值448.84亿元，比上年增长3.3%。实际管辖区有规模以上工业企业11户，新培育规模以上工业企业9户，全区行政区域范围内有规模以上工业企业128户，规模以上工业增加值增速6.29%。完成工业和信息化投资27亿元。

【商贸、旅游】 2018年，区委、区政府着力在大数据、大生态、大健康、大交通、大教育、大文创、大旅游7大重点领域开展招商引资工作。年内，完成市外内资69.03亿元，到位省外内资64.82亿元，到位外资2757.56万美元。新引进华侨城集团第二总部、鹏瑞利国际大健康城一期项目，引进吾悦广场、万豪酒店等商业项目，新引进紫光芯云产业园、科技创新中心知商谷等大数据项目。年内，共接待国内外游客351.98万人次，比上年增长27.50%；实现旅游收入17.82亿元，比上年增长46.5%。

【科教文卫体】 2018年，全区R&D（研究与开发）经费支出10.24亿元，比上年增长30.78%，R&D经费投入强度为4.51%。申报省、市级科技扶持后补助项目71项，争取国家和省级资金1188.80万元，争取市级资金387.38万元。新增高新技术企业5户，全区域内获国家、省、市众创空间认定的科技众创空间共有12个（国家级3个、省级6个、市级3个），在孵企业1010户，入孵企业1187户，毕业企业14户，注册资本金约143.13亿元，带动就业3037人。发明专利有效量391件，比上年增长20%。

年内，教育领域区级财政支出5.67亿元，比上年增长36.54%。全区共有幼儿园50所（公办8所、民办42所），在园幼儿10569人；小学16所、九年一贯制学校3所、完全中学

5所、十二年一贯制学校6所，共有中小学教职工2994人，包括专任教师2607人。全区小学生毛入学率为102%，初中毛入学率为110.09%；共有在校中小学生38471人，其中小学学生19388人、初中学生10593人、高中学生8490人。

年内，完成文庙大成门恢复重建、聚秀寺迁移重建，有序开展来青寺、郎家营凤鸣寺、殷联阁楼、七步场庆符寺、洛龙街道香条村兴隆庵、吴家营五谷寺修缮工作。推进《呈贡区文物保护利用规划编制》，完成冰心默庐升级改造、魁阁长廊展览工作；在梅子社区成立非遗传承示范点，加强非物质文化遗产交流活动。分别与云南师范大学、云南民族大学、云南艺术学院等院校开展项目合作，共建人才协同培养示范基地，共同推进呈贡文化体育人才的培训培养工作。

年内，全区共有各级各类医疗卫生机构152个，各类医疗机构实际开放床位数1883张，每千人口拥有执业（助理）医师数2.32人，每千人口拥有注册护士2.41人。全面取消公立医院药品加成，减少药品差价收入359万元；新建成乌龙街道和雨花街道2个街道社区卫生服务中心。

年内，新建健身路径105条，安置器材1300余件；城区公共体育活动点（不含高校及中小学校、企事业单位）面积为3.2万平方米，社区公共体育健身设施覆盖率100%；成功举办“庆元旦七彩云南春城花都”全民健身万人长跑活动、2018年端午节龙舟赛、青少年足球邀请赛、“8·8全民健身日”等各类体育赛事活动，倡导群众积极参与体育健身活动。年末，全区共建有文体活动广场20块，3人篮球场38块，81个晨晚练体育活动点。

繁荣的呈贡斗南花卉市场

（刘建明　摄）

【社会保障】　年内，区级财政投入民生领域支出23.11亿元，占一般公共预算72.5%。组织开展专项招聘会7场次，提供有效就业岗位4123个，开发公益性岗位612个；通过发放各类创业贷款近3000万元，扶持创业299人；全年实现城镇新增就业5001人，城镇登记失业率控制在3.4%以内。实现农村劳动力转移就业5560人。基本社会保险参保22.35万人，参保覆盖率95%以上。发放城市居民最低生活保障金64.34万元，累计救助1076户1256人。村庄搬迁工作有序推动，龙四地块白龙潭片区已完成地勘工作，兑付涉农居民岗位开发补助和个人工资补助447.57万元，补助被征地人员医疗保险4731.51万元、养老保险6038万元，发放过渡期租房补助1.2亿元。

【脱贫攻坚】　呈贡区对口帮扶寻甸县联合乡4条道路建设项目竣工并完成审计；划拨帮扶资金1000余万元用于寻甸县、东川区、禄劝县对口帮扶乡镇开展村容村貌、基础设施建设、产业扶持、技能培训等工作。同时，选派15名干部开展驻村扶贫工作，其中5名派驻寻甸县联合乡、10名派驻禄劝县转龙镇。引进农业企业昆明骏华农业发展有限公司到禄劝县烂泥塘和大水井2个村建设蔬菜种植示范基地129.3亩，解决当地农村剩余劳动力100余人，土地流转户直接增加收入1600元，用工平均每人收入1200元。在禄劝县组织开展4场专题招聘会，共提供就业岗位7440个，接收安置禄劝县农村劳动力811人，接收安置建档立卡贫困农村劳动力675人。

【生态环境建设】　年内，办结中央环保督查“回头看”转办件42件，整改完成省环保督查反馈意见20项。深入实施滇池保护治理“三年攻坚”行动，编制完成入滇河道“一河一策”实施方案。市级河长巡河11次，区级河长巡河57次，街道级河长巡河227次。投入资金3.36亿元，完成8条入滇沟渠综合整治工程、村庄污水收集管网建设项目等13个滇池水环境综合整治项目。呈贡污水处理厂、洛龙河污水处理厂、洛龙河水质净化厂共处理污水3335.6万吨，城市黑臭水体基本消除，城市污水集中处理率为100%。年内，全面开展大气污染防治行动，全区空气质量优良率为99.43%，可吸入颗粒物（PM10）平均浓度比上年下降14微克/立方米，在空气质量国考中排名全市第一。完成面山绿化项目4770亩的补植补造等综合抚育管养工作，完成刘家营“五采区”植被修复工作，新增绿地33.46公顷，绿化覆盖率为46.84%。

【改革创新】 年内，呈贡区以新政务服务中心投入使用为契机，大力推行“放管服”改革。在全市率先成立行政审批局，初步实现一颗印章管审批，提前完成“3550”改革目标；全省首家实现3个工作日开办企业，“企业开办全程网上办”改革工作被列为国家级试点；完成税收征管体制改革和农村土地承包经营权确权登记颁证工作。开展“减证便民”专项行动，公布需提供证明57项，实现清单之外无证明。取消行政事业性收费17项，精简行政许可事项33项、71件，压缩行政许可事项审批实现93项，公开“最多跑一次”事项430项，成为全国53个“企业开办全程网上办”试点地区和云南唯一一家县级“一网通办”试点地区。

【城市品质提升】 2018年，优化调整全区公交线路14条，建成新能源汽车充电站7个、充电桩300个，新建、扩建公共自行车点位56个，投放共享汽车2700辆，全区共有共享自行车2万余辆，绿色出行覆盖率为67.13%。城市道路亮灯率为99.77%，道路设施完好率为99.98%；智慧城市建设有序推动，完成63处重点公共区域、1293个免费WIFI热点建设，新建、改造4G基站371个，4G覆盖率为100%。智慧政务大厅启用，置信银河广场、沃尔玛商业广场全面开业，交通银行呈贡支行、光大银行呈贡支行正式运行，金融机构、路网、交通、停车设施、政务服务等配套不断健全，城市品质进一步提升。

（秦继光）

安宁市

【年内大事】 1月 省政府发布《云南省人民政府办公厅关于认定禄丰工业园区等7个园区为省级高新技术产业开发区的通知》，安宁工业园区榜上有名。

同月 安宁市交运局编制完成《安宁市公路交通图》，结束安宁无全面反映公路交通状况地图的历史。

2月1日 安宁·舒莱狮全国青少年足球邀请赛在安宁实验学校开赛。来自全国各地青少年足球俱乐部、学校的62支参赛队、700余名选手齐聚安宁参加角逐。

3月5日 安宁市政府与云南航天神州汽车有限公司、云南能投居正产业投资有限公司签订云南航天神州汽车有限公司新能源商用车（搬迁）项目三方投资协议，标志着云南航天神州汽车28亿元项目落户安宁。

3月8日 安宁磷石膏应用技术中心在安宁财兴盛商业广场揭牌。该中心为目前国内唯一落成的针对工业副产品——磷石膏综合利用进行专业研究的机构。

3月21日 安宁“万名党员进党校”第一期培训班在市委党校开班，标志着全市“万名党员进党校”培训活动正式启动。

3月29—30日 安宁市顺利通过国家卫生城市省级复审。

4月16日 第45届世界技能大赛云南省选拔赛在云南交通技师学院启动，来自全省20余所学校的150余名选手展开角逐，争取全国选拔赛参赛名额。

4月24日 长江防汛抗旱总指挥部秘书长、长江水利委员会总工程师金兴平带领长江防总派出的防汛抗旱检查组到安宁市开展汛前检查。

4月27日 云南省全国文明城市提名城市创建工作推进会在安宁召开。会议总结云南省创建全国文明城市的经验，安排2018—2020年新一轮全国文明城市创建工作。

5月16日 安宁首个再生水利用教育展览馆揭牌。

5月25—28日 2018年全国职业院校技能大赛高职组“科力达杯”工程测量赛在昆明冶金高等专科学校安宁校区举行，来自全国83所高职院校的332名选手参加比赛。

6月11日 全省城市道路交通管理现场推进会在安宁召开。会议研究部署推进城市道路文明畅通提升行动、加强道路交通事故预防和南博会交通安保工作。

6月19日 安宁市政府与云南能投国融天然气产业发展有限公司签订年产40万吨LNG清洁能源项目投资协议。

6月21日 安宁市政府与云南交发项目管理有限公司携手举办安宁市推进“一带一路”石化产业经贸合作推介会。来自国内外的近50家企业参会。老挝国家水电部前副部长、老中合作委员会委员萨马诺出席推介会。

7月31日 安宁市市场监督管理局发出全市首张个体工商户全程电子化营业执照，标志着安宁市个体工商户全程电子化登记正式启动，工商户不出门在家就能办执照。

8月3日 安宁市举办大健康产业招商推介会。会上，中国保健协会大健康专题调研组专家与全省30余家知名医疗健康企业代表共同探讨大健康产业发展前景，共商优化提升安宁大健康产业发展大计。

8月10日 安宁市在全省范围内率先开展标准地址三维码门牌建设工作，建立全市统一权威的标准地址库，标志着安宁市开启“智慧门牌”时代。

8月22日 安宁市本土企业云南祥丰实业集团有限公司再度跻身中国石油和化工企业500强，位列第183位；在2018中国化肥企业100强榜单中，位列第33位。

9月20日 “悦读安宁——24H智能共享书房”在连然街道百花公园正式启用。这是云南省首个云上智慧24H智能共享书房，同时也是全国第二个具备相同功能的无人智能共享书房。

9月29日 昆明市首个新型职业农民培训基地——昆明市农民田间学校在禄脿潘茂野趣庄园揭牌成立。

9月　全国法院第五届微电影微视频颁奖会在合肥市举行，安宁市人民法院参赛作品《家园》与全国法院系统的416部作品角逐“全国十佳”，最终载誉而归。

同月　美国著名的生物医学基金会——埃文斯基金会首次颁发青年科学家奖，安宁人氏张凌波成为首批获奖者之一。

10月1日　云南省最大的公路服务区——太平新城读书铺服务区正式投入使用。该服务区一期占地390亩，二期商贸枢纽项目490亩正在建设中。

10月7日　由中国网球协会、云南省体育局、昆明市人民政府共同主办，昆明市文化广播电视体育局、安宁市人民政府等承办的“七彩云南·一带一路”昆明国际网球邀请赛在安宁温泉半岛国际网球中心开赛。来自马来西亚、越南、新加坡、泰国、缅甸、老挝、柬埔寨、韩国、菲律宾、印度尼西亚等国的代表队和中国澳门特别行政区代表队、赛事举办地云南安宁代表队、中国网协代表队参加开幕式；230余名运动员参与成人混合团体赛和青少年比赛角逐。

10月8—9　安宁市入选“2018年度全国综合实力百强县市”“2018年度全国投资潜力百强县市”“2018年度全国新型城镇化质量百强县市”3个榜单，同时也是在3个榜单中云南唯一入选的县市，成为云南省上榜最多、上榜位次最高的县市。

10月24日　全国工商联发布《改革开放40年百名杰出民营企业家名单》，云南祥丰实业集团有限公司董事长杨宗祥榜上有名，是云南省唯一上榜的民营企业家。

10月27日　安宁市在全省首次开展领导干部“大学习、大考验”综合能力测试，650名科级领导及后备干部应考。

10月28日　由中国田径协会、安宁市人民政府共同主办的“祥和安宁·泉速奔跑”首届梦云南·温泉山谷2018安宁温泉高原国际半程马拉松赛在温泉景观大道鸣枪开跑。来自美国、德国、肯尼亚、埃塞俄比亚、乌干达等12个国家和22个省（区、市）的近万名运动员和跑者参赛。

10月30日　中石油云南石化公司生产的64吨国六柴油顺利通过磨憨口岸，进入老挝境内，标志着中国成品油首次出口老挝。

10月31日　国家一级演员六小龄童到安宁一中、安宁实验石江学校开展主题为“苦练七十二变，笑对八十一难”专题讲座。

11月8—9日　中国保健协会副理事长周邦勇率专家组到安宁市考察指导大健康产业发展工作。

11月9日　云南省2018年“世界城市日”和“世界住房日”主题宣传活动在安宁市东湖广场举行。

11月27日　安宁市人民检察院荣获“全国模范检察院”称号。

11月29日　云南炼油项目顺利通过竣工验收，进入生产经营新阶段。该项目于2013年3月动工建设，2017年8月28日开车成功，2018年1月15日最后一套装置顺利投产并产出合格产品。

11月　在《小康》杂志社联合国家信息中心及有关机构进行的“2018中国幸福小康指数”之“寻找幸福百县”调查中，安宁市位列“幸福百县”名单。

同月　昆明钢铁厂进入国家工信部网站公示的第二批国家工业遗产拟认定名单。

同月　在云南省农业农村厅首次开展的绿色食品“十大名品”评选活动中，安宁海湾茶业有限责任公司“老同志”牌9978熟饼获云南省“十大名茶”称号。

12月3—5日，由国家体育总局主办，国家体育总局体育器材装备中心、云南省体育局、安宁市人民政府承办的2018年国家级运动休闲特色小镇试点项目建设交流培训班在安宁开班。

12月4日　国家体育总局副局长李颖川率队调研安宁市文化体育工作。

12月8日　安宁市隆重举行陈从周百年诞辰纪念暨楠园修缮开园仪式。

12月21日　市委副书记、市长张勤勋点燃中医院小广场的天然气测试火炬并宣布天然气置换正式启动，标志着广大市民盼望已久的天然气即将进入千家万户，结束安宁市21年的“人工煤气”时代，迈入“蓝焰”时代。

12月25日　由中国保健协会、安宁市政府共同主办的健康中国·2018（安宁）健康管理与促进大

2018年12月26日，安宁市举办统一战线庆祝改革开放四十周年暨民族团结进步迎新晚会
（安宁市史志办　供稿）

会在安宁温泉召开。

12月　由中国信息协会主办，信用专业委员会和竞争力智库承办的中国城市全面建成小康社会论坛在北京召开，论坛上发布了《中国城市全面建成小康社会监测报告2018》，安宁再次上榜县级市全面小康指数百强，位列第75位，比上年上升6位。

同月　中国社会科学院发布《中国县域经济发展报告（2018）》，安宁市上榜全国县域经济综合竞争力100强和全国县域经济投资潜力100强双榜单。分别位列第63位和第15位。

美丽宜居乡村建设示范点——安宁市山口村
（安宁市史志办　供稿）

【区划、人口】　安宁市是昆明市所辖县级市，位于昆明市西南32千米处，是昆明通往滇西8个州（市）的交通重镇。东北与西山区相连，东南接晋宁区，西邻玉溪市易门县、楚雄州禄丰县，总面积1301.81平方千米，平均海拔1800米。

2018年，安宁市辖区平均气温15.7℃，比上年下降0.2℃；年降雨量802.2毫米，比上年减少263毫米，同比下降24.7%；日照时间2084.7小时，比上年增加33.1小时，同比增长1.61%。年末，全市辖9个街道、63个行政村、34个社区、339个村民小组、159个居民小组，常住人口38.1万人，比上年末增长0.9%。全市人口出生率为12.56‰，人口死亡率为5.59‰，人口自然增长率为6.97‰，城镇化率76.94%。全市户籍人口27.97万人，比上年末增长1.23%。其中，乡村人口8.22万人，占总人口的29.4%；城镇人口19.75万人，占总人口的70.61%。在户籍人口中，男性14.03万人，女性13.94万人，所占比重分别为50.2%和49.8%；0—17岁人口4.61万人，18—34岁人口5.63万人，35—59岁人口12.01万人，60岁以上人口5.73万人，占总人口的比重分别为16.5%、20.1%、42.9%和20.5%。户籍人口中，少数民族人口42227人，占总人口的15.1%。世居少数民族人口主要有白族12176人、彝族16024人、苗族4372人、回族3300人。

【经济综述】　2018年，全市实现地区生产总值（GDP）430.2亿元，比上年增长25.5%；人均生产总值（按常住人口计算）113539元，比上年增长24.2%。在地区生产总值中，第一产业实现增加值14.82亿元，比上年增长6.7%，拉动GDP增长0.3个百分点；第二产业实现增加值239.96亿元，比上年增长46.9%，拉动GDP增长21.9个百分点，其中工业实现增加值232.22亿元，比上年增长55.6%；第三产业实现增加值175.42亿元，比上年增长6.8%，拉动GDP增长3.3个百分点；一、二、三产业增加值比重分别为3.4%、55.8%和40.8%。非公经济实现增加值119.95亿元，增长1.7%，占全市地区生产总值的27.9%。

【农业、林业】　2018年，全市实现农林牧渔业总产值25.84亿元，比上年增长6.5%。其中，农、林、牧、渔业及农林牧渔业服务业分别完成总产值11.36亿元、0.65亿元、13亿元、0.19亿元和0.65亿元。实现农林牧渔业增加值15.11亿元，比上年增长6.6%。粮食产量达34175吨，比上年下降12.7%；平均亩产量达456千克，比上年下降0.2%。烤烟产量达1001吨，比上年下降17.4%。蔬菜总产量321564吨，比上年下降0.2%。水果总产量34813吨，比上年增长5.1%。油料总产量3518吨，比上年增长4.2%。

畜牧业生产平稳，全市畜牧业产值达13亿元，比上年下降1.8%，占农林牧渔业总产值的50.3%，所占比重比上年下降2.1个百分点。肉类总产量27970吨，比上年增长14.9%，其中猪肉产量13691吨，比上年增长20.7%；全年出栏生猪162538头，比上年增长22.1%；家禽出栏813万只，比上年增长7.4%；禽蛋产量10962吨，比上年增长20%；牛奶产量597吨，比上年增长2.8%。年末，大牲畜存栏6915头，比上年末下降5.9%；生猪存栏108355头，比上年末增长21.8%；羊存栏34632只，比上年末增长1.4%。

绿化造林稳步推进，全年完成造林面积1293亩，比上年下降40.9%；护林防火工作不断加强和完善。全市森林覆盖率达51.51.45%。

【工业】 2018年，全市完成工业总产值1062.35亿元，比上年增长70.5%，工业增加值比上年增长55.6%。规模以上工业企业完成总产值1040亿元，比上年增长73.6%；实现增加值267.3亿元，比上年增长58.3%。其中，轻工业增加值4.6亿元，比上年下降13%；重工业增加值262.7亿元，比上年增长60.8%。在规模以上工业中，黑色金属冶炼及压延加工业实现增加值23.5亿元，比上年下降4.7%；化学原料及化学制品制造业实现增加值16.7亿元，比上年下降10.8%；电力热力生产和供应业实现增加值6.99亿元，比上年下降15.7%；非金属矿物采选业实现增加值6.95亿元，比上年下降3.6%。全市主要工业产品产量为粗钢443万吨，比上年增长9.5%；钢材448万吨，比上年增长9.8%；生铁404万吨，比上年增长3.7%；化肥（折纯量）41.7万吨，比上年下降26.7%；煤气768843万立方米，比上年增长3.7%；磷矿石737.6万吨，比上年下降14.7%；水泥349.3万吨，比上年增长8.3%；自来水供应1437万吨，比上年增长7.5%；发电量321597万千瓦时，比上年下降14.6%。

【交通、邮电】 2018年，全市在建公路63.41千米，启动实施320国道建丰城至新哨湾段、二专线螳螂川至龙山立交段改造等工程，昆安高速读书铺服务区扩建石安公路（安宁段）改造进入实施阶段。全市公路通车里程1386千米，交通运输邮政业增加值为19.67亿元，比上年增长4.5%；全市货货运周转量130631万吨千米，比上年增长25.6%；客运量周转量55909万人千米，比上年增长22.1%。

邮电通信业高质量稳步发展，全市实现邮电业务总量36358万元，比上年增长9.7%。年末，全市拥有固定电话35283部，在网移动电话用户530675户，宽带互联网在网用户104109户。

【财政、金融】 2018年，全市地方财政总收入204.18亿元，比上年增长237.7%。其中，一般公共财政预算收入37.02亿元，比上年增长28.2%；上划中央“四税”收入150.25亿元，比上年增长486.7%；全年地方财政支出48.8亿元，比上年增长67.1%，其中一般公共财政预算支出46.22亿元，比上年增长27.6%。

全市金融机构年末存款余额374.53亿元，比年初增长4.3%。其中，非金融单位存款余额83.51亿元，比年初下降15.33%；住户储蓄存款余额217.62亿元，比年初增长13.27%。金融机构年末各项贷款余额359.04亿元，比年初增长4.3%。其中，非金融单位贷款余额281.32亿元，比年初下降1.51%；住户贷款余额77.7亿元，比年初增长32.71%。全市保险机构保费收入达2.9亿元，比上年增长8%。

【商贸】 2018年，全市批发零售贸易业商品销售总额达1161.25亿元，比上年增长16.6%。其中，批发业实现销售额1022.93亿元，比上年增长17.8%；零售业实现销售额138.32亿元，比上年增长8.2%；住宿业实现营业额4.21亿元，比上年增长10.1%；餐饮业实现营业额22.36亿元，比上年增长16.2%。全市社会消费品零售总额达111.74亿元，比上年增长10.3%。商品零售价格指数为101.5%，比上年上升0.2个百分点。居民消费价格指数为101.6%，比上年上升0.7个百分点。

【招商引资】 2018年，全市引进内资项目146个、外资项目2个，协议引进内资1390.03亿元、外资5030万美元，实际到位内资121.9亿元、外资5030万美元。争取中央、省和昆明市项目397个，项目资金11.52亿元。全市完成规模以上固定资产投资218.22亿元，比上年增长9.4%。其中，工业性固定资产投资33.96亿元，比上年下降30.5%；房地产投资98.74亿元，比上年增长34.8%；教育投资15.02亿元，比上年下降32.8%。全市房地产开发投资完成98.74亿元，比上年增长34.8%，其中商品住宅投资81.14亿元，比上年增长40.6%。全市商品房施工面积227.3万平方米，比上年下降52.4%；竣工面积0.25万平方米，比上年下降99.4%；销售面积120.72万平方米，比上年增5.77%；商品房销售额85.72亿元，比上年增44.84%。

全市完成进出口总额631709万美元，比上年增长160.58%。其中，出口54086万美元，比上年增长13.56%；进口577623万美元，比上年增长196.5%。全年共接待游客986.22万人次，比上年增长38.05%；旅游综合收入达54.69亿元，比上年增长37.1%。

【科技、教育】 2018年，稳步推进科技科普工作，全市用于科学技术支出的财政资金为547万元，比上年下降57.5%；完成专利申请和授权668项，认定高新技术企业7户。政府履行教育职责工作通过省级验收，被评为“云南省教育工作先进县”。完成教育设施专项规划编制，组建基础教育发展中心，启动连然小学、宁湖小学扩建项目，5所街道公办幼儿园和石江学校建成投用。年内，全市学龄儿童毛入学率102.7%，初中学龄人口毛入学率113.17%，初中毕业升学率98.5%，普通高中录取率62.5%，高考综合上线率100%，高考录取率100%。年末，全市幼儿在园人数11442人，小学在校学生23168人，初中在校学生11636人，高中在校学生6366人，职教基地入驻职业教育院校8所，有专任教师4770人，在校学生84218人。

【文化、卫生】 2018年，安宁市公布第一批地名文化遗产保护名录，摩崖石刻申报国家级重点文物保护单位通过省级专家评审，昆明钢铁厂被认定为第二批国家工业遗产，全省首家“乡愁图书馆”开馆。出版报纸53万份，公共图书馆藏书19.49万册，文物保护47处。有线电视入户4.67万余户，安宁广电网络实现与昆明并网，全市广播人口覆盖率达100%，电视人口覆盖率100%。

“医共体”建设迈出关键步伐。年内，组建区域医疗资源中心，昆钢医院顺利通过三甲医院评审，人民医院提质达标工程通过升级验收；常驻儿童疫苗接种覆盖率达100%，食品卫生监督覆盖率100%；全市共有卫生机构206个，卫生机构床位达3880张，专业卫生技术人员3557人。5岁以下儿童死亡率2.59‰，新生儿死亡率1.88‰，农村卫生厕所普及率96.3%。全市共创建国家级卫生镇4个，省级卫生镇2个，卫生村52个。

【人民生活】 2018年，全市城镇居民人均可支配收入42922元，比上年增长7.8%；农民人均纯收入达17994元，比上年增长8.50%；社会保障和就业财政资金支出3.43亿元，城乡居民基本养老保险参保率达98.82%，全市享受城镇居民最低生活保障的人数达32744人次，全年共发放保障金1304万元；享受农村居民最低生活保障的人数达18696人次，全年共发放保障金457万元；参加城乡居民医疗保险人数达17.74万人。全市办社会福利院4个，床位720张。

（李　波）

晋宁区

【年内大事】 1月3日　由《云南日报》、云南广播电台、云南网、《昆明日报》、昆明广播电视台、《都市时报》、昆明信息港及无线昆明、掌上春城等媒体组成的采访报道团队到晋宁作“新时代、新气象、新作为”主题采访。

1月9日　2018年央视《东西南北贺新春》节目组在晋宁古滇艺海大码头进行节目录制。

1月20日　以阿尔及利亚民族解放阵线党中央委员、外交部参赞穆罕默德·提哈米为团长的阿尔及利亚代表团一行20人到晋宁，考察晋宁沙堤村基层党建工作和特色农业发展情况。

1月22日　晋宁人民法院刑事审判庭的法官杨树勋在2017年中国庭审公开网庭审案件直播中排名96位，荣获“优秀直播法官”称号。

1月23日　昆明市妇联、云南泽奥生物科技有限公司在晋宁区人民医院举行脱贫攻坚公益项目医疗设备捐赠仪式。此次捐赠的医疗设备价值1433.04万元。

3月5日　由共青团云南省委、昆明市文明办、共青团昆明市委主办，共青团晋宁区委、晋宁区文明办承办的“建设文明城·保护母亲河”——2018年昆明市“3·5”学雷锋日集中志愿服务活动在滇池南岸沙滩公园举行。

3月23日　由赤道几内亚民主党第一副总书记奥博诺为团长的干部考察团一行30人在中联部、云南省外办领导陪同下，到晋宁考察调研精准扶贫和党建相关工作。

3月26日　云南省见义勇为基金会理事长乔汉荣及爱心人士到晋宁区走访慰问省级见义勇为先进个人张学士家属。

3月30日　晋宁区首家乐村淘电子商务网点——双河彝族乡电子商务服务站荒川村服务点正式启动营运。

4月11日　2018年云南省职业院校“弘联杯”护理技能大赛、“金发杯”药学综合技能大赛和“天堰杯”医护技能大赛开幕式在昆明卫生职业学院举行。

4月24日　云南省妇联副主席农布央宗率“消除贫困与妇女经济赋权”澜湄国家妇女干部研修班30名学员到晋宁工业园区宝峰基地的云南大不同实业公司考察妇女创业项目。

同日　诺仕达集团在晋宁区晋城镇古滇文化广场举行专场招聘会。七彩云南欢乐世界主题公园和昆明古滇名城皇冠假日酒店共为求职者提供900多个岗位，近千人到场应聘。

4月25日　全国政协副主席、九三学社中央常务副主席邵鸿及相关领导到晋宁区上蒜镇安乐村实地考察乡村环境综合治理工作。

4月26日　晋宁区农村土地承包经营权确权登记颁证现场会暨颁证首发仪式在核桃园村委会举行。双河彝族乡核桃园村委会191户农户领取晋宁区首批农村土地承包经营权证。

4月　晋宁兴隆水景公园建成开放。兴隆水景公园位于昆阳街道兴隆村，占地面积166.62亩，总建筑面积14991.91平方米，内设展厅、健身房、医疗室及室内停车场、商店、酒吧、艺术馆等，总投资2.76亿元。

5月5—6日　第四批徐霞客游线标志地寻找与论证行动考察组专家到晋宁区实地考察晋宁“徐霞客游线标志地”论证申报工作。

5月15日　近50名外国驻华大使、公使、总领事等外交官到晋宁区考察七彩云南古滇文化名城。市长王喜良，副市长胡宝国，晋宁区委副书记、区长李福军等市、区领导陪同考察。

5月24日　全国供销合作社系统有关领导组成的考察团到晋宁区实地参观张良花卉专业合作社，考察合作社的鲜切花生产、经营及社员收入情况。

5月30日　晋宁腾俊国际陆港保税物流中心（B型）正式封关运作。云南省商务厅、云南省招商合作局、昆明市政府、昆明海关、昆明市市直有关部门、晋宁区人民政府及近百名企业和商会代表出席封关运作仪式。

6月1日　晋宁区晋城镇孙家坝村居家养老服务中心挂牌成立，正式开启从“养儿防老”到“以地养老”云南模式。

6月2日　全国政协人口资源环境委员会副主任杨松率队到晋宁开展“加强管控与修复，强化土壤污染防治”专题调研。

6月14日　由全国政协常委、香港中华总商会会长、新华集团主席蔡冠深带队的香港工商界代表一行50人到晋宁考察精准扶贫、党建和生态建设工作。

6月15日　在昆明滇池国际会展中心举行的云南省“绿色能源、绿色食品、健康生活目的地”招商推介会暨经贸合作项目签约仪式上，晋宁区与7户企业负责人进行项目签约，协议总投资14.7亿元。

7月6日　省科技厅组织专家组到晋宁，对晋宁区申报云南省可持续发展试验区建设工作进行现场考查。

7月12日　省国有林场改革办公室副主任张伏全率云南省国有林场改革领导小组验收组一行到晋宁区实地检查验收国有林场改革工作。

7月17日　以尼泊尔共产党中央委员苏尔亚·帕塔为团长的尼泊尔共产党基层代表团一行15人到晋宁考察基层党建、康养旅游、新农村发展等情况。

7月18—20日　以“走进郑和故里　弘扬丝路精神”为主题的2018年珠江片区“中国航海日”活动在晋宁举行。

7月21日　由中宣部组织的“大江奔流·来自长江经济带报道”采访团到晋宁七彩云南·古滇文化旅游名城探访滇池治理举措和成效。

8月3日　主题为“彝火传情　狂欢古滇”的“2018昆明彝族狂欢节暨首届古滇火把节”开幕式在七彩云南·古滇名城举办。

8月5日　由云南省社会科学院、云南省民族学会彝学专业委员会、晋宁区古滇历史文化旅游区管委会主办的彝族文化与中华文明学术研讨会在古滇皇冠假日酒店举行。

8月8日　省、市民委领导一行到夕阳彝族乡高粱地小石板河、赖家新村、丫租村，双河彝族乡核桃园村、双河民族中学、民族小学开展民族团结进步示范市省级初评备选点调研工作。

8月14日　来自中国矿业大学、山东大学、南京大学、四川大学等22所高校的近200名大学生组成考察实践队伍到七彩云南·古滇名城开展暑期实践活动。

8月22日　省人大常委会常务副主任、省级河（湖）长制副总督查和段琪率督查组到晋宁，对晋宁区落实滇池河（湖）长制工作情况开展督查。

8月24日　大理州政府党政代表团一行到古滇历史文化名城参观考察。双方就旅游文化特色小镇、养生养老等建设项目进行交流。

9月5日　以卫生健康委党组成员王建军为组长的国务院调研组到晋宁调研医养结合工作。

9月8—11日　晋宁区组成代表团参加第二十届中国国际投资贸易洽谈会，并成功签约2个（昆明全波红外科技有限公司和昆明兴云电线电缆制造有限公司）亿元项目入驻晋宁。

9月18日　以省民族宗教委党组成员赵成龙为组长的省殡葬领域突出问题专项整治工作第一督查组到晋宁，就晋宁区开展殡葬领域突出问题专项整治工作进行督导检查。

9月19日　文莱华文媒体团在外交部、省外办、区外办相关领导的陪同下到晋宁区博物馆参观。

10月24日　参加南侨机工档案成功入选世界记忆亚太地区名录座谈会的部分海外代表，与国家档案局、国侨办、国侨联有关人士一起到晋宁七彩云南·古滇名城参观交流。

10月25日　老挝人民革命党中办副主任占塔木·拉达那冯率人革党中办代表团一行10人到晋宁考察基层党建工作。

11月5日　宁夏回族自治区人大常委会副主任董玲率代表团到七彩云南·古滇文化名城考察。

11月8日　省扫黑除恶专项斗争第一督导组到晋宁区督导检查扫黑除恶专项斗争工作。

11月11日　由共青团昆明市晋宁区委、中国国际教育电视台主办、昆明枫之蓝文化传播有限公司承办的“2018丝路凝聚力少儿超模大赛云南赛区总决赛”在古滇艺海大码头举行。经过激烈角逐，最终评选出50名选手晋级全国总决赛。

12月8日　由中国、法国有关专家组成的专家组先后到七彩云南·古滇名城、晋宁博物馆、晋宁城市规划展览馆参观考察并举行座谈会。双方就申报中法国际生态示范城市项目进行洽谈、对接。

12月10日　晋宁区首个青年创新创业（电商）孵化园挂牌成立。

12月11　《寰行中国·文化宝藏》系列纪录片栏目组到晋宁石寨山，了解拍摄石寨山发掘出土“滇王之印”的故事。

12月13日　省水利厅领导率领评估验收专家组对晋宁区2018年度县域节水型社会达标建设工作进行验收。

【区划、人口】　晋宁区位于昆明市西南部，东邻玉溪市澄江县，南连玉溪市江川区、红塔区，西与玉溪市峨山县、易门县及昆明市的安宁市交界，北与昆明市西山区、呈贡区接壤。区境东西横距66千米，南北纵距33千米，国土面积1336.66平方千米，其中山区、半山区占70.7%，坝子、谷地、湖泊占29.3%；最高海拔2648米，最低海拔1340米。区政府驻地昆阳距省会城市昆明50千米。

2018年末，全区辖昆阳、宝峰2个街道，二街、上蒜、六街、晋城4个镇，双河、夕阳2个彝族乡；全区常住人口30.92万人，其中城镇人口14.93万人、乡村人口15.99万人；户籍总人口28.6万人，其中城镇人口11.73万人、乡村人口16.87万人；少数民族人口3.51万人，占12.3%；户籍人口城镇化率41.9%；城市建成区面积12.13平方千米，乡镇建成区面积1045.34公顷；森林覆盖率47.61%。

【经济综述】 2018年，全区实现地区生产总值135.80亿元，同比增长6.4%。其中，第一产业完成23.92亿元，同比增长6.9%；第二产业完成47.99亿元，同比增长6%；第三产业完成63.88亿元，同比增长6.5%。三次产业结构比优化为17.6∶35.4∶47.0。完成规模以上固定资产投资136.67亿元，同比增长9.3%。完成地方财政总收入19.77亿元，同比下降3.8%。其中完成一般公共预算收入12.50亿元，同比下降14.2%。一般公共预算支出23.69亿元，同比下降5.3%。全区实现社会消费品零售总额46.38亿元，同比增长12.1%，增速在全市14个县（市、区）排名第五。批发零售业实现增加值4.48亿元，同比增长8.8%；住宿餐饮业实现增加值2.73亿元，同比增长8.1%。城镇居民人均可支配收入39776元，同比增长8.3%；农村常住居民人均可支配收入15776元，同比增长8.7%。年末，全区金融机构各项存款余额172.62亿元，比年初增长5.7%；各项贷款余额97.43亿元，比年初增加9.43亿元，增长10.7%。

【工业】 年内，全区工业总产值完成177.53亿元，同比增长17.1%；完成工业增加值40.04亿元，同比增长7.3%，其中规模以上工业企业总产值完成157.20亿元，同比增长16.6%；全区规模以上企业104户，主要工业产品产量磷矿石1191.14万吨，同比增长7.5%；铁矿石24.89万吨，同比增长21.4%；磷肥37.71万吨，同比增长3.0%；硫酸91.60万吨，同比增长31.8%；焊接钢管28.08万吨，同比增长12.0%；磷酸一铵25.43万吨，同比增长62.7%；光学仪器195.31万台，同比增长14.2%。

【园区建设】 《晋宁工业园区（2018—2035）总规修编》通过专家评审，修编范围由92.69平方千米缩减至33.61平方千米，空间布局结构为“一园三区六基地”。年内，完成规模以上工业总产值151.06亿元、外贸进出口额16056万美元、主营业务收入209亿元；新增入园规模以上工业企业6户，使园区规模以上工业企业总户数达到94户；规模以上工业增加值增速5.8%，完成规模以上工业主营业务收入153.4亿元，完成工业和信息化投资额18.85亿元，完成限额以上批发业销售额14.01亿元，完成商贸物流业投资8.79亿元，完成规模以上工业企业利税总额8.6亿元，完成固定资产投资29.56亿元（其中工业投资18.86亿元、非工业固定资产投资10.7亿元）。认定高新技术企业6户。召开项目评审会7次，评审项目91个。签订协议80个，计划总投资58.39亿元。完成22宗、830.59亩土地的出让工作。清理盘活“僵尸企业”，通过“收回土地、中止协议、适当支付补偿款”的方式实现资源的释放，收回土地827.56亩。完成基础设施建设投资6.10亿元。

【招商引资】 制定出台《关于加快重点产业发展若干扶持政策》，推进精准招商，突出产业招商，落实重大招商引资项目全程代办制度。与中国城市科学研究会和法国建筑科技中心签署三方谅解备忘录，晋宁正式成为中法国际生态示范城第二批申报城市。与中交生态环保投资公司、杭州新炬资产管理有限公司签订战略合作框架协议。海天电缆、全波红外、年产1500万吨绿色建筑骨料等5个亿元以上项目顺利签约落地。年内，新签约项目达75个，其中亿元以上项目8个，协议投资达36.95亿元；到位内资60.11亿元，外资1840.9万美元。

【农、林、水】 年内，全区农林牧渔业总产值完成39.07亿元，同比增长7.4%。其中，农业总产值31.0亿元，增长10.3%；林业总产值0.2亿元，增长3.9%；牧业总产值7.15亿元，同比下降3.2%；渔业总产值0.39亿元，同比增长4.1%；农林牧渔服务业总产值0.34亿元，同比增长3.8%；实现农林牧渔业增加值24.1亿元，同比增长6.9%。完成粮食播种面积11.72万亩，粮食总产3.59万吨；蔬菜种植21.9万亩，产新鲜蔬菜47.2万吨，外销43.42万吨，占生产总量的92%；花卉种植5万亩，产鲜切花35.2亿枝；种植烤烟1.7万亩，收购烟叶4万担。肉类总产2.63万吨，禽蛋产量1.58万吨，鲜奶产量3.02万吨。培育农业龙头企业26户、农民专业合作社175家。推进银鹏林海、滇珍坊等5个都市农庄建设，完成投资1.15亿元。农村土地承包经营权确权登记完成现场调查63479户，实地测量27.14万亩。查处各类涉林案件90件。完成林业生态建设营造林4993亩，全民义务植树85万株，兑现公益林生态效益补偿金549万元。森林防火投入资金1396.49万元。11月1日，2014年12月获国家林业局（现国家林业和草原局）批准建设、2017年7月启动建设、计划总投资604万元的晋宁区森林防火视频监控系统通过省级验收组验收。完成“五小水利”工程建设1528件，酸水塘水库顺利通过验收。

【生态建设】 抓好中央环保督察“回头看”反馈问题整改落实，18件转办件全部办结。投入资金3400万元开展柴河、大河、双龙、洛武河水库一级保护区整治和退耕工作。查处环境违法案件34件，罚款3336.43万元。开展矿产资源秩序专项整治行动，立案查处21件。启动滇池流域关停矿山生态修复25个，完成修复治理1255亩。

推进滇池保护治理“三年攻坚”行动，完成“一河一策”方案编制并稳步实施，落实“河道三包”责任制等各项措施。投入资金6.19亿元，实施晋宁区入滇河道及环湖干渠沿岸支次管网完善工程、环湖截污南岸配套收集系统完善工程等29个项目建设。落实“一控两减三洁净”要求，完成滇池流域测土配方施肥6万亩次，实施IPM示范面积4000亩，辐射带动2.5万亩次，生物防控示范面积3.7万亩次，化肥农药施用量明显减少，污染负荷有效削减。全年空气质量优良率达100%。

【城乡基础设施建设】 城乡规划更加完善。年内，完成《昆明市城市总体规划（2018—2035）——晋宁区发展大纲》《昆明市晋宁区昆阳—晋城生态隔离带优化调整方案》《“七彩云南·古滇文化旅游名城”城市服务区控制性详细规划调整》《晋宁未来城项目控制性详细规划设计》《晋宁区乡村建设规划》编制。

加大城市建管力度。年内，武装部西侧道路、晋城庄蹻路北延长线建成并投入使用，完成新昆明东城至南城连接道路晋宁段、龙潭路二期分段验收，累计完成投资3.67亿元。市政道路PPP项目、昆玉高速晋宁入口4座立交建设有序推进，累计完成投资2.5亿元。开展昆阳西片区棚户区改造房屋征收工作，签订协议252户，兑付资金7804万元；启动月山北片区棚户区改造1537套安置房建设。开展大棚房及设施农用地专项整治行动，持续推进“四治三改一拆一增”工作，投资3379.5万元，完成晋江农贸市场、晋城镇城区人行道提升改造项目；治理临违建筑70万平方米；启动东凤路旁、青龙路旁公园绿地建设，新增城市绿地16.6万平方米。依托数字化城市管理系统平台，推进智慧城市建设，形成数字化、网格化、信息化、全覆盖、高效能的城市管理服务新格局。

农村基础建设不断加强。年内，投入资金1.93亿元，完成杨柳冲水库、上蒜和晋城片区供水管道连接等8个水利基础设施建设项目；投入资金1726万元，实施水库移民安置区生产生活条件改善工程18件；投入资金4595万元，完成农村公路路面硬化26条、58.7千米；投入资金3012万元，完成“4类重点对象”、3个重点村、3个贫困村农村危房改造940户，洗澡塘、木鲊、木杵榔3个贫困村顺利脱贫出列；启动《晋宁区乡村振兴战略规划（2018—2022）》编制及二街镇鲁黑村乡村振兴试点项目建设，新建及改造农村公厕60座、无害化卫生户厕201座、新能源烤烟房147座。“七改三清”工作连续三年名列全市第一。

【科教文卫】 安排资金500万元表彰奖励百名优秀教师。制定出台加快教育改革与发展、教育系统“四名工程”、教师队伍优秀人才引进等5个改革方案，开展名师、名校引进培养工程，新增市级名师5人、市级名校3所，创建云南省一级二等示范幼儿园3所、云南省现代教育市级示范学校3所。投入资金1000余万元，完成不安全校舍加固改造1.56万平方米。学生资助体系不断完善，发放补助金1338万元、11224人次。投入资金2351万元，实现义务教育阶段学生营养改善全覆盖。学前幼儿毛入园率达99.09%，小学入学率达99.72%，初中毛入学率达108.52%，高考上线率达99.83%。公立医院改革成效初显，去行政化及分级诊疗工作有序推进；全区9个乡镇级卫生院建成中医馆，70%以上的村卫生室能提供中医药服务。开展家庭医生签约服务，组建家庭医生团队134个，累计签约16.8万人。开展卫生创建工作，创建国家卫生乡镇1个、省级卫生村20个。建成七彩云南全民健身工程点126个，全民健身路径点114条，村级文体活动广场31个。推进民族团结“十大工程”及基层宗教工作队伍建设。申报各类专利312件，获授权113件。成功入选“全国科技创新百强区”，成功创建“云南省可持续发展实验区”。

【商贸、旅游】 七彩云南·欢乐世界、古滇名城皇冠假日酒店建成运营。成功举办昆明郑和文化旅游节、昆明彝族狂欢节暨首届古滇火把节、“郑和杯”半程马拉松赛、“郑和杯”足球赛、“晋宁·加速”万人长跑、珠江片区“中国航海日”、古滇开渔节等节庆活动。一部手机游云南工作顺利推进。成功认证为全国第四批“徐霞客游线标志地”。完成《“宝双夕”文化旅游概念性规划》《六街镇乡村旅游概念性规划》《二街镇白云洞景区概念性规划》编制，《晋宁区全域旅游发展规划》编制并顺利推进。年内，全区接待游客723万人次，同比增长34.93%；实现旅游收入2.03亿元，同比增长39.7%。电子商务发展进入快车道，6个乡镇电子商务服务站建成运营。物流业加速发展，腾俊陆港被评为全国29个示范物流园区之一，冷链仓储中心、公铁联运中心等项目建设加速推进，保税物流中心封关运行，进出口通关额突破2000万元。实现外贸进出口额1.83亿美元，同比增长61.3%。三次产业结构比调整为17.6：35.4：47.0。

【社会保障】 发放小额创业、贷免扶补贷款4109万元，提供有效就业岗位3228个，新增城镇就业2479人，城镇登记失业率控制在2.9%以内，实现农村劳动力转移就业6580人。城乡社会保险参保覆盖面进一步扩大，城乡居民基本养老保险参保14.8万人，城乡居民和城镇职工基本医疗保险参保27.68万人。推进全国居家和社区养老服务改革试点工作，在全市首创“以地养老”新模式，申报居家养老项目6个、启动建设4个、竣工6个。发放低保金861万元，发放优抚对象抚恤金、生活补助费2824万元，发放特困人员供养补助金222万元，发放80岁以上高龄老年人保健补助金614

万元。做好失地农民外出租地补助工作，兑现补助资金263万元。

【民生实事】 年内，全区完成二街集镇供水管道连接工程、昆阳街道古城片区排洪应急工程、晋宁区农村“4类重点对象”C、D级危房改造工程、柴河水库汇水区农村环境连片整治工程、大河水库汇水区农村环境连片整治工程、夕阳彝族乡传统村落保护项目、晋宁磷矿专用公路（宝兴段）修缮工程、居民集抄电能表改造6万户，启动晋城老城区道路提升改造工程、晋宁区残疾人托养中心建设项目。

【精神文明建设】 建设完成晋宁社会主义核心价值观主题公园。持续开展“发现晋宁正能量——寻找宣介‘幸福晋宁事、美丽晋宁人’公益活动”，表彰命名“幸福晋宁事”1件，“美丽晋宁人”10名。表彰命名学雷锋示范点1个，学雷锋标兵4名。全区2个家庭荣获云南省最美家庭，10人荣获“昆明好人”“最美昆明人”荣誉称号。全区近70个道德讲堂定期开展活动。开展“我的中国梦”“网上祭英烈”、学习和争做“美德少年”等活动300余场次。完善乡村学校少年宫考核及信息平台录入工作。开展乡贤文化宣讲进校园活动2次。全区志愿者网上注册共4.5万人，志愿服务时长总计115万小时；开展环境卫生整治、文明劝导等各类创文志愿服务400余场次，参与人数3.77万余人次。组织区文明委成员单位、爱心企业和省、市级文明单位开展集中服务等活动，筹集爱心捐款及物资共约188万元。组织开展省级文明单位（村镇、学校）申报创建和复审工作，3个单位创建为省级文明单位，8个单位通过复审，1个村创建为省级文明村，7个村通过省级文明村复审，1所学校创建为省级文明校园。表彰命名区级文明单位38个、区级文明社区4个、区级文明村61个、区级文明校园10个。

（王　俪）

富民县

【年内大事】 1月10日，县机构编制委员会发文批复富民县监察委员会成立。3月12日，富民县监察委员会挂牌。

1月19日，在第五届全国检察机关规范化检察室评定工作中，富民县人民检察院驻县看守所检察室被最高人民检察院评定为全国检察机关一级规范化检察室。

1月31日至2月4日，省扶贫开发考核组实地考核富民县罗免镇、东村镇、赤鹫镇等3个镇和麻地村村委会、中民村委会、祖库村委会、阿纳宰村委会和普桥村委会共计5个村委会扶贫开发工作。

3月2日，小水井苗族农民合唱团参加英国牛津、伦敦和利物浦新年音乐会，首次在欧洲演唱。

3月9日，环保部西南督察局到富民县督查中央环保督察反馈问题整改工作推进情况。

3月13日，富长支线富民段建成通气，中缅天然气由中缅主管道正式输送进入云南省天然气有限公司富长支线（富民段）。

5月15日，市政协主席、市级河长制副总督察熊瑞丽带队督察富民县全面深化河长制工作推进落实情况。

5月16日，生态环境部土壤环境司副司长钟斌率领省环境保护厅副厅长王天喜及相关工作人员，对富民县茨塘片区环境污染治理情况进行检查。

5月25日，2018年中国·富民杨梅健康文化节开幕，以生态体验、文化体验、健康体验、温情体验为主题。

6月10日，“昆明国际水彩作品邀请展”暨“侨之韵国际美术作品展”在昆明市博物馆开幕，展出中国、澳大利亚、瑞典、加拿大、墨西哥、美国和中国台湾、香港等国家和地区的60位水彩画家的近200幅水彩精品，其中富民县画家潘建涛的3幅水彩作品应邀参加本次展览。

6月20日，省委政研室、省委改革办副主任尹维汉一行到富民县调研农村综合改革工作。

6月28日，富民县组织云南日报、昆明日报、都市时报、昆明电视台、昆明信息港、掌上春城、一点关注等媒体记者开展“全媒体走基层”

2018富民杨梅节活动

（富民县史志办　供稿）

集中采访活动。

7月11日，富民县人民法院在富民县京弛驾校开展阳光司法活动，集中审理两起涉嫌危险驾驶、妨害公务案件。

7月12日，省级检查验收组第一检查组对富民县的村民小组活动场所、乡镇“七小”设施、2017年村级“四位一体”试点项目、省级扶持村级集体经济发展试点项目等重点项目建设推进情况进行检查验收。

7月19日，富民县大营街道举办有中央和省、市、县级的17家媒体参加的“大营街道爱心企业助力脱贫攻坚新闻发布会”暨脱贫攻坚爱心企业物资捐赠仪式，大营街道辖区内18家企业和商会现场捐赠水泥685.5吨,资金43万元。

7月28日，省委书记陈豪到富民县调研经济社会发展情况。

8月2日，富民县人民政府和昆明后谷咖啡产业有限责任公司举行项目签约仪式。

8月3日，富民县兰科植物科普示范基地正式成立，基地位于罗免镇麦家营村委会乔地山村，占地50余亩，有27个现代化兰花种植大棚。

8月9日，创意云南2018年文化产业博览会在昆明国际会展中心开幕，富民县的云南斑铜、蒜的伴手礼和富民小水井苗族农民合唱团分别获创意云南2018文化产业博览会“绿色环保”奖和创意云南2018文化产业博览会“优秀组织”奖两个奖项。

8月10日至9月1日，第二届上海艾萨克·斯特恩国际小提琴比赛在上海举办，富民县小水井苗族农民合唱团获“人文精神奖”。

9月5日，青岛澳鼎集团到富民县散旦镇开展“春蕾助学·澳鼎圆梦”贫困儿童救助公益活动。

9月8日，富民县开展“模拟法庭进校园”活动，全县800余名师生和相关部门负责人在昆明行知中学报告厅观摩“庭审”全过程。

9月23日，首次进入云南的2018X-Mudder泥泞障碍赛在富民县举办。

10月12日至13日，省纪委第十交叉检查组到富民县开展扶贫领域腐败和作风问题专项治理检查。

10月17日至19日，以张啸林为组长的省政府教育督导评估组到富民县对政府履行教育职责工作进行督导评估。

10月22日，市政府重点项目建设稽察办特派员赵歌平一行，对富民县民族文化广场（五馆）建设工程项目进行稽查。

11月5日，县纪委监委印发《富民县全面禁止公务活动和工作时间饮酒的规定（试行）》的通知，对全县公职人员实行最严格的禁酒规定，进一步从严从细规范党员干部职工的工作纪律和生活纪律。

11月9日，县法院公开审理一起涉恶犯罪案件，这是富民县开展“扫黑除恶”专项斗争以来审理的首起恶势力犯罪团伙案件。

11月23日，国家统计局副局长贾楠一行，到富民县调研第四次全国经济普查和文化产业发展情况工作。

11月23日，副省长董华带队到富民，先后对立邦涂料、富信通讯手机生产、昆明鼎承机械科技有限公司进行调研。

11月29日，富民县社会福利院建成投入使用，占地面积3.5亩，建筑面积2800平方米，设置床位150张。

12月11日，富民县款庄镇在热水村委会李资树村魁星阁举行款庄博物馆开馆仪式，富民县首个镇级博物馆开馆迎客。

12月21日至26日，省级考核组到富民县进行2018年党委和政府扶贫开发工作成效考核。

【区划、人口】 富民县位于昆明西北部，隶属昆明市管辖，总面积993.76平方千米，地跨东经102°21′—102°47′、北纬25°08′—23°36′。南靠五华、西山区，东与盘龙、寻甸相邻，北和禄劝山水相连，西连楚雄州禄丰、武定两县。县城永定街道办事处距昆明23千米，海拔1683米，螳螂川水穿城而过，将县城一分为二。地势南高北低，东坡缓，西坡陡，县境中部的望海山脉把县域分为东部龙泉河和西部螳螂川流域，自古为四川入滇中重镇昆明之要津，素有“滇北锁钥”之称。2018年全县年均气温16.3℃，比上年下降0.1℃，比历年高0.36℃；年降雨量780.2毫米，比上年减201.9毫米，比历年偏少83.1毫米。年末全县辖永定、大营2个街道办事处及罗免、赤鹫、款庄、东村、散旦5镇，全县有75个村（居）委会494个自然村671个村民小组93个居民小组，户籍总户数53283户，比上年减36户，户籍总人口153127人，比上年增958人，其中男性75859人，占总人口的49.54%，女性77268万人，占总人口的50.46%；城镇居民53357人，占总人口的34.8%；乡村99770人，占总人口的65.2%；少数民族25470人，占总人口的16.6%；其中：彝族13695人，苗族8395人，回族612人，白族1175人，其他少数民族15393人。全年出生人口1815人，出生率11.85‰，死亡1011人，死亡率6.6‰，人口自然增长率5.25‰。县境内居住着汉、彝、苗、回、白等民族，人口密度159人/平方千米。

【经济综述】 初步核算，2018年，全县实现地区生产总值76.55亿元，同比增长6.3%；财政总收入完成9.77亿元，同比增8.9%；一般公共预算收入5.47亿元，增长3.4%；全县一般公共财政预算支出12.5亿元，同比增10951万元，增长9.6%；社会消费品零售总额21.31亿元，同比增11.7%，规模以上固定资产投资40.6亿元,同比增长54.5%；人均生产总值48664元，比上年增长4.5%；实现农林牧渔业总产值18.22亿元，同比增长6.6%；农村常住居民人均可支配收入14656元，同比增长8.7%；城镇居民人均可支配收入39426元，同比增长8.4%；引资累计到位内资38.08亿元、外资217.36万美元；全县民营经济增加值43.15亿元，同比增长8.5%，三次产业结构为14.6：50.6：34.7。

【工业】 年末全县工业总产值81.1亿元，同比增长9.3%。全县共有规模以上工业企业54户，其中钛盐化工类现有规模以上企业4户实现产值21.34亿元，占全县工业总产值的28.2%；机械制造类现有规模以上企业7户，实现产值5.14亿元，占全县工业总产值的6.8%；新型建材类现有规模以上企业9户，实现产值18.25亿元，占全县工业总产值的24.1%；磷化工类现有规模以上企业6户，实现产值5.06亿元，占全县工业总产值的6.7%；清洁能源（风电）类现有规模以上企业5户，实现产值4.35亿元，占全县工业总产值的5.7%；信息产业类现有规模以上企业2户，实现产值6.42亿元，占全县工业总产值的8.5%；食品工业类现有规模以上工业企业11户，实现产值10.64亿元，占全县工业总产值的14.1%；其它行业类现有规模以上工业企业10户，实现产值4.51亿元，占全县工业总产值的5.9%。实现规模以上工业总产值76.19亿元，同比增长9.9%，实现规模以上工业增加值同比增长9.8%，实现主营业务收入69.55亿元，同比增长11.3%，实现利税总额5.93亿元，同比增长7.28%；工业增加值占全县地区总产值的28.03%。

【农业】 全年实现农林牧渔业总产值18.22亿元，同比增6.6%。粮食5.39万吨，比上年下降9.1%；肉类1.27万吨，比上年增长34.1%；禽蛋产量3683.5吨，增长24.6%。种植烤烟2.04万亩，收购量49000担，实现烟农收入8405万元，同比增加15.84万元；实现烟叶税1849.06万元，同比增加3.48万元。全年农村用电量6476.8万千瓦时，比上年增长10.9%。富民特色农业产业园完成投资5.33亿元，实施薄壳山核桃基地示范项目等国家级农业综合开发建设项目3个，新培育省市级农业龙头企业3个，全年农业龙头企业实现产值4.2亿元，同比增长10.1%。“丰岛”牌菊花鲜切花入列云南十大名花。

【城乡基础设施建设】 东散公路改扩建、武倘甸高速公路东村连接线项目稳步推进，罗赤公路、螳川东路延长线、成器敦片区18米支路建成通车，实施农村公路硬化60公里。完成老108国道罗免段等道路安全生产防护工程，安富、北团等公路安全隐患得到有效整治。建成新能源汽车充电站2个，商贸中心区110千伏电力线迁改完成，棚户区改造项目征收补偿协议签约率87.5%。投资3.13亿元，实施各类小水利工程3068件，完成大营小河完家村至东元段、螳螂川麦竜段河道治理，赤鹫平地、东村中民山区小水网项目竣工投入使用；滇中引水工程征地移交789亩。

螳螂川富民县城下段河道治理工程

（富民县史志办　供稿）

【三产服务业】 实现第三产业增加值26.59亿元，同比增长7.3%，批发零售业商品销售额同比增长26.5%和15.9%。主动融入昆明大健康“一核两极三网五廊”布局，引进茶马古道民俗风情休闲度假小镇等项目。康龙医药物流园区、三江并流冷链物流、秉航驾驶员考试综合基地建成运营、昆明首批共享单车落地富民。东昊钛业、博锐通讯入选“云南省外贸发展综合贡献百强企业”；环际农业、富民进出口公司入选“云南省外向型农业发展百强企业”，农产品、智能终端产品、钛产业三大出口板块初步形成，全县进出口总额1.62亿美元，同比增长109.4%。全年接待游客279万人次，实现旅游营业收入5.9亿元，同比分别增长22.6%和34.3%。

【人居环境】 实施村级“四位一体”试点建设项目2个、省级美丽宜居乡村项目4个、“一事一议”财政奖补和美丽乡村项目53个，集镇自来水覆盖率100%，农村集中供水率93%，农村居民用电一户一表改造率100%。县城道路管护路面完好率98%，道路清洁率100%。整治违法违规建筑34.7万平方米，查处违规渣土运输行为92车次。永定大三竜村创建为省级农村人居环境整治示范村，罗免西核、款庄热水等18个村创建为市级农村人居环境整治示范村。

【财政、金融】 全年实现财政

总收入97725万元，为年初预算数93337万元的104.7%，为调整预算数98202万元的99.5%，同比增7967万元，增8.9%。其中：一般公共预算收入54678万元，为年初预算数54452万元的100.4%，为调整预算数54452万元的100.4%，同比增1812万元，增3.4%；上划中央收入完成37587万元，为年初预算数33538万元的112.1%，为调整预算数38195万元的98.4%，同比增5406万元，增长16.8%；上划省级收入完成5460万元，为年初预算数5347万元的102.1%，为调整预算数5555万元的98.3%，同比增749万元，增15.9%。全县一般公共预算支出125018万元，为年度预算数128818万元的97.1%，同比增10982万元，增9.6%。年末全县金融机构存款余额72.9亿元，较上年（初）增6.68亿元，较年初增10.09%；年末全县金融机构贷款余额51.03亿元，较上年（初）增0.88亿元，较年初增1.75%。

【交通、邮电】 年末，全县公路通车量程1075.39公里；行政村客运班车通车率96%；机动车保有量4.85万辆，比上年增3%；城乡公交运营线路45条，营运客车127辆，其中公交车97辆，出租汽车30辆，比上年减20车辆；货运汽车2273辆，比上年减195辆。年末完成邮政业务总量0.17亿元，比上年增38.2%；快递收入78.05万元，增长48.1%；完成邮政函件业务0.42万件，增加0.12万件；包裹11.44万件，增加6.07万件；全年电信营业收入1.05亿元；全县固定电话装机5090部，比上年减421部，减少8.27%；宽带用户8301户，比上年减942户，减少10.19%。年末全县移动电话用户达12.34万户；宽带用户2.58万户。

【资源、环境和安全生产】 初步核算，全年全社会能源消费总量70.75万吨标准煤，比上年增长3.4%；万元GDP能耗同比下降2.71%；规模以上工业能源消费总量51.43万吨标准煤，增长3.6%；规模以上工业万元增加值能耗下降5.4%。在规模以上工业主要能源消费量中，原煤消费量40.83万吨，增长24.2%；用电量5.58亿千瓦时，增长3.8%。规模以上工业取水量761.15万立方米，万元工业增加值耗水量41.81立方米/万元。城市空气质量优良以上天数358天，空气质量优良率达到99.7%；年末垃圾处理站7个，增加4个。城市生活垃圾无害化处理率100.0%；城镇生活污水集中处理率86.7%。年末森林面积87.28万亩，人工造林面积2.7万亩；森林抚育及改造提升面积2.5万亩；封山育林面积0.2万亩。森林覆盖率58.46%，比上年提高0.6个百分点。全年水资源总量13亿立方米。全年降雨量780.8毫米，比上年下降20.5%；年平均气温16.3摄氏度，下降0.1摄氏度。年末建成区绿地面积232.45公顷。其中，公园绿地面积65.7公顷；城市人均公共绿地面积11.86平方米；城市绿地率37.96%；城市建成区绿化覆盖率43.3%。生产安全事故死亡4人，交通事故死亡人数19人；亿元GDP生产安全事故死亡率为0.05，道路交通万车死亡率3.9%。

苹果节小水井苗族农民合唱团演唱

（富民县史志办　供稿）

【放管服改革】 出台《富民县全力推进一网通办、审批服务便民利企、加快打造一流营商环境工作方案》等政策措施，精简行政审批要件167项，行政审批时限压缩50%。累计公布“最多跑一次”事项373项，全年办理16.3万件，办结率达100%。实施“多证合一”改革，落实“容缺审批”制度，初步实现开办企业3个工作日内完成、不动产登记5个工作日内完成、工业建设项目施工许可40个工作日内完成的改革目标，新增市场主体2112户。扎实推进“一网四中心”建设，“互联网+政务平台”应用系统上线运行，罗免镇为民服务中心成功创建为五星级为民服务中心。

【脱贫攻坚】 对照“两不愁、三保障”标准，实施特色种植、养殖项目25个，实现建档立卡户产业扶贫全覆盖。完成“四类重点对象”农村危房改造1324户，落实政策性补助资金3442万元。义务教育阶段小学、初中在校学生巩固率分别达99.95%和99.87%，建档立卡贫困户子女“零辍学”。建档立卡贫困人口100%参加城乡居民基本养老保险和基本医疗保险，医疗自付费用控制在10%以内，264户849人纳入最低生活保障，转移就业424人。实施农村饮水安全巩固提升工程，解决6539人饮水安全问题。840户2678人实现脱贫出列，2个省级贫困村脱贫成果持续巩固，贫困发生率从1.67%降到0.01%。

【文教体卫】 年末共有各级各类学校70所，在校学生25495人，专任教师1633人。其中，普通中学8所，在校学生9429人，专任教师698人；普通小学26所，在校学生12451人，专任教师742人；幼儿园34所，在园幼儿3615人（含附设幼儿班562人），专任教师158人。小学学龄人口入学率99.25%，毛入学率105.44%。初中阶段学龄人口入学率99.07%，毛入学116.14%。学前三年儿童毛入学率110.82%。义务适龄残疾儿童入学率97.27%。年末文化馆1个；公共图书馆1个；影剧院1个；公共图书馆总藏书量4.76万册；年末有线电视入户率45.0%；广播电视人口综合覆盖率100%。全年富民运动员在市级运动会上获得银牌1枚。全县共有各类卫生机构120个。其中，医院8个，卫生院7个，村卫生室73个，门诊部（所）29个，疾病预防控制中心1个、妇幼保健与计划生育服务中心1个；拥有病床894张。其中，医院685张，卫生院201张；卫生技术人员1038人。其中，执业医师和助理执业医师341人，注册护士407人。年末共有社区服务中心23个，社会组织单位117个。年末拥有中心敬老院1个，床位150张，收养老人106人。

【民生保障】 财政民生支出占一般公共预算支出的74%。提供有效就业岗位1563个，发放创业担保贷款2080万元，城镇新增就业1019人，城镇登记失业率为2.69%，农村劳动力转移就业3432人。年末参加城镇基本养老保险人数15289人，比上年增加473人。其中，参保职工11153人，增加296人；参加城乡居民基本养老保险人数79600人；参加被征地人员养老保险人数6653人；参加城镇职工基本医疗保险人数14371人，增加661人；参加城乡居民医疗保险人数129382人，减少617人；参加失业保险人数7485人，增加285人；参加生育保险人数10420人，增加176人；参加工伤保险人数14313人，增加395人；年末全县专业技术人员2628人。年末享受城镇居民最低生活保障人数1374人；享受农村居民最低生活保障人数2966人；农村五保户供养人数272人。全年兑付救助金778万元。落实双拥和优抚各项政策，发放补助金1851万元。开展按人施保问题整改和“政策保”对象清理，农村户均保障人数由1.03人提高到2.39人。

【社会治安综合治理】 受理各类民间纠纷2660件，调解成功率达98.5%。切实加强反恐防恐和群防群治工作，持续深化社会治安严打整治，刑事警情同比下降34.18%。“扫黑除恶”专项斗争取得阶段性成效，铲除涉恶团伙2个。“无毒巩固县”通过省级验收。群众安全感满意度年度测评全市排名第二。县交警大队“警种竞赛”综合评定全市第一。全面开展文化旅游市场综合整治和“扫黄打非”行动。依托数字城管平台，提升城市综合管控能力，平台受理案件结案率达100%。

【人民生活】 2018年农村常住居民人均可支配收入14656元，比上年增长8.7%；城镇居民可支配收入39426元，同比增8.4%。城镇居民人均消费支出25704元，增长15.5%。其中，食品消费支出5401元，衣着类支出1305元，居住类支出4225元，生活用品及服务类支出1034元，医疗保健类支出6703元，交通和通讯类支出2235元，教育文化娱乐类支出4181元，其他用品和服务支出620元。农村居民人均消费支出13080元，增长48%。其中，食品消费支出2523元，衣着类支出502元，居住类支出5820元，生活用品及服务类支出401元，医疗保健类支出730元，交通和通讯类支出1747元，文教娱乐用品及服务类支出1290元，其他商品和服务支出67元。年末，城镇居民户均居住面积63.14平方米，农村居民户均居住面积50.62平方米，住房面积及质量明显改善。全县农村居民人均拥有洗衣机0.25台，电冰箱0.24台，微波炉0.03台，热水器0.2台，助力车0.15辆，摩托车0.21辆，生活用汽车0.17辆，移动电话0.82部，彩色电视机0.3台，家用计算机0.03台。全县城镇居民人均拥有洗衣机0.33台，电冰箱0.33台，微波炉0.2台，热水器0.3台，助力车0.24辆，摩托车0.2辆，生活用汽车0.2辆，移动电话0.9部，彩电0.4台，家用计算机0.23台。

（李志宝）

宜良县

【年内大事】 1月8日 宜良县九乡旅游小镇项目开工建设，项目总投资17.5亿元，总体规划面积389.51公顷。

1月22日 昆明东南绕城高速公路东南段宜良至澄江段举行通车仪式。宜良至澄江段起于宜良枢纽互通立交，止于澄江龙街枢纽互通立交，全长50.99千米，设计时速80千米/小时。市长王喜良等市领导出席通车仪式。

同日 宜良县与上海红星美凯龙集团签订东城新区项目合作框架协议，项目拟投资约60亿元。

2月3—14日 宜良县召开首届昆明年俗文化节暨2018宜良迎春花展开幕式。迎春花展以“以花为媒 宜结良缘 喜迎新春”为主题.

2月12日 宜良县监察委员会正式挂牌成立，县委书记应亥宗、县长李绍俊为县监察委员会揭牌。

同日 宜良县举行匡远街道、南羊街道析置授牌大会。县四班子主要领导出席会议。

2月22日　云南省政协副主席李正阳，恒大集团常务副总裁、金融集团董事长邱火发率队考察宜良温泉康养小镇项目。

4月23日　宜良县与北京华联集团投资控股有限公司在北京签订宜良奥特莱斯购物休闲度假小镇投资意向协议。省委常委、市委书记程连元，市政府驻北京办事处主任和少柏、副主任张光明，北京华联集团董事长吉小安，宜良县委书记应亥宗、县长李绍俊等相关领导出席签约仪式。该项目总用地面积3727亩，项目预计总投资额将超过100亿元。

5月18日　宜良县获全国第四批“徐霞客游线研究推测路线”荣誉授牌。

6月4日　省人大常委会副主任纳杰率市委副书记刘智，市人大常委会主任拉玛·兴高、副主任马凤伦及省人大代表调研宜良县新型农业经营主体发展情况。

6月20日　宜良县举行花街节招商引资项目签约仪式，签约合作项目20个，协议投资总额达45亿元。

7月3日　市委常委、常务副市长保建彬率队到宜良县召开华强方特项目现场会，部署项目推进工作。

同日　由市委常委、市纪委书记、市监委主任杨正晓，市委常委、昆明警备区司令员蒋朝忠等领导组成的调研督导组专题调研督查宜良县稳增长、抓落实、促发展工作情况。

7月15日　宜良县举行九乡旅游区叠虹桥提升改造项目暨宜良县2018年第二批重点项目集中开工仪式。华侨城云南集团总经理、世博九乡公司董事长葛宝荣，宜良县委书记李绍俊、代理县长刘中政等相关领导出席开工仪式。

7月26日　省政协副主席黄毅率昆明市政协主席熊瑞丽、副主席朱燕调研宜良县绿色安全食品产业发展情况。

8月21日　在宜良县九乡风景区举行“七彩云南·秘境百马”第95站

2018年2月12日，宜良县匡远街道南羊街道析置授牌大会
（宜良县史志办　供稿）

赛事起跑仪式。“七彩云南·秘境百马”系列马拉松赛事发起人、省政协常委、民进云南省委委员、“一部手机游云南”的首席体验官金飞豹，宜良县委书记李绍俊、代理县长刘中政等领导出席起跑仪式。

9月10日　中央农村工作领导小组办公室、农业农村部副部长余欣荣率中央督导调研组到宜良县北古城镇新街村、狗街镇玉龙村调研农村人居环境整治工作。

同日　宜良县地方志馆建设完成并投入使用，在县国家综合档案馆一楼内挂牌并对外免费开放，填补了全县无方志馆的历史。该馆占地面积100平方米，设收藏室（20平方米）、资料阅览室（60平方米）、陈列室（20平方米），藏书2850册。

9月13日，宜良县耿家营乡藏方村委会河湾村荣膺入选由国家农业农村部组织评选的首届中国农民丰收节“100个特色村庄”之一。

9月22日　宜良县举行2018昆明首届“中国农民丰收节”暨宜良烤鸭美食节开幕式。

10月16日　农业农村部党组成员、中央农村工作领导小组办公室秘书局局长吴宏耀，省委农办主任、省农业厅长王正敏等领导到宜良县匡远街道永新社区、北古城镇陈家渡社区督查农村集体产权制度改革工作推进情况。

11月18日　宜良县举行美丽中国（昆明）文化科技旅游产业园项目启动仪式。副市长王冰、华强方特集团总裁刘道强、华强方特集团执行总裁顿忠杰、宜良县委书记李绍俊、代理县长刘中政等领导出席启动仪式。

12月27日　国务院第三次全国国土调查领导小组办公室副主任、中国土地勘测规划院院长高延利率调研组调研宜良县第三次国土调查工作。

【区划、人口】　2018年，宜良县国土面积1913.53平方千米。全县设匡远、南羊、汤池（已托管）3个街道，马街、北古城、狗街、竹山4镇，耿家营彝族苗族乡、九乡彝族回族乡2乡，下辖88个社区和50个行政村，906个自然村。年末，全县户籍人口14.11万户、43.58万人（含汤池街道），其中男性21.6万人、女性21.98万人；乡村人口11.11万户、38.42万人；常住人口44.29万人，城镇化率44.66%。乡村人口中，男性19.2万人，女性19.21万人。全县就业人口28.07万人。其中第一产业就业人员14.51万人、第二产业6.44万人、第三产业7.12万人；乡村从业人员23.85万人。全县城镇登记失业人口

2018年11月18日，美丽中国（昆明）文化科技旅游产业园项目启动仪式
（宜良县史志办　供稿）

1395人，城镇失业率为2.89%。全年出生人口4636人，死亡人口2829人，人口自然增长率为6.99‰。

【经济综述】　2018年，全县国民经济稳中向好，继续保持中高速增长。年内，全县地区生产总值（GDP）完成185.36亿元，比上年增长3.9%。人均GDP达42778元。在生产总值中，第一产业47.96亿元，比上年增长7.0%；第二产业49.37亿元，比上年减少6.1%；第三产业88.03亿元，比上年增长9.0%。三次产业结构比为25.9：26.6：47.5。非公经济增加值完成88.01亿元，占GDP的比重达46.9%。财政总收入（不含汤池片区）完成13.75亿元，比上年增长13.3%；地方公共财政预算收入8.51亿元，比上年增长8.5%，其中税收收入完成6.05亿元，比上年增长20.2%；一般公共预算支出完成21.41亿元，比上年增长6.6%。财政预算支出中八项支出合计16.41亿元。其中，一般公共服务支出2.13亿元，比上年增长28.0%；公共安全支出1.1亿元，比上年增长9.2%；教育支出5.91亿元，比上年增长10.3%；科技支出0.19亿元，比上年增长27.6%；社会保障与就业支出3.65亿元，比上年减少7.9%；医疗卫生与计划生育支出2.35亿元，比上年增长18.0%；节能环保支出0.28亿元，比上年减少48.1%；城乡社区支出0.79亿元，比上年增长3.2%。

全县完成固定资产投资（不含农户）88.48亿元，比上年增长54.5%。其中完成工业投资12.77亿元，比上年增长64.3%。三次产业投资占比9.2：14.4：76.4。

【农业】　2018年，全县耕地面积18258公顷，比上年减少1.16%。其中，田9983公顷，比上年减少1.92%；地8276公顷，比上年减少0.22%。乡村劳动力资源总数24.78万人，比上年减少0.67%。其中，男性12.72万人，比上年减少0.37%；女性12.07万人，比上年减少0.98%。农林牧渔业总产值80.22亿元，比上年增长7.4%（可比价）。其中，农业总产值40.17亿元，比上年增长8.9%；林业产值4.2亿元，比上年增长8.5%；畜牧业产值25.11亿元，比上年增长5.1%；渔业产值4.77亿元，比上年增长6.3%；农林牧渔服务业产值5.97亿元，比上年增长7.6%。年内，全县主要农林牧渔业产品产量情况：粮食播种面积3.2万公顷，比上年减少0.22%。粮食总产量15.11万吨，比上年增长1.25%。大春粮食产量12.19万吨，比上年增长1.55%。其中，稻谷产量3.22万吨，与上年持平；苞谷产量8.96万吨，比上年增2.12%。小春粮食产量2.9万吨，与上年持平，其中小麦产量1.11万吨、蚕豆产量0.81万吨，均与上年持平。烤烟产量0.99万吨，比上年减少0.63%。蔬菜产量43.18万吨，比上年增长1.43%。花卉面积4695公顷，比上年减少0.53%。水果产量1.17万吨，比上年增长0.98%。肉猪出栏49.66万头，比上年增长1.45%。大牲畜出栏1.25万头，比上年增长2.31%；羊出栏6.82万只，比上年增长1.11%；肉用鸭出栏1315万只，比上年增长3.55%；牛奶产量4.29万吨，比上年增长1.86%；肉类总产量7.01万吨，比上年增长1.78%；水产品产量0.36万吨，比上年增长6.13%；禽蛋产量0.31万吨，比上年增长1.43%。年末，全县生猪存栏37.93万头，比上年增长0.67%；大牲畜存栏4.04万头，比上年增长1.40%；羊存栏10.2万只，比上年增长0.87%；乳牛存栏1.1万头，比上年减3.04%。

宜良县2017年被农业部确定为农村集体产权制度改革100个试点县之一。2018年末，全县已完成清产核资、成员身份认定、折股量化及农村集体经济组建，112个村（社区）、821个村小组共清查货币资金4.64亿元，债权3.54亿元，债务1.70亿元，集体经营性固定资产3.54亿元，非经营性固定资产21.67亿元，资源性资产68.91万亩，经营性在建工程0.55亿元，非经营性在建工程1.10亿元，“一事一议”资金0.05亿元，公积公益金1.58亿元；认定集体经济组织成员33.28万人；已有78个村（社区），570个村小组完成折股量化，量化经营资产1.98亿元，量化资源资产51.8万亩；组建村小组一级新型农村集体经济组织821个，部分村（社区）组建集体经济组织联合社。省、市有关部门专篇刊载“农村集体产权制度改革的宜良实践”的做法，中央和省、市主流媒体先后57次报道，全国各地各部门先后92次到宜良学习考察。重点水利工程建设稳步推进，全年举行集中开工3次，开工项目50个，总投资92.77亿元。完成中央财政农机购置补贴资金110.02万元，受益户（含农业生产经营组织）216户，补贴农机具275台（套）。

全年完成生态建设项目合计6.53万亩，义务植树90万株，完成率100%。其中，人工造林2.83万亩，森林抚育3万亩，板栗提质增效7000亩。完成花园林场小哨林区林下经济开发人工食用菌仿野生环境种植实验项目30亩，种植大球盖菇、黑皮鸡枞、香菇、榆黄蘑、灵芝等食用菌。完成禄丰村林场尖山林区100亩林下中草药（包含黄芪、牛蒡子等）种植。全年完成苗木花卉种植面积16万亩、产值40亿元，经营主体4000余户，从业人员6万余人，搭建花卉苗木电商平台1个、线上线下交易额达1.4亿元。全年完成林业有害生物监测面积354.6万亩，监测率100%，测报准确率达99.2%；全县林业有害生物发生面积5.66万亩，完成防治面积5.66万亩，防治率100%，无公害防治率100%；林业有害生物成灾面积1350亩，成灾率1.17‰；完成种苗产地检疫1.93万亩，种苗产地检疫率达100%。

【脱贫攻坚】 围绕“两不愁、三保障”脱贫目标，聚焦“六个精准”和“八个一批”，健全完善脱贫攻坚工作机制，紧紧围绕脱贫攻坚、提升人居环境农村“七改三清”工作、农业转移人口市民化等工作目标，狠抓落实，深入开展脱贫攻坚工作，全县1472户、4662人建档立卡贫困对象中，2014—2017年脱贫1029户、3327人，2018年度脱贫443户、1335人；4个建档立卡贫困村中，竹山镇干塘子村、北古城镇米户村、马街镇西边社区已于2016年脱贫出列，竹山镇叠水村于2018年脱贫出列。

聚焦“八个一批”脱贫措施，产业发展脱贫一批。年内，全县种植烤烟7万多亩，其中138户建档立卡贫困户种植烤烟1313亩，户均增收6000余元；全县辣椒种植面积1.2万余亩，其中155户建档立卡贫困户种植辣椒354.5亩，户均增收6000余元；樱桃种植面积6000余亩，其中13户建档立卡贫困户种植樱桃42亩，户均增收3000余元；培育万寿菊“橙色”产业，全县万寿菊种植面积4000余亩，发展224户建档立卡贫困户种植万寿菊325.5亩，户均增收3000余元；建设无公害蔬菜生产基地，带动75户建档立卡贫困户种植蔬菜109.2亩，户均增收3000余元。务工增收脱贫一批。年内，组织召开建档立卡贫困人员技能培训班14个，培训学员1062人，实现转移就业484人，实现转移就业收入849.16万元。社会保障兜底一批。年内，将建档立卡贫困人口中一、二级重度残疾人、重特大疾病且无法通过产业和就业扶持脱贫的100%纳入低保或特困供养救助范围；对全县建档立卡贫困人口中的低保对象453户、786人，特困供养人员11户、11人100%资助参加医疗保险，资助金额17.53万元；对建档立卡贫困人口中低保对象、特困供养人员151户、275人实施医疗救助，救助资金17.34万元；对建档立卡贫困人口中的低保对象、特困供养人员67户、232人的特殊困难实行临时救助，救助金额13.73万元。易地搬迁脱贫一批。年内，完成易地搬迁5户18人，已全部搬迁入住。生态补偿脱贫一批。年内，535户建档立卡贫困户享受每年户均补偿收入244.35元生态公益林补偿；对930户建档立卡贫困户实施生态补偿，全年补偿金额133.5万元，贫困户每年户均补偿收入1435.5元。教育脱贫一批。年内，为61名建档立卡贫困户学生发放学前教育家庭经济困难儿童资助金1.83万元；为405名建档立卡贫困户学生发放城乡义务教育阶段寄宿学生生活费补助资金46万元；为55名建档立卡贫困户学生发放普通高中国家助学金13.75万元，并免除其学杂费。健康救助脱贫一批。年内，全县建档立卡贫困人口基本医疗覆盖率100%，符合条件人员基本养老覆盖率100%，全县定点医疗机构救助建档立卡因病致贫人员6516人次，医疗费用449.45万元，医保报销339.86万元，政府兜底49.53万元，患者个人自付43.22万元，自付比例9.6%；成立221个家庭医生签约服务工作责任团队，开展建档立卡贫困人口签约服务工作，签约率100%；对建档立卡贫困人口慢性病患者、重点人群管理和服务随访率达100%；深入贫困村开展“送医送药”义诊活动，各医疗单位共开展义诊28次，派出医务人员247人次，为贫困群众送医送药、免费检查共计费用7.52万元。乡风文明脱贫一批。年内，在全县农村启动乡风文明巡演巡讲活动，开展文艺演出、创业致富事迹宣讲等共63场次。

开展农村饮水安全巩固提升工程，新建100立方米水池2座、50立方米水池1座，安装净水消毒设备22台、投药箱2台，铺设输水配水管网1.1万米，新建抽水站1座；全县110户企业对口联系46个村（社区）110户贫困户，累计投入各类帮扶资金、物资近100万元，有60余户企业累计提供就业岗位2100余个，引进项目7个；教育扶贫“雨露计划”项目39万元惠及建档立卡贫困学生130人，产业扶贫项目50万元惠及4个乡镇（街道）163户建档立卡贫困人员，劳动力转移就业培训项目30万元惠及4个乡镇（街道）300名建档立卡贫困户，建档立卡贫困户C、D级危房改造项目285.4万元惠及125户建档立卡贫困人员。

加大农村“七改三清”工作，提升人居环境。改厕：建设农村公厕78座，完成市下达目标任务50座的156%；农村无害化卫生户厕改造2079座，完成目标任务2051座的101.37%。改路：建设农村通村公路13.6千米，完成市下达目标任务12千米的113.33%；县财政配套资金320万元，实施万吨水泥进村硬化村内道路工作。改房：改造农村危房3402户，完成目标任务100%；累计有农村土地规划建设专管员922人，实现全县专管员行政村全覆盖；实施53个自然村村庄规划。改电：新一轮农村电网改造完成投资1479.55万元，完成率100%。改灶：完成省柴节煤炉灶推广400眼，完成目标任务的100%。改圈：共改造畜禽养殖圈舍1.94万平方米，完成目标任务的139%。改水：农村饮用水集中供水率98%，乡（镇）自来水供水设施覆盖率达100%；解决6个乡（镇）27个村小组4341人及牲畜的用水问题。清洁家园：完成全县乡（镇、街道）群众“四个十元”农村环境卫生长效保洁经费筹资，814个村小组有781个开展筹资工作，筹资比例95.95%，共有31.14万人筹资311.38万元；开展“农村环境卫生整治活动日”活动，集中开展环境卫生整治697次，发动群众9.6万余人次，清理垃圾2.37万吨；推进1个省级人居环境整治示范村、2个市级改善人居环境示范乡镇和8个示范村（社区）、28个市级美丽宜居型、提升改善型、干净整洁型示范村创建工作；实施4个集镇污水处理厂和87个自然村污水处埋站建设。清洁水源：全面推进河长制工作，对全县1件（中）型水库、7件小（一）型水库、98件小（二）型水库、364件小坝塘落实常态保洁机制；完成水源地退耕还林1000亩，完成年度目标任务的100%。清洁田园：秸秆还田完成14.1万亩，完成目标任务14万亩的101%；畜禽饲料化利用完成3.96万吨，完成目标任务的113%；燃料及沼气池利用完成1万吨，完成目标任务的100.5%；秸秆深度利用及食用菌利用完成7000吨，完成目标任务的100%。

【工业】 年内，全县新增规模以上工业企业5户，规模以上工业增加值预计完成25.2亿元。构建中小企业服务体系和“互联网+中小企业”服务平台，培育电子商务小微企业12户、认定高新技术企业3户，引入新兴产业项目1个。全年完成工业总产值128.06亿元，比上年减少5.03%（现价）。其中，规模以上工业完成118.76亿元，比上年减少5.91%；实现利税8.48亿元，比上年增长36.91%，其中利润总额5.03亿元，比上年增长60.05%。全县工业企业工业增加值比上年减少2.8%（可比价）。其中，规模以上工业比上年减少4.0%，规模以下工业比上年增长7.9%。民营经济增加值完成87亿元（占GDP比重达46.9%），比上年增长2.7%；从业人员达6.77万人，比上年增长5.64%。农产品加工业总产值完成67.87亿元，比上年增长4.2%。主要工业产品：饲料102.42万吨，比上年减少4.3%。其中，配合饲料85.09万吨，比上年增长1.8%；混合饲料17.33万吨，比上年减少25.9%。饲料添加剂0.72万吨，比上年减少45.1%。食品添加剂1.59万吨，比上年减少20.4%。罐头0.13万吨，比上年减少27.5%。机制纸及纸板（外购原纸加工除外）17.5万吨，比上年减少16.8%。包装用纸及纸板4.42万吨，比上年减少19%，其中箱纸板4.42万吨，比上年减少19%。硫酸（折100%）5.06万吨，比上年减少20%。农用氮、磷、钾化学肥料（折纯）4.98万吨，比上年减少12.3%；磷肥（折五氧化二磷100%）4.44万吨，比上年减少15%。合成氨（无水氨）12.79万吨，比上年增长15.7%。氮肥（折含氮100%）0.54万吨，比上年增长19.1%。塑料制品1.86万吨，比上年减13.9%。硅酸盐水泥熟料532.8万吨，比上年减少13.8%，其中窑外分解窑水泥熟料532.万吨，比上年减少13.8%。水泥754.36万吨，比上年减少8%，其中强度等级42.5水泥（含R型）309.92万吨，比上年减少12.1%。商品混凝土47.61万立方米，比上年减少43.1%。砖1.36亿块，比上年减少41.5%。电力电缆2.51万千米，比上年减少20.9。耐火材料制品2.88万吨，比上年减少9%。石墨及碳素制品2.78万吨，比上年减少22.8%。钢材12.80万吨，比上年增长2515.1%。钢筋12.80万吨，比上年增长2515.1%。铸钢件0.21万吨，比上年减少52.3%。发电量20.80亿千瓦时，比上年增长10%，其中火力发电量19.10亿千瓦时，比上年增长16.4%；水力发电量1.70亿千瓦时，比上年减少31.8%。

【交通运输】 推进全县农村公路日常养护、大中修和应急抢修项目，优化县内的交通运输发展环境。年内，公路维修总投资约2500万元，行政村公路路面硬化实现全覆盖；开通城乡公交线路67条，投入公交车400余辆。公路运输总周转量20.53亿吨/千米。

【邮电通信】 邮政电信业势头迅猛。年内，邮政业务总量（不含快递业务）0.29亿元，邮件87万件，报刊期发数1.9万份，电信业务总量4.82亿元。年末，全县互联网固定宽带出口带宽电信40G、移动10G、联通4G；全县133个行政村实现电信光网、4G网络覆盖，全县所有学校、卫生室和电商区已全部实现光网覆盖；移动4G无线网实现全县覆盖，光纤宽带覆盖90%行政村、卫生室；联通有线宽带覆盖36个行政村，无线网络覆盖62%行政村。移动使用通信铁塔656座，电信使用332座，联通使用225座。

【城建与环保】 城市建设进一步推进。年内，土桥棚户区安置房建设项目竣工，匡山棚户区征收补偿协议签订顺利推进，清远棚户区改造项目有序进行，关闭和改造提升发达过渡农贸市场。实施城区公共照明设施节能改造提升，新增路灯424盏，更换节能灯5756盏，新建和改造城市公厕17座。新增城市绿地25.86公顷，人均公园绿地面积达10.98平方米。全年建筑业实现增加值18亿元，比上年同期19.46亿元减少7.5%；建筑企业完成总产值44.97亿元，比上年同期59.66亿元减少24.6%。全年完成房屋建筑施工面积147.37万平方米，比上年同期201.39万平方米减少26.8%，其中新开工面积127.43万平方米，比上年194.99万平方米减少34.6%。县城旧住宅区改造项目完成改造面积33.59万平方米，完成年度计划任务的105.6%。拆除违法违规建筑23宗，拆除面积38.26万平方米。完成新增城市绿地13.86公顷，完成年度计划任务的69.3%。完成市级下达12千米农村公路路面硬化任务。农村饮用水集中供水率98%。农村电压合格率98.5%，供电可靠率99.87%。改圈面积1.2万平方米，畜禽规模养殖场粪便资源化利用率83%。镇区公厕建设竣工11座，建制村公厕完成56座，农村无害化卫生户厕共完成2079座。完成2018年改灶任务。完成饮用水源保护区集镇、村庄生活污水治理，水源地村庄污水处理全覆盖。完成14万亩农作物资源化利用。完成狗街镇、马街镇、竹山镇、耿家营乡4个集镇污水处理厂和85个自然村污水处理站的建设任务。新增垃圾转运车辆75辆、垃圾收集车550辆、垃圾桶502只、垃圾勾臂箱1036只。全年完成4个项目的城建档案归档，共归档档案1281卷（其中文字205411页、图纸3854页、照片3081张），指导10个建设单位工程竣工档案的立卷归档工作。

2018年，宜良县城空气质量优良率99.2%，其中优级天数136天、良好220天。地表水考核断面年均水质达标率100%，集中式饮用水源地水质达标率100%。县城区域环境噪声平均值达到2类区标准。全县重点工业企业污染物排放口自动监控率100%，重点工业企业废水、烟尘、二氧化硫、粉尘排放达标率100%。西河整治取得阶段性成效，巴江、南盘江流域治理工程开工建设，完成南盘江及其主要支流禁养区和限养区划定编制工作，关停规模以上畜禽养殖户46户，宜良县第二污水处理厂投入运营，县城污水处理率达85.8%，全县生活垃圾容器化覆盖率达80%，密闭清运率达95%，投资1.2亿元完成4个集镇污水处理厂、85个自然村污水处理站建设项目，完成营造林6.53万亩，义务植树90万株。通过实施排污许可证制度，建立排污总量监控系统，全面完成6项主要污染物（化学需氧量、氨氮、二氧化硫、烟尘、工业粉尘、工业固体废物）的排放总量控制指标。完成中央第六环境保护督察“回头看”期间交办件34件，办结率100%。

【商贸、旅游】 商贸经济发展迅速，全年实现社会消费品零售总额54.68亿元，比上年增长12.2%；实现商品销售（营业）额199.22亿元，比上年增长20.3%。其中，批发业销售额实现111.26亿元，比上年增长23.1%；零售业销售额实现58.44亿元，比上年增长16.4%；住宿业营业额实现3.47亿元，比上年增长15.8%；餐饮业营业额实现26.05亿元，比上年增长18.5%。招商工作取得突破，实际到位内资53.7亿元，实际利用外资495万美元。

旅游发展稳步推进，全年接待游客165.3万人次，旅游总收入6.2亿元。其中，2月3—14日举办的首届昆明年俗文化节暨2018宜良迎春花展接待游客39万人次，花木及商品销售营业额达1500余万元；签约项目9个，协议投资20亿元；6月15—21日举办的第五届中国昆明国际观赏苗木展览会，设展位670个，396户企业和花农参加展销展示，累计接待游客上百万人次，苗木花卉销售营业额达600多万元，旅游综合收入超过5000万元；签约项目20个，协议投资45亿元。

【金融】 年内，全县共争取到地方政府债券置换存量债务资金3.33亿元，累计置换债务30亿元，按期偿还政府性债务本息1.2亿元，清理核销存量债务0.96亿元。全年累计完成政府采购245次，采购预算金额1344.6万元，实际采购金额1271.83万元，节约财政资金72.77万元，节约率为5.41%。年末，全县金融机构各项存款余额107.4亿元，比上年增长5.76%，其中个人储蓄存款160.0亿元，比上年增长13.89%；各项贷款余额114.5亿元，比上年增长24.1%。

【科教卫生】 科技创新活力不断激发。年内，全县完成 R&D 投入3.25亿元，占GDP 184.67亿元的1.76%；获得上年度省研发经费投入补助2005.2万元；新增国家高新技术企业3户；完成专利申请授权317件，有效发明专利48件。

教育水平不断提高。年内，全县各类学校（不含汤池）202所，其中普通高中3所、普通初中13所、小学76所、中等职业学校3所、幼儿园106所、特殊教育学校1所；在校学生6.25万人，其中普通高中6068人、中等职业学校1.02万人、普通初中1.31万人、小学2.32万人、幼儿园在园人数1万人、特殊教育学校44人；专任教师3958人，其中普通中学专任教师1481人（初中1054人、高中427人）、职业中学专任教师369人、小学专任教师1446人、幼儿园专任教师655人；学前3年儿童毛入园率99.76%，小学学龄儿童入学率99.82%，初中学龄人口毛入学率110.59%，初中巩固率99.76%。

卫生事业快速发展。年内，全县有卫生机构261个，其中县级公立医院3所（宜良县第一人民医院、宜良县第二人民医院、宜良县中医院）及云南省宜良监狱医院和妇幼计生服务机构、疾控机构、卫生人才分中心各1个，乡镇（街道）卫生院10所，社区卫生服务站3所，村卫生室111个，民营医院6所，个体诊所124个，总病床数2157张，每千人口拥有病床数5.8张；全县卫生技术人员2042人，其中执业（包括助理）医师803人、注册护士977人，平均每千人口拥有卫生技术人员5.50人、医生2.16人、护师（士）2.63人；全年诊疗人数141.65万人次，入院人数62441人，出院人数62313人。

【文化体育】 文化活动精彩纷呈。年内，组织开展周六文艺大舞台、“春城文化节”“我们的节日”等各类文艺活动450场次；组织公益性展览60次，惠及民众42.3万人次；举办业余文艺骨干培训班97期，培训人员1.32万余人；完成农村公益电影放映1332场，受惠观众9万人次；县图书馆共接待读者约3.7万人次，外借图书约4.82万册次；开展“宜良文化大讲堂”4期，举办“空中大课堂”培训班6期，举办文化共享工程网络培训4次。“宜良花街节”被认定为省级非物质文化遗产，成功申报为全国首家“徐霞客游线研究推测线路”县区。在花街节期间举办“2018宜良花街节徐霞客游线暨非物质文化遗产精品展”，展出美术作品23幅、书法作品30幅、摄影作品组20幅，非遗作品组木雕、土陶、扎染、竹编、观赏石等各30件及古城大香1对及其徐霞客游线推测线路等相关资料。系统梳理和挖掘宜良丰富多元的文化资源，组织49名文化工作者撰写《文化昆明·宜良卷》，确定大纲篇幅39篇，以全新的表达方式和文化视觉，编撰“古老质朴、浑厚深邃、多彩富丽、民族融合”的文化精品书籍。举办首届昆明年俗文化节暨2018宜良迎春花展宜良文化长廊及民俗文化展、云南省农耕农具博览会宜良分会场及农耕文化宜良美食摄影展大赛、宜良县2018年省级非物质文化遗产保护项目“宜良宝洪茶”研讨活动、宜良县第三届宝洪茶禅诗会暨茶叶技能大赛等。进一步构建《岩泉》刊物、“史志宜良”“宜良文联·宜结良缘”微信公众号、“宜良故事”创作基地等平台，服务全县文学艺术发展。公开出版发行《中共宜良县委执政纪要（2017）》1000册，全书共84万字；公开出版发行2018版《宜良年鉴》800册，全书共134万字。建设完成宜良县地方志馆并投入使用，填补了全县无方志馆的历史。制定出台《宜良县地方志工作管理规定（试行）》《关于进一步加强和改进宜良县地方志工作的实施意见》《宜良县方志馆建设和使用管理规定（试行）》3个支持和发展地方志工作的配套性制度文件。

健全完善体育设施，推动全民健身活动广开展。年内，新建篮球场2块、室外羽毛球场3块、室内羽毛球场6块，投入资金20万元新建全民健身路径1条。少体校和青少年俱乐部主要开展摔跤、武术、乒乓球、羽毛球、篮球、足球、田径、跆拳道等项目的业余训练活动，接待约3.84万人次，比上年增长20%。县体育场、馆设施全年对外开放，承接环青海湖自行车联赛（昆明站）暨云南宜良“68道拐”自行车爬坡挑战赛，承办云南“秘境百马”马拉松赛事（宜良站）、昆明首届24小时库钓争霸赛等体育赛事28项次，累计接待总人数约12.9万余人。全年承办国家级赛事1项、省级赛事2项、市级赛事7项，开展县级赛事4项、县内群众体育活动15项，协助指导乡（镇、街道）开展群众体育活动5项；参加云南省第十五届运动会，有8个项目获得金牌22枚。年内，全县共举办体育赛事活动34项次，参与运动员达2余万人次，参与群众达30余万人次，接待40余万人次，比上年增长30%。

【广播电视】 实施中央广播电视节目无线数字化覆盖乡（镇）补点建设工程，完成5个乡（镇）建设项目和新增200套扶贫攻坚直播卫星户户通设备安装任务。在省、市、县“两会”，春节、国庆及其他重保时段，确保宜良县广播电视播出工作全年平稳、有序。全年完成农村电影放映任务1332场，受惠观众达6.66余万人次。开展公益电影进万家活动，组织开展红色电影、戏曲电影放映活动，城区放映135场，受惠观众达2.7万余人次。

【人民生活与社会保障】 居民收入不断提高。年内，全县城镇常住居民人均可支配收入40178元，比上年增加3012元，增长8.10%；农村常住居民人均可支配收入14997元，比上年增加1227元，增长8.90%。社会保障持续加强，全县基本社会保险参保人数61.67万人次，城镇新增就业2008人，“贷免扶补”和小额担保贷款扶持创业365户，企业职工劳动合同签订率达96%，新增城镇就业人数2008人，农村劳动力转移就业完成1.62万人。社会福利收养性单位3个，定期抚恤人数35人，定期补助人数4160人，城市居民最低生活保障家庭数2311户、2647人，农村居民最低生活保障家庭数4090户、5425人，五保户供养户数569户、573人。登记结婚3226对，登记离婚1359对。

（侯　星）

嵩明县

【年内大事】 1月8日　市委宣传部组织《中国日报》、《云南日报》、《春城晚报》、《昆明日报》、云南广播电台、云南网等13家中央、省、市新闻媒体到嵩明杨林经开区和职教基地开展“新时代　新气象　新作为”主题采访活动。

1月8日　云南金铝源金属材料有限公司与杨林经开区签订金属材料生产项目投资协议。项目选址云林片区，占地39.83亩，总投资1.36亿元，主要生产建筑外墙装饰材料。

1月16日 嵩明科技成果转化中心正式揭牌成立。中心将整合专家团队、高校科研院所、网络服务等平台资源，为企业提供线上线下服务。

1月25日 国务院督查组莅临嵩明县督查保障农民工工资支付工作情况。

1月 嵩明县嵩阳街道龙街村和杨林镇官渡村2个村庄被住房城乡建设部认定为全国第一批绿色村庄。

2月12日 嵩明县监察委员会正式挂牌成立。县监察委员会与县纪委合署办公，履行“监督、调查、处置”三大职责。

3月22日 嵩明县与盘龙区正式签署滇源、阿子营街道行政区划调整至盘龙区管辖移交协议。移交区域总面积517.3平方，6.7万余人。

4月3日 越南共产党河江省委书记赵才荣一行赴嵩明县考察农业及旅游发展情况。

4月9日 荷兰富佳生态科技有限公司总裁冯锐彬一行到嵩明农业园区考察。

4月11日 江铃集团新能源汽车昆明基地项目签约暨开工仪式在杨林经开区汽车产业园举行。该项目占地800亩，总投资24.46亿元，规划产能10万辆，分2期建设。

4月23日 昆明雄鑫汽车有限公司就汽车零部件及机械设备制造项目与杨林经开区签订项目投资协议。项目净用地127.18亩，预计总投资4亿元。

5月3日 省委书记陈豪带队调研杨林经开区汽车产业园建设情况。陈豪一行实地察看了昆明新能源汽车工程技术中心（北汽项目）、东风云汽项目建设情况，并听取汽车产业园规划建设情况汇报。省领导宗国英、程连元、刘慧晏，市领导王喜良，滇中新区领导何刚，县领导杨相来等陪同调研。

5月7日 嵩明县嵩阳街道西山社区大湾村举行“省级少数民族特色村寨”揭牌仪式。大湾村有苗族85户、261人，是嵩明县境内规模最大的苗族聚居村寨，2017年12月被省民委命名为全省首批省级少数民族特色村寨。

5月15日 副省长、牛栏江（云南段）河长董华率省工信、环保、水利等部门负责人到嵩明县巡查牛栏江水环境保护治理工作。

5月22日 生态环境部普查办到嵩明检查第二次全国污染源普查工作推进情况。

5月22日 县委、县政府召开嵩阳街道析置工作动员会，安排部署析置相关工作。按照市政府批复，析置后的嵩阳街道辖15个社区，国土面积152.1平方，办事处驻香海路167号；杨桥街道辖12个社区，国土面积139.97平方，办事处驻杨桥社区杨家村296号。

5月29日 嵩明县召开民营企业家汽车产业发展座谈会。会上，昆明新能源汽车、东风云汽、江铃汽车3户企业与职教基地4所院校签订《校企战略合作框架协议》。

5月 嵩明县被确认为全国第四批徐霞客游线标志地，并获颁“徐霞客游线标志地”证书。

6月12—13日 省政协副主席何波率省政协人口资源环境委员会、省工信委、省水利厅相关领导和专家到嵩明县督察牛栏江（嵩明段）河长制工作。

6月15日 在2018年第五届南博会暨第25届昆交会云南省集中签约仪式和昆明市项目签约仪式上，嵩明县共有5个项目签约，协议投资总额671亿元。

6月20日 省委宣传部与省政协文史委、省旅游发展委等部门联合组织新华网云南频道、《人民政协报》云南站、《云南日报》等13家媒体到嵩明嘉丽泽、杨林古镇等处进行采访。

7月16日 全国农村中医药工作先进单位省级评审专家组到嵩明县考评农村中医药工作情况。

7月31日 长松园片区小龙高速军马场互通连接线工程正式开工建设。小龙高速军马场互通连接线起于小龙高速军马场收费站出口，止于兰茂路与军长路交会处，道路全长2690.95米，设计速度为60千米/小时，道路等级为城市三级主干道，总用地面积311.88亩，建设工期18个月。

8月6日 省委常委、市委书记程连元，省委常委、曲靖市委书记李文荣率队联合巡查牛栏江（嵩明段）保护工作。

8月18日 首届MCC地中海中国（昆明）冠军赛在嘉丽泽开赛。此次青少年足球赛事为期8天，参赛球队24支，设男子U14和女子U13两个组别。

8月31日至9月1日 科技部专家组到嵩明农业园区对滇中国家农业科技园区进行现场考察验收。

9月9日 生态环境部督查组到嵩明县开展集中式饮用水水源地环境保护第二轮专项督查。

10月12日 嵩明县政府与恒大健康产业集团签订“恒大养生谷”正式开发建设协议。项目选址嵩明职教基地长松园科教产业园片区，总规划用地面积约1884亩，总投资约75亿元。

10月18日 2018中国量产车性能大赛昆明站比赛在嵩明嘉丽泽开赛。本次赛事为期5天，共有31家车企的33个品牌、85辆车参赛。

10月24日 国务院食品安全委员会办公室第五检查组到嵩明县，对全县食品、保健食品欺诈和虚假宣传整治工作进行抽查。

10月27日 嵩明国家农业科技园区通过科技部验收。园区总规划51.07平方千米，其中建成核心区8000亩，主要开展蝴蝶兰、菊花、红掌等10余个新品种的研发及输出。

11月2日 省政协主席、省级河长副总督察李江率调研组到嵩明县督

杨林经开区

（杨加祥　摄）

察河长制工作情况。

11月2日　省委常委、市委书记程连元率队调研嵩明县固定资产投资及相关工作情况。

11月6日　最高人民法院副院长李少平到嵩明县调研视察人民法院工作。

11月12日　国家民族事务委员会监督检查司副司长李钟协带队到嵩明县调研指导民族团结进步示范创建工作。

11月13日　北京市政协党组成员、副主席林抚生率队到嵩明杨林经开区考察昆明（北汽）新能源汽车项目。

11月14日　来自国内及法国、匈牙利、比利时等国的10余名竹产业专家到嵩明农业园区考察交流。

11月19日　嵩明县举行县残联迁址暨残疾人综合服务中心揭牌仪式。该中心建筑面积1772.92平方米，内设残疾人综合服务大厅、残疾人康复训练与服务指导站、残疾人就业服务站、残疾人用品用具供应服务站、法律服务部等。

11月19日　农业农村部农业生态与资源保护总站、科技教育司国际项目办公室专家和黑龙江省农业科学院农村能源研究所所长刘杰一行到嵩明县考察废弃果蔬资源化综合利用项目。

11月28日　由生态环境部环境监测总站党委书记吴季友带队的督查组到嵩明县督查大石头水库饮用水源地环境保护专项整治工作。

12月10日　嵩明民族团结示范创建工作通过省级初验。

12月13日　中华慈善总会到嵩明县牛栏江镇第一中学开展爱心图书室捐赠活动。此次活动共向嵩明县20所学校捐赠图书7.4万余册，价值200余万元。

12月20日　嵩明县举行国家综合档案馆搬迁暨揭牌仪式。嵩明县国家综合档案馆是国家中西部32个县级综合档案馆建设项目之一，按市级一类档案馆标准设计，占地面积7.02亩，总建筑面积1.12万平方米，总投资4500余万元。

12月　嵩明县完成第二次全国地名普查工作。普查工作自2015年10月13日开始实施，共搜集地名调查目录3120条，形成涉及11大类、65小类的地名3120条，制作地名标志登记表124份。

【区划、人口】　2018年5月，按照市政府批复，原嵩阳街道析置为嵩阳街道和杨桥街道。析置后的嵩阳街道辖东北街、西南街、晁家、回辉、木作、倘伴、寺脚、山脚、东村、新春邑、龙院、大营、普渡、大庄、嵩阳15个社区，国土面积152.1平方千米，办事处驻香海路167号。杨桥街道辖西山、大村子、布能、上禾、月家、矣铎、太平龙、杨桥、白鹤、龙街、大坡、黑营盘12个社区，国土面积139.97平方千米，办事处驻杨桥社区杨家村296号。年末，全县辖3镇、2街道，75个村（社区），596个村民小组，467个自然村，户籍总人口310010人，比上年增加1818人。其中，男性人口154561人、女性人口155449人；乡村人口207219人、城镇人口102791人；汉族人口284336人、少数民族人口25674人；少数民族人口中，回族16728人、彝族4677人、苗族1542人。全年出生人口3952人，死亡人口1901人，人口自然增长率6.14‰。

【经济综述】　2018年，嵩明县全力以赴稳增长、促改革、调结构、惠民生、防风险，保持经济社会平稳健康发展。年内，全县完成生产总值117.37亿元，同比增长0.60%。其中，第一产业完成16.88亿元，同比增长6.6%；第二产业完成51.88亿元，同比增长-1.90%；第三产业完成48.61亿元，同比增长1.50%。三次产业结构比由13.51：45.61：40.88转变为14.40：44.20：41.40。全县地方财政总收入完成19.77亿元。其中，地方公共财政预算收入完成12.02亿元，同比增长11.20%；财政预算支出36.57亿元，非税收入降至13.50%，财政收入质量明显提升。实现社会消费品零售总额38.37亿元，同比增长11.80%。农村常住人口人均可支配收入14565元，同比增长8.80%；城镇常住居民人均可支配收入39911元，同比增长8.00%。

【产业发展】 狠抓产业结构调整，推进转型发展，质量效益稳步提高。致力杨林经开区转型升级，培育发展汽车及其配套产业，全省首个汽车产业园初具雏形；昆明新能源汽车首车下线，东风云汽、江铃汽车、中汽中心高原实验室等项目建设取得实质性进展；浙商科技产业园、雄鑫汽车、大品机械、南车数控机床等一批汽车关联企业入驻经开区。伊利常温酸奶、康师傅方便面、森汇食品等新建和技改项目建成投产，新增规模以上企业6户。致力农业园区提档升级，现代农业科技园区通过国家科技部复审并被认定为国家级星创天地，省级林木种苗示范基地、珍稀食用菌产业孵化、虹之华自主知识产权项目、安祖花园艺等一批新建及改扩建项目顺利推进。在园区带动下，全县农业龙头企业达30户，农民专业合作社达203家，规模销售农产品产值超过1.10亿元。致力职教基地转向升级，全方位发展旅游事业，云南国际生态养生城、恒大文化旅游城、恒大养生谷等一批文旅康养项目启动建设；探索发展“文化＋旅游＋体育＋产业”新模式；“国际花谷、中国酒乡”等品牌初显；成功举办中国量产车性能大赛高原站比赛、中国足协杯男子赛事，地中海中国（昆明）冠军赛等知名赛事；加强历史文化保护与传承，杨林片区、梁王山片区、县城黄龙山被确认为全国第四批徐霞客游线标志地。全年接待游客201.23万人次，同比增长34.8%；实现旅游收入3.74亿元，同比增长36.70%。现代服务业发展快速，新增限额以上商贸企业5户。

【改革创新】 坚持全面深化改革，优化发展环境，拓展发展新空间，蓄积发展新动能。深化供给侧结构性改革，落实降成本政策措施，减税降费1.01亿元，降低工业用地成本7229.35万元，节约企业用电成本5148.71万元。深化简政放权，强化权责清单动态管理，“最多跑一次”改革事项办结率达99.97%。推动重点领域改革，党政机构改革全面启动，县区融合发展机制进一步健全，农村土地承包经营权确权登记颁证工作全面完成。坚持产业招商、精准招商、以商招商，借力会展平台加强交流，策划组织专题推介，邀请企业投资考察，全力促进龙头企业、配套项目聚集发展。全年举办大型招商推介会6场，签订正式协议17个，实际到位内资114.24亿元，利用外资1620万美元。外贸进出口总额完成7844万美元，同比增长13%。新引进世界500强企业2户。突出产业发展和民生保障，收储土地8345亩。实施“四个千亩”土地综合整治工程，增减挂钩整理土地449亩，清理闲置土地释放用地2654亩。重组盘活“僵尸企业”2户，盘活用地1572亩。依法拆临拆违腾挪土地1039亩。推进科技创新，中汽中心高原实验室项目通过国家认监委认证，嘉科环保设备等9户企业通过国家科技型中小企业认定，博创电气设备、昆明润土生物科技等7户企业通过国家高新技术企业认定。全年实施科技创新计划项目27项，新增专利申请授权195件，同比增长2.6%。研究与试验发展经费占国内生产总值比重达1.37%。成功入选省级科技成果转化示范县创建名单。

【城乡建设】 推动新型城镇化建设，统筹城乡一体化布局，建管并重，城镇综合承载力不断提升。编制完成城市总体规划发展大纲、分区空间发展规划和县城老城区概念性规划。县城片区棚户区改造一期工程完成征迁，长松园片区棚户区改造征迁推进顺利，1182户签订征迁安置协议，交房安置2041套。城西一、二期棚户区改造项目完成主体工程建设。城乡品质不断提升，新建绿色小游园

嵩明县城南入口片区——空港万年城

（杨加祥　摄）

3个，新增绿地面积13.73公顷。建成燃气管线7.72千米、充电站3座。严厉打击“两违”，拆除违法建筑177宗、40.6万平方米；查处违法用地36宗、27.9万平方米。新建公厕55座，生活垃圾综合处理项目建成试运行，生活垃圾分类收集稳步推进。嵩阳东村、杨桥大村子、杨林新村启动美丽宜居乡村省级重点村建设，人居环境示范乡镇、示范村创建工作有序推进。嵩明北互通至国道213连接线等3条道路实现开工，盟台路、河滨南路、学海路改扩建启动建设，黄小路、杨嵩大道、兰茂路北段、国道213改线段全面推进；建成农村公路21千米。金山水厂、干河水库扩建、小新街片区供水工程等项目开工建设，上游水库引水、县第二自来水厂原输水管道工程及大型灌区历年结余资金项目建设完成。新建4G基站246个，铺设光缆863千米。

整村搬迁安置新村——大湾苗族村

（嵩明县史志办　供稿）

【生态建设】　以绿色发展为导向，加强污染防治，促进生态环境持续向好发展。严格执行牛栏江保护条例，全面落实河长制，启动“一河一策”编制。投入500余万元开展“河长治河，河长清河”整治行动。完成嵩阳、小街、牛栏江22个自然村农村环境综合整治工程。启动县第一污水处理厂二期建设，完成牛栏江水质自动监测站升级改造和4个集镇污水处理厂配套管网建设，牛栏江嵩明段出境断面水质10个月稳定达标，最优水质达Ⅱ类标准，集中式饮用水源地水质全年达标。全面完成中央、省环保督查反馈问题整改。出台环境保护分类分级监管实施方案，建立环境监管长效机制。推行重点排污企业在线监控制度，环境影响评价执行率100%。万元国内生产总值能耗下降2%，规模以上工业万元增加值能耗下降2%。依法注销46个非煤矿山采矿许可证，新划定矿权6个。投入1258万元，全面淘汰黄标车。持续推进绿化造林，完成义务植树82.11万株、天然林管护35.19万亩、森林抚育1.5万亩。全年空气质量优级天数达164天，优良率98.61%，较上年提升5个百分点。

【社会事业】　注重民生事业，创新社会治理，不断改善民生，脱贫攻坚成效显著。年内，全县233户、704名建档立卡贫困人员脱贫；小街匡郎和牛栏江荒田、大箐3个贫困村达标出列，贫困发生率下降至0.012%；完成“四类重点对象”农村危房改造1293户；干河、菜籽箐、大火地易地扶贫搬迁安置点建成并搬迁入住；建档立卡贫困人口全面达到“两不愁三保障”。全面落实优抚救助政策，不断提高社会保障水平。年内，特困供养人员标准增长11%；义务兵家庭优待金标准位居全省第二；“五大社会保险”参保人员累计达57.3万人，参保率达96%；完成农村劳动力转移就业1.22万人，城镇新增就业2114人。深入实施“三名工程”，着力提高高中阶段教育教学质量，不断改善办学条件。年内，新建小街中心幼儿园、新村幼儿园和军马场小学等6所学校综合楼、食堂等，C级不安全校舍全面消除；引进株洲长鸿实验中学合作办学；嵩阳一小、嘉玲小学创建为市级现代教育示范学校；中考总平均分超全市24.92分，一级完中上线361人；高考600分以上7人，本科上线率达48.25%。稳步推进医药卫生体制改革，不断提高医疗服务水平和公共卫生服务能力。年内，县级公立医院全面取消药品加成；县第一人民医院内儿科大楼主体完工，杨桥卫生院建成并投入使用；县中医医院通过二级甲等评审，国家级中医药先进县通过复审。加强重点领域安全隐患排查整治，深化矛盾纠纷排查化解，全面开展“扫黑除恶”专项斗争，侦办涉恶集团5个，打处涉案人员47人。

【精神文明建设】　以融入昆明市创建全国文明城市为契机，以群众性精神文明创建活动为抓手，深入开展精神文明建设。充分利用春节、元宵、中秋等传统节日，开展爱国主义、传承好家风家训等主题教育活动，共开展100余场次。更新维护社会主义核心价值观主题广场——兰茂广场、银杏广场宣传阐释墙、宣传栏23幅；在县城建城区范围内的10余个施工围挡墙（栏）张贴中国梦、讲文明树新风、社会主义核心价值观等新一轮创建全国文明城市公益广告；在各单位新增固化24字社会主义核心价值观16

处；在省级、县级文明社区、村宣传栏、主干道路张贴、粉刷社会主义核心价值观24字及公益广告100余条；评选出“最美家庭”5户，“五好文明家庭”28户；组织2017年度6名“昆明好人”、2名“道德模范”参加昆明市2018年道德模范与身边好人交流活动；推荐6名“美德少年”参加市级“新时代好少年”评选；组织道德模范、“昆明好人”到各镇（街道）中小学校开展好家风好家训巡讲10场次；成功创建省级文明单位14个、省级文明村5个村、省级文明学校1个；组织2018—2020年度嵩明县文明单位、文明村创建工作，命名县级文明单位16个、文明村19个、文明家庭15户，继续保留荣誉称号的文明单位7个、文明村15个。开展“十星级文明户”创建，评选出八星级以上农户1.9万余户。

（杨加祥）

石林彝族自治县

【年内大事】 1月16日　县人民政府与云南中德财富置业有限公司签订石林国际旅游项目和石林高铁旅游文化新城项目合作项目协议。石林国际旅游项目计划投资10亿元，占地约620亩，选址石林旅游服务区，将建设星级酒店、商业及地产等配套设施；石林高铁旅游文化新城项目总投资200亿元，占地约1万亩，将沿大叠水旅游专线重点打造旅游、文创、大健康等产业。

2月14日　中央文明办确定公示2018—2020年创建周期全国文明城市提名城市，石林县名列其中。

3月13日　国家旅游局和国家中医药管理局联合发布《关于国家中医药健康示范基地创建单位名单公示》，石林杏林大观园成为第一批国家中医药健康旅游示范基地创建单位。

4月4日　中华人民共和国住房和城乡建设部复函，正式通过批准《乃古石林景区详细规划》。

5月15日　文化和旅游部、工业和信息化部发布《第一批国家传统工艺振兴目录》，石林彝族（撒尼）刺绣名列其中。

5月15日　全国妇联在京召开第十一届全国五好家庭表彰大会，石林县何云兰家庭获第十一届“全国五好家庭”荣誉称号。

5月30日　农业农村部办公厅印发《关于宣传推介全国农村创业创新典型县范例的通知》，石林县成为“全国农村创业创新典型县范例”。

6月2—3日　首届中国石林板桥血桃旅游文化节在云桂高铁石林西站站前广场举行。活动包含千人彩虹跑、最美桃仙子决赛、百人古装祭桃大典、文艺邀请赛等系列桃文化旅游活动。

6月5日　2018年第一次农产品地理标志登记专家评审会在北京召开，石林县组织申报的“石林人参果”农产品顺利通过专家评审。这是继“石林甜柿”“圭山山羊”“石林乳饼”后第四个获得国家农产品地理标志认证产品。

6月14—20日　在第5届南博会暨第25届昆交会上，石林县签约7个项目，协议引进资金13.81亿元。

7月13日　农业农村部印发《关于公布前六批全国“一村一品”示范村镇监测合格和第八批示范村镇名单的通知》，西街口镇（人参果）入选第八批全国“一村一品”示范村镇名单，成为石林县首个全国“一村一品”示范村镇。

7月19日　石林县人民法院以反家暴为素材拍摄的微视频《发声》在全国法院第五届微电影微视频评选颁奖会上荣获“全国法院十佳微视频奖”。

7月25日　司法部、民政部公示表彰第七批“全国民主法治示范村（社区）”，石林县鹿阜街道阿乌村名列其中。

8月2日　石林县大小石林风景区举行旅游IP形象发布会。县长普建勇与县委副书记黄世建共同为石林旅游IP形象“阿黑哥、阿诗玛”揭幕。同时，石林县推出60种阿诗玛旅游文化商品。

9月15日　石林县举办首个“中国医师节”暨“石林名医、石林名科”颁奖庆祝活动，营造全社会尊医重卫的良好氛围。

10月1日　石林风景区门票全票价格下调为130元/人，游览范围包含大小石林景区、石林喀斯特地质博物馆。

10月10日　昆明市道路运输管理局石林县分局综合业务窗口向云南悦途科技有限公司石林分公司颁发“网络预约出租汽车经营许可证”。这标志着石林县第一家合法网约车平台正式落户。

10月12日　县政府办印发《石林县地方影像志工作管理规定的通知》，正式向全县发布实施。石林县在全国率先出台地方影像志工作管理规定。

10月25日　在中国青少年科技辅导员协会、中国科普作家协会、新华网共同主办的第六届全国科学表演大赛上，石林县紫玉小学表演的《花青素、变变变》获微型科普剧一等奖。

11月1日　“一部手机游云南”澜湄体验官走进石林，开启“一机游”上线后的智慧旅游新体验。16名来自澜湄国家的新闻官员和15名来自柬埔寨、缅甸、老挝和泰国的留学生体验官们开启一天的石林之旅，体验手机购票、刷脸入园、智慧导览、扫码识景等“一机游”服务项目，并利用“游云南”App完美解决“找厕所”“识花草”等旅途小烦恼。

11月12日　云南省“扫黑除恶”专项斗争第一督导组到石林县督导检查“扫黑除恶”专项斗争开展情况，通过听取汇报、问卷调查，督导组对石林县“扫黑除恶”工作给予充分肯定。

2018年3月23日，“中国天然氧吧”雕塑落成仪式在石林风景区举行
（石林县史志办　供稿）

同日　西南林业大学地理学院与圭山国家森林公园、石林风景区管理局分别签署《科研就业实习基地协议书》，授予圭山国家森林公园“西南林业大学地理学院教学科研就业实习基地”称号并挂牌。

12月4日　石林县2018年“增收致富我为先、上下齐心誓脱贫、爱心超市同联动”爱心实物券颁奖仪式在西街口镇路花村举行。全县共有92户建档立卡贫困户获得爱心实物券一、二、三等奖，分别得到5000元、3000元、2000元实物券奖。

12月26日　石林县召开新闻发布会，公布在石林投资或购房者可终身免费游石林，游览范围包括大小石林风景区、乃古石林风景区、长湖风景区、大叠水风景区，该政策自2019年1月1日起实施。

【区划、人口】　石林彝族自治县位于昆明市东南部，县域面积1719平方千米，属昆明市所辖的远郊县，距省会昆明78.07千米。2018年，全县辖鹿阜街道、石林街道、板桥街道、圭山镇、长湖镇、西街口镇、大可乡，6个社区和87个行政村，378个自然村，505个村（居）民小组。年末，全县常住人口26.39万人，户籍人口253726人。户籍人口中，男性127278人、女性126444人，总户数96329户；城镇人口95949人，占总人口的37.82%；少数民族人口91990人，占总人口的36.3%；彝族人口88260人，占总人口的34.8%，占少数民族人口的96%。全县出生人口3330人，死亡1547人，自然增长人口1783人。

【经济综述】　2018年，石林县实现地区生产总值85.6亿元，同比增长0.3%；完成地方一般公共预算收入6.49亿元，同比增长5.3%；完成规模以上固定资产投资66亿元，同比增长47.4%；规模以上工业增加值同比下降7.8%；完成社会消费品零售总额50.8亿元，同比增长12.3%；城镇常住居民人均可支配收入40636元，同比增长8.2%；农村常住居民人均可支配收入14729元，同比增长8.4%；城镇登记失业率控制在2.29%；万元国内生产总值能耗同比下降5%。三次产业结构由23.7∶26.84∶49.5调整为25.2∶22.8∶52。

【旅游业】　圭山国家森林公园登山步道一期建成使用，冰雪世界投入运营，大叠水景区整体开发、阿诗玛旅游文化城开工建设。建成全域旅游标识系统和智慧旅游综合平台一期工程，“一部手机游云南”上线运行。发布石林旅游IP形象，推出60种阿诗玛旅游文化商品。发展民俗客栈40余家，新建旅游厕所8座，糯黑、蓑衣山、阿着底等一批特色旅游村寨吸引力不断增强。成功举办血桃节、人参果节等节庆活动11场，“旅游+”活动更加丰富。大力推进旅游市场秩序整治，大小石林景区门票价格调整为130元／人次。出台石林籍公民、投资人、企业家免费游石林县域景区政策，让旅游发展成果惠及更多民众。年内，大小石林风景区接待游客279万人次，同比下降20.7%，旅游直接收入3.6亿元，同比下降22.7%；全县接待游客950万人次，同比增长3.2%；旅游综合收入77亿元，同比增长20.5%，文化产业增加值占国内生产总值比重达8.5%。

【工业】　推进石林生态工业集中区总体规划修编，紫胶水果保鲜剂生产线、广联饮料、斛之梦中药材、阳光之味一期、圣木生物等项目建成投产。落实7户企业“财园助企贷”2600万元、10户微型企业贴息贷款1170万元。实施科技计划项目6个，申报发明专利8件，认定国家高新技术企业1户，新增云南省科技型中小企业5户、清洁生产企业3户。年内，全县新增规模以上工业企业3户，工业总产值达47亿元，规模以上工业企业主营业务收入32.8亿元，规模以上工业企业利税总额4.1亿元；建成4个乡镇电子商务服务站，县、乡、村三级物流配送网络覆盖率达64%，电子商务企业网络交易突破亿元大关，家世界购物中心建成运营，消费市场逐步扩大；非公经济增加值占国内生产总值比重达44%。

【农业】　石林台湾农民创业园出

让土地242亩，建成农业科技孵化基地98.8亩。野生菌庄园、金山兰园、非屋田原九歌开工建设。全县完成千亿斤粮食增产工程0.67万亩、高标准农田建设1.11万亩、土地整治1.05万亩、耕地休耕1.5万亩，新增耕地552.25亩。粮食种植面积45.2万亩，总产量12.9万吨。收购烟叶1413万千克，均价32.86元，实现烟叶税1.01亿元。畜禽、水果、蔬菜、花卉规模产量不断扩大。新增市级以上龙头企业8户、农民合作社24个、家庭农场54个，培育新型职业农民460人。“石林人参果”申报为农产品地理标志产品，西街口镇入选“全国一村一品示范村镇”“旭润庄园”云耳、“禾泽”速冻甜玉米和速冻豌豆、“齿艻”人参果3个农产品获云南省名牌农产品称号。昆明杏林大观园健康产业（集团）有限公司“中医文化展览馆”正式开馆。石林县被列为全国农村创业创新典型县范例、全国农村一、二、三产业发展先导区。

【城乡基础设施建设】 实施8个省级、19个市级、68个县级重点项目建设，集中开工项目27个，整合安排项目前期经费2300万元，争取上级资金10.5亿元，债券置换资金4.28亿元；储备土地1131亩，处置闲置土地41宗、2220余亩，供应土地2183.97亩。宜石、石泸高速石林段顺利推进，环城南路、大叠水旅游专线二期通车，改造提升农村公路65千米，完成26条农村公路“生命安全防护工程”。鱼龙水库大鱼龙坝村完成移民搬迁，柴石滩水库石林提水灌区主体工程即将完工，地下水库建成试水，圭山水库、威黑水库水厂供水工程开工。110千伏黄家庄输变电站主体工程完工，完成31个农网改造升级项目，启动10千伏黑古塘线路建设。建成天然气管道84.52千米、新能源汽车充电桩31个，完成全县加油站油气回收改造。行政村100%通光纤。开展《昆明市城市总体规划石林发展大纲》《石林县域乡村建设规划》编制。西北街片区棚户区、三元宫片区回迁安置房加快建设。西城大道扎实推进，建成2条微型环市政道路。全面开放建成区停车场，拆除“两违”建筑39.44万平方米。建成区面积达15.92平方千米，城镇化率达43%以上。

【改革】 国有企业改革稳步推进，完成石林旅游集团、石投公司总经理招聘；石林生态工业集中区财政管理体制改革全面启动，国税、地税完成合并。深化“放管服”改革“六个一”行动，落实“3550”改革，列出权责清单10类、5051项，精简审批证明材料120项，建立20项内部审批事项清单，公布第二批“最多跑一次”改革事项427项，出台19条稳增长促发展措施，营商环境持续改善。深入推进供给侧结构性改革，关闭东源3号、4号、8号矿井和龙王寺煤矿，化解煤炭过剩产能27万吨；整合非煤矿山39座、取缔7座；房地产去库存21万平方米；全年累计为企业减税2.9亿元，降低企业用地成本6504万元。农村土地承包经营权确权登记颁证和集体林权制度改革有序推进，国有林场改革通过省级验收。推行疾病诊断相关组付费制度改革。启动企事业单位公务用车制度改革。

【招商引资】 出台招商引资产业扶持奖励办法，继续实施招商引资县级领导负责制，围绕大健康、大旅游、大文创等8大重点产业和产业链缺失环节开展招商引资。开展县级领导带队外出精准招商、产业招商、园区招商，全年策划包装项目43个，组织招商推介活动64场次，签订正式协议项目34个、落地25个，其中亿元以上项目19个，项目落地率达79%。全县实际到位内资52.79亿元、外资450万美元。

【生态文明】 开展严厉打击毁林开垦和整治违法改变林地用途专项行动，清退毁林开荒2.9万亩，整改落实环保督察反馈问题29项。实施石漠化综合治理2.7万亩，珠江防护林人工造林0.4万亩，省级陡坡地生态治理0.5万亩，退耕还林0.48万亩，义务植树72万株。建成区新增绿地16公顷，绿地率达35.7%，绿化覆盖率达39.07%。铺设污水管网2.5千米，建成长湖、西街口污水处理设施，新建垃圾处理厂1座。扎实推进农村“七

2018年8月5日，石林火把狂欢节开幕式上，举行海峡两岸少数民族交流与合作基地授牌仪式
（石林县史志办　供稿）

2018年5月9日，石林县举行科普相伴成长、保护美丽家园暨科普剧进儿童之家启动仪式　（石林县史志办　供稿）

改三清”，新改建公厕62座，改圈7500平方米，改造农村无害化卫生户厕580户，改灶713户；实施西河、大可河小河新村段河道综合治理。创建省级卫生村14个、省级规划示范村3个，省级卫生乡镇（街道）实现全覆盖，“美伊花森林小镇”被列入全国首批国家森林小镇建设试点，国家卫生县城通过复审。

【社会事业】　加固改造C级校舍4.25万平方米，巴江中学、县一中食堂及学生宿舍和县民中多功能综合楼主体工程完工，大可中心小学、长湖中心幼儿园开工建设。高考600分以上14人，创历史新高，一本上线人数增27.85%。实现义务教育阶段学校网络“班班通”，创建为全国中小学研学实践教育基地。县中医院搬迁新建项目主体工程完工，基层医疗机构中医馆建设全覆盖。市六运会场馆、撒尼刺绣传习中心开工建设，成功举办县第二届运动会；《云南省石林县阿诗玛文化传承与保护条例》颁布实施，新增毕跃英、毕光明、李有贵国家级项目代表性传承人3名。石林县被命名为“海峡两岸少数民族交流与合作基地”。城镇新增就业2494人，农村劳动力转移就业1.57万人次，“贷免扶补”扶持创业114人，创业担保贷款扶持创业301人。社会保险综合参保率稳定在97%以上。建成公租房2917套，解决7292人的住房困难问题。

【脱贫攻坚】　2018年，石林县统筹整合联乡挂村县领导，整合包村对口帮扶单位、驻村扶贫工作队员、乡镇（街道）联系干部和大学生村官等各级帮扶力量，组建驻村扶贫工作队83支，组织动员38名县级领导、77个县级部门对口帮扶村、1425名干部职工包户、299名队员驻村参与“挂包帮”定点扶贫工作，对全县贫困人口开展脱贫攻坚对口“一帮一”或“多帮一”帮扶，确保每个乡（镇、街道）都有县级领导联系、每一个有贫困人口村都有县级领导和部门挂包、每一个有贫困人口村都有驻村扶贫工作队、每一户建档立卡贫困户都有干部职工结对帮扶，实现全县建档立卡贫困村、贫困户全覆盖。紧扣“两不愁、三保障”目标，投入扶贫资金6275.7万元，实施扶贫项目102个，改造农村危房1109户。全县贫困人口2017年10月1日至2018年9月30日家庭人均纯收入最低4024.47元，最高34246.35元，均达到2018年人均纯收入3500元的省定脱贫标准，实现“两不愁、三保障”脱贫目标，769户、2389名贫困人口实现脱贫，板桥街道大叠水村、圭山镇小圭山村、西街口镇芭茅村、大可乡子脚村4个贫困村实现“四通”“六有”，达到贫困村退出标准，脱贫出列。

（刘世生　鲁建宏）

禄劝彝族苗族自治县

【年内大事】　1月1日　禄劝彝族苗族自治县单行条例《云南省禄劝彝族苗族自治县文化遗产保护条例》正式施行。

1月4日　中央财政森林抚育补贴国家级抽查组对禄劝县2016年度森林抚育项目完成情况进行实地检查。

1月12日　省移民开发局副局长高明顺代表省移民工作领导小组率督察组到禄劝县督查乌东德水电站移民工作。

1月23日　云南泽奥生物科技有限公司向禄劝彝族苗族自治县人民医院捐赠价值人民币127.18万元的医疗器械。

2月1—7日　首届“禄劝杯”全国青少年足球邀请赛在禄劝举办，来自内蒙古、江苏、黑龙江、陕西、云南等省（市）的42支代表队、520余名运动员参加比赛。

2月5日　商务部专家组到禄劝县开展2016年电子商务进农村综合示范项目绩效评价工作。省商务厅、市商务局相关领导陪同。

2月12日　禄劝彝族苗族自治县监察委员会挂牌成立。

3月5日　省纪委第十检查组到禄劝县开展全省扶贫领域和作风问题专项治理重点抽查工作。

3月7日　禄劝县召开2018年决胜脱贫摘帽暨第“一个百日会战”动员大会，副市长赵学农、市政协副主席李冰晶等领导到会指导禄劝脱贫攻坚工作。

3月15—16日　省人大民族委员会副主任管国芳率省人大民族委员会立法处，对禄劝县掌鸠河保护管理立法工作进行调研指导。

4月9—11日　共青团上海市委副书记、上海市青联主席刘伟率上海市青年联合会、上海青年企业家协会代表团一行34人到禄劝县调研精准扶贫工作。

4月19日　省委第八巡视组向禄劝县委反馈机动巡视情况。根据省委统一部署，2017年12月18日至2018年1月18日，省委第八巡视组对禄劝县委进行机动巡视。

4月20日　人社部事业司副巡视员吴文武，事业司聘用管理处处长赵志宏及云南省人社厅、辽宁省人社厅、青岛市人社局相关领导一行6人到禄劝县调研艰苦边远地区县、乡事业单位公开招聘工作人员工作。

4月24日　国家发展与改革委员会价格监测中心处长杨东一行到禄劝县调研乌东德电站库区价格情况。

4月26日　市人大常委会主任拉玛·兴高到禄劝县调研轿子山转龙特色小镇开发建设情况。市人大常委会副主任金志伟、马凤伦、赵学锋，县长李开德，县人大常委会主任张光文等参加调研活动。

5月11日　禄劝县第一人民医院儿科与昆明市儿童医院签订合作协议，县人民医院正式加入专科联盟。

5月14—15日　国务院扶贫办党组成员夏更生等到禄劝县调研农村危房改造工作。

5月18日　教育部教育发展研究中心研究部主任窦现金率教育部调研组到禄劝县茂山镇开展农村留守儿童教育关爱专题调研。

6月5日　由禄劝经纬农业发展有限公司、禄劝春诚农业种植有限公司分别承担的“优质观赏玫瑰鲜切花生产基地建设项目”“禄劝多肉植物产业发展建设项目”通过省、市、县相关专家参与的2017年省级花卉产业发展项目验收。

6月5日　上海市青年企业家协会第五组组长陈尚云率队赴禄劝县乌东德镇开展脱贫攻坚对口援建活动。

6月14日　昆明市“互联网+党建”暨电商实用技能（示范）培训班在禄劝县茂山镇永定罗德利高原特色农业示范园区开展现场观摩教学，来自全市部分市级单位、14个县（市、区）的200名乡（镇、街道）组织员（平台管理员、运维员）参加观摩。

6月25日　禄劝县志愿者鲁顺平（马鹿塘乡新槽村委会人）在昆明医科大学第一附属医院血液科成功完成造血干细胞捐献，是禄劝首例、云南省第164例、全国第7434例造血干细胞捐献者。

同日　中国西南民族研究学会彝族与周边民族研究专业委员会主任、楚雄彝族文化研究学院院长肖惠华率东部方言区罗婺彝文古籍抢救保护及整理传承专题调研组到禄劝县调研彝文古籍抢救保护工作。

7月10日　全省农村危房改造现场会在禄劝县中屏镇中屏村委会火本村小组召开。省委副书记李秀领，副省长张国华，各州（市）党委或政府分管领导等240余人参加会议。

7月19—25日　禄劝县崇德小学彝苗童声合唱团应邀参加在北京举办的第十四届中国国际合唱节暨国际合唱联盟合唱教育大会比赛，并获少年组A级评定。

7月23日　云南省医疗扶贫基金会向禄劝捐赠价值137.2万元的医疗设备。

8月4日　首届“禄劝板栗节”开幕式在凤家古镇土司府举行。

8月13日　来自美国、加拿大等9个国家和地区的“蓝丝带助残基金会暑期公益行”16名华裔志愿者到禄劝县崇德小学，向该校家庭贫困的残疾学生捐资2.1万元助残助学金，并向崇德小学彝苗童声合唱团的40名队员赠送礼品。省侨联副主席、市侨联主席朱燕等参加活动。

8月28日　禄劝彝文石刻拓本《罗婺盛世铭》参加“民族遗珍书香中国——中国少数民族古籍珍品暨保护成果展”全国巡展（丽江站）。

9月2—3日　昆明市普通高中教育质量推进现场会在禄劝召开。市政协副主席、市教育局局长刘绍安主持会议。

9月10日　由昆明市计划生育协会与昆明广播电视台联合策划、制作的云南首部音乐剧形式的微电影《山谷回响》开机。该微电影讲述了崇德小学彝苗童声合唱团的事迹。

9月13日　省水利厅副厅长、省河长制办公室副主任胡荣率督查组到禄劝县督查河长制工作进展和长江流域固体废弃物排查情况。

9月25日　省人大法制委员会主任周云、市人大常委会主任拉玛·兴高率省、市人大常委会调研组到禄劝县，对轿子雪山保护和管理立法工作进行实地考察调研。

10月15日　省委常委、市委书记程连元率市委、市政府部分领导及市扶贫办主要负责人等一行10余人到禄劝县雪山乡开展产业发展暨脱贫攻坚工作调研。

11月2—3日　省委常委、市委书记程连元，市人大常委会主任拉玛·兴高，副市长赵学农，市委常委、市委秘书长夏俊松等一行到禄劝县调研政法综治、脱贫攻坚工作。

11月7日　由省妇联、省民政厅、省总工会等部门组成的调研组到禄劝，对禄劝县3岁以下儿童托幼服务及小学生校外托管服务现状进行调研指导。

11月8—18日　由省文化厅、省财政厅主办的2018年云南省“文化大篷车·千乡万里行”红色文艺轻骑兵文化进万家惠民演出进入禄劝县，首场演出在禄劝民族文化广场举行。此次活动在禄劝县各乡（镇、街道）、学校演出15场次。

11月9日　中国残疾人福利基金

会到禄劝县转龙镇看望慰问腊乌卡村残疾群众。

11月12—13日　国家民委监督检查司副司长李钟协一行到禄劝县调研指导创建全国民族团结进步示范县工作。

12月5日　中央军委扶贫帮扶检查组一行5人对禄劝县则黑乡火箭军帮扶项目（则黑乡民安乐村委会阿多依村黄果产业及配套项目、撬白咪村活动室、羊槽村军民共建脱贫攻坚示范点）及农户兜底房进行实地检查。

12月18—19日　省广播电视局到禄劝县开展贫困地区“百县万村”示范工程补点建设和民族自治县、边境县村综合文化服务中心覆盖工程广播项目省级验收工作。

12月24日　禄劝县茂山镇归脉村扶贫项目——光伏发电建设点的接入网线路建设完成，是禄劝县首个扶贫项目光伏发电点接入网线路。

12月26日　国家民委机关服务局副局长郎晓东一行到禄劝县调研民族古籍传承保护工作。

12月27日　市委副书记、市长王喜良率队到禄劝县转龙镇恩祖村调研脱贫攻坚工作。副市长赵学农、市扶贫办主任周开龙、市政府副秘书长高庚等参加调研。

12月29日　根据《国家民委关于命名第六批全国民族团结进步创建示范区（单位）的决定》，禄劝彝族苗族自治县被命名为第六批“全国民族团结进步创建示范区（单位）”。

【区划、人口】　禄劝彝族苗族自治县位于滇中北部，是昆明市的远郊县，县境东与寻甸县、东川区相连，南与富民县接壤，西与楚雄州武定县毗邻，北接金沙江与四川省会理、会东两县相望，国土面积4234.78平方千米，其中山区面积占98.4%。2018年，全县辖16个乡（镇、街道）、194个村（社区）、2605个村民小组、2450个自然村，户籍人口488731人，常住人口146030户、488492人。常住人口中，男性251410人，女性237082人；城镇人口75212人，乡村人口413280人。年内，全县办理户籍21983人，信息变更、更正登记9912人，人员注销2636人（含死亡、出国定居、服兵役、重登、漏登），户口迁出、迁入落户（含迁移落户、分户并户、军人落户、学生落户等）共5044人，办理户口登记（含出生落户、补录户口、养子女户口登记）4391人；受理二代身份证29336份，发放二代居民身份证26351份，办理二代临时居民身份证2266份。

【经济综述】　2018年，禄劝县地区生产总值（GDP）完成95.9亿元，同比增长3%。其中，第一产业增加值28.42亿元，同比增长7%；第二产业增加值21.8亿元，同比下降9.3%；第三产业增加值45.67亿元，同比增长7.7%。全县工业总产值完成20.04亿元，下降15.6%。其中，规模以上工业13.4亿元，下降22%；规模以下工业6.64亿元，增长1%。规模以上工业增加值5.4亿元。全县完成规模以上固定资产投资68.87亿元，下降30.1%。全社会消费品零售总额完成40.06亿元，增长10.7%。其中，限额以上社会消费品零售总额完成6.23亿元，增长8.7%。按销售单位所在地分，城镇完成30.15亿元，增长10.9%；乡村完成9.91亿元，增长9.9%。按消费形态分，餐饮收入完成8.33亿元，增长14.9%；商品零售完成31.72亿元，增长9.6%。全县城镇居民人均可支配收入33176元，增长8.5%。农村常住居民人均可支配收入8689元，增长10%。招商引资到位市外内资47.32亿元，实际利用外资100万美元。

【农林水牧】　2018年，全县有乡村人口442474人，乡村从业人员262740人。农作物播种面积5.62万公顷；农林牧渔业总产值（当年价）45.42亿元，比上年增长7%。全县粮食种植面积79.91万亩，粮食总产量24.18万吨。年末大牲畜存栏数为11.44万头，猪牛羊等动物肉产量3.05万吨。出栏生猪82.03万头，出栏肉牛10.01万头，出栏肉羊30.48万只，出栏肉禽245.47万羽。全年畜牧业产值（现价）22.42亿元。建成乡级撒坝猪扩繁场11个，村级撒坝猪扩繁场71个，乌骨鸡扩繁场26个，黑山羊扩繁场19个。完成水产品生产1440吨，实现渔业产值2016万元。蔬菜播种面积12.1万亩。花卉园艺种植面积7440亩。新植水果4000亩。推广种植中药材12.09万亩。烟叶种植8.35万亩，烟叶收购量1140万千克，收购均价30.42元/千克，烟农售烟收入3.47亿元，实现烟叶特产税7630.34万元。2017年冬到2018年春，全县完成岁修工程630件，修复水毁工程20处，清淤渠道14.5千米，衬砌三面光支渠5千米，新增有效灌溉面积0.3万亩，改善灌溉面积2.5万亩，恢复灌溉面积3.2万亩，治理水土流失面积35平方千米。真金万等3座续建水库和关坝河等3座新建水库完成年度目标任务。其中，真金万水库工程输水干渠建设主体工程全面完工；大河边水库移民安置、输水管线工程启动建设，2019年完成输水管线工程提供乌东德电站和移民安置点供水；甲甸二水库导流洞全线贯通、配套工程完成建设，大坝基础工程通过验收；关坝河水库完成大坝导流隧洞施工左坝浇筑等工作，正在进行大坝填筑；核桃箐水库完成输电线路工程、进场公路、管理房建设和导流洞开挖；住基水库完成进场路和管理房的建设，大坝填筑达到渡汛高程，正在进行导流隧洞工程施工。旧铁厂水库库岸防渗加固工程完成任务投入运行。坝口水库（小二型）工程概算总投资为4794.46万元，完成初步设计报告编制工作并通过市级审查，已开展移民征地工作。投资1570.25万元新建龙潭村、本目拉、兆乌荒田、普山、小村田、车放6个坝塘；除险加固马豆沟、蔡家坟、养德、山法估、张家、放龙箐6个坝塘；新建、修复一批渠道防渗工程，涵盖9个乡（镇），工程数共计14件，治理渠道总长度12.756千米（其中防渗工程治理长度12.434千米）；实施团街、屏山、马鹿塘、乌东德、汤郎、撒营盘、云龙7个乡（镇）、47个村小组农田灌溉管道引水工程改造11件、水窖214口，“五小”水利项目工程正在扫尾。全县供水量、供水保证率处于“四项指标”边缘的86个村小组、4876户、17941人经市水务局同意纳入2018年农村饮水安全巩固提升项目，概算投资1323.39万元，截至11月30日全面完成建设。

新增造林面积12.21万亩。其中，人工造林4.498万亩，封山育林2.86万亩，森林抚育0.4万亩，提质增效4.45万亩，义务植树110万株。按项目分为：完成国家天然林保护工程二期项目人工造林0.2万亩，国家石漠化综合治理林业项目3.12万亩（人工造林0.258万亩、封山育林2.862万亩），国家退耕还林工程3.84万亩（2017年任务3万亩；2018年任务2.8万亩的30%，即0.84万亩），市级速生林培育（杨树等）项目人工造林0.2万亩，市级低效林改造或森林抚育项目0.4万亩，省级经济林果提质增效项目核桃综合措施提质1.25万亩，市级经济林果提质增效核桃提质项目1万亩（品种改良0.49万亩、综合措施0.52万亩），市级经济林果提质增效项目板栗提质项目2.2万亩（品种改良0.6万亩、综合措施1.6万亩）。

【工业】 全县工业总产值（现价）为20.04亿元，同比下降15.6%。其中，规模以上工业总产值13.4亿元，同比下降22%；规模以下工业总产值6.64亿元，同比增长1%。全部工业增加值10.31亿元，同比下降10.9%。规模以上工业企业增加值同比下降13%。

民营经济增加值完成45.81亿元，占GDP比重47.8%，同比增长1.6%；工业总产值完成20.04亿元，同比下降15.6%。规模以上企业25户，完成产值13.5亿元，同比下降21.95%；规模以下企业6.64亿元，增长1%。民营经济三次产业结构为29.6：22.7：47.6，基本形成第一产业稳固发展、第二产业加快发展、第三产业主导发展的新格局，结构比转变为“三一二”模式。

【招商引资】 全年实际到位市外内资47.32亿元，增长9.2%；实际利用外资100万美元。新签订重点投资项目合作协议18个，协议投资65.82亿元。主要项目有：六盘水新润丰农业开发有限公司协议投资5000万元新建新润丰综合农业开发项目，华新水泥股份有限公司协议投资11亿元新建新型干法水泥生产线项目，协鑫光伏发电有限公司协议投资1.75亿元新建光伏发电扶贫项目，绿地香港控股有限公司协议投资15亿元新建农业生态园项目，河北栗源食品有限公司协议投资1.2亿元新建板栗深加工基地项目，云南玉溪金土地绿色产品开发有限责任公司协议投资6.6亿元新建万亩西柚产业扶贫开发项目，云南新兴职业学院协议投资7亿元新建云南新兴职业学院禄劝校区项目。参加第五届中国—南亚博览会暨第25届中国昆明进出口商品交易会、第13届中国制药工业百强年会及昆明生物医药产业发展招商会、第十四届中国昆明国际农业博览会、2018中国·昆明国际绿色食品投资博览会等重大展会活动。

【交通、邮电】 投入资金2419万元，建设安全生命防护工程271千米，覆盖16个乡（镇、街道）122条行政村道路。启动皎平渡至马鹿塘三级公路项目建设，全长15.36千米，预算投资1.97亿元，完成桥梁基础施工和便道开挖，完成投资1300万元。启动小团山至汤郎公路提升改造工程项目，进行降坡、弯道改直、局部路段进行路面加宽、完善排水设施、铺筑沥青路面，使公路主要技术指标达到三级公路标准，投入改造资金4440万元。武倘寻高速公路禄劝段累计完成征地1926.25亩，拆迁面积约1.1万平方米，补偿资金1.72亿元；完成施工震损房屋司法鉴定139户，震损补偿121.85万元，启动13个组、166户拆迁户安置工作；主线全面启动施工，贯通隧道1个，隧道单洞进尺约1.29万米，隧道掘进进度约47%；7座桥梁全部启动建设，建设桩基500多座，普渡河1、2号桥、崇德立交桥铺筑钢箱梁750米，桥梁工程进度约20%；开工后，禄劝段累计完成投资约11亿元。开展金沙江皎平渡大桥复建项目推进保障和工程监管工作，累计完成投资1.73亿元，完成投资比例达85.7%。道路养护中修工程涉及小汤、撒大、撒则公路共63千米，总投资1602万元，于2018年底实施完成。危桥改造工程涉及禄撒线大沟桥维修加固和石三线打基桥拆除重建，项目总投资300万元，于年底实施完成。年末，全县已实现全县189个村（社居）100%通硬化路；乌蒙乡基鲁村基鲁片区攀枝花、胡家、安家3个组的进村道路实现贯通，自然村公路通达率达100%；自然村进村公路硬化率达71.9%；基本完成乡道及以上行政等级公路安全隐患整治，行政村道路安全防护水平显著提高；实现100%行政村通客车。

对全县的10道渡口及水上企业进行安全检查81人次，渡口安全检查率达100%。组织全县相关单位和乡（镇）在乌东德开展水上交通安全演练活动。开展对马鹿塘乡普福村倮佐渡口“三无”船舶的打击行动。完成汤郎、马鹿塘、则黑3个乡

（镇）3道渡口栈道和航道的维修养护工作，完成马鹿塘、则黑2个乡（镇）渡口道路改造工作。完成汤郎乡2个渡口的撤销以及昆禄渡07号、昆禄渡09号2艘渡船的报废注销工作。组织开展2018年渡口渡工和监督员安全培训。

全县邮政业务完成收入1127.96万元，投递国内平常函件68.83万件、给据邮件2.44万件、普通包裹0.23万件、快递包裹37.89万件、标准快递8.67万件、报纸279.26万份、杂志5.29万份、国际及港澳台邮件1025件、机要邮件643件。移动分公司新建2G基站2个（总数为391个），新建小基站27个（总数为74个），新建4G基站67个（总数为774个），新建光缆320皮长千米（光缆总数7551皮长千米）。2G信号覆盖100%的行政村、98%以上的自然村、99%的县乡公路及小集镇，4G信号覆盖100%的乡（镇）和99%的行政村，有线光宽带覆盖16个乡（镇、街道）所在地和190个行政村、718个社区，可覆盖用户数达到15.3万户。为禄劝146所学校、1023个班开通宽带。

【财税、金融、保险】 全县地方财政总收入9.44亿元，完成预算10.69亿元的88.3%，比上年增收2781万元，同比增长3.0%。全县一般公共预算收入5.6亿元，完成年初预算的84.8%，较上年决算数下降8.4%，同口径完成市下达收入计划。本级政府性基金预算收入完成3498万元，较上年增长70.1%。全县地方财政总支出38.73亿元，比上年增支7.44亿元，同比增长23.8%。

年末，全县金融机构存款余额118.39亿元，同比下降4.49%。其中，单位存款42.02亿元，同比下降24.28%；个人存款75.49亿元，同比增长10.9%；财政存款8782万元，同比增长100.96%。全县金融机构人民币贷款余额101.61亿元，同比增长7.01%。其中，短期贷款1953亿元，同比下降24.07%；中长期贷款65.04亿元，同比增长11.43%；票据融资17.04亿元，同比增长56.83%。中国人民财产保险股份有限公司禄劝支公司全年保费收入4900万元，中国人寿保险股份有限公司禄劝支公司全年保费收入3912.2万元。

【城乡建设】 办理工程报建13项，审批发放施工许可证25项，建设项目初步设计审查13项，下发初步设计批复12项；完成网上业绩审核1118个项目；下发停工通知书29份。加强对建筑企业资质申报管理，房屋建筑施工总承包三级资质增项市政工程3家，外地迁入房屋建筑施工总承包三级资质1家，申报建筑业协会优秀企业7户、优秀企业家8名，上报房地产资质年审3家。

2018年度受监建筑工程（含上年度转接）总数50项，竣工市政基础设施工程备案1项，竣工市政道路工程备案1项，办理竣工验收备案13项。检查工地161个（次），查出不同的安全隐患及问题283条，下发安全隐患检查记录217份、安全隐患检查限期整指令书96份、责令停工通知书5份、责令临时停止施工通知书18份、机械设备停止使用通知21份。开展国家工程质量专项治理，落实“两书一牌”，签署五方责任主体授权书、承诺书工程23项。开展专项及综合监督执法检查14次，检查工程42项，下发监督检查整改通知单14份。办理安全生产措施备案27份，房建建筑面积18.19万平方米、市政道路工程20.72平方米。完成掌鸠河东路1.2千米污水管网建设。2012年保障性住房建设项目全面完工。

【环境保护】 全年处理污水376.12万吨，5项主要污染物总量减排目标任务完成率达到100%。修复“五采区”植被456.66亩，治理岩溶面积38平方千米，完成营造林12.21万亩。淘汰治理黄标车912辆，空气质量优良率达97.4%。深入开展集中式饮用水源地专项整治行动，完成撤营盘、云龙集镇污水管网完善工程，完成招桂、照块生态清洁小流域综合治理工程，建成覆盖78个村组的污水处理站36座，建成防护隔离栏55千米，种植水源涵养林1万亩，完成“农改林”4300亩，云龙水库水质稳定在II类以上。开展长江经济带（禄劝区域）固体废物大排查专项整治、普渡河流域水电站专项执法检查、县域尾矿库专项检查、砖瓦行业环境保护专项整治等各项专项行动；全年共抽查重点企业32户次、一般企业29户次，未纳入“双随机”监管企业221户次。开展环境风险源信息填报，指导10户重点涉危险废物管理的企业开展危险废物管理工作以及16家辐射装置使用单位安全许可证办理和延期工作。全年共下达《责令改正违法行为通知书》14份，立案查处4件，下达处罚决定书4件，其中移送公安机关案件1件。创建屏山镇中心学校秀河小学为市级绿色学校。比对、修改和完善《禄劝彝族苗族自治县生态保护红线划定方案》报上级环保部门。推动掌鸠河流域保护立法工作，出台《普渡河禄劝段保护管理暂行办法》，编制完成“一库四河”“一河一策”实施方案，形成“三级河长四级治理”体系。组织开展法律法规宣传、咨询活动，发放环境保护宣传手册6000余份，环境保护宣传围裙4000余条，咨询法律法规380余人次。接收昆明市环境保护督察工作领导小组办公室交办件8批9件（来电6件、来信3件），其中重点关注1件、涉及水污染1件、土壤污染5件、生态污染2件、其他污染1件，办理完毕9件（不属实1件，部分属实8件）。开展禄劝彝族苗族自治县第二次全国污染源普查工作，清查工业企业1163户、规模畜禽养殖场

76家、生活源锅炉97台、集中式污染治理设施13个、入河（海）排污口17个，纳入全面入户调查对象的达224家。开展禄劝彝族苗族自治县土壤污染防治工作，完成42户重点行业企业基础信息资料清单收集。

【科技】 全年申报省、市科技计划项目23项（省科技厅11项、市科技局12项），获立项11项，到位资金1040.8万元。继续实施禄劝绿色光亮示范工程，争取市级资金125.2万元、县级配套40万元在11个乡（镇）、29个村安装太阳能路灯460盏。完成专利申请和授权140件，拥有发明专利有效量11件。完成种、养、加工等各类技术培训4200人次。推荐申报省级科技特派员11人，均获聘任；申报市级科技特派员8人，获得聘任7人。

【教育】 全县有幼儿园72所，在园（班）幼儿9754名，学前幼儿入园（班）率90.14%。全县有小学41所，在校生26万人，小学入学率99.69%。全县有初中16所，在校生1.58万人，初中毛入学率119.07%。全县有完全中学2所、高级中学1所，在校学生7744人；民办高中1所，在校生185人。全县义务教育阶段适龄（6—15周岁）残疾儿童少年407人，实际在校就读405人，毛入学率99.51%。全县有职业教育学校2所，在校生2850人。全县有少数民族在校生2.46万人，有民族实验中学、民族小学、九龙镇文林民族小学、翠华镇兆乌民族小学、茂山镇丽山民族小学、云龙乡民族小学、撒营盘镇民族小学、思源实验学校8所民族学校。2018年高考本科上线人数790人，上线率为42.86%；一本上线152人，上线率为8.25%；二本上线638人，上线率为34.62%；600分以上学生51人，第一名陈弘旭695分（全省第66名）被清华大学录取，第二名苏丹丹692分（全省第82名）被北京大学临床本硕博8年连读录取，第三名耿世涵680分（全省第720名）被北京大学药学专业6年就读录取。

制订《禄劝彝族苗族自治县实施农村家庭学生高中阶段免费教育工作方案》，县财政专设3200万元教育扶贫基金在全省率先实施高中阶段农村学生免费教育。2018年春季学期国家、省、市、县政策共资助学生9.67万人次，补助资金7260.97万元，其中建档立卡户学生资助2.27万人次，资助资金1423.78万元。签订大学生生源地助学贷款合同293份，发放助学贷款220.96万元。大学生各类资助2783人，资助资金1636.31万元，其中建档立卡户大学生1008人，资助资金487.67万元。

2018年春秋两季，全县16个乡（镇）共审核确定符合享受“雨露计划”的职业院校学生2304人，按每生每季1500元的补助标准共计发放补助资金345.6万元。其中，春季实施1035人，投入资金155.25万元；秋季实施1269人，投入资金190.35万元。

投入资金2.48亿元实施职业高级中学改扩建和实训基地建设项目，学校占地面积202亩，总建筑面积8万平方米，新建教学楼、实训楼、科技楼、报告厅、运动场、学生食堂、标准化宿舍等，在校生由370人扩大到2850人（建档立卡户学生704人）。

【文化、体育】 组织业余文艺队开展文化惠民演出活动70余场次，演职人员3400人，观众7.14万人次。辅导业余文艺队伍40支、200余场次。完成广场舞、器乐、业余文艺队长培训、非物传承人培训班共8期，培训人数3000人。举办“送书·送戏下乡”工作5次，完成红色文化活动讲解5次。举办大型活动4次。举办禄劝彝族苗族自治县2018“脱贫攻坚”文艺汇演及颁奖晚会（文艺汇演4场、颁奖晚会1场）。组织春节系列活动，30余支业余文艺团队在民族文化广场、凤家古镇广场进行3天、12场演出。正月十五在凤家古镇广场组织“正月十五闹元宵”专场文艺晚会，观众达数万人。“火把节”“花山节”期间组织丰富多彩的文化系列活动。

开展送书和读书进校园、进社区及为残疾人服务、为老年人服务等活动，赠送图书6000余册，发放法律法规知识宣传图册3000余本。举办读书活动3次，参与人数2080人；举办展览6次，2442人参加。

完成小戏小品创作4个，彝族说唱1个，舞蹈音乐、配器2首；征集民族民间文学童谣20首，参加昆明市优秀童谣征集推广传唱活动，其中2首傈僳族童谣荣获优秀奖；收集整理民间山歌250首；参加省、市赛装节2次及各类文艺汇演及比赛活动；参加“英国·昆明周”民族文化展示活动，傈僳族男女装、罗婺传统彝族贵族女装、罗婺传统彝族生活女装、彝族男装、苗族女性节日盛装、苗族女性生活装等10套服装参展；参加云南省七彩云南工艺品大赛，获十佳刺绣能手奖1个、刺绣能手提名奖2个、民族服饰创新提名奖1个。组织非遗展览3次，展出作品300余件。申报文艺精品《小胡葫芦笙舞》《彝族土司府礼仪舞》，采访民间艺人5人，组织宣传展示活动4次。参加文化与自然遗产日活动，展示禄劝工艺品300余件，组织10名传承人进行彝族刺绣、傈僳族口弦、笛子、剪纸等技艺展示，参观人员达300余人。在凤家古镇成立禄劝民族刺绣、工艺品展示馆，展示作品300余件。组织省级非遗代表性传承人游定美等16人参加全国春节非遗文化交流活动，禄劝彝族刺绣交流方式是时装秀、作品展和培训，8套衣服参加时装秀，展出彝绣作品40余件。组织非遗培训7次、小葫芦笙舞曲培训3次，培训人数150人；口弦培训3次，共培训149人。组织石刻石雕传承人张孝鹏、羊毛花毡廖红兴参加2018年昆明市非遗传承人群培训。

完成省级文物保护单位彝汉文摩崖石刻、三台山石刻，市级文物保护单位香海庵，县级文物保护单位转龙彭氏民居的文物抢救性维修方案，待上级部门批准后实施。利用节假日、“文化遗产日”“12·4”法制宣传日在县城广场设点，对游客、群众进行文物法规宣传，发放文物宣传资料3000余份。与12个乡（镇）签订《文物“四防”安全责任书》，联合相关部门开展文物消防大检查3次。完成铁索桥及红军烈士墓维修终验工作和皎平渡纪念馆选址地勘测绘、地质灾害评估、新馆设计招标及新馆迁址前期准备工作。争取到国家、省、市下拨的文物保护经费79.27万元。完成凤家城遗址、香海庵2个项目申报省级文物保护单位及雍翠山碑刻群申报市级文物保护单位的申报工作。

文化、公安、卫计、市场监管等部门开展联合整治行动，出动执法人员600余人次、车辆40余台次对全县城文化市场和旅游市场进行监督管理。开展“扫黄打非”进基层工作，实现194个村“扫黄打非”进基层工作全覆盖。对违法违规经营活动共立案、办结2件，无要求进行听证和复议情况。取缔乡镇书刊、音像制品地摊经营户1户，收缴碟片347碟。共接到12345市长热线、96927平台、市旅指挥中心转发、“一机游”App等涉旅投诉、建议及微博舆情提示共19件，涉及服务质量、服务态度、基础设施隐患等问题，投诉办理率100%，办理结果满意率100%。

全县各级各部门开展全民健身活动45次，运动员4500余人，观众6万余人。春节期间组织龙狮闹新春、健身操、健身气功等展演活动。重大节日期间，乡（镇、街道）、村组织开展篮球、拔河、斗牛、乒乓球等健身活动。“花山节”期间，举办斗牛、爬花杆、射弩、斗鸡、绢麻等传统体育竞赛项目。举办2018云南·昆明“禄劝杯”全国校园足球邀请赛，来自全国的42支代表队、520余名运动员参赛。完成农民体育健身工程10个，安装健身路径31条。

【广播、影视】 全年采编播出《禄劝新闻》157组、792条，《百姓关注》稿件120条。制作播出《精彩罗婺　大美禄劝》风光片8期，每期近10分钟，宣传和推介禄劝美景美食。采访制作播出《学习贯彻县委十四届四次全会精神访谈》，共访谈全县15个乡（镇、街道）党（工）委书记15人。县委宣讲团到全县各乡镇宣讲《习近平30讲》，记者跟随采访报道16条新闻。播出脱贫摘帽文艺汇演展播20期。开设《新时代　新气象　新作为》《精准扶贫　共赴小康》《脱贫攻坚　跨越发展》《绿水青山就是金山银山》《改革开放40年》《国家园林县城复查曝光台》《提升城市人居环境》《百姓关注》《脱贫摘帽文艺汇演展播》《人大之窗》《政协之窗》等栏目。在昆明电视台《联播昆明》栏目播出新闻340条。电视节目《踏上脱贫致富的新征程——禄劝农村贫困劳动力新疆务工行见闻》获昆明市播音主持类一等奖；《蜜蜂产业助力贫困群众乐享甜蜜生活》《我县农技专家深入农户家中讲授新品种水稻栽培技术》获广播电视三等奖。

全县共实施完成“村村通”77964户，“户户通”44571户，“村村响”2864套，安装有线电视光缆联网及网络电视用户2.85万户。实施中央广播电视节目无线数字化覆盖工程无线发射台16座。投入资金1050万元，完成15个“中央广播电视节目无线数字化覆盖”乡镇补点工程并通过验收。下拨各乡镇（街道）“村村通”维修资金97万元，下发“户户通”接收设备2000套，实现行业扶贫广播电视覆盖率达到100%。全面完成禄劝广播电视机构制播能力提升工程并通过上级部门的验收。“百县万村”应急广播覆盖172个行政村。

【旅游】 2018年，全县接待游客83.95万人次，旅游综合收入2.43亿元，同比增长41.24%和38.1%。对11个落地的旅游在建项目录入国家旅游项目管理平台进行管理，完成投资5.6亿元。加强旅游基础设施建设，建设旅游厕所5座，完成皎平渡纪念馆选址地勘测绘、地质灾害评估、新馆设计招标及新馆迁址前期准备工作，完成翠华界牌毛主席路居旧址、普渡河铁索桥红军烈士墓的修缮布展，3个红色旅游片区（九龙、翠华、皎平渡）景点参观人数达12万余人次，接待自驾车露营、农业生态观光等游客8万余人次，生态旅游经济综合收入3500余万元。提升乡村旅游软实力，规范农家乐服务管理，提升农家乐服务质量，对一批农家乐进行乡村旅游等级评定。组织旅游从业人员培训达1000余人次，对90%以上的旅游直接从业人员进行业务技能和相关知识的培训。

【卫生、计生】 全县有医疗机构266个，医疗卫生、计生机构从业人员2736人。有执业医师（含助理医师）666人，千人拥有执业医师1.36人；注册护士947人，千人拥有注册护士1.94人。编制床位数2287张，实际开放病床2764张（公立医院1539张、民营医院1225张），千人拥有病床5.68张。县急救中心出动救护车2684车次。配合审计署完成207名乡村医生2015—2017年药品采购情况及医保报销数据核审，组织221名乡村医生参加临床合理用药培训。成立家庭医生签约服务团队259个，配备乡村医生498名，签约群众27.73万人，签约服务率61.88%，贫困人口家庭医生签约服务率100%。孕产妇实现零死亡、婴儿死亡率7.53‰，住院分娩率99.96%，剖宫产率25.84%。截至2018年9月30日，全县出生4826人，出生率9.74‰，死亡率5.71‰，人口自然增长率4.03‰。孕前风险筛查1569人。免费婚前医学检查6954人，婚检率97.2%。农村妇女宫颈癌检查10865人，乳腺癌检查11126人，叶酸补服3017人。新生儿听力筛查3302人，筛查率86.4%；新生儿遗传代谢性疾病筛查3699人，筛查率98.75%。传染病报告率达100%，全年无甲类传染病和突发公共卫生事件发生。计划免疫工作有序推进，适龄儿童建卡、建证率达100%；全县预防接种合格门诊210个，全年完成一类疫苗接种91221人次。县医院通过省县级中心医院提质达标验收，县中医院、中西医结合医院通过二级医院复审，县医院ICU、新生儿科病区通过验收并投入使用。完成辖区内189个村卫生所更名并换发新的“医疗机构执业许可证”，办理公共场所卫生许可216件。立案查处卫生违法案件49件，罚没款金额25.25万元。开展打击非法行医专项行动，依法取缔游医摊点10个，立案查处16件，罚没款15.55万元。完成农村生活饮用水2063个水源点的水质检测工作，采集2063件水样送第三方检测机构进行检测，检测合格2034件，合格率98.59%。

转龙、雪山卫生院建设项目已竣工，乌蒙卫生院建设项目正在进行主体工程建设。总投资4745万元的县医院医技楼改扩建项目及地下停车场建设项目投入使用。县中医院整体搬迁建设项目已基本完成前期工作。招商引资项目单采血浆站正在进行主体工程建设。建成农村卫生户厕5499座，完成率达100.79%。

救助大病患者1719名、慢性病患者7403名，为3.1万名住院贫困群众报销医疗费2659.17万元，报销比例达到90.8%。免费救治“白内障”患者739名。精准实施“三个一批”工程，对患大病的1840人优先救治救助；患慢性病的贫困人口100%由家庭医生团队进行签约服务管理；对符合转诊转院规范住院治疗费用单人单次实际补偿比例达不到90%和个人年度支付符合转诊转院规范的医疗费用超过农村居民人均可支配收入的部分进行医疗费用兜底，兜底34296人次、1873.18万元。设立大病、慢性病专项救助基金2000万元。截至2018年10月31日，发药17535人次，发药金额318万元。从2018年11月起，调整慢病救助方式，将免费发药调整为凭票报销药费，报销药品3103人次、100.03万元。全县因病致贫人员由2016年的5212户、18146人降为3060户、10885人，因病致贫人口占比由19.8%降至11.88%。贫困人口医疗费用实际报销比例达91.1%。投入健康扶贫资金3645.76万元。

【扶贫】 2018年，全县共脱贫退出15843户、55148人，92个贫困村脱贫出列，完成全县115个贫困村全部脱贫出列的目标。2个贫困乡实现脱贫。全县“两不愁、三保障”标准基本实现、“6、10、5”指标全部达标，达到脱贫退出目标。

优先发展蟠桃、葡萄等特色水果，黑山羊、撒坝猪、乌骨鸡等生态禽牧产品，板栗、核桃等优质坚果，党参、当归、葛根等特色中草药，打造“八大重点特色产业”，形成“百万亩经济林果、十万亩中药材、万亩特色水果、万亩高粱、万亩西柚”规模化发展，分别覆盖贫困户1.91万户、1.26万户、2950户、2024户、665户；建成撒坝猪、黑山羊、乌骨鸡等养殖场129个，覆盖贫困户2.16万户；实施光伏太阳能项目1个，覆盖贫困户834户；流转土地15万亩，覆盖贫困户8622户。成立县、乡、村三级脱贫攻坚致富带头人帮扶协会219个，发展会员8014人，投入帮扶资金2467.83万元，带动贫困人口就业21854人次，贫困户入股3188户；成立189个村级重点合作社，带动建档立卡户1.64万户、5.44万人。发展“农超对接”“农校对接”“农批对接”“农工对接”“农社对接”模式，实施“订单式”农业，建成县级电子商务公共服务中心、县级物流仓储中心、县级物流分拣配送中心和乡（镇、街道）服务站16个、村级服务点130个，组织电商培训1.02万人次（贫困户5850人次），完成网上销售7693.63万元，成功创建国家和省级电子商务进农村综合示范县。完成贫困户转移培训4.95万人，累计实现贫困户转移就业2.94万人次；开发村庄保洁员、水利管护员、道路养护员等乡村公共服务岗位5304个，实现户均增收近6000元。兑付云龙水库水源区群众生产生活补助4304.88万元，涉及农户1.4万户、5.77万人（贫困户2989户、1.02万人）；兑付退耕还林、陡坡地生态治理、公益林生态补偿等补助资金39134.66万元。聘用生态护林员700人（贫困户），实现年人均增收1万元。

推进农村危房改造，聚焦“四类重点对象”，实施全域排查，精准识别农村C、D级危房，采取“修缮、加固、拆除重建、兜底重建”方式，投入资金19.54亿元，完成农村C、D级危房改造54801户（“四类重点对象”2.35万户）。推进易地扶贫搬迁，完成易地扶贫搬迁集中安置点建设3个，560户、1949人（建档立卡贫困户535户1833人）全部搬迁入住。推进乌东德电站移民安置工作，完成枢纽区和皎平渡集镇安置点安置房建设。推进人居环境提升，深入开展“七改三清”工作，实施农村厕所革命，强化农村生活垃圾和生活污水治理，制定乡规民约，乡镇生活垃圾有效治理率达100%。

义务教育阶段实现零辍学。开展因病返贫动态筛查，制作贫困人口专用门诊病历，建立大病、慢性病救助基金，出台贫困家庭危急重症患者费用减免救助政策。低保政策和脱贫政策衔接，全县有农村低保对象6333户、12977人（贫困户4102户、8321人），A类农村低保补助标准从2017年的3540元/年提高到4080元/年，3年累计拨付农村低保补助资金2.26亿元，保障7.19万人次。开展残疾人筛查和集中鉴定办证工作，全县有持证残疾人1.65万人，享受残疾人“两项补贴”7680人，纳入最低生活保障并享受困难残疾人生活补助6658名，累计发放补贴1179.1万元，保障困难残疾人4.11万人次。救助突发意外事故、突发重大疾病、突发自然灾害等特殊情况困难群众5.57万人次，发放临时救助资金3053.75万元。推进贫困老年人集中供养，建成医养结合敬老院7所。

建设安全便捷水网，投入1.72亿元实施集镇供水工程12件，农村人饮巩固提升工程466件，易地搬迁饮水保障工程34件，安装净水设备5589套，定期开展农村饮用水水源点水质检测检验，农村供水保证率、水量、水质和取水方便程度达到国家标准。建设安全可靠电网，投入1.83亿元实施农网升级改造、农村低电压台区改造等项目，覆盖全县农村10千伏/400伏中低压配网线路，全县电网供电可靠率达到99.74%，全面达到“贫困村通10千伏动力电”的目标。

开展“六个百家”专项行动，以“访农户、听心声，找差距、促提升”为主题，先后有40名县脱贫攻坚指挥部指挥长、副指挥长牵头县级84个帮扶单位、16个乡（镇、街道）干部职工、187名正科级包村领导、1766名驻村扶贫工作队员、1.32万名市、县、乡帮扶干部职工走访全县187个村、2603个村小组、11.66万户农户。由包乡县领导牵头各级各部门逐户制定针对性帮扶措施，针对2.63万户贫困农户致贫原因，因地因户制宜，结合农户发展意愿制定帮扶菜单，完成“一户一策”产业发展计划2.63万份，实现精准帮扶措施“一户一策”百分之百覆盖。

全县有驻村扶贫工作队187支，在187个村派驻驻村扶贫工作队员742人，其中省级派出5人（含总队长1人）、市级派出207人（含副总队长兼任工作队长1人）、县级派出460人、大学生村官70人，实现全县村（社区）驻村扶贫工作全覆盖。

2018年，全县发放扶贫小额贷款8089万元，项目覆盖16个乡（镇）、172个村、963个村小组，扶持养殖户2134户，发放资金7764.45万元；扶持种植户98户，发放资金324.55万元。

【劳动和社会保障】 2018年新增城镇就业1812人，城镇失业人员再就业481人，就业困难人员再就业382人，城镇登记失业率3.01%；开发公益性岗位483个，上岗335人。完成农村劳动力转移培训2.9万人次（建档立卡1.7万人），转移输出农村劳动力2.53万人次（建档立卡8689人次），提供就业岗位5.34万个，实现新增转移就业收入3.57亿元（建档立卡1.23亿元）；开发设置乡村公共服务岗5304个，安置5131名农村贫困劳动力就近就地就业。

全县医疗保险参保44.66万人，其中建档立卡贫困户9.16万人、五保户1122人、低保对象2.46万人、1—4级残疾人1.34万人、计生家庭1.31万人，五类特殊群体100%参保；云龙水库水源保护区人员由县水资源管理局人均补助100元参保缴费。全县城乡居民医疗保险累计报销医疗费用38.47万次、2.27亿元；城镇职工医疗保险累计报销10.23万人次、4775.07万元。禄劝县第一人民医院、县中医院和16家乡（镇、街道）卫生院开通异地联网结算，共有异地参保人员在禄劝县医院住院直接结算报销54人次，报销27.28万元；禄劝县异地就医备案156人，异地就医1287次。全县企业职工养老保险参保9889人，缴费人数7735人；机关事业单位养老保险参保8683人；城乡居民养老保险参保27.1万人。全县失业保险参保9874人。全县工伤保险参保企业230户、机关事业单位149个，参保人数共21595人。

【人民生活】 2018年，全县城镇居民人均可支配收入3.31万元，比上年增长8.4%；人均消费支出1.75万元，比上年增长2.9%，其中食品类支出5796元，衣着类支出1191元，居住类支出3337元，家庭设备、用品及服务类支出1701元，医疗保健类支出1565元，交通和通信类支出1697元，文教娱乐用品及服务类支出1848元，其他商品和服务类支出355元。农村常住居民人均可支配收入8802元，增长9.4%；人均消费支出6559元，其中食品烟酒类支出2432元，衣着类支出255元，居住类支出1204元，生活用品及服务支出333元，医疗保健类支出507元，交通和通讯类支出818元，教育文化娱乐支出927元，其他用品和服务类支出84元。

（李　欢）

寻甸回族彝族自治县

【年内大事】 1月8—12日　昆明市第八交叉检查组到寻甸县开展扶贫领域腐败和作风问题专项治理交叉检查。

1月19日　市人大常委会主任拉玛·兴高一行到河口镇海嘎村调研脱贫摘帽迎查工作落实情况。

1月24—26日　市人大常委会督查组到河口镇、功山镇、甸沙乡调研督查脱贫摘帽工作情况。

2月7日　寻甸县召开县委常委班子民主生活会，市委常委、宣传部长、市宣传工委书记金幼和，市委第二督导组领导到会指导。

2月12日　市委副书记刘智，市

委常委、组织部部长鲁斌一行到寻甸县慰问驻村扶贫工作队员。

同日　举行寻甸县监察委员会揭牌仪式。

2月27日　市脱贫攻坚指挥部办公室在寻甸县召开迎接贫困县退出专项评估检查工作对接会。

2月28日　市人大常委会副主任马凤伦一行到河口镇实地调研海嘎村脱贫攻坚工作情况。

3月1日　市人大常委会在寻甸县召开对口帮扶七星镇脱贫摘帽迎检督查会议，市人大常委会副主任、市总工会党组书记、主席戚永宏，市级挂联单位负责人，县级挂钩单位负责人参加会议。

3月3日　市委副书记刘智一行到寻甸调研脱贫攻坚工作。

3月6日　市脱贫攻坚指挥部在寻甸县召开健康救助政策专题研究会议，市领导刘智、周开龙、蔡德生、吕怀玉、王亚芳及市级相关部门领导参加会议。

3月8日　市人大常委会第四督查调研组到联合乡督查调研脱贫摘帽和迎检工作相关情况；市人大常委会第五督查调研组到金源乡督查调研脱贫摘帽和迎检工作相关情况。

3月11日　市人大常委会第二督查调研组到羊街镇督查调研脱贫摘帽和迎检工作相关情况。

3月11—12日　市人大常委会第一督查调研组到柯渡镇、鸡街镇督查调研脱贫摘帽和迎检工作落实情况。

3月13日　市人大常委会副主任、市总工会党组书记、主席戚永宏一行到河口镇督查调研脱贫攻坚工作。

3月14日　市人大常委会副主任金志伟、赵学锋到倘甸镇、凤合镇、联合乡调研脱贫攻坚工作。

3月20—21日　市委常委、市纪委书记杨正晓一行到寻甸县调研脱贫攻坚工作。

3月21—22日　市人大常委会副主任马凤伦一行到甸沙乡、金源乡、凤合镇、联合乡、鸡街镇督查调研脱贫摘帽迎检工作落实情况。

3月24日　寻甸县举行塘子街道小横山宜居农房集中安置新居落成入住仪式。

3月26—27日　市人大常委会副主任马凤伦一行到柯渡镇、六哨乡、功山镇督查调研脱贫摘帽迎检工作落实情况。

3月27—28日　市人大常委会主任拉玛·兴高、副主任马凤伦一行到寻甸县督导调研贫困退出工作。

3月28日　省扶贫办副主任陈国宝，市领导王喜良、刘智、何刚、拉玛·兴高、马凤伦、赵学农一行到寻甸县调研脱贫攻坚工作，并召开昆明市农村扶贫开发工作领导小组第二次会议，市级帮扶（包乡）牵头单位负责人参加会议。

4月3日　寻甸县举行金源乡高峰村委会易地扶贫搬迁大地安置点新居落成入住仪式，市委副秘书长杨蜀军、昆明市北部生态涵养发展和保护委员会筹备领导小组杨正龙出席仪式。

4月8—10日　市人大常委会副主任马凤伦一行到联合乡督查调研脱贫摘帽迎检工作。

4月9—10日　市人大常委会副主任赵学锋一行到金源乡、六哨乡、河口镇、甸沙乡督查调研脱贫摘帽迎检工作。

4月10日　市政府副市长吴涛一行到功山镇督查调研脱贫攻坚工作。

4月11日　市人大常委会副主任，市总工会党组书记、主席戚永宏一行到七星镇督查脱贫攻坚工作。

同日　市政府副市长王建颖一行到河口镇、鸡街镇督查调研教育及健康扶贫工作。

同日　市政协副主席董林一行到仁德街道调研脱贫攻坚工作。

4月14日　寻甸县召开贫困退出摘帽摸底调查工作对接会，云南财经大学教授杨子生，市委农办副主任何艳波参加会议。

4月17日　省委、省政府督查室第二督导组到寻甸检查云南安一精细化工有限公司环保整改情况。

4月19日　召开省委第八巡视组机动巡视寻甸县反馈会议，省委第八巡视组组长陈江，副组长周赤、周诚岗，联络员周鸣到会反馈。

4月23—24日　上海市普陀区党政代表团曹立强一行带队到寻甸县开展对口帮扶工作。市委副书记刘智、市政府副市长赵学农及市级相关单位领导参加活动。

4月24日　召开产业扶贫座谈会，市人大常委会主任拉玛·兴高，市人大常委会副主任金志伟、马凤伦及市级相关部门领导，县领导、县直相关部门主要领导16个乡镇（街道）党政主要领导参加会议。

4月25日　昆明市脱贫攻坚指挥部领导拉玛·兴高、金志伟、马凤伦、赵学峰、高庚、马慈明、胡建军及省水利厅相关领导到联合乡调研罗泊河水库移民安置情况。

5月1日　寻甸县举行联合乡罗泊河水库移民搬迁入住仪式。

5月9—10日　省人大常委会民族委主任委员黄政红一行到寻甸县就文化遗产、民族团结单行条例立法工作开展调研，市人大常委会副主任毕惠芝陪同。

5月18日　寻甸县为在飞行训练中壮烈牺牲的郭明刚烈士举行骨灰安葬仪式，空军95519部队政治处主任杨世伟，省民政厅副厅长张永明，市民政局副局长吴智峰参加仪式。

5月23—24日　市委副书记刘智一行到寻甸县对牛栏江（寻甸段）开展河长巡查工作。

5月24日　市脱贫攻坚指挥部到寻甸县召开迎接贫困县退出专项评估检查工作领导小组第一次会议，市领导刘智、胡宝国、赵学农等及市级相关部门主要领导出席会议。

5月28日　昆明自来水集团有限公司董事长施伟一行到柯渡镇开展扶贫工程项目整体验收及移交工作，市政协副主席夏静，柯渡战区领导参加相关活动。

5月30日　市政协副主席董林到寻甸县开展牛栏江（寻甸段）流域河长制督查工作。

6月1日　华东理工大学校长曲景平一行到寻甸县调研脱贫攻坚工作，市政府党组成员、市扶贫办主任周开龙陪同调研。

6月6日　副市长赵学农一行到寻甸调研脱贫攻坚、防汛工作。

6月7日　省级双拥模范县创建抽查考评组对寻甸县创建省级双拥模范县进行抽查考评。

同日　省军区政工局副主任、省双拥办副主任张继乾一行到寻甸县开展省级双拥模范县创建抽查考评工作，市双拥办专职副主任仲华参加考评工作。

6月8日　省委常委、市委书记、滇中新区党工委书记程连元率队到寻甸县调研脱贫迎检工作，刘智、拉玛·兴高、胡宝国、马凤伦、赵学农及市级相关部门领导参加调研。

6月12日　省政协副主席何波率督察组到寻甸对牛栏江流域河（湖）长制工作开展情况进行督察。

6月13—16日　省民宗委监督检查处处长杨剑波一行对寻甸县创建全国民族团结进步示范县省市初评暨互观互检考评。

7月1日　全县47名县级领导、896名驻村队员、1800名包村干部、11627名帮扶责任人全员深入扶贫各战区进行帮扶。

7月7日　国家贫困县退出专项评估检查组组长王建力（西南大学地理学院教授），组员李涛（西南大学地理学院博士后）、刘愿理（西南大学地理学院博士），第一批29名调查队员抵达寻甸。市委副书记刘智、副市长赵学农等领导在金世纪酒店会议室召开贫困退出接受评估检查工作专题会，听取寻甸县脱贫退出迎检工作情况汇报，并就做好安全保障、后勤服务等相关工作提出要求。

7月9日　北京市朝阳区人大常委会主任陈宏志率考察团赴寻甸县考察脱贫工作。市委副书记刘智，市人大常委会副主任金志伟、马凤伦，市人大常委会秘书长吴庆昆陪同考察。考察团实地调研专业养殖合作社和草莓种植示范基地，了解对口帮扶和寻甸脱贫工作。

7月8—15日　国家贫困县退出专项评估检查组（西南大学评估团队）对寻甸县16个乡镇（街道）进行抽查，完成对寻甸县贫困退出实地评估检查。

7月19日　市人大常委会到寻甸县召开调研工作座谈会，何刚、拉玛·兴高、戚永宏、马凤伦、赵学峰、夏静、郭子贞、周开龙及市级相关部门领导到会指导。

7月20日　寻甸县举行新税务机构成立挂牌仪式及国税地税征管体制改革座谈会。

7月27日　寻甸县农村土地承包经营权确权登记颁证仪式在七星镇戈必村委会举行。

8月6日　昆明市、曲靖市联合巡查组到寻甸县调研牛栏江治理保护工作，市领导程连元、李文荣、刘智等参加调研。

8月7日　省委常委、昆明市委书记、滇中新区党工委书记程连元到寻甸县调研中药材种植、特困村提升改造等工作，市领导刘智、拉玛·兴高、夏俊松、赵学农、周开龙等参加调研。

8月11日　中国园艺学会草莓分会在寻甸县召开夏草莓产业和穴盘育苗技术观摩研讨会。

8月14日　市人大常委会副主任马凤伦一行到寻甸县开展昆明市“十三五”规划中期评估及2018年计划报告上半年执行情况调研工作。

8月24日　上海市民营企业家产业扶贫考察团到寻甸县调研脱贫攻坚工作，省招商局副局长阮凤斌，市政府党组成员、市扶贫办主任周开龙陪同调研。

8月31日　省人大常委会副主任纳杰一行到寻甸县调研现代农业科技示范园区建设工作。

9月26日　海口市副市长文斌一行到寻甸县考察产业扶贫及叶菜生产基地。

9月30日　云南省召开2017年15个贫困县（市）退出新闻发布会后，召开寻甸县贫困退出媒体通气会，中央和省市级相关媒体参加会议。

10月15日　县委常委、副县长方元升到上海参加“2018年上海市对口帮扶地区特色商品展销会”，寻甸县在浦东、嘉定展位上展示并售出5个系列34个单品。

10月17日　全国脱贫攻坚奖表彰大会暨先进事迹报告会在北京召开，寻甸县荣获组织创新奖，县委书记何健升参加报告会并领奖。

同日　举行2018年国际消除贫困日·全国扶贫日暨“深入一线、固本强基、巩固成效”专项行动启动仪式，县级领导，明确为正县级的领导、副调研员，各乡镇（街道）主要领导，县直各部委办局及上级垂直管理单位主要领导，全县机关事业单位“万名党员进党校”培训班全体学员参加启动仪式。

10月22—25日　寻甸县联合昆明市文联举办影视创作培训暨《撒花坡》电影作品研讨会。

10月30日　寻甸县举行乡村振兴筹备办公室揭牌仪式，市委农办副主任刘正海出席揭牌仪式。揭牌仪式结束，召开乡村振兴战略专题研讨会，市级相关部门领导，受聘为寻甸县乡村振兴总顾问、专项顾问及有关专家学者应邀出席会议。

11月12日　寻甸县在昆明市五华区翠湖公园组织开展“寻找梦中伊甸园·寻甸”2017“城市·故事”全国主题摄影大展暨寻甸脱贫攻坚摄影展活动。

11月13日　国家民委监督检查司副司长李钟协一行到寻甸县调研指导创建全国民族团结进步示范县工

作，并召开工作汇报会。省民族宗教委副主任陆永耀、省民族宗教委监督检查处处长杨剑波、市民族宗教委主任毕昆闽参加会议。

同日　寻甸县赴广州开展招商引资工作并举办推介会，昆明市商务和投资促进局局长徐增雄、副局长黄焰，昆明市泛珠三角招商分局常务副局长黄学军应邀出席相关活动。

11月17日　云南省献血献浆科学发展研讨会在寻甸县举行。

11月20—21日　华东理工大学党委书记杜慧芳一行到寻甸县调研定点扶贫工作。

11月29日　举行庆祝改革开放40周年交响音乐会暨2018年高雅艺术进县区（寻甸专场）文艺演出活动。

12月9日　云南省民族宗教委监督检查处处长杨剑波率省市初验专家组，对昆明市创建全国民族团结进步示范市寻甸县区工作进行实地检查。

12月14日　市委副书记、滇中新区管委会主任何刚到寻甸县开展挂钩扶贫工作，市委副秘书长杨蜀军参加相关活动。

12月22—23日　上海市第五考核组陈旭一行到寻甸县考核沪滇扶贫协作项目工作。

12月24日　寻甸县举行电子商务产业园开园仪式暨党政干部电商培训活动。省商务厅市场体系建设处副处长项奎瀚、市投资促进局副局长完同良应邀出席。

同日　寻甸县牛栏江（仁德段）综合治理工程启动仪式在仁德街道和平社区金家村举行。

12月27日　举行寻甸县城投开发有限公司揭牌仪式。

【区划、人口】　寻甸回族彝族自治县位于云南省东北部、昆明市北部，属昆明市郊县，县城驻仁德街道，距昆明市区90千米，全县国土面积3588.38平方千米（市国土资源局2011年6月提供2005—2010年数据作更正），最高海拔3294.80米，最低海拔1445米。全县辖16个乡镇（街道）。2018年末全县户籍总人口57.35万人，其中，农业人口47.55万人，占总人口的82.92%；非农业人口9.72万人，占总人口的16.95%；少数民族人口13.69万人，占总人口的23.88%。其中，回族7.22万人，占总人口的12.59%；彝族5.42万人，占总人口的9.44%；苗族7271人，占总人口的1.27%。常住人口47.54万人，城镇化率30.99%。全县人口出生率11.84‰，死亡率5.84‰，自然增长率5.28‰。

【经济综述】　2018年，全县完成地区生产总值（GDP）90亿元，比上年增长0.7%。其中，第一产业完成增加值25.55亿元，比上年增长7%；第二产业完成增加值23.22亿元，比上年下降8.6%，其中，工业实现增加值18.77亿元，比上年下降4.9%；第三产业完成增加值41.23亿元，比上年增长3.4%。三次产业结构由上年的26.1∶29.4∶44.5调整为28.4∶25.8∶45.8；人均GDP达18996元（按常住平均人口计算），比上年增长0.1%。非公经济创造增加值42.72亿元，占全县地区生产总值的47.5%。

全年实现社会消费品零售总额39.68亿元，比上年增长10.5%。其中，限额以上企业完成4.07亿元，比上年增长6.6%；限额以下企业完成35.62亿元。

2018年，全县完成一般公共财政预算收入6.19亿元，比上年下降9%（财政同口径）；一般公共财政预算支出34.82亿元，比上年下降4.4%。

年末全县金融机构人民币存款余额141亿元，比上年下降9.7%，其中，住户存款102亿元，比上年增长9%。全县金融机构人民币贷款余额97.70亿元，比上年增长3.8%。其中，短期住户贷款余额32.50亿元，比上年下降6.6%；中长期住户贷款余额15.40亿元，比上年下降16.5%。

全县固定资产投资（不含农户，含房地产投资）比上年增长35.2%，其中，工业投资比上年下降9.1%,占比10.5%。

全年房地产业投资比上年下降51%，占比0.8%。商品房销售面积7.40万平方米，比上年下降58.4%。

招商引资实际到位内资50.03亿元，外资100万美元。

【农业】　全县实现农林牧渔业总产值43.62亿元，比上年增长6.9%，其中，农业总产值20.39亿元，比上年增长7.3%；林业总产值1.29亿元，比上年增长8.5%；畜牧业总产值19.83亿元，比上年增长6.5%；渔业总产值1.63亿元，比上年增长21.2%。实现农林牧渔业增加值25.81亿元，比上年增长7%，其中，牧业增加值11.86亿元，比上年增长6.6%。全年农作物播种面积132.54万亩，比上年增长2.3%，其中，粮食播种面积78.92万亩，比上年增长1.5%。粮食总产量22.94万吨，比上年增长2.5%。肉类总产量7万吨，比上年增长5%，其中，猪牛羊肉6.73万吨，比上年增长5%。

【林业】　做好林业生态扶贫相关工作，继续在贫困户中选聘500名生态护林员，聘用202名贫困常设护林员，投资680.45万元，惠及2953名贫困人口；投入补助资金3142.28万元（其中，国家级1641.99万元，省级1012.68万元，市级487.61万元），对全县217万亩公益林落实生态效益补偿，抓实项目建设。落实森林管护286万亩，投入森林管护资金364.35万元；完成国家森林抚育6.30万亩，兑现补助资金756万元；完成太阳能热水器推广3000套、节能灶1000眼，投入补助资金330万元，全面惠及贫困户；兑现完善国家退耕还林补助资金331.15万元、国家新一轮退耕还林补助资金400万元、市级退耕还林补助资金1152.99万元；完成天保工程人工造林0.30万亩，争取到补助资金150万元；完成速生林培育（杨树等）0.20万亩，投入补助资金100万元；完成廊道面山绿化造林0.10万亩，投入补助资金87.50万元；完成国家退耕还林2.44万亩项目整合和退耕地造林0.20万亩，投入补助资金1370万元；完成市级低效林改造0.40万亩，投入补助资金80万元；完成石漠化综合治理人工造林0.43万亩、封山育林1.42万亩，完成石漠化治理森林抚育0.84万亩，投入补助资金278万元；完成陡坡地治理0.30万亩，投入补助资金90万元；投资335万元，完成河口镇白石岩管护房建设，寻甸黑颈鹤自然保护区横河管护站、功山梧桐木材检查站、柯渡林业站业务用房建设；投资261.68万元，完成七星镇、河口镇、鸡街镇、功山镇、先锋镇、六哨乡、凤合镇、倘甸镇、羊街镇、金所街道境内林区防火通道建设；完成联合乡罗泊河水库移民搬迁5个村庄绿化及柯渡镇麦地冲等4个村庄绿化，投入资金152.86万元。狠抓产业建设。完成省级核桃提质增效1万亩，兑现补助资金100万元；完成市级核桃提质增效1万亩，兑现补助资金150万元；完成板栗品种改良0.50万亩，兑现补助资金100万元；完成板栗综合措施0.80万亩，兑现补助资金120万元；创建林下示范基地5个，核桃及板栗初加工基地5个，投入补助资金100万元；投资360万元，完成杂交构树种植推广0.20万亩。年末全县森立覆盖率48.17%。

【工业】 全县工业完成总产值48.49亿元，比上年下降5.9%（现价）；完成工业增加值18.77亿元，比上年下降4.9%。其中，规模以上工业完成总产值42.36亿元，比上年下降4.7%（现价），占全县工业总产值的87.4%；规模以上工业增加值比上年下降5.1%；实现利税-2.32亿元，同期为-3.67亿元，亏损比上年减少1.36亿元，亏损同比下降36.9%，其中，利润总额-3.37亿元，亏损比上年减少1730万元，亏损同比下降4.9%。

【水务】 年内，投资6300万元，完成河底、老山箐2件小（一）型水库及河边1件小（二）型水库重点工程建设；完成农村“五小水利”工程1200件，增加蓄水容积约18万立方米，工程概算总投资2954.01万元，其中，工程投资2880.65万元，环境投资73.36万元。截至2018年底，全县共建成小水窖33772件、小水池1700件、小型引水堰闸65件、小型泵站63件、小型渠系工程1850件、小型机电井4件、小型排水沟道495件、高效节水灌溉工程5件、地下机井10眼。全县水资源开发利用率为百分之十七，水利化程度达百分之六十三。按照中央和省、市全面推行河长制的决策部署，全力推进寻甸县河长制工作的开展。全年共开展“河长清河行动”30次，投入整治人数700余人次、整治车辆及机械设备300余辆次，清理河道300千米，清理垃圾400余吨，联合执法行动拆除违规建筑物2.09万平方米，投入整治资金46万元。

【文体、旅游】 2018年，基层公共文化服务运行机制建设县级配套资金78.53万元。县图书馆、县文化馆、县美术馆、县体育中心、各乡镇（街道）文广中心等公共文体设施免费开放成果显著。图书馆全年累计借阅1.50万人次2.60万册次；举办专业培训班8期，培训2500余人（其中农家书屋管理员培训174人），举办公益性讲座6期参训1200余人；送书下乡9次，流转图书下乡2400余册。文化馆全年免费开放共接待4万人次，举办专业培训班3期培训200余人，业余辅导培训23次辅导1100余人；文艺创作歌曲3首、舞蹈音乐2首；开展大型文体活动17场次。县美术馆举办寻甸县“迎新春”美术书法摄影作品展览、寻甸县改革开放40周年书法作品展览、2018年昆明市脱贫攻坚美术、书法、摄影优秀作品展（寻甸站）等展览，累计参观4000余人次；组织开展2018年“夏日绽放·夏日童话”绘画现场比赛、农民画第二期培训、洋芋彩绘等活动，参赛127人301件作品，选送省、市展览32件。组织拍摄扶贫微电影《撒花坡》荣获2018昆明大学生微电影作品大赛一等奖、第八届迈阿密美洲电影节暨金灯塔电影节华语电影峰会微电影最佳导演奖。深度挖掘民族文化资源。开展落灯节、开斋节、火把节、立秋节、花山节等民族节庆品牌活动。8月5日，举办“2018寻甸火把节暨第二届洋芋美食文化旅游节”；9月15日至26日举办寻甸花山节·首届农民丰收节暨第二届摸鱼节系列文化活动；10月26日至30日举办寻甸县第三届群众文化艺术节暨第五届民族美食文化旅游节、“感恩时代·坚强你我”康迪摩尔“精准扶贫”慈善捐赠文艺演出、全国民族团结进步示范县本土文化展示、民俗·非遗展厅陈列布展等活动。

全年，争取上级资金526万元，建设部分乡镇（街道）老年文体活动场所10个；争取资金200万元对体育中心周围附属工程绿化、水电、管网、栅栏、塑胶跑道进行维修和改造；安装体育健身路径39条，更换破损篮球架、乒乓球桌等体育器材10套。3月1日，组队参加昆明市春节舞龙舞狮比赛获三等奖；11月4—11日，组队代表昆明市参加云南省第十一届少数民族传统体育运动会表演和秋千项目比赛，驻停表演《倮倮格》和综合类表演项目《背山人》获铜奖，竞技类表演项目《背架乐》获银奖。

1月，成立“柯渡长征红色文化教育学院”并挂牌。年内，组织

昆明市委书记程连元（右五）到柯渡纪念馆调研指导工作
（寻甸县文广旅局　供稿）

开展践行社会主义核心价值观活动20余次，党性教育知识讲座32场，临时展览5次，各种知识趣味活动12次，参与3万余人次。积极配合CCTV10文明密码栏目完成寻甸旅游带动扶贫纪录片《情满寻甸》拍摄工作，并于4月2日在CCTV10播出。协助柯渡寄宿制中心完小申报中国工农红军寻甸柯渡革命英烈红军小学，5月完成挂牌。配合完成纪念馆“一部手机游云南”慢直播景区名片建设，于8月上线“一机游”平台并投入使用。8月7日，云南省委常委、昆明市委书记程连元到纪念馆调研指导工作。11月25日，由昆明新华书店连锁有限公司寻甸分公司组织筹办的柯渡云上乡愁书院在丹桂红军村正式挂牌并投入使用。全年接待游客275万人次，比上年增长26.8%；实现旅游总收入5.40亿元，比上年增长34%。

【教育、卫生】　全县共有普通中学21所，其中,普通高中4所、初级中学17所、小学154所、幼儿园118所、中等职业学校3所、特殊学校1所。年末普通中学在校学生3.37万人（其中，高中在校生1.25万人，初中在校生2.13万人）、小学在校学生3.48万人、幼儿园在园幼儿1.57万人、职业中学在校学生1127人、特殊学校在校学生132人。小学学龄儿童净入学率99.75%，初中学龄人口毛入学率118.67%，高中阶段升学率81.68%。全县共有专任教师5518人，其中，中学专任教师2460人、小学专任教师2489人、幼儿园专任教师498人、职业中学专任教师56人、特殊学校专任教师15人。

年末全县共有卫生机构274个，其中，医院16个、基层医疗卫生机构255个（含卫生院16个）、妇幼保健院1个、疾病预防控制中心1个、卫生监督所1个。实有病床床位3004张，卫生技术人员2206人，其中，执业医师和执业助理医师788人，注册护士976人。婴儿死亡率8.35‰,孕产妇死亡率13.26/10万。

【城镇非私营单位从业人员及劳动报酬】　全县城镇非私营单位从业人员2.45万人，比上年增长14.6%，其中，在岗职工2.16万人，比上年增长7.7%。从业人员工资总额18.80亿元，比上年增长20%，其中，在岗职工工资总额17.88亿元，比上年增长17.4%；从业人员年平均工资7.71万元，比上年增长4.4%，其中，在岗职工年平均工资8.08万元，比上年增长7.2%。

【人民生活和社会保障】　据抽样调查资料显示，城镇常住居民人均可支配收入3.47万元，比上年增长8.3%（现价）；人均消费支出1.55万元，比上年下降28.4%。农村常住居民人均可支配收入9072元，比上年增长9.3%（现价）；农村人均生活消费支出8395元，比上年增长6.6%。

年末全县城镇职工基本养老保险参保3.02万人，城乡居民社会养老保险参保32.09万人，失业保险参保1.67万人，城镇职工基本医疗保险参保2.50万人，城乡居民基本医疗保险参保50.83万人，工伤保险参保2.11万人，生育保险参保1.97万人。

【脱贫攻坚】　2018年，全县有动态管理新识别231户771人，脱贫441户1240人，累计减少农村贫困人口127551人，贫困发生率由2014年的26.93%下降到0.25%。全年实施项目34个，覆盖12个乡镇（街道）34个行政村，其中深度贫困村7个；项目受益建档立卡贫困人口19147人，其中，巩固提升18960人，带动脱贫187人，带动贫困残疾人脱贫29人。7月7—15日，国务院委托第三方西南大学对寻甸县进行考核评估；9月18日，国务院扶贫办发布《关于反馈云南省2017年贫困县退出专项评估检查结果的函》，寻甸县综合贫困发生率低于3%，错退率低于2%，漏评率低于2%，群众认可度高于90%，符合贫困县退出条件；9月30日，云南省委、省政府召开新闻发布会，正式向社会公布寻甸回族彝族自治县退出国家扶贫工作重点县。10月17日，全国脱贫攻坚表彰大会暨脱贫攻坚先进事迹报告会在北京召开，寻甸县荣获“全国脱贫攻坚组织创新奖”。

【民族团结示范区建设】 2018年，成立寻甸县深入开展创建全国民族团结进步示范县工作领导小组，由县委书记、县长任双组长，下设领导小组办公室在民族宗教局。年内，创成市级示范点55个，实施七星镇、鸡街镇、柯渡镇民族团结进步示范镇及羊街镇纳郎示范村建设。12月28日，国家民委网站公布2018年全国民族团结进步创建示范区（单位）名单，云南共有10个单位入围，寻甸位列其中。

【市志办相关人员调研寻甸县史志办】 11月1日，昆明市地方志办公室主任母正荣、副主任字应军及相关处室工作人员到寻甸县委史志办专题调研“两全目标”完成和贯彻落实省志办电视电话会议精神情况。

（李巧梅）

2018年11月1日，市志办主任母正荣一行到寻甸史志办调研指导工作（寻甸县史志办 供稿）

2019 KUNMING YEARBOOK

人　物

◆责任编辑　李　震

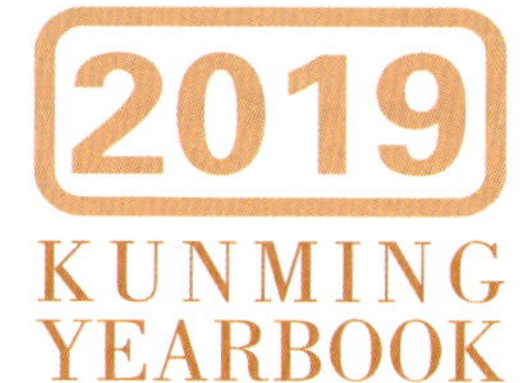

见义勇为先进个人和集体

先进个人（8人）

李建祥　云南省曲靖市印染厂原职工
高志伟　云南省宜良县狗街镇中营社区原治保主任
杨秀留　云南省官渡区看守所退休民警
桂源蔚　云南警官学院2015级在校学生
罗光保　云南省昆明市石林县石林街道螺蛳塘村委会居民
杨晓涛　云南夜巡安防禄劝分公司职员
韩　忠　云南展宏保安服务有限公司保安
方连禄　云南省昆明市晋宁区双河乡田坝村居民

先进群体（5个群体12人）

一、王荣春、张早林、桂腾会、张树林群体

王荣春　云南省昆明市寻甸县交通运输局机关干部
张早林　云南省昆明市寻甸县塘子街道办事处机关干部
桂腾会　云南省昆明市寻甸县塘子街道易隆社区居民
张树林　云南省昆明市寻甸县塘子街道易隆社区居民

二、王界友、马金红群体

王界友　云南省昆明市禄劝县茂山镇至租村委会主任
马金红　云南省昆明市禄劝县翠华镇综治办网格员

三、李梓华、钱卫华群体

李梓华　云南省昆明市禄劝县公安局秀屏派出所辅警
钱卫华　云南省昆明市禄劝县屏山街道秀屏新苑居民

四、王永发、荀利华群体

王永发　云南省昆明市宜良县北古城镇大薛营社区居民
荀利华　云南省昆明市宜良县北古城镇大薛营社区居民

五、李云福、徐伟群体

李云福　云南省昆明市晋宁区昆阳街道堡孜村委会居民
徐　伟　云南省昆明市晋宁区昆阳街道堡孜村委会居民

（摘自《昆明市人民政府网》）

劳动模范

云南省五一劳动奖章

杨金方　云南交通运输有限责任公司物流中心叉车吊车工
许全昱　云南希陶绿色药业股份有限公司安宁分公司提取车间主任
袁风武　昆明排水设施管理有限责任公司第四管网运营分公司下水道养护工
李向连（女）　昆明龙凤院家政服务有限公司育婴师
张　伟　昆明百货大楼（集团）股份有限公司新西南店运营部领班
冯　凌　云南昆明血液中心主任
马礼娟（女，回族）　寻甸瑞驰养殖专业合作社内检员
马俊杰　中铁电气化局集团有限公司昆明市轨道交通3号线工程供电系统总承包（西标段）项目部项目负责人
李菲菲（女）　嵩明县县直机关幼儿园教师
陈翠芬（女，彝族）　昆明市晋宁区人民医院内一科主任
白云艳（女）　宜良红狮水泥有限公司配料工艺员

（市总工会）

昆明市第二十三届劳动模范

昆明市特等劳动模范（40名）

王凤泽（彝族）　昆明云内动力股份有限公司一车间调试工
杨晓虎（白族）　云南CY集团有限公司制造事业部数控产品线技术员
宁功扩　昆明电缆集团股份有限公司低压车间技术副主任
刘卫光　昆明电机厂有限责任公司水电分厂数控龙门铣床机台长
汪　峰　昆明市公安局刑侦支队一大队大队长
龚云贵　国投云南风电有限公司东川生产部经理
戴建明　昆明地铁运营有限公司AFC班组长
董洪云　昆明通用水务公司管网维护部管道抢修班班长
方云涛　云南安晋高速公路开发有限公司中谊村收费站站长
乐建昆（回族）　昆明市盲哑学校体育教师

孙道朝 昆明市第三中学语文教师
孙家彬 昆明正大有限公司机电车间主任
陈 华 昆明市海口林场护林员
刘 然 昆明滇池水务股份有限公司昆明市第十水质净化厂副厂长
付 强（纳西族） 中共昆明市委办公厅综合一处处长
汤耀名 昆明广播电视台全媒体营销中心主任
毛洪映 昆明锅炉有限责任公司生产车间电焊工
刘 昆（女） 昆明翠湖宾馆有限公司花艺工作室负责人
胥福顺 云南冶金集团股份有限公司技术中心副主任
张志明 盘龙公安分局金沙派出所社区民警
王 健 昆明市殡仪馆礼仪服务科副科长
马正功（回族） 昆明市五华区人民法院执行局局长
杨江红（女） 昆明市盘龙区法律援助中心副主任
马 娟（女） 昆明市官渡区第二中学语文教师
李 顺（白族） 昆明市西山区团结街道办事处龙潭社区居民委员会农民
李 昌 昆明市呈贡区吴家营街道办事处农服中心主任
谢云德 昆明金水铜冶炼有限公司富氧工段工段长
段 华（女） 安宁市中医医院中医治未病科副主任
宋双林 嵩明县嵩阳卫生院综合科医师
关义雄 富民县散旦中学教师
韩吉芬（女） 石林县一中教师
黄铭姜 寻甸回族彝族自治县塘子街道办团结社区襄阳村农民
梁 军 禄劝彝族苗族自治县屏山镇中学校长
曹建美（女） 宜良县观龙氧气有限公司充装车间主任
袁琼芬（女） 晋宁区农业技术推广中心副主任
张琼英（女） 云南瑞升烟草技术（集团）有限公司质检岗负责人
黄元丽（女） 昆明华润圣火药业有限公司技术中心研发工程师
卢润锦 昆明德和罐头食品有限责任公司腌腊车间大班长
王培宇 中国邮政集团公司昆明市分公司信息网络维护工程师
张燕玲（女） 云南天朗节能环保集团有限公司环境科技公司党总支书记

（市总工会）

昆明市劳动模范（160名）

杨 桥（白族） 云南纺织（集团）股份有限公司基建技改处处长
钟建新 昆明克林轻工机械有限责任公司金工分厂小车班班长
支 云 云南云桥建设股份有限公司项目管理办公室主任
毛顺国 昆明新飞林人造板有限公司新泽兴分公司经理
任 荣 云南交通运输有限责任公司总经理助理
唐天明 云南中建西部建设有限公司总工程师
尹 戈 昆明市公安局交警支队三大队四中队中队长
陈 誌（女） 云南成全食品有限公司德胜桥豆花米线店店长
刘 锐 云南绿盛美地园林景观有限公司草种部员工
字国荣（彝族） 云南鸿翔一心堂药业（集团）股份有限公司公共事务部经理
张杜娟（女） 昆明云安会都有限责任公司工会主席
杨 波（女） 云南汇和集团财务主管会计
王琼珍（女） 昆明百货大楼（集团）股份有限公司新纪元店收银领班
胡艳冰 云南大山饮品有限公司工程部吹瓶机维修工
史清林 昆明公交集团有限责任公司技术部技术员
谢雪波 官渡区佳乐照相器材经营部技术带头人
刘忠明 云南春风阁餐饮服务有限公司行政总厨
陈正山 中铁上海工程局集团第六工程有限公司总经理
章 沛 昆明滇池投资有限责任公司建管公司协调部经理
华凤荣 昆明市大观公园菊花组组长
赵英爽 昆明地铁建设管理有限公司土建一部副经理
赵佳佳 昆明地铁运营有限公司维修事业部副经理
苗献军 昆明公交集团有限责任公司党委书记、董事长
童 兼（女） 昆明市建筑设计研究院股份有限公司规划设计一院副院长
贾溪涛（女） 昆明市博物馆副研究馆员
吴 杰 昆明市体育学校田径教练
鲁 林 昆明学院音乐学院教师
梁德强 昆明学院化学科学与技术系教师
黄 燕（女） 昆明市第一人民医院甘美医院产科主任
鲍天昊 云南省精神病医院老年科大病区副主任
周忠祥 昆明精益眼镜有限公司调校师
罗建昆 昆明市粮油购销有限责任公司保管组组长
丁光波（女，拉祜族） 昆明联吉经贸有限公司联盟大酒店总台经理
张丽芳（女，白族） 昆明市农业科学研究院生物工程及新技术研究所所长
梁 坚 昆明市水利水电勘测设计研究院副院长
阳光益 昆明市园林绿化局工会主席
王 瑾 昆明市城市管理综合行政执法局稽查处处长
张玉德 中共昆明市委党校厨师
李晓鹏 昆明市气象局气象台台长
万正和 昆明市食品药品监督管理局科员
高 民 昆明市安全生产监督管理局安全生产协调处处长
张进松 昆明市扶贫办中心副主任

张永福　昆明市人力资源和社会保障局医保局市直管理处处长
马若俊　昆明市人民政府办公厅秘书一处处长
刘　莎（女）　昆明供电局客户服务中心供电服务班业扩用电员
郑石林　昆明农药有限公司可湿剂车间工段长
张泉坤　昆明玻璃制瓶有限责任公司成型车间主任
段新海　泰丽国际酒店质检安保部经理
高永帮　昆明龙腾大酒店领班
沈　涛　昆明市技术合同认定登记站站长
王在杭　云南交投集团云岭建设有限公司技术质量管理部副经理
黄　茂　昆明市水产科学研究所高级农艺师
董小龙　昆明报业传媒集团综合新闻中心副总监
黎国梁　昆明市人民检察院公诉二处主任科员
许　莉（女）　昆明市中级人民法院民一庭庭长
李　芳（女）　昆明市国家安全局科长
张号京　昆明市司法局办公室主任科员
常贵云　昆明市社会福利院驾驶员
李玉敏　云南云水工程技术检测有限公司丽江中心试验室主任
万晋菘　云内动力股份有限公司铸工车间叉车工
耿中生　昆明云顺和商业发展有限公司安保班长
帅小梅（女，白族）　西翥街道办事处大村社区西村二组67号农民
马卫民（回族）　昆明市公安局五华分局刑侦大队九中队中队长
陆国雄　云南铜业股份有限公司西南铜业分公司维检分厂维修工
李伟华（彝族）　昆明高级技工学校高级考评员
张　洁（女）　昆明市五华区疾病预防控制中心主任
翁滇林　昆明市第八中学艺术组教研组长
熊景杰　昆明北理工科技孵化器有限公司总经理
高志珍（女）　昆明市五华区审计局经济责任审计科科长
刘钦昌　云南盘宸环卫产业有限责任公司业务部车班副班长
王　芳（女）　昆明市盘龙区鼓楼街道桃源社区工作站书记
向　燕（女）　昆明市盘龙区新迎第一幼儿园园长
易加洪　昆明市盘龙区阿子营街道农技推广站站长
周晓林　昆明市盘龙区人民医院党总支书记
沈长虹　云南奥斯迪实业有限公司总经理
董超宇　云南超宇餐饮管理有限公司南城董哥厨艺工作室负责人
何琼凤（女）　云南雄风汽车工贸集团有限公司工具室管理员
杨　升　东方环球（昆明）国际会展运营管理有限公司会议餐饮公司厨师长
郭　春（彝族）　昆明市官渡区人民医院院长
蔡家瑶（女）　昆明市官渡区人民法院民事审判第一庭庭长
俞　虹（女）　昆明市公安局官渡分局法医
吴育钊　昆明晨力商贸有限公司副董事长
汪　喜　昆明市官渡区绿化管理中心绿化科科长
段永芬（女）　昆明市官渡区太和街道和平路社区书记
刘继宙（女）　昆明市官渡区国有资产投资经营有限公司董事长
李丽玲（女，彝族）　昆明市西山区人民法院执行局副主任科员
苏　群（女）　昆明市西山区永昌街道办事处盛高大城社区居民委员会书记
句红兵　云南光电辅料有限公司技术员
张　云　昆明市西山区华昌小学教师
能克武（彝族）　昆明市西山区人民医院普外科主任
李玉明　云南凯旋利工贸集团有限公司董事长
洪晓龙（彝族）　昆明市西山区环境管理服务中心职工
陈晋元　昆明市呈贡区乌龙街道七步场社区居民委员会书记
黄　云（女）　昆明市呈贡区人民法院马金铺人民法庭审判员
郭丽红（女）　昆明呈贡新区第一小学校长
刘　海　昆明呈贡供电局配电运维班班长
李　冲　东川区人民医院五官科主任
肖云峰　东川区阿旺镇人民政府扶贫办常务副主任
俞立平　东川区财政局农财科科长
刘志学　东川区法者林场场长
赵红兵　安宁市水利管理所车木河水库管理所所长
龙兴淮　安宁市八街街道朝阳村委会高桥村小组农民
杜　洪　安宁市实验学校校长
杨　勇（纳西族）　安宁市公安局交通警察大队四中队民警
朱绍宏　安宁市草铺街道办事处文化旅游综合服务中心主任
李春云　云南云之叶生物科技有限公司仓储主管
邓小东　燕京啤酒（昆明）有限公司工艺技术班班长
高　诚　嵩明县公安局法制大队民警
王庭洪　云南嵩明农村商业银行网络管理员
张海燕（女）　嵩明县小街镇中心学校支教教研员
纪建国　富民县总工会办公室主任
严开明　富民县人民医院副院长
普建新　富民县公安局交警大队大队长
杨　梅（女）　昆明滇池国家旅游度假区海洁环卫服务有限公司党支部书记
杨金富　石林县鹿阜街道办事处阿乌村委会书记
陈　莹（女）　石林龙晖野生动物科研中心有限公司技术主管
昂　贵（彝族）　石林风景名胜区管理局市场营销处艺术设计员
沈菊兰（女）　石林县公安局交警大队主任科员

陶梅花（女）　寻甸回族彝族自治县总工会主任科员
熊云良　寻甸回族彝族自治县自来水厂厂长
李从美（女）　寻甸回族彝族自治县疾病预防控制中心慢病科主任
李才超（回族）　寻甸回族彝族自治县民族中学考勤处主任
李珍翠（女）　禄劝彝族苗族自治县第一人民医院副院长
李琪彬　禄劝彝族苗族自治县农业技术推广站站长
唐　松（彝族）　禄劝彝族苗族自治县移民工作局工会主席
张泽清（彝族）　禄劝彝族苗族自治县撒营盘镇高安村委会书记
赵　登　宜良县民政局救助管理站站长
张海存　宜良县第二中学德育处主任
郭志坚　宜良县人力资源社会保障局人事科副科长
钱小云　宜良县北古城镇木龙社区农民
李志坚　昆明市晋宁区昆阳街道下方古城村委会书记
何筱良（女）　晋宁区昆阳第一小学教师
刘　超　昆明市公安局晋宁分局刑侦大队重案中队民警
张小聪　昆明晋宁供电局所长
浦天洋　昆明未来城开发有限公司副总经理
陈加阳　云南交建公路建设集团有限公司市场部负责人
蔡忠云　昆明华润燃气有限公司客户服务部主管
田忠华　昆明顶益食品有限公司制面车间设备组组长
罗　乾（彝族）　云南民族村有限责任公司团委书记
胡耀元（女）　昆明怡景园度假酒店有限责任公司党支部书记、总经理
邹卫莉（女）　云南省嵩明县国家税务局收入核算科科长
刘晓松　昆明南疆制药有限公司生产部A线大班长
沈菊丽（女）　昆明阳宗海风景名胜区汤池街道明湖中学教务主任
吴明升　倘甸和轿子山两区社会事业局文体广电科科长
祖玉兰（女）　昆明祖玉兰刺绣艺术有限公司技术带头人
付红敏　昆明市儿童医院综合内科主任
孙鸿雁（女）　云南鸿雁内画艺术研究院院长
施国华　昆明市第十中学音乐教师
袁卫东　昆明滇峰团膳餐饮管理有限公司技术总监
王安全　昆明市公安局特种警察支队云豹突击大队中队长
徐世荣　富民县人大常委会副主任
卢江龙　中建三局集团有限公司云南分公司滇中商务广场项目指挥长
董江坡　云南机场集团昆明长水国际机场航站区管理部值班经理
王友寿　昆明市国有资产管理营运有限责任公司常务副总经理
蔡绍华　昆明轨道交通四号线投资管理有限公司建设及资产管理部主管
许永春　盘龙区总工会常务副主席
张学杰（彝族）　禄劝彝族苗族自治县农村信用合作联社雪山信用社主任
田　颖（女）　昆明市青少年发展基金会负责人
王　忠　昆明公交集团西部修理分公司汽车电工
刘　琼（女）　昆明圣爱中医馆有限公司总经理

（市总工会）

巾帼人物

全国三八红旗集体

昆明市官渡区太和街道和平路社区

（市妇联）

云南省三八红旗手

何金丽　昆明市公安局阳宗海分局法医
赵家青　昆明市第三中学化学教研组组长
蒋秋香　云南纺织（集团）股份公司纺织事业部副经理
李雪菲　昆明市盘龙区金康园小学党支部书记、校长
陈桂仙　昆明市安宁市金方街道新村社区党总支书记

（市妇联）

云南省三八红旗集体

昆明市社会福利院
昆明妇女创业创新示范中心
昆明市官渡区太和街道和平路社区

（市妇联）

教育战线先进人物

首届昆明市名校长

陈燕玲　女　昆明市人民政府机关第三幼儿园园长
邢保华　女　昆明市人民政府机关幼儿园园长
王　珏　女　昆明市第一幼儿园园长
王　蕾　女　昆明市第三幼儿园园长
李春梅　女　昆明市呈贡区第二幼儿园园长
董丽琼　女　安宁市第二幼儿园园长
李俊蓉　女　宜良县第一幼儿园园长
谷玲辉　女　昆明市滇池旅游度假区第一幼儿园园长
兰元青　女　云南省人民政府办公厅圆通幼儿园园长

黄　红　女　中共云南省委机关幼儿园园长
张管琼　女　昆明市教工第一幼儿园园长
杨　帆　女　昆明市教工第二幼儿园园长
魏　晴　女　昆明市五华区春城小学校长
任　慧　女　昆明市五华区武成小学校长
贺迎冰　女　昆明市五华区莲华小学校长
高　辉　女　昆明市盘龙区盘龙小学校长
李雪菲　女　昆明市盘龙区金康园小学校长
王　梅　女　昆明市官渡区南站小学校长
唐柱芬　女　昆明市官渡区关上第二小学校长
严　冰　女　昆明市西山区书林第二小学校长
郭丽红　女　昆明呈贡新区第一小学校长
蒋　红　女　昆明市东川区第一小学校长
余　文　男　安宁市昆钢第一小学校长
李　燕　女　宜良县匡山小学校长
张海燕　女　嵩明县嵩阳一小校长
毕正华　男　石林彝族自治县民族小学校长
任　涛　男　寻甸回族彝族自治县仁德镇第二小学校长
金明华　女　高新一小校长
周　群　女　云南师范大学附属小学校长
刘春伟　女　昆明师范高等专科学校附属小学校长
李莉华　女　昆明市第八中学校长
刘振昆　男　云南省昆明市第十中学校长
熊亚林　男　昆明市官渡区第一中学校长
张昌平　男　云南省昆明市第十二中学校长
高富英　女　昆明市第一中学西山学校校长
王　铸　男　昆明市西山区第一中学校长
王爱民　男　昆明呈贡新区中学
（云南大学附属中学呈贡校区）校长
周　影　男　云南省昆明市东川区第二中学校长
何　明　男　安宁中学校长
高丽华　女　昆明市晋宁区昆阳九年一贯制学校校长
关绍华　男　富民县一中校长
刘文军　男　富民县款庄中学校长
刘建云　男　宜良县九乡民族中学校长
段正学　男　嵩明县嵩阳一中校长
芮国昌　男　石林彝族自治县路美邑中学校长
刘正德　男　禄劝彝族苗族自治县第一中学
杨正荣　男　禄劝彝族苗族自治县秀屏中学校长
王炳林　男　昆明市经济技术开发区第一中学校长
关　磊　男　云南师范大学附属中学校长
高云飞　男　云南大学附属中学校长
马永文　男　云南民族中学校长
李幼芹　女　云南师范大学实验中学校长
赵灿东　男　昆明市第一中学校长
郭昌奉　男　昆明市外国语学校校长
杨志成　男　云南省昆明市首哑学校校长
正树华　男　昆明铁路机械学校校长
田效军　男　云南省邮电学校校长

（市教育局）

昆明市第十三届“杰出园丁”（10人）

郗宏德　女　昆明市五华区韶山小学
周继英　女　云南省昆明市第十中学
吴丽霞　女　昆明市官渡区晓东小学
代云华　女　昆明市第十五幼儿园
段绍林　男　昆明市晋宁区职业高级中学
王　夔　男　安宁市实验学校
刘正德　男　禄劝彝族苗族自治县第一中学
杨树保　男　云南大学附属中学
李兴荣　男　昆明市第一中学
刘春伟　女　昆明师范高等专科学校附属小学

（市教育局）

昆明市第十三届“优秀园丁”（101人）

五华区（7人）

张　梅　女　云南省昆明市第一职业中等专业学校
唐　玲　女　昆明市第二十幼儿园
韩　利　女　昆明市第八中学
吴黎帆　女　昆明市第七幼儿园
陈　文　男　昆明市五华区文林小学
刘　琼　女　昆明市五华区西坝小学
何洪飞　男　昆明市五华区基础教育科学研究中心

盘龙区（8人）

曾　志　男　昆明市盘龙区教师进修学校
车　飒　女　昆明市盘龙区新迎中学
董学农　女　云南财经大学附属中学
李　梅　女　昆明市实验中学
何映红　女　昆明市盘龙区盘龙小学
马玺琼　女　昆明市盘龙区明通小学
杨继萍　女　昆明市盘龙区新迎第一幼儿园
马红云　女　昆明市人民政府机关幼儿园

官渡区（8人）

周　霞　女　昆明市官渡区东站实验学校
张国喜　男　昆明市官渡区教师进修学校

杨骐羽　女　昆明市第一幼儿园
张　诚　男　昆明市官渡区关上实验学校
许　芳　女　云南大学附属中学（星耀校区）
王　茂　女　昆明市官渡区第一中学
李晓玉　女　昆明市官渡区关锁中心学校
张茜岚　女　昆明市官渡区关上第二小学

西山区（7人）
毛建明　男　昆明市西山区实验中学
杨璐仙　女　昆明市第一中学西山学校
王彩萍　女　昆明市西山区第一中学
李　霞　女　昆明市西山区城市希望小学
张国庆　男　昆明市西山区马街大渔中心学校
罗　琼　女　昆明市西山区春苑小学
徐利华　女　昆明市西山百联贝尔大观优郡幼儿园

呈贡区（2人）
马宗亚　女　昆明市呈贡区第三幼儿园
赵睿贤　女　昆明呈贡新区第二小学

东川区（6人）
李正兵　女　昆明市东川区第二小学
龚书平　男　昆明市东川区铜都中心学校
李万林　女　云南省昆明市东川区第一中学
张学富　男　昆明市东川区拖布卡中学
肖　菊　女　昆明市东川区第一小学
刘武洪　男　昆明市东川区红土地镇中心学校

晋宁区（4人）
郭　丽　女　昆明市晋宁区晋城第一小学
腾琪芳　女　昆明市晋宁区第一中学
李佳静　女　昆明市晋宁区晋城幼儿园
李　刚　男　昆明市晋宁区第三中学

安宁市（5人）
王世得　男　安宁中学
罗宏生　男　安宁市昆钢第一小学
沈　娟　女　安宁市第三幼儿园
樊云春　男　安宁市第一中学
张发昆　男　安宁市和平学校

富民县（3人）
张雪良　男　富民县散旦中学
张贵云　男　富民县罗免民族中学
邵元琼　女　富民县永定中心小学

嵩明县（6人）
王　芳　女　嵩明县嵩阳一中
孙玉方　男　嵩明县嵩阳街道中心学校
赵丽波　女　嵩明县小街镇中心学校
李俊权　男　嵩明县第四中学
李　娟　女　嵩明县牛栏江镇中心学校
周丽芳　女　嵩明县杨林镇中心学校

宜良县（6人）
邵艳华　男　宜良县清远小学
杨济源　男　宜良县第三中学
陈树仙　女　宜良县第一幼儿园
李东琼　女　宜良县匡远街道办事处中心学校
方　东　女　宜良县第八中学
彭柱仙　女　宜良县马街镇中心学校

石林县（6人）
田兴永　男　石林彝族自治县第一中学
张　丽　女　石林彝族自治县民族中学
艾增陆　男　石林彝族自治县鹿阜中学
李晓云　女　石林彝族自治县巴江中学
许丽梅　女　石林彝族自治县板桥中心学校
缪　凯　男　石林彝族自治县圭山镇中心学校

禄劝县（8人）
杨金荣　男　禄劝彝族苗族自治县第一中学
武建超　男　禄劝彝族苗族自治县秀屏中学
王开莉　女　禄劝彝族苗族自治县屏山中学
孙存邦　男　禄劝彝族苗族自治县屏山镇中心学校
王剑萍　女　禄劝彝族苗族自治县民族小学
李绍斌　男　禄劝彝族苗族自治县民族实验中学
李光银　男　禄劝彝族苗族自治县翠华中学
谷志斌　男　禄劝彝族苗族自治县教师进修学校

寻甸县（11人）
马金朴　男　寻甸回族彝族自治县民族中学
马志稳　男　寻甸回族彝族自治县第一中学
尹建蕊　女　寻甸回族彝族自治县幼儿园
徐国卫　男　寻甸回族彝族自治县仁德镇第一初级中学
吴永岗　男　寻甸回族彝族自治县仁德镇第二初级中学
张彦文　男　寻甸回族彝族自治县七星镇九年一贯制学校
杨丽芳　女　寻甸回族彝族自治县先锋镇中心学校
李贵富　男　寻甸回族彝族自治县甸沙乡中心学校
杨直祥　男　寻甸回族彝族自治县凤合镇初级中学
李国英　女　寻甸回族彝族自治县联合乡中心学校
孟兴品　男　寻甸回族彝族自治县金源乡初级中学

度假区（1人）
梁君璞 男 昆明市滇池度假区实验学校

经开区（1人）
陆 鑫 男 昆明经济技术开发区实验小学

高新区（1人）
谭武昌 男 昆明高新区达城中学

阳宗海风景区（1人）
吴 雯 女 呈贡区七甸乡中心学校

省市属学校（10人）
王朝训 男 云南师范大学附属中学呈贡校区
宋佳玲 女 云南师范大学实验中学
杨宏杰 女 云南师范大学附属小学
陈 灵 女 昆明市交通技工学校
陈玉英 女 昆明市第三中学
袁新菊 女 昆明市金殿中学
刘永昌 男 昆明幼儿高等师范专科学校
郑云雁 女 昆明市中华小学
舒银敏 女 昆明滇池中学
罗立琼 女 昆明市教工第一幼儿园

（市教育局）

专业技术人才

第二届“昆明工匠”

王建平 科海电子股份有限公司
欧云川 云南西仪工业股份有限公司
王 磊 云南机电职业技术学院东川校区
侯金富 云南冶金昆明重工有限公司
刘洪平 昆明云内动力股份有限公司
陈维贵 云南昆钢重型装备制造集团有限公司
李蓉丽（女） 云南绿野经贸有限公司
罗锦明 安宁市文化馆
李洪刚 昆明博邦文化传播有限公司
谢雪波 官渡区佳乐照相器材经营部

（市总工会）

第十六批昆明市学术技术带头人及后备人选名单

姓名	层次	单位	专业
马 勇	带头人	昆明市森林资源管理总站	生态环境保护
陈成军	带头人	昆明积大制药股份有限公司	生物技术与医药
李剑峰	带头人	昆药集团股份有限公司	生物技术与医药
杨 野	带头人	昆明理工大学	生物技术与医药
武正才	带头人	云南植物药业有限公司	中药新品种研发
钱 雯	带头人	云南沃森生物技术股份有限公司	生物制药
吴永春	带头人	云南美奇奥科技有限公司	电子信息
喻 强	带头人	云南省计算机软件技术开发研究中心	电子信息
杨津听	带头人	昆明电器科学研究所	光机电一体化
张占军	带头人	云南能投威士科技股份有限公司	机械制造自动化
段 瑜	带头人	云南北方奥雷德光电科技股份有限公司	电子信息
潘 楠	带头人	昆明理工大学	机械电子工程

续表

姓名	层次	单位	专业
张　勇	带头人	云南西仪工业股份有限公司	轻工机械
陈　帅	带头人	云南滇检食品质量检验研究所有限公司	食品加工
句红兵	带头人	云南光电辅料有限公司	新材料及化工新技术
李俊鹏	带头人	贵研铂业股份有限公司	贵金属
裴利华	带头人	中铁四院集团西南勘察设计有限公司	建筑设计
顾招兵	带头人	云南农业大学	畜牧兽医
王玉英	带头人	云南农业大学	种植业
岳　健	带头人	云南山里红生物科技有限公司	植物良种选育推广
李　晖	带头人	云南省第二人民医院	重大传染病防治
张红平	带头人	昆明医科大学第三附属医院（云南省肿瘤医院）	临床妇产
杨云娟	带头人	云南省疾病预防控制中心	流行病与卫生统计
李晓非	带头人	昆明市第三人民医院	临床检验诊断学
丁　伟	带头人	云南经济管理学院	临床检验诊断学
周友俊	带头人	昆明市延安医院	核医学
赵　雷	带头人	昆明市测绘管理中心	测绘工程
苏品璨	带头人	云南昆明血液中心	临床检验诊断学
闫　宁	带头人	昆明学院	社科
周家荣	带头人	云南省教育科学研究院	教学研究与管理
刘淑霞	后备人选	云南农业大学	资源保护利用
田　浩	后备人选	云南省农业科学院药用植物研究所	生物资源开发
李　琳	后备人选	昆明市延安医院	药学研究
王　树	后备人选	中国科学院昆明动物研究所	分子生物学
杨金龙	后备人选	云南华大基因科技有限公司	基因工程
周　艳	后备人选	中国医学科学院医学生物学研究所	分子生物学
范方宇	后备人选	西南林业大学	食品加工
张雁斌	后备人选	云南由你啃食品有限公司	食品加工
黄　超	后备人选	云南民族大学	化学

续表

姓名	层次	单位	专业
陈　楠	后备人选	昆明物理研究所	电子信息
杨春丽	后备人选	昆明物理研究所	电子信息
段良飞	后备人选	云南北方奥雷德光电科技股份有限公司	电子信息
王汝欣	后备人选	云南联合视觉科技有限公司	计算机
管　莹	后备人选	云南中烟工业有限责任公司技术中心	装备制造
杨　玺	后备人选	云南省能源研究院有限公司	电力
朱瑞芝	后备人选	云南中烟工业有限责任公司技术中心	食品加工
李湘广	后备人选	昆明学院	新材料及化工新技术
岳有成	后备人选	昆明冶金研究院	新材料及化工新技术
刘彦章	后备人选	昆明中天达玻璃钢开发有限公司	新材料及化工新技术
周　燕	后备人选	云南冶金集团创能金属燃料电池股份有限公司	材料与冶金化工
王传军	后备人选	贵研铂业股份有限公司	贵金属
王艳伟	后备人选	云南农业大学	城市管理与建设工程管理
王　勇	后备人选	昆明军龙岩土工程有限公司	岩土工程
信吉阁	后备人选	云南农业大学	动物胚胎工程
田云霞	后备人选	昆明市农业科学研究院	种植业
赵　凯	后备人选	云南农业大学	种植业
张　琪	后备人选	云南省微生物发酵工程研究中心有限公司	种植业
赖庆辉	后备人选	昆明理工大学	农机管理
习杨彦彬	后备人选	昆明医科大学	分子生物学
李经辉	后备人选	昆明医科大学第一附属医院	临床外科
章印红	后备人选	云南省第一人民医院	临床儿科、新生儿
陈凌强	后备人选	昆明医科大学第一附属医院	骨科
孙岩波	后备人选	昆明医科大学第二附属医院	临床外科
樊文星	后备人选	昆明医科大学第一附属医院	肾内科
杨文慧	后备人选	昆明市延安医院	临床心血管研究
田倪妮	后备人选	昆明市第一人民医院	临床心血管研究

续表

姓名	层次	单位	专业
闵杰青	后备人选	昆明市儿童医院	影像超声医学
郭春艳	后备人选	昆明市中医医院	临床中医研究
李彩霞	后备人选	昆明市延安医院	皮肤病学
宋　杰	后备人选	中国医学科学院医学生物学研究所	免疫学
杨　健	后备人选	云南省中小企业服务中心	社科与管理类
杨永明	后备人选	云南图腾信息技术股份有限公司	社科与管理类
母　贵	后备人选	昆明学院	教育

（市科技局）

附 录

2018年昆明市国民经济和社会发展统计公报

昆明市统计局
2019年4月

2018年，面对错综复杂的宏观形势，昆明市坚持以习近平新时代中国特色社会主义思想为指导，深入学习贯彻党的十九大和十九届二中、三中全会精神，坚持稳中求进工作总基调，深入贯彻新发展理念，落实高质量发展要求，以供给侧结构性改革为主线，全力打好三大攻坚战，统筹推进稳增长、促改革、调结构、惠民生、防风险各项工作，经济运行总体平稳，质量效益稳步提升，民生福祉日益改善，社会事业全面进步，生态环境保护成效显著，高质量推进区域性国际中心城市建设迈出坚实步伐。

一、综合

经济运行总体平稳。初步核算，全年地区生产总值（2）5206.90亿元，按可比价格计算，比上年增长8.4%。其中，第一产业增加值222.16亿元，增长6.3%；第二产业增加值2038.02亿元，增长10.0%；第三产业增加值2946.72亿元，增长7.3%。三次产业结构由上年4.3∶38.4∶57.3调整为4.3∶39.1∶56.6，三次产业对GDP增长的贡献率分别为3.3%、47.4%和49.3%，分别拉动GDP增长0.3、4.0和4.1个百分点。全市人均生产总值76387元，增长7.4%，按年均汇率折算为11543美元。

非公经济持续活跃。全年非公有制经济实现增加值2390.60亿元，比上年增长6.1%，占GDP比重为45.9%。全年民间投资增长20.4%，增速高于全市投资增速14.9个百分点，占全部投资的比重为51.5%，比上年提高9.4个百分点。全市新设立市场主体14.66万户，其中私营企业4.86万户，个体工商户9.38万户。市场主体总量达72.09万户，增长7.7%。

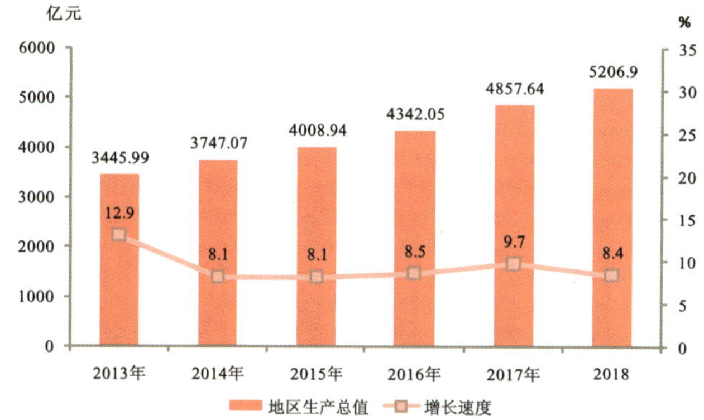

图1 2013—2018年昆明市地区生产总值及其增长速度

物价总体温和可控。全年居民消费价格比上年上涨1.7%。其中，食品烟酒类上涨0.8%，衣着类上涨2.6%，居住类下降0.2%，生活用品及服务类上涨1.1%，交通和通信类上涨3.5%，教育文化和娱乐类上涨4.2%，医疗保健类上涨3.7%，其他用品和服务类上涨0.8%。全年商品零售价格比上年上涨1.1%；工业生产者出厂价格上涨3.8%；工业生产者购进价格上涨2.6%。

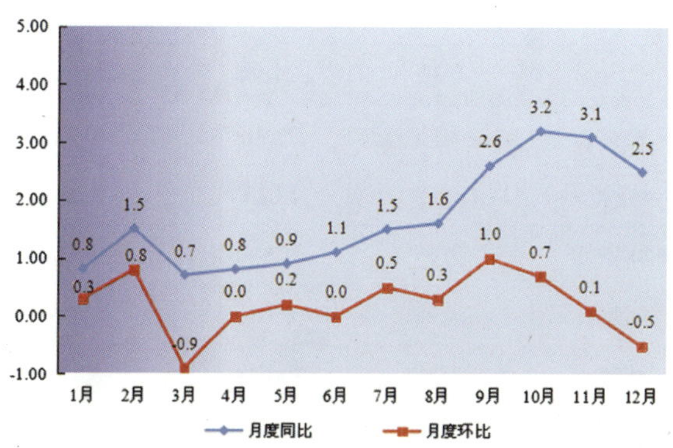

图2 2018年昆明市居民消费价格月度涨跌幅度（%）

财政收支质量较高，重点支出保障有力。全年一般公共预算收入595.63亿元，比上年增长6.2%。其中，税收收入477.07亿元，增长16.1%，占一般公共预算收入的比重80.1%，比上年同期提高6.8个百分点。一般公共预算支出756.80亿元，下降2.5%。其中，民生支出557.83亿元，占全市一般公共预算收入的比重73.7%。

就业形势总体良好。全年城镇新增就业16.47万人，城镇下岗失业人员再就业4.14万人，年末城镇登记失业率为3.09%。农村劳动力转移就业17.9万人次。

二、农业

农业生产稳步增长。全年农林牧渔业及农林牧渔服务业总产值（3）374.84亿元，按可比价计算，比上年增长6.2%。其中，农业产值209.44亿元，增长7.6%；林业产值17.02亿元，增长8.4%；牧业产值125.99亿元，增长4.4%；渔业产值9.11亿元，下降0.5%；农林牧渔服务业产值13.28亿元，增长6.4%。

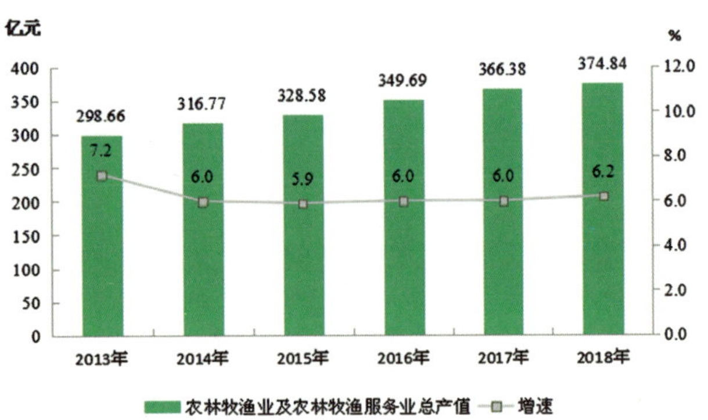

图3　2013—2018年昆明市农林牧渔业及农林牧渔服务总产值及其增速

全年粮食种植面积22.48万公顷，产量99.71万吨；蔬菜种植面积10.92万公顷，产量300.78万吨；鲜切花种植面积0.83万公顷，产量57.55亿枝。

表1　2018年主要农产品产量及其增长速度

	单位	2018年	比上年（±%）
粮食	万吨	99.71	-0.4
#稻谷	万吨	13.23	-22.2
油料作物	万吨	1.50	19.1
烤烟	万吨	6.94	-0.2
蔬菜	万吨	300.78	4.4
鲜切花	亿枝	57.55	4.0
水果	万吨	26.10	20.9

全年猪出栏208.45万头，增长5.6%；牛出栏21.15万头，增长6.7%；羊出栏96.68万只，增长4.2%。牛年末存栏43.90万头，增长3.7%；猪年末存栏160.19万头，增长5.8%；羊年末存栏123.69万头，增长2.0%。

全年肉类总产量29.64万吨，增长5.7%；禽蛋产量4.36万吨，增长7.0%；牛奶产量10.95万吨，下降5.9%。

全年农村用电量11.94亿千瓦时，增长4.5%。年末农业机械总动力24.22亿瓦特。大中型拖拉机6098台。农村自来水普及率92.8%，农村卫生厕所普及率87.5%。

三、工业和建筑业

工业经济高速增长。全年全部工业增加值1266.94亿元，比上年增长13.6%。规模以上工业增加值增长14.0%。分经济类型看，国有及国有控股企业增长20.3%，股份制企业增长4.2%，外商及港澳台商投资企业下降4.3%，集体企业下降30.9%，股份合作企业增长11.8%。分门类看，采矿业下降10.5%；制造业增长16.6%；电力、热力、燃气及水生产和供应业增长6.9%。

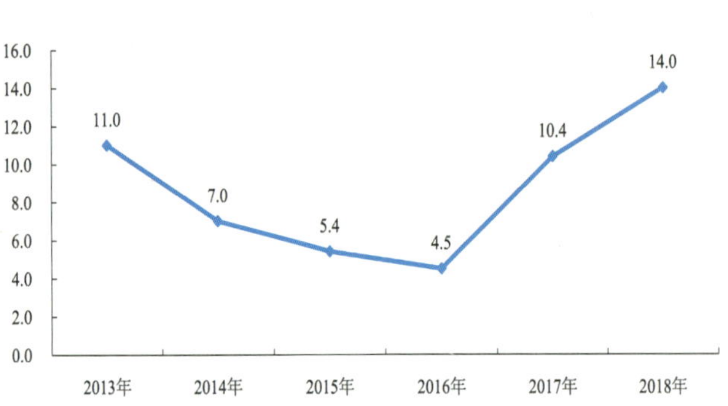

图4　2013—2018年昆明市规模以上工业增加值增速（%）

重点行业中，烟草制品业增长2.1%，石油、煤炭及其他燃料加工业增长1.68倍，化学原料及化学制品制造业增长6.3%，冶金工业增长21.7%，装备制造业下降4.3%，医药制造业增长1.5%，电力、热力生产和供应业增长5.2%。六大高耗能行业增加值增长36.4%。

全年高技术制造业(4)增加值比上年增长2.4%，占规模以上工业增加值比重比上年下降0.8个百分点。其中，铁路、船舶、航空航天和其他运输设备制造业下降4.0%，仪器仪表制造业下降22.7%，计算机、通信和其他电子设备制造业增长45.9%。手机产量增长40.4%，汽车用发动机产量下降2.0%，金属切削机床产量下降10.3%。

表2 主要工业产品产量

	单位	2018年	比上年（±%）
粗钢	万吨	451.07	11.1
钢材	万吨	523.45	16.1
生铁	万吨	403.98	3.7
金属切削机床	台	12726	-10.3
汽车	辆	2488	-2.0
水泥	万吨	1869.83	-1.0
商品混凝土	万立方米	1538.48	7.4
磷矿石	万吨	2319.01	3.8
化肥	万吨	132.49	-4.6
卷烟	亿支	792.75	-2.5
复烤烟叶	万吨	44.03	16.8
十种有色金属	万吨	94.25	3.1
饮料	万吨	255.91	0.5
饮料酒	千升	411173.27	0.7
饲料	万吨	219.55	-3.4
自来水生产量	万立方米	39440.28	10.2
原盐	万吨	160.13	7.8
乳制品	万吨	20.31	-6.3
中成药	万吨	2.78	-4.0
光学仪器	万台	730.93	18.2
电力电缆	千米	229407.69	-8.3
发电量	亿千瓦时	210.60	-2.8
煤气	亿立方米	76.89	3.7

企业效益明显改善。全年规模以上工业企业实现主营业务收入4552.25亿元，比上年增长22.6%；实现利润总额222.67亿元，增长29.1%。全年规模以上工业企业产品销售率98.3%，每百元主营业务收入中的成本为80.16元，年末规模以上工业企业资产负债率为56.8%。

全年建筑业总产值3194.47亿元，比上年增长8.4%。其中，建筑工程产值2907.24亿元，增长11.8%；安装工程产值225.65亿元，增长11.0%。全市总承包和专业承包建筑业企业房屋建筑施工面积10511.55万平方米，增长3.7%。其中，本年新开工面积5171.86万平方米，增长25.2%；房屋建筑竣工面积3157.42万平方米，下降4.7%。全年资质等级以上建筑企业1356个，比上年增加49个。全年建筑业增加值771.82亿元，按可比价计算，比上年增长3.5%。

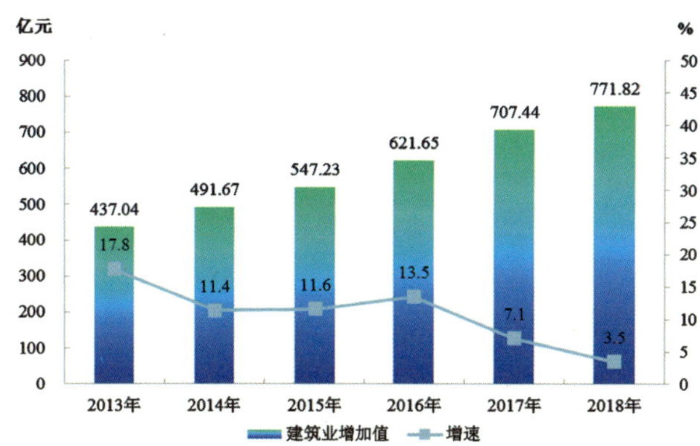

图5 2013—2018年昆明市建筑业增加值及其增速

四、固定资产投资

全年固定资产投资（不含农户）比上年增长5.5%。分产业投资看，第一产业投资增长91.0%；第二产业投资增长3.9%；第三产业投资增长5.2%。从支柱板块看，工业投资增长3.9%，基础设施投资下降0.4%，房地产投资增长9.3%。重点行业多数保持增长，农业投资增长124.6%，水利投资增长33.3%，交通投资下降2.8%，文化投资增长70.0%，商贸投资增长24.8%，教育投资下降15.6%。

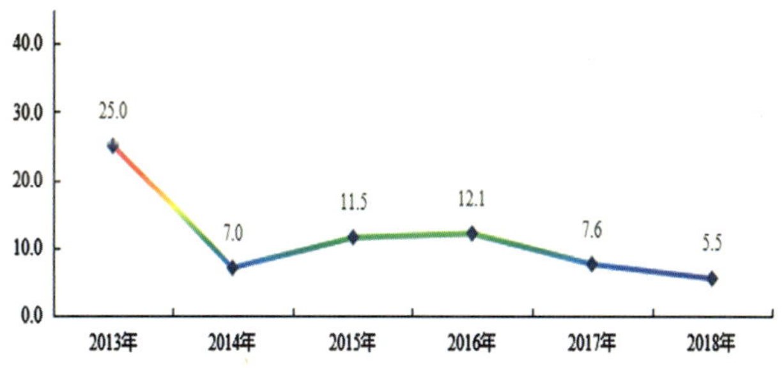

图6 2013—2018年昆明市固定资产投资（不含农户）增长速度（单位：%）

全年房地产开发投资中，住宅投资增长9.7%，办公楼投资下降26.9%；商业营业用房投资增长29.1%。

全年商品房施工面积10293.44万平方米，比上年增长2.0%；商品房竣工面积324.26万平方米，下降52.3%；商品房销售面积1909.72万平方米，增长4.5%。

五、国内贸易和对外经济

消费品市场稳中趋缓。全年社会消费品零售总额

2787.41亿元，比上年增长10.0%。按经营地统计，城镇消费品零售额2625.74亿元，增长9.8%；乡村消费品零售额161.66亿元，增长13.2%。按消费类型统计，商品零售2307.04亿元，增长9.4%；餐饮收入480.37亿元，增长12.9%。

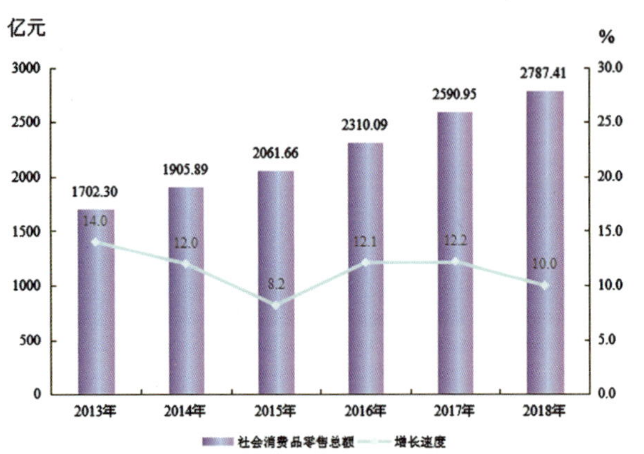

图7　2013—2018年昆明市社会消费品零售总额及增长速度

在限额以上企业商品零售额中，粮油、食品类零售额比上年增长10.0%，饮料类增长8.1%，烟酒类增长16.9%，服装、鞋帽、针纺织品类增长6.1%，化妆品类增长5.7%，日用品类增长9.7%，家用电器和音像器材类下降5.2%，中西药品类增长14.1%，家具类增长0.4%，通讯器材类增长13.7%，建筑及装潢材料类下降2.2%，石油及制品类增长6.2%，汽车类下降0.8%。

全年海关进出口总额131.20亿美元，比上年增长67.6%。其中，出口37.63亿美元，增长27.9%；进口93.57亿美元，增长91.5%。

全年新批外商投资企业111户，比上年下降3.5%；实际利用外资8.5亿美元，增长6.1%。

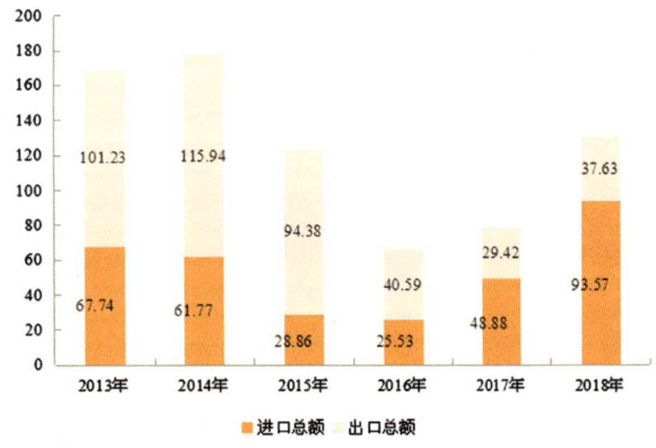

图8　2013—2018年昆明市海关进出口总额（单位：亿美元）

六、交通运输、邮政电信和旅游业

全年公路货物运输量30660万吨，比上年增长16.3%；公路旅客运输量4446万人次，下降18.6%；公路货物周转量205.55亿吨公里，增长13.6%；公路旅客周转量46.75亿人公里，下降19.0%。水运旅客运输量156.78万人次，增长6.1%，水运货物运输量24.12万吨，下降26.8%；水运旅客周转量899.14万人公里，增长6.9%，水运货物周转量48.24万吨公里，下降26.8%。

全年铁路货物运输量1948.80万吨，比上年增长3.9%；铁路旅客运输量2712.95万人次，增长15.5%；铁路货物周转量174.55亿吨公里，增长3.7%；铁路旅客周转量60.08亿人公里，增长16.1%。

昆明机场全年运输起降35.9万架次，比上年增长3.0%；旅客吞吐量4708.8万人，增长5.3%，货邮吞吐量42.8万吨，增长2.3%。全年共开通航线348条。其中，国际航线74条。

年末全市机动车保有量264.89万辆，比上年增长6.0%。其中，本年新注册机动车28.13万辆，下降0.2%。汽车保有量230.75万辆，增长8.1%。其中，本年新注册汽车26.41万辆，增长0.1%。年末个人汽车保有量208.64万辆，增长7.6%。

主城五区公交运营线路485条，新增公交线路16条，新增公交车辆535辆；日均客运量211.6万人次，公共交通机动化出行分担率57.6%。年末全市实有出租车9193辆。其中，主城区实有出租汽车8037辆。每万人拥有公共交通车辆31.46辆，行政村客运班车通达率99.2%。

截至年末，昆明地铁运营线路共计4条，包括1、2号线首期工程，1号线支线，3号线（一期、二期）和6号线（一期）。年末昆明地铁通车总里程88.7公里，运营车站59座（含换乘站2座）。全年累计载客5.5亿乘次，旅客周转量196504.49万人公里，日均客流量54.5万乘次。

全年邮政业累计完成业务收入38.1亿元，比上年增长25.5%。其中，快递业务收入27.84亿元，增长28.8%。邮政函件业务464.59万件，包裹业务11.4万件，快递业务量22367.38万件。

全年电信业务收入102.66亿元，比上年下降0.3%。年末拥有固定电话用户110.58万户，比上年减少9.74万户。拥有移动电话用户1148.31万户，比上年增加97.54万户。固定互联网宽带接入用户(5)261.9万户，比上年增加50万户。移动互联网用户971.52万户。其中，4G网络用户888.17万户，3G网络用户61.27万户。

旅游业增长良好。全年接待国内外游客16053.43万人次，比上年增长20.3%。其中，国内游客15911.23万人次，增长20.5%，海外游客142.20万人次，增长6.1%。

全年旅游总收入2180.08亿元，比上年增长35.5%。其中，国内旅游收入2134.79亿元，增长35.7%；旅游外汇收人6.84亿美元，增长28.5%。

七、金融

金融市场保持平稳。年末金融机构（不含外资）人民币存款余额13583.62亿元，比年初增长0.9%。其中，住户存款余额4882.29亿元，比年初增长10.1%；非金融企业存款余额4807.54亿元，比年初下降12.2%。

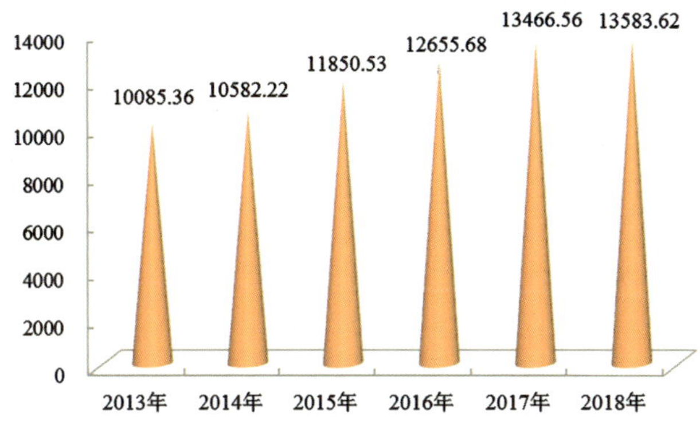

图9 2013—2018年昆明市金融机构人民币存款余额（亿元）

年末金融机构（不含外资）人民币贷款余额16224.73亿元，比年初增长9.7%。其中，住户贷款3261.79亿元，比年初增长23.5%；非金融企业及机关团体贷款12907.17亿元，比年初增长6.8%。

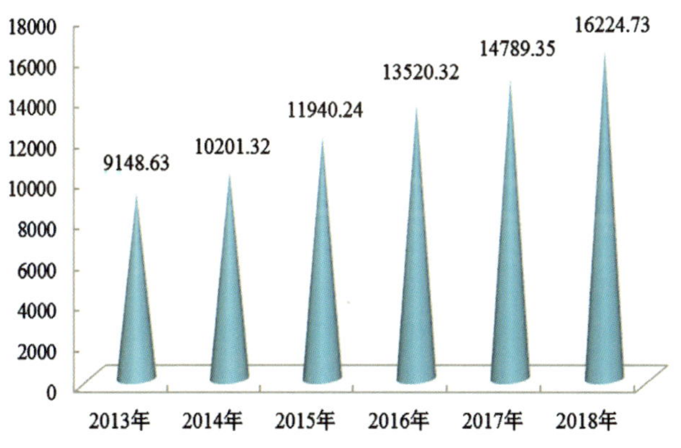

图10 2013—2018年昆明市金融机构人民币贷款余额（亿元）

全年保险公司原保险保费收入265.05亿元，比上年增长6.5%。其中，财产险原保险保费收入109.70亿元，增长8.3%；人身险原保险保费收入155.35亿元，增长5.3%。

全年赔款与给付支出92.65亿元，比上年增长13.0%。其中，财产险赔款支出53.67亿元，增长19.3%；人身险赔款支出38.99亿元，增长5.4%。

八、教育、科学技术和文化体育

年末全市共有普通高等院校51所，在校生54.73万人，专任教师2.95万人；中等职业教育学校81所，在校生18.72万人，专任教师4830人；普通中学319所，在校生33.71万人，专任教师2.65万人；普通小学755所，在校生49.80万人，专任教师2.93万人；幼儿园1329所，在园幼儿23.14万人，专任教师1.50万人；特殊教育学校6所，在校学生767人，专任教师188人。

高中阶段毛入学率88.79%，普通初中毛入学率111.53%，小学学龄儿童净入学率99.83%，学前教育毛入园率97.86%，残疾儿童入学率98.31%。

全年实施科技计划项目184项。全年受理专利申请23921件，获专利授权12401件。全年登记技术合同3209项，技术合同成交额74.07亿元，比上年增长5.6%。全年共登记科技成果223项，其中基础理论类15项，应用技术类195项，软科学类13项。

全市注册博物馆36个，公共图书馆16个，文化馆16个，文化站138个。专业文化艺术表演团体2个，登记在册的业余文化艺术表演团体2182个。

年末全市有线电视实际用户149.39万户。全市电视综合覆盖率99.89%，广播综合覆盖率99.94%。

全年昆明运动员在国家级比赛中获金牌23枚，银牌22枚，铜牌24枚。

九、人口、人民生活和社会保障

年末全市常住人口685.0万人。其中，城镇常住人口499.02万人，占常住人口比重为72.85%。

年末全市户籍总人口571.66万人。其中，城镇人口352.74万人，占户籍人口比重为61.7%。

全年城镇常住居民人均可支配收入42988元，比上年增长8.0%；农村常住居民人均可支配收入14895元，增长8.7%。

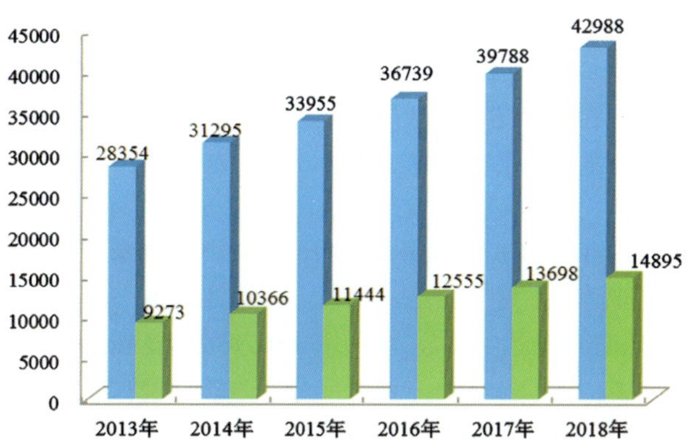

图11 2013—2018年昆明市城镇和农村常住居民人均可支配收入（元）

年末全市参加城镇职工基本养老保险人数165.42万人，比上年末增加8.19万人。参加城乡居民基本养老保险人数211.36万人。参加城镇职工基本医疗保险人数160.98万人，增加7.94万人。参加城乡居民基本医疗保险人数392.58万人，增加5.08万人。参加失业保险人数105.8万人，增加6.5万人。参加工伤保险的职工人数110.75万人，增加2.08万人。

年末享受城市居民最低生活保障人数7.14万人，农村居民最低生活保障人数9.25万人，农村五保供养4628人。全年资助城乡困难群众32.73万人参加医疗保险。

十、卫生和社会服务

全市共有卫生机构4892个。其中，医院322个，乡镇卫生院97个，社区卫生服务中心（站）391个，诊所（卫生所、医务室）2543个，村卫生室1273个。卫生技术人员7.92万人。其中，执业医师和执业助理医师2.86万人，注册护士3.73万人。医疗卫生机构实有病床6.36万张。

年末共有社区服务中心138个，社区服务站746个。基层民主参选率为93.9%。

全市拥有农村养老院33个，床位3927张。公办城市养老机构5所，床位1897张；社会办老年养老机构73个，床位1.56万张；居家养老床位0.54万张。

十一、资源环境和安全生产

全年昆明地区年平均降雨量1084.8毫米，较历史平均值偏多106.1毫米；年平均气温15.7℃，较历史平均值偏高0.2℃；年平均日照时数2286.9小时，较历史平均值偏多168.6小时。

全市森林覆盖率49.57%。全年完成营造林3.74万公顷，其中，人工造林1.39万公顷，森林抚育及改造提升1.58万公顷；义务植树1219.1万株。

全年主城区空气质量优良天数达到361天，空气质量优良率达到98.9%。主城区区域环境昼间噪声平均值54.4分贝。国家考核地表水达标率73.9%。

各污染物年平均浓度中，二氧化硫13微克/立方米、二氧化氮33微克/立方米、可吸入颗粒物（PM10）51微克/立方米、细颗粒物（PM2.5）28微克/立方米。

全年主城五区取水总量41376.83万立方米。其中，工业取水量5947.11万立方米。万元地区生产总值取水量10.69立方米/万元，万元工业增加值取水量7.13立方米/万元。

初步核算，全市能源消费总量2475.18万吨标准煤，比上年增长0.7%。万元地区生产总值能耗下降7.09%。其中，规模以上工业能源消费量1478.19万吨标准煤，下降1.2%；规模以上工业单位增加值能耗下降13.4%。

各类生产安全事故死亡人数430人，交通事故死亡人数323人，火灾事故死亡人数29人。全市亿元GDP生产安全事故死亡率0.08，道路交通万车死亡人数2.45人。

注释：

（1）本公报数据为初步统计数，正式统计数据以《昆明统计年鉴》和各部门正式公布数据为准。部分数据因四舍五入的原因，存在总计与分项合计不等的情况。

（2）2013—2018年地区生产总值为研发支出核算方法改革后数据。地区生产总值（GDP）、人均地区生产总值、分产业增加值、农林牧渔业总产值绝对数按现价计算，增长速度按不变价格计算。

（3）农业部分数据同比基数为依据第三次全国农业普查结果核定和修订的数据，与2017年公报对应数据不可比。

（4）高技术制造业包括医药制造业，航空、航天器及设备制造业，电子及通信设备制造业，计算机及办公设备制造业，医疗仪器设备及仪器仪表制造业，信息化学品制造业。

（5）固定互联网宽带接入用户是指报告期末在电信企业登记注册，通过xDSL、FTTx+LAN、FTTH/0以及其他宽带接入方式和普通专线接入公众互联网的用户。

资料来源：

本公报中，价格指数、居民收入数据来自国家统计局昆明调查队；市场主体登记数据来自市工商局；财政数据来自市财政局；林业数据来自市林业和草原局；农机数据来自市农业农村局；进出口数据来自昆明海关；公路运输数据来自市交通运输局；铁路运输数据来自昆明铁路局；民航运输数据来自云南机场集团；地铁运输数据来自昆明轨道交通集团有限公司；机动车数据来自市车管所；邮政数据来自市邮政管理局；电信数据来自省通信管理局；文化、旅游数据来自市文化和旅游局；金融数据来自人民银行昆明中心支行；保险数据来自云南保监局；教育、体育数据来自市教育体育局；科技数据来自市科技局；有线电视用户数据来自云南广电网络集团有限公司；卫生数据来自市卫生健康委员会；社会保障和就业数据来自市人力资源和社会保障局；社会福利数据来自市民政局；环保数据来自市环保局；取水量用水量数据来自市节水办；安全生产数据来自市安全监管局；外资数据来自市商务局；气象数据来自市气象局；户籍人口数据来自市公安局；其余数据均来自市统计局。

统计资料摘编

2018年昆明市国民经济主要指标与全国、全省对比情况

指　标	单位	昆明	全国	全省	昆明占全省的比重（%）
年末常住人口	万人	685.0	139538	4829.5	14.2
城镇化率	%	72.85	59.58	47.69	
地区生产总值	亿元	5206.9	900309	17881.12	29.1
#第一产业	亿元	222.16	64734	2498.86	8.9
第二产业	亿元	2038.02	366001	6957.44	29.3
第三产业	亿元	2946.71	469575	8424.82	35.0
人均生产总值	元	76387	64644	37136	
全部工业增加值	亿元	1266.94	305160	4483.96	28.3
固定资产投资增速	%	5.5	5.9	11.6	
社会消费品零售总额	亿元	2787.41	380987	6825.97	40.8
进出口总额	亿美元	131.2	46230	298.95	43.9
#出口总额	亿美元	37.63	24874.00	128.12	29.4
一般公共预算收入	亿元	595.63	183352	1994.35	29.9
一般公共预算支出	亿元	756.80	220906	6075.03	12.5
城镇常住居民人均可支配收入	元	42988	39251	33488	
农村常住居民人均可支配收入	元	14895	14617	10768	

昆明市经济社会主要指标数据

指　标	单位	2015年	2016年	2017年	2018年
年末常住人口	万人	667.70	672.80	678.30	685.00
地区生产总值	亿元	4008.94	4342.05	4855.15	5206.90
#第一产业	亿元	188.10	200.51	207.72	222.16
第二产业	亿元	1605.41	1679.70	1865.97	2038.02
第三产业	亿元	2215.43	2461.85	2781.46	2946.71
规模以上工业增加值增速	%	5.4	4.5	10.4	14.0
固定资产投资（不含农户）增速	%	11.5	12.1	7.6	5.5
社会消费品零售总额	亿元	2061.66	2310.09	2590.95	2787.41
一般公共预算收入	亿元	502.22	518.39	560.86	595.63
一般公共预算支出	亿元	615.49	688.40	775.90	756.80
城镇常住居民人均可支配收入	元	33955	36739	39788	42988
农村常住居民人均可支配收入	元	11444	12555	13698	14895

2016–2018年昆明市人口主要指标一览表

指标	2016年	2017年	2018年	2018年为上年（%）
户籍人口情况				
总户数（户）	2019795	2027147	2056103	101.43
总人口（人）	5597904	5629975	5716697	101.54
按性别分：				
男（人）	2819039	2828306	2867041	101.37
女（人）	2778865	2801669	2849656	101.71
性别比（以女性为100）	101.45	100.95	100.61	99.66
按民族分：				
汉族（人）	4711000	4725798	4789969	101.36
少数民族（人）	886904	904177	926728	102.49
迁入人口（人）	85440	114386	149325	130.54
迁出人口（人）	78141	94654	105428	111.38
出生人口（人）	59619	83025	73442	88.46
死亡人口（人）	26342	71672	29799	41.58
自然增长人口（人）	33277	11353	43643	384.42
自然增长率（‰）	5.94	2.02	7.63	—
全市常住人口（万人）	675.8	678.3	685	

注：本表户籍资料根据昆明市公安局提供的户籍数据编制。

索 引

说 明

一、本索引采用主题分析法编制，索引范围为全书各部类条目、表格及图片。

二、本索引按主题词首字汉语拼音音序（同音字按音调）排列。若首字拼音相同则按第二字音序排列，以此类推。首字为阿拉伯数字或英文字母者，作“非音序”排在本索引前。

三、读者可从主题入手按索引款目标示查找自己所需资料在本书中的位置。索引款目由主题词加修饰词或说明词组成。并采取主题词在前，修饰、说明词在后的形式。索引款目后的阿拉伯数字表示该主题内容在本书中的页码；a、b、c字母表示在该页码的栏别（从左至右）。

四、同一主题词的不同内容采取“参见”形式标示。索引款目后两个以上页码的为该主题的“参见”。

五、机构、单位名称，除正文中出现的全称外，在不产生歧义的前提下，本索引一般使用简称。

六、凡部类、栏目名称直接用作索引款目的以黑体字标引。

C

D

E

F

G

K

L

M

N

P

Q

T

W

X

Y

Z

图

表

2019
KUNMING
YEARBOOK